한국어 화용과 담화

한국어 화용과 담화

임규홍

역락

들머리

국어학과 국어교육을 공부하고 가르친 지 만 사십오 년이 됐다.

이제 정년을 앞두고 지금까지 공부한 흔적을 뒤돌아본다. 아무리 인생은 육십부터라고 하지만 육십 중반을 넘기니 연구하기는 눈도 침침하고 집중력도 떨어지고 힘도 부친다.

정신이 맑을 때 내가 공부한 흔적을 한 자리에 모으려고 했다. 수십 년간 많은 학회에 발표한 논문들이 흩어져 있어 찾기도 어렵고 착각일지도 모르지만 혹 후학들이 나의 졸고를 참고하려고 해도 쉽게 접근하기 어려울까 염려하여 책으로 묶으려고 한다.

언어학계에서는 한 때 촘스키(N. Chomsk)의 변형생성문법의 바람이 거세게 불었다. 언어가 표면구조로 표현되기까지 엄격한 생성규칙을 밝혀낸 이론이다. 보편적 이론을 찾아낸 것이 신기하기도 하고 매력적이었다. 그래서 언어학을 공부한 사람들은 모두 한때 변형생성문법의 맛을 보지 않은 사람이 거의 없을 정도다. 그러나 우둔한 나로서는 그 이론이 어렵고 수정이 많아 따라가기도 힘들었다. 더구나 형식문법은 실제 사용되는 입말을 설명하는 데 한계가 있었다. 구노(Susumu, Kuno)의 말이 생각난다. 형식문법의 자료는 실제 입말과는 거리가 먼 소독한 자료(sanitized data)라는 것이다. 1980년대 기능문법(fuctional grammar)이 득세를 하면서부터 입말을 연구하는 바람이 불었다. 그래서 화용(pragmatics)과 담화(discourse)라는 언어 영역이 주목을 받게 되었다. 연구 영역이 문장 단위를 넘어선 상황, 맥락과 문단, 한 편의 글까지 넓혀지게 되었다. 구조주의 대가인 쇼쉬르도 언어의 실체는 '파롤'이라고 하였던 것도 입말이 언어의 본질이라고 한 것과 같다.

필자가 지금까지 쓴 팔십여 편의 졸고들도 대부분 입말과 관련된 것들이다. 그리고 그 속에는 기능문법의 바탕인 형태-의미 가설(도상성 이론, iconicity)과 불교의 연기설(緣起說)이 담겨있다. 현상계에 존재하는 모든 것은 의미 없이 존재하는 것은 하나도 없다는 것이 바로 연기다. 일어남과 사라짐도 모두 한 치의 어긋남도 없는 연기에 의한 것이다. 그 연기가 바로 모든 형태는 형태에 따른 의미나 기능을 가지고 있다는 도상성 원리와 같다. 모든 세상을 도상성 원리와 연기로 보면 언어가 자의적이라는 관념은 있을 수 없다.

인간이 태초 사용한 의사소통이 바로 입말이다. 따라서 입말에 대한 연구가 언어 연구의 가장 본질적이라고 할 수 있다. 입말은 말할이와 들을이 사이에 복잡한 상황들이 존재한다. 말을 할 때의 시간과 장소, 말할이와 들을이의 관계, 몸짓과 소리, 심리 상태 등 신비할 정도로 수많은 요소들이 말을 하는 동안 작동하게 된다. 그래서 공부할 거리가 더 많고 흥미롭다.

그러나 오랫동안 국어학자들은 입말이 변화무쌍하고 일정한 틀이나 규칙을 찾기 힘들다는 생각으로 입말에 크게 관심을 가지지 않았던 것도 사실이다. 그래서 담화표지를 쓸데없는 군말이나 감탄사라고 하면서 학자들이 거들떠보지 않았던 때도 있었다. 그러나 필자는 말을 할 때 나타나는 무의미한 것처럼 보이는 담화표지를 포함한 모든 표지나 소리도 모두 나름 어떤 구실(기능)을 한다고 믿었다. 재주가 모자라 결과는 보잘 것 없었지만 그 구실을 찾는 공부가 재미는 있었다. 지금은 많은 국어학자나 언어학자들이 담화를 연구하고 있다는 점에서 필자의 공부가 헛되지 않았다고 생각되어 스스로 위로가 되는 것 같다.

입말을 연구하기 위해서는 많은 시간과 노력이 필요하다. 입말 자료를 여러 번 듣고 채록하고 분석해야 하기 때문이다. 때로는 같은 동영상을 수없이 보면서 말할이의 표정과 몸짓까지도 분석할 때가 있다. 이처럼 시간과 노력이 많이 드는 연구가 바로 담화연구이다. 노력이 많이 드는 것만큼 살아 움직이는 말을 분석하는 일 또한 숨어 있는 보석을 찾는 일처럼 흥미롭다. 그러나 나이가 들어가면서 힘과 정신이 부대끼기 시작하면서 연구도 게을러지기 시작했다. 그래서 정년을 앞두고 지금까지 공부한 흔적을 정리하고 마무리하는 일이라도 해야겠다는 생각으로 부끄러운 책을 만들었다.

이 책은 크게는 다섯 부분으로 나누었다. 제1부에서는 화용론에 대한 내용이고, 제2부는 국어 담화 특징과 담화 구조를 분석한 내용이고, 제3부는 담화표지에 대한 것이며, 제4부는 담화교육에 대한 내용으로 되어 있다. 그리고 제5부에서는 사회언어학적 면에서 성과 담화의 특성에 대한 내용이다.

필자는 복이 많아 대학에 들어오면서 훌륭한 스승들을 많이 만났다. 이미 세상을 떠나신

짐계 려증동 선생님과 빗방울 김수업 선생님을 만났다. 어디에서도 배울 수 없었던 말과 글에 대한 올곧은 눈을 뜨게 하신 분들이다. 사람됨에서부터 국어와 국어교육에 대한 깊고 직관적이며 논리적인 혜안을 접할 수 있었다.

그리고 천수를 누리지 못하시고 일찍 세상을 떠나신 염선모 선생님, 국어학을 공부하게 용기를 주신 이상태 선생님, 이 선생님께서는 필자가 아무것도 모르는 학부 사학 년 때 노만 린드세이(Norman Lindsay)의 언어심리학(言語心理學, 법문사) 책 한 권을 주셨다. 언어정보처리이론이란 부제가 붙은 것이었다. 글도 작고 속에는 그림과 수치가 빼곡했다. 인간이 언어 정보를 어떻게 입력하고 기억하고 회상하는지를 과학적으로 설명한 책이었다. 처음은 어려워 알 수도 없었으나 몇 번을 읽으니 조금씩 이해가 되면서 인간이 외부의 정보를 입력하고 기억하는 과정이 갈수록 신비했다. 지금도 책 꺼풀이 삭은 채로 책꽂이에 꽂혀있다. 그리고 박사논문을 꼼꼼히 지도해 주신 조규태 선생님, 김용석 선생님, 임지룡 선생님 모든 분들께서 우둔하고 어설픈 필자가 지금까지 공부할 수 있게 도움을 주셨다. 그리고 같은 학과에서 늘 공부하도록 챙겨주신 황병순 교수님, 연구실 가까이에서 기능문법을 같이 공부하고 공부 거리를 넘겨주신 영문학과 김두식 교수님과 전남대 나익주 박사님, 그리고 담화인지학회 여러분들께도 고맙기 이를 데 없다.

지금까지 하고 싶은 분야를 공부하면서 학생을 가르칠 수 있었다는 것만으로도 무한히 감사하고 행복한 일이다. 그리고 그렇게 할 수 있도록 주위에서 도와주신 분들이 계셨기 때문에 가능했다. 세상에 몸으로 낳으시고 키워주시고 보살펴주신 부모님이 그렇고, 두 아이 기르면서 남편을 자기 몸처럼 아끼고 뒷바라지하다가 일찍 세상을 떠난 아내가 그렇다. 어려운 경제 여건에도 불구하고 졸저를 흔쾌히 출판해 주신 역락 출판사 이대현 사장님께도 감사의 말씀을 드린다.

신축년 해가 넘어가는
가좌동 연구실에서

차례

들머리 · 5

제1부 국어 화용론

제3부 담화표지

제4부 담화교육

제1부

국어 화용론

제1장

간접표현

1. 간접표현의 개념

언어는 말하는 사람이 들을이에게 자기의 정보나 의도를 전달하는 것이 가장 중요한 구실이다. 그런데 말하는 사람이 자기의 정보나 의도를 표현하는 방법이 매우 다양하다. 동일한 정보나 의도라고 할지라도 그 표현 방법은 상황에 따라 달라질 수 있다. 말하는 사람과 듣는 사람의 관계, 시간, 장소, 말하고 듣는 사람의 심리적 상태 등에 따라 표현 양상이 다양해진다.

언어 의미 연구에서 가장 중요한 것이 발화된 언어의 의미를 가능한 정확하게 구명하고 그 표현 양상을 규칙화하는 것이다. 지나가는 사람에게 "시계 있습니까?"라고 물었을 때는 말하는 사람이 그 사람에게 시계를 가지고 있는지 가지고 있지 않은지 묻는 것이 아니라 '지금 몇 시인지를 알고 싶은 마음'을 표현한 것이다. 이처럼 표현된 언어 정보와 말하는 사람의 의도와 다를 때가 있다.

말하는 사람과 듣는 사람의 관계가 복잡하고 말하는 사람의 의도와 상황이 무한한 만큼 표현 양상도 일정한 것으로 규정하기 어려울 것 같다. 그러나 우리는 한없이 복잡한 상황에서도 의사 전달에 그리 무리 없이 살아가고 있다. 그것은 말하는 사람과 듣는 사람이 공통된 문화와 공통된 언어 사회 속에 살고 있기 때문이다. 미국인에게 우리가 하는 아침 인사 "아침 드셨습니까?"라고 인사를 했다면, 그들은 '아침을 먹었는지 먹지 않았는지의 여부'를 묻는 질문으로 받아들일 것이다. 반대로 영어를 모르는 사람에게 "Good morning!"이라고 했다면 그 말을 미국인이 말하는 것과 같은 느낌으로 받아들일 수는 없다.

언어 표현은 크게 두 가지로 나눌 수 있다. 하나는 언어 그 자체가 가지고 있는 문자 그대로의(literal) 의미와 그 문자 속에 숨어있는 의미(figurative)로 나눌 수 있다. 본고에서는 문자 속에 숨어 있는 의미가 논의의 대상이다. 문자 속에 숨어 있는 의미나 행위도 두 가지 갈래로 나뉜다. 하나는 발화 행위의 간접적 표현이고 하나는 의미의 간접적 표현이다. 앞엣 것을 간접화행이라 하고 뒤엣것을 간접표현으로 나누기도 한다.[1] 둘 다 간접성(indirectness)의 특성을 가지고 있다.

간접화행은 오스틴(1962)[2]이나 설(1975)의 언표적 행위(locutionary act)와 언표내적 행위(illo-cutionary act) 그리고 언향적 행위(perlocutionary act)라는 개념과 관련된 것이다. 예를 들면, '그녀를 때려라'라고 발화했다면 발화 그 자체가 발화 행위에 해당되고 발화 수반 행위는 '그녀를 때리라고 요청한다.'가 된다. 그리고 발화 효과 행위는 '그는 나에게 그를 때리라고 설득한다.'가 된다. 즉, 발화 행위는 명령의 형태를 취하지만 발화 수반 행위는 '요청' 또는 '요구행위'가 된다. 따라서 오스틴의 발화 행위와 발화 수반 행위의 개념인 '간접적 발화 행위(indirect speech act)'에 가깝다. 그라이스가 말한 '말해진 것(what is said)'와 '의미된 것(what is meant)'을 나타낸다. 따라서 간접화행은 서법(mood)이 간접적으로 나타난다. 예컨대, 문 좀 닫아주지 않겠니?라는 의문의 서법은 '당신 문 좀 닫아라'라는 명령의 의미를 나타내거나 "어머니 저 지금 배고파요"라는 평서의 서법으로 말을 했을 때 말할이는 '밥을 주세요'라는 명령의 의미를 나타내는 것이다. 반면, 간접표현은 행위의 간접성보다는 언어 의미의 간접성으로 표현하는 것이다. 예컨대, "오늘 영화 보러 갈래?"라는 질문에 "오늘 할 일이 많아"라고 했다면 이것은 '영화 보러 가지 못 한다'라는 간접표현이다.

만약 창문이 열려 있는 교실에서 창문 가까이 있는 학생에게 "너 춥지 않니?"와 같이 말을 했다면, 문자 그대로의 표현적 의미는 '듣는 사람이 추운지 춥지 않는지의 여부'를 묻는 질문이 된다. 그러나 말하는 사람의 발화 의도는 '문을 닫아라'라고 하는 명령이나 요청의 의미이다.

---

1) 박금자 외(2003, 64-70) 참조.
2) 1955년 Austin이 하버드 대학에서 강의한 것을 그의 제자인 J.O. Urmson이 'How To Do Things With Words'으로 펴낸 책이다.

인간이 의사소통을 원활하게 하기 위해서는 들을이는 말할이가 발화한 언어의 직접적 정보 이외 발화 뒤에 숨어 있는 정보를 정확하게 파악해야 한다. 말할이가 표현한 직접적 의미를 명시적(explicity) 의미라 하고 언어의 뒤에 있는 함의나 전제 등의 의미를 암시적(implicity) 의미라 한다. 인간의 의사소통은 앞에서 언급한 언표적 표현과 언표내적 표현, 언향적 표현이 상호작용을 하면서 이루어진다. 여기서 우리말에서 나타나는 다양한 간접표현과 간접화행의 양상을 알아보기로 하겠다.

2. 간접표현의 원리

어떤 발화가 간접적 표현으로서 의미 전달이 가능하기 위해서는 다음과 같은 기본 원리를 충족시켜야 한다.

> (1) 원리: 간접표현의 정보에 대한 이해는 말할이와 들을이의 의미 공유성 정도에 따라 좌우된다. 공유된 정보가 많으면 많을수록 그 간접 표현의 이해 정도는 높아지고, 적으면 적을수록 그 간접표현의 이해 정도는 낮아지게 된다.

말할이의 간접표현의 정보가 들을이에게 온전히 전달되기 위해서는 들을이가 말할이의 발화에 대한 언표적 의미를 이전에 알고 있어야 한다. 예를 들어 말할이가 "너 돼지냐?"라는 발화를 했다면 들을이는 '돼지'가 가지고 있는 '많이 먹는다'라는 의미 속성을 이미 알고 있어야 한다. 그렇지 않고 만약 '돼지'가 영어로 피그(pig)인 줄 모르는 들을이에게 "너 피그냐?"라고 말을 했다면 그것은 '피그'에 대한 언표적 표현에 대한 정보를 들을이가 모르고 있기 때문에 의사 전달이 불가능해진다. 이것은 어휘 정보에 대한 신정보이다.

또한 어휘적 정보는 알고 있더라도 그것이 내포하고 있는 정보의 종류를 말할이와 들을이가 공유하지 않으면 간접표현으로서 의미가 없어진다. 이를 테면, '너는 부추같은 양반이야'라고 했을 때 '부추'에 대한 어휘적 정보를 알고 있어야만 한다. 뿐만 아니라 만약 어떤 사람이 '부추'에 대한 어휘적 정보를 알고 있더라도 그것이 함축하고 있는 의미가 무엇인지,

말할이는 '부추'가 가지고 있는 여러 가지 의미 속성 가운데 어떤 의미를 비유하고 있는지 알기 어렵다. '부추'가 가지고 있는 기백이 없음을 나타내는 것인지 아니면 부추처럼 가늘어 몸이 쇠약한 뜻을 나타내는지 알 수 없다. 마찬가지로 '인생은 연극이다'이라는 간접표현의 의미를 정확하게 이해하기 위해서는 '연극'이 가지고 있는 많은 내포된 의미 가운데 말할이의 의도와 공유해야 한다. '연극'의 속성을 재미있는 문학의 하나로 본 사람은 '인생은 재미있는 것'으로 이해할 것이고 '연극'의 내포된 의미를 '진실되지 못하고 거짓으로 살아가는 것'으로 이해하는 들을이 같으면 '인생은 거짓으로 살아가는 것'으로 간접표현을 이해하게 된다. 따라서 이러한 말할이의 의도를 정확하게 파악하기 위해서는 문맥이나 발화 상황 그리고 문화, 말할이의 삶을 이해해야 한다. 동일한 문화를 가진 사람일수록 간접표현을 더 쉽게 이해할 수 있는 것도 이와 같은 까닭이다.

영어권 속담에 다음과 같은 것이 있다.

(2) 가. 호기심이 고양이를 죽인다.

　　나. 돈만 있으면 당나귀도 가게 한다.

　　다. 모든 구름은 은빛 선이 있다.

우리는 이러한 간접표현을 쉽게 이해하기가 어렵다. 위에서 은유적 의미를 가지고 있는 '고양이'나 '당나귀' 그리고 '구름'이 가지고 있는 의미 속성은 그들의 문화권에서 사는 사람들은 서로 공유하는 정보가 될 수 있지만 그들과 다른 문화권에 사는 우리는 그 정보의 공유 정도가 낮다. 따라서 그들의 간접표현을 우리는 정확하게 이해하기 어렵다.

반대로 우리의 고유한 문화에서 나오는 은유적 간접표현들을 다른 문화권의 사람들은 쉽게 이해할 수 없게 된다.

(3) 가. 잘되면 자기 탓 못되면 조상 탓

　　나. 사촌이 논 사면 배아프다.

　　다. 오얏나무 아래에서 갓을 고쳐쓰지 마라.

이러한 간접표현의 구정보화는 담화 맥락을 통해 획득될 수도 있고,[3] 경험이나 교육을 통해 획득할 수 있다. 그러나 같은 문화권에서 사용한 말이라도 그것이 내포하고 있는 의미는 쉽게 알기 어려운 것들이 있다. 위 (3)의 함축된 의미를 모르는 아이에게 그것을 말했다면 들을이는 그것이 신정보가 된다. 그것이 구정보가 되기 위해서는 위와 같은 말이 내포하고 있는 함축된 의미를 알고 있어야 한다.

구정보는 문맥의 어휘적 구정보와 함께 담화 상황에서는 상황의 구정보도 간접표현의 적절성에 매우 중요하다. 만약 부모가 자식에게

(4) "너, 잘 했다."

라고 했다면 발화에 대한 해석은 상황을 고려하지 않으면 정확한 의미를 파악하기 어렵다. 부엌에서 설거지를 하다가 그릇을 깬 딸에게 (4)와 같이 말을 했다면 그것은 그녀의 잘못을 질책하거나 꾸짖는 것이 된다. 그러나 이와 반대로 딸이 좋은 점수를 받아와 성적표를 어머니에게 드렸을 때 어머니가 그것을 보고 (4)와 같은 말을 한 경우는 어머니가 딸을 칭찬하는 뜻으로 말한 것이 된다. 후자의 경우는 간접표현이 아니라 직접표현에 해당된다. 이것은 발화된 정보의 어휘나 명제에 대한 구정보가 아니라 발화하게 된 상황이 구정보이어야 하는 경우이다. 즉, '너 잘 했다.'라는 문장 속의 어휘 정보는 누구나 알고 있는 구정보이다. 그러나 발화 상황은 구정보가 아닐 수 있다는 것이다. 상황의 정보에 따라 그것이 직접표현인지 간접표현인지가 결정된다.

그리고 다음과 같은 간접표현도 상황이 말할이나 들을이가 공유하는 구정보이어야 그 해석이 가능한 경우이다.

어머니와 늦게까지 자고 있는 아이의 다음과 같은 대화를 보자.

(5) A: "너 지금 몇 신줄 아니?"
  B: "오늘 개교 기념일입니다."

---

3) 스퍼버와 윌슨(1986)은 '은유의 함축적 의미는 맥락을 통해 발화의 적합성을 획득한다'고 하였다.

위에서 A의 발화는 어머니가 아이에게 당시가 몇 시인지 정보를 알고자 하는 것이 아니라 '일찍 일어나라'는 지령적 의미를 가지고 있다. 이것도 '아이가 학교에 갈 시간이 다 되었는데 늦게까지 자고 있으며, 어머니는 아침밥을 해 놓고 아이가 오기를 기다리는 상황'이 들을이와 말할이에게 구정보가 되어야 간접표현의 의미를 올바르게 파악할 수 있게 된다. 또한 B도 '오늘이 개교기념일'이라는 정보를 말하려는 것이 아니다. B의 발화는 '오늘 학교에 가지 않으니 늦게 일어나도 된다'는 정보를 의미한다. B의 발화와 같은 간접표현도 B가 발화되는 상황이 구정보가 되어야 한다. 즉, '개교기념일이면 학교에 가지 않는다'는 정보를 들을이도 알고 있어야 한다.

서법에 의한 간접표현도 이와 마찬가지로 상황이 구정보이어야 한다. 다음 간접표현을 보자.

(6) 철수 너, 지금 춥지 않니?

이러한 간접표현도 상황이 전제되지 않으면 단순히 들을이가 추운지 춥지 않은지를 묻는 의문문으로 해석이 된다. 그러나 상황이 '날씨가 추운데 교실 창문이 열려 있다. 선생님이 창문 가까이에 있는 철수에게 (6)과 같은 말을 한다.'와 같다면 그것은 '문을 닫아라'라는 명령의 의미를 가진다. 이 또한 상황이 구정보가 되지 않으면 그 간접표현을 해석하기 어렵게 된다.

따라서 간접표현의 정보에 대한 이해는 말할이와 들을이의 공유성 정도에 따라 좌우된다. 공유된 정보가 많으면 많을수록 그 간접표현의 이해 정도는 높아지고, 적으면 적을수록 그 간접표현의 이해 정도는 낮아지게 된다.

3. 간접표현의 갈래

간접표현을 분석하는 기준은 명제의 의미와 발화 태도를 나눌 수 있다. 발화를 구성하는 요소는 화자가 의도하고 있는 명제가 있으며 이 명제의 의미는 다양한 서법으로 표현된다.

그리고 명제는 말할이의 태도라는 발화내적 의미를 가지고 있다.[4] 이것은 큰 틀에서 오스틴과 설의 발화를 화행으로 보고 [주어(1인칭)+수행동사(performative verb)+that+명제(proposition)]의 구조에서 수행동사가 서법으로 실현된 것이다. 따라서 명제에 대한 서법의 실현은 다양한 화행으로 나타난다. 발화자의 발화태도는 심리적 반응을 나타내는 것으로 서법에서 나타날 수 있다. 이것은 오스틴의 언향적 행위(perllocautionary act)의 개념과 유사하다. 화자 태도는 언표적 의미와는 동일하게 나타나기도 하나 다르게 나타나기도 한다. 이와 같이 발화자의 태도의 개념은 담화 층위(discourse level)의 요소이다. 따라서 담화의 분석은 화용적 층위와 담화적 층위에서 동시에 이루어져야 한다. 그리고 이와 같은 요소는 밖으로 표현된 외연적 의미(denotation)와 외연적 표현 속에 숨어 있는 내포적 의미(connotation)로 이루어지는데 간접표현은 외연적 의미와 내포적 의미가 다르게 나타나는 것이 본질적 특성이다.

제프리 리치(1981:335)의 간접 발화 행위의 양상을 다음과 같이 나타내고 있다.

(통사적)	(평서문)	(의문문)	(명령문)
(의미적)	진술	질문	명령
(화용적)	주장	요청	지시

이것을 다음과 같이 담화 층위까지 확대 수정하여 나타낼 수 있다.

(통사적 서법)	(평서문)	(의문문)	(명령문)
(의미적 명제)	진술	질문	명령
(화용적 수행)	주장	요청	지시
(담화적 태도)	긍정 등	질책 등	불만 등

---

4) 인간의 발화 양상을 크게 둘로 나누면, 명제적 부분과 서법적 부분으로 나눌 수 있다. Fillmore(1968)는 문장을 명제(proposition)와 양상(modality)으로 나누었다.

본고에서도 담화의 기본적인 양상을 명제와 서법으로 보고 이것을 바탕으로 담화의 간접 표현 양상을 명제적인 간접표현과 서법에 의한 간접화행을 포함하는 뜻넓이로 다루고자 한다. 따라서 간접표현의 분석구조는 다음과 같이 나타낼 수 있다.

	외연	내포
명제(proposition)	X	–X(X')
서법(mood)	Y	–Y(Y')
태도(manner)	Z	–Z(Z')

[표 1] 간접표현의 분석구조

위 [표 1]은 간접표현이 성립되기 위해서는 명제와 서법 그리고 태도에서 외연과 내포가 대조이거나 다르게 나타나야 함을 의미한다.

3.1. 반어에 의한 간접표현

반어(irony)를 간접 발화로 본 것은 세퍼버와 윌슨(1981)으로 그들은 반어적 발화가 표현하는 태도는 언제나 거부하거나 무엇을 인정하지 않는 것들이라고 하였다. 이것은 발화자가 의도하고자 하는 바와 반대의 표현을 하는 것이다.

    (1) 서두를수록 더 느려진다.

이것은 반어법을 통한 격언이다. 서두르면 으레 빨라지는 것이 일반적인 발화인데 서두 르면 늦어진다고 하여 반대로 표현하였다. 선행문의 의미와 후행문의 의미가 논리적 모순을 가져오게 함으로써 반어적 표현을 사용한 것이다. 이것은 어떤 사람이 서둘러서 일이 늦어 진 사실을 두고 말할이의 경계의 발화 태도를 나타낸다. 즉, 너무 서두르지 말라는 명령의 뜻이다. 이를 외연과 내포, 명제의미, 서법, 태도로 나누어 보면 다음과 같다.

	외연	내포
명제(proposition)	서두르다	-서두르다(늦다)
서법(mood)	긍정평서	부정명령
태도(manner)	진술	명령(경계)

[표 2] (1)의 간접 표현 틀

이처럼 반어적 표현이 항상 발화자의 강한 긍정이나 부정의 의미를 간접적으로 표현할 때 쓰인다.[5] 이것은 발화자의 발화 태도에서 나온 것이다.

(2) 얼굴이 못생겼다고 생각하는 어떤 아이(가)와 그 친구(나)의 대화
    가: "넌 얼굴이 왜 그렇게 못 생겼니?"
    나: "너는 참 잘 생겼다."
    나': "너는 잘 생겼니?"

이 경우 반어적 표현은 (2나)의 발화인데 언표적(외연적) 의미는 '잘 생겼다'이지만 간접적(내포적) 의미는 '못생겼다'라는 의미를 가지고 있다. 또한 서법으로 보면 언표적으로는 긍정진술이지만 내포적으로는 부정진술이면서 '빈정댐'이라는 말할이의 태도가 부가되어 있다. 그래서 이를 다음과 같이 나타낼 수 있다.

나: "너는 참 잘 생겼다."

	외연	내포
명제(proposition)	잘 생기다	못 생기다
서법(mood)	평서	평서
태도(manner)	긍정	빈정됨

[표 3] (2나)의 간접표현 틀

---

5) 셰퍼버와 윌슨(1986)에서 반어법의 함축적 의미는 거부나 불인정 그리고 비웃음과 같은 화자의 태도를 나타낸다고 하였다.

나': "너는 잘 생겼니?"

	외연	내포
명제(proposition)	잘 생기다	못 생기다
서법(mood)	의문	평서
태도(manner)	물음	질책

[표 4] (2나')의 간접표현 틀

(3) 그릇을 깬 딸에게 어머니가

가: "너, 참 잘 했다."

나: "앞으로 조심하겠습니다."

	외연	내포
명제(proposition)	잘하다	못하다
서법(mood)	평서	명령
태도(manner)	긍정	질책

[표 5] (3가)의 간접표현 틀

위의 보기에서 본 것처럼 반어에 의한 간접표현은 독특한 특성을 가지고 있다. 명제적 의미는 외연과 내포가 서로 반대의 의미를 나타내고 있다는 것이다. 그리고 태도에서도 공통적인 특성을 가지는데 대부분 '꾸짖음'이나 '빈정댐' 그리고 상대의 잘못에 대한 '깨우침'과 같은 감정적인 태도를 나타낸다.

따라서 반어에 의한 간접표현은 다음과 같이 나타낼 수 있다.

	외연	내포
명제(proposition)	P	-P
서법(mood)	평서,의문, 감탄	평서,명령
태도(manner)	긍정태도/부정태도	부정태도/긍정태도

[표 6] 반어에 의한 간접표현 틀

3.2. 비유에 의한 간접표현

비유(figures of speech)에 의한 간접표현은 직유(simile)와 은유(metaphor) 그리고 환유(metonymy), 제유(synecdoche) 등이 있다. 원관념을 보조관념에 빗대어 표현하는 방법이다. 이때 원관념과 보조관념의 자질이 공통적 속성을 가지고 있어야 하는 조건이 있다. 직유는 속성을 드러내는 수사법이라면 숨기고 있다면 은유는 속성을 숨기는 수사법이다. 직유는 '그 사람 살결은 눈처럼 희다'와 같이 살결의 색깔을 눈에 비유하면서 '희다'라는 표현이 직접적으로 드러나 있다. 반면 은유는 '내 마음은 호수요'와 같이 내 마음의 상태를 호수에 비유했지만 호수의 어떤 속성에 비유했는지 겉으로 정확하게 드러나지 않는다. 제유는 속성의 부분으로 전체를 나타내는 수사법으로 '인간은 빵으로만 살 수 없다'라고 했을 때 빵은 먹거리의 일부로 먹거리 전체를 나타낸다. 그리고 환유는 비유의 대상을 그 대상이 가지고 있는 속성이나 상징물로 표현하는 수사법이다. 예컨대, '청와대에서 중대한 발표를 했다'라고 하는 표현은 청와대는 정부의 최고 기관을 상징하기 때문에 청와대는 대통령을 간접적으로 표현한 환유의 수사법이다.

이들 수사법은 표현하고자 하는 속내용(원관념)을 겉내용(보조관념)으로 표현한 간접표현이라고 할 수 있다. 이러한 수사법이 성립하기 위해서는 보조관념이 가지고 있는 정보가 구정보이어야 하는 전제가 되어야 한다. 이를 간접표현의 틀로 설명하면 다음과 같다.

(4) "그녀의 살결은 눈처럼 희다"(직유)

	외연	내포
명제(proposition)	눈	희다
서법(mood)	평서	평서
태도(manner)	진술	진술

[표 7] (4)의 간접표현 틀

(5) 밥을 많이 먹는 사람을 두고

"너는 돼지야"(은유)

	외연	내포
명제(proposition)	돼지	많이 먹음
서법(mood)	평서	명령
태도(manner)	긍정진술	꾸짖음

[표 8] (5)의 간접표현 틀

(6) "인간은 빵만으로 살 수 없다"(제유)

	외연	내포
명제(proposition)	빵	먹거리
서법(mood)	평서	평서
태도(manner)	진술	교훈

[표 9] (6)의 간접표현 틀

(7) 청와대에서 중대한 발표를 했다.(환유)

	외연	내포
명제(proposition)	청와대	정부
서법(mood)	평서	평서
태도(manner)	진술	정보제공

[표 10] (7)의 간접표현 틀

3.3. 간접 정보에 의한 간접표현

발화에서 화자가 청자에게 발화 내용을 직접적으로 장보를 전달하는 경우도 있고 전달하고자 하는 내용과 간접적으로 전달하는 경우도 있다. 이러한 표현은 다음과 같은 형태로 실현된다.

(8) 늦게까지 자고 있는 아이를 보고 어머니가

가. "너, 지금 몇 시인지 아니?"

나. "오늘 개교기념일입니다."

	외연	내포
명제(proposition)	몇 시인가	일어나다
서법(mood)	의문	명령
태도(manner)	의문	촉구

[표 11] (8가)의 간접표현 틀

	외연	내포
명제(proposition)	개교기념일	휴교
서법(mood)	평서	평서
태도(manner)	진술	응답

[표 12] (8나)의 간접표현 틀

(9) 날씨가 추운데 창문을 열어놓은 교실에서 선생님이 창문 가까이에 있는 순희에게

　　가. "순희는 추위를 잘 타지 않는가?"

　　나. "날씨가 춥구나"

	외연	내포
명제(proposition)	추위 타다	문 닫다
서법(mood)	의문	명령
태도(manner)	의문	요청

[표 13] (9가)의 간접표현 틀

	외연	내포
명제(proposition)	날씨가 춥다	문 닫다
서법(mood)	감탄	명령
태도(manner)	진술	요청

[표 14] (9나)의 간접표현 틀

3.4. 서법에 의한 간접표현

서법에 의한 간접표현은 일반적으로 간접화행으로 알려진 것이다. 화행은 화자가 청자에

게 행위를 요구하거나 화자의 발화의도가 담긴 표현이다. 화자의 발화태도가 표현과 의도가 다른 것은 넓은 의미로 간접표현의 범주에 속할 수 있다. 서법에 의한 간접표현은 반드시 서법이 외연과 내포가 달라야 한다.

(10) "자, 이제 우리 공부합시다."

	외연	내포
명제(proposition)	공부하다	공부하다
서법(mood)	청유	명령
태도(manner)	요청	명령

[표 15] (10)의 간접표현 틀

(11) "내가 올 때까지 여기까지 공부한다. 알겠니?"

	외연	내포
명제(proposition)	공부하다	공부하다
서법(mood)	평서	명령
태도(manner)	진술	요청

[표 16] (11)의 간접표현 틀

(12) "도대체 너, 이것 언제까지 할 거니?"

	외연	내포
명제(proposition)	언제까지 하다	빨리 하다
서법(mood)	의문	명령
태도(manner)	의문	질책

[표 17] (12)의 간접표현 틀

(13) "아직 그것 다 못했구나!"

	외연	내포
명제(proposition)	못하다	빨리 하다
서법(mood)	감탄	명령
태도(manner)	놀람	질책

[표 18] (13)의 간접표현 틀

3.5. 존재 확인에 의한 간접표현

존재 확인에 의한 간접표현은 청자가 알고 있는 구정보를 화자가 청자에게 확인하게 함으로써 새로운 발화 정보를 청자에게 전달하려는 의도가 있다.

(14) 학생의 신분에 어긋나는 행동을 했을 때

"너도 학생이니?"

	외연	내포
명제(proposition)	학생이다	학생이 아니다
서법(mood)	의문	명령
태도(manner)	의문	질책

[표 19] (14)의 간접표현 틀

(15) "나도 성인이다"

	외연	내포
명제(proposition)	성인이다	성인이 아니다
서법(mood)	평서	명령
태도(manner)	진술	요청

[표 20] (15)의 간접표현 틀

3.6. 보조사에 의한 간접표현

우리말에는 보조사로 화자의 의도를 간접표현할 수 있다. 보조사에는 겉으로 드러나지 않는 정보가 전제되어 있다. 보조사에는 표현된 정보와 전제된 정보와 같이 수용하는 경우와 배타적인 경우가 있다. 보조사 '도', '처럼', '까지', '마저', '조차' 등이 같이 수용하는(협수) 보조사와 '만', '은/는', '까지' 등이 있다.

(16) 철수는 라면만 잘 먹는다

	외연	내포
명제(proposition)	라면 먹다	라면 이외는 먹지 않는다.
서법(mood)	평서	평서
태도(manner)	진술	진술

[표 21] (16)의 간접표현 틀

(17) 영희는 공부도 잘한다.

	외연	내포
명제(proposition)	공부 잘하다	다른 것도 잘하다
서법(mood)	평서	평서
태도(manner)	진술	진술(칭찬)

[표 22] (17)의 간접표현 틀

(18) 공부나 해라

	외연	내포
명제(proposition)	공부하다	다른 것은 하지 말다
서법(mood)	명령	명령
태도(manner)	명령	질책

[표 23] (18)의 간접표현 틀

3.7. 인사말에 의한 간접표현

인사말은 언어의 친교적 기능을 하는 표현으로 정보 전달을 목적으로 하는 정보적 기능과 구별이 된다. 인사말과 정보적 표현은 상황에 따라 다르다. 외형적 표현은 의문이지만 내면에는 청자가 편안하게 지냈을 것이라는 기대와 바람의 표현이다.

(19) 아침 드셨습니까?

	외연	내포
명제(proposition)	아침 먹다	잘 지내다
서법(mood)	의문	평서
태도(manner)	의문	바람

[표 24] (19)의 간접표현 틀

(20) 잘 주무셨는지요?

	외연	내포
명제(proposition)	잠을 자다	편안하다
서법(mood)	의문	평서
태도(manner)	의문	바람

[표 25] (20)의 간접표현 틀

제2장

국어 정도부사의 화용

이 장에서는 정도부사 가운데 화용 상황으로 인해 본래 가지고 있었던 어휘적 의미에서
화용적 의미로 바뀐 것들을 중심으로 살펴보고, 정도부사의 화용 의미화 현상이 어떻게
일어나는지를 알아보고자 한다. 먼저, 화용 의미화 현상에 대한 이해를 바탕으로 정도부사
가운데 화용 의미화 현상이 뚜렷한 '좀, 너무, 정말류, 억수로, 많이'를 중심으로 살펴본다.

1. 화용화

말은 고정되어 있는 것이 아니라 끝임 없이 변한다. 형태도 변하고 의미도 변하고 소리도
변한다. 그 가운데 어떤 상태나 동작의 정도를 나타내는 정도부사의 변화는 다른 문법 범주
의 말보다 유동성이 심한 특성을 가지고 있다. 그것은 정도라는 개념 자체가 그것을 판단하
는 사람의 주관적인 잣대에 의해 표현되는 경우가 많을 뿐만 아니라 그것 자체가 말할이의
심리적인 상태에 따라 다양하게 변하기 때문이다. 즉, 정도부사는 의미 역할의 범위가 다양
하고 폭이 넓으며 정보 처리 및 맥락과 긴밀하게 관련되는 특성을 가지고 있다.[1]

---

[1] Quirk et al(1985:478)은 부사류가 가지고 있는 특징으로 다음과 같이 제시하고 있다.
 ① 의미 역할의 범위가 넓다.
 ② 동일절에서 여러 번 실현될 수 있다.
 ③ 실현 형태가 다양하다.
 ④ 실현 위치가 다양하다.

화용적 변화란 하나의 언어적 항목이 의미 영역에서 화용 영역으로 전이하는 의미와 기능의 변화 과정으로 Traugott(1982)가 제시한 다음과 같은 화용화(pragmaticization)나 의미 · 화용적 변화 과정(pragmatic change/process)과 유사한 개념이다.2)

명제적(개념적) 의미>(텍스트적 의미)>표현적 (화용적) 의미

화용 의미는 기본적으로 어떤 말이 원래 가지고 있었던 의미(이를 명제적 또는 개념적, 어휘적 의미, 원형적 의미)가 화용적 상황에서 바뀌어 나타나는 것을 두고 이른다. 이때 의미의 변화는 원래 정도부사가 가지고 있었던 개념적 의미와는 별개로 말하는 사람의 태도나 강조 또 다른 개념적 의미의 파생을 가져오는 것을 말한다. 이러한 화용 의미화는 담화상에서 쉽게 나타나며 화용 의미화가 문법적 기능으로 전환되기 전의 단계로 나타나는데 문법적 기능으로 바뀌어 화석화되었을 때 이를 문법화(grammaticalization)3)라 하게 된다.

정도부사의 화용 의미화는 다음과 같은 의미, 형태 그리고 음성적 변화와 입말성(orality)이라는 특성을 가지고 있다.4)

<의미적 특성>

정도부사의 화용 의미화 현상은 화용적 상황에서 정도부사가 원래 가지고 있는 원형적인 의미로부터 다른 의미로 변하는 것을 말한다. 이러한 의미 변화는 기존의 의미에서 파생되어 의미가 확대되거나 축소되어 나타나게 된다. 이를 문법화에서 의미보존 원리라고 알려져 있는데,5) 이러한 현상은 의미 변화의 중요한 원리 가운데 원형의미의 유사성과 인접성의 원리6)와

---

⑤ 문법적 기능이 다양하다.
⑥ 정보 처리 및 맥락 관련상 유연하다.

2) 이정애(2002:83) 참고
3) 문법화에 대한 논의는 안주호(1996), 이성하(1998), 권재일(1998), 이정애(2002) 등을 참고
4) 이것은 문법화를 기능적 과정(탈의미화, 확대, 단순화, 합침)과 형태 통사적 과정(변화, 합성, 접어화, 접사화, 화석화), 음소적 과정(바꿈, 썩음(부식), 융합, 탈락)으로 설명한 Heine, Claudi&Hunnemeyer(1991:15)와 유사하다.
5) Hopper(1991:17-35)는 문법화 과정의 원리를 적층화의 원리, 분화의 원리, 특정화의 원리, 의미 보전성의 원리, 탈범주화의 원리로 설명하고 있다. 화용의미화는 문법화의 진행 이전에 일어나는 현상이라고 본다면 그 가운데 정도부사의 의미 변화는 적층화(layering)의 원리와 의미 보존성(persistence)의 원리에 설명이

같은 의미로 이해된다.

정도부사의 화용 의미화도 이와 같이 기존의 정도부사가 가지고 있었던 어휘적 의미에서 말할이의 주관적인 감정과 기준이 얹혀서 드러나게 되는데 일반적으로 정도부사의 화용 의미화는 기존의 어휘 의미에서 그것을 기저로 새로운 의미로 '전환'되는 경우와 말할이의 발화 '태도'를 나타내는 경우와 기존의 의미를 '강조'하는 형태로 나타난다.

<형태적 특성>

정도부사는 입말 상황에서 화용 의미화되면서 다양한 형태적 변화를 가져온다. 일반적으로 '줄임'[7]과 '덧붙임'이 일어나며, 줄임은 음소의 생략으로 나타나고, 덧붙임은 반복과 접사나 조사가 덧붙여 나타난다.

<음성적 특성>

정도부사가 입말 상황에서 화용 의미로 쓰이면서 기존의 정도부사의 소리가 바뀌게 되는데 일반적으로 '된소리되기'나 '강세', '긴소리되기' 등으로 나타난다. 이러한 현상은 입말에서 말할이가 강조하고자 할 때 나타나는 일반적인 현상과 같다. 특히, 정도부사는 어떤 상태나 동작에 대한 주관적인 정도를 나타내기 때문에 음성적 현상도 이와 마찬가지로 쉽게 강조 표현 형태로 나타나게 된다.

<입말 특성>

정도부사가 화용 의미로 쓰일 경우는 입말 상황에서 일어나는 것이 일반적이다. 정도부사가 입말에서 쉽게 화용 의미화와 같은 의미 전이가 일어나는 것은[8] 정도부사가 말하는 사람의

가능하다.

6) Ullman(1962, 211-223) 참고.

7) 특히, 정도부사뿐만 아니라 일반 본동사가 보조동사로 문법화하거나 더 나아가 그것이 조사로 문법화 또는 화용화될 때 형태적 변화는 뚜렷이 나타나는데, 그 가운데 '가지다'와 '버리다'를 보면 '가지다'가 원래 '소유'의 본동사가 '먹어가지고'와 같이 보조동사로 되면서 입말에서는 '먹어갖고'와 같이 줄여지고 이것이 '먹어가' 또는 '그것 가지고'에서 '그거가'와 같이 줄여지면서 조사로 문법화가 이루어진다. '버리다'도 '투기'에서 '찢어버리다'와 같이 조동사가 되면서 경상방언 입말에서는 '찢어삐'와 같이 줄임꼴이 쉽게 나타난다.

8) 이것을 주관화(subjectification)라고 하는데, 주관화는 명제에 대한 화자의 주관적인 믿음의 상태나 태도를

명제에 대한 말할이의 발화 태도에 영향을 주며, 상대에 대한 태도를 요구하거나 상태나 동작에 대한 주관적인 강조가 입말 상황에서 쉽게 일어나기 때문이다. 간혹, 입말에서 쓰이다가 글말에서까지 쓰이면서 일반 정도부사로 굳어진 경우도 있으며, 어떤 경우는 입말에서 글말로 전이되고 있는 것도 있다. 입말에서 나타난 정도부사의 화용적 의미가 일정 시간이 지나면 자연스럽게 글말에도 자연스럽게 나타나게 된다.

2. 정도부사의 화용화

2.1. 좀

다음에 쓰인 '좀'은 어떤 차이가 있을까.

> (1) 가. 얼굴이 좀/조금 야위었구나.
>
> 나. 철수가 그 심부름 좀/*조금 해라.

'좀'은 어원적으로 '조금'이라는 정도부사의 준말임은 분명하다. 지금까지 대부분의 사전이나 연구들에서도 이 점은 이견이 없다.[9] (1가)는 '좀'과 '조금'이 서로 바뀌어 쓰일 수 있지만, (1나)는 '좀'은 가능하나 '조금'은 불가능함을 볼 수 있다.

여기에서 '좀'은 '조금'이라는 어휘적 의미를 가진 정도부사에서 그 형태를 바꾸면서 의미 기능 또한 달라지게 된 것이다. (1나)의 '좀'은 어휘의미에서 상황의미로 변화된 보기이다. 그러나 (1나)의 '좀'의 의미가 정도부사 '조금'의 의미와 완전히 다른 것이 아니라 '좀'이

기초로 한 의미들이 증가하는 의미 화용적 과정이라(이정애, 2002:84)고 한 것과 같은 의미로 볼 수 있다.
[9] '좀'과 '조금'에 대한 연구는 일찍이 정도부사에 대한 연구가 이루어지면서 함께 논의되었다(최현배, 1937; 민현식, 1993; 손남익, 1995; 서정수, 1996). 그러나 이러한 연구에서 '좀'의 화용론적인 의미에 대한 논의는 간과되었으며 그 차이에 대한 깊은 논의는 없었다(주경희, 2000:382). '좀'에 대한 화용론적인 인식은 박선자(1983)에서 좀을 '말재어찌말'과 '정도어찌말'로 나눈 것이 주목된다. 그러나 '좀'과 '조금'에 대한 개별 연구는 주로 화용론적인 연구를 중심으로 이루어졌다(손세모돌, 1988; 이한규, 1992; 구종남, 1998; 주경희, 2000ㄱ, 2000ㄴ).

'조금'의 '적음'이라는 피수식어의 정도성의 의미인 원형적 의미는 보존하고 있다고 보아야 한다. 그것이 어떤 형태로든지 화용적 의미로 바뀐 것이다.[10] 특히, 화용 의미로서 '좀'[11]은 서법이 명령이나 청유에서 쉽게 나타나는데, 이때도 '좀'은 '조금'이 가지고 있는 '적음'의 원형적 의미에서 '겸손'이나 '요청'과 같은 화용 의미가 나타나면서 그 '적음'이라는 정도성의 의미는 약화된다.[12] 일반적으로 말할이가 어떤 행위를 상대에게 요구하고 그 요구(요청)의 목적에 이르기 위해서는 상대에게 자신의 발화 태도를 낮추게 마련이다. 그렇기 위해서 자신의 요구 정도가 '적음'과 '덜 중요함'으로 표현해야 하는 발화 태도(책략)의 하나에서 나온 것으로 보인다.

(2) 이것 조금(잠시) 들어주세요 (시간 정도부사)

(3) 이것 좀 들어주세요 (시간 정도부사＞말할이 태도)

(4) 이것좀 들어주세요. (말할이 태도)

(2)의 '조금'은 시간적으로 '잠시'라는 짧은 시간을 의미한다. 그런데 (3)와 같이 '조금'이 '좀'으로 쓰이면, '좀'은 짧은 시간을 의미할 수도 있으나 그러한 의미는 매우 약해지고 말하는 사람이 상대에게 부탁이라는 화용적 태도를 나타내게 된다. 이때는 '좀'의 선행어와 후행어 사이에 쉼을 줄 수 있다. 그런데 이것이 (4)처럼 선행어에 붙어 쉼이 없어지면서 '좀'은 시간적 의미는 거의 없어지고 말할이의 태도 표현으로만 이해된다.

'좀'이 '적음'의 의미를 가지고 있지 않다는 것은 다음 문장에서도 쉽게 확인된다.

(5) 너, 밥좀 많이 먹어라.

---

10) 구종남(1998)은 이를 화용표지(pragmatic marker)라 하고, 이한규(1992)는 화용소(pragmatic morpheme)라고 하였다. 이는 결국 '좀'의 화용 의미를 수용한 것이다.

11) 주경희(2000:396)도 '좀'을 '소규모 집단의 대화에서 주로 사용되면서 화용적 특성을 많이 나타내므로 정도부사의 분류 체계 내에서보다 다른 범주에서 논의되어야 한다.'고 하였다. 여기에서 다른 범주란 결국 화용이나 담화 차원에서 논의되어야 함을 의미하는 것으로 보인다. 그러나 '좀'을 화용 차원에서 논의하더라도 정도부사 '조금'의 의미에서 출발해야 한다.

12) 구종남(1998)은 이를 '중요성의 약화'라는 공통된 의미로 설명하고 있다. 손세모돌(1988)은 '공손', '강조', '부정'으로 설명하였다. 주경희(2000)는 '화자의 좀'과 '화청자의 좀'으로 나누고 그 의미를 상황에 따라 나타나는 태도의 의미를 모두 제시하고 있다.

'좀'이 '적음'의 의미를 가지고 있다면 (5)의 문장은 '적다'와 '많이'의 대조적 의미가 한 문장에 있게 되어 논리적으로 불가능하다. 그러나 (5)의 문장이 어색하지 않다는 것은 결국 '좀'에 양의 의미는 없어졌다는 것을 의미한다.

그리고 '조금'이 화용의미로 쓰이면 형태적으로 줄어져 '좀'과 같이 된다. 이것은 의미 변화에 따른 형태적 변화를 나타내는 화용 의미화의 특징의 하나이다. 음성적으로는 말하는 사람의 태도를 더욱 두드러지게 나타내기 위해서는 쉽게 '쫌'과 같이 된소리와 강세로 쉽게 나타난다. 특히, '좀'이 앞말과 쉼이 없이 하나의 덩이로 나타날 때는 그러한 음성적 특징이 뚜렷하다.

(6) 여보, 제발 말쫌 해보세요 (아픈 사람 옆에서)

위 (6)과 같이 간절한 요청을 나타내는 부사 '제발'과 같이 쓰이면 '좀'은 된소리로 강하게 소리내어 '쫌'과 같이 되고, '쫌'은 선행하는 '말' 사이에 휴지가 놓이지 않으며 하나의 덩이 로 인식된다.

마지막으로 화용의미의 '좀'은 입말에서 쉽게 나타나는 특징이 있다.[13] '좀'이 말하는 사람이 상대에게 어떤 행위를 요구할 때 주로 쓰인다는 것은 상대에게 어떤 행위를 요구하 거나 요청하는 것은 입말이라는 상황적 조건이 전제되어야 함을 의미한다. 다음과 같은 글말 모습에서는 '좀'이 실현되기 어렵다.

(7) 가. *철수는 말조금(좀) 하였습니다.
　　나. *철수는 영희에게 말좀 하도록 했습니다.

따라서 화용 의미로서 '좀'의 특징은 다음과 같다.

---

13) 구종남(2000:387)에서도 '좀'이 대개 구어에서 나타난다고 보고 있다.

의미	형태	음운	입말	글말
정도부사(양의 적음) >화용표지(발화태도)	조금>좀	[좀]>[쫌]	○	×

[표 1] 화용 의미로서 '좀'의 특징

2.2. 너무

정도부사 '너무'는 다음과 같이 크게 두 가지 경우로 쓰인다.

(8) 가. 나는 밥을 너무 많이 먹어서 지금 배가 아프다.

　　나. 너 옷이 너무 예뻐. 참 좋아.

위 (8)의 '너무'는 모두 정도부사임에는 틀림이 없다. 그러나 (8가)의 '너무'는 '많음의 정도'가 지나쳐서 부정적인 결과를 가져온 것이고, (8나)의 '너무'는 '예쁨의 정도'가 지나쳐서 긍정의 결과를 가져온 것이 서로 다르다. (8가)의 '너무'가 어원적 의미에서 원래의 정도부사로 쓰였다면 (8나)의 정도부사가 이른바 본고에서 논의하는 '너무'의 화용 의미화 현상[14]이라고 볼 수 있다.

지금까지 부사 '너무'에 대한 연구는 대체적으로 (8가)의 '너무'와 같이 '정도의 지나침으로 부정적인 의미를 가지는 것'을 중심으로 이루어졌으며,[15] (8나)의 '너무'를 비규범적 용례로 인식하기도 했다.[16] 그러나 실제 (8나)의 '너무'가 근래에 와서 사용된 비규범적 사용

---

14) '너무'에 대한 화용적 의미는 임규홍(2002) 참고

15) 일찍이 리필수(1923)는 '너무'를 '넘우'라고 하면서 '과도(過度)'의 의미를 가진 것으로 보고 '더, 심히'와 같이 다루었다. 최현배(1971/1980)는 '너무'의 의미를 '하도, 가장, 자못'과 함께 '정도의 높음'을 보이는 정도 어찌씨로 보았다. 정철주(1982)는 정도부사를 5등급으로 나누면서 '너무'를 3등급에 '무척'과 같이 보고 보통 정도부사라고 하였다. 김영희(1985)는 부사를 극한사, 강화사, 증감사, 비교사로 나누고 '너무'를 증감사 가운데 범위 증감사라고 하였다. 조익선(1987)은 '너무'를 한길(1983)의 견해를 따라 [-적 의미] 자질로 보고 대체로 부정적인 의미로 보았다. 손남익(1989)은 정도부사를 강화 정도의 큰 순서로 4등급으로 나누고 '너무'를 II등급에 '훨씬', '워낙'과 같이 놓았으며, 최홍렬(1996)은 '너무'를 상대평가 정도부사로 '아주, 매우'와 같은 계열로 보고 그 의미는 모두 '한계나 정도가 지나치게'로 파악하고 있다.

16) 표준국어대사전(국립국어연구원, 1999:1179), 우리말 큰사전(한글학회, 1995:794), 김민수(1997:195)에서

이라고 단정할 수 없다.[17] 그것은 다음 몇 가지 이유 때문이다.

첫째, 긍정 강조의 '너무'는 부정의미의 정도부사 '너무'에서 매우 자연스런 화용 의미화 과정을 겪었다. 둘째, 긍정 강조의 '너무'는 현실 언어에서 매우 광범위하게 사용되고 있다. 셋째, 긍정 강조의 '너무'는 매우 오래 전부터 사용되어 왔다.[18]

이것이 특히 화용 의미화 과정을 설명할 수 있다고 하는 것은 다른 정도부사의 화용 의미화 현상과 비슷하게 원래 '지나침으로 인한 부정'이라는 정도부사의 어휘적 의미를 가지고 있으면서 화용적 상황에서 새로운 의미로 바뀌어 간다는 것이다. '너무'가 긍정 강조의 화용 의미를 가진 부사로 전이되는 과정은 세 단계를 거친다.[19]

(9) 철수는 밥을 너무 많이 먹어서 배가 아팠다.(부정 정도부사—부정결과)

(10) 니가 너무(나/도)[20] 반가워서 눈물이 난다.(긍정 정도부사—부정결과(겉)>긍정결과(속))

(11) 야! 너, 너무 반갑구나.(그래서 기분이 좋다)(긍정 정도부사—긍정결과(∅)>강조)

위 (9)의 '너무'는 '정도의 지나침으로 부정적인 결과를 가져온 것'이며, 이러한 '너무'가 (10)에서는 그 의미를 그대로 가지고 있으면서 긍정 정도의 지나침으로 부정 결과를 가져온

도 부사 '너무'의 의미를 '일정한 정도나 한계에 지나치게' 정도로 규정하였다.

17) 이석규(1987)는 '너무'를 '너무1'과 '너무2'로 나누고 '너무1'을 '정도의 지나침으로 부정적 의미'를 나타 내는 것으로, '너무2'는 '정도의 지나침으로 긍정적 의미'로 보고 논의하였는데, 이는 기존 연구의 '너 무'를 부정적 의미로만 다루던 것과는 다르게 현실언어를 수용하면서 긍정 강조 기능도 함께 다루었다 는 것에 나름대로 의미가 있다. 그러나 '너무1'과 '너무2'의 의미 관계나 '너무1'에서 '너무2'로 전이 과 정을 설명하지 않았다.

18) 이러한 쓰임은 18세기까지 올라간다. 다음이 그 보기가 된다.
(1) 옷 밤의 소리 그치디 아니ᄒ고 싀랑의 셩픔이 더옥 방ᄉ ᄒ야 하눌 그믈이 너무 셩긔믈 다힝이 너기 고(續明義錄諺解, 1778)
(2) 겨근 ᄌ숙기 너무 큰 말혀니 엇지 긔특지 아니 혀려요(중망망월젼, 1895)
(3) 내 힝실을 긋거 아니ᄒ니 이거손 다롬 아니라 내가 너무 조심ᄒ야 하ᄂ님을 긧거워ᄒ며 (텬로력뎡, 1895)
(4) "어, 한 번도 뵈온 적이 없는데 너무 고맙게 구시니 대단히 감사하오그려."(목단화, 1911)
그 외 임규홍(2002) 참고

19) 임규홍(2002) 참고

20) 황병순(1984:95)에서는 보조사 '도'는 명제부사로 쓰일 수 있는 말을 양상부사로 쓰이도록 하는 기능을 한다고 하였다. 이것은 결국 부사 '너무'가 명제부사와 양상부사의 이중적 기능을 암시하는 것으로 보 인다.

것이다. 그런데 (10)의 결과절이 표면적으로 '눈물이 나다'와 같은 부정 결과인 것처럼 보이나 내면적 의미는 그것이 부정적 의미를 가지고 있는 것은 아니다. 즉, '눈물이 날 만큼 좋다'로 이해된다. 긍정 강조를 위한 문체의 하나인 반어적 표현일 따름이다. 그리고 그 다음 과정이 (11)의 '너무'와 같이 긍정 정도를 강조하는 형태로 나타나게 된다.[21]

정도부사가 화용 의미로 바뀌어 쓰이면서 형태도 상당한 변화를 가져오게 된다. 우선 다음 (12)와 같이 다른 정도부사에는 조사가 결합되는 경우는 극히 드문데 비해 (13)과 같이 '너무'에는 조사 '도, 나, 나도'가 쉽게 결합될 수 있다. 그리고 조사가 결합된 형태가 독립된 품사로 사전에 표제어로 등재되어 있다.

　　(12) 가. 매우(*도, *나, *나도)

　　　　나. 아주(*도, *나, *나도)

　　　　다. 가장(*도, *나, *나도)

　　(13) 너무(도, 나, 나도) 반가워서 맨발로 뛰어 나갔다.

또, 다음 (14)처럼 부사 '너무'는 일반 정도부사와는 다르게 그것이 중첩되어 다음과 같이 새로운 부사 '너무너무'를 파생시키지마는 다른 정도부사는 불가능하다.[22]

　　(14) 가. 너무너무(부사): 너무의 힘준말

　　　　나. 매우매우(×), 아주아주(×), 픽픽(×), 몹시몹시(×), 가장가장(×)

특히, 입말에서 '너무'가 '넘'으로 쉽게 줄여서 쓰이기도 한다.

음운론적 특징으로 실제 입말에서는 '너무'를 강조하면서 '너-무'와 같이 첫음절 '너'를

---

21) 다음 보기들도 마찬가지이다.
　　(1) 너무(나/도) 기뻐서 눈물이 날 뻔했다.
　　(2) 너무(나/도) 반가워서 말문이 막힌다(정신을 못 차렸다)
　　(3) 너무(나/도) 행복해서 어쩔 줄 몰랐다.

22) 표준국어대사전(국립국어연구원, 1999:1179, 두산동아), 우리말 큰사전(한글학회, 1995:794) 등에서 비슷하게 하나의 부사로 보고 있다.

길게 소리내거나 '너무'와 같이 '너'에 강세를 두는 경우가 많다.

긍정 강조 정도부사로 '너무'는 일반적으로 입말 상황에서 쓰인다.

(15) 영희야, 너 너무 예뻐졌구나!

(16) [22]나는 어제 영희를 만났는데, 영희가 예전보다 얼굴이 너무 예뻤다.

입말인 (15)는 매우 자연스럽게 쓰이나, 글말의 모습을 보인 (16)에 쓰인 '너무'는 매우 어색한 것으로 수용된다.

따라서 정도부사 '너무'의 화용 의미화는 다음과 같이 정리된다.

의미	형태	음운	입말	글말
정도부사(부정)> 정도부사(긍정강조)	너무너무, 넘, 너무나, 너무나도	[너-무], [너무]	○	×

[표 2] 정도부사 '너무'의 화용 의미화

2.2.1. 화자의 부정적 태도

정도부사 '너무'는 다른 정도부사와는 달리 문장 밖에서 화자의 태도를 나타내는 언표내적(illocutionary) 의미를 가진다.[23] 다음 문장을 보자.

(17) 가. 돈이 매우 많다.

　　　나. 돈이 너무 많다.

---

23) 우리말 부사 '너무'와 비슷한 의미로 영어에 부사 'too'가 있다. 그런데 영어에서도 부사 'too'도 후행절에 반드시 부정 의미의 결과절인 to부정사를 이끈다. 일반적으로 이것은 too-to구문으로 알려져 있다. 예컨대, He is too tired to study(for studying)(그는 공부하기에 너무 지쳤다)는 '그는 너무 지쳐서 공부를 못한다'와 같이 해석된다. That's much too much(그것은 너무 많다)와 같이 결과절이 나타나지 않은 경우도 있는데, 이때도 의미적으로 후행 결과절은 부정적 의미를 함의하고 있음을 알 수 있다.

위 문장 (17가)에서 '매우'는 말하는 사람이 돈 많음의 정도를 단지 객관적으로 나타낼 뿐이다. 즉, 돈이 많아서 좋다든가, 싫다든가, 걱정이라든가 하는 말할이의 심리적 판단은 나타나지 않았다는 것이다. 따라서 (17가)에서는 돈이 매우 많아서 좋을 수도 있고 나쁠 수도 있는 말할이의 판단은 유보된 표현이라고 할 수 있다. 단지 '돈이 매우 많다'가 긍정적인 것처럼 보이는 것은 긍정 서술어 '많다' 때문이다.

그러나 상황이 전제되지 않고 '돈이 너무 많다'라고 하는 것은 '돈이 많아서' '걱정하거나 불안하다'고 하는 부정적인 의미를 후행절에 분명하게 함의하고 있다. 이것은 '너무'가 문장 속에서 어떤 상태의 정도를 수식하는 것만 아니고 그 정도에 의해 유도되는 문장 외적인 말하는 사람의 태도나 심리적인 상태까지를 나타낸다는 것을 의미한다. 따라서 '너무'는 다른 정도부사와 다르게 문장 성분에 대한 정도를 표현하면서 그 정도에 의한 상위 결과절을 부정적 의미를 나타내는 이중적 기능을 한다고 볼 수 있다.

이러한 차이는 다음 물음에 대한 답을 상정해보면 더 쉽게 알 수 있다.

(18) 그 사람 돈이 많니?(그 사람 돈이 얼마나 많은가?)

　　가. 돈이 매우 많아.

　　나. *돈이 너무 많아.(부정)

물음 (18)에 대한 답으로는 '그 사람 돈이 매우 많다'라는 말과 '그 사람 돈이 너무 많다'가 가능하다. 그러나 물음 (18)에 대해 부정 정도부사로서의 '너무'에 대한 적절한 답은 (18가)가 된다. (18나)가 가능하기 위해서는 '너무'가 부정 정도부사가 아니라 긍정 강조 정도부사일 경우만 가능하다. 그것은 (18)이 말하는 사람이 상대에 대한 돈의 많고 적음에 대한 객관적인 정도를 물었다고 보기 때문이다. 예컨대, '나이 어린 그 사람이 돈이 매우 많다고 하던데 너는 어떻게 생각하니?'라는 물음에 대한 답으로는 '돈이 매우 많다'보다는 '돈이 너무 많아'라고 하는 말이 적절할 것이다. 그것은 '나이가 어린데 돈이 너무 많아서 돈의 귀중함을 모른다(생활이 방탕해질 수 있다 등)'과 같이 말할이의 부정적인 판단이 결과절로 상정할 수 있기 때문이다. 다음 문장을 보자.

(19) 가. 밥을 아주(매우) 많이 먹어서 배가 아프다.

나. 밥을 아주(매우) 많이 먹어서 배가 든든하다.

다. 밥을 너무 많이 먹어서 배가 아프다.

라. *밥을 너무 많이 먹어서 배가 든든하다.

위 (19라)가 불가능한 것은 부사 '너무'가 후행절에 긍정적 의미를 이끌었기 때문이다. (19가, 나)처럼 정도부사 '아주, 매우 등'은 상위 결과절의 의미에 영향을 미치지 않지만 부사 '너무'는 상위 결과절에 부정적인 의미와 호응(co-occurrence)관계를 가진다는 사실을 단적으로 알 수 있다. 따라서 정도부사 '매우(아주)'는 '어떤 대상의 정도'에 대한 객관적인 표현이라면, '너무'는 말하는 사람의 부정적인 의미가 개입된 주관적인 판단을 나타낸 것이다. 이때 부정적 판단이 곧 말할이의 발화 태도라고 하는 언표내적 의미(illocautionary meaning)인 것이다.

부사 '너무'가 말할이의 태도에 영향을 미친다고 할 수 있는 다른 보기로 다음과 같이 일부 서법상 제약을 받는 것으로도 알 수 있다.

(20) 가. 밥을 너무 많이 먹는다.

나. 밥을 매우(아주, 몹시, 퍽) 많이 먹는다

(21) 가. *밥을 너무 많이 먹자.(어라, 느냐?)

나. 밥을 매우(아주) 많이 먹자(어라, 느냐?)

(22) 가. 밥을 너무 많이 먹는구나

나. 밥을 매우(아주, 몹시, 퍽) 많이 먹는구나.

위 (21가)처럼 부사 '너무'는 평서 이외의 청유, 의문, 명령의 서법과 호응이 되지 않는다. 그것은 '너무'가 어떤 행위나 사태에 대한 말할이의 태도가 함의되어 있는 부사임을 의미한다. 다시 말하면, 정도부사 '너무'는 어떤 행위나 사태에 대한 말할이의 판단이 완결된 진술문에서는 불가능하기 때문이다. 명령문인 '많이 먹어라'는 말하는 사람이 어떤 행위(먹는 행위)에 대해 상대에게 요구를 함으로써 말할이의 태도가 확정되었다. 그리고 청유문이나 의문문도 명령문과 마찬가지로 선행문의 발화 내용에 대한 말하는 사람의 태도가 완결되었기 때문에 정도부사 '너무'가 이끄는 부정 후행절이 나올 수 없다.[24] 따라서 '밥을 너무 많이 먹어라, 그래서 나는 그것이 좋지 않다(부정적 태도 표현).'라는 구조가 불가능하고, '밥을 너무 많이 먹자, 그래서 그것이 좋지 않다(부정적 태도 표현)'이나 '밥을 너무 많이 먹느냐, 그래서 그것이 좋지 않다(부정적 태도 표현)'이 불가능하다.

그러나 (22가)처럼 '너무'는 감탄문과는 호응이 가능하다. 그것은 감탄문이 근본적으로 말하는 사람이 말을 듣는 사람에게 행위나 태도가 미치지 않기 때문이다. 어떤 대상에 대해 말하는 사람이 자신의 생각이나 느낌을 진술할 뿐이다. '밥을 너무 많이 먹는구나!'라고 하는 말도 상대가 밥을 지나치게 많이 먹는 행위에 대한 말할이의 생각을 진술하였다. 따라서 '밥을 지나치게 많이 먹는구나. 그래서 걱정이다.'라는 후행 결과절의 상정이 가능하다. 그러나 다음과 같이 부정 상위절을 이끄는 경우는 가능하다.

    (23) 가. 밥을 너무 많이 먹지 마라.

        나. *밥을 아주(매우) 먹지 마라.

    (24) 가. 너무 오랫동안 운동을 하지 말자.

        나. *아주(매우) 오랫동안 운동을 하지 말자.

위 (23)과 (24)에서 '너무'는 하위절에서 '많이'와 '오랫동안'이라는 성분 정보에 대한 '지나침'을 의미하면서 동시에 상위절에 '말다'라는 부정의 의미와 호응을 이루고 있다. 그러나 '-지 말라(자)'가 다른 정도부사 '매우'나 '아주'와는 호응하지 않는다. 이것은 '매우', '아주'가 부정의 상위절을 함의하고 있지 않기 때문이다.

'너무'가 이처럼 상위절에 의미적으로 관여한다는 사실은 '너무' 뒤에 보조사 '나, 도,

---

24) 손춘섭(2001:126)에서 정도부사가 정도성을 지닌 용언을 수식하는 경우 용언의 특성과 무관한 서법 제약을 보인다고 하면서 '*순이가 매우 예쁘냐(*자, *라)처럼 비문이 되는 것을 보기로 들었다. 그런데 이 예문이 비문이 되는 것은 정도부사 '매우' 때문이 아니라 서술어가 형용사 '예쁘다'의 서법 제약 때문이다. 그리고 그는 '*철수야, 매우 빨리 달리느냐(*자, *라)'와 같이 정도부사 '매우'가 서법상 제약을 받는 보기로 들었는데 모국어 화자 직관상 위의 보기는 비문이라고 하기 어렵다. 이러한 현상은 정도성 크기에 대한 화자의 판단이 강하게 반영된 것이기 때문에 청자에게 요구, 명령하거나 자기가 이미 주관적으로 평정해 놓은 크기를 묻는 것이 부자연스럽기 때문이라고 하였다.

나도'와 같이 결합이 아주 자연스럽다는 데서도 알 수 있다.

(25) 가. 고생을 너무나(도/나도)(몹시도) 많이 해서 그 일을 생각하기도 싫다.

나. *고생을 아주도(매우도) 많이 해서 그 일을 생각하기도 싫다.

다. 철수는 조금도 참지 못했다.

위에서 (25가)은 가능하나 (25나)은 불가능하다. 정도부사 뒤에 보조사가 붙을 수 있는 것은 위에서처럼 '너무' 이외 '몹시, 조금' 정도이다.25) 그런데 이들은 한결같이 부정적 의미와 호응을 한다는 공통성을 가진다. 이러한 현상은 부사 '너무, 몹시, 조금'의 의미 자질 속에 어떤 상태에 대한 객관적인 정도가 아니라 말할이의 [부정 결과]라는 주관적 판단이라는 태도가 상위절에 전제되어 있기 때문이다. 이것은 다음과 같이 보조사 '도'가 결합된 부사나 부사형 어미는 부사 그 자체의 의미로 [긍정], [부정], [추측] 등과 같은 말할이의 태도를 알 수 있다는 것과 같다.

(26) 다행히도, 불행히도, 아마도, 슬프게도, 섭섭하게도, 불쌍하게도

반대로 '아주, 매우, 가장 등'과 같은 일반 정도부사는 (30ㄴ)처럼 그 자체로는 말할이의 심리적 태도를 판단할 수 없기 때문에 '강조'의 의미를 가지는 보조사가 결합할 수 없다.26) 이러한 사실은 결국 정도부사 '너무'의 수식 범위가 피수식어의 범위를 벗어나 상위문 서술어에까지 미친다는 것을 의미한다. 즉, 정도부사 '너무'는 어떤 선행 정보에 대해 말할이의 부정적인 생각이나 느낌을 상위절에 전제하고 있음을 알 수 있다. 따라서 정도부사 '너무'가 부정적 의미로 쓰일 경우는 '선행·원인절의 어떤 대상이 그 정도가 지나침을 나타내며,

---

25) '하도'는 어원적으로는 부사 '하'에 보조사 '도'가 결합된 형태를 취하나 그것이 현대어에는 하나의 부사로 굳어진 것으로 보아야 한다. 그것은 '하'가 독립된 부사로 쓰이지 않고 있기 때문이다.

26) 부사에 '도'가 결합될 수 있는 것은 명제부사로 쓰일 가능성이 있는 말을 양상부사로 쓰이도록 하는 기능을 가진다는 황병순(1984:95)의 주장에 따른다면 정도부사 '너무'도 양상부사적 요소를 가지고 있다고 볼 수 있다. 특히, 양상부사가 말하는 사람의 인식 태도와 관련이 있다면 '너무'는 상위절에서 말하는 사람의 부정적인 인식 태도를 전제하기 때문에 '너무'는 명제부사와 양상부사의 기능을 함께 가지고 있다고 볼 수도 있다.

그 결과로 후행·결과절에 부정적인 판단의 결과를 가져옴'으로 그 의미를 규정할 수 있다. 이것을 의미 자질로 나타내면 다음과 같다.

(27) {너무+선행절}+후행절

　　　[±긍정적]+[−긍정적(∅)] (∅: 수의적임)

2.2.2. 긍정 강조

정도부사 '너무'는 앞에서도 살펴보았듯이 그 기본적 의미는 '어떤 대상이 말하는 사람에게 주관적 또는 객관적 기준에 모자라거나 지나쳐서 말하는 사람이 부정적 태도를 나타내도록 하는 것'이다. 그러나 어원적으로 부정적인 의미를 가지고 있었던 부사 '너무'가 긍정 강조의 의미로 전성되어 흔히 쓰인다는 점이 특이하다. 부사 '너무'의 어원적 의미 구조가 부정적 의미를 가지고 있었던 부사라고 할지라도 현재 자연언어에서 긍정 강조로 광범위하게 쓰이고 있는 현실은 부인하기 어렵다.[27] 그렇다면 '너무'가 긍정 강조의 의미로 쓰이는 것을 비문으로 볼 것이냐 아니면 부사 '너무'의 자연스런 의미 전성의 현상으로 볼 것이냐 하는 것이 문제이다.

지금까지 대부분의 연구는 정도부사 '너무'를 부정 부사의 기본적 의미를 바탕으로 이루어진 것이 사실이다. 반면에 이석규(1988)에서는 '너무'를 '너무1'과 '너무2'로 나누어 '너무1'은 일반적으로 인식하고 있는 부정 부사를 의미하며, '너무2'를 '너무1'에서 의미가 전성

---

27) 이와 비슷한 말로 중국어 '太'가 있다. 이 '太'는 다른 부사 '極, 最'와 같이 모두 '정도가 최고'라는 의미이나, '太'는 '그 정도가 넘치고 있음'을 나타내는 것으로 우리의 '너무'와 거의 비슷하다고 할 수 있다. 중국어 부사 '太'의 사전적 의미는 원래 '지나침을 표시. 사용하기가 여의치 못하거나, 이상적이지 못한 상황'을 나타내는 부사로 다음과 같이 쓰인다고 한다. 天氣˜熱了, 眞難受(날씨가 너무 더워서 정말 견디기 힘들다)/這?菜~辣了(이 반찬은 너무 맵다)/我˜相信?了(내가 너를 너무 믿었다)

　그리고 이 '太'도 그 의미가 변하면서 '긍정 강조'의 표현으로 쓰이는데, 그 의미를 '정도가 높음을 표시. 감탄하는 어기를 수반한다.'라고 따로 규정하고 있다. 다음과 같은 보기로 쓰인다고 한다. ~好(대단히 좋다)/花兒~美了(꽃이 매우 예쁘다)/這建筑˜偉大了(이 건축물은 대단히 훌륭하다) (中韓辭典, 1989. 漢語常用詞用法詞典, 1997 참고)

　그런데 중국어 '太'와 우리말 '너무'의 어원적 의미로 볼 때 거의 동일하나 그 차이는 중국어에서는 부사 '太'의 '긍정 강조'의 의미를 사전적으로 인정하고 있다는 것과 우리는 아직 이를 사전적으로 인정하고 있지 않다는 점이다.

된 긍정 강조의 의미를 가진 것으로 파악한 것이 눈에 뜨일 뿐이다.[28]

대체로 '너무'는 다음과 같이 긍정적 의미를 강조하는 의미로 쓰인다.

(28) 가. 너무 예쁘다.

　　나. 너무 기분이 좋다.

　　다. 너무 사랑하고 있어.

　　라. 너무 감사합니다.

그런데 다음 보기를 보면 긍정 강조의 기능으로서 '너무'는 매우 오래 전부터 쓰였음을
알 수 있다.

(29) 가. 옷 밤의 소리 그치디 아니ᄒ고 싀랑의 셩픔이 더옥 방ᄉᄒ야 하ᄂᆯ 그믈이 너무 셩긔
　　　　믈 다힝이 너기고(續明義錄諺解, 1778)

　　나. 져근 자ᄉᆨ기 너무 큰 말ᄒᆞ니 엇지 긔특지 아니 ᄒ려요(중망망월젼, 1895)

　　다. 내 ᄒᆡᆼ실을 깃거 아니ᄒ니 이거슨 다름 아니라 내가 너무 조심ᄒ야 하ᄂᆞ님을 깃거워
　　　　ᄒ며 (텬로력뎡, 1895)

　　라. "어, 한 번도 뵈온 적이 없는데 너무 고맙게 구시니 대단히 감사하 오그려."(목단화,
　　　　1911)

　　마. 하치못한 사람을 차저 주서서 너무 고맙습니다. 저는 설흔넷인대 두 총각입니다.
　　　　(총각과 맹꽁이, 1933)

　　바. 옳소! 그 말이 옳소! 내가 그만 너무 좋아 정신이 없어서 …(소년은 자란다, 1949)

---

28) 이석규(1988:53)는 '너무'의 의미 변화를 자신의 감정이나 기분을 보다 생생하게 설득력 있게 표현하기
위하여 '너무1'을 비유적으로 사용한, 은유에 의한 의미 분화로 보고 다의어화 한 것으로 보고 있다. 여
기서 다의어화는 일반적으로 의미의 유사성을 가지고 있는데 비해 이 경우는 '정도의 지나침'이라는 기
본적(중심) 의미를 가지고 있다는 것은 설명 가능하나, 그 '지나침'이 '부정'에서 '긍정 강조'로 대조적
의미로 전이된 것을 설명하기 어렵다. 이것은 어떤 대상이 정도가 지나쳐도 나쁘지 않을 경우에만 나타
나는 화용론적 수사법으로 볼 수밖에 없다.

(29가)은 18세기 말 기록으로 이때 '너무'는 '그믈'의 성김 정도를 나타내고 있으며 후행하는 말에 '다힝이'라는 긍정 의미의 부사가 쓰였다. 이것은 '그믈의 성김'이 정도에 지나쳐서 나쁜 부정적인 의미가 아니라 지나쳐서 '다행이'라고 하여 긍정의 의미로 쓰였다고 볼수 있다.

위 (29나)은 19세기 말 작품으로 여기에 쓰인 '너무'도 '겨근 자슥기 큰 말을 한 정도'가지나쳐서 '너무'라고 하면서도 뒤에 이어지는 말이 '엇지 긔특지 아니 혀리요'라는 긍정의미가 결과절로 이어졌다. 이것도 부사 '너무'가 어떤 정도가 지나쳐서 부정적인 의미를전제하는 것이 아니라 '지나침'이 긍정적인 의미로 쓰인 것이라 할 수 있다.

위 (29다)도 (29나)과 같은 시대의 보기로 '너무'가 긍정적인 의미를 이끌고 있다는 것은(29나)의 '너무'와 마찬가지이다. (29다)는 '조심하는 정도'를 부사 '너무'로 꾸미면서 그 뒤에 이어지는 말에 '하ᄂ님을 깃거워ᄒ며'라는 긍정적인 의미가 쓰였다.

위 보기 (29라)과 (29마)은 20세기 초 신소설에 부사 '너무'가 긍정 강조의 정도부사로쓰인 것들이다. (29라)는 부사 '너무'가 긍정 서술어 '고맙다'를 수식하면서 상위 서술어도'감사하다'라는 긍정 서술어가 쓰였다. (29마)의 너무도 상위 서술어의 긍정 서술어인 '고맙다'를 수식하고 있다. (29바)는 부사 '너무'가 '좋다'는 긍정 의미의 서술어를 수식하면서후행하는 서술어가 '정신이 없다'라는 부정적인 의미가 왔다. 그러나 이 경우도 너무가 부정적으로 쓰인 것은 아니다.

그러면 부정 부사 '너무'가 긍정 부사 강조로 쓰이는 현상에는 어떤 특징이 있는지 살펴보자.

첫째, 부사가 가지고 있는 '의미의 유연성'이라는 일반적 현상에 근원이 있다.[29]

부사의 의미 유연성은 부사라는 범주가 가지고 있는 특성 가운데 하나라고 할 수 있다.[30]

---

29) 의미 변화를 유사성과 인접성의 작용으로 본 Ullman(1962:211~223)의 이론과도 밀접한 관계가 있을 것으로 보인다.
30) Quirk et al(1985:478)은 부사류가 가지고 있는 특징으로 다음과 같이 제시하고 있다.
   (1) 의미 역할의 범위가 넓다.
   (2) 동일절에서 여러 번 실현될 수 있다.
   (3) 실현 형태가 다양하다.
   (4) 실현 위치가 다양하다.
   (5) 문법적 기능이 다양하다.
   (6) 정보 처리 및 맥락 관련상 유연하다.

부사가 '정보 처리 및 맥락 관련상 유연하다'고 한 것은 부사가 의미 전성에서도 매우 유연한 특성을 지니고 있다는 의미이다. 우리말에서도 부사가 통시적으로 유연성을 보이는 경우가 많다. 예컨대, 정도부사 '좀'은 수량을 나타내는 부사 '조금'에서 그 원형을 찾을 수 있다. 그런데, '좀'은 현대어에서 수량을 나타내는 정도부사로 쓰이는 것보다 양태적 의미를 가진 양상부사[31]로 매우 광범위하게 쓰이고 있다.[32]

> (30) 가. 너, 돈 좀 있어.
>
> 　　나. 나. 테니스 좀 할 줄 알아.

이 경우 '좀'은 '조금'이 가지고 있는 수량의 정도가 '적음'을 나타낸다.

그런데 다음 (31)의 '좀'은 '수량의 정도가 적음'을 의미하는 원래의 의미가 매우 약화되었거나 '기원', '부탁', '바람' 등과 같은 양상 부사의 기능을 하고 있다.

> (31) 가. 너, 공부 좀 해라.
>
> 　　나. 제발, 나 좀 살려라.

이외 다른 여러 부사들도 원래 그것이 가지고 있었던 의미와는 다르게 변형되어 화용적으로 쓰이고 있다.

> (32) 정말(진짜, 참말로) 이제 우리가 이렇게 해서는 안 된다.

위 (32)의 부사 '정말(진짜, 참말로)'도 그 어원적 의미인 '거짓말과 상대되는 진실된 말'의 의미로 쓰인 것이 아니라, 단순히 후행 정보를 강조하는 양상 부사로 쓰인 것이다.[33] 이러한

---

31) 황병순(1984)에서 부사를 '양상 부사'와 '명제 부사'로 나누면서 '좀, 제발'은 '의지 양상 부사'라고 하였다.

32) '좀'과 '조금'에 대한 담화적 의미에 대해서는 주경희(2000), 구종남(1998), 손세모돌(1988) 등 참고

33) 부사 '정말'류의 담화적 의미에 대해서는 임규홍(1998) 참고

현상으로 볼 때 부사 '너무'가 부정적 의미에서 긍정적 강조의 의미로 전성되어 쓰이는 현상도 부사가 가지고 있는 의미의 유연성이나 주관성에 근본적으로 기인한다고 볼 수 있다. 특히, 정도부사는 다른 부사보다도 주관성이 강한 강조의 의미로 활발하게 쓰이는 특성을 가지고 있다.[34]

긍정 강조의 '너무'는 어떤 대상이 말하는 사람의 객관적 또는 주관적 기준보다 지나치거나 모자람으로써 말하는 사람의 부정적 판단(생각, 느낌 등)이 긍정 강조라는 감정적 표현으로 넘어 사용된 것이다. '너무'의 부정적 의미가 고정된 것이 아니라 담화 상황에 따라 부정적 의미를 긍정적 의미로 확대 사용한 화용적 용법이라고 할 수 있다. 다시 말해, 긍정 강조의 '너무'는 명제 부사와 양상 부사의 이중 기능에서 양상부사로 전이된 것이다.

둘째, 긍정 강조의 정도부사 '너무'는 다음 (33)과 같이 주관적 감정 동사[35]만을 꾸미는 특성이 있다.[36]

(33) 너무 예쁘다(좋다, 사랑한다, 아름답다, 행복하다, 고맙다, 재미있다).

그렇지 않고 다음 (34)와 같이 주관적 감정 동사를 꾸미지 않은 '너무'는 긍정 강조의 의미가 아니라 부정 정도부사로서의 '너무'에 해당된다.

(34) 가. #키가 너무 크다.

　　 나. #차가 너무 빠르다.

　　 다. #돈이 너무 (많이) 있다. (#긍정 강조의 의미가 아님을 말함.)

---

34) 이와 같은 주장은 민현식(1991:99)에서 '정도부사는 문장 안에서 어떤 단어나 구절에 대해 그 정도를 강화하거나 약화시키는 등급 표지의 구실을 하는 부사로서 언어 표현 중에 비교적 주관성이 큰 영역이라 변화도 심하고 안정성도 결여되어 있다'고 지적한 것과 같다. 김경훈(1990:260)은 정도부사가 주관성을 가지는 것은 사람이나 사태의 정도를 나타낼 때에는 하나의 전제를 설정하게 되는데 사람마다 그 전제에 대한 판단의 양상이 각기 다를 수밖에 없기 때문이라고 하였다.

35) 본고의 '감정 동사'는 심리형용사(좋다)와 심리동사(좋아하다)를 포함하는 뜻넓이로 썼다.

36) 이석규(1988:54)도 '너무2'는 일반 정도어와 공기하고, 양분, 양질 정도어와는 공기하지 않는다고 하였다.

부사 '너무'가 긍정 강조의 의미로 쓰일 경우는 피수식어가 감정 동사일 경우이다. 그것은 부사 '너무'가 원천적으로 '정도의 지나침'을 나타내기 때문에 주관성이 낮은 객관적 사실의 정도는 '너무'의 기본적인 의미를 그대로 가지고 있다. 이것은 긍정 강조 부사 '너무'는 말할이의 심리적 상태와 밀접하게 관련되어 있음을 의미한다.

(34)와 같이 시각적으로 나타나는 객관적 사실의 정도를 나타낼 때는 긍정 강조로 쓰일 수 없다. 어떤 상태의 크기나 움직임의 빠르기, 존재의 많음은 일정 기준이 있을 수 있다. 그것이 주관적 기준일 수도 있고 객관적 기준일 수도 있다.[37] 그러나 (33)과 같이 '예쁘다', '좋다', '사랑하다'와 같은 감정 동사들은 그 정도를 가늠하기가 어려운 다분히 감정적이고 심리적인 현상이다. 이처럼 긍정 강조의 '너무'가 심리적인 상태를 수식하는 것이 자연스러운 까닭은 객관적인 사실이나 상태에 대한 '너무'는 그 정도의 넘어섬이 누구나 알 수 있고 확인 가능하기 때문에 '너무'의 부정적인 의미가 쉽게 드러나지만, 심리적인 상태는 그 정도가 확인하기 어렵기 때문에 긍정 지나침의 의미로 사용된 것으로 보인다.

이것은 부사 '너무'의 남녀 사용 빈도의 차이에서도 알 수 있는데, 장영희(2000:109)에서 너무는 남자보다 여자가 훨씬 많이 사용하고 있다고 하였다.[38] 이것은 남자보다 여자가 극단적 감정적 표현에 더 민감하고 활발하다는 것이다.

셋째, 긍정 강조로서 '너무'는 부정 정도부사가 감정의 극단적 강조 표현으로 전성된 강조의 수사적 표현이다.

현대인의 감정 표현이 극단적 경향을 보이면서 부정적 극성(negative-polarity)과 긍정적 극성(affirmative-polarity)으로 긍정적 극성이 부정적 극성으로 환치하면서 나타나게 된다. 이것은 심리적으로 일정한 정도에 지나칠 정도의 감정 표현 수단이 적절하지 못하기 때문에 일어나는 심리적 현상의 하나이다.[39] 언표적으로 나타낼 수 없는 감정 표현은 강한 성조를 동원한

---

37) 이것은 민현식(1991)에서 정도부사를 '기준의식형'과 '기준무의식형'으로 나누고 각각 '강화어'와 '약화어'로 나누면서 부정 정도부사로서의 '너무'를 '기준의식형 강화어'에 포함시킨 것으로도 알 수 있다.

38) 장영희(2000)에서 부사 사용의 남녀 빈도를 조사한 결과 남자는 부사 '너무'를 19번째로 많이 사용하고 9회 사용한 것에 비해, 여자는 부사 '너무'를 10번째로 많이 사용하고, 19회 사용한 것으로 조사되어 여자가 훨씬 많이 사용하는 것을 확인하였다.

39) 김선희(2001:158)에서 '죽이다'(좋아 죽겠어), '끝내다'(국물이 끝내 줘요), '겁나다'(송승헌은 겁나게 잘 생겼어)는 반어적 표현으로 보면서, 최고조의 감각이나 감정을 극과 극이 통한다는 아이러니에서 나온 것으로 보았다.

다거나 몸짓을 동반하게 된다. 이러한 경우 대부분 감정의 정도를 나타낼 때 나타나는 것이 일반적이다.

긍정적인 감정을 극단적으로 나타낼 때, '아주 좋다', '매우 좋다'와 같은 객관성이 높은 정도부사로서는 말하는 사람이 가지고 있는 '좋은 정도'의 감정을 제대로 표현할 수 없다는 것이다. 언표적으로 표현할 수 없을 경우 성조의 힘을 빌리는데, '아-주 좋다', '매-우 좋다' 와 같이 소리를 길게 한다거나, 첫음절에 강세를 주기도 한다. 간혹 새로운 어휘 표현을 빌리는데, '억수로 좋다', '겁나게 좋다', '되게 좋다', '무지 좋다'와 같이 표현하기도 하고, '진-짜, 정-말로 좋다'와 같이 어원적으로 명제 부사를 정도부사로 전용하기도 하며, '너무 너무 좋다', '아주 아주 좋다', '무지 무지 좋다'와 같이 같은 말을 반복함으로써 자신의 강한 감정을 충족시켜 표현하기도 한다. 다음과 같이 자신의 감정을 충족할 표현이 없어 극단적인 부정의 극성까지 동원하는 보기는 흔하게 일어난다.[40]

> (35) 가. 기분이 좋아(행복해, 귀여워, 보고싶어) 죽겠다(미치겠다).
>
> 나. 귀여워서 꼬집고 싶다.
>
> 다. 그 여자 야 멋있다, 죽인다 죽여.
>
> 라. 너 여자 친구 엄청 예쁘구나. 질투나네.
>
> 마. 미울 정도로 깜찍하고 귀엽다.
>
> 바. 좋아서 정신을 못차렸다.

위 보기들에서 선행절은 모두 긍정적인 의미를 나타내고 그러한 긍정적 의미에 대해 후행절에는 부정적 의미의 서술어가 쓰였다. 그런데 후행절의 의미가 표면적으로 보면 부정적이라고 하더라도 선행절이 긍정적이며 그 결과절에 해당되는 후행절이 긍정적 의미의 선행절에 대한 강조의 기능을 하고 있다. 그리고 그 결과절이 실제 부정적인 또 다른 결과를 가져오지 않았다는 것이다. 예컨대, (35바)처럼 '좋아서 정신을 못차렸다'에서 '정신을 못차

---

40) 김선희(2001:166)에서 '너무(너무) 잘 하신다', '무지(무지) 재미있었어.', '되게(되게) 좋아하네.'는 본래 부정적 의미를 지닌 동사류와 공존하는 부사인데도 긍정적 가치를 지닌 '재미있다, 좋아하다, 잘하다' 와 어울려 쓰이는 것은 '과장된 자기 감정 표현'의 단면이라고 하였다. 그런데, '너무' 이외는 근원적으로 부정의미의 부사가 아니다.

려 병원에 갔다'와 같은 또 다른 상위절을 상정하지 않는다는 것이다.

이는 수사법상 강조법의 하나인 과장법(hyperbole)에 해당된다고 볼 수 있다. 이러한 현상은 현대 언어에서 두드러지게 나타나고 있는데 갈수록 사회가 복잡해지면서 감정 표현의 방법도 갈수록 극단적인 현상으로 변하는 경향이 있다.[41] 극단적인 감정의 표현은 정상적인 언어로 충족시키지 못하기 때문에 비정상적인 언어 표현을 통해서라도 그 표현의 충동을 충족시키려고 한다. 부정 부사 '너무'가 긍정 부사의 강조로 '너무'로 쓰이게 되는 것도 이러한 현상의 하나로 볼 수 있다.[42]

이러한 표현 방법으로 부정 부사 '너무'는 부정 서술어를 꾸미지만 다음과 같이 선행 정보에 대한 긍정적인 감정의 지나침으로 부정적인 의미로 해석되지 않는다.

> (36) "옳소! 그 말이 옳소! 내가 그만 너무 좋아 정신이 없어서 …. 자아, 내 그럼 얘기를
>   하죠 … 그런게 아니라 … " (소년은 자란다, 채만식(1949))

위 (36)은 선행절이 '얼굴이 너무 좋아서'와 같이 긍정 강조이며 후행절이 '정신이 없어서'와 같은 부정 의미로 표현되었다. 이와 비슷한 표현이 아래와 같이 쓰인다.

> (37) 가. 너무(나/도)[43] 좋아서 가슴이 터질 것 같았다.
>   나. 너무(나/도) 기뻐서 눈물이 날 뻔했다.
>   다. 너무(나/도) 반가워서 말문이 막힌다(정신을 못 차렸다).[44]
>   라. 너무(나/도) 행복해서 어쩔 줄 몰랐다.

---

41) 이러한 경향은 정도부사 '너무'가 감정 동사뿐만 아니라 일반 동사에도 간혹 나타나고 있다. 예컨대, '그 사람 너무 웃기더라'와 같이 '너무'가 '웃기다'라는 일반 동사를 꾸며 강조하는 경우도 있다. 뿐만 아니라 '이봉주가 너무 빨리 달리더라'와 같이 감정 동사가 아닌 상태 동사에까지도 쓰이기도 한다. 이것은 부사 '너무'가 단순히 긍정과 부정에 두루 쓰이는 극성 강조의 정도부사로 변하고 있음을 의미한다.

42) 홍사만(1983)에서 부사 뒤에 '도'가 결합하는 것은 강한 화자의 감정을 수반하고 있음을 의미한다고 하였다.

43) 황병순(1984:95)에서는 보조사 '도'는 명제부사로 쓰일 수 있는 말을 양상부사로 쓰이도록 하는 기능을 한다고 하였다. 이것은 결국 부사 '너무'가 명제부사와 양상부사의 이중적 기능을 암시하는 것으로 보인다.

44) 우리말 큰사전(1995:794), 한글학회.

위 (37)은 부사 '너무'가 긍정 강조로 쓰인 매우 자연스러운 보기이다. 선행절이 모두 긍정적이고 후행절이 모두 부정적인 의미이다. 그러나 후행절이 부정적인 의미라도 문장 전체가 부정적으로 인식되지는 않는다. 이러한 문장도 상황에 따라 다소 달라질 수 있다. 다음과 같이 결과절이 부정적인 사태가 사실이며 그것이 실제 부정적인 결과를 가져왔을 때는 부사 '너무'는 긍정 강조의 기능이라고 할 수 없다.

(38) 가. 그는 너무 좋아서 졸도했다.

　　나. 그는 너무 똑똑해서 싫다.

위 (38가)가 선행절이 '너무 좋다'이며 후행절이 '졸도했다'이다. 그런데 '너무'가 선행절에서 긍정의미를 강조하더라도 부정적인 결과가 실제 일어났을 때는 부정절을 이끄는 '너무'이다. 그러나 실제 부정적인 사태가 발생하지 않고 '졸도할 정도로 너무 예쁘다'라고 하는 문장은 긍정 강조의 '너무'라고 할 수 있다. (38나)도 선행절은 '너무 똑똑하다'로 긍정 강조의 의미로 쓰였지만 후행절이 '싫다'는 부정 결과절이 왔기 때문에 이때 '너무'도 부정 강조 부사의 '너무'에 해당된다. 결국은 부사 '너무'가 긍정 강조인지 부정 강조인지는 선행절과 후행절의 의미에 따라 결정된다.

그리고 긍정 강조의 '너무'의 피수식어는 다음과 같이 긍정적 의미이어야 한다.

(39) 너무 예쁘다(좋다, 사랑한다, 아름답다, 행복하다, 고맙다, 재미있다, 즐겁다, 귀엽다, 사랑스럽다).

그렇지 않고 다음과 같이 피수식어가 부정적인 의미를 함의하고 있는 감정 동사는 긍정 강조의 의미로서 '너무'가 아니다.

(40) #너무 슬프다(괴롭다, 아프다, 불행하다). (#긍정 강조의 의미가 아님을 말함)

따라서 정도부사 '너무'가 긍정 강조의 의미로 쓰일 경우는 선·후행절이 다음과 같은

의미 자질로 나타나야 한다.[45)]

    (41) {너무+선행절}+후행절

        [+긍정적]+[±긍정적(∅)]

        [+감정동사]

        (단, 후행절이 부정적 결과를 가져오지 않는 경우, ∅: 수의적임)

그리고 긍정 강조의 정도부사 '너무'의 의미는 '선행절의 긍정 감정 동사의 정도를 말할 이 자신의 기준에 지나치게 표현함으로써 긍정 결과절을 이끌어 선행 정보를 강조하는 것[46)] 이라고 할 수 있다.

2.3. 정말류(진짜, 참말)

다음에 쓰인 부사 '정말'류[47)]를 보자.

    (42) 가. 영희가 정말(로)(진짜(로), 참말로) 결혼했단 말이야?

        나. 정말(로)(진짜(로), 참말로), 이제 우리가 이래서는 안됩니다.

        다. 야, 그 차 정말(로)(진짜(로), 참말로) 빠르구나.

---

45) 부정 정도부사의 '너무'는 다음과 같이 나타낼 수 있다.
  [-긍정적]+[-긍정적]+[-긍정적(∅)]
  너무   아파서   고생했다
  [-긍정적]+[+긍정적]+[-긍정적(∅)]
  너무   똑똑해서   싫다
  너무   예뻐서(다)   걱정이다
  너무   잘생겨서   걱정이다

46) 이석규(1988:143-144)는 '너무'의 정도 어찌씨 의미 바탕으로
  너무1: [정도성][-기준][강화][크기1][지나칠 만큼]
  너무2: [정도성][+기준][강화][크기0][지나쳐서 바람직하지 않음]
  와 같이 규정하고 있다. 그러나 의미 자질의 구별이 명확하지 않다.

47) 이들 부사들은 각각 나름대로 미세한 특성이 있을 수 있지만 대체로 비슷하게 쓰이기 때문에 한 무리로
  묶었다. 여기에는 부사 '참'도 포함할 수 있다. '그 학생 참 착하다.'라고 했을 때 '참'은 정도부사로 해
  석할 수 있다.

먼저, 부사로서 '정말'류를 기존 연구에서는 어떻게 설명하고 있는지 알아보기로 하자.

김민수(1971)는 '사람이 정말 간다'라는 예문에서 '정말'을 '양태 부용어'라 하고 '역설·확신'의 의미를 가지는 것으로 보았다. 서정수(1971)는 '정말'을 문장 부사에 가까운 자유 부사 중 일반 자유 부사로 갈래지으면서 문장 부사라고 했다. 그리고 그 의미는 '확실성'으로 보았다. 남기심·고영근(1985)에서는 '정말'류를 문장 부사라고 하고 그 가운데 '양상부사'로 나누었다. 황병순(1985)은 부사 '정말'류를 '양상부사'에 포함시키고 그 가운데 '사실의 진위 여부'와 관련된 부사인 '사실·양상 부사'라고 하였다. 민현식(1993)은 부사 '정말'류를 '양태 부사'라고 하면서 의지법 양태 부사 가운데 '평가'의 의미를 가지는 것으로 보았다. 박선자(1996)는 '정말로 그는 신사이다'라는 문장에서 '정말'을 월어찌말(문장 부사어)로 간주하였다. 장영희(1994, 1997)는 '정말'류를 문장 수식 부사인 '화식 부사'라 하고 그 의미를 공통적인 의미와 부수적인 의미로 나누면서 공통적인 그 의미를 '확인성'이라고 하였다. 이에 해당되는 부사로 '과연', '역시', '딴은'을 들고 있다.

최현배(1971)는 '정말'류의 부사를 '말재어찌씨(話式副詞, 陳述副詞)'에 포함시키면서 어찌말의 갈래에서는 '정도 어찌말'의 갈래에 포함시켰다. 그 의미는 '풀이말에 단정을 요구하는 것으로 긍정적인 뜻을 '세게하는 것(强調的, 力說的 副詞)''이라고 하였다. 여기에서 '정말'류를 '화식 부사', '정도 어찌말', '세게하는 것'과 같이 설명한 것은 본고에서 논의하고 있는 부사 '정말'류의 화용의미화와 같다고 할 수 있다. 정말류의 담화론적 의미에 대한 논의는 임규홍(1998)을 참고할 수 있다.

지금까지 부사 '정말'류에 대한 앞선 연구를 개괄해 보았다. 그런데 부사 '정말'류에 대한 앞선 연구에서 확인할 수 있는 공통점은 한결같이 부사 '정말'류를 통사적 차원에서는 문장 부사 또는 월어찌씨로 갈래 지우면서 의미적 차원에서는 '양태 부사', '양상 부사', '말재어찌씨(화식 부사)' 등으로 다양하게 부르고 있다. '정말'류의 의미는 대체로 '확인 또는 확실, 강조, 사실의 진위 등'으로 정리된다.

그런데 문제는 부사 '정말'류의 의미 기능이 앞선 연구처럼 '확인·강조' 등으로 그렇게 단순하게 드러나는 것만은 아니다는 것이다. 실제 부사 '정말'류는 실제 담화에서 원래 그것이 가지고 있었던 [참(眞)]이라는 어휘적 의미를 중심으로 매우 다양한 화용 의미로 확대 실현된다. 그 가운데 하나가 화용 상황에서 정도부사로 쓰이는 것이다.

2.3.1. 부사 '정말'류의 원형적 의미

부사 '정말', '진짜', '참말'의 원형적 의미는 각각의 낱말이 가진 형태적 의미에서 찾을 수 있다. '정말'은 원래 '거짓이 없는 바른말'로 뜻매김이 된다. 즉, '정말'은 '정(正)＋말(言)'의 뜻으로 된 명사이다. 즉, '바른말'의 뜻으로 다음과 같이 쓰인다.

(43) 가. 영희가 결혼했다는 것은 정말이다.

나. 그게 정말이냐?

그리고 부사 '진짜'는 원래 '본디의 참것'으로 뜻매김되며 반의어는 '가(假)짜'이다. '진짜'는 '참'의 뜻인 '진(眞)'에 우리말 사물을 나타내는 접미사 '-짜'가 결합된 것이다.

(44) 가. 이 조화는 진짜보다 더 예쁘다.

나. 다이아몬드는 진짜가 드물다.

'참말'도 원래 명사로서 '참된 말'의 뜻으로 뜻매김된다. '참말'은 '참(眞)'에 '말(言)'이 결합되어서 이루어진 말이다. '참말'의 반의어는 '거짓말'이다.

(45) 가. 참말 같은 거짓말

나. 거짓말이 아니라 참말이다.

이와 같은 무리의 낱말로 '진실', '실제', '실로', '정' 등이 있다.
명사 '정말'과 '참말'의 의미 특성이 어떠한지 살펴보자.

(46) 가. *정말하다----*정말을 해라----정말(로) 결혼했니?

나. 참말하다----참말을 해라----참말로 결혼했니?----*참말 결혼했니?

위의 보기에서 확인할 수 있는 것은 '정말'은 동사화 접미사 '-하다'가 결합할 수 없고 또한 (46나)의 '참말을 하다'처럼 'NP을/를+-하다'로 명사화할 수도 없다. 그리고 '정말'은 그것이 부사로 될 때에는 부사화 접미사라고 할 수 있는 '-로'의 결합이 수의적이나 '참말'은 필수적 결합이라는 어형성의 특징을 가지고 있다. 이러한 현상은 '참말'이 원형적으로 '정말'보다 [+명사성]의 의미 특성을 더 많이 가지고 있음을 의미한다.

그리고 '진짜'는 원형적으로 [+사물]의 의미 특성을 가지고 있었으나 그것이 점차 [+사물, +사실]로 확대되었다고 볼 수 있다.

(47) 영희가 결혼했다는 것 진짜야.

'진짜'는 원래 사물의 참(眞)인 것을 의미하다가 (47)처럼 '영희가 결혼했다'는 '사실'이 참(眞)임을 나타내는 것으로 그 의미가 확대되어 쓰이게 되었다.

2.3.2. 부사 '정말'류의 담화적 의미

다음 문장은 부사 '정말'류가 후행하는 정보에 대해 [진실]임을 [확인]하는 의미를 가진 부사로 쓰인 것이다.[48]

(48) 가. 철수가 정말로(진짜로, 참말로) 죽었어?

　　　나. 영희가 정말로(진짜로, 참말로) 철수와 결혼했니?

　　　다. 정말로(진짜로, 참말로) 선생이 노름을 했어.

위 담화에 쓰인 부사 '정말'류는 그 뒤에 이어지는 정보에 강세가 주어지면서 그 정보가

---

48) R.Declerck(1991)은 'really'를 내용 이접사(content disjunct)라고 하면서 화자가 자신이 하고 있는 말이 사실이라는 것을 확인하는 정도를 나타내는 진위 평가 이접사라고 하였다. 그러나 'really'의 진위 평가 이외의 의미 기능에 대한 언급은 없다. 우리말 부사 '정말'류와 유사한 'really'도 [진실·확인]의 의미인 '정말로(truly)'의 뜻으로 다음과 같이 쓰인다.

　Did you really fly the plan?

[진실]임을 [확인]하고 있다. 즉 이 경우는 부사 '정말'류의 원형적 의미를 그대로 가지고 있는 경우이다. 이 [진실 확인]으로서 '정말'류는 다음과 같은 몇 가지 특징을 가지고 있다.

첫째, 다음과 같이 월 쪼갬(cleft sentence)이 가능하게 된다.

(48) 가'. 철수가 죽은 것이 <u>정말(진짜, 참말)</u>이니?

나'. 영희가 철수와 결혼한 것이 <u>정말(진짜, 참말)</u>이니?

다'. 선생이 노름한 것이 <u>정말(진짜, 참말)</u>이야.

이 경우 밑줄 표시된 부분에 강세가 주어지면서 그 정보에 초점이 놓이게 된다. 이러한 현상은 [진실 확인]의 '정말'류가 문장 속에서 의미적으로 독립성을 가지고 있는 부사임을 말한다.[49]

두 번째, 어떤 정보의 의미를 파악하기 위해서 그 정보와 반대의 의미를 가진 정보를 삽입시킴으로써 어떤 정보가 가지고 있는 의미를 부각시킬 수 있다. 예컨대, '그의 수입은 많은 것이 아니고 적은 편이야.'라는 문장에서 '많다'와 '적다'를 대립시킴으로써 '적다'의 의미가 '수나 양의 정도'를 나타내는 의미를 가지고 있음을 알 수 있다.

따라서 부사 '정말'이 [+진실]의 의미를 가지고 있다는 것은 그와 반대되는 의미를 가지고 있는 [−진실]의 의미를 가지고 있는 '거짓말이 아니라'와 같은 마디를 삽입할 수 있다는 사실로 알 수 있다.

(48) 가". 철수가 '거짓말이 아니고' 정말로(진짜로, 참말로) 죽었어?

나". 영희가 '거짓말이 아니고' 정말로(진짜로, 참말로) 철수와 결혼했니?

다". '거짓말이 아니고' 정말로(진짜로, 참말로) 선생이 노름을 했어.

---

49) 이와 같이 문장 성분이 쪼갠월에서 초점이 될 수 있다는 것은 그것이 다음처럼 정도부사가 아니라 명제 부사임을 말한다.
　(1) 철수는 오후에 영희를 만났다.→철수가 영희를 만난 것은 오후이다.
　(2) 철수는 밥을 매우 많이 먹었다.→*철수는 밥을 많이 먹은 것이 매우이다.
　쪼갠월(분열문, cleft sentence)의 분열 가능성에 대한 연구는 임규홍(1988) 참고 세 번째, [진실 확인]의 '정말'류 부사는 그것이 수식하는 정보가 구정보일 가능성이 높다. 다시 말하면, 말하는이는 '진실'임을 '확인'하는 대상이 이미 알고 있는 정보이어야 한다. 어떤 정보를 '확인'할 수 있기 위해서는 당연히 말하는이가 그 정보를 이미 알고 있어야 한다. 위 (48가")의 '철수가 죽었다'는 정보와 (48나"), (48다")의 '영희가 철수와 결혼했음'과 '선생이 노름을 했음'의 정보는 말하는이가 이미 알고 있는 구정보인 것이다. 반면에 뒤에 보겠지만 '정말'류가 [정도 강조]의 의미를 나타낼 때는 이와 다르게 '정말'류가 꾸미는 정보는 말하는이에게 신정보이어야 하는 특성을 가지고 있다.

네 번째, [진실 확인]의 의미를 가진 부사 '정말'류는 그 뒤에 이어지는 정보에 대한 [진실 확인]의 구실을 하기 때문에 말하는이는 앞정보를 다시 되받아 확인하는 담화 양상을 나타낸다. 그리고 담화에서 초점 정보가 아닌 정보는 일반적으로 생략하거나 대신화하고 초점 정보는 생략이나 대신화로 나타나지 않는다. 다음 담화에서도 부사 '정말'류는 그 뒤에 이어지는 정보와 한 덩이가 되면서 반복 실현된다.

(48) 가"'. A: 철수가 정말로(진짜로, 참말로) 죽었어?

　　　　B: 그래, 정말로(진짜로, 참말로) 죽었어.

　　나"'. A: 영희가 정말로(진짜로, 참말로) 철수와 결혼했니?

　　　　B: 그래, 정말로(진짜로, 참말로) 철수와 그렇게 됐어.

　　다"'. A: 정말로(진짜로, 참말로) 선생이 노름을 했어.

　　　　B: 정말로(진짜로, 참말로) 선생이 그랬단 말이지.

위 담화에서 초점 정보가 아닌 다른 정보들은 생략되거나 다른 말로 대신화된다. (48가"')는 '철수가'가 생략되었고, (48나"')는 '영희'가 생략되었으며, '결혼하다'는 '그렇게 되었다'라고 대신화하였다. 마찬가지로 (48다"')의 '노름을 하다'가 '그렇게 하다'와 같이 대신화하였다.

다섯 번째, 이 부사류는 다음과 같이 정도를 나타내는 어떠한 부사로도 바꿀 수 없다.

(48) 가"". *철수가 정말로(진짜로, 참말로) → 매우(아주) 죽었어?

나"". *영희가 정말로(진짜로, 참말로) → 매우(아주) 철수와 결혼했니?

다"". *정말로(진짜로, 참말로) → 매우(아주) 선생이 노름을 했어.

즉, 이것은 [진실 확인]의 '정말'류가 정도부사로서의 기능을 하지 않음을 나타낸다. 마지막으로 [진실 확인]으로서 부사 '정말'류는 구정보를 확인의 의미를 가진 부사 '역시'와 대치할 수 있다.

(48) 가"". 철수가 죽었다고 하더니 정말(역시) 죽었구나.

나"". 영희가 철수와 결혼했다고 하더니 정말(역시) 그랬구나.

다"". 선생이 노름을 했다고 하더니 정말(역시) 그랬구나.

따라서 [진실 확인]의 뜻을 가지고 있는 부사 '정말'류의 의미는 다음과 같이 정리될 수 있다.

(51) 말하는이가 이미 알고 있는 어떤 정보에 대해 듣는이에게 그것이 [진실]임을 [확인]한다.

부사 '정말'류가 뒤따르는 정보의 상태나 '정도'를 '강조'하는 의미를 나타내는 경우가 있다.50) 이것은 이른바 정도부사로 알려진 것과 유사하다. 다음 문장을 보자.

(52) 가. (말하는이가 그 여자가 멋있다는 사실을 모르고 있을 때)

　　　야, 그 여자 정말(진짜, 참말로) 멋있네.

나. (말하는이가 그 차가 빠르다는 사실을 모르고 있을 때)

　　　야, 그 차 정말(진짜, 참말로) 빠르네.

다. (듣는이가 말하는이에게 참, 거짓을 묻지 않았을 경우)

　　　이렇게 산다고 내 정말로(진짜, 참말로) 고생했어.

---

50) 영어 'really'도 정도부사 'very'와 같이 쓰이는 경우가 있다.

　　He is really an idiot.

라. (듣는이가 말하는이에게 참, 거짓을 묻지 않았을 경우)

　　화, 정말로(진짜, 참말로) 많이 나더라.

위 (52)에 쓰인 '정말'류는 앞에서 본 것처럼 뒤에 이어지는 정보가 '참'인지 '거짓'인지 확인하는 [진실 확인]의 의미와는 다르다. 이러한 사실은 위에 제시한 몇 가지 특성을 적용시켜 보면 쉽게 알 수 있다.

　첫째, (52)의 '정말'류는 아래와 같이 월 쪼갬이 어렵다.[51]

(52) 가'. *야, 그 여자 멋있는 것이 정말(진짜, 참말)이다.

　　나'. *야, 그 차 빠른 것이 정말(진짜, 참말)이다.

　　다'. *이렇게 산다고 내가 고생한 것이 정말(진짜, 참말)이다.

　　라'. *화 많이 나는 것이 정말(진짜, 참말)이다.

위 (52)에 쓰인 '정말'류는 그 아래 (52')와 같은 의미가 아니다. 즉, (52)의 '정말'류가 그 아래와 같이 월 쪼갬으로 '정말'류가 가지고 있는 원형적 의미인 '참·거짓'을 판별하는 뜻이 아니고 단순히 뒷 정보를 강조하는 것으로밖에 볼 수 없다.

　둘째, [정도 강조]의 '정말'류는 아래와 같이 '거짓말이 아니라'라는 반대 정보를 삽입하면 원래의 의미와 다르게 된다. 위 문장처럼 명제 정보가 신정보일 때는 다음 문장은 불가능하다.

(52) 가". *야, 그 여자 '거짓말이 아니라' 정말(진짜, 참말로) 멋있네.

　　나". *야, 그 차 '거짓말이 아니라' 정말(진짜, 참말로) 빠르네.

　　다". *이렇게 내가 산다고 '거짓말이 아니라' 정말로(진짜, 참말로) 고생했어.

　　라". *화 '거짓말이 아니라' 정말로(진짜, 참말로) 많이 나더라.

---

51) 서정수(1971)는 '그이가 정말로 빨리 달린다.→그이가 빨리 달리는 것은 정말이다'와 같이 쪼갬월이 가능한 것으로 부사 '정말'을 문장 부사라고 하였다. 그러나 위의 두 문장은 담화 상황에 따라 의미가 다르게 나타난다. 본고의 논의대로 한다면 앞 문장의 '정말'은 [정도 강조]의 뜻을 가진 반면에 뒷문장은 [사실 확정]의 의미를 나타낸다.

셋째, 앞 [진실 확인]의 '정말'류의 꾸밈을 받는 정보가 말하는이에게 구정보이었는데 반해, 이 경우는 [정도 강조]의 '정말'류의 꾸밈을 받는 정보가 말하는이에게는 신정보가 된다.

위 (52가)에서 말하는이는 '어떤 여자가 멋있다'는 정보를 이미 알고 있는 것이 아니라 그 사실을 처음 알고 감탄하거나 정도를 강조하는 뜻을 가진다. 만약 말하는이가 그 정보를 이미 알고 있는 구정보일 경우는 [진실 확인]의 의미로 수용될 수 있다. (52나)도 말하는이가 자기가 보고 있는 '차가 빠르다'는 정보를 모르고 있는 상태이다.

만약, (52가)의 발화가 다음과 같이 말하는이가 '그 여자가 멋있다'는 정보를 이미 알고 있었다면 그것은 '그 여자가 멋있는 사실'을 확인하고 강조하는 의미 기능을 하게 된다. 이러한 의미를 확인하기 위해서 구정보의 사실을 확인하는 부사 '역시'로 대치시켜 볼 수 있다. 그리고 이 경우는 부사 '정말'류에 강세가 놓이게 되는 것이 일반적이다.

(52) 가‴. 자네가 지난번 그 여자가 멋있다고 했는데 지금 보니,

야, 그 여자 정말(역시, 진짜, 참말로) 멋있더라.

(52다)와 (52라)의 '정말'은 말하는이가 자기 자신의 마음 상태에 대한 정도를 상대에게 강조하고 있다. 그렇지 않고 만약, (52다)와 (52라)가 아래와 같은 선행 물음에 대답의 형식으로 발화되었을 경우는 [진실 확인]의 의미 기능을 한 것이다.

(52) 다‴. '너, 고생한 것이 정말(진짜, 참말)인가?'

라‴. '너, 화난 것이 정말(진짜, 참말)인가?'

그러나 위 (52다‴)와 (52라‴)의 전제가 선행 물음이나 선행 정보가 신정보이기 때문에 말하는이가 상대에게 발화 정보가 참인지 거짓인지를 확인할 필요가 없다. 따라서 말하는이가 자기의 심리적인 상태의 정도를 듣는이에게 강조하는 [정도 강조]의 의미로 기능하고 있다.

넷째, '정말'류가 [정도 강조]일 경우는 정도를 나타내는 다른 부사와 바꿀 수 있다.

(52) 가''''. 야, 그 여자 정말(진짜, 참말로) → 매우(아주) 멋있네.

나''''. 야, 그 차 정말(진짜, 참말로) → 매우(아주) 빠르네.

다''''. 이렇게 산다고 내 정말로(진짜, 참말로) → 매우(아주) 고생했어.

라''''. 화, 정말로(진짜, 참말로) → 매우(아주) 많이 나더라.

이와 같이 부사 '정말'류가 정도를 나타내는 정도부사 '매우'나 '아주'와 대치 가능하다는 것은 부사 '정말'류의 의미 기능이 정도부사의 기능을 하고 있다는 것을 단적으로 나타낸 것이다.

다섯째, [정도 강조]의 의미로 쓰인 '정말'류는 이 부사와 이 부사의 꾸밈을 받는 피수식어가 하나의 성분 덩이가 되어 이동이 가능하다는 것이다.

(52) 가'''''. 야, 정말(진짜, 참말로) 멋있네, 그 여자.

나'''''. 야, 정말(진짜, 참말로) 빠르네, 그 차.

다'''''. 정말로(진짜, 참말로) 고생했어, 이렇게 산다고 내.

라'''''. 정말로(진짜, 참말로) 많이 화 나더라.

이러한 현상은 이 '정말'류의 부사가 뒤에 이어지는 상태의 정도를 꾸며 하나의 마디를 이루어 성분의 기능을 하고 있음을 말해 준다.[52]

마지막으로 부사 '정말'류가 뒤에 이어지는 신정보에 [정도 강조]의 의미를 나타낼 경우는 구정보의 확인의 의미를 나타내는 부사 '역시'와 바꿀 수 없다.

(52) 가''''''. (말하는이가 그 여자가 멋있다는 사실을 모르고 있을 때)

야, 그 여자 정말(*역시, 진짜, 참말로) 멋있네.

나''''''. (말하는이가 그 차가 빠르다는 사실을 모르고 있을 때)

야, 그 차 정말(*역시, 진짜, 참말로) 빠르네.

---

52) 김영희(1987:107)는 구성 성분의 검증으로 '어떤 복합 연쇄체가 그 문장 내의 다른 위치에서도 나타날 수 있다면 그 복합 연쇄체는 그 문장의 단일 구성 성분임을 의미한다'고 하였다.

다''''. (듣는이가 말하는이에게 참, 거짓을 묻지 않았을 경우)

　　이렇게 산다고 내 정말로(*역시, 진짜, 참말로) 고생했어.

라''''. (듣는이가 말하는이에게 참, 거짓을 묻지 않았을 경우)

　　화 정말로(*역시, 진짜, 참말로) 많이 나더라.

그리고 '정말'류 부사가 [정도 강조]의 의미를 나타낼 경우는 주어가 일인칭이며, 서술어는 '감탄'이나 '놀람'의 의미를 가진다.[53]

이상과 같은 부사 '정말'류의 몇 가지 특징으로 [정도 강조]의 '정말'류가 앞에 나온 [사실 확인]의 '정말'류와 그 의미가 다르게 실현된다는 것을 말해 준다. 즉, [정도 강조]의 의미를 가지고 있는 부사 '정말'류의 의미는 다음과 같이 정리될 수 있다.

(53) 말하는이가 처음 알게 된 어떤 정보(신정보)의 [정도]에 대해 말하는이의 마음 상태를 [강조]한다.

지금까지는 우리는 부사 '정말'류가 [진실 확인], [정도 강조]의 의미를 가지고 있음을 보았다. 여기에서는 이와는 달리 어떤 문장 전체에 대한 정보를 [단순]히 [강조]하는 의미를 나타내는 경우를 보겠다.[54]

(54) 가. 정말로(진짜로, 참말로), 우리가 이래서는 안된다.

　　나. 정말로(진짜로, 참말로), 기분이 그렇게 나쁠 수 없었어.

　　다. 정말로(진짜로, 참말로), 저게 국회의원이라고 할 수 있나?

　　라. 정말로(진짜로, 참말로), 내가 어릴 때 말이지,

　　마. 정말로(진짜로, 참말로), 너 큰일이다 큰일.

---

53) 이 경우는 부사와 서술어의 공기 관계가 이루어지기 때문에 최현배(1971),박선자의 정도 어찌말, 양상 구성소와 공기 제약의 특성을 가지고 있다는 황병순(1985)의 '양상 부사'에 해당된다.

54) 아래는 영어 부사 'really'가 다음과 같이 '정말(thoroughly)'의 뜻으로 쓰인 경우이다.
You should really have started first.

위 문장에서 '정말'류는 문장의 일정한 성분과 관계있는 것이 아니라 문장 전체의 의미를 단순히 강조하는 의미로 쓰였다. [단순 강조]를 나타내는 부사 '정말'류는 앞에서 살펴본 다른 의미 기능을 가진 '정말'류와 몇 가지 측면에서 다른 특성을 가지고 있다.

첫째, [단순 강조]의 뜻을 가진 부사 '정말'류는 다음과 같이 쪼갠월의 초점으로 실현될 수 없다.[55]

(54) 가'. *우리가 이래서는 안된다는 것이 정말(진짜, 참말)이다.

나'. *기분이 그렇게 나쁠 수 없었어 하는 것이 정말(진짜, 참말)이다.

다'. *저게 국회의원이라고 할 수 있나? 하는 것이 정말(진짜, 참말)이다.

라'. *내가 어릴 때 말이라는 것이 정말(진짜, 참말)이다.

마'. *너, 큰일이다. 큰일인 것이 정말이다.

이 말은 위 (54)에 쓰인 부사 '정말'류가 뒤에 이어지는 명제에 대한 '참'과 '거짓'을 판단하는 뜻으로 쓰인 [진실 확인]의 뜻으로 쓰인 것이 결코 아님을 말해 준다. 위 (54)에 쓰인 '정말'류는 뒤에 이어지는 명제월을 단순하게 강조하는 뜻으로 쓰였다.

둘째, 부사 '정말'류가 명제월을 '단순히 강조할' 경우는 말하는이가 명제월을 이미 알고 있는 구정보일 경우이다. (54가)는 우리가 지금 하고 있는 어떤 사실을 말하는이는 이미 알고 있으며, 그 사실이 매우 잘못된 것임을 강조하고 있다. (54나) 말하는이가 자기가 이미 경험했던 사실이 자기에게는 기분이 매우 나빴음을 강조하고 있다. (54다)도 말하는이는 국회의원의 행동이 잘못된 것임을 이미 알고 있으며, 그것이 매우 잘못되었음을 강조한 것이다. (54라)는 말하는이가 어릴 때 이미 경험했던 어린 시절의 특별한 상황을 듣는이에게 강조한 것이다. (54마)는 말하는이가 상대의 잘못을 이미 알고 있으며 그것이 잘못되었음을

---

55) 박선자(1996:214)에서 '정말로 그는 신사이다.'라는 문장이 월을 구성하고 있는 명제 내용 자체의 어떠함을 보이는 것으로 본월과 독립적이라고 하였다. 그러면서 그 문장이 '그가 신사임이 정말이다'로 바꿀 수 있다고 보고 월 어찌말이라고 하였다. 그런데 '정말로 그는 신사이다.'라는 문장을 쪼갠월로 바꾼 '그가 신사임이 정말이다.'로 변환은 의미적으로 불가능하다. 쪼갠월의 '정말'은 [진실·확인]의 명제적인 의미를 가진 이른바 명제 부사인 반면에 '정말로 그는 신사이다.'의 '정말로'는 명제 부사가 아니라 문장 전체를 [단순히 강조]하는 문장 부사인 것이다.

듣는이에게 강조하여 드러내고 있다.

셋째, 이 경우는 [정도 강조]의 의미를 가진 '정말'류와는 다르게 정도를 나타내는 부사와 바꿀 수 없다.

(54) 가". 정말로(진짜로, 참말로) → *매우(아주), 우리가 이래서는 안 된다.

나". 정말로(진짜로, 참말로) → *매우(아주), 기분이 그렇게 나쁠 수 없었어.

다". 정말로(진짜로, 참말로) → *매우(아주), 저게 국회의원이라고 할 수 있나?

라". 정말로(진짜로, 참말로) → *매우(아주), 내가 어릴 때 말이지,

마". 정말로(진짜로, 참말로) → *매우(아주), 너 큰일이다 큰일.

이것은 [단순 강조]의 의미를 가진 '정말'류는 [정도 강조]의 '정말'류와는 그 의미가 다름을 말해 준다. [단순 강조]의 '정말'류가 문장 머리에 와서 문장 전체의 명제를 강조할 때는 문장 부사로서 그 이동 가능성이 높다. 이 경우 '정말'류가 문장 속에 어떤 자리에 놓이든지 정도를 나타내는 정도부사 '매우, 아주'와 대치할 수 없다. 그러나 문장 성분 가운데 한 성분에 강세가 놓이면 그 성분이 문장 초점이 될 수 있다.[56]

넷째로, [단순 강조]의 의미로 부사 '정말'류는 구정보의 [사실·확인]의 의미를 가지고 있는 '역시'와 바꾸어 쓸 수 없다.

(54) 가'''. 정말로(*역시, 진짜로, 참말로), 우리가 이래서는 안 된다.

나'''. 정말로(*역시, 진짜로, 참말로), 기분이 그렇게 나쁠 수 없었어.

다'''. 정말로(*역시, 진짜로, 참말로), 저게 국회의원이라고 할 수 있나?

라'''. 정말로(*역시, 진짜로, 참말로), 내가 어릴 때 말이지,

마'''. 정말로(*역시, 진짜로, 참말로), 너 큰일이다 큰일.

---

56) 박선자(1996:215)에서 월어찌말의 월바탕 꾸밈 조건 가운데 하나가 '월강세에 따라 꾸밈의 초점이 결정된다.'고 하였다. 따라서 월의 어떤 성분에도 1차 강세가 놓이지 않으면 월 전체가 강조의 대상으로 될 수도 있다.

그리고 [단순 강조]의 의미를 가진 '정말'류는 위와 같이 월 전체에 대한 정보를 강조하는 경우와 다음 보기와 같이 낱말 정보를 강조하는 경우가 있다.

다음은 '정말'류가 담화에서 흔히 실현되는 낱말에 대한 단순 강조의 기능을 하는 경우이다.

(55) 가. 그런데 정말 내가 이렇게 살아 있다는 것이 <u>진짜</u> 천운이라고 생각해.

　　　 나. 우리나라 경제가 진짜 이렇게 된 것은 정치가뿐만 아니고 <u>정말</u> 모든 사람의 책임이 있는 것 같습니다.

　　　 다. 진짜 우리나라가 바로 되기 위해서는 <u>정말</u> 이제부터 정신차려야 합니다.

위에 줄친 부사 '정말'류는 그 뒤에 따르는 낱말을 강조하는 구실을 한다. (55가)의 '진짜'는 뒤에 따르는 '천운'을 강조하고, (55나)의 '정말'은 뒤에 따르는 '모든'을 강조한다. 그리고 (55다)의 '정말'은 그 뒤에 따르는 '이제부터'를 강조하고 있다. 그래서 [단순 강조]의 '정말'류는 뒤에 이어지는 정보를 담화에서 초점이 되게 한다.

낱말을 강조하는 '정말'류가 그 뒤에 따르는 정보의 '참'과 '거짓'을 확인하거나 어떤 상태의 정도를 나타내는 것이 아님은 다음 몇 가지 방법으로도 확인이 가능하다. 즉, 다음과 같이 정도부사 '매우'와 [진실 확인]의 의미를 나타내는 부사 '역시'와 바꾸어 쓸 수 없으며, [진실 확인]의 의미와 상대적인 '거짓말이 아니라'라는 마디도 삽입이 불가능하다.

(55) 가'. 그런데 정말 내가 이렇게 살아 있다는 것이(*거짓말이 아니라) 진짜(참말로, 정말)(*매우, *역시) 천운이라고 생각해.

　　　 나'. 우리나라 경제가 정말 이렇게 된 것은 정치가뿐만 아니고(*거짓말이 아니라) 정말 (진짜로, 참말로)(*매우, *역시)모든 사람의 책임이 있는 것 같습니다.

　　　 다'. 진짜 우리나라가 바로 되기 위해서는 (*거짓말이 아니라) 정말(진짜로, 참말로)(*매우, *역시)이제부터 정신차려야 합니다.

그런데 이 [단순 강조]의 부사 '정말'류는 그 실현 환경이 매우 자유롭고 말하는이의 순간적인 심리적 상태에 따라 그 실현이 결정되기도 하는데, 그것은 이 '정말'류 부사의 쓰임이 어휘적 기능에서 담화적 기능으로 상당히 확대되고 있음을 말해 준다.

부사 '정말'류의 [단순 강조]의 의미 기능은 다음과 같이 정리될 수 있다.

(56) '말하는이가 이미 알고 있는 정보를 듣는이에게 [단순]하게 [강조]함으로써 담화의 초점
   이 되게 한다.'

지금까지 살펴본 부사 '정말'류의 의미 양상에서 우리는 이 부사류의 실현이 매우 유동적이며 다분히 담화적 특성을 가지고 있음을 알게 되었다.

부사 '정말'류는 원래 어휘적 의미인 '거짓'이나 가짜'의 상대적인 의미로서 '참말(眞言)'이나 '정(正)말' 또는 '진(眞)짜'의 어휘적 의미를 가진 명제 부사로 쓰이다가 그것이 어떤 상태의 정도를 강조하는 정도부사로, 나아가 어떤 정보를 단순하게 강조하는 담화적 기능을 하는 부사로 그 쓰임이 넓혀져 사용되고 있다. 다시 말하면, 이러한 부사 '정말'류의 변화는 어휘적 기능에서 점차 담화적 기능으로 그 기능이 확대되고 있음을 뜻한다.

이러한 현상은 오늘날 많은 말들이 담화상에서 그 어휘적 의미가 확대되거나 없어지면서 담화 표현으로서 다양한 기능을 하는 이른바 담화표지(discourse marker)나 문법적 표지로 전이되고 있는 현상과 일치한다. 예컨대, 부사 시간의 변화를 뜻하는 부사 '이제'[57]가 담화에서 단순히 상황 변화나 말할이의 시간 유지와 같은 어휘적 의미와는 다른 담화표지 기능을 하는 것이나, 원래 '소유'의 의미를 가지고 있던 '가지고'[58]가 '먹어 가지고'처럼 보조 용언으로 쓰이다가 '그것가지고'와 같이 도구를 나타내는 문법 표지인 조사로까지 쓰이게 된 보기들이 그러한 것이다.

부사 '정말'류가 정도부사의 화용 의미로 전이되는 과정은 다음과 같다.

(57) 가. 철수가 정말로(진짜로, 참말로) 대학에 합격했어.(양상부사-성분부사)

   나. 정말로(진짜로, 참말로), 저게 국회의원이라고 할 수 있나?(양상부사>정도부사-문장

---

57) 담화표지로서 '이제'에 대한 연구는 이기갑(1995)과 임규홍(1996)이 있다.
58) '어가지고'에 대한 논의는 임규홍(1994), 담화표지 '뭐냐', '있지'에 대안 연구는 임규홍(1995) 참고.

부사)[59]

　다. (말하는이가 그 여자가 예쁘다는 사실을 모르고 있을 때)

　　야, 그 여자 정말(진짜, 참말로) 예쁘다.(정도부사–성분부사)

(57가)의 '정말'류는 어휘적 의미를 그대로 가지고 있다. '정말', '진짜', '참말'은 각각 正말(言), 眞짜, 참말(眞言)과 같이 '바른말, 진실된 말'이라는 의미를 가지고 있다. 그러나 (57 나)와 (57다)에 쓰인 부사 정말류는 그러한 어휘적 의미를 가지고 있지 않다. 그것은 다음과 같이 대조되는 말을 넣어보면 쉽게 알 수 있다.

(57) 가'. 철수가 거짓말이 아니라 정말로(진짜로, 참말로) 합격했어.

　　나'. *거짓말이 아니라, 정말로(진짜로, 참말로), 저게 국회의원이라고 할 수 있나?

　　다'. *거짓말이 아니라, 야, 그 여자 정말로(진짜로, 참말로) 예쁘다.

(57가')는 (57가)와 동일한 의미로 가능하나 (57나', 다')는 각각 (57나, 다)와 같은 의미가 아니다.

그리고 원래 양상 부사였던 '정말'류가 정도부사로 쓰이면서 형태적 변형은 크게 보이지 않는다. 단지 특이한 것은 '정말', '진짜', '참말' 뒤에는 다른 부사에서는 보이지 않는 접미사 '로'의 결합이 자연스럽다는 것이다.

(58) *아주로, *너무로, *매우로, *몹시로, *많이로

이것은 '정말', '진짜', '참말'에 접미사 '–로'가 결합되어 부사로 되었다고 볼 수 있다. 그러나 '정말'이나 '진짜'는 단독으로 이미 부사로 쓰이기 때문에 '로'가 파생접사는 아닌 것 같고 단지 의미를 강조하는 접사로 보인다. 그런데, '참말'에는 '–로'의 결합이 필수적이어서 이때는 또 '–로'가 파생 접사의 기능을 한다고 볼 수 있다.[60]

---

59) 일부 사전에는 이를 감탄사라 하기도 한다.(새국어사전, 1999, 두산동아)
60) 이것과 유사한 보기로 '때때로', '진실로', '억수로'가 있다. 이때 '로'가 접사인가, 조사인가에 대한 문제

이러한 정말류가 화용의미로서 정도부사는 입말에서 쉽게 나타난다.

　　(59) 야, 진짜(정말, 참말로) 아름답구나!

　　(60) 중국 계림의 경치가 매우(아주, ^{??}진짜, ^{??}정말, ^{??}참말로) 아름다워서 나는 감탄하지 않을
　　　　수 없었다.

　　정도부사 '정말'류가 (59)처럼 입말에서 감탄사와 함께 쓰인 감탄문과 호응이 잘된다는
것은 그것이 입말 상황에서 쉽게 나타난다는 것을 말한다. 그리고 (60)처럼 글말체에서는
'정말'류가 정도부사로 쓰이는 것이 어색하다.
　　입말 상황에서 '정말'류를 강조할 경우 특히 '정-말', '진-짜', '참-말로'와 같이 음성적으
로 길게 소리내거나 다른 정도부사와 마찬가지로 첫음절을 강하게 소리낸다.
　　다음은 '정말'류의 화용 의미화 특징이다.

의미	형태	음운	입말	글말
명사(眞言)>정도부사(강조)	정말로(진짜로)	[정-말로(진-짜로)], [정말로(진짜로)]	○	△

[표 3] '정말'류의 화용 의미화 특징

2.4. 억수로

다음 문장을 보자.

　　(61) 가. 비가 억수로 온다.

　　　　나. 사람이 억수로 많이 모였더라.

도 남아 있다. 부사 뒤에도 '너무도(나, 나도)', '하도', '참으로'와 같이 조사가 결합되기도 한다. 우선 명
사 뒤에 붙어서 부사의 기능을 하게 하는 '로'는 부사파생접미사로 보기로 한다.

여기에 쓰인 '억수로'는 명사 '억수'에서 부사 파생 접미사 '-로'가 결합된 것이다.[61] 그런데 다음과 같이 <두산2> 사전을 제외하고는 대부분 사전에 '억수로'가 부사로 등재되어 있지 않았다.

(62) (한글)(두산1)(두산2) 억수(이): 물을 퍼붓듯이 세차게 많이 내리는 비

(한글)(두산1)(두산2) 억수장마(명): 여러 날 동안 억수로 내리는 장마

(두산2) 억수로(부): (비가 오는 것이)물을 퍼붓듯이

우선, 원래 '억수'가 '많은 비'의 의미를 가진 명사이며, 여기에서 '억수장마'가 나왔다. 그런데 '억수장마'를 설명하는 곳에 '억수로'라는 부사를 사용하고 있다. 그럼에도 '억수로'는 독립된 품사로 인정하지 않고 있다는 것은 '억수로'가 '억수+로(조사)'로 보았기 때문이다. 그러나 <두산2>에서는 독립 품사로 등재하고 있다. 그러면서 '물의 많음'이라는 의미에 한정되어 쓰이는 부사로 보고 있다. 그런데 실제 언어생활에서는 (63)과 같이 '억수로'가 물의 양에만 쓰이는 것이 아니라 일반 정도부사로 매우 많이 쓰이는 쪽으로 상당히 변하고 있는 것이 현실이다.

따라서 부사 억수로는 다음과 같은 화용 의미화 과정을 거치는 것으로 보인다.

(63) 가. 비가 억수같이 온다.(명사(비의 양))

나. 비가 억수로 온다.(정도부사(비의 양))

다. 사람이 억수로 많이 모였더라(정도부사(정도 강조))

(63가)의 '비의 양이 많음'이라는 명사에 접미사 '로'가 결합되면서 유사한 의미의 부사로 파생되었다가 그것이 (63다)처럼 일반 정도부사의 강조라는 화용 의미로 전이되었음을 알

---

61) '억수로'가 일반 정도부사로서 강조하는 경우는 흔히 경상방언에서 주로 나타나는 것 같다. 이와 유사한 말로 전라 방언에서는 '허벌라게'가 있다. 이 '허벌라게'는 정도부사와 성상부사와 동시에 사용된다. '허벌라게 재미있다'는 정도부사로 쓰인 것이고 '허벌라게 와버리랑께'는 '빨리'의 뜻을 가진 성상부사로 쓰인 것이다. 그리고 이와 비슷한 전라 지방의 방언에 '겁나게'라는 말도 있다. 그러나 '억수로'가 정도부사로 변하는 것과는 어원적인 면에서 다른 점이 있다.

수 있다.

'억수로'가 일반 정도부사로 바뀌면서 눈에 띠는 형태 변화는 확인이 되지 않는다. 다만 음성적으로는 '억-수로'와 같이 길게 소리내거나 또는 '억수로'와 같이 '억'에 강세를 두는 경우가 많다. 그리고 이 '억수로'도 다른 정도부사의 화용 의미화와 같이 입말에서만 쓰이는 특성을 가지고 있다.

(64) *나는 어제 대통령 선거 연설을 듣기 위해 운동장에 갔다. 거기에는 사람들이 억수로 많이 모였다.

(64)가 어색하거나 수용하기 어려운 것은 '억수로'가 글말 형태에 쓰였기 때문이다. '억수로'의 화용 의미 특징은 다음 [표 4]와 같다.

의미	형태	음운	입말	글말
정도부사(빗물의 양)>정도부사(강조)	억수로	[억수로], [억-쑤로]	○	×

[표 4] '억수로'의 화용 의미 특징

2.5. 많이

다음 문장을 보자.

(65) 가. 비가 많이 온다.
　　　나. 너 많이 예뻐졌구나!

원래 '많이'는 (65가)처럼 원래 '수나 양이 어떤 기준을 넘어서다'라는 형용사 '많다'에 부사화 접미사 '-이'가 붙어서 만들어진 부사이다. 따라서 부사 '많이'는 원래 '수나 양이 많은 정도'의 의미를 가지고 있는 성상부사이다. 그런데 성상부사 '많이'가 구어의 상태동사 앞에서 (65나)처럼 정도부사로 쓰이기도 한다. 이때 쓰인 '많이'가 바로 화용 상황에서 화용

의미로 쓰인 것이라고 말할 수 있다. 이것은 원래 '많다'가 가지고 있는 양이나 수의 정도를 나타내는 의미가 상태의 정도를 나타내는 정도부사로 적용상의 전이(shifts in application)라고 할 수 있다.[62] 이것은 다음과 같이 대조 문장에서 쉽게 확인이 된다.

(65) 가. 비가 많이 온다.
　　　가'. 비가 적게 온다.
　　　나. 너 많이 예뻐졌구나.
　　　나'. *너 적게 예뻐졌구나.

만약, '많이'의 반의어가 '적게'라면 (65나)가 가능한 것처럼 (65나')도 가능해야 한다. 그러나 (65나')는 수용하기 어렵다. 이것은 '많이'가 양의 의미를 가지고 있는 정도부사 '적게'의 반의어로 쓰인 것이 아님을 의미한다.

이와 유사한 논의로 신지연(2002:76)에서 '많이'가 성상 부사에서 정도부사로 바뀌는 이유를 많이 가지고 있는 [+量]의 의미에서 [量]의 의미는 빠지고 [+]자질이 홀로 상태성을 강조하며 형용사와 쓰이기 때문이라고 하였다. 반면, 부사 '깊이'는 '깊이 아프다'와 같이 [+深]에서 [深]과 어울리지 않는 형용사와는 쓰일 수 없다고 하였다. 이 말은 결국 '많이'도 [量]과 어울리지 않는 말과는 어울릴 수 없어야 함에도 '많이 아프다'가 가능한 것은 '많이'라는 부사가 성상부사에서 정도부사로 화용 의미화의 과정을 거쳤음을 의미한다.

더구나 신지연(2002:76)에서 '많이'가 성상부사에서 정도부사로 쓰이는 것은 그것이 형용사와 공기할 때, 이들 부사가 가지고 있는 상태성이 형용사의 상태성과 충돌하여 상태성이 빛을 바라고 그것이 내포하고 있는 강화 의미 곧 정도성만 두드러지기 때문이라고 하였다. 이러한 전이가 성상부가가 정도부사로 바뀌면서 화용적 의미를 가지게 된다고 설명할 수 있다. 특히, '강화의미'라는 자체가 화용 의미적 특성을 가지고 있다는 것이다.

'많이'가 상태의 정도부사로 쓰이면서 형태적 변화는 발견되지 않는다. 음성적 변화는 강조를 위해 '많-이'로 첫소리를 길게 하거나 '많-이'와 같이 첫소리를 강하게 소리내기도

---

62) 홍사만(1994:323), 이석규(1987:19)에서도 지적하고 있다.

한다.

그리고 상태 정도부사의 '많이'도 입말에서 쉽게 실현된다. 그러나 부사 '많이'는 성상부사로 거의 안정되게 쓰이기 때문에 글말에서도 그렇게 어색하지 않게 되었다.

(66) 어제 나는 영희를 만났다. 그런데 영희가 예전보다 많이 예뻐진 것 같았다.

(67) 영희야, 너 많이 예뻐졌구나!

따라서 '많이'의 화용 의미 특성은 다음과 같다.

의미	형태	음운	입말	글말
정도부사(양)>정도부사(양/상태)	많이	[마ː니], [마니]	○	△

[표 5] '많이'의 화용 의미 특성

제3장

국어 방언 정도부사의 화용

1. 들머리

지금까지 우리 방언 연구는 주로 방언의 지리적 연구(dialet geography)와 등어선(isogloss)을 중심으로 방언권을 구획하는 방언 구획론, 그리고 이들 방언권에 대한 개별 방언의 발굴 및 분화의 구조를 밝히는 기술적 방언 연구에 주력해 왔 다. 특히, 지리적 방언 연구는 일반적으로 좁게는 군단위의 개별 지역, 넓게는 경 상, 전라, 제주, 경기 등 행정구역 중심으로 한 어휘적 분포나 음운 규칙 그리고 언어 지도를 그리는 언어 구획에 관련된 연구들이 대부분이었다.[1](이익섭, 2002:333). 한쪽으로는 방언형의 의미 자질을 연구하는 어휘 의미론 연구도 있었다(전광현, 1973; 이익섭, 1976 등). 그리고 최근 우리 방언의 문법에 대한 전반적인 연구는 이기갑(2003)에서 폭넓게 이루어진 바 있는데, 이 연구는 방언의 문법적 연구라는 점에서 의미가 크다고 하겠다.

본 연구에서 시도하고자 하는 방언의 의미론적 연구는 지금까지 방언의 다른 분야의 연

---

1) 지역별 대체적인 방언 선행 연구들은 다음과 같다. 이 외 방언 연구는 매우 많다. 일일이 제시하지 않는다.
전라방언: 김완진(1977), 김웅배(1991), 배주채(1998), 이기갑(1982-2003) 등.
경남방언: 김형주(1961), 최학근(1978), 김영태(1998), 최명옥(1998), 김정대(1998), 황병순(2001), 김차균(2002) 등.
경북방언: 최명옥(1980), 이상규(2000), 권재일(1996), 김태엽(1998) 등.
제주방언: 현평효(1985), 박용후(1988), 강정희(1988), 성낙수(1992), 홍종림(1993), 정승철(1998), 문순덕(1999) 등.
충청중부 방언: 도수희(1977), 김충회(1990), 곽충구(1997), 박경래(1998), 한영목(1999) 등.

구에 비해 상대적으로 미진한 것이 사실이다(최명옥, 1990). 특히, 박성종(1998:105)에서 강원도 방언의 부사에 대한 연구가 없음을 지적한[2] 것처럼 방언 어휘 가운데 부사에 대한 연구가 매우 드물었다. 더구나 본고에서 논의하고자 하는 방언의 정도부사와 관련된 연구는 더욱 그렇다. 김영태(1990)의 '창원지역 부사'에 대한 자료 정리가 있었고, 각 지역 방언 사전에 제시된 방언 정도부사에 대한 자료가 있을 정도이다. 그 외 각 방언 어휘 연구에서 피상적으로 언급한 경우도 있었다. 그리고 안주호(2003:163)에서 정도부사 '되게'를 논의하면서 방언 정도부사에 대한 언급이 있었다. 거기에서 상태 동사나 명사의 의미 특성에 이끌리어 정도 부사화 된 지역 방언인 '겁나게', '징그럽게', '더럽게', '징허게', '억수로'와 비교해 볼 수 있다는 점을 시사하면서, 이들은 속어이면서 정도부사화 되어가고 있다고 하였다.[3] 이처럼 지금까지 방언의 의미 연구가 미진한 까닭은 우선, 각 방언들의 의미 변별이 명확하지 않다는 점과 방언 정도부사들 사이에 의미 분화가 뚜렷하지 않다는 점 때문이다. 그리고 '정도부사'의 기본적인 의미 기능이 말하는 이의 명제적 의미에 말하는 이의 주관적인 심리 상태를 부가하는 부가어의 기능을 하기 때문이다.[4] 다시 말하면, 정도부사는 담화 차원에서 그 기능이나 의미가 다른 낱말 갈래보다도 훨씬 유연성이 크다는 것이다.[5] 마지막으로 정도부사는 공간적, 계층적으로 변이 가능성이 매우 높을 뿐만 아니라 상황 의존성이나 의미 유동성이 매우 높아서 방언에 따라 정도부사의 실현 양상이 매우 복잡하게 나타나는 것도 방언 정도부사 연구를 어렵게 하는 한 말미가 된다.[6]

---

2) 영동 방언에 '모두', '다'의 의미인 '마커', '마카'의 예만 소개할 뿐이다.

3) 안주호(2003:163)에서 '겁나게', '더럽게'는 전북방언에서, '징허게'는 전남방언에서, '억수로'는 경남방언에서 쓰인다고 하였다. 실제 이렇게 엄격하게 구분지을 수 없음은 본고에서 논의할 것이다.

4) 최홍렬(2005:12)에서도 정도부사의 다른 품사에 비해 화자의 감정과 심리상태에 따른 표현의 특성을 가지고 있기 때문에 유의어 생산성이 높다고 지적하고 있다. 국어 정도부사의 화용론 적인 논의는 임규홍(2003) 참조

5) Quirk et al(1985:478)는 부사류가 가지고 있는 특징으로 다음과 같이 제시하고 있다.
   (1) 의미 역할의 범위가 넓다.
   (2) 동일절에서 여러 번 실현될 수 있다.
   (3) 실현 형태가 다양하다.
   (4) 실현 위치가 다양하다.
   (5) 문법적 기능이 다양하다.
   (6) 정보 처리 및 맥락 관련상 유연하다.

6) 한국방언자료집(한국정신문화원)에도 정도부사 방언 자료는 없었다. 그만큼 지금까지 방언 정도부사에 대한 관심이 적었음을 의미한다.

그럼에도 불구하고 본고에서 방언에 나타나는 정도부사를 연구하고자 한 것은 정도부사가 어떤 언어 범주보다 개인적, 감정적, 공간적인 특성을 뚜렷이 가지고 있어서 지방마다 매우 특이한 방언이 존재할 것이라는 전제 때문이다. 즉, 정도부사가 다른 문법 범주보다 매우 복잡하긴 해도 다른 어떤 문법 범주보다도 방언적 특성을 많이 가지고 있는 문법 범주라는 것이다.

본고에서 사용한 정도부사 개념은 일반적으로 후행하는 서술어의 정도성을 나타내는 품사를 말한다. 여기에서 서술어의 정도는 양과 수의 정도를 나타내는 것과 상태 변화의 정도를 나타내는 것을 포함하고 있다. 예컨대, '밥을 조금(많이) 먹었다.'의 '조금'과 '많이'처럼 양의 정도를 나타내는 부사, '사람들이 조금(많이) 왔다'에서 '조금'과 '많이'처럼 수의 정도를 나타내는 부사, 그리고 '순희가 조금(많이) 예뻐졌다'의 '조금'과 '많이'처럼 형용사나 정도성을 나타내는 동사 앞에서 상태 정도를 변화시키는 정도부사를 본고에서는 모두 정도부사의 범주에 포함하였다.[7] 따라서 본고에서는 양이나 수의 정도를 나타내는 정도부사를 '수량 정도부사'로, 상태의 변화를 나타내는 정도부사를 '상태 정도부사'로 일컫는다. 그리고 본고에서 사용한 정도부사의 범주에는 간혹 형용사에서 아직 부사로 온전히 파생하지 않은 것들도 포함하였다. 그것은 방언에서는 형용사의 부사형이 부사의 형태로 상당히 관용화되어 사용하고 있기 때문이다.

2. 연구 방법 및 자료

본 연구는 국어 각 방언에 나타나는 정도부사의 형태와 의미를 연구하는 데 주된 목적이 있다. 이를 위해 먼저 각 방언에 쓰이는 정도부사를 조사·발굴·정리하고 체계를 세우는 작업이 선행되었고, 다음으로 정리된 각 지방의 정도부사가 어떤 어휘적 의미를 가지고 있는지를 분석하였다. 더불어 통사적 특징과 의미적 특징 그리고 기본 의미, 성조 등을 체계

---

7) 서상규(2005)에서는 정도부사를 '아주', '너무'와 같은 것을 평가 의미의 정도부사로, '조금' '많이' 등을 수량의 정도부사로 나누었다. 본고에서는 이 둘을 포함하는 의미로 쓴다. 그리고 본고의 정도부사 개념은 다소 넓은 의미로 쓰이고 있음을 밝힌다. 정도부사 개념에 대한 논의는 최홍렬(2005) 등 참고

적으로 분석하였다. 본 연구에서 사용될 각 지방의 방언 정도부사의 자료는 기존 방언을 채록 전사한 입말 자료에서 정도부사를 찾아 문맥과 상황 의미를 도출하는 직접 방법(direct method)을 주로 사용했다. 그리고 사용한 자료는 방언 토박이에게 직접 확인하는 작업을 거쳤다. 그러나 이와 같이 입말 자료를 통한 직접적인 채록 과정을 통한 자료이더라도 방언이 가지고 있는 개인적 변이, 음성적 변이, 공간적 다양성과 전사의 부정확성 등으로 인해 자료의 한계를 인정하지 않을 수 없다. 따라서 본고에서도 방언 정도부사에 대한 음성적, 형태적, 통사적, 의미적 측면에 대한 자료의 한계를 가지고 있음을 밝혀 둔다.

또한, 최근에는 정보 매체의 급격한 발달로 방언이 표준어로 등재되거나 사용 범위가 매우 광범위하여 방언의 지역성을 벗어나기도 한다. 따라서 본 연구에서 방언 자료로 삼는 것은 표준어로 등재된 것이라도 방언에서 출발된 것이거나 방언의 음성적 변이를 현저하게 가지고 있는 것까지 일부 포함하였다.

본 연구에 사용된 주된 방언 자료는 구비문학대계(8-4, 6-4, 9-3, 8-13)(1986, 한국정신문화원), 뿌리깊은나무 민중자서전(5, 8, 10, 14, 16, 19)(1990-1991, 뿌리깊은나무), 이야기대회자료(2000, 2001, 경상대학교 국어교육과), 학습용 입말 자료(산청중학교), 경남문화(설화채록)(경상대학교 경남문화연구소), 전남방언사전(이기갑 외, 태학사, 1998), 경북방언사전(이상규, 태학사, 2000), 한국방언사전(최학근, 현문사, 1978), http://www.chejuguide.com/dialect.html 등이다.

본고의 방언 구획은 편의상 중앙방언과 서남방언, 동남방언, 제주방언으로 나누고자 한다. 중앙방언은 현재 표준어에 가까운 것이며 실제 특이한 정도부사 방언을 발견하기가 어려웠다. 따라서 중앙방언의 정도부사에 대한 논의는 따로 하지 않고 주로 전라방언을 일컫는 서남방언과 경상방언에 해당되는 동남방언, 제주방언을 중심으로 논의하고자 한다.

3. 방언 정도부사

전국적인 분포를 보이는 정도부사는 '아주', '매우', '참', '하도', '몹시', '되게', '많이' 등 매우 다양하게 존재한다. 이 가운데는 방언에 따른 변이형이 다소 적은 것으로는 '아주, 매우, 참, 하도, 몹시' 등이 있고, 지역별로 상당한 변이형을 나타내는 것으로는 '되게'와

'많이'가 있다. 따라서 본고에서는 지역에 따라 변이형이 많은 방언 정도부사와 지역에 따라 다르게 쓰이는 단독형 방언 정도부사에 대해 그 형태와 의미 특성에 대해 알아본다.

3.1. 방언 정도부사 변이형

3.1.1. 되게[tø:ge]

정도부사 '되게'는 형용사 '되다'에 부사화 접미사 '-게'가 결합되어 부사로 파생된 말로 대부분 사전에 '아주, 몹시, 매우 된통'의 뜻으로 표제어에 올려놓고 있다. 안주호(2003:156)에서는 '되게'를 지역 방언에서 출발하여 영향력이 커진 말이라고 하면서 현재는 지역성을 탈피하고 전국적으로 폭넓게 쓰이고 있는 정도부사라고 하였다.

다음과 같이 중세 국어에서도 쉽게 관찰된다.[8]

(1) 빙잣덕 녹두를 되게 マ라 즉시 번철에 기름이 몸 좀길 마치 붓고 (규합총서 16b)
(2) 프른 뵈롤 되오 ᄆ라 (구급방언해 하 62)

원래 '되게'는 다음 (3)과 같이 '물기가 적어서 뻑뻑하다'와 (4)처럼 '줄 따위가 몹시 켕겨서 팽팽하다'의 의미를 가지고 있다.

(3) 반죽이 너무 되게 되었다. 물을 좀 타라.
(4) 허리띠를 되게 조이면 배가 아프다.

이러한 원래 의미에서 다음 (5)처럼 '감각적 형상(촉각)>추상적 형상(상태)'로 의미가 확장된 정도부사이다.

(5) 그 사람 되게 실없는 사람이네

---

8) 안주호(2003:163)에서 재인용.

'되게'는 방언에서는 다음과 같이 전국적으로 매우 활발하게 쓰인다.

['되게' 방언 변이형]

되:게[tø:ge] 중앙(경기-포천, 가평, 강화, 강원-인제, 홍천), 서남(전북-완주)

되:기[tø:gi] 동남(경남-밀양, 진주)

대기[tɛ:gi] 동남(경북-의성, 경남-밀양, 울산, 울주)

디게[tige] 동남(경북-영일)

디기[ti:gi] 동남(경북-김천, 칠곡) 대우[tɛ:u] 제주

되우[tø:u] 중앙(경기-양구)

실제 정도부사 '되게'가 방언 자료에 쓰인 보기를 보자.

(6) 그래 하리는 방에다 불을 되기 때고 거적 때로 갖다 둘러싸고 (구비8-14:50) [동남]

(7) 암튼 그 남자는 오빠가 되고 여자는 동생이 되는디 수차서 이놈이 낮이 일을 되게 허고
  헌게 (구비6-4:34)[서남]

(8) 적지도 않고 크지도 않고 되우 크지도 않고 그저 보통 (뿌리16:23)[중앙]

(6), (7)의 '되기'는 '많이'의 의미를 가지고 있으며, (8)의 '되우'는 뒤에 이어지는 형용사 '크다'를 꾸며서 정도부사 '아주'의 의미를 가지고 있다.

그런데 방언 정도부사 '되게'는 수량 정도부사 '많이'의 의미와 상태 정도부사인 '아주'의 의미를 공유하고 있다.

(9) 야, 니 데기(많이, 아주) 예뻐졌네.[동남]

(10) 데기(많이, *아주) 묵더마 배탈이 났구나.[경상]

(11) 데기(많이, *아주) 그래싼네.[경상]

동남방언 '데기'는 (9)처럼 '많이'와 '아주'와 같이 쓸 수 있는 상태 변화 정도부사인 것처

럼 보인다. '그 놈 데기 마이 묵더마 그럴 줄 알았다'라는 문장에서처럼 '데기'가 부사 '많이'를 꾸밀 수 있는 것으로도 알 수 있다. 그러나 (10)과 (11)에서처럼 '많이'와는 바꾸어 쓸 수 있지만 '아주'와는 바꾸어 쓸 수가 없는 경우도 있다. '아주'는 상태 정도부사와 마찬가지로 동사를 직접적으로 꾸미기 어려우나 정도부사 '데기'는 형용사와 동사 모두를 꾸밀 수 있는 특징이 있다. 따라서 정도부사 '되게'는 방언에서 정도부사 '많이'와 상태 정도부사 '매우', '아주' 등과 같은 의미로 쓰인다.

3.1.2. 많이[maːni]

정도부사 '많이'는 형용사 '많다'에 부사화 접미사 '이'가 결합된 형태이다. '많이'가 형용사 형태로 수나 양의 정도를 나타내는 '수량 정도부사'가 되기도 하고, 상태의 정도를 나타내는 '상태 정도부사'로 쓰이기도 한다.[9]

    (12) 사람들이 많이(*아주, 조금) 모였네
    (13) 비가 많이(*아주, 조금) 오네

위 (12)와 (13)의 '많이'는 형용사 '많다'에서 부사 파생 접미사 '-이'가 결합되어 '모인 사람의 정도'와 '비가 오는 정도'의 양을 나타내는 수량 정도부사이다. 정도부사 '조금'에 상대되는 의미로 쓰였다. 그런데 다음 (14)와 (15)처럼 형용사 '많다'가 부사 파생 접미사 '-이'가 결합되어 상태 정도부사로 쓰이기도 한다.

    (14) 영희, 너, 많이(아주) 예뻐졌네.
    (15) 장사가 많이(아주) 안 되네.

---

9) '형용사 어기+이'계 부사를 '-이'를 부사형 어미로 부사절의 통사적 지위를 갖는다고 보기도 한다(최웅환, 2003). 본고에서는 방언의 어휘적 현상을 설명하기 위해서 편의상 '많이'를 부사 의 문법 범주에 포함시킨다.

위 (14)나 (15)의 '많이'는 상태 정도부사로 '아주', '매우'와 대치가 자연스럽다.

['많이' 방언 변이형]

마니[ma:ni] 중앙(충북-영동, 청주 등), 서남

마이[ma:i] 동남, 중앙

매이[mɛ:i] 동남(경남-김해)

매[mɛ] 동남(경남-통영)

미[mi:] 동남(울산)

'많이'의 변이형은 '많이>만히>마니>마이>매'의 과정을 거친다. 중앙방언에서는 '마니'가 자연스럽게 나타나며, 다른 방언에서는 /ㄴ/이 탈락된 '마이'를, 이것이 다시 축약되어 '매'가 사용된다.

방언에서는 다음과 같이 쓰인다.

(16) 요 산이 싹 솟아가지고 마이 높으지요. (구비8-4:239)[동남]

(17) 큰딸아가 고생 마이 했지. 마이 밉상이지. (뿌리6-43)[동남]

(18) 사램들이 마이 모였더라. 국시두 했더라. (뿌리16-26)[중앙]

'많이'가 상태 정도부사화 한 것은 정도부사로 쓰인 '많이' 대신 그 상대어인 '적게'를 바꾸어 가능한지 아닌지를 보면 알 수 있다. 위 (16)에 '마이 높으지요' 대신 '적게 높으지요'는 불가능하다. 따라서 이때 '많이'는 양을 나타내는 수량 정도부사가 아니고 상태 정도부사로 쓰였다. 그러나 (17)과 (18)의 경우 '마이' 대신 '적게'를 바꾸어 쓸 수 있고 수량 정도부사 '조금'과 바꾸어 쓸 수 있다는 점에서 수량 정도부사라 할 수 있다.

3.1.3. 아주[a:ju]

정도부사 '아주'는 글말보다 입말에서 더 많이 나타나는 정도부사이다.[10) 정도부사 '아주'의 방언 변이형은 그렇게 다양하게 나타나지 않는다.

['아주'의 방언 변이형]

아주[aju] 동남, 서남, 중앙

아조[ajo] 서남

실제 자료에서 다음과 같이 나타난다.

(19) 그라이 무삼도 빌로 안하고, 익냉이는 아주 없고 마캐 생냉이만 하지. (뿌리3-110)[동남]

(20) 박창화가 상을 아조 잘 꾸며놨어. (뿌리5-54)[중앙]

(21) 근게 아조 소문이 나버렸어. (구비6-4:433)[서남]

그런데 정도부사 '아주'가 방언에서 상태의 정도를 나타낼 뿐만 아니라 '전혀', '바로', '완전히'와 같은 강조 부사의 의미로 쓰이기도 한다.

(22) 그라이 무삼도 빌로 안하고, 익냉이는 아주 없고 마캐 생냉이만 하지. (뿌리3-110)[동남]

(23) 사람매다 다 몬 삼아요. 삼는 사람이 아주 따로 있지. (뿌리3-114)[동남]

(24) 그러이께네 비 짤 때는 아주 소반을 옆에 두고 (뿌리3-122)[동남]

(25) 저거한테 아주 다 갖다 바치래, 그래 (뿌리3-147)

(26) 근게 아조 소문이 나버렸어. (구비6-4:433)[서남]

(27) 방안은 시커매갖고 아주 썻도 않는가. (이야기 2-71)[서남]

(22)와 (23)의 '아주'는 정도성 낱말이 아닌 존재 형용사 '없다'와 '있다'를 꾸민 경우이고, (24)의 '아주'는 '완전히'의 의미를 가지며, (25)는 '모두', (26)은 '많이'의 의미로, (27)은 '전혀'의 의미로 쓰였다. 따라서 방언에서 '아주'는 일반 정도부사의 용법보다 그 쓰임 범위가

---

10) 강정훈(2002)에서 정도부사 '아주'는 격식적 글말보다 비격식적 입말에서 현저하게 그 사용 빈도가 높게 나타난다고 하였다. 구어성지수는 89% 문어성 지수는 11%로 나타났다.

매우 넓어 말할이의 감정을 강조하는 데 많이 쓰인다고 할 수 있다.

3.1.4. 조금[joːgɨm]

'조금'은 다음과 같이 양을 나타내는 명사, 수량 정도부사, 상태 정도부사 등으로 다양하게 쓰인다.

    (28) 조금이라도 가져오너라.

    (29) 너 밥 조금(*아주) 먹어라.

    (30) 얼굴이 조금(아주) 붉어졌다.

위 (28)은 명사로, (29)는 양을 나타내는 수량 정도부사로, (30)은 상태 정도부사로 쓰인 예이다. '조금'의 방언형 변이형은 많이 나타나며 정도를 강조하면서 강한 성조와 같이 실현된다.

    ['조금'의 방언 변이형]

    쪼깨(이)[zzok'æ, 쪼매[zzmæ]: [동남], [서남](고성, 순천)[11]

    쩨까[zzek'a]: [서남](담양, 광산)

    쩨까니[zzek'ani]: [서남](광양)

    쩨가[zzeka]: [서남](고흥)

    쪼(조)까[zzok'a]: [서남](담양, 순천)

    쪼꼼[zzok'om]:[서남], [동남]

    쩨끔[zzek'ɨm]:, 쫴깐 [zzoæk'an]: [서남](담양, 나주)[12]/조깐: [서남]

    쪼끔[zzok'ɨm]: [중앙], [동남], [서남] 조

    갱[ʃogæng]: [제주]

---

11) 전라방언사전(1998:580).

12) 쩨깐, 쬐끔(보길도, 김웅배, 1998).

다음과 같은 자료에 나타난다.

(31) 간께 이 늙은이가 오느께서 비 쪼매 나믄거를 마자 매서 니라놓고 마다아 불도 안 끄고
고마 입은 채 고냥 마 죽어서 따라오거덩 (구비7-13:234)[동남] (대구)

(32) 어쩔때는 쪼끔 남을적도 있구 (뿌리5-71)[중앙]

(33) 니 영식이보다 키가 쪼깨(이) 작다. (실제 담화)[동남]

(34) 보니가 조까 미안헝께 거기에서 인자 조끔 (구비6-4, 771)[서남]

(35) 이러코 해서 하 나오는디 인자 말이 쪼끔 빗나갔지만은 (구비6-4:433)[서남]

위 (31)과 (32)의 '조금' 방언형은 수량 정도부사로 쓰여 정도부사 '아주'와 바꾸어 쓸
수가 없다. 그러나 (33)~(35)의 '조금' 방언형은 상태 정도부사이기 때문에 '아주'와 바꾸어
쓸 수 있다.

3.1.5. 그렇게[girəkʰe]

국어 담화에서 정도부사의 기능을 하는 지시어가 있다. 지시 형용사 '그렇다'의 부사형
'그렇게'가 담화에서 실제 선행 정보를 지시하지 않으면서 어떤 상태에 대한 정도를 표현하
기도 한다. '그렇게'가 '--(상태)할 수가 없다'라는 관용구와 호응이 되어 상태를 강조하는
의미를 나타내기도 하지만 그렇지 않고 단순히 정도부사 '아주', '매우'의 의미를 나타내기
도 한다.

(36) ㄱ. 나는 자주 엎드려 공부한다.

ㄴ. 그렇게(*아주) 공부하지 마라.

(37) 그렇게(*아주) 거기 가지 말라고 말렸건만.

(38) 그 아가 이전에는 그렇게(아주) 예뻤어

(36ㄴ)의 '그렇게'는 (36ㄱ)을 지시하는 대용어로 쓰인 것이다. (37)의 '그렇게'는 지시 대

상이 명시적으로 나타나지는 않았지만 이전에 말할이가 상대에게 어떤 행위를 한 것을 대용한 것이다. 따라서 (36ㄴ)과 (37)의 '그렇게'는 지시 대용의 기능을 한다. (38)은 구체적인 지시 대상이 없으며 단순히 상태에 대한 정도를 강조하는 의미로 쓰였다. 따라서 상태 정도 부사인 '아주'와 바꾸어 쓸 수 있다.

정도부사 기능을 하는 '그렇게'가 경상 방언에는 '그러키[girəkʰi]', '그케[gikʰe]', '그키[gikʰi]'와 같은 이형태로 나타난다. 이것은 경상방언의 음운 특징인 'e>i'의 현상과 같다.[13]

(39) 암것도 없는 집에 보내 가지고 고생한다고 그러키 반대를 했는데 (뿌리8-48)

위 (39)의 '그러키'는 지시형용사가 정도부사화 과정에 있는 것이다. 말하는 사람이 이전에 '반대한 행위'를 지시하는 대용적 기능을 하지만 실제 반대한 내용에 대한 구체적인 지시이기보다는 정도의 강조를 나타낸다. 따라서 이 경우 '그러키'는 동작 동사 '하다'를 꾸민다. 이것이 점차 정도부사화 되면서 방언에서 다음과 같이 상태의 정도를 강조하는 일반적인 정도부사와 같은 기능을 하게 된다.

(40) 그러키 착해요. 여섯이 다 어애뜬동 착해요. (뿌리3-52)

(41) 그때차겁게 해서 내놓으믄 참 그케 맛이 있어. (뿌리8-70)

(42) 우리 모친 되는 분은 딸 하날 가지고 그키 엄하고 (뿌리8-48)

위 (40)~(42)의 '그러키', '그케', '그키'는 '착하다', '맛이 있다', '엄하다'와 같이 모두 형용사를 꾸미며 상태 정도부사의 기능을 하고 있다.

이처럼 지시 형용사가 정도부사화 된 것은 제주 방언에도 나타난다. 제주 방언에서는 다음과 같이 지시 형용사가 축약된 '영:, 경:, 정:'이 정도부사 기능을 한다.

(43) 이렇게>이영>영:

---

13) 게(蟹)>끼, 네가>니가, 메다>미다, 베다>비다, 데리고>디리고(김영태, 1998:38).

그렇게>그영>경:

저렇게>저영>정:

지금까지 언급한 방언 정도부사 변이형 이외 동남방언에는 '엄청나게'의 변이형 '엄청시리[əmʧəɦsiri]'[14]가 있고, '굉장히'의 변이형 '겡:자이[keɦ:jai]', '과히[kwahi]'의 변이형 '과시[kwasi]' 등이 있다.

3.2. 방언 정도부사 어휘

앞 절에서는 중앙방언 정도부사에 대한 방언 변이형을 살펴보았다. 이 절에서는 방언 정도부사가 단독형으로 실현되는 어휘를 동남방언과 서남방언, 제주방언을 중심으로 그 형태와 의미를 살펴본다.

3.2.1. 동남방언 정도부사

동남방언은 행정 구획상 경상방언을 말하는데 경상동부와 북부, 남부의 지역에 따라 성조나 어휘적 측면에서 조금씩 다르게 실현되는 경우도 있지만 전반적으로 볼 때 크게 다르지 않았기 때문에 전체적으로 논의하고자 한다.

3.2.1.1. 억수로[əːksuro]

동남방언 정도부사 가운데 매우 폭넓게 사용되는 말이 '억수로'이다.[15] '억수로'는 사전적 의미로 '억수'는 명사로 '물을 퍼붓듯이 세차게 내래는 비', '억수로'는 부사로 '(비가 오는 것이) 물을 퍼붓듯이'라도 되어 있다. 그래서 '억수장마'라는 말과 함께 표제어로 등제되어

---

14) 경상방언의 특징 가운데 전설모음화현상으로 ㅅ, ㅆ ㅈ ㅉ, ㅊ ㄹ 음 뒤 'ㅡ>ㅣ'모음으로 바뀌는 현상이 있다. 예컨대, 가슴>가심, 즐기다>질기다, 쓰리다>씨리다, 쓸다>씰다, 갑작스레>갑작시리, 가루>가리와 같은 것이 있다. '엄청시리'도 이와 같은 현상으로 '엄청스레>엄청시리'로 바뀐 것이다.

15) 경북방언사전(2000:355)에서 '억시로'를 따로 표제어로 설정하였다. '억시로(청도)'는 '억시'의 변이형이라기보다 '억수로'의 변이음이다. 경상 방언 '억시' 뒤에는 조사 '-로'가 결합되지 않는다.

있다. 그러나 이 말은 동남방언에서는 강한 정도를 나타내는 정도부사로 쓰인다. '억수'는 일반적으로 한자어 億數에서 나온 것으로 보고 있는데 어원을 알기 어렵다.[16]

동남방언에서 이 '억수로'는 정도부사 '아주'보다 더 강한 정도를 나타낸다. 그리고 이 동남방언 정도부사 '억수로'는 후행하는 의미가 긍정과 부정의 제약 없이 사용되는 중립적 강조 정도부사이다. 말할이가 정도를 더 강조할 때는 '억-수로'와 같이 첫소리 '억-'을 강하게 소리 내거나 길게 소리 낸다.

> (44) 저의 개금 고등학교는 좀 빈곤한 관계로 변소도 이래 앉아서 누는데 다리가 억수로 아프거든예. (이야기2-2)(부산)
>
> (45) 아니 진 진짜 억수로 오랫동안 기다렸거든요 (이야기2-18)(고성)
>
> (46) 그래서 억수로 기분 나빠가꼬 그래 있는데. (뿌리찾는 입말 교육(함양))
>
> (47) "아줌마, 나 어제, 억수로 무서운 꿈을 꿨는디." (이야기)(하동)
>
> (48) 솔직히 그거 너거 나이에 하는 거는 억수로 잘 나가는 기라. (이야기)(진양)

위에 쓰인 정도부사 '억수로'는 정도부사 '아주'나 '매우'보다 그 정도성이 높고 강조하는 의미가 두드러진다. 그리고 아래 (49)와 (50)처럼 후행 정보가 긍정이거나 부정에도 모두 쓰일 수 있다.

> (49) 이것들이 그래가꾸야 공기는 억수로 좋은디야 (이야기2-6)
>
> (50) 오늘 내가 느그한테 할 이야기는 억수로 꾸겨빠진 우리 동네 이야기거던 (이야기2-6)

(49)는 긍정 강조를 나타내고, (50)은 부정 강조를 나타낸다.

3.2.1.2. 억시(기)[əksigi]

동남방언에 두루 나타나는 정도부사 '억시기'와 '억시'가 있다. '억시기'와 '억시'가 공존하지만 경북과 경남동부 쪽에서는 '억시'가 더 많이 쓰인다. 경남 서부에서는 그 쓰임이

---

16) 김영태(1990:14) 참조 사전에서는 한자어로 보지 않고 있다.

드물다. 변이형으로 '어:ㄱ시[ə:ksi]:[동남](금릉), 억씨기[ə:k?sigi]:[동남](김천, 경주), [동남](함안, 밀양 등), 어쉬[əsui]:[동남](군위) 등이 있다.

'억시기'는 형용사 '억세다'의 부사형 '억세게'[17])에서 나왔다고 볼 수 있으며 이 '억세게'가 방언에서 일반 정도부사로 의미 확장된 것으로 보인다. 그리고 음운은 '억세게>억시기>억시(이)'의 음운 변화를 거친 것으로 보인다.[18])

다음과 같은 보기로 나타난다.

(51) 그래 그 새에서 내가 사는데 억시 기분이 좋잖앴다고 (뿌리8-42)

(52) 혼인날을 봄에 지낼라고 날을 받으이 날이 봄에는 억시 좋은 날이 없다 그래대 (뿌리8-50)

(53) 보이께네 억시 마음에 든다 글 수도 없고 (뿌리8-57)

(54) 억시기 무싸터마 배탈이 날 줄 알았다. (울산)

(55) 억시기 예뻐도 안쿠마 대기 그래쌌네. (울산)

동남방언 정도부사 '억시(기)'는 후행 정보가 반드시 발화자의 부정적 태도와 호응이 된다. 위 보기에서도 알 수 있듯이 '억시(기)' 뒤에 이어지는 발화 의미는 (51)의 '기분이 좋잖앴다', (52)의 '좋은 날이 없다', (53)의 '마음에 든다 글 수도 없고' (54)의 '배탈이 나다', (55)의 '예쁘지도 않다'와 같이 모두 발화자의 부정적 태도를 나타내고 있다.

즉, 다음과 같이 긍정 강조나 긍정적 발화 태도는 불가능하다.

(56) *억시 예뻐서 기쁘겠다.

(57) *억시 잘 먹어서 배가 부르다.

---

17) '억세게'는 형용사 '억세다'의 부사형인데 사전적 의미는 '몸이 튼튼하고 힘이 세다. (품은 뜻이나 성질이)굳고 세차다, 식물의 잎이나 줄기가 뻣뻣하고 세다'로 되어 있다. '억세게'가 부사로 쓰이는 의미는 없다.
18) 동남방언의 'e>i' 변화는 매우 일반적이다.

(56)이 가능하기 위해서는 말하는 사람이 상대에게 꾸짖거나 부정적인 의미를 전제한 간접화법일 경우이다. 예컨대, 아들이 여자 친구를 데리고 왔는데 여자 친구가 가고 난 후 부모가 그 여자 친구가 마음이 들지 않을 경우 (56)과 같이 말했다면 아들을 꾸짖는 부정적 태도를 전제한 의미로 쓰인 것이다.

3.2.1.3. 짜드러(짜다라)[zzadari]

동남방언 정도부사에 '짜드/더러', '짜다리', '짜다라'가 있다. 이 정도부사도 기본적으로 '많이'의 의미를 가지고 있으며 그 외 '그다지', '그렇게나', '정도에 넘게'와 같은 다른 의미도 가지고 있다.[19]

> (58) 그때 비가 짜드러 왔어. 오뉴월도 비 올 때는 그래 와 (뿌리3-62) (안동)
>
> (59) 얼굴이 짜다라(짜드리) 이쁘지도 않은기 (울산)
>
> (60) 어디서 왔는지 사람들이 짜다리 와 가지고 서 있더라 (울산)
>
> (61) 비싸다커두마 짜다리 비싸도 안하네 (창원)

위 (58)은 '많이'의 의미를 가지고 있다. (59)는 '그렇게', '아주'와 같이 정도부사로 쓰였고, (60)의 '짜다리'는 '많이'의 의미를 가지고 있으면서 말할이의 부정적 태도를 전제하고 있다. (58)에서도 '비가 많이 온 것'이 발화자에게는 부정적인 의미로 생각하고 있으며, (59)도 '이쁘지도 않은'이란 부정적인 태도를 표현하고 있다. (61)도 마찬가지이다. 예컨대, '할 일도 없는 놈들이 짜다리 와 가지고 시끄럽게 하네'라는 말에서 '짜다리'도 많이 온 대상이 '할 일도 없는 놈'이란 부정적 태도로 표현했으며, 이와 함께 서술어도 '시끄럽다'와 호응이 되면서 부정적 표현을 이끌고 있다.

3.2.1.4. 어북[əbuk]

동남방언 정도부사 '어북'은 표준어 '제법'과 유사하다. '제법'의 동남방언은 '제북', '제

---

19) 경북방언사전(2000:456) 참조.

법', '애법' 등으로 나타나고 '어북'의 현실음은 지역에 따라 '애북'으로도 나타난다. 이 '어북'은 동남 방언에 '제북'으로도 나타나는 것으로 보아 '제법> 제북>에북/어북'의 변화 과정을 거친 것으로 보인다.

(62) 어북 나가 찼던 모양이지 (구비8-4247)(진양)

(63) 애북 공부를 잘 한 모양이라. (울산)

(64) 공 애북 차네. (울산)

그런데 이 '어북'은 후행 의미가 말할이의 기대보다 더 나은 정도가 실현될 때 사용된다. (62)는 말할이가 '나이가 많이 차지 않았다고 생각했는데 나이가 찼다'는 의미이고, (63)은 '나는 잘 몰랐는데 공부를 잘한 정도'를 나타낸 것이고, (64)는 '공을 잘 못 차는 것으로 생각했는데 기대보다 잘 차는 것'을 보고 말할 수 있다.

3.2.1.5. 선낫/서나[sənnat]

동남방언에서 원래 수와 양을 나타내는 정도부사 '선낫'은 '세넷'의 숫자말 '서너'에서 온 것으로 보인다. 변이음으로 '서언낫[sə:ənnat]'으로도 쓰인다. 이 정도부사는 수나 양의 적음을 강조하면서 부정적 발화 태도의 서술어와 호응이 된다. 이 방언 '서낫'은 그 낱말 자체에 이미 '적음'의 의미를 가지고 있다. 그것이 화용 상황에서 발화자의 부정적 태도와 호응이 되어 쓰인 것이다. 자료상으로 경북(봉화, 예천), 충북(괴산), 경남(울산) 등에서 확인되나 전 지역에 나타난다.

(65) 꼴랑 돈 선낫 가지고 그래 큰소리치나. (봉화)

(66) 돈 마이 벌었나? 아니 서낫 벌었다. (울산)

(67) 그 문이 선나 열렸는데. (예천)

(68) 배급이라꼬 주는기 밀가리 선나나 주미 얼매나 애로 믹이던지 (경산)[20]

---

20) 경북방언사전(2000:293) 참조.

(65)는 말할이가 상대의 돈이 적음을 강조한 것이고, (66)은 말할이가 겸손으로 적음을 강조하는 의미로 쓰였다.[21] (67)과 (68)의 '선나'도 '조금'의 의미를 가지면서 부정적인 서술어와 호응이 되는 특성을 가지고 있다.

3.2.1.6. 수안[suan]

경상방언 정도부사 '수안'은 매우 나쁜 사람의 정도를 나타낼 때 쓰이는 특이한 방언이다. 이 '수안/수앙'은 정도부사 '아주'와 대체될 수 있으나 방언 '수항하다'라는 형용사의 어간형으로 쓰일 수도 있다. 경북 쪽에서는 '수앙'이란 이형태로 나타나기도 한다.

(69) 그놈은 수안 나쁜 놈이다.

(70) 수안 못된 놈 (창원)[22]

'수안'이 '흉악하다'라는 형용사에서 구개음화한 것으로 볼 수 있으나 위 (69)와 (70)의 '수안' 대신 '흉악한'이란 형용사를 바꾸면 자연스럽지 못함을 알 수 있다.

(69') [22]그놈은 흉악한 나쁜 놈이다.

(70') [22]흉악한 못된 놈

3.2.1.7. 에:나[ena]

동남방언 정도부사 가운데 진주를 중심으로 사용되는 '에나'가 있다. 이 '에나'는 부사 '진짜(로)', '정말(로)', '참말(로)'와 비슷한 의미로 쓰인다.[23] 이러한 말들이 명사와 강조부사와 정도부사 등으로 두루 쓰이는 것과 같이 '에나'도 마찬가지이다.

(71) 영희 결혼했다카는데 에나가 (진주)

---

21) 이것은 부사 '조금'이 발화에서 겸양의 태도로 나타나는 '좀'과 유사하다.

22) 김영태(1990:27) 참조.

23) 이러한 부사를 임규홍(1998)에서 '정말류' 부사라 하고 그 담화적 의미를 밝힌 바 있음.

(72) 그 말 무슨 뜻인지 에나 모리나 (진주)

(73) 너 에나 예뻐졌네 (진주)

(71)은 '정말', '진짜', '참말'과 같은 뜻의 명사로 쓰인 것이고, (72)는 '정말로', '진짜로'와 같은 의미의 강조의 성상부사로, (73)은 '아주', '매우'와 같은 의미의 상태 정도부사로 쓰인 것이다. 경북 청도에서도 다음과 같이 '에나'가 보이지만[24] 보편적이지 못하다.

(74) 에나 니가 찾는 거느 머엇고. (청도)

(75) 이거보다는 에나 저기 낫다.

위 (74)는 '에나'가 말머리에 쓰여 강조하는 대상이 후행하는 정보 모두일 수 있어서 중의적이다. 즉, 문장 정도부사의 기능을 한 것이다. (75)의 '에나'는 후행 하는 '저기'를 꾸미는 정도부사이다.

3.2.1.8. 상구[saŋ:gu]
'상구'는 원래 다음과 같이 시간이나 공간이 계속되는 의미를 가진 동남방언 부사이다.[25]

(76) ㄱ. 산 꼭때기 다와 가는교

ㄴ. 상구(*아주, 계속) 가야덴다.

(76ㄴ)의 '상구'는 시간적으로 '아주', '많이'의 의미를 가진다. 이 말 대신 정 도부사 '아주'의 대치는 불가능하다.

그런데 다음 (77)과 (78)처럼 이 시간부사 '상구'가 동남방언에서 시간이나 공간의 계속됨의 의미를 가진 정도부사로 쓰이기도 한다.

---

24) 경북방언사전(2000:360) 참조
25) 경북방언사전(2000:285)에서 '상구' 또는 '상기'가 '계속', '아직'의 의미를 가지고 있다고 하였다. '상구'가 정도부사로 쓰인 것은 경상 서부 방언에 주로 나타난다고 볼 수 있다.

(77) 그 이야기는 상구(아주, *계속) 오래된 이야기야.

(78) 공이 상구(아주, *계속) 마이 나갔다.

(77)은 시간적으로 계속됨의 의미를 가지고 있으나, 정도부사 '아주'의 의미를 가지고 있다. 그리고 (78)의 '상구'는 공간적으로 많이 나간 정도의 의미를 가진 정도부사로 쓰인 것이다. 즉, (77)과 (78)의 '상구' 대신에 '계속'이란 부사로 대치시킬 수가 없다. 그리고 정도부사 '상구'는 후행 의미가 '많이', '지속'의 의미와 호응이 자연스럽다. 다음과 같이 '많이'의 상대어인 '적게'와는 호응이 불가능하다.

(79) *공이 선 밖에 상구 적게(조금) 나갔다.

따라서 정도부사 '상구'는 그 기본 의미가 가지고 있던 시간이나 공간의 양이 '많음'을 전제하고 있음을 알 수 있다.

3.2.1.9. 태배기[tæbægi]

동남방언에 나타나는 '태배기'는 원래 타박, 꾸중에서 나온 것처럼 보이나 실제 다음과 같이 정도부사가 관용적으로 쓰인다.[26]

(80) 엄마인테 욕 태배기 듣겠다. (창원)[27]

(81) 옴마한테 욕 태배기 듣것다. (경북)

위 보기에서 '태배기'는 '타박'의 뜻보다 '많이', '아주'의 의미로 해석해야 한다. 그것은 '욕'을 생략하여 '태배기'를 단독으로 쓸 수 없다는 것과 '욕 타박'이란 말이 문맥상 자연스

---

26) 경북방언사전(2000:484)에서는 '태배기'의 의미를 '타박', '꾸중'으로 제시하고 있는데 이는 문맥의 의미상 적절하지 못하다.

27) 김영태(1998:379) 참조. 동남방언 '허들시리'가 쓰인 자료는 하나밖에 찾을 수 없었으나 일반적으로 동남방언에서 많이 쓰이는 부사이기에 항목으로 제시하였다.

럽지 못하기 때문이다. 동남방언 '태배기'는 항상 '욕(꾸중)'과 같이 쓰여 '욕 태배기 듣다'와 같이 관용구를 형성하고 있다.

3.2.1.10. 허들시리[hədəlsiri]

동남방언 '허들시리'는 동남방언의 형용사 '허들스럽다'에서 온 것이다. 동남방언에 쉽게 나타나는 'ㅡ > ㅣ' 현상의 하나이다.[28] '허들스럽다'는 '작은 일을 크게 벌이거나 야단스럽게' 하는 의미를 가진 말이다. '그 아는 좀 허들시럽다(그 아이 는 좀 허풍스럽다)'와 비슷한 의미로 쓰인다. 따라서 동남방언 정도부사 '허들시 리'의 의미도 '어떤 양을 생각보다 지나치게 많이'라는 부정적인 의미를 가진다.

  (82) 옷 허들시리 가온다. (청도)

위 (82)는 옷을 적당하게 가지고 와야 하는데 그렇지 않고 정도를 벗어나 많이 가지고 온다고 하는 부정적인 태도를 전제하고 있다.

3.2.1.11. 수태기[sutægi]

'수태기'는 표준어 '양이 많다'의 의미인 '숱하다'에서 방언 변이음이다. 중앙방언에도 '수태'는 형용사 '숱하다'의 파생 부사형으로 쓰인다. 그러나 동남방언에서는 이것이 '수타' 또는 '수태기', '수타게'라는 말로 쓰인다.[29] 특히, 동남방언에서는 수량 정도부사 '많이'와 다르게 '아주'와 같은 의미의 정도부사로도 쓰인다.

  (83) 옛날 사람들은 돈도 몬벌고 고생만 수타 했어. 불쌍하지. (뿌리3-147)(안동)

  (84) 그 가이까니 사람들이 수태 모여 있어. (안동)

  (85) 수태기 어려운 일 마이 겪고 그래 살아왔다 아이가. (울산)

---

28) 구술>구실, 가슴>가심, 부스럼>부시럼 등이 있다.

29) 김영태(1990:27)에서 '수태기'는 '아주 많이'의 의미는 거의 없고 '꽤'나 '꽤 많이' 정도의 의미를 나타낸
   다고 보고 있다.

(86) 수태기 많은 사람이 모있더라. (창원)

위 (83)은 '많이'와 '아주'의 의미로, (84)는 '많이'로 해석할 수 있으나 (85)와 (86)은 '많이'
로 바꾸어 쓰기가 어색하고 상태 정도부사 '아주'의 의미로 쓰였다.

지금까지 살펴본 동남방언 정도부사를 정리하면 다음과 같다.

방언	성조	기본의미	호응	의미확장	정도성	관용
억수로	322	억수(億數)	중립	비의 양>정도부사	+	
억시	32	억세다	부정	형용사>정도부사	+	
짜드러	322	짜들다(?)	부정	형용사>정도부사	+	
어북	32	제법	중립	제법>긍정적 기대	△	
선나	32	셋 넷	부정	수사>정도부사	-	양
수안	32	흉한	부정	형용사>정도부사	+	못되다, 나쁘다
에나	33	불분명	중립	명사>정도부사	+	
상구	32	계속	긍정	시간>공간	+	
태배기	342	타박(?)	부정	명사>정도부사	+	욕-
허들시리	2332	허들스럽다	부정	상태>많이	+	
수태기	232	숱하다	부정>중립	많음>정도부사	+△	

[표 1]

3.2.2. 서남방언 정도부사

서남방언 정도부사는 행정 구획 상 전라남북을 가리킨다. 이 방언의 정도부사는 대체로
부정 형용사에서 강조 정도부사로 의미 확장된 것들이 많다.

3.2.2.1. 겁나게[gəmnage] [-gi/-i]

서남방언 정도부사 '겁나게'는 형용사 '겁(怯)나다'의 어간에 부사형 어미 '-게'가 결합된
형태이다.[30] 변이형으로 '겁나이'로도 나타난다.[31] 사전적 의미로 '겁나다'는 '무섭거나 두

---

30) 전남방언사전(1998:23)에서는 '굉장히'의 의미로 보고 있다.
31) 선행 조사된 것으로는 전남(강진), 전라, 경남(산청) 등에서 확인되나 서남지방 전역에서 사용되고 있다.

려운 마음이 생기다'로 제시함으로써 부정적인 의미를 가진 형용사다. 그런데 이 말이 서남방언에서는 말할이의 의도를 강조하는 [정도의 극대화]라는 의미 확장으로 인해 긍정이나 부정 모두 강조하는 중립적 의미의 정도부사로 쓰이게 되었다.[32] 즉, 어떤 정도가 말할이가 상대로부터 겁을 먹을 정도로 높음을 의미한다.

(87) 그때 사탕 일원어치 사믄 겁나게 많이 줬은게. (뿌리19-33)

(88) 어, 우리나라 사람들이 이야기 겁나이 좋아하잖아요? (이야기)(광주)

(89) '아따, 우리집에 겁나게 신기한게 있다'. (이야기)(광주)

(90) 아버지가 와서 겁나게 때리는 거여유. 한마디 했쥬. (이야기2-5)

(87)의 '겁나게'는 정도부사 '아주'의 의미로 '많이'를 꾸민 긍정 강조의 정도부사다. '그때 사탕 일원어치 사믄 많이 준 것이 (산 사람이) 겁이 날 정도이다.'와 같은 내적 구조를 가지고 있다. 그러나 '많이 있는 사실'이 말하는 사람에게 겁을 준다는 사전적 의미보다는 서남방언에서 화용화된 형태로 나타난 것이다. (88)은 '겁나게'의 이형태인 '겁나이'가 쓰인 것이다. 그리고 이것도 후행 의미가 '좋다'라는 긍정의 극성 정도를 나타낸다. (89)도 '집에 신기한 것이 있는 것이 겁날정도'라는 의미는 거의 없어지고 일반 정도부사 '아주', '매우'처럼 쓰였다. (90)은 정도부사 '매우'의 의미로도 해석이 가능하지만 '때리는 모습이 겁이 날 정도'라 는 '겁나다'의 사전적 의미로도 볼 수 있다. 이 (90)의 '겁나게'는 형용사 '겁나다'가 부정 정도부사에서 중립적 의미의 정도부사로 전이되는 중간 과정에 있는 말이다.

3.2.2.2. 허벌나게[həbəlnage]

서남방언 정도부사 가운데 '허벌나게'가 있다. 이 형태는 '허벌'로도 나타난다. '허벌나게'

---

[32] 이러한 현상은 형용사 '너무'가 어원적으로는 부정의 의미를 수식하는 부정적 의미의 정도부사로 쓰이다가 이것이 말할이의 정도의 극대화로 의미 확장함으로써 긍정 강조에도 널리 쓰이게 된 것과 마찬가지이다.(정도부사 '너무'에 대한 전반적인 논의는 임규홍(2002, 2004) 참조. 부정적 의미를 긍정 강조로 쓰이는 현상은 통신언어에서 많이 나타난다. 정도를 극대화하여 강조할 경우 '더럽게', '열라', '좃나'와 같은 부정적 비속어가 일반 정도부사처럼 쓰이고 있다. 그리고 정도부사 '되게'의 화용화는 안주호(2003) 참조

의 어원은 정확하게 알 수 없으나 '허벌나다'라는 방언에서 나왔을 것으로 생각한다.[33] '허벌'과 유사한 말로는 사전에 등재된 '허발'이 있다. 이 말은 '몹시 주리거나 궁하여 함부로 먹거나 덤비는 일'이란 의미이다. 따라서 이 '허벌 나게'도 '겁나게'처럼 서남방언도 부정 의미 정도부사에서 중립적인 강조의 정도부사로 의미 확장된 것으로 보인다.

> (91) 근데 사람들이 허벌나게 많이 있는디, 사람들이 막 점쟁이가 막 영반한테 호통을 쳤샤.
> (이야기2-4)(광주)
>
> (92) 그래 갖고 그 때 하필 돌림병이 돌아부러 갖고 그 사람들이 허벌나게 많이 죽어 부럿어.
> (이야기2-4)(광주)
>
> (93) "아유, 이 아주마가 허벌 기다려도 안 나오시길래 없는 줄 알았다."(이야기2-6)(광주)

이 서남방언 '허벌나게'는 일반적으로 뒤에 '많다'를 꾸미는 경우가 많다. 위 (91)과 (92)의 '허벌나게' 대신 정도부사 '아주'를 바꾸어도 크게 무리가 없다. (93)은 '허벌나게'의 이형태로 '허벌'로 쓰인 보기이다. 이 '허벌'은 '많이'라는 수량 정도부사처럼 쓰인 것처럼 보이지만, '허벌'이 일반 정도부사 '아주', '매우'와 같은 의미로 뒤에 '많이'라는 정도부사가 생략되어 있는 경우이다. 이것은 정도부사가 일반 동사를 직접 꾸밀 때는 종종 '많이'라는 형용사가 무표적으로 생략되는 것과 같다.[34]

3.2.2.3. 징허게/징하게[jiŋɦəge]

서남방언 정도부사 '징허게'는 중앙방언 '징그럽게'의 방언형으로 쓰인 것이다.[35] 강조할 경우 '찡허게', '징허니'와 같은 이형태로도 나타난다. 이 '징그럽게'는 형용사 '징그럽다'의

---

33) 전남방언사전(1998:652)에서 '허벌나다'를 '굉장하다', '엄청나게 많다'(속된말)라고 하였다.

34) 예컨대, '사람이 너무 죽었다.'라는 말은 정도부사 '너무'가 '죽었다'를 직접 꾸미는 것이 아니고 그 사이에 '많이'라는 부사어를 꾸민다. 이에 대해서는 임규홍(2004) 참조. 홍사만(2002:168)에서는 이러한 현상을 '너무'의 정도부사 기능에 상태 부사 기능이 융합되어 있을 것으로 보았다.

35) '징허게'를 '느낌이 강하게 일어나다'의 의미인 형용사 '찡하다'에서 왔다고 볼 수도 있다. 그런데 본문 보기에서처럼 '가슴이 찡하게 가난하고', '가슴이 찡하게 힘이 좋다'라는 의미로 연결하기에는 어색하고 또 다른 서남 방언 정도부사가 부정 의미의 형용사에서 강한 정 도부사로의 의미 확장이라는 일반적 현상을 볼 때 '징허니'의 어원은 형용사 '징그럽다'에서 온 것으로 보인다. 전남방언사전(1998:572)에서는 '징허다'를 표제어로 싣고 '증하다(憎-)', '징그럽다', '굉장하다'의 의미로 보았다.

부사형이다. '징그럽다'의 사전적 의미는 '소름이 끼칠 정도로 끔직하고 흉하다'라는 의미를 가지고 있다. 이 방언도 다른 서남방언 정도부사 '겁나게'나 '허벌나게'와 같이 부정적 의미에서 중립적인 정도부사로 의미 확장된 것이다. 다음 보기와 같이 쓰인다.

> (94) 옛날 조선시대에 어 돌쇠가 살았는디, 징허니 가난한께 부잣집 머슴으로 들어갔어. (이야기2-4)
>
> (95) 근디 징허니 힘이 좋고 일을 잘해 부링께 오메 이 영감이 환장을 해불고 이뻐해 부려. (이야기2-4)

(94)는 상태 정도부사 '아주'와 바꾸어 쓸 수 있다. (95)는 후행 의미가 긍정적인 의미에 쓰인 보기이다. '힘이 좋은 것이 징그럽게'라고 하는 부정적 의미에서 의미가 확장되어 단순히 긍정 강조의 정도부사로 쓰였다.

3.2.2.4. 솔찮이[solʧ̌ani]

서남방언 정도부사 '솔찮이'는 부사 '많이'의 의미를 가지고 있으며 이것이 '아주'라는 일반 정도부사로 의미 확대된 것이다. '솔찮이'는 '꽤 많다'의 의미를 가진 중앙방언 형용사 '수월찮다'의 파생부사 '수월찮이'에서 온 것으로 보인다. 예컨대, '힘이 수월찮이 들다'라는 말에서 '수월찮이'가 '꽤 많이'라는 의미로 쓰인 것을 볼 수 있다. 그러나 이 '솔찮이'가 때로는 '제법' 또는 '제법 많이'의 의미로 쓰여 정도부사 극성의 의미보다 그 정도가 조금 낮은 경우에 쓰이는 것[36]으로 보아 중앙방언 '수월찮이'와 동일한 것이라고는 보기 어렵다. 이 '솔찮이'는 '수월 찮이>쉴찮이>솔찮이>솔찬이'의 음운 변화를 거친 것이다.[37]

> (96) 그때게 칠량면이 열두개린디 칠량 국민학교 사십명 수에서 여그서 칠팔수가 댕겠는게

---

36) 나이는 솔찮이 먹고(혼불, 제5권 206쪽)에서 '솔찮이'는 '제법 많이'의 의미이다.

37) 그런데 '수월찮이'는 '수월하지 않이'의 내적 구조를 가지고 있는데, '수월하다'의 부정형 '수월찮이'가 '꽤 많이'의 의미를 가지려면 '수월하다'의 의미에 [적음]의 의미를 가지고 있어야 하는데 형용사 '수월하다'에는 그러한 의미가 없다. 따라서 부사 '수월찮이'는 서남방언이 중앙방언으로 확대 사용된 것이거나 아니면 중앙방언 '수월찮이'가 서남방언으로 확대 사용된 것이라고 할 수 있다.

솔찬히 많이 댕긴폭이었제 (뿌리19-27)

(97) 그러고 댕긴 것이 솔찬히 시끄럽게 허고 댕깄어 (뿌리3-45)(정읍)

(98) 우리 가진 삼현파 종친회가 돈이 솔찬히 많이 있어 갖고 (뿌리19-117)

(99) 전호풍이 그분네는 나허고도 같이 쳐봤지만 참 잘 쳐. 잘 치는데 참 살라면 솔찬이(많이)

　　살게 생긴 양반이 그 한 동넷놈한테 칼맞아 죽었네 (뿌리3-107)(정읍)

(100) 쇠주 사홉짜리 두병인게 돈이 솔찬허잖여? 그렇게 가가 객지 와서 돈을 많이 썼지.

　　(뿌리3-147)(정읍)

(101) 헌깨 솔찬히 키가 큰 놈이지 (구비6-4:491)(승주)

서남방언 '솔찮이'가 단순히 정도부사 '많이'의 의미라기보다 정도부사 '상당히',[38] '아주'의 의미를 가지고 있는 극성 정도부사이다. 따라서 일반적으로 후행 정보가 긍정일 경우에 많이 쓰인다.

(96), (98)의 '솔찮이'는 뒤에 '많이'를 꾸밈으로써 '많이'의 의미미보다 '아주'의 의미를 가지고 있다. (97)은 뒤에 다소 부정적 의미인 '시끄럽게'를 꾸몄다. 그러나 시끄럽게 하고 다닌 것이 자랑처럼 긍정적 의미가 내포되어 있다. (99)의 '솔찮이'는 정도부사 '아주'로 바꿀 수 없는 보기이다. 이 경우는 수량 정도부사 '많이'의 의미로 쓰였다. 그러나 '솔찮이' 뒤에 '많이'가 생략되었다고 보면 '솔찮이'는 여전히 정도부사로 볼 수 있으나, (100)의 보기를 보면 '솔찮허잖여'를 '많잖아'라고 해석한다면 '솔찮하다'가 '많다'의 의미로 새길 수 있다. (101)의 보기는 '많이'나 '아주' 모두 가능하다. 따라서 이 '솔찮이'는 수량 정도부사 '많이'가 일반 정도부사로 쓰이는 경우와 마찬가지로 어원적으로는 '많이'의 의미를 가지고 있으나 이것이 서남방언에서 상태 정도부사 '아주'처럼 의미가 확장되었다고 볼 수 있다.

3.2.2.5. 홉신[담양]/흡신[hopsin]/흠벅[39]

서남방언 정도부사 '홉신' 또는 '흡신'은 정도부사 '많이', '충분히'[40]의 의미를 가지고

---

38) 전남방언사전(1998:362)에서는 형용사 '솔찬허다'와 부사로 '솔찬히', '솔찮게'를 표제어로 싣고 그 의미로 '상당히'라고 하였다.
39) 전남방언사전(1998:665)에서 '순천'에서 확인됨.

있다. 중앙방언에 '(정도가 꽉 차고도 남을 만큼) 아주 넉넉하게'의 의미를 가진 '흠씬'의 의미와 비슷하다. 그러나 이 말은 서남방언에서는 수를 나타내는 정도부사 '많이'의 의미로 주로 쓰인다.

> (102) 인자 부잣집 사랑이를 간게 풍수들이 흡신 앙겄던 거여,
> (103) 풍수들이 흡신(많이) 앙거서 저녁으, 그러고 아거갖고는, 경상도 풍수, 충청도 풍수--
>   (구비6-4: 412)(승주)
> (104) 사람들이 흡신 앙겄던 것이여 (구비6-4: 412)(승주)

위 (102)나 (103)의 '흡신''은 '많이'의 의미이며, (104)의 '흡신'은 이형태로 보인다.

서남방언 '흠벅(순천)'도 중앙방언 '흠빽'과 유사하나 아래 (105)처럼 '옷이 흠뻑 젖었다'의 '흠뻑'과는 그 의미가 조금 다르게 양의 많음을 나타내고 있다. '흠뻑'의 사전적 의미는 '분량 따위가 매우 넉넉한 모양'으로 '행복에 젖다'와 '물 따위가 푹 배이도록 젖은 모양'으로 '온몸이 땀에 젖었다'와 같이 쓰인다. 따라서 '흠뻑'은 서술어 '젖다'와 호응이 자연스럽다. 그러나 아래 서남방언 '흠벅'은 단순히 '많이'의 의미로만 쓰인 것이 중앙방언과 다르다.

> (105) 지 혼차 비살데를 산이 가서 흠벅 끊어 갖고 왔어. (순천)

3.2.2.6. 나수[nasu]/나수이[nasui][41]

서남방언 정도부사 '나수' 또는 '나수이'는 '많이', '넉넉히'의 의미를 가지고 있다.

'나수'는 형용사 '낫다'의 부사형 '낫게'와 관련이 있는 것 같다. '낫다+우'의 구조로 된 것으로 보인다. 동남방언 '낫게'도 다음과 같이 '많이', '넉넉하게'의 의미로 쓰인다.

> (106) 밥 좀 낫게 무그면 숨이 답답해
> (107) 돈 좀 낫게 가져오너라

---

40) 전남방언사전(1998:671) 참조.
41) 담양·광산·순천·목포 등에서 확인됨(전남방언사전, 1998:99).

서남방언에서는 다음과 같이 쓰인다.

> (108) 음식을 나수이 먹었어.
>
> (109) 엊저녁에 친구들 하고 술을 나수이 마셔부러서 머리가 깨지게 아프다.

의미상 형용사 낫다(善)의 부사형 '낫게'의 동남방언 의미와 유사하다. 그러나 서남방언은 '낫다'에 부사파생 접미사 '-우'가 결합된 것이 특이하다.

그 외 서남방언 정도부사에는 (110)~(113)처럼 쓰이는 뭉크르[mungkiri], 아빡[ap'ak],[42] 왈칵[walkʰak], 이상[isaŋ] 등이 있다.

> (110) 아 우리집 할머니가 저그 있응게 말이지만 여그 와서도 뭉크르 있었어. 각시가 뭉크르
>   있었어. (뿌리3-46)
>
> (111) 장사할라고 시장으로 가서 물견을 인자 비단을 아빡 사갖고 짊어지고 재를 올라오는디
>   (구비6-4: 292)(승주)
>
> (112) 생각헌 것보다 왈칵 크도 안허데 (담양)
>
> (113) 목도 좋고 이상 멋도 있고 그레라우 (담양, 진도, 완도)

서남방언 정도부사를 정리하면 다음과 같다.

방언	성조	기본의미	호응	의미확장	정도성	관용
겁나게	231	겁나다	중립	형용사>정도부사	+	
허벌나게	2321	허벌나다(방)	중립	형용사>정도부사	+	
징허게	232	증하다(징그럽다)	중립	형용사>정도부사	+	
솔찮이	232	수월하다	긍정	형용사>정도부사	+△	
흡신	23	흠씬	긍정	상태부사>정도부사	+	
나수이	231	낫다	긍정	형용사>정도부사	+	

[표 2]

---

42) 이 형태로 '하빡'도 보인다. 엿장시집에 가서 엿을 하빡 받어 짊어지고 왔어(순천)

3.2.3. 제주방언 정도부사

제주방언 정도부사에는 '많이'의 의미를 가진 '폭싹', '하영'이 있고, 이에 대응 되는 '조금'의 의미를 가진 'ᄒᆞ쏠', 'ᄒᆞ꼼'이 있으며, 중립적인 '아주', '매우'의 의미는 '막', '홈치', '잘도' 등이 있다.

3.2.3.1. 하영[hayeoh]

제주방언 가운데 매우 많이 쓰이는 정도부사에 '하영'이 있다. 제주방언 '하영'은 '많이' 의 의미를 가지고 있으며 단독 부사로 쓰인다. 다음과 같은 보기로 쓰인다.

(114) 이던 ᄇᆞ름도 하영 붊엄져 (이곳은 바람도 많이 불고 있네)

(115) 서울에 갈때랑 하영 담앙갑세 (서울에 갈 때는 많이 담아서 가십시오)

(116) 조끄뜨레 하기엔 하영 멍 당신 (가까이 하기엔 너무(아주) 먼 당신)

(117) 부시럼질 세면 더 하영 난다 (부시럼을 세면 더 많이 난다)

위 보기처럼 '하영'은 양을 나타내는 정도부사 '많이'와 매우 유사하게 쓰이지만 (116)처럼 정도부사 '아주', '매우', '너무'와 같은 상태 정도부사로도 쓰인다.

제주방언 '하영'의 어원은 알려지지 않지만 '하-'는 중세어 '많다'의 '하다'와 관련이 있을 것으로 보인다. 그리고 '-영'은 제주방언에 잘 나타나는 접미사이다. 그것은 어미가 단축되고 'ㅇ'이 덧붙는 제주방언의 조어 특징에서 찾을 수 있다.[43]

---

43) 현평효(1986)에서 제주 방언의 특징 가운데 하나가 연결어미는 경우에 따라 'ㅇ'이 접미되면서 그 어형이 단축되는 현상이 심한 것이라 하였다.
  (1) 강 보앙사 ᄀᆞ졍 오라. (가아 보아서사 가지고 오너라.)
  (2) 차탕 데령 가라. (차 타고서 데리고 가거라.)
  (3) 이렇게>이영>영:, 그렇게>그영>경:, 저렇게>저영>정:
  (4) 강 옵서 (갔다 오십시오)
  (5) 쉬영 갑서 (쉬었다 가세요)
  (6) 왕 가랑갑서 (와서 갈라 가십시오)
  (7) 영 갑서양 (이쪽으로 가십시오)
  (8) 많이 풉서 다시오쿠다양 (많이 파십시오 다시오겠습니다.)

3.2.3.2. ᄒ쏠[hʌs'ol]/ᄒ끔[hʌk'om]

제주방언 정도부사에 '조금'의 의미를 가진 'ᄒ쏠'이 있다. 이형태로 '호쌀/호썰', 'ᄒ끔', '호꼼' 등으로 나타나기도 한다.[44]

> (118) 제주도 지사도 ᄒ쏠 하여나고 (제주도 지사도 조금 하였고)
>
> (119) 이거 다섯개 사쿠매 호썰만 내령줌써 (이것을 다섯 개 사겠으니 조금만 깎아 주세요)
>
> (120) 건양 막 귀헌 거난 호쌀 비싸마씀 (그것은 매우 귀한 것이기 때문에 가격이 조금 비쌉니다)

위 (118)과 (119)의 'ᄒ쏠'이나 '호썰'은 양을 나타내는 정도부사이며, (120)의 '호쌀'은 상태 정도부사로 '아주'와 상대되는 '조금'의 의미로 쓰인 것이다.

제주방언 정도부사 '호꼼'도 'ᄒ쏠'처럼 '조금'의 의미를 가지고 있다.

> (121) 아촘, 정지에 풋죽헌거 이신디 맨도롱 헌때 허꼼 먹엉 갑써? (아참, 부엌에 팥죽 끊인 것이 있는데 따뜻할 때 조금 드시고 가십시오)
>
> (122) 호꼼이라도 고치만 있고 싶언. (조금이라도 같이만 있고 싶어서.)
>
> (123) 호꼼 이십서게 (조금 계십시오)
>
> (124) 가이 지레가 느보단 ᄒ꼼/ᄒ쏠 클거라 (그 아이키가 너보다 조금 클 것이다)[45]

위 (124)처럼 제주방언 'ᄒ꼼'도 'ᄒ쏠'과 같이 수량 정도부사가 아닌 상태 정도부사로도 쓰인다.

와 같이 발화에서 어미가 단축되면서 'ㅇ'이 접미된 현상을 알 수 있다.

44) 강정희(2005:48)에서는 제주 방언 정도부사 'ᄒ쏠'과 'ᄒ꼼'의 어원을 '홑(單)'과 공간성 명사 '쓸'과 '서리'에서 찾고 있다.

45) 강정희(2005:47) 참조.

3.2.3.3. 폭싹[pʰoksʼak]

중앙방언 '폭삭'은 '내려앉다(주저앉다)', '썩었다' 등과 호응이 되는 의태부사로 쓰인다. 제주 방언 정도부사 '폭싹'은 이와 다르게 정도부사 '많이', '아주'의 의미로 쓰인다. 이것은 의성/의태부사에서 일반 정도부사로 의미 확장의 과정을 거친 것으로 보아야 한다.

중앙방언에서도 의성어 '폭삭'이 다음과 같이 정도부사의 의미로 쓰이기도 한다.

(125) 그 사람 사업 폭삭 망했어.

(126) 폭삭 썩었다.

위 (125)와 (126)에 쓰인 '폭삭'은 '아주' 또는 '완전히'의 의미를 가지고 있다.

중앙방언에는 '망하다', '썩다', '내려앉다'와 같이 [하강]의 인지적 의미를 가지고 있는 경우에 쓰인다. 그러나 제주방언에서 '폭싹'은 중앙방언과는 다르게 다음 (127)처럼 '고생하다'나 '수고하다'와 같이 관용적으로 쓰인다.

(127) 폭싹 속아(았/암)수다 (많이 고생했습니다, 매우 수고했습니다.)

3.2.3.4. 막[maːk]

제주방언 정도부사 '막'은 중앙방언과 형태는 동일하지만 그 의미는 다르게 쓰인다. 부사 '막'의 사전적 의미는 '마구의 준말과 걷잡을 수 없이, 몹시' 또는 시간부사 '금방'으로 되어 있다. 따라서 부사 '막'은 동사 서술어를 꾸민다.

(128) 마차가 막 달린다.

(129) 차가 막 떠났다.

그러나 제주방언에서는 이와 다르게 정도부사 '아주'의 의미로 쓰여 형용사 서술어의 정도를 나타낸다.

(130) 막 말경에 농업지도원, 감자 지도원 댕겼주 (뿌리14-100) (아주 끝에 농업 지도원, 감자
　　　지도원 다녔지)

(131) 막 영 좀지리 모상 똥이 뒈는 거라 (뿌리14-50) (아주 이렇게 자잘하게 모사(빻아) 똥이
　　　되는 거라

(132) 그래도 무사히 컸어 신체도 막 건강해 (뿌리14-31) (그래도 무사히 컸어 신체도 아주
　　　건강해)

(133) 건양 막 귀헌 거난 호쌀 비싸마씀 (그것은 매우 귀한 것이기 때문에 가격이 조금 비쌉니
　　　다)

위 (130)은 명사 앞에서 정도부사로 쓰인 것이고, (131)~(133)은 형용사 앞에서 정도부사
로 쓰인 것이다.

따라서 제주방언 정도부사 '막'은 (134)처럼 '마구'나 '계속'의 뜻을 가지고 있는 중앙방언
의 '막'과는 다르게 쓰인다.

(134) 그래도 무사히 컸어 신체도 막(*마구, *계속) 건강해 (뿌리14-31) (그래도 무사히 컸어
　　　신체도 아주 건강해)

3.2.3.5. 흠치[hʌmʧi]

제주방언 정도부사 가운데 형태적으로 특이한 것으로 '흠치'가 있다. 이 '흠치'는 정도부
사 '아주'의 의미로 쓰이나 나타난 자료에서는 명사 앞에 쓰이는 것으로 되어 있다. 일반적
으로 정도부사가 명사 앞에서 명사를 꾸밀 때는 '바로'의 의미로 쓰일 경우이거나 명사
뒤에 이어지는 서술어를 꾸미는 경우이다. 그러나 아래 제주방언 자료에서는 '흠치'가 '바
로'의 의미가 아니라 후행 명사를 강조하는 의미로 쓰였다.

(135) 이영차 이영차 허멍 흠치 혼 오분간 걸려서 (뿌리14-91) (영차 영차 하며 아주 한 오
　　　분간 걸려서)

(136) 혼 아름썩 헌 낭덜, 흠치 스무나문자지럭시 이상 (뿌리14-103) (한 아름씩 한 나무들,

아주 스무남은 자 길이 이상)

(137) 요 우녁펜 오름 꼭지에 놈들이 홈치 수백명이 (뿌리14-108) (요 오른편에 오름 꼭대기에

놈들이 아주 수백명이)

3.2.3.6. 잘도[jaldo]

제주방언 정도부사 '잘도'는 일반 정도부사 '잘'에 보조사 '도'가 결합된 것으로 중앙방언
과는 매우 다르게 쓰인다.

중앙방언에서는 부사 '잘'이 긍정의 의미를 가지고 있는 일반 양태 부사이다. 그러나 제
주방언에서의 '잘도'는 이와는 전혀 다른 의미를 가지고 있는 단독형 정도부사이다. 다음은
중앙방언에 쓰이는 '잘도'이다.

(138) 차가 잘도(*아주) 달린다.

(139) *얼굴이 잘도 예쁘다.

그런데 일반적으로 중앙방언 '잘도'는 위 (138)과 같이 동사 서술어 '달리다'를 꾸미는
성상부사이다. 따라서 정도부사 '아주'와 바꿀 수 없다. 부사 '잘도'는 반드시 뒤에 동사
서술어를 꾸민다. 즉, (139)처럼 형용사를 꾸밀 수가 없다. 그런데 제주 방언에서는 아래와
같이 '잘도' 대신 정도부사 '아주'나 '매우'로 바꾸어 쓸 수 있으며 뒤에 형용사 서술어를
꾸민다.

(140) 잘도 아깝다. (매우 예쁘다)

(141) (어휴)오늘 잘도 더웜수다! (오늘 아주 덥다.)

(142) 질이 잘도 머우다양. (길이 아주 멉니다)

(143) 그 농구선수 잘도 커어. (그 농구선수 아주 크다)

(144) 사람들 잘도 하서라. (사람들 매우 많더라)

(145) 그거 잘도 비싼큰게, 난 못 사크라. (그거 아주 비싸니까 나는 못 사겠다)

(146) 그 여자 젊은 땐 잘도 고와났쭈.[46] (그 여자 젊었을 때 매우 왔었지)

이처럼 제주방언 '잘도'가 중앙방언과 다르게 형용사 서술어를 꾸밀 수 있다는 것을 강정희(2004)에서는 제주 방언의 형용사가 동사와 마찬가지로 움직이는 동작동사화 되고 있다는 점으로 설명하고 있다. 즉, 제주 토박이는 형용사를 동작 동사로 보는 인식 양태의 차이에서 온 것으로 보았다. '잘도'가 기대치 이상의 기본적인 의미를 가지고 있음은 중앙방언과 동일하다. 따라서 제주방언 정도부사 '잘도'는 기본적 의미는 [+긍정적] 자질을 가지고 있으며 의미 확장에 의해 단독 형 방언으로 화석화된 것으로 볼 수 있다.

그 외 제주방언 정도부사에는 아래와 같이 쓰이는 '소못[somot]', '고우머[goumə]' 등이 있다.

(147) 소못 소랑헴수다 (무척 사랑합니다)

(148) 고우머 말멍터우다 (별로 이쁘지 않네요)

지금까지 살펴본 제주방언 정도부사를 정리하면 다음과 같다.

방언	성조	기본의미	호응	의미확장	정도성	관용
하영	32	하(많다)+영	긍정	형용사>정도부사	+	
호꼼/ᄒ쌀	32	홀+쯤/홀+사이	중립	명사>정도부사	−	
폭싹	32	의성어	부정	의태부사>정도부사	+	-속다
막	3	마구	긍정	시간부사>정도부사	+	
홈치	32	홈+치	명사성	명사>정도부사(?)	+	
잘도	32	잘+도	긍정	성상상부사>정도부사	+	감탄문

[표 3]

---

46) 예문 (140)~(146)은 강정희(2004)에서 든 것들이다.

제4장

'-쉽지 않다'의 화용적 의미

1. 들머리

오늘날 우리 국어 담화에서 두드러지게 나타나는 표현 형태 가운데 하나가 '-쉽지 않다'이다. 일반적으로 '쉽지 않다[1]'와 '어렵다'가 동의적 관계에 있는 것으로 이해할 수 있으나 이 두 표현은 명제적 표현 이상으로 다양한 화용적 의미를 가지고 있다. 이와 같이 오늘날 말할이가 '쉽지 않다'라는 표현을 두드러지게 많이 쓰게 된 것에는 다분히 말할이의 의도적 담화책략에 기인한다고 볼 수 있다.

기본적으로 '-쉽지 않다'는 '쉽다'의 통사적 부정 표현[2]이며, 동의 어휘는 형용사 '어렵다'이다. 우리는 맥락이나 상황 또는 개인의 담화 습관에 따라 거의 동일한 의미를 가지는 것처럼 보이는 두 가지 표현을 사용한다.

(1) 문대통령 "적폐수사 그만 하라? 타협하기 쉽지 않다"(오마이뉴스, 2019.5.12.)

(2) 건상보험 체납한 외국인, 앞으로 비자 연장 어렵다(경향신문, 2019.7.17.)

위 (1)의 '쉽지 않다'라는 표현과 (2)의 '어렵다'라는 표현이 어떤 의미 차이가 있으며 서로 어떤 화용적 특징이 있을까. 언뜻 보면 '쉽다'의 부정인 '쉽지 않다'와 그 반의어 '어렵다'는

---

1) 본 연구에서 '쉽지 않다'의 형태는 '쉽지 않-'의 기본형으로 보고 논의하고자 한다.
2) 이 논문에서 부정적 통사 구조 또는 통사적 부정 표현은 'NP쉽지(어렵지) 않다'의 형태를 의미한다.

동의어처럼 보인다. 그러나 이 두 표현은 여러 가지 상황 즉, 맥락, 상황, 발화자의 담화 태도와 습관에서 서로 다른 의미와 화용적 의미를 가지고 있다. 따라서 이 글은 '쉽다'와 그 반의어 '어렵다' 그리고 통사적 부정표현인 '쉽지 않다'와 '어렵지 않다'의 의미를 분석하고 이들의 특성을 중심으로 본고의 주제인 '쉽지 않다'의 화용적 특성을 구명하려고 한다.[3]

지금까지 국어 반의어나 부정문에 대한 연구는 1970~80년대에 걸쳐 주로 활발하기 이루어졌다. 이 시기 동안의 연구들은 대부분 부정문의 유형인 '못 부정'과 '안 부정'[4] 그리고 '-지 않다'와 '-지 못하다'와 같은 장·단 부정문의 동의성에 대한 논의,[5] 부정의 범위와 부정의 중의성에 대한에 대한 구조적 특성과 의미적 특성에 대한 연구[6]들이 주류를 이루었다. 그리고 국어 부정법의 통시적 연구는 홍종선(1980), 황병순(1980) 등이 있다.

1980년대 후반에 들어서면서 부정문에 대한 기존의 의미해석에서 확대하여 담화차원에서 논의해야 한다고 주장하기 시작하였다. 임홍빈(1987:87)에서도 부정문의 구체적 해석에 있어서는 사실 전제, 담화 전제가 작용한다고 하였다. 부정문의 기능과 의미를 화용적인 측면에서 관찰한 연구로는 한정일(1986)에서 볼 수 있다. 김승동(1994)에서는 '안 부정문'과 -지 않- 부정문의 의미에 대한 화용적 기능에 대해 논의하였다. 그러나 지금까지 부정문 연구들은 대부분 부정문 유형 간의 의미 특성을 비교 연구하였다. 따라서 본고에서 논의하고자 하는 부정어휘와 부정문 '-지 않다'의 특성에 대한 비교 연구와 이에 대한 화용적 특성에 대한 연구는 보이지 않았다.

따라서 본고는 먼저 2장에서 '쉽다'와 '어렵다'의 어휘적 의미 범주를 알아보고 이를 바탕으로 3장에서 '쉽지 않다'와 '어렵다'의 의미 범위를 알아본다. 그리고 4장에서는 '쉽지 않다'와 '어렵다' 그리고 '어렵지 않다'와 '쉽다'의 의미적 특성을 분석하여 '쉽지 않다'의 화

---

3) 박승윤(1990:131)에서 부정문 논의를 화용론적 측면에서 논의하면서 긍정과 부정의 사용은 궁극적으로 화자와 청자가 질문에 대해 가지고 있는 화용론적인 의도에 관련이 되는가 안 되는가에 좌우된다고 하였다.

4) 이경우(1983)에서 '아니'와 '못' 부정문의 의미에 대한 연구가 이루어졌다.

5) 장단 부정문의 동일한 기저구조를 가진다는 점에서 동의적이라고 한 주장으로 일찍이 박순함(1967), 이홍배(1970), 오준규(1971) 양동휘(1976) 등 주로 변형생성문법에 입각한 형식문법주의자들이다. 그러나 동일한 의미가 아니라고 주장한 학자로는 송석중(1967), 임홍빈(1973)로 기저부에서 이미 서로 다르다고 하였다.

6) 임홍빈(1973, 1987), 조준학(1975), 이기용(1979), 송석중(1981), 박종갑(2001) 등이 있다.

용적 특성을 집중적으로 밝히는 과정으로 이루어진다.

2. '쉽다'와 '어렵다'의 의미

'쉽지 않다'와 '어렵다'의 의미를 비교하기 위해서 먼저 '쉽다'와 '어렵다'의 의미 범주와 특성을 살펴볼 필요가 있다. '쉽다'와 '어렵다'는 형용사로 다음과 같은 사전적 의미를 가지고 있다. '쉽다'의 사전적 의미를 다음 세 가지 의미로 제시하고 있다.[7]

> (3) 하기가 까다롭거나 힘들지 않다.
>
> 　　가. 이 책의 내용은 다소 쉽다.
>
> 　　나. 좋은 아버지가 되는 것은 쉽지 않은 일이다.
>
> 　　다. 이 책은 전문 용어가 많아 일반인들이 이해하기에 쉽지 않다.
>
> (4) (주로 '않다' 따위와 함께 쓰여) 예사롭거나 흔하다.
>
> 　　가. <u>쉽지 않은</u> 걸음을 하다.
>
> 　　나. 바다가 갈라지는 광경은 그리 <u>쉽지 않은</u> 광경인데, 우리가 운이 좋았나 보다.
>
> 　　다. 나를 믿어. 나는 그렇게 쉽게 포기하지 않을 거야.
>
> (5) ('-기(가) 쉽다' 구성으로 쓰여) 가능성이 많다.
>
> 　　가. 틀리기 쉬운 문제.
>
> 　　나. 깨지기 쉬운 유리그릇.
>
> 　　다. 이 일은 계속해서 신경을 쓰지 않으면 중간에 망치기 쉽다.
>
> 　　　　　　　　　　　　　　　　　　　　　　　　　　　　　　(표준국어대사전)

위 (3)은 일반적으로 정보의 난이도(難易度)로 형용사 '쉽다'의 기본적 의미이다. 그 외 의미는 이 (3)의 의미에서 전이된 의미라고 할 수 있다. (4)의 경우는 일반적으로 빈도(頻度)

---

7) 형용사 '쉽다'와 '어렵다'에 대한 의미와 보기는 국어표준대사전(국립국어원)에서 인용한 것이며 번호와 밑줄은 본고의 논의의 편의를 위해서 바꾸어 메인 것이다.

의미에 행위나 상태의 변화에 대한 경중(輕重)의 의미가 부과된 것으로 보인다. (5)의 의미는 행위나 상태 변화에 대한 가능성(可能性)의 의미를 가진다. 이러한 의미는 서술어 '쉽다'와 공기되는 행위나 상태의 사태의 의미를 분석함으로써 확인할 수 있다.

(3가)의 경우는 책을 '이해하는데' 쉽고 어려움이고, (3나)은 좋은 아버지의 속성이나 행위에 대한 힘듦을 의미하며, (3다)은 일반인들이 (책 내용)을 이해하기가 어렵다고 하여 책 내용의 난이도를 의미하는 것으로 알 수가 있다. 따라서 (3가)와 (3다)은 정보 이해에 대한 정도이기 때문에 하나로 설명할 수 있다. 그것은 (3)의 '쉽다'는 반대말 '어렵다'와 자연스럽게 대체가 가능한 것으로도 알 수 있다.

(4가)는 어디를 찾아가거나 방문할 가능성이 높고 낮음을 의미한다. 표면적 의미는 빈도로, 찾는 횟수가 잦지 않다는 의미로 보이나 내면적 의미는 행위자의 찾고 싶어 하는 '의도'의 정도를 나타낸다. (4나)는 바다가 갈라지는 광경의 일어남에 대한 빈도가 잦고 드문 정도를 나타낸다. (4다)는 화자가 자기의 행위에 대한 포기의 의지를 나타내는 것이다. 사전에 (4)의 경우는 반의어 '어렵다'와 대체가 자연스럽지 못한 것으로 되어 있으나 실제는 크게 무리가 없다. 예컨대, '그분 참 어려운 걸음을 하셨다.'거나 '그런 광경을 보기가 어렵다'와 같이 자연스럽다.

(5)의 경우는 주로 사태나 행위의 변화에 대한 가능성의 높고 낮음을 나타내는 것으로 주로 행위나 사태의 서술어 앞에 가능성을 첨가해 보면 자연스러운 문장이 된다. (5가)는 틀리기 쉬운 문제는 '틀릴 가능성이 높은 문제'로, (5나)의 깨지기 쉬운 유리그릇은 '깨질 가능성이 높은 유리그릇'으로 해석이 된다. 그리고 (5다)의 '망치기 쉽다'는 '망칠 가능성이 높다'로 이해할 수 있다.

그런데 사전에 '쉽다'에 대한 (3)의 의미로 반의어를 '어렵다'라고 제시해 놓고 있다. 그러나 (5나)와 (5다)의 의미로는 반의어 '어렵다'로 대체하면 자연스럽지 않다. 즉, '깨지기 어렵다'거나 '망치기 어렵다'라는 표현은 어색하다. 이 경우 '잘 깨지지 않는다'거나 '잘 망치지 않는다'라는 표현이 훨씬 자연스럽다.

전체적으로 볼 때 '쉽다'와 이에 대한 반대말 '어렵다'로 대체할 수 있는 의미는 (3)과 (4)의 경우이다. (3)의 의미인 정보의 이해에 대한 난이도는 일반적으로 말할이가 긍정적으로 쉽기를 기대하는 내면적 의미가 전제되어 있다. 보기 (3가~다)에서처럼 각각 내용이 쉽기를 기대하고, 좋은 아버지가 되기를 기대하고, 이해하기 쉽기를 기대한다. 이에 대한 부정 또한 말할이가 쉽기를 바라는데 그렇지 않은 데 대한 아쉬움과 같은 주관적 판단이 담겨 있다. 이 경우는 '쉬워야 하는데 그렇지 않고 어렵다'고 하는 발화 내면 구조를 가지고 있다고 볼 수 있다. 따라서 반의어 '어렵다'로 대체하면 자연스럽게 된다.

다음은 형용사 '어렵다'의 사전적 의미이다.

(6) 하기가 까다로워 힘에 겹다.

    가. <u>어려운</u> 수술.

    나. 시험 문제가 <u>어렵다</u>.

    다. 협상은 <u>어렵지</u> 않게 타결되었다.

    라. 이만 명의 군사로써 십만이 되는 고구려, 백제의 연합군을 물리친다는 것은 <u>어려운</u> 일이 아닐 수 없었다.(홍효민, 신라 통일)

(7) 겪게 되는 곤란이나 시련이 많다.

    가. 그는 어려서 부모를 잃고 청소년기를 <u>어렵게</u> 지냈다.

    나. 이렇게 <u>어려운</u> 때일수록 힘을 합쳐야 한다.

(8) 말이나 글이 이해하기에 까다롭다.

    다. 선생님의 소설은 모두들 <u>어렵다고</u> 합니다.

    라. 이 책은 중학생인 내가 읽기에는 너무 <u>어렵다</u>.

(9) 가난하여 살아가기가 고생스럽다.

    가. <u>어려운</u> 살림.

    나. 생활이 <u>어렵다</u>.

    다. 기왕에 서울까지 <u>어려운</u> 사정에 여비를 장만해서 올라왔으니 돈은 벌고 싶다.(황석영, 어둠의 자식들)

(10) 성미가 맞추기 힘들 만큼 까다롭다.

    가. 그녀는 성미가 <u>어려워</u> 친구들과 어울리지 못한다.

(11) (주로 '-기가 어렵다' 구성으로 쓰여) 가능성이 거의 없다.

    가. 시험을 너무 못 봐서 합격하기는 <u>어려울</u> 것 같다.

나. 요즘에는 그를 만나기가 너무 <u>어렵다</u>.

(12) 【…이】【-기가】상대가 되는 사람이 거리감이 있어 행동하기가 조심스럽고 거북하다.

　　가. 나는 선생님이 너무 <u>어려워서</u>, 그 앞에서는 말도 제대로 못 한다.

　　나. 그 <u>어려운</u> 분한테 자기가 감히 그런 말을 할 수 있었다는 게 아씨에겐 더 믿기지가

　　　　않았다.(박완서, 미망)

　　다. 시아버지는 모시기가 <u>어렵다</u>.

　　라. 나이가 어린 내가 높으신 분들이 계신 자리에서 자연스럽게 행동하기가 <u>어려운</u> 것은

　　　　당연한 것이다.

(표준국어대사전)

'어렵다'의 의미는 '쉽다'보다 더 넓은 의미영역을 가지고 있다. 위에서처럼 사전에 7개로 제시해 놓고 있다. (6)은 '행위', (7)은 '시련(체험)', (8)은 '이해의 난이도', (9)는 '살림살이', (10)은 '성격', (11)은 '가능성', (12)는 '관계의 난이도(難易度)'로 나눌 수 있다. 그리고 '어렵다'에 대한 반의어인 '쉽다'로 대체하기 어려운 의미는 (9)와 (10) 정도이다.

그런데 사전에는 (7)과 (8)의 의미에 대한 반의어로 '쉽다'를 제시하지 않고 있다. 그러나 '어렵다'의 (7)과 (8)의 의미에 대한 반의어로 '쉽다'로 바꾸어도 어색하지 않다. 실제 언어생활에서도 '어렵다'를 '쉽다'로 교체한 문장이 쉽게 쓰이고 있다. 즉, (7가)의 의미로 '사춘기를 쉽게 보냈다'라고 하는 표현이 자연스러우며, (7나)은 '살기 어려운 시절이 지나가고 살아가기가 쉽고 편한 시절'로 바꾸어보면 자연스러운 문장으로 수용할 수 있다. (8)의 보기도 마찬가지이다. (8가)를 '선생님의 소설은 모두들 쉽다고 합니다.'나 (8나)를 '이 책은 중학생인 내가 읽기어도 너무 쉽다'로 바꾸어도 조금도 어색하지 않다. 그러나 (9)와 (10)의 '어렵다'를 '쉽다'로 바꾸면 매우 어색한 문장이 된다.

따라서 형용사 '쉽다'와 '어렵다'는 서로 반의어로 볼 수 있지만 의미역에 따라서 반의어의 수용 여부가 다음 표와 같이 정리가 된다.

	난이도	빈도	가능성	행위	시련(체험)	살림살이	성격
쉽다	○	○	○	×	○	×	×
어렵다	○	×	○	○	○	○	○

[표 1] 의미역에 따른 '쉽다'와 '어렵다'의 반의어 수용 여부

3. '쉽지 않다'와 '어렵다'의 의미 범위

일반적으로 우리는 '쉽다'와 '어렵다'는 반의관계에 있다[8]고 알고 있다. 두 말이 반의관계라면 한 말을 부정하면 동의관계가 성립되어야 한다. 그러나 '쉽다'와 '어렵다'의 반의관계는 서로 정도성을 가지고 있는 정도성 반의관계(gradable antonym)로 이 두 형용사의 부정은 서로 부정 표현이 동의적 관계를 나타내지 않는다.

임지룡(1997:158)은 정도반의어의 특징으로 단언과 부정에 대한 일방함의가 성립된다고 하였다. 곧 한 쪽의 단언은 다른 쪽의 부정을 함의하나, 한 쪽의 부정은 다른 쪽의 단언을 함의하지는 않는다는 말이다. 다음 표와 같이 '어렵지 않다'와 '쉽지 않다'는 '어렵지도 않고 쉽지도 않다'라는 중간영역(M)을 포함하기 때문에 그 의미 영역이 각각 '쉽다'와 '어렵다'보다 넓다고 할 수 있다.

쉽다	쉽지 않고 어렵지 않다 (M)	어렵다
어렵지 않다		어렵다
쉽다	쉽지 않다	

[표 2] '쉽다'와 '어렵다'의 의미 영역

반대로 다음과 같이 배타적(상보적) 대립어(complementary)일 경우는 말할이의 시점이 어디에 있느냐에 따라 '죽다'와 '살지 않다', '살다'와 '죽지 않다'가 선택된다. 즉, 이 경우는 '죽다'

---

8) 크루스(1986:207)은 이를 중첩반의어(overlapping antonym)이라 하였다. 임지룡(1997:160)은 평가반의어라 하고 주관적인 평가로서 화자관련 기준의 적용을 받고 쉽다는 긍정적 평가 어렵다는 부정적 평가를 지니고 있다고 하였다.

와 '살다'는 반의어의 관계에 있으며 그 부정은 동의적 관계에 있게 된다.

죽다	죽지 않고 살지 않다(M)		살다
살지 않다		살다	
죽다		죽지 않다	

[표 3] '죽다'와 '살다'의 의미 영역

상보적 대립어의 경우도 명제적 의미로 볼 때는 서로 반의어 관계와 그 부정이 동의적 관계에 있지만 발화자의 화용적 의미는 서로 다르다. 말할이가 어떤 표현을 선택하는가는 그 선택을 위한 맥락과 상황 그리고 발화자의 심리적 태도의 복합적인 배경에 따라 달라진다.

'쉽지 않다'와 '어렵다'가 동의적 의미관계가 아님은 어휘적 의미에서도 알 수 있지만 다음과 같은 송석중(1977:60)에서 '안 크다'와 '작다'의 의미 관계가 다름을 주장하고 있는 것에서도 알 수 있다.

(13) 가. 그이가 키가 안 크지만 작지는 않다.
     나. *그이가 키가 작지만 작지는 않다.

이 경우는 '작지만 작지는 않다'는 두 명제가 모순관계에 있는 표현이다. 그러나 '작지만 크지는 않다'라고 하면 가능한 표현이 된다. 이것은 '작다'와 '크다'의 중간적 영역이 있음을 의미한다. 즉, 배타적 반의어는 중간 단계인 두 어휘의 부정은 불가능하지만 정도 반의어는 두 어휘의 부정인 중간 단계 M 영역이 가능하다.

따라서 '어렵다'와 '쉽다'는 서로 정도를 가늠할 수 있는 어휘이기 때문에 정도 반의어로 어느 한 어휘의 부정이 다른 어휘의 의미와 동의적 관계에 있지 않다는 것을 알 수 있다. '쉽지 않다'의 표현은 '어렵다'보다 그 의미 영역이 넓다. 즉, '쉽지 않다'는 온전히 어려운 것도 아니며 '어렵다'의 의미와 '쉽지도 않고 어렵지도 않는' 중간 의미 영역을 가지고 있다.

이상에서 우리는 '쉽다'와 '어렵다' 그리고 '쉽지 않다'와 '어렵지 않다'에 대한 의미적 특성에 대해 알아보았다. 정리해 본다면 형용사 '쉽다'와 '어렵다'의 어휘적 의미는 '쉽지 않다'와 '어렵지 않다'보다 의미 영역이 좁으며 단정적이라고 할 수 있다. 그리고 '쉽지 않다'와 '어렵지 않다'처럼 '-지 않다' 부정문은 형용사 '쉽다'와 '어렵다'보다 도상적(형태적)으로 유표적일 뿐만 아니라 의미적으로도 긍정적 배경이나 전제에 대한 부정 표현이라고 할 수 있다. '-지 않다'는 선행절의 행위에 대한 화자의 의도가 개입되며 긍정적 기대와 다양한 화용적 의도를 나타낼 때 주로 쓰인다는 점을 알 수 있었다. 따라서 다음 4장에서는 현대 국어 담화에서 '어렵다'보다 '쉽지 않다'라는 표현을 두드러지게 사용하는 까닭을 화용적 기능으로 분석해 보기로 한다.

4. '쉽지 않다'의 화용적 의미

4.1. 화자의 의지

'쉽다'와 '어렵다'의 부정표현을 통한 동의문 여부를 알아보자. 아래 보기처럼 정보의 난이도에 대한 표현은 어휘적 표현과 통사적 부정표현이 서로 대체 될 가능성이 높다.

(14) 가. 이 책의 내용은 <u>쉽다</u>.
나. 이 책의 내용은 어렵지 않다.
(15) 가. 이 책의 내용은 <u>어렵다</u>.
나. 이 책의 내용은 쉽지 않다.

'난이도의 정도'를 나타내는 '쉽다'와 '어렵다'는 화자의 의지보다는 대상의 상태나 내용의 정보에 대한 객관적인 난이도를 나타내기 때문에 통사적 부정 표현 '-지 않다'의 표현도 모두 자연스럽게 수용이 된다. 그러나 다음 (17)~(18)와 같이 '쉽다'가 '빈도(頻度)'의 의미를 나타낼 때는 부정표현과 '어렵다'로 대체하기가 자연스럽지 않다. 따라서 사전에서도 이러한 의미에 대한 반대말로 '어렵다'를 제시하지 않았다.

(16) 가. <u>쉽지 않은</u> 걸음을 하다.

나. <u>어려운</u> 걸음을 하다.

(17) 가. 바다가 갈라지는 광경은 그리 <u>쉽지 않은</u> 광경인데, 우리가 운이 좋았나 보다.

　　　나. *바다가 갈라지는 광경은 그리 <u>어려운</u> 광경인데, 우리가 운이 좋았나 보다.

(18) 가. 나를 믿어. 나는 그렇게 <u>쉽게</u> 포기하지 않을 거야.

　　　나. *나를 믿어. 나는 그렇게 <u>어렵지 않게</u> 포기하지 않을 거야.

그런데 위 (14)의 '쉽다'를 사전에서는 '빈도'의 의미를 나타내는 보기로 제시해 놓고 있다. 그러나 이 경우는 '빈도'의 의미보다는 '가능성'의 의미에 더 가까운 것으로 보인다. 즉, 그 의미 속에는 '바빠서 오기 어렵지만'의 의미가 전제되어 있다. 따라서 다른 빈도의 의미와 달리 이 경우는 '쉽지 않다'와 '어렵다'의 교체가 자연스럽다. 그런데 (4)의 경우를 보면 '쉽지 않다' 앞에 '그리'라는 부사가 문장의 수용 여부에 관여하는 것으로 보인다. '그리'라는 부사는 정도부사로 화자의 주관적 의도가 강하게 개입되기 때문에 객관적인 판단이 강한 '어렵다'보다 주관적 판단이 강하게 작용하는 '–지 않다' 표현을 자연스럽게 선호하게 된다. 따라서 (4나)에서 정도부사 '그리'를 삭제하면 조금 어색할지라도 충분히 수용 가능한 문장으로 이해가 된다.

(19) 나'. ^{??}바다가 갈라지는 광경은 <u>어려운</u> 광경인데, 우리가 운이 좋았나 보다.

위 문장도 '보기 어려운 광경'이라고 하면 자연스럽게 된다. 그것은 '어렵다'가 '볼 가능성이 있느냐 없느냐' 하는 '가능성'의 의미로 바뀌기 때문이다.

(5)는 부정문이 중복되면서 어색한 문장이 된 것으로 보인다. 후행문이 긍정문일 경우 '나는 그런 문제는 그렇게 어렵지 않게 포기해'라는 의미로는 자연스러운 표현이 된다.

다음은 가능성(可能性)에 대한 부정표현과 어휘의 의미관계가 화자의 의도와 어떤 관계가 있는지 알아보자. 다음 (20)~(22)의 '가능성'의 의미를 가진 '쉽다'는 반의어 '어렵다'와 쉽게 대체될 수 있다. 그러나 다음과 같이 가능성일 경우에도 '쉽다'와 '어렵다'의 '–지 않다' 부정표현은 어색하다.

(20) 가. 틀리기 <u>쉬운</u> 문제

　　나. ^{??}틀리기 <u>어렵지 않은</u> 문제

　　다. ^{??}틀리기 <u>쉽지 않은</u> 문제

　　라. 틀리기 어려운 문제

(21) 가. 깨지기 <u>쉬운</u> 유리 그릇

　　나. [*]깨지기 <u>어렵지 않은</u> 유리 그릇

　　다. [*]깨지기 <u>쉽지 않은</u> 유리 그릇

　　라. [?]깨지지 <u>어려운</u> 유리그릇

(22) 가. 깨기 <u>어려운</u> 유리그릇

　　나. 깨기 <u>쉽지 않은</u> 유리그릇

　　다. 깨기 <u>어렵지 않은</u> 유리그릇

　　라. 깨기 <u>쉬운</u> 유리그릇

이것은 '가능성'의 의미가 화자의 의지와 밀접한 관련이 있기 때문이다. 'NP 쉽지 않다'는 화자는 NP에 대해 쉽기를 기대하거나 어렵기를 기대한 화자의 기대 심리가 작용하고 있다는 의미이다. 따라서 화자의 의지가 개입되거나 미칠 수 없는 표현일 경우는 '쉽지(어렵지) 않다'라는 표현은 어색하게 된다.

이와는 달리 (21)과 (22)처럼 중립적 표현인 '쉽다'와 '어렵다'의 표현은 상호 교체가 자연스럽다. (22)처럼 화자의 의지가 개입되는 능동문일 경우는 '-지 않다'나 '쉽다'나 '어렵다' 표현이 모두 자연스럽지만 (6)처럼 화자의 의지가 개입되지 않은 피동문일 경우는 '-지 않다' 표현은 자연스럽지 않음을 알 수 있다. 문제가 틀리고 틀리지 않은 것은 화자의 의지가 개입되기 어렵다. 즉, 일부러 틀리려고 하는 의지가 개입되지 않는다는 의미이다. 따라서 '쉽다'와 '어렵다'의 부정표현인 'NP 쉽지(어렵지) 않다'의 구조는 NP에 대한 화자의 기대심리라는 의지가 작용하는 표현이다.

4.2. NP의 긍·부정

통사적 부정 표현에서 'NP 쉽지(어렵지) 않다'에서 'NP'의 긍정과 부정 의미에 따라서 부정표현의 수용성 정도가 달라지는 것으로 보인다.

(23) 가. 아침에 규칙적으로 운동을 하면 하루가 지내기가 <u>쉽다</u>.

나. 아침에 규칙적으로 운동을 하면 하루가 지내기가 <u>어렵지 않다</u>.

(24) 가. 이 일은 계속해서 신경을 쓰지 않으면 성공하기 <u>쉽지 않다</u>.

나. 이 일은 계속해서 신경을 쓰지 않으면 성공하기 <u>어렵다</u>.

(25) 가. 이 일은 계속해서 신경을 쓰지 않으면 실패하기 <u>쉽다</u>.

나. *이 일은 계속해서 신경을 쓰지 않으면 실패하기 <u>어렵지 않다</u>

(26) 가. 운동하지 않으면 건강을 해치기 <u>쉽다</u>.

나. *운동하지 않으면 건강을 해치기 <u>어렵지 않다</u>.

선행 정보가 양보절로 'NP(s)-면 NP(s) 쉽지(어렵지) 않다'에서 선행절의 의미와 후행절의 의미가 충돌되지 않아야 한다. 예컨대, '열심히 공부하면 합격하기 어렵다'와 같이 의미 모순의 표현일 경우는 당연히 비문법적 문장이 된다. 그러나 의미적 충돌이 없어도 '쉽다'와 대응되는 부정표현인 '어렵지 않다'가 자연스럽게 대체될 수 없는 경우가 있다. 이것은 두 표현 사이에 어떤 의미적 요소가 작용한다는 것을 말한다.

위 보기 (23)~(26)에서 '쉽다'와 '어렵지 않다', '어렵다'와 '쉽지 않다'의 수용성 여부는 'NP 쉽지(어렵지) 않다'의 NP의 긍·부정 의미에 따라 수용성 정도가 결정되는 것으로 보인다. (23)과 (24)의 'NP 쉽지(어렵지) 않다'에서 선행하는 NP는 '지내다', '성공하다'와 같이 화자의 긍정적인 기대 정보이다. 이 경우는 '쉽다'와 동의적 부정표현인 '어렵지 않다'나 '어렵다'의 부정표현인 '쉽지 않다'의 교체는 자연스럽다. 그러나 (25)과 (26)은 선행하는 NP의 정보가 '실패하다'와 '해치다'와 같은 부정적 표현이다. 이 경우는 '쉽다'에 대한 동의적 부정 표현인 '어렵지 않다'의 부정표현이 자연스럽지 않음을 알 수 있다. 이는 김승동 (1994:45)에서 '-지를 않-'에 선행할 수 있는 동사의 의미자질은 [+향상], [+건강], [+발전]

등 긍정적 기대가 가능한 것들에 한정된다는 주장과도 통한다.

4.3. 유표적 표현

Givon(1979:139)은 부정문은 청자가 잘못 알고 있다고 화자가 추정하는 배경 위에 그릇된 생각을 고치려고 하는 데 쓰인다고 하였다. 따라서 배경 위에 그릇된 생각을 고치려고 하는 유표적 의미를 가진다는 의미이다. 이런 측면에서 부정문은 담화-화용 전제 면에서 볼 때 긍정보다 더 유표적이다. 김승동(1994:62-63)에서는 아래 (13나)를 부정의 유표성(marked)을 상실한 채, 긍정 표현과 다름없는 중립적이고 무표적(unmarked)인 부정문이라고 하였다.9)

> (27) 가. 갑: 영어 시험이 쉬웠느냐?
>
>   을: 아니, 영어 시험은 쉽지 않았다.
>
>   나. 아무리 부자라도 그만한 거액을 선뜻 내놓기는 쉽지 않았을 것이다.
>
> (김승동 1994:62-63)

위 (27가)의 을의 부정문은 '쉽다'에 대한 대립적인 부정의 의미로 쓰였으나 (27나)는 대응하는 긍정문을 전제 하지도 않았으며, 아무런 정보 수정의 기능도 없어, 그 서술이 긍정문과 마찬가지로 중립적 표현이기 때문에 무표적인 부정문이라고 하였다. 그런데 '쉽지 않다'라는 표현은 '쉽다'에 대한 부정 표현은 분명하다. 그러나 '어렵다'라고 표현하지 않고 '쉽지 않다'라는 부정 표현을 한 것은 화자의 의도가 전제되어 있는 유표적 표현이기 때문이다. '쉽지 않다'라는 표현은 '선행 정보에 대한 행위가 쉬울 것 같지만'이라는 의미가 전제 또는 배경(background)에 대한 부정이기 때문에 유표적이라는 것이다. 일반적으로 유표성과 무표성은 도상적 변화를 가지고 있으면 그렇지 않은 표현에 비해 상대적으로 유표적이라고 한다. 따라서 긍정문이 중립적이라고 한다면 부정문은 긍정문에 대한 유표적인 표현이 된다.10)

---

9) 유표성과 무표성에 대한 자세한 논의는 임지룡(1992, 2004) 참조.

10) 기능문법론자인 Givon(1978)도 마찬가지로 부정문은 심리적이고 인지적 차원에서 논의되어야 할 문제임을 지적하고 있다.

도상적으로 '쉽지 않다'의 표현은 '쉽다'가 선행되고 부정 표현은 후행한다. 화자의 의도에는 '쉽다'라는 어휘를 먼저 머리에 떠올리게 된다. 이것은 화자의 관심이 어떤 대상에 대한 난이도나 가능성 및 빈도 등등의 의미가 '쉬운지 쉽지 않은지'와 같이 '쉽다'에 초점이 놓여 있다는 의미이다.

4.4. 화자의 기대

우리는 앞장에서 '-쉽지 않다'는 말할이의 표현 의도가 선행 정보에 대한 긍정적 기대라는 화용적 전제에 대한 부정적 표현임을 알 수 있었다. 그러나 '어렵다'는 말할이가 선행 정보에 대한 기대라는 화용적 전제가 깔린 것이 아니라 중립적인 표현이다.[11]

> (28) 가. 남에게 돈을 잘 <u>쓰기가</u> 쉽지 않지.
>
> 나. ^{??}남에게 돈을 함부로 <u>쓰기가</u> 쉽지 않지.
>
> (29) 가. 사업에 <u>성공하기가</u> 쉽지 않아.
>
> 나. ^{??}사업에 <u>실패하기가</u> 쉽지 않아.

(28가)와 (29가)처럼 각각 '남에게 돈을 잘 쓰기'와 '성공하기'라는 긍정적인 의미가 내포되어 있어 그러한 사실을 기대하면서 '그렇게 하기가 쉽지 않다'라는 표현으로 자연스럽다. 그러나 (28나)와 (29나)와 같이 '돈을 함부로 쓰기'나 '실패하기'라는 선행절이 부정적 의미를 가지고 있는 내포문일 때는 그렇게 하기를 기대하는 것은 어색하기 때문에 자연스럽지 않은 문장이 된다.

> (30) 가. ^{??}못된 짓을 하는 사람은 잘 살기가 <u>쉽지 않다</u>.

---

11) 미국 민주당 대통령 후보 힐러리 클린턴 상원의원이 대통령 후보 경선 기자회견에서 상대 후보 오마바의 강세에 대한 기자의 질문을 받고 "It's not easy"이라고 한 말도 자신의 지지도가 기대한 만큼 올라서지 못한 상태에서 발화한 것이다. 힐러리 클린턴은 "어떻게 그렇게 늘 활력이 넘치고 근사하냐"는 기자의 질문을 받고, "특별한 날에는 많은 도움을 받는다"면서 "그런 도움을 받지 못하는 날도 있다. 쉽지 않다"고 말했다.

나. 못된 짓을 하는 사람은 잘 살기가 <u>어렵다</u>.

위 (30)에서 '쉽지 않다'가 유표적으로 화자의 긍정적인 기대가 전제되어 있으며 이와 동의적 어휘인 '어렵다'는 객관적이며 단정적인 표현임을 알 수가 있다. (30가)는 '못된 짓을 하는 사람이 잘 살아야 하는데 그것이 쉽지 않다'라는 의미가 불가능하기 때문이다. 반면, (30나)는 '못된 짓을 하는 사람은 당연히 잘 살기가 어렵다'라는 단정적 판단의 의미로 해석되어 자연스럽다. 그리고 다음 문장을 보자.

(31) 가. 그런 착한 여자를 만나기 <u>쉽지 않고 어렵다</u>.
　　　나. ^{??}그런 착한 여자를 만나기 <u>어렵고 쉽지 않다</u>.

'어렵다'와 '쉽지 않다'가 동의적 관계로 서로 치환이 가능할 것 같지만 위 문장에서 반복되는 구에서도 앞뒤의 자리에 따라서 수용가능성이 다르다. 우리말에서 관형구처럼 쓰이는 '-지 않고 -하다'에서 선행절과 후행절의 의미가 동의적일 경우 강조의 의미를 가지고 있다. 그럴 경우 부정표현이 어휘적 표현보다 선행하는 것이 자연스럽다. '죽지 않고 살다'가 '살고 죽지 않다'보다 자연스럽다. 이와 같이 (31가)처럼 '-쉽지 않고 어렵다'는 자연스럽지만 '-어렵고 쉽지 않다'라는 표현은 자연스럽지 않다. 다음 문장도 마찬가지이다.

(32) 가. 시험 문제가 <u>쉽지 않고 어렵더라</u>.
　　　나. 시험 문제가 <u>어렵고 쉽지 않더라</u>.

이것은 말할이의 기대가 시험 문제가 쉽기를 바라는 기대가 선행되고 그것을 강조하는 단어가 후행되는 것이 자연스럽기 때문이다.

또한 '쉽지 않다'는 말할이의 NP 정보에 대한 긍정적 기대감은 말할이가 '쉽다'라는 도상적 표현에 의해서도 알 수 있다. 'NP 쉽지 않다'는 것은 '쉽다'라는 형태적 표현이 선행함으로써 말할이의 의도가 '쉽다'에 초점(focus)을 맞추고 있음을 알 수 있다. 도상성 원리에서 선행 정보가 후행 정보보다 중요하거나 중심이 된다는 선행정보중심 원리에 부합된다. 말할이는 선행정보에 더 의미의 중심을 둔다는 것으로 합성어에서도 쉽게 나타난다. 예컨대, '남북'이나 '경부'처럼 지명에서도 나타나지마는 용언에서도 '어녹다', '오가다' 등과 같이 선행 정보가 인식이나 행위의 선후를 도상적으로 나타낸다. '쉽지 않다'라는 것은 '쉽다'라는 정보가 선행됨으로써 말할이는 '쉽다'에 주목을 하면서 기대감을 가진다. '-지 않다'라는 부정 표현은 후행하는 도상으로 선행정보에 대한 부차적 표현이라고 할 수 있다. 선행 도상 (Prior iconicity)에 대한 기대감은 도상성으로도 설명할 수 있다.

(33) 가. 트럼프, 이란, 의도적 공격이라고 믿기 <u>어렵다</u>.(네이버 뉴스, 2019.6.21.)
　　　나. 트럼프, 이란, 의도적 공격이라고 믿기 <u>쉽지 않다</u>.

위 (33나)처럼 트럼프 대통령은 이란, 의도적 공격이라고 믿기 '어렵다'를 믿기 '쉽지 않다'라고 바꾸어 보면 어색한 표현이 된다. 따라서 '어렵다'라고 표현함으로써 트럼프는 이란에 대해 호의적 표현을 하려는 뜻을 강조하고 있다. 이것을 '쉽지 않다'라고 했다면 '이란의 공격이 의도적 공격이라고 믿고 싶다'라는 뜻으로 해석되어 '의도적 공격임을 믿고 싶다'라는 전제가 깔려 트럼프가 이란의 공격이 의도적이 아님을 또는 기대하고 있지 않음을 나타낼 수가 없다.

(34) 가. 상산고 자사고 재지정 탈락 납득 <u>어렵다</u>.(전북일보, 2019.6.21.)
　　　나. 상산고 자사고 재지정 탈락 납득 <u>쉽지 않다</u>.

이 경우 '납득 어렵다'의 주체는 상산고이며 상산고는 교육부의 자사고 취소를 결코 받아들일 수 없다고 하는 강한 의미로 표현한 것이다. (34나)처럼 '어렵다' 대신 '쉽지 않다'고 표현한다면 탈락을 납득하고 수용할 수는 있을 수도 있다는 약한 의미로 받아들일 수 있기 때문에 화자인 상산고에서는 수용할 수 있다는 가능성을 배제한 표현을 할 수밖에 없다. 따라서 우리는 일반적으로 어떤 사태나 행위에 대해 긍정적 기대감을 가지고 상대에게 말함으로써 부정적 관계보다 긍정적 관계를 유지할 수가 있다.

4.5. 화자의 시점

'쉽지 않다'의 표현에는 말할이의 시점이 작용한다. 시점(empathy)은 어떤 사태를 기술할 때 화자가 어떤 사태에 관련된 개체 중 어느 하나의 입장에서 사태를 기술하는 것을 시점 또는 공감대라고 한다(박승윤, 1990:194). 그리고 구노(1987:206)는 시점을 '기술하고 있는 사태에 관련된 개체 중 어느 하나에 화자가 자기 자신을 일치(identification)시키는 정도라고 정의하였다. 다음 문장을 보자.

> (35) 가. 철수가 순희를 때렸다.
>
> 나. 순희가 철수에게 맞았다.

라는 두 문장에서 (35가)는 말할이가 철수의 입장에서 말한 것이고 (35나)은 말할이가 순희의 입장에서 말한 것이다. 이것은 구노(1987:205)에서 수동문이 문장의 표면상 주어의 입장에서 진술한 것이지 논리적 주어 즉 행위주어의 입장에서 진술한 것은 아니라는 것이다. 즉, (35가)의 말할이의 시점은 '철수'에 있고 (35나)의 초점은 '순희'에 있다.

따라서 이러한 생각으로 다음 문장을 보면

> (36) 가. 죽을 뻔 했는데 <u>죽지 않고 살았다</u>.
>
> 나. ^{??}죽을 뻔 했는데 <u>살고 죽지 않았다</u>.

화자의 시점은 '죽었느냐', '죽지 않았느냐'에 있다. 화자의 입장은 죽음의 여부에 있기 때문에 죽음에 대한 형태적 표현이 살다보다 선행되는 것이 자연스럽다.

다음 두 가지 표현을 보자.

> (37) 가. 교통사고가 났지만 그는 <u>죽지 않았다</u>.
>
> 나. 교통사고가 났지만 그는 <u>살았다</u>.

위 (37가)와 (37나)의 서술어 '죽지 않았다'와 '살았다'는 동의적 표현이다. '죽다'와 '살다'는 서로 배타적이어서 '죽은 것'이 아니면 '산 것'이고 '산 것'이 아니면 '죽은 것'이다. 위두 표현은 자연스럽다고 할 수 있다. 선행정보에 화자의 의도가 표현되어 있지 않기 때문에두 표현이 가능한 것이다. 그러나 다음과 같이 화자의 시점에 따라 문장의 선택이 결정된다.

(38) 가. ?그 사람 물에 빠져 죽을 뻔 했는데 살았다.

나. 그 사람 물에 빠져 죽을 뻔 했는데 죽지 않았다.

(39) 가. 살지 못할 것 같았는데 살았다.

나. *살지 못할 것 같았는데 죽지 않았다.

선행 정보에 화자의 의도가 드러난 (38)와 (39)의 경우는 후행절의 서술어가 제약을 받게된다. 화용적 차원에서 (38나)는 '죽을 뻔 했는데 죽지 않았다'는 의미가 내포되어 있으며'죽음'에 의미 초점과 화자의 시점이 놓여 있다. (38)에서 선행절에 '죽을 뻔 했는데'라는표현에 의해 화자의 시점은 사는 것보다 죽음의 여부에 있다고 할 수 있다. '살았다'라는말은 단순한 단언적 표현으로 객관적 사실을 표현하는 의미로 쓰인다. 그래서 '죽을 뻔 했는데 죽지 않고 살았다'라는 표현이 자연스러운 것은 '살았다'라는 말이 전체 사실을 객관적으로 드러내기 때문에 상위문 서술어로 자연스러운 것이다.

반대로 '살다'를 선행절의 서술어로 한 (39)도 마찬가지이다. (39가)의 선행절 시점은 '살다'에 있다. 따라서 말할이가 살기를 바라는 의미가 강하게 내포되어 있다. 그러나 (39나)의시점은 '죽다'에 있으며 그 '죽다'를 부정한 것으로 말할이의 의도는 '죽지 않음'을 강조한의미가 강하다.

(40) 가. 남북이 통일하기가 쉬울 것 같지만 <u>쉽지 않고 어렵다</u>.

나. ?남북이 통일하기가 쉬울 것 같지만 <u>어렵고 쉽지 않다</u>.

위 문장에서 선행절의 '쉽다'에 대한 후행절의 부정적 표현인 (40가)가 (40나)보다 자연스럽다. 화자의 시점은 '쉽다'와 '쉽지 않다'에 있으며 이에 대한 대조적 표현이 관용구로 인식이 되기 때문이다. 즉 화자는 '쉽다'의 반의어인 '어렵다'라는 표현보다는 '쉽다'에 대한 통사적 부정적 표현으로 가능성의 정도를 넓게 잡고자 하는 표현 의도가 있다는 것이다. 결국 화자의 시점은 '쉽다'라는 도상적 표현에 대한 부정적 표현을 나타낸 것이다.

4.6. 화자의 공손성/완곡함

말하는 사람이 상대에게 완곡한 표현이나 공손성(politeness) 원리에서 '쉽지 않다' 표현의 의미를 분석해 보자.

(41) 이번 시험 쉬웠어요?
    가. 어렵지 않았어요
    나. 네 쉬웠어요

(41) 물음에 (41가)와 (41나)의 대답이 가능하다. 그런데 일반적으로 (41가)가 (41나)보다 자신을 낮추는 겸손과 상대에 대한 공손한 태도로 표현했다고 볼 수 있다. 그러나 (41나)는 단정적인 표현으로 들을이에게 다소 거부감을 줄 수 있다.

특히 손위 사람에게 대답을 할 때는 일반적으로 다음과 같이 표현한다.

(42) 그렇게 어렵지는 않았어요

정도부사 '그렇게'와 어렵지 뒤에 한정보조사 '는'이 결합하는 형태의 관용적 표현을 쓰곤 한다. '어렵지는'과 같이 '어렵다'라는 말에 한정보조사 '는'이 결합되어 다른 변수를 함의하고 있다. 다른 변수를 함의하고 있는 것과 그렇지 않고 단정적인 표현과는 듣는 사람이 받아들이는 정보 수용의 폭이 달라진다. 이러한 표현은 '어렵지는 않지만 혹시 점수가 잘 안 나올 가능성'이나 혹은 '실수했을 가능성'까지 포함하고 있다. 따라서 '쉽다'라고 말했을 때는 당연히 좋은 점수가 나올 것이라는 확신을 가지고 있는 표현으로 공손성이 낮아진다고 할 수 있다.

공손성을 높이려면 상대에 대한 선택의 폭을 넓혀주어야 한다.

> (43) 가. 이것 들어주세요.
>
> 나. 이것 좀 들어주시겠습니까.

직접명령은 상대에게 선택의 여지를 주지 않는 반면 간접명령은 상대에게 선택의 여부를 맡기게 된다. 더구나 흔히 상대에 대한 공손 표현으로 우리말에서 담화표지 '좀'을 사용하는 경우가 많다. 담화표지 '좀'은 '조금'이라는 부사에서 담화표지화하여 쓰이는데 화자의 '표현 정도를 낮춤'으로써 상대에게 정보 수용 부담을 덜어 주기 때문이다.[12]

따라서 '쉽지 않다'라고 하는 표현은 '어렵다'보다 의미 수용의 폭을 넓혀주며 상대에게 수용의 부담을 줄여주기 때문에 상대에 대한 공손의 표현으로 작용을 하게 되는 것이다.[13] 부정표현의 정도성에 대해서 김규철(2005:326)[14]은 다음과 같이 설명하고 있다.

> (44) 가. 그것은 현실적이지 않다.
>
> 나. 그것은 비현실적이다.

와 같이 '현실적이지 않다'가 '비현실적이다'보다 부정성이 약하다는 것이다.

따라서 다음 (45)와 (46)처럼 '어렵다'로 표현하기보다는 '쉽지 않다'라는 표현을 함으로써 부정성을 덜어 상대에게 정보 수용에 대한 부담 정도를 덜어 줌으로써 공손한 표현을 한다고 볼 수 있다.[15]

---

12) 담화표지 '좀'에 대한 논의는 많은 연구자들에 의해 연구되었다. 대표적으로 김희숙(1997), 구종남(1998), 주경희(2000) 등이 있다.

13) 송석중(1977:60~61)에서 반대어의 뜻은 적극적(positive)이나 단어를 부정하는 그 뜻이 소극적(negative)라고 한 것도 필자의 생각과 같이 한다.

14) 김규철(2005:324)에서 부정표현인 '장형부정, 단형부정, 접사부정, 어휘부정' 가운데 어휘부정이 장형부정보다 강하다고 하였다.

15) 공손함이나 예의에 대한 표현으로 레이코프(Lakoff(1973:296))에서 화용적 언어 능력 규칙(Rules of progmatic competence)로 명료하게 하라(Be clear), 예의를 지키라(Be polite)를 주장하면서 대부분의 대화에서 자기의 주장을 명료하게 하여 주장을 펼치기보다는 자기의 주장을 표현하되 상대와 관계를 어렵게 하면서 대화를 화려고 하지 않는다. 따라서 대화를 하는 상대에게 명료함보다는 예의를 지켜 상대의 공격을 피하

(45) 가. 그렇게 힘든 일을 이겨나가시기가 <u>쉽지 않을</u> 건데요.

　　　나. 그렇게 힘든 일을 이겨나가시기가 <u>어려울</u> 건데요.

(46) 가. 그걸 직접 해 보시면 아시겠지만 그렇게(좀) <u>쉽지 않을</u> 겁니다.

　　　나. [*]그걸 직접 해 보시면 아시겠지만 그렇게(좀) <u>어려울</u> 겁니다.

　(45나)는 (45가)보다 단정적 표현으로 상대에게 선택의 폭이 좁기 때문에 공손성이 낮아진다고 할 수 있다. 이것은 (46)에서 확인이 가능하다. (46가) '쉽지 않다'는 공손의 의미를 가진 정도부사 '그렇게'와 '좀'과는 호응이 자연스럽지만 그렇지 않은 (47나)처럼 서술어 '어렵다'와는 호응이 자연스럽지 않음을 알 수 있다.

　이러한 현상은 다음 보기에서도 알 수가 있다.

(47) 가. 시험 문제가 <u>쉽지 않고</u> (좀) <u>어렵더라.</u>

　　　나. ^{?)}시험 문제가 어렵고 (좀) <u>쉽지 않더라.</u>

　(47가)처럼 '쉽지 않다'가 '어렵다'보다 먼저 표현한 것은 덜 단정적인 표현을 하고 난 후 그것을 강조하는 표현을 한 것이다. (47가)에서 정도를 약화시키는 '좀'과 더 호응이 자연스러운 것도 화자의 표현을 약화시키면서 공손스러운 표현을 한 것으로 볼 수 있다.

5. 정리

　화용과 담화 연구의 어려운 점은 주지하는 대로 문맥과 상황에 따른 다양한 의미를 분석해 내는 일이다. 화자가 선호하는 표현에는 나름대로 담화 책략이나 화용적 의미를 가지고

려고 한다. 따라서 대부분 직접적으로 표현하거나 적극적으로 표현하기를 피한다. 이런 점에서 Lakoff (1973)에서 예의 규칙(Rules of politeness)을 제시하였다. 1. 강요하지 마라(Don't impose), 2. 선택권을 주라 (Give options), 3. 기분 좋게 하고 친절하라(Make A feel good -be friendly)라고 하였다(송격숙(2002:48-50) 재인용). 이런 점에서 '쉽지 않다'는 '어렵다'보다 상대에게 강요성을 덜어주고 선택권을 넓혀주는 표현이라고 할 수 있다. 공손과 예의 표현에 대한 자세한 논의는 송경숙(2002) 참조

있다는 것을 의미한다. 최근 국어에서 두드러지게 사용빈도가 높은 '-쉽지 않다'에 대한 화용적 특성을 밝히는 것이 본 연구의 목적이었다.

이를 밝히기 위해 반의어로 보이는 어렵다와 통사적 부정 표현 '-지 않-'의 의미 특성을 더불어 알아보았다. 형용사 '쉽다'와 '어렵다'의 어휘적 의미 범주는 '어렵다'가 '쉽다'보다 더 넓은 의미 범주를 가지고 있었으며 이 두 대립어의 교체 가능성 여부도 의미에 따라 달라짐을 알 수 있었다. 두 어휘의 기본적 의미는 난이도로 볼 수 있으며 다른 의미는 의미 전이나 확장에 의해 생성된 것이다. 쉽다와 어렵다의 의미 범주는 [표 4]와 같다.

	난이도	빈도	가능성	행위	시련(체험)	살림살이	성격
쉽다	○	○	○		○	○	
어렵다	○		○	○	○	○	○

[표 4] '쉽다'와 '어렵다'의 의미 범주

그리고 '쉽지 않다'와 '어렵다'의 의미 범주는 '쉽다'와 '어렵다'가 정도반의어 관계에 있기 때문에 '쉽지 않다'라는 의미에는 '쉽지도 어렵지도 않은 중간 범주(M)'가 존재한다. 따라서 '쉽지 않다'의 의미 영역이 '어렵다'보다 넓기 때문에 그 사용역도 넓어지게 되는 특성을 가지고 있었다.

'쉽지 않다'의 화용적 특성은 '화자의 의지', '기대 심리', '유표적 표현에 따른 화자의 발화 초점', '화자의 발화 시점', '쉽지 않다'에 선행하는 NP의 긍정과 부정 의미', '화자의 공손성' 등이 관여되는 것으로 분석할 수 있었다.

담화 연구는 화자가 의도적으로 선택하는 특징적 발화에 대한 연구가 그 연구 대상으로 의미가 있을 것으로 생각한다. 그것이 한 언어의 담화적 특징을 밝히는 연구자의 몫이 아닌가 한다. 이런 측면에서 국어에서 화자가 두드러지게 사용 빈도가 높은 담화표지나 담화 표현은 계속 연구되어야 할 것으로 보인다. 본 연구는 의미의 수용성 여부에서 화자의 직관에 따라 다소 차이가 있을 것으로 여기나 그 정도는 필자의 모국어 직관에 따르고 일반 언중들의 직관에 의존하였음을 밝힌다. 따라서 발화의 수용성 정도에는 다소 차이가 있을 수 있음을 언급하고자 한다.

제2부

국어 담화론

제1장

국어 담화 연구 흐름

1. 들머리

언어의 실체적 모습은 입말[1]이다. 그래서 언어 연구의 마지막 도달점은 입말의 실체를 밝히는 것이다. 뿐만 아니라 말은 인간의 생각과 사람됨, 인간과 인간과의 관계 등 삶의 모든 것을 품고 있기 때문에 입말의 연구가 곧 인간 연구라고 할 수 있다.

그런데 이러한 입말들을 자세하게 관찰해 보면 그 속에는 말이 가지고 있는 신비한 현상과 규칙들을 발견할 수가 있다. 그러한 신비한 현상이나 규칙들을 일반적인 언어이론이나 문법으로는 도저히 설명할 수 없음에도 불구하고 우리는 조금도 어색함이 없이 자연스럽게 의사소통을 얽어가기도 한다. 비문법적인 말을 계속 하면서도 아무런 어려움 없이 의사소통을 하는 것이나, 다양한 성조와 몸짓, 담화표지 등을 매우 적절하게 활용하면서 글말로써는 도저히 불가능한 의사소통의 효과를 입말로써는 가능한 것이 신기하다. 그래서 입말 연구자들은 이러한 입말이 가지고 있는 신비로움을 끝임없이 찾으려고 하는 것이다.

담화에 대한 관심과 이론적 연구는 서양에서는 70년대에 시작하여 80년대에 활발하게 이루어졌으며, 나라 안에서는 서양으로부터 들어온 담화 이론과 의사소통을 중시하는 기능주의의 시대적 흐름에 따라 90년대부터 매우 활발하게 연구되기 시작하였다.

본 연구는 먼저 담화와 담화분석에 대한 뜻넓이를 살펴보고 나아가 나라밖에서 시작한 담화 연구의 흐름을 간단하게 훑어보기로 한다. 그리고 나라 안에서 이루어진 담화 연구의

---

1) 이후는 텍스트를 더 큰 뜻넓이로 보고 텍스트를 다시 글말텍스트, 입말텍스트로 나누고 입말과 관련된 텍스트 전반을 담화라고 한다.

현황을 몇 개의 영역으로 나누어 점검하고 앞으로 전개될 담화 연구의 미래를 나름대로 예상하는 순서로 되어 있다.

2. 담화와 담화분석

담화와 담화 분석에 대한 뜻넓이는 오래 전부터 많은 연구자들에 의해 달리해 왔다. 특히, 담화와 관련해서 늘 부딪치는 뜻넓이가 텍스트이다. 따라서 담화나 텍스트 연구자들은 자신의 연구를 시작하기 전에 이 두 뜻넓이에 대한 정의를 미리 언급을 하기도 한다.

담화와 텍스트는 어떻게 다를까? 지금까지 논의되어 온 이 두 개념의 뜻넓이는 크게 다음과 같이 네 가지로 정리할 수 있다.

> (1) 텍스트>담화: 독일 텍스트언어학자, 기호학 연구자, 고영근(1999)
>
> (2) 텍스트<=>담화2): 비타콜로나(1988), 고영근(1990), 정희자(1998), 보그란데(1997), 스터브즈(송영주, 1993), 쉬프린(1994)
>
> (3) 텍스트=담화: 해리스(1964), 정희자(1998), 노석기(1990)
>
> (4) 텍스트<담화: 반다이크(1977), 원진숙(1995)

주로 독일을 중심으로 한 기호학과 텍스트 언어학적 측면 또는 텍스트 문법학에서는 텍스트(text)란 용어를 입말 개념의 담화보다 넓게 사용하고 있다. 반면 미국을 중심으로 한 담화(discourse) 연구자들은 처음에는 담화의 뜻넓이를 입말 텍스트에 한정했던 입장에서 최근에는 담화장르(discourse genre)라는 개념을 도입하면서 다양한 입말 자료뿐만 아니라 다양한 글말 텍스트도 담화의 한 장르로 간주하면서 분석하고 있다.3)

---

2) 보그란데(1997)에서는 담화와 텍스트를 구분지을 때, 텍스트는 이론 지향적인 형식적인 실체(theory-driven formal entity)인 반면 담화는 자료 지향적인 기능적 실체(data-driven functional entity) 즉, 경험적 의사소통적 사건으로 보았으며, 스터브즈(송영주, 1993)는 담화와 텍스트를 첫째로, 문자언어에 의한 텍스트 대 음성언어에 의한 담화로 구별하였다. 환언하면, 담화는 상호 작용적 담화를, 텍스트는 소리를 내서 말하거나 그렇지 않은 간에 비상호적 독백을 말한다. 두 번째 구별은 담화는 어느 정도 길이가 있고, 텍스트는 대단히 짧을 수도 있으며, '출구', '금연'도 텍스트가 될 수 있다고 하였다.

쉬프린(1994)에서는 담화를 '언어 사용(language use)'과 '발화(utterances)'의 개념으로 정의하고 있다. 이러한 관점은 담화를 갈무리한 말이 아니라 부려쓴 말,[4] 소쉬르의 빠롤의 개념, Chomsky의 언어 수행적인 개념으로 발화된 모든 언어를 담화라고 한다.[5]

본고에서는 텍스트를 담화 이상의 뜻넓이로 보고 언어적 표현이나 비언어적 표현, 반언어적 표현, 다양한 기호 등을 포함하여 모든 시각적 표현을 텍스트란 개념으로 보기로 한다. 그리고 담화는 일차적으로 입말을 이르면서 입말을 전제로 한 모든 자료, 계획되거나 계획되지 않은 자료를 포함하며, 입말과 관련된 성조, 강세와 같은 반언어적 표현과 몸짓, 인상 등과 같은 비언어적 표현도 담화의 영역에 포함한다.

결론적으로, 담화분석(discourse analysis)을 위도손(1979)은 언어 사용을 통한 사회적 상호작용이 언어 형태적 규칙과 의사소통에 관계된 언어 사용적 규칙·절차에 따라 어떻게 이루어지고 있는지에 관한 연구로 정의한다. 그리고 태넌(1990)에서 담화를 언어 그 자체라고 하면서 담화분석 그 자체가 언어연구의 전부라고 할 만큼 담화분석의 중요성을 강조하고 있다.

다음 [표 1]과 같이 쿡(1989)이 문장 언어학 자료와 담화 분석 자료를 비교한 것을 보면 담화문법의 특징을 쉽게 이해할 수 있을 것이다.[6]

문장 언어학 자료	담화 분석 자료
고립된 문장들 문법적으로 적격함 맥락이 없음 일부러 꾸며지거나 이상화됨	통일된 것으로 느껴지는 언어 확장 　연결체들 의미를 얻어내기 맥락 속에 있음 관찰됨

[표 1] 문장 언어학 자료와 담화 분석 자료의 비교

담화분석은 한 마디로 담화를 분석하는 것이다. 즉, 담화 속에 담겨져 있는 모든 요소를

---

3) 스왈레스(1990)는 담화 장르(discourse genre)를 '의사소통의 한 분류(a class of communicative events)'라는 개념으로 보고 있다.

4) '빠롤'과 '랑그'를 '부려쓴말'과 '갈무리된 말'이라고 한 것은 허웅(1986:35)에서 처음 보인다. 이전 허웅(1977:27)에서는 각각 '실현된 말(사용)', '기억되어(저장) 있는 말'이라 하였다.

5) 담화와 텍스트의 개념에 대한 논의는 이미 여러 곳에서 논의된 바 있다(스터브스, 1983; 이석규, 2001; 이원표, 2001; 임규홍, 2002 등)

6) 가이 쿡(1989, 김지홍 뒤침, 2003:27) 참조

분석한다는 것이다. 담화에 담겨져 있는 요소는 소리와 형상을 아우르는 것이다. 담화에서 소리는 언어적 측면에서 보면 발화라는 단위로 나오겠지만 그 외 소리에 담겨져 있는 성조와 강세, 억양 등을 포함하며, 형상은 그 외 말할이와 들을이에서 일어나는 모든 상호작용적 외형적 요소로 나타난다. 이 모든 것을 분석하여 규칙과 기능을 찾고, 의미를 찾는 일이 이른바 담화분석이다. 담화의 영역을 넓히면 계획된 입말, 즉 연설문, 담화문, 식사문 등도 넓은 의미로 이에 포함시킬 수 있다. 이들의 짜임과 기능을 분석하는 것도 담화분석이라고 할 수 있다.

이와 관련해서 담화분석(discourse analysis, DA)과 대화분석(conversation analysis, CA)이라는 개념이 있다. 대화분석은 말할이와 들을이가 상호작용적이고 현장성의 특징을 가지고 있는 담화의 한 영역이다. 여기에서는 대화분석은 담화분석의 하위 범주로 보고자 한다[7](이원표, 2001: 4). 최근에는 이 둘을 싸안은 의사소통분석(communication analysis)이란 개념도 도입하고 있다.

결론적으로 담화 연구는 언어를 근본적으로 의사소통의 도구라고 주장한다면, 다양한 의미를 전달하기 위해서 어떠한 언어적 표현 형태가 사용되고 또, 그러한 의사소통에 관여하는 요소는 무엇이며, 그것이 담화의 전개에 어떻게 기능하는가를 연구하는 것(박승윤, 1990: 7)으로 볼 수 있다.

3. 담화분석 연구의 시작

담화분석의 역사는 그리스 로마 학자의 수사학과 문법을 구별하면서 시작하였다. 문법은 고립된 대상으로서 언어 규칙에 관심을 갖게 되었고, 수사학은 단어를 운용하는 방법과 효과를 거두는 방법 그리고 특정한 맥락에서 사람들과 성공적으로 의사소통을 이루어 내는 방법에 관심을 쏟았다. 담화분석이란 용어를 처음 만들어내고 연구를 시작한 사람은 일반적으로 Zelling Harris로 알려져 있다. 그는 '담화분석'(1952)에서 머리털 기르는 약품에 대한 광고를 분석하였다. 상표 이름을 빼고 하나의 문장이 왜 다른 문장을 뒤따르는지에 대하여

---

7) 담화분석과 대화분석에 대한 비판적 논의는 레빈슨(1983)참조. 대화분석에 대한 논저. 대화분석의 이론은 박용익(1998) 참조

설명해주는 문법 규칙을 찾으려고 했다.[8]

언어 연구에서 입말 연구의 중요성은 구조주의 언어학자 소쉬르(1916)에서도 지적하고 있다. 소쉬르(1916)의 입말에 대한 중요성과 기호학적인 연구는 담화분석의 기초가 된다. 그리고 60년대 후반 러시아 형식주의, 신비평의주의(후기구조주의) 이론으로 텍스트를 구조적으로 분석하고, 서사와 신화를 기호학적으로 분석한 연구(프롭, 그레마스, 바르트 등)에서도 그 뿌리를 찾을 수 있다.

1960년대 들어서면서 언어학은 Chomsky를 중심으로 발현한 반형식주의 언어학인 기능문법(functional grammar)이 등장한다. 기능문법은 형식문법의 주요 연구 대상으로 삼은 소쉬르의 랑그, 이와 유사한 개념인 보편적 언어 능력의 실체인 이상적 언어(ideal data), 갈무리된 말에 대한 연구와는 다르게 실제 발화된 언어, 부려진 말, 소쉬르의 빠롤의 기능을 주로 밝히는 연구이다. 기능주의 언어학은 언어학의 의사소통과 형태와 기능, 형태와 의미(도상성)에 대한 연구, 언어의 정보의 엮임관계, 통어구조, 신정보와 구정보의 관계, 초점, 주제(topic-comment, theme-rheme), 대조에 대한 연구를 주로 한다(Givon, 구노, 프린스, 볼린즈, 할리데이, 하임즈, 반다이크, 채이프). 따라서 이들 기능문법가나 의사소통을 연구하는 언어 연구가들은 Chomsky식의 언어 연구 대상을 말할이의 머릿속에서 가능성으로만 존재하고 실제 발화되지 않는 가공된 말, 정제된 말(sanitized data)이라고 비판하고 있다.

또한, 담화분석 연구는 담화(텍스트) 구조에 따른 기억과 회상의 양상을 연구한 70년대 심리언어학(손다이크, 킨치, 메이어, 클라크와 클라크)도 중요한 바탕이 되었다.

그리고 발화 행위의 관계를 담화와 화행 차원에서 논의하기 시작한 화행론적 연구(오스틴, 설)도 담화 분석 연구의 한 축이 되었다. 1970년대에 들어서면서 담화를 사회언어학적으로 연구한 것(하임즈, 굼페르츠)도 담화분석의 기반이 되었다. 담화연구의 사회학적인 연구는 성별이나 계층, 사회적 방언이나 공간적 방언에 따라 담화가 어떻게 실현되는가를 연구하게 된다.[9] 따라서 담화연구는 이와 같이 여러 가지 학문적 바탕과 연계에 의해 연구되는 통합, 응용 언어학 영역이라고 할 수 있다.

---

8) 쿡(1989:12, 김지홍(2003) 뒤침) 참조
9) 담화분석의 흐름은 박덕유(1995), 이원표(2001), 송경숙(2003) 등을 참조

4. 국어 담화분석 연구의 현황

국어 담화에 대한 본격적인 연구는 일찍이 잡아도 80년 초반으로 볼 수 있다. 70년대에 들어 서양에서 더욱 활발하게 연구된 기능문법과 인지문법, 텍스트, 담화와 같은 응용언어학의 연구 결과가 나왔고 국내에서는 이들의 연구 결과를 접하면서 80년대 초부터 화용론 연구와 입말에 관심을 가지게 되었다. 이즈음 김종택(1982)의 저서 '국어 화용론'이 소개되었으며, 이상태(1983)에서 입말에 대한 연구가 소개되기 시작하였다.[10] 그리고 담화라는 개념으로 담화 연구가 시작된 것도 이때라고 할 수 있다(김일웅, 1983, 1984).

90년대에 들어서면서 근 10년 동안 담화 연구가 매우 활발하게 이루어졌다. 국내에서 담화 연구 이론에 자극을 준 것은 아무래도 스터브스(1983)의 '담화분석'과 레빈슨(1983)의 '화용론', 쉬프린(1987)의 '담화표지', 반다이크(1997)의 '담화분석' 핸드북시리즈가 국내에서 소개되면서부터라고 생각한다. 이러한 흐름은 2000년대에 들어와서도 계속되고 있다. 텍스트 언어학은 보그란데와 드레슬러(1981)의 '텍스트언어학 입문'(김태옥·이현호 옮김, 1991)이 번역 소개되면서 학계에 널리 알려졌다. 렝케마(1993)의 '담화연구의 기초'(이원표 옮김, 1997)도 담화연구자들에게 매우 중요한 이론을 제공하였다.

이러한 이론을 바탕으로 국어 담화에 대한 연구는 주로 담화 구조와 담화표지 그리고 담화 유형에 대한 연구들이 많은데 다음은 국어 담화에 관련된 연구들을 대체적인 동향을 보인 것이다.

4.1. 담화표지

담화표지에 대한 연구는 80년대 후반부터 시작하여 90년대 가장 활발하게 연구되었다. 담화표지를 전통문법에서는 의지 감탄사(최현배, 1971)라고 하였거나 군말(김종택, 1982), 머뭇거림 입버릇(남기심·고영근, 1985), 머뭇말, 덧말(노대규, 1989)이라고 하여 국어 연구자들에게 관심밖에 있었던 영역이었다. 그런데 국어 연구가 담화에 관심을 가지면서 간투사(interjection)[11]

---

10) 노대규(1996)에서 입말과 글말에 대한 특징을 논의한 것도 마찬가지이다.
11) 볼린저 추모 특집 *journal of Pragmatics* 18(1992)에 'interjections'을 특집으로 다룬 적이 있음.

라고 하여 본격적으로 연구되기 시작하였다(신현숙, 1989). 그 후 개념상 조금의 차이는 있지만 담화표지(discourse marker)라고 하여 전체적으로 조명하게 되었다(안주호, 1992; 김태엽, 2000; 이정애, 2002).[12) 국어 담화표지에 대한 연구를 보면 대체적으로 다음과 같은 것들이 있다.[13)

거든(채영희, 1998), 거시기(박근영, 2000), -고(이원표, 2001), 그래(신현숙, 1991; 이한규, 1996), 글쎄(이해영, 1994), 네(김하수, 1989), 네, 아니오(이혜영, 1994), 예, 글쎄, 아니(이원표, 2001), 다고(전혜영, 1996), 말이야(임규홍, 1998), 무슨(김명희, 2006), 뭐(이한규, 1999; 구종남, 2000), 뭐냐, 있지(임규홍, 1995), 아니(송병학, 1994; 김미숙, 1997; 구종남, 1997), 어디(구종남, 1999), 왜(이한규, 1997; 장소원, 1998; 김영란, 2000; 구종남, 2004), 요(이상복, 1976; 윤석민, 1993; 이정민, 1991; 문병우, 2002), 이제(이기갑, 1995; 임규홍, 1996; 김광희, 2004), 정말류(임규홍, 1998), 너무(임규홍, 2002), 좀(손세모돌, 1988; 구종남, 1998), 참(강우원, 2000), 자(임규홍, 2006), 있잖아(김주미, 2004), 의문사(김명희, 2005)

그리고 담화표지는 아니지만 담화와 관련된 이음말, 대용어, 주제, 반복 등의 결속장치(cohesion device)류에 대한 연구도 많았다.

담화와 대용어(김일웅, 1984; 박영규, 1985; 정정승, 1985; 이은희, 1995; 신현숙, 1989; 조미경, 1998), 대답말(서민정, 1995), 담화와 주제(김일웅, 1980; 최규수, 1991; 임규홍, 1993; 서혁, 1994, 1996; 박승윤, 1991; 이승렬, 1993), 담화와 시제(김일웅, 1984, 1990; 고현숙, 1998), 담화와 반복(전영옥, 1998), 담화와 보조사(윤재원, 1988), 담화 연결표지(이기갑, 2006), 이음말(차윤정, 2000)

위에서 보는 바와 같이 담화와 관련된 연구들은 이른바 담화표지라고 하는 담화상에서 실현되는 담화표지들을 중심으로 활발히 이루어졌다. 이 담화표지들은 본래 가지고 있는 어휘적 의미가 담화구조와 상황에서 다르게 실현되면서 다양한 담화 기능을 하는 것들이다.

---

12) 이정애(2002)는 담화표지 대신 화용표지라고 하면서 광범위하게 다루었다.
13) 이외 연구들은 참고문헌을 참조

그 가운데 우리말의 '그래', '글쎄', '네, 아니오'와 같은 대답말과 물음말인 '왜, 무슨, 뭐, 어디' 등에 대한 연구가 많았다. 이것은 우리말에서 물음월이 다양한 간접화행의 기능을 하기 때문이고, 물음말과 대답말 또한 다양한 화행적 기능을 하기 때문이다. 그리고 대용어에 대한 연구도 다른 것보다 많다. 이것도 담화상에서 대용적 기능이 지시적 기능뿐만 아니라 다양한 화행적 기능을 하거나 다양한 담화의 엮음의 기능을 하기 때문이다. 부사가 담화상에서 다양하게 실현되는 연구도 관심을 가질 대상이다.[14]

4.2. 대화 구조

국어의 대화 또는 담화 구조에 대한 연구는 다음과 같은 것들이 있다.

> 대화에서 거절의 전략(장소영, 2004), 맞장구에 대한 연구(김순자, 1999), 대화에서 수용형과 거부형 대화에 대한 연구(장경희, 1999, 2000), 응답 표현(이필영, 1999), 끼어들기 양상(이원표, 1999; 임규홍, 2001), 말차례뺏기(김순자, 2000), 사과에 대한 연구(이성만, 2005), 칭찬화행(김형민, 2003), 체면세우기(전정미, 2005), 말차례(박성현, 1996)

담화 속에서 대화의 다양한 양상을 연구한 논문들은 대화의 상호작용과 담화 과정에 관련된 것들이 많다. 대화에서 실현되는 수용과 거절, 맞장구, 응답, 사과, 끼어들기 등의 대화에서 일어나는 현상들은 모두 주고받기(turn-taking)대화에서 일어나는 일반적인 구성 양식이다. 이러한 대화 양상에 대한 연구는 효과적인 대화 전략이나 화법 연구의 바탕이 될 수 있다.

담화 구조에 대한 전체적인 논의는 그렇게 많지 않다. 대체로 다음과 같은 연구들이 있다.

> 이근우(1985), 노석기(1987), 김일웅(1989), 전영옥(1994), 장경희(1997), 한성일(2001), 김미경(2001), 조국현(2003), 이유미(2004)

---

14) 부사에 대한 기능적 연구인 박선자(1986)도 80년대 담화와 기능주의 연구의 기초가 되었다고 볼 수 있다.

4.3. 담화 유형

국어 담화 유형에 따른 지금까지의 연구들은 다음과 같은 것들이 있다.

> TV정치토론에 대한 연구(박용익, 1997; 송경숙, 1998, 2000; 강태완 외, 2001; 임규홍, 2001; 유동엽, 2004), 전자담화(송경숙, 2002a, 2002b, 2004), 대통령 취임사(이원표, 2001), 청문회(이원표, 2001), 총장 연설(김혜숙, 2006), 판결문(김광해, 2000), 유머 텍스트(김태자, 1997; 남경완, 2000; 구현정, 2000; 한성일, 2001, 2004), 스포츠 중계(서덕현, 1999), 설화(윤석민, 1999; 임규홍, 2001), 상거래 대화(김정선, 1999), 드라마 대화(박용익, 1999), 교실 담화(박용익, 1994; 김상희, 2000), 텔레비전 방송 보도문(이홍식, 2005), 의료 커뮤니케이션(박용익, 2005), 날씨 예보(이성만, 2006), 남녀 첫만남 대화(김순자, 2001), 유아진술 화행(김명희·김정선, 2004), 토론(전영옥·구현정, 2003)

위에 보는 것처럼 담화의 다양성만큼이나 담화 유형이 존재하고 그러한 담화 유형에 대한 연구 또한 활발하다. 담화 유형이란 인간이 살아가면서 각기 다른 상황에서 다른 목적에서 이루어지는 모든 담화는 하나의 유형으로 연구 대상이 된다. 그리고 담화 유형에 대한 연구는 하나의 유형에 대한 연구이더라도 그 상황과 말할이와 들을이에 따라서 다르게 연구될 수 있다.

담화 유형 가운데에서 전형적인 구조를 밝힐 수 있는 것이 토론 유형이다. 따라서 토론에 대한 담화 구조 연구가 다른 유형보다 많은 것도 그 때문이다. 그 토론 또한 토론의 대상과 목적에 따라 다르게 연구할 수 있다. 정치와 그리고 유머에 대한 담화구조와 특징에 대한 연구도 다른 것보다 많이 나타났다. 유머로 사람을 웃길 수 있는 기제 또한 다양하지만 언어적인 변용에 따른 담화 구조와 의미를 밝힐 수 있기 때문에 다른 유형보다 많이 연구된 것으로 보인다.

담화 유형을 입말에서 이른바 텍스트 차원까지 올려 담화장르라는 개념을 포함시키면 다양한 글말 텍스트에 대한 분석도 가능하다. 판결문이나 연설문, 담화문, 인사말, 축사, 주례문 등과 같은 것은 계획된 입말(planned discourse data)도 연구할 수 있다.[15]

4.4. 비언어적 요소

담화에서 비언어적(non-verbal) 요소는 매우 중요하다. 인간은 가장 원초적이면서 본능적인 의사소통이라고 볼 수 있는 비언어적(non-verbal) 표현으로 인간 언어의 부족함을 깁고 메우게 된 것이다(Argyle, 1975:70). 또한, 정보의 수용자 측면에서 볼 때도 들을이는 말할이의 비언어적 표현으로 그들의 정보를 더욱 정확하게 해석하고 이해할 수 있다는 점에서 비언어적 표현은 매우 중요한 의사소통의 수단이다.[16]

비언어적 표현은 언표적인 표현 이외 담화에 동원되는 모든 행위를 말한다. 여기에는 몸짓, 손짓, 얼굴에 나타나는 다양한 표정 등을 포함하고 있다. 이러한 비언어적 표현에 대한 국외 연구는 일찍부터 시작되었다.[17] 국내에서는 외국의 연구를 바탕으로 1980년대 중반에 들어서면서 주로 외국어 교육 방법과 관련시켜 연구하기 시작하였다.

외국어교육과 비언어적 연구

윤삼량(1985), 송한선(1985), 정성호(1985), 심재은(1996), 이진화(1998), 권종분(1998), 추계자(1998)

의사소통론이나 화법론적 측면의 연구

김진우(1994), 전영우·박태상(1985)

신체언어에 대한 문화, 인지적 연구

김영순(1999), 성광수·김영순(1999), 이석주(2000), 임지룡·김영순(2000), 김영순(2000), 임규홍(2003)

---

15) 순수한 입말을 계획되지 않은 입말(unplanned discourse data)이다. E.Ochs(1979)는 담화를 계획된 담화(planned discourse)와 계획되지 않은 담화(unplanned discourse)로 나누면서 '비계획된 담화'는 '사전에 조직적 준비나 미리 생각하지 않은 상태의 담화를 말하며', '계획된 담화'는 '사전에 표현할 것을 생각하고 조직한 담화를 말한다'고 하였다.

16) 비언어적 표현에 대한 외국 연구는 김영순(2000)과 임규홍(2003) 참조

17) 국외에서 다양한 담화 유형에 대한 연구는 교실 담화(Weigand, 1989; Stubbs and Delamont, 1976), 병원 담화(Coulthard and Ashby, 1975), 법정 담화(Harris, 1980), 정치 토론 담화(Holly/Kühn/Püchel, 1986), 매매 담화(Franke, 1985) 등과 같은 연구가 있었다.

화법교육의 중요성이 인식되면서 국어 교육적 차원에서 화법에 관련된 논저가 개론적인 수준으로 소개되고 있다(이창덕·임칠성 외, 2000).

그리고 2000년대 국내 소개된 저서로는 기호학회(2001)의 '몸짓언어와 기호학', 성광수 외(2003)의 '몸과 몸짓 문화의 리얼리티' 그리고 암스트롱(1995)의 '몸짓과 언어 본성(김영순 외 옮김, 2001)'이 주목된다.18)

4.5. 담화와 국어교육

국어과 교육과정에 '텍스트'와 '담화' 또는 '이야기'의 개념이 본격적으로 등장한 것은 6차 교육과정(1992)부터이다. 특히, '이야기'의 용어는 6차 교육과정에서 문장 이상의 단위를 지칭하는 개념으로 제시되었으며, '텍스트'와 '담화'는 7차 교육과정에 나타난 용어이다.

다음은 6차 교육과정에 의한 문법 교과서 해설서에 제시한 '이야기'와 '담화' 그리고 '텍스트'에 대한 개념 규정이다.19)

> '이야기'라는 용어는 문장 단위를 넘어서서, 그것이 모여 이루어지는 모든 '실제 사용된 언어 형식'을 지칭하는 넓은 뜻으로 사용한다. 이러한 관점에서 이야기를 구성하는 단위라는 뜻으로 '발화'라는 용어를 사용한다. 따라서 '발화'는 '문장'과 일치하는 경우가 많다. 이야기에 관련된 용어로는 텍스트, 담화 등이 사용되고 있으나, 그 구별도 그리 뚜렷한 것은 아니다. '이야기'라는 용어를 사용할 때 설화, 옛날이야기, 전설 등을 가리키는 '이야기'와 혼동하지 않도록 한다.
>
> 담화는 일정한 목적을 달성하기 위하여 사용된 구어적 언어 형식을 가리키는 용어로 사용된다. 따라서 각각의 담화는 하나의 독특하고 고유한 기능을 지닌다. 텍스트(text)는 이야기가 문자 언어로 쓰여진 경우를 말한다.

7차 교육과정(1997)에서 처음 쓰인 담화 용어 가운데 하나가 '비언어적 표현'과 '반언어적 표현'이다. 4학년에서는 이러한 용어를 직접 쓰지 않으면서 학습 내용만 제시하였고, 9학년

---

18) 비언어적 연구에 대한 흐름은 임규홍(2003) 참조
19) 이은희(2000:61) 참고

부터 이러한 용어를 직접 사용하기 시작했다. '반언어'와 '비언어'라는 용어를 '고등학교 교과서 국어(상)(2002:100, 142)'에서는 교육과정의 용어와는 다르게 '언어외적 표현'과 '언어에 수반되는 표현'이라고 하면서 다음과 같이 설명하고 있다. 주로 말하기, 듣기의 입말 활동에서 학습되는 내용이다.

> 언어 외적 표현과 언어에 부수되는 표현
> 　(1) 언어 외적 표현
> 　　　직접적으로 언어와 관련된 것은 아니지만 얼굴 표정, 몸동작, 눈맞춤, 옷차림 등을 통해 의미를 나타내는 것
> 　(2) 언어에 부수되는 표현
> 　　　어조, 음색, 속도, 고저, 장단, 강약 등을 통해 전달하고자 하는 의미를 좀 더 분명하게 나타내는 것

　그리고 담화이론 또는 텍스트 언어학의 중요한 개념 가운에 하나인 '통일성', '응집성', '일관성'이 국어과 교육과정에 처음 도입된 것이 바로 7차 교육과정이다. 교육과정에 쓰인 통일성(coherence)과 응집성(cohesion)의 개념은 텍스트 언어학의 기본적 개념이다. 초기에는 이 둘을 명확한 개념 없이 응집성이란 용어를 사용하기(할리데이와 하산, 1976)도 했지만 이후 본격적인 담화론과 텍스트 문법 연구가 이루어지면서 이 둘을 명확하게 구분하게 되었다. 보그란데와 드레슬러(1981) 이후 일반화되어 국어 교육 내용에도 직접 도입되었다. 그런데 이 통일성과 응집성에 대한 용어는 학자마다 매우 다르게 사용하고 있는 실정이다. 따라서 앞으로 용어와 개념 정리가 요구되는 부분이다.

　그리고 최근에는 담화문법을 문법교육의 한 영역으로 설정할 것도 제안하고 있다.[20]

---

20) 임규홍(2006) 참조

4.6. 담화분석 연구 학회

담화 연구가 활발하게 이루어지면서 이들의 논문을 발표하고 연구하는 학회도 속속 만들어졌다. 국내에서는 1995년에 언어학회에서 분리되어 '담화와 인지언어학회'가 만들어지면서 국내외에서 널리 알려진 국제전문학회로 성장하였다. 이 학회는 주로 담화와 인지언어학을 중심으로 초기에는 특강을 하면서 이론을 다졌다. 이 학회의 주축은 주로 미국에서 담화와 인지를 연구해 온 연구자들이 많았다.

이보다 일찍이 한국텍스트언어학회(1991)가 만들어졌다. 이 학회는 독일에서 텍스트 이론을 연구한 소장학자들과 텍스트 문법을 연구한 학자들이 주축이 되어 참여하였다. 창립 2년 후 1993년 '텍스트 언어학 1권'을 내면서 국내 텍스트 언어에 대한 연구가 본격적으로 시작되었다. 이 학회에서는 텍스트 언어학의 범위를 넓혀 기호학과 문학 그리고 다양한 매체에 대한 텍스트 연구도 활발하게 하고 있다.

그리고 국어 교육적 측면에서 만들어진 한국화법학회도 담화와 화법을 열심히 연구하는 학회이다. 한국화법학회에서는 1999년 1집부터 시리즈로 화법에 대한 큰 주제를 학회지 제목으로 정해서 학회지를 만들고 있다. 한국사회언어학회(1990)에서도 '사회언어학 창간호(1993)'에서부터 담화와 관련된 연구들과 사회언어학관련 논문들을 꾸준히 발표하고 있다. 그 외 한국의미학회, 우리말글학회, 우리말학회, 배달말학회, 한말연구, 한글학회, 언어과학회 등의 학회지에서도 담화와 관련된 연구들이 상당수 발표되었다. 이외도 여러 학회에서 담화와 관련된 논문과 연구들이 속속 발표되고 있다.

5. 국어 담화분석 연구의 전망

5.1. 담화 말뭉치에 의한 담화분석

원래 말뭉치(코퍼스) 연구의 시작은 사전 편찬이나 어휘의 분포와 형태적인 양상을 통계적으로 파악하기 위해 시작한 것이었다. 그리고 말뭉치를 통해 어휘와 언어구조를 파악하여

인공지능과 자동 번역을 위한 기반으로 시작된 것이다. 최근 말뭉치언어학 또는 전산언어학은 자연어처리라고 하여 각 대학과 연구소, 국립국어원, 국어학자의 개인 연구 등에서 매우 활발하게 연구되고 있다.

말뭉치가 음성분석과 어휘분석, 문장분석 등 다양한 층위에서 언어학 연구에 크게 활용되고 있다. 담화분석 또한 방대한 담화 자료를 입력시켜 이를 다양한 목적으로 자동 처리하여 담화 연구에 유용하게 활용하고 있다. 즉, 담화표지의 분포와 실현 양상이나 담화 구조 분석을 통해 담화 연구에 매우 효과적으로 기여하고 있다.

그런데 문제는 이처럼 방대한 말뭉치 자료를 자동적으로 처리할 수 있지만 이것이 국어 연구에 어떻게 활용되는가 하는 것이다. 단순히 말뭉치 자료를 기계적으로 분석하는 것으로 끝이 난다면 국어 연구에 크게 얻는 것이 없다. 특히 담화분석연구가 다양한 상황이 전제되고 맥락이 전제되어야 하며 말할이와 들을이의 심리적 상태를 비롯하여 매우 미묘한 언어적 상황을 통해서 의미해석을 해야 한다는 점, 또한 다양한 상황에 따라 의미가 미묘하게 변한다는 점, 그리고 말뭉치에서는 나타나지 않는 음성과 같은 반언어적 표현과 몸짓의 비언어적 표현을 함께 함께 연구해야 한다는 점에서 말뭉치의 자료가 절대적일 수 없다는 것이다. 언어 연구에 가히 혁명적이라고 할 만큼 방대한 자료를 과학적이며 체계적으로 신속하게 처리한다는 점에서 말뭉치언어학, 전산언어학의 유용성과 그 가치에 대해서는 이론의 여지가 없다. 다만, 이러한 자료를 어떻게 잘 활용하여 미묘한 언어 규칙과 기능과 의미를 구명해 내는가는 실제 연구자의 몫이다. 앞으로 담화분석의 연구도 이러한 점에서 연구할 거리가 많이 있다고 본다.

국어 형태소 분석을 한 강범모(1999), 코퍼스언어학의 이론을 소개한 강범모(2003) 등이 있다. 특히, 자연언어 처리를 통한 국어 구어 연구는 서강대(1997)의 '통계적 한국어 담화분석'이란 연구 주제가 주목된다. 그리고 서상규·구현정(2002), 구현정(2005)들이 눈에 띈다. 그러나 아직 말뭉치에 의한 담화연구가 크게 활성화되지 못하고 있는 것 같다.

5.2. 다양한 유형의 담화에 대한 담화분석

이미 앞에서 본 것처럼 지금까지 국어의 다양한 담화 장르에 대한 연구가 진행되었지만 아직 논의되지 않은 담화 장르가 많이 남아 있다. 이에 대한 면밀한 관찰과 분석이 담화연구자들이 연구할 거리이다. 그리고 이미 연구된 담화 상황에 대해서도 더 세분화하여 연구할 수도 있다. 계층과 연령, 지역, 국가 등등의 상황별로 담화를 분석할 수 있을 것으로 보인다. 예컨대, 병원담화, 법원담화, 교실담화, 상담담화, 요리담화, 경매담화, 시장담화, 국회담화 등등의 수많은 담화 상황에 따른 담화연구와 설득담화, 강의담화, 토론담화, 토의담화, 연설담화 등의 담화 목적에 따른 담화 연구도 가능하다.

뿐만 아니라, 유아담화, 초등학생, 중고등학생, 주부담화, 남편담화, 대학생담화, 노인담화 등등의 연령층의 담화 연구도 가능하다. 그리고 담화를 계획된 입말을 포함하면, 주례문, 판결문, 선언문, 축사, 인사말, 연설논문, 요약문 등등에 대한 연구도 연구거리가 될 것으로 생각한다.

5.3. 전자말

전자말에 나타나는 담화분석에 대한 연구는 제법 이루어졌다. 전자말 연구는 사회언어학적 측면에서 많이 이루어졌다. 그래도 아직 전자말에 대한 다양한 연구도 가능하리라 생각한다. 통신언어를 전자말이라고도 하는데 메신저, 채팅, 이동전화 문자, 게시판 언어, 전화, 다양한 방송언어 등등의 전자매체와 이와 관련된 다양한 언어현상과 사용자에 따른 담화 연구도 가능하다.

5.4. 담화표지와 성조, 몸짓의 연결

지금까지 연구된 담화표지와 담화유형에 대한 분석 연구는 비언어적 표현과 반언어적 표현을 연결시켜 연구한 것은 그리 많지 않다. 입말은 성조와 같은 반언어적 표현과 몸짓의 비언어적 표현을 벗어나서는 존재할 수가 없다. 따라서 담화(입말) 연구의 꽃은 이러한 두 영역을 관련시켜 면밀하게 연구할 때 온전히 가능하다. 즉, 담화표지, 어미, 주제, 담화유현, 상황 등등에 따른 반언어적 표현, 그리고 이들 반언어적 표현과 손짓이나 몸짓, 인상 등의 비언어적 표현을 관련시켜 연구할 수 있다.

5.5. 담화 비교언어학

담화구조나 담화표지에 대한 연구를 다른 언어와 비교 연구할 수 있다. 입말은 그것을 사용하는 겨레의 문화와 얼을 가장 잘 담고 있는 그릇이다. 입말을 연구하는 것은 그 입말을 사용하는 겨레의 얼과 문화를 연구하는 것과 같다. 특히 담화표지의 비교연구, 입말 특성인 의성어와 의태어에 대한 연구, 몸짓, 인사말, 대화 진행 양식, 말시작하기와 끝내기, 끼어들기 등등에 대한 비교언어학적 연구를 통해 각 겨레의 생각 모습과 문화를 파악할 수 있을 것이다.

이미 사회학자들이 사용한 민족지학적방법론(ethnomethodology)으로 담화와 의사소통의 민족 간의 특성을 연구하는 데 관심을 가지고 있었다. 아직 우리나라에서는 담화분석에 대한 이러한 비교언어학적 연구는 아직 거의 이루어지지 않고 있다.

5.6. 방언

지역 방언은 일정 지역에서 오랜 세월을 거쳐 오면서 현성된 말이다. 방언은 근본적으로 입말에서 시작한 것이기 때문에 방언 연구는 바로 담화 연구라고 할 수 있다. 방언에 나타나는 다양한 담화표지, 정도부사[21]나 기타 어미들의 활용에 대한 연구도 좋은 담화 연구 거리가 될 수 있다.

---

21) 임규홍(2005) 참조.

제2장

언어 습득의 담화적 특성

1. 들머리

　입말은 말할이와 들을이를 전제해야 하고 또 글말과는 달리 상황 의존도가 매우 높은 일반적인 특성을 가지고 있다. 뿐만 아니라, 글말이 영구성을 가지는 반면 입말은 순간성과 일회성을 가진다. 때문에 입말은 글말과는 달리 매우 유동적이면서 통사적으로 훨씬 덜 긴밀하게 짜여진다. 그러나 입말의 이러한 불안정성과 유동적 특성에도 불구하고 입말은 글말과는 또 다른 입말로서 내적 질서를 가지고 있으며, 입말로서 가능하기 위한 일정한 규칙[1]을 가지고 있다. 따라서 이러한 측면에서 최근 언어학 연구 동향에서 언어의 담화·화용·기능 그리고 인지 심리학적인 측면에 관심이 고조되고 있는 실정이다. 또한, 실제 언어 생활에서 정보의 전달이 언어적 의미뿐만 아니라 발화 상황을 둘러싸고 있는 수많은 요소들에도 긴밀하게 매여 있기 때문에 많은 담화 연구자에게 매력을 가지게 되었는지도 모른다.

　그래서 본고는 담화가 가지고 있는 일반적인 특성이 무엇인지를 어린이말과 어른말로 나누어 살펴보고 나아가 어린이말에서 어른말[2]로 바뀌면서 나타나는 변이 양상을 살펴보

---

[1] 스터브스(1983)는 담화 연구의 중심된 목표가 담화 규칙과 기능을 연구하면서 담화 분석(discourse analysis)을 주장하고, 레빈슨(1983)은 대화분석(conversation anaysis)으로 담화의 규칙과 기능을 분석하고 있다. 담화 분석은 담화의 연결 규칙이나 담화의 결속성을 담화의 기본 단위로 나누어 분석하는 것이고, 대화 분석은 대화의 자료를 검증 분석하여 대화의 실현 순서와 체계를 분석해 내는 것이다. 담화분석과 대화분석에 대한 논의는 레빈슨(1983, 번역 345-355) 참고

[2] 본고의 '어린이말'과 '어른말'은 그 기준이 정확하게 제시되기 어렵다. 다만 어린이말은 언어 습득 과정에 있는 시기를 주로 말하는 것으로 말을 시작하는 생후 2년에서 11세 정도로 잡고자 한다. 피아제(1930)

고자 함에 목적이 있다. 이처럼 담화를 어린이말과 어른말을 나누어 살피는 것은 인간의 말깨치는 과정이 단계별로 어떤 보편적 특성을 가지고 있기 때문이다. Givon(1976:103)은 일반적으로 아이들은 대체로 전제성이 낮은 언어 형태에서 성장하면서 전제성이 높은, 다시 말하면 변형의 꼬리, 유표성 정도가 낮은 언어 형태에서 높은 언어 형태로 점진적으로 습득하게 된다고 하였다. 어린말은 휴지가 많은 느슨한 구조를 보이는데 반해 어른말은 어린이말보다 더 통사화 된(syntacticzed) 구조로 나타난다.

우리말 담화의 특성을 '자기화 현상', '잉여화 현상', '대신화 현상', '주제화 현상'으로 나누어 살펴보겠다.

2. 자기화 현상

어린이말의 특성 가운데 하나가 '지나친 자기화(over-self)' 또는 '지나친 자기중심적인(over-egocentric)' 현상이다. 피아제는 전조작기(2-7세)아동의 행동과 사고를 '자기중심적'이라고 특징지었다. 사실, 피아제는 이 '자기중심'의 행동 특성은 인간의 전체적 발달 단계에서 나타나는 것임을 말하고 있다.[3] 그러나 그 가운데 전조작기 시기의 자기중심성은 인지 발달과 함께 언어의 실현에서 뚜렷이 나타나는 특성을 가진다고 하였다. 인지발달 과정에서 '자기중심적'이란 어린이가 자기 이외의 다른 사람의 역할과 견해를 고려하기를 꺼리는 현상으로 어린이는 비사회적 또는 폐쇄적이라는 것이다. 모든 행동이 자기를 중심으로 이루어지기 때문에, 자기의 행동은 진리이며 그것을 다른 사람은 무조건적으로 이해하고 인정해 줄 것으로 믿게 된다.[4] 말 또한 이와 같은 현상을 보인다. 피아제는 이러한 자기중심적 단계의 사고는 언어 습득에 의해 매우 빠른 속도로 발달되며, 그 자기중심적인 사고나 행위

에서 구체적 조작기 시기에 해당되는 11세까지를 아동 언어의 중심 시기로 논의하였다. 그 이후의 시기를 어른말이라고 하기로 한다.

3) 피아제의 어린이말에 나타나는 자기중심적 언어 현상에 대한 자세한 논의는 '아동의 언어와 사고(1930; 송명자·이순형 옮김, 1988:263-273) 참고

4) 린드세이와 노르만(1972)도 '어린 아이들은 자기중심적이어서 그들은 세계를 오직 자신의 견해로 보게 된다'고 한 것도 같은 흐름이다.

는 점차 벗어나게 된다고 한다.

그리고 언어의 자기중심적인 현상에 대해 비고트스키(1962)[5]는 '자기중심적 말'이란 속내 말(inner speech)에 선행하는 발달단계에서 실현되는 말로 지적 기능에 이바지하는 것이라 하였다. 그리고 자기중심적 말은 취학 연령에 이르면 서서히 사라지고 점차 속내말로 발전한다고 하였다. 다시 말하면, 어린이의 자기중심적 말은 퇴화되는 것이 아니라 진화를 겪게 되어 자기 자신을 위한 속내말과 유사한 기능을 한다고 하였다. 그리고 그는 겉말(external speech)은 사고가 낱말로 전환된 것이며, 사고의 물질화나 객관화에 해당된다고 하였다.

이러한 점에서 보면 비코츠스키의 속내말은 내적 사고와 밀접한 관계가 있기 때문에 단순히 겉으로 표현된 겉말과는 차원을 달리하며 겉말에 대립되는 의미의 속내말이 아니라고 할 수 있다. 그의 속내말 개념은 낱말의 언어적 의미(meaning)가 아니라 뭉뚱그려진 생각 덩이(sense)로 사고와 언어를 이어주는 기능이라고 보았다. 그래서 그는 자기중심의 말은 어린이의 단순한 겉말하기에서 복잡한 속말하기의 중간적인 단계로 보았다.

비고트스키의 자기중심적 말의 개념도 피아제와 마찬가지로 언어 발달단계에서 실현되는 한 과정임은 마찬가지이다.[6] 어린이는 자기가 생각한 것을 다른 사람도 그들과 똑같이 생각하는 줄로 여긴다. 그래서 그들은 자기의 행위나 생각이 모두 옳다고 믿게 되고 나아가 자기가 한 행동에 대한 문제를 제기할 줄 모른다. 따라서 어린이의 언어활동은 정보 교환을 거의 갖지 않으려 하는 비사회적이라는 것이다. 게다가 어린이는 자기의 말을 듣는 들을이(청자)를 하나의 독립된 개체로 인정하지 않는다.

루리아(1951)는 언어발달을 '타자-외현적'에서 '자기-외현적'으로 그리고 다시 '자기-내현적'으로 바뀌어 간다[7]고 하였다. 2단계 시기(3-4 1/2세)까지 어린이는 외부적인 충동에 의해 자기가 자기에게 말하게 된다. 3단계 시기(4-5세 이상)에서는 어린이는 자기말을 어느 정

---

5) 비고트스키(1962), 'Thought and language', The M.I.T Press(신현정 옮김, 1985, '思考와 言語', 성원사) 참고
6) 그러나 비고트스키의 속내말과 피아제의 자기중심적인 말과는 그 개념에 있어 다소 다른 점이 있다. 비고트스키의 속내말은 생각말에 가까운 것으로 어떤 현상이나 사태를 언어로 표현하지는 않았지만 언어의 형태로 생각한 것을 말한다. 그러나 피아제의 자기중심적인 말은 인지 발달에 따른 현상의 하나로 모든 사물의 판단을 자기쪽으로 끌어들어 판단하고 그것을 말호 표현한 것을 말한다. 비고트스키의 언어와 사고에 대한 이해는 이병혁(1993:175-198)과 말하기 발달에서 피아제와 비고트스키의 간단 비교는 이상태(1993:76-78) 참고.
7) 조명한(1979:104, 105) 참조. 이것은 그의 스승인 비고트스키의 '속내말'과 '겉말'의 개념과 유사하다.

도 통제를 하면서 외부의 세계를 자기중심의 내면적인 말로 바꾸고 변형하게 된다. 이것은 비고트스키가 주장한 언어 습득 과정에서 겉말에서 속말로 전이된다는 주장과 유사하다. 슬로빈(1971:49)에서 어린이말은 어른의 말로부터 벗어난다(deviate)고 하였다. 이 벗어남은 언어의 부분적 분석과 어린이 마음의 인식 경향에 밀접하게 바탕을 두면서 그것이 언어로 나타나게 된 것이다. 어린이들이 흔히 comed, breaked, goed, doed와 같은 말을 하게 되는데 이러한 현상을 어린이들의 지나친 자기중심적 표현 또는 지나친 규칙화(over-regularization)현상이라고 보는 경향은 매우 보편화되었다.

그러면 담화의 자기중심적 표현 양상이 어린이말과 어른말에서 어떻게 실현되는지를 알아보자. 어린이말에서 자기중심적 표현 현상은 먼저, 우리말의 부정문에서 쉽게 발견되는데 예를 들면, 3살 된 어린이가 "안 밥 먹을래", 또는 "아무 것도 안있어요"라고 말하는 경우이다. 이것은 부정소 '안'의 사용을 자기중심적으로 표현한 현상으로 부정소의 문법적으로 사용하기보다는 부정 정보가 자기에게 가장 중요한 정보로 여기기 때문에 그것을 먼저 말하기 때문이다. 자기 내면에 존재하는 언어 규칙이 일반적 통사적 제약을 무시하고 자기 나름대로 규칙을 확대 적용한 것이다. 그리고 위에 든 보기는 '안 있다'와 '없다'라는 어휘의 의미 분화가 아직 이루어지지 않은 결과라고 볼 수도 있다. 그렇더라도 이러한 현상은 부정표현이 부정소 '안'에 의해서만 표현할 수 있다는 자기중심적인 표현의 하나이다.

그리고 어린이의 전보식 문장 형태가 또 자기중심적 언어 형태라고 볼 수 있다. 피아제의 전조작기 초기에 해당되는 2세부터 어린이는 두 단어의 낱말을 사용할 수 있는 시기인데 이때부터 어린이말은 상당한 통사적 구조를 가지게 된다. 예컨대, "아빠, 책"(소유), "엄마, 줘"(행위자-행위), "빵, 줘"(목적-행위), "아가, 주까"(수여자-행위), "싫어, 빵"(부정)과 같이 Fillmore의 의미격 형태가 거의 완전할 정도로 실현된다. 그리고 이 두 단어 시기에서 곧바로 세 단어 시기로 넘어가게 되는데 이 두 단어 시기의 통사 구조에서 자연스럽게 확장된다. 예컨대, "엄마, 아빠 밥 퍼"(행위자-목적-행위), "아빠 방 가"(행위자-장소-행위) 등으로 확장되는 현상을 보인다. 이러한 현상은 두 단어 시기나 세 단어 시기 모두에 나타나는 현상으로 통사적 표지가 생략된 것이다. 통사적 표지가 생략된 형태를 '전보식 문장(telegraphic sentence)'이라고 하는데, 이 전보식 표현의 형태는 말할이가 자기의 표현을 들을이가 자기와 같이 이해할 것이다라는 기대를 가지고 발화한 것이다.

어린이는 자기의 생각을 대충 자기의 언어적 규칙대로 표현하더라도 어른들은 자기가 말한 의미를 알 것으로 판단하게 된다. 언어 발달이 거의 완성 단계에 이른 5-6세의 어린이는 자기가 말한 내용을 어머니나 아버지가 이해를 못하거나 자기 뜻대로 수용되지 않을 경우 그들은 "엄마, 바보", "아빠, 바보"라는 말을 쉽게 한다. 이것은 어른들이 자기 뜻대로 행동해 주지 않았기 때문에 자기 쪽에서 보면 이해가 가지 않고 단지 바보로 보이기 때문이다.

세 번째 어린이말의 자기중심적 현상은 어린이말의 풀이말이 모두 '단정적(assertive)' 표현 형태임에서 알 수 있다. 단정적 표현은 자기의 말이 절대적 진리이고 다른 사람의 입장에서 상상하거나 미루어 짐작할 줄을 모르기 때문에 나타난다고 볼 수 있다. 그래서 아이들은 다음과 같이 '단정적' 표현을 주로 한다.

(1) 아니야. 맞아. 예뻐. 미워. 싫어. 좋아. 가[去]. 와[來]-----

반면에 다음과 같은 약한 단언 서술어[8](간주하다, 느끼다, 믿다, 여기다, 추측하다)는 언어 발달 단계에서 매우 늦게 나타난다.

(2) 가. 아닌 것 같애.
    나. 나는 그렇게 믿다(생각하다, 여기다, 짐작하다, 추측하다).

위 (2)와 같이 약한 단언 서술어를 발화할 수 있다는 것은 자기중심의 생각에서 들을이의 입장을 고려한다는 뜻이고 말할이의 생각이 전적으로 참이 아닐 수 있다는 것을 인지했음을 의미한다. 즉, 자기중심적인 사고에서 들을이 중심의 사고로 변해 간다는 것을 의미한다. 이 약한 서술어의 발화는 피아제의 구체적 조작기(7-11세) 이후부터 주로 나타난다. 그리고 어린이의 말의 단정적 표현은 아래 (3)과 같이 그 서술어가 '-어/-아'와 같이 비종결 명령이나 비종결 평서의 형태로 된 마침씨끝으로 나타난다.[9]

---

8) 단언 서술어의 종류와 특성으로 단언구문의 여러 문법 현상을 논의한 것으로 김영희(1988:138)가 있다.
9) 김승렬(1968)에서 명령형은 '해 줘'가 많고 '-라'형은 뒤에 실현된다고 지적한 바 있다.

(3) 가. 엄마, 집에 가.

　　나. 밥 먹어.

　　다. 엄마, 밥 줘.

　　라. 아빠, 학교 가다.

　어린이말의 자기중심적 언어 표현은 낱말의 의미적 특성에서도 나타난다. 어린이말의 풀이말은 주로 감정동사로 되어 있다. 예컨대 아래와 같다.

(4) 가. 엄마, 배 아파.

　　나. 엄마, 배고파.

　　다. 아빠, 싫어(미워, 좋아).

　　라. 아가, 예뻐.

　　마. 엄마, 추워(더워).

　감정 동사인 '아프다, 고프다, 싫다, 밉다, 좋다, 예쁘다, 춥다, 덥다' 등을 주로 사용하는데 그것은 '감정'이라는 것이 원래 주관적인 속성을 지니기 때문에 느끼는 주체가 자기 자신이 아니면 불가능하게 된다. 그래서 감정 동사는 자기중심적 인지 활동의 하나이다. 그래서 초기 어린이말에서는 '아가 아프겠다.'나 '동생이 덥겠다.'와 같이 상대의 감정이나 느낌을 표현한 것은 발견하기 어렵다. 이와 같은 표현은 적어도 자기중심적 사고가 타자 중심의 사고로 이동되면서 서서히 나타나게 된다. 그 시기는 대체로 5-7세 이후일 것이다. 7세 준현(雋鉉)[10]이 말에 '나무가 춥겠다', '(아빠 상처를 보고) 아빠 아프겠다.'와 같은 발화를 관찰할 수 있었다.

　자기중심적인 사고와 인지 현상은 단순히 피아제가 말한 아동 발단의 네 단계에서만 나타나는 것이 아니라 청년기(11-15세)까지 그 이후에서도 계속 지속되는 현상의 하나이다.[11]

---

10) '준현'이는 필자 아이의 이름으로 이 글을 쓸 때가 7세였다.

11) 피아제의 행동발달 단계로 보면 '자기중심적행위'는 구체적 조작기(7-11세경)부터 첨차 벗어나기 시작한다.

그러나 피아제가 말한 아동의 발달 단계에서 나타나는 자기중심적인 현상과 청년기를 거쳐 어른의 단계로 이동되면서 나타나는 자기중심적 현상은 서로 매우 다른 양상으로 나타나게 된다. 어른이 되면서 점점 인식의 폭과 이해의 폭이 넓어지고 그들은 자기의 주장이나 생각을 상대에게 다양한 방법으로 설득시키고, 또한 상대의 생각을 수용하면서 자기 생각, 입장을 표현하거나 자기중심적인 생각을 드러내지 않을 수 있을 만큼 담화 표현 양상이 다양해진다. 바로 다음 장에서 설명되는 지나친 잉여화 현상도 어린이말의 자기중심적 현상과 밀접한 관계가 있다.

어린이의 자기중심적인 사고와 언어는 성장하면서 상대를 의식하게 되고 담화에서도 점진적으로 들을이 중심으로 변하게 된다. 말할이는 자기의 말을 들을이가 정확하게 이해했을까 하는 의구심에서 되도록이면 들을이를 이해시키려고 노력하게 된다. 그래서 어머니가 그들의 어린이에게 말할 때 어머니 중심으로 말하는 것이 아니라 어린이 중심으로 말을 하게 된다. 즉, 어른이 어린이에게 말을 할 때 어른의 수준에 맞는 낱말이나 문장 구조로 말하는 것이 아니라 어린이의 수준에 맞는 낱말과 문장 구조로 말을 하게 된다는 것이다.

클라크와 클라크(1977:320-321)는 어른들은 어린이들이 자기의 말을 이해할 수 있도록 그들의 말을 수정(modify)할 필요가 있으며 특별히 재단된 언어 모형(tailored model)을 어린이에게 제공한다고 한다. 이러한 현상은 비단 어른과 어린이 사이의 말에서 뿐만 아니라 어른과 어른 사이의 말에서도 나타나게 되는데, 어른과 어른 사이의 담화에서 많은 부분이 반복되는 현상이라든가, 복잡한 성조가 실현되는 현상, 또는 몸짓이나 손짓과 같은 비언어적인 표현 등이 이에 해당된다고 볼 수 있다. 또 어른은 상대에게 자기의 말을 이해했는지 확인하는 형태의 말, 예컨대, '내말 무슨 말인지 알아듣겠니?', '내말 알아들었나?', '알겠나?', '다시 말하면', '다시 말해줄까' 등의 표현은 자기중심적인 표현보다는 들을이 중심의 표현이다. 사실 이처럼 어른들은 자기 수준의 어려운 낱말보다 어린이 수준의 낱말과 문법 구조로 말하게 된다. 이것이 바로 어른의 자기화 현상이다.

(5) 아이: 엄마, 이거 뭐야?

어머니: 이거 있지, 사람들이 아플 때 아프지 말라고 엉덩이에 꽁 주사를 주는 거야(주사기)

위 담화에서와 같이 어른은 아이의 말 구조에 맞게 들을이 중심으로 말을 자기화하여 표현한다. 다시 말하면, 어른말의 자기중심화 현상은 들을이가 아마 자기의 말을 잘 이해하지 못했을 것이 아닌가하는 의심에서 말하는 '들을이 중심의 자기화 현상'으로 나타나게 된다.

> (6) 거시 저저 우암 선생이, 우암 송우암이, 송시열 선생이 우리 저저 포은 할아버지 문집서를, 중간을 했넌디, ----- 그랬넌디, 그 때 숙종 때, 저어러이 제주에 기양가서 안 있었나? 그 때 그 와 사시남정기 그 와 그 연속극에도 나오지 와 사씨남정기. 그 춘택이 김춘택이라꼬 나오지요, 김춘택이---(대평리 이야기 18)

말할이는 '우암선생'을 잘 알고 있지만 들을이는 '우암선생'에 대해서 잘 모를 것으로 생각하여 '송우암'이라고 했다가 다시 더 자세하게 '송시열 선생'으로 표현한다. 또 '춘택'이라고 했다가 다시 '김춘택'이라고 한 것도 말할이가 들을이에게 '춘택'에 대해서 더 자세하게 말하려는 들을이 중심의 자기화 현상에서 나온 것이다. 사실은 들을이도 '김춘택'에 대해서 말할이 자기보다 더 잘 알고 있을 지도 모름에도 불구하고, 말할이는 들을이의 '김춘택'에 대한 정보를 자기중심으로 판단하게 된다.

3. 잉여화 현상

담화의 일반적 특성 가운데 정보의 잉여화가 있다. 정보의 잉여화는 담화 전개에 있어서 동일한 언어정보가 되풀이 되는 경우와 언어 정보와 직접적인 관계가 없이 담화의 연결이나 비언표적인 표현 효과를 위해 나타나는 담화표지가 있다. 실제 인간의 담화에서 명제적 언어 정보가 전체 담화정보에서 차지하는 부분이 얼마인지는 정확하게 밝혀지지는 않았지만 상당한 부분을 차지할 것임은 분명하다. 담화표지 뿐만 아니라 담화와 담화 사이에 있게 되는 쉼 또한 담화 기능을 하면서 전체 담화 시간에서 상당한 부분을 차지할 것이다.

그러면 담화에서 이 정보의 잉여화[12]가 어린이말과 어른말에서는 어떻게 다르며 어떻게 실현되는지를 개괄적으로 살펴보기로 하자.

어린이말의 특성 가운데 하나가 '지나친 잉여화(over-redundancy)' 현상이 있다. '지나친 잉여화'란 어떤 말을 되풀이할 필요가 없는데도 불구하고 여러 번 되풀이하는 경우를 말한다. 어린이가 같은 말을 여러 번 되풀이하여 표현하는 것은 어린이의 기억 능력의 한계에서 나오는 나름대로의 발화 책략인 것이다. 어떤 정보를 기억하고 그 정보를 회상할 수 있는 정보의 양을 우리는 '기억의 폭(memory span)'[13]이라고 하는데, 어린이들은 이 기억폭이 어른보다는 훨씬 좁기 때문에 그들이 이미 표현한 정보를 뒤에는 쉽게 잊어버린다. 그래서 그들은 앞에 발화했던 정보를 회상하기 위해서 그것을 다시 되풀이하게 된다. 이상태(1983)에서는 학생들의 지나친 잉여화의 원인을 ① 앞에 설명한 기억의 폭이 좁은 데서 뿐만 아니라 ② 머릿속 생각이 흐릿하기 때문에 쓸데없는 되풀이가 계속되기도 하고, 그 다음 한번 쓴 글을 반복하여 읽어보지 않았기 때문이라고 하였다. '따뜻한 봄이 따뜻하다'라는 말은 기억의 폭이 한 낱말을 넘어서지 못한다는 것을 말해 준다. 아래 (7)도 마찬가지이다.

> (7) 사람들은 노력 노력 말만 하지 정말 이 말을 실천 한 번이 라도 실천하면 얼마나 자기의
> 이익도 올 것이고 사람의 지식도 올 수 있는데(중학 1년 학생)

어린이가 이야기하는 것을 잘 관찰해 보면 앞에 발화한 월을 이어가기 위해서 앞 월의 정보를 되풀이하는 경우가 많다. 어린이말의 특성 가운데 또 하나가 앞 풀이말을 되풀이하면서 앞 명제가 이어지는 것이다. 다음 어린이의 이야기를 살펴 보자.

> (8) '엄마, 호랑이 한 마리가 살았는데, 어, 살았는데 그 호랑이가 떡파는 엄마인테 떡 하나
> 주면 안 먹지 하거든 ---- 그 엄마 아이집에 갔거덩, 아이 집에 가서 아이인테 "너그
> 엄마 왔다. 문열으라" 하거든 그래서 아이 형이 엄마 목소리가 아이라서 그래서 호랑이한
> 테 "손 내바라"하거든 손내바라 그래하니까 호랑이가 손을 내는데, 손을 내는데 어, 손에
> 호랑이 털이 있어서 그래서 아이는 도망갔거덩, 도망 가서 ----'(5세 아이)

---

12) 담화상 의미 중복에 대한 논의는 임지룡(1983:48-50) 참고
13) 기억의 폭(memoy span)에 대해서는 슬로빈(1971:27) 참고

위 어린이 이야기에서 밑줄 친 부분이 덧붙여진 말이다. 이들의 공통된 특성은 풀이말의 반복이 뚜렷하다는 것이다. 그 까닭은 어린이들은 아직 이음씨끝의 활용이 온전하지 못하다는 것과 풀이말을 되풀이함으로써 앞 명제의 내용을 뒷 명제에 가능한 가까이 끌어 당겨서 앞 명제의 내용과 뒷 명제의 내용과 의미적 관계를 쉽게 결속시킬 수 있기 때문이다. 결국 이것도 기억의 폭이 좁은 데서 오는 현상의 하나라고 할 수 있다.

이러한 현상은 어른말에서도 학력이 낮을수록 나이가 많을수록 쉽게 나타난다. 아직 확신하기는 이르지마는 이러한 현상은 체계적인 글말 표현 교육과 체계적인 사고력과도 관계되는 것으로 짐작이 된다. 따라서 이것은 어린이나 어른 모두 말할이의 정보를 회상할 시간을 가지려는 보편적인 발화 책략에서 나온 것이다.

담화의 잉여화 현상은 위에 보인 것처럼 의미의 중복뿐만 아니라 어휘적 의미를 가지지 않은 무의미한 '담화표지'을 되풀이함으로써 나타나는 경우도 있다. 담화표지는 담화에서 통사적으로 필요 없는 부분을 말한다. 위에 보인 것처럼 낱말이나 마디를 반복하는 것도 일종의 담화표지에 해당된다. 주로 이 담화표지는 말할이가 앞정보와 뒷정보 사이에 시간적인 거리를 둠으로써 정보 회상의 시간을 가지기 유지하기 위한 것이다. 정보의 의미 회상 거리라는 것은 말할이가 정보를 발화하고 다음 정보까지의 거리를 말하는데 이 거리가 가까울 경우는 말할이의 담화가 그만큼 결속력이 높고 담화의 연결이 자연스럽다고 할 수 있으며, 반대로 그 거리가 멀 경우는 의미의 결속력이 떨어지면서 담화가 자연스럽지 못하다고 말할 수 있다.[14]

이 담화표지는 어른말에서나 어린이말에서 실현되는데 다만 어른말의 담화표지는 어린이말의 담화표지보다 더 다양하게 실현되는 특성을 가지고 있다. 어른의 담화표지는 어휘적 담화표지가 많이 실현된다면, 어린이의 담화표지는 비어휘적 담화표지가 많이 실현된다. 어린이말의 담화표지 가운데 특이한 담화표지는 풀이말 뒷가지에 붙는 '-요'[15]이다. 예컨

---

14) 이와 같은 의미에서 선행 주제말과 그 주제말이 다시 실현될 때 그 실현 거리와 주제말의 형태와의 관계를 연구한 것으로 Givon(1983)이 있다. 지시거리(refrential distance)가 가까우면 가까울수록 영형태(zero anaphora)로 실현되고 멀면 멀수록 지시적 비확정 명사구(refrential indefinite NP')로 실현된다고 하면서 그 사이 일곱 개의 형태범주를 제시하였다(Givon, 1983:17). 그리고 우리말의 주제말 형태에 대한 논의는 임규홍(1993) 참고

15) '-요'에 대한 논의로는 이상복(1976), 김정대(1983), 이정민·박성현(1991)이 있다. 이상복(1976)에서는 주로 '-요'의 분포와 문법적 범주를 밝히는데 주력하면서 '-요'를 '청자존대접미사'라고 하였다. 그리고

대 아래와 같다.

 (9) 가. 아빠가요, 오늘요 등산갔으요

   나. 엄마가요, 저에게요 공부하라고 했는데요 저는요 공부는 안하고 오락실에서 오락을

    하고 있는데요 엄마가 와서요 저를 막 때렸어요

   다. 영철이는 뭘 좋아해요?

    나는요 소세지하고요 양념통닭을 좋아해요

 위 (9)에서와 같이 뒷가지 '-요'는 체언뿐만 아니라 풀이말, 어찌말 등 모든 말 뒤에 자연스럽게 실현되면서 어떤 특정한 의미(다만 [+높임]의 자질은 가진다)나 통사적 기능을 가지지 않는다. 따라서 이 '-요'는 담화표지의 기능을 한다. 그래서 어린이는 이 담화표지 '-요'를 마디(어절) 사이에 두고 계속 이어지는 정보를 회상하는 시간을 벌게 된다. 이 시간은 아주 짧지마는 말하는 이에게는 매우 효과적이고 유용한 시간으로 활용하게 된다. 이러한 현상은 모든 어린이에게 동일하게 나타나는 것은 아니지만 적어도 어린이말의 특징으로 나타나기에 충분하다. 그런데, 어린이말에서 이 군말 '-요'의 잉여화 현상은 성장하면서 차츰 줄어들게 된다. 그 대신에 낱말의 반복이나 어휘적인 담화표지가 나타나게 되면서 무의미한 담화표지가 아니라 그것은 앞말과 뒷말을 문체적으로나 언어외적인 의미 기능을 가지게 된다. 이러한 담화표지 또한 담화에서 나타나는 잉여화 현상의 중요한 한 특징이라고 할 수 있다.

 이처럼 '-요'를 담화표지로 보는 것은 김정대(1983)에서 문중에 실현되는 '-요'를 화용적 쓰임으로 본 것과 비슷한 시각이다. 그리고 '-요'를 기능적인 측면에서 '큰성분가르기와 디딤말'의 기능을 한다고 한 주장 또한 필자의 '-요'의 담화표지로서의 기능과 유사하다.

김정대(1983)는 '-요'를 '청자존대소'라고 하면서 화용적 쓰임이 통사적 쓰임으로 바뀐 것으로 보았다. 그래서 문중의 '-요'는 화용적 쓰임으로, 문미 '-요'는 통사적 쓰임으로 구분할 것을 제안했다. 이정민·박성현(1991)은 '-요'를 기능적으로 접근하여 '큰성분 가르기와 디딤말(hedge)'로 보았다. 필자는 문중에 쓰인 '-요'는 담화표지의 하나로 보면서 그 기능은 담화표지의 보편적 기능으로 보고자 한다.

4. 대신화 현상

정보의 대신화는 선행 정보가 되풀이될 때 그 정보를 대명사나 다른 동사로 지시하는 것을 말한다. 대신화는 어떤 정보가 구정보일 경우 그 정보를 그대로 되풀이하지 않고 대용어로 대신함으로써 말을 간단하게 하려는 의도에서 나타난 것이다. 그런데 담화에서 특히 대신화가 많이 실현되는 것은 단순히 선행정보를 대신하는 기능 이외 담화적 기능을 하기 때문이고 또 담화 상황이 제공하는 정보의 특수성 때문이다. 그러면 담화에서 대신화가 어떻게 실현되는가를 살펴보자.

초기 어린이말[16]에서는 대신화 현상이 주로 대이름씨에 의해 나타나고 대풀이말에서는 나타나지 않는다. 그것은 초기어린이는 대풀이말을 습득하지 못했기 때문이다. 그리고 어린이말에서 나타나는 대지시어는 자기와 거리가 멀리 떨어져 있다거나 보이지 않은 것은 지칭하기 어렵기 때문에 그들의 눈에 보이면서 자기 쪽에 있는 지시어 '이거'부터 말하기 시작한다.

(10) (2-3세)

　가. 엄마 이거는? 이거는 뭐야?

　나. 엄마 빨리 감춰 이거.

　다. 내가 할께 이거.

　라. 엄마 아가 발아퍼 이거, 이거 발 아퍼.

그 다음은 대명사 '저것'과 '그것'을 습득하게 되는데 그 둘 중 어느 것이 먼저 습득되는지는 아직 확실히 알기 어렵지마는 필자가 확인한 결과 '저것'이 먼저 나타나는 것으로 보인다. 흔히 어린이들은

(11) (3-4세)

　가. 저거 뭐니?

---

16) 초기 어린이말은 대략 4세까지로 잡는다.

나. 엄마 저거 뭐야?

다. 엄마 저거 봐.

라. 저기 있어.

와 같은 말을 쉽게 한다. 이것은 아마 어린이들은 들을이를 전제하지 않고 단순히 자기를 중심으로 '이것'보다 더 멀리 존재하는 것을 가리키는 '저것', '저기'를, '이것'이나 '여기' 다음으로 먼저 인식하고 말하는 것으로 보인다. 이와 달리 '그것'이나 '거기'는 들을이라는 상대를 전제하는 대이름씨이기 때문에 다소 늦게 습득된다고 볼 수 있다. 들을이 중심의 지시어인 '그것'이나 '거기' 등은 적어도 4세 이후에 그것도 매우 드물게 나타난다.

(12) (4-5세 이후)

가. 엄마, 거거 뭐야.

나. 형, 거거 나 줘.

다. 형, 거거 나도 한번 갖고 놀자.

이 어린이는 점점 성장하면서 다양한 대신화 표현을 쓰게 된다. 그러면서 어린이는 대신화를 지나치게 많이 사용하는 경향이 있다. 이것을 '지나친 대신화(over-substitution)'라고 하자. 어린이가 자기의 말을 지나치게 대신화하는 것은 앞에서 말한 어린이의 지나친 자기중심화 현상에서 그들은 자기가 말한 것을 자기중심으로 대신화하고 또 그들은 자기가 대신화한 것을 다른 사람도 당연히 알고 있을 것으로 믿고 있기 때문이다. 어린이말의 지나친 대신화에 대한 보기로는 린드세이가 피아제(1962:82, 102)에서 인용한 글에서 확인이 된다.

(13) 옛날 옛적에 니오베라는 소녀가 살았는데 그는 아들 12명과 딸 12명을 거느리고 있었다. 그녀는 아들만 하나 있고 딸은 없는 요정을 만났다. 그런데 그는 요정이 아들만 한 명이라고 비웃었다. 그래서 요정은 대단히 화가 나서 그 여자를 바위에다 묶어 버렸다. 그 여자는 10년 동안 울었다. 마침내 그녀는 바위가 되어 버렸고 그녀의 눈물은 강물이 되어 오늘날도 흐르고 있다.

지오(8세)가 다시 이 이야기를 옮긴 줄거리는 다음과 같다.

(13') 옛날 옛적에 아들 12명과 딸 12명을 데리고 있는 여자가 살았는데, 요정은 아들 한 명과 딸 한 명이 있었다. 그런데, 니오베는 아들을 몇 명 더 원했다. 그래서 그녀는 화가 났다. 그녀는 그녀를 바위에다 묶었다. 그는 바위가 되었고 그래서 그의 눈물은 강물이 되어 오늘날도 흐르고 있다.

여기서 마지막 부분의 대이름씨 '그녀', '그', '그의', 그리고 '그녀의'와 같은 것은 어떤 선행어를 대신하는지 알 수 없게 된다. 이것 또한 지오라는 8세 아이는 다른 사람의 관점에서 말하지 않고 자기중심으로 말하고 있음을 말해 준다.

우리는 지나친 대신화가 비단 대이름씨에 의해서만 나타나는 것이 아니라 대 풀이말에서도 나타난다. 다음 6살이 된 현이의 옛날이야기를 보자.

(14) 어떤 마을에 할아버지가 나무하러 가는데 어떤 비가 와서 어떤 집이 있어서 가보니까 그래서 들어가서 있다가 심심해서 그래서 노래를 부르니까 소리가 안 나서 다시 해보니까 소리나서요. 혹이 나고 눈이 까만 도깨비가 있어서 도깨비가 혹뿌리 영감인테 어떻게 소리가 나서요 해서 혹에서 난다 하니까 혹떼도 되지 하니까 혹뿌리 영감이 아푼데 하니까 도깨비가 아프지 않게 한다 하여 방망이로 혹을 때부렸으요. 나쁜 혹뿌리 영감이 착한 혹뿌리 영감님과 똑같이 해서 똑 같이 노래해보니까 혹이 두 개고 눈이 빨간 도깨비가 있어서 그래서 혹에서 노래가 나온다 해서 도깨비가 그짓말이다 해서 도깨비가 혹을 두 개 뿥여 혹이 두 개가 되어서 집으로 갔단다. 그래서 잘 살았다.

따라서 담화에서 대신화 현상은 선행 정보를 대신하면서 담화를 이어가는 담화 책략으로서의 기능을 하게 된다. 이것은 우리말에서 대체로 그 실현 빈도가 높은 대신화 표현이 '그래가지고', '그래서', '그래 해가지고', '이래서', '이래가지고'에 의해 증명된다. '그래서'나 '그래 해가지고'는 선행 담화 정보를 후행 담화에 이으면서 선행 담화와 후행담화의 결속성을 높여주게 된다. 이 정보의 대신화 현상은 어린이말이나 어른말에서 거의 비슷하게 나타나는데 담화에서 나타나는 대신말은 담화를 이끌어 가는 담화 책략상으로 실현된 현상이다. 그래서 매우 긴형태의 대신말을 사용하게 된다. 흔히 글말에서 '그래서'라는 말 대신 '그래가지고'나 '그래해가지고', '그러니까', '이래가지고', '이래해가지고'와 같이 표현 형태가 길어짐으로써 후행 정보의 회상이나 주의 집중의 담화 효과를 가져오게 된다.

5. 주제화 현상

어린이말의 주제말 표현은 그 표지가 다양하다는 것이 특징이다. 이것을 지나친 주제말 표지화 현상이라고 할 수 있다. 이것은 앞에서 말한 어린이말의 '지나친 잉여화' 현상과 같이 설명될 수 있는 현상이다. 그러나 주제말 표현의 양상이 지나친 잉여화 현상과 다른 것은 주제말 표현은 단지 정보의 잉여에 의한 주제말되기 뿐만 아니라 다양한 양상의 주제말이 실현된다는 것이다.

어린이말에 실현되는 주제말 양상의 특이성은 담화에서 주제말이 가지는 화제의 제시 뿐만 아니라 주제말 실현이 어린이의 담화 책략의 하나로 기능한다는 점이다. 다시 말하면 어린이말의 주제말 실현 특성은 주제말이 가지는 기본적 기능, 즉 정보의 결속 기능이나 신정보에 대한 배경 설정 등과 같은 보편적 기능 이외 주제화된 선행 정보를 들을이에게 확인하거나 선행 정보에 대한 기억을 붙들어 매기 위한 주제말의 반복, 또는 새 정보의 회상 시간을 확보하기 위해 주제말을 반복 또는 주제말 표지의 잉여성이 뚜렷하다는 것이다.

어른의 말도 주제말이 담화 책략의 하나로 기능하는 것은 어린이말과 마찬가지이지마는 그 실현 양상이 어린이말과 다르다는 것이다. 예를 들면, 어린 아이들의 주제말 구조는 매우 느슨한 주제 구조(topic construction)를 사용하는 경향이 있는 반면, 어른들은 좀 더 잘 짜여진 통사화된(syntacticized) 주어 구조(subject structure)를 쓴다고 주장한 것[17]도 이러한 현상을 반영한 것이라 하겠다.[18]

그러면 우리말에서 어린이와 어른의 주제말 표현 특성을 살펴보기로 하자.

---

17) Givon(1976:103) 참고
18) 이러한 주장은 어린이말에 있어서 주제말을 연구한 것으로 그루버(1969)가 있다.

(15) 엄마, 맘 거 줘.(주제-주어)

(16) 철수가, 지금 아파.(주어(주제))

위에서 (15)의 표현이 초기 어린이말에 가깝다고 한다면, 점차 성장하면서 (16)과 같은 표현을 쓰게 된다. 그러나 점차 언어 사용 능력이 발달하면서 (2)와 같이 주제말 '철수'가 임자말의 표현 양상과 통합 실현되면서 '쉼'에 의해 주제말이 표현된다. 이러한 현상은 초기 어린이들은 자기가 말하려 하는 대상(주제)과 주어를 통합하여 나타낼 수 있는 능력이 아직 발달되지 않았다는 것을 말해준다. 그리고 어린이는 주제는 주제대로 발화하고 그 다음 통사적 성분을 발화한다. 어른은 주제말과 통사적 성분을 통합하여 하나의 월 성분으로 활용할 수 있다.[19]

이러한 현상은 어린이의 주제말 표현 방법이 주제말 표지 '는'을 중심으로 실현되는 것이 아니라, 특수한 언어적 표지 없이 다양한 형식으로 실현된다는 것이다. 이러한 사실은 주제말 표지인 '은/는'(출현 순위: 9)은 주격 표지 '이/가'(출현 순위: 6)보다 뒤에 실현된다[20]는 것으로 주제말이 월성분과 통합한 형태인 위 (2)의 형태는 상당한 언어 발달이 있고 난 뒤에 실현된다는 것을 알 수 있다.[21]

다음은 어린이말에서 주제말이 실현된 모습을 보인 것이다.

(17) 가. 아빠 집에 있어.(2:4)

나. 나, 손 아퍼.(1:11)

다. 신, 이거 구두.(2:2)

라. 이거 꽃, 꽃 이거.(2:4)

마. 이거, 아가 울어.(2:0)

---

19) 조명한(1984:82-90)에서 어린이말의 주제말 구성에 대해 논의된 바 있다. 그런데 조명한(1984)에서는 주제말 표현 양상에 대한 논의보다는 주제말의 '소유-수식-실체'와 주제말의 구조에 관심을 두었다.

20) 조명한(1984:117) 참고

21) 아기말에 쓰이는 토씨의 빈도를 조사한 것은 이인섭(1986) 참조

위에서 (17가)의 '아빠', (17나)의 '나', (17다)의 '신', (17라)의 '이거', (17마)의 '이거' 등은 주제말이 덧붙여 실현되면서 주제말 표지가 없이 실현되었다. 주제말 표현 경향은 어른말이 통사 표지가 실현된 쉼에 의해 표현되는데 비해 어린이말은 통사 표지가 없는 쉼에 의해 표현되는 특성이 있다.

(18) 엄마, 형님있쩨, 형님이 내 장난감 부셔서요(5세 현이)

(18)에서 '형님있쩨'는 전형적인 주제말이다. 이처럼 어린이말은 어른말보다 주제말을 어휘유표적으로 표현하는 특성을 가지고 있다. 즉 자기가 말하고자 하는 대상을 다시 되풀이하는 것은 들을이가 자기에게 주의를 집중시키려고 하는 발화 책략(discourse strategy)의 하나이다.[22)]

이러한 현상은 어린이말에서 뚜렷하게 나타나는 담화표지 '-요'에 의해서도 확인이 된다. 어린이말에 실현빈도가 매우 높은 이 '-요'는 대체로 주제말을 이끄는 기능을 한다. 다음 어린이 말을 보자.

(19) 어제요, 우리가요, 엄마랑 지리산에 가서요(6세 현)

(19)의 어린이말에서 '어제'와 '우리가' 그리고 '엄마랑' 뒤에 실현된 '-요'는 주제말을 이끄는 기능을 한다. 위 (5)에서 주제말은 '어제', '우리가'가 된다. 이때 '-요'는 단순한 높임 표지나 통사 표지가 아니다. 담화표지 '요'는 '어제'와 '우리가'를 하나의 작은 발화 단위로 형성하면서, 동시에 주제말을 이끌고 후행정보인 새 정보(comment)인 '지리산에 가다'에 대한 들을이에게 주의를 집중하게 하고 후행하는 정보를 한 덩이로 연결하지 못했을 때 그 시간을 벌기위한 책략으로 이해해야 한다. 어린이는 들을이의 인지 폭이 자기와 같을 것이라고 생각하고 있다. 이것은 앞에서 말한 것과 같이 어린이는 발화의 자기중심적 특성을

---

22) 다음은 그루버(1967)에서 관찰한 영어 어린이말의 주제말 표현이다.

　It broken, wheels.

　Car, it broken

이와 같이 어린이말은 '주제-설명'의 전형적 구조를 보이고 있다.

가지고 있기 때문이다.

주제말의 중요한 특징 가운데 하나가 말할이나 들을이가 모두 이미 알고 있는 옛 정보(old information)이다. 옛정보이기 때문에 말할이는 생략을 쉽게 하게 된다. 그런데 어린이말에서 주제말이 어른말보다 덜 생략되고 두드러지는 것은 어린이가 어른보다 말하려는 대상에 대한 기억력이 떨어지기 때문이다. 어린이는 자기가 말하려는 대상(주제말)을 다시 되풀이 제시함으로써 그것을 계속 기억 속에 붙들고 있게 한다. 그리고 또 주제말과 설명말 사이에는 긴 쉼이 실현되는 것이 일반적인데, 어린이는 주제말에 실현되는 그 긴 쉼을 이용하여 설명말의 정보(새 정보)를 생각해 낼 시간을 벌게 된다.

반면에 어른말에서는 주제말이 주제말 표지에 의해 실현되지 않기도 하는데, 그것은 어른들의 말을 듣는 대상이 주로 자기와 비슷한 수준의 어른들로써 그들이 말하려는 주제말을 들을이가 기억하고 있을 것으로 믿고 있기 때문이다. 만약 어른들이 어린이에게 말할 경우는 그 양상이 또 달라지게 된다. 주제말의 실현이 현저하게 많아지게 된다.

> (20) 옛날 옛날에 어떤 착한 나무꾼이 살았어요. 그 마음씨 착한 나무꾼이 말이야 어느 날 산에 나무하러 갔거든. 그런데 어느날 그 착한 나무꾼이 나무를 막 하고 있는데 어디서 사슴 한마리가 달려오고 있었어. 그래서 막 달려온 사슴이 나무꾼인테 와서 숨을 헐떡거리면서 사슴이 "저 좀 살려 주세요" 하거든, 그래서 그 착한 나무꾼이 그 사슴을 숲속에 살짝 숨겨 주었어요. 그런데 잠시 있으니까 포수가 막 달려와서 포수가 하는 말이 "여기 사슴 한 마리 못보았어요?" 하길래 그 나무꾼이 "금방 사슴 한마리가 저쪽으로 갔어요" 하거든 그렇니까 포수는 다른 쪽으로 가버렸단다. 그래서 사슴은 착한 나무꾼 때문에 살아났어. 큰 일날뻔 당했지. 그래서 살아난 사슴있지 그 사슴이 나무꾼에게 고맙다고 절을 몇 번이나 했어요.
>
> (21) 엄마는, 말이야 엄마는 철수 너를 이 세상에서 가장 좋아 한다 알겠니?

(20)은 어른이 아이에게 옛날이야기를 한 것인데 주제말의 정보를 그대로 되풀이하여 제시하고 있다. '마음씨가 착한(착한) 나무꾼'이 계속 되풀이하여 나타나고 있는데 이것은 어린이에게 주제말의 연결을 통해 이야기 내용을 확인시켜 주는 역할을 한다. 그리고 (21)은

어머니가 어린이에게 말한 것인데 주제말을 되풀이하였다. 어른말이라도 들을이가 어린이일 경우는 어린이의 인지 수준에 맞추어야 하기 때문에 어린이말과 비슷하게 주제말을 되풀이 제시하게 된다.

이와는 반대로 어른말은 주제말의 되풀이보다는 앞 월에 제시된 새 정보인 풀이말이나 풀이마디를 되풀이함으로써 자기가 말하고자 하는 것을 강조하거나 아니면 문맥의 결속력을 더 높여주는 기능을 하고 있다. 그리고 어른말은 풀이말이 반복되어 계속 이어져 나나타기 때문에 각 풀이말에 있게 되는 주제말은 자연스럽게 생략된다. 특히 담화는 상황에 의존도가 높기 때문에 주제말은 끌없이 생략되는 형태로 실현되는 경우가 많다(임규홍, 1993 참고).

> (22) ① [t-∅]그런데 그 디애 한분 보니까 이 김문기 ② 선생이[t] 호가 백촌인대 이 김녕 김씨 내덜 중시조지 바로 그런대 ③ [t-∅] 백촌 어러인대 에 충이 공파거덩. ④ [t-∅] 저이 본대 무과거덩. ⑤ [t-∅]그런대 이 충의공이라 무가가 데 논깨내. ⑥ [t-∅]디에 겡주 김씨내하고 ⑦ 이분들이[t] 족보로 해가 왔넌대 왔넌대 이 머 자기 족보로 해가 와도 모런깨 벌로 보라 캐서 본깨 ⑧ [t-∅] 그 충의공으로 데가 있더라꼬요. (대평리 이야기 21)

위 담화 (22)에는 주제말이 8개 정도로 나타나는데 ①, ③, ④, ⑤, ⑧이 영형태의 주제말이고 ②, ⑦이 끌있는 주제말로 실현되어 있다. 그런데 ②와 ⑦도 주제말 표지가 '쉼(pause)'에 의해 실현되었다.

> (23) 이대룡은 마음씨가 좋았다. 0 일쑤, 까치집을 뒤져 까치 새끼도 내려 주고, 0 박달 나무로 팽이도 다듬어 주었다. 0 얼음판에서는 지게 위에 올려 앉히고 밀어 주기도 했다(오영수, '요람기')

위 (23)과 같이 주제말 '이대룡'은 글머리에 한번 나오고 뒤에는 계속 생략된 형태로 나타난다. 그리고 어른말의 주제말 표지는 직접 주제표지 어구를 사용한다는 점에서 어린이말과 다르다. 어른말에서는 다음과 같은 주제말 표지어구를 흔히 사용한다.

(24) 사랑이란

　　　사랑에 대해서 말하면

　　　사랑한다고 하는 것은

　　　사랑이 뭐냐 하면

　　　사랑을 정의하면

　　　사랑을 한마디로 한다면

(25) 가. 거시기 이얘기 하나 하께 거.

　　　나. 그집 며느리를 말한다모

　　　다. 그집 가문에 대해서 말하면

　　그런데 이러한 주제말 표현 어구들은 어린이말에서는 거의 찾기 어렵다. 따라서 초기 어린이말의 주제말은 주로 쉼에 의해 표현되고 점차 성장하면서 통사표지가 결합된 쉼이나 담화표지 '-요'에 의해 주제말이 표현된다. 그것이 어른말이 되면서 다양한 주제말 표현 양상이 쓰이게 된다.

제3장

국어 담화의 '덩이 의식'

1. 들머리

인간이 언어활동을 하는 데는 중요한 네 마당이 있는데, 거기에는 표현활동으로서 '말하기'와 '짓기'가 있고 이해 활동으로서 '듣기'와 '읽기'가 있다. 그런데 이제까지 국어교육 연구의 대부분이 지나치게 방법론 쪽에 치우쳐 있었거나 어떤 기술적인 쪽이라는 제한된 테두리에서 벗어나지 못했던 것이 사실이다. 다시 말하면, 언어교육에서 가장 바탕이 되는 인간의 인지원리와, 그 대상이 되는 언어 사이에 있는 본질적인 관계에 대한 연구는 소홀해 왔으며 따라서 그 연구 또한 지극히 피상적인 수준에 머물 수밖에 없었던 것으로 보인다.

그리고 우리는 인간이 언어를 표현하는 활동은 개별언어가 가지고 있는 독특한 언어특징과 언어 사용자의 인지체계와 깊게 매여 이루어진다는 것을 늘 염두에 두어야 한다.[1] 예컨대, 영어를 모국어로 하는 사람은 영어의 독특한 언어 특징에 의해서 그들의 언어 이해틀이 결정되어지고 그에 따라 언어교육도 행해져야 한다. 이러한 차원에서 우리의 국어교육 연구도 국어가 가지고 있는 독특한 언어적 특징과 인간의 보편적 인지과정을 무시하고는 올바른 국어교육을 찾기란 어렵다고 생각한다.

---

[1] 인간의 인지체계에 대한 연구는 심리학쪽에서 활발히 진행되어 오고 있다. 국내에 소개된 책에는 다음과 같은 것들이 있다. Gillian Cohen(1983), *The Pschology of Cognition*, Academic Press New York, 이관용 옮김(1984), 『認知心理學』, 法文社. Douglas L.Hintzman, *The Psychology of Learniag and Memory*, 이훈구 옮김(1984), 『學習心理學』, 탐구당. Lindsy&Norman(1972), *Human Information Processing*, 이관용 외 옮김(1979), 『心理學槪論』, 法文社.

그래서 이와 같은 생각을 하면서, 본 논문은, 국어가 우리에게 어떠한 모습으로 이해되어지는가를 언어 이해 책략의 보편적 이론인 '덩이의식'[2]을 바탕으로 살펴봄으로써 국어교육 연구에 바탕되는 이론을 마련하고자 하는데 목적이 있다. 우리말의 덩의의식과 덩의 모습이 밝혀진다면 우리의 모든 언어 사용 영역의 교육은 그 덩의의식과 덩이 모습을 통해 지도되어야 하고 그것을 바탕으로 효과적인 지도 방안이 도출될 수 있다고 생각한다.

이를 위해서 먼저 2장에서 덩이의식에 대한 보편적 이론을 소개하고, 3장에서 국어의 월덩이 모습을 먼저 전통 가락글을 통해서 살펴본다. 그런데 줄글의 덩이 모습을 가락글에서 찾으려는 시도는 시가의 리듬이나 짜임은 모국어 화자의 일상적 언어 리듬과 모국어 화자의 언어틀에 의해 결정되어 진다는 러시아 형식주의자의 주장에[3] 전적으로 기대어 시작되었다. 그리고 가락들에서 본 글덩이 모습을 생각하면서, 줄글의 덩이 모습을 15세기 줄글 가운데 덩이 의식이 잘 나타난 줄글을 먼저 분석해 보이고, 나아가 4장에서는 중, 고등학생에게 실제 줄글덩이 검사한 것을 보고 그 검사를 통해서 얻은 원리를 설명하게 된다.

이 논문은 월의 짜임을 사고의 덩이로 보려는 하나의 시도로 생각하고 앞으로 더 깁고 보탤 것이 많으리라고 생각한다.

2. 글덩이 의식

인간이 언어정보를 이해하는 데 중요한 두 활동으로 시각정보에 의한 '읽기'와 청각정보에 의한 '듣기'가 있다.

많은 언어학자나 심리학자들이 이 인간의 이해활동이 어떻게 이루어지는가? 하는 물음에 답을 찾기 위해 주로 기억과 회상의 실험연구에 기대고 있다.[4] 그러나 인간이 언어를 이해하고 기억하는 모습을 찾는다는 일 자체가 어찌하면 무모하고 쓸데없는 노력일지도 모를

---

2) Van Dijk Tun(1977), Slobin(1978), 이상태(1984:20-78), 임규홍(1985)에서 특히 다룬 바 있음.

3) Paris(1965), *Todorov T(ed)*, *Tneosie de la Literature*, Seuil, 김치수 옮김, 『러시아 형식주의』, 이대출판부(1981).

4) 이와 같은 연구를 '실험심리학'이라고 하며 *Journal of Experimental Psycholgy: Learning, Memory, and Cognition*, the American Psgchological association Inc.에서 소개되었음.

일이다. 왜냐하면 언어에 대한 기억과 회상, 이해와 같은 이 모든 과정이 그 실체가 잡히지 않는 심리적 현상이기 때문이다. 이와 같은 생각을 하면서도 우리는 풀리지 않는 문제이기에 더욱 더 고민을 하게 되고 진리를 밝히려 하고 있는지도 모르겠다. 이러한 노력의 결과로 일부이긴 하지만 언어이해에 대한 일반적 사실을 밝혀내고 있는데 그 가운데 읽기를 통한 언어의 이해 모습을 살펴보기로 하겠다. 이 일은 앞으로 설명이 될 줄글 덩이지우기에 대한 이론적 바탕을 마련하기 위해서이다.

읽기는 표기된 언어정보가 시각적 감각기관을 통해 뇌에 전달되어 그 표기된 언어정보를 이해하고 기억하여 또 다른 2차적 사고활동을 하는 일련의 활동이다. 표기된 언어정보는 눈의 망막을 통하는데 오른쪽 망막을 통한 시각정보는 왼쪽 뇌의 시각피질에 입력되고 왼쪽 망막을 통한 시각정보는 오른쪽 시각피질에 입력되며 그 다음 더 복잡한 화학적 변화 및 전기적 활동을 거쳐 독특한 세포(Unique cell)에 의해 반응하게 된다.[5] 그렇다고 눈의 망막을 통한 모든 시각정보가 뇌에 그대로 복사되어 기억되어지는 것이 아니다. 즉, 무의미한 언어 정보가 안구 운동으로[6] 입력되었을 때는 단기기억과정에서 망각되어 버린다.

(1) 방아지신에들가버어가다.

(1)과 같은 무의미한 시각자료는 잘 기억되어지지 않는다. 그러나 위의 시각자료가 (1')와 같이 하나의 의미정보로 바뀌면 쉽게 기억이 된다.

(1') 아버지가 방에 들어가신다.

이것은 (1)은 11개의 작은 시각자료들이 각각이 하나의 묶음(Chunks)이고 (1')는 하나의 의미덩이로 묶어져(chunked) 있기 때문이다.[7] 이와 같이 인간이 언어를 이해하고 과정이 단순한

---

5) 뇌에서 정보를 수용하는 모습은 Lindsay&Norman(1972), *Human Information*, Proceeing, 이관용 외 옮김(1979), 『심리학 개론』, 法文社 참고

6) Patrica A.Carpenter(1977:109-139), *Marcel Adam: 'Reading Comprehension as Eyes See It'*, in.Just al eds 참조

7) Patrik Hartwell&Robert H.Bentley(1982), *Open to Language*, 이을환 외 옮김(1985:96), 『글을 어떻게 쓸 것인가』, 경문사.

단어의 개별적 낱덩이로 인식하는 것이 아니라 하나의 뜻덩이에 의한 총체적 과정이라는 사실이 1970년대 초반부터 심리학자와 언어학자들에 의해 밝혀지기 시작했다. 그들은 대체로 인간이 언어를 이해하는 과정이나 표현하는 과정이 사고 속에 있는 단위계층(unite hierachies),[8] 구경계(phrase boundary),[9] 명제(proposition),[10] 묶음(cluster)[11] 등으로 덩이 의식을 설명하고 있다. 이들 연구 가운데 몇 개의 예를 들어 보겠다. Warren&Warren(1970)은

(2) It was found that #eel was on the axle.

이란 월에서 #표한 부분에 단어가 없어지거나 기침으로 바뀐 월에서 청자는 eel부분을 Wheel처럼 들었으며 기침이 어디에서 일어났는지 구분조차 할 수 없었고 월 끝에 단어가 axle 대신에 오렌지(orange)라는 단어가 있었을 때는 #eel 부분이 Peel(껍질)처럼 들었다는 보고가 있다. 이것은 결국 인간이 언어를 이해하는 과정은 전체 뜻덩이의 상호 관계에 매인다는 것을 의미한다. 그리고 M.I.T 실험실에서 연구 보고된 Foder&Bever(1965)의 똑딱소리기술(The click Technique)이[12] 있는데 이것은

(3) That he was #happy was #evident from the he smiled

에서 #표 부분에 '똑딱' 소리를 냈더니 청자는 'happy'와 'was' 사이에서 '똑딱' 소리를 들었다는 실험 보고이다. 그리고 이와 비슷한 실험으로 Jarvella(1977)는 피험자에게 하나의 긴 담화를 때때로 중단시켜 들려주면서 중단되기 직전 내용을 기억하여 가능한 많이 들은 대로 적어보도록 요청하였다. 그 연구 결과로 월이 끝나는 부분은 절보다 더 많이 기억되었다는 사실을 알았다. 이 같은 실험들을 통해서 우리는 절과 월을 언어 이해에 있어서 하나의

8) Bonnie J.F.Meyer(1975). 'The Organization of Prose and its Effects on Memory', *North-Holland studier in theoretical Poetics Vol Ⅰ*.
9) Slobin(1978), *Psycholinguistics, second Edition*, 박경자 옮김(1985:57-59), 『심리언어학』, 한신문화사.
10) Van Dijk Teun(1977)은 큰 명제(Macro-Structure)로 구분함. *Semantic Macro-Structure-in Just etal. eds.*
11) Geoffrey Leech(1974:126-136), *Semantics*, Penguin, Books.
12) Clark&Clark(1977:52), Slobin(1985, 박경자 옮김, 51-69면)에 상세하게 소개되어 있다. 이들 실험연구의 결과들이 모두 문장 이해에 있어서 '절 경계'가 매우 중요한 요인이 된다는 사실을 설명하고 있다.

심리적 단위로 의식하며 월 속에 있는 이러한 덩이가 언어이해에 결정적 역할을 한다는 사실을 알 수 있다.[13]

그리고 글의 이해책략에 관한 국어학 연구로 매우 가치 있게 여겨지는 것으로 이상태 (1977)의 낱말깁기검사가[14] 있다. 낱말깁기검사란 내용낱말을 뺀 네 개의 바탕글과 구조낱말을 뺀 네 개의 바탕글을 피험자에게 제시하고 그 빠진 내용낱말과 구조낱말을 깁게 하는 방법이다. 이와 같은 검사를 통해 몇 가지의 결론을 얻었는데 그 결론에서 글이란 내용낱말과 구조낱말들이 엮어져서 뜻덩이를 나타내는 구조체이며 내용낱말의 이해는 사실세계(또는 글이 나타내는, 대응되는 사실세계 또는 머릿속 그림이나 개념의 덩이)에 대한 이해와 관계하는 것이고, 구조낱말의 이해는 말본이해와 관계하면서 내용낱말이 나타내는 원자적 개념으로부터 더 큰 명제로의 결합(더 큰뜻덩이의 통합)에 관계한다. 따라서 이들 둘의 '바른' 통합 양식을 이해함으로써 그 글에 담긴 추상적인 뜻덩이의 크기(작은 틀이거나 큰 틀)을 온전히 이해할 수 있다는 것이다.

이상에서 일련의 실험 결과들을 소개하면서 얻은 결론은 인간이 언어정보를 이해하는 과정은 표현된 언어의 겉에 나타난 낱말 하나하나를 한 단위로 기억하는 것이 아니라, 뭉뚱거려진 하나의 뜻덩이로 기억되어지며[15] 이야기(바탕글)을 이루는 낱말들이 더 큰 의미 있는 덩이로 통합하면서, 그리고 자기가 가진 지식이나 인지적 틀(Schema)을 사용하면서, 이해활동이 이루어진다는 것이다. 여기서 우리는 '덩이의식'이란 중요한 뜻넓이를 잡게 된다.[16] 이 덩이에 대한 뜻넓이는 앞으로 계속 될 이야기에서 바탕이 되는 낱말이다. 이러한 덩이의식을 바탕으로 한 편의 이야기를 다음 [표 1]과 같이 갈래지어 그림을 그려 보았다.

---

13) Slobin, 앞 책, 69. Kintch Walter(1977), *On Coeprehending Stories*, in Just dt al.eds. 참고.
14) 이상태(1979), "읽기의 과정과 그 검증", 『배달말』 4, 배달말학회.
15) 언어의 이해를 인지과정에서 다룬 최근의 거의 모든 이론이 여기에 동조하게 되어 하나의 보편적 이론으로 생각하게 되었다.
16) 이 '덩이 의식'은 인간이 언어를 이해하는 심리적 단위로 설정한 것이며, 이상태(1978:209)에서 설명한 '사고의 단위'와 같은 뜻넓이로 쓸 수 있다.

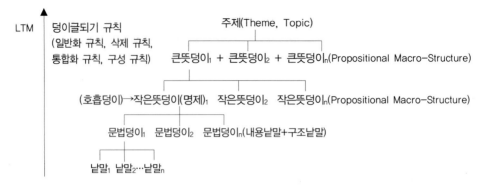

[표 1] 글 하나의 덩이 구조

한 편의 글을 [표 1]과 같이 덩이계층을 나눈 것은 이제까지 우리가 글을 형식적으로 분석해온 방법에서 벗어나 인간이 정보를 처리하는 가장 기본적인 모습으로 알려진 '덩이 의식'에 글분석의 잣대를 맞추어 보려는 뜻에서 시작되었다. 이 표의 가장 낮은 범주에 '낱 말'이 있다. 이 낱말은 낱말 그 하나가 독립된 뜻을 가지고 있는 내용낱말과 그 내용낱말이 월에서 의미 관계나 문법적 관계를 가지도록 맺어주는 구조낱말로 나누게 된다. 예컨대,

    (4) 철수가 밥을 먹었다.

라는 월에서 '철수', '밥', '먹(다)'가 내용낱말이고 '가', '을', '었', '다'는 구조 낱말이라고 말할 수 있다. 그런데 [표 1]에서 이런 내용낱말과 구조낱말을 덩이계층에서 제외한 것은 그 내용낱말이나 구조낱말이 하나의 '덩이'로 의식되지 않기 때문이다. 그런데 내용낱말과 구조낱말이 하나의 덩이를 이루면서 그것이 작은뜻덩이(명제)를 이루는데 참여하게 된다. 즉, 위 (4)는 '철수가', '밥을', '먹었다'와 같이 세 덩이로 나뉘는데 이를 두고 '문법덩이'[17]라 고 하였다. 언어에 대한 덩이의식은 이 '문법덩이'에서부터 이루어지게 되며 이 문법덩이에 대한 뜻넓이는 앞으로 설명이 될 작은뜻덩이[18]의 짜임을 밝히는데 사용된다. 즉, 작은뜻덩

---

17) 이 '문법덩이'는 우리가 이미 알고 있던 '어절'과 거의 일치하나 그렇다고 같은 개념으로 설명할 수 없 다. 이 '문법덩이'는 형식적인 분석에서 시작된 것이 아니고 언어의 덩이의식을 바탕으로 몇 어절씩 뭉 쳐지는 경우도 있다.

이에 대한 하위범주로 설정이 된다.

이러한 '문법덩이'가 모여 작은뜻덩이를 이루는데 이 작은뜻덩이는 형식적인 월을 나타내는 것이 아니고 변형문법의 속구조에서 나타내는 월의 뜻넓이와 같이 쓰인다.[19] 예컨대,

ⓛ　　ⓛ　　ⓛ　　ⓛ　　ⓛ

(5) 철수는 감기에 걸려서 학교에 결석했다.

는 5개의 문법덩이로 되어 있으며 두 개의 작은뜻덩이로 되어 있다. 즉,

(6) 가. 철수는 감기에 걸리다.

　　나. (철수는) 학교에 결석했다.

이 두 작은뜻덩이가 어떤 의미관계(원인-결과)를 맺으면서 하나의 완결된 뜻덩이를 이루고 있다. 이러한 작은뜻덩이들이 서로 의미관계를 맺어가면서 큰뜻덩이(Propesitional-Macro-structure)가 되는데, 이 큰뜻덩이는 우리가 익히 알고 있던 '의미단락' 정도로 이해하면 되리라고 생각한다. 그리고 이 큰뜻덩이도 작은뜻덩이가 큰뜻덩이로 되는 것과 같이 여러 개의 큰뜻덩이들이 서로 긴밀하게 유기적인 관계를 맺어서 [표 1]과 같이 가장 추상적인 덩이인 주제(Topic)로 모이게 된다.

이와 같이 한 편의 글은 여러 덩이계층을 나눌 수가 있는데 그 계층들 사이에는 서로 긴밀하게 의미관계를 맺고 있어야 한다. 이 계층의 의미관계가 어떻게 맺어 있느냐에 따라 그 글의 이해 정도가 결정되어 진다. 즉, 이들의 관계가 잘 짜여졌을 때는 읽는이가 쉽게 주제에 접근할 수 있지마는 그렇지 못 할때는 읽는이는 글쓴이의 의도대로 쉽게 주제에 접근할 수가 없게 된다. 이러한 덩이계층들은 Van Dijk(1979)의 덩이되기 글규칙에 의해 설명

---

18) 작은 뜻덩이(Propostinal Micro-Structure)와 큰뜻덩이(Propositional Macro-Structure)의 뜻넓이는 Van Dijk Teun(1977)에서 따랐다.

19) Slobin(1978:58), 앞 책의 '내재적 명제(underlying proposition)', Clark&Clark(1977:51), '중심구성 경계(a major constituent boundary)', 이 상태(1978:208)에서 말한 '덩이 의식'을 말한다.

될 수 있는데[20] 그의 글규칙은 지우기규칙(Delection), 일반화규칙(Generation), 짜임새(Construction), 묶음규칙(Integration)으로 되어 있다.

'지우기규칙'은 작은뜻덩이가 큰뜻덩이에 직관상 관계가 없는 정보로서 다른 정보의 해석에 관계가 없는 정보를 생략하는 규칙이다. 예컨대,

(7) 나는 기름이 좀 필요했다.

그래서 나는 상점에 가서 기름을 샀다.

기름상점이 있었다.

우리는 맛있는 음식을 해 먹었다.

→ 나는 기름이 필요해서 상점에 가서 기름을 샀다. 그래서 우리는 맛있는 음식을 해 먹었다.

에서 '기름상점이 있었다'라는 작은뜻덩이는 화제의 흐름과 관계가 거의 없기 때문에 지울 수 있다는 규칙이다.

'일반화 규칙'은 작은뜻덩이를 그들의 상호관계에 의해 더 일반화하는 규칙이다. 예컨대,

(8) 철수는 유리창을 닦고

어머니는 부엌에서 요리하고

아이들은 개집에 칠을 하고 있다.

→ 전가족은 일을 하고 있다.

와 같이 '철수', '어머니', '아이들'은 전가족으로 일반화되며 '유리창을 닦는다', '요리를 한다', '칠을 한다'는 '일'로 일반화된다는 것이다.

'묶음규칙'은 (9)와 같이 작은뜻덩이로 담화에서 직접적으로 표현될 큰뜻덩이로 묶는 규칙으로서 담화과정상 정보를 체계화하고 또 다른 정보를 이끌어 나가는 역할을 한다.

---

20) Slobin(1978:58), 앞 책의 '내재적 명제(underlying proposition)', Clark&Clark(1977:51), '중심구성 경계(a major constituent boundary)', 이상태(1978:208)에서 말한 '덩이 의식'을 말한다.

(9) 철수는 어제 서울에 갔다.

그는 택시를 타고 역에 가서

기차표를 샀다.

→ 철수는 어제 서울에 갔다.

'짜임규칙'은 묶음규칙과 밀접하게 관계되어 있으며 다음 (10)과 같이 작은뜻덩이를 서로 관계지어 큰뜻덩이로 묶는 규칙이다.

(10) 철수는 주차장에 <u>가서</u> 버스표를 샀다.

에서 '가서'는 앞의 작은뜻덩이와 뒤의 작은뜻덩이를 결합해 주고 있다.

이와 같은 Van dijk의 네 가지 글규칙은 인간이 언어정보를 이해하는 한 모습으로서 작은 뜻덩이들이 서로 뭉쳐져(짜임규칙) 중심된 뜻덩이로 발전되면서(일반화, 묶음) 그와 관계 없는 정보들은 기억에서 사라지게 된다(지우기규칙).

이러한 글을 덩이지우고 그것을 분석하려는 노력은 Meyer(1975)[21]에 의해서 더욱 체계화 되었다. 그는 한 편의 줄글(prose)을 풀이말을 중심으로 덩이지워 나무그림으로 설명했다. 그래서 그는 한 편의 글에서 중심된 생각을 명세화하고 그것에 의해 작은뜻덩이들을 계층적 으로 구조화 하면서 다음과 같은 그림으로 나타내었다.

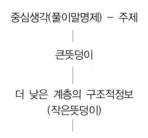

중심생각(풀이말명제) - 주제

│

큰뜻덩이

│

더 낮은 계층의 구조적정보
(작은뜻덩이)

│

---

21) Meyer(1975), 앞 책. 조선희(1982), '散文資料의 內容構造와 要約文의 提示方略', 경북대학교 대학원 교육학 과 석사학위논문. 이상태(1984). 임규홍(1985), "짓기지도에 대하여 – 기억원리를 바탕으로", 『모국어 교 육』 3, 모국어 교육학회.

예컨대,

(11) 철수가 나무로 책상을 만들었다.

작은뜻덩이

만들다
├── 철수가(행위자)
├── 책상을(도구)
└── 나무로(대상)

와 같이 구조화하였다. 이렇게 함으로써 한 편의 내용구조가 읽는이에게 이해되어지는 모습과 그 덩이들의 상호관계를 나타내주게 되는데, 이것은 한 편의 글에서 생각을 뭉치려는 과정은 풀이말을 중심으로 한 뜻덩이들에 의해서 결정된다는 것이다.

이렇게 이루어진 뜻덩이들은 기억장치에 저장이 되는데 그 뜻덩이가 크면 클수록 장기기억장치(LTM)에 더욱 쉽게 기억된다. 만약 우리가 한 편의 의미 있는 글을 읽었다면 그 글의 가장 큰뜻덩이인 제목이나 주제(Topic)가 작은뜻덩이들보다 쉽고 오래 기억된다는 뜻이다. 예컨대, 만약 '1980년 8월 16일'에 있었던 일을 생각해 내라고 요청받았다면 우리는 먼저 '1980년'이라는 가장 큰 시간덩이를 회상해 내고 그 다음 8월, 그리고 16일의 일을 회상해내게 된다.

필자는 이제까지 덩이의식에 관한 앞선 연구들을 개략적으로 소개해 왔는데 이것은 인간이 언어정보를 기억하고 이해하는 중요한 원리가 뜻덩이에 의해서 이루어진다는 것을 확인하기 위해서였다. 이와 같은 뜻덩이의식에 대한 생각이 언어교육을 연구하는 모든 분야에서나 실제 언어교육을 하는 현장에서 중요한 바탕이 되어야 한다고 생각한다.

본 논문에서는 [표 1]에 제시된 여러 부분 가운데 작은뜻덩이(명제)에 한정하여 이 덩이가 어떠한 모습으로 우리에게 읽혀지게 되는가 하는 것을 살펴보게 된다. 다음 장에서 우리글의 덩이 모습을 가락글과 줄글로 나누어 살펴보고 그 덩이지워지는 잣대를 세워보기로 하겠다.

3. 작은 뜻덩이 모습

이 장에서는 국어의 작은뜻덩이가 어떻게 덩이지워지고 그 잣대가 무엇인가를 살피려고 한다. 이 일을 위해서 먼저 가락글의 글덩이 모습을 살펴보고 그것을 바탕으로 줄글의 모습을 살피면서 줄글의 작은뜻덩이가 어떻게 덩이지워지는가 하는 잣대를 세우게 된다. 그런데 줄글의 덩이를 설명하려는 곳에 가락글의 덩이모습을 먼저 살펴보려는 것은 시의 운율이 모국어의 일상언어의 리듬에 영향을 받고 모국어화자의 바탕에 깔린 언어틀인 모국어의 통사구조와 병행으로 이루어진다는 러시아 형식주의자의 운율이론을 순수하게 받아들였기 때문이다.[22] 이러한 설명은 줄글(일상 언어)에도 가락글만큼 겉으로 드러나지는 않지마는 가락글이 지니고 있는 가락(리듬, 덩이)이 있다는 것을 간접적으로 암시해 주는 것이다. 따라서 명확히 드러나지 않는 줄글의 가락(덩이)을 가락글에서 찾아본다는 것은 매우 의미 있는 일이라고 생각된다.

3.1. 가락글 작은뜻덩이

가락글에서 가락읽기에 대한 모습은 가락글(시가)을 연구하는 많은 사람들에 의해 밝혀지고 있다. 여기에서는 그들의 연구를 전문적인 입장에서 깊이 있게 살펴보기에는 필자의 능력 밖의 일로 생각되어 이미 연구된 가락글 읽기의 대강을 설명하고 가락글의 뜻덩이 모습을 살펴보는데 그치겠다.

사람이 가지고 있는 가락의식은 사람이 말을 시작하면서부터 있어온 것으로 생각된다. 사람은 큰 우주의 질서 속에 있으면서 그 우주의 질서를 자기 몸속에 받아들이고 있다. 우주의 질서를 밤과 낮의 교체, 사계절의 교체, 파도의 움직임(곧 밀물과 썰물의 교체), 삶과 죽음의 교체들에서 찾을 수 있다면 사람의 맥박(곧 피의 나가고 들어옴의 교체), 숨쉬기(호흡), 성장과 노쇠, 삶과 죽음들에서 사람이 그 질서를 받고 있다는 것을 알 수 있다. 이 질서가 바로 모든 작은 가락들의 밑바닥에 깔려 있는 큰가락이다.[23] 사람은 이러한 큰가락 의식

---

22) Todorov, T. (ed)(1965), *Theorie*, Seuil, Paris[김치수(1981), 『러시아 형식주의』, 이대출판부]; 박미영(1985), "시행과 문장의 관계를 통해 본 시조의 형식", 한국정신문화원 부속대학원 석사학위논문, 9-10면.

속에서 말을 하게 된다. 이와 같이 말이 가지는 가락의식을 생각하면서 우리의 가락글 읽기를 보자.

우리 가락글 읽기를 지배하고 있는 원리를 1950년대 초기까지는 음수율(글자수)로 보아왔으나 정병욱(1954)에 의해 처음으로 음수율이 아니라 걸음가락(음보율)임을 밝혔고 그 뒤 계속된 여러 연구들이 이 걸음가락에 공감을 가지게 되었다.[24] 음수율이란 우리 가락글의 가락을 결정하는 것이 글자수에 의한다고 보아 그 글자수를 3.4조니 4.4조니 하여 그것을 우리의 전통적인 율조로 생각해왔던 것이다.

그러나 실제 우리 가락글의 모습을 세밀하게 관찰하고 분석한 나머지 우리 가락글을 형성하는 글자수가(소리마디자수) 1에서 7까지 두루 쓰이고 있음을 알게 되었다.[25] 그리고 그 소리마디를 구성하는 글자수가 1에서 7가운데 3자나 4자가 대부분 차지하는 것은 우리말의 언어구조와 우리말을 부리는 모국어 화자의 언어틀에 결정적으로 매이는 것이지 소리마디 자수를 의식적으로 짜맞추어 나온 것이 아니라는 것을 알게 되었다.

가락글은 가락글 나름대로 섬세한 부분이 있지마는 그런 논의는 제쳐두고라도 일반적으로 가락글 덩이의 잣대가 모국어의 언어특징인 뜻덩이와 호흡덩이라는 사실을 알게 되었다. 그런데 가락글 읽기에서 사람의 호흡이 깊게 매여 있다는 주장은 시가를 연구하는 많은 사람에 의해 널리 밝혀지고 있다. 김수업(1973)[26]에서 우리 시가의 가락은 단순히 발성과 쉼의 되풀이에서 온다는 주장이 조동일(1982)[27]에 이어져 율격적 토막은 길이에서 균형이 이루어지는 것이 원칙이지만 길이의 균형은 자수가 같기 때문에 이루어지는 것이 아니고 호흡에서의 균형이다. 자수는 많거나 작거나 호흡에서의 휴지가 일정한 길이마다 나타나기 때문에 율격적 토막이 나뉜다고 했다. 그러면 우리의 전통시가에서 호흡덩이와 뜻덩이가 어떻게 나누어지는지를 다음 몇 개의 가락글을 통해서 살펴보겠다.

---

23) 곽동훈(1985), "전통가락을 따른 우리시 가락 읽기 연구", 『모국어교육』 3, 238면.
24) 정병욱(1954), 「고시가운율론서설」, 『최현배선생화갑기념논문』; 김수업(1973), 「우리시가의 전통적운율동」, 『청계김사엽박사 송수기념논총』; 조동일(1981), 「한국시가의 전통과 율격」, 『한길 아카데미』 4, 한길사; 곽동훈(1985), 앞 논문 참고
25) 조동일(1982), 앞 책, 62~63면; 서원섭(1977), 「평시조의 형식연구」, 『어문학』 36.
26) 김수업(1973), 앞 논문, 469~470면.
27) 조동일(1982), 앞 책, 54면.

(12) 狄人 ㅅ 서리예 <u>가샤</u>/ 狄人이 <u>굴외어늘</u>//

岐山 올᾿모샴도/ 하᾿놇 ᾿ᄠ디시니//

野人 ㅅ 서리예 <u>가샤</u>/ 野人이 <u>굴외어늘</u>//

德源 올᾿모샴도/ 하᾿놇 ᾿ᄠ디시니//　　　　　(용비어천가-악장)

(13) 잔들고 혼자 <u>안자</u>/ 먼 뫼흘 <u>브라보니</u>//

그리던 님이 <u>오다</u>/ 반가옴이 <u>이리ᄒᆞ랴</u>//

말ᄉᆞ도 우음도 <u>아녀도</u>/ 몯내 <u>됴하ᄒᆞ노라</u>//　　(시조)

(14) 江湖에 病이 <u>깁퍼</u>/ 竹林에 <u>누엇더니</u>//

關東 <u>八百里에</u>/ 方面을 <u>맛디시니</u>//

어와 <u>聖恩이야</u>/ 가디록 <u>罔極ᄒᆞ다</u>//

延秋門 <u>드리ᄃᆞ라</u>/ 慶會南門 <u>브라보며</u>//

下直고 <u>믈너나니</u>/ 玉節이 <u>압퓌셧다</u>//　　　　(관동별곡---가사)

위 (12)~(14)는 조선 시대의 대표적 가락글인 악장, 시조, 가사글인데 극히 피상적이긴
하지마는 우리는 이 가락글에서 모두 네 걸음가락으로 되어 있음을 쉽게 알 수 있다. 그리고
이 네 걸음가락으로 짜여진 가락글속에 뜻덩이가 거의 규칙적으로 짜여져 있다는 것도 알
수 있다. 즉, 네 묶음의 문법덩이가 두 묶음씩 앞과 뒤로 나뉘어지는데 앞 두 문법덩이가
하나의 작은뜻덩이가 되며 뒤 두 문법덩이가 또 하나의 작은뜻덩이가 된다.

조동일(1982)은 이러한 모습을, 시조 속에서 반복되는 율격의 큰 단위는 시행이며 시행
내에서는 휴지에 의한 작은 단위이다. 시행에서 휴지는 음보사이에 있으며, 시조의 반행인
앞 두 음보와 뒤 두 음보 사이에 있는 휴지는 음보간의 휴지보다 크며, 시행의 말에서 실현
되는 휴지보다는 작다라고 설명하고 있다.

이와 같이 네 걸음이 앞 두 걸음과 뒤 두 걸음이 나뉘는 것은 호흡의 균형을 이루는
의미도 있지만 뜻덩이의 나뉨도 동시에 이루어진다.[28] 즉, 그 뜻덩이들이 풀이말을 중심으

---

28) 김수업(1973:473)에서 음보는 유의미적 호흡 단위이며, 따라서 문법의 간섭 하에 놓이고 호흡 단위이기
때문에 쉼을 동반하게 된다고 한 것도 걸음마다(음보)가 언어적 특징과 호흡이 서로 깊게 매여 형성되
어 진다는 것으로 이해가 된다.

로 한 하나의 작은뜻덩이(명제)로 되어 있다는 것이다. 예컨대,

(12') ---가샤/----굴외어늘//

----올ᄆᆞ샴도/-----ᄠᅳ디시니//

----가샤/----굴외어늘//

-----올ᄆᆞ샴도/----ᄠᅳ디시니//

(13') ----안자/----보니//

-----오다/----이리ᄒᆞ랴//

-----아녀도/----ᄒᆞ노라//

(14') ----깁퍼/----누엇더니//----에/-----맛디시니//

----이야/----ᄒᆞ다//-----ᄃᆞ라/------ᄇᆞ라보며//

----믈러나니/----셧다//

와 같이 대부분 작은뜻덩이가 풀이말의 이음씨끝으로 이어져 있으며 그 작은뜻덩이가 두 걸음, 네 걸음으로 된 호흡덩이를 이루고 있음을 알 수 있다. 그리고 세 걸음짜리 가락글은 세 걸음 그 자체가 하나의 호흡덩이가 되고 뜻덩이도 된다. 예컨대

(15) 둘하/ 노피곰/ 도드샤//

머리곰/ 비취/ 오시라//   (정읍노래)

(16) 호ᄆᆡ도/ 늘히어신/ 마ᄅᆞᄂᆞᆫ//

낟ᄀᆞ티/ 들리도/ 어쓰세라//   (사모곡)

와 같이 덩이지워 진다.

따라서 우리는 전통적인 우리의 네 걸음과 세 걸음의 가락글에 있는 호흡덩이와 작은뜻 덩이의 모습을 다음과 같이 정리할 수 있겠다.

가) 우리의 전통적인 가락글의 걸음은 네 걸음과 세 걸음으로 되어 있다.

나) 네 걸음의 가락글은 앞 두 걸음의 하나의 작은뜻덩이가 되고 뒤 두 걸음이 또 하나의 작은뜻덩이를 이룬다. 이 두 작은뜻덩이가 서로 의미관계를 맺으면서 하나의 완결된 뜻덩이를 이루게 된다. 때로는 작은뜻덩이 하나가 완결된 형식월을 이루기도 한다.[29]

다) 작은뜻덩이는 하나의 속월을[30] 이루고 있다.

라) 작은뜻덩이는, 풀이마디 > 매김마디 > 어찌마디 > 주제마디 등의 빈도로 되어 있다.

그리고 우리가 여기서 현대시의 가락이나 덩이보다는 전통적인 시가를 중심으로 살펴본 것은 현대시의 시행은 지은이의 작위적으로 구분되지마는 우리전통시가의 시행은 자연적으로 결정되는 것이다. 그러므로 우리의 전통적인 시가는 시행을 구분하여 기록하지 않는 것이 일반적이다. 이것은 기록할 때는 시행이 무시되더라도 음독할 때는 자연적으로 호흡의 단위에 따라 시행이 구별되어지기 때문이다.[31]

이와 같은 가락글의 덩이모습을 생각하면서 가락글의 덩이모습이 모국어의 일상 언어(줄글)에서 형성된다고 볼 때 이 가락글덩이 모습이 줄글에도 그 모습이 속에 깔려 있다고 볼 수 있다. 따라서 다음 장에서 이러한 줄글의 덩이를 찾아보려고 한다.

3.2. 줄글 작은뜻덩이

줄글가락(산문율)에 대한 연구는 서양에서는 이미 오래 전부터 진행되어 오고 있다. 그들의 줄글가락에 대한 연구는 그들의 독특한 언어구조에 의해서 시작되었기 때문에 우리의 줄글가락과는 그 본질이 다를 수밖에 없다. 그러나 줄글가락에 대한 바탕이 줄글이 나타내는 의미와 복잡하게 연결되어 있으면서 줄글가락이 형식과 의미의 동일성에서 출발되어진다는 생각은[32] 거의 같은 생각이라고 하겠다. 그런데 우리는 이제까지 줄글을 문법적으로

---

29) 박미영(1985)은 시조의 형식적 분류를 22개 하면서 두 걸음마디가 한 형식적 월을 이루고 있다는 것도 상당수가 있다고 했다.

30) '속월'은 심층구조(deep-stracture)상의 월, Solbin(1978:58)의 내재적 명제(Uuderlying Proposition)와 같은 뜻이다.

31) 김수업(1973), 앞 논문, 475면.

32) Hantwell & Bentley(1982)(이을환 역(1985), 109면); 볼프랑카이즈(金潤涉 옮김(1984), 『언어예술작품론』, 大邦出版社, 407면).

분석하는데 힘을 쏟아 왔지 모국어화자의 생각덩이와 줄글의 뜻덩이와 같은 덩이의식을 바탕으로 줄글을 살펴본 일은 없다고 생각된다.

이 줄글의 덩이는 가락글이나 덩이처럼 겉으로 쉽게 드러나지는 않지마는 줄글도 가락글과 마찬가지로 국어의 독특한 구조적 특징을 가진 말을 그 재료로 부려지고 글쓸이나 읽을이의 호흡 또한 심리적 리듬에 결정적으로 매이기 때문에 분명하게 어떤 일정한 규칙이 존재할 것으로 예측이 된다.

그러면 우리 줄글이 어떠한 모습으로 덩이 지워지는가 하는 것을 살피기 위해서 덩이의식을 가지고 썼다고 생각되는 15세기 줄글의 모습을 살펴보자.

(17) ○ 國귁之징語엉音흠이

　　　나랏말ㅆ미

　　○ 異잉乎蒙中듕國귁ᄒ야

　　　中듕國귁에달아

　　○ 與영文문字쫑로不붏相샹流륳通통홀씨

　　　文문字쫑와로서르ㅅ못디아니홀씨

　　○ 故공로愚웅民민이有윰所송欲욕言ᄒ야도

　　　이런젼ᄎ로어린白ᄇᆡᆨ姓셩이니르고져홇배이셔도

　　○ 而잉終즁不붏得득伸신其끵性졍者쟝ㅣ多당矣의라.

　　　ᄆᆞᄎᆞᆷ내제ᄠᅳ들시러펴디몯홇노미하니라.

＜훈민정음 序文＞

(18) ○ 佛뿛이爲윙三삼界갱之징尊존ᄒ야

　　　부톄/三삼 界갱옛/尊존이/ᄃᆞ외야겨샤//

　　○ 弘薯渡똥群꾼生ᄉᆡᆼᄒ시니

　　　衆즁生ᄉᆡᆼ올/너비/濟젱渡똥ᄒ시ᄂᆞ니//

　　○ 無뭉量량功공德덕이

　　　그지업서/몯내/혜ᅀᆞᄫᆞᆯ/功공과德득괘//

　　○ 人ᅀᅵᆫ天텬所송不붏能능盡찐讚찬이시니라

사룸들콰하눌둘히/내내/기리ᄉᆞᆸ디/몯ᄒᆞᅌᆞᆸ논/배시니라//

○ 世솅之징學ᄒᆞᆨ佛뿛者쟝 ㅣ

　世솅間간애/부텻道똘理링/빈호ᄉᆞᄫ리//

○ 鮮션有윰知딩出츓處쳥始싱終즁ᄒᆞᄂᆞ니

　부텨/나ᄃᆞ니시며/ᄀᆞ마니겨시던/처섬ᄆᆞ츠믈/알리노니//

(釋譜詳節序에서)

(19) ○ 아디몯ᄒᆞᆯ가

　　○ 모로리로다

　　○ 그말을엇디니ᄅ리오

　　○ 하눌이어엿비너기샤

　　○ 몸이편안ᄒᆞ면

　　○ 가리라

　　○ 너는高麗ㅅ사룸이어니

　　○ ᄯ오엇디漢語니룸을잘ᄒᆞᄂᆞ뇨

　　○ 내 漢 ㅅ 사룸의손ᄃᆡ글비흐니

　　○ 이런젼ᄎᆞ로

　　○ 져기 漢ㅅ말을아노라

　　○ 네뉘손ᄃᆡ글비혼다

(老乞大諺解)

위 (17)~(19)는 15세기 대표적인 줄글로 (17)은 '훈민정음언해본序'이고, (18)은 '석보상절序'이며, (19)는 '노걸대언해'의 모습이다. 이들 모두 한문 줄글과 이 한문 줄글을 우리말로 뒤친 것으로 그 겉모습은 모두 덩이로 나뉘어져 있는 것을 알 수 있다. 그런데 그 덩이가 무의미하게 나뉘어진 것이 아니라 작은뜻덩이와 호흡덩이를 바탕으로 나뉘어져 있다는 것을 눈여겨보아야 한다. 다음 (17')는 보기 (17)를 덩이로 나눈 것이다.

(17') ----ᄒᆞ샤,----ᄒᆞᆯ씨,----이셔도

----ᄒᆞ니라,----너겨,-----밍ᄀᆞ노니

----ᄯᆞ르미니라

와 같이 모두 풀이말의 이음씨끝으로 되어 있다. 그런데 (17)의 첫 마디와 둘째 마디는 하나의 작은뜻덩이와 호흡덩이가 되는데도 둘로 나눈 것은 글쓴이의 의도, 즉 글의 서문의 첫 마디로 '나랏말'과 '중국말'과 다름을 강조하려는 수사적(rethoric) 효과를 노린 것으로 설명이 된다. 그리고 (18)를 덩이로 나눈 (18')도 마찬가지다.

(18') ----겨샤,-----ᄒᆞ시ᄂᆞ니,----德득괘

----이시니라,----빈호ᅀᆞᄫᆞ리,----알리노니,----ᄒᆞ리라도,----마ᄂᆞ니라

(18')도 풀이말 이음씨끝으로 된 풀이마디나 매김마디로 되어 있는 작은뜻덩이로 되어 있으며 (19)도 마찬가지로 ○표한 작은뜻덩이로 되어 있다. 특히 (19)는 대화글인데 대화의 한 마디를 ○표로 나누었으며 긴 대화글은 뜻덩이별로 ○표를 하여 글의 덩이를 표시하였다. 그런데 한사람의 대화가 길어질 경우 그 대화를 밑줄 친 것과 같이 뜻덩이 별로 나누었다는 것이 주목된다.

이와 같이 15세기 줄글의 모습을 통해서 우리는 그들이 덩이의식을 가지고 글을 나누었다는 것을 명백히 알 수 있다. 이러한 사실은 '글의 덩이'가 모든 언어생활에서 내면적으로 가장 기본적인 속성임을 알게 한다. 그리고 그 덩이 모습은 한결같이 풀이말을 중심으로 한 풀이마디나 매김마디로 된 월(속월)의 모습을 하고 있다는 것이다. 또한 위 (7)을 걸음마디로 나누어 빗금친 것에서도 그 한 뜻덩이가 네 걸음마디를 중심으로 작은 호흡덩이를 이루고 있다는 사실을 확인하게 된다.

이처럼 걸음마디가 다소 자유롭긴 하지만 그 한 호흡덩이에 있는 걸음마디는 세 걸음, 네 걸음마디에 크게 벗어나지 않고 있음을 알 수 있다.

이러한 줄글을 덩이의식으로 나눈 모습은 언해본에 많이 나타나는데 위 (17)~(19)이외에도 阿彌陀經諺解나 小學諺解에서는 큰뜻덩이별로 덩이지워 뒤친 것도 있다.

그러면 16, 17세기 어름의 줄글인 소설의 덩이 모습을 보자.

(20) 이쩌셩진(性眞)이/믈결을열고/슈졍궁(水晶宮)의나아가니/뇽왕(龍王)이크게깃거/친히궁문(宮門)밧긔나아가마쟈/샹좌(上座)의안치고/진찬(珍饌)을굿초아죠치ᄒᆞ여디졉ᄒᆞ고/손조잔잡아권ᄒᆞ거늘//   (구운몽에서)

(21) 왕이마지못ᄒᆞ여허락ᄒᆞ고/즉시쳘마롤믿들어/풀무로불빛이되게다라디후ᄒᆞ엿다가/ᄉᆞ명당을쳥하여타라ᄒᆞ니/ᄉᆞ명당이비록변화지술(變化之術)을가져스나/졍히민망ᄒᆞ더니/

                                                            (임진록에서)

위 보기 (20), (21)에서 16, 17세기 줄글에 나타난 몇 가지 덩이 모습을 확인할 수가 있는데 그것은 다음 (20')와 (21')처럼 모두 풀이말을 중심으로 작은뜻덩이가 이루어져 있다는 것이다.

(20') ----열고,----나아가니,----깃거,----마쟈,----안치고,----디졉ᄒᆞ고,----권ᄒᆞ거늘

(21') ----ᄒᆞ고,----믿드러,----ᄒᆞ엿다가,----ᄒᆞ니,----가져스나,----ᄒᆞ더니

처럼 풀이말 이음씨끝으로 작은뜻덩이들이 이어져 있다.

그리고 작은뜻덩이가 한 호흡덩이로 되어 있으며, 그 한 호흡덩이는 (8)에서 보는 것처럼 네 걸음마디를 중심으로 이루어져 있다는 사실을 확인하였다. 이처럼 한 호흡덩이가 네 걸음마디로 되어있는 것은 우리의 전통적인 가락글이 가지는 네 걸음과 같은 맥락으로 이해될 수가 있다.

필자는 이제까지 줄곧 우리의 가락글과 줄글에서 뜻덩이와 호흡덩이가 어떠한 모습으로 나누어지는가를 살펴 보았는데 다음 장에서는 이제까지 설명한 줄글이나 가락글의 덩이의식이 현대어의 줄글에는 어떠한 모습으로 드러나는지를 실제 덩이검사를 통해 확인하고 이 덩이의식에 바탕이 되는 잣대를 설정하고 설명하겠다.

4. 글덩이 검사

앞으로 보일 글덩이 검사는 현대어의 줄글을 학생들이 어떻게 덩이지워 읽는가를 알아보

기위해 실시되었다. 검사대상은 진주 P중학교 2학년생 남학생 30명 여학생 30명, 그리고 P고등학교 2학년 남학생 28명 여학생 30명이다.

검사과정은 검사자가 직접 검사활동에 참가했다. 제시문을 학생들에게 한 장씩 나누어 주고 다음과 같은 지시문을 전달했다. "이 검사는 여러분의 학업에는 전혀 관계없는 활동으로 단지 국어교육연구에 보탬이 되는 자료를 찾으려는데 목적이 있습니다. 이것은 여러분이 선생님의 지시대로 했을 때만 가치 있게 됩니다. 나누어 준 세시문을 여러분이 소리내어 읽으면서 자기가 끊어 읽었다고 생각되는 부분에 "/" 표시를 하면 됩니다. 단지, 제시문을 읽어 나가다가 다시 뒤 돌아와서 읽은 것을 반복하여 읽지 말아야하겠습니다. 극히, 자연스럽게 읽어 나가면서, 끊어 읽어야만 된다고 생각한 부분이 아니라 자기가 끊어 읽었다고 생각하는 부분임을 명심해야 하겠습니다."

시간은 3분으로 하였다. 위 지시문은 학생들이 가능한 부담감을 가지지 않도록 하였으며 제시문을 읽을 때 의도적으로 끊어 읽지 않도록 노력하였다. 그러나 이와 같은 지시가 검사 활동에 얼마나 충실하게 반영되었는지를 알 수 없는 것이 이 검사가 가지고 있는 가장 큰 약점이다. 더 과학적인 검사방법에 대한 고민이 있어야 하겠다. 그러나 이와 같은 약점을 가지면서도 검사결과를 통해서 필자는 많은 사실을 발견할 수가 있었다.

그러면 검사활동에 쓰인 제시문과 결과를 보고 거기에서 얻은 공통된 모습을 정리하겠다.

4.1. 제시문

제시문을 선택하는 데 많은 어려움이 있었다. 왜냐하면, 제시문의 내용과 피검자의 수준도 생각해야 하며, 제시문의 짜임도 잘 되어 있어야 하며 검사자가 기대하고 있는 가정을 충족할 수 있는 문체로 되어야 했기 때문이었다.[33]

하느님이1 지으신2 우주와3 그 안의4 온갖5 것들은6 너무7 오묘하게8 마련되어9

있기 때문에10 사람이11 지혜로는12 도무지13 그것들의14 참모습이며15 서로의16 관계를

---

33) 김수업(1978), 『배달문학의 길잡이』, 금화출판사, 95.(1'갈래지우기'의 앞부분이다.)

17 완전히18 알아낼 수가19 없다.20 그것들21 사이에는22 뚜렷한23 질서가24 있고25 분명한26 차이가27 틀림없이28 있다는 것은29 어렴풋이30 느끼고31 짐작하지마는32 참으로33 그 존재들의34 모습을35 밝혀서36 본래의37 질서대로38 갈래지우고39 드러내지는40 못한다.41 대체로42 사람들은43 그44 온갖45 것들을46 목숨이47 있는48 것들과49 없는50 것들로51 크게52 나 갈래로53 나눌 수도54 있으리라고55 여겼지마는56 좀 더57 깊이58 살펴본59 나머지60 그것마저도61 안되는62 줄을63 알았다.64 목숨이65 있다고66 볼 수도67 있고68 없다고도69 볼 수70 있는71 것들이72 실제로73 존재해74 있다는75 사실을76 우리는77 알고78 있다.79 식물과80 동물,81 암컷과82 수컷,83 산과84 언덕,85 호수와86 바다,87 역체와88 고체,89 밤과90 낮,91 가을과92 겨울93 어른과94 아이95 … 이96 모든97 것들이98 얼핏보면99 뚜렷이100 다를101 듯하지마는102 조금만103 깊이104 따지고105 들어가106 보면107 사실은108 거의109 구분하여110 볼 수111 없다는112 것을113 우리는114 알게115 된다.116 하느님이117 창조하신118 자연 속의119 대상만120 그런121 것이122 아니라123 사람들이124 만들어내는125 온갖126 물건이나127 정신 활동에서128 얻어진129 모든130 결과들이131 한결같이132 제각기133 특수하면서도134 서로135 어슷비슷하여136 뚜렷이137 갈래짓고138 구분하여,139 파악할 수가140 없게141 되어 있다.142

위의 제시문에 붙인 번호는 대체로 문법덩이 별로 나뉘어진 것이며 검사자의 편의를 위해서 붙였다. 피검자의 제시문에는 표시되어 있지 않았다.

4.2. 검사결과

검사한 결과를 다음 [표 2]로 나타내었는데 이 [표 2]는 각 항목에 해당되는 숫자는 그 번호에서 끊어 읽은 학생의 숫자이다. 중·고등학생들이 끊어 읽은 곳을 다음과 같이 덩이지어 묶어 보았다.

항목	피험자 중	피험자 고	항목	피험자 중	피험자 고	항목	피험자 중	피험자 고	항목	피험자 중	피험자 고	항목	피험자 중	피험자 고	항목	피험자 중	피험자 고
①	3	7	㉚	0	1	㉙+30=59	0	3	88	0	0	117	0	0			
②	5	17	㉛	13	10	60	18	38	89	35	46	118	4	15			
③	21	30	㉜	41	53	61	6	7	90	1	0	119	1	2			
④	5	3	㉝	3	11	62	0	5	91	36	55	120	5	9			
⑤	0	0	㉞	0	0	63	2	1	92	0	0	121	1	2			
⑥	32	51	㉟	1	4	64	54	51	93	36	46	122	1	0			
⑦	2	1	㊱	27	41	65	0	2	94	1	0	123	45	55			
⑧	1	8	㊲	0	0	66	2	4	95	38	53	124	0	3			
⑨	3	1	㊳	5	14	67	0	1	96	4	4	125	4	15			
⑩	47	54	㊴	12	17	68	24	39	97	0	1	126	1	0			
⑪	1	1	㊵	0	2	69	2	3	98	3	18	127	18	23			
⑫	8	21	㊶	55	55	70	1	0	99	10	17	128	7	11			
⑬	6	12	㊷	3	10	71	2	1	100	2	2	129	6	7			
⑭	3	2	㊸	118	37	72	26	38	101	4	0	130	0	0			
⑮	39	45	㊹	0	0	73	1	3	102	30	48	131	29	39			
⑯	0	0	㊺	0	0	74	0	1	103	0	1	132	3	4			
⑰	1	14	㊻	15	34	75	2	44	104	2	4	133	0	2			
⑱	2	3	㊼	3	1	76	14	28	105	0	0	134	25	31			
⑲	0	1	㊽	1	1	77	0	1	106	0	0	135	3	1			
⑳	53	51	㊾	12	23	78	0	0	107	29	47	136	10	40			
㉑	1	0	㊿	0	0	79	54	53	108	0	0	137	0	0			
㉒	9	22	51	15	31	80	0	0	109	2	2	138	18	22			
㉓	0	0	52	2	5	81	35	48	110	2	3	139	1	7			
㉔	0	0	53	2	4	82	1	0	111	0	0	140	0	0			
㉕	38	52	54	1	6	83	36	48	112	1	2	141	0	0			
㉖	0	1	55	8	7	84	0	0	113	22	44	142	55	54			
㉗	2	11	56	47	53	85	35	46	114	0	1						
㉘	2	1	57	0	0	86	1	2	115	0	0						
㉙	23	40	58	1	2	87	40	58	116	50	52						

[표 2] 검사 결과

위 표에서 중·고등학생 모두 많이 끊어 읽은 곳을 다음과 같이 덩이지워 묶어 보았다.

끝 어절 번호	덩이 단위	(중:고)
3	하느님이 지으신 우주와	(28:30)
6	그 안의 온갖 것들은	(32:51)

10	너무 오묘하게 마련되어 있기 때문에	(47:54)
15	사람의 지혜로는 도무지 그것들의 참모습이며	(39:45)
20	서로의 관계를 완전히 알아낼 수가 없다	(53:51)
25	그것들 사이에는	(9:22)
	뚜렷한 질서가 있고	(38:52)
29	분명한 차이가 틀림없이 있다는 것을	(23:40)
32	어렴풋이 느끼고 짐작하지마는	(41:53)
36	참으로 그 존재들의 모습을 밝혀서	(27:41)
41	본래의 질서대로	(5:14)
	갈래지우고	(12:17)
	드러내지는 못한다.	
43	대체로 사람들은	(18:37)
46	그 온갖 것들을	(15:34)
49	목숨이 있는 것들과	(12:23)
51	없는 것들로	(15:31)
56	크게 두 갈래로 나눌 수 있으리라고 여겼지마는	(47:53)
60	좀 더 깊이 살펴본 나머지	(18:38)
64	그것마저도 안 되는 줄을 알았다.	
68	목숨이 있다고 볼 수도 있고	(24:39)
72	없다고 볼 수 있는 것들이	(26:38)
76	실재로 존재해 있다는 사실을	(14:28)
76	우리는 알고 있다.	
81	식물과 동물	(35:48)
83	암컷과 수컷	
85	산과 언덕	
87	호수와 바다	
89	액체와 고체	
91	밤과 낮	
93	가을과 겨울	
95	어른과 아이	
99	이 모든 것들이	(3:18)
	어핏보면	(10:17)
102	뚜렷이 다를 듯 하지마는	(30:48)
107	조금만 깊이 따지고 들어가 보면	(29:47)

113	사실을 거의 구분하여 볼 수 없다는 것을	(22:44)
116	우리는 알게 된다.	
123	하느님이 창조하신	(4:15)
	자연 속의 대상만	(5:9)
	그런 것이 아니라	(45:55)
127	사람들이 만들어 내는 온갖 물건이나	(18:23)
131	정신활동에서 얻어진 모든 결과들이	(29:39)
134	한결 같이 제각기 특수하면서도	(25:31)
136	서로 어슷비슷하여	(10:40)
138	뚜렷이 갈래짓고	(18:22)
142	구분하여 파악할 수가 없게 되어 있다.	

[표 3] 많이 끊어 읽은 덩이

4.3. 검사해석

1) 피검자의 덩이의식이 검사자가 예상했던 것보다 훨씬 낮았다.

아래 [표 4]를 보자.

항목 대상	예상덩이수(A)	예상 덩이에서 끊은 학생총수(B)	B/A=C	C/피검자수*100
중	35	980	28.00	46.67
고	35	1341	38.31	66.05

[표 4] 피검자의 덩이의식 결과

검사 자체의 정확성도 고려해야 하겠지만 검사자는 [표 4]으로부터 학생들의 덩이의식을 어느 정도 예측할 수 있었다. 그런데 [표 4]에서 보는 바와 같이 중학생 피검자 가운데 바른 덩이의식을 가지고 표시한 학생이 피검자 전체의 반도 채 못 된다는 사실로 학생들의 덩이의식에 문제가 있음을 알 수 있었다. 고등학생도 중학생보다는 조금 나은 모습을 보이고 있지만 기대했던 것보다는 훨씬 낮은 모습을 보이고 있다. 그리고 덩이읽기에 문제가 된 항목을 보면 2, 31, 39, 52~55, 98, 125, 128, 138이 되는데, 이 항목에서 학생들은 일반적인 덩이의식과는 다르게 덩이지우고 있다.

이처럼 중·고등학생에서 덩이의식이 부족한 것은 초등학교 때부터 덩이의식 즉, 뜻덩이와 호흡덩이별로 읽기를 지도하지 않았기 때문이 아닌가 한다.

2) 거의 일정한 환경에서 학생들이 끊어 읽었다.

이처럼 일정한 곳에 끊어 읽은 학생이 몰려 있다는 것은 그 일정한 곳에 어떤 공통된 원리가 존재한다는 뜻이 된다. 이 공통된 모습은 다음과 같이 크게 두 갈래로 나타났다.

    (1) 덩이가 풀이말로 끝나는 풀이마디.

       15 20 25 36 41 56 64 68 97 93 102 107 116 123 127 134 136 138

    (2) 덩이가 풀이말 매김마디.

       3 10 29 49 51 60 76 113 131

    (3) 기타

       주제마디: 6, 43; 이름마디: 81~95

위 결과를 통해서 중요한 공통점을 발견하게 되는데 그것은 거의 모든 덩이들이 풀이말을 포함하는 작은뜻덩이(명제)로 이루어져 있다는 것이다. 그리고 이 작은뜻덩이는 형식상의 월덩이가 아나리 속짜임(내면구조)에 숨겨진 의미상 하나의 월로 존재하고 있다. 따라서 이 작은 뜻덩이가 모국어 화자에게 심리적인 월, 한 명제로 인식되어지기 때문에, 읽는이는 자연스럽게 그것을 덩이로 묶게 된다. 예컨대,

    25 그것들 사이에는 분명한 질서가 있고

    29 분명한 차이가 틀림없이 있다는 것을

    32 어렴풋이 느끼고 짐작하지마는

    36 참으로 그 존재들의 모습을 밝혀서

    25' (그것들 사이에는 분명한 질서가 있다)s고

    29' (분명한 차이가 틀림없이 있다.)s것

    32' ((우리는) 어렴풋이 ((52 29)을) 느끼고 짐작하다)s마는

36' ((우리는) 참으로 그 존재들의 모습을 밝히다)s어서

와 같이 풀이마디 25, 32, 36이나 이름마디 29도 속에는 하나같이 25', 29', 32', 36'처럼 월로 되어 있다는 것을 알 수 있다.

이와 같은 '덩이의식'은 1970년 중반부터 논의되기 시작한 '절가설(Clausal hypothesis)'과 맥락을 같이 하고 있다고 보는데 그 가운데 Faster(1974)는 글을 읽는 사람은 입력정보의 어휘 및 통사적 성질을 축적하였다가 절의 말미에 가서 속짜임(심층구조)에 대한 독해를 수행한다고 했다.[34] 이것은 절(속월)이 덩이의식에서 가장 바탕되는 마디가 된다는 뜻이다.

그리고 이 속월은 풀이말을 중심으로 덩이지워지게 되는데, 그 까닭은 월 자체의 언어학적인 특징이 풀이말을 중심으로 여러 참여항이 모이면서 하나의 월이 되기 때문이다.[35] 월인식에서 동사 중심의 표상을 강력하게 주장한 LNR(Lindsau, Norman&Rumelhut)은 명제 표상에서 관계사로서의 동사의 특수한 역할은 매우 일반적인 것으로 보며 논항들의 관계를 동사가 명세한다고 할 때 어차피 동사는 모든 논항과 되도록 직접 연결되어야 한다.[36] 이를 위해서는 명제이 그물꼴에서 동사를 가운데 놓게 된다. 명제와 명제간의 연결로 동사와 동사의 고리가 연결된 것으로 그려야 옳을 것이다. 동사(풀이말) 중심으로 연결된 작은뜻덩이는 서로 의미관계를 맺으면서 큰뜻덩이로 확장되어 간다는 것이다.

모든 월의 참여항이 풀이말에 의해 결정된다는 것이나 월의 기술 원리를 설명하면서 묶음(Cluster)이라고 부르는 단위는 풀이말이 연결된 요소들의 상호관계에 의해서 이루어진다고 한 것은 결국, 덩이의식의 중심요소는 풀이말에 있다는 결론을 얻을 수 있다.

3) 주제마디는 작은뜻덩이로 인식된다.

우리말의 주제마디는 '은/는'에 의해 이루어지는데 이 주제마디가 작은뜻덩이로 인식되

---

34) 인간이 언어를 이해하는 통사적 독해전략(parsing strategies)에 대한 상세한 논의는 조명한(1985), 『심리언어학』, 民音社, 122-127면 참고.

35) 풀이말 중심으로 월의 참여항이 결정된다는 이론은 Charles J.Fillmore(1968)(번역, 52); Lindsay & Norman (1972)(번역, 393); Meyer(1975:6) 참고. 임규홍(1985)에서 짓기교육을 풀이말을 이용한 방법을 제시한 바 있음.

36) 명제표상이 동사중심으로 이루어지며 명제의 그물꼴이, 서술적 지식에 의해 형성된다는 주장. ACT이론, HAM이론, LNR이론에 대한 상세한 논의는 조명한(1985:187-209) 참고.

어지는 까닭은 그 주제마디가 가지고 있는 독특한 기능 때문이다. 주제마디에 대한 일반적이 특징으로 주제마디는 월의 어떠한 풀이말과도 선택관계를 갖지 않는다는 것이다.[37] 이 말은 주제마디는 뒤 따르는 월의 한 요소에 매여 있는 것이 아니고 월전체와 관계되어 있다는 뜻이다. 따라서 주제마디와 풀이마디는 독립되어 있기 때문에 그 사이에 작은 쉼이 있게된다.[38] 그리고 주제마디는 주풀이마디(main predication)가 지니는 시간, 공간, 개체의 틀을 잡아 주는 구실을 한다. 따라서 주제마디는 이야기에서 주의력을 집중시키는 중심부분이 되기 때문에 그것이 작은뜻덩이가 되면서 쉼의 덩이가 된다. 이와 같은 주제마디가 쉼과 하나의 뜻덩이로 실현되는 것은 주제마디가 속짜임에서 하나의 월로서 인식된다는 사실로 설명이 가능하다. 즉 주제마디가 작은뜻덩이(명제)로 생각할 수 있다는 것이다. 예컨대,

    (4) 가. 어제 만난 그 사람은 /키가 매우 큰 사람이었다.

        나. 철수는/매일 아침에 테니스를 한다.

        다. 한국은/매우 아름다운 나라다.

        라. 영희는/ 공부를 잘한다.

위 (4)는 모두 주제마디가 있는데 그 중에 (4가)는 주제마디이면서 풀이 말 매김마디이기 때문에 뜻덩이가 매우 뚜렷하게 드러난다. 그러나 (4나~라)는 주제마디로 뜻은 덩이지워지나 호흡에 의해서 그 덩이가 매우 짧게 실현된다. 그리고 (4나~다)의 속월을 가정해 본다면

    (4) 나'. (내가 철수에 대해 말하다)s면 그는 매일 아침에 테니스를 한다.

        다'. (내가 한국에 대해서 말하다)s면 그 나라는 매우 아름다운 나라다.

---

37) 주제(Topic)에 대한 연구는 1970년대부터 매우 활발하게 진행되어 오고 있다. 그러나 주제에 대한 뜻넓이부터 견해차이를 보이기 때문에 설명의 내용도 상당히 달리하고 있다. 그 가운데 주제에 대한 일반적 이론으로 수용하고 있는 Li C.N&S.A Thompson(1976)의 일곱 가지가 있다. 주제(Topic)에 있는 다양한 연구는 L.C.N(1976)(ed), *Subject and Topic*, Academic Press; 임규홍(1993), "국어 주제말 연구", 경상대학교 박사학위논문 참조

38) 채완(1976), "조사 '는' 의미", 『국어학』 4, 국어학회.

와 같이 주제마디는 '∼에 대해서 말하면(∼as for)'이란 뜻으로 독립된 속월로 인식이 가능하게 된다.

4) 이름마디가 계속 이어질 때는 그 이름마디의 뜻에 의해 덩이진다.

이 말은 의미관계가 밀접한 것끼리 덩이지워지기 쉽다는 뜻이다. 예컨대 80∼90의 이름마디를 보면

(5) 식물 동물 암컷 수컷 산 언덕 호수 바다 액체 고체 …

으로 되어 있더라도 뜻덩이는 '식물', '동물'은 한 덩이로 '암컷', '수컷'이 한 덩이로 '산', '언덕'이 한 덩이로 자연스럽게 묶어지게 된다. '식물', '동물', '암컷'으로 이 세 이름마디가 한 묶음으로 읽혀지지 않는다는 것이다. 두 이름마디가 한 작은뜻덩이로 읽혀져서 짧은 쉼이 있고 이 두 작은뜻덩이가 한 호흡덩이를 이루어 긴 쉼이 있게 된다.

이와 같이 뜻덩이 의식을 언어활동에 바탕으로 생각한다면 우리는 "바른 말·틀린 말·고운 말·거치른 말"을 적을 경우, "바른 말·틀린 말·고운 말·거치른 말"처럼 띄어쓰기를 해서는 안 되는 까닭을 알 수 있다. 그것은 "바른말" 석자가 하나의 뜻덩이가 된 낱말일 뿐, "바른"과 "말"로 이어진 두 개의 뜻덩이가 아니기 때문이다. 그리고 하나의 뜻을 두 개로 띄어쓰기를 하면, 낱말 만들기가 어려울 뿐만 아니라 또 읽는이에게 호흡의 불일치를 가져 옴으로써 읽기에도 매우 불편하게 된다.[39]

우리는 '높임말(尊稱語)', '낮춤말(卑稱)', '진주시'를 '높임 말', '낮춤 말', '진주 시'처럼 띄어 쓰지 않고 있다. 이것은 '높임말', '낮춤말', '진주시'가 각각 하나의 뜻덩이로 인식되어 낱말의 자리로 올라섰기 때문이다. 우리는 우리말을 알뜰히 부려서 우리말을 낱말덩이를 많이 만들어 나감으로써 우리의 낱말밭이 더욱 넓혀지게 되며 나아가 우리의 생각을 더욱 깊고 쉽게 할 수 있게 된다. 이러한 생각을 만들어진 낱말덩이를 예로 보이면,

---

[39] 려증동(1985), 『韓國語文敎育』, 형설출판사, 22면; 김계곤(1987), 『한글맞춤법풀이』, 과학사, 21-22면 등에서 말의 도막(breathgroup)을 띄어쓰기 단위로 한 것은 글 쓰는이나 글 읽는이의 호흡에 맞도록 하는 것이라고 하였다.

(6) 나라잃은시대, 잘못쓴용어, 국권회복시대, 생각글, 느낌글, 대화글, 소리마디수가락, 잣대
소리마디수, 온소리마디덩이[40]

와 같이 이름마디덩이가 한 낱말로 올라서면서 붙여쓰게 된다.

결국, 이름마디덩이는 뜻에 의해 나뉘어지며 뜻덩이 별로 모아 읽는 것이 글의 덩이 지우기 원리에 부합되는 것이라 하겠다.

5) 어찌마디의 작은뜻덩이는 뜻덩이와 호흡덩이가 어울려서 이루진다.[41]

(7) 의지가 굳은 그는/조금도 주저하지 않고/이 고을에서 저 고을로/이 도에서 저 도로/갖은
생각을 다 하여/ 십여년을 돌아다녔다.//

(7)에서 어찌마디는 '이 고을에서 저 고을로 이 도에서 저 도로'인데 이 어찌마디는 '---에서---로', '---에서---로'라는 의미짜임을 가지고 있으며 네 걸음의 호흡덩이를 이루고 있기 때문에 한 작은뜻덩이를 이루게 된다.

(8) 1980년 12월 25일 새벽/성당종소리가 은은히 들려오고 있을 때였다.

(8)은 '시간'을 나타내는 어찌마디가 네 걸음의 호흡덩이를 이루고 있다. 따라서 어찌마디도 하나의 뜻덩이로 쉼이 실현된다. 그러나 시간, 장소 어찌말이 한 호흡덩이를 이루지 못할 때는 월덩이에 포함되어 읽혀진다.

(9) 철수는/①어제 ②다방에서 ③순자를 ④만났다.

(9)는 주제말 '철수는' 뒤에 짧은 쉼이 있고 그 뒤는 한 덩이로 읽는 것이 일반적이다.

---

40) 곽동훈(1985), "전통가락을 따른 우리시가락읽기 연구", 『모국어교육』 3.
41) 이원봉(1976), "소리읽기지도에 있어서의 쉼에 대하여", 『배달말가르침』 1, 197면.

그러나 이 일반적이 원리를 무시하고 읽는이의 의도가 개입되면 끊어 읽을 곳이 매우 달라지게 된다. 만약 1에 쉼을 두고 '어제'에 약간의 강세를 두면 '어제'가 강조되어지고 2에 쉼을 두면 '다방'이, 3에 쉼을 두면 '순자'를 4에 쉼을 두면 '만났다'가 강조되어진다. 따라서 끊어 읽기에서 일반적인 원리를 무시하고 읽을 때는 월의 독특한 강조 효과가 드러나게 되어 끊어 읽은 뒷말이 항상 강조되어진다.

6) 이음말, 홀로말, 월어찌말은 작은 덩이로 인식되어 이 말들 뒤에는 짧은 쉼이 있게 된다.

이음말의 기능은 앞 뜻덩이와 뒷 뜻덩이를 서로 의미적으로 관계지어 더 큰 뜻덩이로 넓혀가게 하는 데 있다. 따라서 이 이음말은 앞 뜻덩이를 그대로 가지면서 풀이말의 씨끝과 같이 두 뜻덩이의 의미관계를 나타낸다. 이 말은 이음말의 속짜임새는 풀이마디와 같은 속월을 가지고 있다는 것이다. 예컨대,

> (10) 가. 내가 열심히 공부했다. 그래서, 이번에 장학금을 받았다.
>
> 나. 내가 열심히 공부해서 이번에 장학금을 받았다.
>
> 다. 내가 열심히 공부했다. (내가 열심히 공부했다.)s어서, 내가 이번에 장학금을 받았다.
>
> 다'. (내가 열심히 공부했다)s어서,
>
> → (그리하다)어서
>
> → 그리해서
>
> → 그래서[42]

위 (10가~나)는 호용상 뜻 차이는 있을지 모르나 일반적으로 거의 같은 뜻으로 새긴다. 따라서 (10가)의 이음말 '그래서'는 (10다)처럼 앞 뜻덩이의 풀이말 이음씨끝 노릇을 포함하고 있다. 그리고 이 '그래서'는 (10다')와 같은 모습으로 이루어진다고 보았을 때 이 이음말은 하나의 작은뜻덩이 노릇을 하게 된다. 그런데, 실제로 이 다음 말 뒤에서는 자주 쉼이

---

42) 유목상(1970), "접속어에 대한 고찰", 『研究論文』 4, 現代國語文法, 62면.

의식되지 않기도 한다.

홀로말인 부름말, 보임말, 느낌말과[43] 같은 것도 한 덩이로 읽혀져 쉼이 있게 된다.

(11) 가. 할머니, 아디 가셔요?

나. 쇠돌아, 이리 오너라.

(12) 가. 돈, 돈이 무엇인가?

나. 결혼, 아직 그것은 문제도 안 된다.

(13) 가. 아, 아름답다, 이내 고향.

나. 허허, 그렇게 되었나?

(13)은 부름말, (14)는 보임말, (15)는 느낌말이다. 이같이 홀로말은 월의 어떠한 요소와도 직접 관계하지 않기 때문에 한 덩이로 짧은 쉼이 있게 된다.

월어찌말(문장부사어)은 월 전체를 꾸미는 어찌말로서 월어찌말과 뒷월 사이는 독립적 관계에 있기 때문에 월어찌말 뒤에 짧은 쉼이 있게 된다.

(14) 가. 과연, 그의 예언대로 되었구나.

나. 제발, 비가 조금이라도 왔으면 좋겠는데.

다. 확실히, 그는 포용력이 있는 사람이다.

라. 불쌍하게(도), 그가 사고를 당했다.

위 (14)에서 '과연', '제발', '확실히', '불쌍하게'는 월어찌말로서 월 전체를 꾸미고 있다. 이 월어찌말은 어느 곳에 놓여도 뜻이 통하게 된다.[44] 예컨대,

(14) 나'. 비가 <u>제발</u> 조금이라도 왔으면 좋겠는데.

나''. 비가 조금이라도 <u>제발</u> 왔으면 좋겠는데.

---

43) 최현배(1980), 『우리말본』 8판, 정음사, 783면.

44) 남기심·고영근(1986), 『표준국어문법론』, 170–175면.

나'". 비가 조금이라도 왔으면 <u>제발</u> 좋겠는데.

로 될 수 있다. 그러나 단지 한 낱말을 꾸미는 어찌말은 자리가 고정되어야 한다.

(15) 가. 그 차는 잘 달린다.
　　　가´. *잘 그 차는 달린다.

처럼 (15)의 '잘'은 '달린다'만 꾸미기 때문에 월 앞에 올 수가 없다. 이것은 월어찌말이 월의 다른 요소와 매이지 않는다는 것을 말한다.

7) 마지막으로 학생들이 끊어 읽은 글덩이의 길이가 숫자로 보았을 때 2-5사이이다.
　이것은 한 작은뜻덩이 속에 있는 소리마디가 네 어절를 중심으로 미루어져 있다는 것이다. 그 모습을 알기 쉽게 나타내 보이면,

3	6	10	15	20	25	29	32	36	41	43	46	49	51	56	60	64	68
3	4	5	5	5	4	3	4	5	2	3	3	2	5	4	4	4	4

72	76	79	81	83	85	87	89	91	93	95	99	112	107	113	116	123	127
4	4	3	2	2	2	2	2	2	2	2	4	3	5	6	3	7	4	4

131	134	136	138	142
4	3	2	2	4

[표 5] 작은뜻덩이 속의 소리마디

와 같이 두 소리마디 11개, 세 소리마디 8개, 네 소리마디 13개, 다섯 소리마디 6개, 여섯 소리마디 1개, 일곱 소리마디 1개로 되어 3~5 소리마디가 대부분이다. 여기에 두 소리마디가 11개 되는 것은 두 소리마디로 끊어진 이름마디가 특이하게 이어져 있었기 때문이며 이 두 소리마디도 네 소리마디에서 쉼이 길어져 결국 네 소리마디로 생각할 수 있다. 그리고 네 소리마디 이상인 다섯 소리마디에서 일곱 소리마디의 모습도 다음과 같이 세 소리마디나 네 소리마디로 읽혀질 수 있다.

10~15: 사람의 지혜로는/도무지/그것들의 참모습이며//

15~20: 서로의 관계를/완전히/알아낼 수가/없다//

20~25: 그것들 사이에는//(9:22)뚜렷한/질서가 있고//

36~41: 본래의 질서대로/(5:14)갈래지우고/(12:17)드러내지는/못 한다//

51~56: 크게 두 갈래로/나눌 수/있으리라고/여겼지마는//

102~113: 사실은/거의/구분하여 볼 수/없다는 것을//

119~123: 하느님이 창조하신/(4:15)자연속의 대상만/(5:9)그런 것이/아니라//

이 소리마딩이는 상당히 임의성이 있지마는 결국은 이 모든 뜻덩이들이 한 호흡덩이 안에 읽혀질 수 있는 적절한 길이라고 할 수 있다. 실제로 한 호흡덩이에 소리마디가 많으면 그 만큼 빨리 읽혀지게 되고 작으면 천천히 읽혀지게 된다. 이 같은 현상은 글쓴이가 한 호흡덩이 안에 뜻덩이를 묶으려는 의식과 읽는 이 또한 한 호흡덩이 안에서 한 뜻덩이로 이해하려는 의식이 어우러진, 인간의 보편적 덩이의식 때문이다.

우리는 앞 장에서 가락글이 한 호흡덩이 안에 네 걸음마디로 되어 있다는 것을 이미 알았는데 줄글에도 이 네 걸음마디의 기본 흐름을 그대로 가지고 있으며 그 네 걸음마디를 바탕으로 뜻덩이도 나뉘어진다는 것을 검사를 통해 알 수 있었다. 따라서 우리말이 가지고 있는 독특한 짜임인 네 걸음마디(소리마디)로 한 뜻덩이가 된다는 기본질서는 가락글이나 줄글 모두에 바탕이 됨을 알았다.[45]

이같이 줄글 속에도 네 걸음마디의 호흡덩이(가락)가 있다면 우리는 언어의 표현활동이나 이해활동에서도 이 네 걸음마디로 된 뜻덩이나 호흡덩이의 덩이의식을 바탕으로 연구하고 교육해야 한다는 결론에 이른다. 즉, 우리는 뜻덩이와 호흡덩이라는 덩이의 식을 바탕으로 하면서 우리의 생각이나 느낌을 표현했을 때 더욱 분명하고 논리스런 표현이 될 수 있으며

---

45) 이 네 걸음 마디가 우리말과 뜻과 호흡이 가장 잘 어울리는 덩이임은 우리가 흔히 보는 표어의 모습도 이 네 걸음 마디로 되어 있다. 예컨대,
  1) 질서 속에 안정오고/ 화합속에 번영온다.//
  2) 불날 시간 따로 없고/ 불날 장소 따로 없다.//
  3) 불나고 울지 말고/ 웃으면서 불조심.//
  4) 편지에 정을 담고/ 통장에 꿈을 심자.//
  5) 딸 아들 구별 말고/ 하나 낳아 잘 기르자.//

또한 덩이의식을 가지고 표현된 말이나 글이 더욱 쉽고 정확하게 이해된다는 것이다. 그러면 호흡덩이와 뜻덩이가 잘 어울리지 못한 글모습을 보기로 하겠다.

(16) 가. 많은 참고서의 저자의 투철한 도움의 소치이다.

　　　나. 그는 나의 첫 남편의 외아들의 대부이다.

　　　다. 그 차는 매우 빨리 안전하게 잘 달린다.

　　　라. 영희의 작은 빨간 예쁜 지갑을 차에서 잃어버렸다.

(17) 가. 「계급」에서는 「이제까지 存在해온 모든 社會의 歷史는 階級鬪爭의 歷史이다」라는 마르크스 말의 含蓄된 意味는 계급투쟁과 계급이익은 傳統的 歷史가 사용하는 軍事力과같은 범주로서의 설명될 수 없는 社會現象을 설명할 수 있다라고 포퍼는 보며 그 예로서 生産性의 增加를 든다.

　　　나. 기회는 좋았지만 이 冊을 읽을 동안(마음을 차분히 안정시키고 精神차리고 읽으면 두 시간도 채 안 걸리는 분량이지만) 나는 도중 엉뚱한 잡념으로—— 사실 표현을 잡념으로 해서 그렇지 요즈음의 나로서는 아주 아름다운 꽃으로 피어날지도 모를, 정년 내 삶을 사는데 최소한 도움을 줄 수 있는 글쎄, 진정코 하고 싶었고 늘 바랬던 사람을 만남 혼자 사랑에 빠져 있었다——이 적은 分量의 책을 읽는데 아주 지루하게 읽었다.

위 (16)은 꾸밈받는 말에 많은 정보를 부가하여 인간의 이해책략에 부담감을 주는 쪽으로도 설명이 되지마는 읽는이의 호흡 리듬에도 맞지 않기 때문에 매우 어색한 월이 되었다. 따라서 (16가)는 (16가')처럼 두 뜻덩이로 나누어져야 하고 (16다~라)도 (16다'~라')처럼 두 뜻덩이로 나누는 것이 의미를 이해하기가 훨씬 쉽다.

(16) 가'. 많은 참고서 저자가 가진 투철한 이론의 도움 때문이다.

　　　다'. 그 차는 매우 빠르면서 안전하게 잘 달린다.

　　　라'. 영희는 그녀가 갖고 있던 빨갛고 예쁜 작은 지갑을 차에서 잃어 버렸다.

그리고 (17)은 뜻덩이도 분명하지 않을 뿐만 아니라 그 뜻덩이의 연결도 혼란스럽고 호흡덩이도 자연스럽지 않다. 따라서 (17)은 글쓴이가 무슨 내용을 표현했는지 이해하기 어려운 글이 되었다.

이와 같이 글덩이 의식은 의사소통에서 매우 중요한 기재가 된다는 사실을 염두에 두어야 할 것이다. 특히, 읽기도 우리말의 글덩이 양상에 맞게 읽어야 하며 글쓰기도 호흡과 뜻덩이가 조화를 이루었을 때 자연스럽고 매끄러운 글이 된다. 따라서 이러한 글덩이 의식은 국어 교육의 전반적인 영역, 즉 국어의 표현과 이해 영역에서 매우 중요한 요소임을 알 수 있게 되었다.

5. 마무리

이제, 필자가 지금까지 복잡하게 설명한 것을 정리하고 마무리하면 다음과 같다.

인간이 그들의 모국어를 가르치고 연구하는데 가장 바탕되어야 할 일은 인간이 언어를 이해하고 표현하는 보편적 인지체계에 대한 이론과 그 모국어의 언어적 특징이라고 할 수 있다. 따라서 이 논문은 모든 인간이 그들의 말을 절(뜻덩이)단위로 이해하려는 공통된 언어 이해 책략과 국어의 글덩이 모습을 바탕으로 이루어졌다. 필자는 이 절단위라는 것을 국어에서는 작은뜻덩이란 뜻넓이로 설정하고, 이 작은뜻덩이가 어떠한 모습으로 이루어지는가를 살펴 본 나머지 다음과 같은 몇 가지 결론을 얻었다.

(1) 국어의 작은뜻덩이는 가락글과 줄글에서 공통된 모습을 나타내고 있었다. 이와 같은 사실은 15세기 가락글과 줄글을 분석하고 또 실제 검사를 통해 확인하였다.

(2) 국어의 작은뜻덩이는 풀이말을 중심으로 한 풀이마디나 매김마디의 모습으로 되어 있으며 그것이 하나의 월(속월)을 이루고 있다. 그리고, 작은 뜻덩이이 모습의 빈도는 풀이마디〉 매김마디〉 어찌마디〉 주제마디 등 순서로 되어 있다.

(3) 띄어쓰기도 뜻덩이와 호흡덩이에 깊게 매이고 나아가 이것이 우리말 낱말을 만들 수 있는 중요한 바탕이 된다.

(4) 그 작은뜻덩이의 바탕은 국어의 짜임과 호흡덩이에 결정적으로 매여 있고 그 호흡덩이는 두걸음마디에서 네 걸음마디로 되어 있으며 그 가운데 네 걸음마디가 중심이 된다.

(5) 네 걸음의 호흡덩이와는 별개로 작은 호흡덩이도 있게 되는데 이 작은 호흡덩이를 이루는 요소로서 주제마디, 이름마디의 연결, 이음말, 홀로말(부름말, 보임말, 느낌말) 월어찌말 등이 있으며 이들 각 요소들이 월 속에서 독특한 기능을 하기 때문에 짧은 쉼으로써 작은 덩이로 인식된다. 결국, 우리가 우리말을 표현하고 이해하는데 이 뜻덩이의식이 가장 중요한 바탕이 됨을 알 수 있었다. 따라서

(6) 국어 교육의 전반적인 흐름에서 이 뜻덩이 의식이 매우 중요한 기재로 다루어 져야 할 것 으로 생각한다.

이상 필자는 우리 가락글과 줄글에서 이해덩이, 호흡덩이, 뜻덩이에 두루잣대가 될 수 있는 '작은뜻덩이'라는 뜻넓이를 세우게 되었다. 앞으로 이 '작은뜻덩이'를 읽기, 말하기, 짓기, 듣기 교육에 적용시켜 새로운 교육방법을 찾아낼 일이 남아 있다.

제4장

쉼

    '쉼(休止, pause)'은 말할이가 말을 할 때 내쉬는 숨이 말할이의 표현적 필요에 의해 잠시 멈추는 상태를 말한다. 그런데 말할 때 '쉼'의 기능은 언어의 명제적 의미 못지 않게 매우 중요하다. Goldman-Eiser(1958:64)는 면담과 그림을 묘사하는 말에서 쉼이 차지하는 시간은 전체 발화 시간의 2.5-25%를 차지하고 머뭇거림에 기인한 휴지는 0-80%를 차지한다고 한다. 그리고 일반적인 담화에서는 담화 시간의 40-50%가 쉼에 걸리는 시간이라고 보고했다. 더구나 Maclay&Osgood(1959)은 담화의 유창성은 쉼의 시간에 매여 있다고 하였다.[1] 뿐만 아니라 담화에서 '쉼'이 차지하는 기능은 음운론에서는 개리연접(open transition 또는 juncture)이라 하고, 형태론에서는 쉼을 얹침 형태소(superasegmental morphemes) 가운데 개리 연접 형태소(open transition morphemes)라 하여 언어의 중요한 한 요소로 보고 있다.[2] 또한 이 쉼은 월의 구조적 차원에서 의미를 통제하는 통사 의미론적 기능과 나아가 다양한 담화적 효과를 가지는 기능까지 하게 된다.

    이와 같이 쉼이 담화에서 매우 중요한 의미를 가짐에도 불구하고 지금까지 이 '쉼' 대한 체계적인 정리와 연구가 거의 없었다. 주로 쉼에 대한 언급은 음운론적 차원(박창해, 1990)과 국어의 마디 형성(phrase formation)(김일웅, 1982)이나 매김말 논의에서 의미론적 변별(김봉모, 1983)에서 부분적으로 논의되었다. 그리고 시론적이기는 하지만 중세 국어 용비어천가의 쉼을 분석한 것(Baek, 1987)이나 국어의 줄글(산문)을 의미 덩이와 쉼덩이 중심으로 분석한

---

1) Clark&Clark(1977, 259-272)에서 재인용.
2) 얹침 음운과 얹침 형태소에 대한 자세한 설명은 박창해(1990, 189-191) 참고.

졸고(1987)가 있다.

1. 쉼의 원리

사람은 끊임없이 공기를 들이 마시고 내면서 생존한다. 사람은 잠시도 이 공기를 들이 마시고 내품는 활동 없이는 존재할 수 없다. 인간이 들이 쉬는 숨을 '들숨(吸氣, inhaling)'이라 고 하고 내 쉬는 숨을 '날숨(呼氣, exhaling)'이라고 하는데 인간의 말은 이 날숨에 의해 끊임없 이 말을 하게 된다.[3] 이처럼 들숨보다 날숨에 의해 소리를 내는 것은 날숨이 들숨보다 공기 의 흐름(air stream)을 더 쉽게 조절(control)할 수 있기 때문이다. 뿐만 아니라 인간의 발성 기관 이 날숨에 의해 소리를 낼 수 있도록 발달되어 있기 때문이다. 그런데 사람이 내쉬는 날숨의 길이가 일반적으로 비슷하기 때문에 한 호흡(breathing)[4]덩이 안에 발화되는 언어량도 사람마다 거의 비슷하다. 보통 인간은 1분 동안에 18-20회 호흡을 한다. 약 3초에 한 번 씩 숨을 들이쉬 고 내쉬는 셈이다. 그리고 들숨과 날숨에 걸리는 시간의 비율은 각각 1/4과 3/4정도이다.

그런데 인간이 내 뱉는 호기(呼氣)의 양은 사람마다 거의 엇비슷하다. 그래서 인간이 한 번 숨을 내 쉴 때 말할 수 있는 말의 양도 무한한 것이 아니라 한정될 수밖에 없다. 일반적으 로 1분에 250음절 정도 말하는 것으로 알려져 있다.[5] 그러나 말의 속도가 빠를 때는 이보다 배 이상 늘어날 수도 있다. 그렇다고 인간이 말할 때 실현되는 작은 쉼이나 긴 쉼이 단지

---

3) 말하기에서 생리 기관의 작용에 대한 설명은 Denes P.B&Pinson E.N(1993) 참고.
4) 호흡에는 늑골로 하는 늑골호흡 또는 흉식호흡(胸式呼吸)과 횡격막(diaphragm)으로 하는 횡격막 호흡 또는 복식 호흡(腹式呼吸)이 있다.
5) 조선말화술(1975:132), 화술통론(1964:102)에서는 글의 종류에 따라 1분간 글자의 수를 다음과 같이 제시 하였다.

종류	단위 시간	글읽기	말하기
전달하는 글, 말	1분	250-260자	260-270자
설명하는 글, 말(보도, 일기예보)	〃	240-250자	250-260자
선동하는 글, 말	〃	230-240자	240-250자
예술적 산문의 글, 말	〃	220-230자	230-240자
신문독보	〃	240-250자	
운문 읊기	〃	150-170자	140-160자
보고, 연설	〃	250-260자	
체육실황			1,000자 미만

생리적인 숨의 시간에만 매여 있는 것은 아니다. 말할 때 쉼은 숨이라는 생리적인 요인에다 언어가 가지고 있는 의미 덩이에 의해 좌우된다. 그것은 쉼이 언어의 의미에 매우 중요한 기능을 한다는 것을 뜻한다. 이러한 연구는 지금까지 말하기보다 읽기 연구를 통해 많이 이루어져 왔다. 그러나 읽기에서 끊어 읽는 것과 말하기에서 쉼이 동일하다고 하기 어렵지마는 그 기본적인 원리는 같다.

인지 심리학자들의 쉼에 대한 연구는 주로 인간이 정보를 기억하고 회상하는 기제의 하나인 덩이의식을 중심으로 이루어졌다. 즉, 독자는

> (1) 가. 방아지신에들가버어가다.
>
>   가'. 아버지가 방에 들어가신다.

에서 언어적 의미가 없는 (1가)는 잘 기억되지 않지만, (1가')와 같이 하나의 의미 정보로 바뀌면 쉽게 기억이 된다. 이것은 (1가)는 11개의 작은 시각 자료들이 각각이 하나의 묶음(chunks)으로 되어 있으나 (1가')는 세 개의 작은 의미 덩이가 하나의 더 큰 의미 덩이로 묶어져(chunked)있기 때문이다.[6]

이와 같이 인간이 언어를 이해하는 과정은 단순한 단어의 개별적 낱덩이로 인식하는 것이 아니라 하나의 의미 덩이에 의해 이루어지는 총체적 과정이라는 사실이 1970년대 초반부터 인지 심리학자와 언어학자들에 의해 밝혀지기 시작했다. 그들은 대체로 인간이 언어를 이해하고 표현하는 과정을 사고 속에 있는 단위계층(unite hierachies)(Meyer, 1975), 구경계(phrase boundary)(Slobin, 1978), 명제(proposition)(Van Dijk.Teun, 1977), 묶음(cluster)(Leech, 1974:126~136) 등과 같이 덩이 의식의 개념으로 설명하고 있다. 그러므로 이 덩이 의식이 바로 발화자의 쉼 덩이에 의해 형성된다는 사실을 생각한다면 쉼의 언어적 기능을 충분히 예측할 수 있다.

Boomer(1965)는 두 개의 계속되는 문법적 접속어 사이에 한 개의 억양 곡선(intonation contour)으로 말해진 덩이를 음소절(phonemic clause)이라고 하면서, 쉼은 이 음소절을 단위로 실현된다고 하였다. 그리고 그는 문법적 접속어에 평균 쉼의 길이는 1.03초이고 음소절 안에서 평균

---

6) Patrik Hartwell&Robert H.Bentley(1982), *Open to Language* (이을환 외 옮김(1985), 『글을 어떻게 쓸 것인가』, 경문사, 96면).

쉼의 길이는 0.75초로 쉼은 문법적 접속어에서 쉼이 오래 지속된다는 것이다.

임규홍(1987)에서 우리말의 줄글을 통해 쉼이 어떻게 실현되는지를 살펴본 결과 다음과 같은 결론을 얻었다.

> 1) 국어의 작은 의미 덩이는 주로 풀이말을 중심으로 한 이어진월이나 안긴월의 모습으로
>   되어 있으며, 끊어읽기(쉼)의 실현 빈도는
>   '풀이마디(이어진월)〉 매김마디(매김마디 안긴월)〉 어찌마디(어찌마디 안긴월)〉 주제
>   마디'
>   등의 순서로 나타났다.
> 2) 끊어읽기(쉼)는 근본적으로 의미 덩이와 호흡 덩이에 깊게 매여 있다.
> 3) 작은 의미 덩이의 바탕은 국어의 구조와 호흡 덩이에 결정적으로 매여 있고 호흡덩이는
>   두 마디에서 네 걸음 마디로 되어 있으며 그 가운데 네 걸음 마디가 중심이 된다.

따라서 사람이 말을 할 때 쉼이 의미 덩이 및 호흡 덩이와 매우 밀접한 관계를 가진다는 사실을 알 수 있다.

2. 쉼의 종류

인간이 말을 하거나 글을 읽을 때, 그것은 인간의 호흡 활동에 의해 이루어진다. 특히 언어학적인 측면에서 음운, 형태, 화용론적인 특성들도 호흡의 양상에 따라 달라지게 되며, 또한 말할이의 복잡한 표현 의도도 호흡의 세기나 높낮이 또는 쉼의 이음과 끊음의 다양한 모습에 따라 달라진다. 그러면 먼저 담화상에 실현되는 쉼의 종류는 어떤 것이 있을 수 있는지 알아보자.[7]

---

7) 조선말화술(1975, 127-129)에서는 끊기를 '논리적 끊기'와 '형식적 끊기'로 나누었다.
  -논리적 끊기
    ① 맞물림 성분, 외딴 성분, 보임말은 기본적으로 끊어서 발음한다.
    ② 확대된 문장 성분도 문장의 뜻을 정확히 전달하는데 필요할 때는 끊기를 둔다.

2.1. 길이에 따라

전체적으로 볼 때 쉼은 크게 쉼의 시간에 따라 '짧은 쉼'과 '보통 쉼' 그리고 '긴 쉼' 정도로 나눌 수 있다.[8]

① 짧은 쉼(short term pause): 주로 쉼표 없이 어절마다 쉬는 짧은 쉼. 표시: ˘

② 보통 쉼(ordinary term pause): 뜻덩이와 호흡덩이에 의한 쉼. 표시: /

③ 긴 쉼(long term pause): 마침표, 느낌표, 물음표처럼 월이 끝남을 나타내는 표지가 있는 긴 쉼. 표시: //

이들은 다음 (2)와 같이 나타낼 수 있다.

(2) 우리는/ 민족 중흥의˘역사적 사명을˘ 띠고/ 이˘ 땅에˘ 태어났다.// 조상의˘ 빛난 얼을˘ 오늘에˘ 되살려/ 안으로˘ 자주 독립의˘ 자세를˘ 확립하고/ 밖으로˘ 인류 공영에˘ 이바지 할˘ 때다.//

2.2. 형식에 따라

일반적으로 말할 때 쉼만 실현되는 경우와 쉼과 더불어 다른 담화표지가 실현되는 경우

---

③ 얹음말은 그것을 받는 말과 끊기를 두지 않고 이어서 발음하는 것을 기본으로 한다.
④ 복합문을 이루는 단일문은 그 끝에 끊기를 둔다.
⑤ 옮김말의 앞뒤에는 끊기를 둔다.
-형상적 끊기
① 격동의 감정을 나타낼 때 긴 끊기를 둔다.
② 신념이나 결심을 나타내는 표현에서는 끊기를 둔다.
③ 만족을 나타내는 표현에서도 끊기를 둔다.
④ 깊은 생각을 나타낼 때 구절구절 많은 끊기를 둔다.
⑤ 흥분을 억제하지 못할 때에는 자주 끊기가 생긴다.
⑥ 여운을 남기거나 듣는 사람의 주의를 끌기 위하여 끊기를 둔다.
8) Baek(1987:320)은 쉼을 i) short pause, ii) long pause, iii) terminal pause로 나누었다.

가 있다. 앞엣것을 '표지있는 쉼', 뒤엣것을 '표지없는 쉼'이라 할 수 있다.9)

① 표지있는 쉼(filled pause, FP): 쉼과 같이 실현되는 비언어적 담화표지가 있을 때

② 표지없는 쉼(silent,unfilled pause, SP): 쉼과 같이 실현되는 담화표지가 없을 때

(3) 오늘날 /에-/(FP) 우리가 해야 할 가장 시급한 것이/ 무언고 하면 에-/(FP) 그것은 바로 /(SP) 정치적 신뢰를 찾는 것입니다.

위 (2)에서 '에-' 뒤에 쉬는 쉼을 '표지있는 쉼'이라고 한다. 그 외 다른 담화표지가 수반되지 않는 경우는 모두 '표지없는 쉼'이라고 할 수 있다.

2.3. 기능에 따라

담화상에 나타나는 쉼은 정상적인 쉼이라고 할 수 있는 '무표적 쉼(unmarked pause)'과 비정상적인 쉼이 실현되는 '유표적 쉼(marked pause)'으로 나눌 수 있다. '무표적인 쉼'은 말할이가 어떤 특별한 의도를 가지지 않은 경우이다. 그리고 이 무표적인 쉼은 언어 덩이에 의해 실현되는 자연스런 쉼의 길이를 말한다. 그러나 '유표적인 쉼'은 일반적인 쉼이 아닌 발화자의 독특한 표현 의도를 가지고 있는 쉼을 말한다. 이때 쉼은 일반적인 쉼보다 더 길거나 아니면 더 짧거나 또는 다른 담화표지를 동반하게 된다. 그리고 유표적인 쉼은 글말에서 시현(示顯)되는 쉼의 표지와는 다르게 담화표지가 동반될 때도 유표적인 쉼이라고 할 수 있다. 이것을 유표적이라고 한 것은 쉼이 담화표지와 더불어 실현됨으로써 담화표지가 가지고 있는 담화 기능을 동시에 실현하기 때문이다.

일반적으로 모든 담화에서 쉼은 일정한 길이로 실현되는 것이 아니라 매우 다양한 양상으로 나타난다. 즉, 쉼은 말할이의 심리적인 상태, 정보 전달의 목적, 담화의 종류, 말할이의 습관, 시간적·공간적 상황 등에 따라 매우 다양하게 나타난다. 쉼을 기능에 따라 다음과

---

9) Clark&Clark(1977:259-272) 참고. 이와 유사한 주장은 일찍이 Goldman&Eiser(1958), Maclay &Osgood(1959) 등이 있음.

같이 나눌 수 있다.

① 유표적 쉼(marked pause, MP): 특별한 언어적, 담화적 기능을 하는 쉼

② 무표적 쉼(unmarked pause, UP): 특별한 언어적, 담화적 기능을 하지 않는 자연스런 쉼

(4) 가. 우리의 소원은/(UP.SP) 통일이다.

　　나. 우리의 소원은//(MP.SP) 무엇보다도 통일이다.

(5) 가. 내가 그 사람과 결혼한 것은/(UP.SP) 그녀가 진실하기 때문이었다.

　　나. 내가 그 사람과 결혼한 것은/-저-//(MP.FP) 그녀가 진실하기 때문이었다.

(4가)와 (5가)는 각각 무표적인 쉼이라고 한다면, (4나)와 (5나)는 유표적인 쉼이라고 할 수 있다. (4나)의 '우리의 소원' 뒤에 긴 쉼을 둠으로써 후행하는 '통일'을 강조하여 (5가)와는 다른 유표적 표현 효과를 가져 온다. 이와 마찬가지로 (5나)도 '저'라는 담화표지 뒤에 긴 쉼을 두어 (5가)에서 나타나지 않은 주저하거나 정보 회상이라는 유표적 표현 효과를 가져 온다.

그러면 쉼이 다양한 언어 층위에서 어떠한 기능을 하는지 알아 보자.

3. 쉼의 언어적 기능

'쉼'은 언어의 형태적인 기능, 통사적 기능, 담화·화용적인 기능에 이르기까지 매우 다양한 기능을 한다. 뿐만 아니라 쉼은 말할 때의 말할이의 심리 상태나 문체적 기능 등 명확하게 드러내지 못할 정도로 복잡하다.

여기서는 먼저, 쉼이 가지고 있는 기본적 기능이라고 할 수 있는 형태적인 기능과 통사적 기능, 그리고 담화적 기능을 밝히기로 하겠다.

3.1. 형태적 기능

쉼은 어휘 형성(word formation)에서 형태적인 기능을 한다. 쉼이 가진 형태적인 기능은 일반적으로 쉼을 얹침 형태소 내지 초분절 형태소(superasegmental morphemes)라고 한 것에서도 알 수 있다.[10] 그것은 쉼이 월 속에서 형태소의 의미를 변별하는 기능을 가진다는 것이다. 다음 월을 보자.

(6) 가. 나물/ 좀 줘.

나. 나/ 물 좀 줘.

(7) 가. 언니가/ 방 소제를 한다.

나. 언니/ 가방 소제를 한다.

(8) 가. 나는 큰/ 집에서 살았다.

나. 나는 큰집에서 살았다.

위 두 월에서 쉼에 의해 형태소가 달라짐을 알 수 있다. (6가)와 (6나)에서 쉼에 따라서 각각 {나물}과 {물}이라는 형태소로 달라진다. (7가)와 (7나)도 마찬가지로 쉼의 위치에 따라 {방}과 {가방}이라는 어휘로 구분된다. (8가)는 집의 형태가 '크다'는 뜻으로 {크}+{ㄴ}+{집}으로 형태소가 나누어지면서 두 개의 낱말로 '대가(大家)'의 뜻이 되지마는 (8나)는 '부모나 큰형집'으로 '종가(宗家)'를 의미하는 독립된 하나의 낱말이 된다. 우리는 이것을 글말로 표현할 때는 띄어쓰기로 변별하게 된다. 그러나 입말에서 이를 표현할 방법이 없다.

---

10) 김봉모(1983:93)는 이를 쉼형식소(pause formative)라고 하였다.

3.2. 통사적 기능

3.2.1. 월 짜임 변별

'쉼'은 낱말의 형태를 변별하는 기능뿐만 아니라 월의 구조를 변별해 주는 통사적 경계 (syntactic boundary)의 기능도 한다.[11] 다음 월을 보자.

> (9) 철수는 영희와 순희를 울렸다.
>
> (9') 철수는/ 영희와 순희를/ 울렸다.
>
> (9") 철수는 영희와/ 순희를/ 울렸다.

위 월 (9)는 구조적인 중의성을 보이는 월이다.[12] 즉, (9)는 (9')와 같이 '철수가 영희와 순희, 두 사람을 울린 의미'와 (9")처럼 '철수가 영희와 같이 순희 한 사람을 울린 의미'로 월의 구조에 따라 두 가지로 해석된다. 그런데 이 두 가지 해석은 쉼에 의해 변별될 수 있다. 만약, (4)에서 쉼이 '철수' 뒤에 있고 '영희와 순희'를 붙여 읽으면 (4')가 되고, '철수'와 '영희'를 붙여 읽고 쉼이 '순희' 앞에 실현되면 (9")가 된다.

이러한 현상은 다음과 같이 본용언과 보조용언이 있는 월에도 마찬가지이다. 다음 월을 보자.

> (10) 철수는 책을 찢어 버렸다.
>
> (10') 철수는/ 책을/ 찢어// 버렸다.
>
> (10") (철수는 책을 찢어(서) 버렸다.)
>
> (10''') 철수는/ 책을/ 찢어버렸다. (철수는 책을 찢었다.)

---

11) 이상태(1995:26)에서도 '말의 끝에서 낱말들 사이의 음성적 틈새를 크게 벌리는 것도 쉼 표현의 한 방법 이 될 수 있다고 하면서 구절 구조상 더 큰 덩이를 이루는 형태들의 경계는 그 내부의 형태들 사이에서 보다 더 오래 쉬는 경향이 있다.'고 하였다.
12) 최명식(1985:96)에도 쉼(휴지)이 문장에서 통합을 구획하며 통합마루(본고의 쉼덩이)에 따라 의미가 달 라짐을 간략하게 언급하고 있다.

월 (10)은 쉼에 따라 (10')와 (10")로 해석이 된다. (10')처럼 풀이말 '찢어' 뒤에 쉼이 실현되면서 '버렸다'와 거리를 두면 '찢다'와 '버리다(棄)'는 각각 본용언이 된다. 그러나 (10")와 같이 '찢어'와 '버렸다' 사이에 쉼이 없으면 '찢다'만 본용언이고 '버렸다'는 보조 용언이 되어 의미 해석이 (10'")와는 달라진다. 이 경우는 일반적으로 뒤에 이어지는 용언에 강세가 동반된다. 따라서 쉼의 실현 장소에 따라 월의 짜임이 홑월이 되느냐 아니면 이어진 월이 되는가가 결정된다.

다음 월은 변형을 통해 도출된 월 짜임을 쉼에 의해 변별된 보기이다.

(11) 철수는 영희가 착하다고 생각했다.

(11') 철수는// 영희가/ 착하다고/ 생각했다.

(11") 철수는/ 영희를// 착하다고/ 생각했다.

(11'") *철수는/ 영희를 착하다고/ 생각했다.

우리가 흔히 (11')와 (11")은 동일한 속구조를 가지고 있으며, (11")은 (11')의 안긴월 주어인 '영희'가 상위월의 목적어로 올랐다는 설명(주어올리기 규칙)을 하고 있다.[13] 그런데 (11')에서 안긴월의 주어인 '영희'는 동일한 안긴월의 '착하다'와 주술의 관계를 맺으면서 그것이 하나의 성분 덩이가 된다. 따라서 '영희가/ 착하다'는 하나의 쉼덩이가 된다. 그러나 (11")처럼 '영희를'이 상위월인 '생각하다'와 관련을 맺기 때문에 '영희를' 뒤에 반드시 쉼이 있어야 한다. 즉 (11'")처럼 '영희를 착하다'를 하나의 덩이로 읽고 그 뒤에 쉼을 두는 것은 어색하다. 그리고 (11")에서 '영희를' 뒤에 쉼이 실현되는 것은 (11")이 원래 (11')의 속구조에서 '영희가'가 변형을 거쳤다는 흔적을 쉼에 의해 나타낸 것이다. 이것도 쉼이 월의 짜임을 파악하는데 매우 중요한 기능을 담당한다는 사실을 말해 준다.

---

13) 김영희(1988:25) 참고

3.2.2. 매김말 꾸밈 변별

'쉼'은 다음과 같이 매김말이 겹칠 경우 매김말의 꾸밈 성분을 변별해 주는 기능을 한다.

(12) 예쁜 영희의 옷

(12') 예쁜// 영희의 옷

(12") 예쁜 영희의// 옷

(13) 그의 누나의 이야기

(13') 그의 누나의// 이야기

(13") 그의// 누나의 이야기

위 (12)와 (13)은 매김말이 겹쳐진 월이다. 그런데 (12)와 (13)은 쉼의 장소에 따라 (12')과 (12") 그리고 (13')과 (13")처럼 그 의미가 달라진다. 즉 (12)에서 쉼이 '예쁜' 뒤에 있고 '영희의 옷'이 붙으면 '예쁜'이 '영희의 옷'을 꾸미게 된다. 따라서 '영희의 옷이 예쁘다.'는 뜻이 된다. (12")과 같이 '예쁜'과 '영희' 사이에 쉼이 없으면 '예쁜'은 '영희'를 꾸미게 되어 '영희가 예쁘다.'의 뜻이 된다. (13)도 마찬가지로 '그의 누나'와 '이야기' 사이에 쉼이 있으면 '그의 누나에 대한 어떤 이야기' 또는 '그의 누나가 한 어떤 이야기' 등과 같이 되고 (13")처럼 '그의' 뒤에 쉼이 놓이고 '누나의 이야기'를 붙이면 '그가 말한 누나의 이야기' 등으로 의미가 달라진다.[14]

그리고 다음 월도 매김말이 겹친 경우 쉼에 따라 매김말의 꾸밈 대상이 달라지면서 그 짜임과 의미가 다르게 되는 것이다.

(14) 아름다운 흰 기러기

(14') 아름다운/ 흰// 기러기

(14") 아름다운// 흰/ 기러기

---

14) 김봉모(1983:101) 참고

(15) 젊은 뛰어가는 청년

(15') 젊은/ 뛰어가는// 청년

(15") 젊은// 뛰어가는/ 청년

위 (14)와 (15) 월은 매김말의 겹침에서 두 매김말이 모두 풀이말의 매김꼴 바꿈으로 된 월이다. 이 경우도 쉼에 따라 꾸밈 대상이 달라진다. (14')처럼 '아름다운'과 '흰' 사이에 짧은 쉼이 있고 그 뒤에 긴 쉼이 있으면 그 짜임은 아래 (14''')가 되고, (14")처럼 '아름다운' 뒤에 긴 쉼이 있으면 (14"")와 같은 짜임이 된다.

(14''') 아름다운 흰 기러기　　(14"") 아름다운 흰 기러기

(15)도 마찬가지이다. 따라서 매김말이 겹치는 경우는 형태적으로는 그 꾸밈관계를 구별할 수가 없기 때문에 그 구별은 쉼으로 변별할 수 있다.[15)]

3.2.3. 어찌말 꾸밈 변별

다음은 쉼에 따라 어찌씨의 꾸밈 성분이 달라지면서 월의 의미도 두 가지로 해석되는 보기이다.

(16) 철수는 단지(오직) 영희를 좋아한다.

(16') 철수는/ 단지 //영희를 좋아한다. (철수는 영희만을 좋아한다.)

(16") 철수는/ 단지 영희를// 좋아한다. (철수는 영희를 좋아하기만 한다.)

(17) 철수도 또한(마찬가지로) 영희를 좋아한다.

(17') 철수도/ 또한// 영희를 사랑한다. (다른 사람도 영희를 사랑한다.)

---

15) 매김말의 겹침과 쉼에 대한 자세한 논의는 김봉모(1983) 참고.

(17") 철수도/ 또한 영희를// 사랑한다. (다른 사람도 영희를 좋아하는 것이 아니라 사랑한다.)

위 (16)의 월에서 어찌씨 '단지' 뒤에 긴쉼이 있을 경우는 (16')과 같이 그 뒤에 나오는 '영희'를 한정하고 '영희를' 뒤에 긴쉼이 실현되면 그 의미는 (16")과 같이 '단지'가 '좋아하다'를 꾸미게 되어 '영희를 좋아하기만 한다.'의 뜻이 된다.16) 일반적으로 이 경우는 한정되는(지배받는) 말에 강세가 놓이는 것이 일반적이다. (17)도 마찬가지로 (17')처럼 어찌씨 '또한' 뒤에 긴쉼이 있으면 '영희'가 초점으로 드러나고 (17")처럼 '또한 영희'가 한 덩이가 되면서 그 뒤에 긴쉼이 있으면 '사랑한다'가 초점으로 드러난다. 이 또한 '쉼'에 따라 어찌씨의 꾸밈 관계가 달라진다는 것을 말한다.

3.2.4. 생략 요소 대용

'쉼'은 성분이나 문법 요소의 생략을 대신하기도 한다. 다음 (18)과 (19)도 '쉼'이 월의 생략 요소를 대신한 경우다.

(18) 철수는/ 밥을//(먹고) 영희는/ 라면을 먹었다.

(18') *철수는/ 밥을 영희는// 라면을 먹었다.

(19) 남해에서는 // 멸치(가 많이 잡히고)//(/) 돔(이 많이 잡히고)//(/) 장어가 많이 잡힌다.

위 (18)과 (19)에서 (18)의 '밥을' 뒤에는 '먹고'라는 정보가 생략되어 있고, (19)에는 '많이 잡힌다'가 '멸치', '돔' 뒤에 각각 생략되어 있다. 따라서 그 생략된 정보 뒤에 반드시 쉼이 실현되어야 한다. 만약, 그 자리에서 쉬지 않거나 다른 곳에 쉼이 실현되면 (18')처럼 불가능하거나 어색한 월이 된다. 일반적으로 생략 성분 뒤에 쉼의 표시(,)를 하는 것도 이 때문이다.

그리고 겹 목적어라고 해 온 다음 월에서도 쉼의 장소에 따라 월의 의미가 달라진다.

---

16) 이러한 생각은 김영희 교수님(계명대)의 한국어문학회전국대회(1996.11.2.) 토론 과정에서 도움 받았음.

(20) 철수는 영희를 손을 잡았다.

(20') 철수는/ 영희를// 손을 잡았다.

(20") *철수는/ 영희를 손을/ 잡았다.

위 (20)이 가능하기 위해서는 반드시 쉼이 '영희를' 뒤에 실현되어야 한다. (20")처럼 '영희를 손을'이 하나의 덩이를 이루면 수용하기 어려운 월이 된다. 그것은 (20')에서 '영희를' 뒤에 '잡았다'라는 정보가 생략되어 있기 때문에 쉼이 나타나게 된다.

따라서 우리는 쉼이 월의 짜임이나 꾸밈 관계를 나타내 주는 통사적 기능을 한다는 사실을 알았다.

3.3. 담화적 기능

담화에서 쉼은 언어의 형태나 구조에서 통사적 경계(syntactic boundary)를 나타내는 것과 달리 다양한 담화적 기능을 한다. 그리고 이 쉼의 형태와 말할이의 특성(pesonality) 사이의 관계는 주로 인지 심리학자에 의해 논의되기도 했다(Denes&Pinson, 1993:141).

담화 차원에서 '쉼'의 담화적 기능은 계획되지 않은 발화(unplaned discourse),[17] 또는 자연스런 발화(spontaneous speech)[18]의 환경에서 기대되는 말할이의 비언표적 효과를 말한다. 이와 같은 '쉼'의 담화적 기능에 대한 언급은 Clark&Clark(1977:259-272)에서 보인다. 그들은 담화에서 나타나는 '쉼'은 크게 화자가 담화상에서 실수에 의해 실현되는 말하기 실수(speech error)와 문법적 접속어 뒤에 호흡에 의해 실현되는 것으로 나누었다. 그리고 절 속에서도 쉼이 실현될 수 있다고 보면서 그것은 관습적 쉼(conventional pause)으로 어떤 특수한 언어적인 목적을 가지고 있다고 하였다.[19] 또 '쉼'은 낱말이나 문장이 시작되거나 구성성분을 표현하기 앞서 주저하거나 들을이에게 자기의 말이 계속된다는 것을 나타내는 표지라고 하였다. 또한

---

17) Ochs(1979) 참고

18) Clark&Clark(1977) 참고

19) Clark&Clark(1977:261)은 다음의 두 문장에서 쉼의 실현이 문장의 해석을 다르게 하는 기호로 보았다.

   1) Her brother the dentist is as ugly as a mule.

   2) Her brother, the dentist, is as ugly as a mule.

Maclay&Osgood(1959)은 담화의 유창성은 쉼의 시간에 매여 있다고 하였다. 그들은 주저하는 쉼이 적은 사람은 말을 빨리 하게 되고 주저하는 쉼이 많은 사람은 그만큼 말이 느리다고 하였다. 결국 쉼에 의한 '주저함'은 말의 유창성과 관계가 있다는 것이다. 이처럼 쉼은 문장 구성 성분의 경계를 나타내는 기능 이외도 여러 가지 담화적 기능이 있을 수 있다.

그렇다면 쉼이 국어 담화에서 어떠한 기능을 하는지 구체적으로 살펴보기로 하자.

3.3.1. 주제말 드러내기

담화에서 쉼과 주제말의 관계는 주제말 논의에서 매우 중요한 부분이다. 일찍이 이정민(1973:94), 채완(1976:98), 임규홍(1987:92), 최규수(1990:98) 등에서 논의된 바가 있다. 주제말 뒤에 쉼이 실현된다는 것은 주제말이 가지고 있는 심층적 구조가 하나의 의미 덩이를 이루고 있고 또한 주제말과 설명말 사이의 의미 지배 관계가 독립성이 높기 때문이다(채이프, 1976).

흔히, 우리말에서 격표지도 주제말 표지 기능을 담당하는 것으로 보고 있다. 예컨대, 겹주어나 겹 목적어일 경우 그것들을 주제로 설명하면서 격 표지를 주제 표지로 간주하기도 하였다.

그러나 필자의 생각으로는, 격 표지는 순수하게 격 표지의 기능을 담당하며 그 격표지가 결합된 성분이 주제말의 기능을 할 경우는 격 표지에 의해서 주제말이 드러나는 것이 아니고 그 주제말 에 실현되는 '쉼'이라는 담화적 주제말 표지에 의해서 주제말이 드러나는 것으로 보인다(임규홍, 1993). 다음 보기를 보자.

(21) 가. 철수가// 라면을(/) 잘 끓인다.

　　나. 철수가/ 점심을// 라면을 먹었다.

　　다. 철수가// 손이(/) 매우 크다.

위 문장에서 주제말이 어느 것인지 알기가 어렵다. 그러나 만약 위 세 문장에 쉼 표지를 하면 주제말은 쉽게 드러나게 된다. (21가)의 경우 쉼이 '철수가' 뒤에 실현되면 주제말은 '철수가'가 된다. 그러나 쉼이 '라면을' 뒤에 실현되면 주제말은 '철수가 라면을' 정도가 되고 신정보는 '잘 끓인다'가 된다. 또 (21나)의 경우 일반적으로 쉼은 '점심을' 뒤에 실현되며 그래서 주제말은 '철수가 점심을'이 되고 설명말은 '라면을 먹었다'가 된다. 어색하지마는 만약 쉼이 '철수가' 뒤에 실현되면 주제말은 '철수가'가 된다. 그리고 (21다)의 경우는 쉼이 '철수가' 뒤에 실현되면 주제말은 '철수가'되고, '손이' 뒤에 실현되면 주제말은 '철수가 손이'가 되며 설명말은 신정보인 '매우 크다'가 된다. 따라서 '쉼'은 주제말을 더욱 부각시키는 기능을 한다.

3.3.2. 주의 집중하기

담화에서 쉼은 들을이에게 주의를 집중하게 하는 기능을 한다. 정상적인 쉼으로는 주의를 집중시킬 수 없거나 주의가 산만한 경우 어떤 말을 하고 그 말 뒤에 다른 정상적인 쉼보다 훨씬 긴 쉼을 실현함으로써 들을이에게 말할이의 경고나 주의 집중을 표현하게 된다. 이것은 정상적인 표현의 흐름에서 갑자기 비정상적이고 변형된 쉼을 쉼으로써 들을이가 자기에게 주의 집중 내지 주목을 끌게 하는 기능을 한다. 이 경우는 월 중간에 쉼이 실현되는 것이 아니라 주로 월과 월 사이 또는 단락과 단락 사이에 긴 쉼이 실현된다.

> (22) 우리가/ 오늘/ 이 자리에/ 이렇게/ 모인 것은// 위선자 도둑놈을 처단하기 위해서 입니다.//
>
> (주위가 시끄러워 한참 쉰다. 장내는 다시 조용히 된다.) 우리 백성의/ 피와/ 땀을/ 착취한/
>
> XXX를/ 어떻게/ 그냥 둘 수 있습니까?(연설문)

위 (22)의 경우에서 확인할 수 있는 것처럼 주위가 산만하여 말할이의 말에 집중이 되지 않을 경우, 정상적인 쉼의 길이보다 더 긴 유표적인 쉼을 쉼으로써 말의 진행에 변화를 주어 들을이의 주의를 말할이에게 집중시킬 수 있다.

3.3.3. 후행정보 강조

흔히 담화에서 정상적인 쉼보다 더 긴 쉼으로 후행 정보를 강조하는 경우가 있다. 이 경우는 언어의 강세 구조(쪼갠월)와 어휘, 그리고 강세(stress)를 동반하는 것이 일반적이다. 특히, 쪼갠월에서 전제 부분(주제)과 초점(설명) 부분 사이에 나타나는 쉼이 이에 해당된다.

(23) 나는①/ 어제②/ 영희를 ③/만났다.

위 문장에서 ①에 쉼이 놓일 경우가 가장 일반적이다. 그러나 ②에 쉼이 놓이면 바로 뒤 정보인 '영희'가, ③에 쉼이 놓이면 '만났다'가 강조되는 효과가 있다. 강조가 더욱 부각되기 위해서는 자연스럽게 강조 정보에 강세가 놓이기도 한다. 다음 월도 마찬가지이다.

(24) 내가 어제 만난 사람은/ 그 유명한 영화배우인// 안성기더라.//

라고 했을 때는 '안성기'라는 정보를 강조하게 된다. 그러나 같은 월이라도 다음 (24')는 (23)과는 다르게 '안성기'라는 정보가 크게 부각되지 않는 표현이 된다.

(24') 내가 어제 만난 사람은/ 그 유명한 영화 배우인 안성기더라.//

그리고 쉼은 들을이에게 선행 정보에 대해 주의를 집중시킨 뒤 들을이에게 후행하는 정보에 대한 호기심을 유발시키기도 한다. 다음 월을 보자.

(25) 가. 어제 일어났던 부부 살해 사건의 범인은 // 바로 그의 아들이었단다.//
　　나. 우리가 나이 먹는 것을 거절할 수 있습니까?///결코 거절할 수 없습니다. 행복의 조건
　　이 무어라고 생각합니까?///사랑입니까?/건강입니까?/돈입니까? 행복의 조건은 바로
　　//내 마음 속에 있다는 것을 알아야 합니다.(T.V 대담에서)

(25가)에서처럼 '범인은' 뒤에 긴 쉼을 둠으로써 들을이가 '범인이 누구일까' 하는 호기심을 가져오게 하면서 후행하는 정보인 '그의 아들'을 강조하게 된다. (25나)도 의문문으로 말할이의 정보를 강조하는 표현 구조를 사용했다. 이 또한 의문문 뒤에 상당한 긴 쉼을

둠으로써 후행하는 정보를 강조하고 있다.

따라서 월에서 강조되는 정보는 강세뿐만 아니라 쉼도 매우 중요한 기능을 한다.

3.3.4. 회상 시간벌기

후행 정보가 쉽게 회상되지 않을 때 쉼으로써 그 정보를 회상하는 시간을 확보하기도
한다. 이때는 주로 담화표지가 동반되는 것이 일반적이다. 다음 보기들을 보자.

> (26) 가. 그날 그 사람을 만나고 난 뒤 어디를 갔는가 하면 음//그렇지 도서관에 갔지.
>
> 나. 내가 그날 시장에서 물건을 산 것이 배추하고 또 뭐더라//---
>
> 다. 그 사람 이름이 애//이 뭔데//
>
> 라. 그기 저// 저// 그거로 삼고이라 쿠넌대(대평리 이야기 22)
>
> 마. 애//, 그이// 인자 디애 알고 본께 고이 지석모라.(대평리 이야기 32)
>
> 바. 곡식을 썩혀선, 아// 그러니까는// 그러면 그이 밀하구 술하구 물둘울거 아냐.(인천시
> 설화 16)
>
> 사. 그래/ 그래서/ 이제// 같이 간 신하가 그기// 그거// 어떻게 됐나 하면 이// 저// 율곡
> 선생이/율곡 선생이 임진왜란 전에 돌아가셨거든---(강원 양양읍 설화 53)

위에서처럼 회상 시간을 확보하기 위한 '쉼'은 주로 담화표지 '이', '그', '저'류 들과 더불
어 나타난다. '이'류는 '애, 에, 아, 어' 등 모음으로 나타나고, '그'류는 '그', '그기', '거시기',
'그러니까' 등이며, '저'류는 '저기', '저' 등이 있다.

그리고 담화표지 '요'도 쉼과 같이 실현되어 후행 정보를 회상하는 시간을 가진다. 이
'-요'는 매우 다양한 담화 환경에서 실현된다. '-요'가 실현되는 담화 환경을 크게 둘로
나눌 수 있는데, 하나는 월 가운데 실현되는 경우이고, 다른 하나는 월 끝에 실현되는 경우
이다. 다음 담화를 보자.

> (27) 엄마가요/ 우리가요/ 학교에 갔다 오면요/ 밥도 주시구요/ 빨래도 해주시구요/ 그래서요/

좋아요(텔레비전 방송국에서, 김정대(1983:136) 참고).

일반적으로 쉼이 동반되는 '요'는 월 가운데 실현되는데 이 '요'는 쉼의 일반적인 특성과 같이 하나의 의미 덩이 중심으로 나타난다.[20] 따라서 다음과 같이 본용언과 보조 용언 사이나 관형어와 명사 사이에는 '요'가 나타나기 어렵다.

(28) 가. *이제 그만 가야요 되요
　　　 나. *꼬마가 새요 옷을 입었대요.

이처럼 '-요'[21]가 관형어나 보조어간 뒤에 실현될 수 없는 것은 '요'가 하나의 성분(constituent)으로서의 단위 요소로 인식되기 때문이다. 다시 말하면, 관형어와 체언 그리고 보조용언과 본용언 사이는 뗄 수 없을 만큼 결속력이 강한 하나의 의미 덩이이기 때문이다.[22] 이것은 말할이가 의미 덩이별로 회상한다는 것을 의미한다. 따라서 담화표지 '요'와 '쉼'이 동시에 실현됨으로써 후행하는 정보를 회상하는 시간을 확보해 가면서 점진적으로 담화를 전개해 간다고 볼 수 있다.

이 '요'와 '쉼'이 어린이때는 정보 회상 능력이 어절이기 때문에 어절 단위마다 '요'와 '쉼'이 나타나다가 점차 성장하면서 정보 회상 능력이 문장의 수준으로 확장하게 되고 따라서 '요'와 '쉼'의 실현도 문장을 단위로 하여 나타난다. 이것은 위 (27)이 어린이의 담화이고, 다음 (28)이 고등학교 학생의 담화라는 사실에서 확인이 된다. 적어도 고등학교 수준의 학생

---

20) 월 가운데 실현되는 '요'의 실현 제약은 이상복(1976)과 이정민 외(1991)에서도 분석한 것과 같이 관형어 뒤에나 보조 용언과 본용언 사이에는 실현될 수 없다. 김정대(1983)에서 긴밀한 통사가 이루어지는 사이에는 『요』가 쓰이지 않는다고 한 것은 이와 같은 뜻이다.

21) 그런데 최명옥(1976)은 문중(文中)에서 실현되는 '요'는 의미 기능을 제공하지 않고 상황적 기능(phatic function)을 한다고 하였다. 또 이와는 다르게 김정대(1983:131ff), 이정민 · 박성현(1991)에서 문중의 '요'는 디딤말(hedge)기능을 하며 그 요소에 상대방의 주의를 끌고 문미의 '요'가 공손을 나타내듯 문중의 '요'도 공손을 확인해 주는 역할을 한다고 하였다.

22) 그래서 황병순(1987)은 본용언과 보조 용언의 덩이를 '상복합동사'라고 하여 하나의 단일 성분으로 보았다. 그리고 김영희(1987:107)에서 구성성분의 검증으로 '어떤 복합 연쇄체가 있을 때 그 사이에 그 문장 내의 다른 성분이 개입할 수 없다면 그것은 단일 구성 성분이다'라고 하였다. 따라서 담화표지 '-요'가 관형어 뒤나 보조용언 뒤에 실현될 수 없는 것은 그것이 하나의 단일 구성성분의 특성에 기인하는 것이기 때문에 당연한 현상이다.

들의 담화에서는 어린이 때의 어절 사이에 실현되던 '요'가 다음과 같이 문장 단위에서 나타나는 것을 볼 수 있다.

> (29) 친구들과 어제 남해놀러 갈려고 했는데요/, 엄마가 못가게 해서요/, 집에서 비디오만 하루 종일 봤습니다.(고2학년)

또한 '쉼'이 후행 정보회상 책략의 하나로 나타날 경우는 우리말에서 보편적으로 나타나는 다양한 담화표지,[23] 즉 '인자', '뭐냐' 등의 어휘적 담화표지 뒤에도 실현된다. 다음 담화들이 이에 해당된다.

> (30) 가. 그래 어떻게 술 안 먹는 놈을 인제//---
> 나. 그래 가지고 금강산이라는 천하의 명산을 만든다니 한 번 그곳에 가야 겠다. 이래서/ 인제// 그 노정에 오르다가---(양양읍 설화 4)
> 라. 그놈은 인자 뭐냐면// 처음에 뭐냐/ 다리를 집어 넣든가 보데(전남 화순읍 설화 64)
> 마. 이거넌 한 개 그 영일 정씨내덜 그 머꼬//,으응// 그 사람덜 그 머 공이라 칼까---(진양 사평리 이야기 2)
> 바. 그 있잖아,//얼굴이 둥글고 키가 좀 큰 사람 생각이 왜이래 안날까(담화중)

3.3.5. 감정 드러내기

담화에서 쉼의 또 다른 기능은 비정상적 쉼의 실현으로 말할이의 복잡한 감정을 효과적으로 드러내는 것이다. 이것은 말할이가 매우 흥분된 심리적 상태에 있을 경우 말할이는 담화 도중에 한 동안 쉼을 가짐으로써 자기의 감정 상태를 간접적으로 드러내는 것을 말한다. 특히 감정이 매우 슬픈 상태나 성난 상태에서 긴 쉼은 그 분위기와 말할이의 심리적 상태를 부각시키게 된다. 그것은 말할이가 의도적인 것이 아니라고 하더라도 결국은 쉼이

---

23) 담화표지 '인자'에 대한 연구는 이기갑(1995), 임규홍(1996) 참고 그 외 담화표지 '-어가지고'는 임규홍(1995a), '뭐냐, 있지'는 임규홍(1995b) 참고

그러한 기능을 하게 된다.

> (31) --- 그 때 우리 아빠는 교통 사고로 갑자기 돌아 가시고(긴쉼-한숨)// 어머니 마저 집을
> 나가자 동생과 나는 집을 지켜야만 했습니다. 어머니를 찾아 코흘리개 동생을 엎고 여기
> 저기 뒤지고 다녔지만 끝내(긴쉼)// 찾을 수가 없었습니다. 지금도 어머니를 생각하면
> (긴 쉼)// 눈물이 납니다. 그래서 우리는 어느 절에 맡겨지게 되었습니다---(고3학생)

위에 실현된 긴 쉼은 정상적인 쉼이라고 할 수 없다. 상당히 유표적인 의미를 가지고 있다. 그것은 말할이가 극도로 슬픈 심리적인 상태에 있음과 그러한 분위기를 강하게 드러내고 있다. '쉼'은 말할이의 슬픈 감정뿐만 아니라 상황에 따라 다양한 감정을 드러내기도 한다.

이상으로 우리는 담화에서 '쉼'이 가지는 여러 가지 담화적 기능을 살펴보았다. 이제 말에서 '쉼'의 빈도(frequency)가 담화의 종류와 어떤 관계에 있는가를 알아보기로 하겠다.

4. '쉼'과 담화 종류

사람에 따라 쉼과 쉼 사이(호흡 덩이)에 말해지는 음절의 수(의미 덩이)는 다소 다를 수 있다. 어떤 사람은 한 호흡단위 안에서 많은 음절을 말하고 또 어떤 사람은 한 호흡 단위 안에서 적은 양의 음절을 말한다. 이처럼 사람에 따라 그 정도가 다르기도 하지만 담화의 종류에 따라 그 정도도 다르다.

말을 빨리하는 것과 말을 느리게 하는 것과의 차이는 무엇인가. 그것은 말하는 상황과 말할이의 심리적 상태, 그리고 말의 종류 등과 밀접한 관계를 가진다.[24] 말할이의 쉼이 불규

---

24) 프랑스 국립과학 연구소(CNRS)의 언어학자 다니엘 뒤에즈는 정치인의 대중 연설은 미리 준비된 것이기 때문에 연설자의 심리적 상태를 반영한다고 전제하고 미테랑 프랑스 대통령의 연설문을 분석한 결과 연설 도중 미테랑이 침묵을 지킨 시간이 대통령 후보로 나섰던 74년에는 30%, 대통령으로 재임하던 84년에는 40%, 재선에 도전한 88년에는 36%를 차지한다는 통계를 제시하면서 대통령 후보로서 지지를 호소하며 유권자를 설득하려 할 때는 재빨리 말을 이어가지만 대통령이 되어 느긋해진 뒤에는 침묵의

칙한 것은 크게 말할이의 심리 상태와 습관과 같은 말할이의 내적인 요인과 말의 종류와 말할 때의 상황과 같은 외적인 요인이 있을 수 있다.

본고에서는 외적인 요인 가운데 호흡 덩이와 의미 덩이의 관계에 따라 달라지는 담화의 유형에 대해 살피고자 한다.

먼저, 호흡 덩이와 의미 덩이와의 관계를 다음과 같이 몇 가지로 나타낼 수 있다.

4.1. 호흡 덩이와 의미 덩이의 길이가 비슷한 경우: 책읽기, 표어, 사회, 뉴스

호흡 덩이: ----------

의미 덩이: ----------

정상적으로 책을 읽을 경우나 뉴스를 진행하는 경우의 말하기가 여기에 해당된다. 이 경우는 호흡 덩이와 의미 덩이가 균형을 이루기 때문에 매우 안정된 분위기를 나타낸다. 다음과 같은 표어는 호흡 덩이와 의미 덩이가 가장 균형을 이루고 있는 대표적인 형태이다.[25]

(32) 가. 자나깨나ᵛ 불조심/ 꺼진 불도ᵛ 다시 보자.//(약 4초)

나. 아들 딸ᵛ 구별말고/ 둘만 낳아ᵛ 잘 기르자.//(약 4초)

시간이 훨씬 늘어난다는 설명이다. 74년 연설에서 미테랑은 한 문장이 끝나면 평균 0.8초 쉬었는데 반해 84년에는 2.1초나 쉬었다.

침묵의 효과에 대해서 뒤에즈는 '준비된 대중 연설에서 침묵은 다음말을 생각할 시간이 아니다. 연설을 듣는 사람에게 지금까지 연설자가 한 말을 되새기게 하고 다음에 무슨 말이 이어질지 관심을 갖게 만든다. 연설도중의 침묵은 인쇄된 문장으로 치면 강조하기 위해 굵은 활자로 되어있는 부분과 같은 효과를 낸다.'(동아일보 94년 4월 27일자 참고)

이러한 분석은 미리 준비된 글말인 연설문에서도 담화상에서 가지는 쉼(pause)의 비언표적인 효과 또는 문체적 효과를 가진다는 것을 말한다.

25) 쉼의 덩이와 표현된 언어의 형식이 그것을 구사하는 사회와 모종의 관계가 있을 것으로 추측한 주장은 김수업(1973)에서 암시되었다.

즉, 고려 노래는 세 걸음 마디가 작은 덩이이고 이것이 두 개가 겹쳐 한 쉼덩이로 실현되기 때문에 한 큰 쉼덩이에서 다소 빠르게 노래 불려졌다. 따라서 호흡이 빨랐던 만큼 그 노래를 부렸던 시대의 사회가 매우 긴박함을 암시할 수 있고, 반면에 조선시대의 노래는 네 걸음 마디가 한 큰 쉼덩이로 되기 때문에 쉼과 의미가 균형을 이룬다. 따라서 쉼과 호흡 덩이가가 균형을 이루어 안정된 만큼 그 노래를 불렀던 시대의 사회 또한 안정된 분위기를 대변하는 것이 아닌가 한다.

(33) 우리는/ 민족 중흥의ˇ 역사적 사명을 띠고/ 이ˇ땅에 태어났다.// 조상의 빛난 얼을/ 오늘에

되살려/ 안으로ˇ 자주 독립의ˇ 자세를 확립하고//밖으로ˇ 인류 공영에ˇ 이바지할 때다.//

(약 16초)

(34) 나랏말ᄊᆞ미/ 듕귁에달아/ 문ᄍᆞ와로서르ᄉᆞᄆᆞᆺ디아니ᄒᆞᆯᄊᆡ/ 이런전ᄎᆞ로어린빅셩이니르고져

ᄒᆞᆯ배이셔도/ ᄆᆞᄎᆞᆷ내제ᄠᅳ들시러펴디몯ᄒᆞᇙ노미하니라/ 내이ᄅᆞᆯ윙ᄒᆞ야어엿비너겨/ 새로스믈

여듧ᄍᆞ를ᄆᆡᇰᄀᆞ노니/ 사름마다ᄒᆡᅇᅧ수비니겨날로ᄡᅮ메뼌한킈ᄒᆞ고져ᄒᆞᇙᄯᆞᄅᆞ미니라//(약 28초)

위 (32)는 표어이고 (33)은 '국민교육헌장'의 일부인데, 이것을 낭독할 때도 대체로 의미
덩이와 호흡 덩이가 균형을 이루면서 낭독된다. (34)는 '훈민정음 서문'이다. 이것은 당시
쉼의 덩이를 알 수 있도록 위에 표시한 것처럼 한 호흡 덩이별로 나누어 기록되어 있다.
처음에는 한 낱말이 하나의 호흡 덩이로 되었고, 다음 덩이도 두 어절이 하나의 호흡 덩이를
이루고 있다. 그러나 이것이 뒤에는 상당히 긴 7-9개의 의미 덩이가 하나의 호흡 덩이 속에
실현된 것을 알 수 있다. 이러한 호흡 덩이의 변화는 읽는 사람이 처음에는 매우 천천히
읽어 분위기나 의미에 상당한 무게를 실었다가 뒤에 가면서 다소 가볍게 읽어 나갔다는
것을 의미한다. 그렇지만 대체로 의미 덩이와 호흡 덩이가 균형을 이루면서 읽혀졌을 것으
로 보인다. 실제 중세 국어의 자료에는 이와 같이 호흡 덩이별로 나누어 기록한 자료가
많다. 이것은 15세기 당시의 언중이 덩이의식이 상당히 있었다는 것을 의미한다. 그런데
15세기 자료에 나타난 쉼의 덩이지우기가 오늘날의 언중들에게도 거의 그대로 적용된다는
것은 우리말에서 쉼의 덩이지우기가 거의 보편성을 가지고 있음을 의미한다.[26]

4.2. 호흡 덩이가 길고 의미 덩이가 짧은 경우: 가락글(시, 시조)낭독, 웅변, 연설

호흡 덩이: ------------

의미 덩이: ------

---

26) 중세국어의 쉼에 대한 분석은 Baek(1987)을 참고할 수 있고 중세국어와 현대어 줄글(산문)의 호흡덩이와
   의미덩이의 관계에 대한 논의는 임규홍(1987) 참고

먼저 가락글 말하기 경우가 여기에 해당된다.[27) 보통 시나 시조를 낭송할 때는 호흡의 덩이가 표현된 언어의 덩이보다 길다. 그래서 시낭송자는 마디마다 일상적인 쉼의 길이보다 긴 쉼을 둠으로써 강세나 어조와 더불어 언어 의미로 표현되지 않는 음악적이고 시적인 효과를 얻게 된다. 예컨대,

(35) 나 보기가 역겨워 가실 때에는/ 말없이 고이 보내 드리오리이다.//(3-4초)

를 줄글로 읽을 경우는 위와 같이 '---때에는/ 말없이---' 사이에 짧은 쉼이 있고 끝까지 한 번에 읽어 버린다. 대략 3-4초 정도 걸린다. 그러나 이것이 시의 가락글이 될 경우는 다음처럼 그 쉼은 매우 길어지면서 동시에 언어 덩이마다에 놓인다. 따라서 위 (35)보다 훨씬 길어져 적어도 12-14초 정도 걸린다.

(36) 나ˇ 보기가/
역겨워 /
가실ˇ 때에는//

말없이 /
고이 보내/
드리ˇ오리이다.//(약 12-14초)

연설이나 웅변의 경우도 여기에 해당된다. 웅변자는 자기의 뜻을 효과적으로 표현하기 위해서 마디마다 쉼을 길게 하여 그 쉼 동안에 낱말과 낱말 사이 또는 어절과 어절 사이에 강하거나 약한 어조를 표현한다. 그리고 다양한 음성적 표현과 더불어 몸짓으로 자기의 주장을 효과적으로 표현한다.

---

27) 우리시 가락글 읽기에 대해서는 곽동훈(1985) 참고

(37) 친애하는/ 국민 여러분//

오늘/ 뜻깊은 광복 50주년을/ 맞이하여// [축사](약 8초)

(38) 저//(손짓) 북쪽에는/ 지금도/ 우리의 부모 형제가/ 배를 굶주리고/ 자유를 빼앗긴 채/

고통받고 있지 않습니까. [웅변글](약 15초)

위 (37)은 일반적인 읽기로 읽으면 약 4초 안에 읽게 되는데 축사글투로 읽어가면 대략 8초 정도 걸린다. 그리고 (38)도 보통으로 읽으면 8초 안팎으로 걸리는데 웅변글에서는 약 15초 정도로 보통읽기보다 2배 많이 걸린다.

따라서 호흡 덩이가 길고 의미 덩이가 짧은 경우는 주로 말할이의 주장을 감성적으로 표현할 경우에 해당된다.

4.3. 호흡덩이가 짧고 의미덩이가 긴 경우: 운동 중계, 다툼

호흡덩이: ----------

의미덩이: ------------------

이 경우는 빠른 행위를 언어로 표현할 경우 즉, 운동 중계가 여기에 해당될 수 있다. 쉼의 일반적인 시간 안에 더 많은 언어 정보를 표현함으로써 그 속도는 빨라지게 된다. 말의 속도가 빠른 것은 그 표현하고자 하는 내용 또한 그만큼 긴박함을 나타낸다. 그래서 언표적인 언어 정보를 표현하는 것 이외의 다른 부가적인 표현 활동은 거의 불가능하다.

(39) 김민호선수 쳤습니다. 공필성선수 뒤로뒤로뒤로 잡을듯 잡을듯 아~잡았습니다.

위의 말하기는 호흡 덩이와 의미 덩이가 균형을 이루면 적어도 8-9초 걸리는 마디가 방송 중계에서는 4-5초밖에 걸리지 않는다. 따라서 위의 말은 보통 말하기보다는 훨씬 빠르다. 행위가 빠르면 빠를수록 표현하는 언어 또한 빨라진다. 운동 경기의 중계라도 운동의 동작 빠르기에 따라 담화속도가 달라지게 된다. 즉, 볼링 경기를 중계하는 것과 복싱 경기를 중계하는 것과는 말의 속도가 다르다.

위에 논의한 호흡 덩이와 의미 덩이의 관계인 (a), (b), (c)를 그림으로 보이면 다음과 같이 된다.

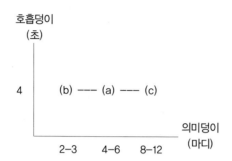

제5장
생략

인간은 자기의 생각과 느낌을 다양한 방법으로 상대에게 전달한다. 그 가운데 언어는 가장 정확하고 효과적인 의사소통 수단이다. 그런데 인간은 가능한 더 경제적으로 의사소통을 하려고 하는 것이 본능이다. 앞에 말했던 부분을 다시 말하지 않거나 그것을 다른 말로 대신하거나 들을이가 알고 있다고 생각하는 정보도 표현하지 않는다. 아니면 말이 가지고 있는 소리의 다양한 특성을 효과적으로 활용한다든가, 또는 몸짓이나 인상의 변화에 의해 말할이의 정보를 효과적으로 깁게 된다. 따라서 실제 언어 현실에서 발화되는 자연언어(natural language)는 이상적인 언어(ideal language)와는 사뭇 다르게 실현된다. 다시 말하면, 언어의 심층적 양상과 그것이 밖으로 표현된 표층적 양상과는 매우 다를 수 있다는 것이다. 그 차이 가운데 하나가 아래와 같은 정보의 '생략현상'에 의한 것이다.

(1) 철수가 집에 있는가?

　가. 예, 철수가$_i$ 집에$_j$ 있습니다$_k$.

　나. 예, $\emptyset_i$ 집에 있습니다.

　다. 예, $\emptyset_i$ (거기) $\emptyset_j$ 있습니다.

　라. 예, $\emptyset_i$ $\emptyset_j$ $\emptyset_k$　　　　　　　　　　　　[영 대용어·생략]

(2) [($\emptyset_i$ *영희가$_i$) 마음씨가 고운] 영희가$_i$ 어제 결혼을 했다.　　[동일 명사 삭제]

(3) 봉수가 은희를 [e 열심히 공부했다고] 여겼다.　　　　　[공범주]

(4) 철수는 사과를 $\emptyset$, 영희는 바나나를 $\emptyset$, 순자는 복숭아를 좋아한다.　[공백화·삭감]

지금까지 언어 연구에서 다루어 왔던 이 '생략 현상'은 크게 둘로 나누어지는데 그 하나가 (1)과 같이 담화. 화용적 층위에서 다룬 정보 이론이나 기능적 측면에서 본 '영 대용어(zero(null)-anaphora)' 또는 '생략(ellipsis)'이고, 다른 하나는 형식 문법에서 변형에서 나타나는 소위 (2)와 같은 '삭제 규칙(deletion rule)'류 또는 (3)과 같은 '공범주(empty-category) 이론' 그리고 (4)와 같은 로스(Ross)의 '공백화(gapping)'가 그 하나이다.

물론, '영 대용어', '생략', '삭제', '공범주', '공백화' 등은 나름대로 연구 영역이 다르기 때문에 그 개념 또한 다소 다르게 사용된다. 그러나 이들이 가지고 있는 공통된 현상은 속구조에서든지 겉구조에서든지 존재했다고 가정한 어떤 정보가 '빠진다'는 것이다. 이러한 공통된 생략 현상을 거시적인 범주로 보고 이를 통합 설명하려는 것이 본고의 목적이다. 따라서 먼저 생략의 범주를 새로운 안목으로 정리하고, 이를 바탕으로 국어 생략현상을 통사 층위, 어휘 층위, 문맥 층위, 화용 층위로 나누어 갈래 지워보고 마지막으로 담화에서 언어 정보와 상황 정보의 관계에서 정보의 생략 정도를 알아본다.

1. 생략의 범주

'생략'이라는 개념은[1] 지금까지 주로 화용 기능론의 개념으로 취급해 오고 있다. 그래서 형식 문법에서 '삭제 규칙'과 구별해 왔던 것이다. 생략의 범주를 어떻게 규정하느냐에 따라. 그 논의의 대상이 결정된다. 생략 현상의 범주를 좁은 의미로 규정할 수도 있고 넓은 의미로 규정할 수도 있을 것이다. 지금까지 생략을 '삭제'와 구별한 것은 좁은 의미의 '생략'이라고 한다면 본고에서 논의하는 것처럼 넓은 의미로 볼 때는 '삭제'도 생략 현상의 하나라고

---

1) 슈타이니츠(1971)나 헬비히(1988) 등은 어떤 성분이 생략되더라도 그 문장의 의미는 변함이 없어야 한다고 했다. 그런데 이러한 차원에서 언어 설명을 한다고 하면 '생략'현상 또한 근본적으로 설명이 불가능해진다고 하겠다. 뿐만 아니라 어떠한 언어 설명도 불가능하다. 왜냐하면 모든 언어는 그 형태가 다르면 결국 의미가 다를 수밖에 없다는 의미 형태 이론(iconicity theory)이 매우 설득력을 가진다는 입장에서 본다면 표현된 언어 형태와 표현되지 아니한 심층 구조의 가설적인 형태와는 그 의미가 다르다고 보기 때문에 아예 표현된 모든 언어 형태는 그것이 본질적 형태로 간주해야 한다. 즉, 문장 의미론적인 입장에서 본다면, '영희는 철수가 현명하다고 생각했다'와 '영희는 철수를 현명하다고 생각했다.'는 근본적으로 그 의미가 다르기 때문에 어떠한 변형으로도 설명할 수 없는 독자적인 문장으로 볼 수밖에 없다는 것이다. 따라서 '변형'이나 '바뀜'은 애초부터 있을 수 없게 된다.

볼 수 있다.

지금까지 '생략'에 대한 일반적인 뜻넓이는 아직 통일된 것은 없다. 필자는 생략을 속구조에서나 겉구조에서나 '있었던 정보'나 '있었다고 생각하는 정보'를 어떤 요인에 의해서든지 없어지는 현상으로 그 뜻넓이를 잡고자 한다. 그리고 생략된 그 정보는 반드시 회복할수 있는 정보이어야 한다. 이때 회복 가능성(recoverability information)[2]이라는 것은 회복해서문법적인 문장이 되어야 한다는 것이 아니라 생략된 정보가 무엇인지를 알 수 있는 정보이어야 한다는 뜻이다. 필수적으로 생략된 삭제 변형에 의한 생략은 생략된 정보가 무엇인지는 알 수 있지만 그 정보가 겉구조에서 회복되어 문법적인 문장이 되지는 않는다.

(1) 가. 철수가 만난 여자는 매우 상냥했다.

나. *철수가 여자를{*남자} 만난 여자는 매우 상냥했다.

위에서 철수가 만난 사람이 '여자'이지 '남자'가 아님은 누구나 알 수 있다. 다시 말하면,
철수가 만난 사람을 회복할 수 있지만 그것이 겉구조에서 생략되지 않으면 비문이 되어버린다. 이것은 넓은 의미로 본다면 문맥이나 상황에서 선행 정보를 생략하는 경우와 비슷하다고 할 수 있다. 문맥에서나 상황에서 생략된 정보를 모두 회복했을 때 그 문장은 매우어색해 질 수도 있다는 것이다.

---

[2] 삭제 변형에서 삭제 대상의 조건으로 일찍이 회복 가능성 조건(recoverability-condition)을 제시하였다(Katz and Postal(1964:80), Chomsky(1965:144)). 정보의 회복 가능성은 기능 문법론자에게도 중요한 기제의 하나로 보고 있다(T.Givon(1979), S.Kuno(1980)).

그리고 김일웅(1982:37)은 생략을 대용의 한 하위 영역으로 보고 생략의 조건으로 '되풀이 조건', '동일지시 조건', '선행조건'이 있다고 하였다. 생략을 '영 대용어'로 본 주장들은 대부분 '선행성'을 중요한 조건으로 설정하고 있다. 그런데 본고에서처럼 생략의 범주를 확대할 때 이 '선행성'은 생략의 필수적인 조건이 될 수 없다고 본다. 이에 대한 생각은 홍순성(1986:62)에서 간단히 제기한 바 있다.

a. [∅ 회장에 당선될 것이라고] 준호가 영호에게 말했다.

a에서 '준호'와 '영호' 또는 제3자가 영 대명사의 선행어가 될 수 있다는 우위성 제약이나 선행성은 재고되어야 한다(홍순성, 1986:62)고 하였다. 이 주장은 그 외 본고에서 생략이라고 한 '철수∅ 보다 영희의키가 더 크다.'에서 철수의 정보에 생략한 '-의 키'는 선행이라기보다는 후행이라고 볼 수 있다. 뿐만 아니라 매김마디나 쪼갠월의 전제부분은 꾸밈을 받는 이름씨 마디나 초점의 구체적 정보에 해당되면서 그대상은 생략 정보 뒤에 실현된다.

b. [∅ 얼굴이 예쁘고 마음씨가 고운] 영희가 다음 주에 결혼한단다.

에서 '얼굴이 예쁘고 마음씨가 고운' 대상은 영희가 발화되기 전에는 누구인지 모른다. 후행하는 '영희'가 발화되고 난 다음 그 확정된다. 따라서 생략의 조건으로 선행성은 필수적인 조건은 아니다.

우리는 담화에서 말할이 많은 말을 하고 난 다음 들을이는 "알았어"라고 했을 때 '너가 말한 내용을 알았다는 뜻인데, 그렇다고 말할이의 모든 정보를 다시 회복하기도 어려울 뿐더러 그럴 필요도 없게 된다. 그리고 '생략'이라는 말 자체가 '생략한다'는 말할이의 임의에 의해서 일어나는 현상이 있을 수 있고, 다른 측면으로 '생략된다' 필수적 현상도 포함할 수 있게 된다.

김일웅(1987, 1985:14)에서처럼 '월의 구조를 설명하고 해석하기 위해서 이론적으로 가정한 구조에다 '없애는 변형'을 필수적으로 적용하여 없애는 과정을 '삭제(deletion)'라 하고, 생략은 말할이의 임의적 판단에 의해 행해지는 현상'이라고 하여 생략과 삭제를 구별하였다.

김일웅(1987:354)에서

(2) 가. 철수는 ∅ 수영하기를 좋아한다.
　　 나. *철수는 철수가 수영하기를 좋아한다.

(2가)는 '어떠한 요소가 실현되지 않았는지 직관적으로 알 수 없으며 언어학적으로 훈련 받은 사람의 '내성'에 의한 반성에 의해서야 비로소 알 수 있다'고 하였다. 그러나 (2가)에서 '수영하는 사람'이 누구인지는 아무런 언어학적인 지식이 없이도 쉽게 알 수 있으며 이것이 바로 모국어 직관에 의한 것이다. (2나)처럼 겉구조에 실현될 수 없는 것은 월의 구조에 의한 것이다.

(3) 가. 영희는 [영희가 예쁘다]고 생각한다.
　　 나. 영희는 [자기가 예쁘다]고 생각한다.
　　 다. 영희는 [∅ 예쁘다]고 생각한다.

(3가)를 속구조로 하는 (3나)와 (3다)에서 (3나)에서 임자말 '자기가'가 실현될 수 있는 것이나 (3다)에서 '영희'나 '자기'가 생략된 것도 월의 구조적 특성에서 파생된 것이라고 할 수 있다. (3다)에서 아무런 문맥이나 상황이 전제되지 않으면 '예쁜 주체'가 '영희'임은 누구나 알 수 있게 된다.[3]

따라서 삭제도 넓은 의미에서 보면 생략의 한 현상이다. 발화된 모든 언어는 그것만으로 완벽하다고는 할 수 없다. 상황에 의한 속구조가 있을 수도 있고, 문맥에 의한 속구조가 있을 수도 있다. 따라서 한 문장이 나오게 된 통사적인 속구조를 인정한다면 속구조에서 파생되어 겉구조로 나오면서 없어진 정보도 상황이나 발화에 의한 속구조 내지는 속정보에서 어떤 정보가 생략되고 겉으로 실현된 것이나 다름이 없다. 다만 그 속구조의 깊이가 어느 정도 깊느냐 하는 것이 문제일 뿐이다. 상황에 의한 생략된 정보의 속구조는 발화된 정보를 둘러싸고 있는 모든 정보들을 다 속구조라고 할 수 있다. 그래서 그 깊이와 생략된 정보를 정확하게 가늠하기가 매우 어려울 뿐이다.[4] 반면에 문맥에서 생략된 어떤 정보의 속구조는 그정보가 한정되어 나타나기 때문에 그 깊이를 가늠할 수 있다. 사실 한 문장이 가지고 있는 통사적 속구조의 깊이를 규정하는 것도 매우 어렵다.

그리고 '대용'도 '생략'과 밀접한 관계에 있다. 김일웅(1982:61)은 생략을 대용 과정에서 대용사와 지시사의 삭제를 거쳐 일어나는 것으로 보아 대용의 하위 부류로 처리하기도 하였

---

3) 이는 Hinds(1982)가 말한 심층구조에 있었던 요소로서 표층에 보이지 않을 때를 'deletion'이라하고 기본적인 인지 구조인 '표층 풀이말틀 유형(surface frame pattern)'에 의해 찾아 낼 수 있는 요소가 표층에서 보이지 않은 때를 'ellipsis'라 하여 구분한 것과 같다.

4) 이와 유사한 주장은 노은희(1994:97-110)에서 보인다. 그녀는 담화에서 생략이라는 현상을 근본적으로 재고해야 한다고 하면서 그 이유로 화자는 기준문장을 상정한 후 불필요한 요소를 빼는 것이 아니라, 여러 어휘소 중에서 필요한 것만을 선택하는 듯하다고 하였다. 그리고 청자도 화자의 이러한 선택적 언어 표현을 다시금 보충하여 기준 문장으로 이해하기보다는 이미 형성된 서로의 인식 기반 속에서 자신이 필요한 정보를 수용, 이해하는 듯하다고 제안했다. 이러한 생각은 근본적으로 기준 문장에 대한 정확한 설정이 불가능하다는 전제 때문에 야기된 주장인 듯하다. 사실 담화에서 기준 문장(생략되지 않은 문장)을 정확하게 설정하기는 매우 어렵다. 왜냐하면 말하는 이가 구정보라고 생각하여 생략하는 정보 가운데 듣는 사람에게는 새로운 정보가 있을 수 있기 때문이다. 즉, 말하는 사람과 듣는 사람과의 정보가 정확하게 일치할 수는 결코 없다. 그러나 우리가 담화에서 말하는 이가 어떤 정보를 생략하더라도 의사 소통에 문제가 되지 않은 것은 생략된 정보가 정확한 언어적 일치는 보지 않더라도 추상적인 명제의 수준에서는 동일하게 수용되기 때문이다.
　　종업원: 주문이요
　　손님: 샌드위치와 커피[주문할래요], [시킬래요], [원해요], [먹고싶어요]
위에서 종업원이 말한 "주문이요"라고 했을 때 손님은 위에처럼 다양하게 말할 수 있기 때문에 샌드위치와 커피 뒤에 생략된 정보를 알 수 없다는 것이다. 그런데 손님이 '샌드위치와 커피' 뒤의 정보를 표현하지 않았더라도 손님이 그 의미를 알게 되는 것은 종업원은 손님이 표현하지 않은 정보를 알고 있기 때문이다. 즉, 종업원이 가진 정보와 손님이 가진 정보와 유사하거나 동일하기 때문에 생략이 가능한 것이다. 전혀 정보가 없었던 것이 아니고 종업원이 말한 정보 "주문이요"라는 정보에 근거하여 그와 동일하거나 유사한 정보가 생략된다. 만약 종업원의 선행된 정보가 없었다면 손님은 결코 위와 같이 생략할 수 없게 된다. 노은희는 생략을 '비선택' 또는 '비실현'이라고 한 것도 결국은 생략이나 같은 의미이다.

다. 할리데이/핫산(1976:88)도 마찬가지로 대용과 생략은 근본적으로 동일한 현상이라고 하면서도 생략을 영대용의 하나로 보았다.

생략은 말할이가 유표적 대용어에 의해 대용할 필요가 없다고 생각했을 때 표현하지 않는(생략하는) 것이다.

> (4) A: 저기 있는 화분를 너가 깨었니?
>
> B: 가. 저기 있는 화분을 저가 깨었습니다.
>
> 나. 그 화분을 제가 깨었습니다.
>
> 다. 그것을 제가 깨었습니다.
>
> 라. ∅ 제가 깨었습니다.

(4A)의 질문에 대한 답으로 (4B가~라)가 모두 가능하다. 그러나 말할이가 그 가운데 어느 것을 선택할 것인가 하는 것은 말할이 생각에 달려 있다. (4B라)의 대답은 말할이가 선행 발화의 정보에 의해 그 대상을 들을이가 알고 있을 것으로 믿기 때문에 생략한 것이다. 그 과정으로 보면 대용의 연장선상에서 보면 '영대용(zero-anaphora)'이라고 할 수 있다. 그러나 표현된 결과를 보면 어떤 정보가 생략된 상태임은 분명하다. 따라서 '영대용'과 '생략'은 동일한 언어 현상이라고 할 수 있다.

그리고 접속삭감이나 Ross(1970)가 말한 공백화(gapping)[5] 현상 또한 생략의 현상이라고 할 수 있다.[6]

> (5) 가. John ate fish, Bill ∅ rice, and Harry ∅ beans.

---

5) Ross(1970)는 삭제 변형과 공백화를 두 가지 점에서 다르다고 주장한다. 그 하나가 삭제 변형은 구성소(constituent)를 삭제하는데 비해 공백화 변형은 비 구성소(non-constituent)까지 생략할 수 있다는 것과, 다른 하나는 공백화 규칙은 문장 안의 동사구만을 삭제한다는 것이다. 그러나 이러한 현상은 국어와 영어가 언어 구조에 있어서 서로 다르기 때문에 국어에는 맞지 않은 것 같다.

6) 장석진(1989:104-111)은 공백화도 생략(ellipsis)으로 보면서 생략을 대용의 하나로 영조응이라고 하였다. 소위, 공범주라고 한 '철수가 가겠다고 약속했다.'에서 내포문에 생략된 '철수'를 영조응이라고 하였다. 박승윤(1990:58)은 접속 삭감이란 보다 넓은 생략 현상의 하나라고 함으로써 '공백화'도 생략의 한 현상임을 말하고 있다.

나. 창수는 사과를 따고, 영희는 ∅ 먹고, 동수는 ∅ 버렸다.

다. 창수는 사과를 ∅, 영희는 배를 ∅, 동수는 감귤을 먹었다.

위 (5)는 모두 접속 삭감으로 동일한 정보가 같은 월 속에서 대등적으로 이어질 때는 언어 경제의 원리에 의해 생략하게 된다. 이들 모두 생략된 정보를 회복할 수 있고 생략된 정보는 지시어와 동일한 정보이다. 따라서 접속 삭감이나 공백화 등도 모두 생략의 하위 범주에 속한다. 따라서 생략의 범주는 다음과 같이 정리된다.[7]

2. 생략의 갈래

국어의 생략을 그 요인에 따라 '구조 변형에 의한 생략'과 '어휘 정보에 의한 생략', '문맥 정보에 의한 생략', '상황 정보에 의한 생략'으로 나눌 수 있다.[8] 구조 변형에 의한 생략은 필수적 생략에 해당되고, 그 외는 임의적 생략에 해당된다.[9]

---

7) 이러한 견해는 박영순(1985:97)에서 '동일명사구탈락', '주어탈락', '비명세화된 명사구생략', '접속문축약'을 묶어 '탈락규칙'으로 설명한 것에서도 보인다.

8) 김일웅(1984)은 되풀이 생략, 상황 생략, 개념 생략으로 나누었다. 그리고 김두식(토론에서)에서는 영어의 생략을 정상적 생략(Normal Ellipsis)과 상황적 생략(Situational Ellipsis), 구조적 생략(Struct ural Ellipsis)으로 제안한 바있다. 김성훈(1994:397)은 클라인과 김일웅의 주장을 바탕으로 '언어적 콘텍스트의 생략'과 '언어외적 콘텍스트 생략'으로 나누면서 '언어적 콘텍스 생략'은 그 생략된 요소를 순수 언어학적 콘텍스트에서 찾을 수 있는 것이고, '언어외적 콘텍스트 생략'은 언어외적 상황이나 의사소통 참여자의 세계지식 등에서 찾을 수 있는 것이라고 하였다.

A.L.Thomas(1979)은 더 엄격하게 문맥에 의존된(cotext-dependent) 생략은 'ellipsis', 그리고 문맥에 의존하지 않은(context-free) 생략은 'elision'이라고 하였다.

9) 생략을 크게 '필수적 생략(obligatory deletion)'과 '임의적 생략(optional deletion)'으로 나눈 것은 D.J.Allerton (1975)가 있다. 그리고 김일웅(1984)에서 '필수적 되풀이 생략'과 '임의적 되풀이 생략'으로 나누기도 했다.

2.1. 구조 변형에 의한 생략

구조 변형에 의한 생략(structure-D)은 담화 정보나 언어 정보의 잉여에 의한 표현 효과에 의한 생략이 아니라 속구조에서 겉구조로 구조 변형에 의해 필수적으로 생략되는 것을 (obligatory deletion) 말한다. 따라서 구조적 생략의 경우 생략 정보는 속구조에서는 회복 가능하지마는 겉구조에서는 회복 불가능하다. 속구조에서 생략된 정보가 겉구조에서 회복되면 비문이 된다. 이제까지 변형 문법에서 일반적으로 '삭제 규칙'으로 취급했던 것이 여기에 해당된다.

국어에서 구조 변형에 의한 생략은 '안긴월의 월 성분 생략', '이음토씨 이음월의 풀이마디 생략', '대등적 이음월의 서법 생략'이 여기에 해당된다.

2.1.1. 안긴월의 월 성분 생략

안긴월의 월 성분과 안은월의 월 성분이 동일할 때 안긴월의 월 성분이 생략되는 현상을 말한다.[10] 안긴월의 종류는 매김월로 안기는 경우와 쪼갠월로 안기는 경우 그리고 기움월로 안기는 경우가 있다.

다음 (1)은 매김월에서 생략 현상이다.

(1) [(영희가─∅i) 마음씨가 고운] 영희i가 어제 결혼을 했다.

이것은 매김월에서 하위절의 성분이 상위절의 성분과 동일할 때 하위절의 월 성분이 생략되는데 일반적으로 '동일명사 삭제 규칙(Equi-NP Deletion Rule)'으로 알려진 것이다. 이 생략은 월을 선형적으로 볼 때 생략 성분보다 지시어가 뒤에 실현되는 특성을 가지고 있다. 따라서 매김월에서 안긴월에 생략된 성분은 그 지시어가 항상 후행하기 때문에 지시 정보가 나오기까지는 알 수 없다. 그리고 (1')과 같이 생략된 성분의 자리에는 지시 정보와 동일한

---

10) 양동휘(1980), 홍순성(1986)에서 매김월이나 관계월의 월 성분 생략을 영대명사 또는 무형 대용화라고 하였다.

정보 이외 어떤 정보도 올 수 없다는 것은 생략 현상의 일반적 조건에 부합되는 것이다.

(1') [[(*순희가–영희가– Øi) 마음씨가 고운]] 영희i가 어제 결혼을 했다.

(2) [내가[고기를–*생선을– Øi] 먹었던] 고기i가 상했다.

그런데 위 (1') 매김월의 안긴월 속에서 생략된 정보는 매김마디 머리말인 '영희'와 동일하다. 매김마디 머리말과 다른 '순희'는 불가능하다. (2)도 매김마디 머리말 '고기'와 같은 말이 매김월 속에 생략된 것이다. 그러나 (1")과 같이 겉구조에서는 복원이 불가능하다. 따라서 필수적으로 생략되어야 하는 필수적 생략에 해당된다.

(1") *영희가 마음씨가 고운 영희가 어제 결혼을 했다.

다음 (3)은 쪼갠월로[11] 안긴 경우이다.

(3) [내가 어제 길에서(누구–사람–나의 삼촌= Ø) 만난] 사람은 나의 삼촌이다.

(3)의 심층에서 생략된 성분은 안긴월의 꾸밈을 받는 이름마디이다. 그런데 안긴월의 생략 성분과 꾸밈을 받는 이름마디가 의미적으로 동일한 것으로 파악된다.

(4) 철수가 영희를 만난 곳은 촉석루이다.

에서 속짜임은

(4') [철수가 ((어디=곳=촉석루)에서= Øi) 영희를 만나다] 곳은 촉석루이다.

---

11) 쪼갠월에 대한 논의는 Akmajian(1970), Gundel.J.K(1977), Declerck.R(1984). 국어의 쪼갠월에 대한 논의는
　임규홍(1986) 참조.

와 같이 된다(Pinkan.J&Hankamer, 1975 참고). 그런데 쪼갠월 전제 부분에 생략된 정보는 매김월 과는 달리 '[---∅i---]NPi에서 ∅i>NPi'의 의미 관계를 가진다. 그러나 생략 정보와 그 지시 정보는 (4')에서처럼 원천적으로는 동일한 것이거나 아니면 의미 자질에 있어서 서로 포함 관계에 있다. 그리고 이것도 다음 (3')과 같이 겉짜임에서는 복원이 불가능한 필수적 생략이다.

(3') *내가 어제 길에서 사람을 만난 사람은 나의 삼촌이다.

그래서 쪼갠월의 전제 부분의 생략은 속구조에서 겉구조로 파생되면서 그 과정에서 실현 된 생략이다.
다음 (5), (6)은 기움월로 안긴월의 성분이 생략되는 경우이다.

(5) 철수가 은희를 [(은희가-∅) 열심히 공부했다고] 여겼다.
(6) 철수는 비행기를[(비행기가-∅) 크게 만들었다.

(5)는 '철수가 은희가 열심히 공부했다고 여겼다'고 하는 보문에서 한 번 더 변형 과정을 겪기 때문에 그 변형 과정에서 '은희'가 생략된다. (5)를 속구조 '철수가 은희가 열심히 공부 했다고 여겼다.'에서 변형의 과정으로 도출된 것인가, 아니면 (5) 그 자체를 독립된 구조로 보느냐 하는 문제는 아직 여전히 해결되지 않고 있다. 전자로 본 것이 소위 '주어올리기'변 형(김영희, 1985)으로 설명한 경우이고, 후자는 공범주의 개념으로 설명하려는 것이다. 본고에 서는 (5)의 속구조를 '철수가 은희가 열심히 공부했다고 여겼다.'로 상정하면서 기움월의 풀이말 '열심히 공부하다'의 주체는 분명 '은희'임에 주목하고자 한다. 그리고 '은희를'을 기움월의 직접 성분으로 볼 수 없으며 그 성분은 기움월에서 생략된 것으로 본다.

(7) 가. 영희는 [(자기가-순희가-∅) 명랑하다]고 생각했다.
    나. 영희는 순희를[(순희가-∅)명랑하다]고 생각했다.

위에서 (7가)의 안긴월, '순희가 명랑하다'는 매우 자연스럽다. 그러나 '영희는 순희가 [-----]생각했다'는 불가능하기 때문에 기움월의 '영희가'는 상위 풀이말 '생각하다'의 직접 성분은 결코 될 수 없다. 그런데 (7나)의 경우는 기움월에서 '---[순희를 명랑하다]--'가 어렵기 때문에 '순희를'을 기움월의 하위절 풀이말인 '명랑하다'의 직접 성분으로 보기 어렵다. 그러나 '영희는 순희를 [---]생각했다.'와 같이 '순희를'이 상위 풀이말의 직접 성분으로 가능하다. 따라서 (7나)의 경우 기움월의 하위 풀이말 '명랑하다'의 주체인 '영희'는 생략되었다고 보는 것이 타당하다.

그런데 여기서 주목해야 할 것은 (7가) '영희가 명랑하다고 생각한다'라는 월은 문맥이나 상황이 전제되지 않으면 명랑한 주체는 바로 '영희'로 이해가 된다. '영희'가 아닌 경우는 그 대상이 반드시 설정되어야 한다. 일반적으로 '생각한다'의 주체가 설정되지 않으면 말할 이를 나타내기는 하지만 그것도 상황이나 문맥이 전제되면 훨씬 정확한 의미가 드러나게 된다. 특히, 상위 풀이말이 단언 풀이말인 경우 안긴월의 월 성분이 생략될 경우는 상황이나 문맥에 의해 생략 정보를 알 수 있기 때문에[12] 선행 정보가 제시되지 않으면 모호한 월이 된다.

따라서 다음 보기와 같이 보문의 월 요소는 근본적으로 생략이 어렵다.

(8) 가. 영희는 [자기가-동생이-?∅ 예쁨]을 자랑한다.

　　나. 농부는 [비가-*∅ 오기]를 기다린다.

　　다. 철수는 [영희가-*∅ 공부 잘하]게 도왔다.

그리고 보문의 주어가 생략될 가능성은 그 보문의 풀이말과 상위 풀이말 특성에 따라 결정되는 것 같다.

어쨌든 겉구조에서는 안긴월도 다음과 같이 그 성분이 상위월의 목적어로 상승되고 안긴월의 주어가 생략되거나 아니면 안긴월 주어가 그대로 생략되어야 하는 필수적인 생략에

---

12) ---ei[s' NP가---]i----

위와 같은 공범주 구조에서 '사건이나 상황 같은 것을 목적어로 채워 볼 수 있을 것(안병철, 1989)이라고 한 것이나, 김지홍(1991:43)에서 상황 공범주라고 한 것은 의미있는 논의라고 생각한다.

해당된다.

> (9) 가. *영희는 영희가 명랑하다고 생각했다.(영희=영희)
>
> 나. *영희는 순희를 순희가 명랑하다고 생각했다.

2.1.2. 이음토씨 이음월의 풀이마디 생략

두 월이 이음토씨 '와/과'로 대등적으로 이어질 때 앞 명제의 풀이마디는 생략되며 그 생략은 필수적 생략에 해당된다. 그리고 생략 방향은 왼쪽에서 오른쪽으로 실현된다. 아래 (10), (11)과 같이 이음말 '와/과'는 이름씨와 이름씨를 이어주기 때문에 선행절과 후행절의 같은 풀이말은 자동적으로 생략된다.[13]

> (10) 가. 철수는 학생이다 –와– 영희는 학생이다.
>
> 나. 철수(는 학생이다– ∅)와 영희는 학생이다.

> (11) 가. 철수는 연필을 샀다.　　철수는 공책을 샀다.
>
> 나. 철수는 연필(을 샀다–∅)과 (철수는–∅) 공책을 샀다.

(11나)는 (11가)에서 동일 성분인 '철수'와 '사다'가 생략되었다. 그런데 이름씨의 생략은 오른쪽으로 생략되고 풀이말은 왼쪽으로 생략된다.[14] 이때 이름씨 '철수'의 생략은 구조적 생략이라고 할 수 없다. 왜냐하면 다소 어색하지마는 아래 (11다)와 같이 '철수'가 필수적으로 생략되지는 않기 때문이다.

---

13) 한재현(1980:53)에서 '와' 결합에 따른 성분 생략이 필수적 변형이라고 하였다. 접속 삭감도 생략 현상 현상의 하나임은 박승윤(1990:58)에 제시함. '와'에 대한 자세한 논의는 김완진(1970) 참조.
14) 접속 삭감의 방향에 대한 논의는 박승윤(1990:55–60) 참고. 그리고 한재현(1980)은 생략의 방향에 따라 '순행 생략'과 '역행 생략'으로 나누었다.

(11) 다. 철수는 연필과, 철수는 공책을 샀다.

그러나 풀이마디는 생략되지 않으면 수용 불가능한 월이 된다.

(11) 라. *철수는 연필을 샀다 와 철수는 공책을 샀다.

2.1.3. 대등적 이음월의 풀이말 서법 생략

두 개 이상의 명제월이 이음씨끝에 의해 대등적으로 이어진 월에서 선행월의 문법 성분은 후행월의 문법 성분과 동일할 경우 생략된다.[15] 이때의 생략은 이음씨끝의 구조 변형에 의해 생략되는 필수적 생략에 해당된다.

(12) 그 때 철수는 학생이었고, 영희는 선생이었다.
(12') 그 때 철수는 학생이었고, 영희는 선생이었다.
(12") *그 때 철수는 학생이었다고, 영희는 선생이었다.

(12')처럼 대등적으로 이어진 월의 선행 시제는 후행절의 시제와 동일하며 그 생략은 임의적 생략같이 보인다. 그것은 대등적으로 이어진 월의 특징이 선행월과 후행월이 의미적으로 독립적(undependent)[16]이라는 뜻이다. 그러나 (12")나 아래 (13)처럼 서법은 반드시 후행절의 서법과 동일하며 필수적으로 생략된다. (12)의 후행절 서법은 평서법이고, (13)은 후행절의 서법이 의문법이다.

---

15) 한재현(1980:39-40)은 이 문법 요소의 생략을 보조사의 생략이라고 하면서 서법이나 상과 시제의 생략을 들고 있다. 그리고 이때의 생략은 수의적이라고 하였다. 그러나 서법이나 시제 및 상을 보조사라고 한 것은 용어상 문제가 되고 이들의 생략은 수의적인 것처럼 보이나 선행월과 후행월의 의미적 관계에 따라 생략되는 필수적 생략이라고 볼 수 있다.

16) 접속문을 내포성(embedded)과 의존성(dependent)에 의해 대등과 종속 그리고 대등적종속으로 분류한 Foley&Van Valin(1984) 참조. 김종록(1992)은 국어의 접속 어미를 내포성과 의존성으로 설명한 바 있다.

(13) 그 때 철수는 학생이고, 영희는 선생이었는가?

(13') 그 때 철수는 학생이었는가? +그리고+ 그 때 영희는 선생이었는가?

(13") 그 때 철수는 학생이었(는가?=∅)고, 영희는 선생이었는가?

(13''') 그 때 철수는 학생이(었=∅)고, 영희는 선생이었는가?

(13'''') *그 때 철수는 학생이었는가?고 그 때 영희는 선생이었는가?

(13''''') *그 때 철수는 학생이었다. 그리고 그 때 영희는 선생이었는가?

이것은 후행월의 서법(문장 어미)을 전체 월의 구조보다 상위에서 하위절인 선행절의 씨끝을 지배하기 때문이다. 다시 말하면 대등적으로 이어진 월의 구조에서 후행절의 서법은 다음 (14)와 같이 선행절과 후행절보다 상위 구조에 설정할 수 있다. 따라서 대등적으로 이어진 월은 선행절의 서법은 상위 마디에 설정된 서법과 동일해야 하고 또 그것은 생략된다. 서법이 동일하지 않은 (13'''')는 비문이 된다. 그리고 (13''''')과 같이 선행월의 서법과 이음씨끝은 당연하게 결합할 수 없게 된다. 따라서 대등적으로 이어진 월의 월 성분 생략은 다음과 같이 나타낼 수 있다.

(14) 대등적으로 이어진 월 구조[17]에서 생략

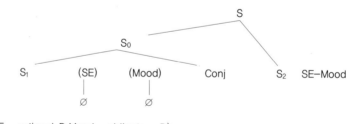

(SE——optional D,Mood——obligatory D)

그러나 종속적으로 이어진 월에서는 대등적으로 이어진 월과는 달리 선행절의 시제나 서법의 생략은 선행절의 씨끝의 종류에 따라 다양한 모습을 보인다. 그리고 종속적으로 이어진 월에서 선행절은 후행절의 서법이 생략될 수 없다. 그것은 아래 (15)에서 쉽게 알

---

17) 문장어미의 구조적 설정에 대한 난해함은 이미 여러 논문에서 지적되었다. 다만 여기에서는 일반적 구조를 제시한 것이다. 이은월(접속문)의 구조에 대해서는 최재희(1991:21-22)에 소개되었다.

수 있다. 왜냐하면 종속적으로 이어진 월의 선행절 씨끝은 상위절인 후행절의 서법에 지배받지 않기 때문이다. 다시 말하면 선행절은 후행절에 직접 지배받고 그 후행절은 다시 상위 서법에 지배를 받게 된다.

(15) 종속적으로 이어진 월 구조에서 생략

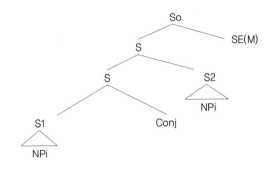

(16) 가. 철수는 열심히 돈을 벌어서 불우한 이웃을 위해 썼다.

　　　나. 철수는 열심히 돈을 벌어서 (철수는) (돈을) 불우한 이웃을 위해 썼다.

위 (16)에서 선행절의 성분과 후행절의 성분이 동일할 경우는 생략가능함을 보이고 있다. 그리고

(17) 철수는 밥을 먹고 (철수는=∅) 잠을 잤다.

(17') *철수는 밥을 먹었고 (철수는=∅) 잠을 잤다.

(17") *철수는 밥을 먹(었다)고 (철수는=∅) 잠을 잤다.

에서 선행절 '철수가 밥을 먹다'는 후행절 '철수가 잠을 자다'와 시간적으로 선후의 관계를 맺고 있으며 선행절은 후행절에 종속되어 있기 때문에 상위 서법인 '평서'가 그대로 하위절인 선행절에 서법이 될 수 없다. 그리고 시제 또한 상위절에 의해 하위절의 시제가 생략되었다고 할 수 없다. 따라서 겉구조에서 종속적으로 이어진 월의 선행절 서법과 시제는 후행절의 서법이나 시제와 다르기 때문에 그 선행절의 서법이나 시제는 생략되었다고 볼 수 없다.

(18) 철수는 밥을 많이 먹어서 배가 아프냐?

(18') *철수가 밥을 많이 먹느냐?+(어서)+철수가 배가 아프냐?

(18") [[[[[철수가 밥을 많이 먹다]S1]어서]conj철수가 배가 아프다]S2]S의문]So

(18)에서 상위절의 서법은 '의문'이더라도 하위절의 서법이 '의문'이 될 수 없다는 것이다. (18)이 (18")의 구조로 되어 있기 때문에 서법 '의문'은 상위월의 서법이다.

그리고 종속적으로 이어진 월에서 선행절의 시제도 후행절의 시제에 영향을 받는다.[18] 그러나 선행절에 시제표지(선어말 어미)가 실현되지 않을 경우도 그것이 후행절 시제의 동지시에 의해 생략된 것으로는 볼 수 없다. 그 때도 선행절에 시제 표지가 실현된 것과 그렇지 않는 것과는 의미적으로 다르기 때문에 상위절의 시제와 동지시에 의한 생략이 아니다.

(19) 가. 너가 공부를 열심히 했으면(*하면) 지금 행복할 것이다.

　　 나. 너가 공부를 열심히 하면(*했으면) 좋은 성적을 받을 수 있을 것이다.

(20) 가. 철수가 심부름 갔으니까 너는 안 가도 된다.

　　 나. 철수가 심부름 가니까 너는 안 가도 된다.

위 (19)와 (20)과 같이 선행절은 후행절보다 앞선 시제가 되어야 한다. (20가)와 (20나)에서 후행절의 시제는 같아도 선행절의 시제가 다르면 그 의미 또한 달라지게 된다.

따라서 종속적으로 이어진 월에서 선행절은 후행절의 시제나 서법이 생략된 것이 아니다.

2.2. 어휘 정보에 의한 생략

국어의 생략 현상 가운데 선행하는 정보나 상황이 제시되지 않은 경우에도 생략되는 경

---

18) 정정덕(1986)에서 이음씨끝에 결합 가능한 시제를 다음과 같이 나타냈다.

	{러, 려고, 고자}			{게, 도록}		{는데}	{면, 거든, 어야}			{니까, 니, 어서}		{다가}	{면서, 자, 고자}		
았	X	X	X	X	X	O	O	O	O	O	O	O	X	O	X	X	X
겠	X	X	X	X	X	O	O	O	X	O	O	O	X	O	X	X	X
더	X	X	X	X	X	X	X	X	X	X	X	O	X	X	X	X	X

우가 있다. 형태 통합에 따른 토씨의 생략이다.[19] 선행하는 어휘와 후행하는 어휘가 서로 어떤 의미적 관계에 있을 경우 이 두 어휘 사이의 토씨는 생략되면서 하나의 어휘 형태로 통합하게 되는 현상이다.

이 경우는 두 가지 경우가 있는데 그 하나는 매김토씨의 생략으로 새로운 이름마디 만들기로 확장되는 경우가 있고, 다른 하나 선행하는 이름씨가 후행하는 풀이말의 의미와 결속 관계를 가지면서 새로운 풀이마디를 만드는 경우가 있다.

2.2.1. 이름씨와 이름씨 통합에 의한 토씨 생략

이 경우는 이름씨와 이름씨 사이의 매김토씨 '의'가 생략되면서 이름마디로 확장되는 경우이다. 다음 월을 보자.

> (21) 가. 국어의 교육 → 국어 교육
>
> 나. 교육의 과정 → 교육 과정
>
> 다. 한국의 경제 → 한국 경제
>
> 라. 민족의 정신 → 민족 정신

과 같이 '이름씨+의+이름씨'에서 토씨 '의'가 생략되면서 하나의 '이름씨 마디'로 통합된다. 이러한 현상은 다음 월에서도 보인다.

> (22) 가. 철수의 키가 매우 크다.
>
> 나. 철수∅ 키가 매우 크다.
>
> (23) 가. 그것은 우리 아들의 책상이다.
>
> 나. 그것은 우리 아들∅ 책상이다.
>
> (24) 가. 철수의 아버지는 지난해 돌아 가셨다.

---

19) 토씨 생략에 대한 대체적인 연구 흐름은 류동석(1990)을 참고할 것.

나. 철수∅ 아버지는 지난해 돌아 가셨다.

(22가~24가)의 매김자리토씨는 각각 (22나~24나)처럼 생략될 수 있다.[20] 그리고 이 토씨 '의'의 생략은 대체로 임의적이다.[21]

김광해(1984)에 의하면 매김자리토씨가 생략될 수 있는 환경은 다음 세 가지로 조사하였다.

　　ㄱ) 전체-부분의 관계(part-whole relation): 동굴의 입구, 소매의 단추, 진주의 진양호

　　ㄴ) 소유주-피소유물의 관계(owner-possession relation): 소의 주인, 주인의 토기, 영희의 개

　　ㄷ) 친족관계(kinship relation): 시누이의 남편, 영희의 오빠, 주인의 아들

이처럼 토씨 '의'가 두 이름씨 사이에서 생략됨으로써 그 두 이름씨는 의미적으로 매우 결속관계가 높으며 그것이 하나의 의미 덩이로 인식된다.

2.2.2. 이름씨와 풀이말의 통합에 의한 토씨 생략

선행하는 이름씨와 후행하는 풀이말의 의미 관계에 의해 토씨가 생략되는 경우이다. 즉, '이름씨+토씨+풀이말'이 '이름씨+∅+풀이말'로 되는 경우가 있다. 그 가운데 가장 특징적인 것이 부림자리토씨의 생략이다. 부림자리토씨는 다음 (25)와 같이 'NP을/를+VP'가 '(NP+VP)→VP'로 쉽게 토씨 '을'이 생략되어 새로운 낱말을 형성(word formation)하게 된다. 아래 (5나')는 (5나)에서 부림자리토씨 '를'이 생략되었다.[22]

---

20) {-의}의 Zero化에 대한 집중적인 연구는 김광해(1984) 참고

21) 서정수(1968), 성광수(1973) 등에서도 토씨 '의'의 생략을 수의적 임의적이라고 하였다.

22) 신현숙(1982:121-125)에서 'A: 아저씨! 담배∅ 주세요. B: 아저씨! 담배를 주세요.'의 차이를 설명하고 있다. '담배를'은 주인이 담배 아닌 것을 줄 경우 다시 '담배'를 강조하거나 주의를 환기시키는 기능을 한다고 하였다. 반면에 ∅는 주의 집중이 필요 없을 경우에 쓴다고 하였다. 엄밀하게 본다면 이러한 차이는 있을 수 있다. 다만, ∅의 표현이 부림토씨의 생략 형태라는 것이다. 그리고 그 생략이 자연스럽다는 것이다. 우리는 이 두 가지에 주목해야 한다고 본다.

(25) 가. 너 지금 뭘 하느냐?

　　　 나. 담배를 피우고 있습니다.

　　　 나'. 담배∅ 피우고 있어.

뿐만 아니라 속구조로 볼 때 '담배 피우다'라는 독립된 움직씨가 있었던 것이 아니라 '담배를(NP)'은 부림말이고 '피우다(VP)'는 풀이말이다.

이와 비슷한 구조로 된 말은 대체로 다음과 같은 것들이 있다.

(26) 가. 물을(물∅) 마시다.　　　 → 물∅ 마시다.

　　　 나. 담배를(담배∅) 피우다.　 → 담배∅ 피우다.

　　　 다. 노래를(노래∅) 부르다.　 → 노래∅ 부르다.

　　　 라. 공부를(공부∅) 하다.　　 → 공부∅ 하다.

　　　 마. 고기를(고기∅) 잡다.　　 → 고기∅ 잡다.

　　　 바. 춤을(춤∅) 추다.　　　　 → 춤∅ 추다.

　　　 사. 돈을(돈∅) 벌다.　　　　 → 돈∅ 벌다.

　　　 아. 영화를(영화∅) 보다.　　 → 영화∅ 보다.

　　　 자. 잠을(잠∅) 자다.　　　　 → 잠∅ 자다.

　　　 차. 글을(글∅) 읽다(쓰다).　 → 글∅ 읽다(쓰다).

　　　 카. 꿈을(꿈∅) 꾸다.　　　　 → 꿈∅ 꾸다.

　　　 타. 그림(그림∅)을 그리다.　 → 그림∅을 그리다.

　　　 파. 뜀을(뜀∅) 뛰다.　　　　 → 뜀∅ 뛰다.

위 (26)의 부림자리토씨는 선행 언어 정보나 상황정보 유무와 관계없이 생략할 수 있다.[23] 이것은 부림말과 풀이말 사이의 어휘적 의미 관계에 의해 형성되는 모국어 말할이의 언어

---

23) 위에 보인 소위 동족 목적어에서 '을/를'을 부림자리토씨(목적격조사)로 보느냐 보지 않느냐에 대한 논의도 있을 수 있다. 그것을 단순히 주제화 표지(임홍빈, 1979)라고 하는가 하면 의사대격(김민수, 1970)으로 또는 대격(홍재성, 1989)으로 보는 사람도 있다. 따라서 위의 풀이말이 자동사냐 타동사냐 구분도 달라질 수 있다. 이에 대한 더 이상의 논의는 피하겠다.

능력이라고 밖에 할 수 없다. 위 (26)의 보기들에서 관찰할 수 있는 공통된 특성은 부림말의 의미 특성과 풀이말의 의미 특성이 매우 밀접한 관계를 유지하고 있다는 것이다. 다시 말하면 위 보기의 부림말과 풀이말들은 각각 그 의미 자질에 의해 서로 결합 가능성이 가장 높은 관계에 있다. 그래서 모국어 말할이는 이 둘을 하나의 의미덩이로 인식하게 된다.

[물]이라는 이름씨와 가장 기본적인 의미관계를 유지하는 움직씨가 [마시다]이기 때문에 자연스럽게 그 만큼 이 둘의 결합 가능성이 높아진다. [물]이라는 이름씨가 가지고 있는 원형적(prototypical)[24] 의미자질은 [액체. 마시다]정도로 설정이 되며 [마시다]의 원형적 의미 자질은 [액채. 물]이 될 가능성이 가장 높다. 우리는 직관적으로 '꿈'이라는 낱말이 나오면 그 말 다음에 실현될 수 있는 가장 가능성(확률)이 높은 말은 자연스럽게 '꾸다'라는 말을 생각할 수 있다. 그것은 '꿈'은 '꾸다'라는 움직씨와 독립된 것이 아니라 매우 결합력이 강하고 그래서 하나의 낱말로 통합·인식하게 되기 때문이다. 따라서 이 둘의 의미 관계는 각 낱말이 가지고 있는 원형적으로 의미 자질을 서로 가장 많이 공유하고 있다고 말할 수 있다.[25] 다른 예들도 마찬가지이다.

그러나 다음과 같은 경우는 부림자리토씨가 생략되기 어려운 경우이다.[26]

(27) 가. 철수는 사람을 때렸다.

　　　　나. *철수는 사람∅ 때렸다.

(28) 가. 철수는 동생을 꾸짖었다.

---

24) 의미의 원형 이론(prototype theory)은 사람들이 낱말의 의미를 원형적으로 다룬다는 이론으로 주로 어휘 의미론의 심리언어학적 접근 방법 중 하나이다. 어휘의 가장 원형적인 의미가 무엇인가를 밝히기 위해 어휘에 대한 연상의 의미를 추출해 내는 실험을 하는 것이다. 어휘 의미의 원형이론으로 국어 어휘를 연구한 논문으로 임지룡(1992, 1993a, 1993b)이 있고 원형이론을 소개한 것으로 J.Aitchison(1987)의 Words in the Mind:An Introduction to the Mental Lexicon을 옮긴 『심리언어학』(임지룡·윤희수 옮김, 1993)이 있다.

25) 이처럼 이름씨가 그것과 어원이나 형태가 같은 움직씨에서 파생된 것을 소위 동족부림말(목적어)(cognate object)라고 한다. 이 동족 부림말의 풀이말은 그 동족 부림말의 어원인 움직씨가 될 가능성이 가장 높다. 국어에는 '꿈을 꾸다. 웃음을 웃다. 삶을 살다. 놀이를 놀다. 신을 신다' 등이 있다.

26) 이상규(1980, 128-131)에서 대격표지 '를'의 삭제가 쉬운 '보다', '먹다', '부르다'와 같은 용언은 대상어를 자유로이 선택할 수 있기 때문이고 '받다', '그리다', '살피다'와 같이 대상의 변화. 이동의 피동주가 될 수 없는 성질의 용언은 '-를' 삭제가 불가능하다고 하였다. 그는 예컨대, '*산 그리다'가 불가능한 것은 '산'이 변화 이동의 피동주가 될 수 없기 때문이라고 하였다.

나. *철수는 동생∅ 꾸짖었다.

위의 (27나~28나)는 선행 언어 정보나 상황 정보에 관계없이 생략할 수 없는 보기이다. 이것은 부림씨와 풀이말 사이의 의미 관계가 위 (26)의 어휘들만큼 의미적 결속성이 없다는 것이다. 즉, (27가)에서 보는 바와 같이 [사람]이라는 이름씨의 원형적 의미 자질과 [때리다]라는 움직씨의 원형적 의미 자질과의 관계가 멀기 때문에 그만큼 결합 가능성이 낮아진다.

다음과 같은 토씨의 생략도 기본적으로 같은 원리에 기인한다고 할 수 있다. 특히 장소나 방향을 나타내는 토씨는 선행어의 어휘 의미에 따라 생략 가능성이 매우 높아진다.

(29) 가. 어디(에, 로-∅) 갔는가?

나. 공책이 여기(저기, 거기)(에-∅) 있다.

다. 철수는 우리집 가까이(멀리)(에-∅) 산다

위의 보기들은 선행어가 [장소]를 나타내는 어휘들이고 후행어들은 선행어의 그 [장소]의 의미를 통해 일어나는 [행위]의 풀이말로 되어 있다. 특히 '어디'나 '여기, 저기, 거기'들은 [장소]의 의미를 가지고 있는 특징적 어휘들이다. (29다)도 마찬가지이다. 따라서 토씨는 이들의 의미에 따라 자연스럽게 생략된다.

(30) 가. 철수는 진주(에-∅) 산다.

나. 철수는 어제 진주(여기)(에, 로-∅) 왔다(도착했다).

위 (30가)도 선행어인 '진주'라는 특정적(specific) [장소]와 '산다'라는 [+행위자, +장소]의 의미 자질을 가지고 있는 풀이말 사이의 의미적 결속 관계가 긴밀하기 때문에 토씨 '에'가 생략 가능한 것 같다. (30나)도 선행어의 장소를 나타내는 의미와 후행하는 어휘가 [+행위, +출발, +목적]과 같은 의미 자질을 가지고 있기 때문에 선행하는 토씨가 생략될 수 있다. 그러나 유사한 경우인 다음 토씨 '에서'는 생략 가능성이 매우 낮아진다.

(31) 가. 철수가 집에서 공부한다.

　　가'. *철수가 집∅ 공부한다.

　　나. 철수는 지금 어디에서 놀고 있는가?

　　나'. ?철수는 지금 어디∅ 놀고 있는가?

　　다. 철수는 저기에서 죽었다.

　　다'. *철수는 저기∅ 죽었다.

위 (31)에서 보는 바와 같이 토씨 '에서'는 (30)의 '에'보다 그 생략 가능성이 매우 낮다. 이러한 현상은 '에'와 '에서'의 본질적 기능 차이에서도 그 원인이 있는 듯하다. 김영희 (1974:62-63)에서 '에'와 '에서'의 차이를 다음과 같이 기술하고 있다.

'에' [+LM, −Appointed]

'에서' [+LM,+Appointed]

'에서'는 의미론 자질이 [+Appointed]를 지니는 의미 부담어(Semantic carrier)이지만 '에'는 순수한 관계기능어인 표지(Marker)라고 하였다. 따라서 의미 기능을 담당하는 '에서'는 통사 기능을 담당하는 '에'보다 생략 가능성이 낮을 수밖에 없다.

그런데 재미있는 것은 이러한 통사 기능을 담당하는 '에'는 '여기, 저기, 거기'와 '어디' 그리고 '가까이, 멀리'와 같이 강한 [장소]의 의미를 가진 낱말에 의해서 생략 가능성이 높지마는 이와 비슷한 '철수는 우리 집 앞뒤, 옆에(*앞∅, *옆∅) 산다.'와 같이 장소를 나타내는 이름씨 뒤에서도 '에'가 생략될 수 없다는 것이다. 현상으로 보면 토씨'에'가 생략될 수 있는 어찌씨는 주로 위치의 멀고 가까움이나 직선거리의 거리의 위치를 나타내는 말에서는 '에'가 생략될 가능성이 높다. 그러나 '방향'을 나타내는 '앞', '뒤', '위', '밑' 등 뒤에는 '에'가 생략될 가능성은 매우 낮다. 이러한 현상도 선행어휘와 후행어휘의 의미론적 특성에 깊게 매이는 것이 아닌가 한다.

이와 비슷한 또 다른 토씨로 비교토씨 '와/과'의 생략이다.

(32) 가. 눈이 영희는 영자와 비슷하다(닮았다).

나. 눈이 영희는 영자∅ 비슷하다(닮았다).

다. *눈이 영희는 영자∅ 다르다(같다).

(33) 가. 몽고족 모습은 우리 한족과 비슷하다(닮았다).

나. 몽고족 모습은 우리 한족∅ 비슷하다.

다. *유태족 모습은 우리 한족∅ 다르다(같다).

이것은 후행하는 풀이말인 '비슷하다', '닮다', '유사하다' 등은 선행어에 비교 토씨 '와/과'를 의미적으로 안고 있기 때문에 생략 가능하다. 그러나 (32다)와 (33다)처럼 풀이말이 '같다'와 '다르다'일 경우는 생략이 불가능하다.

2.2.3. 주제말표지 생략

선행어가 주제어일 경우 주제표지 '은/는'은 생략될 수 있다. 이것이 어휘 정보에 의한 생략이라는 범주에 포함시킬 수 있는 것은 선행어가 주제어라는 어휘적 정보이기 때문이다. 따라서 토씨 '은/는'의 생략은 우리가 흔히 말하고 있는 임자자리토씨(주격조사)의 생략이 아니라 주제말표지의 생략이라고 해야 한다.

흔히 우리는 임자자리토씨의 생략과 그 외 다른 토씨의 생략과 동일한 것으로 생각해 왔는데 거기에는 문제가 있다고 본다. 먼저, 결론부터 말하면 임자자리토씨의 생략은 주제표지의 생략이고 다른 토씨의 생략은 앞장에서 본 것처럼 선행어와 후행어의 어휘 의미 자질의 특성 때문에 생략되기 때문에 이 둘의 생략을 동일 선상에 두고 설명할 수 없다는 것이다. 다음의 간단한 보기를 보자.

(34) 가. 누가 거기에 있었는가?

나. 철수가 있었습니다.

나'. *철수∅ 있었습니다.

(35) 가. 철수가 무엇을 먹었니?

나. 철수가 밥을 먹었습니다.

나'. 밥 ∅ 먹었습니다.

(36) 가. 철수가 어디에 갔는가?

나. 부산에 갔습니다.

나'. 부산 ∅ 갔습니다.

위 (34)~(36)의 물음은 모두 'WH-Q'으로 물음의 초점은 각각 '누가', '무엇을', '어디에'에 있는 유사한 구조의 물음과 대답이다. 그런데 위 (34)가 (35)와 (36)과 다른 점은 (35나)와 (36나)처럼 물음의 초점에 대한 대답에도 토씨가 생략될 수 있지마는 (34나)의 임자말이 초점 정보일 경우는 결코 임자자리토씨는 생략될 수 없다는 것이 서로 다른 점이다. 그 까닭은 어디에 있는가? 그것은 임자자리토씨는 근본적으로 생략할 수 없다는 것을 말해준다. 단지 그것이 주제말이 될 경우 주제말표지로서 생략이 된다는 것이다. 그리고 (35나)와 (36나)처럼 부림자리토씨나 장소자리토씨의 생략은 그 토씨의 선행어와 풀이말과의 의미적 통합에서 오는 어휘화 과정(lexicalization processing)의 결과라고 할 수 있다.

그래서 다음 (37)의 경우처럼 임자말 뒤에 토씨가 생략된 것을 우리는 주제말표지의 생략이라고 해야 한다. 그러나 (38)처럼 임자말이 강세에 의해 강한 '대조'나 '유일'의 의미를 나타낼 때는 생략될 수 없다.[27] 월의 초점 정보는 생략될 수 없다고 하는 생략의 대전제에 따른다면 도움토씨나 강세가 놓인 정보는 초점정보가 되기 때문에 그 성분의 토씨까지 생략될 수 없다는 것은 당연하다.

(37) 가. 철수(∅), 어디(에-∅)갔어?

나. 철수(는-∅), 학교(에-∅) 갔어.

(38) (다른 사람이 아니라) 철수가(*철수∅) 범인이란다.

---

27) 이때 임자자리토씨 '이/가'가 '유일'이나 강한 '대조'의 의미 기능을 담당하는지에 대한 논의는 매우 활발히 진행되어 왔다. 본고의 입장은 김영희(1974), 성광수(1978) 등과 같이 자리토씨 그 자체의 의미적 기능을 인정하지 않는 것으로 본다.

그런데 주제말은 주제말 표지와 달리 구정보이고 비초점 정보이고 선행 언어정보나 상황 정보가 반드시 전제되어야 하기 때문에 주제말의 생략은 상황 정보나 문맥정보에 의해 생략된다고 할 수 있다.[28] 따라서 주제말의 생략과 주제말 표지의 생략과는 동일 요인에 의한 것은 아니다.

2.3. 문맥 정보에 의한 생략

문맥 정보에 의한 생략은 선행하는 문맥의 어떤 언어 정보에 의해서 동일한 후행 정보가 생략되는 것을 말한다. 이것은 동일 성분의 반복에서 오는 경제성이나 지루함 그리고 담화의 결속(coherence)과 같은 구조 외적인 동기에서 생략되는 것으로 말할이의 의도에 따라 생략되는 임의적 생략(optional deletion)에 속한다. 구조적 생략이 속구조에서 회복 가능하고 겉구조에서 복원이 불가능한 반면 문맥적 생략은 속구조 뿐만 아니라 겉구조에서 회복이 가능하다.

2.3.1. 대답월의 월 성분 생략

대답월은 물음월에 대한 대답으로 발화한 월을 말한다. 이 대답월은 물음월이라는 언어 정보가 선행되고 말할이와 들을이가 동일한 담화 상황에 존재함으로써 언어 정보와 더불어 상황 정보가 제시되기 때문에 동일 선행 정보의 생략 가능성은 매우 높다.[29]

(39) 철수가 집에 있는가?

가. 예, 철수가i 집에j 있습니다k.[초점: '철수' 또는 '집' 또는 '있다']

나. 예, Øi 집에 있습니다.[초점: '집' 또는 '있다']

---

28) 주제말의 특성에 대한 논의는 임규홍(1993) 참고

29) 김종택(1982:149~152)에서 생략의 한계를 설명하면서 대답월 요소의 생략은 생략으로 보기 어렵다고 하였다. 그러나 이것은 생략의 문제를 너무 한정한 것같이 보인다. 생략은 선행 언어 정보에서나 상황 정보에서 말할이나 들을이 사이에 공통적으로 인식하는 정보의 생략이다. 즉 말할이와 들을이의 공통된 정보(옛정보)의 생략이다. 그리고 선행 언어 정보에서나 상황 정보에서 생략 정보를 회복할 수 있는 정보이어야 한다. 따라서 대답월의 성분 생략 또한 생략 현상의 하나이다.

다. 예, Øi (거기)Øj 있습니다.[초점: 있다]

라. 예, Øi Øj Øk [초점: 중립]

마. *예, 철수가(Ø)

바. 예, 철수가 (집에=Ø)있습니다.

(40) 누가 집에 있는가?

가. [?]철수가

나. 철수가 (집에=Ø) 있다.

(41) 철수는 무엇을 먹었니?

가. [?]밥을

나. (철수=Ø)밥을 먹었어.

위 (39)와 같이 물음의 초점에 따라 생략이 달라진다. 즉, 초점 이외의 정보는 생략 가능성이 높다. 다만, 풀이말은 생략 가능성 정보는 매우 낮다. (39)에서 초점이 '철수'라고 하더라도 (39마)처럼 초점 정보인 '철수'만 쓸 수 없으며, (39바)과 같이 풀이말이 선행 동일 정보라고 하더라도 풀이말은 생략할 수 없거나, (40가)과 (41가)처럼 생략 가능성은 낮다.[30] 대답월의 풀이말이 생략되기 어려운 것은 대답월도 하나의 온전한 월의 기능을 하기 때문이다. 그래서 월의 가장 핵심 구성 성분인 풀이말은 당연히 생략 가능성이 낮을 수밖에 없다.

물음월에 제시된 선행 언어 정보를 대답월에서 생략하는 것은 정보의 잉여를 피하려는 표현 효과의 문제이다.[31] 따라서 대답월에서의 정보 생략은 임의적 생략에 해당된다.

---

30) 한 언어의 마지막 성분은 일반적으로 생략될 수 없다(박승윤, 1990:59).

31) 그렇다고 대답월에서 생략과 대용이 동일한 것만은 아닌 것 같다. 왜냐하면 만약 생략과 대용이 동일한 기능을 담당한다면 대답월에서 생략의 요소는 물음월에서 동일 요소를 대이름씨로 대용할 수도 있고 생략할 수도 있어야 한다. 그러나 다음 월을 보자.
　　1) ㄱ. 너 밥 먹었니?
　　　ㄴ. 그래, ([?]나, Ø)([?]밥, *그것을, Ø) 먹었다.
　　2) ㄱ. 너 밴허 영화 봤니?
　　　ㄴ. 예, (저, Ø) (그 영화, 그것, Ø) 봤습니다.
　　3) ㄱ. 너 이 책을 읽었니?
　　　ㄴ. 예, (그 책을, 그것, Ø) 읽었습니다.
　　4) ㄱ. 너 책 좀 읽니?
　　　ㄴ. 예, ([?]책, *그것, Ø) 읽습니다.

2.3.2. 이은월의 월성분 생략

이음씨끝에 의해 대등적으로나 종속적으로 이어진 월에서 선행월과 후행절의 성분이 동일 할 경우는 생략될 수 있다. 이때 생략은 임의적 생략에 해당된다.

> (42) 가. 철수는 변호사이며 (^{??}철수는, [?]그는, ∅)국회의원이다.
>
> 나. 철수는 변호사이다. 그리고([?]철수는, 그는, [?]∅) 국회의원이다.

(42가)는 대등적으로 이어진 월로서 선행절과 후행절의 임자말이 동일하기 때문에 후행월의 임자말은 생략되었다. 후행절에서 선행절과 동일 임자말이 나타나면 매우 어색하고 대이름씨는 옹근 이름씨에 비해 덜 어색하지마는 그래도 어색하다. 그러나 생략된 형태는 매우 자연스럽다. (42나)에서 보는 바와 같이 선행절과 후행절을 단위월로 분리하여 두 명제월의 거리가 멀면 생략보다는 대이름씨가 적당하다. 만약 두 명제월의 거리가 (42나)보다 더 멀면 온전한 이름씨를 쓰는 것이 더욱 자연스러운 표현이 될 것이다. 특히 주제말의 이음은 지시거리(referential distance)에 따라 그 형태가 달라진다.[32] 지시거리가 멀면 멀수록 반복 주제말을, 가까우면 가까울수록 대이름씨나 ∅ 형태로 실현된다. 그리고 (43)처럼 대등적으로 이어진 월에서의 동일 성분은 생략 가능성이 매우 높다.

> (43) 철수는 돈으로_i 장난감을 샀고 영희는 (돈으로=그것으로=∅)저금을 했다.

그러나 이 생략과 대용은 지극히 임의적이다. (44)처럼 문체적 효과를 위해서는 의도적으

위에서 보는 바와 같이 생략 요소를 모두 대이름씨로 대용할 수 없음을 알 수 있다. 또는 온전 이름씨로 그대로 반복하더라도 매우 어색하게 된다. 그러나 [+특정적]인 이름씨는 대이름씨로 대용될 수 있고 생략 또한 될 수 있다. 반면에 1), 2), 4)의 '밥', '영화', '책'과 같이 [-특정적]인 경우, 즉 [+총칭적]일 경우는 지시 대이름씨로 대용할 수 없다. 따라서 이것은 생략과 대용의 실현이 근본적으로 동일한 것이 아님을 시사해주는 것 같다.

32) 주제말 이음(topic continuity)에 대한 논의는 T.Givon(1983), F.Danes(1974), 임규홍(1993) 참고 글말의 지시거리는 Givon(1983), 입말의 지시거리는 Brown(1983)에서 각각 제시하였다. 이들을 보면 둘 다 ∅ 지시거리는 각각 1.01과 1.00이다. 이것은 ∅ 주제말은 지시어와 주제말 사이에는 한 문장을 넘어서지 않는다는 것이다.

로 생략을 피할 수도 있다.

(44) 사랑은 오래 참고, 사랑은 온유하며, 사랑은 성내지 않으며----

그리고 이은월에서 동일 성분의 생략은 대등적으로 이어진 월에서 뿐만 아니라 (45)처럼 종속적으로 이어진 월에서도 마찬가지이다.

(45) 가. 철수는 밥을 많이 먹어서 (??철수는-, ?그는-, ∅) 배가 아팠다.

　　나. 철수는 돈을 많이 벌어서 (??철수는-, ?그는-, ∅)(그 돈을-, 그것을-, ∅)불쌍한 사람을 위해 썼다.

다음은 일반적으로 접속 삭감(conjunction reduction)으로 알려진 것이다.[33]

(46) 가. 철수는 밥을 ∅, 영희는 라면을 ∅, 순자는 떡을 먹었다.

　　나. 철수는 밥을 먹고, 영희는 라면을 먹고, 순자는 떡을 먹었다.

(47) 가. 철수는 사과를 따고, 영희는 ∅ 먹고, 순자는 ∅ 팔았다.

　　나. 철수는 사과를 따고, 영희는 사과를 먹고, 순자는 사과를 팔았다.

위 (46)과 (47)도 문맥 속에서 동일 정보에 의한 생략이다. 그 생략은 (46나)와 (47나)이 수용가능하기 때문에 필수적 생략이 아닌 임의적 생략이다. 그리고 (46)은 대등적으로 이어진 월에서 다른 생략 현상과는 달리 지시어가 선행하는 것이 아니라 후행한다는 것이다. 이것은 우리말이 서구어와 다르게 S-NP+VP, VP-NP+V 언어 구조를 가졌기 때문에 풀이말의 생략은 왼쪽으로, 부림말 생략은 오른쪽으로 이루어진다.[34]

---

33) 접속 삭감도 생략 현상의 하나임은 박승윤(1990:58)에 제시함. '와'에 대한 자세한 논의는 김완진(1970) 참조

34) 삭감(생략)의 방향은 Ross(1970)에서 일반적으로 가지의 반대 방향이라고 하였다.

이은월에서 동일 성분의 생략은 문맥 정보에 의한 생략이며 임의적 생략이다.

2.3.2. 견줌월의 월성분 생략

다음은 견줌월에서 동일 성분이 생략되는 모습이다.

> (48) 가. 내(가 공부하는 것)보다 순희가 공부를 더 잘 한다.
>
> → 내(∅)보다 순희가 공부를 더 잘 한다
>
> 나. 철수(가 부자인)만큼 만수도 부자이다.
>
> → 철수(∅)만큼 만수도 부자이다.
>
> 다. 영희(가 눈이 아름다운 것)처럼 순희는 눈이 아름답다.
>
> → 영희(∅)처럼 순희는 눈이 아름답다.
>
> 라. 철수(의 얼굴)와 만수의 얼굴은 서로 닮았다.
>
> → 철수(∅)와 만수의 얼굴은 서로 닮았다.

위에서 우리는 견줌월에서 두 비교 대상의 비교 내용이 동일할 때 앞 비교 대상의 비교 내용은 생략된다는 사실을 알게 된다.[35] 이러한 견줌월의 생략 현상은 선행 정보가 생략되는 특성을 가지고 있다. 그런데 견줌월의 구조를 어떻게 볼 것인가에 대한 논의는 상당히 복잡하다. 성광수(1978:110)는 견줌월을 대등 구조가 아니라 종속적인 내포 접속으로 보았다.

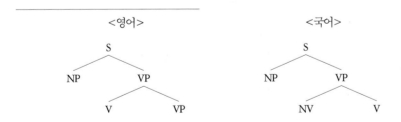

영어의 V는 왼쪽으로 가지가 났기 때문에 오른쪽으로 생략되고 국어에서는 오른쪽으로 가지가 났기 때문에 왼쪽으로 생략된다는 것이다. 목적어의 생략 방향도 마찬가지이다.

35) 이상태(1995:372)에서 {만큼}이 들어가는 비교 구문의 파생을 이동 변형으로 설명할 것이 아니라 '삭제' 변형으로 우리말을 설명하는 것이 국어의 기술을 설명을 간편하게 할 수 있다고 하였다.

즉,

(49) 철수가 영수보다 열심히 공부한다.

의 속구조는 다음과 같이 보고 있다.[36]

(49') [철수가 [영수가 열심히 공부한다]$_{S1}$보다 열심히 공부한다]$_{S0}$

　그러나 문제는 위에서 S1을 종속적 내포 구조로 보고 그것을 임자말과 동일한 계층에서 NP를 설정한 것이 문제가 된다. 왜냐하면 견줌월은 상위월 '철수가 열심히 공부하다'에 대한 하위월로서 어찌말의 기능을 하는 것으로 보이기 때문이다.[37] 그 까닭은 (49)에서 '영

---

36) 성광수(1978:111ff)에서 각주 35의 심층구조를 다음과 같이 그리고 있다.

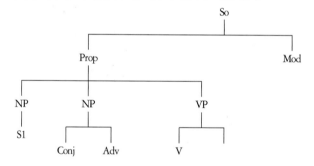

　이상태(1995:357)에서는 {만큼} 비교 구문의 속구조를 다음과 같이 제안했다.

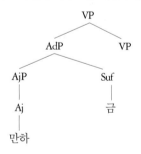

　이것과 성광수(1978)와의 근본적인 차이는 이상태(1995)가 훨씬 깊은 속구조를 밝혔고, 비교구문의 계층을 성광수(1978)가 상위 임자말(NP)과 풀이마디(VP)와 동일한 계층에 설정한 반면, 이상태(1995)는 풀이마디의 하위 계층인 어찌마디로 취급했다는 것이다.

수보다'라는 견줌말이 월 안에서 이동이 자유롭다는 것이다. 즉, '(영수보다) 철수가 (영수보다) 열심히 공부한다 (영수보다)'와 같이 견줌 대상인 '영수보다'는 그 자리가 자유롭게 실현된다는 것이다. 따라서 견줌월은 하위 임자말과 동일한 계층에 설정될 것이 아니라 하위 가지에 설정되어야 한다.

어쨌든 견줌월에서 견줌의 대상은 상위월의 정보와 동일하기 때문에 생략될 수 있다는 것에 주목해야 한다. 그러나 그 생략은 필수적인 생략이 아니라 말할이의 의도에 따라 결정되는 임의적 생략에 해당된다. 즉, (48)과 같이 생략된 정보들은 그 회복 가능성이 높을 뿐만 아니라, 겉구조에서 동일 성분이 생략되지 않고 그대로 실현될 가능성도 있기 때문에 임의적 생략이라는 것이다.

위 (48나)와 같이 토씨 '만큼'에 이끌리는 견줌월에 대한 최근 연구는 이상태(1995:357)[38]에서 찾을 수 있는데 거기서도 다음 (50)의 속구조를 그 아래 (50가)에서 (50라)까지로 보고 그 속구조의 깊이는 (50라)로 갈수록 깊다고 하였다.

    (50) 한보가 영어를 두보만큼 잘한다.

        가. 한보가 영어를 [두보가 하는 만큼] 잘한다.

        나. 한보가 영어를 [두보가 영어를 하는 만큼] 잘한다.

        다. 한보가 영어를 [두보가 잘하는 만큼] 잘 한다.

        라. 한보가 영어를 [두보가 영어를 잘하는] 만큼 잘한다.

각각의 월들은 가장 깊은 속구조인 (50라)에서 구조에서 어휘범주 자리가 적당한 생략 변형을 거쳐 ∅으로 표시된다고 설명하고 있다. 이러한 논의는 결국 견줌월을 위 (48)의 속구조에서 생략에 의해 도출되었다고 하는 본고의 흐름과 같다.

그리고 Chomsky(1965)에서도 견줌월[39]을 다음과 같이 동일 성분을 생략하는 과정으로 설

---

37) 이상태(1995:362)에서 {만큼}이 이끄는 마디를 어찌마디(AdP)라고 하였다.

38) {만큼} 구문에 대한 자세한 연구는 이상태(1995) 참고

39) Thomas(1965:88~89)는 'Tom caught more than Huck(caught)'에서 'caught'를 회복 가능하기 때문에 생략된 것이라고 하였다.

명한 바 있다.

(51) Huckis more than (Tom is handsome=∅)handsome.

→ Huckis more handsome than Tom.

에서 상위문의 handsome이 도치되면서 동일 성분인 handsome이 생략된다고 하였다. 따라서
이 견줌월에서 생략 현상도 상황 정보에 의한 생략이기보다는 전제된 문맥 정보에 의한
임의적 생략에 해당된다.

2.4. 상황 정보에 의한 생략

정보의 생략에는 언어적으로 표현되지 않았지마는 상황이 제공하는 정보에 의해 생략되
는 경우가 있다. 이것을 '상황 정보에 의한 생략'이라고 할 수 있다. 이때 상황 정보는 말할
이와 들을이가 공유하고 있는 정보이어야 한다. 이 경우는 주로 담화 상황에서 실현된다.
예컨대, 식당에서

(52) 상황정보: 식당에서 철수와 영희가 같이 앉아 있으면서 돈가스를 식탁앞에 놓고 있는
상황
가. (철수는 영희에게 돈가스를) "먹자"(고 말했다).

라고 말했을 때 '먹자'라고 한 말을 할 수 있고, 그 말이 이해될 수 있는 것은 주위 상황이
제공해 준 정보에 의해서 수용 가능하게 된다. 거기에는 어떤 다른 언어적인 정보도 선행되
지 않았다. 그런데 이 상황 정보는 매우 유동적이어서 언어적 정보로 정확하게 나타낼 수
없는 특성을 가지고 있다. 그것은 어떤 행위가 일어나고 있는 상황을 구성하고 있는 요소는
무한하기 때문이다. 이에 반해 문맥에 의한 정보의 생략은 선행한 문맥 정보가 언어적으로
확정되었기 때문에 지극히 한정적이다. 이 가운데 국어에서는 '시킴월'과 '꾀임월'의 성분
생략을 살펴보자.

2.4.1. 시킴월의 성분 생략

시킴월[40]은 일반적으로 말할이가 들을이에게 어떤 행위를 강요하는 내용의 월을 말한다. 이 시킴월의 담화적 조건은 대체로 지시 대상이 담화 현장에 전제되어 있거나, 지시 대상이 시킴월의 정보에 의해 일반적으로 알 수 있는 비특정적(non-specific) 대상일 경우 생략 가능성이 높다.[41]

> (53) 가. (선생이 저녁늦게 다니는 학생을 보고)(너=∅) 빨리 집에 가거라.
>
> 나. (모든 사람들이 문을) 두드려라. 그러면 (그 문은) 열릴 것이다.
>
> 다. ((여러분들=∅) 다음 글을 읽고 물음에 답하시오

위 (53가)는 상황 정보에 의해 행위자 '너'가 생략되었다. 그리고 (53나)는 지시 대상이 담화 현장에는 없지만 그것이 비특정적, 비초점적 대상이기 때문에 생략되었다. 비특정적 [-specipic] 정보가 생략 가능성이 높은 것은 그것이 말할이나 들을이가 모두 이미 유사하게 또는 정확하게 예측 가능한 정보이기 때문이다. 그것은 문맥 정보에 의해서 생략된 것도 아니고 그렇다고 언어 직관에 의한 생략도 아니다. 단지 말할이나 들을이가 이미 가지고 있는 전제된 상황 정보의 지식이 때문이다. 이것은 궁극적으로 (53다)와 동일하다. (53다)에서 '여러분'은 그 문제를 읽는 모든 사람을 대상으로 한 가상된 상황을 전제했기 때문에 생략할 수 있다.

그 외 상황 정보에 의해 생략되는 시킴월의 모습은 매우 다양하다. 예컨대, '그만!', '다시!', '저쪽으로!'와 같이 어떤 성분 하나로만 시킴월의 기능을 하는 경우도 있는데 이때는

---

40) 시킴월(명령문)에서 생략 현상을 논의한 것으로는 박영준(1991)에서 보인다.

41) 박영순(1985:102)은 '주어 탈락규칙'과 '비특정일반 명사구 탈락'과 구분하였다. 예컨대, 1) 어디 가니? (너는 어디 가니?)에서 생략된 '너'는 '주어탈락규칙'에 의해 탈락된 것이고, 2) 정직해야 하다(사람은(우리는) 정직해야 한다.)에서 생략된 '사람은'이나 '우리는'은 '비특정일반명사구'이기 때문에 생략된다고 하였다. 그러면서 후자도 전자인 '주어탈락규칙'과 그 맥을 같이한다고 덧붙였다. 사실은 조금만 넓게 보면 '주어탈락규칙'에서 주어가 탈락하는 것이나 '비특정일반명사구'의 중 탈락하는 것이나 동일하다. 그것은 모두 말할이와 들을이가 공유하고 있는 상황 정보에 의해서이다. '비특정명사도 들을이와 말할이가 이미 알고 있는 소위 구정보이기 때문에 표현을 하지 않은 것일 뿐이다.

모두 담화 현장에서 제시되는 상황 정보에 의해 생략되는 경우가 된다. '그만!'하는 시킴월은 '앞에 어떤 행위가 계속되고 있는 상황'이 전제되어야 하고 '다시!'도 '앞에 어떤 행위가 선행되어 있다'는 것이 전제되어야 한다. 이처럼 언어적 정보가 적으면 적을수록 상황 정보에 많이 기대게 된다. 즉, '그만'이라고 하는 시킴월은 '(지금 하고 있는 일을 너가) 그만 (해라)'와 같이 많은 언어 정보가 생략되어 있다.

만약 시킴월에서 아무런 전제된 상황 정보가 없을 경우는 생략이 불가능하다. 예컨대, 지시 대상이 없는 상황에서(독백) "집에 빨리 가거라"라고 말했을 때 그것은 실현 불가능하다. 그러나 만약, '선생이 저녁 늦게 학생을 보고'라는 상황이 설정되면서 그 학생에게 "집에 빨리 들어 가거라"라고 했다면 그것은 충분히 실현 가능한 월이 된다.

그리고 언어적 정보가 선행된

(54) 가. 저 집에 갈까요?

　　　나. 그래 (²⁾너=∅)집에 가거라.

라는 담화는 전제된 언어적 정보인 '저'가 선행되었을 뿐 아니라 그것이 담화 상황에 설정되어 있어 행위자 '너'는 매우 쉽게 생략된다.

그러나 시킴월에서도 생략 가능성이 낮은 경우가 있다. 다음 경우처럼 상황 정보만 제시된 경우는 들을이가 생략되는 것보다 생략되지 않은 것이 더 자연스럽다.

(55) 가. (찬물을 너무 많이 먹는 학생들에게 선생이) (너희들, ²⁾∅) 이제 그만 먹어.

　　　나. (일을 열심히 하는 일꾼들을 보고)(여러분들, ²⁾∅) 이제 좀 쉬세요

　　　다. (강의실 통로에서 만난 학생에게)(너, ²⁾∅) 내 연구실에 오너라.

이것은 행위 대상을 의도적으로 분명히 드러냄으로써 표현의 효과를 가져올 수 있기 때문이다. 그리고 시킴월에서도 행위의 대상이 초점 정보로 강한 강세가 놓이면 생략될 수 없다. 다음 (56)을 보자.

(56) 가. (거기에 다른 사람이 가지말고) 너가 가거라.

나. 방청소는 (다른 사람이 하지 말고) 순희가 해라.

위에서 (56가)는 '너'에, (56나)는 '순희'에 강세가 놓이면 (56가)는 '다른 사람은 가지말고'라는 말이 전제되고, (56나)도 '방청소를 다른 사람은 하지 말고 순희가 하라'는 의미가 전제된다. 이들은 월의 초점 정보가 되어 생략할 수 없게 된다. 이 경우는 동일한 시킴월이라도 결코 행위자가 생략될 수 없다.

또 다음 (57)과 같이 시킴월에서 행위의 대상이 분명히 나타나야 할 경우는 행위자는 생략되기 어렵다. 만약, 그냥 '물러가라!'고 하면 누구를 두고 물러가라고 하는지 알 수 없기 때문에 불가능한 월이 된다.

(57) 친북 세력(*∅) 물러가라.

마지막으로, (58)처럼 행위자가 [+specific]의 특성을 가진 경우는 생략 불가능하다.

(58) 가. 늦게 온 사람들 벌금내라.

나. 놀러 가고 싶은 사람은 이리 모여라.

(58가)는 여러 사람들 중에 '늦게 온 사람'으로 '특정적'이고 (58나)의 '놀러 가고 싶은 사람'도 특정적이기 때문에 생략될 수 없다.

그리고 그 생략 정도는 서구어에 비해 매우 낮다.

2.4.2. 꾀임월의 성분 생략

꾀임월은 앞 절의 시킴월과 마찬가지로 언어의 지령적 기능 가운데 하나이다. 이 시킴월이 행위자(들을이)에게만 행위를 요구하는데 비해 꾀임월은 말할이와 들을이 모두 행위를 요구하는 형태의 표현이다. 이 꾀임월도 시킴월과 유사한 생략 현상을 보인다.

(59) 가. 자, (우리=∅) 이제 공부하자.

　　　나. 이제, (우리=∅) 밥먹자.

이 꾀임월도 시킴월과 마찬가지로 행위자는 비초점 약강세로 실현되며 언어적 정보나 상황적 정보가 전제되어야 한다.

(60) 가. 우리 다음 주말에 등산갈래?

　　　나. 그래, (우리, ∅)등산 가자.

(61) (전제된 정보 없이) "(*∅) 등산가자."

(62) 다음 주말 (우리, ^{??}∅) 등산가자.

위 (60)은 언어적 정보와 상황적 정보가 제시된 경우에는 쉽게 생략될 수 있다. 그러나 (61)과 같이 전제된 정보가 없을 경우는 불가능한 월이 된다. (62)도 마찬가지이다.

그리고 행위자가 담화 상황에 전제되지 않을 경우는 생략 가능성이 매우 낮다.

(63) (우리가 자연 보호에 앞장 서야 할 선행정보를 제시하고)(우리 모두, ^{??}∅) 자연 보호에
　　　앞장섭시다.

(64) (선행 정보제시)(우리 배달 겨레여, *∅) 조국 통일의 그날을 향해 열심히 일합시다.

꾀임월에서 행위자의 생략은 (59)와 (60)처럼 말할이와 들을이의 사이가 가까우면 가까울 수록 생략 가능성이 높고 (63)과 (64)처럼 말할이와 들을이 사이에 인쇄 매체라는 거리가 있거나 또는 말할이와 들을이 사이가 대중이라는 특수한 거리가 있기 때문에 행위자의 생략 가능성은 매우 낮아진다. 그리고 이 꾀임월도 시킴월과 마찬가지로 언어적 정보가 담화 정보와 함께 실현되면 그 생략 가능성이 높고 언어적 정보가 제시되더라도 동일한 담화 정보가 제시되지 않으면 행위자의 생략 가능성은 낮아진다.

지금까지 살펴 본 국어의 생략 현상을 크게 다음과 같이 정리될 수 있다.

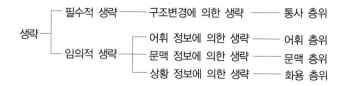

3. 정보와 생략 정도

우리는 지금까지 우리말의 생략 양상을 몇 가지로 살펴보았다. 그 가운데 문맥에 의해 정보가 생략되는 것을 '문맥 정보에 의한 생략'이라고 하였다. 그리고 언어로 표현되지 아니한 상황에 의해 어떤 정보가 생략되는 것을 '상황 정보에 의한 생략'이라고 하였다. 여기서는 앞엣것처럼 표현된 언어에 의한 정보를 '언어적 정보(expressed information)'라 하고, 상황에 의한 정보를 '상황적 정보(situation information)'라고 할 수 있다. 예컨대,

(64) 가. 철수는 밥을 먹고, 철수는 잠을 잤다.

　　 가'. 철수는 밥을 먹고 Øi 잠을 잤다.

(64가')에서 생략된 '철수는' 선행된 언어 정보인 '철수'에 의해 생략 되었다. 따라서 언어로 실현된 선행 정보를 언어 정보라고 한다.

(65) (상황: 철수가 앞에 있는 영희에게 말을 한다)

　　 가. 지금, Ø 심부름 하나 해라.

(65가)에 생략된 '너' 또는 '영희'는 상황에 의해 생략된 것이다. 따라서 '너'나 '영희'는 상황적 정보가 된다. 언어로 표현되지 않으면서 어떤 정보가 생략되었다면, 그것은 상황에 의해 그 생략 정보를 들을이가 알고 있다는 것을 전제하고 있다는 것을 말해 준다. 그런데 위 (2가)의 시킴월은 언어적으로 선행된 언어 정보도 없고 또한 말할이나 들을이의 상황이

전혀 전제되지 않은 상황이며 독립적으로 '집에 가라'라고 하는 시킴월은 결코 존재할 수 없다.[42]

이런 차원에서 본다면, 모든 입말(담화)는 상황 정보가 있게 마련이고 그 상황 정보가 언표로 얼마나 표현되는가는 말할이의 의지에 달려있다고 하겠다. 상황정보가 많이 필요로 할 경우는 담화 상황에 새로운 참가자(participant)가 등장할 경우 자연적으로 많은 양의 새 상황 정보를 전달할 수밖에 없다. 이를테면 어떤 사람과 대화 도중에 다른 사람이 끼어들었을 때 지금까지 두 사람이 이야기 했던 정보를 다시 대충 전달하든지 이미 말하고 있던 사람과 듣고 있던 사람 사이에 놓인 상황을 이해할 수 있을 때까지 새 정보를 새참가자에게 말해주어야 한다. 그렇지 않으면 담화가 이루어지지 않는다. 이처럼 상황에 의한 생략은 주로 월 단위에서 생략되는 성분의 생략들이 이에 해당된다. 시킴월이나 꾀임월에서 성분의 생략 또는 대답월에서 성분의 생략도 상황 정보에 의한 생략일 경우가 많다.

따라서 상황 정보와 언어 정보와의 상관관계는 상대적인 관계 양상을 보인다. 즉, 발화된 정보는 상황 정보와 언어 정보 사이에 반비례하는 관계를 나타낸다. 이 말은 어떤 사람의 표현된 말은 상황 정보가 많으면 많을수록 언어 정보는 적어지고 그 반대로 상황정보가 적으면 적을수록 언어 정보는 많아야 원활한 의사소통이 이루어진다는 뜻이다.

예컨대, 어떤 발화 장면에서 말할이와 들을이가 있을 때 이들은 이미 오랫동안 이야기를 나누어서 그들을 둘러싸고 있는 여러 상황 정보들은 이미 옛정보가 되어서 발화할 필요가 없어진다. 어떤 음식점에서 말할이와 들을이가 식사를 하면서 나눈 "먹어", "맛있겠다, 먹자"라는 말은 '말할이와 들을이가 있다. 그들 앞에는 돈가스가 놓여있다'라는 상황 정보가 전제되어 있기 때문에 '(너), (돈가스) 먹어', '(돈가스가) 맛있겠다. (우리)(그것을) 먹자'와 같이 ( )표한 언어 정보는 생략되면서 그 정보 양은 자연스럽게 줄어든다. 만약, 상황 정보가

---

42) 김정호(1962:72-73)는 생략된 정보라도 그것이 명확하게 지적할 수 있을 때라야만 생략이라고 할 수 있고 그렇지 않을 때는 생략이라고 하기 어렵다고 하였다. 예컨대, '(나는) 간밤에 이상한 꿈을 꾸었읍니다.'라는 문장에서 '나는'은 생략이라고 할 수 없는데 그것은 주어가 '나는' 이외 '아버지는', '소년은' 등으로 명확하게 지적할 수 없기 때문이라고 하면서 진정한 생략으로 '언니는 서울로 (가고), 아우는 평양으로 갔습니다.'에서 '가고'를 생략이라고 하였다.

그러나 이러한 생각은 생략을 언어 정보에 한정한데서 오는 문제가 있다. 그러나 생략은 언어 정보 뿐 아니라 상황 정보에 의해서도 충분히 생략될 수 있다는 것을 알아야 한다. 더구나 어떤 말할이가 '간밤에 이상한 꿈을 꾸었읍니다.'라고 발화했을 때 그 주체에 대한 정보가 '옛정보'로서 전제되지 않으면 결코 발화 가능한 월이라고 할 수 없다.

적은 위의 경우에는 많은 언어 정보가 필요하게 되는데 다음과 같은 언어 정보가 필요할 것이다. 즉, '어떤 사람이 식당에서 식사를 하는데 그들은 돈가스를 시켜놓고 한 사람이 다른 사람에게 돈가스를 먹으라고 한다. 그러자 다른 사람은 돈가스가 맛있다고 말했다.'와 같이 많은 양의 언어 정보가 실현되어야 정상적인 정보 전달이 이루어진다. 이러한 관계가 성립한다면 표현된 언어의 생략은 상황 정보에서 언어 정보를 뺀 것이 된다.

그리고 어떤 발화의 속구조에서는 모든 언어 정보가 제시되기 때문에 자연적으로 언어 정보량은 그 만큼 많아지며 그 언어 정보는 겉구조로 실현되면서 상황 정보에 기대기 때문에 줄어들게 된다. 예컨대, 담화에서 '먹어'라는 말이 발화되었다고 하면 속구조에서는 '내가 순자에게 돈가스를 '먹어'라고 말했다'와 같이 언어 정보가 제시되지만 이것이 겉구조에서는 언어 정보인 '내가 순자에게 돈가스를 ---말했다'가 상황 정보에 의해 생략되고 '먹어'라는 매우 간단한 언어 정보만 발화된다.

이러한 관계를 표로 보면 다음과 같다.

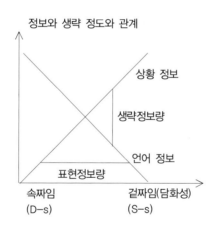

만약 위에서 a-c까지가 상황 정보량(SI)이고, a-b까지가 언어 정보량(PE)이다. 이때 생략 정보량(DI)은 b-c가 된다. 즉, 이는 다음과 같이 나타낼 수 있다.

상황 정보량(SI)-언어 정보량(PI)=생략정보량(DI)

제6장

비언어적 표현: 손짓

1. 들머리

인간은 음성적 언어가 형성되기 이전 오랫동안 본능적으로 신체 언어(body-language)로 의사소통을 했다. 그러다가 인간이 언어를 만들어 사용하면서부터 이전에 신체 언어로 표현했던 많은 정보들이 언어로 대체되기 시작했다. 그러나 인간의 감정과 심리적 현상이 워낙 복잡하고 오묘하기 때문에 그것을 언어라는 한정된 그릇에 온전히 담을 수가 없었으며 그래서 인간은 가진 가장 원초적이면서 본능적인 의사소통이라고 볼 수 있는 비언어(non-verbal)적 표현으로 인간 언어의 부족함을 깁고 메우게 된 것이다(Argyle, 1975:70). 또한, 정보의 수용자 측면에서 볼 때도 들을이는 말할이의 비언어적 표현으로 그들의 정보를 더욱 정확하게 해석하고 이해할 수 있다(Ross, 1986:52)는 점에서 비언어적 표현은 매우 중요한 의사소통의 수단이다.

뿐만 아니라, 이 비언어적 표현은 인간의 언어 습득 과정이라는 측면에서 볼 때도 매우 중요한 의사소통의 기초가 된다고 하겠다. 즉, 발성 기관이 발달하기 이전의 어린이는 그들의 생각과 느낌을 몸짓으로나 울음으로 표현될 수밖에 없다(Carter, 1974). 그리고 발성 기관이 점차 발달하면서 어린이의 수행적 행동(performatives)은 모두 몸짓(open word)이라는 비언어적 표현으로 이루어지고 상대를 부르는 부르기(vocative, pivot word)는 동작을 구성하는 하나의 요소로서 사용된다(Greenfield&Smith, 1976). 이처럼 비언어적 표현은 인간의 의사소통상 태생적인 측면이나 언어 발달사적 측면에서도 언어의 가장 원형이며 본능적인 의미를 가지고 있다는 것이다. 더구나 인간의 의사소통의 75%는 비언어적이라는 보고(Oger&Stefanink, 1967:56)나 정보 전달은 약 7%정도만 단어로 이루어지고 38% 정도는 준언어적 수단으로 이루어지며, 그 나머지 55%는 동작으로 이루어진다(Pacout, 1991:7)고 한 것은 비언어적 표현이 인간의 언어활동에서 차지하는 언어사용적인 측면에서도 그 중요성은 매우 크다고 할 수 있다. 로즈 E. 액스터(1991)는 '제스처 없는 세상은 정적이고 무채색이다. 인류 사회학자인 에드워 드 T. 홀은 우리의 의사소통 가운데 60% 정도는 말이 아닌 비언어적 제스처와 보디랭귀지 로 이루어진다고 주장한다. 또한 세계적인 베스트셀러 "감정적 지성(1995)'에서 다니엘 골만 은 우리가 감정의 90%정도를 비언어적으로 표현한다고 주장했다. 제스처 없는 커뮤니케이 션이 가능할까?'하는 물음을 던지기도 하였다.[1]

그리고 비언어적 표현은 민족에 따라 다양한 특성을 보이기 때문에 이에 대한 연구는 민족의 의사소통적 특성을 파악할 수도 있으며, 더불어 의사소통의 방법과 민족 문화와 관계 성도 파악할 수 있을 것이다. 이른바 비언어적 표현에 대한 연구는 민족지학적(ethnography) 언어 연구의 기초가 될 수 있다. 예컨대, 엄지와 검지의 끝을 대고 동그랗게 모양을 만들면, 일반적으로 '좋다', '잘되었다'라는 의미를 가지고 있으나 프랑스 남부에서는 '없다, 무가치' 를 뜻하고, 이탈리아의 사르디아 지방에서는 '항문'을, 우리나라에서는 '돈'을 의미하기도 한다(Hymes, 1962).[2]

또한, 비언어적 표현 양상을 연구하는 일은 효과적이고 정확한 의사소통을 교육할 수 있는 언어 교육의 책략을 세울 수 있으며, 이 책략을 통해 언어 교육(speaking), 특히 담화교육 의 이론적 틀을 제공할 수 있다(Montredon&Calbris, 1986; Porcher&Calbris, 1989).

인간 언어의 본질을 이해하기 위해서 비언어적 동작이 가지는 인지적 의의를 골드(Gould, 1987)와 힐(Hill, 1974)은 다음과 같이 제안하고 있다. 즉, (1) 언어학 이론은 육체적으로 표현된 언어에 기반을 두어야 한다. 진정한 의미에서 육체는 정신 안에 있다. 언어의 본질은 육체적

---

1) Axtell Roger. E(1991, 김세중, 2002:20)에서는 문화에 따라 다른 각국의 제스처를 쉽게 소개하고 있다.
2) 1996년 8월 18일 뉴욕타임스에 실린 다음과 같은 기사를 보자. 지난 일요일 방글라데시 국회 개회 현장 은 해운장관 A.S.M. 압둘 라브의 도발적인 손가락 제스처에 대한 야당 의원들의 격렬한 분노로 인해 혼 란에 빠졌다. 그의 제스처는 방글라데시에서 심한 모욕으로 간주되는 것이었다. "그의 행동은 의회뿐만 아니라 국민에 대한 모욕이다." 야당인 방글라데시 국민당 부총무 바드루도자 초우드허리는 이렇게 말했 다. "장관은 저속한 엄지 제스처에 대해 사과를 해야한다. 의장도 그의 사과를 요구해야 한다." 제스처의 문화적 차이에서 오는 한 사건이다.(Axtell Roger. E(1991), 김세중, 2002:19)

인 활동이다. (2) 육체적, 신호 생산적 동작들은 기호 언어와 구두 언어가 실현되는 수단들이다. (3) 인지, 심상, 언어의 진화를 이해하기 위한 시도의 첫걸음은 시각적 몸짓의 감지와 생산에 의해 운용되는 중요한 실마리를 인정하는 것이다. (4) 언어 대 몸짓, 언어 대 추상화, 범주화, 유사성 판정 등의 일반적 인지 능력과 비연속성이 있듯이, 정이 체계로부터 의존하지 않는 비양식으로서의 언어 대 모든 인간의 전이 체계와 다중적으로 연결된 언어에도 비연속성이 있다(Armstron 외, 1995/2001:57 참고)고 하였다.

담화에서 비언어적 표현에 대한 연구는 1960년대부터 비언어적 표현(nonverbal)이나 신체언어(body-language)라는 포괄적 연구가 시작되었다. 그리고 이 시대는 신체언어를 동작학(kinesics)이라고 하여 인류학자들이 관심을 가지기 시작했으며(Birdwhistell, 1952; Hall, 1966),언어학자들이 신체 언어에 관심을 가지면서 본격적으로 신체언어와 발화 행위의 관계를 담화와 화행 차원에서 논의하기 시작했다(Austin, 1962; Searle, 1969). 1970년대에 들어서면서 신체언어 연구는 언어사회학자들에 의해 신체언어와 사회적 관계 중심으로 이루어지기 시작했다(Hymes, 1974; Gumperz, 1982). 그리고 1970년대와 80년대는 주로 신체언어와 비언어적 표현을 구체적으로 연구되기 시작했으며(Burgoon J.K, 1985; Buck R., 1976; Leathers D.G., 1976), 비언어적 표현과 의사소통의 다양한 관계를 논의한 것(Gail E.M&T.M.Michele, 1985)도 보인다. 본고에서 논의하고자 하는 '제스처'라는 개념으로 이루어진 개별 연구는 1990년대와 최근에 이르러 본격적으로 연구되고 있다(Kendon, A, 1995; Liddell, S.K&Melanie Metzger, 1998; Janney, R.W,1999; Roth, W.M, 2000).

제스처가 담화에서 표면 형태(surface form)를 생성해 낸다고 보면서 제스처가 공간 정보를 묶어(package)주는 현상을 어린이의 실험으로 연구(Alibali, M.W. Sotaro Kita, Amanda J.Young, 2000)한 것도 주목된다. 이들 대부분의 연구는 손짓(hand gesture)을 통한 제스처를 중심으로 이루어졌다. 그리고 이 시기에는 청각장애자(deaf-mute)를 위한 제스처와 수화(sign language)연구가 미국을 중심으로 활발하게 이루어졌다(Morford, J.P., 1996).

국내의 비언어적 표현에 대한 연구는 1980년대에 들어서면서 시작되었다(윤삼랑, 1985; 송한선, 1985; 정성호, 1985). 이들 연구는 주로 비언어적 표현을 통한 외국어 교육 방법을 모색하면서 시작되었다. 그리고 의사소통론이나 화법론에서 단편적으로 소개된 경우가 몇몇 있었다(김진우, 1994; 전영우·박태상, 1985 등). 1990년대에 들어서도 외국어 교육 방법을 통한 신체

언어 연구가 계속 나왔으며(심재은, 1996; 이진화, 1998; 권종분, 1998; 추계자, 1998), 신체 언어에 대한 인지적 연구의 소개(김영순, 1999)와 문화와 신체 언어의 관계에 대한 연구(성광수·김영순, 1999)도 있었다. 2000년대에는 신체 언어와 의사소통의 관계를 체계적으로 정리 연구한 것 (이석주, 2000)과 신체 언어를 우리말의 수행동사와 관련된 인지적 연구(임지룡·김영순, 2000), 그리고 기호학적 이론을 바탕으로 한 인간 동작의 의미를 구성한 연구(김영순, 2000)도 보인다. 최근 화법의 중요성이 인식되면서 국어 교육적 차원에서 화법에 관련된 논저가 개론적인 수준으로 소개되고 있다(이창덕·임칠성 외, 2000).

따라서 지금까지 비언어적 표현에 대한 연구는 신체언어라는 광범위한 연구와 그 이론적 소개에 치우쳤으며, 주로 외국어 교육의 한 방법으로 신체언어나 비언어적 표현을 연구한 것이 많았다. 우리말과 관련된 신체언어에 대한 구체적인 연구는 김영순(2000) 이외 거의 발견할 수가 없다. 그러나 최근에 기호학 영역에서 상당한 연구가 진행되고 있기도 하다.

최근 언어 연구나 언어 교육의 동향이 정형화되고 고정되면서 정제된(sanitized) 문어(written language)에서 유동적이며 상황 의존적이고 생동적인 구어(oral language) 중심으로 옮겨가고 있는 현실에서 구어(담화)연구와 더불어 비언어적 표현의 연구는 매우 중요하다고 생각한다. 이 점은 우리 제7차 국어과 교육과정에서도 그대로 나타나고 있다. 여기에서 담화(discourse) 교육의 중요성을 강조하면서, 그 가운데 '말하기'와 '듣기' 교육에서 반언어적(semi-verbal) 표현과 비언어적(non-verbal) 표현에 대한 교육 내용을 다음과 같이 깊게 다루고 있다.

담화에서 비언어적 표현에 대한 연구는 1960년대부터 비언어적(nonverbal) 표현이나 신체 언어(body-language)라는 포괄적 연구가 시작되었다. 그리고 이 시대는 신체언어를 동작학 (kinesics)이라고 하여 인류학자들이 관심을 가지기 시작했으며(Birdwhistell, 1952; Hall, 1966), 언어 학자들이 신체 언어에 관심을 가지면서 본격적으로 신체언어와 발화 행위의 관계를 담화와 화행 차원에서 논의하기 시작했다(Austin, 1962; Searle, 1969).

국내의 비언어적 표현에 대한 연구는 1980년대에 들어서면서 시작되었다(윤삼랑, 1985; 송한선, 1985; 정성호, 1985). 이들 연구는 주로 비언어적 표현을 통한 외국어 교육 방법을 모색하면서 시작되었다. 그리고 의사소통론이나 화법론에서 단편적으로 소개된 경우가 몇몇 있었다(김진우, 1994; 전영우·박태상, 1985 등). 1990년대에 들어서도 외국어 교육 방법을 통한 신체 언어 연구가 계속 나왔으며(심재은, 1996; 이진화, 1998; 권종분, 1998; 추계자, 1998), 신체 언어에 대한 인지적 연구의 소개(김영순, 1999)와 문화와 신체 언어의 관계에 대한 연구(성광수·김영순, 1999)도 있었다. 2000년대에는 신체 언어와 의사소통의 관계를 체계적으로 정리 연구한 것(이석주, 2000)과 신체 언어를 우리말의 수행동사와 관련된 인지적 연구(임지룡·김영순, 2000), 그리고 기호학적 이론을 바탕으로 한 인간 동작의 의미를 구성한 연구(김영순, 2000)도 보인다. 최근 화법의 중요성이 인식되면서 국어 교육적 차원에서 화법에 관련된 논저가 개론적인 수준으로 소개되고 있다(이창덕·임칠성 외, 2000).

따라서 지금까지 비언어적 표현에 대한 연구는 신체언어라는 광범위한 연구와 그 이론적 소개에 치우쳤으며, 주로 외국어 교육의 한 방법으로 신체언어나 비언어적 표현을 연구한 것이 많았다. 우리말과 관련된 신체언어에 대한 구체적인 연구는 김영순(2000) 이외 거의 발견할 수가 없다. 그러나 최근에 기호학 영역에서 상당한 연구가 진행되고 있기도 하다.

본 연구에서와 같이 혼자 말하기에서 손짓 사용의 비율을 전체 말하기 시간에서 차지하는 비율과 성별 그리고 언어 범주별 비율 조사를 통계적으로 연구한 것은 발견할 수 없다.

2. 비언어적 표현 손짓 사용

2.1. 연구 범위 및 방법

본 연구에서 우리나라 사람의 담화 상에서 나타나는 손짓의 사용의 실태와 담화적 기능을 중·고등학생을 중심으로 조사 분석하고자 한다. 특히, 본 연구에서의 손짓은 발화자가 혼자서 청자에게 직접 말을 할 때 실현되는 것으로 그 연구 범위를 잡는다. 그것은 손짓은 주고받는 대화(dialogue)상에서 더욱 활발하게 나타나지만 혼자 말하기(monologue)에서 나타나는 손짓을 연구함으로써 주고받는 대화에서 실현되는 손짓 연구의 기초작업의 의의를 가질 수도 있기 때문이다. 더구나 주고받는 대화에서 실현되는 손짓은 지극히 유동적이고 상황과 심리적 변화에 따라 지극히 다양하게 실현되기 때문에 규칙화하거나 정형화하기가 매우 어렵다는 문제를 안고 있기 때문이다.

손짓을 '의미적 손짓'과 '무의미적 손짓'으로 나눌 수 있는데, '의미적 손짓'은 언어적 표현의 부가 의미적 기능을 하며 언어적 의미와 도상적 의미 관계상을 보이나, 무의미적 손짓은 단순한 습관적인 경향으로 언어적 의미를 담고 있지 않은 행위이다. 본고에서는 무의미적인 손짓이나 손의 사용보다는 유의미적인 손짓 사용을 그 연구 대상으로 하였다. 그것은 의미적인 손짓이 언어 표현의 보조적이고 담화 기능적 의미를 충실히 담당하고 있기 때문이다. 그리고 본 연구는 우리나라 사람의 담화상에서 언어적 표현과 더불어(overlap) 실현되는 손짓의 연구에 한정한다. 그것은 본 연구에서 손짓이 독립된 언어적 의미로 표현되는 수화나 언어발달적의 초기에 실현되는 것과 같은 순수한 언표 대용적인 손짓보다 담화와 동시에 실현되면서 손짓이 담화의 보조적 기능을 어떻게 수행하며 언어 범주별로 어떤 특성이 있는지를 밝히고자 하였다. 즉, 연구 대상을 '언어적 표현+손짓'의 경우로 한정한다는 것이다.

또한, 연구 자료는 계획된 자료(planned data)를 읽거나 외워서 말하는 형식적 말하기는 제외하고 계획되지 않은(unplanned date) 말하기를 대상으로 한다(Ochs, 1979). 그것은 계획된 말하기에서는 비언어적 표현이 거의 실현되지 않으며, 자료를 읽어 가는 일방적인 정보 전달 형태를 취하기 때문이다. 그러나 계획되지 않은 말하기는 상황에 따라 청자의 반응에 따라 말하는 사람의 비언어적 표현이 자유롭게 사용이 되며, 일방적 정보전달이 아니라 상호작용을 통한 정보 전달이기 때문에 비언어적 표현이 활발하고 의미 있게 실현된다고 보기 때문이다. 본 연구의 연구 방법과 내용은 다음과 같다.

(1) 연구 자료: 2000년 10월 20일 실시한 경상대학교 · 전국국어교사 모임에서 실시한 전국 중 · 고등학교 이야기대회 녹화 자료 및 전사 자료
(2) 자료 내용: ① 겪었던 이야기, ② 들었던 이야기, ③ 상상한 이야기
(3) 피조사자 조건: ① 청자를 앞에 두고 직접 말하기, ② 혼자 말하기
(4) 피조사자 성격: 전국 중 · 고등학생 남 · 녀
(5) 피조사자 인원: 남학생 21명, 여학생 31명
(6) 조사 방법

이야기 대회 때 발표한 이야기를 녹화하였으며, 녹화한 동영상을 통해 음성언어를 문자

언어로 전사하였다. 이야기에 사용된 손짓을 분석하기 위해 동영상과 전사 자료를 7차례 되풀이 분석하였다. 손짓 사용 시간의 정확성을 높이기 위해 스톱워치로 7차례 되풀이 측정하였다.

손짓의 사용과 손짓의 의미적 내용과 반드시 일치하지 않았다. 즉, 버릇에 가까운 무의미한 손짓도 있었는데 그러한 것도 시간에 포함시켰다. 그러나 손짓과 언어간의 상호 관련성을 분석하는 데는 무의미한 손짓은 제외시켰다. 따라서 전체 손짓의 횟수와 손짓을 언어적으로 분석하기 위해 가려놓은 것과는 횟수가 다를 수 있다. 전체 손짓 횟수가 유의미한 손짓 횟수보다 적게 나타난다. 그것은 한번 손짓을 하면서 유의미한 손짓이 여러 번 계속될 수 있기 때문이다.

손짓과 그것을 언어적으로 연결시키는 일은 매우 복잡하고 어려웠다. 손짓이 분명하게 어떤 말과 직접적으로 연결되는지 경계가 모호할 겨우도 많았다. 그러나 최대한 손짓과 그 손짓에 대응되는 어휘를 연결시키려고 노력했다.

2.2. 조사 결과 분석

2.2.1. 손짓 사용 시간 비율

다음 [표 1]은 전체 발표 시간에서 손짓을 사용한 시간이 차지하는 비율을 보인 것이다.

	손짓 사용 비율(%) (손짓사용시간/전체발표시간×100)
남	21.44
여	22.63
전체	22.04
호응도 높은 학생	32.01

[표 1] 전체 발표 시간 중 손짓 사용 비율

피조사자들의 전체 이야기 시간에서 손짓을 사용한 시간의 비율은 [표 1]과 같다. 남학생과 여학생의 성별 차이는 거의 없는 것으로 나타났다. 여학생이 남학생보다 약 1%정도 많은 것으로 나타났으나 의미 있는 차이는 아닌 것으로 보인다. 전체 이야기 시간에서 손짓을 사용한 시간은 약 22%에 이르는 것으로 나타났다. 이것은 이야기하기에서 손짓 사용의 빈도를 정확하게 측정하기에는 다소 어려움이 있으나 대체적으로 전체 이야기에서 차지하는 손짓 사용의 빈도가 22%로 나타난 것은 손짓 사용이 매우 많음을 확인할 수 있는 근거가 될 수 있다. 그리고 호응도가 높은 학생으로 평가된 피조사자들의 손짓 사용 비율은 일반적인 학생들보다 약 10% 정도 손짓 사용을 많이 하는 것으로 나타났다. 이것은 손짓 사용이 표현을 효과적으로 하는데 매우 중요한 기능을 하고 있음을 의미한다.

2.2.2. 손짓 사용 잦기

다음 [표 2]는 전체 손짓 사용 시간에서 손짓 사용 횟수의 비율을 통해 손짓 사용의 잦기를 알아본 것이다.

	손짓 사용 잦기(손짓사용시간(초)/손짓사용횟수)
남	7.50초
여	7.78초
전체	7.64초
호응도 높은 학생	5.30초

[표 2] 전체 발표 시간 중 손짓 사용 잦기

위 [표 2]는 학생들이 손짓을 얼마나 자주 사용을 했는가를 알아본 것이다. 전체 손짓 사용 시간을 손짓 사용 횟수로 나누어 평균을 낸 것이다. 이 결과는 손짓 사용의 잦기에 대한 전체적인 흐름을 파악하는 잣대로 이해할 수밖에 없다. 왜냐하면 경우에 따라서 어떤 학생은 한번 손짓을 했지만 오랫동안 계속 손짓을 하는 경우도 있기 때문이다. 이것도 남학생이나 여학생의 차이는 거의 미미하게 나타났다. 대체로 약 8초 사이에 한번씩 손짓을 사용하는 것으로 이해할 수 있다. 그리고 호응도가 높은 학생의 손짓 사용 잦기는 일반 학생보다 많이 일어난 것으로 확인된다. 이들의 손짓 사용 간격은 다른 학생보다 약 2초 정도 짧게 일어나는 것으로 나타났다. 손짓 사용을 자주 한다는 결과는 [표 1]과 같이 호응도가 높은 학생의 손짓 사용 시간이 많다는 것과 같은 결과로 보인다.

2.2.3. 언어 범주별 손짓 사용 비율

언어 범주별 손짓 사용 빈도는 손짓을 사용한 모든 어휘나 마디에서 특정 언어 범주가 차지하는 비율을 나타낸 것이다. 남자가 사용한 손짓은 모두 1404회이며, 여자가 사용한 손짓은 모두 1785회이다. 다음은 이 둘을 합한 3289회에서 언어 범주별 빈도를 조사한 것이다. 다음 [표 3]은 전체 손짓 사용에서 언어 범주별 손짓 사용의 비율을 나타낸 것이다.

범주	동사	명사	형용사	지시사	부정사	인칭사	수사	부사
비율	30.31	16.45	13.62	10.78	10.11	8.54	6.61	3.64

[표 3] 언어 범주별 손짓 사용 비율

일반적으로 손짓 사용은 동작 동사나 상태, 지시사 등에서 많이 나타날 것으로 쉽게 예측할 수 있다. 실제 동작을 표현하기 위한 손짓이 전체 손짓의 30.31%로 나타난 것으로 보아 실제 손짓 사용은 동작 표현을 보조해 주는 기능이 가장 중요한 기능임을 확인할 수 있다. 그 다음 명사와 같이 사용된 것이 전체의 16.45%이다. 명사와 함께 사용된 손짓은 주로 어떤 사물을 묘사하기 위해 사용되었다. 자세한 분석 결과는 다음에 계속되는 언어 범주별 손짓 사용의 구체적인 분석을 통해 알아 볼 것이다. 형용사도 상대적으로 다른 범주보다 손짓 횟수가 많이 나타났다. 형용사는 상태를 나타내는 형용사에 더 많이 나타나고 있다. 그리고 지시사가 그 다음 순으로 나타나고 주목할 것은 부정사와 손짓 사용이다. 부정문을 사용할 때 손짓을 많이 사용하는 것은 부정의 정도를 강조할 경우 많이 나타난다. 그리고 인칭, 수사, 부사의 순이다.

따라서 언어 범주별 손짓 사용순은 다음과 같다.

(1) 동사>명사>형용사>지시사>부정사>인칭사>수사>부사>기타

이러한 사용빈도 정도는 말하기에서 사용한 언어 범주의 사용 빈도와 밀접한 관계가 있다고 예측할 수 있다. 따라서 본 연구는 조사 자료 전체에서 손짓을 사용한 비율을 단순 조사한 것이다.[3] 그러나 조사 자료에 쓰인 언어 범주의 빈도와 반드시 일치하는 것만은 아니다.[4]

각 언어 범주별 성별 손짓 사용 빈도는 남자가 사용한 손짓 횟수 1404회, 여자가 사용한 손짓 횟수 1785회에서 차지하는 언어 범주별 통계이다.

2.2.3.1. 동사

다음은 남녀별 동사에 나타난 손짓 빈도이다.

	남		여	
	횟수	비율(%)	횟수	비율(%)
동사	431	30.70	534	29.92
전체	30.31			

[표 4] 남녀별 동사에 나타난 손짓 빈도

동사에 나타난 남녀별 손짓 사용 빈도는 거의 차이가 없는 것으로 확인된다. 여자보다 남자에서 조금 더 빈도가 높게 나타났으나 큰 의미는 없는 것으로 보인다. 다만, 동사에 쓰인 손짓이 전체의 30%정도로 나타난 것은 손짓 사용의 중요한 기능 가운데 동사의 동작을 보조해 주는 기능임을 알 수 있다. 동작을 나타내는 말을 하면서 동시에 손짓이 사용된 것이다. 구체적인 손짓의 형태는 동작 동사의 동작 양상에 따라 매우 다르게 나타난다.

손짓이 사용된 동작 동사는 다음과 같이 가장 기본적인 동작인 '가다'나 '나가다' 또는

---

3) 특정 언어 범주별 손짓 사용 비율을 알기 위해서는 전체 자료에서 특정 언어 범주의 숫자와 그 가운데 손짓을 사용한 숫자를 조사하여 비율을 내어야 한다. 그러한 작업은 말뭉치 작업으로 이루어질 수 있으나 매우 어렵고 복잡한 작업이기 때문에 본 연구에서 다루지 않았다.

4) 한국어 텍스트 장르에 나타난 언어 특성을 말뭉치(코퍼스)로 조사한 강범모(1999:71)에서 구어 전체에 나타난 결과를 보면, 인칭(일인칭, 이인칭, 삼인칭) 대명사의 사용의 전체 평균을 합한 것은 30.64이나 지시사의 평균은 19.74이다. 따라서 지시사보다 인칭을 나타내는 말을 많이 사용한 것으로 나타났다. 그리고 부정사는 긴 부정 짧은 부정을 합해서 8.16로 나타나서 지시사나 인칭사보다도 훨씬 적게 나타났다. 그리고 부사는 76.02로 출현 빈도가 매우 높게 나타났다. 그러나 본고에서 손짓 사용에서는 이와 같은 출현 빈도와는 다르게 나타났다. 따라서 출현빈도와 손짓 사용의 빈도는 일치한다고 볼 수는 없다.

'오다'와 같은 이동 동사에 많이 쓰였다.

	남		여	
	횟수	비율(%)	횟수	비율(%)
가다/오다	65	15.08	58	10.86
전체	12.97			

[표 5] '가다/오다' 손짓 사용 비율

위 표에서 성별로 본 '가다'나 '오다'와 같은 동사에 손짓의 비율에 남자가 여자보다 약 4%정도 많이 나타나고 있다. 큰 동작을 나타내는 손짓은 여자보다 남자가 많이 사용하고 있음을 짐작할 수 있다.

그리고 특이한 것은 동사와 동시에 사용한 손짓은 동사와 같이 담화표지 '딱-'과 '막-'이 눈에 띠게 많이 쓰였다는 것이다.

	남		여	
	횟수	비율(%)	횟수	비율(%)
딱-/막-+동사+손짓	54	12.53	68	12.73
전체	12.63			

[표 6] '딱-/막-+동사+손짓' 사용 비율

손짓이 동사와 더불어 담화표지 '딱-'과 '막-'과 함께 많이 쓰이는 것은 담화표지 '딱-'과 '막-'이 동작 상태를 두드러지게 하는 기능을 하기 때문이다. '딱-'은 어떤 행위가 분명하게 일어남을 나타내며 또한 어떤 행위가 선행 행위와 연속해서 지속됨을 나타내는 것이 아니라 어떤 행위가 갑자기 새롭게 시작함을 나타낸다.

(2) 가. 동 딱, [손짓] 움직이데요

　　나. 동 딱, [손짓] 주방으로 가서

　　다. 동 딱, [손짓] 주어 먹는데

(2가)에서 '움직이는 행위'가 순간 일어남을 의미하고, (2나)에서도 '주방으로 가는 행위'가 주방으로 가는 행위 그 자체에 초점이 있으며, (2다)에서도 '주어 먹는 행위'가 순간적이 일회적임을 나타내고 있다.

그러나 담화표지 '막-'은 담화표지 '딱-'과는 다르게 행위의 지속적 의미를 포함하고 있다.

　　　(3) 가. 동 막, [손짓] 대문을 두드리는 소리
　　　　　나. 동 막, [손짓] 돌아다니더니
　　　　　다. 동 막, [손짓] 발로 차고 때리고

위 (3)의 보기에서 담화표지 '막-'에 이어지는 동작은 대체로 행위가 연속되는 의미를 가진 동사들이다. (3가)에서 담화표지 '막-'에 이어지는 동작이 대문 두드리는 행위가 계속 일어남을 의미하고, (3나)도 '돌아다니다'가 일회적이고 순간적인 의미보다는 계속되는 행위 또는 지속되는 행위를 나타내고 있다. (3다)도 '발로 차고 때리고'라는 세 가지 행위가 연속되어 나타나고 있다.

따라서 담화표지 '딱-'이나 '막-' 뒤에 손짓과 더불어 동작이 나타나는 것도 손짓이 어떤 행위의 표현을 더 두드러지게 하거나 시각적으로 강화하는 효과를 가지고 있기 때문이다.

2.2.3.2. 명사

성별에 따라 손짓이 명사와 함께 나타나는 결과는 다음과 같다.

	남		여	
	횟수	비율(%)	횟수	비율(%)
일반명사	141	10.04	216	12.10
공간명사	50	3.56	76	4.26
시간명사	19	1.35	28	1.57
전체	210	14.96	320	17.93
	16.45			

[표 7] 명사와 함께 나타나는 손짓 비율

위 표에서 나타난 것처럼 대부분 손짓이 일반 명사와 함께 일어난다. 손짓이 일반 명사와 쉽게 공기하게 되는 것은 일반 명사 가운데도 형태가 있는 사물 명사가 대부분이다. 추상명사와 같은 물질명사가 아닌 것은 손짓으로 그 형상을 묘사하기가 어렵기 때문에 손짓이 쉽게 동반되지 않는다. 그 가운데 사람의 신체를 나타내는 일반 명사가 손짓으로 많이 나타났다. 그것은 신체를 묘사하는 것이라기보다는 신체를 지시하는 기능으로 보인다. '눈'이 8회, 머리가 6회 정도로 나타났다.

    (4) 가. 명, [손짓] 칼을

        나. 명, [손짓], 코때가리

        다. 명, [손짓], 핸드폰으로

전체적으로 볼 때 손짓이 명사와 동반되는 비율이 16.45%이라고 하는 것은 상대적으로 사물을 묘사하기 위해 손짓을 많이 사용하고 있음을 알 수 있고, 성별로 보면 여자가 남자보다 3%정도 여자가 많이 사용하고 있음을 알 수 있다. 앞에서 동작을 나타내는 동작 동사에 손짓을 사용할 경우는 여자보다 남자가 많았던 것을 비교하면 여자는 사물을 정밀하게 묘사하기 위해서 손짓을 많이 사용하는 것으로 이해할 수 있다. 그리고 공간 명사가 시간 명사보다 손짓 사용이 만은 것은 당연한 결과이다. 공간은 시각적으로 쉽게 표현할 수 있기 때문이다. 여기에서는 지시사를 통한 공간 표현 부분은 제외시켰다. 지시사를 포함하여 손짓으로 공간을 묘사하는 비율은 더 높아질 것이다. 다음 (5)는 시간 명사의 보기이다.

    (5) 가. 명시, [손짓] 다음날

        나. 명시, [손짓] 수업시간에

        다. 명시, [손짓] 어느 날

공간 명사 가운데 '앞, 옆, 뒤, 밑'과 같이 말하는 사람을 중심으로 사방의 기본적인 위치를 나타내는 공간 명사가 특히 손짓과 같이 많이 나타났다. 남자는 31회, 여자는 17회로 나타났다. (6)는 공간 명사의 보기이다.

(6) 가. 명공, [손짓] 근처에

　　나. 명공, [손짓] 뒤로

　　다. 명공, [손짓] 밑으로

2.2.3.3. 형용사

다음은 형용사에 대한 손짓의 성별 비율이다.

		남		여	
		횟수	비율(%)	횟수	비율(%)
형용사	심리형용사	9	0.64	22	1.23
	상태형용사	143	10.19	271	15.18
전체		152	10.82	293	16.41
		13.62			

[표 8] 형용사에 나타난 손짓 사용 비율

위 표에서 나타난 것처럼 심리 형용사에 대한 손짓 사용은 매우 낮게 나타났으나 상태 형용사에 대한 손짓 사용 비율은 매우 높게 나타났다. 이것은 심리 형용사는 시각적 표현이 어렵고 상대적으로 상태 형용사는 시각적 표현이 쉽기 때문에 손짓 사용의 빈도가 높게 나타났다고 볼 수 있다. 그리고 남자보다 여자가 상태 형용사의 손짓 사용이 훨씬 많게 나타났다. 이러한 현상은 앞 절에서 명사에 대한 손짓 사용 빈도에서도 남자보다 여자가 높게 나타난 것과 맥을 같이 하는 것으로 볼 수 있다. 그것은 어떤 현상에 대한 묘사는 남자보다 여자가 훨씬 섬세하게 하는 일반적인 특성 때문으로 보인다.

다음은 상태 형용사에 손짓 사용한 보기이다.

(7) 가. 상, [손짓] 조용히 있었거든

　　나. 상, [손짓] 하얘지면서

　　다. 상, [손짓] 큰게

2.2.3.4. 지시사

손짓이 지시사와 함께 사용된 비율은 다음과 같다. 여기서 지시사라 한 것은 지시어인 '이, 그, 저'를 포함하는 대명사 관형사 형용사를 모두 포함 한 것을 말한다. 즉, 이, 그, 저로 이루어진 대명사나 관형사 그리고 형용사를 모두 포함하는 것을 말한다. 표현 형태는 '이, 그, 저'를 기본 형태로 다양하게 변형으로 나타나기도 한다.

	남		여	
	횟수	비율(%)	횟수	비율(%)
지시 대명사	64	4.56	63	3.53
지시 관형사	20	1.42	56	3.14
지시 형용사	66	4.70	75	4.20
전체	150	10.68	194	10.87
	10.78			

[표 9] 지시사에 나타난 손짓 사용 비율

위 표에서 보는 것과 같이 지시사에 대한 남녀별의 손짓 사용 차이는 거의 없다. 전체적으로 볼 때 지시사와 함께 사용한 손짓 사용은 전체 손짓 사용의 약 11%를 차지하여 상대적으로 많은 비율을 차지한다고 볼 수 있다.

다음 표에서 지시사 가운데 '이'류가 다른 지시사보다는 훨씬 많이 나타나는 것을 알 수 있다.

	남		여	
	횟수	비율(%)	횟수	비율(%)
'이'류	116	77.33	124	63.92
'그'류	23	15.33	49	25.26
'저'류	11	7.33	21	10.82

[표 10] 지시사 손짓 상세 사용 비율

지시사 가운데 '이'류가 손짓과 가장 많이 나타나는 것은 '이'류 지시사의 실현이 많은 것도 있겠지만 '이'류로써 사람 자신의 신체 일부나 말하는 현장 또는 선행하는 말을 지시하는 경우가 많기 때문이다.

지시사 이, 그, 저의 형태는 주로 다음과 같이 나타난다.

(8) 가. 지, [손짓] 여기 배꼽

　　 나. 지, [손짓] 요기 앉아

　　 다. 지, [손짓] 욜로

　　 라. 지, [손짓] 이거, 이래, 이러고, 이렇게, 이리

(9) 가. 지, [손짓] 거게

　　 나. 지, [손짓] 거기 있는 것

　　 다. 지, [손짓] 그 아줌마가

　　 라. 지, [손짓] 그거 뿐이냐, 그걸 보고, 그게 그, 그런, 그렇고요

(10) 가. 지, [손짓] 저 종소리

　　 나. 지, [손짓] 저거

　　 다. 지, [손짓] 저기 어디 가

　　 라. 지, [손짓] 저리 가라

손짓으로 지시사를 나타낼 때는 거의 손가락이나 손을 펴서 지시하는 대상을 가리키는 형태를 취한다.

2.2.3.5. 부정사

손짓 사용에서 특이한 현상 가운데 하나가 부정을 나타낼 때 손짓 사용을 많이 한다는 것이다.

	남		여	
	횟수	비율(%)	횟수	비율(%)
동사부정	51	3.63	57	3.19
형용사부정	143	10.19	22	1.23
일반 부정	12	0.85	20	1.12
전체	206	14.67	99	5.55
	10.11			

[표 11] 부정사에 나타난 손짓 사용 비율

여기서 동사 부정은 '안(못)+동사/동사+지 않(못)'의 형태를 나타낸 것이고, 형용사 부정은 동사 부정과 마찬가지로 '안(못)+형용사/형용사+지 않(못)'의 형태를 나타낸 것이다. 그리고 일반 부정은 '아니다'로 단독으로 부정의 형태를 나타낸 것이다.

부정사의 손짓 사용의 비율을 보면 동사에는 남녀가 크게 차이가 없는데 상태를 나타내는 형용사의 부정일 때는 남자가 여자보다 눈에 띄가 그 비율이 높게 나타났다. 약 10% 정도 차이를 보이고 있다. 그리고 전체적임 비율을 보아도 여자보다 남자가 부정의 손짓을 9%이상 더 많이 사용함을 확인할 수 있다. 결국, 여자보다 남자가 부정사를 강조하는 손짓을 많이 사용한다는 잠정적인 결과를 얻을 수 있다.

이것은 두 가지 점을 예측할 수 있는데, 하나는 남자가 여자보다 부정적 표현을 더 많이 사용한다는 것과 다른 하나는 남자가 여자보다 부정적 표현을 더 강조한다는 것이다.

다음은 부정사에서 손짓 사용의 보기이다.

(11) 가. 동부, [손짓] 못타겠스

　　 나. 동부, [손짓] 신발도 안 신고

　　 다. 동부, [손짓] 종치지 마소

(12) 가. 형부, [손짓] 못 생겼으면

　　 나. 형부, [손짓] 아무것도 없다

　　 다. 형부, [손짓] 안 아프고

(13) 가. 부정, [손짓] 아니라는 듯이

　　 나. 부정, [손짓] 아니예요

　　 다. 부정, [손짓] 아닌기라

위 (11)은 동사에 손짓을 사용한 것이며, (12)은 형용사에 손짓을 사용한 것이다. 그리고 (13)는 단순히 일반 부정사 '아니'에 손짓을 사용한 것이다. 손짓이 부정적 의미와 공기할 때는 일반적으로 한 손이나 두 손을 좌우로 흔들거나 오른 손을 안쪽에서 바깥으로 내려치는 동작을 한다. 또는 한 손으로 가위표를 하여 부정을 나타내기도 한다.

2.2.3.6. 인칭사

다음 [표 12]는 인칭사에 나타난 손짓 사용의 빈도를 보인 것이다. 여기서 인칭사라고 한 것은 인칭 대명사와 인명을 나타내는 명사도 여기에 포함하였다. 인명을 나타내는 명사는 예컨대, 학생, 선생님, 아버지 등과 같이 사람을 지칭하는 명사를 말한다. 다음 (14가~바)까지가 인칭대명사들이고, (14사)와 (14아)가 인명에 해당된다.

(14) 가. 인대, [손짓] 나도

나. 인대, [손짓] 남이

다. 인대, [손짓] 너거 나이에

라. 인대, [손짓] 여러분도

마. 인대, [손짓] 우리 엄마는

바. 인대, [손짓] 자기 사고방식

사. 인명, [손짓] 놀부한테

아. 인명, [손짓] 누나

	남		여	
	횟수	비율(%)	횟수	비율(%)
인칭명사	34	2.42	45	2.52
인칭대명사	90	6.41	102	5.71
전체	124	8.83	147	8.24
	8.54			

[표 12] 인칭사에 나타난 손짓 사용 비율

위 표에서 인칭사와 손짓 사용 빈도는 전체 8.54%로 나타났으며, 남녀 비율은 크게 차이가 나지 않은 것으로 확인이 된다. 인칭명사에 대한 손짓은 손가락으로 앞으로 막연하게 지시한다. 그것은 이인칭 대명사나 삼인칭 대명사와 비슷하게 손짓으로 나타내었다.

아래 [표 13]은 인칭별로 남녀의 손짓 사용 비율을 나타낸 것이다.

	남		여	
	횟수	비율(%)	횟수	비율(%)
1인칭 대명사	65	72.22	77	75.49
2인칭 대명사	21	23.33	17	16.67
3인칭 대명사	4	4.44	8	7.84

[표 13] 인칭사 인칭별 손짓 사용 비율

1인칭 대명사와 손짓 사용의 비율이 가장 높고 그 다음 2인칭 대명사이며 3인칭 대명사와 손짓 사용의 비율은 매우 낮다. 이것은 1인칭 대명사와 손짓 사용은 자신을 지칭하는 손짓은 현장에서 1인칭을 가장 쉽게 지칭할 수 있으며 말하는 사람이 행동주일 경우 자기 자신을 강조하기 쉽기 때문에 1인칭에서 손짓 사용을 쉽게 하는 것으로 보인다. 1인칭 대명사에서 자신을 나타낼 때는 손짓을 자신을 가리키게 되고 복수일 경우는 한 손으로 참가한 모두를 지칭하게 되는데 일반적으로 상대를 두루 나타낼 때는 손으로 밖으로 원을 그리거나 손바닥을 펴서 상대를 지시하게 된다.[5]

2.2.3.7. 수사

다음 [표 14]는 수사와 손짓을 함께 사용한 비율이다. 여기서 수사라 한 것은 수관형사와 수사를 모두 포함한 것을 말한다. 즉, 서수사와 양수사를 포함한 수량사를 의미한다.

	남		여	
	횟수	비율(%)	횟수	비율(%)
수사	118	8.40	86	4.82
전체	6.61			

[표 14] 수사에 나타난 손짓 사용 비율

수사와 손짓의 사용 비율은 여자보다 남자가 조금 높은 것으로 나타났다.

---

5) 이러한 결과는 강범모(1999:71)에서도 같은 결과로 나타났다. 구어에서는 1인칭>2인칭>3인칭의 순서로 출현 빈도가 높았으나 문어에서는 1인칭>3인칭>2인칭의 순으로 출현빈도를 나타내었다. 이것은 구어에서는 2인칭을 나타내는 상대가 현장에 있기 때문에 쉽게 지시할 수 있으나 문어에서는 2인칭을 지시할 상대가 현장에 없기 때문에 출현 빈도가 낮은 것은 당연하다

다음 [표 15]는 수사 가운데 손가락으로 나타낼 수 있는 수인 5 이하의 수가 전체 80%이상
으로 나타났다. 수의 크기를 분명하게 나타내기 위해서 손가락으로 나타낸 것으로 보인다.

	남		여	
	횟수	비율(%)	횟수	비율(%)
1, 하나, 한, 첫째	39	33.05	39	45.35
2, 둘, 두, 둘째	19	16.10	18	20.93
3, 셋, 세, 셋째	22	18.64	11	12.79
4, 넷, 네, 넷째	10	8.47	1	1.16
5, 다섯, 다섯, 다섯째	6	5.08	3	3.49
합계	96	81.34	72	83.72

[표 15] 5 이하의 수사 손짓 사용 비율

특히, 숫자 1과 관련된 수사와 손짓의 사용이 전체 남자는 33%, 여자는 45%정도를 나타
내는 것이 눈에 띄는 모습이다. 1과 관련된 숫자가 많이 실현되기도 하겠지만 하나의 손짓
이 매우 분명하게 나타낼 수 있기 때문에 실현 빈도가 높게 나타난 것으로 보인다. 다음은
수사와 손짓이 쓰인 보기이다.

   (15) 가. 수, [손짓] 3명이나 있는기라

        나. 수, [손짓] 네 개, 네 개

        다. 수, [손짓] 다 안다

        라. 수, [손짓] 다섯 번째

        마. 수, [손짓] 두 개

        바. 수, [손짓] 오일장

        사. 수, [손짓] 첫 경험

        아. 수, [손짓] 하나 딱 사

2.2.3.8. 부사
다음 [표 16]은 부사와 손짓이 함께 나타난 비율이다.

	남		여	
	횟수	비율(%)	횟수	비율(%)
일반부사	36	2.56	41	2.30
정도부사	19	1.35	19	1.06
전체	55	3.92	60	3.36
	3.64			

[표 16] 부사에 나타난 손짓 사용 비율

위 [표 16]에서 부사와 손짓 사용의 빈도는 예상한 것보다 매우 낮은 비율로 나타났다. 이것은 부사 뒤에 이어지는 동사나 형용사의 의미에 관련된 손짓으로 대신 나타난 것이 아닌가 한다. 부사를 손짓으로 나타내고 그 뒤따라오는 동사나 형용사까지 손짓으로 계속 나타내기가 어렵기 때문으로 보인다. 문제는 정도부사와 함께 나타나는 손짓이 그 뒤에 이어지는 상태나 동작을 묘사한 것인지 아니면 정도부사를 나타낸 것인지 불분명한 경우가 있다. 예컨대, '아주 많다.'라는 말에서 '애[손짓]주 많다'로 나타나면 분명히 '아주'라는 정도부사의 손짓으로 볼 수 있다. 그런데 '아주 많[손짓]다'고 하면 '많다'라는 형용사에 대한 손짓으로 볼 수 있다. 대부분 정도부사는 이어지는 상태나 동작에 대한 손짓으로 나타나는 경우가 많았다.

2.2.3.9. 기타

언어 범주별 손짓 비율에서 감탄사나 담화표지와 함께 실현되는 손짓이 있다. 이러한 손짓은 언어 의미를 가지고 있는 손짓이라기보다 습관에 가까운 손짓이다. 이 둘을 합해서 남자는 28회, 여자는 35회 정도로 나타났다. 따라서 이러한 손짓은 언어 범주별 손짓 비율에 포함시키지 않았다.

3. 정리

본 연구는 우리말의 담화 속에서 실현되는 신체언어 가운데 그 범위를 손짓에 한정함으로써 신체언어의 미시적 연구를 위한 기초작업으로 그 의의가 있다. 그리고 언어표현의 내용과 손짓 사용의 빈도를 다양한 잣대를 통해 통계 분석함으로써 아직 우리말에서 손짓 사용의 전체적인 실태를 파악하는 데 의미가 있을 것으로 보인다. 이러한 작업은 손짓이 가지는 담화의 효과적 표현이라는 차원에서 국어교육과 언어 교육의 말하기 교육에서도 부수적 효과를 기대할 수 있다고 본다. 본 연구는 10대인 중·고등학생들의 손짓 사용을 직접 조사·분석함으로써 학교 교육에서 언어 교육, 말하기 교육을 효과적으로 수행할 수 있는 토대(기초) 자료를 마련할 수 있을 것으로 기대된다.

지금까지 연구한 결과를 정리하면 다음과 같다.

1. 중·고등학생의 혼자 말하기에서 손짓 사용 비율은 전체 말하기 시간의 22.04%로 나타났으며, 남자와 여자는 차이가 거의 없었다. 다만, 청자의 반응이 좋은 그룹은 전체 평균보다 약 10%이상 손짓 사용의 비율이 높았다.

2. 손짓 사용의 잦기는 개략적으로 약 7초마다 한 번씩 손짓을 사용한 것으로 통계상 확인되었다. 그러나 이러한 통계는 일률적으로 적용시키기는 어렵다. 다만, 전체적인 손짓 사용의 경향을 보인다는 것이다.

3. 언어 범주별 손짓 사용의 비율은 '동사>명사>형용사>지시사>부정사>인칭사>수사>부사>기타'와 같은 정도를 나타내었다. 이러한 결과는 언어 범주의 출현 빈도와도 밀접한 관계가 있다.

4. 동사와 함께 사용한 손짓은 '가다'와 '오다'와 같은 기본 동작을 나타내는 동사와 많이 쓰였으며, 동작을 나타내는 손짓은 '딱, 막'과 같은 담화표지와 함께 사용하는 경향이 높았다.

5. 명사와 함께 사용한 손짓은 '일반 명사>공간명사>시간명사'의 순으로 사용 빈도를 보였다.

6. 형용사와 함께 사용한 손짓에서 남자와 여자의 차이는 거의 없었으며, 심리 형용사보다 상태 형용사에서의 손짓 사용의 비율이 현저하게 높았다. 그리고 상태 형용사와 손짓의 사용 빈도는 남자보다 여자가 훨씬 높았다.

7. 지시사와 함께 사용한 손짓에서 남자와 여자의 차이는 크게 나지 않았으며, '이, 그, 저'류

가운데 '이'류가 다른 '그'와 '저'류의 지시사보다 손짓 사용의 비율이 현저하게 높았다.

8. 부정사와 함께 사용한 손짓의 비율이 다소 높게 나타난 것이 주목할 만하며, 그 비율은 남자가 여자보다 훨씬 높게 나타났다.

9. 인칭사와 함께 사용한 손짓에서 남자와 여자의 차이는 크게 나지 않았으며, 1인칭 대명사와 손짓 사용의 비율이 2·3인칭 대명사보다 현저하게 높았다.

10. 수사와 함께 사용한 손짓은 여자보다 남자가 그 비율이 높게 나타났으며, '1'과 관계되는 '하나, 한, 첫째'와 같은 수량사와 함께 사용한 손짓이 다른 수보다 현저하게 높게 나타났다. 그리고 손가락으로 나타낼 수 있는 수인 다섯 안의 수와 함께 사용한 손짓은 전체 수량사와 함께 사용한 손짓 사용의 80%를 넘었다.

11. 부사와 함께 사용한 손짓의 비율은 다른 언어 범주보다 낮게 나타난 것이 주목된다. 정도 부사보다 일반 부사와 손짓 사용의 비율이 다소 높게 나타났다.

본 연구의 한계는 구어 자료를 전사하고 실제 동영상으로 손짓 언어를 분석한다는 것이 매우 어렵고 복잡하며 정확성에서 떨어질 수 있다는 것이다. 그리고 표현된 언어와 손짓의 정확한 대응관계를 분석하는 일 또한 지극히 난해한 작업으로 보인다. 앞으로 더 효과적이고 체계적인 연구 방법이 고안되길 바란다.

제7장

대화 '시작하기'와 '끝내기'

우리의 담화에는 어떤 일정한 틀이 존재할까? 아리스토텔레스[1] 이후 모든 담화나 텍스트에는 시작과 중간과 끝이 있음을 밝혔다. 그리고 인간의 모든 정보는 그 시작과 중간과 끝의 틀을 바탕으로 표현하고 이해하는 것이 가장 효과적이라는 사실도 밝혀졌다. 그것이 바로 인간의 정보 인식에 관여하는 공통된 스키마(schema)인 것이다. 그렇다면 정제된 글말이 아니라 우리의 일상 담화의 구조도 사실은 시작과 중간과 끝이 존재할 것으로 생각한다. 시작과 끝이 없는 것은 없다. 본고는 우리가 항상 주고받는 일상적 담화에서 그 시작과 끝을 나타내는 독특한 표지가 있을까?[2] 하는 의문에서 시작되었다. 만약 그 표지가 있다면 어떤 표지이며 그러한 표지가 가지고 있는 기능은 무엇인가? 이러한 물음을 두고 우리말의

---

1) 아리스토텔레스의 '시학'(De Arte Poetica,Oxford 1958,I.Bywater교정)의 제7장에, 비극의 전체는 항상 '시초'와 '중간과 종말'을 가지고 있는 것이다. 시초는 그 자신 필연적으로 다른 것 다음에 오는 것이 아니고, 그것 다음에 다른 것이 존재하거나 생성되는 성질의 것이다. 반대로 종말은 그 자신 필연적으로 또는 대개 다른 것 다음에 존재하고, 그것 다음에는 다른 것은 아무 것도 존재하지 않는 성질의 것이다. 중간은 그 자신 다른 것 다음에 존재하고, 또 그것 다음에 다른 것이 존재하는 것이다(詩學, 천병희 역, 문예출판사, 1976, 65면).

2) K.K Reardon(1987)에서 대화의 구조를 Frentz(1976)가 말한 다섯 가지 구조를 다음과 같이 소개하고 있다.
  1. 시작 국면: 인사를 주고받는 국면
  2. 규칙 협상 국면: 상호 작용의 국면이나 그것을 위해 필요로 되는 시간의 양에 대해 협상하는 시기
  3. 규칙 확정: 상호 작용 유형과 거기에 할애될 시간의 양에 대해 합의하는 국면.
  4. 전략 전개 국면: 대화의 주제를 이야기하는 동안의 시기
  5. 종결 국면: 헤어지는 인사말을 하거나 화제를 바꾸는 국면.
그러나 모든 대화가 다섯 국면을 갖는 것은 아니다. 김진우(1994:308)도 대화에는 '개시부'와 '주요부'와 '종결부'의 세 부분으로 나누어진다고 하였다. E.A Schegloff와 H. Sacks(1973:289)는 담화에서 시작(opening)과 끝(closing)의 연구를 활발히 하였는데 그들은 담화의 단위를 분석하는 일은 단순한 것은 결코 아니며, 담화의 끝에 대한 문제를 규명하는 것은 담화의 조직을 밝히는 데 바탕이 된다고 하였다.

일상적인 대화에서 나타나는 대화의 시작과 끝의 특징에 대해 살펴볼 것이다.

1. 대화 시작하기

1.1. 들을이 끌어들이기

대화의 시작과 끝의 양상을 살펴보기 위해서는 대화에 참가하는 말하는 사람과 듣는 사람의 복잡한 관계 즉, 말하는 사람과 듣는 사람의 친소 관계나 만남의 시간적·공간적 거리 등이 고려되어야 할 것이다.

그런데 말하는 사람이 상대에게 말을 시작하기 위해서는 말하는 사람과 듣는 사람은 동일한 담화장에 존재해야 한다. 그렇기 위해서는 먼저 말하는 사람은 듣는 사람을 자기의 담화 장에 끌어들여 동일한 담화 장에서 서로가 담화 활동을 공유하도록 해야 한다. 이처럼 말하는 사람이 듣는 사람을 자기의 담화 장에 끌어들이기 위해서는 여러 가지 표현 형식이 있을 것이다.[3]

주고받기 담화[4]에서 말할이는 들을이를 자기의 담화 장에 끌여 들여야 하는데 그러기 위해서는 어떤 형태로든지 상대를 부른다.[5] 상대를 부르는 말은 상대의 이름을 부르거나 상대의 시선을 끌기 위해 대이름씨 또는 부름말을 사용한다.[6]

---

3) 안주호(1992)는 한국어 담화표지를 분석하면서, 담화표지를 '부름표지, 시발표지, 전환표지, 결말표지로 나누어 설명한 적이 있다.

4) E.A. Schegloff&H.Sacks(1973)는 'a single conversation'이라고 하였다. 말 주고받기(turn-taking)모델에 대한 언급은 J. Renkema(1993) 참고

5) 여기서 문제가 되는 것은 담화 상에서 담화 시작하면서 실현되는 청자 지시어로서 이름씨나 대이름씨와 담화 시작표지로서 이름씨와 대이름씨를 어떻게 구별해야 하는가 하는 것이다. 엄격히 말해서 청자 지시어와 담화 시작 표지어는 상당한 부분 유사한 담화적 기능을 한다고 생각한다. 청자 지시어는 말하는 사람이 청자를 지시하는 지시적 기능(deixis)과 선행 정보에 대한 대용어(anaphor)의 기능을 동시에 수행할 뿐만 아니라 말하는 사람과 듣는 사람의 시간과 공간 및 친밀성 등 다양한 담화 상황에서 그 실현도 다양하게 나타날 수 있다. 따라서 담화 시작에 나타나는 청자 지시어도 부름말과 같은 차원에서 담화적 기능을 논의할 수 있다고 생각한다.

6) Stubbs(1983)는 일반적인 연구회나 진지한 토론장 등의 발화 현상에 있어 전환 머리말 표현의 형식으로 먼저 '부름말(term of address)'을 사용한다고 하였다. 김해연(1999)은 한국어 대화상에서 화자와 청자에 대한 지칭 표현을 연구하면서 그 원리는 신정보/구정보, 식별성, 도상성, 경제원리 등의 개념을 사용하였다.

1.1.1. 부름말–시선 당기기

　(1) 가. 아요, 지금 머하요?

　　나. 어이, 내 말 좀 들어봐라.

　　다. 야, 니 어데 가노

　　라. 여보게, 경찰서 어디로 가지?

　　마. 자, 우리 이야기 설설 해볼까?

　　바. 봅십다. 진양호로 가려면 어디로 가야 합니까?

　　사. 야, 너 진수 아이가?

　부름말로 담화를 시작할 경우는 상대를 담화장에 끌어들이는 구실은 이름말이나 대이름말과 같지마는 듣는 상대가 완전히 동일한 담화장에 들어오지 않은 상태에서 상대를 불러 말하는 사람에게 주의를 집중하도록 한다. 이 부름말은 불특정 대상을 일단 말하는 이에게 주의를 집중시키는 구실을 한다. 예를 들어 '아요', '어이', '봅시다'와 같이 상대를 부르면 주위에 있는 여러 사람들이 말하는 사람에게 주의를 집중하게 된다. 그 뒤 구체적인 이름을 부르거나 구체적인 정보로써 지시대상을 한정하게 된다. 만약, (1가~라)와 같이 듣는 사람이 한 사람일 경우는 부름말만으로도 상대를 지시하고 있다는 것을 알기 때문에 구체적인 이름말이나 한정어를 부가하지 않아도 듣는 사람을 담화장에 쉽게 끌어들일 수 있다. 그리고 (1마~바)처럼 듣는이에 대한 기존 정보를 가지고 있지 않을 때 즉, 처음 만나는 사람일 경우도 부름말로 상대를 말할이의 담화장에 끌어들인다. (1사)는 오랫동안 만나지 못했던 친구를 만나서 처음 말을 시작하는 인사말이다. 이 경우도 먼저 부름말로 시작함으로써 상대를 자기 쪽으로 끌어당긴다.

　상대의 이름을 부를 경우는 다음과 같다.

그녀는 영대용어가 사용되지 않고 외현적 대명사나 완전 명사구의 사용 환경을 다음 세 가지로 정리하고 있다.
① 지칭 대상이 분명하지 않은 경우, ② 특정상의 담화적 기능, 즉 강조 대조의 의미를 갖게 하거나 화자의 인식이나 견해를 나타내는 고정된 표현일 경우, ③ 친밀감을 나타내거나 청자에 대한 존대의 감정을 나타낼 경우

1.1.2. 이름말–대상 확정하기

(2) 가. 아요, 영희야! 우리 놀러 가자.

　　나. 민철아, 볼펜없나?

　　다. 민섭아, 마 여고 앞에 밥무러 가자.

　　라. 태형이, 어디 있노?

　　마. 선생님, 머 여쭈어봐도 됩니까?

　　바. 만수 학생, 자네는 어떻게 생각하나?

　　사. 엄마, 내일 우리 어디 놀러갈 겁니까?

　　아. 선생님, 안녕하십니까?

　　자. 철수야, 잘 지냈니?

위와 같이 상대의 이름을 불러 담화장에 끌어들일 때는 상대가 말하는 사람과 거리가 멀 경우나 듣는 사람이 두 사람 이상일 경우 그 가운데 특정한 사람을 정확하게 지칭할 경우 이름을 부른다. 또 두 사람일 경우는 말하는 사람과 듣는 사람의 최초 담화에서 상대의 이름을 부를 경우가 있다. 한 학생이 지나가면서 만난 친구에게 그의 이름을 부름으로써 그 학생의 주의를 정확하게 끌어들이게 된다. 처음부터 말하는 사람과 담화할 자세가 되어 있지 않고 다른 동작을 하거나 다른 곳에 시선을 두거나 다른 사람과 담화를 할 경우 자기와 동일한 담화장에 끌어들이기 위해서는 상당한 힘이 주어져야 한다. 그렇기 위해서는 지시적인 힘(indicative force)이 강한 상대의 이름을 부르는 것이다. 이것보다 더 강한 지시적인 힘을 가진 말은 상대의 이름 앞에 구체적인 한정어를 붙이는 경우이다. 반에서 자고 있는 학생을 가리키며, '저기 자고 있는 영희'라고 하거나, 여러 사람이 가고 있는데 그 가운데 한 사람을 부를 경우 '저기 노란 잠바를 입고 있는 철수' 등과 같이 부름말 앞에 한정어를 붙여 부른다. 부름말 앞에 정보가 많이 덧붙으면 붙을수록 말할이는 들을이를 특별히 지칭하게 된다. 그리고 말하는 사람에게 끌어들이는 힘은 그만큼 강하게 된다. 반대로 상대와 거리가 가까우면 가까울수록, 상대와 친밀적인 관계(intimacy)가 가까우면 가까울수록 상대를 끌어들이는 정보 표지는 양이 적어지고 형태 또한 간단하게 실현된다. 상대가 이미 담화의 장에 들어

왔을 때는 이름씨나 생략하기도 한다.[7] 동일한 담화의 장에 있더라도 교실과 같은 규격화된 공간에서는 상대의 이름이나 구체적인 지시말을 사용하게 되는데 그것도 말하는 사람과 듣는 사람의 공간적인 거리나 관계적인 거리가 멀기 때문에 상대의 구체적인 지시말을 사용하게 된다.

위 (2아~자)은 인사말 형태에서 시작되는 이름말이다. 이름말을 굳이 붙이는 경우는 서로 만나지 않은 기간이 다소 오래되거나 아니면 상대를 강조하고자 할 때이다. 친밀도가 가까우면 가까울수록 만난 시간이 오래되지 않으면 않을수록 부름말의 형태는 짧아지고 얹히는 정보가 적어진다.

1.1.3. 대이름말-확정 대상 가리키기

(3) 가. 너말이야, Ø저녁 때 머 사먹을 건데?

나. 니, Ø내일 창동 갈꺼가?

다. 자네, Ø내말 좀 들어보게.

라. 당신, 당신이 먼데.

마. 자기야, 자기 내일 뭐할긴데?

바. 너, 나하고 이야기좀 하자.

사. 여러분, 반갑습니다.

아. 자네, 잘 있었어?

시작 표지가 대이름 부름말일 경우는 일단 말하는 이와 듣는 이가 동일한 담화장에 들어 왔음을 의미한다. 그리고 그 공간적 거리나 관계적 거리가 상당히 가까워졌을 경우나 구체적인 이름을 부르지 않아도 될 수 있을 만큼 말하는 이나 듣는 이가 서로 담화 공간을 밀접하게 공유하고 있을 때 대이름말로 시작하게 된다. 그러나 이 경우도 대부분 먼저 부름말과 이름말이 동시에 나타나는 경우가 많다. 위 (3사~아)는 인사말이다. (3사)는 말하는 사람이

---

7) 주제의 형태와 지시 거리를 연구한 주제의 연속성(topic continuity)은 Givon(1983)에서 연구되어 있음. 박승윤(1990)도 기능문법의 몇 가지 주제에 대한 연구로 참고.

많은 사람에게 말하는 경우이거나 공식적인 말하기에서 하는 시작말이다.

다음은 부름말이나 이름말과 대이름말의 실현 없이 곧 바로 담화를 시작하는 경우이다.

1.1.4. 무표 대용어–담화 잇기

(4) 가. Ø 내일 어디 갈끼가?

　　나. Ø 학교 공부하러 갈끼다.

(5) 가. Ø 지금 뭐하노?

　　나. Ø 비디오 보고 있다.

(6) Ø 반갑습니다.

(7) Ø 안녕하십니까?

(8) Ø 안녕!

이 경우도 말하는 이와 말듣는 이가 동일한 담화 장에 있는 경우이며 상대의 주의를 집중시킬 필요가 없을 만큼 그 관계가 밀접한 경우에 실현된다. 특히 이처럼 선행 부름말이 없는 경우는 최초 담화보다는 중간 담화에서 주로 나타난다. (4)의 경우는 두 사람이 말을 하다가 좀 쉬고 다시 말을 시작할 때 나타난다. 그 때는 상대를 구체적으로 부르지 않아도 된다. 이미 상대가 말하는 사람의 담화장에 들어와 있기 때문이다.[8] (5)의 경우는 말하는 사람이 상대에게 가까이 가서 물어보는 말이다. 이 경우도 주위에 듣는 사람 이외 아무도 없을 경우 가능하다. (6)과 (7)은 인사말인데 이 경우는 상대가 불특정 다수일 경우이다. 회사원이 아침에 회사에 출근하면서 여러 사람에게 할 수 있는 인사말이다. 그렇지 않으면 처음 만나는 사람이 혼자이면서 자기와 같은 담화장에 있을 경우도 할 수 있는 인사말이다. 그리고 (8)은 그 형태가 매우 간단하다. 이것은 상대와 관계가 대등하거나 아래일 경우이며 그 만남의 시간이 매우 짧을 경우에 나타난다.

---

8) 김해연(1999:86)은 대화상에서 영대용어의 실현은 화자와 청자가 하나의 공동대화장(共同對話場)에 참여한다는 점에서 화자와 청자가 서로간의 의식 속에 존재하게 되어 구정보로서 나타나기 때문이라고 하였다. 더불어 대화의 장에 같이 공동으로 참여하고 있는 경우 대화의 주체로서 화자 자신과 청자가 식별이 가능한 상황으로 식별성(identifiability)이 가장 높다.

1.2. 시작말의 결합 양상

담화 시작말은 부름말과 이름말 대이름말 등이 결합되어 나타나는 경우가 많다. 다음 보기를 보자.

(9) 가. 여보세요, 손님, 어디까지 가십니까?

　　나. 야, 철수야, 지금 뭐하니?

　　다. 아요, 너 내말 좀 들어봐라.

　　라. 야, 니 어데 가노?

　　마. 철수야, 너 나하고 같이 가자.

　　바. 김서방, 자네 내 좀 만나고 가게.

　　사. 민정아, Ø오늘 우리 영화보러 가자.

　　아. 아요, 철수야 너, Ø지금 뭐 하니?

　　자. 보이소, 앞에 가시는 분, 당신 지갑이 떨어졌네요.

　　차. 야, 명수야, 너, 참 반갑다.

　　카. 어무이, Ø잘 주무셨습니까?

그런데 그 결합은 매우 규칙적인 양상을 보인다. 가장 먼저 나타나는 것이 부름말이고 그 다음으로 이름말이며 마지막으로 대이름말과 생략형 순으로 결합되는 것이 일반적이다. (9가)와 (9나)는 '부름말+이름말'이고 (9다~라)는 '부름말+대이름말'의 결합으로 된 시작말이며, (9마~바)는 '이름말+대이름말'이다. 그리고 (9사)는 '이름말+무표 대용어'의 보기이다. (9아~자)는 '부름말+이름말+대이름말+무표 대용어'의 결합 모습을 보인 시작말이다. (9차~카)는 일반적인 인사말이다. 우리는 흔히 인사말을 시작할 때 상대를 부르는 것이 일반적이다.

이러한 결합 규칙에서 벗어난 다음은 매우 어색하거나 수용하기 어려운 시작말이 된다.

(10) [?]자네, 김서방, 내말 좀 들어보게

(11) ²친구, 여보게

(12) ²철수야, 아요, 너

(13) ²너, 철수야, 아요

(14) 가. ²²김서방 여보게 자네

　　나. ²²자네 여보게 김서방

　　다. ²²여보게 자네 김서방

　　라. ²²자네 김서방 여보게

　　마. ²²김서방 자네 여보게

　이와 같은 현상은 단순히 대이름말(pro-noun)이 온이름말(full-noun) 뒤에 와야 한다는 지시어의 어휘 기능적 측면보다 말하는 사람과 듣는 사람의 관계를 고려한 화용적 측면에서 설명하는 것이 더 설득력이 있을 것이다. 즉, 말하는 이가 듣는 이를 자기 담화장에 처음 끌어들이기 위해서는 상대를 더욱 확정적으로 지시하는 구체적인 이름이나 부름말을 사용해야 하기 때문이다.

　다음 (15)는 말하는 상황과 '시작말의 형태적 실현 가능성 정도'의 관계를 나타낸 것이다.[9]

(15) 담화 상황과 시작말의 형태적 실현 가능성

　　들을이와 말할이: 부름말(∅) + 이름말(∅) + 대이름말(∅)+무표 대용어 상황 (∅: 생략이 임
　　　　의적임)

　　공간적 거리: 멀다 ⟵─────────────────────⟶ 가깝다

　　시간적 거리: 멀다 ⟵─────────────────────⟶ 가깝다

　　친밀도:　　낮다 ⟵─────────────────────⟶ 높다

　　들을이 수:　많다 ⟵─────────────────────⟶ 적다

---

9) 장동현(1998:14)에서 사람 이름을 부르는 부름말 가형의 횟수는 6, 이인칭 대명사로 부르는 나형의 부름말 횟수는 4회, 부름말을 생략한 부름말 다형의 횟수는 13회로 분석하였다.

담화를 시작할 때 상대를 부르는 것은 언어 습득 과정에서 어린이의 기동말(pivot word)에 해당된다.[10] 어린이의 기둥말이 가지고 있는 기능도 위의 어른의 담화 시작말과 마찬가지로 들을이(어머니, 아버지 등)가 자기에게 주의를 집중해 달라는 '집중 요구 표지'의 기능과 같다.

2. 대화 내용 시작하기

2.1. 내용 이끌기 문형

말할이는 처음에 들을이를 자기의 담화장에 끌어 들여 자기의 말을 듣도록 주의를 집중시켜 놓고 난 후 말하는 사람의 의도를 말하게 된다. 말하는 사람의 주제를 제시하는 방법은 여러 가지가 있어 어느 하나로 한정하기는 매우 어렵다. 그러나 말하는 사람은 듣는 사람이 자기에게 주의를 집중한다고 생각하면 말하는 사람은 자기중심 화제를 던지게 된다. 그것은 자기가 말을 시작했다는 것은 말하는 사람이 듣는 사람에게 말하고자 하는 어떠한 '의도'를 가지고 있다는 뜻이다. 그 의도는 말하는 사람은 듣는 사람에게 새로운 정보를 전달하거나 아니면 상대로부터 새로운 정보를 얻으려고 하거나 아니면 친교적 관계를 가지고자 하는 등의 표현 전달 '의도'를 가지고 있다. 그런데 대화 시작의 표현 양상은 말하는 사람이 상대에게 새로운 정보를 요구하는 것이 일반적이다. 따라서 처음 담화를 시작할 경우는 말하는 사람이 상대에게 무엇을 묻는 의문의 형태로 나타날 가능성이 가장 높다.[11]

---

10) 어린이 말 배우기 과정에서 한 단어 시기부터 기둥말(pivot word)이 있으며 두 단어 시기에는 이 기둥말에 열림말(open word)이 첨가된다. 기둥말은 어린이가 상대를 부르는 부름말에 해당하며, 이 기둥말은 처음 엄마, 아빠부터 시작한다. 이 기둥말은 상대에 대한 주의 집중을 요구하는 기능과 말하는 대상을 지시하는 기능을 하며, 열림말은 구체적 행동을 나타내는 기능을 한다. 조명한(1984, 1985) 참고

11) Stubbs(1983)는 발화 교환은 화자로부터 '개시 발화(I)'와 다른 화자로부터의 '응답(R)'으로 이루어진다고 하면서 발화 교환의 가장 단순한 구조는 '질문과 대답(QA) 구조'를 갖는다고 하였다. Sacks(1967~72)는 '질문- 응답', '인사-인사'와 같은 2항 구조로, Goffman(1971)은 4항까지의 각종 구조를 가리키는 상호 교환이라는 용어를 사용하고 있으며, Sinclair and Coulthard(1975)는 '개시발화-응답-피드 백'의 [IRF]로 구분되는 3항 구조에 대해 '발화 교환'이라는 용어를 사용한다. 발화 구조에 대한 자세한 연구는 Stubbs (1983) 참고

장동현(1998)의 담화 채록에 의하면, 모두 25개 담화 장면에서 주제를 처음 시작하는 모습을 보면, 의문의 형태가 15개며, 진술이 5개, 명령이 3개, 청유가 2개로 나타났다.

다음은 의문으로 주제를 제시한 보기이다.

     (16) 가. 장면1: 정국: 어 정치 먼데? 일반 사회가?

        나. 장면2: 용운: 머 사먹을 낀데?

        다. 장면3: 용운: 니 내일 창동갈 끼가?

        라. 장면4: 우진: 니 저녁때 머 사먹을 낀데?

        마. 장면6: 우진: 그 먼데?

        바. 장면13: 희욱: 민철아 볼펜 없나?

        사. 장면15: 형철: 어제 축구 봤나?

        아. 선생님, 안녕하십니까?

        자. 자네, 잘 지냈는가?

     (17) 가. 장면20: 박경태: 우리 엄마 성이 김씨다

              김경태: 그게 와?

              박경태: 너거 어머니 성씨는?

        나. 야, 민수, 반갑다. 그 동안 잘있었나?

        다. 여러분! 반갑습니다.

     (18) 장면19: 경태: 현도, 일나라.

     (19) 장면14: 재원: 민섭아! 마여고 앞에 밥무로 가자.

위 보기는 듣을이 끌어들이기를 한 다음에 주제를 제시하는 보기이다. (16)은 의문으로, (17)은 진술로, (18)은 명령, (19)는 청유의 형태이다. 그 실현 빈도에서 진술이 다섯 개로 나타났지마는 그 경우도 말하는 이가 진술을 하고는 그 진술의 의도가 상대에게 단순하게 정보를 전달하는 것보다는 그 진술이 자기와 밀접한 관계가 있는 것이기 때문에 곧 바로 그 진술에 관계되는 의문이 뒤따르게 된다. 듣는이는 말하는 이가 갑자기 새 정보를 전달하기 때문에 그 새 정보에 대한 새로운 의문을 가지며 그것이 의문으로 뒤이어지는 것이 일반

적이다. 그리고 명령이나 청유는 의문과 더불어 말하는 사람의 의도가 직접적으로 반영된 담화 형태이다. 즉 상대에게 어떤 행동이나 생각을 직접적으로 요구하는 담화 형태가 의문, 명령, 청유이기 때문에 주제 제시하기 방법으로 그 실현 빈도가 가장 높을 수밖에 없다. 위 (1아, 자)는 인사말인데 대부분 인사말은 부름말과 상대에 대한 의문의 형태를 취하는 것이 우리의 인사말 특징이다. (2나)도 인사말인데 처음 시작말은 부름말로 시작하여 평서형의 진술을 하였는데, 사실은 이 뒤에 곧 의문의 정보가 뒤 따른다. (2다)의 인사말은 한 사람이 여러 사람 앞에서 인사하는 경우이다.

다음은 '주제 제시하기'의 문형 실현 가능성 정도'이다.

(20) 말하기 시작 문형 실현 가능성 정도

　　　의문[12]>진술>명령>청유

2.2. 대화 받기 시작 표지: 그런데, 예/네

말할이가 담화에서 상대의 말을 받아 말을 하는 경우 그 시작 표지는 담화장이 이미 형성되어 있기 때문에 상대에 대한 부름말이나 주제를 이끄는 의문은 영(zero) 대용 표지가 되는 경우가 많다. 이 경우는 말하는 사람과 듣는 사람은 이미 동일한 담화 장에 존재하고 있기 때문이다. 상대의 말을 받고 말을 시작할 경우는 말할이가 상대에게 자기의 말에 호기심이나 관심을 가질 수 있도록 하는 주의 집중 말하기나 상대의 말에 대한 말할이의 반응을 표현한다.

담화에서 의미나 담화자의 위치가 바뀌는 것을 '전환(displacement)'라고 한다. 따라서 담화

---

12) 이현호(1998:147)은 방송 대화의 화행 분석을 하면서 총 전사 자료 7,187개의 발화수 가운데 질문(정보 요구) 1,856개, 응답 1379개, 정보제공 3,357개, 확인질문 164개, 확인응답 162개, 요청 269개로 밝혔다. 이것은 방송 담화라는 특수한 담화 조건에서 나온 것이다. 그럼에도 질문이 차지하는 양은 매우 많다. 성정연(1993)은 구매 또는 상담의 특정 과제에서 발화하는 한국어 대화 자료의 분석에서 응답, 질문, 호응, 정보 제공, 확인 질문, 확인 요청으로 분류하였고, 최재웅(1996)에서는 호텔 예약 대화를 분석하였는데 응답, 질문 순이었다. 이현호(1998:146 참고. 이러한 사실은 담화의 양상에서 '질문'과 '응답'의 화행 양상이 중심이 된다는 것을 알 수 있다. J.Renkema(1993)은 '말 순서가 체계적으로 이어지는 것'을 대화 연속체(conversation sequence)라고 하면서 이 대화의 연속체는 '인접쌍(adjacency pair)'에 의해 분석해야 한다고 하였다. 그리고 '질문-대답'의 인접쌍은 대화 전개에 있어서 보편성을 가지는 것으로 보았다. 이원표(1997:177~187) 참고

에서 전환을 '문맥 의미 전환'과 '발화자 위치 전환'으로 나눌 수 있다. 문맥 의미의 전환 표지는 '그럼(그러면)', '근데(그런데)'로 나타나는데,[13] 일반적으로 상대의 말을 받아 자기가 말을 함으로써 말할이와 들을이의 위치를 바꾸는 데 사용된다. 발화자 위치 전환은 문맥 의미 전환과 유사하게 '그런데', '근데', '거시기', '그런데 말이야' 등의 담화표지로 나타난다. 그런데 말할이와 들을이가 바뀌면서 새로운 말할이가 말을 처음 시작하는 전환의 경우도 담화자의 형식적인 전환뿐만 아니라 의미적으로도 전환의 기능을 한다고 본다. 담화자가 바뀐다는 것은 말할이의 화제를 받아 새로운 화제로 전환된다는 것이다. 말을 받아 말을 시작할 경우 선행 담화자와 주제와 대조적이더라도 '그러나'와 같은 대조 표지를 쓰기보다는 '그런데'라는 전환 표지를 많이 쓴다. 다음 담화를 보자.

(21) 가. 진행자: 김선생님께서는 현재 진행되고 있는 교육 개혁의 방향은 어떻다고 생각합니까?

나. 토론자1: 그런데, 저는 이렇게 생각합니다.

다. 대담자1: 현재 진행 중인 교육 개혁의 방향은 큰 틀에서 보면 올바른 길이라고 생각합니다.

라. 토론자2: 그런데 저는 그렇게 생각하지 않습니다.

위 (21나)의 '그런데'는 문맥 의미의 전환이라고 할 수 없다. (21가)는 단순히 진행자가 교육 개혁 방향에 대한 물음이다. 그래서 이상적인 담화라고 한다면 전환을 표시하는 '그런데'는 필요 없이 교육 개혁의 내용만 말을 하면 된다. 즉, 선행 발화와 전환의 의미가 이어지는 것이 아니다. (21라)의 '그런데'도 선행 발화의 내용과 대조적인 말을 함에도 불구하고 '그러나'보다 '그런데'라는 말을 썼다. 이때의 '그런데'는 담화자의 자리를 바꾸는 '담화 위치 전환 표지'라고 할 수 있다.

그리고 다음과 같이 '예'라는 긍정 대답 표지가 말 시작표지로 사용되는 경우가 있다. 다음 보기를 보자.

---

13) 이현호(1998:139)는 방송 담화에서 담화 양상을 연구한 바 있는데, 그는 담화 양상을 담화 계획 유형과 그 신호 표지로 나누고 담화 전환 표지로 '그럼(그러면)', '근데(그런데)'가 있다고 하였다.

(22) 가. 진행자: 오늘날 교육 개혁은 교사들에게 교육 환경의 개혁보다는 교사 개혁을 중심으로 이루어진다는 불만이 있다고 생각하는데 선생님 생각은 어떻습니까?

　　　나. 토론자: 예, 저는 각도를 좀 달리 생각해야 한다고 생각합니다.

위 (22나)의 '예'는 가·부 물음에 대답한 것이 아니다. 더구나 물음 자체가 가·부 물음 문장이 아니다. 이때 '예'는 상대의 말을 받은 표지라고 할 수 있다.

이현호(1998:150)의 담화 전사에서 '예/네'의 '대화 단락의 종료/개시'의 유형에 대한 보기를 다음과 같이 들고 있다.[14]

(23) 가. 2: 거의 한 90프로 이상이, 다 그렇게 하고 있습니다.

　　　나. 1: 네---지금 현재, 어--전에는 좌회전도 없어지고, 또 고 전교차로 신호에서 유턴이 되던거까지 없어지니까 망우리고개를 넘어가서 (인제) 그 검문소 가기 전에 거기에서 (인제) 유턴해서 들어와야 된단 말씀이군요.

　　　다. 2: 그렇죠, 네. 그러니까 사람들이 너무 위험하게 불법 좌회전하니까 아주 위험합니다. 아주.

　　　라. 1: 네, 알겠습니다, 무슨 말씀인지.

위 (23나~라)에 쓰인 '네'는 모두 '담화 전환 표지'로 쓰인 것이다. 선행 발화가 가·부의 물음 문장이 아니라 말할이의 단순한 진술이다. 그래서 이때 쓰인 '예/네'는 선행 발화를 받는 표지와 상대 말에 대한 호응적 태도 표현이라고 할 수 있다. 이것은 선행 발화를 받는 이 두 표지 가운데 '네/예'가 '그런데'류보다 선행한다는 것을 확인할 수 있다.

(24) 가. 토론자1: 우리 교육은 어쨌든 개혁되어야 합니다.

　　　나. 토론자2: 네, 그런데 말입니다. 우리 교육 개혁은 현실을 감안하면서 이루어져야 한다.

---

14) 이현호(1998)은 '네/예'의 기능을 '응답', '호응', '대화 단락의 개시/종료'로 나누었다.

나'. 토론자2: *그런데, 네 말입니다.

위에서 (24가) 토론자 2의 시작말은 가능하지마는 (24나)는 불가능하다. 그것은 '네'가 호응의 기능과 담화 전환의 복합적인 기능을 한다는 사실을 알 수 있다. 즉, '네'가 담화 전체와 담화 태도와 같은 담화 외적인 영역에 관여하는 표지라면, '그런데'는 담화 외적인 말할이의 태도보다는 후행 정보에 문맥적 의미로 더 매여 있음을 말한다.

3. 대화 내용 이끌기

3.1. 상대방 주의 끌기

일단 듣는 이가 말하는 사람으로부터 말하는 자리로 바뀌게 되면 그는 말할이 '전환 표지'를 하게 되고, 그 다음 자기가 말할 내용을 '이끄는 표지'를 말한다. 이 내용 이끄는 말은 먼저 들을이에게 '자기가 말할 내용에 대해 주의를 끌게 하는 경우'와 '자기 말에 대한 말할이의 태도를 언급하는 경우'가 있다. '자기 말에 대한 주의 집중 표지'로는 다음과 같은 것이 있다.

    (25) 가. 그건 이렇지요---

        나. 그건 말입니다. 사실은 그렇습니다.

        다. 내가 말하고 싶은 것은 말입니다. 사실 이렇습니다.---

        라. 그렇습니다.---

        마. 그건 사실 이렇습니다.---

        바. 전 이렇게(그렇게) 생각합니다.---

위 (25)는 말할이가 앞으로 말할 내용에 대해 들을이에게 주의를 집중시키는 기능을 하고 있다. 그것은 원래 어휘적 의미로 본다면, '이렇지요'나 '그렇습니다'와 같은 지시말은 선행

정보가 있을 경우에 그것을 지시하는 대용어이다. 그러나 (1가, 나, 라 마)의 '그건'과 '그렇습니다'는 지시어가 지시할 선행 정보가 없다. 그리고 (1가, 다, 마, 바)의 '이렇게' 또는 '이렇습니다'도 선행 정보가 없는데도 불구하고 선행 정보를 지시하는 대용어를 사용한 것은 일상적인 대용어의 용법과는 다른 것이다. 담화에서 이러한 지시어의 쓰임은 말할이가 후행 정보에 대해 들을이의 호기심이나 주의 집중의 효과를 기대하는 담화적 표지의 기능한다고 볼 수 있다. 말하는 사람이 '이렇습니다'라고 먼저 말함으로써 듣는 사람은 그 내용이 '어떠할까?'하는 의문을 가지게 된다.

3.2. 내용에 대한 태도 표현

말할이가 말할 후행 정보에 대해 들을이에게 호기심이나 주의 집중을 요구하고 난 뒤, 말할이는 앞으로 자기가 할 말의 내용에 대해 들을이의 태도를 표명하게 된다. 아래 보기를 보자.

(26) 가. 당신도 아시는 바와 같이

나. 이미 아시겠지만

다. 혹시 알고 계실지 모르지만

라. 이미 들으셨을지 모르지만

(27) 가. 김 교수 생각과 대체로 일치하지만

나. 김 선생 생각에 동의하면서 거기에 덧붙이면

다. 전 그렇게 생각하지 않습니다.

라. 전 김 교수 생각과는 조금 다릅니다.

위 (26)은 들을이에 대한 말할이의 말이 누구나 알고 있는 그리 중요한 말이 아니라고 하여 '겸손한 태도의 표현'이다. 자기의 정보가 들을이가 이미 알고 있을 것이라고 말함으로써 듣는 사람의 입장을 높여주게 되며, 나아가 말하는 사람의 말이 상당한 객관성을 가지고 있음을 간접적으로 표현한 것이다. 따라서 (26)에서 말이끄는 말은 '상대에 대한 인정의 표현'과 '말하는 사람의 겸손한 태도', 그리고 '말하는 사람의 정보를 객관화'하는 세 가지 담화 효과를 가지고 있다.

(27)은 말할이의 선행 발화에 대한 수용성 여부에 대한 태도이다. 이러한 발화는 담화 시작으로서 독특한 담화적 특성을 가지는 것은 아닐지 모른다. 그러나 이것을 담화 시작하기 범주에 포함시킨 것은 이 말들이 말하는 사람이 자기의 생각을 본격적으로 언급한 것이 아니라 주 정보 전달의 전 단계로서 말하는 사람이 앞으로 말할 내용을 효과적으로 표현한 담화의 독특한 형식이기 때문이다. 이러한 담화 형식이 가지고 있는 기능은 말할이가 상대의 선행 발화에 대한 입장을 분명하게 하며, 동시에 자기의 말에 듣는 사람이 집중할 수 있도록 심리적 긴장을 요청하는 효과를 가져온다. 따라서 이 단계까지를 말 시작하기 단계라 할 수 있다.

4. 대화 끝내기

4.1. 대화장 끝내기

담화에서 말을 끝낼 경우는 말 끝내기의 직접적인 표지가 있는 경우가 있다. 말을 끝내기 위해서는 말하는 사람과 듣는 사람은 담화 장을 떠나야 한다. 그러면서 두 사람의 담화 관계는 끝이 난다.

(28) 갑: 오늘 이만하고 내일 우리 아까 말한 거기서 만나자

을: 그래

(29) 갑: 우리 (이야기 그만하고) 인자 집에 가자.

을: 그래 잘가.

(30) 갑: 지금 몇시고,

을: 일곱 시야

갑: 아이고 큰일났다. 아이가 집에 올 시간이다.(오늘 이야기 그만하고) 집에 가야 한다.

다음에 또 만나자.

을: 그러면 빨리 가.

(31) 갑: 그럼 들어 갑시다(전화)

을: 다음에 또 연락 드리겠습니다.

갑: 예 그렇게 합시다.

(32) (같이 걸어오다가) 갑: 어, 벌써 우리 집 다왔어. 이 집이 우리집이야. 갈게

을: 잘 가.

갑: 응

(33) 갑: 여서는 이야기 그만하고 우리 다른 데 가서 이야기 좀 더 할까?

을: 그라자

위 보기에서 진하게 표시한 말들은 모두 말하는 사람과 듣는 사람의 담화 장을 이탈하는 표현이다. 그 표현은 담화자들이 장소의 벗어남과 시간의 벗어남이 있을 수 있다. 이 경우는 주로 시간이나 장소 이동의 표현을 많이 하게 된다. (28)은 '오늘→내일, (여기) → 거기', (29)는 '이제, (여기) → 집', (30)은 '(여기) → 집, (지금) → 다음', (31)은 '전화 (연결) → 끊음, 지금 → 다음' (31)은 '(여기) → 우리집', (32)는 '여기 → 다른 데'와 같이 시간과 공간의 이동 표현을 하고 있다. 그리고 담화의 끝냄을 표현한다. (28) '이만하고', (29)와 (30)은 '이야기(말) 그만 하고'와 같은 말이 생략되었다고 가정할 수 있다. 그리고 (31)의 '들어가다', (32)의 '갈게' 그리고 (33)의 '이야기 그만하다'와 같은 말 끝냄을 나타낸 표현이다.

4.2. 주제 끝내기

담화에서 한 주제에서 다른 주제로 넘어가면서 선행 주제를 끝내는 표현은 일반적으로 시간의 이동과 선행 주제를 지시하면서 그 주제를 끝내는 표현을 하게 된다. 다음 보기를 보자.

(34) 가. 야, 이제 그만해.(어떤 한 사람이 어떤 주제에 대해 말을 많이 할 경우 다른 사람이 한 말)

나. 오늘은 그 정도 해 둔다. 다음에 또 잘못하기만 해라.

다. 그 이야기 이제 그만하고 다른 재미나는 이야기나 하자.

라. 그건 그렇고 그런데 말이야 그 친구 어떻게 됐어?

마. 학교이야기 끝내자. 머리 아파.

바. 이제 제발 정치 이야기 좀 하지 말자. 다른 이야기 좀 하자.

담화에서 주제를 끝낼 경우 선행 주제에 대해 말을 하기도 하고 그렇지 않기도 한다. (34가)와 (34나)는 선행 주제 표지를 나타내지 않은 영(zero) 표지 지시어이고, (34다)와 (34라)은 대이름씨가 '그 이야기', '그건'으로 선행 주제를 지시했다. 그리고 (7마)과 (7바)는 각각 '학교'와 '정치'라는 선행 주제를 구체적으로 지시한 경우다. 이처럼 주제를 전환하기 위해서 선행 주제를 끝낼 경우는 선행 주제를 지시하고 그 주제를 끝내는 표현을 하게 된다. 선행 주제를 지시하고 그것을 끝내는 표지는 (34가)에서 '그만해', (34나)에서 '그 정도 해 둔다', (34다) '그만해', (34라)은 '그렇고', (34마)은 '끝내자' (34바)는 '하지 말자'와 같이 끝냄 표현을 한다. 시간의 이동 표현은 (34가) '이제', (34나) '오늘', (34다) '이제', (34라) '이제'와 같이 나타나는데, 이 경우는 담화자가 담화를 끝내는 경우와는 달리 동일한 담화 시간 속에서 짧은 시간 이동을 말한다. 다시 말하면 주제의 전환에 따른 시간의 이동을 말할 뿐이다.

4.3. '수용(긍정)'과 '거절(부정)'의 끝내기

주고받기 말하기에서 마지막 담화자는 말을 어떻게 끝을 낼까?[15] 주고받기 말하기는 말하는 사람과 말을 듣는 사람이 끊임없이 담화자의 위치(말하는 사람과 듣는 사람)를 바꾸어 가면서 담화를 이끌어 간다. 주고받기 담화는 한 쪽에서 정보를 제공하면 한 쪽에서는 정보를 수용하거나 수정하고, 한 쪽에서 제안을 하면 한쪽에서는 수용을 하거나 거절을 하고, 한 쪽에서 명령을 하면 한 쪽에서는 수용을 하거나 거절을 하면서, 말하는 사람과 듣는

---

15) Reardon(1987)은 "잘가라"는 인사말이 '종결 국면'이라고 하였다. 김진우(1994)는 '종결부'를 '종결 합의부'와 '작별 인사부'로 나누면서, 이것을 'OK부'와 'Good-bye부'라 하기도 하였다.

사람 사이에 정보의 주고받음과 고침, 행동의 요구와 거절, 심리적 변화 등의 복잡한 인지
활동으로 이루어진다. 따라서 어떤 담화이든지 그 담화를 끝을 낸다는 것은 담화자가 말하
려고 했던 의도를 마무리한다는 뜻이다. 그 의도가 성공적으로 끝날 경우도 있을 것이고
실패로 끝날 경우도 있다. 따라서 담화의 끝은 말하는 사람의 의도를 듣는 사람이 어떻게
끝을 내는가에 달려 있다.

말하는 사람의 의도가 성공적이었다면 듣는 사람의 수용의 태도로 담화가 끝이 날 것이
고, 실패로 끝이 날 경우는 거절의 태도로 담화가 끝이 난다. 따라서 말의 끝은 어떤 형태로
든지 상대의 반응으로 끝이 나게 된다. 일상적으로 담화가 상대와 합의로 끝이 나는 경우가
많지마는 그렇지 않을 경우도 있다.[16] 이 말은 담화에서 끝맺기 양상은 선행 담화의 양상과
밀접한 관계가 있음을 의미한다.[17]

다음은 상대의 요구에 대한 긍정적인 수용으로 끝을 낸 경우이다.

    (35) 가. 우진: 재미업다고?

          나. 태원: 어

    (36) 가. 광흥: 빨리 밥 목자 존나 배고프다

          나. 승윤: 알았다

    (37) 가. 태호: 우와 존나 버겁다. 밟아라

          나. 진후: 알긋다

    (38) 가. 교사: 찬물도 떠다놓고 해야 한다.

          나. 민철: 하께예

    (39) 가. A: 햄버거 하고 슬러시 하고 안 어울리제?

          나. B: 어

    (40) 가. 수: 빨리 알아 봐라

          나. 홍: 그래 알았다.

---

16) 장동현(1998:35)에서 전체 25개 담화 가운데 응, 알았다로 끝나는 경우가 10개, 다른 말로 그냥 끝내는
경우가 9개, 바람직하지 않는 상태로 끝나는 경우 6개라고 하였다.

17) Schegloff E.A&H. Sacks(1973)의 담화에서 끝맺기 시작(opening up closings)에서 담화의 끝은 앞 끝맺기
(pre-closings)의 양상에 따라 달라진다고 한다.

(41) 가. 지웅: 그라머 교회갔다 11시 30분까지 가꾸마

　　나. 남규: 알았다.

　긍정 수용으로 말을 끝을 내는 경우는 대부분 선행 정보가 명령이나 의문, 청유의 문장으로 되어 있다. 그것은 이러한 문장 형태들이 상대의 행동이나 생각에 대한 반응을 요구하는 형태이기 때문이다. 그리고 주고받기 말하기는 말하는 사람이 자기의 정보를 전달하거나 상대에게 반응을 기대하는 두 가지 의도에 의해서 말을 하기 때문에 상대의 반응이 있는 것은 당연하다. 앞 말하기의 말하는 사람의 정보에 뒤에 말하는 사람이 긍정적으로 수용을 하면, 그 담화는 매우 순행적으로 끝이 난다. 그것은 두 사람의 담화가 합의에 의해서 성공적으로 이루어졌음을 말한다.

　그러나 선행 정보에 말하는 사람이 긍정적으로 수용하지 않을 경우는 선행 정보를 말한 사람이 어떻게 해서든지 긍정적인 수용을 이끌어내고 난 후 말을 끝맺으려고 한다. 다음은 선행 정보에 긍정적으로 수용하지 않은 말 끝내기 모습이다.

(42) 가. 정국: 괜찮다아이가 거 없어도 머

　　나. 용운: 안된다

　이 경우는 '정국'이란 학생이 '용운'이에게 다시 자기의 주장을 수용할 수 있도록 후행 정보를 예상할 수 있다. 예컨대, '안 되긴 뭐가 안돼', '없어도 된다'와 같은 후행 정보가 예상된다. 그러나 후행 정보가 없이 수용되지 않은 상태로 담화가 끝이 날 경우는 그 담화는 결코 성공적인 담화라고 할 수 없다. 또는 선행 정보에 대해 수용되지 않고 담화가 끝이 나는 경우는 말하는 사람과 듣는 사람의 관계에 따라 가능하기도 한다. 말을 끝맺는 사람이 여러 관계에 있어서 앞에 말한 사람보다 위에 있을 경우는 선행 정보를 수용하지 않은 '거절'의 상태로 끝이 날 수도 있다. 그리고 대등한 관계에 있다고 하더라도 그 관계가 매우 친밀할 경우는 상대의 요구나 주장을 수용하지 않은 상태로 끝이 나기도 한다. 그 외 여러 가지 요인이 있을 수도 있다. 그러나 그 실현 가능성은 매우 낮다는 것은 확실하다.

　상대의 정보에 언어적으로 반응을 하지 않고 말을 끝내는 경우도 있다. 상대의 주장이나

정보 전달 또는 명령에 말없이 고개를 꺼떡인다든가, 아무런 반응이 없이 침묵으로 끝이 나기도 한다. 그러나 이 경우도 마지막 말하는 사람이 '수용'이나 '거절'의 태도 반응으로 말 끝내기라고 할 수 있다. 고개를 꺼떡인다는 것은 상대의 말에 긍정적으로 수용하거나 이해했다는 긍정적인 반응의 표현이다. 만약, 우리나라에서 고개를 양쪽으로 저었을 경우는 상대의 정보나 주장을 수용하지 않은 말 끝내기 표현이라고 할 수 있다. 그리고 어떠한 행동도 없이 침묵을 했다면, 그것은 대부분 부정의 거절 표현으로 이해된다. 그러나 그것이 긍정적 수용이냐, 부정적 거절이냐의 반응이 불분명할 경우도 있을 수 있다. 그렇지마는 반응의 행동과 거기에 부합되는 언어적 표현이 동반되는 경우는 더욱 그 정보 수용 태도가 분명하다.

(43) 가. 학생: 선생님, 저 집에 가도 됩니까?

　　　선생님: (아무런 말도 하지 않고 고개만 꺼떡인다)

　　나. (성이 많이 난 아버지에게)

　　　아들: 아버지 컴퓨터 게임 한 번만 합시다.

　　　아버지: (고개만 옆으로 흔든다)

위 (43가)는 학생의 물음에 대한 긍정적인 대답을 선생님의 행동으로 나타낸 것이다. (43 나)는 아들의 요구에 대한 아버지의 부정적 대답을 행동으로 표현한 것이다. 이 경우도 마지막 말하는 사람은 긍정이나 부정의 대답이 첨가될 수도 있다. 주고받기 말하기에서 말끝내기는 다음과 같이 정리된다.

(44) 말 끝내기 모습

　　담화장 끝내기: 시간·공간의 이동 표현-말끝냄 표현

　　주제 끝내기: 선행 주제 지시어-말끝냄 표현

　　수용(긍정)[18]과 거절(부정)의 끝내기

---

18) Schegloff&Sacks(1973)은 말의 끝내는 마무리쌍 가운데 하나가 OK, Good, Well와 같은 화제 마무리 대화의 기능을 대화 마무리 기능, 대화의 끝냄을 선언하는 표지, 동의함 등으로 분석했다. 우리말도 말끝내기 표지의 기능을 더 상세히 분석할 필요가 있다고 본다.

제8장

설화의 '시작하기'와 '끝맺기' 분석

설화를 말하는 사람은 설화를 이야기하기 전에 화자의 주체가 자신이고 자신이 이야기한다는 사실을 이야기를 듣는 사람(청중)에게 직·간접적으로 표현을 한다. 그리고 그 표현은 일반적으로 대화의 구조로 나타나게 된다. 설화 담화의 시작하기는 크게 담화를 시작한다는 사실을 직접적으로 표현하는 경우와 이야기와 관련된 내용을 들을이에게 질문을 하면서 시작하는 경우, 자신이 이야기를 들은 정보원을 말하면서 시작하는 경우로 나뉘어진다.[1]

1. 시작하기

1.1. 시작하기 표지

다음은 본고의 설화 자료에서 나타난 시작 담화표지이다.[2]

---

[1] 연구 자료를 분석한 결과 시작말을 하면서 시작하는 경우는 24회, 무엇을 물으면서 시작하는 경우가 21회, 들은 곳을 말하면서 시작하는 경우가 10회로 나타났다. 그러나 대부분의 설화 자료에서는 말하는 사람이 자신이 말을 한다는 사실을 말하는 것은 채록하지 않기 때문에 설화 담화의 실체를 파악하기가 매우 어렵다. 그러나 실제 나타난 것만으로도 상당한 부분이 설화 담화 시작 표현이 존재한다는 사실이다.

[2] 안주호(1992)는 한국어 담화표지를 분석하면서, 담화표지를 '부름표지, 시발표지, 전환표지, 결말표지로 나누어 설명하였다. 본 연구 자료에서 담화표지로 시작한 것은 32편이고 그 가운데 '그래'류로 시작한 것은 24회로 75%를 차지하였다.

(1) 가. 근데 이전에 그 누에 누에등 그 풍 풍 나무골 (사3)

　　나. 그런깨 임난 때 인자 청장이 왜장 청장이거덩 (대34)

　　다. 그런데 요오기 들오몬 지금 우리 '두시골'이라고 (대6)

　　라. 그래 저저 내가, 내가 듣기에넌, (곤1)

　　마. 그런디, 우리 금성 역사 인자, (곤3)

일반적으로 담화에 나타나는 담화표지는 여러 가지 담화 기능을 한다. 그 가운데 중요한 기능이 시간벌기와 주의 집중, 그리고 전환이다.

시간 벌기는 말하는 사람이 뒤에 이어지는 정보를 회상하는 시간을 벌기 위한 책략으로 주로 '음-, 애-, 아-, 으-, 인자-'와 같이 단음절을 길게 소리낸다. 주의 집중은 말을 듣는 사람에게 자신의 말에 주의를 집중하도록 하는 책략으로 '뭐냐, 있지, 말이야' 등이[3] 있다. 전환(displacement)은 '문맥 의미 전환'과 '발화자 위치 전환'으로 나눌 수 있다. 문맥 의미의 전환 표지는 '그럼(그러면)', '근데(그런데)'로 나타나는데,[4] 일반적으로 상대의 말을 받아 자기가 말을 함으로써 말할이와 들을이의 위치를 바꾸는 데 사용된다. 발화자 위치 전환은 문맥 의미 전환과 유사하게 '그런데', '근데', '거시기', '그런데 말이야' 등의 담화표지로 나타난다. 그런데 말할이와 들을이가 바뀌면서 새로운 말할이가 말을 처음 시작하는 전환의 경우도 담화자의 형식적인 전환뿐만 아니라 의미적으로도 전환의 기능을 한다고 본다. 담화자가 바뀐다는 것은 말할이의 화제 시작할 경를 받아 새로운 화제로 전환된다는 것이다. 상대의 말을 받아 말을우 선행 담화자의 주제와 대조적이더라도 '그러나'와 같은 대조 표지를 쓰기보다는 '그런데'라는 전환 표지를 많이 쓴다. 다음 담화를 보자.

(2) 가. 진행자: 김선생님께서는 현재 진행되고 있는 교육 개혁의 방향은 어떻다고 생각합니까?

　　나. 토론자1: 그런데, 저는 이렇게 생각합니다.

　　다. 대담자1: 현재 진행 중인 교육 개혁의 방향은 큰 틀에서 보면 올바른길이라고 생각합

---

3) '말이야'의 담화표지 기능에 대한 연구는 임규홍(1998) 참고

4) 이현호(1998:139)는 방송 담화에서 담화 양상을 연구한 바 있는데, 그는 담화양상을 담화 계획 유형과 그 신호 표지로 나누고 담화 전환 표지로 '그럼(그러면)', '근데(그런데)'가 있다고 하였다.

니다.

　　라. 토론자2: 그런데 저는 그렇게 생각하지 않습니다.

　　위 (2나)의 '그런데'는 문맥 의미의 전환이라고 할 수 없다. (2가)는 단순히 진행자가 교육 개혁 방향에 대한 물음이다. 그래서 이상적인 담화라고 한다면 전환을 표시하는 '그런데'는 필요 없이 교육 개혁의 내용만 말을 하면 된다. 즉, 선행 발화와 전환의 의미가 이어지는 것이 아니다. (2라)의 '그런데'도 선행 발화의 내용과 대조적인 말을 함에도 불구하고 '그러나'보다 '그런데'라는 말을 했다. 이때의 '그런데'는 담화자의 자리를 바꾸는 '담화 위치 전환 표지'라고 할 수 있다. 따라서 이야기를 시작할 때 나타나는 지시어 '그'류는 담화자가 상대로부터 자기에게 돌아온 것을 표시하는 담화 전환 표지로 작용한 것이다. 설화 담화에서 이야기를 시작하면서 나타나는 담화표지 '그런데'는 이야기를 요구하는 조사자나 청중에서 설화를 이야기하는 사람이 담화 주체가 되도록 하는 담화 상황을 전환시키는 기능을 한다고 할 수 있다. 그리고 이 담화표지는 뒤에 이어지는 이야기를 이끄는 연결 고리 구실을 한다. 그 외 담화표지로 이야기를 시작하는 경우는 다음과 같은 경우이다.

　　(3) 가. 거시기 이얘기 하나하께 거(대13)

　　　　나. 아, 그래 저 내 연방 한 자리 하긴께(사17)

　　　　다. 여, 우리 대평애 유래로 흘러가넌 그런 마리 하나 인넌대(대1)

　　　　라. 아요, 옛날애 처녀가 올매나 몬 살았던지.(사15)

　　　　마. 여어, 인자 덤이 인자, 주욱 파져 들갔넌대 인자, 그 속에 바우가 큰기 하나 있어.(곤4)

　　이 경우는 대부분 이야기하는 사람이 이야기를 할 시간을 버는 경우와 듣는 사람의 주의를 집중시키거나 이야기 대상을 지시하면서 시작하는 경우이다. 위 (3가)와 (3나, 라)는 듣는 사람의 주의를 집중시키는 경우이고 (3다, 마)는 이야기 대상을 지시하는 기능을 한다. (3다)는 '여'는 '대평'이라는 지명을 간접적으로 지시하고, (3마)의 '여어'는 '바위가 하나 큰 곳이 있는 곳'을 지시하는 기능을 한다.

1.2. 시작말하기

다음 보기는 말하는 사람이 자기가 이야기할 것임을 상대에게 직접 표현하면서 이야기를 시작한 것이다.[5]

(4) 가. 다린 거넌 아이고, 간단하이 해야제. (사16)

　　나. 내가 한 자리 해보까. (사20)

　　다. 그런 이박 내가 하나 해보자. (대25)

　　라. 내가 이 얘기를 하나 해야 데겠다. (사4)

　　마. 나도 들언대로 함 해 보자. (사21)

　　바. 내가 저게 내가 또 거짓말 한 마디 해야 데겠다. (사7)

위 (4)는 자기가 이야기할 것임을 상대에게 표현함으로써 자기가 이야기할 것이라는 사실을 확인하고 상대에게 자기가 이야기할테니 자기의 이야기를 잘 들어라는 내면적 의도가 있다고 볼 수 있다. 이것도 이야기 시작하기 가운데 내용과 관련이 없는 담화 책략의 하나이다.

이야기하는 화자는 겸손한 태도로 이야기를 시작하고 있다. (가)처럼 '다린 가난 아이고'라고 하면서 자신의 이야기가 별것 아님을 나타낸다. 겸손한 태도를 보이는 또 다른 표현은 거의 대부분이 이야기 '한 자리' 또는 이야기 '하나'라고 함으로써 자신의 이야기를 가볍게 처리하려고 하는 겸손한 태도를 포함하고 있다고 볼 수 있다. 이때 하나는 둘이나 셋이라고 하는 숫자 개념을 가지고 있는 것이 아니라 단순한 시작 표현의 하나다. 그리고 그것은 서법에서도 분명히 나타난다. 이야기하는 사람이 자신이 이야기하는 행위를 매우 완곡하게 표현하고 있는데, 그것은 자신이 이야기할 것을 상대에게 묻거나 상대에게 청유의 형태로 나타난다. (4나)처럼 '내 이야기 하나 해보까', '이야기로 한 분 해 보까'와 같은 의문의 형태로 나타나며, (4다)와 (4마)처럼 '-해보자'의 청유형으로 표현되고 있다.

---

5) 그 외 다음과 같은 이야기 시작하기 표현들이 있다.
　(1) 그래 저 내 연방 한 자리 하긴께 (사17)
　(2) 밤 이야기 하나 하께 (신5)

뿐만 아니라, 화자의 태도가 단정보다는 '시도'의 의미를 가진 보조용언 '-보다'로 나타나고 있다는 것이다.

특이한 것은 위 보기 (4바)와 같이 자신의 이야기가 거짓말이라고 함으로써 겸손(공손)한 표현을 하고 있다. 일반적으로 설화 이야기는 누구에게 들었다고 하는 표현을 하는 것이 일반적인데 이러한 표현은 그렇게 많이 나타나는 것은 아니다.

1.3. 질문하기

다음은 말하는 사람이 자신이 이야기할 주제나 정보를 듣는 사람에게 물으면서 말을 시작하는 보기이다.

> (5) 가. 여 우리 대평애 유래로 흘러나가넌 그런 말이 하나 인넌대 글 내이 애기해 드릴까요? (대1)
>
> 나. 이전에넌 이짝 이전 도랑 있잔아? (곤8)
>
> 다. 저어 돝섬이라 쿠넌거 그 멋때민애 돝섬이라 쿠넌지 알겄나? (곤22)
>
> 라. 저 건네 재우이 모리나? (곤25)
>
> 마. 고상추이 모리제? (곤47)

설화 담화에서 말하는 사람이 듣는 사람에게 질문을 던지면서 시작하는 것은 자신의 말에 대해 들을이에게 관심을 불러일으키는 발화 책략의 하나다. (5가)는 상대에게 이야기를 해도 되는지를 그렇지 않는지를 묻는 것이다. 그러면서 자신의 이야기 내용을 언급하고 그 내용에 대한 발언권(이야기 기회)을 가지려고 한다. 이것은 청중들로부터 이야기하기를 허락받는 물음이다. (5나)는 이야기하고자 하는 내용에 대해 상대에게 물음으로써 상대에게 호기심을 불러일으키고 있다. 이처럼 소재에 대한 물음은 그 소재를 중심으로 이야기를 이끄는 효과를 가지고 있다. 그리고 들을이로 하여금 이야기 속에 참여시키면서 자신의 이야기를 들을이와 같은 담화 장 속에 있게 한다. 이것은 담화에서 주로 나타나는 '있잖아'라고 하면서 상대에게 어떤 정보를 묻는 담화표지의 기능을 한다.[6] 그러면서 자신이 이야기

할 시간을 확보하고 주의를 환기시키는 담화 효과를 가진다. (5다)는 이야기 주제에 대해 들을이에게 묻는 경우다. 이러한 방법도 들을이에게 이야기에 대한 호기심을 가지도록 하는 방법 가운데 하나다.

이야기하기 전에 이야기 주제를 상대에게 물음으로써 이야기 전체 내용에 대한 정보를 들을이에게 미리 알게 하고 그로써 들을이를 그 이야기 속에 잡아 놓는다. 그리고 자신의 이야기가 구정보가 아니라 신정보임을 들을이로 하여금 확인하는 기능도 한다. 만약, 자신의 이야기가 상대에게 구정보로 상대가 이미 알고 있는 것이라면 이야기의 의미와 가치는 상실하기 때문에 미리 상대에게 묻게 된다. 반면에 (5라)와 (5마)처럼 전체 주제가 아니라 이야기의 배경이나 소재를 묻는 경우는 이야기 전체에 대한 정보를 묻는 것은 아니다. 만약, 말할이의 배경이나 소재를 들을이가 알고 있다고 하더라도 말할이는 이야기를 계속 진행할 수 있다. 배경이나 소재를 상대에게 확인하는 과정은 자신이 이야기하는 내용에 대한 신빙성이나 진실성을 확보하는 과정의 하나이기도 하다. 들을이가 배경이나 소재를 안다고 하면 말하는 사람의 이야기가 한층 진실성과 사실성을 가지게 되며 이야기를 쉽게 이어갈 수가 있다. (5라)처럼 '-모리나?'라고 한 것은 말하는 사람은 들을이가 이미 알 것으로 생각하고 묻는 질문의 형태라고 한다면 (5마)처럼 '-모리제?'라고 하는 물음은 말하는 사람이 어떤 사실에 대하여 들을이가 모를 것으로 생각하거나 기대하고 묻는 질문의 형태이다. (5마)는 말할이가 자신의 이야기를 상대가 몰랐으면 하는 바람을 가지고 묻는 질문이기 때문에 말하는 사람은 자신의 이야기가 상대에게 이야기할 가치가 있거나 신정보임을 강조하는 구실을 한다.

질문으로 이야기를 시작하는 중요한 표현효과는 이야기하는 사람이 상대에게 자신의 이야기에 대한 호기심을 가지게 하는 호기심 유발의 기능이 핵심적이라고 할 수 있다. 그리고 부수적으로 들을이를 자신의 이야기에 참여시키거나 자신의 이야기에 대한 진실성을 확보하는 효과를 얻게 된다.

---

6) 담화표지 '있지, 뭐냐'에 대한 연구는 임규홍(1994) 참조.

1.4. 정보 얻음 말하기

설화 담화를 시작할 때는 다음과 같이 설화의 이야기가 자신의 이야기가 아니라 남으로부터 들었음을 직접적으로 표현하는 경우가 있다.

(6) 가. 근대 요개 우리 집안 형님한테 이얘기 들었는디, (대4)

　　 나. 이런 이 얘기는 아마 역사 책애 다 있일기거마 (곤20)

　　 다. 전애, 저 어른들한테 들은 이예긴데, (곤55)

위 보기는 이야기하는 사람이 자신의 이야기를 들은 곳을 명시적으로 말하는 경우다. 이러한 표현은 이야기 끝내기에서도 나타나는데 이야기 끝내기에서 표현과 마찬가지로 설화 이야기가 자신이 만들었거나 자의적으로 지어낸 것이 아님을 강조하는 뜻이 담겨 있다. 더구나 설화 이야기는 오랜 세월을 통해 전해 내려오는 이야기이기 때문에 누구에게 들었다는 사실을 명시함으로써 그 이야기의 신빙성을 높이는 효과를 가져오기도 한다. 이야기를 들은 곳은 주로 연령으로 볼 때 말하는 자신보다 윗사람일 경우가 많다. (6가)와 (6다)는 '집안 형님'과 '어른'이라고 하여 말하는 사람보다 시간적으로 앞에 있는 사람이다. 그리고 (6나)처럼 '역사책'이나 '텔레비전'과 같은 이야기를 들은 매체를 표현하고 있다. 이러한 표현 의도는 모두 이야기의 신빙성과 객관성을 강조한 것이라고 할 수 있다. 그것은 이 이야기가 설화라는 특수성 때문에 그렇다. 설화란 오랫동안 전해 오는 이야기이기 때문에 말하는 사람보다 시간적으로 이전의 사람일 수밖에 없다. 그것이 시간의 흐름으로 볼 때 지극히 자연스럽기 때문이다. 일반적으로 이러한 표현은 설화 담화 끝내기에 주로 나타난다.

(7) 설화 담화의 시작하기 표현과 기능

　　 (1) 시작하기 표지-시간벌기

　　 (2) 시작 말하기-주의 집중

　　 (3) 질문하기-호기심 유발

　　 (4) 정보 얻음 말하기-객관성 유지

2. 끝맺기

설화 담화에서 말 끝내기(closing)는 설화 이야기의 한 토막을 끝내는 과정이다. 설화 담화의 끝내기는 시작하기와 밀접한 연관성을 가진다. 설화가 말하는 사람이 창조한 것이기보다는 기존의 이야기를 전달하는 구조적 특성을 가지고 있기 때문에 설화 담화의 시작과 끝은 유사한 담화 구조를 가지게 된다. 이야기를 끝맺기 위해서는 내용 부분(주요부분)에서 빠져나와야 한다. 즉, 장면의 전환이 필요하다는 말이다. 담화자가 이야기를 객관적으로 전달하는 전달자의 자리에서 그 이야기를 대상화시키면서 담화의 주체가 되는 자리로 이동이 이루어진다. 그렇기 위해서는 선행 이야기를 묶는 지시어(anaphor)가 제시되어야 하고 그 지시어를 배경으로 담화자의 자신의 말을 하게 된다.

설화 담화에서 담화의 끝맺음 양상은 크게 자신이 말한 이야기에 대해 논평하는 경우, 그리고 말하는 사람이 이야기의 창조자가 아닌 전달자임을 표현하는 경우, 설화 담화의 끝맺음을 직접적으로 표현하는 경우 등으로 나눌 수 있다.[7]

2.1. 선행 정보 지시하기

일반적으로 혼자 말하기에서 말을 끝맺기 위해서는 먼저 선행 정보(중간부분)를 한 곳으로 모으는 과정을 거친다. 그것은 이전에 말하는 사람이 풀어놓았던 정보를 묶어 하나로 지시함으로써 그 정보에 대한 자기의 태도를 표명할 수 있기 때문이다. 그 정보가 자기 개인의 체험 정보인지, 남에게 들었던 정보인지, 아니면 선행 정보에 대한 논평을 해야할지, 선행 정보에 대한 들을이에게 어떤 반응을 요구해야 하는지 등 선행 정보의 내용에 대해 말할이의 태도 표명을 하기 위한 배경 설정을 하게 된다.[8]

---

7) 본 연구 자료를 분석한 결과 설화 담화를 끝맺을 때는 설화를 남으로부터 들었음을 표현한 경우가 36회, 설화 내용을 논평한 경우가 21회, 말 끝냄을 직접 표현한 경우가 16회였다. 그런데 말끝냄의 직접적 표현은 일반적으로 조사 채록에 나타나지 않은 경우가 많기 때문에 빈도로 보면 훨씬 많을 것으로 보인다.

8) Schegloff E.A&H. Sacks(1973)의 담화에서 끝맺기 시작(opening up closings)에서 담화의 끝은 앞 끝맺기 (pre-closings)의 양상에 따라 달라진다고 한다.

(8) (가) <u>이런</u> 말이 있어 (곤17)

　(나) <u>그래</u> 가지고 그 일간이 기신을 쏘이넌 <u>그런</u> 일간이었다꼬

　　<u>이런</u> 이야기가 있어 (사7)

　(다) <u>그런</u> 기지요 (곤3)

　(라) 머 거시가다 <u>그런</u> 이예기를 들었어. (곤명1)

　(마) <u>그런</u> 이예기 뿌이라 쿠넌기라 (곤9)

　(바) 그래도 <u>그런</u> 말이 전설이 네라 오거덩 그기 (곤13)

　(사) <u>이</u> 예기는 고쯤만 듣고 말았어요. (곤16)

　(아) <u>그렇다쿠데</u> (곤26, 곤27)

　(자) <u>이런</u> 옛날애 전설이다 (곤36)

(8)의 (가)~(자)에서 줄친 부분이 선행 정보를 묶는 지시말이다. 대부분 선행 정보가 말하는 사람의 직접적인 체험 정보가 아니거나 특별히 말하는 사람이 논평이 필요한 경우 등 말의 내용과 말하는 사람, 또는 말의 내용에 대해 말하는 사람이 듣는 사람에게 어떤 태도(요구, 명령, 설득)를 요구할 때 흔히 이 말 묶기 지시말이 나타난다. 말하는 사람이 지금까지 말한 내용에 대한 논평이나 그 출처를 말하기 위해서는 이미 이야기한 내용을 지시하는 것은 보편적인 담화 현상이다. 이때 지시어는 지시어에 바로 선행하는 정보가 아니라 지금까지 이야기한 내용 전체를 지시한다. 그 지시말은 주로 '이런 말(이야기, 것', '그런 말(이야기, 것)', '이렇다', '그렇다', '이상과 같이', '지금까지 (내가) 말한 것은' 등과 같이 매우 다양하게 표현된다. 지시어가 '그'와 '이'로 나타나는데 '그-'는 말하는 사람이 자기가 말한 내용과 거리를 둔 것이고, '이-'는 이야기한 내용과 말한 사람의 거리가 가깝게 곧바로 이어질 때 나타난다. 일반적으로는 지시어 '이'가 나타나는 것이 자연스러운데 이 설화이야기에는 '그런'과 같이 지시어 '그-'가 많이 나타난다. 그것은 설화는 이야기하는 화자 자신의 이야기가 아니고 그 내용을 자신에게 전해준 사람이 있고, 그것을 자신이 다른 사람에게 전달하기 때문에 이야기 내용을 객관적인 대상으로 생각한다. 따라서 말하는 사람은 자신의 이야기를 자신과 멀리 떨어져 놓음으로써 담화 거리(discourse distance) 또는 선행 정보에 대한 지시 거리(indicate distance)가 멀어졌기 때문이다.9) '이렇다고 하더라'는 것보다 '그렇다고 하더라'라고

하는 것이 더 자연스럽다. 이야기 내용에서 자신이 벗어나 현실로 돌아오면서 그 이야기 내용을 상당한 거리에 두고 있다는 것이다.

2.2. 정보 얻음 말하기

앞에서 선행 정보를 지시말로 묶었다면, 그 다음 그 정보에 대한 구체적인 정보를 말하게 된다. 선행 정보가 말하는 사람의 직접적인 체험 정보가 아닌 경우는 대개 말하는 사람이 그 정보에 대한 전달자의 입장에 놓이기 때문에 말하는 사람이 전달자임을 표현한다.10) 말하는 사람의 입장으로는 결코 확인할 수 없는 비현실적 정보나 아니면 남으로부터 들었던 정보가 듣는 사람에게 매우 중요하다고 느끼는 정보들은 그 정보의 출처를 밝힘으로써 말하는 사람은 그 정보로부터 벗어나려고 한다. 그 표현은 먼저 설화의 정보원을 말하는 것이다. 설화 이야기는 말하는 사람이 창조한 내용이 아니고 남으로부터 들었던 이야기라는 문학적 특성을 가지고 있기 때문에 남으로부터 들었음 표시하는 것은 매우 자연스러운 현상이다. 따라서 화자는 설화의 정보원이 다음과 같이 시간적으로 선행하는 대상이다. 다음 보기를 보자.

(9) 그 내나 이전애 어른들 한태서 들었지 머(곤30)

(10) 그 할아버지 세상베린지가 운재라꼬. 우리 젊었을짜 그런 이약을 들었는대.(신1)

(11) 옛날 옛날애 이야기라서 나아 옛날 전애 으으 우리 씨아배한테 들었더인대.(사14)

위에서 보는 바와 같이 (9)는 '어른', (10)는 '할아버지', (11)은 '시아버지'처럼 모두 말하는 사람보다 시간적으로 앞선 사람들이다.

말하는 사람이 자기가 들었던 정보원을 말했다면 그 다음은 그 정보를 간접적으로 들었

---

9) 담화 지시거리는 T.Givon(1983), 박승윤(1990) 참조

10) 김수업(1992:172)에서는 '이야기 문학'은 표현의 임자가 노래 문학에서처럼 솔직하고 정직하게 작품의 세계를 책임지려 하지 않는 문학이다. 작품에 담긴 세계가 엄연히 자신의 것인데도 그것을 구태여 남의 것인 양하면서 자신은 단순히 전달자일 따름이라는 태도를 취하기 때문이다.

거나 가지게 되었음을 표현한다. 그 표현은 언표적일 수도 있고 문법적 형태로 나타날 수도 있다. 다음 보기를 보자.

(12) 가. 머 거시가다 그런 이예기를 들었어. (곤명1)

나. 그런 이예기 뿌이라 쿠넌기라 (곤9)

다. 그래도 그런말이 전설이 네라 오거덩 그기 (곤13)

라. 이 예기는 고쯤만 듣고 말았어요. (곤16)

마. 그렇다쿠데 (곤26, 곤27)

바. 그 신문애 어느 신문애 존깨 그래나았데 (대3)

사. 그레 복이 다아가 잘 사더란다 (곤37)

아. 그런대 그 좀 그 애기넌 말이지 저, 내가 내가 지인기 아이고오.(곤23)

위 (12가, 라)는 선행 정보를 남으로부터 들었음을 '들었다'고 함으로써 직접 표현하였다. 그리고 (12나)와 (12마)는 선행 정보를 인용하였음을 나타내는 '-쿠더라'(-라고 하(더라))로 표현했다. (12다)와 (12바)에서 (12다)는 선행 정보가 '전설'임을, (12바)는 '신문에 났음'을 표현하였다. 마지막으로 (17사)는 인용 어미인 '-더란다'로 표현하여 선행 정보가 자기의 체험이 아니라 남으로부터 들었음을 나타내고 있다. (12아)도 '내가 지은 것이 아니고'라고 하여 설화가 말하는 사람이 창작한 것이 아님을 직접적으로 말하고 있다.

2.3. 논평하기

선행 정보의 수용 과정을 말하고 난 다음, 그 정보에 대한 자기의 논평이 들어가는 경우가 있다.[11] 설화 담화에 나타나는 논평하기는 설화가 다른 사람으로부터 들은 이야기이기 때

---

[11] 라보프(1967)는 '모든 서사적 담화는 구조적 유사성을 지니고 있다.'고 하면서 서사체의 요소를 다음과 같이 제시하고 있다.
    1. 개요(abstract), 2. 소개(orientation), 3. 분규 행위(complicating action), 4. 평가(evaluation), 5. 결과(result) 또는 해결(resolution), 6. 결구(coda)
    여기서 '평가'는 서사체의 존재 이유. 다시 말해서 그 서사체가 왜 말해졌고, 서술자가 노리는 것은 무

문이다. 따라서 논평하기는 말하는 사람이 자신의 설화 내용을 주관화(subjectivization)하면서 담화 전달자에서 주체자의 자리로 변화되는 것을 의미한다. 이것은 설화 내용이 말하는 사람이 창조한 것이 아니라 다른 정보원으로부터 전달받은 것임을 간접적으로 나타내는 책략이다. 일반적으로 자신의 이야기를 자신이 논평하기는 어렵다. 남의 이야기나 남의 삶에 대한 이야기는 쉽게 논평할 수가 있다. 그래서 남의 이야기를 자기의 삶과 비교하면서 논평하기도 하고 자신의 느낌을 말하기도 한다.

이 논평은 주인공이나 등장인물에 대한 논평이 있을 수 있고, 주제에 대한 논평이 있을 수 있는데, 주로 주인공이나 등장인물의 사람됨에 대한 판다이나 인물의 운명을 논평하기도 하고, 인물과 현실과 비교하거나, 인물에 대한 말하는 사람의 감정적 태도(슬픔, 통쾌함, 기쁨)가 많다. 그리고 주제에 대한 논평은 대체로 그 주제에 대해 말하는 사람의 심리적 상태를 표현하거나 느낌을 현실과 비교하는 경우, 주제에 대한 이해도도 논평으로 나타난다. 그리고 이 논평은 매우 수의적이다. 다음은 논평하기로 말을 끝내는 보기이다.

(13) 가. 그 근바아 오이 제사지낸 대도 엄섰싱가? (대36)

나. 그런대 나넌 그 무신 이민지 아직까지 모리제 (대8)

다. 참 주민덜 그 고통이 참 크지예 (사1)

라. 참 예전애 우섭제 (대23)

마. 그런깨네 그 저저 객이 맞은기 아이가 싶은 생각이 들가넌기라 (곤14)

바. 그리하지마넌 (그 처녀가 대답을 한기 잘 한깁니꺼?) 한기제 그런말이 아이모 할

말이 읎넌기거덩. (곤18)

엇인가 하는 서사체의 초점을 가리키기 위해 서술자가 사용하는 수단이라고 하였다. 그리고 '평가'는 이야기를 진행시키는 힘이라고 함으로써 이 경우의 '평가'는 이야기 속에서 선행 정보에 대한 '평가'와 관련이 깊은 개념이다. 본고의 '논평'은 이야기 구조를 빠져 나와 이야기 전체에 대한 '평가'에 해당된다. 그리고 김현주(1997:133-134)는 '결구'를 예를
   (1) 그 후부터는 형제간에 화목하고 잘 살았더랍니다.
   (2) 그랗께 여영 못 살고 말었드라오, 거가 끝입니다.
   (3) 옛날에 그런 머저리 같은 놈이 있드래.
로 들고 있다. 그런데, (1)은 이야기 속의 구조에서 끝맺기이고 (2)는 앞은 이야기 구조 속의 끝맺기이며 뒤의 '거가 끝입니다'는 설화 담화 구조의 끝맺기이다. (3)은 설화 담화 구조의 끝맺기로 '논평하기'에 해당되는 것이다. 이것을 모두 '결구(coda)'로 처리한 것은 엄밀하게 다른 현상을 동일한 범주로 다룬 문제가 있다고 볼 수 있다. 김현주(1997:133-134) 참조.

사. 그래 요새 여 나만 사람이 자석들 따라 가서 살기넌 틀렸다 (사6)

위 (13가)는 말하는 사람이 '어디에 제사지내는 데가 있을 것 같다'라고 하여 말하는 사람이 제사를 지내기를 바라는 바람(희망)의 의도가 표현된 논평이고, (13나)는 선행 정보에 대해 이해가 잘 안 된다는 말하는 사람의 이해도에 대한 판단이며, (13다)는 선행 정보에 대해 '주민들의 고통이 크다'라고 하는 말하는 사람의 감정적인 판단이며, (13라)는 선행 정보에 대해 '현대인으로서 이해하기 어렵다'고 하여 시대의 차이에서 오는 논평이며, (13마)는 말하는 사람의 '부끄러움', (13바)는 '긍정적인 평가', (13사)는 '언니에 대한 이해'라고 하는 말하는 사람의 태도 변화나 심리적 상태 및 평가이다. 이와 같이 이야기하는 사람이 자신이 이야기한 설화에 대해 다양한 논평으로 말을 끝맺고 있다.

2.4. 끝냄 말하기

말 끝냄을 직접 말하는 것은 설화 담화 구조에서 말하는 사람이 이야기를 끝내면서 이야기 마당에서 빠져나오면서 청중에게 하는 말이다. 말하는 사람은 이미 이야기에서 빠져나온 상태에서 담화 구조에서 말을 끝내는 직접적 표현이라고 하겠다.

이 경우는 지금까지 앞에서 말한 말끝내기의 여러 과정 가운데 가장 마지막에 나타난다. 그리고 이 말 끝냄 말도 수의적이기는 선행 과정과 마찬가지이다. 다음 보기를 보자.

(14) 가. 그랬다쿠디끼 인자, 인자 인간했넌디 인자 가지 머 (곤35)

나. 고만 대강 하지머 (곤54)

다. 그러 쿤깨내 인자 끝났넌기라 (대38)

말 끝냄 말하기는 (14가) '인간했넌디 인자 가지 머', 즉 '이만큼 했는데 이제 가지'로 직접적으로 말을 끝내지는 않았지만 '이만큼 했다'는 것과 '이제 가지'라는 것은 말을 그만 하겠다는 뜻을 나타낸 것이다. (14나) '고만 대강하지 머'는 '그만 대강하지'로 '더 이상 말을 하지 않는 것이 좋겠다는 뜻'이 담겨있다. (14다)는 '(설화 이야기가) 끝났넌기라'라고 하여 이야기가 끝났음을 직접 표현하고 있다.

이 외 말끝내기 표시를 듣는 사람에게 물으면서 표현하는 경우도 있다. 예컨대, '이제 그만할까?', '이제 그만하는 것이 좋겠지?', '오늘은 이만하자 응?'과 같다. 이처럼 말끝냄의 표시가 분명한 경우는 상대에게 자신의 의도를 묻는 완곡한 표현을 사용하고 있다.

설화 담화의 끝내기와 그 기능은 다음과 같다.

(15) 설화 담화의 끝맺기 표현과 기능

(1) 선행 정보 지시하기-선행 이야기 묶음

(2) 정보 얻음 표현하기-담화 내용의 객관화

(3) 논평하기-담화 주체자 기능

(4) 끝냄 말하기-담화 상황에서 벗어남

제9장

끼어들기

말하기는 크게 혼자 말하기(monologue)와 주고받기 말하기(dialogue)로 나눌 수 있다. 말하기가 혼자 말하기든지 주고받기 말하기든지 말하기에는 말하는 사람과 말을 듣는 사람이 반드시 있게 마련인데 그 상대는 말하는 사람의 발화 내용에 대해 어떤 형태로든지 반응을 하고 말하기의 진행에 개입을 하게 된다.[1] 그 반응은 외형적으로 나타날 수도 있고, 그렇지 않을 수도 있다. 이 듣는이의 반응을 언어적 측면뿐만 아니라 듣는이의 몸짓과 인상, 다양한 행동과 같은 비언어적(nonverbal) 반응까지를 포함하는 포괄적 개념으로 보아야 한다. 그것은 비언어적 반응도 말할이의 담화진행에 매우 중요한 기능을 하고 있을 뿐만 아니라 듣는이의 매우 의미있는 의사 표현의 하나이기 때문이다. 특히, 주고받기 말하기에서는 듣는이의 다양한 반응은 담화 진행에 직·간접적으로 개입하게 된다. 따라서 본고에서 '끼어들기 말'이나 '말 끼어들기'라고 하지 않은 까닭은 여기에 있다. 이처럼 말하는 사람이 상대에게 발언권을 넘기지 않은 상태에서 상대가 중간에 어떤 형태로든지 개입하는 것을 우리는 포괄적인 개념으로 '끼어들기(interruption)'라고 한다.

본고에서는 우리말 담화상에서 실현되는 끼어들기의 다양한 모습과 그 기능을 거시적인

---

1) 바이게이트(Martin Bygate, 1987:39)는 순번 바꾸기기(turn-taking)를 잘 할 수 있는 방법을 다음과 같이 다섯 가지로 제시하였다. 첫째, 적절한 구절이나 소리 또는 심지어 몸짓을 이용하여, 임의의 사람이 말하고자 함을 신호하는 방법을 알고 있어야 한다. 둘째, 이야기 순서를 취하기에 바른 순간을 아는 것을 의미한다. 셋째, 어떤 이가 말해야 할 바를 끝내기 전에 적절히 자신의 순번을 이용하고 기회를 놓치지 않기 위하여 바른 순서 구조를 이용하는 방법을 아는 것이 중요하다. 넷째, 다른 사람이 말하려고 희망하는 신호를 알 수 있어야 한다. 마지막 다섯째로, 다른 사람으로 하여금 이야기 순서를 가지게 허용하는 방법에 대해서 알 필요가 있다.

면에서 정리하고 밝히는 데 목적이 있다. 지금까지 끼어들기에 대한 연구는 끼어들기의 개념과 범주가 정리되지 않은 상태에서 이루어졌다는 점이 문제였다. 따라서 본 연구에서 끼어들기의 일반적인 양상을 정리·분석함으로써 토론 담화, 교실 담화, 강의 담화, 연설 담화, 법정 담화, 토크 담화, 일상 담화와 같은 다양한 담화 상황이나 성별, 지위, 직업 등 다양한 담화 대상에 따라 실현되는 끼어들기의 미시적 연구를 위한 기초 작업으로서의 의의가 있을 것으로 보인다.

1. '끼어들기'의 뜻넓이

일반적으로 담화가 자연스럽게 진행되기 위해서는 몇 가지 상호 규칙[2]이 있다고 보았다. 색 등(Sacks et al, 1974)은 그 순서(turn)는 지금 말을 하고 있는 사람에서 다른 사람으로 말을 바꿀 때는 현재 말하고 있는 사람이 선택할 수 있으며, 다음 차례는 먼저 말한 사람에게로 돌아간다. 그 다음 차례는 현재 말하고 있는 사람이 다른 사람이 말하기 전에 다시 말을 시작하게 되면 바로 현재의 말하는 사람으로 돌아간다. 그리고 한 번에 한 사람만 말을 하고 말하고 있는 사람은 말을 끝낼 수 있는 권한을 가지고 있다고 하는 대전제를 바탕에 두고 있다. 그리고 이러한 순서는 말을 시작하는 사람이 말을 끝내는 시점과 말을 시작하는 사람의 말하는 시점[3]에 적절하게 맞추어야 한다는 것이다.[4]

그런데 실제 담화에서는 담화 자체가 워낙 불규칙적이고 다양하며 유동적이기 때문에 이와 같은 말하기 순서를 엄격하게 지키기는 일은 매우 어렵다. '끼어들기'라는 개념은 말하는 사람과 말을 듣는 사람의 관계에서 나타나는 현상이며 외형적 상태의 개념과 담화 주제 결속상의 개념이 가능하다. 외형적이고 현상적인 끼어들기는 이미 말을 하고 있는 사람

---

2) 이것을 일반적으로 말 순서 주고받기 규칙(turn-taking rules)이라고 한다.
3) 이것을 Sacks et al(1974)은 추이적정지점(turn-relevance place, transition relevance point(TRP))이라고 한다.
4) Jan.Renkema(1993/1997:179-182)는 Sacks,Scheloff&Jefferson(1974)의 말 순서 취하기에서 추이적정시점에 적용되는 네 개의 규칙에 대해 다음과 같은 반론이 있음을 지적하였다. 첫째, 대화 분석에서 어떤 규칙이 적용되었는지 구분할 수 없는 경우가 흔하다는 것이다. 둘째, 많은 발화문에서 말의 순서를 할당할 수 있는 지점이 어디인지 분명치 않다는 것이다. 셋째, 대화는 단순하게 말 순서로만 이루어지는 것이 아니다는 것이다.

(current speaker)의 말이 형식적으로 끝나지 않은 상태에서 다른 사람이 말을 하는 경우로 겉으로 명확히 드러난다. 그러나 담화 주제 결속의 차원에서 끼어들기는 말하는 사람이 형식적으로 보면 문장이 종결되었으나 그 사람이 계속 발언권(floor)을 가지고 주제를 계속 이어나가고 있는데 다른 사람이 발언권을 빼앗아 말을 하는 경우도 끼어들기라고 할 수 있다. 이러한 경우는 외형적으로 드러나지 않기 때문에 끼어들기인지 아닌지 구분하기가 쉽지 않다. 그러나 담화에서 화제의 이어짐과 결속 상태를 분석하면 끼어들기가 이루어진 것인지 아닌지는 알 수 있게 된다.

이 '끼어들기'의 개념은 단순하게 말의 순서를 어기면서 상대의 말을 빼앗아 오거나 상대의 말을 중간에 그치게 하는 부정적인 의미로 파악하기 쉽다(Murata-Tsilipakou, 1994; Goldberg, 1990). 특히, '끼어든다'라는 말 자체가 가지고 있는 부정적인 의미 때문에 '끼어들기'가 담화에서 부정적인 의미로 이해될 수도 있다.[5] 그런데 실제 우리의 담화는 이 끼어들기가 말의 진행에서 순행적으로 이끄는 기능과 역행적으로 이끄는 기능을 모두 포함하는 매우 광범위한 개념으로 인식해야 한다. 여기에 '언어적 끼어들기'와 '비언어적 끼어들기'를 모두 싸안은 포괄적 개념으로 다루어야 한다.

색 등(Sacks et al, 1974)은 '이미 말하고 있는 상태에서 다른 사람이 말을 시작하는 현상'을 말의 중복(overlap)과 말 중단시키기(interruption)로 구분하고 있다.[6] 그러나 '말의 중복'은 어떤 사람이 말을 하고 있는 상태에서 다른 사람이 말을 할 때 두 사람의 말이 동시에 실현되는 음성적 현상일 뿐이다. 그리고 '말 중단시키기'는 그 말의 중복 현상 가운데 기능적 측면이다. 말을 중단시키기도 하고 말이 중복되면서도 말을 계속 할 수 있도록 하는 '말 잇기'도 있을 수 있다. 말을 중단시켜 발언권을 빼앗을 수도 있고, 말의 수정을 요구할 수도 있으며, 되풀이를 요구할 수도 있다. 이렇게 보면 끼어들기 현상은 매우 다양하게 실현되며, 그 기능 또한 다양하게 나타난다.[7]

---

5) Makri-Tsilipakou(1994)는 말 중단시키기라는 용어 대신 개입(intervention)이라는 용어를 쓰고 있다. 그리고 그들은 개입을 호의적(affiliative), 비호의적(disaffiliative)으로 나누어 그것을 심층개입(deep interruption)이라고 하면서, 남·녀 성별(sex)에 따라 어떻게 나타나는지를 연구하였다. 따라서 끼어들기라는 개념보다는 개입이라는 용어가 더 적절할지도 모른다. 왜냐하면, 개입이라고 하면 담화에서 일어나는 현상을 포괄적으로 지칭할 수 있는 개념이기 때문이다.

6) 이원표(1999:24) 참고

7) Makri-Tsilipakou(1994)는 말의 개입(intervention) 가운데 비호의적(disaffiliative)인 것만을 '말 중단시키기'

그러나 본고에서는 담화의 끼어들기를 이러한 부정적인 의미로 보기보다는 담화 현상의 하나로 보며, 여기에는 부정적인 현상과 긍정적인 현상을 모두 싸안은 의미로 쓰고자 한다.

이 말은 말의 중복을 관찰적인 용어로 보고 말 중단시키기는 해석적 범주라는 베네트(Bennette, 1981)의 관점과 비슷하다고 하겠다. 그러나 그가 말의 중복이나 말 중단시키기가 기본적으로 같은 것으로 본 것은 다소 문제가 있다고 하겠다. 이원표(1999)는 베네트(1981)의 견해를 받아들여 고의성에 따라 청자반응신호, 우발적 말 끼어들기, 우호적 말 끼어들기, 비우호적 말 끼어들기로 나누었다. 부정적 의미를 함축하고 있는 말 중단시키기는 비우호적 말 끼어들기로 하였다. 그런데 문제는 말을 중단시키는 것은 담화 진행을 그만 두게 하는 행위의 하나다. 말을 중단시키는 상대는 어떤 의도를 가지고 있는지 모르는 상태이다. 따라서 말을 중단시키는 이른바, 말 중단시키나 말 끼어들기는 담화 진행상 나타나는 행위의 결과일 뿐이다.

본고에서는 '끼어들기'의 유형을 '표현 방법'과 '기능'으로 크게 나누고, '표현 방법'은 '표지'와 '형태'로 나누어 세부적으로 알아본다.

2. 방법으로 본 끼어들기

표현 매체에 의한 끼어들기는 언어적 표현과 비언어적 표현으로 나눈다. 기존의 끼어들기에 대한 연구는 주로 언어적 표현에 한정해 왔다. 그러나 담화에서 듣는 사람의 반응은 언어적 표현 못지않게 비언어적 행위가 매우 중요한 의미를 가지고 있다.

비언어적 표현에는 박수(拍手)치기와 눈짓, 손짓, 인상, 머리 흔듦(좌우, 상하), 일어남, 신체적 접촉, 야유, 웃음 등 비언어적 표현 일반을 두루 안은 개념으로 본다.

(interruption)라고 하였다.

2.1. 표지로 본 끼어들기

2.1.1. 표지 있는 끼어들기

2.1.1.1. 언어적 끼어들기

대부분의 끼어들기는 언어적 표현으로 이루어진다. 상대방의 말 중간에 듣는 사람이 끼어들기 위해서는 상대의 말을 받아 되풀이하거나 상대의 말을 끊어야 한다. 아니면, 주제를 전환하는 표지를 나타내어야 한다. 이처럼 언어적 끼어들기는 언표적 의미를 그대로 나타내는 언표적 끼어들기와 담화상에서만 나타나는 담화표지로서의 끼어들기가 있다.

2.1.1.1.1. 언표적 표현으로서 끼어들기

언표적 끼어들기는 어휘적인 형태와 의미를 그대로 의미를 가지면서 표현되는 것을 말한다. 기능적으로는 매우 다양한 양상을 보이겠지만 형태적 특성으로 본다면 언표된 표현이 의미적으로 자립된 형태를 보이는 것이다.

   (1) A--B(잠깐만, 아니야, 맞아, 그래, 알겠습니다)B(A)---

   (2) A--B(그런데, 그렇지, 그럼, 그러니까, 그러게, 그것은)A---

   (3) A---α Bα(되풀이)B----

위 (1)은 상대의 말에 대한 듣는 사람의 직접적인 반응이나 의도가 나타난 표현이다. 상대로부터 발언권을 빼앗는 표현이 있는가 하면, 상대의 발언에 대한 반응 표현이 언어적으로 직접 표현하고 있다. 위 각 보기들은 다음과 같다.

   (4) ㄱ. L2----[사: 네, 잠깐만요.]A-------

      ㄴ. A----[L2]---[사: 아니-]--[사: 네, 알겠습니다]

(KBS심야토론, 2001.5.5)

(4ㄱ)은 L2가 말을 하고 있는데, 사회자가 '네 잠깐만요'하면서 직접적으로 L2의 발언을 빼앗고 있다. 그리고 A토론자의 발언으로 넘어갔다. (4ㄴ)은 토론자 A가 발언하고 있는데 L2가 끼어들기 표지 없이 끼어들었다. 그리고 사회자가 '아니'[8]라고 하면서 L2의 발언권을 빼앗으려고 했는데, L2는 계속 말을 하고 있다. 사회자가 또 L2의 발언권을 '네 알겠습니다' 라고 하며 빼앗고 있다.

(2)는 상대의 말을 대용적으로 표현하면서 끼어드는 형태이다. 대부분 상대의 말을 지시 하면서 거기에 대한 자기의 반응이나 표현 의도가 후행하게 된다. 그리고 대용으로 끼어들 기는 대부분 상대의 말에 대한 긍정적인 수용의 태도를 보이거나 대화의 진행을 이끌어 간다.

(5) ㄱ. 범수: 내가 그랬어 며칠이나 가나 보자고 [은수: 그러니까] 그랬더니 뭐라더라

　　 ㄴ. 범수: 이상해 어느 학교나 문학이[은수: 그렇죠] 근데 뭐지

(김순자, 1999:59)

(5ㄱ)은 대화의 진행을 이끌어가는 끼어들기이다. 그리고 (5ㄴ)은 상대의 말을 수용하는 끼어들기이다.

(3)은 상대의 말을 되풀이하면서 끼어드는 형태이다. 이것은 대용으로 끼어들기와 비슷한 양상이나 끼어드는 사람이 상대의 발언 가운데 구체적인 정보에 대한 반응이나 생각으로 끼어들 때 주로 나타난다. 그 구체적인 정보를 되풀이하면서 자신의 생각이나 느낌을 표현 하게 된다. 일반적으로 주고받기 말하기에서는 상대의 발언 가운데 구정보(topic)는 생략이 되고 신정보(comment)가 나타난다. 따라서 담화에서 신정보를 그대로 되풀이한다는 것은 의 미적으로 보면 선행 정보의 문장 전체를 되풀이하는 것으로 볼 수 있다.

(6) ㄱ. 범수: 베지밀이나 두부는 콩나물 이런건 먹겠는데 콩팥은 진짜 싫어 [은수: 응, 너무 싫어] 콩팥 이런거(김순자, 1999:59)

---

8) 대화에서 나타난 '아니'에 대한 연구는 김미숙(1997) 참고

ㄴ. 범수: 우리밖에 없으니까[은수: 우리밖에 없었어]. 요새 다 시끄러운데 조용한 데 없더라(김순자, 1999:57)

(6ㄱ)은 상대의 말 가운데 하나의 정보를 되풀이한 형태이고, (6ㄴ)은 상대의 말 전체를 되풀이하여 끼어든 형태이다.

2.1.1.1.2. 담화표지로서 끼어들기

상대의 발언에 대한 듣는 사람의 반응을 담화표지 형태로 표현하는 끼어들기가 있다. 이때는 듣는 사람이 발언권을 가지기보다는 이전에 말을 했던 사람이나 다른 사람이 발언권을 가지게 된다.

(7) A--B[아H↓(아L→, 의(음,응)→, 우→, 에→, 네, 흥(체)↓]--A(B)---

다음과 같은 보기가 있다.

(8) 신동엽: 급체했을 때는 거꾸로 매달아서 등을 두드려 준다.
한의사: 정답입니다.
[방청객: 아-]
한의사: 급체했을 때는   (MBC 일요일 일요일 밤에)
(9) A: 나를 차인표 닮았다고 하잖아
방청객: 우→

위 (8)은 방청객이 놀라면서 끼어든 것이다. 일반적으로 사람이 급체했을 때는 사람을 매달아서 등을 두드려 준다고 생각을 못했기 때문에 의아하면서 놀란 표현을 담화표지로 '아-'하면서 끼어든 것이다. (9)는 방청객이 비난이나 야유를 보내면서 끼어든 것이다. 이것도 담화표지로만 끼어든 보기이다.

2.1.1.2. 비언어적 끼어들기

인간은 가장 원초적이면서 본능적인 비언어(non-verbal)적 표현으로 인간 언어의 부족함을 깁고 메우게 된다(Argyle, 1975:70). 또한 정보의 수용자 측면에서 볼 때도 비언어적 표현으로 발화자의 정보를 더욱 정확하게 해석·이해할 수 있다(Ross, 1986:52)는 점에서 비언어적 표현에 대한 관심과 그 연구는 지극히 당연하며 매우 의미가 있다고 하겠다. 비언어적 표현을 기호 언어, 동작 언어, 물체 언어로 구분하기도 하고(Ruesch, 1966:209-210), 신체의 동작, 외양, 접촉행위, 유사언어, 공간 및 시간 사용, 물체와 환경 등의 수단을 통해 표현된 것(김종택·임지룡, 1998:91)으로 보기도 하였으며, 비언어적 표현을 동작 언어라고 하면서 음성언어와 비교하여 몸짓, 얼굴표정, 목소리 등을 포괄하여 의미하기(구현정, 1999:29)도 한다. 그리고 이러한 비언어적 표현도 담화에서 끼어들기의 중요한 방법 가운데 하나라는 사실에 주목해야 한다. 비언어적 표현에 의한 끼어들기는 언어적 표현으로 실현될 수 없는 상황이나 관계에서 매우 용의하게 사용되기도 한다. 더구나 다양한 몸짓의 언어적 기능은 각 민족마다 조금씩 다르게 받아들이기 때문에 비언어적 끼어들기의 연구는 민족 문화의 특성을 연구하는데 매우 중요한 의미가 있을 수 있다.[9]

> (10) 박수치기: 발화의 내용이나 진행에 따라 듣는 사람이 박수를 친다.
>
> 시선: 시선을 다른 곳으로 옮긴다.
>
> 손짓: 말의 진행이나 내용에 관계된 다양한 손짓하기, 감정적 표현에 따라 손짓하기.
>
> 인상: 지속해 오던 인상을 발화 내용에 따라 바꾸기.
>
> 자리 옮기기: 말하는 도중에 듣는 사람이 자리를 이동하기.
>
> 신체적 접촉: 머리나 등을 쓰다듬거나, 손을 잡는 행위.
>
> 머리 흔들기: 머리를 좌우 또는 상하로 흔드는 행위.

---

9) 몸짓 연구는 민족지학적(ethnography) 언어 연구의 기초가 될 수 있다(Hymes, 1962). 예를 들어, 엄지와 검지의 끝을 대고 동그랗게 모양을 만들면, 일반적으로 '좋다', '잘되었다'라는 의미를 가지고 있으나 프랑스 남부에서는 '없다, 무가치'를 뜻하고, 이탈리아의 사르디아 지방에서는 '항문'을, 우리나라에서는 돈을 의미하기도 한다.

2.1.2. 표지 없는 끼어들기

상대 말에 끼어들 때 끼어드는 표지가 없이 말하는 사람이 곧바로 자신의 말을 하는 경우가 있다. 상대 말에 대한 반응이나 발언권 획득과 같은 담화 책략이 없이 곧바로 자신이 발언권을 행사하는 경우다.

(11) A: 아산 지역에--공업단지--삽교가 말랐는데--------------

　　　[B: ∅대책을 어떻게 세웠는지 모르지만 어떻게 그런 결과가 나오는지]

　　　A: 아직 말할 단계가 아닙니다. (KBS 심야토론, 2001.6.6)

(12) 비록 가마귀가 있더라손치더라도 마 고런 뜻에서 [조사자: ∅ 독새가 거기서 산다] 굴도 생겼고, 또 인자 굴은 뭐 옛날부터 있은 것 같아요.(한국구비문학대계 4-8, 218)

위 (11)과 (12)의 경우 상대 발언에 대한 반응의 표지나 끼어드는 표지가 표면적으로 나타나 있지 않다. 끼어드는 표지 없이 끼어드는 것은 때로는 담화 진행을 부자연스럽게 만들기도 한다. (11)에서 '--삽교가--'하는 곳에서 상대가 갑자기 끼어들었는데 그것도 표지없이 끼어들어서 말하는 사람이 당황하게 되었다. (12)는 제보자가 말을 하고 있는데 조사자는 끼어드는 아무런 표지도 없이 자신의 생각을 말하고 있다.

2.2. 형태로 본 끼어들기

2.2.1. 겹치는 끼어들기

끼어들기 형태 가운데 말하고 있는 사람의 말과 끼어들기 하는 사람의 말이 음성적으로 겹치는 경우[10]와 그렇지 않은 경우가 있다. 이러한 말의 겹침으로 끼어드는 경우는 주로 상대의 말이 채 끝나지 않는 끝 부분에 자주 일어난다. 처음부터 서로의 말이 겹쳐지는

---

10) 색(sacks et al, 1974)은 말의 중복을 한 사람이 이미 말하고 있는 상태에서 다른 사람이 말을 시작하여 발언권을 빼앗는 행위의 하나로 보는데, 상대의 발언에 대한 반론의 형태를 띠고 있다.

경우는 거의 불가능하고 상대 말에 대한 부정적이거나 반론을 펼 경우 적극적인 끼어들기로 나타나는 현상이다.

말 겹침 끼어들기는 대체로 다음과 같은 몇 가지 양상을 보인다.

(13)의 경우는 A가 말을 하고 있는 중간에 B가 끼어들어 서로 말이 겹치다가 다시 A가 말을 하면서 B의 말과 계속 겹치는 경우이다. 그러나 B가 발언권을 가져가지 못하고 A가 계속 발언권을 가지고 발언을 진행하는 경우이다. 다음과 같은 경우이다.

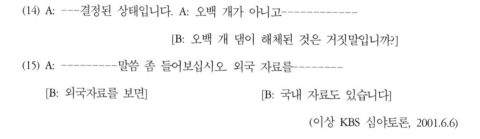

(이상 KBS 심야토론, 2001.6.6)

(14)는 이전에 B가 외국 댐 해체 사례를 말했는데 이에 대해 A가 거기에 반론을 펴고 있는 중에 B가 끼어든 것이다. 그런데 B의 발언이 끝나기 전에 오백 개라는 B의 발언 초점에 부정하는 A의 발언이 B의 발언이 끝나기 전에 끼어든 것이다. (15)에서도 A가 계속 발언하고 있는데 B가 두 번이나 겹쳐 끼어들기를 하였다. 그러나 발언권은 계속 A가 가지고 있다. 이와 같은 겹쳐 끼어들기 현상은 두 사람의 담화가 격렬한 토론의 양상을 보일 때 나타난다.

그리고 다음과 같은 겹쳐 끼어들기도 있다.

(16)의 경우는 A가 말을 하는데 B가 끼어들어 겹치면서 A의 발언이 중간에 끝났으나 B의 발언이 끝나고 곧바로 A가 발언을 계속하는 경우이다. 이것이 (13)과 다른 것은 (13)은 겹침이 두 번 일어난 것이고 (16)은 한 번 일어났다는 것이다. 다음과 같은 경우이다.

(17) A: 아산 지역에--공업단지--삽교가 말랐는데--------------
　　　　　　　　[B: 대책을 어떻게 세웠는지 모르지만 어떻게 그런 결과가
　　　　　　　　나오는지]
(18) B: --[A(사회자): 네 잠깐만요 B는 자꾸 딴 쪽으로 가시는데
　　　　　　　　[B: 딴쪽을 간 것이 아니고 거게 중요합니다]---A(사회
　　　　　　　　자)---

　　　　　　　　　　　　　　　　　　　　(이상 KBS 심야토론, 2001.6.6)

위 (17)은 A의 발언이 끝나기 전에 B가 끼어들었고 B의 발언이 끝나면서 A가 계속 발언을 한 경우이다. (18)도 마찬가지로 사회자 A가 B의 말에 끼어들면서 B의 발언권을 빼앗자 B가 겹쳐 끼어들기를 하였다. 그리고 난 후 사회자 A가 계속 말을 했다.

다음 (19)와 같은 유형도 있다.

위 (19)는 기존의 발언자인 A의 말에 B가 겹쳐 끼어들어 B가 발언권을 빼앗으면서 계속 B가 말을 하는 경우이다. 이것은 발언권이 A에서 B로 넘어간 것이다. 다음을 보자.

(20) A: 양처장님께서 어디서 구하셨는지 모르겠지마는
　　　　　　　　[B: 제가 제 의견--조금 전에 KBS9시 뉴스를 보고 왔는데요--
(21) A: 미국은 벌써 500여개 댐을 이미 해체했습니다.-----------

[B: 그것은 사실이 아닙니다 참 중요한 얘긴데

[C: 그것은 제가 말씀드리겠습니다] B: --굉장히 중요한

(KBS 심야토론, 2001.6.6)

위 (20)은 A가 말한 가운데 '어디서'하는 부분에서 B가 끼어들었다. 그리고 계속 B가 발언권을 가지고 있다. (21)은 다소 복잡한 양상을 띤 경우이다. A가 이미 말을 하고 있는데 B가 겹쳐 끼어들었고 다시 C도 끼어들었다. 그래서 세 사람이 한 번에 겹쳐 끼어든 형태다. 결국 B가 발언권을 가지기는 했지만 담화 양상이 매우 무질서하고 복잡한 모습이다.

2.2.2. 안 겹치는 끼어들기

정상적인 담화에서 말 주고받기는 대부분 안 겹침의 형태로 나타난다. 엄격하게 음성적 현상을 관찰하면 소리가 겹쳐 나타날 수 있지만 외형적으로 겹쳐 나오는 것으로 인식되지 않는다.

그런데도 끼어들었다는 의미는 상대의 담화 주제가 계속 이어지고 있으나, 담화가 형식적으로 종결된 상태에서 듣는 사람이 끼어든 것을 말한다. 이 경우 이전에 말을 했던 사람이 동일한 주제를 마치지 못하고 중간에 끼어든 사람에게 순간적으로 발언권이 넘어가게 된다. 그러나 발언권을 빼앗긴 사람이 다시 발언권을 찾아와서 이전에 말했던 동일한 담화 주제를 진행하게 되는 경우와 끼어들어서 상대로부터 발언권을 빼앗은 사람이 계속 담화를 이끌어 가게 되는 경우가 있다.

첫 번째 경우는 다음과 같은 경우이다.

(22) A---- [B----] A-----

A가 발언을 하고 있는데, B가 끼어들었고 다시 A가 발언권을 찾아간 경우다. 끼어들기의 대부분은 이 형태를 보이고 있다. 다음은 그 보기에 해당된다.

(23) 사: J님, 토론이 --연설하듯이 하는 것이 아니고 말이죠[J: 사회자가 토론자의 의견을
왜 이래라 저래라 ---]상대방의 의견을 경청해 가면서[J: 내 이야기를 저쪽에서 반
론하면 되지]아니, 아니

사: 이쪽에 반론의 기회를 드리겠습니다.

(KBS 심야토론, 2001.5.5)

위 (23)에서 사회자가 아직 말을 끝내지 않고 '말이죠'하면서 계속 말을 이어가려고 하는
데 J가 끼어들었다. 이때 사회자는 말을 잠시 멈추었고 상대의 말이 끝나자 계속 말을 이었
다. 그런데 또 사회자가 말을 끝내지 않고 '-가면서'라고 하는데, J가 다시 끼어들었다. 그러
나 결국은 사회자가 발언권을 가지고 오게 된 모습이다.

다음은 말을 끼어든 사람이 계속 발언권을 가지고 발언을 진행하는 경우이다.

(24) A---- [B---------

이 경우는 이전 담화자인 A가 말을 하고 있는데, B가 끼어들어 자기가 계속 발언권을
가지고 담화를 진행하는 경우다. 다음이 그 보기다.

(25) 사: 어떻습니까? L1께서 보시기에---.

L1:------[사: 네]---[A]--[사: 알겠습니다. 잠깐만, 잠깐만 아니 아니]

A:------[사: 아니 잠깐만요]-----

(KBS 심야토론, 2001.5.5)

위 (25)에서 사회자가 L1에게 발언권을 주었다. 그런데 중간에 A가 끼어들었고 또 그
사이에 사회자가 발언권을 빼앗기 위해 끼어들었다. 그러나 A는 계속 말을 하고 있다. 이런
상황에서 이전에 발언권을 가지고 발언을 끝내지 못했던 L1의 발언권은 A와 사회자에 넘어
가 버렸다.

3. 기능으로 본 끼어들기

3.1. 수용태도로 본 끼어들기

3.1.1. 호응하는 끼어들기

끼어들기에는 상대의 말에 호응하는 반응을 보이면서 끼어드는 경우가 있다. 그 반응은 언표적으로 나타날 수도 있지만 담화표지에 의해 실현되기도 하고 비언어적 표현으로도 나타난다. 언표적인 경우는 명확하게 드러나지만 담화표지는 다소 불분명할 수 있다. 담화표지의 끼어들기 기능은 뒤에 이어지는 반응과 성조 등으로 판단할 수밖에 없다. 동일한 담화표지라도 그것이 의외나 놀람, 확인 등과 같은 다양한 반응으로 끼어들 경우가 있기 때문이다. 그럴 경우는 일반적으로 성조가 올림 성조를 보인다. 그렇지 않고 상대의 말에 호응하면서 일단 상대의 말을 받아 주는 끼어들기는 성조가 낮고 길다. 이것은 대화에서 상대의 말에 '맞장구치'는 기능으로 설명이 되기도 한다.[11] 대화 진행에서 상대가 말하는 이의 말에 맞장구를 침으로써 상대의 말을 긍정적으로 수용하고 대화의 진행을 이끄는 것이다. 호응하며 끼어들기는 발화 내용과 발화 행위에 대한 긍정적인 반응을 모두 포함하는 개념으로 보고자 한다. 발화 행위에 대한 호응하는 끼어들기[12]는 일단 상대의 발화 행위를 긍정적으로 받아주고 있다는 것에서 발화 진행에 긍정적인 효과를 나타낸다. 발화 행위에 대한 호응하는 끼어들기는 뒤에 이어지는 반응이 선행 발화에 대한 부정적인 발화 내용이 이어질 때 더욱 분명하게 알 수 있다.

다음은 상대의 말에 호응하며 끼어들기하는 언표적 표현들이다.

(26) ㄱ. 언표적 표현: 그럼요, 그렇고 말고, 그렇지, 그래↘, 응, 맞아(어), 글쎄 말이야, 안됐네

---

11) 대화의 맞장구에 대한 논의는 김순자(1999)에서 되어 있다. 그 기능을 '발화 행위의 지지', '발화 내용의 동의'로 나누었다. 본고에서는 '발화 행위의 지지'를 습관적 끼어들기라고 하였다. 이현호(1998)에서도 방송 담화에서 호응의 기능을 하는 '네'가 약 4분의 1을 차지한다고 하였다. 대부분 대화 유지를 위한 호응의 기능으로 쓰였다고 하였다. 그러나 거기에서는 본고의 '끼어들기' 차원에서 논의된 것은 아니었다.

12) 이원표(1999)의 청자반응신호와 선호 반응이 이에 해당되는 것들이다.

ㄴ. 담화표지: 응→, 아→, 음→, 어→, 네→,13) 예→14)

ㄷ. 비언어적 표현: 고개를 아래위로 끄덕인다.

　　　　　　　　박수를 친다.

　　　　　　　　손을 흔든다.

　　　　　　　　신체적 접촉

　　호응하는 끼어들기로 언표적 표현들은 대부분 상대 말에 대한 긍정적으로 수용하는 표현들이다. 위 보기에서 (26ㄱ)에서 '그래↘'는 다양한 담화적 의미를 가지고 있는 말이다.15) 그런데 호응하는 끼어들기로서 '그래'는 성조가 낮으면서 대체로 짧다. 그리고 '그래'는 상대의 물음에 답을 하거나 상대에게 발언권이 넘어간 경우가 아니고, 이미 말하는 사람이 계속 말을 하는 도중에 듣는 사람이 중간중간에 끼어들어 말을 하는 경우이다.

　　그리고 담화표지로 호응하는 끼어들기는 주로 성조가 중간 높이이거나 낮으며 길다.

　　(27) 범수: 아까 여학생 때문에 걱정했는데[은수: 응→]

　　　　범수: 실패할까봐 걱정했고(김순자, 1999:54)

　　(28) ㄱ. C: 왜냐하면 뭐 이상벽씨도 아시겠지만

　　　　ㄴ. A: 네→

　　　　ㄷ. C: 저희 때는 그 무전여행이 가능했지 않습니까?

　　　　ㄹ. A: 그럼요 예→　　　　　　　　　　　　　　　(이원표, 1999:43)

　　위 (27)의 끼어들기는 상대의 발언에 호의적이고 긍정적인 반응의 표현이다. 상대 발언의

---

13) 담화에서 '네'는 김하수(1989) 참고

14) 이원표(1999:32)는 담화 속에서 발화되는 담화표지인 '네, 애, 음, 어, 글쎄'와 같은 것들은 청자반응신호라고 하였다. 우호적인 말 끼어들기라고 볼 수 있으나 일종의 화석화된 것 내지 관례적인 것으로 보았다. 그런데 청자반응신호라는 것이 다소 불분명한 개념인 것으로 보인다. 청자가 단순하게 듣고 있음을 나타내는 반응으로 해석이 되는데, 그러한 반응들도 긍정적인 반응과 부정적인 반응으로 나타날 수도 있고 성조와 상황에 따라서 여러 가지 기능을 할 수 있다.

15) '그래'는 원형적으로는 상대의 말에 대한 긍정 대답의 의미를 가지고 있으며 상대의 의도를 되풀이, 확인하는 기능을 한다. 자세한 논의는 이한규(1996) 참고

내용에 대한 긍정 반응일 수도 있고 상대 발언 행위에 대한 긍정 반응일 수도 있다. 그 구분은 뒤에 이어지는 발언의 내용으로 확인할 수밖에 없다. 뒤에 이어지는 발언이 부정의 의미를 가진다면 그것은 발언행위에 대한 호응적 반응을 나타낸 것이라고 보고, 계속 긍정적인 반응으로 나타났을 때는 행위와 내용에 대한 긍정적인 반응으로 끼어들었다고 볼 수 있다. 위 (28)의 경우, C가 발언을 하고 있고 그것이 물음의 형태가 아닌데도 불구하고, A가 '네'하는 반응을 보였다. 이것을 단순하게 청자가 호응하는 반응 표지라고 할 수 있다. 그러나 그러한 반응이 부정적인 반응이 아니라 긍정적인 반응이라는 것이다. 만약, 부정적인 반응이라면, '뭘 말입니까?'와 같은 반응을 보일 수 있다. 그리고 이어지는 보기도 발언권은 계속 C가 가지고 있으면서 '저희 때는 그 무전여행이 가능했지 않습니까?'라고 발언권을 A에게 잠시 넘겨 자신이 말하고자 하는 내용에 대해 동의를 구하고 있다. 그런데 그 동의가 매우 긍정적으로 호응을 하고 있다. 그렇지 않고 부정적인 반응도 예상할 수 있다. 예컨대, '별로 많이 하지 않았는데요' 또는 '어떤 사람은 했겠지만--'과 같은 부정적인 반응을 예상할 수는 있다.

(27ㄷ)은 비언어적 표현으로 호응하며 끼어들기이다. 여기에는 대표적으로 고개를 끄덕이는 행위와 박수를 치는 행위 그리고 손짓하는 행위, 신체적 접촉 등이 있다.

상대의 발언에 긍정적이고 호응하는 반응을 보일 때는 고개를 아래위로 끄덕인다.[16] 그것은 상대의 발언 내용에 대한 긍정적인 반응일 수도 있고 발언 행위에 대한 긍정적인 반응일 수도 있다.

박수치기[17]는 주고받는 말하기보다는 혼자 말하기에서 청중과 말하는 사람 사이에 존재하는 의미 있는 끼어들기의 하나로 상대에게 호응하는 끼어들기의 대표적인 형태이다. 박수를 친다는 것은 세 가지의 상징적 의미로 나눌 수 있다. 그 하나는 말하는 사람에게 발언권이 넘어와서 말을 시작하기 전에 치는 박수이다.[18] 이것은 청중이 말하는 사람을 담화장에

---

16) 긍정을 나타내는 동작은 일반적으로는 머리를 끄덕임으로 나타내나, 불가리아에서는 머리를 좌우로 흔들거나 끄덕이는 것 두 가지의 행동이 긍정의 뜻을 나타낸다(이석주, 1999 참고).

17) 청각적 의사소통(auditory communication) 형태의 가장 단순한 것으로는 어떤 사람을 부르려는 휘파람을 들 수 있다. 극장에서의 야유하는 소리나 박수 소리도 청각적 의사소통의 단순한 보기중의 하나이다. 때로는 인위적인 수단 즉, 북소리, 호각소리, 트럼펫소리 같은 것도 청각적 신호로 사용된다.(I. J. Gelb, 1993:1-10)

18) 형식적으로 볼 때, 말하는 사람이 말을 시작하기 전에 치는 박수는 끼어든다고 하기 어렵다고 여길지

불러들여 수용하는 환영과 공손 표시이고, 하나는 말하는 중간에 치는 박수다. 이것은 청중이 말하는 사람의 말에 동의, 감동, 인정을 표시하는 긍정 수용의 태도를 나타내는 경우이다. 그리고 말하기가 끝나고 마지막에 치는 박수로 이것은 말한 사람에 대한 고마움이나 수고로움을 표현하는 공손 표현이거나 지금까지 말한 내용에 대한 전체적인 수용의 태도를 표현한 것이다.

> (29) 그래서 아마도 여기가 해랑 관련이 있고--, 국제적으로 펼쳐나갈 인물이--[방청객: 박수] (KBS 도올 논어 강의, 2001.5.4)

위 (29)는 포항공대에서 강의한 내용인데 포항의 옛 지명 '영일'의 유래를 설명하면서 나온 말이다. 이때 방청객에서 나온 박수는 상대의 말에 대한 긍정적이며 고마움·환영 등과 같은 감정 표현의 끼어들기이다.

이러한 박수도 말하는 과정에서 적절한 때 쳐야 한다. 우리가 흔히 볼 수 있는 대통령의 국회 연설이나 국빈이 국회나 공적인 장소에서 연설을 할 경우 적절한 때 박수를 침으로써 그의 발언에 대한 긍정과 수용, 감사의 표현을 한다. 적절한 기회라고 한 것이 이른바 추이적정지점이 적절했다는 것이다. 그리고 청중들이 박수를 치는 동안에는 말하는 사람은 말을 멈춘다는 것은 비언어적 발언의 기회를 청중들에게 돌려준 것으로 이해할 수 있다. 박수치기가 끝나면 다시 발언권은 말하는 사람에게로 돌아와 계속 말을 하게 된다. 이러한 말하기와 박수치면서 끼어들기가 무질서 하게 이루어진다면 말하는 사람은 담화를 계속 진행하기 어렵게 되어 버린다. 그것은 말 중간에 무분별하게 끼어들기 말을 하여 상대가 말을 할 수 없도록 하는 것과 같다. 박수에 의한 끼어들기는 호의적, 우호적(favorable) 끼어들기[19]라고 할 수 있다.

모르나, 사회자나 말을 진행하는 사람이 말하는 사람을 소개하고 말하는 사람이 말하는 장소에 나타나거나 연단에 올라왔다는 것은 사회자에 의해 발언권이 내재적으로 말하는 사람에게 넘어 왔다고 보아야 한다. 발언권은 언표적으로 넘기기도 하지마는 시선이나 말하는 사람을 지시하거나 말하는 사람을 소개하는 등 비언표적으로 주고받기도 한다.

19) 이원표(1999)는 말 끼어들기를 담화 및 화용적 기능에 따라 우호적인 것(favorable)과 비우호적인 것(unfavorable)으로 나누었다.

호응하는 끼어들기로서 손짓하기는 말하는 중간에 듣는 사람이 V자 표시를 한다거나 손을 흔들거나 만세를 부르는 것과 같은 행위, 엄지로 내 보이는 행위 등을 해 보임으로써 상대의 말에 대한 호응하는 반응을 나타낸다.

신체적 접촉으로 끼어들기는 말하고 있는 사람에게 어떤 형태로든지 신체적인 접촉에 의해 일어나는 끼어들기를 말하며, 일반적으로 우호적인 끼어들기에 해당된다. 말하는 중간에 등을 두드려 준다거나, 손을 잡아 준다거나, 머리를 쓰다듬어 주는 행위 등은 호응하는 긍정적인 반응의 신체적 접촉이라고 할 수 있다.

3.1.2. 부정하는 끼어들기

상대의 말에 부정적인 반응을 보이면서 끼어드는 경우가 있다. 즉, 상대의 말에 대한 들을 이의 판단이 수용하기 어렵다는 반응이나 부정적 인상을 받았을 때 끼어드는 것이다.

(30) ㄱ. 언표적 표현; 그게 그럴까, 아닐걸, 이상한데, 그걸 말이라고 하니, 말도 안 돼, 쓸데없
         는 말, 웃기고 있네, 무슨 말하고 있는 거야, 아니
      ㄴ. 담화표지: 체(치)↓, 흥↓, 피↓, 에→, 우→, 워→
      ㄷ. 비언어적 표현: 고개를 좌우로 흔든다.
         손으로 X표를 한다.
         인상을 찌부린다.
         시선을 다른 데로 돌린다.
         다른 동작을 한다.

부정적인 끼어들기의 언표적 표현은 대체로 상대의 말에 대한 부정적인 언어로 직접 표현한다. 담화표지로 부정적인 반응을 나타내는 끼어들기는 비난이나 거부, 부정의 의미를 나타낸다. (30ㄱ)에서 대부분 직접적으로 부정의 의미로 끼어들었음을 알 수 있다. 그 가운데 '아니'는 담화표지로 습관적인 끼어들기 하나로 쓰일 경우도 있으나 이 경우는 선행 정보에 대한 부정적인 의미로 쓰일 때이다.

(31) 가: 너 어제 여자 친구랑 촉석루에서--[나: 아니, 내 어제 집에 있었는데] 거짓말 하지마라.

(32) L2: -- A: ---[방청석: --]--[사: 아니, 그 정도 넘어가죠, 죄송합니다, 그 측면에서는--시청자 전화받아보겠습니다.--질문 좀 해 주시죠

위 (31)과 (32)의 '아니'[20]는 상대의 말에 부정적으로 끼어들었다고 볼 수 있다.

(30ㄴ)은 상대의 말에 대한 부정적인 의미로 끼어드는 담화표지들이다. 개인적으로는 '체↓, 흥↓, 피↓'와 같은 표지를 사용하는데 성조는 빨리 끝내는 짧은 소리이다. 그리고 '에→, 우→, 워→'와 같은 표지들은 들을이가 많을 때 동시에 부정적으로 비난이나 야유와 같은 의미로 끼어들 때 사용한다. 성조는 일반적으로 중간 높이로 이어진다. (30ㄷ)은 비언어적 표현으로 상대의 말에 부정적으로 끼어든 것이다.

부정하며 끼어드는 비언어적 표현은 눈짓이나 손짓, 인상, 동작, 고개를 좌우로 흔드는 행위 등으로 나타내게 된다. 대화 교환이나 끼어들기에서 눈짓은 강한 의미를 갖는 신호이다. 발화자나 대담자들은 상대의 눈을 통해서 전환의 신호를 알아차린다(Cook, 1986:52-53). 말을 듣는 사람이 말하는 사람에게 보내는 시선은 중립적이라고 할 수 있다. 이 말은 말듣는 사람이 말하는 사람에게 보내는 것은 끼어들기 개념으로 보기는 어렵다. 그것은 말하는 사람을 보는 것은 말하기 기본 요건으로 보기 때문이다. 그런데 이 시선이 끼어들기 개념으로 볼 때는 말하고 있는 도중에 시선의 이동과 같은 변화가 있을 때이다. 말을 시작했을 때는 서로 시선의 주고받음으로 시작했고 그것은 상대의 말을 듣는다는 표현으로 받아들여야 한다. 그런데 말을 하는 중간에 말 듣는 사람이 시선을 옮기거나 변화를 주었을 때는 상대의 말에 대한 부정적인 끼어들기라고 할 수 있다. 그러다가 다시 말하는 사람에게 시선을 보낼 때는 다시 말하는 사람에게 관심을 가지게 되었다는 변화를 나타낸다.

시선 끼어들기는 상대의 담화에서 겹침(overlap)의 형태로 나타나는 것이 일반적이다. 그리고 손짓은 담화 중간에 삿대질을 한다거나, X표를 함으로써 상대의 말을 거부하는 표현을 한다. 그리고 인상을 찌푸려서 상대의 발언이 못마땅하다거나 수용할 수 없음을 나타낸다.

---

20) 원래 '아니'는 상대의 물음에 대한 부정 대답으로 쓰인다. 그리고 주의 환기나 주제 전환의 담화적 기능을 한 것이다. 자세한 논의는 김미숙(1997) 참고

또는 담화 중간에 일어서거나 밖으로 나가버리는 돌출적인 행위도 상대의 발언에 대한 부정적인 반응의 극단적인 표현을 하기도 한다. 또한 고개를 좌우로 흔들어 보임으로써 상대의 발언에 대한 부정 반응을 표현하기도 한다.

3.2. 담화 진행으로 본 끼어들기

3.2.1. 말 이끄는 끼어들기

끼어들기에는 상대가 계속 말을 할 수 있도록 이끄는 구실을 하는 경우가 있다. 이 경우는 말하고 있는 주제를 계속 이끌어 갈 수 있도록 이끄는 경우와 주제를 바꾸어 다른 주제로 말을 할 수 있도록 이끄는 경우가 있다.

3.2.1.1. 주제 이끄는 끼어들기

주제 이끄는 끼어들기는 앞장에서 논의된 호응하며 끼어들기가 여기에 속한다고 볼 수 있다. 그런데 호응하며 끼어들기는 듣는 사람의 반응을 중심으로 갈래지은 것이라고 한다면, 주제 이끄는 끼어들기[21]는 담화 진행에서 기능적인 측면에서 갈래지은 것이라고 할 수 있다. 일반적으로 주제 이끄는 끼어들기는 호응하며 끼어들기와 함께 나타난다. 상대의 발언에 대한 긍정적이고 호응하는 반응을 보이면서 상대가 말하고 있는 주제를 계속 진행하도록 도와준다. 주제 이끄는 끼어들기는 다음과 같이 언표적인 표현이 중심이 되고 담화표지나 비언어적 표지는 많이 사용하지 않는다.

> (33) 언표적 표현: 그 다음에는, 그래서, 그래가 어떻게 됐는데, 누가?↘, 어디서?↘, 언제?↘,
> 선행 발언을 되풀이
> 담화표지: 호응하는 끼어들기의 담화표지+언표적 표현
> 비언어적 표현: 말하는 사람에게 관심을 보이는 몸짓을 한다.

---

21) 이현호(1998:135)에서도 방송 담화의 화제 유지는 '그래서'에 의해 진행됨을 지적하였다.

말하는 사람에게 가까이 다가가서 시선을 집중시킨다.

다음은 선행 정보의 지시 대용어로 상대의 말을 이끄는 보기이다.

(34) "야 이놈아, 그럴 줄 알았으믄 대에나보지"[조사자: 음 그래서] 대에바지라쿠는 동네로
인지 짓기로 거다 마을 이름을 짓기로 대에바지동네다 [조사자: 아하, 예] (한국구비문학
대계 8-4, 249면)

(34)에서 설화 제보자가 말을 하고 있는데 조사자가 '그래서'하면서 끼어들었다. 조사자
의 끼어들기는 제보자의 이야기를 계속 할 수 있도록 이끌어주고 있다.
다음은 선행 정보를 되풀이하면서 끼어들어 상대의 말을 이끄는 경우이다.

(35) 범수: 이때까지 지현일 까댔는데[은수: 까댔는데] 그랬는데 지현이가 아주 달라진 거
있지.(김순자, 1999:58-59)
(36) 그래 현재 그 골은 지금 인자 다 저수지가 됩니다. [조사자: 아, 지금 저수지가 될 거네요,
앞으로] 앞으로 될 겁니다. (한국구비문학대계 8-4, 222면)

위 (35)~(36)은 상대가 말한 정보를 되풀이하면서 끼어든 보기들이다. (10)은 '범수'가 한
'까댔는데'라는 말을 '은수'가 다시 되풀이하고 있다. (11)도 조사자가 '지금 저수지가 될 것'이
라는 정보를 되풀이하면서 끼어들어 제보자가 말을 쉽게 할 수 있도록 이끌어 주고 있다.

3.2.1.2. 주제 바꾸는 끼어들기

주제 바꾸는 끼어들기는 상대의 담화 주제를 다른 것으로 바꾸도록 하는 끼어들기이다.
이때 주제라는 개념은 의미 크기에 따라 다를 수 있다. 상위 주제와 하위 주제의 의미 결속
성(coherence) 차원에서 하위 주제를 상위 주제에 유기적으로 결속된 담화 진행이어야 하는데
그렇지 못할 경우 듣는 사람은 하위 주제를 바꾸도록 하는 끼어들기가 있을 수 있다. 아니면
듣는 사람이 흥미를 가지지 못할 때 주제를 바꾸도록 하기 위해 끼어든다.

대체로 주제 바꾸는 끼어들기에는 다음과 같은 것들이 있다. 그런데 담화표지나 비언어적 표지는 찾기 어렵다.

(37) 언표적 표현: 다른 이야기 해, 누구는 어떻게 되었는데, 그 동생은 다음 얘기로 넘어갑시다.

(38) A:----[사: 자꾸 딴 얘기가 나오는데요]

　　A: 이제 본론이 나올려고 합니다---

(39) 글 그게 글로 새기갖고 금으로 글로 써난는데[조사자: 할머니, 시아버님묘 쓸 때 이야기 해 주이소. 묘를 쓸 대 어떻게 썼습니까?] 뭐로?[조사자: 집안이 어떻게 망했는지] 우리 시아버님은 거게 안씨고 영산 인산남 이라꼬 (한국구비문학대계 7-13, 260면)

위 (38)은 토론자가 주제와 먼 이야기를 하자, 사회자가 토론자의 발언 내용이 주제에 벗어났음을 말하면서 끼어든다. A토론자의 말을 토론의 주제에 맞도록 바꾸게 하면서 끼어든다. (39)는 제보자는 자기 집안일을 글로 새기는 이야기를 하는데 조사자는 시아버님 묘 쓸 때 이야기를 하도록 주제를 바꾸게 하면서 끼어든다. 또 조사자는 제보자에게 집안이 망한 내력을 말하도록 주제를 바꾸게 하는 끼어들기를 한다.

3.2.2. 말 끝내는 끼어들기

끼어들기에는 상대의 말을 끝내게 하는 경우가 있다. 이 끼어들기는 주제 이끄는 끼어들기와 반대되는 끼어들기라고 할 수 있다. 주제 이끄는 끼어들기는 상대로 하여금 말을 계속하도록 하는 끼어들기라면, 이 말 끝내는 끼어들기는 상대가 말을 계속 하지 못하게 하는 것이다. 말끝내는 끼어들기에는 상대의 발언권을 빼앗는 끼어들기와 담화 자체를 끝내게 하는 끼어들기가 있다.

3.2.2.1. 발언권 빼앗는 끼어들기

상대의 발언권을 빼앗기 위해 끼어들기를 한다. 이 경우는 특히, 토론의 경우에 많이 나타나는데, 사회자가 토론자의 발언이 주제에서 벗어나거나 주어진 시간을 넘겼을 때 발언권을 빼앗기 위해 끼어든다. 일상적인 담화에서도 상대의 발언이 지나치게 지루할 때, 혼자 지나치게 오랫동안 말을 할 때, 담화 내용이 주제나 상황에 맞지 않을 때는 상대의 발언을 빼앗고 다른 사람에게 발언권을 넘겨주거나 빼앗은 사람이 말을 하게 된다. 상대로부터 발언권을 빼앗기 위해서는 우선 상대 발언을 끝내게 해야 한다. 그런 측면에서 이것도 말 끝내게 하는 끼어들기라고 할 수 있다. 즉, 발언권을 빼앗기 위한 끝내기이다.

발언권 뺏기의 언표적 표현은 다음과 같은 것들이 있다. 반면, 담화표지나 비언어적 표지는 잘 사용되지 않는다.

> (40) 언표적 표현: 잠깐, 아니, 그만, 그 정도 하시고, 네 알겠습니다, 혼자 말하지 말고, 다른
>   사람도 말 좀 하자, 나도 말 좀 하자, 그만하고 등
> (41) J: 잠깐 이야기하고 합시다.[사: J, 잠깐만요. 잠깐만.] J: -----
>   [사: 네-. 자--자 잠깐만요] J: --------[사: 네, 잠깐만요]
>
> (KBS 심야토론, 2001.5.5)

위 (41)은 상대의 말을 중지시키기 위해 '잠깐만요'이라는 공손어법을 사용하고 있다. 사회자는 토론자J의 발언을 계속 끊고 있으며 발언권을 빼앗기 위해 계속 끼어들고 있다.

3.2.2.2. 담화 끝내는 끼어들기

끼어들기 가운데 담화 상황을 끝내는 끼어들기가 있다. 이것은 말하는 사람과 말을 듣는 사람이 담화장을 벗어나도록 하는 끼어들기이다. 발언권 빼앗는 끼어들기는 담화가 계속 진행되지마는 이 담화 끝내는 끼어들기는 담화 자체를 끝내는 것을 말한다.

그 언표적 표현은 대개 다음과 같다. 그리고 비언어적 표현도 가능한데, 말을 하고 있는 사람이 아직 담화를 끝내지 않은 상황에서 말을 듣는 사람이 어떤 형태로든지 말을 끝내게 하는 행위가 있을 수 있다. 이 경우 언어적 표현과 비언어적 표현은 나타날 수 있지만 담화표지는 사용되지 않는다.

(42) 언표적 표현: 이제 끝내지, 오늘 이 정도 하지, 알겠다. 그만해, 그럼 됐어, 그 정도 하지.

비언어적 표현: 시계를 가리킨다.

입을 막는다.

담화 끝내는 소리를 낸다.

장소를 정리하는 행위를 한다.

(43) 학생1: 안 피우모 안되나

학생2: 와 미치겠다. 우와 열받네, 야, 너

학생1: 가자, 종칠 때 다 됐다.   (오범석, 2000, 부록21)

(44) 학생 발표---[교수: 됐어요 들어가세요, 다음 학생]

위 (43)은 학생들이 모여서 담배를 피우면서 말하는 장면이다. 학생2의 말이 아직 끝나지 않은 상태에서 학생1이 수업 시작을 알리는 종을 칠 때가 되었다고 하면서 담화장을 벗어나도록 하는 끼어들기를 하였다. (44)는 강의 시간에 학생이 발표를 하고 있는데 교수가 시간이 되었거나 내용 평가가 되었을 때 말을 끝내게 하는 끼어들기를 하였다.

3.3. 정보의 이해 정도로 본 끼어들기

끼어들기에는 상대 정보 내용에 대한 듣는이의 이해 정도나 상태에 따라서 다양한 담화 책략으로서 끼어들기가 있다. 듣는이가 상대의 정보에 대한 이해정도가 낮으면 말하는 도중에 끼어들어 묻는 경우가 있고, 상대에게 그 정보를 확인하기도 하며, 상대의 정보가 불충분했을 때 보충해 주는 경우가 있다. 그리고 상대 정보에 대한 듣는이의 태도가 감탄, 놀람, 분노, 기쁨 등과 같은 감정 표현으로 끼어드는 경우가 있다.

3.3.1. 정보 묻는 끼어들기

끼어들기에는 상대 정보를 이해하지 못했거나 의문을 가질 경우 담화 중간에 끼어들어 묻는 경우가 있다. 이러한 끼어들기는 담화 진행에 장애가 되는 경우가 많다.

(45) 언표적 표현: 그 말은 무슨 뜻인데, 다시 말해 봐, 잘 모르겠는데, 아니 누구 말이고,

그게 무슨 말인데, 머라고?

선행 정보의 의문형

담화표지: 응↗?, 머↗?, 에↗?

비언어적 표현: 고개를 한쪽으로 돌린다.

말하는 사람에게 다가가서 더 주목한다.

이해 못하는 표정을 지음

(46) 그 가모 그 산이 그 인자그 박씨네 그 인자 그 시방 모를 써 놓고 있는구로요 [조사자가

잘 이해하지 못하는 표정을 짓자] 모를, 모, 모[조사자: 네, 네 박씨네가 모를 썼다](한국

구비문학대계 8-4, 218면)

위 (45)는 조사자가 제보자의 말을 이해하지 못해서 중간에 비언어적 표현으로 표정을
지어 끼어든 보기이다. 조사자가 어떤 행동으로 표현했는지는 전사되지 않았다. (46)은 조사
자가 제보자가 말한 내용을 몰라서 전체적으로 물었고, 그 다음은 '모지랑빗자리'의 뜻을
몰라서 다시 물었다. 그리고 '못 백인'의 뜻을 몰라 중간에 또 물었다. 그러자 청중이 끼어들
어 설명하고 있다. 이 경우는 뜻을 몰라서 다시 묻는 경우도 있으며 소리를 정확하게 듣지
못해서 다시 묻는 경우가 있다.

3.3.2. 정보 확인하는 끼어들기

상대의 정보를 정확하게 모르는 경우 그 정보를 상대에게 확인하는 끼어들기가 있다.
이러한 끼어들기는 끼어든 사람이 상대에게 확인 받으려고 하는 정보를 먼저 제시하고 그
정보에 대해 되묻는 형식이다. 이러한 끼어들기는 주로 다음과 같은 언표적 표현으로만
나타나고 담화표지나 비언어적 표현은 사용되지 않는 것으로 보인다.

(47) 언표적 표현; 정보 되풀이하면서 물음, --맞습니까?, 그것 말입니까?

(48) 그라믄 배가 있고 물이 있으면은 거기는 게가 들어가기 마련이라 그런 뜻에서 '배를

하나 만들어라. 배골이라 캐라'[조사자: 아, 집에 개가 아니고, 끼 말이죠, 끼, 게, 계,
바다게] 게, 예. (한국구비문학대계 8-4, 225면)

(49) 그런데 그 골 이름이 답수동이라요[조사자: 골짜기 이름이?] 이름이요 논 답자 물 수자.
(한국구비문학대계 8-4, 222면)

위 (48)은 '게'라는 말의 발음이 정확하지 않아서 '개'가 아니고 '게'임을 확인하고 있다.
(49)는 제보자가 이미 앞에 '골 이름'이라고 했는데 조사자가 다시 '골짜기 이름이'라고 확인
하는 물음으로 끼어들었다.

(50) "우리손자 아무개 저 놈을 천상 덕고(데리고) 가야 되겠는데"

"그 덕고 갑시더, 덕고 가는데, 선생님 집에 명지 있소?"

"아, 명지 있네" [조사자: 뭐가 있어?] 명주 [조사자: 명주?] 응.

(한국구비문학대계 8-4, 295면)

위 (50)은 제보자가 이야기를 하고 있는데 제보자가 '명주'를 '명지'라고 하자, 조사자가
'뭐가 있어?'하면서 묻는 끼어들기를 하고 거기에 제보자가 '명주'라고 답을 하였다. 그리고
조사자가 다시 그 대답을 확인하기 위해서 '명주?'라고 되묻자 제보자가 '응'하고 확인을
시켜준 것이다. 따라서 묻는 끼어들기와 확인하는 끼어들기가 이처럼 이어서 나타나는 경우
가 담화 진행의 일반적인 현상이라고 할 수 있다.

3.3.3. 정보 수정하는 끼어들기

상대방의 정보를 수정하기 위해 끼어드는 경우가 있다. 상대방의 정보를 수정하기 위해
서는 상대의 정보를 부정하는 반응 표시를 직접하기도 하고, 그렇지 않고 곧바로 잘못된
정보를 수정하기도 한다. 일반적으로 상대의 정보를 부정하고 수정하는 내용을 뒤에 제시한
다. 이 경우도 담화표지나 비언어적 표현은 사용되지 않은 것으로 보인다.

(51) 언표적 표현: 그것이 (아니고)---이다. 아니, 그건 잘못되었고---, 그건 틀리고

(52) "----고빼를 안 하고 가믄 이 질 앞으로 몬 지내 갑니다"

　　　[조사자: 고빼를 한다는 것은?] 고빼로 하는 것은 마 절로 한다 이기라. [조사자: 아, 고빼--]인사로, 인사를 드린다.[청중1: 인사한다 이기지]. 인사로 하고 가야 된다. [조사자: 고배, 고배다] 고배, 그래, 그래(한국구비문학대계 8-4, 252면)

(53) 월선이가 하는 말이 "이 넘은 모가지만 쳐도 안 덴다 말이지" "모가지만 쳐도 안 덴깨내, 만날 모가지로 쳐도 안 덴깨내 우짜던지[청중: 그이 월선이 아이라 화월이라 화월이] 데기 고마 차삐라.(경남문화연구 15, 341면)

위 (52)는 제보자가 '고빼'라고 하는 방언을 조사자가 '고배'라고 수정하면서 끼어들어 제보자에게 다시 확인시킨다. (53)에서 제보자가 '월선'이라고 한 것을 청중이 수정하면서 '화월'이라고 사람 이름을 수정하면서 끼어들었다. 그런데 그 수정은 끼어든 사람(청중)이 '그이 월선이 아니라'하고 상대의 정보를 부정하고 그 뒤 청중이 수정하는 순서로 되어 있다. 이러한 형태가 일반적이다.

3.3.4. 정보 보충하는 끼어들기

담화가 진행되면서 상대의 정보에 보충할 필요가 있을 경우 듣는 사람이 끼어들어 상대 정보를 보충하거나 설명을 덧붙이는 경우가 있다. 이러한 끼어들기는 상대 정보를 부정하는 것이 아니고 일단 수용을 하면서 그 정보 내용이 불충분하다든가 그 정보에 대해 듣는 사람이 비평을 함으로써 보충하는 것이다. 이 경우는 특별한 끼어들기 표현이 있는 것이 아니고 선행 정보를 되풀이하거나 선행 정보를 지시하는 지시어를 제시하는 형태를 가진다. 이 경우도 담화표지와 비언어적 표현은 사용되지 않는 것으로 보인다.

(54) 언표적 표현: 거기에 더 보태면, 그것은 ---것이다,

　　　　　　　　　그 사람(그 때, 거기)은 또,

(55) 너므 접장 찌거러진 것, 얄궂기 접장도 몬 해묵고 후두끼 나와 가지고 지가[청중: 그

때는 학자가 과객 노릇을 한 기라] 이리 하는데,[청중: 안 그러믄 아무나 몬한다, 그거]
(한국구비문학대계 8-4, 266면)

(56) 빗자리는 [마룻바닥을 두드리면서] 자기 앞을 쓸믄서 있지, 넘의 일에는 뭐 갑 나라
배나라 커지 말고[청중: 간단히 얘기하믄 뭐 지 일은 걱정하지 마라 이기다] (한국구비문
학대계 8-4, 266면)

(55)는 청중이 끼어들어 당시 학자에 대한 설명을 보충하고, 그 뒤에도 또 청중이 끼어들
어 학자에 대한 자신의 비평을 보충하였다. (56)은 제보자가 말을 하는데 청중이 그 상황을
대신 설명·해설하는 형식으로 끼어들었다.

3.3.5. 감정 표현하는 끼어들기

감정 표현 끼어들기는 상대 말 중간에 듣는 사람이 감정적인 반응을 나타내면서 끼어드
는 것을 말한다. 이러한 경우는 듣는 사람이 상대의 말을 호응하는 반응으로 받아들이면서
그 정보에 대해 자신이 느끼는 감정을 표현하면서 끼어든다. 그 감정은 매우 다양하고 복잡
하기 때문에 하나로 범주화할 수 없다. 그리고 감정 표현의 끼어들기는 당연히 호응하는
반응을 나타낸다는 점에서 감정 표현이 호응하는 끼어들기의 하위 범주에 포함할 수도 있
다. 대체로 상대 정보에 대한 감정은 두려움, 감탄, 기쁨, 분노, 무서움, 놀람 등 상황에 따라
서 매우 다양하게 나타날 수 있다. 그 표현도 직접 언표적인 표현을 할 수 있으며, 담화표지
로 감탄사나 다양한 소리를 내어 표현할 수도 있다. 비언어적 표현도 감정 표현이 사람마다
다소 다를 수 있지만 매우 다양한 형태로 나타난다. 감정 표현의 끼어들기는 대체로 다음과
같은 형식으로 나타난다.

(56) 언표적 표현: 무서워, 소름끼쳐 그만해, 기분 좋겠다, 징그러워, 참 재미있다, 우습네,
짱난다, 뭐, 그렇구나

담화표지: 그 참, 와↗, 아↗, 하하, 저런↗, 아뿔사, 아하, 쩌쩌(혀를 참)

비언어적 표현: 무릎을 친다. 손을 모은다. 손뼉을 친다. 땅을 친다. 손으로 얼굴을 가린

다. 손으로 머리를 감싼다. 한숨을 쉰다. 웃는다. 운다. 손으로 가슴을 친다.

(57) 일 년에 소득으로 따진다면 약 한 이 억[조사자: 아하]가까운 소득을 [아하]가져오지요 예 큽니다. (한국구비문학대계 8-4, 213면)

(58) 그래 그 이름이 솟을랑재라. 솥을 걸리고 가게 해서[조사자: 아 솟을랑재.] 남명이, 남명 선생이 덕산 이사를 갈 때 그래가---[청중: 놀랬다, 그쟈? 웃음](한국구비문학대계 8-4, 292면)

위 (57)에서 조사자는 제보자가 말한 소득이 이 억이라는 데 놀라서 '아하'라는 놀란 감정 표현을 한 것이다. 이때 '아하'는 단순하게 상대의 정보를 수용하거나 호응하는 것이 아니라 문맥상 놀란 표현임을 알 수 있다. (58)은 청중이 직접 '놀랬다'라는 말로 감정 상태를 표현함으로써 끼어든 것이다.

제10장

TV토론 '발언권 주고 빼앗기' 분석

1. 들머리

　담화는 잣대에 따라 여러 가지로 나눌 수 있다. 담화 목적에 따라 나뉘어질 수 있고, 담화 틀에 따라 나뉘어질 수도 있다. 그리고 말하는 사람과 말을 듣는 사람의 관계에 따라 담화의 종류가 나뉘어질 수 있다. 특히, 담화의 틀(frame)은 담화 상황과도 매우 밀접한 관계를 가지는데 말하는 사람과 듣는 사람의 관계(relationship)에 의해서 담화 틀이 형식화될 수 있다. 담화자가 교사와 학생의 관계를 가지면서 상황이 교실이라고 하면 교실 담화[1](Weigand, 1989; Stubbs and Delamont, 1976; 박용익, 1994; 김상희, 2000)가 형성되며, 그 관계가 의사와 환자의 관계라면 병원 담화(Coulthard and Ashby, 1975)가 되며, 그 관계가 판사와 피고의 관계라면 법정 담화(Harris, 1980)가 된다. 그리고 그 상황이 정치적 목적으로 야당과 여당이 토론을 한다면 그것은 정치토론 담화(Holly/Kühn/Püchel, 1986; 박용익, 1997; 강태완 외, 2001)가 되고, 구매자와 판매자의 관계일 경우는 매매 담화(Franke, 1985)[2]가 되는 등 다양한 담화 유형이 있을 수 있다. 그리고 말하는 사람이 준비된(planned) 담화인가 그렇지 않은가(unplanned)에 따라 담화의 종류가 달라지기도 한다(Ochs, 1979). 준비된 담화는 연설이나 강연, 토론, 토의, 발표문 등이

---

1) Sinclaire and Coulthard(1975)는 선생과 학생의 수업 중에 주고받는 발화 교환 구조를 세 가지로 나누면서, 선생 주도형(teacher-elicit)은 [IRF], 선생지시형(teacher-direct)은[IR(F)], 선생알림형(teacher-inform)은 [I(R)]으로 된다고 하였다. (I: 개시발화, R: 응답, F: 피드백)

2) 박용익(1998) 참고

있고, 준비되지 않는 담화는 일상적인 대화(conversation)나 잡담(chatting) 등이 있을 수 있다.

이와 같은 많은 담화 유형 가운데 본고의 연구 대상은 토론이다. 토론(debate)은 '찬성자와 반대자가 어떤 논제에 대해 각기 자신들의 논리적 근거를 밝히고 상대의 논거가 부당하다는 것을 명백히 하는 화법'[3])이다. 토론은 원래 자신의 주장이 옳음을 합리적이고 논리적인 근거를 제시하여 입증한 후 상대의 의견을 꺾고 설복시키려는 의도에서 출발하였다. 따라서 토론을 영어로 'debate'라 하는데,[4]) 그 뜻은 원래 '전투하다', '싸우다'의 의미를 가지고 있는 것으로 보아 토론은 협동적이기보다는 일방적이라고 할 수 있다. 반면 토의(discussion)는 집단이 모여서 공통된 어떤 문제에 대해 가장 좋은 해답을 얻기 위하여 상호 협의하는 화법이다. 따라서 토의는 토론과 달리 논쟁을 벌이는 것이 아니고, 전원이 협력해서 생각하는 협동적인 담화 과정이라[5])고 할 수 있다.

본고에서 논의하고자 하는 토론은 일반적으로 직파식 토론과 반대 심문식 토론 등 형식에 따라 다양하게 나눌 수 있다.[6]) 그리고 토론에 참여하는 사람은 어떤 논제에 대해 긍정하는 긍정 토론자 또는 제안자와 그것을 부정하는 부정 토론자로 나누어 진행하게 되는데, 진행의 중심에는 사회자가 있으며 대상은 청중이 된다. 일반적인 순서는 사회자에 의해 긍정 토론자부터 시작하여 긍정 토론자가 끝에 발언을 하도록 한다.

본고에서는 토론의 틀을 주로 담화 구조에 중점을 두면서 실제 토론을 대상으로 사회자와 토론자 사이의 발언권(floor) 주기와 빼앗기를 중심으로 분석하고자 한다. 이처럼 토론에서

---

3) 전영우·박태상(1996:243) 참고.

4) 토론의 debate라는 단어는 라틴 동사 debattuere에 기원을 두며, debattuere는 de와 battuere라는 의미소로 나눌 수 있다. de는 분리하다(away)와 battuere는 전쟁(battle)의 의미로 바뀌었다(강태완 외, 2001:15). 따라서 토론은 말로 하는 전쟁에 비유된다. 한자어로 '논쟁(論爭)'이 여기에 가장 가까운 개념으로 보인다.

5) 토론과 토의 및 대중 설득 연설의 차이는 이창덕 외(2000:378)에 다음과 같이 정리되어 있다.

구분	토의·회의	토론	대중 설득 연설
목적	정보·의견교환	주장과 설득	주장과 설득
주장	다양한 주장	두 가지 주장	오직 한쪽 주장
말하는이	모든 참여자들	양편 주장자들	각 편 주장자 혼자
상호관계	상호협조적	상호 경쟁적	주로 일방적

6) 직파식 토론은 논제에 대하여 긍정적인 편과 부정적인 편이 서로의 논거를 직접 반박하여 논파하는 방식이다. 반대 신문식 토론은 주어진 논제를 중심으로 긍정 혹은 부정의 입장에 있는 토론자에게 상대편의 토론자가 질문을 통해서 상대방의 논지를 반박함으로써 토론의 성부를 가리는 방식이다(이창덕 외, 2000:380-382 참고).

사회자와 토론자 사이의 발언권 주고받기(giving-taking)의 양상을 분석함으로써 토론 진행의 양태를 예측하는 틀(schema)을 마련할 수 있을 것으로 생각한다.

TV 정치 토론의 연구는 박용익(1997)에 의해 선거토론을 분석한 것이 주목되며 그 외 Sacks/Schegloff/Jefferson(1974)와 Holly/Kühn/Püschel(1986), 송경숙(1998, 2000)[7] 등이 있다. 그런데 선행 연구들은 대체로 TV토론 진행의 거시적 측면에서 논의하였다면, 본고는 TV토론 가운데 사회자와 토론자 사이에 주고받는 발언권의 양태라고 하는 미시적 과제를 중심으로 논의하고자 하는 점이 다르다고 하겠다.

TV정치 토론과 일상담화의 특징을 다음과 같이 비교할 수 있다.[8]

항목	담화 종류	
	일상담화	TV토론 담화
대화 길이	비고정	고정
발화 시간	비고정	고정
참가자 수	비고정	고정
발화 기회 순서	비고정	비례 원칙-고정
지속성	가변적	지속적

[표 1]

따라서 TV토론은 대화의 길이나 발화시간 참가자수 발화 기회의 순서가 매우 고정적이면서 치밀한 계획에 의해 실시된다.[9] 주로 시간 조정이나 발언권(floor)은 사회자에 의해 주고받을 수 있으며, 사회자에 의해 통제되어야 한다. 이런 측면에서 사회자는 발언권을 부여하기도 하고, 빼앗기도 하며 토론자들의 발언 사이에 끼어들기도 한다(Greatbatch, 1988; Heritage,

---

7) 송경숙(2000)에서 TV토론의 담화 구조와 논쟁 전개, 사회자의 역할 등 중심으로 거시적인 측면에서 연구한 바 있다.
8) 박용익(1998:247) 참고
9) 임창덕·임칠성 외(2000:388)는 토론의 규칙으로 다음과 같이 들고 있다.
　첫째, 논제는 하나의 주장만 포함하는 긍정 명제이어야 한다.
　둘째, 사전에 양측에 공평하게 발언 시간·발언 순서·발언 횟수를 정해 준다.
　셋째, 긍정 측에서 발언하며, 마지막 발언도 긍정 측이 하는 것이 원칙이다. 이것은 긍정 측이 여러 가지 면에서 불리한 점이 많기 때문이다.
　넷째, 토론은 원칙적으로 구두로 한다.
　다섯째, 토론이 끝나면 판정하고 결과에 승복한다.

John&Andrew, Roth, 1995).[10) 또한 사회자는 토론 주제의 결속을 위해 소주제의 진행을 조절하며 이끌어가기도 하는데 이 또한 발언권의 주기와 빼앗기로 나타난다. 그리고 토론의 시작과 끝은 사회자에 의해 이루어지며 사회자는 토론자의 가운데서 토론상에서 충돌이 일어나지 않도록 질서를 유지하고 정리하기도 한다. 따라서 토론에서 사회자와 토론자 사이에 발언권 주기와 빼앗기 관계는 다음과 같이 설정할 수 있다.

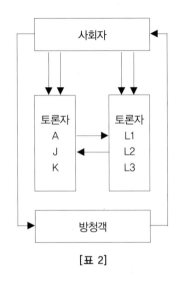

[표 2]

2. 분석 자료

자료는 2001년 5월 5일 23시에 실시한 KBS심야토론이다. 시간은 1시간 50분이며, 참석자는 사회자가 1명, 토론자는 모두 6명인데, 여당과 야당에서 각각 2명, 패널 2명이다. 전화 참여자 2명과 토론 방청석 참여자 2명이다. 전화와 방청석의 토론 참여자는 토론 대상에서 제외시켰다. 그리고 토론 자료는 주제의 연결성보다는 담화 구조에 중심을 두었기 때문에 구조 발화를 중심으로 전사했다. 전사 자료는 모두 218개의 마디로 분석했으며, 토론 중간에 끼어든 발화를 가능한 정확하게 전사하려고 했으나 복잡하게 중복되는 경우는 더러 빠진

---

10) 이원표(1999) 참고

경우도 있을 것이다. 토론자의 토론 시간은 스톱워치로 수동으로 조사했기 때문에 다소 차이가 있을 수 있겠지만 가능한 정확하게 조사하려고 했다.

본 연구가 토론자의 토론 내용이나 사회자의 토론 방법을 평가에 목적이 있는 것이 아니고, 단지 토론의 담화 구조를 연구하고 나아가 일반적인 토론의 진행 양상을 점검하고 올바른 방법을 제시하는 데 목적이 있기 때문에 토론자의 이름을 밝히지 않기로 한다.

토론의 주제는 "국회 민심 제대로 읽고 있나?"이다. 이 주제는 토론 참여자들은 찬성과 반대의 형식으로 나누어진 것이 아니고 민심을 읽고 있다고 주장하는 여당과 여당이 민심을 잘 못 읽고 있다고 주장하는 야당의 입장에서 토론이 진행되었다. 야당은 여당이 민심을 읽지 못하고 있다는 논조이며, 여당은 야당도 민심을 읽지 못하고 있다는 것이다. 따라서 모두 민심을 읽고 있지 못함을 주 쟁점으로 하고 있었다. 그러나 민심을 '읽고 있지 못함'에서 야당은 여당의 정책을 반박하는 형태를 취하고 있다. 따라서 하나의 논쟁에 대해 옳고 그름을 중심으로 이루어지는 토론의 전형적인 형식에서 다소 벗어난 주제라고 할 수 있다. 형식적인 면에서도 이 토론은 입론(양측의 입장 발표)과 교차조사(cross examination) 그리고 반박이라는 토론의 일반적인 틀을 완전하게 갖추고 있지 않았다. 그럼에도 불구하고 이 자료를 선택한 것은 토론의 내용이 정치적 쟁점이어서 'TV정치 토론'이라는 특수성을 파악할 수 있을 것으로 생각했기 때문이다. 그리고 이 자료는 사회자의 역할이 다른 토론보다 활동적이고 토론자에게 발언권의 주기와 빼앗기가 잘 나타나 있기 때문이다. 또한 TV 정치 토론은 토론의 종류 가운데서도 매우 특이하고 민감한 사안이기 때문에 이에 대한 연구는 우리의 TV 정치 토론에 대한 실태를 더욱 정확하게 파악할 수 있으며 나아가 TV 정치 토론의 진행에 대한 평가의 장치(device)를 마련할 수 있을 것이다. 이러한 논의는 궁극적으로 우리의 토론 문화에 대한 올바른 방향을 제시하는 데도 의의가 있을 것으로 생각한다.

3. 발언권 주기

사회자가 토론자에게 발언권을 부여하는 양상은 매우 다양하게 나타날 수 있으나 일반적으로 크게 둘로 나눌 수 있다. 하나는 사회자가 발언할 토론자의 이름을 직접 불러 주는 경우가 있는데, 이것을 '직접 발언권 주기'11)라고 하자. 이때는 이름을 부르거나 직책 또는 토론자를 알 수 있는 지시어로 부르게 된다.

그리고 다른 하나는 직접 발언자를 지명하는 경우가 아니고 찬·반 토론자의 모둠에게 주거나 직접 명시하지 않고 시선이나 다른 비언어적 표현으로 주는 경우가 있다. 이것을 '간접 발언권 주기'라고 하자. 간접 발언권 주기는 발언자를 직접 지명하는 명시적 표현 이외의 방법을 두고 말한다.

토론에서 사회자가 토론자에게 발언권을 넘기는 것은 일반 담화에서 발언권을 넘기는 양상(구현정, 1999 참고)12)과는 다소 다르다. 일반 담화에서 발언권을 넘기는 경우는 상황에 따라 매우 다양해 질 수 있으며, 자유로운 형태로 나타날 수 있다. 일반적인 물음 형태뿐만 아니라 성조에 따라서 다양하게 나타날 수 있다. 그러나 토론에서 사회자가 토론자에게 발언권을 넘길 경우는 일반적 담화보다 더 전형적인 틀을 지니고 있다.

사회자가 토론자에게 발언권을 부여하는 언어 표현 형식은 물음과 명령의 전형적인 틀을 견지하게 된다. 그리고 물음의 형식으로 표현하더라도 그것은 발언을 요구하는 명령의 간접적 표현으로 나타난다. 또한 상대에 따라서 높임 종결체도 달라진다. 토론이 일반적으로 공식적인 특성을 가지기 때문에 '습니다'체의 높임말을 사용해야 하며, 이것은 토론자를 존중하는 공식적인 공손 태도(politeness)13)의 하나이다. 그러면 직접 발언권과 간접 발언권을 주는 표현 양상이 어떠한지 보기로 하자.

---

11) 발언권 주기의 양상을 본고에서는 우선 편의상 직접 발언권 주기와 간접 발언권 주기로 나누었는데, 적절한 용어라고는 생각하지 않는다. 발언권을 주고 빼앗는 행위를 체계적으로 담을 수 있는 용어를 찾는 데 고민 중에 있음을 밝힌다.

12) 일반적 담화에서 발언을 넘기거나 지목할 경우 구현정(1999:69-70)에 다음 세 가지 방법을 제시하고 있다.
  (1) 질문을 하거나 제안 또는 요청을 하면서 화자의 이름을 부른다.
  (2) 어떤 사실에 대한 단언을 하고 난 다음 화자의 이름을 부른다.
  (3) 대화 내용 가운데서 다음 화자를 선정해 주는 상황이 포함될 수 있는 여러 형태들을 사용한다.

13) 공손성(politeness)에 대한 논의는 Brown&Levinson(1978, 1987)참고. 그들은 체면(face) 위협 강도를 특정 문화에 따른 행위 강요율(rate of imposition)과 화자와 청자간의 사회적 거리(social distance), 화자가 청자에 대해 갖는 힘(power)의 차이에 따라 언어 선택에 영향을 끼친다고 하였다. Lakoff(1973)는 공손법을 개인 상호 작용의 마찰을 줄이는 것으로 보고 있다. 토론에서 사회자나 발표자의 높임 표현은 사회적 거리나 공개적, 공공적인 표현 방법의 하나로 보아야 한다.
  강태완(2001:202)에서도 토론의 공식성과 공손성을 다루면서 '습니다'체의 사용을 권장하고 있다.

3.1. 직접 발언권 주기

3.1.1. 언어적 표현

발언자를 명시적으로 지시하고 어떤 문제에 대한 견해를 묻는 형식이다. 이 경우가 토론에서 토론자에게 발언권을 부여하는 가장 전형적인 형식이다. 토론에서 사회자는 가능한 토론자를 명시적으로 지명할 필요가 있다. 이때 명시적이라는 것은 토론자의 이름이나 직책 또는 토론자를 명시할 수 있는 표현을 말한다.

우선 직접 발언권 주기의 표현 양상으로 가장 일반적인 표현(15회/23회)이 다음과 같이 토론자를 명시적으로 지명하고 그 다음 주로 '어떻게 생각하십니까?'라는 틀로 나타났다. 즉, '명시적 지시어+의문'의 형태로 표현된 것이다.

    (1) 사: ---- 행사에 직접 다녀오셨는데 A,어떻습니까?

       사: 어떻게 보셨는지 먼저 K께서 어떻게

       사: 네-, L3께서는 어떻게 보셨습니까?

       사: L2, 어떻습니까?

       사: 그러면 J께서는 어떻습니까?

       사: L1은 어떻게 생각하십니까?

       사: J께서는 ----어떻다고 생각하십니까?

위와 같은 발언권 주기는 의문의 형태로 상대에게 물었지만 실제 심층적으로는 그러한 의문에 대해 발언해 줄 것을 부탁하는 요청이 생략된 형태라고 할 수 있다.

'어떻습니까?'라고 한 것은 '어떻습니까?+(거기에 대해 말씀해 주십시오)'라는 직접 요청의 언표는 생략되어 있는 것이다. '어떻습니까?'라는 말도 단순히 어떤 사태의 모습을 묻는 것이라기보다는 '어떻게 생각하십니까?(판단하십니까?)'와 같은 수행적 언표는 생략된 것으로 보아야 한다. 따라서 사회자가 토론자에게 발언권을 주는 보편적 표현인 '명시적 지명+어떻습니까?'의 심층적 의미는 '지명자가 어떤 사태에 대해 어떻게 판단(생각)하시는지 말씀해 주기를 요청'하는 것이다.

다음 (2)는 '명시적 지시어+요청'의 형태로 나타난 표현이다.

> (2) 사: 먼저 --- 맡고 계시는 J께서 말씀해 주십시오
>
> 사: 예, A와 같이 나왔으니까 덧붙일 말씀이 있으십니까? 먼저 덧붙이실 말씀이 있으면,
>
> 사: L2 말씀하시고요.
>
> 사: 네, A 말씀하시지요
>
> 사: A께서 말씀해 주세요.
>
> 사: J께서 먼저 해주십시오 간단하게.
>
> 사: L1께서 말씀해주시죠.

그 다음으로 많이 나타난 것(7회/23회)이 (2)와 같이 '명시적 지시어+말씀해 주십시오'와 같은 표현하기도 한다. 이 경우는 발언권 부여 서술어가 '말씀해 주십시오'라고 구체적으로 진술했다는 점에서 위 '어떻게 생각하십니까?'와 다르다. 근원적으로 상위 서술어는 명시적으로 '말씀해 주십시오'의 틀을 가져야 하지만 토론 담화에서 생략한 것이다.

이 경우는 이미 사회자가 물음의 내용을 제시하고 거기에 대해 발언할 사람을 지명하고 말해 줄 것을 요청하는 형식으로 토론과 같은 형식적인 담화에서 매우 이상적인 질문 형식이라고 할 수 있다.

다음 (3)은 '의문+명시적 지시어+(요청)'의 형태로 표현된 것이다(4회/23회).

> (3) 사: --입장에서는 어떻습니까. L1께서
>
> 사: 어떻게 보셨는지 먼저 K께서 어떻게
>
> 사: 네--여야 각각 한 분씩 답변을 주시고 다음 논점으로 넘어가겠습니다. L1께서--
>
> 사: 두 분 페널께서 보시기에는 어떻습니까? L3,

이러한 표현은 위 (1)과 반대의 양상을 보인 것이다. 명시적 지시어가 뒤에 나타난 것인데, 이 경우는 발언권을 받는 사람이 발언할 준비 시간이 없기 때문에 다소 당황할 수 있다.

따라서 짧은 시간이지만 사회자는 발언권을 줄 사람을 앞에 제시하고 그 다음 질문을 던지는 것이 자연스럽다고 하겠다. 그리고 이러한 발언권 주기 형식은 명시적 지시어 뒤에 '말씀해 주십시오'라는 요청의 말이 생략되어 있을 뿐이다.

다음 (4)는 '요청'의 서술어를 생략한 채 발언할 대상을 명시적으로 지시한 것이다.

> (4) 사: 네, L3님-
> 사: 네--여야 각각 한 분씩 답변을 주시고 다음 논점으로 넘어가겠습니다. L1께서--
> 사: 네, L3

이 경우는 발언권의 순서를 지명할 때 나타난 표현이다. 먼저 발언한 사람의 발언이 끝이 나고 사회자는 '네'라고 하면서 상대의 발언을 받아들이면서, 다음 발언할 사람을 지명하면서 발언권을 부여한 것이다. 이때 '네'라는 담화표지는 상대의 말을 인정하는 수용으로서의 의미가 아니라, 상대가 한 발언 자체를 형식적으로 끝이 났음을 인정하는 표현이다.[14]

마지막으로 다음과 같이 명시적 지시어+의문(예/아니오)의 질문 형태가 있다.

> (5) 사: L2도 처음이죠?
> 사: 잠깐만요, J 지금 쌀 한가마니 얼마 하는지 아십니까?

이 경우는 토론자에게 정보를 얻기 위한 질문 형태이기 때문에 토론자의 주장이나 생각을 묻는 사회자의 질문으로는 거의 나타나지 않는다. 토론 형식상 토론자와 토론자 사이에서 일어나는 질문과 대답에서는 나타날 수 있다. 특히, 반대 심문식 토론일 경우는 더욱 그렇다.

따라서 토론에서 발언권 주기의 형태는 "명시적 지시어+어떻게 생각하십니까(>말씀해주십시오)>어떻게 생각하십니까+명시적 지시어>명시적 지시어>명시적 지시어+예/아니오 의문문"의 빈도 순서로 나타났다.

---

14) 이 '네'는 이원표(1999)의 우호적 말끼어들기 가운데, '대화의 공동 구성' 기능에 가깝다.

3.1.2. 비언어적 표현

사회자가 발언권을 주고자 하는 대상을 명시적으로 나타내지 않고 비언어적 표현으로 지시하는 경우가 있다.

다음은 사회자가 비언어적 표현으로 토론자에게 발언권을 준 경우이다.

    (6) 사: --로 만난 것은 처음이죠[보면서]

        사: 아니, 어떤 전략이 있었는지?[보면서]

        사: 네 반론 좀 해주시지요[보면서]

        사: 잠깐만요. ---이런 것은 없겠습니까?[보면서]

        사: 네--원인을 어떻게 보십니까?[L1을 보면서]

        사: 자기 반성의 입장에서 좀 말씀해 주시죠[보면서]

이 경우는 사회자가 발언자를 명시적으로 지시하는 것이 아니고 시선(gaze)으로 발언자를 선정한 것이다. 사회자는 발언권을 주고자 하는 토론자에게 시선을 주고 쳐다보면서 질문을 던지게 된다(Goodwin, 1981). 주로 시선은 명시적 발언권을 표현하는 것과 더불어 나타나는 경우가 많다. 말을 하고 있는 화자는 다른 사람에게 말할 권한을 언제 넘겨 줄 것인가를 신호해 주게 되며, 다른 참여자들은 역시 서로가 소통 가능한 신호를 사용하여 말할 권리를 요청할 수 있다는 것이다. 화자가 말을 하는 동안에는 마주 보는 시선을 피하기도 하지만 순서를 넘겨 줄 때는 청자에게 시선을 돌리는 것이 사실이다(Kendon, 1967; Argyle, 1973; Levinson, 1983). 시각적 신호가 없으면 발언권을 넘기는 간격이 더 길어질 수 있다는 것이다(Levinsion, 1983). 따라서 시선도 의사소통에서 말하는 사람이 발언권을 효과적으로 넘기는 장치(cohesion device)로 기능을 하고 있다. 특히 토론장에서 사회자의 시선은 사회자가 발언권을 일방적으로 부여하는 자리에 있기 때문에 사회자의 시선은 그것이 곧바로 발언권 부여라는 가시적 표현 기능을 하게 되면서 담화 통사적 긴밀성을 더해주는 기능을 하기도 한다. 또는 손으로 가리키면서 발언권을 주기도 한다. 이 손짓으로 발언자를 지시하는 경우는 시선보다는 더 분명하게 지시하는 효과가 있는데, 일반적으로 언표적 지시와 시선이 거의 동시에 나타난다.[15]

3.2. 간접 발언권 주기

사회자가 토론자에게 발언권을 줄 때 위에서처럼 명시적으로 지명하기도 하지만 그렇지 않고 간접적으로 지명하는 경우가 있다. 사회자가 모둠에게 발언권을 넘겨 그 모둠 안에서 발언권을 결정하게 하는 경우이다.

사회자는 구성원의 이름을 불러 개인적으로 발언권을 주는 것이 아니고 반대자/찬성자, 야당/여당과 같이 모둠에 발언권을 준다.

> (7) 사: 야당에서는 어떻습니까?
>   사: 제가 간단하게 여쭈어 보겠습니다. 먼저 예, 아니오로만 답해주십시오.
>   여권에서 어떻습니까?
>   사: 여권에서는 어떻게 ---들어보겠습니다.
>   사: 어떻습니까?---현실 인식에 대해, 먼저 야당 측에서 말씀해 주십시오.
>   사: --불가능하십니까? 네, 야당 입장에서--
>   사: 두 분 페널님께서 보기는 어떻습니까?
>   사: 이번에는 페널 두 분께 여쭈어 보겠습니다.
>   사: 끝으로 K와 L3, 한 말씀 씩 듣고 끝내는 것으로 하겠습니다.

위 자료에서 나타난 것은 대부분 야당과 여당이라는 같은 정당에 발언권을 주었다. 그리고 패널에게도 어떤 한 사람에게 지명하지 않고 패널 두 사람에게 동시에 발언권을 주었다. '패널님께서'라고 하거나 'K와 L3'라고 두 사람 모두 지명하여 두 사람이 발언권을 스스로 결정하게 한다. 이 경우는 그 모둠 안에서 발언할 사람을 자체에서 결정해야 하는 것으로, 사회자가 어떤 문제에 대해 적절한 발언자를 지정할 수 없거나, 모둠 안에서 발언자를 선정해야 할 필요가 있을 경우이다. 그리고 찬·반의 모둠에 대한 주장을 정리할 경우에 흔히 나타나는 표현이다. 이 경우는 자체 내에서 위상이나 내적 질서에 따라서 발언권이 결정되

---

15) 신체언어의 일상적 사용 실태는 임지룡·김영순(2000) 참고.

기도 하고, 제기된 문제에 대한 견해가 미리 준비된 사람이 자연스럽게 발언권을 가지게 된다. 자칫 이 경우는 서로 발언권을 가지려고 하는 경우가 있어서 토론 진행이 혼란되거나 부자연스럽게 되는 경우가 있을 수 있다. 따라서 가능한 사회자는 토론자에게 직접적으로 발언권을 주는 것이 좋다.

3.3. 발언권 주기 빈도

3.3.1. 사회자-토론자

일반적으로 토론에서 발언권은 사회자에 의해 주게 된다.
다음은 본 연구의 자료에서 나타난 사회자의 발언권 주기 양상을 조사한 것이다.

	토론자	J	A	L1	L2	K	L3	합계
횟수	직접주기	8	6	6	5	4	4	33
	간접주기	2			2		3	7
	합계	10	6	8	5	6	5	

[표 3]

위 [표 3]에서 보는 바와 같이 본 토론의 발언권 주기 양상은 전체적으로 직접 발언권 주기가 33회이고 간접 발언권을 준 경우는 7회로 나타났다. 그리고 간접 발언권을 부여한 경우는 야권에서는 토론자J가 여권에서는 토론자L1이 먼저 발언권을 얻은 것으로 나타났다. 이것은 이 두 발언자가 각 모둠에서 주 토론자나 아니면, 직책으로 우선하는 입장에 있었기 때문이다. 토론자J가 야당 총무이기 때문에 야당 쪽으로 보면서 야당에 발언권을 넘겼기 때문에 자연스럽게 야당의 입장을 대표할 수 있다고 보는 야당 총무에게 발언권이 넘어가게 된 것이다. 따라서 야당의 부토론자의 입장에 있는 토론자A에게는 자연스럽게 간접 발언권이 적게 부여된다. 그리고 패널에게 주어진 간접 발언권은 토론자K가 먼저 발언권을 가진 것으로 나타났다. 그것은 토론자K가 연령이 많아서 발언권을 먼저 넘긴 것이 아닌가 한다.

전제적으로 [표 3]에서 나타난 결과를 보면, 사회자가 토론자에게 발언권을 준 횟수는

5-10회로 상당히 차이가 난 것으로 나타났다. 사회자가 토론자에게 발언권을 준 빈도는 토론자J > 토론자L1 > 토론자A, K > 토론자L2, L3의 순서로 나타났다. 따라서 사회자는 다른 토론자보다 토론자J에게 상대적으로 발언권을 많이 준 것으로 나타났다.

3.3.2. 토론자-토론자

일반적으로 토론에서 발언권은 사회자가 주게 되는데 사회자가 토론자에게 토론의 방법을 위임하거나 찬·반 양측에 토론 진행 순서의 발언권을 주었을 때 토론자 사이에도 발언권을 주는 경우가 있다.

토론자들이 서로 발언권을 주는 경우는 토론자가 상대 토론자에게 토론의 내용상 답변을 한정하거나 필요한 답변을 요구하는 경우가 있다. 이것은 심문식 토론에서 "'예, 아니요'로 답해 주십시오"라고 하는 것이라든가, "---라고 말씀하셨는데, 거기에 대해서 저는 ----다고 생각하는데 어떻게 생각하시는지 말씀해 주십시오"와 같이 발언에 대한 해명이나 보충 설명을 요구하기도 한다. 이때 발언권은 사회자가 토론자에게 이미 부여한 것이고, 토론자가 상대 토론자에게 발언권을 다시 선택적으로 부여한 형태이다. 본 연구 자료에서는 토론자 사이의 발언권을 주는 경우는 없었다. 그것은 토론의 성격에 따른 것이라고 할 수 있다.

4. 발언권 빼앗기

담화에서 발언권을 가지는 적정한 시점을 추이적정시점(turn-relevnce place)[16]이라고 하는데 이 추이적정시점이 담화 참여자들 사이에서 자연스럽게 이루어질 경우 담화의 순서와 이전

---

16) Sacks et al(1974)은 추이적정시점을 trasition-relevance point(TRP)이라고 한다. Jan.Renkema(1993/1997; 179-182)는 Sacks,Scheloff&Jefferson(1974)의 말 순서 취하기에서 추이적정시점에 적용되는 네 개의 규칙에 대해 다음과 같은 반론이 있음을 지적하였다. 첫째, 대화 분석에서 어떤 규칙이 적용되었는지 구분할 수 없는 경우가 흔하다. 둘째, 많은 발화문에서 말 순서 할당을 할 수 있는 지점이 어디인지 분명치 않다. 셋째, 대화는 단순하게 말 순서로만 이루어지는 것이 아니다.

이 자연스럽다고 말할 수 있다. 이 추이적정시점은 말하는 사람과 말을 듣는 사람 사이에 통사적 음운론적 표지에 의해 실현될 수도 있다. 그러나 말하는 사람과 다음 말할 사람의 관계가 적절한 추이적정시점을 찾지 못하면 중복(overlap)이나 말끼어들기(interruption)가 일어나게 된다(Bennett, 1981; Bilmes, 1977; West&Zimmerman, 1978). 일반적인 담화에서는 상대의 말을 중단시키거나 중간에 끼어들어 갈 수 있지만[17] 토론의 경우는 상대의 말에 끼어들거나 상대의 발언권을 강제로 빼앗아 오는 것은 문제가 된다.[18]

토론의 경우 토론자의 발언권을 가져올 수 있는 권한은 사회자만 가지고 있을 뿐이다. 따라서 토론자들은 자기의 발언권을 일단 사회자에게 넘겨야 하는데 그 넘기는 적절한 시점을 찾기는 쉽지 않다. 말하는 사람 자신이 스스로 발언권을 사회자에게 넘길 경우는 문제가 없는데 자신의 발언을 사회자에게 넘기지 않을 때는 사회자가 추이적정시점을 표현하게 된다. 사회자가 토론자에게 추이적정시점을 표현하는 것은 사회자가 토론자의 발언권을 빼앗아가는 것과 같다. 그리고 사회자가 미리 토론자들에게 반론권을 주었거나, 상대 토론자에게 심문할 수 있는 권한을 주었을 경우는 발언권이 사회자로 넘어가지 않고 토론자들 사이에서 서로 넘기고 받을 수 있게 된다. 이 경우 사회자는 토론자들의 발언권을 토론자에게 단지 위임했을 뿐이다. 따라서 사회자는 토론의 진행상 적절한 조정이나 통제가 필요할 때는 그들의 토론 사이에 언제든지 끼어들어 갈 수 있다. 사회자가 토론자의 발언을 빼앗거나 정지시킬 수 있는 경우는 토론자에게 부여된 적정 시간을 초과했을 때, 주제를 벗어났을 때, 토론 진행상 필요하다고 판단될 때 등이다.

사회자가 직접 토론자의 발언권을 빼앗거나 빼앗으려고 끼어들 때는 직접적인 표현으로 개입하는 경우가 많다. 그 외 사회자가 토론자의 발언 사이에 담화표지로 간접적으로 개입한다. 대개의 경우 사회자가 토론자의 말을 빼앗기 위해 끼어들 경우는 사회자의 말과 토론자의 말이 중복(overlap)으로 나타나게 된다(Bennett, 1981). 그것은 토론자가 말을 하고 있는 중간에 사회자가 끼어들어야 하기 때문에 자연스럽게 그렇게 될 수밖에 없다. 이때 중복은

---

17) 토크 쇼에서 말 끼어들기에 대한 논의는 이원표(1999) 참고. 이원표(1999)에서 끼어들기를 청자반응, 우발적, 우호적, 비우호적으로 나누어 빈도 조사를 했으며, 또 이를 남자 진행자와 여자 진행자로 구분하여 그 실태를 파악하였다. 국어 담화에서 끼어들기의 유형은 졸고(2001) 참고.
18) 남자와 여자의 말차례 뺏기에 대한 연구는 김순자(2000) 참고.

현상적으로 나타난 것이고 기능적으로 볼 때는 사회자가 일단 토론자의 발화를 중단시키고 그 다음 사회자가 발언권을 가지기 위한 토론 진행 책략일 뿐이다.

사회자는 토론의 진행상 토론자가 토론 주제를 이탈할 경우 주제를 환기시키거나 이탈한 토론자에게 주제로 환원할 수 있도록 통제 발언을 할 수 있다.[19] 여기에서 주제라고 한 것은 문장 층위의 '주제-평언(topic-comment)'이라는 기능적 개념이라기보다는 theme-rheme 의 담화적 개념으로 이해할 수 있으며, 담화에서 담화의 주제(Keenan&Schiffelin, 1976)로 토론에서 다루는 상위 주제인 토론 주제(theme)에 해당된다. 토론에서 토론자들의 담화가 상위 주제에 어떻게 의미적으로 결속(coherence)되는가 하는 것이 토론 진행에서 매우 중요하다(Hinds, 1979; Tannen, 1984/1990). 토론자들의 토론은 사회자가 제시한 작은 주제(micro-theme)에 결속이 되어야 하고 사회자가 제시한 작은 주제는 더 큰 토론 전체의 주제(macro-theme)에 연결되어야 한다(Dijk, V.Teun, 1977). 따라서 토론에서의 작은 주제는 사회자에 의해 제시되고 사회자에 의해 통제된다. 그 통제의 방법은 여러 가지가 있을 수 있지만 대체로 직접적인 언어 표현에 의해 제시된다.

4.1. 직접 발언권 빼앗기

사회자가 토론자의 발언권을 직접 빼앗을 경우는 대개 다음과 같이 표현되었다. 아래 (8)은 토론 주제가 벗어나서 사회자가 발언권을 빼앗은 경우이다.

(8) 사: 토론자 여러분께 한 가지 당부드리고 싶은 것이 있는데요

　　--사건을 두고 잘잘못을 따지자는 것이 아니고 서로가 --

　사: 예 잠깐만요, 잠깐만요 취지가 딴 데로 가면, 시간이 걸리니까---거기에 대해 말씀해

　　주십시오.

　사: --본질에서 벗어나고 있는데요

　사: --에 대해 말씀해 주십사 했는데--말씀하지 마시고

---

19) 한국어 대화에서 화제의 결속성에 대한 연구는 박성현(1999) 참고.

사: --말씀하시지 마시고

사: 지금 대우차 말씀하고자 하는 것이 아닙니다.

사: 자꾸 딴 얘기가 나오는데요

사: 이렇게 하다보면--딴 데로 가게 되니까--

A: ---[사:네 저--,이미 보도가 됐기 때문에---그 정도로만]----

그리고 아래 (9)는 토론 시간이 넘어서 발언권을 뺏은 경우이다.

(9) 사: 그만 하시고요 지금 시간이 없습니다

사: 예 잠깐만요, 잠깐만요 취지가 딴데로 가면, 시간이 걸리니까--

사: 예 알겠습니다. 아니, 거기까지만 말씀하시고

사: 잠깐만요. 잠깐만

사: 알겠습니다. 잠깐만, 잠깐만 아니 아니

A: ---[사: 아니 잠깐만요]-----

사: 잠깐만요-- [L2:]---

사: 네, 잠깐만요

위 (8)과 (9)에서 상대의 발언권을 직접 빼앗기 표현은 대부분 '잠깐만'이라는 표현을 사용하였다. (8)에서 주로 '딴 데로 간다', '본질에서 벗어난다', '-에 대해서는 말씀하지 말다', '딴 얘기가 나오다'와 같이 논의가 주제에서 벗어났음을 직접적인 표현으로 주지시키고 있다.

'잠깐만'이라고 한 것은 토론자의 발언 시간이 길었을 경우와 발언이 토론의 주제에서 벗어났을 경우였다. 이 '잠깐'이라는 표현은 상대의 발언을 '잠깐' 멈추게 하는 말로 매우 완곡하며 공손한 표현이다. 사실 언표적으로는 '잠깐'이라고 하였지만 사회자의 의도는 '말을 그만 하라'는 뜻으로 표현한 것이다.

4.2. 간접 발언권 빼앗기

사회자가 토론자의 발언을 간접적으로 빼앗을 경우는 토론자의 발언 도중에 비언어적 표현으로 끼어들어 토론자의 발언을 그만 두게 하는 경우이다(Bilmes, 1997). 일반적으로 상대의 말에 '맞장구'치기 끼어들기라고 하는 '예' 또는 '알겠습니다'라는 말이 상대의 말을 끊게 하고 발언권을 빼앗는 표지로 작용한다.[20] "예"라는 말이 담화 가운데 들어갈 때와 담화 끝에 들어 갈 때 그리고 토론자에게 발언권을 줄 때 각각 그 기능을 달리하게 된다. "예"가 반응표현[21]이나 청자반응행위로 볼 수도 있으나 본 토론의 사회자가 표현한 것은 크게 두 가지 시점에서 나타난 것으로 보인다. 하나는 발언을 시작하기 위해 청자반응 행위로 볼 수 있는 발화 첫 머리에 실현되는 경우이다. 이 경우는 상대의 말을 사회자가 받았음을 나타내는 '말 받음' 표지라고 할 수 있으며, 두 번째는 토론자의 발언 중간에 나타나는 경우인데, 이 경우는 토론자가 적정 시간을 넘겼을 때 나타났다. 이것은 토론자의 발언 속에 사회자가 간접적으로 끼어든 것으로 토론자에게 시간이 넘었음을 경고하는 경고 신호나 발언권을 빼앗겠다는 경고 신호의 하나로 보아야 한다. "헛기침"을 한다거나 토론자의 말을 수용하는 표현인 "예 알겠습니다"와 같은 표현을 쓰고 있다. 이때 끼어들기는 '발언권 빼앗기'의 구실을 하는 끼어들기의 하나라고 할 수 있다. 이와 같은 간접 발언권 빼앗기는 사회자가 상대의 발언권을 존중하는 태도를 보이면서 발언권을 가져가는 경우라고 할 수 있다. 다음은 토론자의 발언권을 사회자가 빼앗는 간접 발언권 빼앗기의 보기들이다.

(10) L1:-----[사: 예]--------

J:------[사: 예]---[사: 헛기침]----

---

20) Jan.Renkema(1993/1997:179-182)는 음(hm/um), 그래(well)와 같은 이른바 청자반응행위(back channel behavior) 를 하나의 말 순서의 단위로 볼 것인가 그렇지 않을 것인가 하는 것이 문제로 제기하였다. 그는 하나의 대안으로 청자반응행위를 대화 참여자들이 말 순서로 보기를 원한다면 예비 말 순서(pre-turn)로 보자는 것이다. 침묵도 가끔 말 순서가 될 수 있다는 사실을 인정하고 받아들인다면 청자반응행위 또한 하나의 말 순서로 볼 수 있다고 하였다.

21) 박성현(1996:44-47)에서 말 차례와 관련한 반응 발화와 말 차례와 관계없는 반응 발화로 나눌 수 있다 고 하였다. '네'의 화용론적 분석은 김하수(1989)참고 "네/예"가 말 중간에 실현될 경우 두 가지 기능을 하는데, 그 하나가 상대 말에 대한 통제의 기능을 하는 부정적 기능을 한다면, 다른 하나는 그 반대로 상대 말에 맞장구침으로써 말을 계속 하도록 하며 상대의 발화를 인정하는 긍정적 구실을 한다.

사: 예, 알겠습니다.

사: 네, 네 알겠습니다.

사: L2 말씀하시고요

전화: ----[사: 박선생 고맙습니다]---[사: 알겠습니다]---

사: 알겠습니다. 아니 좀,

토론에 있어서는 사회자와 토론자, 토론자와 사회자 사이에 끼어들어 발언권을 빼앗는 경우가 자주 일어나게 된다. 특히 정치 토론에서는 상대방의 인간관계나 체면(face)을 무시하고 토론자가 사이에 사회자가 끼어들고 토론자 사이에도 서로 발언권을 빼앗기 위해 끼어들기가 쉽게 일어난다. 논쟁에서 중단당한 것에 대한 항의나 불만의 표시를 할 수 있게 된다(이원표, 1999:56). 다음은 사회자가 발언권을 빼앗은 경우가 아니고 토론자가 다른 토론자나 사회자의 발언권을 간접적으로 빼앗은 경우이다.

(11) A: --------[사:예]------[L2]----

L2: ---[J]---

L1: ------[사:네]---[A]--

J: ---------[L2:한 말씀드리겠습니다]-----

L2: ------[J]--제 말씀 아직 안 끝났습니다, 가만히 계세요---

L3: ---[L2]---[L2]

4.3. 발언권 빼앗기 빈도

4.3.1. 사회자-토론자

아래 [표 4]는 본 토론 자료에 나타난 사회자의 발언권 빼앗기 빈도를 조사한 것이다.

토론자		J	A	L1	L2	K	L3
횟수	직접빼앗기	8	4	2	11	0	0
	간접빼앗기	6	0	3	2	1	1
	합계	14	4	5	13	1	1

[표 4]

사회자의 발언권 빼앗기 실상을 보면 토론자의 토론 모습을 파악할 수 있다.

본 토론 자료에서 사회자는 토론자 J와 토론자 L2의 발언권을 많이 빼앗은 것을 알 수 있다. 그것은 J와 L2의 발언이 화제를 벗어났든지 시간을 초과한 경우가 많았다는 것이다. 다른 토론자와 상대적으로 많은 것은 토론의 흐름에서 두 토론자가 장애요소로 작용했다고 볼 수 있다. 사회자가 토론자의 발언을 빼앗은 횟수와 토론자의 발언 시간을 나타낸 [표 7]을 비교해 보면 토론자J와 토론자L2의 발언시간은 사회자에 의해 상당히 많이 통제당했음을 확인할 수 있다. 이로써 사회자가 토론자에게 발언 시간을 균등하게 배분하려고 노력을 했음을 간접적으로 알 수가 있다. 사회자가 토론자J나 토론자L2에게 발언권을 많이 통제했음에도 불구하고 발언한 시간은 거의 비슷하게 나타났다는 사실은 사회자가 토론자의 발언 시간 때문에 발언권을 빼앗았음을 예측할 수 있다. 상대적으로 사회자는 토론자A와 L1의 발언권을 빼앗은 횟수가 적은 편이다. 그것은 이 두 토론자의 발언 시간이 다른 토론자에 비해 상대적으로 적었음을 의미하며, 패널인 K와 L3은 사회자가 발언 기회보다 한번 시간을 충분히 준 것으로 예측된다. 이와 같은 결과를 통해서 토론의 중심이 토론자 J와 L2로 이루어졌으며, 토론의 흐름도 이 두 토론자에 의해 다소 자연스럽지 못한 결과를 가져 왔다는 사실을 알 수 있다.

토론자	J	A	L1	L2	K	L3
횟수	0	1	2	4	0	0

[표 5]

[표 5]는 토론자가 토론 주제에서 벗어난 발언을 했을 때 사회자로부터 발언 제재를 받은 횟수이다.

[표 5]에서 보는 바와 같이 사회자에 의해 토론자의 토론 주제가 이탈함으로써 주제 결속 지시를 받은 토론자는 대체로 적었다. 토론자 A와 L2가 각각 한 번과 두 번이고 토론자 L2가 네 번이었다. 이것은 토론자 L2가 주제에 벗어난 발언을 다른 토론자보다 많이 했음을 알 수 있다. 앞에서 논의한 것처럼 토론자의 발언 내용이 주제에 벗어났는지 나지 않았는지는 사회자가 판단하고 사회자만 그것을 통제할 수밖에 없다. 토론자와 토론자 사이에서도 상대 토론자에게 주제에 벗어난 발언을 했을 경우 주제 환기 발언을 할 수는 있다. 그러나 이러한 경우는 정상적인 토론 틀이 아니다. 상대에게 주제에 벗어난 발언이라고 말을 했을 때, 상대는 그 판단을 쉽게 수용하려고 하지 않는다. 예컨대, '그 말은 토론 주제와 벗어난 말이다'라고 하거나 '지금 왜 그런 말이 나옵니까'와 같은 표현이 가능하다. 이러한 토론은 감정으로 치우칠 가능성이 매우 높다. 본 토론에서는 그러한 경우는 없었던 것으로 보인다.

4.3.2. 토론자-토론자

토론 진행 중에 토론자와 토론자 사이에 발언권을 빼앗기도 한다. 이러한 진행은 정상적이라고 하기 어렵다. 토론자 사이에 발언권을 서로 빼앗을 경우는 토론 진행이 매우 무질서하고, 논쟁이 감정으로 흘러가게 될 가능성이 높아진다. 따라서 토론자 사이에 발언권을 얼마나 빼앗았는지를 분석하면 토론자의 토론 양상을 쉽게 파악할 수 있다.

다음 [표 6]은 토론자와 토론자들 사이에서 발언권을 빼앗은 빈도를 나타낸 것이다.

토론자	L2→A	L2→J	J→L2	A→L1	L1→A	L2→L3
횟수	2	2	2	1	1	2

[표 6]

토론자와 토론자 사이에 발언권을 빼앗은 양상을 보면 토론자들의 찬·반, 긍·부정의 논쟁 양 측면을 쉽게 파악할 수 있으며, 토론자들 사이의 대결 구도를 명확하게 알 수 있다. 그리고 이를 통해 토론자의 토론 태도까지 판단할 수도 있다.

[표 6]을 통해서 토론의 논쟁이 A·J--L2, A---L1, L2--L3의 중심으로 이루어졌음을 알 수 있다. 결국, A·J : L1·L2, L2 : L3의 대립 양상을 확인하게 된다. 토론자 L2는 A토론자

에게도 2회, J토론자에게도 2회, L3토론자에게도 2회를 끼어들어 모두 여섯 번의 끼어들기가 이루어졌음을 알 수 있다. 따라서 토론자 L2가 다른 토론자보다 상대적으로 토론자 사이에 많이 끼어들어 갔음을 알 수 있다. 이것은 토론자 L2가 다소 공격적인 토론 태도를 취했다는 것과 토론자 L2가 다른 토론자보다 즉각적이며, 반론의 입장에 있었음을 의미한다.

5. 토론자 발언 시간과 횟수 분석

토론에서 사회자가 토론자에게 부여하는 발언 시간은 발언 기회와 마찬가지로 매우 중요하다. 사회자가 토론자에게 발언 기회를 균등하게 주는 것과 같이 발언 시간 또한 균등하게 줄 수 있어야 한다. 토론자 또한 자기의 토론 시간을 가능한 지켜야 한다. 토론자가 토론 시간을 얼마나 사용했는가를 조사함으로써 토론의 형평성과 진행 전체를 파악할 수 있게 된다. 토론 시간의 통제 또한 사회자의 몫이다. 토론 시간이 균등하게 부여하지 못했다면 사회자의 역할을 온전히 완수했다고 보기 어렵다. 다음은 조사 토론에서 토론자가 이용한 시간이다.

토론자	J	A	L1	L2	K	L3	방청객·시청자 전화
시간	14분 05초	12분 41초	13분 27초	13분 21초	9분 52초	9분 28초	7분 50초

[표 7]

[표 7]에서 보는 바와 같이 토론 시간은 전체적으로 대체로 균등하게 돌아간 것으로 나타났다. 그러나 토론 시간을 가장 많이 사용한 J와 가장 적게 사용한 L3은 거의 5분 가까이 차이가 났다는 것은 다소 문제가 될 수 있다. 그리고 두 패널의 토론 시간이 다른 토론자보다 상대적으로 적었다. 이것은 토론이 여·여의 논쟁 중심으로 흘렀음을 의미한다. 이러한 현상은 사회자가 토론자의 발언을 빼앗은 횟수와 관계가 있다. 토론자가 주어진 시간을 넘길 경우 사회자가 발언권을 빼앗게 되는데 [표 4]에서 나타난 것과 같이 사회자가 A와 L2의 발언권을 다른 토론자보다 상대적으로 많이 빼앗았는데도 불구하고 시간을 많이 사용

했다는 것은 토론자 J와 L2가 토론 진행에서 자연스럽지 못했음을 알 수 있으며, 패널 K와 L3은 상대적으로 토론에 매우 자연스럽게 협조한 것으로 나타났다. 그리고 사회자는 시간 조정에 매우 많은 노력을 기울였다는 것도 더불어 나타났다. 또한 토론 전체 시간이 1시간 50분(110분)이었다. 그런데 토론자에게 부여한 시간이 전체 약 72분 54초였다. 그리고 방청석과 전화 시청자에게 할애한 시간은 모두 7분 50초였다. 그렇다면 약 80분이 토론자와 시청자 방청객이 사용한 시간이다. 그 나머지 30분은 토론 시작 주제 설명과 사회자에게 할당한 시간이다. 토론의 시간은 토론자에게 가능한 많이 주어지는 것이 정상적이라고 할 때, 본 토론은 사회자가 사용한 약 30분이라는 시간은 전체적으로 보았을 때 다소 많은 시간이 아닌가 한다.

또한 토론에서 사회자가 토론자에게 부여하는 발언권의 기회는 무엇보다 중요하다. 토론의 균형적인 진행을 위해서 사회자는 토론자에게 가능한 발언권의 기회는 골고루 나누어지도록 해야한다. 토론에서 발언권은 사회자에 의해 얻을 수 있고 상대에게 넘길 수도 있다. 이러한 균형이 깨어지면 그 토론은 체계적이고 자연스러운 진행이 불가능해 진다. 발언권은 찬성자 : 반대자의 대립적 입장을 가진 양측에 통합적으로 할당할 수 있지만 토론자로 참석한 사람들의 역할에 따라 공평하게 부여하는 것이 이상적이다.

본고의 토론 자료에서 토론자는 모두 6명인데 그들의 발언 횟수는 다음과 같다.

토론자	J	A	L1	L2	K	L3	사회자
횟수	26	21	11	28	6	6	91

[표 8]

발언횟수에는 사회자로부터 발언권을 얻어서 발언한 경우와 그렇지 않고 토론자에서 발언권을 임의로 받은 경우 그리고 끼어들어 발언한 경우를 모두 합한 것이다. 이 토론을 보면, 발언권이 한쪽으로 지나치게 치우친 것을 알 수 있다. K와 L3는 발언횟수가 동일하게 6회이나 그 외는 L2 > J > A의 순서로 발언한 것으로 나타났다. 이것은 토론의 진행이 일부 토론자에 의해 진행이 자연스럽지 못했음을 알 수 있고, 토론자들 사이의 논쟁이 균형을 이루지 못했음을 확인할 수 있다. 그리고 패널인 K와 L3의 발언 횟수가 다른 토론자보다 상대적으로 적었다는 것은 여·야의 정쟁에 대한 토론이 중심이 되었음을 예측할 수 있다.

반면에 사회자의 발언 횟수가 90회를 넘는 것은 토론의 진행에 있어서 사회자의 개입이 지나치게 많았음을 알 수 있다. 이것은 토론자들이 사회자의 통제나 조정에 잘 따르지 않았기 때문에 사회자의 개입이 많았던 것이 아닌가 한다. 앞 [표 4]에서 나타난 결과를 통해서 사회자가 토론자의 발언권을 빼앗거나 발언이 주제에 이탈했을 때가 많았음을 간접적으로 알 수 있다. 그리고 사회자가 질문의 내용이나 방향과 배경을 제시하기도 하는데, 그러한 개입은 자칫 사회자가 논쟁에 개입함으로써 논쟁의 방향에 영향을 주기가 쉽기 때문에 사회자는 토론의 주제에 대한 개입은 가능한 자제되는 것이 바람직하다.

제11장

TV가정판매(홈쇼핑) 담화 분석

1. 들머리

이 논문은 담화 장르 가운데 통신매체가 발달하면서 생겨난 TV가정판매[1] 담화를 분석하는 데 목적이 있다.

담화 양상은 시대와 상황에 따라 매우 다양하게 나타난다. 가장 기본적 담화인 일상적인 주고받기 담화에서부터 사회 제도나 조직이 형성되면서 그에 따른 담화 형식 또한 새롭게 나타나게 된다. 예컨대, 병원이 생기면서 병원 담화가 생겨나게 되고 법원이나 학교가 생기면서 법원 담화, 학교 담화 등이 생기게 되었다. 그리고 매체가 발달하면서 전화 담화, 다양한 인터넷(SNS) 담화, TV 담화 등과 같은 새로운 담화 장르(discourse genre)가 나타나게 되었다.

따라서 이 연구는 1990년대에 시작한 TV상거래 담화의 하나인 TV가정판매 담화를 담화 구조와 담화 전략 그리고 언어 표현 특성으로 분석한 것이다. 이 TV가정판매 담화는 생방송으로 진행되는 특이성과 광고 담화로서의 특성을 공유하고 있는 담화 유형이다. 따라서

---

[1] 본 연구에서는 TV홈쇼핑(home shopping)을 'TV가정판매'라고 하고, '쇼호스트(show host)'를 '광고진행자' 또는 '진행자'라고 한다. 대부분 선행 연구에서는 '쇼호스트'라는 용어를 그대로 사용하고 있으나 김효진(2004)에서는 '전문진행자'라 하기도 하였다. 이 외래어에 대한 적당한 우리말이 없기 때문에 외래어를 그대로 사용할 수도 있지만 가능한 외래어 사용을 지양한다는 점에서 '광고진행자', '진행자'라 부르기로 했다. Kotler(1997)는 홈 쇼핑을 '홈쇼핑 채널을 통한 구매란 TV를 이용한 홈쇼핑 채널이 물건과 서비스를 제공받아 TV를 통해서 24시간 동안 쇼호스트가 보석, 의류에서부터 전자 제품에 이르기까지 다양한 물건을 판매하며, 그것을 시청한 소비자가 전화로 물건을 주문하는 형태인 직접 마케팅의 한 방법'이라고 정의했다(유란희(2006:7) 재인용).

실시간으로 진행되는 생방송의 특성을 어떻게 활용을 하며 시청자인 구매자에게 구매 유인 전략을 어떻게 활용하는지를 체계적으로 분석하고, 그러한 전략에 동원되는 언어 표현은 어떤 것이 있는지를 분석하려는 것이다.

우리나라 TV가정판매방송의 시작은 1995년 8월 1일 시범 방송을 시작한 케이블 채널 39의 (주)삼구가 운영하는 39쇼핑이었다. 그 뒤를 이어 1995년 8월 15일 채널 45의 (주)LG가 운영하는 LG홈쇼핑이 시범 방송을 시작하였으며 이들 두 개 방송은 1995년 10월부터 본격적으로 본 방송을 시작하였다. 그 이후 TV가정판매방송은 계속 성장해오면서 현재 6개 채널로 방송하고 있다.2)

지금까지 광고 담화에 대한 초기 연구들은 대체로 광고 언어의 규범적 측면과 광고 언어의 특성에 대한 연구들이었다.3)

김정선(1997)에서 텔레비전 광고 텍스트의 구조와 대화의 특성을 신문 광고와 비교하면서 논의하였다. 이 연구는 이전에 텔레비전 광고라는 특수한 광고 매체에 대한 분석을 한 점에서 의의가 있다고 본다. 그러나 사전 녹화나 자막 광고 방송은 생방송으로 진행되는 TV가정판매방송과는 기본적으로 다른 텍스트를 다룬 것이다. 그리고 나은미(2001)는 광고에서 소비자에게 광고에 나오는 사람이나 사물의 이데올로기가 구매에 영향을 준다고 했다. 다시 말하면 광고 대상의 이미지가 소비자의 구매에 영향을 미친다는 것이다. 이 연구는 광고의 언어사회학적 연구로 설득 전략의 하나에 대한 논의로 보인다. 유란희(2006)는 TV홈쇼핑에 대한 전반적인 연구로 개념과 특성을 논의하였고, 이철우(2012)에서는 텔레비전 매체에서 자동차 광고를 화자 중심 정보에서부터 청자 중심의 다양한 표현 전략을 연구하였다. 생산자인 화자중심 정보는 속성 부각 전략과 이미지 선점 전략, 비교 우위 전략을 구사하고 소비자인 청자 중심의 정보는 처음 인식 전략, 효용 확인 전략, 새로움 포장 전략을 구사하는 것으로 나타났다.

이인경(2003)에서는 TV광고를 텍스트언어학적으로 분석하면서 텍스트는 방송 내의 모델

---

2) 현재 TV가정판매(홈쇼핑)사업자 현황은 CJ오쇼핑(1995), GS홈쇼핑(1995), 현대홈쇼핑2001), 롯데홈쇼핑(2001), 농수산홈쇼핑(2001), 홈앤쇼핑(2011)으로 여섯 개 사업자가 등록된 상태이고 2015년에 '공영홈쇼핑'이 등록 예정이다. ( )는 채널 승인 시기를 말한다. TV가정판매의 개념에 대한 논의는 유란희(2006) 참조
3) 김세중(1992), 박갑수(1992) 참조

과 모델의 담화와 해설부의 고정적 담화를 분석한 것이어서 본 연구가 방송 안의 진행자가 방송 밖의 시청자에게 실시간 방송한 자료라는 점에서 기본적으로 다르다고 하겠다. 그리고 TV홈쇼핑에서 쇼호스트들의 역할에 대해 알아 본 이금빈(2005)의 연구가 있으며,[4] 텔레비전 광고에 나타난 남녀 성별 차이에 대해 연구를 한 박은하(2007)도 흥미롭다. 특히 박은하(2007)는 여성의 언어적 특징으로 해요체, 우회적 표현, 의문형의 아주 낮춤, 귀여운 어감의 지시사 사용, 맞장구치기, 찬사, 확인과 동의 요청 등으로 분석한 것은 의미가 있다고 생각된다. 텔레비전 광고에서 패러디 광고의 텍스트성을 원전과 비교하여 패러디 요소에 대해 논의한 윤재연(2009)이 있다.

지금까지 텔레비전 광고 언어에 대한 연구들은 광고 언어 자료가 대부분 자막 광고나 신문 광고들이었으며, 동영상 광고라고 하더라도 구매가 직접 현장에서 이루어지는 생방송 판매 광고가 아니라 광고자가 시청자에게 단순한 정보를 제공하는 녹화된 광고들에 대한 연구들이었다. 그러나 2000년대에 들어서면서 TV가정판매방송 담화에 대한 관심이 고조되고 있지만[5] 대부분 설득 전략적 측면이거나 텍스트의 변형과 성별에 대한 언어적 특성이나 단순한 언어적 현상을 분석한 연구들이 많았다.[6] 그러나 이 논문에서 제기하는 담화·화용적 측면에서 설득 전략과 발화 전략을 분석한 것은 드물었다.

이 연구 자료는 2014년 5월부터 2014년 11월까지 현재 케이블 방송 중에 있는 롯데홈쇼핑, GS홈쇼핑, NS홈쇼핑, 현대홈쇼핑, CJ오쇼핑 방송을 자료를 무작위 선택하여 활용하였다. 그리고 주 담화분석 자료는 화장품 광고인 '수려한'을 중심으로 분석하였으며 양적 연구보다 질적 연구를 중심으로 하였다.

이 연구는 2장에서 TV가정판매방송의 담화 구조를 알아보고, 3장에서 TV가정판매방송 진행자의 설득 담화 전략을 분석한다. 그리고 4장에서는 TV가정판매방송 진행자가 사용하는 발화 특성을 분석한다.

---

4) 유란희(2006:18) 참조
5) TV홈쇼핑에 대한 기본적 개념과 흐름은 유란희(2006) 참조
6) 김은주(2002)에서 TV홈쇼핑의 쇼핑호스트가 사용하는 언어를 미시적으로 분석한 것이 주목된다.

2. TV가정판매 담화 구조

TV가정판매방송 구조에 대한 연구로 김정선(1997)에서는 기본적으로 방송사 안의 주 진행자와 보조 진행자를 화자와 청자의 구조로 설정하고, 방송사 안과 방송사 밖의 화자와 청자를 임의적 구조로 보고 있다. 그리고 이철우(2013)에서도 텔레비전 내에서 진행자 간을 화자와 청자로 보고 텔레비전 밖의 시청자를 청자로 보는 구조였다. 그러나 실제 대부분 TV가정판매방송 구조는 방송 안의 주 진행자와 보조 진행자들이 화자와 청자의 구조가 아니라 청자인 시청자에게 정보를 전달하는 화자의 역할을 하는 구조로 되어 있다. 이들 진행자와 진행자 사이의 의사소통은 서로 거의 이루어지지 않으며 이들의 의사소통은 대부분 서로 말을 받아가면서 광고 정보를 제공하는 구조로 되어 있다. 때로는 주 진행자와 여러 사람의 보조 진행자 사이에 상호 의사소통이 이루어지는 경우도 있다.

따라서 TV가정판매 담화 구조는 기본적으로 TV가정판매 방송 진행자와 시청자가 상호 작용적 의사소통 구조가 아닌 TV가정판매 진행자가 시청자에게 정보를 전달하는 일방적 구조로 되어 있다.

TV가정판매방송의 기본 구조는 다음 [표 1]과 같이 설정할 수가 있다.

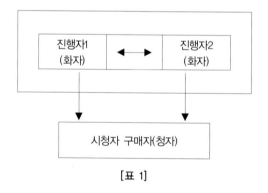

[표 1]

TV가정판매방송에서 진행자의 숫자는 한 명이 할 수도 있으며 둘 이상이 나와서 시청구매자에게 광고 정보를 제공하기도 한다. 진행자는 일반적으로 두 사람이 진행하지만 주로 음식류를 광고할 때는 주 진행자 한 명과 보조 진행자가 여럿 명이 함께 진행하기도 한다. 그리고 광고 상품에 따라 진행자의 성별과 보조 진행자의 숫자가 다르게 구성된다.

따라서 생방송 판매 광고가 단순한 정보 제공을 하는 자막 광고나 사전 녹화 광고와는 다른 구조를 가지고 있다고 하겠다.

TV가정판매 광고의 프로그램의 구조는 일반적으로 다음과 같이 이루어져 있다.

사전 녹화 자막 광고
⇩
(제품 약관 자막)
⇩
시작하기 담화
⇩
진행자 광고 담화
⇩
사전 녹화 자막 광고(반복)
⇩
진행자 광고 담화(반복)
⇩
마무리 담화

[표 2]

위 [표 2]는 TV가정판매 프로그램의 전체적 구조이다. 광고가 시작될 때는 진행자의 시작 담화로 시작하는 경우도 있고, 판매할 상품에 대해 사전 녹화된 영상으로 보여 주고 난 뒤에 진행자의 시작 담화로 시작하는 경우도 있다. 어떤 경우는 진행자의 시작 담화가 시작하기 전에 상품에 대한 약관을 자막으로 내 보내기도 한다.[7] 광고방송 구조는 광고 상품에 대한 간단한 녹화방송과 진행자의 시작 담화 그리고 약관의 구조로 전반부 구조를 이루고 있다. 진행자의 본 광고 방송이 시작되면 사이사이에 녹화된 자막과 동영상 광고가 나온다. 그리고 후반부는 상품에 약관 자막이 다시 제시되기도 하고 마지막으로 마무리 담화가 나온다.[8]

---

7) TV가정판매 담화 구조는 케이블 방송 회사마다 조금씩 다르다. CJ오쇼핑은 '상품 확대경'이란 이름으로 약관을 먼저 보여주고 광고를 시작하고, 롯데 쇼핑도 제품 약관을 먼저 보여주고 광고를 시작한다. 현대 쇼핑은 광고 상품을 먼저 보여주고 '깐깐한 체크 포인트' 이름으로 약관을 방송하고, GS쇼핑도 마찬가지로 상품을 먼저 보여주고 '쇼핑가이드'란 이름으로 약관을 제공한다.
8) 김위향(2004)에서는 TV홈쇼핑 대화의 진행 구조를 '도입 단계-전개 단계-마무리 단계'로 제시하면서 도

이 구조는 고정된 것이 아니라 광고 방송사와 광고 상품에 따라 조금씩 다르게 나타난다. 그러나 큰 틀에서 보면 위 [표 2]의 구조를 가지고 있다.

3. TV가정판매 담화의 전략적 특성

TV가정판매 담화는 구매 담화의 하나로 다른 담화와 다른 점은 텔레비전이라는 특수한 매체를 통해 판매자와 구매자 사이에서 일어나는 설득 담화라는 점이다.[9] 그리고 텔레비전의 가정판매 담화 양식은 생방송을 통해 광고를 하는 현장성과 단순한 정보 제공이 아니라 시청자라는 구매자를 대상으로 상품을 구매할 수 있도록 다양한 심리적 담화 전략을 활용한다는 점이다.

TV가정판매 담화의 전략적 특성은 광고 판매자가 고객인 시청자에게 다양한 방법으로 설득 전략을 구사하여 시청자의 심리나 행위를 변화시키는 데 있다.[10] 시청자의 심리를 변화시키기 위해서는 광고를 통해 상품이 시청자에게 필요한 것임을 강조해야 하고, 또한 그러한 상품이 신뢰성과 편이성, 경제성을 강조해야 한다.[11]

이두원(2001)에서는 TV홈쇼핑 쇼호스트의 언어적 구매설득 메시지를 다양한 제품을 통해 '브랜드의 명성 및 고급성'과 '가격과 지불 방식의 매력성'으로 분석하면서 소구 포인트가 홈쇼핑에서 가장 중요한 소구 전략이라고 하였다. 그는 '브랜드의 명성 및 고급성'과 '가격과 지불 방식의 매력성', '덤과 끼워주기의 매력성', '판매처의 신뢰성', '구매 기회의 희소성과 긴급성', '구매의 안정성과 사후관리', '신상품 및 인기 상품으로서의 가치' 등을 구매 설득의 소구 장치로 보고 있다. 황미영(2003)에서는 TV홈쇼핑 쇼호스트가 사용하는 구매설

입 단계에서는 첫인사, 주의 집중, 전개 단계에는 정보 제공, 상품 혜택 강조, 상품 시연, 주문 상황 제시, 마무리 단계에서는 상품 정보 재확인, 구매 촉구, 끝인사로 되어 있다고 하였다.

9) 일반 담화에서 설득에 대한 논의는 심영택(2004), 전정미(2005) 참조

10) 신문광고 텍스트의 설득 전략에 대한 연구에는 전정미(2007)가 있으며, 설득 광고에 대한 소비자의 정보처리에 대한 연구는 이재록(2003)이 있다.

11) 권순희 외(2011)에서 화장품 판매에 나타난 쇼호스트의 구매 설득 말하기 방식을 '구매기회의 희소성, 긴급성, 판매자의 신뢰성 브랜드 명성, 제품의 기능과 성능, 자기 경험, 가격의 매력성'으로 제시한 바 있다.

득 메시지의 소구 포인트를 크게 논증적 소구 포인트, 감정적 소구 포인트, 반복 강조형 소구 포인트의 세 가지로 유형을 정리하였다. 논증적 소구 포인트는 '제품의 기능과 성능', '판매처의 신뢰성'을 강조하는 것이고, 감정적 소구 포인트는 '브랜드의 명성', '덤과 끼워주기', '인기 상품과 신상품'을 강조하는 메시지 전략을 사용하였으며, 반복 강조형 소구 포인트는 '가격과 지불방식', '구매의 안정성과 사후관리', '구매기회의 희소성과 긴급성'을 들고 있다. 그리고 황미영(2003)에서 소구 포인트를 세 가지 유형별로 나눈 것은 상호 관련성이나 체계성이 없어 보인다. 특히, 이들 사이의 분류 기준이 일정하지 않다는 것이다. 반복 강조형은 언어 표현 방법 가운데 하나임에도 이것을 서술 방법인 논증의 개념과 혼용하고 있으며 또한 이 논증을 감정적인 개념과 혼용한 것이 문제로 보인다. 김세희(2009)는 의류 홈쇼핑 판매에서 쇼호스트의 구매설득 전략을 구매기회의 희소성과 긴급성, 판매자의 신뢰성과 브랜드의 명성, 제품의 기능과 성능, 자기 경험, 가격의 매력성으로 분석하였다. 그리고 이정헌(2011)에서도 구매 설득커뮤니케이션 전략을 상품 매력성 소구, 가격 매력성 소구, 희소성 소구, 사회적 증거 제시, 긍정적 소비가치, 상호 호혜성, 권위 호소, 구매 안전성 보장으로 분류하였다. 그러나 이두원(2001)이나 김세희(2009), 이정헌(2011)의 이러한 전략 분류들은 서로 매우 유사하면서도 모두 단순하게 나열함으로써 체계적이지 못한 약점이 있다. 그리고 이와 같은 설득 전략을 실제 어떻게 실현하는가에 대한 논의는 부족한 것으로 보인다.

따라서 본 논문에서는 TV가정판매 담화 전략을 크게 상품의 내적 설득 전략과 상품 외적 설득 전략으로 나누었다. 상품 내적 설득 전략은 상품 자체가 가지고 있는 우수성이나 신뢰성을 드높여 시청자를 설득하는 전략이다. 상품 우수성은 상품의 기능, 구성, 효과, 품질에 대한 광고를 하고, 상품 신뢰성은 광고하는 상품에 대한 신뢰성을 높여서 시청자에게 설득하는 전략이다. 상품에 대한 신뢰성을 높이는 전략으로 객관적인 임상이나 체험 그리고 다른 상품과 비교하거나 유명브랜드를 활용하기도 한다. 그리고 상품 외적 설득 전략으로는 구매의 경제성을 광고하고 시청자에게 심리적으로 구매 충동성을 불러일으켜서 상품을 사도록 하는 설득 전략이다. 구매 경제성에는 할인, 할부, 덤 주기, 싼 가격 등이 있다. 그리고 구매 충동성 전략은 시청자에게 심리적으로 흥분을 시키거나 조급하게 만들어 구매하도록 하는 전략이다. 여기에는 시간의 촉박성, 기회 한정, 자존심 자극, 감성적 자극, 소외감 자극 등의 전략이 있다.

따라서 본 연구에서는 TV가정판매 담화에서 설득 전략을 다음과 같이 분류하고자 한다.12)

설득 전략	상품(제품) 내적 설득전략	상품 우수성	기능
			구성
			효과
			품질
		상품 신뢰성	비교
			체험
			임상
			브랜드
	상품(제품) 외적 설득전략	구매 경제성	할인
			할부
			덤주기
			싼 가격
		구매 충동성	시간촉박
			기회 한정
			자존심 자극
			감성적 자극
			소외감 자극

[표 3]

---

12) 설득담화는 Reardon(1987)에서 설득을 독특한 대인 의사소통의 일종으로 의사소통자가 다른 의사소통자의 생각, 느낌, 행동을 변화시키고자 하는 의도라고 하였다. 그리고 설득은 다른 사람을 변화시키기 위한 의례적이거나 의식적인 행동을 포함하는 것으로 보고 있다. Miller(1980)는 설득 결과를 반응 형성, 반응 강화, 반응 변화의 세 가지로 나누었다. 반응 형성은 특정 행동 유형을 좋아하도록 조장하는 것을 의미하는 것으로 보상의 방법을 사용하고 있다. 광고판매 담화에서 설득 기제인 덤을 주거나 방송 중에만 가격을 할인해 주는 전략이 바로 반응형성의 결과를 유인하는 전략이라고 할 수 있다. 현재 행동을 하지 않도록 하는 반응 강화는 실제 광고담화에서는 일어나지 않은 것으로 보이며, 대부분 설득의 중심적 의미라고 할 수 있는 반응 변화는 설득 대상자가 가지고 있었던 사고틀이나 관념을 변화시키는 결과를 말하는 것으로 방송 판매 담화에서 핵심적인 전략으로 시청자에게 충분한 타당성을 제공하는 것이다(Reardon(1987) 재인용).

3.1. 우수성 담화 전략

상품의 우수성 담화 전략은 대부분 상품을 구성하고 있는 자질이나 기능과 효과에 대한 우수성을 객관적으로 설명하는 담화 형식이다. 그리고 이 전략은 상품을 구성하고 있는 기능, 구성, 효과, 품질의 우수성을 활용한다.

(1) 기능

　ㄱ. 플래치 사이즈가 넉넉하여 볼 주변까지 감쌀 수 있어요

　ㄴ. 태양 앞에 당당한 피부, 물과 땀에 너무 강해서 수시로 덧발라도 크게 뭉치지 않아요

　ㄷ. 마스크 팩에 비타민이 포함되기 쉽지 않은데 이 팩으로 비타민까지 보충할 수 있어요

　ㄹ. 방수 기능이 완벽하게 됩니다.

(2) 구성

　ㄱ. 채아율 발아새싹 크림 50ml 스카이T가 98,000원+채아율 발아새싹 에센스 40ml 스카이T가 110,000원+채아율 발아새싹 아이 크림 25ml 스카이T가 90,000원

　ㄴ. 냄비 구성이 1.8cm편수, 20cm양수, 24cm전골, 26cm깊은 곰솥 4종 세트로 되어 있어요

　ㄷ. 진공 용기가 기본형 460ml 6개, 깊은 형 645ml 10개, 진공 범프 2개로 구성되어 있어요.

　ㄹ. 황토 김치통이 1.2리터 4개, 5리터 2개, 8리터 1개 그래서 총 7개로 꼭 필요한 것으로 구성되어 있어요.

(3) 효과

　ㄱ. 화장했을 때 그 들뜨지 않고 밀착력이 너무 좋아지고요 하루 종일 그 보습감이 오랫동안 지속되는 느낌이 너무 좋아요

　ㄴ. 수려한 중에서는 유일하게 수분 개선 효과에 공을 들인 거에요 눈가주름 개선이라든지 눈가에 진피가 치밀해지니까 좋아지는 거구요

　ㄷ. 고객님, 어서 오세요 보양식 찾으신다면 요거 드시면 참 좋은 게 일단 추어탕 하면은 추어탕에 들어 있는 미꾸라지가 얼마나 보양식으로 좋은지 다들 아세요

　ㄹ. 특히나, 10대 20대는 진짜 잠만 잘 자고 일어나도 진짜 피부가 탱글탱글 너무 윤기 좋거든요 30대 40대 이상 되면 진짜 푸석푸석 뭐 안 좋은 일 있는 거 같애. 뭐, 이런

느낌 드실텐데. 기초 한 번 바꿔보실래요

(4) 품질

　ㄱ. 인삼의 발아싹에 주목하게 된 이유가요 아예 뿌리보다는 3배 씨앗보다는 (네) 1.3배 아미노산이 높기 때문에 그 좋은 성분을 담았구요

　ㄴ. 29가지 100%로 국내산 농산물로 만들었어요

　ㄷ. 오늘 해남고구마는 특 등급 대사이즈예요

3.2. 신뢰성 담화 전략

　상품의 신뢰성 담화 전략은 앞장에서 제시한 상품의 우수성을 입증하는 전략이다. 상품의 우수성은 상품의 질적 구성이나 성분에 대한 객관적인 설득 전략임에 비해 신뢰성은 그 우수성을 시청자에게 신뢰할 수 있도록 발화하는 전략이다. 따라서 상품 신뢰성 담화 전략은 시청자에게 상품에 대한 신뢰성을 높이기 위해서 다양한 수사적 방법이나 과학적, 객관적 증거를 제시하기도 한다. 일반적으로 이 전략을 위해 비교, 체험, 임상, 브랜드를 활용한다.

(5) 비교

　ㄱ. 일본에서도 판매하지만 지금 백화점에 판매하는데 가격 차이가 엄청나기 때문에 말씀드릴 수 없구요

　ㄴ. 실제 이태리보다 더 싸게 사는 거예요

　ㄷ. 지금 매장에서 판매하는 것보다 훨씬 싸게 파는 겁니다.

　ㄹ. 회사 이름은 말할 수 없지만 이건 지금 시중에 나오는 것하고는 비교할 수가 없어요

(6) 체험

　ㄱ. 담백하게 피부 안에 쏙 들어가는 이 느낌이 너무 좋더라구요.

　ㄴ. 제가 사용해보니 착~하고 밀착되는 그 느낌.

　ㄷ. 제가 알마니 브랜드에서 마음에 들어서 샀는데 70만 원대였어요 근데 알고 보니 토스카블루에서 만든 거였어요

ㄹ. 저도 피부가 굉장히 건조해서 고민을 많이 했었는데.

(7) 전문성/임상

ㄱ. 전문가가 추천한 스킨 에멀전 스킨부터가 남다릅니다.

ㄴ. 하이드로겔은 특허 받은 팩

ㄷ. 24시간 보습이라는 임상 결과를 가지고 있어요.

ㄹ. 수분까지 촉촉하게 채워줄 수 있는 진짜 기초 자체가 임상 결과를 가지고 있는 다른 스페셜한 기초를 가져가시는 겁니다.

(8) 브랜드

ㄱ. 시중에 많고 많은 한방 브랜드 있지만 8년 연속 시판 1등 브랜드가 오늘 만나실 수려한 브랜드입니다.

ㄴ. 일본 다이루 백화점에 판매하고 있는 일본 직수입 정품 오리지널 MTG 리마카렛이 30만 원대 후반에 엄청나게 가격차이가 나요.

ㄷ. 오늘 루이비통백 찬스 기회 열어 드리고 갈게요.

ㄹ. 오늘은 누구나 꿈꾸는 크리스찬 디올 다이아몬드 워치와 엘리스 워치예요.

3.3. 경제성 담화 전략

다음은 구매 경제성 담화 전략이다. 구매 경제성 담화 전략은 진행자가 시청자에게 경제적으로 혜택과 이익이 돌아가는 것을 강조하는 담화 전략이다. 여기에는 가격 자체에 대한 할인과 할부 혜택을 주는 가격 내적 담화 전략과 가격과 관련 없이 경품이나 덤을 주는 가격 외적인 담화 전략이 있다.

이 전략은 방송 중에만 한정하여 할인이나 할부를 해 준다는 것을 강조함으로써 시청자에게 구매 기회와 경제적 이익을 동시에 제공하여 시청자를 설득하는 전략이다. 그리고 구매자에게 덤이나 경품을 제공함으로써 시청자가 자기만 경제적으로 특별한 혜택을 보는 선택받은 사람으로 생각하게 하는 선택적 심리를 활용하여 구매를 유인하는 담화 전략이다. 다음 보기는 구매 경제성 담화 전략 보기이다.

(9) 할인

ㄱ. 방송 중에만 60포 1세트(99,000원)를 3만원 추가 시 130포 드려요.

ㄴ. 스마트폰 앱 구매 시 10% 할인해 드려요.

ㄷ. KB카드로 5% 세일 가격으로 놓치기 어려운 좋은 가격이에요.

ㄹ. 주문전화 천 원 할인에 방송 중 10% 할인 거기에 스마트폰 앱 신규구매 즉시 중복

10%할인해 드립니다.

(10) 할부

ㄱ. 138.000원 무이자 6개월 가져가실 수 있겠구요. ARS 연결하시고

ㄴ. 한 달에 2만 원 대로 283,000원을 무이자 10개월 해 드려요.

ㄷ. 방송 중에만 무이자 24개월 특별한 조건이에요.

ㄹ. 올해 마지막 기회입니다. 10%할인에다 10개월 무이자 할부예요.

(11) 덤 주기/사은품

ㄱ. 엘지생활건강 론칭 기념 사은품까지 엘라스틴 샴푸까지 2개 챙겨 드리겠습니다.

ㄴ. 자이글심플 구이판 주문하시면 루비나 보관용기 8종을 덤으로 드려요

ㄷ. 황토김치독 풀세트 선택하시면 방송 중에만 1리터 2종 추가 증정해 드립니다.

ㄹ. 방송 중에만 이 골드바에 추가 구성드릴 테니 지금 챙겨 가세요.

(12) 싼 가격

ㄱ. 10만 원대는 중국에서 만든 건데 거의 100만 원대예요.

ㄴ. 가격은 방송사상 최저가의 찬스로 공개됩니다.

ㄷ. 말도 안 되는 가격이라고 저희도 생각합니다.

ㄹ. 방송 중에만 이 혜택 최저가 공짜로 가져가는 셈이에요.

3.4. 충동성 담화 전략

구매 충동성 담화 전략은 진행자가 시청자에게 심리적 변화를 유도하여 구매하도록 하는 담화 전략이다. 구매할 시간이 없음을 강조하는 시간 촉박성을 자극하기도 하고, 기회의 한정을 강조함으로써 시청자에게 다음 기회를 가지지 못할지도 모르는 두려움이나 초조감

을 조장하거나, 상품 구매자의 수준을 이야기함으로써 시청자의 자존심을 자극해서 구매 유인하는 자존심 자극 전략이 있다. 그리고 시청자와 가장 가까이 존재하는 부모와 형제, 부부에 대한 동정과 사랑이라는 감성을 자극하여 구매하게 하는 감성 자극 전략이 있으며, 또 방송 중에 많은 사람들이 구매를 하고 있다고 광고함으로써 시청자가 거기에 동참하지 않으면 괜히 소외당하는 느낌을 주게 하여 구매를 유인하는 소외감 자극 전략이 있다. 이러한 전략들은 모두 시청자에게 다양한 심리적 자극을 주어 구매 충동을 불러일으키는 고도의 심리적 전략들이다.

일반적으로 이 충동성 담화 전략을 구사할 때는 진행자들은 높고 강한 목소리를 내며 일상적인 말 속도보다 빠르게 하는 경향이 있다.[13] 그리고 진행자는 많은 정보를 계속적으로 반복 제공함으로써 시청자를 심리적으로 흥분시켜 이성적이고 합리적 판단력을 약화시키는 전략이 바탕에 깔려 있다고 볼 수 있다. 다음 (13)~(17)은 구매 충동성 발화의 보기이다.

(13) 시간 촉박성

ㄱ. 저희 지금 시간 30초대로 떨어지고 있습니다만 아직도 늦지 않았으니까 마지막까지 자동주문전화 권해드리면서 저희 인사드릴게요

ㄴ. 지금 바로 들어오세요.

ㄷ. 빨리 들어오셔야 되요.

ㄹ. 남아 있는 시간이 얼마 없습니다.

(14) 기회 한정

ㄱ. 아쉽지만 2014년 마지막 방송입니다.

ㄴ. 무조건 이 기회를 잡으시기 바랍니다.

ㄷ. 지금까지 한 번도 드린 적이 없는 귀걸이까지 드려요

ㄹ. 오늘 어렵게 물량을 확보하였습니다.

---

13) 일상적인 담화의 말 속도는 1분에 250자 내외, 시낭송과 같은 운문은 140-160자 내외에인데 비해 본 연구자가 간이 조사한 바에 의하면 TV가정판매 진행자의 말 속도는 1분에 360-380자 내외로 일상적인 대화보다 훨씬 빠르게 말을 한다는 것을 알 수 있다.

(15) 자존심 자극

ㄱ. 이런 여자 지나가면 말이라도 걸겠습니까? 여배우가 지나가는 것 같이.

ㄴ. 코트 하나가 존재감을 살리고 변호사 같이.

ㄷ. 초라해 보이는 건 정말 안 하는 것보다 못해요. 너무 창피하죠

ㄹ. 왼쪽보세요 추~욱 처진 피부 목선과 턱선 관리해야 해요.

(16) 감성 자극

ㄱ. 30대가 먹어도 이렇게 내가 좋은 느낌이 난다 그러는데 그 이상 우리 아버님들이 드시면 이게 얼마나 좋겠습니까?

ㄴ. 정말 대한민국에 있는 남성분들 아빠들은 대부분 추어탕을 좋아하기 때문에 지금 혹시 우리 어머님들이 살까말까 고민하신다면 밖에서 열심히 일하고 있는 남편 생각해서 한번 함께 해 보셨으면 좋겠어요.

ㄷ. 감사의 선물은 미리미리 부모님께 동안피부를 선물하시기 바랍니다.

ㄹ. 날씨가 추워졌어요 우리 주부님들 퇴근하는 남편분께 락쿤 마코 코트 선물해 보세요.

(17) 소외감 자극

ㄱ. 지금 전화주문 엄청나구요. 놓치시면 후회하실 거예요.

ㄴ. 지금 주문전화 폭발이에요.

ㄷ. 수량이 원체 적으니 매진 예상인 사이즈

ㄹ. 벌써 150분이나 신청 주문하셨네요.

4. TV가정판매 담화의 발화 특성

TV가정판매는 다양한 설득 담화 전략을 활용하는데 그러한 담화 전략을 수행하기 위해서 매우 특징적 언어 표현을 활용한다.[14] TV가정판매 진행자가 사용하는 발화의 특성에는

---

14) 김인경(2005)에서 '광고는 광고주가 소비자들로 하여금 상품을 사게 하기 위한 목적을 지니면서 강한 메시지를 전달하는 커뮤니케이션 수단이다. 따라서 소비자의 상품 구매라는 궁극적 목표를 달성하기

어떤 것이 있는지 살펴보자.

4.1. '정도성' 발화

TV가정판매 진행자들은 시청자를 설득하기 위해서 상품의 우수성이나 효과를 강조하기 위해서 다음과 같이 정도부사를 두드러지게 사용한다.[15]

(18) ㄱ. 네 아니, 이 중에 한두 가지만 고민되는 게 아니라 진짜 나는 네 가지 다 포함되시는 분 굉장히 많으실 거예요 특하나 십대 이십대는 진짜 잠만 잘 자고 일어나도 진짜 피부가 탱글탱글 너무 윤기 좋거든요 30대 40대쯤 이상 되면 진짜 푸석푸석 뭐 안 좋은 일 있는 거 같애.

ㄴ. 그 성분을 그 새 생명을 에너지를 피부에서 직접 느끼시는 건데 크림보세요. 진짜 이 부드러운 감촉이 손 끝에 느낌이 어 너무 부드러워요 (네) 피부에 딱 올려보시면 많은 양을 쓰실 필요도 없어요 닿자마자 부드럽게 녹아들어가는 그 느낌이 너무 좋구요 담백해요 날씨가 더워지면 크림이 너무 무거우면 사실 끈적끈적 거리면 못 쓰거든요 (네) 담백하게 피부 안에 쏙 들어가는 이 느낌이 너무 좋더라구요

ㄷ. 올 추어탕 좋아하시는 분들은 저희 믿고 선택하세요. 정말 저도 추어탕을 옥동자 강황 추어탕으로 시작했는데 진짜 이거는 부담스럽지 않으면서도 깊은 맛이 너무 좋더라구요.

ㄹ. 완전 정리되는 느낌.

ㅁ. 워낙 진짜 너무 너무 탄력이 있어서.

ㅂ. 사우나나 반신욕/대 엄청 좋아요.

ㅅ. 정말 너무 너무 좋다.

위한 광고주의 의도가 구현된 광고의 효과가 극대화되기 위해서 광고 메시지는 단순하게 표현되기보다는 좀 더 복잡하고 세련된 양식으로 구현되는 것에 의존하는 경우가 많다.'고 한 것도 광고 담화 표현의 다양성을 강조한 것이다.

15) 김은주(2002:48)에서도 서법부사와 정도부사 사용이 많다고 하였다.

위 보기에서 보듯이 TV가정판매방송에서 진행자는 판매 상품의 품질이나 효용에 대한 내용을 강한 정도부사를 사용하여 상품에 대한 구매력과 효용성을 강조하고 있음을 알 수 있다. 특히, 진행자는 정도부사 '진짜', '정말'[16]과 같은 진실성을 강조하는 부사를 많이 사용함으로써 광고에 대한 신뢰성을 강조하게 된다. 그리고 긍정 강조부사 '너무'도 눈에 띄게 많이 사용하는 것을 볼 수 있는데 이 또한 진행자가 시청자에게 광고 상품에 대해 감정적으로 강조하는 표현이다. 위 (18ㄱ, ㄴ, ㄷ)에서 보듯이 한 단락에 정도부사의 실현 빈도가 매우 높게 나타나며, (18ㅁ, ㅅ)과 같이 정도부사가 이어져 나타나는 경우도 많다. 그리고 (18ㄹ)과 같이 많은 진행자들은 최근 긍정 강조부사로 잘못 쓰고 있는 '완전'이란 말도 자주 사용하고 있다.

4.2. '극성' 발화

TV가정판매방송에서 두드러지게 나타나는 말 가운데 하나가 극성어이다. 극성어(polarity word)에는 부정 극성어(negative polarity word)와 긍정 극성어(positive polarity word)가 있는데 TV가정판매방송 진행자는 부정 극성어보다 긍정 극성어를 매우 많이 사용한다. 진행자가 시청자를 설득하여 상품을 구매하도록 하기 위해서는 시청자에게 상품에 대한 인상을 강하게 심어줄 필요가 있다. 따라서 진행자는 극성 표현을 사용함으로써 광고하는 그 상품의 우수성에 대해 신뢰와 자신감을 시청자에게 강조하는 것이다. 다음 보기를 보자.

(19) ㄱ. 최초로 최저가 가격에 드리겠어요

ㄴ. 이런 가격은 꿈도 못 꾸어요

ㄷ. 이거는 있을 수가 없는 것이죠.

ㄹ. 이렇게 채아율을 최신라인으로 가져가실 수 있는 기회세요.

ㅁ. 이렇게 고급스럽게 담아드렸어요 최신기술을 만나시는 거구요.

ㅂ. 강황 추어탕은요 100% 국내산만을 고집합니다.

---

(17) 정도부사 '진짜, 정말'에 대한 연구는 임규홍(1998) 참조

ㅅ. 자 여러분 믿고 여러분들 구매 하시면 절대 후회하지 않습니다.

ㅇ. 이 상품을 구매하시면 결코 후회하시지 않을 겁니다.

ㅈ. 무조건 이 기회를 잡으시기 바랍니다.

ㅊ. 다른 곳에는 절대 볼 수 없습니다.

ㅋ. 역대 최강의 조건입니다.

ㅌ. 완판에 완판의 매진을 하였습니다.

진행자들은 위 보기에서처럼 주로 최고(最高), 최저(最低), 최신(最新), 최초(最初), 최다(最多), 최강(最强)과 같이 한자어 접두사 '최(最)-'로 된 낱말들을 많이 사용한다. 그리고 '꿈도 못 꾸다.', '상상도 못 하는', '절대로 없는.', '도저히 있을 수 없는', '도저히 믿을 수 없는', '불가능한', '어떻게 이런—가 있을 수 있을까요'와 같이 극성 표현 어구들을 많이 사용한다. 또 이와 마찬가지로 그들은 '완전', '100%', '전혀', '절대', '도저히', '결코', '반드시', '무조건', '완판' 등과 같이 극성 표현들도 많이 사용한다.

그런데 사실 이런 극성 표현을 함부로 사용하는 것은 매우 위험하다. 접두사 '최(最)-'는 우리말 부사 '가장'이란 의미를 가지는데 실제 어떤 상품이 최신, 최고, 최저 등을 사용할 때는 객관적인 근거가 제시되어야 하는데 실제 그런 근거를 명확하게 제시하기는 매우 어렵다. 광고 상품과 유사한 상품을 모두 조사하고 분석해서 '최(最)-'자를 붙일 수가 있는 것이다. 시청자는 광고 상품이 최고나 최초가 아닐 것이라 생각하면서도 자기도 모르게 그 상품을 구매하게 되는 것은 시청자가 은연중에 자신이 '최(最)-'자의 구매 대상이 되고 싶어 하는 본능 때문이다. 진행자는 이러한 시청자의 착각 심리를 교묘하게 활용하는 전략이라고 할 수가 있다.

4.3. '독촉' 발화

TV가정판매방송은 진행자가 시청자들에게 광고하는 상품을 가능한 한 많은 사람들이 사도록 하는 데 목적이 있다. 그리고 TV가정판매방송은 한정된 시간 안에 광고 정보를 최대한 많이 제공해야 하며, 정해진 시간 안에 가능한 한 많이 구매하도록 설득하는 데 광고의 목적이 있다. TV가정판매방송은 생방송으로 진행하는 한정된 시간만 주어지기 때문에 진행자는 일정한 시간 안에 시청자를 구매자로 전환시켜야 한다. 그렇게 하기 위해서 진행자는 시청자를 시간적으로 몰아가는 독촉 발화를 사용한다. 따라서 TV가정판매방송 진행자는 시청자에게 시간적으로 독촉하는 시간부사를 유난히 많이 사용하게 된다. 다음 보기와 같이 시청자의 판단을 독촉하는 시간부사를 많이 사용하는 것을 알 수 있다.

(20) ㄱ. 지금 바로 들어오세요

ㄴ. 이번이 마지막입니다.

ㄷ. 빨리 들어오셔야 되요.

ㄹ. 지금 보시는 게 마지막이 아닐까 싶어요.

ㅁ. 얼른 들어오셔야 구매하실 수 있습니다.

ㅂ. 이런 상품은 망설일 필요가 없습니다.

ㅅ. 지금 1분대로 떨어지고 있습니다.

TV가정판매방송에서는 위 보기처럼 '지금', '바로', '빨리', '얼른', '어서', '망설이지 말고'와 같은 '독촉'의 시간부사나 어구를 많이 나타난다. 이러한 '독촉' 시간부사는 TV가정판매방송이 실시간 방송되는 생방송에서만 나타나는 특징적 표현이다. 이런 발화를 듣는 시청자는 혹시나 지금 빨리 구매하지 않으면 다른 사람들이 다 구매하고 자기가 구매할 기회를 놓치지나 않을까 하는 조급증을 가지게 된다. 진행자는 시청자의 이러한 조급증이나 불안감을 교묘하게 활용하면서 구매를 충동시키는 발화 효과를 가진다. (20ㅅ)처럼 실시간으로 끝나는 시간을 급박하게 알려줌으로써 시청자에게 구매를 독촉하는 발화를 하고 있다. 특히, 이러한 발화는 방송이 끝이 나갈 때 반복해서 나타난다.

4.4. '한정' 발화

TV가정판매방송에서 진행자가 시청자를 구매 유인하는 방법으로 다음 (21)과 같이 방송 기회나 상품 기회에 대해 '한정'하는 한정 부사나 한정 표현 어구를 많이 사용한다.

(21) ㄱ. 아쉽지만 2014년 마지막 방송입니다.

ㄴ. 지금까지 한 번도 드린 적이 없는 귀걸이까지 드려요

ㄷ. ○○ 단독으로 진행함으로 방송 중에만 들어오세요 정말 단독이예요

ㄹ. 오직 ○○ 홈쇼핑에서만 만나보실 수 있을 거예요.

ㅁ. 방송 중에만 딱 드리지 방송 끝나면 절대 이 가격으로 드릴 수가 없습니다.

ㅂ. 일 년에 딱 한번 있는 행사라서요

ㅅ. 현명한 분들만 아십니다.

ㅇ. 전에도 없었고 앞으로도 없습니다.

ㅈ. 이런 기회는 진짜 이번 밖에 없습니다.

위 보기처럼 광고 진행자가 시청자들의 구매 기회를 한정 시키는 말을 함으로서 시청자들에게 구매 충동과 구매 유인하는 효과를 가진다. 구매 기회는 '방송 중'에만 이라고 하여 방송 중에만 시청자에게 다양한 혜택과 가격 등을 제공하는 것을 강조하고, 차별성을 강조하기도 하고, '이번이 마지막'이라고 하면서 구매 기회를 한정시키기도 한다. 그리고 판매할 '상품의 수량이 적음'을 강조하는 한정적 의미를 발화하여 구매 충동을 일으키게 하거나, (21ㄷ)처럼 방송사 '단독'임을 강조하여 방송사를 한정하여 시청자에게 구매 충동을 일으키게 하기도 한다. 또한, 한정 발화의 특성은 (21ㅁ, ㅅ, ㅈ)에서처럼 한정 보조사 '만'이나 '밖에', '까지'를 많이 쓰는 특성이 있다.

4.5. '수여' 발화

TV가정판매방송 진행자는 판매회사에서 판매 상품을 시청자에게 무상으로 주는 것처럼 착각하게 하는 이른바 '무상수여' 동사를 많이 사용하는 특징적 표현이 있다. 다음 보기를 보자.

(22) ㄱ. 샴푸까지 2개 더 챙겨드릴 테니까 오늘 기회 너무 좋아요 놓치지 말고 챙겨가시기 바랍니다.

ㄴ. 모두 드립니다.

ㄷ. 가져가실 수 있는 기회를 드립니다.

ㄹ. 오늘 방송 중에만 14k금 귀걸이를 드려요

ㅁ. 이 가격에 너무 잘 가져가시는 거예요

ㅂ. 여기 있는 거 몽땅 다 드릴 테니 다 가져가세요

ㅅ. 300%이상 거머쥘 수 있는 기횝니다.

위 보기에서 '챙겨가다', '드리다', '가져가다'와 같은 동사들은 모두 상품을 시청자에게 '그저', '무료'로 가질 수 있는 것처럼 착각하게 만드는 표현들이다. 위 (22ㄱ)의 '챙기다'는 사전적 의미[17]는 '(사람이나 단체가 돈이나 이익 따위를)자신의 몫으로 거두다.'로 되어 있다. 이 말은 이익을 자신의 몫으로 생각하고 대가 없이 가져가는 것으로 생각하게 하는 말이다. 그리고 (22ㄴ)의 '드리다'도 상대에게 무엇을 그냥 주는 의미를 가지고 있다. 또 (22ㄷ)의 '가져가다'도 시청자가 그냥 받아 가지는 것으로 생각하게 만드는 동사이다. 따라서 광고회사에서 '(그냥, 혜택)을 드리니까 가져가라.'고 하는 의미 구조로 짜여 져 있다. 이처럼 TV가정판매방송에서 진행자는 시청자에게 '무상으로, 거저 혜택이나 상품을 가져가'라고 하는 것처럼 표현함으로써 시청자는 자기가 많은 혜택이나 이익을 가지는 것으로 착각하게 하여 구매충동을 일으키게 한다. 특히 '챙겨가다', '드리다', '가져가다'와 같은 동사 앞에 (22ㄷ)의 '(이번) 기회'나 (22ㄹ)의 '(오늘) 방송 중에만' 그리고 (22ㄴ)의 '모두'나 (22ㅂ)의 '몽땅' 등과 같이 시청자에게 제공하는 혜택이 특정 기회에 한정된다고 하거나 혜택이 특별히 많음을 강조함으로써 시청자 자신에게만 많은 혜택을 받는다고 생각하게 하여 구매 충동을 일으키게 하는 전략이다. 그리고 (22ㅅ)의 '거머쥐다'[18]라는 말도 그냥 무료로 가질 수 있음을 강조하여 구매를 유인하는 발화 전략이라고 할 수 있다.

---

17) '표준국어대사전' 참조
18) '표준국어대사전'에 '거머쥐다'는 '무엇을 완전히 소유하거나 장악하다.'로 되어 있다.

4.6. '연결' 발화

TV가정판매방송에 나타나는 특징적 동사로 다음과 같은 시청자와 방송사를 연결하는 '연결' 동사가 있다. 이 동사는 실시간 방송하는 현장성을 나타낸다.

(23) ㄱ. 지금 바로 들어오세요

ㄴ. 자동주문 연결하고 들어오세요.

ㄷ. ○○ 홈쇼핑 열어드리니까 즐기시기 바랍니다.

ㄹ. 빨리 전화 주문하세요.

ㅁ. 오늘은 함께 하실 수 있으세요.

(23ㄱ)의 동사 '들어오다'는 원래 공간적인 이동의 의미를 가지고 있으며, 현장에서 말하는 이가 공간 안에 있으면서 밖에 있는 대상이 안으로 이동하는 의미를 가진다. 그런데 TV가정판매방송에서 진행자가 시청자에게 전화로 '주문하라'거나 '전화하라'고 표현하는 것을 '들어오라'고 하는 것은 시청자의 생각을 광고 공간인 매장으로 이동하게 하여 광고 공간과 판매 공간을 공유하기를 바라는 발화이다. 그리고 (23ㄴ)처럼 '연결하다'나 (23ㄹ)의 '전화주문하다'와 같이 판매자와 구매자와의 연결을 직접적으로 표현하기도 한다. (23ㄷ)처럼 구매 전화를 연결하는 의미를 '열다'라고 표현한 것은 구매 전화를 끝내는 것이 아니라 계속 전화를 받는다는 의미이다. 이 표현도 판매자와 구매자의 구조를 공간적 구조로 보고 있음을 의미한다. 이 '열다'는 (23ㄱ)의 '들어오다'라는 발화와 의미적으로 호응이 되는 표현으로 '문을 열어 놓으니 들어오라'고 하여 매장의 현장성을 강조하는 표현이다. (23ㅁ)의 '함께하다'라고 하는 발화도 판매자가 시청자에게 전화로 연결하여 판매자의 의도에 동참해 주기를 바라는 표현이다.

4.7. '참여' 발화

TV가정판매방송에서 시청자가 전화로 구매에 참여하는 상태를 실시간으로 표현하는 다음과 같은 진행자의 특징적 발화가 있다.

(24) ㄱ. 주문이 쇄도하고 있습니다.

ㄴ. 주문이 폭발하고 있습니다.

ㄷ. 지금 주문 너무 몰리고 있습니다.

ㄹ. 지금 주문전화 뜨겁습니다.

ㅁ. 지금 많이 들어오고 있습니다.

ㅂ. 엄청난 반응이거든요

ㅅ. 지금 벌써 100분이 주문하셨습니다.

TV가정판매방송에서 위와 같은 발화는 실시간 방송인 생방송의 현장성을 나타내면서 시청자에게 구매자가 많음을 직접 강조하고 있는 표현이다. (24ㄱ)의 '쇄도하다'는 주문이 많이 들어오는 의미로 쓰이나, (24ㄴ)의 '폭발하다'는 갑작스럽게 주문이 많이 몰려드는 상태를 강조하는 비유적 표현이다. 그리고 (24ㄷ~ㅁ)의 '몰리다', '뜨겁다', '들어오다'와 같은 표현들은 TV가정판매방송에서 발화하는 특징적 표현이라고 할 수 있다. 그리고 (24ㅂ)의 '엄청난 반응'은 구매자가 많음을 간접적으로 표현하는 발화이며 (24ㅅ)도 마찬가지이다. 이러한 발화는 시청자에게 다른 사람들이 현재 주문을 많이 하고 있음을 강조함으로써 구매하지 않은 시청자에게 소외감을 주는 발화이며, 또한 주문량이 많기 때문에 판매 물량이 부족할 우려를 갖게 하여 빨리 구매하도록 유인하는 발화이다. 따라서 위의 모든 발화는 감정적으로 흥분시켜 구매하도록 하는 발화 전략이다.

4.8. 상징어 발화

TV가정판매방송에 나타나는 특징적 발화 가운데 하나는 다음과 같이 상징어가 유난히 많이 나타나는 것이다.

(25) ㄱ. 이거 보세요 갑자기 이렇게 탱글탱글하게 됩니다.

ㄴ. 푸석푸석한 얼굴.

ㄷ. 미세한 전류로 피부를 부드럽게 자극해서 피부를 쫘~악 올려주어요

ㄹ. 부드럽게 해서 추~욱 처진 피부를 확 당겨 줘요

ㅁ. 오른쪽 어깨 화~악 달라보이죠

ㅂ. 강렬한 빛 반사를 보세요 반짝반짝 빛나는 움직임 가슴이 쿵쾅쿵쾅 뛰는 이 느낌.

이와 같이 TV가정판매방송이 다른 인쇄 광고나 문자 광고보다 상징어를 많이 사용하는 것은 진행자가 직접 상품을 보면서 상품의 사실성이나 역동성을 강조함으로써 시청자에게 설득 효과를 높일 수가 있기 때문이다. 이러한 광고 특성은 문자나 그림 광고, 음성 녹화 광고에서는 볼 수 없는 특성을 가지고 있다. 그리고 위 보기에서처럼 상징어를 말할 때는 진행자의 몸짓이 동반되면서 (25ㄷ~ㅁ)처럼 소리를 길게 내거나 강한 강세를 주면서 발화 하는 것이 일반적이다.

4.9. 의인화 발화

TV가정판매방송에서 다음과 같이 상품을 지시할 때 그 상품을 의인화(personification)시켜 말하는 경우가 많다.[19]

(26) ㄱ. (추어탕을 보고)이 애가 얼마 맛있는가 하면요

ㄴ. (화장품을 보고) 애는 피부 속으로 바로 파고 들어가요

ㄷ. (옷을 보고) 80수는 애밖에 없어요

ㄹ. (팩을 보고) 애는 이렇게 딱 붙이면 그만이애요.

이처럼 상품을 어린 아이인 '애'로 의인화하는 것은 시청자에게 상품에 대한 이미지를 부드럽게 하면서 친근감이나 귀여움을 주려는 의도가 있다. 그리고 상품을 '애'라고 작게

---

[19] 유란희(2006)에서는 홈쇼핑에서 의인법은 거의 다루지 않는다고 하였다. 그러나 실제 TV가정판매방송 에서 상품 지시를 할 때는 의인화시키는 경우가 종종 있다.

표현함으로써 시청자에게 부담을 줄여 주는 담화 효과도 있다. 이렇게 사물을 의인화시켜 '애'라고 말하는 것은 비단 방송에 뿐만 아니라 젊은 층에서 흔히 사용하는 표현이기도 한다. 그런데 이 의인화는 다른 시적인 표현에서 사물을 의인화시켜 추상적인 의미를 구체화시키거나 원관념에 대한 느낌을 사람의 인식으로 끌어당겨 쉽게 알 수 있게 하는 표현 의도와는 조금은 다른 표현이다.

4.10. 반복 발화

TV가정판매방송에서 진행자가 시청자에게 상품을 구매하도록 유인하는 방법 가운데 반복 발화가 있다.[20] 반복 발화는 동일한 정보를 반복함으로써 정보를 강조하는 발화 방법이다.

(27) ㄱ. 이태리에서 만든 이태리에서 가져온

ㄴ. 처지지가 않아요. 이렇게 딱 올라요

ㄷ. 흐르는 느낌은 살리되 자연스럽게 흐르는 느낌은 살리되

ㄹ. 마지막입니다. 영원히 마지막입니다. 진짜 이 방송이 마지막입니다.

ㅁ. 매진 완판. 계속 물량이 부족해요. 물량이 없어요. 너무 딸려요. 매진되고 있습니다.

ㅂ. 1분 안에 딱 1분 남았습니다. 1분 안에 들어오셔야 합니다.

ㅅ. 육종 세 세트에 0000원, 0000원으로 드립니다.

ㅇ. 진행자1: 네 추가구성도 수려한 모두 정품이에요. 6만 원 상당의 홍삼수 에센스, 4만5천 원 상당의 홍삼수 크림, 여기에 8만 원 상당의 석류 앰플수, 8만 원 상당의 석류 캡슐크림까지 정품 아닌 구성 없어요. 다 정품입니다.

진행자2: 네 추가구성 모두 수려한 정품으로 묶어 드렸어요 6만원 상당의 홍삼수 에센스, 4만5천 원 홍삼수 크림, 여기에 석류라인 2종까지 가져가시는데요 앰플수가 8만 원, 석류 캡슐크림 8만 원, 가격 확인해 보시고 쇼핑하세요

---

20) 이철우(2013)에서도 텔레비전 광고에서 동일구조 반복에 대한 논의가 있지만 이 논문은 동영상 방송이 아닌 녹화 방송과 자막 방송으로 이 연구와는 텍스트가 기본적으로 다르다. 그리고 유란희(2006)에서도 반복에 대해 상세히 다루고 있으나 반복을 의미적으로 다르지 않고 단순히 음운, 음절, 단어 등의 형식적 반복 현상에 대한 논의로 본 연구의 의미적 반복 개념과는 다르다.

ㅈ. 진행자1: 네, 그기다가 무청도 국내산이죠, 고소한 마늘, 들깨도 국내산이죠.

　　진행자2: 네.

　　진행자1: 주재료들 하나하나 다 보여 드리면 고춧가루며, 생강이며, 마늘이며, 대파
　　　　며 이런 주재료 하나하나 당연히 국내산이구요 자 보통 추어탕

위 보기에서 (27ㄴ, ㄷ)은 상품에 대한 기능이나 느낌을 반복한 것이고, (27ㄹ~ㅂ)은 시청자에게 구매를 독촉을 강조하는 수사적 반복 표현이다. (27ㅅ)은 가격에 대한 반복이다. 그리고 (27ㅇ)은 두 사람 진행자가 각각 동일한 내용을 반복한 발화이고, (27ㅈ)은 동일한 내용에 다른 정보를 덧붙여 반복하고 있다.

반복 발화는 시청자에게 동일한 내용을 반복함으로써 상품의 장점을 강하게 주입시키고, 시간이나 혜택에 대한 반복 발화는 시청자에게 심리적으로 긴박감을 주거나 흥분을 시키는 감정적 효과를 유발하여 구매 충동을 일으키게 한다.[21]

4.11. 외래어 발화

TV가정판매방송에서 사용 빈도가 매우 높은 표현 가운데 하나가 외래어이다. 외래어 사용 빈도는 광고 상품에 따라 매우 다르게 나타나는데 다음은 광고방송에서 빈도가 높은 외래어들이다.

(28) ㄱ. 컴팩트한 느낌

　　 ㄴ. 모든해 보이고

　　 ㄷ. 처음에 스크리치가 가면 갈수록 멋있어 보이는 것이

　　 ㄹ. 고가고 럭스리한 느낌을 주는

　　 ㅁ. 퀄리티 자체가 다른

---

21) 이철우(2013)에서는 반복의 효과를 시청자로 하여금 그 상품에 대한 친밀감을 높여서 상품의 효용과 일상생활의 가치를 연대시키는 효과를 가지고 있다고 하였다. 그러나 동영상 TV가정판매담화에서 반복은 시청자에게 직접 구매를 유인하는 다양한 전략을 가지고 있다.

ㅂ. 디테일이 살아있어요

ㅅ. 약간 슬림해 보이고

ㅇ. 진짜 심플하게 보이고

ㅈ. 아~데코레이션을 쫌 아시는데요~

위 보기 외에도 색상을 나타내는 말에는 '그레이, 아이보리, 브론즈, 브라운, 블랙, 화이트, 베이지, 골드' 등과 같이 거의 외래어를 사용하고 있다. 외래어를 특히 많이 사용하는 광고는 여성 의류나 화장품, 보석류와 같은 여성 관련 상품들이다. 이와 같이 여성 관련 상품에 외래어를 많이 사용하는 것은 상품을 고급스럽게 인식하게 하거나 명품 이미지를 주려고 하는 담화 전략이다. 외래어 남용은 언어 순화의 차원에서도 절제해야 할 것으로 생각한다. 상품의 고급화를 외래어라는 언어로 포장하는 것은 상대적으로 고유어를 저급화시키는 심각한 문제를 가져오게 된다. 따라서 방송통신위원회 차원에서도 TV가정판매방송에서 지나친 외래어 사용을 제약해야 할 것으로 생각한다.

5. 마무리

이 논문에서는 TV가정판매방송의 담화 구조와 담화 설득 전략 그리고 진행자의 담화 특성을 밝혔다. 케이블방송이 점차 확대되면서 현대 사회에서 중요한 상거래의 하나로 정착되고 있는 TV가정판매방송담화 특성을 밝히는 것은 담화 연구의 한 몫이 되기에 충분하다. 기존의 연구들에서 상품에 따라 여러 가지 설득 전략과 언어적 특성을 분석하기도 하였지만 언어적 특성을 담화·화용적 측면에서 발화 전략을 분석한 연구는 드물었다. 본 연구에서 담화 구조와 담화 전략을 기존 연구를 바탕으로 새롭게 제안하였으며, 진행자의 발화 특성을 심리적으로 분석하였다.

TV가정판매방송의 담화구조는 진행자가 화자가 되고 시청자는 청자가 되는 일방적이고 단선적 담화구조로 되어 있다. 이것은 방송매체가 가지는 광고의 특성이다. 따라서 진행자의 설득담화에 시청자는 수동적으로 끌려가는 구조로 되어 있다. 그리고 TV가정판매방송

프로그램 구조는 사전녹화방송-시작말하기-규약-본방송-끝말하기의 순서로 되어 있다. 또 TV가정판매방송 진행자 담화의 설득 전략은 크게 상품내적 설득 전략과 상품외적 설득 전략으로 나누었고, 다시 상품내적 설득 전략은 상품의 우수성, 상품의 신뢰성으로 나누었으며, 상품외적 설득 전략은 구매의 경제성과 구매의 충동성으로 나누었다. 상품의 우수성은 기능, 구성, 효과, 품질로 나누었고, 상품의 신뢰성은 비교, 체험, 임상, 브랜드로, 구매 경제성은 할인, 할부, 덤 주기, 싼 가격으로, 구매 충동성은 시간 급박성, 기회 한정성, 자존심 자극, 감성적 자극, 소외감 자극으로 나누었다.

TV가정판매방송 담화의 발화 특성을 정도성 발화, 극성 발화, 독촉 발화, 한정 발화, 수여 발화, 연결 발화, 참여 발화, 상징어 발화, 의인화 발화, 반복 발화, 외래어 발화로 제시하고 그 발화 목적을 심층적으로 분석하려고 하였다.

남은 과제로 상품에 따른 다양한 광고 양상을 분석 비교하거나 진행자의 음성적 특성인 발성속도나 소리의 높낮이에 대한 실험적 연구도 가능할 것으로 보이며, 진행자의 담화를 말뭉치를 활용한 양적 연구도 가능할 것으로 보인다.

제12장

국어 덧물음월

다음 각각 두 월은 어떻게 다른가?

(1) 너, 지금까지 컴퓨터 게임했지?

(1') 너, 지금까지 무엇을 했지?

(2) 저 남자 멋있다. 맞제?

(2') 저 남자 멋있니?

(3) 너, 어제 영화보러 갔다. 그렇지?

(3') 너, 어제 영화보러 갔었니?

(1), (2), (3)은 말하는 사람이 모르는 어떤 정보에 대해 듣는 사람에게 묻는 물음월이 아니다. 그러나 (1'), (2'), (3')은 말하는 사람이 어떤 정보를 몰라서 듣는 사람에게 묻는 물음월이다. (1)~(3)에서 선행월에 이어진 덧물음월은 담화상에서 독특한 구실을 한다. 본고에서는 이처럼 국어 담화상에서 선행월에 이어진 덧물음월은 어떤 모습으로 실현되며, 그 기능이 무엇인지 알아보고자 한다.

담화에서 말할이의 표현 효과를 드높이기 위한 책략은 수없이 많다. 그것이 바로 말이 가진 오묘함이라고 할 수 있다. 본고에서 논의하고자 하는 '덧물음월'도 담화 상황에서 말할이의 표현 의도를 들을이에게 효과적으로 드러내는 표현 방법의 하나이다.

여기서 '덧물음월'이라고 한 것은 일반적으로 알려진 부가 의문문(tag-question)과 가까운 개념이다. 그렇다고 지금까지 알려진 영어 부가 의문문의 개념과 동일한 개념이라고 는 할 수 없다. 지금까지 연구된 영어의 부가 의문문 개념이 통사론적이라면, 본고에서 논의하고자 하는 '덧물음월'은 다분히 담화·화용적 측면의 개념에 가깝다.[1] 다시 말하면 지금까지 영어의 부가 의문문의 논의가 일부 화용론적인 논의가 있었지마는[2] 일반적으로 그 형성 규칙(tag ques-tion formation)을 규명하려고 하는데 주안점을 두었던 것이 사실이다.[3]

본고에서는 '덧물음월'의 통사적 변형 과정보다는 그것이 영어의 부가 의문문과는 다른 우리말 담화의 독특한 하나의 양상임을 밝히고 더불어 그것이 담화에서 어떤 기능을 하는지를 밝히는 데 목적이 있다.

1. 덧물음월의 뜻넓이

일반적으로 알려진 영어의 부가 의문문의 뜻넓이는 '단일문으로서의 서술문의 끝머리에 부가되는 줄인꼴의 의문문으로서, 표면상 그 2개의 문은 서로 상반되는 극(reversed tag polarity)을 가지고 의미 전달을 하는 문장'으로 알고 있다(Jespersen, 1940; Quirk et al, 1972). 그리고 영어의 부가 의문문은 선행월의 주어와 부가 의문문의 주어 대명사가 인칭·수·성에 있어서 일치하는 통사적 현상을 유지하고 있다. 다음 문장은 영어 부가 의문문의 통사적 특성을 나타내는 보기이다. 그래서 부가 의문문의 주어는 선행월의 주어를 복사한다고 했다.

    (4) 가. This is a good, isn't it(*he)?

       나. Come again, won't you(*he)?

---

1) 장석진(1975:191)은 국어 문답의 형식과 내용의 대응 관계는 화용상 전제가 결정적인 역할을 한다고 하였다. 그 보기로, 좋지 않아요?라는 의문에 대한 응답으로 '네, 좋지 않아요', '아니요, 좋아요'와 같이 질문자의 전제가 부정의문일 수도 있고, 반대로 '네, 좋아요', '아니요, 좋지 않아요'와 같이 응답함으로써 긍정의문이 전제될 수도 있다. 이처럼 의문과 응답은 다분히 화용적 특성을 가지고 있기 때문에 덧물음월의 해석도 담화적 상황을 배제하고는 불가능하다.

2) Bolinger(1978), Hudson(1975), Ladd(1981)에 대한 논의는 김두식(1982), 장석진(1983) 참고

3) Klima(1964), Arbini(1969), Akmajian&Henny(1975), Lakoff(1969) 등의 논의는 김두식(1982) 참고

위 (4가)의 부가 의문문의 주어 it는 선행문 this를 지시하는 것이고, 선행문이 긍정문이기 때문에 부가 의문문은 부정, (4나)는 선행문의 주어가 명령문으로 생략되어 있는데 그 생략된 주어가 부가 의문문에 복사(copy)되어 나타난다.

그러나 선행월에 부가되는 의문문의 형태는 매우 다양하게 실현된다. 선행월이 단지 서술문에 한정되는 것도 아니고 감탄문이나 명령문 어떤 방언에서는 의문문에서도 실현되며, 또한 선행월과 부가되는 의문문이 상반되는 의미로 실현되는 것도 또한 아니다.

(5) 가. John has gone, hasn'the?

나. Be quiet, can't you?

다. Harry: ---Claude is rich

　　John: Claude is rich, is he?/*isn't he?(Cattel, 1973)[4]

위 (5가)는 선행문이 평서문이며, b는 명령문이다. 그리고 c는 선행문과 부가 의문문의 긍·부정의 통사적 상응 현상이 어겨진 것이다.

그리고 국어 부가의문문을 논의한 선행 연구는 대개 다음 몇 가지가 주목된다.

성광수(1980)는 부가 의문문을 '의문문의 형태가 다른 문에 부수적으로 첨가되어 있는 의문의 구조'라고 뜻매김하였다. 장석진(1985)은 부가의문문을 '주요요소(pack)와 부속 요소(question tag)의 두 부분으로 이루어진 의문문'이라고 하였고, 장경기(1984)는 국어 부가 의문문을 영어의 부가의문문을 기준으로 보고 '선행하는 서술문에 생략된 의문문이 쉼표에 의해서 부가된 문장'이라고 뜻매김하였다. 박종갑(1991)은 '의문문이 아닌 문장 뒤에 의문문 형태의 요소가 부가 되어 있는 문장 구조'라도 하였다.

그러나 본고에서 논의하고자 하는 '덧물음월'은 영어의 이른바 부가의문문의 이론적 특성에 매이지 않으려 한다. 다시 말하면, 본고의 '덧물음월'은 부가의문문의 엄격한 통사적 특성에 천착하는 것이 아니라 그 자체가 담화상의 의미론적 특성을 가지고 있기 때문에 담화적 특성과 의미적 특성을 중심으로 한 우리말 담화의 한 특징이라는 차원에서 논의하고

---

4) 장석진(1989:161) 참조.

자 한다. 따라서 본고의 '덧물음월'은 담화적인 특성을 보이기 때문에 그 의미가 상당히 상황 의존적이고 그 실현 형태 또한 매우 유동적인 면을 보인다.

본고에서 '덧물음월'이라고 규정한 것은 영어의 이른바 부가의문문적인 특성을 가지고 있으면서도, 그 형식적인 면에서 상당히 유연성을 가진 포괄적인 개념으로 본다.

동일한 형태의 말이라도 담화상에서는 그 성조나 문맥에 의해 매우 다양하게 의미 해석되기 때문에 이 덧물음월에 대한 논의도 문맥과 성조를 의미 해석에서 중요한 기재의 하나로 취급할 것이다. 이러한 차원에서 본다면 덧물음월에 대한 논의는 담화 · 화용적 설명 없이 단순히 통사론적 차원에서 명쾌하게 설명한다는 것은 불가능한 일이다.

본고에서 '덧물음월'이라고 한 것은 다음과 같은 몇 가지 조건을 충족시키는 월을 두고 말한다.

1) 국어 덧물음월은 선행 정보가 있어야 한다.

이 전제는 '덧물음월'이라는 말 자체를 통해서도 이해가 된다. 다시 말하면, '덧물음월'의 '덧'이라는 것은 선행 정보에 '덧붙은'의 의미를 말하며, 그 덧붙은 정보가 '물음월'이라는 것이다. 따라서 선행월이 있어야 한다. 국어 덧물음월 앞에 선행하는 정보는 반드시 평서문(단언문, 서술문)이어야 하는 것은 아니다. 선행월의 문장 형태는 다양하게 실현될 수 있다. 다만 말하는 사람이 선행 정보에 대한 믿음을 가지고 있어야 한다. 그런데 그 믿음의 정도가 강할 수도 있다. 선행 정보의 형태가 단언 서술문이면 말하는 사람의 말하는 태도가 가장 명확하게 드러날 뿐이다. 그러나 선행 정보의 형태가 의문이나 청유, 감탄 등의 다른 문장 형태이더라도 말하는 사람의 말하는 태도가 그 정보에 대해 믿음을 가지고 있다면 선행 정보의 표현 형태는 다양하게 드러날 수 있다.[5]

---

5) 장경기(1984:19)는 선행하는 서술문이 서술형 종결어미로 끝나야 하며 부가 성분은 의문형 종결어미로 끝나야 한다고 하였다. 이것은 우리말 담화의 특성을 감안하지 않은 지나치게 형식적인 틀을 중요시 한 것으로 보인다. 그 형식이 서술형 종결형이 아니더라도 얼마든지 서술형 종결형의 의미를 나타내는 표현이 있다. 그리고 서술형 종결형태라도 서술의 형태가 아니라 명령이나 청유 등의 다양한 서법의 기능을 한다. 예컨대, "내일 너 일찍 올거지? 그렇게 해?"라는 담화에서는 선행 문장이 의문의 형태로 나타났다. 그러나 그 속뜻의 구조는 '나는 너가 내일 일찍 올 것으로 안다.'라는 단정적인 의미를 가지고 있다고 본다. 이러한 측면에서 본다면, 성광수(1980)이 부가 의문문의 심층 구조를 이행 구조로 보고 심층동사를 이행 동사 "확인하다(confirm)"를 설정하는 것도 상당히 설득력이 있어 보인다. 그러나 필자의 입장은 덧물음월의 선행 정보가 단순히 말하는 사람의 태도가 "확인하다"라는 이행 동사에 한정되는 것보다 말하

2) 국어 덧물음월은 선행월의 문장 형태에 제약을 받지 않는다.

덧물음월 앞에 오는 선행 정보는 말할이가 이미 그 정보에 대해 믿음을 가지고 있어야 한다. 선행월이 단정적인 서술문일 경우는 그 믿음의 정도가 강하며, 의문이나 다른 형태일 경우는 믿음의 정도가 낮을 수 있다. 그러나 반드시 선행월이 단정적인 서술형 종결형 어미일 필요는 없다. 선행월의 형태는 다음과 같이 다양하게 실현될 수 있다.6)

    (6) 이거 색깔 참 예쁘다. 맞제?

    (7) 너 내일 일찍 오너라. 그렇게 해?

    (8) 이 책 어렵다고? 그렇나?

    (9) 야, 노을 참 멋있구나! 그렇지?

    (10) 자, 이제 우리 일하자. 할거지?

위 (6)은 선행월이 평서문, (7)은 명령문, (8)은 의문문, (9)는 감탄문, (10)은 청유문이다. 그런데 선행월의 형태가 어떠한 것이더라도 말하는 사람은 선행 정보에 대한 믿음의 태도가 결정되어 있다. 특히, 의문문일 경우도 순수한 의문 형태가 아니라 말하는 사람이 이미 명제에 대한 태도가 확정되어 있는 경우이다. 덧물음월도 그 명제 태도에 부합되는 쪽으로 나타나게 된다.

는 사람이 선행 정보에 대한 [믿음]을 가지고 있는데, 그 믿음은 [정도]에 따라 다른 수 있다는 것이다. 말하는 사람이 선행 정보에 대해 믿음이 약할 경우는 덧물음월로 그 정보에 대한 믿음을 [확신]시킬 수 있는 구실도 한다고 보아야 한다. 일찍이 Lakoff(1969)도 부가의문문 속 구조 상위문에 이행동사 'suppose' 류를 설정하였다.

6) 장경기(1984)는 선행문 서술문이 반드시 서술형 종결어미로 나타나야 한다고 하였으나, 박종갑(1991)은 선행문의 종결어미 또는 그것에 상응하는 어말어미의 유형에는 특별한 제한이 없다고 하였다. 그리고 성광수(1980)는 선행월은 의미론적으로 이행 구조를 가지는 것으로 심층적 구조에는 서술형 구조를 가지고 있다고 하였다. 전병쾌(1984)는 종결형 어미가 '-다'와 '-지'로 끝나는 문장으로 나누었다. 장경기(1984)의 국어 부가의문문에 대한 개념은 지나치게 영어 부가 의문문 형식에 치우쳐 있어 의미적인 면을 간과한 면이 있다. 국어의 부가 의문문은 영어의 부가 의문문과는 다른 의미적, 담화적 다양성을 가지고 있음을 무시한 것이다. 이러한 의미에서 영어의 부가의문문은 통사 양상적 특징으로, 국어의 부가의문문은 화용 양상적 특징으로 설명해야 한다고 주장한 Givon(1979), 박종갑(1991)의 생각은 매우 설득력이 있다고 하겠다.

3) 국어 덧물음월은 선행월에 곧바로 이어지는 물음월이어야 한다.

'덧물음월'은 선행월에 곧바로 이어져야 한다. 그렇지 않고 선행월과 덧물음월 사이에 다른 명제월이 개입되면 그것은 덧물음월이라고 할 수 없다. 이 말은 덧물음월은 선행월과 독립적이지 못함을 의미한다. 그리고 덧물음월은 말할이가 선행월에 대한 부가적인 태도를 나타내는 것이기 때문에 선행월과 밀접한 관계를 가져야 한다.

(11) 야, 바다 시원하다. 그렇지?

(12) *야, 바다 시원하다. 우리 며칠 놀고 가자. 그렇지?

(11)의 '그렇지'는 선행월에 대한 덧물음월에 해당되지마는, 2)의 '그렇지'는 '우리 며칠 놀고 가지.'라는 선행월에 대한 덧물음월이 아니라 그 앞에 있는 '야, 바다 시원하다'라는 월에 대한 덧물음월이기 때문에 (12)의 덧물음월은 불가능하게 된다. 만약,

(13) 야, 바다 시원하다. 우리 며칠 놀고 가자. 그렇게 하지?(*그렇지?)

와 같은 담화에서 '그렇게 하지?'는 '야, 바다가 시원하다'라는 월에 대한 덧물음월이 될 수 없으며, 그 바로 앞에 오는 월인 '우리 며칠 놀고 가자.'라는 월에 대한 덧물음월로 기능을 한다. 그러나 바로 앞월이 아닌 '바다가 시원하다'라는 정보의 덧물음월인 '그렇지?'는 불가능하다.

(14) 야, 바다 시원하다. 사람도 많다. 그렇지?

라는 담화의 덧물음월인 '그렇지?'는 선행월의 정보인 '야, 바다 시원하다'와, '사람도 많다'라는 두 정보 모두에 대한 덧물음월이 된다. 두 정보 모두 상태를 나타내기 때문에 상태를 나타내는 덧물음월 '그렇지?'는 선행월 전체에 대한 덧물음월이 된다. 따라서 덧물음월은 바로 그 앞의 선행월의 정보에 관계된다.

4) 국어 덧물음월은 선행월에 대해 말할이가 들을이에게 독특한 태도를 요구하는 것이 목적이다.

덧물음월은 명제에 대한 신정보를 묻는 표현이 아니다. 다음 표현을 보자.

    (15) 네가 그것을 했지?↘

    (16) 철수가 그것을 했다. 그렇지요?↗

    (17) 미자 머리 좀 어색하다. 맞제?↘

    (18) 네가 그걸 훔쳤지. 아이가?↗

(15)의 경우 '네가 그것을 했는지 하지 않았는지'의 정보를 묻는 것이 아니다. 그것은 '네가 그것을 했다'는 것을 말하는 사람이 믿고 있으며, 그 사실에 대한 확인의 태도를 물을 뿐이다. (16)의 '그렇지요?'도 '철수가 그것을 했는지 하지 않았는지'의 정보를 묻는 것이 아니다. (17)도 '맞제?'가 선행 정보에 대해 '맞는지 맞지 않는지'를 묻는 것이 아니다. (18)도 덧물음월인 '아이가?'는 선행 정보에 대해 그것이 '사실인지 사실이 아닌지'를 묻는 표현이 아니다. 따라서 덧물음월은 새로운 정보에 대한 물음이 아니라 선행정보에 대한 말할이의 태도를 나타내는 물음월을 싸안은 뜻넓이이다. 구체적인 의미 기능은 다음 장에서 논의될 것이다.

5) 국어 덧물음월은 선행월에 의미와 구조적으로 상호 의존적이나 하나의 독립된 월이다.

덧물음월은 선행 정보에 의존적이다. 선행 정보와 따로 떼어 놓아서는 무의미한 월이 된다. 즉, 의미적으로 독립적인 의문의 기능을 하지 않는다는 뜻이다.[7] 그래서 담화상에서는 선행 정보와 발화의 결속력이 강해 선행 정보와 덧물음월 사이에 긴 쉼이 놓이지 않는다. 쉼이 놓이더라도 매우 짧은 쉼이 있을 뿐이다. 따라서 덧물음월은 선행 정보에 대한 대용적 표현이나 반복적 표현, 선행 정보에 대한 '참·거짓'의 표현 형태를 나타내기 때문에 구조적으로나 의미적으로 선행 정보에 깊게 매인다.[8] 그렇다고 이른바 부가의문문처럼 선행월과

---

[7] 박병수(1974:370)는 부가 의문문에 대한 정의적 가설을 '통사적으로 독립된 두 개의 문장이 어떤 의미적 제약 밑에서 연결되어 있는 것'으로 보았다.

한 덩이로 하나의 형식월로 보기보다는 덧물음월은 하나의 독립된 월로 본다.

    (19) 철수가 그짓을 했다. 그렇(철수가 그짓을 했)지요?

    (20) 철수, 네가 그걸 먹었지. (철수, 네가 그걸 먹었다는 사실이) 맞지?

    (21) 네가 그걸 훔쳤지. (네가 그걸 훔친 것이)아이가?

6) 국어 덧물음월의 긍·부정은 선행월의 긍·부정 문장에 매이지 않는다.

  일반적으로 부가의문문의 긍·부정은 선행월에 따라 결정되는 것으로 보고 있다. 선행월이 긍정이면 부가의문문은 부정이고, 선행월이 부정이면 부가의문문은 긍정의 형태로 나타난다고 보고 있다. 그러나 국어의 덧물음월은 선행월의 형태에 매이는 것이 아니라 말하는 사람이 선행월에 대한 긍·부정에 결정적으로 매인다.

    (22) 당신이 그 짓을 했다. ┌─ 그렇지?

                              안 그래?

                              그렇지 않니?[9]

                              *안 그렇지?

                            └─ *안 그랬지?

---

8) 성광수(1980)는 '부가 의문문의 구조는 선행 서술문과 구조상으로 분리될 수 있다.'고 하면서 의미론적으로는 제약을 받으나 구조상으로 완전한 문으로 환원이 가능하다고 하였다. 이것은 덧물음월이 어떠한 형태로든지 선행월을 받아 다시 새로운 물음의 형태를 취하는 것이기 때문에 선행 정보를 반복하거나 일부를 되풀이하는 구조를 가질 수밖에 없다. 그리고 덧물음월의 내면구조는 독립된 구조를 가진다는 것은 덧물음월이 선행월의 일부분이 아니라 선행월과 독립된 형태를 가진다는 의미로 볼 수 있다. 그러나 덧물음월이 선행월의 정보를 복사 또는 반복, 지시 등의 결속 관계를 가지기 때문에 선행월과 온전히 독립적이라고는 할 수 없으며, 특히 의미적으로나 담화적 차원에서 본다면 결코 독립적일 수는 없다. 이러한 덧물음월과 같은 담화적 속성을 강하게 가지는 표현은 구조적 논의보다는 담화적, 화용적 차원의 논의가 더 긴요하다고 하겠다.

9) 전병쾌(1984)는 비문으로 보았으나, 비문은 아닌 것으로 보인다. '그렇지 않니?'는 '그렇지?'와 의미적으로 유사한 것으로 인식된다.

(23) 당신이 그 짓을 안 했다. ── 그렇지?

안 그래?

그렇지 않니?

안 그렇지?

안 그랬지?

(24) 당신이 영희를 안 때렸습니다. ── 안 그랬지요?

그렇지요(그랬지요)?

(25) 당신이 영희를 때렸습니다. ── *안 그랬지요?

그렇(랬)지요?

위 (22)는 말하는 사람이 선행월에 대해 긍정적인 믿음을 가지고 있기 때문에 듣는 사람에게도 긍정적인 믿음을 가지게 한다. 선행월이 긍정이기 때문에 '안 그렇지'나 '안 그랬지'는 불가능하다. 반면에 (23)은 두 가지로 덧물음월이 가능하다. 하나는 선행월 전체에 대한 긍·부정의 믿음이고 다른 하나는 서술어 자체에 대한 긍·부정의 믿음이 있다. 따라서 선행월 전체에 대해 말하는 사람의 믿음을 듣는 사람에게 확인시킬 경우는 (23)과 같아 실현된다. 그러나 선행월의 서술에 정보의 초점이 있을 경우는 '안 그렇지' 또는 '안 그랬지'의 덧물음월이 가능하다. 이것은 말하는 사람이 선행월에 대한 정보를 긍정적으로 믿고 있으며, 그 믿음에 대한 긍정적인 태도를 듣는 사람에게 설득 내지 확인 등의 효과를 기대하고 있다. 다만 (24)처럼 선행월이 부정문일 경우 초점 정보가 서술에 있을 경우는 선행월이 긍정문일 경우와는 다소 다르게 실현될 수도 있다.

(24)의 보기에서도 선행월이 부정문이기 때문에 '안 그랬지요?', '안 그렇지요?'와 같은 덧물음월이 가능하다. 이 경우도 덧물음월의 지시 대용어가 선행월 '때리다'에 한정되었음을 의미하고, '그렇지요?'는 선행월 전체를 지시할 수도 있으며, 성분을 대용할 수도 있다. 다만, 서술어를 대용할 경우는 '안 때리다'라는 부정서술어 전체를 지시한 것으로 보아야 한다. (25)에서 '안 그렇지요?', '안 그랬지요?'가 불가능한 것도 선행월이 부정문이 아니기 때문이다.

따라서 국어 덧물음월은 선행월이 부정문이거나 긍정문의 문장 형태에 형식적으로 매이지 않는다.

2. 덧물음월의 갈래

국어 덧물음월은 매우 다양한 형태로 실현된다. 덧물음월의 형태와 선행월의 종류에 따라 그 실현 양상을 나누어 볼 수 있다.[10]

2.1. 어미 통합형 덧물음월

어미형 덧물음월은 선행 서술문과 의문문이 한 월로 융합되어 나타난 덧물음월이다.[11] 어미형 덧물음월의 어미 형태는 '-지(요)?'와 '-지 않-?'[12]로 나타난다.

---

10) 장석진(1989)은 부가 의문문을 통사적 형식적인 면에서 (1) 전형적 부가 의문문과 (2) 대용어 부가 의문문으로 나누고 (2)를 다시 '안그래' 부가의문문'과 '그렇지-' 부가의문문으로 나눈 바 있다.

11) 박종갑(1987:113-118)은 이를 '융합의문문'이라고 하였다. 그러면서 그 내면은 '서술문+의문문'의 융합으로 이루어진 것으로 보고, 그 의미는 '진술 및 그것에 대한 주의 환기'라는 수사적 표현의 욕구에서 표현된 것이라 하였다. 따라서 이러한 시각은 결국 융합 의문문이 우리말에 나타나는 독특한 덧물음월의 한 형태범주 속에 포함시킬 수 있는 가능성을 남기고 있다고 하겠다. 그리고 박종갑(1987:115 ff77)은 동남 방언의 '아이가', '그쟈' 등도 선행문에 융합된 것으로 융합 의문문의 하나라고 하였다. 그러나 '내가 갔다 그쟈?/아이가?', '나무한다 그지요?/아이요?'와 같은 문장에서 뒤에 이어진 '그쟈?/아이가?', '그지요?/아이요?'와 같은 부분은 선행월에 융합되었다기보다는 실질적으로 독립된 전형적인 우리말 덧물음월의 한 모습으로 보인다. 형태적으로뿐만 아니라, 의미적으로도 선행월에서 말할이의 '확인, 유도, 설득' 등 덧물음월이 가지고 있는 보편적인 담화기능을 온전히 드러내고 있다. 그러나 박종갑(1991)에서 선행월과 '아이가' 사이에 휴지의 여부와 통사적 독립성 등에 의해 부가 의문문 여부를 구별하고 있다. 필자도 선행월과 '아이가'의 결합성 여부에 따라 이른바 부가의문문과 구별이 되어야 한다고 본다. '경찰은 철수가 범인인 줄 안다아이가.'의 '아이가'는 서술형 종결어미 '-다' 뒤에 덧붙은 보조 어미의 구실을 한다. 이때 '아이가'는 물음꼴이 아니라 평서꼴의 어미의 일부분으로 소리 높낮이로 볼 때 반드시 '낮아지는 소리'로 실현된다. 그것은 월 뒤에 덧붙는 '말이야'와 유사하다(임규홍, 1998 참고). 그리고 '아이가?'가 덧물음월로 쓰여 덧물음월로 쓰일 때도 '너가 만수를 때렸다아이가?'처럼 끝 소리가 높아지질 경우는 말하는 사람이 '상대가 만수를 때렸는지 때리지 않았는지 정확하게 모르는 상태'를 나타내고, 끝소리가 낮아질 경우는

　'상대가 만수를 때렸음 확신하고 있으면서 이를 인정하도록 유도하는 구실'을 한다. 따라서 '아이가'는 평서문으로 쓰일 때와 의문문으로 쓰일 때를 구별해야 한다. 이러한 생각은 박종갑(1982,1987)에서도 보인다. 그는 <아이가>형은 문장의 억양에 따라 의문의 의미를 가질 수도 있고 그렇지 않을 수도 있다고 하였다. 그러나 성광수(1980)은 '아이가'를 부가의문문으로 간주하였다.

　본고에서 '아이가, 그쟈, 글체, 기제'와 같은 방언들이 덧물음월의 범주에 포함시키는 것은 그것이 단순한 의문이나 서술의 기능이 아니라 선행월과 독립성을 가지면서 말하는 이의 선행 정보에 대한 듣는 이에 태도를 변화시키는 구실을 할 경우를 말한다.

12) '그렇지'를 장석진(1989)은 대용어 부가 의문문 가운데 '그렇지-' 부가의문문이라고 하였다.

(26) (네가 그것을 했다+그렇지?) → 네가 그것을 했지?↘

(27) (철수가 그것을 했다+그렇지?) 철수가 그것을 했지?↘

(28) 가: (이것 네가 했다+그렇지? → 이것 네가 했지?

　　나: 안했는데요

　　가: 안하기는 뭘 안 해. 내가 다 알고 있는데

(29) 가: (당신이 그걸 훔쳤습니다+그렇지요? → 당신이 그걸 훔쳤지요?↗

　　나: (당신이 그걸 훔쳤습니다+그렇지 않습니까?) → 당신이 그걸 훔쳤지 않습니까?↗

　　다: 당신이 그걸 훔쳤습니까?

(30) (너 밥 먹었다.+그렇제) → 너, 밥 먹었제?

(31) (너 어제 그엘 만났다+그렇지 않니?) → 너, 어제 그 엘 만났지않니?

　　이 어미 통합형 덧물음월은 겉구조로는 독립된 의문형을 나타내지 않더라도 속구조에는 두 문장이 하나의 월로 결합된 형식이다. 그리고 이 어미형 덧물음월의 담화적 기능도 다른 덧물음월과 유사하다. 따라서 이 월을 덧물음월의 무리에 넣었다.[13)

　　특히, 이 어미형 덧물음월은 단순히 명제의 물음을 묻는 것이 아니고 선행 정보에 대한 말하는 사람의 [믿음]을 말 듣는 사람에게 [확인]시키는 전형적인 덧물음월의 기능을 한다. 이러한 것은 선행 정보의 시제가 사태의 완료를 나타내는 '-었/았' 뒤에서 쉽게 실현된다는 사실로도 확인이 가능하다. 예컨대,

(32) 너, 지금 잘 지내고 있는지?(물음)

(33) 너, 개고기 먹지?↘

(34) 너, 개고기 먹었지?↘

(35) 너, 개고기 먹을거지?↘↗

---

13) 의문형 종결 어미 '-지'는 속구조에는 두 정보가 합쳐진 복합구조로 보인다. 그리고 이것은 덧물음월의 의미적 특성을 그대로 가지고 있으면서 형태적으로 하나의 어미로 실현되는 국어의 독특한 표현 구조로 보인다. 다시 말하면, 국어의 의문형 종결 어미 '-지'는 다른 어미보다 전제된 의미량이 많은 어미라고 할 수 있다. '종결+의문+선행 정보에 대한 확인(담화적 의미)' 등 복합적인 의미 기능을 한다고 하겠다.

위 (32)는 상대가 잘 지내고 있는지를 묻는 순수한 의문형으로 볼 수 있으나, (33)은 상대가 개고기를 먹을 줄 아는 것을 말하는 사람이 이미 알고 있는 것으로 다시 확인하는 의미로 보인다. 그리고 (34)와 (35)도 마찬가지이다. 그러나 다른 표현보다 (36)의 표현이 상대에 대한 사실 확인 가능성이 높은 것처럼 보이는 것은 그 사실이 과거의 완료된 상태를 나타내기 때문이다. 그리고 이때 모든 월이 소리는 내림을 나타낸다.

'-지 않-?'형의 덧물음월은 '-지' 덧물음월의 의미에 '-않-?'의 덧물음월이 덧붙어 덧물음월의 의미를 훨씬 강하게 표현한 것이다.

(36) 가: (너, 어제 개고기 먹었다+그렇지?) → 너, 어제 개고기 먹었지?

　　　나: 안 먹었는데.

　　　가: 나는 먹었는 줄 아는데?

(37) 가: (너, 어제 개고기 먹었다+그렇지+않니?) → 너, 어제 개고기 먹었잖니?

　　　나: 안 먹었는데.

　　　가: 누구하고 개고기 먹으러 간다고 했다아니가?

위 (36)과 (37)의 덧물음월에 대한 대답으로 각각 '나'에서 선행 물음에 대해 강한 부정의 대답을 통해서 말하는 사람이 선행월에 대한 강한 믿음을 전제하고 있음을 알 수 있다. 그리고 (36)은 (37)보다 말하는 이의 선행 정보에 대한 확신이 훨씬 강한 표현이다. 그것은 (36가)의 덧물음월이 위 (37가)보다 더 부가적 정보가 덧붙은 유표적 표현이기 때문이다.[14]

2.2. 대용형 덧물음월

대용형 덧물음월은 선행월의 정보를 대용어를 사용한 덧물음월이다. 선행월의 초점 정보에따라 대용어가 다르게 나타난다. 선행월 정보 전체나 서술어의 정보를 대신 나타낼 경우

---

14) 박종갑(1991:338)에서도 '북한은 이번 제의를 거부하지 않을 거야#그렇겠지?'와 '북한은 이번 제의를 거부하지 않겠지?'라는 두 문장의 의문의 의미는 같다고 하였다. 이것은 덧물음월 '-지?'꼴과 '-지 않-?'꼴을 같은 속 구조를 가지고 있다는 설명이 설득력을 가지게 된다. 따라서 '-지?'꼴의 물음월도 '-지 않?'꼴의 덧물음과 같이 어미 통합형 덧물음월이라고 덧물음월의 범주에 포함시킬 수가 있다.

는 지시 대용어 '그러하다'나 대용 동사 '하다'의 물음월로 나타난다. 그렇지 않고 선행 정보 가운데 일부분의 정보에 초점을 두면 그 초점의 정보에 따라 대용어가 달라진다. 선행 정보 가운데 사람일 경우는 사람을 나타내는 대용어가, 사물일 경우는 사물 대용어가 나타날 수 있다.

(38) 철수가 그짓을 했다. 그렇지[15](요)(그쟈[16])?

(39) 철수는 결혼 전에 순희와 약혼했습니다. 했지요?

(40) 철수가 순희를 때렸다. 그이지요?

(41) 철수가 만난 사람은 영희이다. 그녀 아니요(이지요)?

(42) 너 학생이다. 기제(서부 경상 방언)?

(38)은 선행월 정보의 초점이 어디에 있느냐에 따라 대용어가 지시하는 정보가 달라진다. 선행월의 정보가 전체일수도 있으며, '철수'가 초점으로 나타날 수도 있고, '그짓을 했다'라는 서술마디가 초점이 될 수도 있다. (39)의 덧물음월은 선행월의 '약혼했습니다'를 지시하는 것이고, (40)은 '순희를 때린 사람'인 '철수'가 초점으로 나타나 덧물음월은 대용어 '그이'가 되었다. (41)도 마찬가지로 덧물음월은 선행월의 초점인 '영희'를 지시하는 대용어 '그녀'로 나타났다. (42)는 서부 경남 방언으로 '그렇지'에 해당되는 덧물음월이다.

2.3. 반복형 덧물음월

반복형 덧물음월은 선행월의 정보를 그대로 반복된 물음월이다. 선행월의 정보 전체를

---

15) 장경기(1984)는 국어 부가의문문에서 '그렇지?'꼴을 인정하지 않고 있다. '그렇지?'는 독립된 의문문으로 보았다. 그러면서 '그렇니?', '그랬니?'와 그 부정꼴을 부가 의문문으로 보고 있다. 이것은 국어 부가 의문문을 거꾸로 보고 있다. 필자는 전자가 순수한 이른바 부가 의문문에 가깝고, 후자가 순수한 독립 의문문에 가까운 것으로 보인다. 장경기(1984:19)가 부가 의문문의 보기로 '영희가 갔다. 그렇니?'를 들고 있다. 그런데 실제 여기서 '그렇니?'야말로 말하는 사람이 선행 정보에 대해 확신이 없어 그 가 · 부를 묻는 순수 의문에 가깝다. 장경기(1984)에서 제시한 국어 부가의문문 구문은 지극히 한정적이고 형식적이어서 담화 · 의미적 차원에서는 문제가 많다고 하겠다.
16) 박종갑(1991)은 융합의문문에 포함시켰다. 그러나 성광수(1980)는 부가의문문으로 보았다.

반복하는 경우와 선행월 정보 가운데 일부분만 반복되는 경우가 있다. 이것은 위 대용형 덧물음월과 실현되는 현상은 유사하다. 이 반복형 덧물음월은 단지 대용형으로 나타난 정보가 그대로 반복되면서 나타나는 물음월이다. 이 경우도 선행월 정보의 초점이 어디에 있느냐에 따라 덧물음월에 반복되는 정보가 다르다.

(43) 당신이 영희를 때렸다. 당신이 영희를 때렸지요?

(44) 어쨌든 당신이 영희를 때렸다. 때렸지요?

(45) 영희를 때린 사람이 철수다. 철수지요?

(46) 당신에게 맞은 사람은 영희다. 영희아니요(영희지요)?

(47) 영희가 순희를 때렸다. 영희(순희)지요?(그녀맞지요?)

　　(43)은 선행월 전체가 초점으로 나타나 그 월 전체가 덧물음월로 실현되었다. 이 경우도 선행월의 초점 정보가 무엇인가에 따라서 덧물음월의 초점이 달라진다. 선행월의 초점 정보가 '당신'이라면, 덧물음월의 초점 정보도 '당신'이 되고 선행월의 초점 정보가 '영희'라면 덧물음월의 초점 정보도 '영희'가 된다. 이 경우 그 초점 정보에 강세가 놓이기 된다. (44)는 선행월의 초점 정보가 '철수'인 쪼갠월(cleft sentence)이다. 따라서 덧물음월도 선행월의 초점 정보에 맞추어 '철수'가 물음월의 형태로 나타났다. (45)도 (46)과 마찬가지이다. (47)은 선행 정보의 초점이 강세에 따라 영희와 순희가 모두 될 수 있다. 따라서 덧물음월은 초점에 따라 달라진다. 그러나 이 경우 대용형 덧물음월은 애매한 문장으로 해석될 수 있다. 즉, 그녀가 영희와 순희 모두 될 수 있기 때문이다. 의미적으로 볼 때 반복형 덧물음월이 대용형 덧물음월보다 말하는 사람의 태도가 더 강하게 표현되는 효과가 있다.

2.4. 참·거짓형 덧물음월

　　참·거짓형 덧물음월은 말하는 이가 듣는 이에게 선행월의 정보에 대한 참과 거짓에 대해 '확인'하는 형태로 형용사 '맞다'와 '틀리다'가 물음월로 나타난 것이다. 특히, 이 참·거짓형 덧물음월은 긍정적 물음꼴인 '맞지?'와 부정적 물음꼴인 '틀렸어?'가 유사한 의미로 쓰인다. 즉, '맞지?'는 선행월의 정보가 참인 것을 확인하고, '틀렸어?'라는 덧물음월도 선행월에 대한 말하는 이의 믿음이 '맞음'을 의문의 형태로 듣는이에게 확인하는 꼴이다. 선행월의 정보가 긍정이거나 부정이거나 간에 선행월에 대해 듣는이에게 긍정적 확인의 의미를 표현하면 긍정으로, 부정적 확인이면 부정으로 나타난다. 그 외 '아이가?', '아냐?', '아니야?'의 꼴을 하는 덧물음월이 있다. 그리고 끝소리의 오르내림은 '맞지?'의 경우는 일반적으로 평형이나 내림으로 실현되고, '틀렸어?'일 경우는 반드시 오름 소리로 끝이 난다. '맞지'의 '부정 의문'인 '안 맞어?'일 경우는 '틀렸어?'와 같이 반드시 오름 소리로 끝난다.[17]

> (48) 철수, 네가 그걸 먹었지. 맞지?↘, 안 맞아?↗
>
> (49) 네가 영희를 때렸지↘. 틀렸어?↗, 안 틀렸지?↗
>
> (50) 네가 그걸 훔쳤지. 아이가?↗
>
> (51) 철수가 대학에 합격했다. 아냐?↗

3. 앞월의 특성

국어 덧물음월의 실현 환경은 이른바 부가의문문의 선행월이 단언 평서문의 형태를 가지는 것과는 달리 엄격한 통사적 제약을 받지 않는다. 따라서 국어 덧물음월의 선행월은 다양한 문장 형태를 보인다. 여기에 대한 언급은 앞장에서 국어 덧물음월의 특성에서 본 바가 있다. 이처럼 덧물음월의 선행월의 문장 형태가 다양하게 실현될 수 있다는 것은 선행월의 속 구조가 수행문의 구조를 가지고 있기 때문에 어떤 담화이든지 그것은 말하는 사람이 선행월에 대한 수행적 믿음을 가지고 있음을 의미한다. 따라서 말하는 사람이 선행월의 정보에 대해 수행적 믿음을 가지고 있을 경우는 그 수행적 의미에 대한 말하는 사람의 태도를 듣는 사람에게 표현하는 것이 덧물음월의 기능인 것이다.[18]

---

17) 덧물음월의 의문형 종결 어미 '-지?'는 선행 정보와 동일한 의미를 확인하고, 어?'는 선행 정보와 반대의 의미를 확인하는 의미로 쓰인다. 성광수(1980)에서도 억양에 따라 부가 의문 가운데 순수 의문과 반문적 의문으로 구분하고 있다. 부가 의문문의 억양은 장석진(1989) 참고.

3.1. 풀이월+덧물음월

다음은 덧물음월의 선행월이 풀이월(평서문)인 경우이다. 덧물음월의 선행월은 일반적으로 풀이월일 가능성이 가장 높다. 덧물음월이 선행월에 대한 말하는 사람의 믿음을 듣는 사람에게 확인하거나 동의, 설득, 놀람 등의 태도를 표현하는 것이라고 할 때, 풀이월이 그 정보에 대해 말하는 사람의 태도가 가장 확실하게 드러나기 때문이다.

> (52) 이거 색깔 참 예쁘다. 맞제?(그렇지?)
>
> (53) 아이고, 만수 착하다. 그지(그쟈)?
>
> (54) 내가 저것 했다아니가, 그쟈?
>
> (55) 너가 그것 깨뜨렸지?(너가 그것 깨뜨렸다.+그렇지?)
>
> (56) 니가 그것 한다고 그랬잖니?(니가 그것 한다고 그랬다+그렇지 않아?)

3.2. 시킴월+덧물음월

덧물음월의 선행월이 시킴월(명령문)일 경우도 가능하다. 이 경우도 말하는 사람이 선행월에 대해 자기의 의도가 결정되어 있다. 즉, 이 시킴월도 속 구조에는 말하는 사람의 수행 구조로 풀이월과 같이 선행월에 대해 말하는 사람의 믿음이나 바람이 전제되어 있다고 본다.

> (57) 너 내일 일찍 오너라. ┌─ 그렇게 해?
>   │ 알겠나?
>   │ 올 수 있겠지?
>   └─ 그렇게 하겠지?
>
> (58) 너 내일 이것 다 해야한다. 하겠지?

---

18) 모든 담화를 수행문의 수행동사(performative verbs)로 설명하려는 논의는 일찍이 Austin(1962) Searle(1975), Fraser(1974), Katz(1977), Leech(1983) 등이 있다(장석진, 1987 참고). 국어 부가의문문의 상위 구조를 수행 동사 '확인하다'를 설정한 성광수(1980)과 부가의문문의 속구조에 수행동사 'suppose'류를 설정한 Lakoff (1969)도 의미가 있다고 보인다.

(59) 너 내 올 때까지 집 좀 지키고 있어. 그렇게 해? 응?

(60) 그 숙제 오늘 다해. 그렇게 하겠지?

3.3. 물음월+덧물음월

다음은 덧물음월의 선행문이 물음월인 경우이다. 이 경우의 선행월은 어떤 사실에 대한 새로운 정보를 상대로부터 요구하는 일반적인 물음월이 아니라 담화나 문맥상 말하는 사람이 선행 정보에 대한 놀람이나 의심스러움, 의외 등의 발화 태도를 나타내는 경우이다.

그리고 이 경우는 선행월을 반복하는 경우가 많다.[19] 선행월이 순수한 물음월일 경우는 덧물음월이 불가능한 것으로 보인다. 순수한 물음월은 말하는 사람이 선행월에 대해 분명한 믿음을 가지고 있지 않기 때문에 선행월에 대한 상대에게 어떠한 태도를 표현할 수 없다.

(61) 이 책 어렵다고? 그렇나?

(62) 너 그 일 못하겠다고? 그래?

(63) 너, 그것 할 수 있겠지? 그렇지?

(64) 너, 어제 무엇을 했지?↗ *그렇지?

(65) 너 어제 집에 갔다 왔니? *그렇지?

3.4. 느낌월+덧물음월

덧물음월의 선행월이 느낌월인 경우도 있다. 느낌월도 어떤 사실에 대해 말하는 사람의 수행적 믿음이 나타난 것이다. 느낌월의 수행적 믿음은 '어떤 사실이 매우 특이함에 나는 감탄한다.'라는 속 구조를 가지고 있으며, 속구조에 수행 동사 '평가하다', '감탄하다', '믿다'와 같은 동사를 설정할 수 있다. 따라서 덧물음월은 그 감탄한 사실에 대해 말을 듣는 사람에게 다양한 표현 효과를 기대한다.

---

19) 전영옥(1998)도 반복의 여러 기능 가운데 '명확하게 하기', '확인하기' 기능이 있음을 보이고 있다.

(66) 야, 노을 참 멋있구나! 그렇지?

(67) 야, 저 꽃 참 아름답구나! 안 그렇니?

3.5. 꾀임월+덧물음월

덧물음월의 선행월이 꾀임월(청유문)일 경우도 있다. 이 경우도 말하는 사람은 선행월에 대해 말을 듣는 사람에 대한 분명한 태도를 가지고 있다. 말하는 사람은 듣는 사람에게 어떤 행위를 같이 할 것을 요구하거나 하도록 강요하는 명확한 믿음을 가지고 있다. 따라서 덧물음월은 말하는 사람의 선행월에 대한 그러한 믿음을 말을 듣는 사람에게 다양한 표현 효과를 가져오게 된다. 이 경우도 속 구조에는 '제안하다', '요청하다', '간청하다'와 같은 수행동사를 설정할 수 있다.

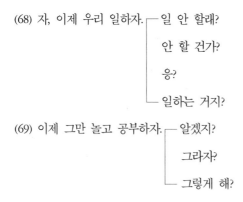

(68) 자, 이제 우리 일하자. ┬ 일 안 할래?
　　　　　　　　　　　├ 안 할 건가?
　　　　　　　　　　　├ 응?
　　　　　　　　　　　└ 일하는 거지?

(69) 이제 그만 놀고 공부하자. ┬ 알겠지?
　　　　　　　　　　　　　├ 그라자?
　　　　　　　　　　　　　└ 그렇게 해?

4. 덧물음월의 담화 기능

덧물음월의 담화 기능에 대한 논의는 일찍이 '부가의문문' 연구의 중요한 부분으로 여겨 왔다.[20] 일반적으로 부가의문문의 의미 기능을 선행월에 대해 상대방으로부터 '확인'의 기

---

20) Quirk et al(1972:390-392)는 대조 부가 의문문을 '화자가 뭔가를 주장하고 그 주장에 대한 듣는 이의 반응을 요청한다'고 하면서 선행월은 말하는 사람의 가정을 나타내고 부가 의문문은 청자로부터 반응을

능을 한다고 보았다.[21]

물음월의 담화 구조는 기본적으로 말하는 사람이 말듣는 상대에게 어떤 정보를 알아내려는 의도에 의해 발화되는 담화 형태이다. 그리고 물음월의 기능은 크게 몇 가지로 나눌 수 있다. 하나는 말하는 사람이 상대로부터 새로운 정보를 얻기 위한 것이고, 다른 하나는 상대가 어떤 정보를 알고 있는지 모르고 있는지 확인하기 위한 것이다. 그리고 상대로부터 행위를 요구하거나 설득하는 간접 표현 형식의 물음월이 있을 수 있다.

덧물음월의 의미는 듣는 이에게 선행월에 대한 선택적 답을 요구는 것이 아니라, 선행 정보에 대해 말하는 사람의 듣는 사람에 대한 태도를 요구하는 구실을 한다.

덧물음월도 엄격히 물음월의 하나임은 분명하기에 물음월이 가지고 있는 담화의 내면적 틀, 즉 말하는 사람과 말을 듣는 사람 사이에 존재하는 정보의 관계는 기본적으로 유지해야 한다. 물음월은 말하는 사람이 듣는 사람으로부터 새로운 정보(신정보)를 요구한다. 말하는 사람이 상대에게 어떤 정보를 요구한다는 것은 말하는 사람이 모르고 있는 정보를 말을 듣는 사람, 즉, 대답을 요구한 사람은 그 정보에 대해 알고 있다는 것을 전제한다. 설령 상대가 모르고 있을지라도 말하는 사람은 상대가 자기보다 더 많은 정보와 더 정확한 정보를 알고 있다고 믿었기 때문에 어떤 사실을 묻게 되는 것이다.

기대하는 의미로 보았다.

　이는 부가의문문의 의미 구조를 상당히 추상적으로 규정한 것으로 보인다. 그런데 선행월은 말하는 사람의 주장이라고 본다고 하더라도, 부가의문문이 상대의 반응을 요청한다기보다는 말하는 사람의 태도를 상대방에게 표현한 것이다. 단순하게 상대의 반응을 요구하고 기대하는 수동적인 태도가 아니라 말하는 사람이 선행월의 표현 의도에 덧붙여 새로운 표현 효과를 얻으려는 비언표적(illocutionary force) 표현 방식으로 보아야 할 것이다.

21) Zandvoort(1965)은 확인의 의미, 장석진(1989), 성광수(1980)는 선행월에 대해 말하는 이가 듣는 이에게 확인을 요청하거나 동의를 요청하는 의미로 보았다.
　특히 장석진(1989:161)는 영어 부가 의문에서 꼬리의 억양이 올라가면 확인 요청, 내려가면 동의 요청의 기능을 한다고 하였다.
　　It's raining, isn't it? ／(확인 요청)＼(동의 요청)
　　It's not raining, is it? ／(확인 요청)＼(동의 요청)
　박병수(1974)는 부가 의문문의 용법을 크게 세 가지로 나누면서 하나는 말하는 사람이 어떤 주장을 말한 다음 그 주장의 타당성에 대한 확인을 구하는 경우, 이를 '동의 요청의 용법'이라고 하였고, 두 번째는 말하는 이가 자기의 생각과는 모순되는 말을 함으로써 빈정댐 또는 극도의 의아스러움의 효과를 나타내는 경우, 이를 반어적 용법이라 하였다. 마지막으로 중립적이라고 할 수 있는 용법으로 말하는 사람의 주장을 확인하려는 의도, 되풀이 용법으로 나누었다. 위 용법 가운데 첫째와 셋째의 의미 차이를 분명하게 구별할 수 없는 문제가 있다.

덧물음월이 '확인'의 이그런데 물음이 단지 새로운 정보를 얻는 것 이외 다른 담화적 기능을 하는 경우가 있다. 본고의 덧물음월도 말하는 사람이 전혀 모르고 있었던 새 정보를 상대로부터 얻는 데 목적이 있는 것이 아니다. 그리고 물음이 상대에게 어떤 행동을 요구하기도 하는 경우가 있다. 이처럼 물음이 본질적인 기능에 벗어난 경우를 우리는 물음의 담화나 화용적 측면의 논의 대상이 되는 것이다.

4.1. 확인-의문

덧물음월의 담화 기능 가운데 하나는, 말하는 사람이 선행월의 정보에 대해 확정적인 믿음을 가지지 못할 때, 상대를 통해 그 정보의 진·위를 확인하는 경우이다.[22] 또한 말하는 사람이 믿고 있었던 정보를 상대에게 더 명확하게 확인하려는 의도로 쓰이기도 한다. '확인'이라는 말의 뜻넓이는 '자기가 알고 있는 어떤 정보나 다른 사람이 알고 있는 어떤 정보를 상대에게 다시 정확하게 아는 것'[23]이라고 규정한다면, 이때 조건은 말하는 사람보다 말을 듣는 상대가 그 정보에 대해 더 정확하고 신뢰가 있어야 하는 전제가 필요하다. 상대가 모르는 정보에 대해서는 상대에게 결코 확인할 수 없다. 말하는 사람이 정확하게 알 수 없으나 상대가 정확하게 알고 있든지, 말하는 사람도 정확하게 알고 있다고 생각한 것이라도 상대를 통해 다시 정확하게 알고자 할 경우에 쓰인다. 따라서 덧물음월의 선행월이 말 듣는 사람(상대)의 행위나 사실에 대한 정보일수록 이러한 확인의 의미가 명확하게 드러난다. 혹, 말하는 사람과 듣는 사람 모두 알고 있는 일반적인 정보이거나 구정보이더라도 말하는 사람은 그 정보에 대한 판단을 상대에게 확인할 수도 있다. 그러나 선행월이 말하는 사람 자기만 알고 있는 사실이나 행위 그리고 자기만 가지고 있는 감정적 상태를 표현한 경우는 확인의 기능보다는 뒤에 언급되는 '동의'나 '설득' 등의 기능에 더 가깝다.

덧물음월의 '확인-의문' 기능은 선행월에 대한 듣는 사람의 반응을 기대한다. 말하는 사

---

22) 장석진(1989:161)의 '확인 요청'의 기능에 가깝다.
　　It's raining, isn't it?↗(확인 요청)
23) 우리말 큰사전(1995)에는 '확인'의 의미를 '확실히 인정함'이라고 되어 있다. 이러한 정의는 그 낱말이 가지고 있는 담화 구조상의 의미 구조를 설명하는데 도움이 되지 못한다.

람이 선행월에 대한 믿음을 상대에게 확인하기 때문에 그 확인의 가부를 말할 수 있다. 따라서 이 경우는 사실 순수 물음월에 가깝다고 할 수 있다. 그러나 순수 물음월은 덧물음월과 같이 말하는 사람이 선행월에 대한 믿음을 가지지 않을 뿐 아니라, 말하는 사람이 선행월의 정보에 대해 믿음을 가지지 않는 점에서 덧물음월과는 다르다. 이런 차원에서 덧물음월의 '확인-의문'기능은 선행월에 대한 가·부라는 의문적 성격과 선행월에 대한 듣는 사람에 대한 태도를 동시에 요구하는 복합적 기능의 물음월이라 할 수 있다. 다음 보기를 보자.

(70) 가: 너 어제 영화보러 간 것 같은데. 맞지?↗

　　 나: 맞다.

(71) 가: 어제 너 하고 같이 간 사람이 너 아버지지. 아이가?↗

　　 나: 아니, 삼촌이야. 아버지와 많이 닮았지?

　　 가: 나는 네 아버지인 줄 알았는데.

(72) 가: 어제 일식이 있었다 하는데 그랬어(맞어?)?↗

　　 나: 그래 있었다더라.

(73) 가: 너한데 분명히 무슨 일이 있다. 그렇지?↗

　　 나: 아무 일없어.

　　 가: 아무일 없었다고?

(74) 나는 너를 좋아해. *그렇지?, *안 그렇니? *맞지?

(70)과 (71)의 덧물음월은 선행월에 대해 말하는 사람이 정확하게 알지 못하고 있을 경우 자기의 생각을 상대에게 확인하는 기능을 한다. (72)는 말하는 사람과 듣는 사람 모두 선행월에 대한 정보를 알고 있는데, 말하는 사람이 선행월에 대한 정보를 재확인의 기능을 한다. (73)은 말하는 사람이 상대에게 어떤 일이 일어났을 것임을 단정하고 있는데, 그 단정적인 믿음을 상대를 통해 더 정확하게 '확인'하고 있다. 그리고 (74)가 불가능한 까닭은 선행월에 대한 정보는 말하는 사람이 정확하게 알고 있는 사실을 상대에게 물었기 때문이다. 나의 마음을 상대에게 확인할 수 없다는 의미이다.

따라서 덧물음월이 선행월의 정보를 확인할 경우는 말하는 사람이 선행월에 대해 확신의 정도에 따라 덧물음월의 확인 정도가 다르게 나타난다. 선행월의 정보에 대한 말하는 사람의 믿음이 약할 경우는 덧물음월 또한 확인의 정도가 낮아지고, 선행월의 정보에 대한 말하는 사람의 믿음의 정도가 강한 단정적일 경우는 덧물음월 또한 더 확정적인 확인의 기능을 하게 된다.

4.2. 동의-확인

덧물음월의 선행 연구에서 그 의미 기능을 일반적으로 '확인 동의'라고 했다. 이 말은 선행월의 정보에 대해 상대에게 확인하고 그 확인된 정보를 내가 믿고 있으니 상대도 믿어 주기를 바라는 심리적인 상태를 말한다. 필자는 이것을 '확인-동의'라고 한다. 이 말은 말하는 사람이 상대에게 선행월의 정보에 대해 먼저 확인을 하고 그 후 확인된 정보를 상대에게 동의하는 복합적 기능을 가지고 있음을 말한다.[24] 덧물음월이 '확인'의 의미 기능을 하느냐, '동의'의 의미 기능을 하느냐 하는 것은 전적으로 문맥이나 말하는 사람의 내면적 심리 상태에 달려 있다. 표면적으로 나타난 표현으로는 '확인'과 '동의'를 구별하기 어렵다. 그러나 덧물음월이 '확인'이나 '동의'이든 간에 말하는 사람과 듣는 사람의 정보 소유관계는 유사하다. 즉, '확인'과 '동의' 모두 말하는 사람과 듣는 사람이 선행월에 대한 정보를 공유하고 있어야 한다. 앞에서도 본 것과 같이 '확인'은 말하는 사람보다 상대가 선행월의 정보에 대한 정확성이나 신뢰성이 더 높아야 한다. 그렇지 않고는 상대에게 어떤 정보에 대해 확인을 요청할 수 없다. 그리고 '동의' 또한 말하는 사람이 알고 있는 정보에 대해 말을 듣는 상대가 더 정확하게 알고 있거나 적어도 말하는 사람과 비슷하게 알고 있음을 전제해야 한다. 그렇지 않으면 상대의 '동의'는 신뢰성을 갖지 못한다.

> (75) 가: 증인이, 조폐창 파업을 유도했잖습니까? ↗↘
>
> 가: (동의하지 않습니까?)

---

24) R. Cattell(1973:615-616)은 복사 부가의문문과 대조 부가의문문으로 나누고 복사 부가의문문은 화자가 자기의 의견을 개진할 입장에 있지 않은 모든 상황에서 쓰이며, 대조 부가의문문은 화자가 자신의 의견을 제시하고 상대방에게 동의를 구하는 문장으로 보았다. 장경기(1984)도 이와 같이 보고 있다.

나: 그렇지 않습니다.

　　가: 유도했다 아닙니까?↘

　(76) 가: 당신은 지금 위증하고 있습니다. 그렇지 않습니까?↗

　　가: (내말에 동의하지 않습니까?)

　　나: 저는 있는 그대로 말씀드리고 있습니다.

　　위 담화 (75가)와 (8가)의 덧물음월은 상대에게 '확인-동의'의 담화 기능을 한다. 이 경우도 말하는 사람은 선행월에 대해 확정적인 믿음을 가지고 있다고 생각한다. 그러나 진실은 말을 듣는 증인만이 알고 있다. 따라서 '동의'도 상대가 말하는 사람보다 더 정확한 정보를 가지고 있어야 함을 알 수 있다. 그리고 위 (75가), (76가)의 덧물음월이 '확인-의문'의 기능보다 '확인-동의'의 기능으로 본 것은 말하는 사람은 이미 증인이 선행월에 대한 정보에 강한 확신을 가지고 있는 상태이기 때문에 상대가 말하는 사람의 믿음에 단지 동의하기를 바랄 뿐이다. 상대가 부인을 하더라도 말하는 사람은 믿지 않는다.

　　다음은 말하는 사람이 말 듣는 사람보다 더 정확한 정보를 가지고 있을 경우, 말하는 사람의 생각을 '확인-동의'하는 보기이다.

　(77) 가: 이거 색깔 참 예쁘다. 맞제(내 말이 맞지)?↘

　　가: (내 말에 동의하니?)

　　나: 그래

　(78) 가: 미자 머리 좀 어색하지. 맞제?↘(그쟈↘)

　　가: (내말에 동의하니?)

　　나: 그렇게 이상하지 않은데

　　가: 좀 이상하다 아이가.

　　위 (77가)와 (78가)의 덧물음월의 선행월은 말하는 사람의 주관적인 판단을 말한 것이다. 그러나 말을 듣는 사람도 선행월의 정보를 알고 있다. 따라서 선행월의 정보는 말하는 사람과 말을 듣는 사람이 공유하고 있기 때문에 말하는 사람이 말을 듣는 상대에게 '동의'를 구할 수 있게 된다. 그런데 그 선행월에 대한 말하는 사람의 믿음이 주관적이기 때문에 먼저 상대에게 자기의 믿음에 대해 '확인'을 하고 동시에 그 확인된 상태를 상대에게 '동의'를 구하는 복합적인 의미기능을 동시에 한다. (78)처럼 말하는 사람의 믿음에 상대가 동의를 하지 않으면 계속해서 동의를 요구한다.

덧물음월이 '확인-동의'의 기능을 할 경우, 끝소리는 대체로 내려간다. 이것은 선행월에 대해 말하는 사람이 강하게 믿고 있음을 의미한다.[25]

(79)

가: 야, 바다 시원하다. 그렇지?↘

가': 야, 바다 시원하지.↘

가: 아이고, 만수 착하다. 그지(그쟈)?↘

가': 아이고, 만수 착하지.↘

가: 날씨가 어제보다 훨씬 춥다. 그쟈?↘

가': 닐씨가 어제보다 훨씬 춥지.↘ 그렇지↘

위 (79)의 덧물음월도 말하는 사람이 선행월에 대해 듣는 사람에게 '확인'의 의미만 있는 것이 아니다. 또한 선행월이 말하는 사람이 직접 체험한 정보이기 때문에 상대에게 의문을 가진 확인은 아니다. 따라서 그 대답도 거의 말하는 사람의 물음에 동의하는 것이 담화의 흐름상 자연스럽다.

4.3. 확인-의외성(놀람)

덧물음월이 선행월의 정보에 대해 듣는 사람이 '놀람'이나 '의외성'을 가지면서 그것이

---

25) 특히 장석진(1989:161)는 영어 부가 의문에서 꼬리의 억양이 올라가면 확인 요청, 내려가면 동의 요청의 기능을 한다고 하였다.

사실인지 '확인'하는 기능을 하기도 한다. 이 경우는 선행월에서 이미 말하는 사람이 '확인'의 정도는 낮아지면서 '놀람'이나 '의외성'이 강하게 드러난다. 다음 보기들이 여기에 해당된다.

(80) 가: 선생님, 이 책은 너무 어렵습니다.

　　　나: 너가 이 책 어렵다고? 그렇냐?↗ 나는 그렇게 생각 안 했는데---

(81) 가: 너 잘아는 만수 있지. 그 친구 이번에 캐나다 이민 갔다고 하더라.

　　　나: 뭐, 그 친구가 이민을 갔다고? 그렇냐?↗

　　　가: 놀랬지, 전혀 이민갈 것으로 생각 못했는데 말이야. 그렇지?↘

(82) 가: 선생님, 이 문제 잘 못 풀겠는데요

　　　나: 니가 그 문제를 못 푼다고? 그래?↗

　　　가: 의왠데...

위 (80)의 덧물음월 (80나)는 '선생님이 독후감을 잘 쓸 수 있다고 믿었던 학생에게 책을 주고 독후감을 써라'고 했는데 학생이 (80가)와 같이 말을 했다. 그럴 때 선생님이 (80나)와 같은 덧물음월이 이어지는 말을 한 것이다. 이 경우 선행월은 선생님이 학생의 반응에 '놀람'을 나타내면서 이어지는 덧물음도 선행월의 '놀람'의 의미를 더 강조하는 기능을 한다. 이 경우는 선행월에 대해 상대에게 '확인'의 의미나 '동의', 설득'의 의미로서 기능을 한 것으로 이해되지 않는다. 단순히 선행월의 '의외성'을 수용하면서 놀람을 강조하는 기능으로 해석된다. (81)도 '어떤 친구가 말하는 사람과 잘 아는 친구가 이민갔다'는 정보를 말했을 때, 그 말을 들었던 사람이 놀라면서 (81)과 같은 말을 했다고 한다면, (81)에 쓰인 덧물음월은 선행월의 놀람을 수용하면서 의외성을 강조하고 있다. (82)도 '상대가 문제를 잘 풀 것으로 믿었던 사람이 못 푼다'고 했을 때의 반응이다. 이 경우도 선행월이 상대의 의외적인 반응에 대한 놀람으로 나타나면서 덧물음월도 그 의외성에 대한 놀람을 강조하고 있다. 이 경우는 모두 끝소리가 올라가는 특성이 있다. 끝소리가 내려 갈 경우는 상대의 정보를 단순히 '수용'하거나 '유보'할 경우에 나타난다.[26]

4.4. 확인-설득

　덧물음월이 말하는 사람의 의도인 선행월의 의도대로 듣는 사람이 행동해 줄 것을 요구하면서 궁극적으로 '설득'하는 의미 기능을 하는 경우가 있다. 이 경우 말하는 사람은 자기의 의도를 상대에게 다시 '확인'하면서 자기의 의도를 상대에게 설득한다.

　이 경우가 '동의'의 의미와 다른 점은 '동의'는 상대방이 말하는 사람의 정보를 공유하고 있어야 하며, 동의 여부는 상대의 결정에 달려 있기 때문에 강제성이나 말하는 사람의 의도대로 행위를 요구하지는 않지만, '설득'은 말하는 사람의 정보를 상대와 공유할 필요가 없으며, 상대에게 말하는 사람의 의도대로 행위를 하도록 강요하는 어느 정도 강제성을 가진다는 것이다.

　따라서 덧물음월이 '설득'의 의미 기능을 할 경우는 선행월이 상대에게 어떤 행위를 요구하는 시킴월이나 명령문일 경우 덧물음월은 상대에게 동의를 구하는 구실을 한다.

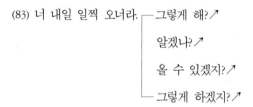

(83) 너 내일 일찍 오너라. ┌ 그렇게 해?↗
　　　　　　　　　　　　│ 알겠나?↗
　　　　　　　　　　　　│ 올 수 있겠지?↗
　　　　　　　　　　　　└ 그렇게 하겠지?↗

(84) 내가 보니까 너 그것 잘할 수 있겠다. ┌ 잘할 수 있겠지?↗
　　　　　　　　　　　　　　　　　　　　└ 그렇지?↗

(85) 너 내 올 때까지 집 좀 지키고 있어. 그렇게 해?↗ 응?↗

(86) 자, 이제 그만 놀고 공부하자. ┌ 그렇게 해?↗
　　　　　　　　　　　　　　　　│ 그럴거지?↗
　　　　　　　　　　　　　　　　│ 응?↗
　　　　　　　　　　　　　　　　└ 일하는 거지?↗

---

26) 국어 담화표지 '그래'에 대한 연구는 이한규(1996) 참고. 이한규(1996:11)은 '그래'가 '감탄 음조로 발화될 경우에는 화자의 가벼운 놀람이나 감탄을 나타낸다.'고 하였다. 그런데 이한규(1996)는 본고에서 논의하는 덧불음월로서 '그래'는 다루지 않았다. 덧물음월로서 '그래'는 말끝높이가 올라가고 말끝이 내려갈 경우는 상대의 의도에 대한 판단을 유보하거나(이한규, 1996:11) 수용할 경우에 나타난다.

제3부

담화표지

제1장

담화표지 두루 살피기

1. 담화표지 뜻넓이

담화표지의 뜻넓이를 어떻게 규정할 것인가는 중요한 문제이면서 어려운 문제이다. 담화
표지에 대한 뜻매김은 연구자에 따라 상당한 차이를 보이고 있는데, 일찍이 전통 문법가들
은 이를 주로 감탄사나 부사의 문법 범주로 분류하기도 했다. 국어 담화표지에 대한 앞선
분류는 담화표지를 연구하는 자리에서 드물게 제시되었다. 그 가운데 신지연(1988)에서 의미
적으로 감정적 간투사와 의지적 간투사로 나누고 형태적으로 다섯 가지로 나눈 것이라든가
안주호(1992)의 '부름 표지', '시발 표지', '전환 표지', '결말 표지'로 나눈 것이 주목된다.
그러나 이들의 분류는 담화표지를 어떻게 보느냐에 따라 다소 다른 모습을 보이고 있다.[1]

그러나 1980년대에 담화 영역이 중요한 연구 대상으로 부각되면서 담화표지는 새로운
범주로 자리 잡게 되었다. '담화표지(discourse marker)'가 담화상에 나타나는 다양한 표지를
포괄하는 상위 범주를 의미하게 되었으며, 그 하위 범주로서 기능, 형태, 현상에 따라 여러
가지로 분류되고 있다. 따라서 이러한 용어들은 다음과 같이 정리될 수 있다.[2]

---

[1] 외국의 자세한 간투사의 분류는 신지연(1988) 참조. Anna Wierzbicka(1992:165)는 감정적 간투사(emotive
ones), 의지적 간투(volitive ones), 인지적 간투사(cognitive ones)로 나누었다. 그리고 화시소로서 간투사에
대한 연구는 D.P.Wilkins(1992) 참조하였다. 그런데 간투사는 주로 담화에 실현되는 '감탄사'를 말하기 때
문에 넓은 의미에서 본다면 담화표지의 하위로 분류될 수 있다.
[2] 담화표지의 개념과 범주에 대한 논의는 안주호(1992), 임규홍(1996) 참조

① 기능 중심: 디딤말, 담화 개시어, 관심획득표지(attention getters)

② 형태 중심: (담화) 불변화사, 간투사(환투사)[3]

③ 환경 중심: 담화(화용) 표지

④ 현상 중심: 군말, 입버릇, 머뭇거림, 덧말

전영옥(2017)에서 논문 제목에 나타난 용어를 정리한 것에 의하면 조사 논문 231개 가운데 81.0%인 187개가 담화표지라고 했으며 담화표지어가 17개로 7.4%, 간투사는 6개로 2.6%, 화용표지는 5개로 2.2%이며 그 외는 결속표지, 담화대용표지, 텍스트구조표지 등 다양하게 쓰고 있음을 알 수 있다.

그러면 담화표지의 뜻넓이를 어떻게 규정해야 하는가가 문제이다. 필자는 담화표지의 뜻넓이를 적어도 다음 여섯 가지 정도의 조건에 부합된 것이어야 한다고 생각한다.

우선, 담화표지는 담화라는 독특한 실현 환경을 벗어날 수 없다. 다시 말하면, 담화표지는 담화(주고 받기의 대화(turn-taking)나 혼자말하기)에 쓰인 어떤 표현이 정제된 글말(written language, planned discourse)에서는 쓰이지 않는 표지를 말한다. 그래서 넓은 의미에서 담화표지는 담화적 특성을 가지는 모든 표현 양상들을 포함할 수 있다.

그러나 담화는 그 자체가 다분히 개인적인 특성을 가지고 있기 때문에 담화표지 또한 개별적 특성을 가지기 쉽다. 그러나 담화문법(discourse grammar)의 연구 대상으로서 담화표지는 공간적으로나 계층적으로 상당한 보편성을 가지고 있어야 한다. 즉, 어떤 담화표지가 성별이나 연령, 다양한 사회적 계층, 그리고 공간적으로 두루 쓰였다면 그것은 우리말 담화표지 범주 속에 포함시킬 수 있다는 것이다. 또한, 담화표지는 형태적으로 접사가 결합되거나 어형 변화의 가능성이 매우 낮다. 이러한 특성을 때문에 담화표지를 불변화사(particles)라고도 한다.[4] 그리고 담화표지는 문장 성분상 독립성이 높은 특성을 가지고 있다. 즉, 담화표지는 문법적으로 다른 성분과 결속되지 않는다는 것이다. 끝으로 담화표지는 그 나름대로

---

3) 국어 간투사의 분류에 대한 자세한 논의는 신지연(1988) 참고 Bolinger 추모 특집 journal of Pragmatics 18(1992)에 'interjections'을 특집으로 다루고 있음.

4) 서양에서도 이에 대한 논란은 계속되고 있는 실정이다. interjections과 particles 그리고 interjections과 routines(formulae)의 차이에 대한 논의는 Ameka(1992) 참고

담화적 기능을 하는 것으로 보인다. 담화표지가 아무리 임의적일지라도 그것이 담화 상에서 실현되었다면 그 담화표지는 분명 어떤 독특한 담화적 기능을 수행한다고 볼 수 있다. 다음 [표 1]은 전영옥(2017)에서 보인 담화표지의 특징에 대한 연구자들의 내용이다. 연구자 마다 크게 다르지 않다.

	Schiffrin(1987)	Brincon(1996)	임규홍(1996)	전영옥(2002)
실현환경		문어 담화보다 구어 담화에서 빈번	담화(입말)에서 실현되는 표지	구어 담화에서 실현
실현빈도		한 문장에 하나 이상		
실현위치	담화의 첫 시작에 주로 사용	문장 시작 위치에 주로 온다		
형식		간투사, 부사, 관사,동사, 접속어, 구, 숙어, 문장, 절 등		여러 언어 형식(감탄사, 부사, 구절 등)이 담화표지로 사용
운율적 특징	conic stress, 휴지나 음운론적 감소가 뒤따름	음운적으로 축약, 화강–상승과 상승 억양을 동반한 톤을 형성		억양, 휴지와 관련 있음.
어휘 의미	의미가 없거나 모호하거나 재귀적인 의미를 지닌다	어휘의 명제적 의미가 최소화(거의 없다)	원래 어휘적 의미에서 변이	어휘의 명제적 의미에서 변이
형태적 고정성			형태적 고정성이 높다	형태적으로 고정성이 높음.
통사 구조와의 관련성	문장으로부터 통사적 분리	통사구조의 밖에 놓여 있고, 분명한 문법적 기능 없다.	다른 문장 성분과 독립성이 높다	문장의 다른 성분에 독립적, 필수성분이 아님
기능		다기능을 한다.	독특한 담화 기능	다양한 담화 기능 수행
선택적 사용		필수적인 성분이 아니고 선택적인 성분이다.	임의적인 사용	

작용 영역	담화의 지엽적, 전체적 담계에 다 작용			
사용 영역		남자보다 여자가 더 많이 사용한다.	쓰임에서 공간적, 계층적 보편성을 가져야 한다.	
평가		그 동안 부정적으로 평가되어 왔다.		

[표 1] 담화표지의 특징 (전영옥, 2002:117-118; 전영옥, 2017:136 재인용)

본고에서는 담화표지의 뜻넓이를 일반적인 넓이보다 좁게 잡고자 한다. 우선, 담화표지는 담화라는 독특한 실현 환경을 벗어날 수 없다. 다시 말하면, 담화표지는 담화(주고받기의 대화(turn-taking)나 혼자말하기)에 쓰인 어떤 표현이 정제된 글말(written language, planned discourse)에서는 쓰이지 않는 표지를 말한다. 그리고 담화상에서 어휘적 의미(언표적 의미)를 가지지 않기 때문에 생략해도 명제적 의미에 손상이 없는 것으로 보고자 한다. 즉, 담화표지는 문장 성분상 독립성이 높은 특성을 가지고 있어서 문법적으로 다른 성분과 결속되지 않는 것이다. 또한, 담화표지는 형태적으로 접사가 결합되거나 어형 변화의 가능성이 매우 낮다. 이러한 특성을 때문에 담화표지를 불변화사(particles)라 하기도 한다.

본고에서 조사한 담화표지는 임규홍(1996)에서 나눈 것을 바탕으로 어휘적 담화표지와 비어휘적 담화표지를 포함한 뜻넓이로 본다. 따라서 어휘적 담화표지는 담화표지의 어원을 중심으로 '의문성 담화표지', '지시성 담화표지', '접속성 담화표지', '부사성 담화표지'로 나누었다.

2. 국어 담화표지 갈래

국어 담화표지의 범주는 학자들마다 매우 다양하다. 담화표지는 기본적으로 담화라는 큰 틀 속에서 생성되는 표지임에는 두루 인정을 하고 있지만 담화표지의 기능 범주가 매우 다양하기 때문에 담화표지의 뜻넓이가 다양하게 된 것이다. 담화표지는 발화에서 크게 명제적이고 독립된 어휘를 제외된 것으로 화자의 발화책략의 하나로 기능을 하는 것으로 넓게 잡기도 한다. 담화표지가 개별적 기능을 하기도 하고 선후 상황과 맥락 또는 화자의 태도나 감정을 나타내는 기능을 하기도 한다. 따라서 국어 담화표지를 다음과 같이 나눌 수 있다(임규홍, 1996).

    (1) 어휘 반복 담화표지: 선행 담화의 성분을 반복함

    (2) 어휘 삽입 담화표지:

        ⓐ 서술어류: 뭐냐하면, 뭔고하면, 머시고(머시거), 있지(있쩨, 있쬬), 아이가, 그 아인나

           (안 있어), 말이야(말입니다), 말하자면

        ⓑ 부사어류: 글쎄, 마, 머, 그래, 거시기, 인자(인제, 인저, 이제)

        ⓒ 어미류: -가지고(갖고, 갖구, 가지구, 깐두루 등), -요(-예,-유)

        ⓓ 지시어류: 음-, 에-, 그-, 저-, 이-

        ⓔ 감탄사류: 앗, 아차, 아이구-- 등

    (3) 비어휘적 담화표지(non-lexical discourse marker): 쉼(pause), 억양(intonation), 강세(stress)

    국어의 담화표지를 이처럼 어휘적 담화표지와 비어휘적 담화표지로 나눈 것은 모든 언어의 발화는 발화의 중요한 두 기제인 어휘의미의 연결과 비어휘적 요소의 실현으로 이루어지기 때문이다. 어휘적 담화표지는 그 어휘적 의미가 담화 기능으로 변화 확대된 것으로 본다. 반면에 비어휘적 요소는 어휘 요소가 담당하지 못하는 상황적 요소나 문체적 요소 그리고 심리적 요소에 작용하게 된다. 이 둘의 요소가 자연스럽게 이루어졌을 때 담화는 매우 자연스럽게 연결되고 담화효과 또한 그만큼 높아지게 된다. 이러한 측면에서, 담화표지를 어휘와 비어휘의 담화적 요소로 나눔으로써 그 기능 또한 어휘와 비어휘적 특성을 가질 것이라는 전제가 가능하다. 그리고 어휘적 담화표지 가운데 반복에 의한 담화표지는 실제 하나의 독립된 형태의 담화표지라 하기는 어려운 점도 있겠으나 그 선행 정보가 반복되는 현상은 실제 글말에서는 실현되지 않는 담화의 특성을 가지고 있으며,[5] 그리고 그것이 담화 상황에서 담화적 기능을 충분히 담당하고 있다는 면에서 담화표지의 한 양상으로 포함시킬 수 있다. 더구나 이 선행 정보의 반복은 담화표지와 더불어 거의 유사한 담화기능을 하기 때문

---

5) 이상태(1983)에서도 '반복'을 입말의 중요한 특성으로 보았다.

에 담화표지의 효과적인 설명을 위해서도 담화표지와 동일한 범주에 포함시키는 것은 별 무리가 없다고 본다.

그리고 어휘 삽입 담화표지를 위와 같이 성분 중심으로 나눈 것은 그 담화표지가 기원적으로 그 성분의 의미 기능을 전제한다는 입장에서이다. 담화표지의 기능적 연구도 그 담화의 어원적 성분의 의미를 중심으로 연구되어야 할 때 위와 같은 분류는 매우 의미 있는 분류라고 본다. 또한, '강세'나 '억양' 그리고 '쉼'과 같은 이른바 초분절 음운6)(suprasegmental phonemes)을 비어휘적 담화표지로 분류한 것은 이러한 음운들이 담화 전개에서 독특한 의미 기능할 뿐만 아니라 그것들은 담화에서만 실현되는 담화적 속성을 충분히 가지고 있기 때문이다. 따라서 앞으로 이에 대한 담화적 차원의 연구가 깊이 이루어져야 할 것으로 생각한다. 다음은 담화표지의 유형에 대한 선행연구이다.

담화표지 유형	유형별 담화표지의 예
가. 미시 담화표지	
① 본디 담화표지	
A. 감탄사	'가만, 그럼, 글쎄, 뭐, 아니, 어디, 예/네, 왜, 자, 참, 이, 그, 저, 저기' 등
B. (접속)부사	'그래서, 그러나, 그러니까, 그렇지만, 그리고' 등
② 전성 담화표지	
A. 내용어가 담화표지로 바뀐 것	
· 관형사가 담화표지로 바뀐 것	'무슨, 웬' 등
· 부사가 담화표지로 바뀐 것	'그냥, 막, 이제, 좀' 등
· 명사구가 담화표지로 바뀐 것	뭘 등
· 용언구가 담화표지로 바뀐 것	'말이야, 있잖아, 그러잖아도, 그래 가지고' 등
B. 기능어가 담화표지로 바뀐 것	
· 보조사가 담화표지로 바뀐 것	'요' 등
나. 거시 담화표지	
① 발표 담화표지	'-에 대해 발표하겠습니다' 등
② 토론 담화표지 등	'-의 의견이 반대합니다' 등

[표 2] 담화표지의 유형 (윤창숙·김태호, 2015:235-236; 전영옥, 2017:137 재인용)

---

6) 초분절음운은 박창해(1990:37-43)에서 '얹힘 음운'이라고 하면서 논의된 바 있다.

2.1. 어휘 담화표지

다음 [표 3]은 지금까지 담화표지로 연구한 언어형식들의 대략적인 목록을 전영옥(2017)에서 따온 것이다.

구분	언어 형식		연구
감탄사	글쎄		이원표(1993), 이해영(1994), 김선희(1995), 김은정(1998), 정선혜(2006), 우미혜(2013)
	아		강우원(2006), 김영철(2005), 전영옥(2006)
	어		강우원(2002), 김영철(2006), 전영옥(2006), 전영옥(2015)
	예/네		이원표(1993), 하지혜(2010), 이한규(2011), 신아영(2011), 전정미(2011)
	오		서승아·김혜숙(2008)
	자		임규홍(2005), 김영철(2008), 이효경(2014)
	저기(요)		김수빈(2005)
감탄사/ 부사	가만		김선희(1995)
	그래		신현숙(190), 이규한(1996), 김은정(1998), 김수빈(2005), 신아영(2011), 김영진(2014)
	그러게		안윤미(2012), 우미혜(2013), 모홍월(2016)
	아니		이원표(1993), 송병학(1994), 구종남(1997), 김미숙(1997), 김은정(1998), 신아영(2011), 이한규(2012)
	왜		김선희(1995), 이한규(1997), 김영란(2000), 정윤희(2000), 김명희(2005), 박석준(2007), 김에스터(2008)
	참		강우원(2000), 김영철(2007), 이효경(2014), 구종남(2015ㄱ)
감탄사/ 대명사	거시기		이봉선(1998), 박근영(2000), 김영철(2004), 전성호(2007)
	뭐		이한규(1999), 구종남(2000), 이정애(2002), 이효진(2005), 정윤희(2005), 정선혜(2006), 박석준(2007), 김에스터(2008), 남길임·차지연(2010), 송인성(2013)
	어디		구종남(1999), 박석준(2007), 김에스터(2008), 이한규(2008), 유나(2015)
부사	접속부사 (접속어)	그러_계열	김금하(2000), 이희정(2003), 조민정(2015ㄷ), 김인환(2017)
		그래서	전영옥(2016ㄱ, 2016ㄴ)
		그러니까	이기갑(1994), 강소영(2009), 우미혜(2013), 전영옥(2016ㄴ)
		그런데	김미선(2012), 이주희(2014)
		그리고	이춘근(1999), 전영옥(2007)
	그 외	그냥	이정애(2002), 이기갑(2010), 심란희(2011), 박혜선(2012),

			안정아(2015)
		그만/고마	이기갑(2009, 2010), 임규홍(2011)
		그저	이기갑(2010)
		다	구종남(2005)
		막	최지현(2005), 안정아(2008, 2015), 안주호(2009), 김영철(2010), 송인성(2014), 조민정(2015ㄴ, 2016)
		아무튼/ 어쨌든/ 하여튼	김상훈(2013)
		이제/인자	이기갑(1995), 임규홍(1996), 이정애(2002), 김광희(2004), 박지윤(2011), 이임라(2011), 김영철(2015)
		정말/진짜	김현지(2015)
		좀	구종남(1998), 정선혜(2006), 안주호(20019, 2010), 박혜선(2011), 김귀화(2014), 송인성·신지영(2014), 김보영(2014), 안정아(2015), 오양·전영근(2015), 조민정(2015ㄱ, 2016), 리련희(2016), 장경현(2016)
대명사/ 관형사	이, 그, 저(지시어)		이정애(2002), 박근영(2006)
관형사	무슨		김명희(2006), 김선영(2016)
용언	됐어		안주호(2014)
	말이다/말이야		김영희(1995), 임규홍(1999), 이정애(2002), 김향화(2005), 하은혜(2009), 김민국(2011), 유나(2016)
	물론이다. 당연하다		한국화(2013)
	뭐냐/뭐랄까/뭐야		임규홍(1995), 김선희(1995), 이원표(2001)
	있지/있잖아		임규홍(1995), 김주미(2004), 이효경(2014), 이동혁(2017)
조사	-는/-가		홍정하(2011)
	로		이정애(2002)
	요		윤석민(1994), 이정민·박성현(1999), 문병우(2002), 이정애(2002), 김명희·이다미(2003), 이창봉(2017)
구절	그래 가지고		강소영(2005)
	다름 아니라		노은희(2012)
	그건 그렇고		노은희(2012)
	아 근데		강소영(2014)
	아니 근데		김수빈(2005), 강소영(2014)
	어 가지고		임규홍(1994), 이정애(2002)
방언			계메(문순덕·김원보 2012, 신우봉, 2015), 근, 에(이기갑 2013, 2009, 2010), 마(임규홍 2011), 머꼬(강우원 2013), 아이가(임규홍 2009), 와, 왜, 잉(강희숙 2006), 응, 야(오선화 2008), 이(김태인 2015)

[표 3] 담화표지로 연구된 언어 형식(전영옥, 2017)

전체적으로 담화표지 연구 대상 어휘는 감탄사와 부사가 상대적으로 많다. 이것은 감탄사가 기본적으로 담화 상에서 실현되는 특성을 가지고 있다는 것과 전통문법이나 구조주의 문법에서 감탄사라는 문법 범주가 기능문법의 담화표지와 유사한 담화기능을 하기 때문이다. 감탄사라는 문법 범주는 통사적 범주도, 화용적 범주도 아닌 불분명한 문법 범주로 보인다. 통사적 범주는 통사적으로 서술어의 제약을 받거나 격 기능을 해야 하는데 실제 감탄사는 이러한 기능을 하지 않은 독립적 발화 요소이다. 그렇다고 현재 감탄사라고 하는 범주에 있는 어휘들이 감탄사가 용어의 의미대로 화자의 감탄을 표현하는 것이 아님에도 감탄사로 분류하고 있다는 점도 문법 범주의 개념으로 적절하지 않다고 하겠다.

그리고 담화표지로 부사가 담화표지로 전이되어 쓰이는 경우가 많고 이에 대한 연구가 많은 것도 부사가 화자의 심리적 발화 태도를 나타내는 의미적 특성을 가지고 있기 때문이다.

2.2. 비어휘 담화표지

담화표지가 근원적으로 어휘적 의미에 있지 않으면서 단순히 이어지는 새 정보의 회상을 위한 시간벌기 기능을 하는 경우가 있다. 그리고 다음 정보를 계속하기 위한 책략으로 쓰일 수 있다. 이때 담화표지는 '이-, 그-, 저-, 으-, 에(애)-, 음' 등이 있다.

레빈슨(S.C.Levinson)은 순서 교대 체계는 문장 구조에 더 큰 영향을 준다고 하면서 순서 교대 체계에 서만 잘 이해 될 수 있는 불변화사(particle)가 많은데 발언권 지속어(floor-holder)으로서 영어의 uh, 발언권 반환어(floor-returner)으로서 영어의 hm, 순서 마감어(turn-ender)이 있다고 하였다.

이것은 Clark&Clark(1977:267)가 말한 주저하기의 기능과 그의 간투사(Interjections)기능을 포함한다고 볼 수 있다.

그는 주저하기의 세 가지 중요한 점은 (1) 문법적 접속어, (2) 다른 성분 경계, (3) 어떤 성분 안에 있는 첫 내용 낱말 앞에서 실현된다고 하였다. 그리고 그들은 간투사 oh, ah, well, say의 기능을 다음과 같이 설명하였다.

(1) John would like,oh,carrots.

(2) John would like–ah,carrots.

(3) John would like,well,carrots.

(4) John would like,say,carrots.

oh: 지시적 선택(referent selection)

ah: 기억 이음(memory success)

well: 낱말 접근(word approximation)

say: 예증하기(exemplification)

그들은 쉼과 간투사 사이를 설명하면서 다음과 같은 예를 들고 있다.

(5) John would like// carrots.

(6) John would like,uh,carrots.

(5)의 침묵의 쉼과 (6)의 채워진 쉼 사이에는 말할이의 해석이 다르지만 다른 간투사와 같이 그 의미 해석이 분명한 것이 아니라고 하면서 간투사는 말할이가 쉰 이유를 들을이에게 강조시키기 위해서 사용한다고 하였다.

그리고 분명한 것은 간투사나 주저의 쉼은 성분이 큰 덩이임을 나타내고 단일 구성 성분을 나타내는 표지의 선택이라는 것이다.

Clark&Clark(1977:268)에서 낱말이나 문장이 시작되거나 구성성분을 표현하기에 앞서 주저하거나 쉼은 청자에게 자기의 말이 계속된다는 것을 표현하는 표지이라고 하였다. 다음 실제 담화의 보기를 보자.

(7) 그기 저// 저// 그거로 삼고이라 쿠넌대 (대평리 이야기 22)

(8) "아// 나도, 소금 장사 한잔 얻어 먹었는게 값허고 가야지요" (옥구군 서수면 설화 1)

(9) 아//, 이거 웬만한 사람같으면 죽어 기절하지. (양양군 서면 설화 19)

(10) 아// 그렇게 이제 문초 해 가니까 (남제주군 안덕면 설화 13)

(11) 애//, 그이// 인자 디애 알고 본깨 고이 지석모라. (대평리 이야기 32)

(12) 그// 저놈으 늙은이가 메칠 병구완을 해 주닝깨 저// 지랄한다. (공주군 유구면 설화 25)(//;
쉼)

이 비어휘적 담화표지들은 필연적으로 '쉼'이 동반되는데 이때의 '쉼'은 글말을 읽거나 연설문을 읽을 때 의미 덩이와 호흡 덩이에 의해 실현되는 발화의 쉼과는 구별이 된다. 의미 덩이나 호흡 덩이에 의해 실현되는 쉼은 구성 성분의 경계에서 또는 큰 의미 덩이에서 자연스럽게 실현된다. 이것은 개인차에 따라 다른 것이 아니라 소리읽기나 계획된 담화에서 나타나는 일반적이고 보편적인 현상이다. 그러나 본고에서 논의되는 '쉼'은 이런 규칙적이고 보편적인 '쉼'이 아니라 이미 언급이 되었지마는 계획되지 않은 발화(unplaned discourse),[7] 또는 자연스런 발화(spontaneous speech)[8]에서 실현되는 담화표지로서 '쉼'은 화자의 담화상 실현되는 담화 책략의 하나라고 할 수 있다. 일반적으로 유창하지 못한 화법에 의해 실현되는 것으로 의미 덩이와 호흡 덩이로써 쉼이 가지는 기능과 더불어 담화적 기능을 가지는 것이 이 담화표지로서의 '쉼'의 특징이다.

담화표지로서 쉼의 기능도 이와 같이 문법적 단위(명제덩이)에서 실현되는 언어 보편성을 포함하고 있으면서 정보 회상을 위한 시간벌기라는 기능적 범주를 크게 벗어나지는 못한다. 주로 쉼과 같이 실현되는 담화표지 '음-, 에-, 이-, 그(게)-, 저-, 으-, 아' 등은 쉼이 가지는 기능 이외에 앞에서 말한 바와 같이 말할이는 자기의 담화가 계속된다는 음성적 표현이라고 할 수 있다. 그런데 우리말에서 음성적에 따른 담화 기능의 차이에 대한 연구는 아직 이루어지지 않고 있는 실정이다.

실제 채록된 설화를 분석해 본 결과 가장 많이 나타나는 것이 '저-'이고 그 다음으로 전국적인 분포를 보이고 있는 것이 '아-'였다. 그리고 '그-'도 간혹 보인다. 그러나 '이-'나 '음-'과 같은 담화표지는 거의 발견하지 못했다. 생각이 논리적으로 정리되지 않았거나 앞으로 이어지는 새 정보가 회상되지 않았을 경우에 아직 일반적으로 단정하기는 어려우나 예측하기로는 학교 교육을 많이 배우고 글말을 많이 발표한 사람일수록 시간벌기 담화표지

---

7) Ochs(1979) 참고
8) Clark&Clark(1977) 참고

가 적게 나타나는 경향이 있다. 이것은 앞장에서 논의한 어휘적 담화표지에도 마찬가지이다. 학교 교육을 통해 논리적 사고를 하고 통사화된 글말로 많이 표현하기 때문에 그것이 입말에서도 그 글말의 정제된 형태가 그대로 실현되기 때문이다. 학교 교육을 통해서 글말 훈련을 받은 사람들은 회상 시간을 벌기기 위해서는 주로 음성적인 담화표지보다는 긴 쉼을 이용한다. 이 비어휘적 담화표지가 나름대로 어떤 기능을 하는지는 밝히기가 매우 어렵다. 이 담화표지들이 거의 비슷한 환경에서 나타나기 때문이다. 그런데 '쉼'의 길이에 따라 문체적 기능은 다소 다른 것으로 보인다. 연설문에서 마디 사이에 쉼을 얼마나 길게 두는가에 따라 전체적인 분위기와 말하는이의 언어적 무게에 어느 정도 영향을 주는 것 같다. 그러나 이러한 쉼은 정보 회상의 시간을 벌기 위한 담화적 특징이라기보다는 말할이의 담화 습관이나 심리적 태도에 따른 것이다. 연설문은 이미 정보들이 짜여진 글말 상태에 있기 때문에 담화의 상황과는 다소 다르다고 볼 수 있다.

3. 담화표지화 과정

담화표지화 과정은 담화표지의 유형에 따라 근원적 유형이 가지고 있는 의미를 보존하거나 전이된다는 점이 중요하다. 담화표지는 기본적으로 어휘적 의미보다는 발화에서 어떤 담화기능을 하느냐에 달려 있다. 담화표지의 담화기능은 담화표지의 어휘적 의미에서 발화 환경이나 화자와 청자의 관계 및 화자의 심리적 상태 등의 다양한 요소에 의해 발생하게 되는데 담화표지가 가지고 있는 담화기능과 담화전략은 한 마디로 규정하기는 매우 어렵다.

지금까지 대부분 담화표지 연구에서는 담화표지의 의미와 기능을 구별하지 않고 섞어서 논의한 것으로 보인다. 담화의미는 담화표지가 가지고 있는 어휘적 측면에서의 전이라면 담화기능이나 담화책략은 화자와 청자의 상호작용적 관계에서 화자가 청자에게 기대하는 태도라고 할 수 있다. 담화표지화 양상은 다음과 같이 나타낼 수가 있다.

기본어휘 ⇨	기본의미+화용적 의미 ⇨	기본의미+담화의미 ⇨	기본의미+담화기능

어떤 어휘가 화용적 의미로 전이되다가 그것이 담화의미나 담화기능으로 전이될 경우는 어휘의 기본의미는 약화되면서 그 빈자리에 화용이나 담화의미와 담화기능이 담당하게 된다.

담화표지	기본의미	담화의미	담화기능
좀	조금(적음)	정도의 약함	공손
막	마구	정도 심함	부정적 태도, 시간벌기
이제/인자	지금/현재	시간 전환	화제전환/시간벌기
그냥	있는 그대로	상태 강조	시간벌기, 주의집중, 주저함
왜	이유	확인, 놀람	주의집중, 시간벌기
참	사실에 어긋남이 없음	정도 강조	주의집중, 놀람
정말	옳음	정도 강조	주의집중
뭐	의문	정도 약함	겸손, 자신 없음, 머뭇거림, 시간벌기
어디	의문	정도 강조	망설임, 화제전환, 주의집중
아니	부정	부정, 수정, 강조	놀람, 화제전환
글쎄	불분명함	부정, 수정, 정도 완화	겸손, 시간벌기, 불분명한 태도
자	요청	전환, 강조	주의집중, 화제전환, 발언권 유지
그래	접속	전환, 강조	시간벌기, 화제전환, 놀람
어	불분명함	불분명함	끼어들기, 발언권유지, 얼버무림, 시간벌기
아	놀람	긍정 수용	화제전환, 발언권 유지
그만/마	정지	지속, 한정	행위지속 요청
있잖아	존재	확인, 강조	회상, 주의집중
무슨	의문	확인	놀람, 의외
요	높임	강조	시간벌기, 주의집중

[표 4] 담화표지화 과정

4. 국어 담화표지 연구 흐름

언어학계에서 담화표지에 관심을 가지게 된 것은 언어학 연구의 변화에 따른 것이다. 담화연구는 20세기 초에 언어학계의 주류를 이루었던 구조주의와 20세기 중반 촘스키를 중심으로 한 변형생성문법의 연구에서 새로운 문법 동향인 기능문법 연구에서 본격적으로 시작된 것이다. 사실 담화의 역사는 일찍이 그리스 로마 학자의 수사학과 문법을 구별하면서 시작하였다. 고대 언어학 연구에서 문법은 고립된 대상으로서 언어 규칙에 관심을 갖게 되었고, 수사학은 단어를 운용하는 방법과 효과를 거두는 방법 그리고 특정한 맥락에서 사람들과 성공적으로 의사소통을 이루어 내는 방법에 관심을 두면서 자연스럽게 담화인 입말에 관심을 가지게 된 것이다. 이것이 학문적으로 정착하기 시작한 것은 20세기 중반 (1952) 해리스(Zelling Harris)의 저서 '담화분석'(1952)에서부터라고 할 수 있다.[9]

구조주의와 변형생성문법의 언어 연구 대상이 각각 랑그(langue)와 언어능력(linguistic competence)에 의한 이상적 언어(ideal data)이었다면 기능주의 언어학은 언어에서 의사소통의 중요성을 인식하고 이른바 쇼쉬르(Saussure)의 파롤(parole)이나 촘스키(Chomsky)의 언어수행(linguistic performance)에 대한 연구라고 할 수 있다. 따라서 기능문법에서 파생된 화용론(pragmatics)나 담화론(discourse)은 의사소통과 형태와 기능, 형태와 의미(도상성)에 대한 연구, 언어의 정보의 엮임관계, 통어구조, 신정보와 구정보의 관계, 초점, 주제(topic-comment, theme-rheme), 대조에 대한 연구를 주로 한다(Givon, Kuno, Prince, Bolinger, Halliday, Hymes, van Dik). 따라서 이들 기능문법가나 의사소통을 연구하는 언어 연구가들은 촘스키식의 언어 연구 대상을 말할이의 머릿속에서 가능성으로만 존재하고 실제 발화되지 않는 가공된 말, 정제된 말(sanitized data)이라고 비판하고 있다. 기능문법의 깊은 근원은 1929년 프라하언어학회총론에서 언어학 연구는 의사소통의 중요성과 이에 대한 연구를 주장한 것에서 시작되며 1960년대 오스틴(Austin)과 설(Searle)의 화행이론(Speech act theory)에 닿아있다. 나아가 이들 연구는 기능문법(functional grammar)과 인지문법(cognitive grammar)으로 이어진 것이다.

본 논의에서는 지금까지 연구되어 왔던 담화표지에 대한 내용을 전체적으로 조망하고 담화표지 연구의 문제와 향후 지향점을 모색하고자 한다. 담화표지 연구에 대한 전체적인 연구는 전영옥(2017)과 구현정(2018)에서 이루어진 바가 있다. 본 연구도 이를 많이 활용하였음을 밝혀 둔다. 그리고 많은 부분을 임규홍(1996)을 참고로 담화표지의 의미적 측면에 중점을 두면서 논의하고자 한다.

---

9) 쿡(1989:12), 김지홍(2003) 뒤침 참조

4.1. 무관심기(~1980년)

담화표지를 전통문법에서는 의지 감탄사(최현배, 1971)라고 하였거나 군말(김종택, 1982), 머뭇거림 입버릇(남기심·고영근, 1985), 머뭇말, 덧말(노대규, 1989)이라고 하여 담화표지가 가지고 있는 독립적인 담화 기능에 대해서는 간과해 왔다. 즉, 담화표지는 담화에서는 불필요한 요소로 보고 연구 대상으로 삼지 않았던 것이었다. 전통문법에서 규범문법을 중요시해 왔던 시기에는 담화표지와 같은 입말의 명제적 표현 이외는 쓰지 말아야 잘못된 표현이라고 생각하였다. 따라서 그 용어도 '군말'이나 '입버릇', '덧말', '머뭇말'과 같이 불렀다. 오늘날 담화표지라고 부르는 발화 요소들을 최현배(1971)에서 감탄사라고 한 것은 담화표지의 담화적 기능을 수용한 태도로 보인다. 실제 감탄사와 담화표지의 개념을 어떻게 정립할 것인가가 문제가 되어 이에 대한 논의도 있었다(황병순, 2010).

이 시기는 전체적으로 담화표지에 대한 담화상 의의나 개별 담화표지에 대한 연구는 보이지 않는다.

4.2. 관심 갖기(1980년 초~2000년)

담화표지에 대한 관심을 가지고 연구하기 시작한 것은 1989년대 후반부터 국어학 연구자 가운데 구조주의 문법에서 기능문법으로 관심을 가지는 연구자가 늘어나면서 자연스럽게 담화표지와 담화구조 등 담화 연구에 관심을 가지게 되었다. 이전의 감탄사와 담화표지에 대한 개념을 분리 정리하기 시작한다(강선희, 1994). 국어학 연구에서 담화에 관심을 가지면서 주목을 하게 된 것은 송병학(1987)에서 '관심획득표지(attention-getter)'라는 특이한 용어로 담화표지에 관심을 가지기 시작한 것이다. 그 후 간투사(interjection)[10]라는 용어로 본격적으로 담화표지에 대한 연구가 시작되었다(신지연, 1989; 신현숙, 1989). 그러나 이 시기의 담화표지 연구는 감탄사와 담화표지에 대한 명확한 구별 없이 간투사란 용어로 연구되었다. 안주호(1992)에서 담화표지라는 용어가 논문 제목에 나타났으며 이원표(1992)에서 담화표지에 대한

---

10) 볼린저 추모 특집 journal of Pragmatics 18(1992)에 'interjections'을 특집으로 다룬 적이 있음.

연구가 본격적으로 이루어지기 시작했다. 이한규(1996)에서는 담화표지어라는 용어로 다양한 담화표지 연구를 하였다. 이 시기는 주로 담화표지나 간투사와 같이 담화에서 이전에 관심을 받지 못했던 담화요소에 관심을 가지기 시작한 시기이다. 담화표지나 간투사의 전반적인 논의를 하였다(신현숙, 1989; 신지연, 1989; 안주호, 1992; 오승신, 1995). 이 시기에도 개별 담화표지에 대한 연구가 없었던 것은 아니다. 주로 '-요'(윤석민, 1994; 이정민·박성현, 1991)와 '인제/인자'(이기갑, 1995; 임규홍, 1996), '글쎄'(이원표, 1993; 이해연, 1994; 김선희, 1995; 김은정, 1998), '아니'(이원표, 1993; 송병학, 1994; 구종남, 1997; 김미숙, 1997; 김은정, 1998)와 같이 영어 담화표지 'now', 'well'이나 한국어에서 특수하게 쓰이는 부정 표현에 대한 담화표지를 연구하였다.

4.3. 넓히기(2000~2018년)

2000년대에 들어서면서 담화표지 연구는 본격적으로 매우 활발하게 이루어지기 시작했다. 이 시기에는 이전 시기에 다루어졌던 담화표지와 함께 더 다양한 종류의 담화표지에 대한 연구가 이루어졌다. 그리고 담화표지에 대한 기능이 세분화되었으며 담화자료도 말뭉치를 활용하기 시작했다.

이 시기에는 방언 담화표지를 연구하기 시작했다. 경상방언은 연구로 임규홍(2009, 2011), 강우원(2013), 제주방언은 강희숙(2006), 문순덕·김원보(2012), 함경도 방언은 오선화(2008), 동남방언은 이기갑(2019, 2013) 등이 보인다.

또 이 시기에 눈여겨 볼 연구는 담화표지를 운율적 측면에서 연구한 것으로 송인성(2013, 2014, 2015), 차지현(2010)을 주목할 만하며, 특히 이 시기에는 담화표지를 외국인을 위한 한국어 교육 연구의 주제로 쓴 논문들이 많이 나오게 되었다.

5. 담화표지 연구의 방향

국어 담화표지에 대한 연구는 1980년대 초반을 시작으로 지금까지 매우 활발하게 이루어져 왔다. 처음에는 담화표지 개념에 대한 논의에서부터 시작하여 개별 담화표지에 대한 연구가 활발하게 이루어졌으며 담화표지 발화 자료도 다양하게 활용하기에 이르렀다.

향후 국어학 연구에서 담화표지의 연구 방향을 그려본다면 다음과 같이 몇 가지로 정리할 수 있다.

1. 앞으로 담화표지 연구의 방향은 지금까지 연구된 결과를 바탕으로 국어 담화표지가 외국어 담화표지와 대조 연구될 필요가 있다. 국어 담화표지는 다른 언어보다 더 다양하고 활발하게 실현되는 특성을 가지고 있을 것이라는 추측은 할 수 있으나 실제 비교된 연구는 그리 보이지 않는다. 어떤 언어이든 담화표지가 실현되지 않은 언어는 있을 수 없다. 담화가 글말과는 달리 화자의 매우 다양한 발화 태도와 발화 전략을 실현할 수 있는 기재로 작용하기 때문이다. 우리말이 담화표지 활용을 다른 언어보다 매우 활성화되었다면 그것이 한국어의 특징으로 정리가 될 수 있다.

2. 다음으로 향후 국어 담화표지 연구는 성조와 관련을 시켜서 연구되어야 한다. 운율과 관련된 연구가 최근 나오고 있지만 운율뿐만 아니라 담화표지에는 반드시 음성적 자질 즉, 성조나 억양 강세와 같은 반언어적(sem-verbal language) 요소가 작용하게 되어 있으며 이 성조에 따라 동일한 담화표지라도 그 담화기능이 매우 다르게 된다. 따라서 이처럼 성조와 담화표지 및 담화기능을 연계한 연구가 실질적으로 이루어져야 한다.

3. 담화표지는 개인적 발화 습관에 따라 담화표지의 종류와 빈도가 다양하게 실현된다. 따라서 담화표지 연구는 계층적, 세대별, 지역별 특성에 대한 연구도 필요하다. 최근 방언의 담화표지에 대한 연구가 나오고 있기는 하지만 아직 미흡한 단계라고 볼 수 있다. 계층과 세대에 따라 어떤 특성을 가지는지 어떤 담화표지의 실현빈도가 높은지를 통계 방법으로 분석할 수도 있을 것으로 생각한다.

4. 향후 담화표지에 대한 연구는 인지적 연구로 정신장애자의 담화표지에 대한 연구도 필요하다. 정신분열증 환자나 뇌질환에 따른 환자의 담화분석에서 담화표지의 실현 양상도 연구할 수 있다.

제2장

성별에 따른 국어 담화표지 사용 분석
-중·고등학생을 중심으로

인간의 말은 태초 입말로 시작되었으며 지금도 말의 참모습은 입말에서 찾아야 한다. 따라서 말의 연구 또한 살아있는 입말 중심으로 이루어져야 한다. 정제된 글말에서는 결코 나타나지 않는 수많은 표지들이나 되풀이, 없앰, 덧붙임, 다양한 어조들이 입말에서는 매우 복잡하게 나타난다. 그리고 그러한 입말 특징들은 입말을 꾸려나가는데 신비할 만큼 나름대로 중요한 구실을 하기도 한다. 따라서 최근 언어 연구의 흐름도 말할이의 머릿속에서 가능성으로만 존재하고 실제 발화되지 않는 이상적 인 말(ideal data)이나 정제된 말(sanitized data)을 연구하는 쪽에서 점차 변해 말하는 사람과 듣는 사람 그리고 수많은 상황들 속에서 이루어지는 실제 살아있는 입말 연구로 그 관심이 변해가고 있다. 더구나 입말에 나타나는 표지나 되풀이, 없앰, 덧붙임, 성조와 같은 입말 특징들이 문장 안에서 나타나는 현상뿐만 아니라 문장과 문장, 단락과 단락을 이어가는 모든 입말 책략들과 관련지어 연구하게 되었다.

본 연구는 입말에서만 나타나는 독특한 표지들로 알려진 이른바 담화표지가 남성과 여성에서 어떻게 다르게 나타날까하는 의문에서 시작되었다. 우선, 담화표지 사용 빈도에서 남성과 여성이 어떤 차이가 있을까? 차이가 있으면 왜 그럴까? 하는 물음에 대한 답을 자료 분석을 통해 찾아보려고 한다. 따라서 본 연구에서 기대되는 것은 담화표지가 성별에 따라 어떻게 다르게 나타나는가를 알아봄으로써 남성언어와 여성언어의 차이를 밝히는 작업일 수도 있고, 다른 하나는 이를 통해 여성과 남성의 인식의 차이를 귀납적으로 유추할 수도 있다는 점이다. 그러나 이러한 작업이 엄밀한 자료와 객관적이고 과학적인 통계와 분석이 수반되어야 하며, 그러한 결과를 일반화하는 데도 쉽지 않을 것이란 점도 인정하지 않을 수 없다. 따라서 본 연구는 담화표지와 관련된 연구의 하나로 성별에 따른 어떤 유의미한 차이와 대체적인 경향을 발견할 수 있을 것으로 볼 수 있다.

1. 앞선 연구

성에 따른 언어 연구는 하스(1944)가 연구한 이래로 서양에서는 매우 활발하게 이루어졌다. 특히, 남녀의 언어 차이에 대한 연구는 주로 여성주의(feminism)에 대한 관심을 가지면서 주목을 받게 되었다. 그리고 지금까지 성에 따른 언어 연구는 인간의 언어가 일반적으로 남성 중심으로 이루어졌음을 밝히면서 남성 중심의 사회를 비판하고 여성의 권익이나 여성 차별적인 문화를 개선하려는 사회언어학적인 측면에서 논의가 이루어졌다. 그러나 성에 따른 언어 연구가 단순히 이러한 여성주의 측면에서 연구한 것보다 남성과 여성의 인지적 본질이나 특징을 언어를 통해 밝혀내려는 데도 큰 의의가 있다고 볼 수 있다. 우리나라에서도 1960년대부터 여성어에 대한 관심을 가지게 되었다.[1] 그 이후 여러 연구자들에 의해 여성어에 대한 연구가 있었지만 그들의 연구들은 서양의 연구 결과와 크게 다른 점은 발견하기 어렵다. 다만, 그들 연구 가운데 우리 문화와 관련된 논의들은 중요한 의미가 있다고 본다.[2]

성별에 따른 언어 차이에 대한 앞선 연구들을 구체적으로 보면, 대부분 여성어를 중심으로 한 어휘적 측면이나 지칭어 또는 문장에 관련된 연구들이었다.

초기 여성에 대한 연구는 여성 지칭어에 대한 연구가 중심을 이루었다(유창돈, 1966; 서정범, 1969). 그리고 남성 중심 사회에서 나타난 여성 관련 어휘를 중심으로 연구된 것도 있었으며(구현정, 1995), 남녀의 높임법을 분석한 것들(김혜숙, 1991; 이경우, 1991)도 있었다.

지금까지 성별 언어를 담화 차원에서 논의한 것들도 많았다. 여성이 남성보다 부가의문 문과(레이코프, 1975; 코츠, 1993; 강정희, 1986; 민현식, 1995) '-요'체(고영근, 1974; 민현식, 1995), 그리

---

1) 유창돈(1966)에서 '여성어'란 용어로 본격 연구된 것으로 보인다.
2) 우리나라 여성어 연구사와 여성어의 특징에 대한 개괄적인 논의는 민현식(1995)에서 참고할 수 있음.

고 칭찬말을 더 많이 한다고 한 것들(홀머스, 1988; 김형민, 2002)이나, 여성이 남성보다 부사와 감탄사를 더 많이 사용한다고 하는 일반적인 특성들을 소개한 것들(레이코프, 1975; 김선희, 1991; 이석규·김선희, 1991; 민현식, 1995 등)[3]이 있었다. 담화 분석을 통한 연구도 있었는데, 남성이 여성보다 끼어들기를 잘 한다(지머만과 웨스트, 1975; 민현식, 1995)거나 남성이 말 차례 뺏기를 잘 한다는 연구(김순자, 2000)와 이성간 첫 만남에서 나누는 담화를 분석하기도 했다(김순자, 2001). 담화에서 손짓 사용을 여성이 남성보다 더 많이 사용한다(임규홍, 2003)는 연구들도 있었다.

특히, 본고에서 논의하고자 하는 담화표지와 관련된 논의로는 '애, 어머나, 아이, 망할 것…' 등과 같은 어법을 조사한 이능우(1971)가 있었으며, 여성어에 주로 나타나는 어법으로 '-(는)거 있지'를 중심으로 논의한 강정희(1986)의 연구도 있었다. 소설과 TV 프로를 자료로 여성어법을 처음 다룬 김선희(1991)에서 담화표지에 대한 직접적 언급보다는 친화력을 높이는 화법으로 감정이입 표현을 쓰며 확인과 동의 요청의 '-있잖아요, -잖아요, -지 뭐니, -지 뭐예요, -지 않니'와 같은 부가 의문문 형태의 문장을 많이 사용한다고 한 것이다. 그리고 20대 남녀 사용 어휘를 비교한 장영희(2000)에서 담화표지가 포함된 감탄사의 사용 빈도를 남녀별로 비교한 것이 주목된다.

그러나 본고에서 논의하고자 하는 성별에 따른 담화표지 사용 빈도나 그 특징에 대한 구체적인 논의는 지금까지 발견할 수 없었다. 기존 연구에서 여성이 남성보다 부사나 감탄사를 더 많이 사용한다는 정도의 논의는 있었는데 지금은 거의 일반화되었다고 볼 수 있다. 그러나 통사적 범주의 부사와 감탄사의 개념과 담화론적 차원의 담화표지의 개념이 서로 일치하지 않는다는 점에서 본고는 기존의 연구와 다르다고 하겠다.

---

3) MBC 남녀 사회자의 도입부 대화(제 10회 분)에서도 부사는 여성이 남성보다 3.5배 더 많이 쓴 것으로 나타났다(민현식, 1995:49 참조).
　　남: 9(뭐5, 좀 2, 참1, 막1)
　　여: 33(사실5, 좀5, 뭐 5, 정말4, 너무4, 아주 2,아유2, 왜2, 다정히1, 꽤1, 몽땅1, 딜1)

2. 연구 대상 및 방법

(1) 자료원: 2000년 10월 20일/2001년 7월 28일에 경상대학교·전국국어교사 모임에서 실시한 전국 중·고등학교 이야기대회 녹화 자료 및 전사 자료[4]

(2) 자료 내용: ① 겪었던 이야기 ② 들었던 이야기 ③ 상상한 이야기

(3) 피조사자 조건: ① 청자를 앞에 두고 직접 말하기 ② 혼자 말하기

(4) 피조사자 성격: 중·고등학생-남학생 27명, 여학생 42명

(5) 조사 방법: 이야기 대회 때 발표한 이야기를 캠코더로 녹화하였으며, 녹화한 동영상을 통해 음성언어를 문자언어로 전사하였다.

(6) 발표 시간: 제한 시간 6분-10분

(7) 자료 정량화

성별에 따른 담화표지 사용의 빈도와 특성을 조사 연구하기 위해서 선행되어야 할 것이 자료의 정량화이다. 남성과 여성의 담화 량이 일정한 상태에서 담화표지 사용을 조사해야 하는데 실제 담화 량을 정확하게 정량화하는 작업은 매우 어렵다. 본 자료는 이야기 대회에서 말한 것으로 제한 시간이 일정하게 주어져 있다. 그러나 말하는 사람에 따라 시간이 조금씩 달랐다. 그래서 조사 자료의 정량화는 어절수로도 할 수 있고 말한 시간에 따라 할 수도 있으나 본 연구에서는 어절을 중심으로 정량화 과정을 거쳤다.

담화 량의 조사는 이야기한 내용을 전사한 분량을 기초로 하였다. 전사한 분량은 A4용지를 기본으로 하였으며 A4 용지 한 쪽의 어절 수는 A4 용지에 전사한 분량을 평균하여 쪽당 어절 수를 427어절을 기본으로 하였다. 여학생이 사용한 전체 쪽수는 103.7쪽이고 사용한 전체 어절 수는 44279.9어절이다. 남학생이 사용한 전체 쪽수는 67쪽이고 사용한 전체 어절 수는 28609어절이다. 담화표지 사용은 남학생이 878회이고, 여학생은 1080회로 조사되었다. 남성과 여성이 이야기한 전체 담화 량에서 담화표지를 사용한 비율을 조사하였으

---

4) 본 연구에서 사용한 자료가 이야기 대회라는 형식적인 제약이 있고 이미 준비된 자료일 수 있다는 점에서 순수한 담화 자료로서 가치가 떨어진다고 볼 수 있다. 그러나 이야기 대회에서 요구하는 평가 잣대가 준비된 자료를 외워서 말을 하는 것이 아니라 가능한 말을 가장 자연스럽게 사용하도록 제시했다는 점에서 자연스런 담화 자료로서 나름대로 가치가 있다고 본다. 매우 어렵지만 앞으로 준비되지 않은 담화 자료를 확보해야 하는 숙제가 남아 있다고 본다.

며, 각 담화표지 별로 남성과 여성의 사용 빈도를 조사하였다. 이러한 작업은 모두 수작업으로 이루어졌다.

3. 조사 결과 및 해석

3.1. 담화표지 사용 전체 빈도

성별 담화표지 사용 빈도는 다음 [표 1]과 같다.

성＼내용	담화표지 사용 비율
남성	3.07
여성	2.44
전체	2.69

[표 1] 성별 담화표지 사용 비율(%)

(성별 담화표지 사용 전체 수/성별 전체 사용 어절 수×100)

위 [표 1]에서 담화표지는 여성보다 남성이 더 많이 사용하는 것으로 나타났다. 그리고 담화표지사용이 전체 담화에서 평균 2.69%로 나타났다. 담화표지 사용 비율이 남성이 여성보다 높게 나타난 것은 크게 두 가지 결과를 유추할 수 있다.

하나는 남성이 여성보다 담화 진행에서 덜 유창하다고 말할 수 있다는 것이다. 담화표지 기능 가운데 중요한 기능이 뒤이어 나오는 정보를 빨리 떠올리지 못해 '시간을 버는 기능'으로 알려져 있다. 따라서 남성이 여성보다 담화 진행에서 더 많이 머뭇거리고 그 머뭇거림을 채우기(filter) 위해 담화표지를 더 많이 사용한다고 볼 수 있다. 기존의 여성어 연구에 의하면 감탄사나 부사는 남성보다 여성이 더 많이 사용한다고 보고하였다(레이코프, 1975:53-56; 민현식, 1995:49). 그런데 위 [표 1]에서는 담화표지를 여성보다 남성이 더 많이 사용하는 것으로 나타났다. 이것은 앞선 연구에서 조사한 감탄사와 본 연구에서 논의하는 담화표지의 개념이 근본적으로 다름을 의미한다. 기존 연구에서 여성이 남성보다 부사나 감탄사를 많이 사용한다고 한 것은 담화표지 가운데도 [표 1]에서 나타난 것처럼 여성이 남성보다 묘사나 정도를 나타내는 부사성 담화표지들을 더 많이 사용하는 것과 관련성이 있다. 여성이 남성보다 더 감성적이라든가 어떤 대상을 묘사하는 데 있어서 더 미세하고 치밀하다는 일반적인 관념에서 본다면 쉽게 이해가 된다.

그리고 다른 하나는 남성이 여성보다 담화에서 더 적극적임을 의미한다는 것이다. 담화표지의 중요한 기능이 정보의 초점화나 들을이에게 주의를 집중하도록 하는 것이다. 따라서 남성은 여성보다 정보를 드러내는데 적극적이며, 들을이에게 자신의 정보를 더 의도적으로 적극적으로 전달하려고 한다는 것이다. 그러한 표현 의도가 담화표지로 나타난 것이다.

3.2. 성별 담화표지 사용 빈도와 종류

남성과 여성이 사용하는 담화표지 종류는 누가 더 많이 사용할까? 다음 [표 2]는 성별 담화표지 종류의 수를 나타낸 것이다.

성 \ 표지	담화표지 사용 종류		
	총 담화표지 사용 종류 수	피조사자 수	개인별 평균 담화표지 사용 빈도
남성	76	27	2.81
여성	95	42	2.26

[표 2] 성별 담화표지 사용 빈도

[표 2]는 성별로 담화표지 종류의 사용 정도를 알아본 것인데 남성이 여성보다 평균적으로 조금 더 많은 종류의 담화표지를 사용하는 것으로 나타났다. 그러나 큰 차이는 없었다. 담화표지를 사용한 종류는 개인차가 매우 심하게 나타났다. 즉, 그만큼 담화표지 사용이 개인적 특성을 보인다는 것이다. [표 2]에서처럼 사용 빈도가 높은 12개의 담화표지를 제외한 담화표지는 남성 64개, 여성 83개였다. 따라서 위 [표 2]에서 높은 사용 빈도를 가지고 있는 12개 담화표지를 제외한 나머지 남성의 64개와 여성의 83개가 각각 전체 담화표지 사용의 15%와 16%로 쓰였다는 것은 그만큼 개인적으로 다양한 담화표지를 사용하고 있음

을 의미한다.

표지 성	담화표지 사용 종류		
	성별 담화표지 사용 종류 합계	피조사자 수	성별 평균 담화표지 사용 수
남성	228	27	8.44
여성	345	42	8.21
합계	573	69	8.30

[표 3] 성별 담화표지 사용 종류

위 [표 3]은 남성과 여성이 조사 자료에서 사용한 담화표지 사용수를 보인 것이다. [표 3]에서 남성은 평균 8.44 종류의 담화표지를 사용했으며, 여성은 8.21개의 담화표지 종류를 사용한 것으로 나타났다. 전체 평균으로는 8.30개의 담화표지 종류를 사용하였다. 남성이 여성보다 근소한 차이로 담화표지 사용 종류를 더 많은 것으로 나타났으나 큰 차이는 나지 않았다. 결과적으로 [표 3]에서 알 수 있는 것은 남성과 여성이 사용한 담화표지 종류에서 큰 차이가 나지 않았다는 것과 한 사람이 평균 여덟 종류의 담화표지를 사용하였다는 것이다.

3.3. 범주별 담화표지 사용 빈도

이제 담화표지의 어원에 따른 성별 사용 빈도를 보자. 담화표지의 어원이 어휘적 의미에서 전이되었다는 것은 널리 알려져 있다. 그런데 그것이 담화표지로 전이되면서 원래 가지고 있었던 어휘적 의미는 약화되고 담화 책략의 하나로 바뀌게 된 것이다.

3.3.1. 의문성 담화표지

먼저, 의문문의 형태에서 전이된 담화표지를 보자.

성 \ 표지	있잖아/있제/있다아이가		뭐냐하면/뭐냐/뭐야	
	개수	비율	개수	비율
남성	12	1.37	2	0.23
여성	19	1.75	5	0.46

[표 4] 의문성 담화표지

위 [표 4]의 담화표지 '있잖아'계열과 '뭐냐하면'계열5)은 거의 본말을 시작하기 전에 사용하는 담화표지들이다. 말할이가 자신이 말할 내용을 상대에게 먼저 물으면서 시작하여 주의 집중을 하도록 하는 등 여러 가지 담화 책략을 가지고 있다. 이와 같이 대화에서 물음형의 표현은 이미 알려진 것처럼 남성보다 여성에게서 많이 나타난다. 특히, 여성은 남성보다 단순 의문문이나 부가 의문문을 많이 사용하는 것으로 알려져 있다.6)

우리말 부가의문문은 주로 '그렇죠(글체)?', '안 그래요?', '아니가(아이가)?', '-잖아요?', '있지?', '맞죠(맞제)?', '아니에요?'와 같은 것들이 있는데, 이러한 말을 여성이 남성보다 더 많이 쓴다는 것이다.7) 코츠(1993:122)도 여성이 남성보다 판정의문(yes-no question) 및 부가의문을 모두 세 배(87:29)나 더 쓴다고 하였다. 그리고 그는 12.5 시간의 부부 쌍의 대화 녹음 중에 의문문이 370개인데, 그 가운데 여성이 263개를 쓰고 남성이 107개를 써서 의문문을 여성이 남성보다 2.5배 더 많이 쓴다고 하였다.8) 강정희(1986:341)에서 '-는/-ㄴ 거 있지(죠)'의 발화 양식을 조사한 것에 의하면, '자주 쓴다'가 남성 18명 : 여성 49명, '가끔 쓴다'가 남성 62명 : 여성 154명, '전혀 쓰지 않는다'가 남성 127명 : 여성 32명으로 나타났다. 따라서 [표 5]에서 나타난 물음형 담화표지를 남성보다 여성이 많이 쓰인다는 것도 앞선 연구와 같은 결과를 보이고 있다. 이처럼 여성이 남성보다 의문문이나 부가 의문문을 더 많이 사용하는 것은 여성은 이처럼 상대에게 단언적이고 직접적인 표현보다 간접적이고 완곡한 표현을 함으로써 상대에게 더 유연하게 보이려고 하며, 상대 입장에서 자신을 상대에게 동화하는 것처럼 보이게 하여 자신의 요구를 관철하려는 의도로 보인다. 민현식(1995:39)에서도 여성이 남성

5) 담화표지 '뭐냐, 있지'에 대한 논의는 임규홍(1995), 이원표(2001) 참조.
6) Lakoff(1975:53-56), 김선희(1991) 참조.
7) 임규홍(1999)에서는 이것을 '덧물음월'이라 하고 이에 대해 담화론적으로 논의하고 있다.
8) 민현식(1995:44)에서 재인용.

보다 의문문을 많이 사용하는 것은 의문문이 청자의 응답문을 요구하는 발화 행위이므로 의문문을 많이 사용함으로써 상대방을 대화에 계속 끌어들여서 대화 친화를 위해 반응을 유도할 수 있다고 보기 때문이라고 하였다. 레이코프(1975:53-56)는 여성이 남성보다 의문문을 많이 사용하는 것을 상대방의 동의를 구하는 예절 화법으로서 청자 의존적인 불확실한 어법의 결과이며 남성 중심의 여성 억압 사회에서 여성의 책임을 피하고 생존하는 방어적 결과라고 했다.

3.3.2. 지시성 담화표지

다음 [표 5]는 어원적으로 지시 대명사인 담화표지의 사용비율을 성별로 보인 것이다.

성 표지	이		그/거		저	
	개수	비율	개수	비율	개수	비율
남성	7	0.80	50	5.69	16	1.82
여성	22	2.04	55	5.09	8	0.74

[표 5] 지시성 담화표지

위 [표 5]의 담화표지 '이, 그, 저'계열은 어원적으로는 지시 대명사 '이, 그, 저'에서 나왔을 것으로 보이나 실제 담화에서는 그러한 지시적 의미가 명확하게 나타나지 않은 것들이다. 이들의 대체로 공통적인 기능은 '시간벌기' 기능 정도로 해석할 수 있다.[9] [표 5]에서 주목되는 것은 담화표지 '이'에 있어서 남성과 여성의 사용 빈도가 현저하게 다르게 나타났다는 것이다. 담화표지 '이'는 여성이 남성보다 많이 나타났으며, 반대로 '그/거'와 '저'는 남성이 여성보다 더 높은 비율로 나타났다. 그것은 담화표지 '이'는 지시사 '이'와 그 어원을 같이 한다면 말하는 사람 자신을 중심으로 자신과 가까이 있는 대상을 지시하는 의미를 가진 '이'를 여성이 많이 사용하는 것은 여성이 남성보다 성격이 대체로 내성적이며 자기중심적인 성향 탓으로 보인다. 또 다른 해석은 담화표지의 성조에 따라 선호도가 다르게 나타

---

9) 본고의 담화표지와 유사한 개념으로 사용한 화용 표지로서 '이, 그, 저'의 기능에 대한 논의는 이정애 (2002:198-205) 참조

난다고 볼 수 있다. 여성적 모음 성조인 '이'는 여성이, 남성적 모음 성조인 '그, 거, 저'는 남성이 더 선호할 가능성이 높다고 볼 수도 있다.

3.3.3. 접속성 담화표지

다음, 담화를 이어주는 접속사에서 전이된 담화표지의 성별 사용 빈도를 보자.

성 \ 표지	그래/그래갖고/그래가지고	
	개수	비율
남성	25	2.87
여성	38	3.53

[표 6] 결속성 담화표지

위 [표 6]은 어원적으로 선행 정보와 후행 정보를 이어주는 구실을 하는 이음말 '그래서'가 어휘적 의미를 상실하고 담화표지로 쓰인 것이다. 그런데, 주목할 것은 접속성 담화표지 가운데 '그래서'이외 이음말인 '그러나, 그리고, 그런데'와 같은 것은 담화표지로 거의 나타나지 않은 것이다. 따라서 '그래서'는 어원적으로는 원인과 결과의 연결이 내재되어 있다고 하더라도 표면적으로는 사건의 인과 관계보다는 담화 진행을 이끄는 구실을 하는 담화표지로 보인다. 예컨대, "진짜 신현훈, 이 이름 석자 들고 태어났는데 니 이래 살아야 되나.' 제가 그런 생각도 많이 묵었습니다. 그래가지고 집도 힘들고 그러다 보니까. 또 노래를 참 좋아하는데 춤을 추고 그런 걸 좋아하다 보니까.--(자료)"에 쓰인 '그래가지고'처럼 선행절과 후행절이 서로 원인과 결과의 관계를 가지고 있지 않으면서도 '그래'류가 쓰인 것이다. 그것은 '인자'나 '갖고'와 같은 담화 이음 기능을 하는 다른 담화표지와 쉽게 쓰이는 것으로 알 수 있다. 그러나 다른 이음말은 이와 같이 '이제'나 '갖고'와 같은 담화 이음 기능을 하는 담화표지와 같이 쓰이지 않는다. 따라서 '그래서' 이외 이음말은 담화 결속보다는 어휘적 의미가 명확하게 드러나고 명제의 연결이 명확하기 때문에 담화표지로 전이되어 쓰이지 않는 것으로 보인다. 여성이 남성보다 의미 월의 인식 덩이가 더 크거나 여성이 남성보다 말이음 표지를 더 적절하게 사용하는 것이 아닌가 한다.

3.3.4. 부사성 담화표지

다음으로 담화표지 실현 빈도가 매우 높은 부사성 담화표지의 성별 사용 빈도를 보자.

표지 성	딱		막		인자/이제		참		마	
	개수	비율	개수	비율	개수	비율	개수	비율	개수	비율
남성	88	10.02	67	6.26	152	17.31	3	0.34	23	2.62
여성	127	11.76	55	6.20	83	7.69	21	1.94	11	1.02

[표 7] 부사성 담화표지

위 [표 7]은 어원적으로 부사의 의미를 가진 담화표지의 성별 사용 빈도이다. 실제 이들 담화표지들이 부사의 의미를 가지고 쓰이는 경우도 많으나 담화표지로 쓰일 때는 부사의 의미를 가지지 않으면서 담화 전략으로 쓰인 것을 그 대상으로 하였다. 그런데 부사적 의미로 쓰였는지 담화표지로 쓰였는지 구분이 명확하게 되지 않는 경우도 있었다.

다음과 같이 쓰인 것들을 담화표지로 간주하였다.

(1) 그게 사각 빤쭈만 딱 입고 오니까(자료)

(2) 근디 소문대로 막 웃옷을 막 이리 제끼더만은 젖꼭지를 만지면서 점을 치는 거여(자료)

(3) 참 그래가 동생을 찾아가는데(자료)

(4) 그래 인자 동생이 밥을 막 묵고 있는데 갑자기 인자 우는기라. (자료)

(5) 참 마 그래가 있는데.(자료)

[표 7]에서 알 수 있는 몇 가지 점은, 우선 정도를 나타낸 부사 '딱, 막, 참'은 남성과 여성의 사용 빈도가 거의 비슷하거나 여성이 높게 나타났다는 것이다. 그것은 일반적으로 부사 사용 빈도는 남성보다 여성이 높게 나타났다는 여성언어 연구의 결과와도 같은 결과다 (레이코프, 1975:53-56; 민현식, 1995:49). 이 같은 현상도 은 여성이 남성보다 더 감성적이고 섬세한 성향 때문이다.

그런데 시간 부사 '이제'에서 담화표지화된 '이제, 인제, 인자'는 남성이 여성보다 현저하게 높게 나타난 것이 주목할 만하다. 그리고 담화표지 '마'도 이와 마찬가지로 여성보다 남성이 현저하게 많이 사용하는 것으로 나타났다. 담화표지 '이제'류는 시간부사 '이제'에서 전이되었다고 보는데, 이 시간부사 '이제'는 어떤 현상의 결과를 이끌어내는 구실을 한다. 그리고 담화표지 '이제'는 후행 정보를 초점화하거나 시간벌기를 하거나 발언권을 유지(붙듦)하는 기능을 한다. 따라서 이를 보면 남성이 여성보다 말하기에서 다소 결과 중심적이거나 말하기에서 적극적인 태도를 가지고 있는 것으로 해석할 수 있다. 결과적으로 담화표지 '이제'는 남성 선호 담화표지라고 할 수 있다.

담화표지 '뭐/머'[10]는 말하는 사람의 정보가 상대에게 그렇게 중요하지 않다거나 상대에게 정보를 되물을 때 사용한다. 예컨대, "그 뼈, 뼈 보는데서 뭐, 나는 배 아픈데 무슨 주사를 뭐, 놔 달라는 거야."(자료), "머 그거까 그라노?"(자료). 여성인 남성보다 담화표지 '머'의 사용 빈도가 높은 것은 여성이 정보 전달에서 남성보다 다소 소극적인 경향에서 나온 것이 아닌가 한다. 또 다른 특이점은 담화표지 '마'의 사용이다. 담화표지 '마'는 남성에서 23회로 나타나 2.62%를 차지했으며, 여성에서는 11회로 1.02%를 차지하였다. 담화표지 '마'는 '우리가 마 진짜 죽겠는기라 마(자료)'와 같은 보기로 쓰이는데 담화표지 '마'는 '머'보다 적극적인 표현으로 강조의 의미가 드러나면서 음성적으로도 밖으로 드러내는 양성 모음이라는 점에서 여성보다 남성이 선호한 것으로 보인다. 이러한 현상은 [표 8]에서 나타난 것처럼 '아'를 남성이 '어'를 여성이 더 선호하는 것과 관련이 있을 수도 있다. 그리고 담화표지 '마'가 부사 '그만'이라는 부정 부사에서 담화표지로 전이되었다는 점에서 남성 선호 담화표지의 이유를 찾을 수 있다. 남성이 여성보다 부정적 표현을 더 선호하거나 칭찬의 말을 남성보다 여성이 더 많이 하기 때문이다. 홀머스(1988)는 뉴질랜드에서 484개의 칭찬이 교환된 말뭉치를 분석한 결과 여성 사이의 칭찬은 51%(248개)이고, 남성 사이의 칭찬은 9%(44개)로 나타났다.[11] 김형민(2003)에서도 칭찬 수행 상황에서 전체적으로 남성은 156회(42.3%), 여성은 213회(57.7%)로 여성이 더 많이 나타났다. 따라서 담화표지 '마'도 남성 선호 담화표지의 하나라고 할 수 있다.

---

10) 담화표지 '뭐'에 대한 논의는 이정애(2002:209-227) 참조
11) Coates(1993:128) 참조

3.3.5. 성별에 따른 담화표지 실현 순위

다음 [표 8]은 성별에 따른 담화표지 종류의 실현 비율을 보인 것이다.

순위	1	2	3	4	5	6	7	8	9	10	11	12	
표지 성	아/어/ 으	인제/ 이제	딱	막	뭐/머	그/거	그래/ 그래가지고	마	음	예	저	있잖아	기타
남성	26.88	17.31	10.02	6.26	5.69	5.69	2.87	2.62	2.51	2.39	1.82	1.37	14.57
표지 성	아/어/ 으	딱	뭐/머	인제/ 이제	막	그/거	그래/ 그래가지고	이	참	음	있잖아	하	기타
여성	29.72	11.76	11.30	7.69	6.20	5.09	3.53	2.04	1.94	1.57	1.75	1.38	16.03

[표 8] 성별에 따른 담화표지 실현 빈도 순위(%)

(성별 담화표지별 실현 수/성별 사용 담화표지 수(남학생: 878회, 여학생: 1080회)×100)

위 [표 8]을 보면 전체적으로 남성과 여성이 사용하는 담화표지들은 비슷하다는 것이다. 담화표지의 종류에 따른 실현 빈도도 크게 다르지 않는 것으로 나타났다. 순위별로 12개의 담화표지가 전체 담화표지 사용의 각각 85.4%와 84.0%로 나타났다. 그리고 담화표지 '아/어/으'계열이 담화표지 전체 사용의 약 27%와 30%를 차지한다는 것도 주목할 결과이다. 또한 [표 8]에서 실현 빈도가 높은 12개의 담화표지 이외의 담화표지가 남성과 여성이 각각 약 15%와 16%를 차지한다는 것이다. 개인적으로 매우 다양한 담화표지를 사용한다는 것을 알 수 있다.

담화표지 '인제/이제'[12]가 남성이 여성보다 약 10%정도 높게 사용한 것과 담화표지 '뭐/머'이 남성보다 여성이 약 6% 가까이 높게 나타난 것도 특이하다. 그리고 후행 정보를 회상하는 시간 벌기 담화표지인 '음'이 여성보다 남성에서 높게 나타난 것도 주목할 만하다.

---

12) 담화표지 '이제/인자/인제'에 대한 연구는 이원표(1992), 이기갑(1995), 임규홍(1996) 참조.

3.4. 비어휘적 담화표지

마지막으로 비어휘적 담화표지의 성별 실현 빈도를 보자.

성\표지	예		아		어/으		음/흠		에/애		합계	
	개수	비율	개수	비율	개수	비율	개수	비율	개수	비율	개수	비율
남성	21	2.39	131	14.92	105	11.96	22	2.51	3	0.34	282	32.12
여성	13	1.20	139	12.87	182	16.85	17	1.57	3	0.28	354	32.78

[표 9] 비어휘적 담화표지

[표 9]는 비언표적 담화표지의 성별 빈도를 보인 것이다. 우리는 여기서 알 수 있는 것은 비언표적 담화표지 사용은 남성과 여성이 거의 차이를 보이지 않는 것과 이 비언표적 담화표지가 전체 담화표지에서 차지하는 비율이 매우 높다는 것, 그리고 담화표지 '아'와 '어'의 사용에서 남성과 여성이 차이를 보인다는 것이다. 비어휘적 담화표지의 사용 빈도가 매우 높다는 사실은 남성과 여성에서 쓰인 담화표지 종류가 모두 각각 76개와 95개인데 그 가운데 위에 보인 5개의 담화표지가 차지하는 비율이 32%라는 비율을 통해서 확인할 수 있다. 위에 제시한 비어휘적 담화표지 이외에도 다른 종류의 비어휘적 담화표지가 있는데 이를 합하면 더 높은 비율을 차지할 것이다. 그리고 담화표지 '아'는 남성에 많이 나타나며, 담화표지 '어'는 반대로 여성에서 현저하게 많이 나타나는 것도 주목할 만한 결과이다. 남성이 여성보다 담화표지 '아'를 더 많이 사용하는 것은 아마 '아'의 소리와 남성의 일반적 성향과 관련이 있어 보인다. 담화표지 '아'는 '어'보다 더 밝고 크게 드러나는 소리이다. 그렇기 때문에 남성이 여성보다 더 적극적이고 외향적이라고 본다면 겉으로 덜 드러나는 소리인 '어'보다 '아'를 더 선호할 수 있다고 본다. 반대로 여성은 대인의사소통에서 겸손하려 하고 소극적인 태도를 나타내게 되는데 이러한 태도가 밖으로 덜 드러나는 음성모음인 '어'를 선호하는 것이 아닌가 한다. 그리고 담화를 시작할 때 많이 나타나는 담화표지 '예'를 여성보다 남성이 더 많이 쓰는 것으로 나타났는데, 이것도 남성의 적극적인 성향으로 청중에게 적극적으로 다가가는 표현으로 보인다. 또 한 가지 특이한 점은 일반적으로 성인에게 많이 나타나는 것으로 보이는 담화표지 '에/애'가 중·고등학생에게는 거의 나타나지 않았다는

것이다. 따라서 담화표지 '에/애'는 연령층이 높은 노·장년층에서 선호하는 담화표지라고 할 수 있다.

4. 정리

지금까지 성별 담화표지 사용에 대한 특징을 살펴보았다. 담화표지가 성별에 따라 어떻게 다르게 나타날까 하는 의문으로 시작되었다. 그런데 기본적으로 언어 사용을 통계·조사하는 연구 자체가 언어 사용자의 경향을 파악하는 것이라는 한계를 가지고 있다. 따라서 본 연구도 성별에 따른 담화표지 사용을 조사하고 통계를 내어 그 빈도를 제시함으로써 성별에서 나타나는 담화표지 사용의 경향과 정도라는 다소 추상적인 결과만 파악할 수밖에 없었다. 더불어 입말의 조사 연구의 어려운 점은 우선 정확한 조사 자료의 확보가 매우 어렵다는 것과 입말의 전사 상태에 따라 조사 결과가 다르게 나타날 수 있다는 것을 전제하고 있음을 밝힌다. 본 연구에서는 이러한 몇 가지 난점을 생각하면서 중·고등학생들의 혼자 말하기에 나타난 담화표지를 성별로 조사 분석하였다.

지금까지 논의한 내용 가운데 중요한 점을 마무리하면 다음과 같다.

(1) 담화표지 사용 빈도는 남성이 여성보다 다소 높게 나타났다.

(2) 담화표지 종류는 남성이 여성보다 다소 많이 사용하며 조사 담화 자료에서 남녀 모두 평균 8개 정도를 사용하고 있다.

(3) '아/어/으' 계열의 담화표지는 남성과 여성 모두에서 가장 많이 나타났다.

(4) '마'는 남성 선호 담화표지라면, '머'는 여성 선호 담화표지이다.

(5) 의문성 담화표지 사용 빈도는 여성이 남성보다 높았다.

(6) 지시성 담화표지에서 '그'와 '저'는 여성보다 남성이, '이'는 남성보다 여성이 실현 빈도가 높았다.

(7) 접속성 담화표지의 사용 빈도는 여성이 남성보다 높게 나타났다.

(8) 부사성 담화표지에서 어원적으로 정도 의미를 가지고 있는 '참', '딱'은 남성보다 여성

이, 공간이나 시간, 부정의 어원을 가지고 있는 담화표지 '막', '인제', '마'는 남성이 여성보다 실현 빈도가 높았다.

(9) 비어휘적 담화표지의 사용 빈도에서, '아'는 여성보다 남성이, '어'는 남성보다 여성이 높게 나타났다.

마지막으로 위와 같은 연구 결과도 조사자의 담화표지에 대한 판단이나 피조사자의 특성과 범위, 그리고 입말 자료의 성격, 전사 과정 등에 따라 결과가 다소 다르게 나타날 수 있기 때문에 앞으로 더 많은 자료를, 더 엄밀하게 분석하는 작업이 이어져야 할 것이다.

제3장

담화표지 '자'

1. 들머리

　다음은 하근찬의 수난이대 가운데 아버지 만도와 그의 아들 진수가 개울을 건너면서 나눈 이야기이다.

　　"진수야, 그만두고 (1)<u>자</u>아 업자."
　　하는 것이었다.
　　"업고 건느면 일이 다 되는 거 아니가? (2)<u>자</u>아, 이거 받아라." 고등어 묶음을 진수 앞으로 민다.
　　"……."
　　진수는 퍽 난처해하면서 못 이기는 듯이 그것을 받아 들었다. 만도는 등어리를 아들 앞에 갖다 대고 하나밖에 없는 팔을 뒤로 버쩍 내밀며,
　　"(3)<u>자</u>아, 어서!" (하근찬- 수난이대 에서)

　위 (1)~(3)은 우리가 흔히 사용하는 담화표지 '자(아)'이다. 위 담화표지 (1)~(3)의 '자'는 담화 상에서 각각 조금씩 다른 기능을 하는 것으로 보인다.
　우리말 가운데 어떤 담화표지보다도 많이 쓰이고, 다양한 기능을 하는 담화표지가 '자'임에도 불구하고 지금까지 이 담화표지 '자'에 대한 개별 연구는 보이지 않고 있다. 다만,

거의 모든 사전에서 '감탄사'라 하면서 그 기능을 몇 가지로 분류한 것이 있고, 몇몇 연구에서도 사전과 마찬가지로 '감탄사' 또는 '느낌씨'의 하나라고 하면서도 그 개별적 기능에 대한 언급은 하지 않고 있다.

표준국어대사전(국립국어연구원, 1999:5085)에서 '자'를 '감탄사'라고 하면서,

① 남에게 어떤 행동을 권하거나 재촉할 때 하는 말.
② 말이나 행동을 할 때 남의 주의를 불러일으키기 위하여 하는 말.
③ 좀 안타깝거나 의아스러운 일을 당했을 때 내는 혼잣말.

과 같이 그 의미를 설정하였다. 사전적인 의미는 '권함이나 재촉', '주의', '혼잣말'로 정리가 될 수 있다. 그리고 최현배(1980:609)에서 '느낌씨'라고 하면서 '자'를 의지적 느낌씨라 하고 그 가는 갈래로 '추어줌(督勵)'와 '꾀임(誘致)'로 나누었다.

신지은(1988:30)은 담화표지 '자'는 의지적 간투사이며 그 가운데 '명령적인 것'이라 하였다. 남기심·고영근(2002:182)은 '자'를 의지 감탄사로 보고 '아서라, 여보, 여보세요, 애, 이봐'와 함께 상대방에게 어떻게 행동할 것을 요구하는 말이라고 하였다. 그리고 이 '자'는 '독려'를 의미하고 다른 것은 상대방을 부를 때 쓰는 말'이라고 하였다. 허재영(2001:87)은 감탄사를 '감정 감탄사', '의지 감탄사', '운율감탄사'로 나누고 '자'를 의지감탄사라고 하면서 사전에 제시한 의미로 '유도'라고 하였다.

이와 같이 지금까지 담화표지 '자'에 대한 논의를 볼 때 문법 범주는 '느낌씨' 또는 '감탄사'라고 하였고, 그 의미는 '재촉, 독려, 명령, 유치, 주의집중, 놀람, 유도' 등으로 정리가 된다. 그런데 '자'에 대한 선행 연구에서 본 의미는 '자'의 본질적 의미라기보다는 후행 문장의 서술어 의미에 따라 결정된 것으로 볼 수 있다.[1] 그렇게 되면 담화표지 '자'는 서술어의 의미에 따라 그 의미가 매우 복잡하고 다양해지는 문제가 생긴다.

예컨대, '자, 빨리 가자'라는 말에서 '자'가 상대에게 행동을 독려하거나 재촉했다고 볼

---

1) 우리말 큰 사전 (한글학회, 1995:3427)에서는 이 담화표지 '자'를 '느낌씨'라 하고 그 의미를, ① 어떤 일이나 행동을 하기 전에 남의 주의를 일으키려고 하는 말, ② 남에게 어떤 행동을 권하거나 재촉할 때 하는 말,--- ③ 좀 안타깝거나 의아스러운 일을 당하였을 때에 혼잣소리로 하는 말이라고 되어 있다.

수 있지만, '자, 이제 천천히 가자', '자, 이제 좀 쉬었다 가자'라고 말했다면 이때 '자'는 행동을 '독려'하거나 '재촉'했다기보다는 그 반대로 '자제', '만류'의 의미로 볼 수 있다.

따라서 담화표지 '자'는 그 자체가 독립적 의미를 가지고 있는 것이 아니라 뒤에 이어지는 발화 의미에 따라 다양한 담화 기능을 할 뿐이다.

본 연구에서는 우리말 담화에서 생산성이 매우 높으면서 또한 다양한 담화 기능을 하는 담화표지 '자'에 대해 그 통사적 특성과 담화 기능을 밝히는 데 목적이 있다.

2. 통사적 특성

담화표지 '자'는 문장 성분과는 직접적인 통사 관계를 맺지 않는다. 그래서 전통적으로 감탄사의 범주에 넣어 독립어라 하기도 한다. 그러나 실제 담화표지 '자'는 말할이와 들을이의 높임 관계나 서술어의 의미와 시제 그리고 서법과 매우 밀접한 호응 관계를 가지고 있다.[2]

2.1. 높임 제약

담화표지 '자'는 들을이가 말할이보다 최소한 대등적 관계이거나 낮은 관계에 쓰인다.[3] 다음 문장을 보자.

(4) ㄱ. *자, 아버지 이제 산을 오릅시다.(말할이: 아들, 들을이: 아버지)

ㄴ. 자, 이제 산을 오르자(말할이: 아버지, 들을이: 아들)

ㄷ. 아버지, 이제 산을 오릅시다.

(5) ㄱ. *자, 각하 이제 떠나시죠?

---

2) 독립어가 문장의 다른 성분과 상당한 문법적 관련성이 있음은 김영희(1989), 권재일(1992), 김태엽(1996) 등에서 논의된 바 있다.

3) 부름말이 청자 높임법의 실현과 관련이 있음은 권재일(1992), 구연미(1994), 김태엽(2003) 등에서도 언급된 바 있다.

ㄴ. 각하, 이제 떠나시죠?

(6) 자, 우리 이제 떠나자.

(7) 자, 우리 모두 앞으로 나아갑시다.

들을이가 말할이보다 손위일 경우는 담화표지 '자'를 쓰는 것은 어색하다. 위 (4ㄱ)은 들을이가 '아버지'라고 지칭하여 들을이가 말하는 이보다 손위이기 때문에 담화표지 '자'를 쓰기가 어렵다. 반면, (4ㄴ)에서처럼 말할이가 들을이보다 손위인 경우는 자연스럽다. 그리고 (5ㄱ)에서처럼 각하라는 극존칭 앞에서도 담화표지 '자'는 쓸 수가 없다. 이 경우는 담화표지 '자'보다 (4ㄷ)이나 (5ㄴ)처럼 들을이를 직접 지칭하는 것이 더 자연스럽다. 이것은 (4ㄴ)처럼 담화표지 '자'가 청유형 종결어미 '자'와 밀접한 관계가 있음을 의미한다. 그것은 청유형 종결어미 '자'도 담화표지 '자'와 마찬가지로 들을이가 말할이보다 대등하거나 손아래 또는 불특정 다수일 경우에 쓰이는 어미이기 때문이다.[4] 말할이가 들을이보다 손위일 경우는 (4ㄷ)과 (5ㄴ)처럼 '합쇼체' 청유형 어미 'ㅂ시다' 또는 '하시죠'가 쓰인다. 담화표지 '자'가 'ㅂ시다'와 호응이 될 경우는 (6)처럼 들을이가 다수일 경우에 가능하다. 반면, (7)처럼 평칭 지칭어인 '우리'인 경우도 자연스럽다. 그리고 다음과 같이 표면적으로 높임으로 표현하였으나 대상이 불특정 다수일 때도 가능하다.

(8) 자, 그러면 다음 수는 어떻게 될까요? [바둑 해설]

(9) 자, 다음 장으로 넘어 가겠습니다. [방송강의]

(10) 자, 자전거가 나갑니다. [실제 입말]

위 (8)~(10)에서 들을이는 불특정 다수이다. 들을이가 불특정 다수일 경우는 행위의 주체를 직접 높이지 않고 관례적 간접 높임을 사용하기 때문에 담화표지 '자'가 가능한 것으로 보인다. (10)의 경우는 상대가 손위인지 아래인지를 떠나서 남에게 공손(politeness)하게 표현하는 일반적 표현에 의해 상대 높임법을 사용한 것이다.

---

4) 이를 보면, 담화표지 '자'의 어원을 청유형 종결어미 '-자'에서 찾을 수 있지 않을까 한다.

담화표지 '자'에 이끌리는 주어가 복수이면서 말할이보다 손아래이거나, 대등한 관계 또는 불특정 다수일 경우이어야 함은 다음 문장에서 확인된다.

> (11) (아버지가 아들에게 물건을 주면서)자, 이것 받아라
> (12) *(아들이 아버지에게 물건을 주면서)자, 이것 받으세요

(11)이 가능하고 (12)가 수용하기 어려운 것은 (11)의 경우는 말할이가 아버지이고 들을이가 아들이어서 말할이가 들을이보다 손위이기 때문이다. 거꾸로 (12)가 불가능한 것은 말할이가 아들로 듣는 사람 아버지보다 손아래이기 때문이다. 이처럼 물건을 주면서 발화하는 담화표지 '자'는 그 자체가 이미 동작을 수반하는 독립된 발화 단위의 기능을 한다고 볼 수 있다. 그것은 다음 (13)처럼 뒤에 이어지는 말을 생략하더라도 담화가 가능하기 때문이다.

> (13) (아버지가 아들에게 물건을 주면서) 자.

이때 '자'는 반드시 상대가 말할이보다 손아래에만 가능하다. 다음 (14)처럼 상대가 손위인 경우는 불가능하다.

> (14) *(아들이 아버지에게 물건을 주면서) 자.

따라서 담화표지 '자'는 '낮춤 표현 담화표지'라 할 만하다.

2.2. 서법 제약

담화표지 '자'는 청유형 종결어미와 호응이 가장 자연스럽다. 이것은 '자'가 단순히 감탄사로 후행 문장과 독립적인 관계에 있는 것이 아니라 어떤 서법과 결속 관계를 가진다고 볼 수 있다. '자'는 말할이가 들을이에게 어떤 행위를 요구(요청)하기 위해 미리 주의를 요구하는 앞말(사전행위)이다. 따라서 '자'는 아래 (15ㄱ~ㄷ)처럼 상대에게 행위를 요구하지 않는

의문문이나 평서문, 감탄문은 어울리기 어렵다. 그러나 (15ㄹ)처럼 청유형과 (15ㅁ)의 명령형에서는 쉽게 호응이 된다.

> (15) ㄱ. *자, 진양호에 가느냐?
>
> ㄴ. *자, 진양호에 간다.5)
>
> ㄷ. *자, 진양호에 가구나!
>
> ㄹ. 자, 진양호에 놀러가자.(놀러가세, 갑시다)
>
> ㅁ. 자, 진양호에 놀러가거라.

그러나 만약, '자'가 표면적으로는 평서형이나 의문형으로 표현되었더라도 심층적으로는 명령이나 청유의 의미를 나타낸 다음 간접화행6)의 경우에도 가능하다.

> (16) 자, 이제부터 2장으로 넘어가겠습니다.
>
> (17) 자, 이제 너희들 공부해야 되지 않겠니?

(16)은 형태적으로는 평서문이지만 속에는 들을이에게 '같이 넘어가자' 또는 '잘 보세요'와 같은 심층적으로 요청이나 명령의 의미가 전제되어 있다. (17)도 마찬가지로 이전까지는 공부하지 않은 행동이 전제되고 후행하는 문장이 행위 요청의 의미인 간접화행일 경우는 담화표지 '자'가 쓰일 수 있다. 동일한 평서형 표현이지만 아래 (18)은 가능하고 (19ㄴ)이 불가능한 것도 (18)의 평서문이 담화표지 '자'에 이끌리어 명령의 간접화행으로 쓰인 것이라면 (19ㄴ)은 단순한 정보 요청 의문문 (19ㄱ)의 대답으로 상대의 행위를 요청하는 명령이나 청유의 의미로 쓰이지 않았기 때문이다.

---

5) '자, 이제 진양호에 간다'라는 문장이 가능하기 위해서는 '간다'가 평서형보다는 청유형으로 쓰였을 때이다. 즉, 말할이도 '간다'라는 행위에 동참한다는 의미로 이해될 때 자연스럽게 된다.

6) 간접화행과 간접표현은 구별하고 있다(박금자 외, 2003:63-70). 간접화행은 서법상의 문제이고 간접표현은 어휘 또는 어휘와 서법의 복합적인 문제이다. 예컨대, 문을 닫아 주도록 요청하는 표현을 명령이 아니라 '문 닫아 주시겠습니까?'라고 의문 형식으로 표현했다면 간접화행이고 시간을 알고 싶다는 표현을 '시계 있습니까?'라고 표현했다면 간접표현에 가깝다. 두 표현 양상이 모두 간접성을 띠고 있으나 간접표현은 의미적 표현과 서법상 표현에서 모두 간접적으로 나타날 수도 있다.

(18) 자, (그만 놀고) 이제 공부한다.

(19) ㄱ. 철수가 무엇을 하는가?

ㄴ. *자, 이제 철수가 공부한다.

따라서 담화표지 '자'는 이끌리는 문장의 표면적 서법에 관계없이 속의미 구조가 명령이나 청유의 서법일 경우에만 가능하다.

2.3. 시제 제약

담화표지 '자'는 앞으로 일어날 일에 대한 행위와 관련이 있기 때문에 과거나 미래형의 서법과는 어울리지 않는다.[7]

담화표지 '자'는 말할이와 들을이가 같은 장소에서 현재 일어날 행위와 같이 쓰인다. 이 말은 '자'가 서법상 명령이나 청유와 호응이 자연스럽다는 것과 같은 의미이다. 명령이나 청유는 과거나 미래 시제로 실현될 수 없기 때문이다.

(20) ㄱ. *(어제) 너 밥 먹었어라

ㄴ. *(내일) 너 밥 먹겠어라

ㄷ. *(어제) 우리 밥 먹었자.

ㄹ. *(내일) 우리 밥 먹겠자.

따라서 담화표지 '자'도 과거나 미래 시제와 공기가 불가능하다.

(21) ㄱ. *자, (어제) 너 밥 먹었어라

---

7) 신지은(1988:60)은 의지적 간투사의 경우 화자의 의도가 미치는 시점은 항상 현재여야만 한다고 하였다.
(ㄱ) 쉬, (지금) 조용히 하세요
(ㄴ) *쉬, (내일) 조용히 하세요
(ㄷ) 아서라, (지금) 깨진 유리를 만지면 안 된다.
(ㄹ) *아서라, (내일) 깨진 유리를 만지면 안 된다.

ㄴ. *자, (내일) 너 밥 먹겠어라.

ㄷ. *자, (어제) 우리 밥 먹었자.

ㄹ. *자, (내일) 우리 밥 먹겠자.

그런데 담화표지 '자'가 동일한 문장이라도 과거 시제와 미래 시제가 쓰인 다음 (22)는 불가능하고, (23)이 가능한 것처럼 보이는 것은 왜 그럴까?

(22) ㄱ. *자, 어제 비가 왔다.

ㄴ. *자, 내일 비가 올 것 같다.

(23) ㄱ. 자, 어제 비가 많이 왔다. 우리는 지금 무엇을 해야 되겠나?

ㄴ. 자, 내일 비가 올 것 같다. 무엇을 준비해야 할까?

그것은 위 (23ㄱ)과 (23ㄴ)의 '자'가 바로 이어지는 문장보다 두 번째 문장과 결속되어 있기 때문이다. 따라서 담화표지 '자'는 (24)와 같이 두 번째 문장 앞에 놓이는 것이 더 자연스럽다.

(24) ㄱ. 어제 비가 많이 왔다. 자, 우리는 지금 무엇을 해야 되겠나?

ㄴ. 내일 비가 올 것 같다. 자, 무엇을 준비해야 할까?

다음 (25ㄱ)이 가능한 것도 사건시는 미래이지만 발화시는 (26ㄱ)처럼 항상 현재이기 때문이다.

(25) ㄱ. 자, 내일 어디로 놀러가지?

ㄴ. *자, 어제 우리 즐거웠지?

(26) ㄱ. 자, 내일 어디로 놀러가지? (우리 생각해보자.)

ㄴ. *자, 어제 우리 즐거웠지? (우리 생각해보자.)

이처럼 담화표지 '자'가 과거시제와 쓰일 수 없는 것은 과거에 행위가 완료된 사건에 대해서는 말할이가 담화표지 '자'를 사용해서 행위를 상대에게 요청할 수가 없기 때문이다. 그러나 다음과 같은 느낌 감탄사들은 시제의 제약을 받지 않는 것 같기도 하다.

(27) ㄱ. 아이구, 그것 재미있겠다

ㄴ. 아이구, (내일) 좋은 만남이 될 걸세.

ㄷ. 아이구, (어제) (다른 사람도 아니고) 자네가 갔구나

이때 감탄사 '아이구'는 뒤에 과거나 미래의 사태와 같이 쓰일 수 있다. 그러나 감탄사 '아이구'가 말할이의 현재 마음을 표현하고 있다. 명제의 사건시는 과거나 미래일 수 있지만 사건을 인식하는 시점은 현재이다. 즉, 감탄사의 발화시는 항상 현재라고 할 수 있다. (27ㄴ) 처럼 '내일 좋은 만남이 된다'라는 명제에 대한 말할이의 인식은 현재이다. (27ㄷ)도 '어제 자네가 갔다'라는 과거 사실에 대한 말할이의 느낌의 인식은 현재가 된다.[8]

따라서 이러한 감탄사는 상대에게 행위를 미치는 명령이나 청유문에는 같이 쓰이기 어렵 다.[9]

(28) ㄱ. *아이구, 자네가 가거라.

ㄴ. *아이구, 우리 공부하자.

결국, 담화표지 '자'가 이끄는 문장의 시제는 발화시가 항상 현재이어야 한다.

---

8) 노대규(1997:137)에서 감탄문의 통어적 특성을 ((((사실)-현재)-지각)-감동)의 구조를 가지고 있다고 한 것 도 감탄문의 인식시점은 언제나 현재임을 말한다.

9) 최현배(1929:608-609)에서는 이를 감정적 느낌씨와 의지적 느낌씨로 구분하였다. 감정적 느낌씨는 놀람, 기쁨 같은 순연한 감정을 들어내는 것이고, 의지적 느낌씨는 꾀임, 부름 같은 의지의 앞머리를 들어내는 것이라 하였다. 여기서 의지적 느낌씨에 대한 뜻넓이가 다소 불분명하다. '의지'를 말할이가 무엇을 하려 고 하는 '뜻냄'으로 본다면 감정적 느낌씨와 뚜렷이 구분되지 않는다. 의지적느낌씨보다 상대에게 어떤 행위와 생각을 요구하거나 자기 자신에게 어떤 행위를 하도록 하는 뜻을 가지고 있기 때문에 행위 느낌 씨라고 할 만하다. 느낌과 행위라는 대립적 의미도 드러난다. 아니면 홀로 느낌씨와 상대 느낌씨도 상정 해 볼 만하다.

2.4. 이동 제약

담화표지 '자'는 다른 담화표지 이른바 감탄사와는 옮김에서 다른 특징이 있다. 일반적으로 감탄사는 문장의 다른 성분과는 긴밀한 제약 관계가 없기 때문에 이동이 다소 자유롭다.[10]

(29) ㄱ. 아이구, 영희가 무척 예쁘구나

ㄴ. 영희가 아이구 무척 예쁘구나

ㄷ. ?영희가 무척 아이구 예쁘구나.

ㄹ. 영희가 무척 예쁘구나. 아이구

(30) ㄱ. 여보, 오늘 우리 진양호에 놀러가자.

ㄴ. ?오늘 우리, 여보,. 진양호에 놀러가자.

ㄷ. 오늘 우리 진양호에, 여보, 놀러가자.

ㄹ. 오늘 우리 진양호에 놀러가자. 여보

(31) ㄱ. 자, 우리 모두 진양호에 놀러가자.

ㄴ. 우리 모두, 자, 진양호에 놀러가자.

ㄷ. 우리 모두 진양호에, 자, 놀러가자.

ㄹ. *우리 모두 진양호에 놀러가자. 자.

(29)는 감탄사 '아이구'의 이동이 매우 자유로운 것을 나타낸 것이다.

다만, (29ㄷ)이 어색한 것은 부사 '무척'과 피수식어 '예쁘구나'의 결속성이 높기 때문이다. (29ㄹ)처럼 감탄사는 문장 끝에도 쉽게 나타날 수 있다. (30)은 부름말의 이동 모습이다. 부름말도 다른 감탄사처럼 독립어로 이동이 매우 자유롭다. 그러나 담화표지 '자'는 다른 독립어와는 달리 (31ㄹ)처럼 문장 끝에 올 수 없다. 이것은 담화표지 '자'가 다른 독립어보다는 후행 정보와 더 긴밀한 관계에 있음을 말한다. 즉, 담화표지 '자'는 후행 서술어의 종결형

---

10) 최현배(1980:606)에서 느낌씨는 마디나 월의 앞에서 그것들을 꾸미는 꾸밈씨이라 하면서도 그 꾸미는 품이 그리 긴밀하지 아니하여 월의 짜임에는 형식상으로 큰 관계가 없다고 하였다.

어미인 '-자'와 밀접한 결속 관계를 가진다는 것을 의미한다.

3. 담화 기능

국어 담화표지 '자'의 담화적 기능도 다른 담화표지와 마찬가지로 문맥이나 상황에 따라 그 기능이 매우 복잡하고 다양하다. 담화표지 '자'의 담화 기능을 요청과 바꿈이라는 중심 기능과 이를 바탕으로 행위를 대신하는 대행과 상대의 주의를 끌게 하는 시선끌기라는 이차 적 기능으로 나눌 수 있다.

3.1. 요청

담화표지 '자'는 뒷 문장의 담화 차원의 요청 수행문과 관련을 가진다.[11] 따라서 담화표 지 '자'는 이어지는 문장의 속 구조는 '자, (나는-여러분에게) 언표적 발화 (행위를 요구하다)'와 같은 수행문으로 되어 있다. 앞에 든 담화표지 '자'의 다양한 실례를 다시 보자.

    (32) 자, 그러면 다음 수는 어떻게 될까요

    (33) 자, 다음 장으로 넘어 가겠습니다.

    (34) 자, 자전거가 나갑니다.

    (35) 자, 이것 받아라

(32)의 심층 구조는 '자, 그러면 다음 수는 어떻게 될까요?[들을이에게 생각해 보기를 요구한 다.]' (33)는 '자, [내가] 다음 장으로 넘어 가겠습니다[들을이에게 같이 넘어 가는 행동을 요구한다.] (34)은 '자, 자전거가 나갑니다[여러분에게 조심하기를 요구한다, 길을 비켜줄 것을 요구한다]'. (35)는 '[나는 당신에게] 이것을 받을 것을 요구한다'와 같이 모두 들을이에게 어떤 행위를 요구하는

---

11) 수행발화(performative utterance)에 대한 논의는 J.Austin(1962, 장석진 역, 『오스틴 '화행론'』, 1987) 참조.

속 구조를 가지고 있다.

이러한 상대의 행위에 대한 말할이의 바람은 다음 보기에서도 알 수 있다.

(36) 자, 이거 받아라.

(37) *자, 이거 받지 마라라.

(36)의 담화표지 '자'는 이미 상대에게 어떤 물건을 주고 있는 행위를 하면서 이미 받는 행위를 요구하고 있다. 위 (37)이 불가능한 것도 상대에게 주는 행위를 하고 또한 상대에게 받을 행위를 요구하면서 표현은 '받지 마라'라고 함으로써 요청 행위와 거절의 언어 표현이 서로 모순되기 때문이다. 다음 문장을 보자.

(38) 자, 이 일을 어떻게 하지?

(39) 자, 이게 뭘까?

라는 의문문의 속 구조도 각각 (38)은 '[나는] 이 일을 어떻게 할 것인지 [당신에게] 생각할 것을 요청한다'와 (39)는 '[나는 당신에게] 이게 무엇인가 말할 것을 요청한다'와 같이 '요청' 수행 구조로 되어 있다. 그런데 이때 요청은 말할이가 상대에게 요청의 내용을 알고 있는 발화태도이다. 예컨대, 교사가 학생에게 (38)과 (39)로 발화했다면 교사는 그 묻는 내용에 대해 이미 알고 있다고 볼 수 있다. 따라서 담화표지 '자'는 말할이가 상대에게 새로운 정보를 요청하는 표현이지만 상대에게 '완곡하면서 부드러운' 표현을 이끈다.

만약, 위 (38)과 (39)의 담화에 담화표지 '자'가 쓰이지 않은 다음 (9)와 (10)의 문장과 비교해 보면 쉽게 그 차이를 알 수 있다.

(40) 이 일을 어떻게 하지?

(41) 이게 뭘까?

위 (40)과 (41)은 (38)과 (39) 문장보다 상대에게 묻는 발화 태도가 덜 완곡하면서 직접적이다. (38)과 (39)가 말할이가 이미 알고 있는 답에 대해 들을이에게 답을 유도하는 청유의 간접 화법이라면, (40)과 (41)은 그런 표현 효과가 약하다. (40)과 (41)은 단순히 말할이도 모르고 있는 사실을 들을이에게 묻는 단순 의문문으로도 가능하지만 (38)과 (39)는 그럴 가능성은 낮다.

따라서 담화표지 '자'에 이끌리는 발화는 말할이는 알고 있으면서 상대에게 행위를 완곡하게 요청하는 기능을 한다.

3.2. 바뀜

담화표지 '자'의 보편적 담화 기능은 '바뀜'[12]이다.

따라서 담화표지 '자'는 반드시 선행 정보가 전제되어야 한다. 이 말은 담화표지 '자'는 선행 행위나 상황 정보 없이 담화 첫머리에 나타나기 어렵다는 말과 같다. 다음 발화를 보자.

(42) *[길거리에서 만난 친구] 자, 참 오랜만이네.

(43) (한참 이야기하다가) 자, 그럼 우리 어디 가서 차나 한잔하자.

(44) ??[교수가 강의실에 들어가서 곧바로] 자, 오늘 어디 할 차례지요?

(42)처럼 길거리에서 만난 친구에게 처음 하는 말에서 담화표지 '자'는 부자연스럽다. 일반적으로 부름말[13]이 나오고 친구에 대한 인사말을 하게 된다. 일단 친구와 만나는 행위 이후에 다른 행위로 '바뀜'이 일어날 경우는 (43)처럼 자연스럽게 담화표지 '자'가 실현된다. 그리고 (44)처럼 어떤 행위가 처음 시작할 때 담화표지 '자'가 실현되기 어렵다는 것을 나타낸다. 만약, (13)이 가능하려면 교수가 출석을 부르거나 본 강의를 시작하기 전에 다른 이야기를 하고 난 뒤 강의를 시작하면서 발화되는 경우는 가능하고 매우 자연스러운 표현이

---

12) '바뀜'은 '주제 바뀜'과 '화자 바뀜'과 '상황 바뀜'으로 나눌 수 있다.

13) 김태엽(2003:11-12)에서 부름말의 기능을 한정, 주의환기, 강조 등으로 제시하고 있다. 길거리에서 오랜만에 만난 친구에게 친구를 부르는 부름말은 '강조'에 가깝다.

된다. 다음 (45)의 발화가 어떤 장소에서 처음 실현되었다면, 이때도 담화표지 '자'는 이미 조용히 하지 않는 상황이라는 선행 행위가 필수적으로 전제되었을 때 가능하다.

(45) 자, 조용히 좀 하세요

일반적으로 바뀜의 담화 기능이 아닌 것처럼 보이는 다음 (46)~(47)을 보자.

(46) 자 자전거가 나갑니다
(47) 자, 이 일을 어쩌지

(46)의 경우도 상대에게 자전거가 나가는지 모르는 상태라는 선행 상황이 있어야 한다. 상대가 자전거가 자기에게 오고 있는 것을 보고 있는 상태에서는 (46)의 발화는 자연스럽지 않다. 만약, 주위 사람들이 상대의 자전거가 나가는 것을 보고 있는 경우(장애인이 어렵게 자전거를 배워 타는 것을 보고 있는 경우)는 '자전거가 나가니 비켜주세요'라는 요청이 아니라 '자전거가 나가는 것을 보아주세요'라는 요청이다. 이때의 '자'도 자전거가 나가지 않은 상태에서 자전거가 나가는 상태로 바뀜이 일어난다. (47)은 혼자 말하는 경우인데 이때도 '어떤 일이 일어남'이란 선행 행위가 있고, '이 일을 어쩌지(그 일에 대한 생각)'라는 상황 '바뀜'이 전제되어 있다.

그리고 담화표지 '자'의 '바뀜' 기능은 상황에 따라 다른 기능과 복합적으로 나타난다.

(48) 자, 이제 대통령이 탄 비행기가 곧 착륙하겠습니다.

(48)의 경우도 '자'는 주위 사람들에게 대통령이 탄 비행기가 비행하다가 착륙한다는 '바뀜'의 상황과 '모두들 잘 보기(시선끌기)를 요청'하는 요청의 행위가 복합적으로 실현된 것이다.

담화표지 '자'의 기저 기능이 '바뀜'이라는 것은 담화표지 '자' 뒤에 시간부사 '이제'와 전환의 '그런데, 그러면, 그래서'의 실현 빈도가 매우 높다는 것으로 알 수 있다.

3.3. 대행

담화표지 '자'의 대행 기능은 이 '자'가 말할이의 행위와 동시에 발화되면서 들을이에게 어떤 행위를 하도록 요청하는 것이다. 본고 들머리에서 제시한 예문을 다시 보자.

"진수야, 그만두고 (1)자아 업자."

하는 것이었다.

"업고 건느면 일이 다 되는 거 아니가 ? (2)자아, 이거 받아라."

고등어 묶음을 진수 앞으로 민다.

"……."

진수는 퍽 난처해하면서 못 이기는 듯이 그것을 받아 들었다. 만도는 등어리를 아들 앞에 갖다 대고 하나밖에 없는 팔을 뒤로 버쩍 내밀며,

"(3)자아, 어서!"(하근찬-'수난이대'에서)

위 (1)과 (2), (3)의 '자'는 모두 말할이의 행위를 대신하는 것이다. (1)의 '자아'는 말할이가 진수를 업으려고 등을 내 미는 행위와 동시에 나타난다. 예컨대, 담화표지 '자아'가 없는 "진수야, 그만두고 업자"라는 문장과는 상당한 의미 차이가 있다. '자아'가 없는 경우는 말할이가 등을 내미는 행위가 있을 수도 있고 그렇지 않을 수도 있다. (2)의 '자아'도 마찬가지로 '자아'는 상대에게 물건을 주는 행위를 대신 나타낸다. '자아' 대신 '고등어를 주면서'라는 행위를 나타내는 표현을 할 수도 있다. 이때 담화표지 '자아'는 뒤이어질 시선끌기의 담화 기능은 아니라고 본다. 이미 말하는 사람과 듣는 사람이 시선이 집중되어 있기 때문에 다르게 시선을 요구할 필요가 없다. 이 대행의 '자'는 말할이가 상대에게 행위를 요구하는 명령문으로 나타나는 경우가 많다. (1)의 경우도 표현은 청유형이지만 실제 의미상으로는 '업혀라'는 명령의 의미이다.

다음과 같은 문장에서 훨씬 더 명확하게 나타난다.

(49) 자, 이거 받아라.

(50) [*]자, 이거 받지 마라라.

위 (49)의 담화표지 '자'는 말할이가 상대에게 무엇을 주는 행위를 대신 나타내는 기능을
한다. (50)이 불가능한 것은 상대에게 무엇을 주는 행위를 해 놓고 상대에게 받지 말라는
말은 행위와 말이 어긋나기 때문이다.
　말할이가 상대에게 물건을 주면서 다음과 같이 말할 수 있다.

(51) 이거 받아라.
(52) 자.

(51)과 같이 직접적 표현을 쓸 수도 있지만 두 사람이 근접해 있고 들을이가 행위를 예측
하고 있다면 그냥 (52)처럼 담화표지 '자'라는 말만으로도 가능하다.

(53) 자, 어서 받아라
(54) 어서 받아라

(53)은 말하는 사람이 상대에게 직접 주는 행위를 나타내지만 담화표지 '자'를 쓰지 않은
(54)은 말하는 사람이 직접 줄 수도 있지만 다른 사람이 무엇을 주는데 말할이가 삼자의
입장에서 들을이에게 받을 것을 강요하거나 요청하는 의미로 쓰일 수도 있다. 이것은 담화
표지 '자'가 말할이의 행위를 직접 이끎을 의미한다.

(55) 자, 이거 먹어라(먹자).
(56) [*]자, 이거 먹지 마라(먹지 말자).

(55)는 '자' 하면서 먹을 것을 내어 놓는 동작이 동시에 일어나고 있다. 이 경우 '이것'은
말할이 가까이에 있는 대상이기 때문에 말할이의 동작과 관련되어 있다. 따라서 말할이가
대상을 지시하고 있으며 말할이가 들을이에게 먹을 것을 주는 행위의 의미가 '자' 속에

담겨 있다고 보아야 한다. (56)이 불가능한 것도 담화표지 '자' 속에는 상대에게 먹을 것을 내어 놓는 행위와 먹을 행위를 요청하는 담화 기능을 담고 있는데 이어진 표현에서 이와 반대로 먹지 말라는 모순된 표현이기 때문이다. 반면, 다음 (57)이 가능한 것은 담화표지 '자'가 들을이에게 주는 행위의 의미를 담고 있음을 의미한다.

(57) 이거 먹지 마라.

(57)은 말할이가 내어주는 행위와 지시의 의미를 가질 수 있다. 먹을 것이 여러 가지가 있는데 그 가운데 하나를 내면서 위와 같이 말할 수 있다. 그렇지 않고 단순히 이미 내어 놓은 대상을 '지시'하면서도 위와 같이 표현을 할 수 있다.

따라서 담화표지 '자'는 말하는 사람이 들을이에게 직접 행위를 하면서 발화는 하는 것으로 행위를 대신 나타내고 있다.

3.4. 시선끌기

담화표지 '자'는 말할이가 들을이의 시선을 끌기 위해서 쓰인다. 상대에게 시선을 끌게 한다는 것은 말할이가 들을이에게 자신의 말에 주의를 집중해 달라는 요청이다. 따라서 담화표지의 '시선끌기' 기능은 효과적 발화를 위한 발화 책략으로 매우 보편적 기능인데, 이 발화 책략은 언표적 표현뿐만 아니라 비언어적 표현과 반언어적 표현이 어우러져 실현된다. 본고에서 논의하는 담화표지 '자'의 발화 책략은 언표적 발화 책략이라기보다는 말할이와 들을이 사이에 다양하게 실현되는 상호 작용적 책략이라고 할 수 있다. 담화표지 '자'로 상대의 시선을 끌기 위해서는 손짓을 한다든가 손벽을 친다든가, 무엇으로 소리를 낸다든가 하는 행위와 '자, 자'처럼 반복을 하는 경우, 그리고 높은 성조로 소리내는 등의 비언어적, 반언어적 표현이 수반된다. 그리고 '시선끌기' 담화표지 '자'도 담화표지 '자'의 기저 기능인 '바뀜'의 기능과 공유하고 있다. 즉, '바뀜'이 기저 기능(primary function)이라고 한다면 시선 끌기는 기저 기능을 바탕으로 2차적 담화 기능(secondary function)이라고 할 수 있다. 이때 '자' 뒤에 발화되는 문장은 주로 명령형이다. 담화 구조는 일단, 담화표지 '자'로써 상대의 시선을 잡은 뒤 말할이는 들을이에게 자신의 행위를 요청하게 된다.

담화표지 '자'의 '시선끌기' 기능은 다음과 같은 보기로 나타난다.

　　(58) (다른 곳을 보고 있는 사람에게)자, 이리 보세요

　　(59) 자, 우리 아이 젖 먹자.

　　(60) 자, 자, 그만 떠들고 조용히 해요

(58)은 시선이 다른 곳에 있는 상대에게 담화표지 '자'로 시선을 끌게 한 후 덧붙여 자신을 보도록 한다. (59)는 아이가 자고 있거나 울고 있을 경우 담화표지 '자'로 일단 시선을 끌게 한 후 젖을 먹게 한다. (60)은 담화표지 '자'를 반복 사용함으로써 강한 시선끌기 효과를 가진다. 이때 '자'는 부름말의 기능도 하는 것처럼 보인다. 그러나 몇 가지 점에서 담화표지 '자'가 부름말과는 다른 특징이 있다. 우선, 담화표지 '자'는 다음 (61)과 같이 부름말과 같이 쉽게 쓰임으로써 부름말 자체가 아니라 부름말을 효과적으로 표현하기 위해 상대에게 '시선끌기'와 '행위 요청' 담화표지이다.

　　(61) 자, 여러분, 이리 보세요

그리고 다음 (62)처럼 일반적인 부름말이 후행 정보와 독립적이어서 다양한 서법이 올 수 있으나 (63)처럼 담화표지 '자'는 그렇지 못하다. 담화표지 '자'는 후행 발화에 행위 요청이라는 서법상 선택 제약을 가진다.

　　(62) ㄱ. 야!14)(철수!), 너 뭐하니?

　　　　ㄴ. 야!(철수!), 집에 가자

　　　　ㄷ. 야!(철수!), 잘 가

　　(63) ㄱ. *자 너 뭐하니?

---

14) 김태엽(2003:115)에서 '야'는 호격 조사로도 쓰이지만 놀라움과 반가움을 표시하거나 부르는 경우에는 감탄사로 쓰인다고 하였다.

ㄴ. 자, 집에 가자.

ㄷ. *자, 잘 가.

또, 담화표지 '자'는 지시 대상이 말할이와 들을이의 담화 상황에서 구정보일 경우에만 사용되기 때문에 부름말이 가지고 있는 지칭(indicator)적 의미는 약하다.

마지막으로, 이동에서 부름말은 문장 끝에도 올 수 있지만 담화표지 '자'는 문장 끝에 올 수 없다.

(70) ㄱ. 여보, 오늘 진양호에 갑시다.

ㄴ. 오늘 진양호에 갑시다. 여보.

(71) ㄱ. 자, 오늘 우리 모두 진양호에 갑시다.

ㄴ. *오늘 우리 모두 진양호에 갑시다. 자

따라서 담화표지 '자'가 부름말의 기능을 하는 것처럼 보이지만 부름말과는 여러 면에서 다르며 담화에서 '시선끌기'라는 특징적 기능을 한다고 볼 수 있다.

이상에서 살핀 담화표지 '자'의 담화 기능 가운데 '바람'과 '바뀜' 기능은 담화표지 '자'의 기저 기능(일차적 기능)이고 '대행'과 '시선끌기'는 이 두 기저 기능을 바탕으로 하는 이차적 기능에 해당된다.

제4장

담화 종결형 어미 '-는기라'

1. 들머리

경상 방언 어미 가운데 특이하게 눈에 띄는 것이 있는데 바로 '-ㄴ기라/거라'이다. 다음 보기 (1)과 같이 그 실현 빈도가 매우 높은 것을 알 수 있다.

(1) 설(六)로 끊는데, 끊으니까 말키(말이)세 마리가 튀나가**는기라**. 튀나가디마는 참 아인기 아이라 낙동강 물에 그냥 풍덩 빠져 죽어뿠대[청중 : 말이?]말키 말이지 죽고 난 뒤에 그래 가지고 신곡고개를 끊으니까, 거게는 꽁(꿩)이 세 바리 푸르르 날라 나온다. 날라 나와 가지고 강에 또 빠져 죽어뿠다. 그래 죽고 나서 인자 나이께네 이 절은 손님이 도통 안 오**는기라**. 손님이 안 오는데, 손님 안 오믄 다행인데, 이놈우 절에는 빈대가 있어 감당을 못하**는기라**. 빈대가 일기로(번식하기로), 빈대가 일어서 감당을못하는데, 빈대 때문에 도저히 부지하지 못 하**는기라**. 그래서 이 절이 망하는데, 망할 때 그 절에 주지가 그 장유수에다 돌로 한 딩이(덩이) 갖다얹었는기라. 딱 얹어뿠다. 딱 얹어 나 놓고 그 질로 절이 파해고 날라뿠다. 나르고 나서, 가뿌고 나서, 그 뒤로 그 장유수 찾을라고 온갖 사람이 다 와서 뻬대도(밟아도) 안 되**는기라**. 안 되고 암만 파도 들로 갖다 엎었다 카는데, 그 돌이 얼매나 커났던지 도저히 일배길(일으킬) 도리도 없고 칭정(천장)도 아이고 이래 **된기라**. 이랬는데, (한국구비문학대계 8집 9책, 915면. 진한 표시 필자가 함)

위 (1)에서 보는 바와 같이 전체 종결형어미 12개 가운데 7개가 어미 '-ㄴ기라'가 쓰였다. 따라서 이 논문은 경상방언에서 그 사용빈도가 유난히 높은 종결형어미 '-ㄴ기라'[1]에 대해서 문법화 현상과 통사적 특징 및 담화 의미적 기능을 밝히는 데 목적이 있다.

이와 유사한 경상방언에 대한 연구로는 경상 동남 방언에서 쉽게 발견되는 의문형어미 '-ㄴ교'의 형태나 경상 동북 방언의 '-니겨', 그리고 경상 방언에서 두루 나타나는 '-끼-'의 형태를 의존명사 '것'과 관련시켜 연구한 것은 여러 곳에서 발견할 수 있다.[2] 그러나 여기에서 논의하고자 하는 경상 방언의 종결형 어미 '-ㄴ기라'에 대한 독립적 연구는 보이지 않고 있다.[3] 다만, 송복승(2001)에서 '기다'를 복합동사로 보고 그 형성과 논항 구조를 밝힌 것이 있다. 그런데 송복승(2001)의 '기다'는 예컨대, '저기 가는 사람이 영이 어메가 기요?', '니네 집으로 가는 길이 이 길이 기긴 기냐?'에 쓰인 '기요'와 '기긴 기냐?'의 '기다'로 본고에서 논의하는 경상방언에 실현되는 어미 '-ㄴ기라'와는 다른 것이다.[4] '기다'가 대명사 '그'와

---

1) 일부에서는 '-ㄴ기라'를 아직 어미화 과정을 거치지 않은 '-ㄴ 기라'의 형태로 보기도 한다. 예컨대, 동일한 구비문학대계 자료에서도 어떤 곳은 '-ㄴ 기라'로 '-ㄴ'과 '기라'를 띄어 써서 각각 독립된 형태로 보고 있는가 하면 어떤 곳은 하나로 붙여 써서 단일 씨끝으로 보기도 하였다. 이 논문에서는 '-ㄴ기라'를 문법화 과정을 거친 하나의 씨끝으로 보고 논의하고자 한다. 그리고 '-ㄴ기라'의 형태는 다른 이형태를 가지고 있는데, 선행하는 말이 형용사일 경우는 '-ㄴ기라'의 형태만 나타나며 동사의 경우 완료의 의미를 가질 경우는 '-ㄴ기라'로, 진행의 경우는 '-는기라'로 나타난다. 그러나 이 논문에서는 동사와 형용사에 동일한 형태로 나타나는 '-ㄴ기라'를 기본형으로 잡고자 한다. 이 '-ㄴ기라'와 유사한 형태는 중앙방언에서는 '-ㄴ 거야/거여'로 나타나기도 한다. 그러나 '-ㄴ 거야'와 경상방언의 '-ㄴ기라'는 의미나 담화 기능적으로 다소 다른 것으로 보인다. 그것은 의미적 차이도 있지만 높임 조사 결합도 차이를 보인다. '-ㄴ 거야' 뒤에는 높임조사 '요'나'예'의 결합은 '-ㄴ 거야요/예'가 어색하지만 경상방언에서 '-ㄴ기라'는 '-ㄴ기라요/예'의 결합이 자연스럽다. 경상방언 높임조사는 김정대(2006) 참조.

2) 신기상(1980)에서는 '-는기요'를 중앙어 '-는가요'와 관련시켜 '-ㄴ교'를 '-는가요'의 동화작용으로 형성되었다고 설명하였다. 반면, 김태엽(1990:186)에서는 최명옥(1980)에서 '요'가 '-ㄴ 교'의 형성에 관여하고 있는 것처럼 보고 있다고 하면서 이에 대한 문제를 지적하였다. 그리고 김태엽(1990:186)에서는 '-는교'를

    것이오   게오------(중앙어)

    거이오   기오-교----(방언형)로 형성과정을 설명하고 있다.

    그리고 주상대(1996)에서는 경상방언 '-끼'는 의존명사 '것'이 동남방언에서 ㅅ이 탈락되고 된소리 '께'나 '끼'로 바뀌는 현상을 중심으로 논의하였다. 이 논의는 김태엽(1990)과 다르지 않다.

3) 경상 방언 종결형 어미에 대한 논의는 주로 상대 높임법에 따른 명령형과 의문형에 집중되고 있다(최학근(1966), 김정대(1998) 참조. 연구사에 대한 것으로 황병순(2001) 참조.

4) 송복승(2001)에서 '기다'는 '그+이다'의 결합으로 보고 '기다'의 '그'는 선행 성분의 지시성을 그대로 유지하고 있는 독립된 어휘의 기능을 가진 것으로 보고 있다. 송복승(2001)에서 '기다'를 복합동사로 보았는데 실제 아직 복합동사로 보기에는 덜 어휘화되었고 지시적 의미 기능을 가진 지시사 또는 그것이 화용적 의미로 '맞다'의 의미로 쓰인 것으로 보인다.

소위 서술격 조사 '이다'의 결합인 '그+이다'의 구조로 본 반면 '-ㄴ기라'는 '-ㄴ 것이라'를 내면 구조로 하고 있다. 이 연구의 차례는 먼저, 경상방언 씨끝 '-ㄴ기라'를 '-ㄴ 것이라'의 문법화 현상으로 실현된 것으로 보고, 그 문법화 과정을 설명한다. 그 다음 '-ㄴ기라'의 통사적 특성을 분열문 구조로 분석하고, 마지막으로 '-ㄴ기라'로 실현된 문장의 담화 의미를 밝히는 순서로 되어 있다.

2. '-는기라'의 문법화

'-ㄴ기라'는 기저형 '-ㄴ 것이라'가 문법화(grammaticalization) 과정을 거쳐서 이루어진 독립된 어미로 보고자 한다. 이 '-ㄴ기라'의 문법화는 하퍼와 트루굇(1993)에서 문법화 과정을 '특정한 언어적 문맥들에 사용된 어휘 항목>통사론>형태론'의 과정을 겪는다고 한 문법화 과정의 전형적 모습으로 보인다. 이것은 하퍼와 트루굇(1993)이 문법화를 '형태론적으로 더 무거운 단위에서부터 더 가벼운 것으로, 음운론적으로 더 길고 분명한 단위로부터 덜 분명하고 더 짧은 단위의 구조로 바뀌는 문법화의 단일방향성'과 일치하고 있다. 즉, 연속적 변이선상에서 문법화는 탈범주화로 설명할 수 있다.[5] 이러한 현상은 구노(1979:208-209)에서 통사구조의 통시적 변화를 형태소화(morphologization)와 어휘화(lexicalization) 과정을 통해서 긴밀한 짜임이 무너지게 된다(erodes)고 한 것과도 같은 맥락이다.[6]

이러한 설명은 결국 통사적 구조를 가진 것이 통시적으로 형태소로 화석화된다는 것인데 이러한 현상은 국어에서도 쉽게 찾아볼 수 있다.

(3) ㄹ 것이어 > ㄹ게

ㄴ 것이오 > ㄴ교

ㄹ 것이야 > ㄹ께야

ㄹ 터이니 > ㄹ테니

---

5) 하퍼와 트루굇(1993), 김은일 외 공역(1999:137) 참조
6) 기본(1979)의 'On understanding grammar'는 이기동(1981)의 '문법이해론'으로 번역되어 있다.

ㄹ 것을 > ㄹ걸

등과 같이 통시적으로 의존명사가 문법화되면서 씨끝으로 되는 것이나 다음과 같이 일반적
으로 준말이라고 하는 통사구조의 어휘화되는 것과 같다.

(4) 보자고 해 > 보재

가라고 했지 > 가랬지

놀자고 했지 > 놀자 했지 > 놀자 ㅐ써지 > 놀ㅈ ㅐ써지 > 놀쟀지

이처럼 통사구조의 어휘화는 음운론적인 결합에 의해서 형태의 변형과 더불어 통시적으
로 의미와 담화 기능에서 변화를 가져오면서 점차 문법화 과정을 거치게 된다.

'-ㄴ기라'의 기저형을 '-ㄴ 것이라'라고 보고 이것이 문법화 과정을 거친다고 보면, 우선
문법화 과정에서 설명이 되어야 할 몇 가지가 있다.[7]

먼저, 의존명사 '것'이 '기'로 바뀌는 과정이다.[8]

경상방언에서 끝소리 'ㅅ'의 생략은 다음 (5)에서 보는 바와 같이 매우 자연스럽게 나타난
다.

(5) 무엇>머 / 다섯>다서 / 셋>서이, 넷>너이, 다섯>다서, 여섯>여서

'것이'가 '기'로 되기 전에 ㅅ이 탈락하고 'ㅓ'와 'ㅣ'가 축약되어 '게'로 되는 것은 현상은
매우 일반화되어 아래 (6)과 같이 쉽게 나타난다.[9]

---

7) 고영근(1970:50)에서 '것'은 주로 전·후행 형식과 융합되어서 불완전 명사로서의 의미는 완전히 상실하
고 어간에 접미되어서 어미화 같은 기능을 한다고 한 점은 본고에서 '-ㄴ기라'를 '-ㄴ 것이라'가 문법화
되면서 씨끝으로 바뀐 것으로 보는 것과 같다.

8) '것'의 문법화는 김태엽(1990)참조. 그는 경상 방언 '-ㄴ교'의 기저형을 '것이오'라고 하고 있다. 선어말
어미 '-끼-'의 기저형도 'ㄹ 것'으로 보고 있다. 주상대(1996)에서도 동남방언의 의존명사 '거'는 의존 명
사 '것'을 기저형으로 보고 '것'의 'ㅅ'이 탈락한 것이라 하였다. 그리고 방언 '거'의 형태는 중세어에는
발견되지 않고 근대에 와서 나타난 형태라고 하였다.

9) 현재 국어대사전(1999)에서는 '게'의 형태를 장소 대명사 '거기'의 준말로만 표제어로 등재해 놓고 있다.
그러면서 '그것을'의 준말을 '그거', '그것이'의 준말을 '그게'로 인정하고 있다. 그러나 한글(1992)에서는

508　제3부 담화표지

(6) ㄱ. 우리가 이렇게 하는 게 좋을 것 같다

ㄴ. 믿을 게라고는 없다.

그리고 이 '게'가 '기'로 되는 것은 경상 방언에서 쉽게 나타나는 현상이다. 즉, 경상방언에서 e>i의 현상은 다음 (7)에서 보는 것처럼 명사나 동사에서 많이 나타난다.[10]

(7) (먹는)게 > 기

바람이 세게 > 시기 불다

칼에 손이 베이다 > 비다

끓는 물에 데었다 > 딨다

네가 > 니가

되게 > 데기

베개 > 비게

그리고 '것이'가 '기'로 나타나는 것도 다음과 같이 경상방언에 흔히 발견된다.[11]

(8) 있는 기(것이>)라고는 몸둥아리

(9) 지가 자기가 내려올 때 봐 놓은 그곳 산보다 가당시리 더 낫는 기(것이>) 있고, 더 낫는

기(것이>) 있고(구비8-13:38)

(10) 못된 기(것이>) 말은 많아갖고

그런데 '기'의 원형이 의존명사 '것'에 주격조사 '이'가 결합된 '것이'라는 것은 '것' 뒤에 주격조사 '이'가 후행하지 않을 경우는 '기'가 불가능한 것으로 알 수 있다.

      (11) ㄱ. 저런 거(것을>) 하나 더 주이소

          ㄴ. *저런 기 하나 더 주이소

          ㄷ. 저런 기(거)(>것이) 문제다.

      (12) ㄱ. 저거(것을>) 어디 쓸라 캄니꺼

          ㄴ. *저기 어디 쓸라 캄니꺼

          ㄷ. 저기(거)(저것이>) 내껍니더.

즉, 위 (11ㄱ)과 (12ㄱ)처럼 의존명사 '것' 뒤에 목적격 조사인 '을/를'이 오면 '거' 형태는 가능하나, (11ㄴ)과 (12ㄴ)처럼 '기' 형태는 불가능하다. 반면에 '것' 뒤에 주격 조사 '이'가 결합되면 (11ㄷ)과 (12ㄷ)처럼 '기'와 '거'의 형태 모두 자연스럽게 쓰인다.

따라서 '-ㄴ기라'의 '기'는 '것이'에서 'ㅅ'이 탈락하고 '거이'로 다시 '게>거>기'의 형태로 전설모음화된 것이다.

그리고 어미 '-ㄴ기라'의 마지막 형태소인 '-라'를 보자.

종결형 어미 '-라'[12]는 우리말 큰사전(한글학회, 1992:1253)에 다음과 같이 설명하고 있다.

      (13) '잡음씨 줄기('이-'나 '아니-')에 붙어, 해라할 자리(아주낮춤)에 쓰이는 맺음끝의 하나.

          베풀어 말함을 나타낸다. 느낌(감탄)이나 예스런 표현을 띤다.'[13]

따라서 종결형 어미 '-라'는 의존명사 '것' 뒤에서 조사 '이'와 함께 실현되어 '것이라'의 형태로 실현되는 것은 일반적인 문법 현상이다.

경상 방언에서 '-라'형이 단독으로 종결형으로 쓰인 보기를 보면 다음과 같다.

---

12) 동아 새국어사전(1999)에서는 '-이라'형과 '-라'형을 모두 조사로 따로 등재해 놓고 있는데 반해 표준국어대사전(1999)은 우리말 큰사전(1992)과 같이 '-라' 단독형만을 어미로 등재해 놓고 있다.

13) 이상규(1998:307)에서 '이라'형을 경북방언의 설명형 종결어미의 하나로 제시한 바가 있다.

(14) 그기 사람이 아이라. 그거라요

　[청중: 도사던 갑다] 무슨 도사라. 산신령이 그래 그 사람 살릴라꼬(구비 8-13:281)

(15) 손에 뭐로 하나 풀이파리 겉은 기 떡 짚이 떡 있더란다. 작지(작대기) 그기 풀이파리라.

　(구비 8-13:298)

(16) 기억을 옳기 모해가 자세히 보이 손부 며느리라. 손부 며느리가 들오는데, 가마 보이

　산삼을 한 피기 쥐고 들어오는기라(구비 8-13:300)

(17) 그래 태조가 천자질하러 갈라고 하이, 그래 인자 그리 갈 챔이라(구비 8-13:301)

　(14)는 '-라'가 '아니다'의 방언형 어간인 '아이-'에 붙어 '아이라'가 된 것이고, '그거라요'도 대명사 '그거'에 '-이라'가 결합된 것이다. '도사라'도 명사 '도사'에 어미 '-라'가 온 것이다.

　(15)~(17)의 '풀이파리라, 며느리라'도 명사 뒤에 '-이라'가 붙은 형태다. 표면적으로는 '-라' 단독형인 것처럼 보이지만 실제 '-이라'형이라고 할 수 있다. 선행 모음 '/ㅣ/'모음 뒤에서 '-이라'의 '-이'가 생략되면서 '-라'의 형태로 나타난 것이다. (17)의 경우는 선행모음이 '/ㅣ/'모음이 아니기 때문에 '-이라'형태가 그대로 쓰인 것이다.

　'-ㄴ기라'의 문법화는 다음과 같이 의미적 변형에서도 확인할 수 있다.

(18) 사라호 태풍 때 비가 엄청 많이 왔던기라. 그래가--.

　ㄱ. *사라호 태풍 때 비가 엄청 많이 왔던 비라. 그래가---

　ㄴ. ??사라호 태풍 때 비가 엄청 많이 왔던 것이라. 그래가---

(19) *지금 비가 엄청 많이 오고있는기라. 그래가---.

(20) 지금 오고 있는 비는 적게 오는 것이 아니고 많이 오고 있는 것이다.

　위 (18) '-ㄴ기라'의 '기'가 의존명사 '것'의 변형이지만 (18ㄱ)처럼 '것'이 선행절의 '비'를 지칭하는 것은 아니다. 그리고 그 '것'이 (18ㄴ)처럼 선행절을 안은 의미와도 거리가 멀다. (19)가 불가능하고 (20)이 가능한 것도 '-ㄴ기라'의 '것'이 의존명사 '것'의 의미는 '-ㄴ기라'의 한 형태 속에 녹아 문법화되면서 약화된 것이다.

따라서 지금까지 경상방언에 실현빈도가 높은 '-ㄴ기라'를 '-ㄴ 것이라'가 문법화되어 어미로 되는 것을 형태소 중심으로 설명하였다. 아직 '-ㄴ기라'가 온전히 문법화되었다고는 할 수 없지만 형태적인 면에서나 의미적 기능에서도 '-ㄴ 것이라'가 가지고 있는 개별 형태소의 독자적 의미가 융합되어 새로운 형태와 더불어 담화 의미적 기능을 하는 어미로 문법화되었다고 볼 수 있다.

(21) -ㄴ 것이라>(-ㄴ거이라)>-(ㄴ게라)>-ㄴ기라/거라

다음 장에서는 어미 '-ㄴ기라'의 통사적 특성을 살펴보자.

3. 통사적 특성

3.1. 속구조

어미 '-ㄴ기라' 구문의 통사 구조를 다음과 같이 분열문의 구조로 본다.

(22) 겉구조: [[NP+VP]sㄴ기라

속구조는: [[[NP+Wh-i-+VP]scom는][Pro(그것)i]NP-topic][NP+VP]ㄴ]것이라]comment]s

이처럼 '-ㄴ기라' 구문은 (25)처럼 주제(topic)-평언(comment)의 분열문(cleft sentence)의 구조를 가지고 있다.[14] '-ㄴ기라'에 선행하는 Scom2는 평언으로 신정보가 되며, NP/topic절 의 Scom1는 주제가 된다. 여기서 주목할 것은 '-ㄴ기라' 구문의 속구조에 반드시 NP/topic의 선행 구조를 상정하고 있다는 것이다. 그 주제절 속구조에는 발화자가 후행 초점정보에 제시할 것을 '무엇에 대해 말하면', '누구에 대해 말하면'과 같이 '어떤(some-)' 또는 '의문사

---

14) 국어 분열문(cleft sentence) 연구는 임규홍(1986), 남길임(2006) 참고

(wh-)'로 배경 정보를 설정한다. 그리고 그 정보를 N(pro-)와 같이 대용명사(그것)로 지시하는 것으로 되어 있다.15)

다음 실제 '-ㄴ기라' 구문의 구조를 보자.

(24) 내가 보이, 비가 오는데 철수가 막 띠 가는기라

의 속구조는 다음과 같이 설정할 수 있다.

(25) [비 오는데 [철수에게 [무슨 일이]WH(some-) 있었는데] Scom1]NP/topic, [[그것은]pro [철수가 막 뛰어가는]Scom2 것이다] VP/comment.

그리고 영어 유사 분열문 (26)도 선행절에 '의문(wh-)이나 어떤(some-)'의 구조를 가지고 있는 것으로 보고 있다.

(26) It is me who is sick.

ㄱ. [it (someone is sick)]→[who is me]

와 같이 속구조에 (26ㄱ)과 같이 의사 분열문16)을 설정하고 이것이 파생되어 겉구조에 (26) 이 표출된다.17) 즉, (26)의 의사 분열문 '아픈 사람은 나다'라는 문장의 속구조는 '어떤 사람이 아프다. 그 아픈 사람은 나다'와 같이 '어떤 사람이 아픈데 그 사람에 대해서 말하면, 그이는 나다'와 같은 구조로 되어 있다.

---

15) 이러한 구조는 실제 겉구조에서도 나타나기도 한다. 예컨대, 다음 실제 담화를 보자.
　(1) 우리 동네가 얼마나 꾸졌냐카며는 이 꾸진 거 말로 못하는기라(이야기대회)
　위 (1)의 '-는기라' 선행월에 '얼마나'라는 의문사(Wh-)가 쓰였으며, 후행월에서 쓰인 '이 꾸진 거'의 '거'는 속구조의 선행월 NPpro '그것은'의 동일 형태로 나타난 것이다.
16) 남길임(2006)에서 국어 의사분열문은 '--것은--이다'의 구조에서 의존명사'것'이 아닌 보통명사로 실현된 것을 말하고 있다.
17) Akamajian(1970)과 Gundel(1977) 참조.

3.2. 주어제약

'-ㄴ기라' 구문의 속구조가 '-ㄴ 것이라'의 통사구조에서 문법화된 것이라고 볼 수 있는 것은 '-ㄴ기라'의 통사적 제약이 관형절 구조 '[[NP+VP]sㄴ]것이다'에서 나타나는 통사적 제약과 일치한다는 점에서 확인할 수 있다. 즉, 다음 (27)처럼 '-ㄴ 것이다'의 관형절 속의 주어가 화자 자신을 나타내는 1인칭인 경우는 제약을 받는다.[18]

(27) ㄱ. *내가 밥을 막 묵는기라
     ㄴ. *내가 그 아를 막 때리는기라.
(28) ㄱ. 철수가 막 뛰어가는기라
     ㄴ. 비가 막 오는기라

위 (27ㄱ, ㄴ)처럼 '-ㄴ기라' 구문은 주어가 일인칭일 경우는 불가능하고 위 (28ㄱ, ㄴ)처럼 '-ㄴ기라'의 주어가 3인칭일 경우는 매우 자연스럽다. 그러나 관형절의 주어가 화자 자신인 1인칭일 경우더라도 자신을 대상화(objectification)시켜 3인칭으로 인식할 경우는 실현가능하다. 이 경우 화자를 대상화하기 위해서는 동작이 완료된 상태이어야 한다. 다음과 같은 예문에서 알 수 있다.

(29) 영희가 내 뒤를 막 (ㄱ)따라오는기라. 그래가 나도 막 (ㄴ)띠이 갔는기라. 띠 가이까네 그 남자도 같이 (ㄷ)뛰오는기라.
(30) ??내가 영희 뒤를 막 따라 가는기라(간기라). 그래하이 영희도 막 띠 갔는기라.
(31) 나도 모르게 내가 억수로 울었던기라 자고 나니 눈이 퉁퉁 부어 있었어.
(32) *나는 지금 밥 먹고 있는기라
(33) 나는 그때 밥 먹고 있었던기라

_____

18) 이와 달리 '그것은 내가 한 것이다'라는 문장은 '그것이' 관형절 속의 한성분으로 '[그것은[내가 그것을 한]것]이다'.의 구조가 된다. 이 경우는 본고에서 논의하는 '-ㄴ기라' 형태와는 다른 것이다.

(29)와 (30)은 'ㄴ기라'의 구문에서 주어에 따라 문장의 적절성에 영향을 받음을 알 수 있는 보기이다. (29-ㄱ)은 화자가 제3자인 영희이기 때문에 동작상이 진행이더라도 가능하다. 그것은 화자가 상태를 확인할 수 있기 때문이다.

그리고 (29-ㄴ)은 화자 자신이 자신의 동작이 완료된 상태에서 바라보고 확인할 수 있는 상태에 있다. 따라서 '-ㄴ기라' 구문이라도 이 경우는 화자가 1인칭도 가능하다. 뒤 이어지는 (29-ㄷ)도 (29-ㄱ)과 마찬가지로 동작이 진행 상태이더라도 행위자가 3인칭이어서 화자가 행위자의 행위를 쉽게 확인할 수 있다. 그렇기 때문에 자연스러운 발화가 된다. 반면, (30)은 '-ㄴ기라'의 관형절 주어가 1인칭이면서 행위가 진행 상태에 있기 때문에 화자 자신의 행위를 확인하기 어려운 문장이다. 따라서 어색한 문장이 된다.

그러나 (31)처럼 화자 자신을 대상화한 경우는 '-ㄴ기라' 구문에서 주어가 1인칭이더라도 매우 자연스럽다. 그것은 화자가 삼자의 관점에서 자신의 완료된 행위를 확인하고 있기 때문이다. (32)가 불가능한 것도 화자가 진행 상태에 있는 자신의 행위에 대해 자신이 확인한다는 것은 자연스럽지 못하기 때문이다. (33)은 화자 자신이 과거 어느 시점에서 완료된 행위를 객관화시켜 화자 자신이 확인할 수 있기 때문에 매우 자연스럽다.

이와 달리 다음과 같이 주어가 1인칭이더라도 서술어가 상태를 나타내는 형용사일 경우는 제약을 덜 받는다.

(34) ㄱ. 나는 이전에는 얼굴이 엄청 예뻤던기라.

ㄴ. 나는 지금은 얼굴이 많이 예쁜기라.

(35) 그거 보면, 내가 참 몬 생기도 몬생긴기라.

형용사는 상태의 의미를 가지고 있다. 상태는 현재 시제이더라도 언제나 완료된 고정상이기 때문에 주어가 1인칭이라도 그것을 확인 가능하다. 따라서 '-ㄴ기라'가 가능하다.

위 (34ㄱ)의 의미는 지금 과거의 화자 자신을 대상화한 것이고, (34ㄴ)은 현재의 화자 자신을 대상화하여 '이전에는 내가 예쁘지 않았는데 내가 지금 나를 객관화시켜 보아도 예쁘다'의 의미이다. (35)도 마찬가지로 자신이 못 생긴 것을 삼자 입장에서 '내가 나를 보아도'라는 말을 삽입할 수 있어 객관화한 것이기 때문에 자연스런 발화가 되는 것이다.

4. 담화 기능

경상 방언 종결형 어미 '-ㄴ기라'는 어떤 담화적 기능을 할까.

4.1. 확인

'-ㄴ기라' 구문의 기본적 화용적 의미는 '상태 확인'의 의미 기능을 한다.

'-ㄴ기라' 구문의 담화적 기능을 밝히기 위해서는 먼저 앞에서 밝힌 '-ㄴ기라'의 통사적 구조에서 그 의미를 도출할 수 있다. 앞장에서 '-ㄴ기라'의 통사적 속 구조를 '분열문'으로 보았다. 분열문의 담화적 기능은 선행월을 배경 정보로 하고 초점 정보를 상대에게 확인하는 기능을 한다. 예컨대, 분열문

(35) 내가 좋아하는 것은 사과이다.

'내가 좋아하는 것은'은 배경 정보로 구정보가 되면서 '내가 좋아하는 것'이 '사과'임을 상대에게 '확인'하는 기능을 한다. 이것은 'NP1ㄴ것/은는 NP2이다'의 분열문에서 말할이가 NP에 대한 많은 선택 가능성을 가진 변항(variables) 가운데 선택된 값(values)이 바로 NP2이다.[19] 따라서 NP1은 말할이나 들을이가 공유하는 구정보로 상대에게 선택된 값에 대한 관심을 두게 한다. 그 변항 가운데 어떤 선택된 값으로 확인하는 구조가 분열문의 초점 자리에 놓이는 정보이다.[20]

'-ㄴ기라'의 통사적 속구조를 통해 확정의 의미를 살펴보자. 이미 앞에서 본 것처럼 '-ㄴ기라'의 속구조에는 선행월에 의문 정보(Wh-)를 상정하고 그 의문정보를 다시 지시하는 '그것은'으로 주제화한 것으로 되어 있다. 이때 '-ㄴ기라'의 속구조에 있는 대명사 '그것'이 바로 선행 정보를 '한정'하는 기능을 한다.

---

19) Declerk(1984:271)은 영어의 [It is values that variables]로서 각각의 자리에 오는 것을 값과 변항으로 친다.
20) 분열문의 의미를 Horn(1981:131)은 ① focussing, ② existential implication, ③ exhaustive implication로 보고 있다. 김두식(1986)에서 분열문의 핵심적 의미를 '확인'으로 설명한 바 있음.

'그'는 '이, 저'와 더불어 기본적으로 지시성을 가진 말이다.[21] 그런데 '그'는 지시성 가운데 이전에 언급되었거나 발화 상황에서 어떤 대상을 '확정화'할 경우에 쓴다.

(36) ㄱ. 언니, 그 여자 이름이 뭐지?

ㄴ. 작년에 해수욕장에서 만난 여자 말이야

(37) 너, 어제 책 샀다던데 그것 좀 빌려 줄래?

(36), (37)에서 '그'는 발화 이전에, 그 대상과의 구체적인 체험이나 남에게 들은 이야기를 통해서 화자와 청자의 기억 속에 공동으로(확정적) 존재하는 대상임을 알 수 있다. '그'는 사물지시(material reference)와 심적지시(mental reference)의 기능을 가지고 있으며 어떤 대상을 확정적으로 만드는 기능을 지닌다는 말은 '그'가 단순하게 지시 기능만 수행하는 것이 아니고 지시된 대상에 확정화, 한정화(specification)의 의미를 더 보태어 준다는 것이다.[22] 즉, 분열문에서 주제화된 전제가 화자나 청자가 이미 알고 있어야 하는 구정보라면 '이미 알고 있다는' 사실은 '그'로써 확인하게 된다.[23] '-ㄴ기라' 구문에서는 이 대명사 '그것'이 겉구조에서 실현되지 않았지만 속구조에 녹아 있으며 '-ㄴ기라'의 의미해석에 심층적으로 관여하고 있다.

다음 '-ㄴ기라'의 '기'의 원형인 의존명사 '것'을 통해 확정적 의미를 분석해보자. 의존명사 '것'은 일반적으로 사물이나 일, 현상 따위를 추상적으로 이르는 말과 소유를 나타내는 의미를 가진 의존명사로 본다. 그런데 '-ㄴ기라'를 구성하는 속구조의 '것'은 다음과 같이 'NPpro-는 VP-ㄴ 것이다' 구조에서 화자가 청자에게 확신시켜 주려는 초점 정보인 VP를 안은 의존명사이다.

'것'의 사전적 의미를 보면, 표준 국어대사전(1999:297)에서

(38) '-는/은 것이다' 구성으로 쓰여, 말하는 이의 확신, 결정, 결심 따위를 나타내는 말.

---

21) 송복승(2001:281)에서 대명사 '그'는 지시대상을 갖는 것으로 그 특성을 규정하였다.

22) 장경희(1980), Yang(1972:249) 참조.

23) 임규홍(1986:168) 참조.

이라고 되어 있다. '-ㄴ기라'의 '것'은 그 가운데 '확신'의 의미를 나타낸다.

다음 보기를 보자.

(39) 담배는 건강에 해로운 것이다.

(40) 분명, 좋은 책은 좋은 독자가 만드는 것이다.

위 (39)의 '담배'는 주제말이 되고 '건강에 해로운'이 초점 정보가 되어 화자의의 '확신'을 나타낸다. 그리고 (40)도 마찬가지로 '분명'이란 부사를 사용해서 '좋은 책'에 대해 화자가 가지고 있는 생각이 '좋은 독자'임을 확신 또는 확인하면서 강조하고 있다.

다음, '-ㄴ것이라'에서 '것'에 이어지는 '이라'의 기본형인 '이다'의 의미를 분석해 보자. 최현배(1980:191)는 이 '이다'의 의미를 [指定]이라고 하였다. 이 '지정'이란 말은 확정[確定]과 비슷한 뜻으로 '이다'는 그 앞에 오는 말을 '확정화한다'는 것이다. 그리고 남기심외(1986:97)도 이 '이다'의 의미기능을 '확인', '지정'으로 보고 있다. 송복승(2001:280)에서 '이다'의 의미를 'NP2가 NP1의 특성을 지정하여 서로 일치함을 의미한다.'로 규정하였다. 이것은 '지정'과 '일치'라는 의미 구조를 가지는데 '지정한다'는 것은 여러 가지 가능성이 있는 범주에서 어떤 속성의 것으로 '지정한다'는 것이다.

다음 보기에서 '이다'의 지정과 확정적 의미를 알 수 있다.

(41) *만돌이가 어제 다방에서 만난 사람은(어떤, 그이, 누구)이다.

(42) *내가 좋아하는 것은 사람이다.

(43) 내가 좋아하는 것은 착한 사람이다.

(44) *올 여름에 농부를 괴롭힌 것은 비(마저, 도)이다.

(45) 철수가 국어책을 읽은 것은 10쪽(만, 까지, 까지만)이다.

(41)은 확인할 수 없는 말이 초점에 왔으며, (42)는 초점 '사람'이 덜 확정적이기 때문에 어색한 월이 되었다. 그리고 (43)은 '착한'이란 말에 의해 확정적 정보를 가지고 있기 때문에 가능한 월이 되었다. 그러나 (44)가 비문인 것은 앞에 설명한 '이다'의 속성인 지정, 확정과

배타적이기 때문이다. (45)처럼 한정사를 포함한 것이 초점 자리에 쉽게 올 수 있는 것은 한정사가 '이다'의 속성과 쉽게 어울릴 수 있기 때문이다.[24]

'-ㄴ기라'의 확정의 의미는 앞장에서 살펴본 '-ㄴ기라' 구문의 주어 제약 현상으로도 알 수 있다. 다음 문장을 보자.

(46) *내가 밥을 먹고 있는기라

(47) 낯선 사람이 남의 밥을 훔쳐 먹고 있는기라

(48) 자고 일어나 거울을 보이 내가 눈이 퉁퉁 부어있는기라.

위에서 (46)은 수용하기 어렵고, (47)이 자연스러운 것은 (46)은 밥을 먹고 있는 동작을 자기가 객관화시켜 상대에게 확인시켜주기 어렵기 때문에 어색하다. 반면 (47)은 '낯선 사람이 남의 밥을 훔쳐 먹고 있는 사실'을 객관적으로 청자에게 확인시켜 줄 수 있기 때문에 자연스럽다. 그리고 (48)이 주어가 화자 자신임에도 자연스러운 것도 화자가 자기에게 일어난 사실을 거울을 통해 과거에 일어난 제삼의 상태로 객관화시킴으로써 확인 가능하기 때문이다.

확인의 담화적 기능은 다음과 같이 '-ㄴ기라' 구문에 쓰인 시제를 통해서도 사태 확인의 의미를 알 수 있다.

(49) 내가 도착했을 때 비가 엄청 오고 있었던기라.

(50) *지금 비가 엄청 많이 오는기라. 그래가---.

(51) *지금 비가 엄청 많이 오고있는기라. 그래가---.

위 (49)는 '내가 도착했을 때 (상태를 확인해보니) 비가 엄청 많이 오고 있었다'는 과거 사실을 청자에게 전달하고 있다. 그러나 (50)과 (51)이 어색한 것은 비가 현재 오고 있는 진행 상태이어서 청자에게 완료된 상태를 확인시켜 줄 수가 없기 때문이다.

---

24) 임규홍(1986:168) 참조.

따라서 '-ㄴ기라'의 구문은 '초점 요소를 확정화하여 청자에게 확인시켜 주는 것'임을 알 수 있다.

4.2. 강조

'NP1은 NP2ㄴ기라' 구문은 담화 상에서 NP2 정보를 '강조'하는 기능을 한다. 앞 절에서 '-ㄴ기라' 구문에서 NP2를 상대에게 '확인'하는 담화 기능을 가진다고 하였는데 이때 '확인'의 의미는 여기서 말하는 '강조'의 의미와 동시에 실현된다. 어떤 정보를 상대에게 '확인시킨다'라는 의미는 그 정보에 담화 유표적 의미가 놓인다는 것인데, 그 담화 유표적 의미가 바로 강조의 의미이다. '-ㄴ기라'에 선행하는 정보는 초점 정보이며 그것은 또한 신정보이다. 일반적으로 화자는 상대에게 초점 정보를 전달할 경우는 어떤 형태로든 그 정보를 효과적으로 전달하기 위한 특징적 발화책략을 사용하게 된다. '-ㄴ기라'도 말할이가 자신의 신정보를 강하게 드러내어 강조하는 표현 양식의 하나다.

어미 '-ㄴ기라'가 강조의 표현 방법임은 위에 언급한 '확인'의 의미와 더불어 '-기-'의 원형인 의존명사 '것'이 가지고 있는 표현 기능에도 나타난다.

최규일(1985:304-304)에서도 언급된 바와 같이 '것'이 앞말의 의미를 더 강조하는 기능을 가지고 있다. 예컨대,

> (52) 오류를 범하기 때문에
>> ㄱ. 인간이오
>> ㄴ. 인간인 것이오

(52ㄱ)은 단순히 인간임을 서술하지만, (52ㄴ)처럼 '것'으로 선행한 '인간'을 한 번 더 지칭함으로써 유표적 표현이 되어 의미가 강조된다.

덧붙여 'ㄴ기라'의 '-라'의 형태소 또한 화자의 의도를 단정하고 서술하는 기능을 한다. 종결형 어미 '-라'는 현재의 사건이나 사실이 참되거나 진리임을 화자가 청자에게 강조하는 표현이다.

(53) 사람은 참되게 살아야 되느니라.

(54) 그것이 살아가는 이치니라.

다음 보기를 보자.

(55) 그래 나와가 산에서 은신을 해가 오래 가마 앉아가 있으이, 그래 주천자 주 걸빙이라.
그래가

(56) 살아가 그래 마 총각이 마 가지 마라 카더란다. 처자를 가지 말고 마 내 따라 가자 쿠더란
다. 그래 그기 천상사람이라, 총각이. 천상사람이라. 그래 뭐 내 따라 가자 쿠이,(구비
8-13:67)

(57) 그래 인자 무엇이 이래 쌓는고 싶어 대꼭댕이로(담뱃대를)가지고 딱 가만 보이 생쥐라.
장방 안에 들다보이 새앙지라. 그래 대꼭댕이로가 딱 때려 주이까네 또루루 구불드져
죽어 뺏대이.(구비 8-13:460)

(58) 그 노인이 사주팔자가 맞아죽으라고 하는 팔자라. 내 살다가 살다가 맞아죽으라라는
팔자라.(구비 8-13:461)

위 (55)의 '걸빙이라'는 주천자가 아니라 '주 걸빙임'을 강조하고 있다. 선행월에서 산에
오래 가만히 앉아 있는 사람에 대해 청자에게 관심을 가지게 하고 그 사람이 곧 걸빙임을
강조하고 있다. (56)도 사람이 아닌 것처럼 보이지만 사람임을 강조한다. '천상'이라는 강조
부사를 통해 확인할 수 있다. (57)의 '생쥐'도 '-라'를 붙여 강조하고 있는데 특히 뒤에 '새앙
지'로 반복을 함으로써 '-라'에 선행하는 말을 강조하고 있음을 알 수 있다. (58)도 (57)처럼
반복을 하여 '팔자'를 강조하는데 '-라'를 사용하였다. 이 어미 '-라'들은 모두 '-ㄴ기라'의
'-라'와 같은 형태다.

이러한 '-ㄴ기라'의 강조 기능은 이 씨끝 자체가 가지고 있는 형태소에 의해서 나타나기
도 하지만 이에 수반되는 다양한 유표적 표현 양식에서도 나타난다. '강조' 표현의 일반적
방법은 반복, 첨가, 의문사, 부사, 강세 등이 있을 수 있는데 '-ㄴ기라'의 강조 표현도 이러한
일반적인 강조 표현 방법이 동반된다.[25] 다음 실제 담화를 보자.

(59) 단칸방3에 살았던기라(ㄱ). ---시어마이하고 시아바이하고 인자 신랑하고 각시하고 한
테3 자고 살았던기라(ㄴ). 사는데, 그래도 각시라고 와가 손도 만치고 뽈짝거리 쌓거든.
그래 아적에 가만 보이 신랑 신이 없더란다. 없고 인자 엉겁질에 시아3바3이가 신고
갔던기라(ㄷ).(구비 8-13:455-456)[26)]

(60) 이제 딱 호미가 딱 이제 딱 빠3사3지는거라.(콩쥐팥쥐 이야기)
이기 이기 어 일본에서 건너온 이 밀3자3놈인기라. 딱 그제3서야 눈치3를 챘는기라.
(당항포이야기) (3: 고조, 2:중조, 1: 저조 표시)

위 (59)와 (60)에서 '-ㄴ기라'에 선행하는 VP 정보 중 하나에 언제나 고조의 성조를 보인
다. 초점 정보에 고조의 성조를 놓음으로써 음성적으로 강조의 표시를 하면서 청자에게
후행 정보에 대한 집중을 기대하게 된다. 그리고 '-ㄴ기라'의 정보 강조 표현은 다음 (61)과
(62)처럼 강조의 언표적 표지에 의해 쉽게 확인할 수 있다.

(61) 그래 죽고 나서 인자 나이께네 이 절은 손님이 도통 안 (ㄱ)오는기라. 손님이 안 오는데,
손님 안 오믄 다행인데, 이놈우 절에는 빈대가 있어 감당을 (ㄴ)못하는기라. 빈대가 일기
로(변식하기로), 빈대가 일어서 감당을 못하는데, 빈대 때문에 도저히 부지하지 못 (ㄷ)하
는기라.(한국구비문학대계, 8집 9책:915)

(62) 다른 주막보다 그 무기정 곱추집 주막 그 여인네들이 아 진짜 (ㄱ)이뺐는기라
이기 이기 어 일본에서 건너온 이 밀자(ㄴ)놈인기라. 딱 그제서야 눈치를 (ㄷ)챘는기라.
아이 그래 저 멀리서 째그마한 조선 범선 하나가 막 (ㄹ)오는기라(당항포이야기)

위 (61)과 (62)의 보기에서 '-ㄴ기라'에 선행하는 VP정보를 강조하기 위해 강조의 의미를
가진 정도부사와 같이 쓰였다.

---

25) 정보의 종류는 의미 표지에 의해 드러나기도 한다. 국어의 의미 표지는 주로 보조조사와 강세에 의해
실현되는데 보조조사와 강세가 실현된 월 요소는 그 월의 초점(focus)이 되면서 새 정보가 될 가능성이
높다(이상태, 1983:6-9).

26) 위 성조는 http://yoksa.aks.ac.kr/의 한국구비문학대계음성 파일 참조

'-ㄴ기라'에 선행한 (61ㄱ)의 '도통', (61ㄷ)의 '도저히' (62ㄱ)의 '진짜', (62ㄷ)의 '딱', (62ㄹ)의 '막'은 모두 상태를 강조하는 정도부사나 상태부사들이다. 또한, (61)에서 '-ㄴ기라'에 부정 부사 '안', '못' 이 쓰여 선행 정보를 부정의 의미를 강조하고 있다. (62ㄴ)은 후행정보를 강조하는 대명사 '이'가 쓰였다. 다음 두 문장을 비교해 보자.

(63) ㄱ. 그래 죽고 나서 인자 나이께네 이 절은 손님이 도통 안 온다.

ㄴ. 그래 죽고 나서 인자 나이께네 이 절은 손님이 도통 안 오는기라.

(64) ㄱ. 자고 일어나 거울을 보이 내가 눈이 퉁퉁 부어있다.(어)

ㄴ. 자고 일어나 거울을 보이 내가 눈이 퉁퉁 부어있는기라.

위에서 (63ㄱ), (64ㄱ)는 단순히 사실을 전달하는 표현이라면, (63ㄴ), (64ㄴ)은 '-ㄴ기라'에 선행하는 정보를 더 강조하면서 청자로 하여금 후행 정보에 대해 강한 기대감을 가지게 하는 표현이다.

4.3. 담화 결속-집중

씨끝 '-ㄴ기라'는 선행 정보의 내용을 강조하면서 동시에 후행 정보에 대해 청자에게 긴장감과 주의를 집중하게 한다. 따라서 '-ㄴ기라'가 담화 중간에 실현될 때는 반드시 선행월의 정보를 반복하거나 이음말 등을 사용하여 후행월에서 그 선행월에 관련된 정보를 이어가게 하는 기능을 한다. 즉, '-ㄴ기라'가 형식적으로 종결어미이지만 이 어미는 연결어미처럼 전 ·후행 정보를 의미적으로 긴밀하게 결속해 주는 결속 기능을 한다. 따라서 '-ㄴ기라'는 담화 끝에 실현되는 경우는 극히 드물며 대부분 담화 중간에 실현되는 경향을 보인다.

'-ㄴ기라'의 담화 이음 기능은 선행 초점 정보를 후행 정보에 받아서 사건이 지속되고 선행 초점 신정보가 다시 구정보가 되면서 그 구정보에 대한 새로운 신정보를 이끄는 기능이다. '-ㄴ기라'의 이음 기능은 '-ㄴ기라' 뒤에 나타나는 표현으로 알 수 있는데, 실제 자료를 보면 '-ㄴ기라' 뒤에는 대부분 이음표지 '그래(서), 그래가지고'로 이어지거나 아니면 선행 정보를 반복하는 표현이 나타난다. 다음 보기에서 이를 쉽게 알 수 있다.

(65) 설(六)로 끓는데, 끓으니까 말키(말이)세 마리가 튀나가(ㄱ)는기라. 튀나가디마는 참 아인

기 아이라 낙동강 물에 그냥 풍덩 빠져 죽어뿄다[청중: 말이?]말키 말이지 죽고 난 뒤에

그래 가지고 신곡고개를 끓으니까, 거게는 꽁(꿩)이 세 바리 푸르르 날라 나온다. 날라

나와 가지고 강에 또 빠져 죽어뿄다. 그래 죽고 나서 인자 나이께네 이 절은 손님이

도통 안 (ㄴ)오는기라. 손님이 안 오는데, 손님 안 오믄 다행인데, 이놈무 절에는 빈대가

있어 감당을 (ㄷ)못하는기라. 빈대가 일기로(번식하기로), 빈대가 일어서 감당을못하는

데, 빈대 때문에 도저히 부지하지 못 (ㄹ)하는기라. 그래서 이 절이 망하는데, 망할 때

그 절에 주지가 그 장유수에다 돌로 한 딩이(덩이) (ㅁ)갖다었었는기라. 딱 없어뿄다.

딱 없어 나 놓고 그 질로 절이 파해고 날라뿄다. 나르고 나서, 가뿌고 나서, 그 뒤로

그 장유수 찾을라고 온갖 사람이 다 와서 삐대도(밟아도) (ㅂ)안 되는기라. 안 되고 암만

파도 들로 갖다 엎었다 카는데, 그 돌이 얼매나 커눴던지 도저히 일배길(일으킬) 도리도

없고 칭정(천장)도 아이고 (ㅅ)이래 된기라. 이랬는데, 그러구로 지냈는데, 그 동네허 뭣

이라 하는 사람이 집터를 떡 닦는데, 떡 닦으니까, 계랄(鷄卵) 겉은 돌이 한 개 떡 나온다

말이야. 떡 나오는데, 이 놈우 돌을 갖다 집터에다 구부려도(굴리지도) 못 하고,할 수

없이 마당 부근에 놔 놓고 집터를 닦는데, 그래 복판에 도로시 태가 (ㅇ)있는기라. 태가,

태가 딱 붙었는데, 심심며믄(심심하면) 뚜디리 (ㅈ)패는기라. 뿌사 내삘라고(부수어내어

버리려고) 우째 뚜드리고 나이께네, 복판 이 턱 (ㅊ)벌어지는기라. 턱 벌어지는데 보이께

네, 안에 참 아인기 아이라 금부치 하나 딱 들어 있어요. 그래 방구로 갖다가 손으로

끓어 냈더랍니다. 끓어 내 가지고 그래 부치로 갖다가 안에 딱 여났더래. 여놓고(넣어놓

고) 갖다가 부치뿄는데 도저히 안 깨지더래. 그래 가지고 그 감로사가 고로구로 망했답

니더.(한국구비문학대계 8집 9책:915)

위 예문 (65)에는 보기에서 '-ㄴ기라'가 모두 10회 쓰였다. '-ㄴ기라' 뒤에 선행 정보의

반복이 (ㄱ), (ㄴ), (ㄷ), (ㅁ), (ㅂ), (ㅅ), (ㅇ), (ㅈ), (ㅊ)로 9회나 쓰였다. 이것은 '-ㄴ기라'가

선후행 정보를 강하게 결속해 주는 한 장치(cohesion devices)의 기능을 하고 있음을 의미한다.

그리고 '-ㄴ기라'로 이어지는 선후행 의미 관계는 대부분 인과관계와 계기이다.

(66) 그래 인자 자기 안부인이 머리를 싹 끊어서 달비로 팔아가주고 그래 돈을 쪼매 (ㄱ)장만 해 준기라. 그 눔을 가주고 충청도로 올라갔단 말이라. 충청도로 올라가서 걸어서 며칠을 가가주고 인자 가는데 떡 당도하기를 저녁 그름에 (ㄴ)당도한기라. 그래(한국구비문학대 계 8집 6책:385)

(67) 참 가 보이 거어 구실은 구실인데 (ㄱ)이상스럽은기라. 이상스럽아서 그 눔을 갖다가 (ㄴ)건지 낸기라. 그믐날 새벽에 이래 (ㄷ) 간기라. 그래 간다고 가이까네(한국구비문학대 계 8집 7책:407)

위 (66ㄱ)은 선행월의 의미가 돈을 장만해 준 것이 그것을 가지고 충청도로 가게 된 원인 이 된 것으로 해석할 수 있다. 선후행 사이에 인과의 이음말인 '그래서'를 넣어보면 알 수 있다. (66ㄴ)도 뒤에 인과의 의미를 나타내는 '그래'라는 이음말이 쓰였다.

(67ㄱ)은 선행월 '이상스럽다'라는 말을 '-ㄴ기라'로 강조하고 그 강조의 의미가 원인이 되어 뒤에 그대로 '이상스럽아서'라는 인과 의미를 가진 이음씨끝이 쓰였다. (67ㄴ)은 선후 행의 의미가 인과 관계로 명확하게 드러나지는 않은 것으로 보인다. (67ㄷ)은 '-ㄴ기라' 바로 뒤에 '그래 간다고 가이까네'라는 말이 이어져 선행의미를 반복하면서 '그래'라는 인 과 이음말과 '-이까네'라는 인과 연결어미를 사용하였다.

'-ㄴ기라'가 담화 중간에서 담화를 이어주는 결속 기능을 할 경우와 뒤에 논의되는 종결 논평의 기능을 할 경우 성조에 있어 다른 양상을 보인다. '-ㄴ기라'가 담화 중간에 실현되면 서 결속 기능을 할 때는 후행정보와 쉼의 길이가 짧으면서 중조나 고조를 나타낸다.

(68) 뚝 서상봉장겉은 놈이 어떠키 무섭던지 고만 겁이 잔뜩 (ㄱ)난2기3라2. '아하 이거 오늘 저녁 우리가 피란온 기 아이라, 이기 길국(결국) 죽으로 왔구나' 싶은 매음(마음) 빼이 (ㄴ)안 나2는2기3라. 그래, 눈은 자꾸 내리뿌리제, 거서 꼭 죽기가 (ㄷ)된2기3라. 그래 (한국구비문학대계 8집 6책:903) (3: 고조, 2: 중조, 1: 저조)

위 보기에서 실제 음성자료를 확인한 결과 2-3-2의 성조를 나타내었으며 선후행 정보의 간격이 매우 짧게 나타났다.

4.4. 논평 종결

'-ㄴ기라'는 대부분 담화 중간에 실현된다. 드물게 담화 끝에 실현될 경우도 있는데[27] 이 경우는 화자가 발화를 끝내기 이전의 담화에 대한 논평으로 끝내는 기능을 한다. 다음 보기를 보자.

> (69) 마. 나주로는(나중에는) 그래서 그 참 관쟁이 하동에 들어와서 그런 명관 노릇을 허더라는기라.(한국구비문학대계 8집 14책:65-68)
>
> (70) 토끼란 놈은 고마 참 점때롱을 잃었인께네 실물수가 들었는기라(한국구비문학대계 8집 14책:-779(끝). [웃음]
>
> (71) ---그래 전쟁이 끝나고 근근이 목숨을 건져 살았게 운수가 지독히 좋았던기라.

위 (69)에 줄친 이 '-ㄴ기라'는 담화 끝에 실현된 것으로 담화 내용을 마무리하면서 화자가 담화에서 벗어나 주인공의 행위나 사건 이후를 판단하고 있다. (70)도 '-ㄴ기라'는 담화를 마무리하면서 '토끼가 실물수가 들었다'는 화자의 논평으로 표현되었다. (71)도 화자가 담화 행위자에 대해 '운수가 좋았다'는 주관적인 논평을 '-ㄴ기라'로 담화를 끝내고 있다.

이때 성조는 '-기-'가 중조이고 '-라'는 저조로 낮아지면서 끝은 길게 장음으로 마무리된다. 즉, 2-1의 성조를 나타낸다.

---

27) 본고의 자료에서 '-ㄴ기라'가 담화 끝에 실현된 빈도는 총 232개 가운데 4개 정도였다.

제5장

방언 담화표지 '아이가'

1. 들머리

경상방언에는 경상 전 지역에 걸쳐 매우 광범위하게 사용되면서도 그 실현빈도가 현저히 높은 '아이가'라는 말이 있다. 이 '아이가'는 일반적으로 경상방언이 가지고 있다고 보는 정보에 대한 강한 신뢰성과 무거운 어감을 잘 드러내는 말 가운데 하나다. 영화 '친구'에서 동수(장동건)가 준석(유호성) 부하들에게 칼에 마구 찔리면서 한 말인 "마이 뭇따아이가. 그만해라"라는 말이 관객에게 매우 인상 깊게 남은 것도 이 때문이다.

입말은 국어를 연구하는 데 가장 본질적인 자료이다. 그것은 원래 인간 언어의 태생적 기원이 입말에서 시작되었으며, 의사소통의 원형적 상태가 입말이기 때문이다. 더구나 이 입말의 모습 또한 잘 담고 있는 말이 방언이다. 우리가 언어 연구에서 무엇보다 방언을 매우 소중하게 생각하고 있는 것도 이 때문이다. 그리고 방언 가운데서도 입말의 모습을 가장 잘 드러내어 주는 것이 담화표지들이라 할 수 있다.

이 논문은 경상방언에서 그 실현 빈도가 매우 높은 담화표지 '아이가'에 대해 그 형태변이와 담화표지로서의 실현특성 그리고 다양한 담화적 기능에 대해 중점적으로 다룬다.

담화표지로 쓰이는 경상방언 '아이가'[1]가 흥미로운 것은 그 원형이 부정 형용사 '아니다'

---

1) 이후로 경상방언 담화표지 '아이가'를 줄여서 담화표지 '아이가' 또는 경상방언 '아이가'로 부르기로 한다. 이 연구의 자료들은 대부분 경상방언 토박이 화자인 필자의 직관으로 판단한 것들이며, 그 외 주위 경상방언 토박이 화자들로부터 수용성 여부를 확인한 자료들이다. 지역이나 개인에 따라 수용성 정도가 다소 다를 수도 있을 것이다.

의 의문형에서 출발했지만 중앙어의 '아니니' 또는 '아닌가'로서는 도저히 표현할 수 없는
독특한 담화기능을 이 경상방언 '아이가'가 가지고 있다는 점이다.

다음 월을 보자.

   (1) ㄱ. 이거 술잔이다. 아니니?

       ㄱ'. 이거 술잔이다. 아닌가?

       ㄴ. *이거 술잔이다아니니.

       ㄴ'. *이거 술잔이다아닌가.

       ㄴ". 이거 술잔아이가.

       ㄷ. 아이가, 이거 큰일 났구나.

       ㄷ'. *아니가, 이거 큰일 났구나.

위 (1ㄱ, ㄱ')처럼 중앙어에서 '아니다'가 의문문형으로 쓰인 경우는 지극히 자연스럽다.
그러나 경상방언에서는 (1ㄴ")과 같이 '아이가'가 긍정강조의 평서형으로 매우 자연스럽게
쓰이지만 중앙어에서는 (1ㄴ, ㄴ')와 같이 의문형이 아닌 사실을 확인하는 평서형의 기능으
로는 자연스럽지 못하다. 또한, (1ㄷ)처럼 감탄사형의 '아이가'도 경상방언에서는 매우 자연
스럽게 사용되고 있지만 이에 해당되는 중앙어에서는 (1ㄷ')처럼 실현이 불가능하다.

경상방언 '아이가'에 대한 관심은 주로 부가의문문을 다루는 논문에서 부분적으로 다룬
적은 더러 있었다.[2] 그러나 '아이가'에 대해 담화표지로서의 특성과 담화 기능에 대한 구체
적 논의는 없었던 것으로 보인다.

경상방언의 '아이가'에 대한 선행연구는 1980년대 초반에 집중적으로 등장하고 있다. 성
광수(1980)과 황병순(1980), 박종갑(1982, 1987, 1991), 임규홍(1999)에서 국어 부가의문문을 논의
하면서 '아이가'를 부분적으로 다룬 바 있다. 그러나 선행연구의 대부분이 '아이가'를 부가
의문문(황병순, 1980; 성광수, 1980; 박종갑, 1982)이나 대조의문문(성광수, 1980) 또는 융합의문문(박
종갑, 1991), 어미통합형 덧물음월(임규홍, 1999)이라고 하여 의문문의 한 형태로 보고 다양한

---

2) 그 외 국어부가의문문에 대한 연구는 박병수(1974), 장석진(1984, 1989), 김두식(1982), 전병쾌(1984), 장경
기(1985), 구종남(1992) 등이 있다.

기능에 대해 논의한 바 있다. 본고에서 논의하고자 하는 경상방언 '아이가'는 이른바 부가의 문문의 하나로 독립적 성분으로 쓰이는 '아이가'가 아니고 그것이 문법화 과정을 거쳐 선행 월의 종결형어미에 융합되어 부정의문의 어휘적 의미에서 담화표지로서 담화 기능으로 전 이된 '아이가'이다.3) 즉, 본 연구는 앞선 연구에서 이른바 부가의문문이라고 한 다음 (2ㄱ)의 '아이가'에 있는 것이 아니라 (2ㄴ)과 같이 선행월에 융합된 '아이가'를 중심으로 이루어진 다. 그리고 그 실현 형태는 유사하지만 본고에서는 '아이가'가 독립된 부정 서술어로 쓰인 (3ㄱ)과 담화표지로 쓰인 (3ㄴ)과도 다르게 보고 (3ㄴ)의 형태를 논의의 대상으로 삼는다. 또한, (4)와 같이 독립적으로 쓰이는 담화표지도 본고의 논의 대상으로 삼는다.

  (2) ㄱ. 그것은 철수가 잘못 했다. 아이가?
     ㄴ. 그것은 철수가 잘못했다아이가.
  (3) ㄱ. 철수가 학생이 아이가?
     ㄴ. 철수가 학생아이가.
  (4) 있다아이가/ 철수가아이가 집에아이가--/ 아이가, 이거 큰일 나겠다.

  본 연구는 경상방언에서 독특한 담화기능을 하는 담화표지 '아이가'에 대해 형태적 변이 과정과 담화표지로서의 특성 그리고 다양한 담화기능을 밝히는 데 목적이 있다.

2. 담화표지 '아이가'의 실현 특성

  본고에서 논의하는 경상방언 '아이가'는 일찍이 박종갑(1982:52)에서 억양에 따라 '아1이2 가1'형(강하강형)과 '아1이3가2'형(약하강형)4)으로 나눈 바 있다.5) 박종갑(1991)에서도 아1이2

---

3) 황병순(2004)에서 '아이가'를 부가양태소라고 한 점은 본고에서 '아이가'를 담화표지로 보는 관점과 크게 다르지 않다고 본다.
4) 음절 뒤에 표시된 숫자는 성조를 나타낸 것으로 1은 높은 소리, 2는 중간 소리, 3은 낮은 소리를 나타낸 것이다. 이어지는 글에서도 같다.
5) 이를 박종갑(1991)에서는 융합의문문이라고 하면서 의문문의 한 형태로 보았으나 본고에서는 이를 문법

가1를 융합의문문이라고 하면서 화용론적인 기능만을 담당하고 있을 뿐이며, 따라서 이것은 삭제되어도 문장 자체의 의미(진술문)에는 변화가 없다고 함으로써 본고에서 '아이가'를 담화표지의 기능으로 보는 것과 다르지 않다.[6] 즉, 담화표지의 기본적 특성이 화자의 발화 명제의 의미에 직접 관여하지 않는다는 점과 발화자의 담화 책략으로서의 기능이나 발화자의 언어외적인 발화의도를 나타낸다는 점[7]에서 '아이가'도 담화표지의 특성에 벗어나지 않는 것으로 보인다.

서술어 '아닌가'가 경상방언에서 담화표지로 되는 과정을 문법화(grammaticalization)의 개념으로 설명할 수 있다. 문법화에 대한 개념도 연구자에 따라 다소 달리 할 수 있으나[8] 본고에서는 하퍼와 트루곳(1993)의 개념을 바탕으로 삼고자 한다.

하퍼와 트루곳(1993), 김은일 외(1999:143)의 문법화 과정에서 동사에서 접사로 연속 변이되는 과정을 설명하면서 '완전동사>조동사>접어>접사'의 문법화 과정을 설명하였다. 독립된 문장에서 필수 논항이 생략되고 서술 성분만 존재하다가 그것이 선행문장에 이끌리어 통합되는 과정은 문법화 과정에서 매우 흔하게 나타난다. 문법화 과정의 개념을 넓게 잡는다면 완전동사의 중심의미를 상실하면서 선행 성분의 의미를 보조해주는 이른바 보조용언들은 모두 문법화의 범주로 설명할 수 있다.[9] 뿐만 아니라 완전동사가 보조동사로 또 그것이 조사로 문법화되는 경우도 우리말에는 다음과 같이 매우 흔하게 나타난다.[10]

화과정을 거친 담화표지의 하나로 보고자 하는 점이 다르다.

6) 단지, 박종갑(1991)에서 융합의문문이라고 하여 의문문의 하나로 보았으나 본고에서는 의문문이 아니라 서법이 중립이며 문맥과 성조에 따라 의문과 비의문으로 나뉘는 것으로 본다.
   (1) ㄱ.그것 내가 했잖아.
       ㄴ.그것 너가 했잖아?↗
   (2) ㄱ.그것 내가 했어.
       ㄴ.그것 네가 했어?↗
   (1-ㄱ)과 (2-ㄱ)은 평서문으로 보고 (1-ㄴ)과 (2-ㄴ)을 의문문으로 보는 것과 같다.
7) 담화표지의 뜻넓이에 대해서는 논자에 따라 다소 다르다. 본고에서는 담화표지의 개념을 넓게 보는 쪽이다. 담화표지 개념에 대해서는 안주호(1993), 임규홍(1996), 김태엽(2000) 등을 참조.
8) 문법화 개념에 대한 전체적 논의는 이성하(1998) 참조.
9) 하퍼와 트루곳(1993), 김은일 외(1999:26)에서 '문법화의 단일방향성 가설에서 그 방향은 '특정한 언어적인 문맥들에 사용된 어휘항목>통사론>형태론'의 과정을 거친다. 문법화된 어휘항목들은 먼저 일반적으로 필요한 담론 기능들을 제공해야 한다. 그것들은 그 다음에 통사적으로 고착되고 그리고 마침내 형태론적으로 예를 들면, 어간과 접사로 융합될 수 있다'고 하였다. 결국 본고의 '아이가'도 통사적 구조에서 문법화된 것으로 볼 수 있다.
10) 임규홍(2008)에서도 중앙어 '-ㄴ 것이라'가 경상방언에서 '-ㄴ기라'와 같이 문법화를 거쳐 어미로 통합

(10) ㄱ. 철수는 휴지를 버렸다.

ㄴ. 철수는 영희를 때려 버렸다>때리뺐다.

(11) ㄱ. 철수는 돈을 가지고 있다.

ㄴ. 철수가 돈을 많이 벌어 가지고 집을 샀다.

ㄷ. 철수는 돌을 가지고(>돌갖고>돌가) 못을 박았다

(12) ㄱ. 내가 그거 했다. 그렇지 않아.

ㄴ. 내가 그거 했잖아.

(13) ㄱ. 이거 참 재미있다. 그렇지.

ㄴ. 이거 참 재미있다그지(그자).

위 (10ㄱ)의 완전동사 '버리다'가 의 (10ㄴ)처럼 조동사로 그것이 방언에서 형태변형을 가져오면서 문법화되었고, (11ㄱ)의 완전동사 '가지다'가 (11ㄴ)처럼 보조동사로, 또 그것이 (11ㄷ)처럼 조사로 변하는 문법화의 일반적 과정을 거치고 있다. (12ㄱ)과 (13ㄱ)이 각각 (12ㄴ)과 (13ㄴ)의 통합과정도 문법화로 설명이 가능하다.[11] 이외도 우리말에서 완전동사가 조동사로 그것이 접사나 조사로 문법화되는 경우는 쉽게 발견할 수 있다. 위 보기 (12)와 (13)은 이른바 부가의문문으로 많은 선행 연구가 있었던 것인데 이 또한 'S1+S2>S1+어미/담화표지(S2)'로 문법화된 것이라 하겠다.

경상방언 '아이가'가 문법화 과정으로 이루어진 담화표지로 보게 된 까닭은 다음과 같다.[12]

첫째, '아이가'는 '아니다'의 의문형이 아니라 서법 중립[13]으로 서법은 성조에 따라 결정

되면서 독특한 담화기능을 함을 밝혔다.

11) '했잖아'에 대한 담화분석은 김주미(2004) 참조

12) 박종갑(1991)에서는 융합의문문을 몇 가지 점에서 다른 부가의문문과 구별하고 있다. 즉, '아이가'와 선행문장 사이에 첫째 휴지가 없고, 통사적으로 단일한 문장과 같은 양상을 보인 점, 상대존대법의 실현이 후행문인 '아이가'에만 나타난다는 점, 선행문과의 사이에 다른 어사가 삽입될 수 없다는 점, 의문의 내용이 상위문의 내용만 될 수 있다는 점 등을 들고 있다. 본고에서도 이를 바탕으로 '아이가'가 담화표지임을 몇 가지 점에서 상론하기로 한다.

13) 서법중립형이란 말은 서법이 종결형 어미의 형태 유형에 따라 나타나는 것이 아니라 성조에 의해 결정되는 경우를 뜻한다. 서법형 어미(mood-ending)에는 '-다', '-자', '-어라', '-구나' 등이 있다면 서법중립형 어미(neutral mood-ending)에는 '-어/아', '-지', '-아이가' 등이 있다. 다음과 같은 월이 성조에 의

된다.

    (14) A: 거거 누가 했노?

        B: ㄱ. 내가 했다아이가. (↗: 의문, ↘: 평서)

          ㄴ. 니가 했다아이가. (↗: 의문, ↘: 평서)

    (15) A: 저 사람 씨름 잘 하는구나?14)

        B: ㄱ. 저 사람은 우리 삼촌이다아이가?

          ㄴ. 저 사람은 우리 삼촌이다.

위 (14B-ㄱ, ㄴ)의 '아이가'는 성조에 따라 의문형과 평서형이 결정되는 담화표지이다. (15B-ㄱ)의 의미가 (15B-ㄴ)의 의미로 해석되는 것은 '아이가'가 의문기능을 하지 않음을 의미한다.

이것은 '아이가'가 의문의 기본서법에서 문법화 과정을 거쳐 서법 변이 현상이 일어났다고 할 수 있다. 특히, 이 '아이가'가 담화 상에서만 실현된다는 점과 서법의 기능이 아니라 다양한 담화 기능을 한다는 점에서 담화표지라고 할 수가 있다.

둘째, '아이가'는 명제의 의미에 직접 관여하지 않고 화자의 발화태도와 관련되어 있다는 점이다. 다음 보기를 보자.

    (16) *참 재미있었어아이가.

    (17) *자네가 오지아이가.

    (18) *철수가 이혼을 했단다아이가.

해 서법이 결정되는 서법 중립형의 보기이다.
(1) ㄱ. 저것 당신이 했어(요)?↗(의문)
    ㄴ. 저것 저가 했어(요).↘(평서)
(2) ㄱ. 저것 당신이 했잖?↗(의문)
    ㄴ. 저것 내가 했잖.↘(평서)
14) 박종갑(1982:53)에서 따옴.

위 (16)과 (17)이 수용하기 어려운 것은 화자의 태도가 얹혀있는 어미 '-어'와 '-지' 뒤에 또 다른 화자의 발화태도를 표현하는 '아이가'가 쓰였기 때문이다. (18)도 화자가 확인하지 않은 미확인 정보임을 나타내는 '-었단다'이기 때문에 '아이가'가 융합될 수 없다. 그러나 다음 발화들은 '아이가'가 담화표지로 쓰이지 않고 독립된 부정 의문 서술어로 쓰일 경우는 종결형 어미의 종류에 영향을 받지 않는다.

(19) 그 때 그 사람을 때린 사람이 너였지. 아니었나?

(20) 그 때 니가 나에게 분명히 전화했어. 아이가?

(21) 철수가 이혼을 했단다. 아이가?

위 (19)와 (20)은 화자의 발화태도가 담겨있는 '-지'와 '-어'로 끝난 월이지만 '아이가'가 선행월과 독립적일 경우는 무리 없이 실현될 수 있다. (21)도 마찬가지로 담화표지로 쓰였을 때 불가능했던 '아이가'가 독립적으로 쓰일 경우는 가능하다.

그리고 행위의 주체를 높이는 주체높임이나 행위자의 행위시점을 나타내는 시제 표현은 선행월의 선어말어미에 실현되나 발화자의 태도를 나타내는 상대높임법은 어말어미에 실현된다.15) 다음 월을 보자.

(22) ㄱ. 분명히 그렇게 말씀하셨다아입니꺼.

ㄴ. *분명히 그렇게 말씀하셨습니다아입니꺼.

(23) 내가 그렇게 하시지 말라고 했다아입니꺼(했다아인교/했다아이니꺼/했다아이가예)

(22ㄱ)처럼 어말어미에 들을이의 태도를 나타내는 '아이가'의 상대높임법이 실현된다.16)

---

15) 황병순(2004:101)에서는 '아이가'를 부가 양태소라고 하면서, '부가 양태소가 첨가된 확인문에 들을이 대우 형태가 첨가되지 않은 경우는 부가 양태소에 상대 대우 형태가 첨가된다'고 함으로써 담화표지 '아이가'가 선행월에 결속되지 않음을 의미하고 있다.

16) 담화표지 '아이가'와 매우 유사하게 담화표지형어미 형태로 실현되는 '말이야'도 '아이가'처럼 종결형어미에 실현되어 화자의 태도를 나타내고 있다. 그러나 아래 (2)처럼 선행월에 높임을 나타내는 상대높임 표현은 불가능하다.

(1) 분명히 그렇게 말씀하셨다말입니다.

반면에 (22ㄴ)이 어색한 것은 행위자의 행위의 높임을 나타내는 선행월에 상대높임이 실현되었기 때문이다. (23)처럼 경상방언에서는 '아이가'의 상대높임 형태가 매우 다양하게 실현된다. 이것은 '아이가'가 담화표지로서 선행구조에 문법화되어 어미의 한 형태로 굳어졌음을 의미한다.

그러나 다음과 같이 '아니다'가 독립적 서술어로 쓰인 경우는 담화표지로서 '아이가'와 다르게 상대높임법 표현도 가능하다는 것을 알 수 있다.

(24) 당신이 분명 그렇게 말씀하셨습니다. 아닙니까?

뿐만 아니라, 행위자의 행위의 시점을 나타내는 사건시의 시제 표현도 선행문장에 나타난다. '아이가'가 또한 담화표지의 성격을 가지고 있다는 것은 그 형태가 상대높임표지와 결합되는 것을 제외하고는 선행월의 시제로부터도 독립적이고 형태도 고정적이라는 점이다.

(25) ㄱ. 어제 내가 했다아이가.

　　ㄴ. *어제 내가 했다아이었나.

(26) ㄱ. 지금 내가 한다아이가.

　　ㄴ. *지금 내가 한다아닌가.

(27) ㄱ. 내일 내가 할 끼다아이가.

　　ㄴ. *내일 내가 할 것이다아닐까.

(28) 그 때 그 사람을 때린 사람이 너였지. 아니었나?

위 (25ㄱ)~(27ㄱ)의 '아이가'는 선행문의 시제와는 독립적이며, 시제 표지 형태소가 나타나지 않는다. 이처럼 '아이가'가 선행 명제의 시제와 결속되지 않으면서 시제 표지가 나타나지 않는다는 것은 '아이가'가 실질적인 용언으로서의 기능을 하지 않는다는 의미이다. (28)과 같이 '아이가'에 시제가 실현된 것은 그것이 담화표지가 아니고 독립된 서술어이기 때문

---

(2) *분명히 그렇게 말씀하셨습니다말입니다.

이다. 따라서 '아이가'가 담화표지의 일반적 특성인 문장의 명제 의미에 결속되지 않는다[17]는 측면에서도 '아이가'가 담화표지임을 확인할 수 있다.

그리고 다음 (29)처럼 선행월의 시제와도 관계없이 '아이가'에는 시제가 실현되지 않으며 고정적이다.

(29) ㄱ. 어제 내가 했다아이가.

　　ㄴ. 지금 내가 한다아이가.

　　ㄷ. 내일 내가 할끼다아이가.

셋째, '아이가'는 선행월 어말어미 사이에 쉼 없이 일어나 하나의 형태적 단위로 인식된다는 점이다.[18] 다음 월을 보자.

(30) ㄱ. 거거 내가 했다아이가.

　　ㄴ. *거거 내가 했다. 아이가.

(31) ㄱ. 거거 니가 했다아이가.

　　ㄴ. *거거 니가 했다. 아이가.

(32) ㄱ 제가 길동이아입니꺼.

　　ㄴ. *제가 길동이 아입니꺼.

　　ㄷ. 제가 길동이다아입니꺼

　　ㄹ. *제가 길동이다. 아입니꺼.

---

17) 이와 유사한 담화표지 '말이다'류의 표현도 '아이가'와 마찬가지로 형태의 고정적 특성을 가지고 있다. '말이야'에 대한 논의는 임규홍(1998) 참조
　　ㄱ. 거거 어제 내가 했다말이야.
　　ㄱ'. *거거 어제 내가 했다말이었어.
　　ㄴ. 거거 지금 내가 하고 있다말이야.
　　ㄷ. 거거 내일 내가 할끼다말이야.
　　ㄷ'. *거거 내일 내가 할끼다말이겠다.

18) '아이가'가 담화표지로 문법화되었음은 박종갑(1991:332)에서도 밝혔듯이 '아이가'에 선행하는 서술어에 녹아붙어, 분리불가능하다고 하였다. 이는 결국 경상방언 담화표지 '아이가'는 이미 어미화되었음을 의미하고 있다.

(33) 있다아이가 밤에 공동묘지에 비가 억수로 오는데 있다아이가 하얀 소복을 입은--

　담화표지로서 '아이가'는 위 문장에서 보듯이 선행월 어말어미와 쉼이 없이 형태적으로 융합되어 실현된다. 그러나 위에서 (30ㄴ), (31ㄴ)의 '아이가'는 선행월과 독립적인 이른바 부가의문문 형태로 발화되었다면 가능한 표현들이다. 그러나 담화표지로서는 실제 실현되지 않는 월이다. (32ㄴ)의 발화는 평서형은 물론이고 의문형으로도 실현되기 어려운 월이다. 화자 자신이 길동임은 자기가 잘 알고 있는 상태에서 자신이 길동이인지 아닌지 청자에게 묻는 형식의 월은 논리상 자연스럽지 못하기 때문이다. '아이가'가 담화표지로 선행월 어말어미와 융합된 (32ㄷ)은 가능하나 '아이가'가 독립된 서술어로 쓰인 (32ㄹ)은 실제 담화에서 실현되기 어려운 월이다. 화자 자신이 스스로 길동이임을 상대에게 확인시키는 부가의문문 형태는 실현이 자연스럽지 못하기 때문이다.

　(33)의 형태는 전형적인 담화표지로 '있다아이가'가 하나의 고정된 발화단위로 쓰인다. 이것은 담화표지 '있잖아'와 거의 유사한 형태로 전형적인 담화표지이다.[19]

　넷째, 담화표지 '아이가'는 서술어 '아니가'와 다른 통사 구조적 특성을 가지고 있다.

　담화표지 '아이가'는 선행월이 평서형 '-다' 뒤에 실현된다. 담화표지 '아이가'가 부정 서술어의 '아이가'와 다른 통사구조를 가지고 있다는 것은 다음 문장에서 알 수 있다.

(34) 이것은 열날 때 먹는 약 아이가↗?

　ㄱ. *이것은 열이 날 때 먹는 약이다아이가?

　ㄴ. 이것은 열이 날 때 먹는 약이 아이가↗?

　ㄷ. 이것은 열이 날 때 먹는 약이가↗, 아이가↗?

(35) 이것은 열날 때 먹는 약아이가.

　ㄱ. 이것은 열날 때 먹는 약이다아이가.

　ㄴ. *이것은 열날 때 먹는 약이 아이가.

---

19) 이러한 특성은 박종갑(1991)에서 '아이가'가 융합의문문으로 쓰인 경우는 선행 성분과의 사이에 다른 성분이 개입될 수 없다는 점으로도 '아이가'가 선행월과 융합하여 하나의 담화단위를 형성하고 있음을 알 수 있다.

ㄷ. *이것은 열날 때 먹는 약이가, 아이가.

위에서 (34)와 (35)는 겉구조는 동일하나 거기에 쓰인 '아이가'는 각각 다른 문장구조를 가지고 있다. (34)의 '아이가'는 두 개의 필수 논항을 필요로 하는 '아니다'의 의문형으로 독립된 서술어이고, (35)는 담화표지로 쓰인 '아이가'이다. 독립된 서술어로 쓰인 '아이가'는 (34ㄱ)처럼 선행월의 긍정 '이다'와 함께 쓰이면 후행성분의 부정 '아니다'와 서로 논리적 모순을 야기하여 불가능한 월이 되어버린다. 그리고 (34ㄴ)처럼 '아이가'에 선행하는 성분에 성분표지인 '이/가'의 실현이 가능하다. 또한, (34ㄷ)처럼 선행성분에 대해 긍정과 부정의 선택 구문의 의문문도 가능하다. 따라서 이것은 (34)의 '아이가'가 선행성분과 대등한 독립적인 하나의 필수성분임을 의미한다.

반면에 (35)의 '아이가'는 (35ㄱ)처럼 확정된 선행서술어 '이다'에 붙어 쓰이면서도 논리적 모순을 보이지 않은 자연스러운 월이 된다. 그리고 (35ㄴ)처럼 '아이가'에 선행하는 성분에 성분표지의 '이/가'가 쓰인 성분이 올 수 없다. 또 (35ㄷ)은 (34ㄷ)처럼 '아이가'가 '이것이 열날 때 먹는 약인지 아닌지에 대한 물음'을 의미하는 월을 이끄는 것이 아니라 '이것은 열날 때 먹는 약이다'라는 사실에 대한 평서의 형태에 대한 담화표지로 쓰인 것이다.

그리고 두 구조는 성조도 다르게 얹히는데, 담화표지일 경우는 오름과 내림이 다 가능하지만 서술어로 쓰인 '아이가'에는 반드시 오름조의 성조만 얹히게 된다.

따라서 담화표지 '아이가'는 두 개의 필수 논항을 요구하는 서술어 '아이다'의 의문형과는 통사 구조적으로도 다른 특성을 가지고 있다.

다섯째, 담화표지 '아이가'는 부정의 의미는 약화되면서 담화기능을 수행한다.

담화표지는 일반적으로 그것이 가지는 원형적 의미는 담화상에서 약화되거나 상실되고 다양한 담화기능을 하게 된다. 국어에서 담화표지로 보고 있는 '인자'나 '아니', '그래', '말이야' 등도 그것이 가지는 원형적 의미를 기저에 가지고 있으면서 다양한 담화기능을 하는 것으로 연구되고 있다. 담화표지 '아이가'는 부정 서술어 '아니다'의 부정의문인 '아닌가'에서 그 원형을 찾는다면 의미상으로도 선행 정보에 대한 부정의 의미를 가지고 있어야 하는데 실제 담화표지로서의 '아이가'의 부정 의미는 화용전제에서 약화되고 담화기능을 하게 된다.[20]

(36) ㄱ. 거거 내가 했다아이가↘.

ㄴ. 거거 내가 했다.

(37) ㄱ. 거거 니가 했다아이가↗

ㄴ. 거거 니가 했지↗.

ㄷ. 거거 니가 했다.

(38) ㄱ. 철수가 학생이가, 아이가↗?

ㄴ. 철수가 학생아이가↗?

위 (36ㄱ)과 (37ㄱ)의 '아이가'는 부정의 고유한 의미는 드러나지 않는다. 그것은 각각 (36
ㄴ)과 (37ㄴ, ㄷ)처럼 부정의 의미는 약화되고 반대로 긍정의 의미가 드러난다. '아이가'가
부정의 의미로 드러나는 것은 (38ㄱ)과 같이 긍정과 대조 구조에서 더 명확하게 드러난다.

그리고 다음과 같이 '아이가'가 부정의 의미는 완전히 사라지고 (39)와 같이 독립된 담화
표지 '있다아이가'나 (40)과 같이 '아이가'가 단독형 담화표지로 나타나기도 한다.

(39) 있다아이가 밤에 공동묘지에 비가 억수로 오는데 있다아이가 하얀 소복을 입은--

(40) 모른다카다가아이가, 주인이 나타난께아이가,내가 했다캤다아이가.[21]

여섯째, 담화표지 '아이가'는 다른 담화표지와 같이 담화 상에서 독립적 담화표지로 나타
난다.

(39) 있다아이가 밤에 공동묘지에 비가 억수로 오는데 있다아이가 하얀 소복을 입은--

(40) 모른다카다가아이가, 주인이 나타난께아이가, 내가 했다캤다아이가.

(41) ㄱ. 아이가, 거기 아인데/그 참 안 됐네/그 큰일 났는데/니 얼굴이 와 그렇노

---

20) 구현정(2008)에서 통시적으로 문법화된 '-잖-'이 부정의 의미가 드러나지 않고 화용적 기능을 하고 있
다고 한 것은 부정표현이 문법화 과정을 거쳐 정착되고 있음을 의미한다. '아이가'가 부정의 의미를 상
실했다는 점은 구현정(2008:15-16)에서도 부정 표현 '-지 않-'이 부정의 의미가 드러나지 않고 선행 정
보에 대한 긍정의 강조 기능을 하는 것으로 분화되었다고 하였다.

21) 김종택(1982:280)에서 따옴.

ㄴ. *아이가, 그 참 잘 됐네/그 별일 아니네/니 얼굴이 좋네.

(42) ㄱ. 아이가, 니 능력으로 안 되네. 마 그만하지.

ㄴ. *아이가, 니 능력으로 충분히 할 수 있네.

위 (39)와 (40)의 보기처럼 경상방언 '아이가'는 평서형어미 뒤에 뿐만 아니라 일반적인 담화표지처럼 담화마디(어절 또는 구) 뒤에 자유롭게 나타난다. 이 담화표지 '있다아이가'는 다른 담화표지 '있잖아', '거 있지', '뭐냐' 등처럼 다양한 담화기능을 한다. 특히, '있다아이가'는 어휘구성상 부정소 '-지 않아'의 결합으로 이루어진 '있잖아'와 매우 비슷하며 그 담화기능도 비슷하다.

위 (41)과 (42)는 감탄형 담화표지로 쓰인 '아이가'이다. 이 경우는 선행월 뒤에 붙어서 실현되는 양상과는 다소 다르게 보인다. 그러나 이 '아이가'도 부정 서술어 '아니다'에서 파생된 담화표지의 하나로 볼 수 있다. 그것은 위 (41ㄱ)과 (42ㄱ)처럼 뒤에 이어지는 발화는 반드시 화자에게 바라지 않거나 놀라는 부정적인 사건이나 상태의 내용이 오게 되는 것으로 알 수 있다. 반면에 (41ㄴ)이나 (42ㄴ)처럼 화자에게 긍정적인 사건이나 상태와는 호응이 불가능하다. 이때의 성조는 중간성조나 내림성조를 보인다.

따라서 경상방언의 담화표지 '아이가'는 '아니다'의 의문형에서 문법화되어 새로운 담화 표지의 형태로 자리 잡았다고 보아야 한다.[22]

3. 담화 기능

담화표지 '아이가'의 담화기능[23]은 다양한 담화상황, 화용전제에 따라 달라지고 그 기능

---

22) 문법화를 좁은 의미로 규정한 이승욱(2001:266)에서 "문법화의 결과물은 본시는 어휘적인 자립형식이던 것이 비어휘적인 의존형식으로 된 조사나 어미와 같은 굴절접사류에 국한한다."고 한 것에 비추어보아도 경상방언 '아이가'는 문법화의 범주에서 벗어나지 않는다.

23) 성광수(1980:63, 68)에서는 '아이가를 대조부가의문과 순수의문문으로 나누고, 대조 부가의문은 선행 서술문의 진술 태도에 따라 순수의문과 반문의문으로 해석된다고 하면서. 순수의문일 경우는 소문 또는 불확실한 생각을 청자에게 가부의 답을 묻는 것이고, 반문적인 의문은 화자나 청자가 다 함께 알고 있는 사실을 주장하여 청자로 하여금 환기시키는 것으로 화용적 기능을 제시하였다. 박종갑(1982)에서

은 다양한 성조와 맞물려 실현된다. 따라서 그 기능과 성조를 단순화하거나 객관적으로 갈래지우기가 쉽지 않다.24)

　　담화표지 '아이가'가 기본적으로 확정된 선행정보에 대한 어떤 형태로든 발화자의 담화 태도가 실린 것은 분명하다. 그것은 '아이가'가 실현된 문장과 그렇지 않은 문장보다 도상적 (iconicity) 차이를 가지고 있다는 점에서 그 기능적 차이를 있음을 알 수가 있다. 즉, '아이가' 가 선행월 끝에 붙어서 실현된 형태적 덧붙임은 의미상 유표성(markedness)을 동반하게 마련 이다. 그 유표적 형태인 '아이가'는 어원적 구조는 부정의문의 구조를 가지고 있기 때문에 부정의문이 가지고 있는 유표적 기능을 한다고 보아야 한다. 부정의문(N-Question)은 긍정의 문(P-Question)보다 유표성이 강하다. 긍정의문은 단순한 사실에 대한 의문으로 무표적이고 중립적으로 실현되는 것이 일반적이나 부정의문은 화자의 담화태도와 의도를 담은 유표적 의문으로 나타난다. 다음 월로 쉽게 알 수 있다.

　　(43) ㄱ. 영희, 밥 먹었니?

　　　　ㄴ. 영희, 밥 안 먹었니?

　　(44) ㄱ. 영희, 밥 먹었니, 안 먹었니?

　　　　ㄴ. ??영희, 밥 안 먹었니, 먹었니?

　　위 (43ㄱ)은 의문의 범위는 강세에 따라 달라지겠지만, 영희가 밥을 먹었는지 안 먹었는지 에 대한 단순한 의문이다. 그러나 (43ㄴ)은 단순한 의문이 아니라 화자가 선행 정보에 대한 '기대'와 같은 화용전제가 깔려 있는 유표적 의문문이 된다. 그리고 (43ㄱ)의 긍정의문이 무표적이라는 사실은 (44ㄱ)처럼 대조 구문에서 긍정의문이 선행하는 것으로 알 수 있다. '긍정＋부정'의 어순은 어휘나 문장의 구조에서 나타는 유표성 개념25)의 일반적 현상이기

　　'아이가'를 '아ㅣ이3가2'와 '아ㅣ이2가1'로 나누고 앞엣것은 의문, 뒤엣것은 선행서술문을 강조하여 전달 하는 기능을 하는 것으로 설명하였다.

24) 담화표지의 성조와 기능은 감정적이고 다분히 개인적이며 상황의존적이기 때문에 쓰임을 전형화하기가 매우 어렵다. '아이가'에 대한 본고의 성조와 기능에 대한 판단은 필자의 경상방언 토박이 화자로서의 직관에 따른 것임을 밝힌다. '아이가'를 성조에 따라 연구한 것으로 박종갑(1982)이 있다.

28) 유표성 개념과 도상성 개념은 임지룡(2004) 참조.

때문이다.

담화표지 '아이가'는 화자의 태도나 청자에 대한 화자의 의도가 실려 있지 않은 확정적 사실을 선행월의 종결형 어미 '-다'와 융합하여 화자의 다양한 태도를 담고 있는 유표적 표지인 것이다.

본고에서는 경상 방언에서 실현되는 담화표지 '아이가'는 실현형태에 따라 크게 융합형과 독립형의 두 유형으로 나누고, 융합형을 다시 기능에 따라 물음형, 주장형, 놀람형으로 나누고자 한다. 물음형은 반드시 올림성조로 이루어지며 상대에게 화자 자신이 믿고 있었던 정보를 청자에게 확인하면서 묻는 형이고 단언·주장형과 독립형은 성조가 중간성조나 내림성조를 보이게 된다.26) 따라서 담화표지 '아이가'를 다음과 같이 나눌 수가 있다.

> (45) ㄱ. 융합형27) 아이가: 물음형 아이가(니가 했다아1이2가3.↗)
>
> 　　　　　　　　　주장형 아이가(니가 했다아2이3가2↘(→))
>
> 　　　　　　　　　놀람형 아이가(니가 철수아1이2가2(→)
>
> 　　 ㄴ. 독립형 아이가: (어제 있다아1이2가1²⁸)↘/ 아2이2가2↘(→), 큰 일났구나/ 내가 아1
>
> 　　　　　이2가1→ 집에 가는데)

3.1. 융합형 담화표지 '아이가'의 담화 기능

융합형 담화표지 '아이가'는 평서형 선행월 어말어미에 융합되어 새로운 담화표지형 어말어미로 실현되는 경우이다. 이 경우 담화기능은 또 물음형, 주장형, 놀람형으로 나눌 수 있다. 융합형 담화표지 '아이가'의 기본적 기능은 화자가 자기가 믿고 있는 정보, 확인된

---

26) 본고에서 표시한 성조의 판단은 경상방언의 토박이 화자인 필자와 그 외 경상방언 토박이 화자에게 확인하는 과정을 거쳐 가능한 객관성을 유지하려고 노력했다. 그러나 성조의 사용은 발화상황과 화자의 심리적 태도 등 부가적인 상황에 따라 워낙 많이 달라질 수 있기 때문에 절대적이라고 할 수 없다.

27) '융합'의 용어는 기존에 사용했던 것(박종갑, 1991; 구종남, 1992)을 그대로 사용하고자 한다.

28) '있다아이가'를 독립형 담화표지로 '아이가'와 같이 논의한 것은 '있다아이가'가 실현상 선행월과 독립적으로 나타난다는 것과 그것이 담화표지 '아이가'로 구성된 경상방언의 독특한 담화표지의 하나이기 때문에 범위를 넓혀서 같이 다루었다. 차후 '아이가'로 이루어진 독립형 담화표지만을 다루는 연구도 가능할 것으로 본다.

정보를 상대에게 다양하게 표현한다. 즉, 화자 자신이 알고 있는 정보에 대한 '확인'과 '믿음'이 발화의 전제가 된다. 성조는 크게 둘로 나눌 수 있는데, 물음형 '아이가'는 올림성조를 보이고 그 외는 중간성조나 내림성조를 보인다.

3.1.1. 확인-물음

담화표지 '아이가'는 올림성조가 얹히면서 화자가 화자 자신이 확인한 사실에 대해 청자에게 단순히 물으면서 동의를 요청하는 기능을 한다. 다음 월을 보자.

(46) A: 니가 했다아1이1가3↗.

ㄱ. B1: 예, 저가 했습니다.

A1: 그렇지 니가 했을 거라고 생각했어.

ㄴ. B2: 아니요, 저가 하지 않았습니다.

(나는 니가 한 줄 알고 있는데)

A2: 내가 잘못 알고 있었구나.

(47) A: 니보다 내가 키가 더 크다아1이1가3↗.

ㄱ. B1: 네, 좀 큰 것 같습니다.

A1: 그렇지 나도 그렇게 생각했어.

ㄴ. B2: 아니, 저가 더 큰데요

A2: 안 그렇다. 내가 니보다 더 크다아1이2가2→.

위의 발화 (46A)의 '아이가'는 화자 자신이 믿고 있었던 정보를 청자에게 확신을 가지고 강하게 주장하는 물음형이 아니고 약한 확신을 가지고 단순하게 청자에게 묻는 형태의 발화이다. 이 경우는 (46ㄱ)과 (46ㄴ)과 같이 상대로부터 긍정의 답변이 오거나 부정의 답변이 나와도 쉽게 수용이 되는 반응을 보인다. 이 경우 성조는 반드시 올림성조를 보이며 중간성조나 내림성조에서는 나타나지 않는다. 반면에 (47)의 발화에서 (47A)의 '아이가'와 (47ㄴ:A2)의 '아이가'와 비교하면 (47A)의 '아이가'는 단순한 물음형 발화이고 (47ㄴ:A2)의 발화는 화자가 청자에게 자신의 주장을 강하게 제시하는 주장형의 '아이가'로 서로 기능상 다름을 알 수 있다.

3.1.2. 확인-주장

담화표지 '아이가'에 중간 성조가 없히면 화자가 믿었던, 확인한 정보를 상대에게 강하게 주장하면서 상대에게 자신의 주장을 수용하도록 강요하는 기능을 한다.

(48) A1: 이거 니가 했다아2이1가3?↗

　　　B: 내가 안 했는데.

　　　A2: 니가 했다아2이3가2→.

　　　(니가 해놓고 왜 안 했다 하노)

(49) A1: 키가 내가 니보다 더 크지?

　　　B: 안 클 건데.

　　　(서로 키를 재어보고 A가 B보다 키가 큰 것을 확인한 후)

　　　A2: 니보다 내가 키가 더 크다아1이2가2→.

　　　(내가 큰데 왜 안 크다고 하느냐)

　　　그러니까 내가 농구를 해야지.

위 (48-A2)와 (49-A2)의 '아이가'는 어떤 행위나 상태에 대한 화자의 믿음을 청자에게 강하게 주장하고 동의를 요구하는 기능을 한다.

(48-A1)에 쓰인 '아이가'는 상대에게 화자의 주장을 확인시켜주면서 묻는 물음형에 가까운 기능을 하는데 비해, (48-B)와 같이 B가 A의 주장을 수용하지 않았을 때 A가 자신의 주장을 강하게 제기하면서 상대가 자기의 주장을 수용하도록 강요하는 기능을 한다.

(49-A2)도 마찬가지로 A1에서 단순히 A가 B보다 키가 클 것이라고 단순하게 추측하면서 의문을 제기했다. 여기에 A 자신의 주장을 강하게 제기한 것은 아니다. 그러나 B가 A의 주장을 부정한다. 그래서 A가 자신과 B의 키를 직접 재어보고 자기가 B보다 키가 큼을

확인한 후 A2처럼 '아이가'로 자신의 생각을 확인하면서 강하게 자신의 주장을 제기한다. 이때의 성조는 화자의 정보를 단언적으로 주장하는 것에서 끝나는 내림성조가 아니라 자신의 주장에 대해 상대에게 강요하면서 확인하는 형의 물음이기 때문에 중간성조를 보이는 것이 일반적이다.

3.1.3. 확인-감탄

다음 담화 (50B)의 '아이가'는 오랜만에 자식이 부모 집을 찾아왔을 때 부모가 자기 아들을 '확인'한 뒤 놀라면서 발화한 것이다.

> (50) (아들이 오랜만에 부모를 만나러 갔다)
> A: 어머니 제 왔습니다.
> B: 이기 누고 철수 애비아1이2가1↘.
> A: 그 동안 잘 계셨습니꺼?

위 발화 (50)은 아들 A가 어머니 B를 오랜만에 만났다. 그러나 어머니 B는 A가 자신의 아들임은 이미 알고 있는 구정보이다. 따라서 이것은 어머니 B가 갑자기 들어온 사람이 아들인지 아닌지 정보의 가부나 진위에 대한 확인이 아니라, 아들 A가 왔다는 사실을 확인하고 놀라워하는 발화이다. 따라서 이때 '아이가'는 사태 확인의 기능을 하면서 화자의 놀람이나 감탄을 표현하고 있다.

다음 (51)발화에서 '아이가'가 감탄과 놀람의 의미가 명확히 드러남을 알 수 있다.

> (51) A: (매우 굵은 민물장어를 보고) 야, 이거 자연산 민물장어아1이2가1↘(→).
> ㄱ. 야, 이거 자연산 민물장어(이)구나.
> ㄴ. 야, 이거 자연산 만물장어잖아.
> ㄷ. 야, 이거 자연산 민물장어네.
> B: 그래, 이거 요즘 보기 어려운 자연산 민물장어아1이2가1↘.

위 (51)은 화자 A가 자신이 보고 있는 것이 자연산 민물장어임을 이미 확인하고 놀라면서 감탄하는 발화이다. 자연산 민물장어는 화자 A에게는 구정보이다. 자기가 보고 있는 것이 자연산 민물장어인지 아닌지 분명하게 몰라서 그것을 확인하는 발화는 아니다. 따라서 발화 (51A)는 (51A-ㄱ)처럼 감탄문과 유사한 의미를 나타낸다. 그리고 (51A)는 (51A-ㄴ)과 통사적 구성도 유사할 뿐만 아니라 감탄의 의미도 비슷하다. 또한 (51A-ㄷ)도 긍정 감탄의 의미를 나타내지만 담화표지 '아이가'가 쓰인 (51A)보다 감탄이나 놀람의 정도가 약하다.

그리고 발화 (51A)를 받아서 발화한 (51B)에 쓰인 '아이가'는 (51A)의 '아이가'와는 다른 담화기능을 한다. (51B)의 발화는 (51A)의 발화 정보를 수용 표지인 '그래'라는 말로 수용하면서 그것을 다시 한 번 확인하는 기능을 한다. 따라서 (51B)에 쓰인 '아이가'는 단순히 감탄의 기능을 하는 것이 아니라 확인된 정보를 강조하는 기능을 한다고 볼 수 있다.

3.1.4. 확인-강조

담화표지 '아이가'는 선행 정보를 확인하고 그것을 '강조'하는 기능을 한다.
다음 발화를 보자.

> (52) A: 가마이 있자. 니가 누고?
> B: 제가 철수아2입2니2꺼1↘.
> A: 아, 니가 철수구나.
> A': *아, 니가 철수아이가.

위 (52)에서 화자 A는 처음에 B가 정확하게 누구인지 잘 모르고 있는 상황에서 화자 A가 B가 누구인지 확인하려는 발화이다. 화자 B는 자신이 철수임을 상대에게 확인시켜주면서 자신이 철수라는 정보를 강조하여 알려주고 있다. 이때 확인은 상대가 알고는 있지만 확인하지 못한 사실을 화자가 상대에게 확인시켜주는 기능을 한다. 일반적으로 확인의 의미는 상대가 모르고 있는 사실이나 수용하지 않는 사실을 화자가 청자에게 확인을 요청하지만 이 경우는 다르다. 화자 A는 B가 자신이 잘 알고 있었던 철수임을 확인하고는 '철수구나'하면서 감탄 발화가 자연스럽게 이루어진다. 따라서 이때 (52A')와 같은 감탄형 '아이가'는 쓰이지 않는다.

다음 (53) 발화에서도 '아이가'의 강조 기능이 더 두드러짐을 확인할 수 있다.

> (53) A: 이거 내가 했나?
>
> B: 거거 니가 한 기 아이고 내가 했다아1이2가1. ↘
>
> B': 거거 니가 한 기 아이고 내가 했다.
>
> B": 거거 내가 했다.
>
> A: 아, 그랬나.

위 발화 (53B)의 '아이가'는 어떤 행위에 대해 화자 B가 그 행위를 자신이 한 행위임을 확인한 후 그것을 강조하는 의미가 강하게 드러난다. 화자 A가 어떤 행위에 대해 자신이 한 것인지 아닌지를 확실히 모르고 있을 때 청자 B에게 그 사실을 물었다. 청자 B는 그것이 자신이 한 것임을 다시 청자 A에게 확인시켜주면서 자신의 행위임을 강조한다. 즉, 발화 B는 대조의 문장구조와 '아이가'가 서로 호응을 하면서 강조의 의미가 더욱 강하게 드러나면서 자연스러운 발화가 된다. 반면에 B'는 대조의 문장 구조를 나타내지만 '아이가'가 쓰이지 않은 B"와 비교하면 강조의 정도가 B보다 낮은 것을 확인할 수 있다. 더구나 대조의 구조도 아니고 '아이가'의 담화표지도 없는 B"는 B나 B'보다도 강조의 정도 낮은 단순히 사실을 전달하는 데 그친 표현이다.

담화표지 '아이가'가 선행정보를 강조하고 있다는 것은 선행정보 앞에 부사 '바로'와 같은 강조형 부사를 넣어보면 그 발화가 훨씬 자연스럽게 되는 것으로도 알 수 있다.

> (54) ㄱ. 이거 네가 했다아1이2가1 ↘.
>
> ㄴ. 이거 다른 사람이 아니라 바로 네가 했다아1이2가1 ↘.
>
> ㄷ. 이거 네가 했다.

위 (54ㄱ)에서 '아이가'의 강조 담화기능은 (54ㄴ)과 같이 대조구문과 부사 '바로'와 같이 쓰이면 강조의 의미가 훨씬 잘 드러나는 것으로 확인할 수 있다. 반면, (54ㄷ)은 화자의 발화태도가 실리지 않은 단순한 사실만을 표현한 것으로 이해가 된다.

다음 발화에서 쓰인 '아이가'는 화자의 원인 발화인 선행 발화에 대한 결과 발화에 실현되어 화자가 믿고 있었던 결과를 청자에게 강조하는 담화 기능을 하고 있다.

(55) ㄱ. 많은 사람들이 니가 잘못했다고 한다아1이2가1↘.

ㄴ. 그래서(그렇기 때문에, 그래가), 많은 사람들이 니가 잘못했다고 한다아1이2가1↘

(56) ㄱ. ??나는 니가 잘못했다고 생각한다아1이2가1↘.

ㄴ. 그래서(그렇기 때문에, 그래가), 나는 니가 잘못했다고 생각한다아1이2가1↘.

위 (55ㄱ) 발화는 선행발화 없이 '아이가'가 쓰인 것임에도 자연스러운 것은 선행월이 객관적인 사태로 확인 가능하기 때문이다. 만약, (55ㄴ)처럼 원인의 선행발화에 대한 결과 발화에 '아이가'가 쓰인 경우에 훨씬 자연스럽다. 그것은 일반적으로 화자의 초점은 결과발화에 있고 화자는 그것을 강조하려고 하기 때문에 강조의 '아이가'가 결과발화에 쓰이는 것은 자연스러운 현상이다.

(56ㄱ)은 화자가 자신의 정보를 객관적으로 확인하는 표현에 '아이가'가 쓰여 다소 부자연스러운 발화가 된다. 그러나 (56ㄴ)처럼 원인을 나타내는 선행발화에 대한 결과의 발화에 '아이가'가 쓰이면 화자 자신의 생각이더라도 선행발화를 강조하는 구문이기 때문에 자연스러운 담화가 된다.

3.1.5. 강조-무시함

담화표지 '아이가'는 누구나 잘 알고 있을 것으로 화자가 믿고 있는 정보(구정보)를 상대가 모르고 화자에게 물었을 때 화자는 상대가 그 정보를 모르고 있다는 사실에 대해 빈정댐이나 무시함의 태도를 보이는 상황에서 쓰이기도 한다.

(57) A: 이거 머꼬

B: ㄱ. 거거 멍게(다)아1이2가1 ↘.(그것도 몰랐니?)

ㄴ. 거거 멍게다.

위의 발화 (57)에서 화자 A가 청자 B에게 멍게를 두고 무엇인지 몰라서 물었다. 청자 B는 그것이 멍게임을 누구나 알고 있을 것으로 믿고 있었는데 예상 외로 A가 몰랐다는 데 의아하면서도 한편으로 상대를 무시하는 발화태도를 드러낼 때 '아이가'가 쓰인다.

다음 (58)과 같이 경상방언에서 상대가 알고 있을 것으로 생각한 정보를 모르고 있을 때 상대를 질책할 경우에도 '아이가'가 많이 쓰인다.

(58) 학생: 이거 어떻게 합니까?

선생: 그거 쉬운데, 이렇게 한다아1이2가1 ↘.(그것도 몰랐나?)

다음 (59)와 같이 청자가 예상하지 못했던 의외의 신정보를 청자에게 강조하는 기능을 한다.

(59) A1: (수족관에 은어가 많은 것을 보고)저기 은어가 엄청 많네.

B1: 거거 양식한 거(것이다)아1이2가1 ↘.

A2: 은어도 양식하나.

B2: 그래.

위 (59-B1)의 '아이가'는 신정보에 대해 화자의 '확인', '놀람'의 기능보다는 청자가 예상하지 못했던 의외의 정보를 화자가 '강조'하는 기능을 한다.

화자 A1은 은어가 양식한다는 사실을 예상하지 못했기 때문에 은어가 많은 것을 두고 놀라면서 표현한 것이다. 그런데 화자 B는 화자 A가 은어는 양식하지 못할 것이라는 의외의 정보를 제시하면서 강조하고 있다.

3.2. 독립형 담화표지 '아이가'의 담화 기능

담화표지 '아이가'가 선행월에 융합되지 않고 독립적인 담화표지의 기능을 하는 경우가 있다. 이 경우는 일반적인 담화표지의 기능과 유사하게 주의집중이나 시간벌기, 화자의 감정을 표현하는 발화책략의 하나로 쓰인다. 독립형 '아이가'는 '아이가', '있다아이가', 감탄형의 '아이가' 등이 있다. 성조는 내림성조나 중간성조를 보인다.

3.2.1. 주의집중

담화표지의 주된 기능은 담화책략의 하나로 화자가 청자에게 효과적으로 자신의 생각을 표현하는 기능이다. 담화책략 가운데도 핵심적 기능은 화자가 자신의 주장을 효과적으로 강조하는 기능과 화자의 미묘한 감정적 상태를 효과적으로 청자에게 전달할 수 있는 기능이다. 특히, 그 가운데서도 화자의 정보에 집중하게 하는 책략이 매우 중요하다.

다음 (60)의 발화에 쓰인 '아이가'는 '있다아이가'라는 고정되고 독립적인 담화표지를 형성하여 상대에게 자신의 발화에 주목하게 한다.

> (60) (ㄱ)있다아2이2가2→ 비가 억수로 오는데 어떤 사람이 (ㄴ)있다아2이2가2→ 비를 맞고
> 막 띠 가는기라.

위의 (60-ㄱ) '있다아이가'는 화자 자신이 청자에게 자신의 정보에 주목하고 집중하도록 한다. 이 '있다아이가'는 비가 많이 오는 상황(setting)을 청자에게 부각시키고 그 정보에 집중하게 한다. 그리고 (60-ㄴ)의 '있다아이가'로 비가 오는 상황에서 또 다른 사건인 비를 맞고 가는 의외적인 사건을 청자에게 부각시키고 그 사건에 청자로 하여금 주목하게 한다.

'있다아이가'가 담화 첫머리에 실현될 때는 화자가 청자에게 자신의 담화 전체에 집중시키는 담화책략이다. 그래서 청자에게 화자의 발화에 계속 참여하고 주목하게 한다.[29]

---

29) 황병순(1980)에서 '부가의문 '아이가'는 화자가 청자에게 서술문의 내용을 주지시켜 이후의 행동에 대한 방향을 모색하고자 할 경우에 사용된다.'는 주장과 유사하다.

(61) 있다아2이2가2→, 내 말 한번 들어봐라.

(62) (ㄱ)있다아2이2가2→, 어제 내가 산에 등산을 갔는데 길을 잃어뿠다아1이2가1↘. 그래가 산을 헤매고 있는데 (ㄴ)아2있2나2→ 저 멀리서 곰 한 마리가 어설렁 어설렁 오고 (ㄷ)있다아1이2가1↘. 그래가 (ㄹ)있다아1이2가1→막 도망을 가는데--

위 담화 (61)의 '있다아이가'는 화자가 청자에게 자신의 말에 집중하게 하는 말이 이어져 나옴으로써 화자가 청자에게 자신의 말에 직접적으로 집중하게 하고 있다. (62-ㄱ)의 '있다아이가'는 후행하는 담화 내용에 대해 청자가 집중하게 하는 책략이다. 그리고 (62-ㄴ)의 '아있나'와 뒤에 이어지는 (62-ㄷ)의 '있다아이가'와 호응을 이루면서 화자가 청자에게 자신의 발화에 대해 최대한 긴장감을 불러일으키고 있다. (62-ㄹ)의 '있다아이가'는 화자가 자신의 담화를 붙들고 이어가면서 화제에 집중시키면서 시간벌기의 담화기능을 하고 있다.

이처럼 '있다아이가'가 접속사와 같이 실현되어 화자가 자신의 발화에 계속 집중하게 해서 담화를 이어가는 말을 묶어 놓는 담화책략의 기능을 한다. 이 경우는 시간벌기의 기능도 하지만 후행 정보에 대한 집중의 기능도 동시에 하는 것으로 볼 수 있다.

(63) 있다아이가 그래가/ 그래가 있다아이가/ 그래서 있다아이가/ 그런데 있다아이가/ 있다아이가 그런데/ 또 있다아이가,

위 (63)의 보기들은 '있다아이가'는 중앙어 '있잖아'와 유사한 담화기능을 한다. 그리고 경상방언에서 흔히 실현되는 '아있나(안있나)'도 유사한 담화기능을 하는 담화표지이다. 이들의 공통점이 부정의문의 형식을 취하고 있다는 점이다.

'있다아이가'가 이렇게 청자에게 화자의 담화에 집중하게 하는 것은 '있다아이가'나 '있잖아', '아있나'가 가지고 있는 어휘적 의미에 근거하고 있다. '있다아이가'는 화자가 어떤 사실에 대한 신정보가 있음을 청자에게 확인하여 물음으로써 청자는 화자가 말하려고 하는 것에 '무엇이 있을까'하는 호기심을 유발시키는 효과가 있다. 이와 유사한 기능을 하는 '있잖아'나 '아있나'도 마찬가지로 무엇이 있음에 대해 청자에게 확인하게 함으로써 청자가 화자가 발화하려고 하는 정보에 대해 집중하고 호기심을 유발하게 된다.[30]

3.2.2. 시간벌기

담화표지의 중요한 기능 가운데 하나가 화자가 발화하는 중간에 후행정보를 생각하기 위해 시간을 버는 기능이 있다. 이 시간벌기 기능은 단순히 시간을 벌기 위한 표지가 있는가 하면 담화표지의 어휘적 의미가 가지고 있는 의미를 통해 시간을 버는 경우가 있다.

일반적으로 단순한 시간벌기 담화표지들은 '에, 으, 음, 그, 저'과 같은 비어휘적 담화표지들이 있고 어휘적 담화표지로는 '그래, 인자, 뭐냐, 마, 그래가지고, 머시기' 등이 있다. 본고에서 논의하는 '있다아이가'나 '아이가'도 어휘적 담화표지의 하나이다.[31]

'있다아이가'가 다음 (64)와 같이 시간벌기의 담화기능을 할 경우는 비어휘적 시간벌기 담화표지와 같이 쓰이기도 하고 다른 어휘적 담화표지와 같이 쓰이는 경우가 많다.

> (64) 있다아이가 그/ 어, 있다아이가/ 있다아이가 그 머시기/ 있다아이가 저/ 있다아이가 그 뭐냐/ 뭐냐 그 있다아이가

그리고 다음 (65)처럼 '있다아이가'가 접속사와 같이 실현되어 시간벌기의 담화기능을 하기도 한다.

> (65) 있다아이가 그래가/ 그래가 있다아이가/ 그래서 있다아이가/ 그런데 있다아이가

다음 (66)처럼 담화표지 '아이가'가 '있다아이가'형 이외 '아이가' 단독형의 담화표지로도 나타난다.

> (66) 모른다카다가(ㄱ)아이가, 주인이 나타난께(ㄴ)아이가, 내가 했다캤다(ㄷ)아이가.

---

30) '뭐냐, 있지'에 대한 자세한 담화적 기능은 임규홍(1995) 참조
31) 임규홍(1996)에서 담화표지를 어휘적 담화표지와 비어휘적 담화표지로 나눈 바 있다. 이때 어휘의 개념은 개념적 어휘이냐 아니냐하는 것이다.

위에서 (66-ㄱ)과 (66-ㄴ)의 '아이가'는 시간벌기 담화기능을 하는 경우이다. (66-ㄷ)의 '아이가'는 선행월 정보를 확인 강조하는 기능에 가깝다.

3.2.3. 부정 감탄

담화표지 '아이가'가 말머리에 독립적으로 쓰여, 부정적 사태나 불가능한 행위, 화자가 기대하지 않은 사건에 대한 화자의 감정적 표현으로 나타내는 경우가 있다.[32]

(67) ㄱ. 아이가↗(::장음), 거기 아인데/그 큰일 났는데/니 얼굴이 와 그렇노

ㄴ. *아이가, 그 참 잘 됐네/그 별일 아니네/니 얼굴이 좋네.

ㄷ. *아니가, 그거 참 안됐네.

ㄹ. 아니, 그 참 안됐네/그 참 잘 됐네.

(68) ㄱ. 아1이2가1↗(::장음) 니 능력으로 안 되네. 마 그만하지.

ㄴ. *아이가, 니 능력으로 충분히 할 수 있네.

(69) ㄱ. 아이가↗(::장음), 니가 그것밖에 안되구나.

ㄴ. *아이가, 니가 그것도 하구나.

ㄷ. 아이가, 그 참 안 됐네.

(70) 아이가, 아이가 니를 보니 참 걱정된다.

위 (67ㄱ)의 담화표지 '아이가'는 부정적인 사태나 행위, 기대하지 않은 상태에 대한 화자의 '놀람'을 표현하고 있다. (67ㄴ)처럼 '아이가'가 후행하는 정보가 긍정적이거나 기대의

---

32) 말머리에 쓰이는 담화표지 '아이가'가 부정의 '아니가'에서 파생된 것인지 더 궁구해야 하겠지만 '아이가' 뒤에 이어지는 담화가 금지나 불가능 또는 상대의 행위에 대한 부정적 태도에 대한 감탄의 의미로 쓰이는 것이 명확한 것으로 보아 이 '아이가'가 부정의 의미 '아니'에서 전이된 것으로 간주하였다. 다음 담화에서 '아이가'와 비슷한 감탄사 '아이구'나 '아이고', '아유'는 그 쓰임이 '아이가'와 확연히 다른 것으로 보인다.
(1) ㄱ. 아이고, 이기 누고 우리 장손아이가.
ㄴ. *아이가, 이기 누고 우리 장손아이가.
(2) ㄱ. 아유, 이제 그만하고 좀 쉬자.
ㄴ. *아이가, 이제 그만하고 좀 쉬자.

정보가 오면 불가능한 발화가 된다. '아이가'의 중앙어 형태인 '아니가'는 (67ㄷ)처럼 감탄형 담화표지로 쓰이지 않는다. 그리고 담화표지 '아이가'와 유사한 담화표지인 중앙어 '아니'가 있다. 그런데 이것은 경상방언 담화표지 '아이가'와는 다르다. 경상방언 담화표지 '아이가'는 반드시 부정발화가 뒤에 이어져야 하는데 반해 (67ㄹ)처럼 중앙어의 '아니'는 후행하는 발화가 긍정과 부정에 모두 가능한 점에서 서로 다르다.[33]

(68ㄱ)의 '아이가'는 상대에 대한 무능한 능력에 대한 화자의 소극적이고 부정적 평가를 할 경우 '조소'의 어감을 가지고 있다. 이것은 화자가 상대의 상태를 확인한 상태에서 일어난 사태이기에 놀람이나 아쉬움과 같은 심리적인 상태를 표현한 것은 아니다. (69ㄱ)의 '아이가'는 화자가 상대에 대해 기대했던 바에 미치지 못한 능력이나 부족한 사태에 대해 '아쉬움'을, (69ㄷ)처럼 '안타까움'의 심리적 상태를 표현하고 있다.

(68ㄴ)과 (69ㄴ)도 후행하는 발화가 긍정적일 경우는 부정 감탄형 담화표지 '아이가'는 실현되지 않는다. (70)과 같이 경상방언에서 감탄형 '아이가'는 쉽게 반복되어 쓰여 후행 정보에 대한 실망감을 강조하고 있다.

---

[33] 감탄사 '아니'에 대한 연구는 이원표(1993), 구종남(1997) 참조

제6장

담화표지 '뭐냐?'와 '있지?'

우리말 담화에서 어휘적 형태를 유지하면서 실현되는 담화표지에는 '뭐냐?'와 '있지?'가 있다. 대부분 담화표지는 명사나 동사, 부사와 같은 낱말이 담화표지화된다. 그래서 문장을 이루는 담화표지는 드물다. '뭐냐?'와 '있지?'는 문장의 형태를 이루는 담화표지이다. '뭐냐?'는 의문대명사 '무엇'의 축약형인 '뭐'에 의문형 어미인 '-이냐'가 결합된 형태이고 '있지?'는 형용사 '있다'에 의문형 어미 '-지'가 결합된 형태이다. 그러나 이들은 겉으로는 의문형으로 실현되어 있지만 실제 상대에게 무엇을 묻는 의문문이 아니다. 화자가 알고 있는 정보이지만 빨리 회상이 되지 않아 청자에게 물음의 형태로 발화하면서 화자는 회상의 시간을 벌기도 한다. 그리고 화자와 청자 사이 다양한 담화적 기능을 하게 된다. 때로는 이 두 담화표지가 동시에 실현되어 "뭐냐? 그 있지"또는 "뭐냐 그 있잖아"와 같이 실현된다. 그리고 '있지'는 경상방언 '있제'로 나타나기도 한다.

지금까지 담화표지에 대한 선행 연구에서도 '뭐냐'와 '있지'에 대한 연구는 찾아보기 어렵다. 대부분 담화표지 의문사 '뭐'에 대한 연구이며 '있지'에 대한 독자적인 연구는 보이지 않는다.

이 장에서는 담화표지 '뭐냐?'와 '있지?'의 실현 양상과 담화 기능에 대해 알아보기로 한다.

1. '뭐냐'류

우리의 담화에서[1] 흔히 관찰되는 담화표지 중에 '뭐냐 하면, 그 뭐냐' 등이 있다. 이 담화 표지 '뭐냐' 또는 '뭐냐 하면'에 대한 연구는 지금까지 발견할 수 없었다. 이 담화표지는 원래 어휘 의미 '무엇이냐?'하는 의문문이 담화에서 변형된 것으로 본다. 그러면 그 표현 특성과 기능을 살펴보자.

1.1. '뭐냐하면'과 '뭐냐'

담화상에 실현되는 '뭐냐'류는 두 가지가 있다. 그 하나는 '뭐냐하면'으로 실현되는 의문 대상이 전제된 경우이고 다른 하나는 '뭐냐'로 의문 대상이 전제되지 않은 경우이다. 아래 (1)은 '뭐냐 하면'의 보기이고, (2)는 '뭐냐'의 보기이다

> (1) 그린게 그것도 인자 그 서당발 되련님들이 배라고먼 일러주고 근게 뭐가 되얏냐믄 푸적거
>   리가 되았다 그 말여(군산시 설화 55)
> (2) 그놈은 인자 뭐냐먼 처음에 뭐냐 다리를 집어 넣든가 보데(전남 화순읍 설화 64)

위 (1)은 '그것이 무엇이 되었느냐 하면'으로 '뭐냐하면'의 의문 대상인 '그것이' 제시되어 있다. (2)의 '뭐냐먼'과 '뭐냐'는 의문의 대상이 전제되지 않은 담화표지이다.

> (3) 우리 장모님이 뭘 했느냐 하면, 그 받참 술장수를 했단 말이야(배희환 23)

---

[1] 담화론에서 가장 중요한 것이 연구 자료 문제이다. 담화론에서 다룰 자료는 실제 담화에서 실현되는 것 이어야 한다. 따라서 원칙적으로 담화론에서 취급할 자료는 실제 언중들의 담화를 녹음 채록한 것이어야 한다. 그러나 이러한 일이 그리 쉽지만은 않다. 이러한 의미에서 본고에 사용된 자료는 우리 겨레의 설화 를 전국적으로 채록한 '한국구비문학대계'(한국정신문화연구원)의 자료를 그 기본 자료로 택했다. 이것은 지역에 따라 또는 연행자의 특성에 따라 다양한 모습을 관찰할 수 있다는 것으로 가치 있는 자료이다. 그리고 이 자료는 대부분 그 연행자가 60세 이상의 노인들이기 때문에 우리말의 가장 원형적인 담화 모 습을 관찰할 수 있다는데 매우 중요한 의미를 가진다. 더불어 이 자료를 통해 담화의 다양한 양상 즉, 지 역(방언)과 연행자의 특성에 따른 담화의 특성도 연구될 수 있을 것이다. 이외 김수업 외(1993)의 진양군 대평면의 설화를 채록한 것도 자료로 삼았다.

이 (3)도 (1)과 마찬가지로 '장모님이 무엇을 했느냐 하면'과 같이 '무엇'이 어휘적 의미인 의문 대명사로서의 의미를 그대로 가지고 있다.

그리고 이 경우는 어휘의 꼴바꿈이 가능하다. 현재 시제인 '뭐냐 하면' 과거 시제인 '무엇이었느냐(되었느냐)', 미래시제인 '무엇이 될 거냐 하면'과 같은 꼴바꿈 표현이 가능하다.

(4) 그 뒤 철수가 무엇이 되었느냐 하면,---

(5) 내가 앞으로 무엇이 될거냐 하면,---

그리고 이 경우는 '무엇' 대신에 다른 의문 대명사(Wh-)인 '어디냐 하면', '누구냐 하면', '언제냐 하면'과 같은 표현도 가능하다.

(6) 철수가 (어디서) 교통사고를 냈는데, 그 곳이 어디냐 하면,---

(7) 내가 그녀와 처음 만난 때가 언제냐 하면,----

이처럼 어휘적 의미를 그대로 가지고 있는 경우도 담화표지의 범주에 포함시킨 것은 그 것이 결코 글말에서는 실현될 수 없는 담화의 독특한 특성 가운데 하나라는 것과 그러한 표현이 월의 명제적 의미 이외 '언표내적 표현(illocutionary act)' 효과를 기대하는 담화적 표현이기 때문이다.

그러나 이와 다른 (2)의 '뭐냐(면)'류는 의문의 대상이 전제되지 않으며, 형태도 높임 형태소 결합 이외는 꼴바꿈을 가지지 않는다.

(8) 그놈은 인자 뭐냐면 처음에 뭐냐 다리를 집어 넣든가 보데(전남 화순읍 설화 64)

(9) 이거넌 한 개 그 영일 정씨내덜 그 머꼬,으응 그 사람덜 그 머 공이라 칼까---(진양 사평리 이야기 2)

(8)의 '뭐냐면'과 '뭐냐'는 '그 놈이 무엇이냐 하면' 또는 '처음이 뭐냐하면'의 의미는 전제되어 있지 않다. 즉, '뭐냐'에 대한 의문 대상이 없다. 그리고 (9)의 '그 머꼬'도 '영일 정씨네

들이 그 무엇이냐'의 의미로 '정씨네들에 대한 물음'이 아니다. 그리고 다음과 같이 꼴바꿈이 불가능하다.

> (10) 그놈은 인자 뭐(*었)냐면 처음에 뭐(*었)냐 다리를 집어 넣든가 보데(전남 최순읍 설회 64)
>
> (11) 이거넌 한 개 그 영일 정씨내덜 그 머꼬(*머었고), 으응 그 사람덜 그 머 공이라 칼까──(진양 사평리 이야기 2)

그런데 다음과 같이 높임 담화표지 '요2)'나 '예'는 '뭐냐하면'류에 쉽게 결합될 수 있으나 '뭐냐'류에는 결합되기 어렵다.

> (12) 그런게 그것도 인자 그 서당발 되련님들이 배라고먼 일러주고 근게 뭐가 되얏냐믄(요) 푸적거리가 되았다 그 말여(군산시 설화 55)
>
> (13) 내가 어제 영희를 만났는데요 거기 어디냐면요,

그러나 의문 대상이 전제되지 않은 '뭐냐'류의 경우 이 '-요'의 결합은 매우 어색하다.

> (14) 그놈은 인자 뭐냐면(??요) 처음에 뭐냐(??뭐냐면요) 다리를 집어 넣든가 보데(전남 화순읍 설화 64)
>
> (15) 선생님요, 저희들이 뭐냐면요 어제 등산을 갔거들랑요.거서요 하얀뱀을 봤는데요(학생 말)

---

2) '-요'에 대한 논의로는 이상복(1976), 김정대(1983), 이정민·박성현(1991)이 있다. 이상복(1976)에서는 주로 '-요'의 분포와 문법적 범주를 밝히는데 주력하면서 '-요'를 '청자존대접미사'라고 하였다. 그리고 김정대(1983)는 '-요'를 '청자존대소'라고 하면서 화용적 쓰임이 통사적 쓰임으로 바뀐 것으로 보았다. 그래서 문중의 '-요'는 화용적 쓰임으로, 문미 '-요'는 통사적 쓰임으로 구분할 것을 제안했다. 이정민·박성현(1991)은 '-요'를 기능적으로 접근하여 '큰성분 가르기와 디딤말(hedge)'으로 보았다. 필자는 문중에 쓰인 '-요'는 담화표지의 하나로 보면서 그 기능은 담화표지의 보편적 기능에 매우 부합되는 것으로 보인다.

이러한 사실은 의문 의미가 전제되지 않은 '뭐냐'류가 순수한 담화표지에 가깝다는 것을 말해준다.[3)]

1.2. '뭐냐'류의 담화 기능

1.2.1. '초점 드러내기'

'뭐냐하면'류의 담화표지는 담화 기능과 어휘적 기능을 공유한 경우로 쪼갠월의 초점에 대해 들을이의 주의 집중과 호기심을 가지게 하는 표현 방법이다. 위 1)이 여기에 해당된다. 1)을 다시 보자.

  (16) 그린게 그것도 인자 그 서당발 되련님들이 배라고먼 일러주고 근게 뭐가 되얏냐믄(요) 푸적거리가 되았다 그 말여(군산시 설화 55)

  (16)의 '뭐가 되얏냐믄'에서 의문문 '뭐가 되얏냐'는 그 대상이 선행월에 전제되어 있다는 것이다. 다시 말하면 (16)의 '뭐가 되았냐믄'은 '배가 무엇이 되었는데 그것이 뭐냐 하면'과 같이 쪼갠월(cleft sentence)[4)]의 심층 구조를 전제하고 있다는 것이다.[5)]
  이것은 다음 (17)과 같은 쪼갠월의 표현 양식과 같다.

  (17) 영희가 어제 나에게 준거 거거 뭔고 하면 말이야 지갑이야.

  쪼갠월의 '뭐냐'는 전제된 정보가 '사물'일 때이다. 그러나 사물이 아니고 '장소'일 때는 (18)과 같이 '그 어딘고(어디냐) 하면'이 된다.

---

3) 담화표지를 불변화사(particle)이라고 한 것도 이러한 형태 변화가 어려운 특성에 기인한다. 그러나 담화표지가 모두 불변화사라고 할 수 없다.

4) cleft sentence를 쪼갠월이라고 한 것은 김영희(1988)에서 따옴.

5) 이상태(1983)에서 '뭐냐하면'은 영어의 월가르기(cleft sentence)와 비슷하다고 하였다. 국어 쪼갠월(분열문)에 대한 기능적 연구는 임규홍(1986) 참고.

(18) 철수가 어제 영희를 어디서 만났는데 그기 어디냐 하면 학교 도서관이었어.

그리고 전제된 정보가 '시간'이면 '내가 한 때 삶에 회의를 가졌을 때가 있었는데 그 때가 언젠고 하면---'으로 표현된다. (17), (18)은 다음 (17'), (18')과 그 표현 효과에 있어서 매우 다르다.

(17') 영희가 어제 나에게 준 것은 지갑이야.
(18') 철수가 어제 영희를 만나 곳은 학교 도서관이었어.

(17)과 (18)은 (17')과 (18')보다 들을이에게 전제된 정보인 '영휘가 어제 나에게 준 것'과 '철수가 어제 만난 곳'에 관심을 집중시키고, 그 전제된 구정보를 바탕으로 초점 정보인 '지갑'과 '학교 도서관'을 각각 강조하는 표현 효과를 가진다. 뿐만 아니라 (17), (18)은 들을이에게 제시될 새 정보에 대한 호기심을 가지게 한다. '어제 밤에 이상한 꿈을 꾸었는데 그것이 뭐냐 하면 ----'이라고 했을 때는 말할이는 들을이가 '그 이상한 꿈'에 대해서 '주의 집중하기'를 바라고 또한 들을이에게, '호기심'을 갖게 하는 표현 효과를 가진다.

다음 보기에서도 '뭐냐하면'류의 '초점드러내기' 기능을 쉽게 확인할 수 있다.

(19) 우리 장모님이 뭘 했느냐 하면 그 받참 술장수를 했단 말이야(배희환 23)

'뭘 했느냐 하면'이라는 담화표지를 통해 '우리 장모님이 한 것이 다른 것도 아니고' '받참 술장수한 것'을 강조하여 드러내고 있다. 이 표현은 단순한 쪼갠월인 '우리 장모님이 한 것은 그 받참 술장수였다.'와는 매우 다른 표현 효과를 가져 온다.

즉, '뭐냐하면'류의 표현은 초점 정보에 대한 것을 들을이에게 다시 물음으로써 들을이가 그것을 모르고 있다는 것을 확인하고, 말할이는 다시 그 초점 정보(새 정보)에 대해서 자기만 알고 있음을 나타내면서 그것을 강조하게 된다. 위 (19)의 경우 깊은 의미는 '너 우리 장모가 뭐했는지 모르지 나는 알고 있는데 그것을 말하면'과 같은 의미가 전제되어 있다고 할 수 있다.

1.2.2. '시간벌기'

'뭐냐하면'과 '뭐냐'의 기능 가운데 어휘적 기능보다는 비어휘적 담화적 기능을 하는 경우가 있다. 특히, 위 (2)와 (8)과 같이 의문이 전제되지 않은 '뭐냐'류는 '시간벌기' 기능을 주로 한다. 이 '시간벌기' 기능은 말할이가 말할 새로운 정보가 빨리 생각나지 않을 때 그 정보를 회상하는 시간을 벌기 위한 담화 책략(discourse strategy)의 한 방법이다.

> (20) 이거넌 한 개 그 영일 정씨내덜 그 머꼬,으응 그 사람덜 그 머 공이라 칼까---(진양
> 사평리 이야기 2)

'뭐냐(꼬)'류가 '시간벌기' 기능을 할 때는 주로 그 뒤에 시간 벌기 담화표지가 동반되는 것이 일반적이다. 위 (20)에서도 '으응'과 '그'하는 담화표지가 동반 실현되었다. 이 '시간벌기'기능은 주로 '뭐냐'류의 담화표지에 의해 실현되지마는 '뭐냐하면'류도 앞의 '초점드러내기'이외 '시간벌기'기능도 함께 가진 것으로 관찰된다.

> (21) 내가 당신을 어디서 만났는데, 그기 어디냐하면 으-- 생각이 잘 안나는데---
> (22) 아내를 처음 만난 때가, 언제냐하면, 으-- 그기 언제드라--.

위 (21)과 (22)는 '뭐냐하면'류의 담화표지이지마는 앞에서 말한 '초점드러내기'의 기능과는 달리 말할이는 자기가 그 새 정보에 대해서 알고 있음을 나타내면서 그것이 정확하게 생각이 나지 않을 경우 (21), (22)와 같이 시간을 벌기 위해서 '뭐냐하면'류가 쓰였다. 이 경우도 앞뒤에 긴 쉼이나 다른 시간벌기 담화표지가 실현되는 것이 일반적이다.

1.2.3. '들을이 끌어들이기'

'뭐냐'류의 중요한 담화적 기능으로 말할이가 들을이에게 묻는 형식의 담화표지를 발화함으로써 들을이를 자기에게 가까이 끌어 들이는 기능이 있다. 그렇게 함으로써 말할이는

자기가 앞으로 말할 정보를 잘 기억이 나지 않지마는 그것을 알고 있다는 것을 함축적으로 표현하는 효과와 자기가 말하려는 것이 들을이도 알고 있는 것처럼 표현하여 그것이 사실임을 들을이를 끌어 들여 확인하는 표현 효과를 가지게 된다.

(23) 그 뭐냐, 너도 알지. 우리가 지리산 등산 갔을 때 본 그 동물 말이야.

(24) 그 뭐냐? 너가 지금 가지고 있는 거.

(21)의 '그 뭐냐'는 말할이가 알고 있지마는 생각이 나지 않아서 들을이에게 그 정보를 확인하면서 시간을 벌고 있다. 그리고 말할이가 말하려고 하는 사실은 들을이도 알고 있다는 것을 나타냄으로써 자기가 말하려는 것이 사실임을 간접적으로 강조하게 된다. 그러나 (22)의 '그 뭐냐?'는 (21)과는 다르게 말할이가 모르고 있는 사실을 들을이에게 단순히 묻는 것이다.6)

(25) 그 뭐냐, 손으로 무엇을 표현하는 거 있지, 그 뭐냐--

이것은 '수화'라는 말이 생각이 안 나서 시간을 끌고 있는데 '그 뭐냐'라고 하여 자기가 알고 있는데 그것이 빨리 기억이 나지 않기 때문에 들을이에게 그 시간을 돌려서 시간을 벌고 있으며 그 뒤에 '거 있지'라고 함으로써 들을이도 알고 있음을 표현한다.

2. '있지'류

'있지'류에 대한 연구로 신지연(1988)에서 보이는데 거기에서 '있잖아(요)'는 형식 간투사로 보면서 젊은 여성이나 어린이들 사이에 많이 쓰이게 된 사회 방언적 현상이라고 하였다.

---

6) Stubbs(1983:23)는 '격식을 차리지 않은 회화(casul conversation)에서는 청자에 의해 채워져야 하는 정보를 종종 화자가 제공할 수 있다.'고 하면서 '그 뭐야(thingummy)', '너도 알고있는 그 뭐(what-d'you-call-it)'와 같은 대신말(cover-word)도 종종 사용한다고 하였다. 이것도 우리말의 담화표지 '뭐야'의 현상과 유사하다.

그리고 형식 간투사에 속하는 이것은 가장 구어적이며 가장 정보 내용이 빈약한 것이라고 하였다. 안주호(1992)는 '있잖아요'계열은 시발 표시로서 모두 화제의 대상이 말하는이에게 만 있을 경우에 쓰인다고 하였다. 즉, 말하는이의 의식 세계에 존재하는 것을 뜻하기 위해서 쓰인다고 했다. 그런데 이들 앞선 연구는 매우 피상적인 논의에 그치고 있다. 따라서 본고에 서 이들의 담화적 기능을 자세하게 살펴보기로 하자.

2.1. '있지1'과 '있지2'

담화표지 '있지'는 두 가지가 있다. 하나는 의문 대상이 전제된 '있지1'이고, 다른 하나는 의문 대상이 전제되지 않은 '있지2'이다.

먼저 의문 대상이 전제된 '있지1'의 기능을 살펴보자. 다음이 실제 보기이다.

(26) 그 있잖아, 불곰이라 하는 놈, 그 놈 이번에 내가 처치하겠어.

(27) 너도 아는 영숙이 있지, 어제 영화관에서 어떤 남학생하고 영화보러 왔더라.

(28) 이어 거저 거처봉 노수신 그 때 영상이 노수신이 안 있넌가베.

　　그 때와 그 저저 김만중, 서포 김만중이넌 만해 기양가서 안 있었나?(대평리 이야기 18)

(29) 소상강 건너에 무슨 도제 그거 소상강을 건너 가서 뭔 도에 단직셀 때 하는 단직 있잖아.

　　(양양군 양양읍 설화 53)

(26)에서 '있잖아'의 의문 대상은 '불곰이라 하는놈'이 된다. 그리고 (27)은 '영숙이'가 되 고 (28)은 '노수신'이, 그리고 (29)는 '단직'이 의문의 대상이 된다.

이 '있지1'의 특성으로 첫째, 꼴바꿈이 가능하다. 예컨대, 다음과 같이 시제의 변화가 가 능하다.

(26') 그 있(었)잖아, 불곰이라 하는 놈, 그 놈 이번에 내가 처치하겠어.

(27') 너도 아는 영숙이 있(었)지, 어제 영화관에서 어떤 남학생하고 영화 보러 왔더라.

그리고 담화표지의 성격을 가진 높임 형태소 '요'의 결합도 가능하다.

(30) 철수라는 사람 있잖아요. 그 사람 이번에 유럽 여행갔답니다.

(31) 어제 그 다방에서 만난 사람 있지요. 그 사람 사기꾼입니다.

반면에, 의문의 대상이 전제되지 않은 '있지2'의 보기는 다음과 같다.

(32) 그런데 있째, 우리 담임선생께서 다음 주에 결혼하신단다.

(33) 모른다카다가 아이가, 주인이 나타난께 아이가, 내가 했다캤다 아이가.(김종택, 1982:280)

(34) 어제 아인나 그자 명자가 남자 친구하고 영화보러 왔더래이.

(32)의 '있째'는 표면 형식은 의문 형식을 취하고 있지마는 의문의 전제는 표면적으로 드러나 있지 않다. (33)과 (34)의 '아이가'또는 '안인나'도 표면구조는 의문 형식을 취하고 있으나 의문의 대상은 표면적으로 전제되어 있지 않다. 그리고 이 '있지2'는 '있지1'과는 달리 다음처럼 꼴바꿈이 불가능한 특성을 가지고 있다.

(32') 그런데 있(*었)째, 우리 담임선생이 다음 주에 결혼한단다.

(34') 어제 아(*있었)나 그자 명자가 남자 친구하고 영화 보러 왔더래이.

(35) 우리 담임선생님이 있(*었)지 2학기 때 다른 학교에 전근 가신단다.

그러나 이 '있지2'도 '있지1'과 마찬가지로 높임 형태소 '요'는 결합 가능하다.

(32") 그런데 있지요, 다음주에 우리 담임선생님께서 결혼하신답니다.

(36) 제주도에 있죠, 오늘 큰 비행기 사고가 났답니다.

이처럼 '요'가 담화표지 '있지1'과 '있지2'에 두루 나타날 수 있는 것은 이때 '요'가 높임의 기능보다는 담화표지의 기능에 가깝다는 것을 말해준다. 이러한 현상은 앞장에서 '요'와

'뭐냐'류의 결합 현상과도 일치한다.

2.2. '있지'류의 담화 기능

2.2.1. '있지1'

의문 대상이 전제된 '있지1'의 기능은 의문 대상은 주제말로 들을이에게 '확인'하는 기능을 하고[7] 뒤에 이어지는 새 정보에 주의를 집중하게 하는 기능을 한다. 다음과 같이 나타낼 수 있다.

(37) 그 있잖아, 불곰이라 하는 놈, 그 놈 이번에 내가 처치하겠어.

(38) 너도 아는 영숙이 있지, 어제 영화관에서 어떤 남학생하고 영화보러 왔더라.

(39) 우리가 영리 정씨 후손인대---그 얼런이 거 저 사륙신 쌨는 그 성삼문 박팽년 하위지 쌨는 그런 어런들하고 동문이라. 같이 수학을 하고 컸는대, 그 인자 한맹혜 안있어? 한맹혜? 한맹 혜라고 우리 고모 할아부지라. 근데 그 어른이 자기 처남이라.(대평리 이야기 5)

(37)에서 주제말은 '불곰'이며 설명말(comment)은 '내가 처치한다'는 정보이다. '있지'가 쓰여 들을이에게 '불곰'의 존재(있다)를 확인하고 그 불곰에 대한 새로운 정보에 들을이가 주의 집중하고 호기심을 가지게 한다. (38)도 마찬가지로 주제말인 '영숙'의 존재를 '있지'라는 말로 확인하고 그 주제말에 대한 정보에 들을이로 하여금 주의를 집중시킨다. 그리고 말할 이는 담화표지 '있지'로써 그 '영숙'에게 관한 새 정보가 매우 흥미롭고 새로운 정보이기 때문에 들을이로 하여금 그 정보에 주의를 집중하라는 언표내적 기능을 한다. 이러한 사실

---

7) Stubbs(1983:68-70)에서 '불변화사'라고 한 'you know'라는 말이 여기에 해당되는 것으로 보인다.

은 (39)에서 명확히 나타난다. '한멩헤(한명회)'의 존재를 들을이에게 확인 시키고 그것도 여러 번 반복하면서 확인하고 있다. 그리고 그 확인된 주제말 '한멩헤'에 대한 새로운 정보 '우리 고모 할아부지'에 주의를 집중시키고 있다. 이때 '있지1'은 그 어휘적 의미인 '존재'의 의미를 그대로 가지고 있다. 특히 이 경우 '있지'는 주로 주제말(이름마디) 뒤에 실현된다.

2.2.2. '있지2'

'있지2'는 의문의 대상이 전제되지 않은 경우인데 이때 '있지'는 선행 정보에 대한 담화적 기능보다 후행하는 정보에 대한 담화 기능한다. 이 말은 '있지2'는 선행 정보의 존재(있다)를 전제하는 것이 아니라 들을이에게 후행 정보에 대해서 '주의 집중'을 기대하는 표현이다. 따라서 다음과 같이 나타낼 수 있다.

(40) 그런데 있째(있지), 우리 담임선생이 다음 주에 결혼한단다.

(41) 어제 아인나 그자, 명자가 남자 친구하고 영화 보러 왔더래이.

(42) A: 저기요 그 저--이쁜 아가씨 불러 달래는 것 어떻게 됐어요?

　　B: 아니, 좀 기다리라고 했잖아요----

　　B: 저 있잖아요, 이쁜 아가씨 모셔왔어요.(안주호(1992) 예문)

(43) 명자야 있째, 내가 어제 학원가는데 우리 수학 선생님이 예쁜 여자하고 팔짱끼고 영화 보러 가더래이.(학생 대화 중)

위 담화에 실현된 '있지(있째)'는 주로 주고받는 대화에서 실현되는데,[8) 그 기능은 위 보기에서 보는 바와 같이 '있지'가 선행하는 정보에 대한 의문의 형태가 아니고 말할이가 들을이

---

8) 설화를 채록한 구비문학 자료에서는 이 담화표지 '있지2'는 발견되지 않았다. 그러나 일상 '주고 받기 대화'에서는 쉽게 발견되는 담화표지 가운데 하나다.

에게 자기의 말에 주의 집중할 것을 요구하는 표현이다. (40)의 경우 '그런데'다음에 실현되어 주제를 전환하면서 자기의 정보가 들을이에게 중요하고 호기심 있는 새로운 정보이기 때문에 주의를 집중하라는 표현으로 쓰였다. (40)은 거기에서 '있째'를 뺀 (40')와는 그 의미가 매우 다르다.

(40') 그런데 우리 담임선생이 다음 주에 결혼한단다.

이 (40')는 단순히 '담임선생이 다음 주에 결혼한다는 사실'만을 전달함으로써 담화적 표현 효과는 나타나지 않는다. (41)의 '아인나'는 '안 있니?'의 담화 표현으로 담화표지 '있지'와 같은 기능으로 보이는데,9) 이때도 그 앞에 실현된 '어제'에 대한 의문을 나타내는 것이 아니라 '어제'와는 관계없이 그 다음에 이어지는 정보에 대한 주의 집중의 담화 기능을 한다.

(42)에서 안주호(1992)는 '있잖아요'를 시발 표지의 하나로 어색한 이야기를 꺼낼 경우에 쓴다고 하였다. 그러나 이때 '있잖아요'를 잘 보면 말할이가 들을이를 불러 자기의 이야기에 주의 집중해 달라는 표현으로 쓰인 것이다. 그 심층에는 '내가 말할 무엇이 있는데 거기에 주의를 집중해 주십시오'라는 언표내적 의미가 있다. (43)도 말할이가 명자에게 엄밀하게 이야기 할 정보가 있음을 '있째'라는 담화표지로써 나타내며 자기 담화에 주의를 집중하라는 담화 기능을 한다. 이때도 (43)과 '있째'를 빼버린 (43')와는 그 의미가 다른 것을 알 수 있다.

(43') 명자야, 내가 어제 학원가는데 우리 수학 선생님이 예쁜 여자하고 팔짱끼고 영화보러 가 더래이.(학생 대화 중)

---

9) 담화표지 '아인나'와 '있지'는 의미적으로 동일한 기능을 한다는 것은 다음 담화에서 알 수 있다.
   1) 철수 아인나, (들을이: 있지) 그녀석이 이번에 고등고시에 걸렸다나.
   1') 철수 있지, (들을이: 있지) 그녀석이 이번에 고등고시에 걸렸다나.

제7장

'-어 가지고'의 문법화와 담화

1. 들머리

우리말에서 다음과 같이 '어 가지고'가 매우 다양하게 쓰인다.

(1) 그 사람 술을 많이 먹<u>어가지고</u> 병이 난 것 같더라.

(2) 너 뭐 <u>가지고</u> 돈을 버나?

(3) 이 고기 어디서 낚아<u>갖고</u> 왔니?

(4) 그 아가 걸어<u>가</u> 이꺼지 왔나?

(5) 거거 <u>가지고(갖고)</u> 가지 마라.

(6) 너 돈 얼마나 <u>가지고</u> 있나?

위에 줄친 '가지고'는 동사 소유를 나타내는 가지다에서 전이된 다의어 형태로 쓰인다. 그런데 이 가지다가 동사에서 어미가 되는 문법화 과정을 거치게 되고 이것이 또 담화표지의 기능으로 전이되기도 한다.

이러한 특징을 가지고 있는 '가지다'는 일찍이 최현배(1971)에서는 '가짐도움움직씨'라고 하였으며 이희승(1961)에서는 '보조동사'라고 하였다. 김창섭(1981)은 어휘적 의미가 상실한 문법적 의미와 기능을 가진 불구적 동사로 보기도 하였으며, 김용석(1983)은 본동사 기능을 강조한 기능을 가지고 있다고 하였다. 특히 홍윤표(1984)는 어휘적 의미와 문법적 의미를 동시에 가지고 있는 '후치사'라고 한 점과 성낙수(1999)에서도 경상방언에서 '어 가지고'의 접미사화 현상을 논의한 것이 주목된다. 이 후에 어가지고를 담화 차원에서 논의가 활발하였다. 하영우(2012)에서는 담화인 발화에서 실현되는 특징을 논의한 연구로는 최소현(2015), 왕위(2017)하였으며, 범금희(2002, 2006, 2009)에서 '어 가지고'에 대한 집중적인 논의가 있었다.

이 연구에서는 '어가지고'의 문법화 과정과 담화적 기능에 집중하여 알아보기로 한다.

2. 문법화

'가지고'는 원래 타동사 '가지다(取)'[1]에 연결어미 '고'의 결합형이다.

(7) 영희는 먹을 것을 가지고 왔다.

(8) 철수는 내 책을 가져갔다.

(9) 연사는 학생들에게 야망을 가질 것을 부탁했다.

위 (7)~(9)는 모두 타동사 '가지다'로 쓰인 것이다. (7)은 어미 '고', (8)은 어미 '어', (9)는 관형형어미 'ㄹ'과 결합하여 어미활용을 한 것이다.

이러한 쓰임은 15세기 문헌에서도 쉽게 발견된다.

(10) 뿔 가져 나오나놀(釋譜 六 14)

(11) 正히 가져욜 디니라(杜諺 初 二十二 23)

(12) 여슷 엄 가지고 (月印 一 28)

(13) 寶藏을 가졔니 쏘 머스글 求ㅎ리며(楞諺 一19)

위 (10)~(13)까지 '가지다'도 위 (7)~(9)와 마찬가지로 '행위자가 무엇을 지니는' 의미로

---

1) '가지다'는 取(類合下40), 攝(楞諺二107), 持(楞諺七55), 領(楞諺一19)의 대당 한자어가 있다.

서 어미활용이 매우 자유로웠음을 알 수 있다.

그런데 '가지다'가 위와는 다소 다른 의미로 쓰인 경우가 있다. 다음 보기를 보자.

(14) 밤의 사룸이 이셔 삼위의 칼흘 가져 댱젹을 주기고(種德新編 下35a)

(15) 그 부친은 제 눈물 씻을 생각은 아니하고 수건을 가지고 옥련의 눈물을 씻으니

(16) 그는 컴퓨터를 가지고 돈을 번다.

(17) 그을 정을 가이고 착착 깎어서 그래낳년대---(대평 9)

(18) 줄 그넘 노끈 그넘을 갖고 떡 손발로 고마 짐승 메이로 떡 뭉끼넌기라(대평16)

(14)의 '가져'는 막연한 '가짐(所有)'이 아니고 '칼로써 댱젹을 죽였다'는 의미로 해석이 된다. 그리고 (15)도 '수건으로 옥련의 눈물을 씻다'라는 의미이다. (16)의 '가지고'도 이와 마찬가지로 '컴퓨터로 돈을 번다'라는 의미이다. (17)은 '정으로', (18)은 '노끈 그넘으로' 해석이 가능하다. 따라서 타동사 '가지다'가 '수단'의 의미로 확대되었다. 그러나 이때 '가지다'는 타동사라는 어휘의 문법적 범주는 그대로 가지고 있다.

그런데 다음 보기는 용언 뒤에 바로 실현되어 형식적으로는 목적어를 바로 가지지 않고 접속문을 이끌고 있다.

(19) 오냐 오애든지 부지런이 돈 벌어가주고 고향가자.(대가 30)

(20) 장으를 가서 늦게 안 오니까 초로으다 불을 써가지고 바양을 나오는 거요(군산 3)

(21) 저 칼을 주우갖고 오라.(화순 23)

(22) 그런 후 자기 방에 와서 이부자리를 간지 피고 책보를 싸가지고 학교로 향했다(김동인의 약한자의 슬픔'에서(1919)

(23) 나는 급히 표를 사가지고 재촉하는 H를 따라 갔다.(염상섭 '표본실의 청개구리'에서 (1921))

(24) 때 마침 아들이 볕살에 얼굴을 벌겋게 구워가지고 들어왔다(김정한 '사하촌'에서(1936))

위 보기들은 모두 '본용언+본용언'처럼 되어 접속문으로 보인다. 그것은 'NP1+VP(타동

사)+가지고'짜임이 'NP1+VP(어)+NP1+가지고+가다(오다)'와 같은 심층 구조를 가진다고
할 수 있다. 예를 들면,

<blockquote>

(19') 돈을 벌다+돈을(그것을) 가지고+가다

(20') 불을 써다+불을(그것을) 가지고+나오다

(21') 칼을 줍다+칼을(그것을) 가지고+오다

</blockquote>

와 같이 나타낼 수 있다는 것이다. 이때의 '가지고'는 '무엇을 가지고(지니고(所有)) 오거나
가거나'하는 뜻으로 보인다. 이와 같이 선행절의 목적어와 후행절의 목적어가 동일하고 선
행절의 행위가 끝나고 후행절의 행위가 이어지면서 후행절의 '가지고'는 '가짐(所有)'의 의미
를 지니는 타동사인 것처럼 보인다.

그런데 만약 (20)~(24)의 '가지고'를 (19')~(21')와 같이 접속문의 후행 본동사로 볼 때
다음 몇 가지 해결해야 할 문제가 있다.

우선, 의미상 문제이다. 다음 월을 보자.

<blockquote>

(25) ㄱ. 철수는 돈을 주워 (그것을)가지고 갔다.

　　 ㄴ. 철수는 돈을 주워가지고 갔다.

(26) ㄱ. 철수는 고기를 낚아 (고기를)가지고 갔다.

　　 ㄴ. 철수는 고기를 낚아가지고 갔다.

</blockquote>

위 (25ㄱ), (26ㄱ)은 접속문으로 후행하는 '가지고'가 본동사로 쓰인 경우다. 이것을 그렇
지 않은 (25ㄴ), (26ㄴ)과 비교해 보자.

(25ㄱ)은 '철수는 돈을 주워 그것을 (경찰서에 신고하지 않고) 가지고 갔다.'의 의미로 해석이
가능하다. 다시 말하면 말할이의 초점은 '가지고'에 있다. 그러나 (25ㄴ)은 초점정보가 형태
적으로 드러나 있지 않은 중립월에 가깝다. 이때 '가지고'는 선행 동사 '줍다'와 결속성이
강해 선행월 전체에 걸린다. 마찬가지로 (26ㄱ)도 초점은 '(버리지 않고) 가지고'에 있다. 반면
에 (26ㄴ)은 중립월이다. 이때 '가지고'도 '철수가 고기를 낚다'라는 선행월 전체에 결속되어

있다. 그래서 '가지고'가 (25ㄱ)과 (26ㄱ)처럼 본동사라면 초점 '가지고'에 대한 부가적 정보가 뒤따르는 것이 일반적이다. 예컨대,

(27) 철수는 고기를 단지 두 마리 낚아 (그걸 살려주지 않고)가지고 갔다.
(28) 돈을 찾아 가지고 오너라. 온라인으로 보내지 말고

와 같이 '가지고' 앞, 뒤에 초점 '가지고'에 대한 '대조'와 같은 부가적인 정보가 실현되는 것이 일반적이다. 따라서 '가지고'가 초점으로 쓰이지 않았을 때는 본동사가 아니다.

　다음, 부정의 범위가 다르다.

(25') ㄱ. *철수는 돈을 안 주워 (그것을)가지고 갔다.
　　　ㄴ. 철수는 돈을 안 주워가지고 갔다.
(26') ㄱ. *철수는 고기를 안 낚아 (고기를)가지고 갔다.
　　　ㄴ. 철수는 고기를 안 낚아가지고 갔다.

에서 (25'ㄱ)의 부정소 '안'은 본동사 '주워'만 부정하고 후행하는 '가지고'에는 부정의 범위가 미치지 않는다. 따라서 (25'ㄱ)은 돈을 안 주웠는데 가져간다는 의미가 되기 때문에 비문이 된다. 그러나 (26'ㄴ)은 부정소 '안'은 '주워가지고' 전체를 부정하기 때문에 온전한 월이 된다. 이것은 '주어가지고'가 하나의 성분임을 나타냄과 동시에 '가지고'가 본동사가 아님을 말한다. 다음 월을 계속 보자.

(29) 즈 각시 찾는 본서방이 나와갖고는(서수 6)
(30) 선사가 되어갖고(화순16)
(31) 아아 첨애년 몬살아서 인자 가가이고,그래 가가지고 인자 머 베실도 하고 자알 데가지고
　　(사평3)
(32) 내말에 스스로 자극이 되어가지고 마침내---
(33) 술이 저렇게 취해가지고 어데러 갈라구.(이상 현진건의 '빈처'에서(1920))

위 (29)~(33)의 보기는 모두 'NP1+VP(어)+NP1+가지고'와 같이 분석이 될 수 없다. 즉, '본서방이 나오다 + 본서방을 가지고'와 같이 분석되지 않는다. 선행절의 동사가 '타동사'가 아니라 '자동사'이기 때문에 선행절에는 목적어가 없다. 따라서 뒤에 이어지는 후행절의 서술어 '가지고'도 '타동사'가 될 수가 없다. 따라서 '어가지고'는 접속문의 후행 본동사가 될 수 없다. 그렇다면 다른 방향에서 '어가지고'의 문법 범주를 모색해 보자.

가능성이 있는 한 가지 방안은 '가지고'를 '가짐(所有)'를 내포문의 상위절 본동사로 보는 방안이다. 예를 들면, (33)의 속짜임을 다음과 같이 보자는 것이다.

(33') 자네i [Øi[Øi술이 저렇게 취해]가지고] 어데러 갈라구

그런데 '가지고'를 이와 같이 상위 본동사로 볼 때 먼저 해결해야 할 중요한 문제가 있다. 그것은 '가지고'에 안기는 하위절이 과연 명사절이 될 수 있는가 하는 것이다. 그것이 명사절이 되기 위해서는 [[NP+VP]s어]s'에서 '-어'가 명사화소(명사형어미)가 되어야 하는 문제가 있다.[2] 그러나 위 (29)~(33)의 '가지고'는 다음 몇 가지 이유 때문에 결코 내포문의 상위절 본동사가 될 수 없다.

첫째, '가지고'가 만약 상위절 본동사라면 그것은 다른 본동사와 마찬가지로 어형 변화가 자유로워야 하는데 '어가지고'는 (34)와 같이 어형 변화가 불가능하다.

(34) 술이 저렇게 취해가지고(*가져서, *가지다, *가지니---) 어데러 갈라구

둘째, 만약 'S-어'가 명사절이라면 아래 (35)와 같이 명사절 뒤에는 조사 결합이 자유로운데 '-어' 뒤에는 (32')처럼 조사 결합이 불가능하다.

(35) 농부는 [비가 오기]만을 기다렸다.

(32') *내말에 스스로 자극이 되어(만, 을, 은, 도---)가지고 마침내---

셋째, 만약 '가지고'가 명사절을 안은 상위절 본동사라면 아래 (36)과 같이 명사절과 '가지고' 사이에 다른 성분을 삽입할 수 있어야 하는데 (30')처럼 '어갖고'사이에는 다른 성분을 삽입할 수 없다.

(36) 농부는 비가 오기를 매우 기다렸다.

(30') *선사가 되어 많이 갖고

이상 몇 가지 근거로 '자동사+어가지고'는 표층에서 '[[S]어]np+가지고]'로 분석될 수 없음을 확인하게 된다. 즉, '어가지고'에서 '가지고'는 내포문 본동사가 될 수 없다는 것이다.

그렇다면 '가지고'는 과연 무엇인가? 한 가지 다른 대안으로 '어가지고'의 '가지고'를 보조용언으로 보는 생각이다. 그러나 다음 월을 보자.

(37) 나는 그릇을 깨버리고 싶다.

(38) 나는 저 고기를 먹어보고 싶다.

(39) 나는 불쌍한 사람을 도와주고 싶다.

(40) *나는 책을 사가지고 싶다.

(41) 김군은 새벽에 떠나고(버리고, *가지고) 말았다.

(42) 그 회사와 손을 잡고(아버리고, *가지고) 나니 일이 잘 풀린다.

(37)~(39)와 (40)이 모두 '본동사+보조동사+보조동사'의 동일한 구조임에도 불구하고 (40)이 비문이 되는 것은 '가지고'가 보조동사 '버리다', '보다', '주다'와 다름을 의미한다. 그리고 (41)과 (42)에서 보조동사 '말다'와 '나다' 앞에서도 '가지고'가 실현될 수 없다. 이것은 '가지고'가 보조 동사가 아님을 암시한다.

그리고 더구나 '가지고'는 (43)과 (44)처럼 보조동사 뒤에서는 쉽게 나타난다.

(43) *나는 책을 사보고 싶어가지고 아르바이트를 했다.

(44) 선생님께서 일찍 가버려가지고 아쉬워했다.

　만약 위 (43)의 '가지고'가 보조동사라면 '보조동사＋보조동사＋보조동사'와 같이 보조동사가 삼중 결합된 것인데 우리말은 이러한 현상은 불가능한 것으로 보인다. 따라서 '어가지고'의 '가지고'를 보조동사로 보기 어렵다.

　그리고 '어가지고'의 '가지고'가 보조동사가 아니라는 또 다른 사실은 다른 보조동사가 아래 (45)와 (46)처럼 꼴바꿈(활용)을 자유롭게 할 수 있는데 비해 '어가지고'의 '가지고'는 (47)과 (48)처럼 꼴바꿈을 할 수 없다는 것이다.

(45) 꽃이 피어 있다(있고, 있으니, 있으니까, 있었다, 있겠고, 있니?)

(46) 고양이가 고기를 먹어 버렸다(버리고, 버리니, 버리니까, 버렸다, 버려겠다, 버렸니?)

(47) 나는 급히 표를 사가지고(*가지니, *가져서, *가지니까, *가졌고) 재촉하는 H를 따라 갔다.

(48) 술이 저렇게 취해가지고(*가지니, *가져서, *가지니까, *가졌고)거 어데러 갈라구.

　이러한 현상은 '어가지고'의 '가지고'가 선행하는 '-어'에 통사·의미적으로 매우 깊게 매여 있다는 것을 말하며 나아가 그것은 '어가지고'가 하나의 화석화된 어형을 이루고 있음을 의미한다.

　'어가지고'의 '가지고'를 보조동사로 보기 어려운 마지막 현상은, 일반적인 보조동사는 그 보조 동사에 선행하는 본동사의 종류에 따라 그 종류도 달라지는데 반해 '어가지고'는 선행하는 동사의 종류에 관계없이 나타난다는 것이다.

　선행 본동사가 타동사이면 후행하는 보조동사도 타동성 보조동사가 오게 되고 선행 본동사가 자동사이면 자동성 보조동사가 오게 된다. 예컨대, 아래 (49)~(52)과 같이 선행 본동사가 '먹다', '열다', '먹다', '읽다'와 같은 타동사이기 때문에 후행하는 보조동사도 '버리다', '치우다', '놓다', '두다' 등과 같이 근원적으로 타동성 보조동사가 오게 되었다.

(49) 고양이가 고기를 먹어버렸다.

(50) 문을 열어놓다.

(51) 밥을 두 그릇을 먹어치웠다.

(52) 이 책을 읽어두면 좋을 거다.

반면에 아래 (52)~(55)처럼 선행 본동사가 '피다', '놀다', '춥다', '어둡다'와 같은 '자동사'이면 후행하는 보조동사도 '있다', '나다', '지다', '오다'와 같은 자동성 보조동사가 결합될 가능성이 높다.[3]

(52) 진달래 꽃이 피어 있다(*버리다, *놓다, *두다, *치우다).

(53) 잘 놀아 난다(*버리다, *놓다, *두다, *치우다).

(54) 날이 점점 추워 진다(*버리다, *놓다, *두다, *치우다).

(55) 날이 점점 어두워 온다(*버리다, *놓다, *두다, *치우다).

그러나 '어가지고'의 '가지고'는 선행 본동사가 타동사이거나 자동사이거나 관계없이 자유롭게 결합될 수 있다는 것이 다른 보조동사와 다른 특징을 가지고 있다.

(56) 고기를 낚아가지고 갔다.

(57) 내말에 자극이 되어가지고

(58) 그래가지고---

(56)은 타동사 '낚다' 뒤에, (57)은 자동사 '되다' 뒤에, (58)은 이음말 '그래' 뒤에 실현되었다.

이것은 대부분의 어미가 선행동사의 자동사, 타동사와 관계없이 그 실현이 자유로운 것과 마찬가지로 '어가지고'도 '어미'임을 말해준다.

---

3) 그런데 '그녀는 그만 울어버렸다.', '내가 잡았는데 결국 가버렸다.', '진주에서 그만 떠나버렸다'와 같이 '울다', '가다', '떠나다'의 자동사에도 '버리다'가 결합될 수 있다. 그런데 이것은 '울다'나 '(부산을) 가다', '(진주를) 떠나다', '(울산을) 가다'와 같이 '버리다'라는 보조동사가 목적격 조사와 결합될 수 있는 타동성 동사와도 관련이 있을 가능성도 있다. 황병순(1987)은 본동사와 보조동사의 결합 여부를 선행동사의 상적 특성과 보조동사의 상적 특성과의 관계로 설명한 바 있다.

지금까지 '어가지고'의 '가지고'가 본동사도 아님을 밝혀졌다.[4] 그렇다고 보조동사도 아니다.

그러면 '어가지고'의 '가지고'는 무엇인가? 남은 것은 '어미'로 보는 것이다.

이제 '어가지고'가 '어미'임을 살펴보자.

먼저, '어가지고'가 실현되는 환경을 관찰해 보면 어미 '어서'의 '서'와 실현 환경에 있어서 매우 유사하며 그 교체 가능성도 매우 높다.

(59) 나는 급히 표를 사(가지고, 서) 재촉하는 H를 따라 갔다.

(60) 오냐 오애든지 부지런이 돈 벌어(가주고, 서) 고향가자.(대가 30)

(61) 내말에 스스로 자극이 되어(가지고, 서) 마침내---

(62) 그래(갖고, 서) 그리 잘 살더라 캐(대평 37)

그리고 다음 (63)처럼 '어가지고'의 '가지고'는 다른 어미와 거의 동일한 환경에서 실현됨을 알 수 있다.

(63) 나는 표를 사{서, 가지고, 니, 고---}

그래서 실현 환경이나 형태의 고정성으로 볼 때는 어미로, 의미나 형태의 완전성으로 볼 때는 보조동사로 볼 수 있을 것같이 보이나 형태의 완전성은 담화에서 이미 매우 허사화한 모습을 발견할 수 있다.

(64) 많은 대중들을 모아가지고(화순 16)

(65) 장자 거부가 되야갖고(가꼬)(서수 1)

(66) 그래가 '고놈이야'글 쿠더라네(대평 16)

---

4) 김용석(1983:24-25)에서는 '아 가지고'와 '아서'가 서로 환치 가능하다는 점과 활용을 못한다는 점 그리고 본동사로서 의미를 그대로 지닌다는 점에서 '아 가지고'의 '가지고'를 보조동사 범주에서 제외해야 한다고 한 것은 필자와 같은 생각이다.

(67) 아함 너무 가난해가 옷을 벗고 살았는기라(사평 15)

위에서 보듯이 담화에서 '어가지고'가 상당한 부분 이미 '-갖고(가꼬)'로 옮겨갔고 일부에서 '-가'라는 단음절의 형태로 허사화되었음을 관찰할 수 있다. 이러한 현상은 매우 중요한 의미를 가지는데 현재 '어서'의 '서'가 '이시다(有)'의 어간 '이시'에 어미 '어'가 결합된 것과 매우 흡사하다. 즉, '어가지고 → 어갖고 → 어가'로 변천한 것은 '어이셔 → 어셔 → 어서'로 바뀐 현상과 매우 유사하다.5) '어가지고'가 '갖고(가꼬, 갖구)'로 변천한 것은 매우 많이 발견된다. 그리고 '가지고'가 '-가'로 굳어진 형태는 다소 드물게 나타나지마는 지역에 따라 그 실현 빈도도 다소 달라 경상지역에서는 흔히 관찰된다.

이와 동일한 현상의 하나로 주목해야 할 사실은 본동사 '가지고'가 문법 형태소인 '조사'로 점차 바뀌어 가고 있다는 점이다.6)

(68) ㄱ. "그것을 가지고 고민하나?"

ㄴ. "그것갖고 고민하나?"

ㄷ. "그그까 고민하나?"

(69) ㄱ. "뭘 가지고 병을 따지?"

ㄴ. "뭘갖고 병을 따지?"

ㄷ. "뭐까 병을 따지?"

(68)은 '가지고'가 '원인'을 나타내는 동사로 변천되었다가 그것이 '갖고'로, 또 '가/까'로 그 형태가 거의 조사화된 모습으로 나타난다. 이때 '갖고'나 '가'는 조사 '로'나 '때문'으로 대치가능하다. 그리고 (69) '가지고'는 '도구'의 의미로 확대되면서 본동사가 조사로 변천된

---

5) 배대온(1994:미간)은 '고대국어 어미'를 논구하면서 현대국어 어미의 대부분은 고대국어에서는 거의 그 흔적을 찾아보기 어렵다고 하면서 국어 어미의 원형적 모습은 본용언에서 발달되었을 것으로 추정하였다. 그리고 고대국어의 월짜임도 '본용언+본용언'의 형태를 취하는 것으로 보아 국어의 어미가 원래 본용언에서 발달된 것임을 암시하고 있다.

6) 이러한 현상을 용언의 문법화(grammaticalization) 과정의 하나라고 할 수 있다. 언어의 문법화는 언어 보편적인 현상으로 상당히 광범위하게 논의되고 있다. 국어 문법화 과정에 대한 논의는 이태영(1988)에서 체계적으로 보인다.

모습이다. 이때 '까'는 도구조사 '로'의 쓰임과 같다. 특히 이러한 모습은 입말에서 뚜렷하게 나타난다.

그런데 '어가지고'의 '가지고'가 어미 요소의 하나로 보기에는 그 형태가 너무 완전하게 남아 있기 때문에 완전 허사화 되었다고 하기 어려울지 모르지마는 대부분 조사들도 그 형태는 원래 용언의 형태를 가지고 있으면서도 온전히 화석화 되어 조사가 된 것을 보면 '이가지고'도 '가지고'를 어미 '어'에 통합 변천했다고 하는 주장은 충분히 타당성이 있다.

결론적으로, '어가지고'는 '가지고'라는 타동사가 허사로 되면서 어미 '어'와 결합한 통합형 어미이다.[7]

3. 담화 기능

'어가지고'가 담화 상황에서 실현된 모습을 보자.[8]

(70) 그래 모도 머 사방 허치 가이고 그래 서울로 마이 갔어, 그래가지고 잘 뎄넌데, 그마 여러해로 고마 이 몰(묘를) 안 찾고 냅도 오삔 모냉이라아. 아아 첨애넌 몬 살어서 인자가 가이고, 그래 가지고 인자 머 베실도 하고 자알 데가지고 그래 인자 족보를 보고 찾아 왔어. 그 당시애넌 여어 모로 써가지고 등면애 모로 써가지고,자기 보이넌 대넌 전부 다 자기 소 유더라 캐. 고마침 그 당시 세도가 있어가, 정승이다 본깨내 암매 그랬던 모냉이라. 그래 인 자 자손들이 족보를 가지고 와 가지고 찾넌대, ㅡ중략ㅡ고리 인자 격을 딱 마차 가이고 그이 있었던 모냉이라. 그래 인자 여 와서 인자 물으니까 모도 다 '이이넌 풍나무골이다' 다아 이리 바까 가지고 그래 인자 그래 가지고 그 모 앞애넌 비석이 있넌대, 비석을 전부 다 빼 가지고 다 마 움새삐고ㅡㅡㅡ(사평 3)

(71) 그래 멋한 사람은 또 가아 우애 웃골이라 쿠넌 대 사람은 아덜을 물어 가삤어. 밤애

---

7) 홍윤표(1984)에서 '어가지고'의 '가지고'가 허사화 되어 가는 과정에 있다고 하면서 다른 동사의 허사화 과정과 비교 설명한 것은 본고와 유사한 결과에 이르고 있다.

8) Ochs.E(1979)의 'Planned and Unplanned discourse' 가운데 Unplanned discourse에 해당된다.

얼극대로 해가지고 저 와 탕탕 대로 뚜디리 가꼬, 뽀사가꼬 뽀사가 그래가꼬 산으로 올라 갔넌기라. 올라간깨내 다리 한 다리 남가 났더라캐. 다리 한 다리 낭가나아서 어마이가 미쳐 가지고 치매다 이리 싸가지고 저저 웃골 거 느릅재 거서 '세 다린가 개 다린가' 삼서 미쳐가꼬 어마이가 하모 그래가 싸가 데이더란다.(사평 10)

(72) 고려 때 인제 그 사자를 보내가지고 국내 산천에다가 제사를 지내게 해가지고 임금님이 친히 목욕재개를 해 가지고 (영종 45)

(73) "둥글기 삼년허고 뛰기 삼년허고 배워갖고 오라."고 그드리야. 나를 찾으로 임금한티 오라고 그래서 인자 참 그렇게 삼년을 배워갖고서는, 인자 육 년을 배워갖고서는 그 망태를, 참 달기 망태가 아까 이애기헌 것같이 그렇게 짊어지고 갔어. 가가지고서 인자 마---(서수 6)

(74) 인자 어느날 갑자기 아이가 생겨서 생겨갖고 아이를 낳았는데, 남자, 남제 아이를 딱 낳았어요. 그래 인자 분명히 '그 귀공자가 죽어서 이 아이를 사람 아들로 태어났구나.' 내가 몇 살되면, 그래 진짜 열세살 먹어갖고, 커가지고 그분이 남스님이 되어서 만년선사, 그 이름이 만년선사, 절이름이 그래서 만년사 만년선사, 선사가 되어갖고,---(화순 16)

(75) 그래가지구서 아 이 학자는 공부를 해가지구서 과거를 볼려구, 아주 거기에 그냥 골돌해 가지구서---(의당 5)

(76) 다아 이리 바까 가지고 그래 인자 그래 가지고 그 모 앞에넌 비석이 있었넌대,비석을 전부 다 빼 가지고 다 마 움새삐고(사평 3)

(77) 장갤루 가고 그래가이고 사돈간을 혼사를 정했넌대, 우짜다 보이께 이 중녀이던 모냥이 지 대학교까지 고등교육을 받고 그래가이고 떠억 하이 대우를 받고 이랬넌대, 그래가이 고라컨 결혼을 해논깨내(사평 4)

(78) 난중 이 천자아 딱 올라 부터가 '하 하'쿰서 네리다 보고 있어, 첼본깨.천자 딱 올라부터 가지고, 그러니 머 흘러가는 말이지 우리가 실지로 본 것도 아이고, 그 머 실항은 아이지 마는, 그런 말이 있넌대, 그래가꼬 가아 가가이고 그 아아가 인자 그래 그 '네가 와 거 있내'글 쿰서 보덤아 네랐어. 보덤아 네라 논깨내,보덤아 네라 논깨내 그냥 그대로 인자 그 그 인자 네라 와가이고 또 누 가아꼬 그래가 있는데(대평 1)

우리는 위 실제 담화에서 '어가지고'에 대한 중요한 몇 가지 사실을 확인할 수 있다.

먼저, '어가지고'는 글말보다 입말에서 현저하게 많이 나타난다.[9] 그리고 그 실현 분포도 매우 광범위하다. 반대로 글말에서는 '어가지고'를 거의 발견할 수 없다. 따라서 '어가지고'는 담화 특성을 가진 어미임을 단적으로 알 수 있다.

3.1. 정보 이음과 강조

다음, 위 '어가지고'의 실현 환경을 자세히 보면 대부분 선행절의 행위나 상태를 후행절에 그대로 이어주는 환경에서 실현됨을 알 수 있다. '어가지고'가 '철수는 배가 아파가지고 약을 먹었다'와 같이 '원인-결과'의 관계를 맺어주는 경우는 기껏 한 두 개로 보이는 데 그것도 말할이가 '원인과 결과'의 관계를 명확하게 인식하고 말한 것은 아닌 것으로 보인다.[10]

따라서 '어가지고'는 담화에서 선행 행위나 상태의 정보를 후행정보에 유지(retention)시켜 주는[11] 정보 연결의 '끈'으로서 기능을 한다. 특히, 이음말 '그래' 뒤에 '가지고'가 쉽게 발견되는 것은 '어가지고'가 정보 유지 또는 지속의 기능을 가진다는 것을 말해주는 단서가 된다.

그리고 '어가지고'는 선행 정보를 '강조'하고 후행정보에 대한 호기심과 관심을 들을이로 하여금 가지게 한다. 그것은 '가지고'라는 어휘적 의미가 가진 '소유'의 의미가 선행 행위에

---

9) 글말로 된 1910~20년대 단편소설 김동인의 '약한자의 슬픔'에서 2번, 현진건의 '빈처'에서 3번, 염상섭의 '표본실의 청개구리'에서 5번 정도로 글말에서는 거의 실현되지 않았다. 소설 가운데는 입말도 있지만 거기에는 한 번도 나오지 않았다.

10) 보기 (70)에서 '서울로 마이 갔어. 그래가지고 잘 됐는대---'에서 '그래가지고'는 선행절 '서울로 간 행위'와 후행절 '잘된 행위'를 '원인과 결과'의 관계를 맺어주는 것처럼 보이지마는 그것도 말할이가 '원인과 결과'를 의식해서 발화한 것 같지는 않다. 그냥 '서울로 가고 그리고 그 사람들은 잘되었다'정도로 이해된다. 그리고 보기 (74)의 경우도 '아이가 생겨갖고 아이를 낳았는데---'에서 '갖고'는 '원인과 결과'의 이음으로 해석도 가능하지마는 실제 말할이는 '아이가 생긴 행위'와 '낳은 행위'사이에 '인과 관계'보다 '시간적 순서'로 이해하는 것이 일반적이다. 위 약 오십개의 '가지고' 가운데 보기 2)의 '어마이가 미쳐 가지고 치매다 이리 싸가지고'에서 '가지고'정도만 '원인-결과'의 이음같이 보인다.

11) 이에 대한 암시는 남기심(1978:12)에서 '순희가 결혼을 해서 아이를 낳았다.'의 의미가 '순희가 결혼을 해가지고 아이를 낳았다'는 뜻과 '순희가 결혼을 했기 때문에 아이를 낳았다'는 두 뜻이 있다고 함으로써 '어가지고'가 '행위의 단순한 계기'의 뜻이 있음을 보이고 있다. '순희가 결혼을 해가지고'에도 '결혼을 했기 때문'이라는 뜻이 있지마는 일반적으로 '계기'의 뜻으로 쉽게 받아들인다는 의미로 볼 수 있다.

대한 강한 '지속'의 의미를 부각시켜주기 때문인 것으로 보인다. 특히, 말할이가 '어가지고'를 발화할 때는 주로 '강세'가 놓이는데 그것은 주로 '어가지고'의 후행 정보에 대한 들을이의 긴장과 호기심을 불러 일으키게 하는 비언표적 효과를 가지고 있다. '그래가지고 어떻게 됐냐 하면---'과 같은 내면 형식을 취하기 때문에 들을이는 후행하는 정보에 관심의 초점을 가지게 된다.

(79) 열세살 먹어갖고, 커가지고 그분이 남스님이 되어서

(80) 누 가아꼬 그래가 있는데

(81) 가가지고서 인자 마--

(82) 그래 모도 머 사방 허치 가이고 그래 서울로 마이 갔어

위에 줄친 (79)의 '커가지고'도 '커가지고 어떻게 되었는가 하면 그분이 바로 남스님이 되어서--'와 같이 해석이 되며, (80)도 '그래가 있는데 어떻게 되었느냐 하면---'으로, (81)도 '가가지고서 인자 마 어떻게 되었느냐 하면---'으로, (82)도 '사방으로 허치가지고 어떻게 되었느냐 하면 서울로 많이 갔어--'로 해석이 되어 한결같이 말할이의 초점은 후행하는 새 정보에 있다.

특히 다음 보기에서 '어가지고'가 비언표적인 '강조'의 문체적 의미를 가지고 있음을 더 쉽게 이해가 될 수 있다.

(83) 철수가 누워 자고 있었다.

(84) 철수가 누어서 자고 있었다.

(85) 철수가 누워가지고 자고 있었다.

(86) 철수가 누워가지고서 자고 있었다.

(83)보다는 (84)가 선행하는 '누워'가 강조된 것 같고, (85)보다는 (86)이 '누워'가 강조된 것으로 인식된다. 유사한 정보가 계속 중첩되면 그만큼 강조 효과는 커지는 것은 당연하다.

3.2. 시간벌기

또 한 가지 '어가지고'의 담화 기능은 담화표지의 기본적인 기능 가운데 하나인 '시간벌기'기능이다. 말할이가 선행정보에 이어지는 후행하는 새 정보가 빨리 생각이 나지 않을 때 그 새 정보를 회상하기 위해서는 시간이 필요하다. 말할이는 새 정보를 발화할 시간을 벌기 위해 주로 '긴쉼'이나 선행 어휘를 '반복'하거나 다른 소위 '간투사(interjection)'[12]를 넣는 '발화 책략(discourse strategy)'을 이용한다. '어가지고'도 다분히 시간벌기 위한 담화표지 (discourse marker)[13] 기능으로 쓰인다. 그것은 위 보기에서와 같이 '어가지고'의 앞 뒤에 시간벌기 담화표지와 동반 실현된다는 것이다.

　　(87) 그래가꼬 가아 가가이고

　　(88) 다아 이리 바까 가지고 그래 인자 그래 가지고

　　(89) 그래 가지고 인자 머 베실도 하고 자알 데가지고 그래 인자

　　(90) 가가지고서 인자 마--

　　(91) 와가이고 또 누 가아꼬 그래가 있는데

　　(92) 뚜디리 가꼬, 뽀사가꼬 뽀사가 그래가꼬

위 보기에서 '가지고'는 잉여적인 표현이 대부분이다. 다시 말하면 없애도 되는 표현들이다. 그리고 '어가지고' 뒤에 시간벌기 담화표지가 같이 실현되어 있다. 특히, 보기 (88)의 경우 '그래 인자 그래 가지고'는 시간벌기 담화표지 '인자'와 '가지고'가 같은 환경에서 나타난다.

그리고 (89), (90)에서도 '인자 머', '인자 마'라는 시간 벌기 담화표지가 '어가지고' 뒤에 실현되어 있다. 또 (91)은 '가지고'를 반복하여 사용함으로써 행위의 진행을 빨리 이어 나가

---

12) '간투사'에 대한 개괄적 연구는 신지연(1988) 참고. '간투사'에 대한 최근의 이론은 Journal of Pragmatics 18 (1992)에 'interjection'을 특집으로 다룬 것이 있다.

13) 국어 담화표지에 대한 연구는 아직 거의 되어 있지 않은 상태다. 국어 담화표지에 대한 소개는 안주호 (1992) 참고. 담화표지를 군말(redundancy word)라고 하여 표현 기능상 주목을 한 것으로는 김종택(1982) 이 일찍이 보인다.

지 못하고 있다. (92)도 마찬가지로 이어지는 새 정보가 빨리 생각이 나지 않아 '뽀사'를 '그래'까지 합쳐서 세 번이나 반복하였다. 그러면서 '가꼬'도 세 번이나 계속 나타나고 있다.

'어가지고'는 주로 나이가 적은 말배우기 단계에 있는 말할이나 나이가 많은 사람 가운데 생각이 옹골차지 못한 사람에게 많이 나타나는 것을 관찰할 수 있는데 그것은 말배우기 단계의 말할이나 나이가 많은 학력이 낮은 사람은 그만큼 정보 연결이 자유롭지 못하다는 것을 말해준다. 그래서 그들은 그 자연스럽지 못한 공백을 '어가지고'라는 담화표지가 메운다고 볼 수 있다.

그리고 '어가지고'는 '어서'보다 담화에서 많이 실현되는 것은 '어가지고'가 '어서'보다 담화의 호흡이 길기 때문에 긴 시간 동안 적은 정보를 들을이에게 제공하게 된다. 위 보기에서 '어가지고'대신 '어서'를 대체해 보면 말할이의 호흡은 매우 빨라지고 전체적인 분위기는 매우 긴장된다. 그래서 (75)와 (76)의 '가지고'를 '서'로 바꾼 (75')와 (76')를 보면 담화의 흐름이 매우 불안하거나 어색해 진다.

(75') 그래서 아 이 학자는 공부를 해서 과거를 볼려구, 아주 거기에 그냥 골돌해서---(의당 5)
(76') 다아 이리 바까서 그래 인자 그래서 그 모 앞에넌 비석이 있었넌대, 비석을 전부 다 빼서 다 마 움새삐고(사평 3)

마지막으로 '어가지고'는 담화에서 선행 정보를 그대로 지속시켜주는 기능과 후행정보를 회상할 시간을 벌 수 있는 이중적 기능을 담당하기 때문에 실현 빈도가 높다.

이것은 전국적 분포를 보이고 있는 담화표지 '인자'의 기능과 유사하다. 담화표지 '인자'도 시간적으로 선행 행위를 말할이 시점으로 당겨 이어주며 시간을 벌는 담화의 이중적 기능을 하는 점에서 공통성이 있다. 이와 같은 현상 때문에 아래 보기와 같이 담화표지 '인자'는 '어가지고'와 거의 유사한 환경에서 실현되며 담화표지 '인자' 앞에 '어가지고'가 쉽게 실현된다.

(93) 그래 인자 종을 시켜서---(대가 7)
(94) 그래 인자 그 영감하고넌---(대평 15)

(95) 나와가지고 그래 인자 금물을 ---(사평 9)

(96) 그리서 인자 사진을 그려서 주었지---(서수 6)

(97) 그래갖고 한 죽---(사평 15)

(98) 그래가지고 죽을 때가 됐으니까는----그래 이래가지고 가만히(인천 17)

(99) 이래가이고 하넌대---그래가이고 떡 하이---내가 이래 가이고 장난을 한분--(사평 8)

(100) 내러갖고 인제 그걸 지었는데---(양양 53)

특히, 위에 나타난 것처럼 이음말 '그래' 뒤에 '인자'와 '가지고'가 매우 많이 나타나는 현상은 '인자'와 '어가지고'가 매우 유사한 기능을 한다는 사실을 단정적으로 말해준다.

결국, 지금까지 어미 '어가지고'의 담화적 기능을 종합하면, '어가지고'는 선행정보를 지속해 주면서 후행하는 새 정보를 회상할 시간을 벌게도 하고, 또 선·후행정보에 대해 강조도 하면서 발화의 흐름을 느슨하게 함으로써 문맥의 호흡을 길게 잡는 복합적 담화표지 기능을 한다.

제8장

경상방언 담화표지 '마'

1. 들머리

다음은 경상도 효령면에서 채록한 설화 중의 일부이다.

(1) 도저히 뭐 달리 죽일라 카이 재주 때문에 안 되고, 고만 저 쇠(鐵)집을 지가주고 그 안에
    인제 잡아여놓곤 고만 그 뭐뭐, 나무 둥걸이 말 갖다 대놓고 마 전부 인제 그 뭐 불매(풀무)
    를 갖다 대놓고 마 불어가주 막 부치이끼로 마 그 쇠가, 쇠집이 마 쪼맨한 기 마, 뭐
    창 가마 만하이 요래 만들었지 뭐. 달아가주 마 고만 마 쇳물이 마 줄줄줄줄 흐르거든요
    '인제 저놈 죽었지'카고, 그래 인제 불도 인제 꺼질 막한 뒤에 그래 문을 이래 먼 데서러
    쇠작대기 가주 이래 실무시 여이께네, 이눔의 자슥 저저 머리에 써리(霜)가 하야이 마
    고만 마 시염(수염)에 마 고드름이 주룽주룽 달려가주,

위 경상방언 자료에서 담화표지 '마'[1]가 11회나 실현되었다. 이 연구는 이처럼 경상방언

---

[1] 황병순(2010:125)에서 경상방언 '마'를 담화표지로 보고 그 까닭을 '마'가 다음과 같이 어떤 억양단위(발화단위)에나 실현될 수 있다는 것으로 판단하고 있다.
　ㄱ. 우리가 {마 처음부터, 처음부터 마} 그랬나?
　ㄴ. 우리가 처음부터 {마 그랬나, 그랬나 마}?
　ㄷ. {마 우리가, 우리가 마} 처음부터 그랬나?
　그리고 김태엽(2002:15)에서 '모두들 그냥 야단들이지'의 '그냥'을 담화표지로 보면서 그 까닭을 어휘적 의미를 갖지 않고 담화적 의미를 갖거나 분포가 고정되어 있지 않고 비범주화, 삭제 가능 등을 들고 있다.

에서 유독 그 실현 빈도가 매우 높은 이 담화표지 '마'의 실체와 그 기능이 무엇인지 밝히는 데 있다.[2] 동일한 형태가 담화자료에서 유난히 실현 빈도가 높을 때, 그 어휘는 나름대로 독특한 특성을 가지고 있을 것이라는 예측과 함께 모두에게 주목의 대상이 되는 것은 자연스러운 것이다. 경상방언 '마'가 중앙어 부사 '그만'과 '고만'에서 경상방언 '고마'로 그것이 축약되면서 '마'로 실현되었다는 주장은 이미 이기갑(2009)에서 밝힌 바 있다. 본 연구는 경상방언 토박이 말할이의 직관과 자료를 바탕으로 경상방언 담화표지 '마'에 대해 다양한 측면에서 심도 있게 살펴보고자 데 목적이 있다. 실제 경상방언 담화표지 '마'는 '고마'와 매우 유사하게 혼용되고 또 서로 대용되기도 한다. 그래서 그 차이를 발견하기가 쉽지 않은 것도 사실이다.[3] 그러나 실제 자료에서 보면 그 실현 빈도나 의미, 화용·담화적 측면에서 경상방언으로서 나름대로 미묘하고 독특한 특성을 가지고 있는 것으로 보인다.

더구나 현행 사전에는 '마'를 '그냥'의 방언으로 제시해 놓고 있다.[4] 그러나 경상방언 '마'를 중앙어 '그냥'의 경상 방언형으로 보는 것은 잘못된 것으로 보인다. 얼핏보아도 '그냥'의 방언은 여러 지역에서 유사한 이형태로 다양하게 쓰이고 있으며 경상방언에서도 '그양' 정도로 따로 존재한다. 따라서 경상방언 '마'는 중앙어 '그냥'의 방언형이 아니라 '그만'의 방언 형태임을 더불어 확인할 수 있을 것이다.[5]

여기에서는 '마'가 부사 그만의 의미에서 '멈춤'의 어휘적 의미가 약화되면서 문맥 상황에 따라 여전히 부사의 의미로 쓰이는 경우를 화용의미(화용표지)라 하고, 또 그것이 담화책략으로서 기능을 할 경우는 담화표지로 이행이 되는데, 그 경계짓기가 어려워 잠정적으로 우선 담화표지라고 하고자 한다. 그리고 이기갑(2009)에서도 경상방언 '고마'를 담화표지로 다루고 있다. 이후로는 경상방언 '마'라고도 하기도 한다. 그런데 이 담화표지의 개념에 대한 논의는 매우 복잡하고 논자에 따라서 다를 수 있다. 또한 그 개념에 대해서는 그 동안 많은 논의가 있었다. 담화표지의 개념을 넓게 보는 경우와 좁게 보는 경우가 있을 수 있는데 넓게 보면 화용적 기능과 담화적 기능을 포괄하고, 좁게 보면 담화적 기능만 담당하는 표지라고 할 수 있다(이기갑, 2009:67). 황병순(2010)에서는 담화표지의 개념에 대한 기존의 문제를 제기하면서 엄격한 개념 정리가 필요함을 주장하고 있다.

2) 방언을 문화적으로 해석하려는 시도는 강우원(2004)에서 볼 수 있는데, 어떤 형태의 방언이 현저히 많이 나타나는 것은 그 방언의 의미와 화용적 특성이 방언 사용 지역의 문화와 관련이 있을 수 있다는 가정은 가능한 것으로 보인다. 이에 대한 더 깊은 연구가 있어야 할 것으로 생각한다.

3) 이기갑(2009:69)참조.

4) 근낭(평북, 중국 심양), 근내(평안), 기냥(평남), 기냥(황해, 강원, 강릉, 경기, 제주, 전남, 기양(강원, 전남 일부, 전북, 함남), 긴낭(평북), 긴내(평북), 긴네(평북), 양(전남 화순), 지냥(전남), 마(경남) 최학근(1978: 1523 참조) '마': '그냥'의 방언(경상), 국어표준대사전(1999, 1972) 이정애(2002)에서 그냥을 화용표지라고 하면서 문법화와 담화기능에 대해 논의한 바 있다.

5) 이기갑(2011)에서 '그냥, 그저, 그만'에 대한 방어분포를 조사하면서 '그만'이 경상방언에서 실현빈도가 높다는 것을 확인한 바 있다.

경상방언 '마'가 부사로서의 기능과 담화표지로서의 기능을 공유하고 있는데 이는 기본적으로 담화표지로서의 '마'도 부사에서 파생되거나 문법화 내지는 화용화되었다는 것을 의미한다. 따라서 본고에서는 경상방언 '마'의 기본적 형태인 '그만'이나 '고마'의 형태를 근간으로 담화표지 '마'가 중앙어 '그만'과 또다른 경상방언 '고마'와 어떻게 다르며, 그 실현 제약과 성조6) 등 다양한 측면에서 그 의미와 담화적 기능을 분석하는 데 논의의 초점을 둔다.

2. 경상방언 담화표지 '마'의 실현 빈도

경상방언 담화표지 '마'는 다른 방언에서는 거의 찾아보기 어려운 경상방언에만 나타나는 독특한 형태이다.7) 경상방언 '마'와 유사한 기능을 하는 것으로 '그저', '그냥', '그만'이 있는데, 이들의 방언 분포는 이기갑(2011)에서 이미 조사한 바가 있다. 이 조사에 따르면 '그저'는 함북, 함남, 강원(양양), 제주에, '그냥'은 경기, 충북(청원), 충남, 전북, 전남에서, '그만'은 충북(제천), 경북, 경남에서 발견된다고 하였다. 본고에서 논의하고자 하는 '마'는 경상방언 '그만'과 유사한 형태와 기능을 가지고 있다고 본다면 먼저, 경상방언에는 '그저'나 '그냥'의 형태는 거의 실현되지 않는다는 사실은 확인이 되는 셈이다.8) 그러나 이기갑(2011)

---

6) 방언에서 성조의 중요성은 일찍부터 논의되었다. 실제 방언 연구에서 성조가 없는 방언은 죽은 자료라 해도 과언이 아니다. 그것은 방언의 성조에 따라서 의미나 담화 기능들이 현저하게 달라지고 성조에 따라서 방언의 특성을 가장 잘 나타내고 있기 때문이다. 본고에서는 경남방언 성조를 3분체계로 고조·중조·저조로 보고자 한다. 방언 성조에 대한 연구는 허웅(1954)에서 시작되어 김차균(1970)이후 여러 연구에서 집중적으로 연구된 바가 있으며, 최명옥(1996)과 김정대(1998)에서 경남방언을 성조에 따른 의미변별에 대해 논의한 바 있음.

7) 본고의 자료는 한국구비문학대계 자료와 경상방언 토박이 말할이의 직관에 따른 것이다. 경상방언 '마'는 아래 한국구비문학대계자료에서 무작위로 추출한 강원과 충청 전라 자료에는 하나도 발견하지 못했다. 강원(구비 2집 6책 횡성군 청일3, 361-379면), 충북(구비 3집 4책 남산면 설화6, 249-251면; 영동군 설화2 구비 3집 4책, 226-231면), 충남(구비 4집 4책 보령군 청소면 설화6, 954-957면), 전북(구비 5집7책 옥구군 대야설화, 591-599면), 전남(구비 6집 6책 신안군, 242-244면; 구비 6집8책 장성군 북하면, 153-156면)

8) 이기갑(2011:72)참조 이기갑(2011)의 조사에서 경상방언을 '그만'의 형태를 기본형으로 보고 '고마'나 '마'도 '그마'에 포함시킨 것이 아닌가 여겨진다. 그러나 본고에서는 이들 온전히 동일한 형태와 기능으로 보지 않기 때문에 각각 다르게 조사 분석하고자 한다.

에서 '그만'이 경상지역에서 그 실현 빈도가 높다는 것은 '그만'의 방언형인 '고마'나 '마'가 경상방언에서 실현 빈도가 높다는 것과 같은 의미이다.[9] 구연자에 따라 다를 수도 있지만 본고에서 논의하고자 하는 '마'는 경상방언에서 '그만'이나 '고마'보다도 그 실현빈도가 현저하게 높게 나타나고 있다. 다음 [표 1]은 본 연구의 자료인 한국구비문학대계의 설화자료(경남)에서 '마'와 '그마', '그냥', '그저'의 실현 빈도이다.

형태	마	고마/그마	그냥	그저
개수	202	16	2	1

[표 1]

(2) 손을 검잡고 마(*머) 높은 자리로 갖다 모시는 기라. (대평리 이야기 23)

(3) 그래서 인자 날로 받아서 날로 받아주넌 고날 마(*머) 딱 마(*머) 운 상을 해 가지고 가넌기라. (사평리 이야기 7)

(4) 그래 가이꼬 머(마) 몬 사다 보니깨 '밥이 소원이다' 쿠넌거넌 정한 이치 아이라? (사평리 이야기 2)

(5) 그 삶덜 그 머(*마) 공이라칼까 그 머(*마) 거서한 거시 하나 있어요. (사평리 이야기2)

(6) 어머니는 무슨 머리를 앓다가 돌아가시구 무슨 아버지는 배를 앓다 돌아가시구 큰 오빠는 뭐(마) 물에 가 빠져 죽구 뭐(*마),구구우허게 대면서--- (공주군 의당면 설화 30)

(7) 그거 뭐(*마) 자세히 쓸리는 없구, (인천시 설화 17)

위에 보인 담화표지는 '마(머, 뭐)'이다. '마'와 '머'는 주로 경상도에서 나타나고 '뭐'는 경상이북지역에서 주로 나타난다. '마', '머', '뭐'는 이어지는 사건이나 상태가 '그리 중요하지 않은 것임'을 나타내거나 지극히 일반적인 사실을 들을이에게 관심을 요구할 필요가 없을 경우에 표현하는 것으로 보인다. 이러한 사실은 위 (4)에서도 앞에 이미 못산다는 정보

---

9) '그만'의 사용횟수(4시간 담화 기준)(이기갑, 2009:43 참조).

경기	강원	충북	충남	전북	전남	경북	경남	제주
화성(1) 포천(2)	양양(2) 원주(3)	제천(53) 청원(1)	대전(3) 논산(2)	남원(0) 무주(1)	진도(0) 영광(0) 보성(0)	상주(101) 청송(46) 고령(14)	창녕(35) 창원(1) 산청(147)	서귀포(1) 한경(0)

가 제시되었기 때문에 '그래 가이꼬 머(당연히, 말하지 않아도)몬 사다 보니깨---'로 해석이
가능하다. 그리고 (5)에서 '그 머 공이라칼까'에서 '머'는 '공인지 아닌지 잘 모르지마는'것
으로 담화상 그리 중요하지 않음을 나타낸다. 그것은 그 뒤에 실현된 '그머 거서한 것이
하나 있어요'라고 하는 말에서 확인이 된다. '거서한'이라는 말은 '중요하지 않은 그 무엇'
으로 '부정칭'의 지시말이기 때문에 이때 '머'도 담화상 중요한 초점정보가 아님을 나타내
는 담화표지가 된다. (6)도 큰 오빠가 물에 빠져 죽었다는 것과 그 뒤에 이어지는 '구구허게
대면서---' 하는 다른 중요하지 않은 정보를 뒤에 이끄는 담화표지이다. 이와 마찬가지로
(7)에서도 '뭐' 뒤에 '그리 중요하지 않은 것'이기 때문에 '자세히 쓸리는 없구'라는 말이
뒤에 이어진다.

    (8) 그것 머(*마) 잘 될 거야.

    (9) 뭐(*마) 그런 일로 고민하니?

  (8)도 '그것 (그리 신경 쓰지 않아도 되는 것이니까) 잘 될 꺼야'로 해석이 된다. (8)도 '뭐' 뒤에
'그런 일로 고민하나?'라고 한 것은 '그리 중요하지 않은 것'임을 말한다. 그런데 위 보기에
서 보는 바와 같이 담화표지 '마'와 '머'가 서로 대용될 수 없는 경우가 많다. 그럿은 '마'와
'머'가 나름대로 담화적 기능을 수행한다는 뜻이다.

  그런데 '마'라는 담화표지는 '머'와는 달리 들을이에게 뒤이어지는 정보에 대한 주의 집
중의 기능을 하거나 서술어의 의미를 강조하는 경우가 있다. (10)과 (13)처럼 '마'가 '곧바로',
'그만', '그냥'의 부사가 담화표지로 강조한 경우다.

    (10) 손을 검잡고 마(곧바로) 높은 자리로 ----

    (11) 그래서 인자 날로 받아서 날로 받아주넌 고날 마(그만) 딱 마(그만) 운상을 해가지고
        가넌기라.

    (12) 그 어미가 마(*머) 겨이 도망가 뻤어.

    (13) 그것 (그)마(*머) 버리삐라.

그래서 위 (10)이나 (11), (12), (13)에 쓰인 '마'는 담화표지 '머'와 통용될 수 없다. 이것은 담화표지 '마'와 '머'가 서로 다른 의미 기능을 한다는 것을 뜻한다. 이 '마'의 기원을 예측해 본다면 아마 원래 양상 부사[10]인 '그만'이 담화상에서 강세가 놓이면서 담화표지의 형태로 실현된 것으로 추측이 된다.

어쨌든 담화표지 '마'는 '머'와 서로 같이 쓸 수 있는 경우는 '마'의 의미와 같이 '대수롭지 않은 상태나 행위'를 이끄는 담화표지로 볼 수 있으며 서로 통용될 수 없는 경우는 양상 부사인 '곧바로', '그냥', '그만' 등의 뜻으로 담화상에서 서술어를 강조하게 된다.

3. '그만'과 '마', '고마'와 '마'

3.1. '그만'과 '마'

경상방언에서 실현되는 '마'의 원형은 중앙어 '그만'에 두고 있다. 이 '그만'은 '고만'과 이형태를 이루면서 '고만'이 되고 '고만'이 경상방언에서 '고마'가 되며 이것이 문법화 되면서 '마'로 되었다.[11] 경상방언 '마'의 기본적 의미를 '그만'이라고 할 수 있고, 이와 같이 경상방언의 '고마'의 변형으로 보는 데는 크게 이견이 없다.[12] 그런데 경상방언에서 그 실현빈도가 매우 높은 '마'는 경상방언이나 중앙어의 '그만'이나 '그마' 또는 '고마'의 형태와 또 다른 미묘한 의미와 담화 특성을 가지고 있다[13]는 데 주목하고자 한다. 우선, 중앙어 '그만'의 어휘구조를 다음과 같이 분석할 수 있다.

---

10) 담화 차원에서 양상 부사(아마, 글쎄, 혹시)의 의미를 논의한 것은 차현실(1986) 참고
11) 문법화의 일반적 특징이 형태의 축소와 형태변형이다. 예컨대, 가지고 > 갖고 > 가, 뭐 > 머 등에서도 볼 수 있다. 이기갑(2009:69)에서도 이와 같이 보고 있다.
12) 담화표지가 대부분 지시어나 부사어 또는 의문사 등으로부터 발달한 것이고, 담화표지의 기능을 살피기 위해서는 원래의 의미 기능으로부터의 변화에 주목할 필요가 있다(이기갑, 2007:61)
13) 경상방언 '고만'과 '그만'에 대한 의미적 특성은 이기갑(2009)에서 논의된 바 있다
　　ㄱ. 하던 행동을 중단하는 경우
　　ㄴ. 새로운 행동의 제안 또는 말할이의 바람이나 의도를 나타낸다.
　　ㄷ. 후행사태에 대한 말할이의 부정적 심리를 나타낸다.

(14) 그+만

  ‘그’는 지시어 ‘이, 그, 저’의 한 형태이다. 그리고 ‘만’은 보조사이다. 따라서 ‘그만’의
기본적 의미는 지시대명사 ‘그’에 의해 선행정보를 지시하고, 그것을 보조사 ‘만’으로 선행
정보에 한정시키거나 다른 정보와 대조하는 의미로 쓰인 것이다.
  이것은 다음 보기로 알 수 있다.

  (15) ㄱ. *이만 하자.
      ㄴ. 이만하면 안 됐나?
      ㄷ. *이만 해라.
  (16) ㄱ. 그만 하자.
      ㄴ. ?그만하면 안 됐나?
      ㄷ. 그만 해라.
  (17) ㄱ. *저만 하자.
      ㄴ. 저만하면 안 됐나?
      ㄷ. *저만 해라.

  ‘이만’은 화자의 어떤 행위나 사태가 화자 가까이에 존재할 경우이다. 즉, (15ㄴ)처럼 화자
자신의 행위를 상대에게 판단을 요청할 경우에 가능한 발화가 된다. 그러나 (15ㄱ)과 (15ㄷ)
처럼 지시어 ‘이’가 화자 중심의 어떤 행위나 사태를 나타내기 때문에 그것을 청자에게
요구하거나 요청하는 발화는 부자연스럽다. 반면, (16ㄱ)과 (16ㄷ)처럼 어떤 행위나 사태를
요청하거나 요구할 경우는 청자의 문제이고 청자 중심에 가까운 행위나 사태를 지시하는
지시어 ‘그’로 나타내어야 자연스럽게 된다. 그러나 (16ㄴ)은 어떤 행위나 사태가 화자와
떨어져 있는 것일 경우는 가능하지만 화자가 자신의 행위나 사태일 경우는 어색하거나 불가
능하다. 지시어 ‘저’와 한정 보조사 ‘만’이 결합된 ‘저만’은 (17ㄱ, ㄷ)처럼 청자의 행위나
사태를 요청할 경우는 불가능하다. 그러나 화자와 청자의 거리에 관계없는 어떤 사태를
나타내는 (17ㄴ)은 가능한 발화가 된다. 따라서 이러한 사실은 부사 ‘그만’은 ‘그+만’의 어

휘 구조와 의미를 그대로 가지고 있음을 의미한다.

그리고 다음과 같이 경상방언 '고만'과 '고마', '마'는 의미적으로 대응이 되지 않는다.

(18) ㄱ. 고만 하자.(고만: 정지, *고만: 그냥)

ㄴ. 고마 하자.(고마: 정지, 고마: 그냥)

ㄷ. 마 하자.(*마: 정지, 마: 그냥)

그리고 경상방언 '마'와 기원형인 중앙어 '그만'이나 '고만'의 사전적 의미와 비교해 보자.[14] 위 부사 '그만'을 경상방언 '마'로 대치시켜보면 대부분 가능한 것으로 수용이 되나 그렇지 않은 경우도 있다. 다음 사전에 등재된 '그만'의 의미를 보자.

1. 그(고) 정도 까지만: 그만(고마, *마) 놀고 공부해라.

2. 그(고)대로 곧: 그는 내 말을 듣더니 그만(고마, 마) 가버렸다.

3. 그(고) 정도로 하고: 이제 그만(고마, 마) 갑시다

4. 자신도 모르는 사이에: 너무 슬퍼서 그만(고마, 마) 울고 말았다.

5. 달리 해 볼 도리가 없이: 어떻게든 계약을 성사시키려고 했는데 상대가 계속 무리한 요구를 해서 그만(고마, 마) 회담장을 나가 버렸습니다.

6. 서술격 조사 '이다'와 함께 쓰여 그(고)것으로 끝임을 나타내는 말: 널 만나는 것도 이것으로 그만(*고마, *마)이다.

7. 서술격 조사 '이다'와 함께 쓰여 더할 나위 없이 좋음을 나타내는 말: 이 집 고기 맛이 그만(*고마, *마)이다.

위에서 보듯이 선행정보의 '멈춤'의 의미가 두드러진 1의 경우는 '마'로 대치하기가 어렵다. 그리고 6, 7처럼 서술격 조사 '이다'가 결합된 명사류로 쓰인 경우도 '마'로 대치할 수가 없다.

---

14) 표준국어대사전(1999:794) 참조

6의 '그만'은 선행지시어 '그'에 한정보조사 '만'이 결합하여 '멈춤'의 원래의 의미를 그 대로 유지한 경우이다. 7은 '그만'의 '멈춤'의미와 거리가 멀어지면서 정도부사의 형태로 다의어화되어 쓰인 것이다. 이처럼 명사와 부사가 서로 혼용되어 쓰이는 경우는 우리말에서 일반적인 현상이다. 따라서 7의 '그만' 대신에 명사류 정도부사 '제일', '최고', '진짜' 등이 가능하다.

이것은 경상방언 '마'가 '그'와 '만'의 독자적 의미를 가진 '그만'이나 '고만'에서 상당히 화용화 내지는 문법화되었음을 의미한다.[15] 위의 '그만'이나 '고만'에 대한 7개의 사전적 의미 가운데 '그만'이 가지고 있는 어휘적 의미에서 담화의미로의 변이정도를 보면 다음과 같다.

(19) 어휘의미-- 1, 3 > 6 > 2, 4, 5 > 7 > --담화의미

3.2. 담화표지 '고마'와 '마'

경상방언에서는 '고마'와 '마'가 매우 활발하게 쓰이고 있다. 이 두 방언에 대한 의미 차이는 실제 변별하기가 무척 어렵다.[16] 그러나 실제 담화에서는 경상방언 '고마'와 '마'의 의미나 화용 담화적 측면에서는 미묘한 차이를 보이고 있다.[17] 먼저, '고마'와 '그마'가 '고' 나 '그'와 같은 유표적 표현으로 선행정보에 대한 지시적 의미가 강하게 드러나고 '마'보다 훨씬 선행정보의 '멈춤'의 의미가 강하게 드러난다.

(20) ㄱ. 천둥이 치고 번개가 번쩍 거리고 하더마, 고마 비가 창대 줄기로 따루는데

ㄴ. 천둥이 치고 번개가 번쩍 거리고 하더마, 마 비가 창대 줄기로 따루는데

---

15) 이는 후퍼(1991)의 문법화(grmmaticalization) 원리 가운데 '의미지속화의 원리'로 볼 수 있다. 문법화에 대한 이론은 후퍼(1991)과 후퍼와 트루굿(1993) 참고. 최근 문법화의 이론으로 국어를 설명하려는 연구 가 많이 나오고 있다.

16) 이기갑(209:67-69)에서 '마'와 '고마'를 비교하면서 용법적 측면에서 보면 강조나 부연 그리고 담화의 진행을 돕는 점에서 완전히 동일하다고 하였다. 다만 '마'는 '고마'가 문법화되어 화용적, 담화적 기능 을 담당하는 넓은 의미로 담화표지로 쓰이면서 수의적 축약을 거친 것이라고 하였다.

17) 경상방언 '마'에 대한 구체적 의미에 대한 논의는 뒷장에서 할 것이다.

위 예문에서 보듯이 (20ㄱ)의 '고마'는 선행정보가 갑자기 멈추고 후행정보가 매우 강한 변화를 보임을 드러내고 있는 반면, (20ㄴ)은 (20ㄱ)보다 선행정보의 '멈춤'과 후행정보의 급변한 상황이 약하게 드러나는 것을 알 수 있다.

아래 예문에서도 '고마'와 '마'의 의미 차이를 알 수 있다.

(21) ㄱ. 고마 그대로 가마이 있을 거아이가

ㄴ. 마 그대로 가마이 있을 거아이가.

위 (21ㄱ)의 '고마'와 (21ㄴ)의 '마'에 대한 의미 차이는 매우 미세하지만 '고마'가 '마'보다 선행 '멈춤'의 요청이 훨씬 강하게 인식된다. 이 경우는 '고마'에 고조의 성조가 실현된다.[18]

둘째, '마'는 '고마'보다 더 문법화된 형태이다. 그것은 '마'가 선행 연결사 '그래'나 '이래' 뒤에 결합되어 하나의 어절을 형성하는 것으로 알 수 있다.

(22) ㄱ. 이래가지고 마마 눈이 등잔겉이 해 가지고

ㄴ. 그래마 꺼적대기 저저 이전에 초석자리 아이가?

ㄷ. 이래마 저거꺼정 마 이래 싸워 쌓는데

위 (22ㄱ~ㄷ)의 마는 선행정보를 연결하는 연결사 '이래', '그래' 뒤에 실현되어 하나의 의미덩이를 형성하면서 선행정보를 이끌고 후행정보를 강조하는 담화 기능을 하고 있다. 이 경우는 일반적으로 '마'에 중조의 성조가 놓이게 된다. 이 경우도 '고마'를 쓸 수도 있지만 대체로 실제 경상방언에서는 '마'가 문법화되어 선행 지시어에 붙어(결합)서 하나의 의미덩이로 실현되는 경우가 일반적이다.

---

18) 입말에서 성조의 중요성은 이미 강조되었는데, 개별 어휘 성조가 아닌 발화자의 태도가 실리는 담화표지나 부사의 성조는 엄격하게 구획하기가 무척 어렵다. 실제 담화 자료를 바탕으로 하면서 토박이말할이의 직관과 언어능력에 기댈 수밖에 없다. 그렇더라도 이 성조는 발화 전체의 흐름이나 화자의 태도를 매우 긴밀하게 반영하면서 의미나 담화적 기능을 변별하는 매우 중요한 발화요소임에는 분명하다. 구술발화의 정확성에 대한 의의에 대한 논의는 김정대(2009) 참조.

그리고 '마'는 다음과 같이 보조사 뒤에서 '고마'보다 훨씬 자연스럽게 실현되기도 한다.

(23) ㄱ. 니는 가든지말든지 나는마 집에 있을란다.

　　 ㄴ. 니가 안 가면 나도마 안 갈란다.

　　 ㄷ. 니가 안 가면 나만마 갈란다.

위 (23ㄱ~ㄷ)은 보조사 '는'이나 '도' '만' 뒤에 '마'가 실현된 것이다. 이 경우는 '마'가 선행어와 결합되고 강세가 중조를 이루고 쉰 '마' 뒤에 실현된다. 이때 '마'는 선행어를 강조하는 의미 기능을 하면서 문법화의 과정을 상당히 거친 형태라 할 수 있다. 이 경우도 '마' 대신에 '고마'가 실현될 수 있지만 '마'가 '고마'보다 선행정보와 통합성이 훨씬 강하게 결속된다는 의미이다. '마'도 만약 선행어와 독립적으로 전후에 쉼에 실현되고, 고조의 성조가 실리면 후행정보를 강하게 강조하는 덜 담화표지화된 '마' 또는 부사로서 어휘적 정보를 가진 '마'라고 할 수 있다. 이 경우 '고마'로 실현될 가능성이 높아진다.

(23ㄱ)은 다음과 같이 (23ㄱ')로 된다.

(23ㄱ') 니는 가든지말든지 나는 마(고마): 집에 있을란다.

그리고 아래처럼 주제어 뒤에도 '마'가 결합되어 어절의 형태로 문법화되는 경우도 있다.

(24) ㄱ. 집이마 엄청 큰기라

　　 ㄴ. 비가마ー 억수같이 오는기라

위 (24ㄱ)과 (23ㄴ)도 '마'가 주제어 '집'이나 '비'가 뒤에 결합되어 '집이'와 '마' 사이에 쉼이 없이 실현되면, 이 '마'는 선행어, 즉 주제어 '집이'를 강조하게 된다. (24ㄴ)도 마찬가지이다. 그러나 이 경우도 쉼과 성조를 어떻게 놓느냐에 따라 달라지는데, 선행어와 '마' 사이에 쉼을 주면서 '마'에 고조의 성조를 나타내면 이 '마'는 후행하는 정보를 강조하는 기능을 하게 된다.

셋째, '마'는 '고마'보다 문장 끝에서 쉽게 담화표지로 실현된다.

(25) ㄱ. 됐다마

　　ㄴ. 빨리 하소마

　　ㄷ. 빨리 하이소마

위 (25ㄱ~ㄷ)의 '마'는 문장 끝에 실현된 경우이다.[19] 이 경우는 '마'가 문법소라기보다는 '고마'가 문법화되면서 실현된 담화표지로 보인다. 즉, 선행어 행위에 대한 화자의 감정을 청자에게 강하게 요구하는 담화적 기능을 한다. 이때 '마'도 선행정보와 결합되면서 성조는 중조로 나타난다.

넷째, '고마'와 '마'가 겹쳐 실현되는 경우가 많이 나타난다. 그리고 '마'가 겹쳐 이어져 나기도 한다. 따라서 '마'가 '고마'보다 더 담화표지로서 더 생산성이 높다고 할 수 있다.

(26) ㄱ. 고만 마 비가 어찌 왔든동 고만 마 천지에 물이 되노이께네, 뭐 집이 고만 폭 잼기는 데

　　ㄴ. 그래 이진사 집에 가이 이진사는 마, 구체가 없어, 마, 고마 사라아 이래 앉아 마 죽으만 죽고, 사만 사고 이래 기다리고 앉았는데,

　　ㄷ. 달아가주 마 고만 마 쐬물이 마 출출출출 흐르거든요 '인제 저놈 죽었지'카고, 그래 인제 불도 인제 꺼질 막한 뒤에 그래 문을 이래 먼 데스러 쐬작대기 가주 이래 실무시 여이께네, 이눔의 자슥 저저 머리에 써리(霜)가 하야이 마 고만 마 염(수염)에 마 고드름이 주룽 주룽 달리가주,

위에서 보듯이 '고만' 또는 '고마'가 '마'와 함께 반복적으로 나타나기도 한다. 이것은 후행행위를 강조하기 위한 화자의 발화책략이라고 볼 수 있는데 이것은 '마'나 '고마'가 한 번 쓰는 경우보다 더 강한 감정 표현일 수 있다. 그런데 아래처럼 '마'는 첩어처럼 하나의

---

19) 이기갑(2003:176)에서 인용한 예문이다. 이기갑(2003)에서는 이를 조사로 보고 있다. 그러나 여기서는 부사 '고마'가 담화표지로 된 것으로 본다.

어휘화되어 붙어서 실현되기도 한다.

(27) ㄱ. 그래가 마마 떠나부럿어. 떠나부고 난 뒤에 소사이(小詳에) 오디, 대상 끝에 있단
말다. (8)[주]소상 때 와서 대상 때까지 있었단 말이다. 그 다이(동안에) 준비가 마마
참 많단 말이지. 그 머 여사로 시작어 글치 그, 그 대사아 오지러,

ㄴ. 사자아(師丈에게), 서다이(서당에) 가만 마마 야 때문에 사장한테 만날 뚜들어 맞는
기 일이라. (7)[주]이 아이가 글공부에 뛰어났기 때문에 뛰어나지 못한 다른 아이들
은 사장에게 늘 매를 맞았다.

이처럼 '마'가 두 번 결합되어 한 어절을 이루면서 실현되어 후행정보를 더욱 더 강조하
는 기능을 한다. 그러나 '고마'는 이처럼 두 번 이어서 나거나 그것이 결합되어 한 어절의
형태를 이루는 경우는 거의 없다.

이러한 현상은 '마'가 '고마'의 음운적, 형태적 축약에 의한 현상일 수도 있지만, 경상방언
에서 '마'는 '고마'보다 훨씬 그 사용에서 자유롭고 화자의 다양한 감정표현이나 발화태도
를 담아내는 담화적 기능을 하고 있음을 의미한다. 실제 경상방언에서 '마'는 어절과 어절
사이에 매우 자연스럽게 쓰이는 등 그 실현빈도나 실현 환경이 '고마'보다 훨씬 자유롭게
나타난다. 또 '고마'는 형태적으로 '그만'이라는 원래의 형태를 그대로 가지고 있기 때문에
의미 또한 원래의 의미가 내재되어 있다고 볼 수 있다. 따라서 경상방언 '고마'는 '마'보다
아직 덜 문법화되었거나 덜 담화표지화되었다고 설명할 수 있다.

3.3. 담화표지 '마'의 실현 제약

3.3.1. 선행정보에 대한 제약

경상방언 담화표지 '마'는 선행정보에 대한 화자의 판단이나 태도가 표현된 담화표지이
기 때문에 반드시 '마' 앞에는 선행정보가 있어야 한다. 이것은 '마'가 원형적으로 선행 정보
를 지시하는 지시어 '그'와 한정보조사 '만'의 결합이라는 어휘적 의미 특성을 함의하고

있기 때문이다.

> (28) 그래 사람캉 사람캉 만내면은 마 잘 살 수가 있다 카는 그런 이얘깁니더.
>
> (29) 마, 그래 잘 살았단다.
>
> (30) 마, 그만 하면 잘 한 거아이가
>
> (31) 비가마 엄청 오는데
>
> (32) 그만하면 됐다마.

위 (28)은 선행정보 '그래 사람캉 사람캉 만내면은'이 전제되어 있다. (29)의 경우는 선행정보로 잘 살게 된 까닭이나 잘 살게 된 상황이 전제되어 있다. 이런 까닭에 경상방언 '마'는 선행정보에 대한 결과를 이끄는 접속사 '그래' 앞이나 뒤에서 매우 자연스럽게 실현된다. 따라서 아래 (29')처럼 인과 접속사 '그래'가 쓰이지 않은 발화는 덜 자연스럽다.

> (29') ?마 잘 살았단다.

(30)은 선행정보를 '그만하면'이 지시하고 있기 때문에 '마'의 실현이 매우 자연스럽다. 이것도 (29')처럼 선행정보를 지시하는 지시어인 '그만하면'이 없다면 '??마, 잘 한 거아이가' 처럼 매우 부자연스럽다. 이것은 '마'와 선행정보 지시어와 사이에 의미적으로 매우 긴밀하게 결속되어 있다는 것을 의미한다. (31)는 '마'의 선행정보가 '비가'라는 주제어이고, (32)은 '그만하면 됐다'가 '마'의 선행정보라고 할 수 있다.

따라서 경상방언 '마'는 담화가 시작되는 첫머리에 '마'가 실현되기 어려운 제약이 있다. 본 연구 담화자료에서도 담화가 시작하는 첫 발화에 '마'가 실현된 경우는 발견되지 않았다.

3.3.2. 발화 태도 표현 제약

경상방언 '마'는 어떤 행위나 사태가 확정된 선행정보에 대한 화자의 발화 태도를 나타낸다. 따라서 후행정보에는 어떤 형태로든 화자의 발화태도에 대한 언표적 표현이 동반되게 된다.

   (33) ㄱ. 영희가 마 엄청 못생긴기라.

      ㄴ. ??영희가 마 엄청 못생겼다.

   (34) ㄱ. 그래가 마 잘 살았단다.

      ㄴ. ??그래가 마 잘 살았다.

   (35) ㄱ. 마, 그래 죽어뿟다아이가.

      ㄴ. 마, 그래 죽어뿐기라.

      ㄷ. ??마, 그래 죽었다.

   (36) ㄱ. 거거 마, 내가 그래했다아이가.

      ㄴ. 거거 마, 내가 그래했다마

      ㄷ. 거거 마, 내가 그랬다아이가마.

      ㄹ. *거거 마, 내가 그래했다마아이가.

위 (33ㄱ)은 후행정보에 '-ㄴ기라'[20]라고 하는 선행정보에 대한 화자의 강한 확정적 발화 태도가 표현되어 있다. 따라서 '마'와 호응이 매우 자연스럽다. 반면에 명제에 대한 화자의 발화 태도가 명시적으로 표현되지 않은 (21ㄴ)은 매우 부자연스럽다. 이와 유사하게 (34)도 마찬가지로 단순히 확정된 사실을 나타내는 (34ㄴ)은 매우 어색하거나 불완전한 발화로 수용이 되나, (34ㄱ)처럼 확정된 사실 정보에 대한 화자의 간접적 판단이나 생각을 표현한 발화에서는 '마'의 표현이 매우 자연스럽다. (35)의 발화를 보면 '마'가 화자의 발화태도와 밀접하게 결속되어 있음을 알 수 있다. (35ㄷ)은 확정된 사실을 종결형어미 '-다'로 단순히 서술한 발화이다. 이 경우는 화자의 발화태도가 나타나지 않은 중립적 표현이기 때문에 '마'와 호응이 부자연스럽다. 그러나 (35ㄱ, ㄴ)은 선행 정보에 대해 강조하는 화자의 발화태도가 표현된 발화로서 '마'와 매우 자연스럽게 호응이 되고 있다. (35ㄱ)은 '끝남을 강조'하는 화자의 발화 태도가 표현된 보조사 '버리다'의 경상방언 '뿟다/뻤다'와 함께 발화에 대한

---

20) 경상방언 '-ㄴ기라'에 대한 연구는 임규홍(2008) 참조

강한 확인강조 담화표지인 경상방언 '아이가'[21]가 통합되어 있는 발화이다. 이와 같이 화자의 강한 강조의 태도가 표현된 발화에서 '마'의 호응은 매우 자연스럽다.

이와 유사하게 화자의 발화태도가 표현된 보조사 '뿄다'와 경상방언의 강조 표현인 '-ㄴ기라'와 통합된 발화인 (35ㄴ)에서도 '마'가 매우 자연스럽게 실현됨을 알 수 있다. 그러나 단순히 어떤 사실만 표현한 (35ㄷ)에서 '마'는 매우 부자연스러운 것을 알 수 있다.

위 (36)에서 화자의 확정 사실에 대한 발화태도가 표현된 (36ㄴ, ㄷ)의 경우는 자연스러운 발화가 되지만, (36ㄹ)처럼 선행정보에 대한 확정태도 표현 '아이가' 앞에서는 '마'가 실현되지 못함을 할 수 있다. 따라서 경상방언 '마'는 행위나 사태에 대해 확정된 선행정보에 대한 화자의 발화 태도를 표현하는 담화 화용기능을 하기 때문에 화자의 발화태도가 표현된 발화와 함께 실현되는 특성을 가지고 있다.

3.3.3. 서법 제약

경상방언 '마'는 부사로서 선행행위 지시와 그 선행행위의 '멈춤'과 후행행위의 '요청'이라는 의미 구조가 내재되어 있다고 볼 때 서법이 명령이나 청유형은 자연스러운 현상이다. 이것은 어휘적 의미가 문법화되어 담화표지가 되더라도 이러한 원형의미는 내재되어 있기 때문에 서법의 제약을 받게 된다.

> (37) ㄱ. 마, 이제 그만 해라.
>
> ㄴ. 마, 이제 집에 가자.
>
> ㄷ. 마, 이제 집에 가나?
>
> ㄹ. 마, 이제 집에 가구나!
>
> ㅁ. 마, 이제 (나는) 집에 간다.
>
> ㅁ'. *마, 이제 만돌이는 집에 간다.
>
> ㅂ. *마, 니 머 하노?

---

21) 경상방언 '아이가'에 대한 연구는 임규홍(2009) 참조

위 발화 (37ㄱ~ㅁ)은 각 서법에 따라 '마'의 실현 양상을 나타낸 것이다. 이 경우 '마'는 선행행위에 대한 '멈춤'의 부사 '그만'의 의미를 공유하는 경우로 청자에게 행위전환을 요청하거나 전환행위에 대한 화자의 강조하는 심리적 태도를 나타내고 있다. (37ㄱ, ㄴ)은 청자에게 행위를 요청하는 경우이고, (37ㄷ, ㄹ)은 선행행위에 대한 화자의 부정적 내지 서운한 심리적 태도를 표현하고 있다. 평서형인 (37ㅁ)은 선행행위에 대한 '멈춤'과 화자 자신의 행위 전환을 강조하고 있다. 행위자가 화자 자신의 행위가 아니고 제 삼자인 경우는 (25ㅁ')처럼 불가능해 진다. 그것은 경상방언 '마'는 사태나 행위에 대한 단순한 사실을 표현하는 것이 아니라, 정보에 대한 화자의 감정적 발화태도를 표현한다는 것을 의미한다. 이것은 단순히 청자에게 행위에 대한 요청이나 전환에 대한 화자의 발화태도가 표현되지 않은 (25ㅂ)처럼 순수 의문인 경우는 '마'의 실현이 불가능한 것으로 알 수 있다.

아래 (26)은 '마'에 이끌리는 발화의 서술어가 상태를 나타내는 형용사인 경우이다. 형용사의 경우는 선행행위에 대한 '멈춤'의 의미는 없으면서 후행사태에 대한 화자의 발화태도를 표현하고 있다. 선행행위에 대한 '멈춤'과 행위 강요와 같은 구조가 아닌 사태에 대한 화자의 태도를 나타낸다는 것은 '마'가 문법화 과정을 거쳐 담화표지적 기능을 하고 있음을 의미한다. 그렇더라도 이 '마'는 아래 보기에서 보듯이 서법의 제약을 받게 되면서 화자가 청자에 대한 자신의 정보를 강하게 수용을 기대하고 강조하고 있다.

(38) ㄱ. *마, 영희가 엄청 예쁘다.

ㄴ. *마, 영희가 엄청 예쁘구나!

ㄷ. *마, 영희가 엄청 예쁘니?

ㄹ. 마, 영희가 엄청 예쁜기라.

ㅁ. 마, 영희가 엄청 예뻐진기라.

ㅂ. 마, 그만하면 안 예쁘나(마).

위 보기는 경상방언 '마'가 선행행위에 대한 '멈춤'이라는 내재적 의미를 가지고 있기 때문에 상태를 나타내는 형용사 서술어와는 호응이 불가능함을 보여준다. 그러나 '마'가 담화표지로 문법화된 경우에는 서술어가 형용사이더라도 수용가능할 수 있다.

(38ㄱ~ㄷ)에서 보는 것처럼 서법이 평서, 감탄, 의문인 경우에는 '마'의 실현이 불가능하다. 그러나 (38ㄹ, ㅁ)처럼 화자가 후행 사태에 대해 강조할 경우에는 '마'가 가능하다. (38ㄹ)은 강조 표현 '-ㄴ기라'와 호응이 되고, (38ㅁ)의 경우는 '마'가 상태를 나타낸 형용사가 '-지다'라는 변화의 의미를 가지면서 강조표현인 '-ㄴ기라'와 함께 쓰이면 매우 자연스럽게 수용이 되는 것을 보여준다. (38ㅂ)은 '마'가 대상이 예쁨을 강조하면서 상대에게 어떤 행위를 수용할 것을 강요하는 발화이다. 이 경우도 서법으로는 의문의 형태이지만 의미적으로는 예쁨을 강조하면서 그 예쁨을 상대가 수용하도록 하고 있다.

다음 (39)는 서법에 따라 문장 끝에 실현된 '마'이다.

> (39) ㄱ. 인자 가자마
>
> ㄴ. 인자 가라마
>
> ㄷ. 인자 됐다마
>
> ㄹ. *인자 됐구나마
>
> ㅁ. *인자 되는가마

위에서 보듯이 문법화된 '마'가 문장 끝에 실현될 때도 감탄문인 (39ㄹ)과 의문문인 (39ㅁ) 뒤에는 실현될 수가 없다는 것을 알 수 있다. 이것도 청자에게 선행행위를 강요하는 서법일 때만 '마'의 실현이 가능함을 보여준다. 이 마는 실제 후행정보 앞에 실현된 '마'가 서술어에 붙어 서술어를 강조하고 있는 것이다.

3.3.4. 높임 제약

경상방언 '마'는 화자가 청자보다 손위일 경우에 자연스럽다. 그것은 경상방언 '마'가 선행행위 즉 청자에 대한 행위를 멈추기를 요청 내지 강요하는 발화태도를 나타내기 때문에 자연스럽게 화자는 청자보다 손위의 대상이 된다. 다음 보기로 쉽게 확인할 수 있다.

> (40) ㄱ. ??마, 이제 그만하십시오(마).

ㄴ. ??마, 이제 됐습니다(마).

ㄷ. ??마, 이제 그만 합시다(마).

ㄹ. 마, 이제 그만하시죠(마).

ㅁ. 마, 이제 그만하게(마)

ㅂ. 마, 이제 그만해라(마).

위의 (40ㄱ~ㄷ)은 모두 상대를 무시하거나 업신여기는 매우 불손한 발화태도의 발화이다. 반면에 예사높임으로 상대에게 행위를 요청하는 (40ㄹ)의 경우는 그런대로 수용 가능한 것으로 이해되며 나아가 하게체나 하라체인 각각 (40ㅁ)과 (40ㅂ)의 경우는 매우 자연스럽게 수용이 된다. 그런데 다음 (29)~(32)과 같은 발화에서는 '마'가 후행서술어를 직접 지배하지 않고 독립적 기능을 하기 때문에 위에 보인 높임의 제약에서 다소 자유롭다는 것을 알 수 있다.

(41)는 '마'가 주제어나 후행정보를 강조하는 경우이고, (42)은 '마'가 담화를 이끄는 담화 기능을 할 경우로 청자 상대가 손위이더라도 높임법에 크게 제약을 받지 않는 독립성을 가지고 있다. 따라서 이 경우는 '마'가 담화표지로서 서술어와 독립적이라는 담화표지의 성격을 그대로 나타내고 있음을 알 수 있다. (43)과 (44)는 '마'가 이끄는 안긴문장에서 낮춤 높임말인 '-다'로 되고 안은 문장인 상위문에서 높임말을 사용한 것이다. 따라서 (43)과 (44)도 '마'의 높임제약에서 벗어난 것은 아니다.

(41) 비가마 엄청 마이 왔습니다.

(42) 그래마 잘 살았답니다.

(43) 그래 사람캉 사람캉 만내면은 마 잘 살 수가 있다 카는 그런 이애깁니더

(44) 받때이다 마 세:르 숭우노오머 멘 가매 이 갇다 마 잰다 아 임니꺼

3.4. 담화표지 '마'의 의미와 담화 기능

경상방언 '마'의 담화적 기능은 '마'의 원형 부사인 '고마'의 의미와 혼용되어 나타난다.

그리고 '마'는 화자의 강한 심리적 태도를 나타내거나 다양한 발화책략으로 쓰이기도 한다.

경상방언 '마'는 크게 선행정보를 강조하는 기능과 후행정보를 강조하는 기능, 사태나 행위의 전환을 강조하는 기능, 후행행위를 강하게 요청하는 기능, 대수롭지 않은 사태나 행위로 담화를 이끄는 담화책략의 기능을 한다. 여기서 강조의 의미는 화자가 청자에게 어떤 행위나 사태, 대상에 대해 '한정'의 의미를 강하게 드러내는 것으로 본다. 이 경우 한정은 화자가 강조하고자 하는 행위나 사태, 대상을 배제하고 화자가 선택한 정보에 초점을 두면서 한정의 의미를 강조하는 것이다.

3.4.1. 선행정보 강조

경상방언 '마'가 선행행위나 상태에 대한 '멈춤'이라는 기본적 의미와 거리가 멀어지면서 '멈춤'의 의미보다 '강조'의 의미를 두드러지게 하는 기능을 한다.

이 경우는 경상방언 '마'가 원래 의미인 '그만'이라는 부사로서의 기능은 실제 담화에서는 거의 나타나지 않는다. '멈춤'이라는 부사 '그만'의 어휘적 의미를 그대로 표현하지 않은 경우는 대부분 담화적 기능을 담당하는 것으로 볼 수 있는데, '마'가 선행정보에 결합되어 하나의 덩이가 되면서 선행정보를 강조하게 된다. 이 경우 '마'는 선행정보를 한정하는 한정 강조의 의미 기능을 하며, '마'의 성조는 중조를 보이고 선행정보의 첫소리에 고조의 성조가 놓인다. 그리고 '마'와 선행정보 사이에는 쉼이 실현되지 않고 하나의 소리덩이가 된다.

    (45) 그아가 밥을마 묵는데 어찌나마 빨리 묵는지

    (46) 니야 가든지말든지 나는마 집에 있을란다.

    (47) 아를마 띠디러 싸고마 요에다마 집어 쌌단 말이래.

    (48) 다른 사람도 아이고 그집 삼대 독자가마 그래된기라.

위 (45)에서 '밥을' 뒤에 실현된 '마'는 선행정보 '밥을'에 통합되어 '밥을'을 강조하고 있다. 행위자인 '그아'가 먹는 것이 '밥'임을 강조하면서 드러내고 있다. 그 뒤에 '어찌나' 뒤에 실현된 '마'와는 다르다. '어찌나' 뒤에 실현된 '마'는 뒷정보인 '빨리'를 강조하고 있다.

(46)의 '마'도 마찬가지로 '니'의 대조어인 '나는' 뒤에 실현되어 대조어 '나는'을 강조하는 것으로 보인다. (47)에서 '아를' 뒤에 실현된 '마'와 '요에다' 뒤에 실현된 '마'는 둘 다 선행정보를 강조하는 것으로 보인다. 이 경우는 성조는 '아를'과 '요에다'에 고조가 놓여 강조되면서 '마'에는 상대적으로 중조의 성조를 나타낸다. (48)에서도 '다른 사람'과 대조의 의미를 강하게 나타내는 '삼대독자'를 강조하면서 그 뒤에 '마'가 실현되어 선행정보를 더욱 드러내어 강조하고 있다. 즉, 후행정보인 '그래되었다'를 강조하지는 않는다는 것이다

3.4.2. 후행정보 강조

경상방언 '마'가 선행정보를 강조하지 않고 단지 후행정보를 강조하는 경우가 많다. '마'가 기본적으로 부사 '그만'에서 확장되었다고 보면 이 '마'는 후행 상태나 동작의 서술어를 꾸미고 강조하는 것은 자연스러운 현상이다.[22] 그런데 '마'가 원래 부사의 어휘적 의미를 가지지 않고 단순히 후행정보를 강조하기 때문에 좁은 의미에서 담화표지라고 하기는 어렵다. 그러나 이 '마'는 경상방언에서 다른 말보다 현저하게 많이 실현된다는 것은 이 '마'가 다른 말과는 다르게 화자의 발화태도가 후행정보를 단순히 강조하는 부사로서의 기능뿐만 아니라 다양한 담화기능을 복합적으로 가지고 있다는 것을 의미한다. '마'가 후행정보를 강조할 경우는 선행정보와 사이에 쉼이 놓이고 '마'에 고조의 성조를 나타낸다. 그리고 후행정보 첫 소리에 강세가 놓이면서 강조의 언표적 표현이 뒤따르는 것이 일반적이다. 다음 보기를 보자.

(49) 받때이다 마1 세:르 숭우노오머 멘 가매 이 갇다 마2 잰다 아 임니꺼(이기갑, 2009)

(50) 춘하추동(春夏秋冬)이 지나가고 여러 해가 되이 아놈은 재주가 어떻게 있는지 여덜 살 묵어가마1 이거는 마2 천재라.

---

22) 후행정보를 강조하는 기능은 화자의 발화 초점이 후행정보에 놓이면서 후행정보가 강조되는 언표적 표현이 수반되게 된다. 발화 자료를 분석한 결과 경상방언 '마' 뒤 후행월에 강조보조사 '버리다(뻗다/뿟다)', 쌓다'나 경상방언의 '확인강조 표지'인 '-아이가' '--ㄴ기라', '-말이야'와 강조부사가 매우 많이 나타나는 것으로도 '마'가 후행정보를 강조하는 기능을 한다는 사실을 알 수 있다. 이기갑(2009:69)에서도 강조부사 '싹, 막, 딱'과 '그저'와 어울려 쓰인다고 함.

(51) 소상 때 와서 대상 때까지 있었단 말이다. 그 다이(동안에) 준비가 마마 참 많단 말이지.
   그 머 여사로 시작어 글치 그, 그 대사아 오지러,

(52) 이거 뭐 와가집 아들 이 사람은 마1 우짠 택인지 마2 노름에 당하게 되 가지고 마3
   노름만 좋아하는기라.

위 보기에서 줄친 '마'는 선행정보의 행위나 사태에 대한 멈춤이나 전환의 의미보다는
단순하게 후행정보의 행위나 상태를 강조하고 있다. (49)의 '마1'은 그 뒤에 나오는 '숭우노
오머(심어놓으면)'를 단순히 강조하고 있다. 그리고 이 '마1'은 뒤에 '세:르'라는 강조 부사와
함께 쓰여 뒤에 이어지는 행위를 자연스럽게 강조하고 있다. '마2'도 뒤에 이어지는 '잰다(쌓
다)'를 강조하고 있는데 이것은 그 뒤에 '아임니꺼(아닙니까)'라고 강한 확인의문문을 사용함
으로써 알 수 있다.

(50)의 '마1'은 선행정보인 '여덜 살묵다'를 강조하고 있다. 나이가 적은 여덟살 먹은 아이
가 재주가 있음을 강조하는 의미이다. '마2'는 뒤에 이어지는 정보인 '천재'를 강조하고 있
다. '마2'는 뒤 서술어 '(천재)-이라'라고 하는 확인 강조 서술어와 호응이 되고 있다.

(51)의 '마마'는 뒤에 이어지는 정도부사 '참'과 호응이 되어 '많다'를 강조한다. 그리고
(52)의 '마1'은 뒤의 '우짠 택인지(어찌 된 일인지)'를 강조하고 있다. 이는 부사 '도대체' 또는
'진짜' 등과 같은 의미로 쓰여 후행정보에 대해 예측하지 못한 행위에 대한 강조의 기능을
한다. '마2'와 '마3'도 노름을 좋아하는 사실을 강조하고 있다. 이 또한 '마'가 '-ㄴ기라'라는
확인 강조구문과 호응이 되어 후행정보를 강조하고 있다. 위에 보인 '마'는 모두 성조가
고조로 실현되며 선행정보 사이에 쉼이 있고, '마'와 후행정보 사이에도 쉼이 실현된다. 다음
보기는 들머리에 제시한 보기로 후행정보에 대한 강조가 매우 뚜렷이 나타나는 경우이다.

(53) 도저히 뭐 달리 죽일라 카이 재주 때문에 안 되고, 고만 저 쇠(鐵)집을 지가주고 그 안에
   인제 잡아여놓곤 고만 그 뭐뭐, 나무 둥걸이 말 갖다 대놓고 마1 전부 인제 그 뭐 불매(풀
   무)를 갖다 대놓고 마2 불어가주 막 부치이끼로 마3 그 쇠가, 쇠집이 마4 쪼맨한 기 마5,
   뭐 창 가마 만하이 요래 만들었지 뭐. 달아가주 마6 고만 마7 쇠물이 마8 출출출출 흐르
   거든요 '인제 저놈 죽었지'카고, 그래 인제 불도 인제 꺼질 막한 뒤에 그래 문을 이래

먼 데스러 쐬작대기 가주 이래 실무시 여이께네, 이눔의 자슥 저저 머리에 써리(霜)가

하야이 마9 고만 마10 시염(수염)에 마11 고드름이 주룽주룽 달리가주,

위 보기 (53)에는 모두 11회의 '마'가 실현되었는데 전체적으로 후행정보를 강조하는 기능을 한다. 담화에서 '마'를 많이 사용한 것은 화자가 자신의 발화내용을 청자에게 호기심을 유도하고 전체적으로 매우 강조하려는 감정적 발화 태도를 보이고 있다. '마6'과 '마7', '마9'와 '마10'은 '마'와 유사한 '고마'와 중복 발화함으로써 자신의 정보를 지나치게 고조된 감정으로 강조하고 있음을 알 수 있다.

3.4.3. 행위나 사태 '전환' 강조-놀람

이미 경상방언 '마'에는 화자의 심리적 태도가 강하게 실려 있는 방언이라는 것은 전체적 논의를 통해 알 수가 있다. 그런데 경상방언 '마'는 기본적으로 선행행위나 사태에 대한 '멈춤'이라는 기본적 의미를 가지고 있다는 것과 그 선행행위가 전환되면서 이어지는 후행 행위에 대한 강조의 기능을 하기도 한다. 이러한 기능은 앞 절에서 논의한 선·후행정보의 강조라는 점에서 서로 변별이 쉽지 않을 수 있다. 그러나 선·후행정보의 강조 기능은 단순히 그 자체로서의 강조를 하는 것으로 보고 본 절에서 논의하는 선행정보와 후행정보의 관계 속에서 마의 의미 또는 담화 기능과는 다르다는 것이다. 여기에서 논의하는 '마'의 기능은 선행행위에 대한 전환에 따른 후행행위의 강조는 선행행위와는 다른 반전이 일어나거나, 선행행위의 원인에 대한 후행행위가 결과가 되면서 그 결과를 강조하면서 이끌거나, 예측하지 못한 행위가 일어남을 두드러지게 하는 기능을 말한다. 성조는 '마'에 고조가 놓이고 선후정보와 사이에 쉼이 놓이면서 후행정보 첫음절에 고조가 놓인다.

    (54) ㄱ. 마, 니가 갈끼가?

        ㄴ. 일이 마 그래 됐뿌구나!

        ㄷ. 멀쩡한 사람이 마 죽어삔기라.

    (55) 당집에 하나 고사를 몬 하면은, 몬 하면은 마 그 동네에 화재가 일어나고, 도적이 일어나

고 마 얄궂도 안 한기라.

(56) 밤중 넘어 된꺼네 배겉에 마 배락치는 소리로 함서는 마, 응, 참 뇌성벽력 이마 일어나고
이래 가지고는

(57) 그래가 마마 떠나부렀어. 떠나부고 난 뒤에 소사아(小詳에) 오디, 대상 끝에 있단 말다.

위 (54)의 '마'는 모두 선행정보에 대한 화자의 놀람의 후행정보를 강조하고 있다. (54ㄱ)
은 이전에 '어디에 다른 사람이 갈 것으로 예상'하고 있었는데 청자가 어디를 간다고 하니
화자가 놀라는 표현을 강조하고 있다. (54ㄴ)은 선행정보에 대한 화자의 놀람을 강조하고
있다. 선행정보에 대한 화자의 감정적 태도를 강조하고 있다. (54ㄷ)도 선행정보인 '멀쩡한
사람'에 대한 갑작스런 전환인 '죽었다'라는 것에 대한 화자의 놀라는 감정적 표현을 강조
한 것으로 보인다. 이러한 기능은 (43)의 '마'에서도 찾아볼 수 있다. (55)의 '마1'은 선행정보
에 대한 결과로 후행정보에 예상하지 못한 사태가 일어나서 놀라는 화자의 발화태도를 강조
하고 있다. 그리고 '마2'도 이어서 '얄궂도 안 한 일'이 일어남을 강조하고 있다. (56)의 '마1'
은 '밤중이 된' 선행정보에 갑작스런 전환인 '벼락치는 소리'에 대해 강조하고, '마2'도 '뇌
성벽력이 일어나는 사태'를 강조하고 있다. (57)는 선행정보의 결과인 '떠남'을 마를 중복
발화하여 더욱 강조하고 있다. 선행정보는 '그래가'라는 지시어로 이어주고 있다.[23)

3.4.4. 선행행위 '멈춤'-후행 행위 '강요'-강조

경상방언 '마'의 선행행위 '멈춤'과 후행행위 요청 기능은 앞 절 '마'의 서법제약에서 이
미 잠시 논의된 바가 있다. 이것은 '마'의 원형적 의미가 선행행위의 '멈춤'이라는 '그만'이
라는 의미를 내재하고 있으며 덧붙여 후행행위를 강요하는 발화태도를 나타내는 담화적
기능을 하고 있다. 이것은 다음 보기를 통해 알 수 있다. 이 경우 성조는 '마'에 고조가
놓이고 후행정보 사이에 쉼이 놓인다. 후행정보 서술어에 고조의 성조가 놓인다.

---

23) 실제 발화 자료를 분석한 결과 경상방언 '마' 뒤에는 시간부사 '이제'나 담화표지로서 '이제'와 전환접
속을 나타내는 '그래', '그래가지고'가 쉽게 실현되고 있다. 따라서 이 '마'는 선행 행위나 사태의 전환
(옮김)이라는 근원적 의미가 전제되어 있음을 알 수 있다.

(58) ㄱ. 마, (인자)집에 가라.

　　 ㄴ. 마, (인자)집에 가자.

　　 ㄷ. ??마, (인자)집에 간다.

　　 ㄷ'. 마 (인자) 나는 집에 갈란다.

　　 ㄹ. 마, 인자 집에 안 갈끼가?

　　 ㅁ. 카이께, 그제서는 참말로, "하이고 마마, 살리주소"

　　 ㅂ. "아이고 마, 뭣겉이 살아 있읍디더. 살아 있는데, 지금 뭐 장사도 몬하고 왔읍니더."

　　 ㅅ. 아이고 마, 그마하모 잘 살았는거아이가.

　　위에서 (58ㄱ, ㄴ, ㄹ)의 '마'는 화자가 청자에게 어떤 선행행위를 전제하고 그 행위를 정지하고 '집에 가는 행위'를 강하게 요청하는 발화를 이끌고 있다. 이에 반해 (58ㄷ)은 청자에게 행위를 요청하는 발화가 아니고 화자 자신의 행위에 대한 정보를 단순히 전달하는데 있다. 이와 같이 사실을 전달하는 발화에는 '마'와 호응이 부자연스럽다. 그러나 이것도 (58ㄷ')처럼 화자가 자신의 행위에 대한 의도, 즉, '-ㄹ란다(-하려고 한다)'와 같이 의도의 발화태도와 같이 쓰일 경우는 자연스러운 발화가 된다. 또한, (58ㄹ)은 서법은 의문형이지만 화자가 청자에게 집에 갈 것인지 안 갈 것인지를 묻는 것이 아니라 청자에게 집에 갈 것을 요청하는 의미로 쓰인 것이다. 이 발화는 '이제 그만하고 집에 가라'고 하는 행위요청의 의미가 전제되어 있다. 따라서 '마'의 쓰임이 자연스럽게 된다. (58ㅁ)은 '마'를 겹쳐 사용하면서 '다른 생각하지 마시고' 자신을 살려달라는 간절한 요청을 표현하고 있다. (58ㅁ, ㅅ)처럼 '마'는 감탄사 '아이고'와 같이 매우 잘 어울려서 화자의 감정을 더욱 강조하고 있으며, 화자는 자신의 판단을 청자에게 수용할 것을 강하게 요청하고 있다. (58-ㅂ)은 '알고보니 걱정했던 사람이 뭐같이 잘 살고 있으니 걱정할 필요가 없음'을 청자에게 요청하고, (58ㅅ) 도 '자신이 잘 살아온 것'을 상대에게 확인을 요구하는 형태의 발화이다. 이처럼 경상방언 '마'가 감정 감탄사와 호응이 매우 잘되는 것은 '마'가 담화표지로 화자의 감정을 효과적으로 강조하는 발화책략으로 사용하고 있다.

　　다음 발화는 발화 끝에 실현된 '마'의 경우이다.

(59) ㄱ. 그만하면 예쁘다마.

　　 ㄴ. 마, 됐다마.

　　 ㄷ. 빨리 하소마.

위처럼 발화 끝에 실현된 '마'의 경우는 선행정보에 대해 화자에게 수용할 것을 요청을 강조한다. (59ㄱ)은 대상이 예쁨을 강조하면서 화자의 판단을 강조하고 청자에게 그러한 사실을 수용하도록 요청하고 있다. (59ㄴ)도 완료된 선행행위의 상태에 대한 화자의 판단을 강조하면서 그것을 청자가 수용하도록 강요하는 의미이고, (59ㄷ)은 예사높임의 시킴말로 '마'로써 상대의 행위를 강요하는 의미로 쓰인다.

3.4.5. 행위나 사태가 대수롭지 않음을 강조-수용 요청

경상방언 '마'는 대부분 담화에서 강조의 기능을 하지만 또 상당부분 화자의 발화태도가 강조가 아닌 행위나 사태가 중요하지 않음을 나타내면서 청자에게 자신의 정보를 수용하도록 하는 담화책략으로 활용이 된다. 이때의 담화책략은 화자가 담화를 자연스럽게 이끌어가면서 전체적으로 상황을 청자에게 집중하도록 하는 기능도 한다. 이 경우 성조는 '마'에 중조가 놓이고, 선후행정보 사이에 쉼이 실현되면서 후행정보에도 중조로 덜 강조된다.

(60) ㄱ. 고마(그냥) 마 대충해나라.

　　 ㄴ. *고마(그냥) 마 철저하게 해나라.

(61) ㄱ. (그래) 마 그만하면 됐다.

　　 ㄴ. ??(그래) 마 아직 안 됐다.

위 보기들에 쓰인 '마'는 어떤 행위나 사태가 그리 중요하지 않음의 의미를 도와주는 기능을 한다. 이 말은 선행행위를 지속하지 '-지 않고/-말고' 후행행위를 하게 하는데, 그 후행행위가 청자에게 [호의적][긍정적][수용적][-중요성] 의미를 가지고 있을 경우에 가능하다. (48ㄱ)처럼 부사 '그냥'과 '고마'가 [-중요성][수용성][긍정적]의 의미를 가지고 있기 때문에 서술어도 그러한 의미자질을 가진 서술어와 호응이 되어야 한다. (60ㄴ)은 '철저하게 하라'고 하는 의미는 청자에게는 [−호의적][−수용적][중요성] 등과 같은 의미자질을 가지고 있기 때문에 호응이 자연스럽지 못하다. (61ㄱ)도 마찬가지로 '그래'는 말은 선행정보를 수용하는 말이기 때문에 후행정보도 수용하는 서술어와 호응이 자연스럽다. 반면에 (61ㄴ)처럼 수용하지 않은 서술어와는 호응이 부자연스럽다. 그리고 (49ㄴ)의 서술어가 청자에게 선행정보의 행위나 사태를 멈추고 후행정보에 대해 [−긍정적][−수용적]의 의미를 가지고 있기 때문에 '마'와 호응이 부자연스러운 것을 보여주고 있다.

이러한 발화는 다음과 같은 실제 발화에서도 볼 수 있다.

(62) ㄱ. 그러이께네 그때 벌써 그러구로 다 그 소생(所生)으로 자라난 것이 자라난 것이, 마1, 다 새근(所見)도 좀 들은 겉고 뭐, 그런 말하기 때문에 마2, 거, 마3, 거느리고 완 거지(온 거지),

ㄴ. 그래 마1 잘 묵고 그날 마2 잘 넘깄는데 그래 오후에는 인자 의논을 해서

ㄷ. 예전쯤 겉으만 요새 겉잖고 이제 마, 한 뭐 열 니살에도 들이고, 뭐 열 다섯살 뭐 이 때 들있거든.

ㄹ. 마, 니는 솥 내라, 니는, 마마 그릇 내라, 숟가락 내라, 마, 이래 가지고[청중: 그 집에 마 살기 했네.] 그 집에, 마 당집에다 마 한 살림을 채리 내 준기라요

위 보기는 경상방언 '마'가 이전의 선행정보를 강조하거나 후행정보를 강조하는 등 화자의 정보에 대한 강조 발화태도가 아닌 화자가 자신의 정보에 대해 대수롭지 않음을 나타내고 발화를 자연스럽게 이끌어가는 기능을 하는 경우들이다.

(62ㄱ)에서 '마1'은 선행정보도 신정보이거나 강조정보가 아니고 뒤에 이어지는 정보도 선행정보인 소생으로 자라난 것으로 새근이 든 것을 예측이 가능하여 강조정보가 아닌 것으로 이해가 된다. 그것은 뒤에 이어지는 '뭐'라는 중요하지 않음을 나타내는 담화표지로 부가적으로 확인할 수 있다. 그 뒤에 이어진 '마2'와 '마3'도 전후정보에 대한 강조나 초점정보가 아니고 다만 '그냥'의 의미인 '힘들이지 않고'와 같은 의미로 쓰였으며, 더불어 담화표지 '거'와 같이 쓰여 담화를 자연스럽게 이끌고 있다. (50ㄴ)도 '마1'은 선행정보를 '그래'로서

자연스럽게 이끌고 후행정보에 대해서는 사태나 행위가 자연스럽게 연결되도록 하고 있다. '마2'는 '아무 일 없이'의 의미로 선행정보와 후행정보를 자연스럽게 이어주고 있다.

(62ㄷ)의 '마'도 후행정보가 초점정보로 강조되지 않기 때문에 '중요하지 않음'의 담화기능을 한다. 이러한 의미는 후행하는 '한', '뭐'와 같이 어림정도를 나타내는 말이나 중요하지 않음을 나타내는 담화표지와 함께 쓰인 것으로도 알 수 있다. (62ㄹ)의 '마'는 기저에는 '다른 말하지 말고'와 같은 의미가 깔려있지만 화자가 행위자에게 행위를 요청하는 내용이 '그리 중요하지 않은 행위'임을 나타내고 있다. 그러면서 담화를 자연스럽게 이끌면서 담화 분위기를 재미있게 이끌어 가고 있다.

제9장

담화표지 '인자'

우리말 담화표지 가운데 그 쓰임이 공간적. 계층적으로 매우 광범위한 것으로 '인자/이제/인제/인저'가 있다. '인자'를 담화표지의 입장에서 언급한 것으로는 김종택(1982:279~280)이 '인자'를 경상 방언에 주로 나타나는 군말(redundancy)이라고 언급한 것과 최근 이기갑(1995)의 담화표지 '이제'에 대한 연구 정도만 보인다.

1. 시간 부사에서 담화표지로

담화표지 '인자'가 원래 시간 부사 '이제, 인제, 인자' 등에서 바뀌어 왔다는 것은 이기갑(1995:269)의 연구에서 언급된 적이 있다. 그러나 본고에서는 시간 부사 '이제'의 의미를 다시 점검하고 이것이 어떻게 담화표지로 변화되는가를 명확하게 밝히게 되며, 이러한 과정이 다른 담화표지의 형성 과정과 유사한 모습을 나타내는 것을 보이고자 한다.

시간 부사로서 '이제'에 대한 언급으로는, 최현배(1980:595)는 '이제, 인제(방금, 금방, 오늘): 때 어찌씨 가운데 때의 점(時點)을 보이는 것. 지난 적, 이적, 올적 가운데 이적(현재)에 해당된다.'고 하였으며, 서정수(1975:67~71)는 자유부사류는 모든 동사류와 어울릴 수 있는 부사라고 하면서 '이제'는 자유부사류 가운데 <시점>을 나타내는 시간 부사라고 하였다.

그리고 이기갑(1995:266)은 '이제'와 '지금'을 비교하면서 '이제'는 지속된 상황이나 행동의 존재를 전제로 한 시간 부사이고 이에 비해 '지금'은 그러한 전제가 없이 발화시와 동일

시점으로 표현하는 시간 부사라고 하였다.

그런데 다음 보기 (1)과 (2)를 보자.

(1) 지금/*이제 신문을 읽고 있는 저 사람 말이야.

(2) 지금/*이제 살고 있는 집이 누구 이름으로 되어 있지?

위에서 '이제'가 '지속된 상황이나 행동의 존재를 전제로 한 시간 부사임'에는 틀림없지마는 이 '이제'가 가지고 있는 더 본질적인 의미 특성이라고 보기에는 다소 추상적인 것으로 보인다. 왜냐 하면, 이와 유사한 부사로 '아직', '여태', '계속', '다음', '차차(점차)' 등도 '지속된 상황이나 행동의 존재를 전제로 한 시간 부사'라고 할 수 있기 때문이다. 따라서 위 (1)과 (2)에서 '이제'가 불가능한 것은 시간 부사 '이제'가 단지 '선행 지속 상황이나 행동의 존재'라는 의미 특성을 설명할 수 없음을 의미한다. 더구나 아래 월에서처럼 선행 행위나 상황의 지속을 나타내는 시간 부사로서는 '아직'이나 '계속'과 같은 시간 부사는 가능하지마는 시간 부사 '이제'는 불가능함을 보이고 있다. 이것은 시간 부사 '이제'와 시간 부사 '지금', '아직'과는 본질적으로 다름을 의미한다.

(1ㄱ) 지금/아직/계속/*이제 신문을 읽고 있는 저 사람 말이야.

(2ㄴ) 지금/아직/계속/*이제 살고 있는 집이 누구 이름으로 되어 있지?

그리고 다음 월에서처럼 시간 부사의 의미에 따라서 전제된 선행 정보의 의미가 결정된다는 사실을 알 수 있다.

(3) 아직 철수는 공부하고 있다.

(4) 벌써 철수는 공부하고 있다.

(5) 지금 철수는 공부하고 있다.

(6) 이제 철수는 공부하고 있다.

(3)에서처럼 시간 부사 '아직'은 '이전에도 철수가 공부하고 있고 지금도 계속 공부하고 있음'을 전제하며, (4)의 시간 부사 '벌써'는 발화 시점 이전에 '철수가 공부하고 있었음'을 전제하고, (5)의 '지금'은 발화 시점 이전에는 공부를 했는지 하지 않았는지는 모르지마는 현재 '철수가 공부하고 있음'을 전제하고 있다. 그리고 (6)의 '이제'는 발화 시점 이전에는 '철수가 공부하지 않았음'을 전제하게 된다.

따라서 시간 부사 '이제'의 본질적 의미는 선·후행절을 '대조'의 의미로 보고자 한다.

일반적으로 선·후 행절의 대조적 의미는 선·후행절의 명제적 의미에 의해서 결정되기도 하지마는 앞에서 본 것처럼 시간 부사 '이제'에 의해서도 선·후행절의 대조적 의미를 이끌 수 있음을 알 수 있다. 이것은 이음말 '그리고'와 '그러나'가 선행절과 후행절의 동일이나 대조의 의미를 결속하는 기능을 하는 것과 같다. 이러한 사실은 다음의 보기로 확인이 가능하다.

(7) (지금까지는 공부를 안했는데,) 인제(인자)는 공부를 열심히 해야겠다..

(8) 너 숙제 인제(인자) 다 했나? 그래 인자 다 했다.

(7)처럼 앞 절에서 '지금까지 공부를 안 했는데 '지금부터' 공부를 열심히 하겠다'라는 뜻이 되어 앞 절과 뒷 절의 의미적 관계는 서로 대조가 된다. (8)도 '숙제를 늦게까지 안하다'라는 뜻이 전제되어 있다.

그리고 시간 부사 '이제'의 '대조' 의미는 다음과 같이 '이제' 뒤에 붙을 수 있는 보조사의 특성에 의해 확인이 가능하다.

(9) 철수가 (이전에는 놀음을 했다. 그러나)이제는 노름을 하지 않는다

(10) 철수는 이제까지 놀기만 했다. (그러나 앞으로 놀지 말아라)

(11) 너가 (이전에는 방탕하게 살았지마는 그러나) 이제부터 착실히 살아야 한다.

(12) 우리 한국은(이전에는 별 문제가 안 되었다. 그러나) 이제가 문제이다.

그러나 이와 반대로 아래 (13)처럼 '이제' 뒤에 소위 '공동(협수)'의 의미를 가진 대표적인

보조사 '도'와는 결합할 수 없다. 반면에 시간 부사 '지금' 뒤에는 보조사 '도'가 올 수 있다.

    (13) *철수는 (앞에도 공부했다. 그리고)이제도 공부하고 있다.

    (13ㄱ) 철수는 (앞에도 공부했다. 그리고) 지금도 공부하고 있다.

  결국, 이것은 시간 부사 '이제'와 '지금'은 본질적으로 다름을 의미하며, '이제'의 의미가 선행 행위나 상태에 대한 '대조', 사건의 '전환'의 의미를 이끄는 것임을 알 수 있다.
  따라서 시간 부사 '이제'의 의미는 다음과 같이 나타낼 수 있다.

    '-P(P) 이제(인자) P(-P)'(P: 명제)

  그런데 주목해야 할 것이 바로 이 시간 부사 '이제'가 담화 환경에서 점차 '대조'의 어휘적 의미는 약화되면서 담화표지로 변형된다는 것이다.
  다음 월에 쓰인 '이제'나 '인제'는 '대조'의 의미를 가진 시간 부사가 그 '대조'의 의미가 약화되면서 단순히 사건이나 상태의 전환 기능을 함으로써 담화표지로 전환 과정에 있는 시간 부사로 보인다.

    (14) 이제 가면 언제 다시 만나 볼 수 있을까?

    (15) 이제 우리는 앞에서 말했던 것을 정리할 때가 되었습니다.

    (16) 야, 이거 내가 인제 신선이 됐구나.(양양읍 설화 54)

  그렇다고 전혀 '대조'의 의미가 사라진 것은 아니다. (14)는 '지금까지 같이 있다가 이제 가면'의 뜻으로 해석되고, (15)는 '(지금까지 말한 것은 본론이다.) 이제 (그것을 끝내고) 우리는 ---'의 내면적인 뜻이 가능하다. (16)도 '(이전에는 보잘것없는 사람이었는데) 인제 신선이---'와 같이 선·후행 의미는 '대조'의 관계가 전제되어 있다고 하겠다. 그러나 그 '대조'의 의미는 사실 매우 약화되었다.
  이것이 다시 담화표지로서 담화 환경에 쓰이면서 점점 원래 가지고 있던 '대조'나 '전환'

이라는 시간 부사로서 기능은 사라지고 복잡한 담화적 기능을 하게 된다.[1]

2. '인자'의 담화표지 특성

'인자'가 담화표지로서의 쓰임은 다음과 같은 담화표지의 보편적 특성을 보이면서 나타나게 된다.

1. 담화상에서만 실현되는 표지이다.

담화표지는 당연히 담화 환경 속에서 실현되는 특성을 가지고 있다. 만약 어떤 언어 정보가 담화 환경과 전형적인 글말 환경에서 같이 실현된다면 그것은 담화적 특성이라고 말할 수 없다. 담화표지 '인자'는 '담화'라는 환경 속에서만 실현된다. 이것은 직접 담화 형태가 아닌 전형적인 글말 형태에서는 반드시 생략된다. 다음과 같이 실제 담화 (17)에 쓰였던 담화표지 '인자'는 (17')과 같이 글말로 바꿀 경우는 그것이 쓰이기 어렵다.

> (17) 그러고서 인자 일허로 갔다 오띴기 인자 지게 지고 와서 인자 그놈을 먹었어.(서수면
> 설화6)
> (17') 그래하고 (인자) 일하러 갔다 오듯이 (인자) 지게 지고 와서 (인자) 그놈을 먹었다.

---

1) 그 예로 '가지고'가 있다. '가지고'는 원래 [소유]의 뜻을 가진 타동사였던 것이 담화에서 점차 [소유]의
   의미가 약화되면서 보조어간의 기능과 체언 뒤에서 문법화과정으로 전환하는 모습을 확인할 수 있다(임
   규홍, 1994).
   (1) 철수는 돈을 가지고 외국에 갔다
   (2) 철수는 밥을 많이 먹어 가지고 배가 아프다.
   (3) 너는 그것가지고 불평하니?
   (4) 그래가지고 → 그래갖고 → 그래가
   위에서처럼 (1)은 '가지고'가 본동사로 쓰이다가 (2)처럼 원래 [소유]의 의미가 약화되면서 보조 용언으
   로 쓰였다. 이것이 (3)에서는 조사처럼 쓰이면서 그것이 점차 (4)와 같이 거의 완전한 문법화 현상으로 굳
   어지게 되었다. 필자는 '가지고'나 '인자' 뿐만 아니라 '참', '뭐냐', '있지(임규홍, 1995)', '머', '마', '애-',
   '요' 등도 어휘적 의미가 약화되면서 점차 담화적 기능을 담당하는 현상을 관찰하였다. 뿐만 아니라, 오
   늘날 많은 조사들이 원래 용언에서 문법화되었다는 사실은 이미 널리 알려진 바와 같다(1988).

2. 형태적으로 고정성이 높다.

담화표지가 형태적으로 고정적이라는 것은 그것이 활용하거나 조사가 결합되거나 아니면 다른 형태로 대치되지 않는다는 것이다. 그래서 대부분 담화표지를 '담화 불변화사 (discourse particles)'라고 한 것도 형태의 고정성을 두고 한 말이다.

따라서 아래와 같이 담화표지 '인자' 뒤에는 조사가 결합될 수 없다.

(18) 그기 인자(*는/*까지*부터)우째서 우리가 그걸 믿고 그라냐 쿠면 ---(대평리 이야기14)

(19) 그래 인제(*는/*까지/*부터) '죽으면 대수냐?'구 하라는 대루 거기 올라가서 인제 풍덩 빠지닝깨(공주군 의당면 설화 19)

특히 '인자'가 담화표지인지 시간 부사인지를 구별하는 중요한 잣대가 바로 '인자' 뒤에 대조 보조사 '까지', '는', '부터' 등의 결합 여부라고 할 수 있다.

(20) 철수가 이제는 노름을 하지 않는다

(21) 철수는 이제까지 놀기만 했다.

(22) 너가 이제부터 착실히 살아야 한다.

3. 문장 성분상 독립성이 높다.

담화표지 '인자'는 문장에서 다른 성분과 독립적이다. 이 말은 담화표지 '인자'가 시간 부사로서 풀이말을 꾸미는 문장 성분으로서 기능하지 않는다는 것이다. 담화표지의 이러한 독립성은 담화표지 가운데도 소위 간투사(interjections)의 중요한 특성으로 간주하기도 한다.[2]

아래 (23)~(24)의 '인자'는 서술어와 시제나 서법의 지배를 받지 않고 있음을 확인할 수 있다.

(23) 이 고개를 넘어가서 인자 어떤 고개를 넘어가서---(전북 옥구군 서수면 설화 1)

---

2) Ameka(1992:108) 참고.

(24) 떡 내려 가지고는 내려 가지고 인제 그글 지었는 걸 다 잊어버렸어.(양양읍 설화 53)

4. 독특한 담화적 기능을 한다.

모든 담화표지는 그것 나름대로 담화적 기능을 한다는 것이 기본적인 대전제이다. 그 기능이 무엇인가는 담화표지에 따라 다르다. '인자'의 담화적 기능은 뒤에 설명이 된다.

5. 실현이 임의적이다.

담화표지 '인자'는 생략할 수 있다. 생략을 하더라도 문장의 명제적 의미에는 차이를 가져오지 않는다. 이 말은 담화표지가 시간 부사의 어휘적 의미를 가지고 있지 않는다는 말과 같다. 아래 (25)~(28)의 '인자'들은 생략해도 명제적인 의미 연결상 문제는 없다.

(25) 옛날에 (인제) 부귀 빈천이라고 안 그러나 (양양읍 설화 52)

(26) 이 고개를 넘어가서 (인자) 어떤 고개를 넘어가서---(전북 옥구군 서수면 설화 1)

(27) 떡 내려 가지고는 내려 가지고 (인제) 그글 지었는 걸 다 잊어버렸어. (양양읍 설화 53)

(28) 그래 그 집애 들어가가꼬 (인자 인자) 인사로 한깨내--(대평리 이야기 36)

6. 실현상 보편성을 가진다.

담화표지 '인자'는 계층이나 지역에 관계없이 상당히 보편적으로 실현되는 특성을 가지고 있다.

이상에서 우리는 담화표지 '인자'가 시간 부사에서 파생되는 과정과 그것이 전형적인 담화표지의 특성을 나타내고 있음을 알았다.

3. 담화 기능[3)]

3.1. 붙듦

3.1.1. 선행 담화와 음성적 결속

담화표지 '인자'가 선행 발화를 붙든다는 것은 '인자'가 가진 시간 부사로서의 의미 기능 뿐만 아니라 선행 정보와 한 덩이가 되어 '인자' 뒤에 쉼(pause)이 실현된다는 것에서 알 수 있다. 이러한 현상은 담화표지 '인자'가 선행 발화와 밀접한 담화적 관계를 가진다는 것을 의미하는데, 그것은 바로 말할이가 선행 발화의 내용을 아직 끝맺지 않았음을 나타내는 것이다.[4)]

실제 담화를 자세히 관찰하면 이음말이나 선행어 뒤에 실현되는 '인자'는 선행어와 음성적으로 붙어 나타나는 것이 일반적이다. 즉, /그래인자/, /가서인자/, /그란깨인자/, /옛날에인자/, /해가지고인자/ 등으로 음성적으로 선행 발화와 하나의 덩이를 이루고 있음는 쉽게 알 수 있다. 다음과 같은 실제 발화를 통해서 알 수 있다.

> (29) /우리가인자/ 진해에서 살다가 아버지께서 정근가는 /바람에인자/ 울산갔고 /그라다가인자/ (/:음성적 덩이를 표시) (학생발표)

그러나 이와는 달리 '인자'와 선행 발화와 사이에 쉼이 놓이면 '인자'는 담화표지보다는 시간 부사로서의 기능한다고 볼 수 있다.[5)]

예컨대, '인자'가 시간 부사로 쓰일 경우는 아래 (30)에서와 같이 '인자' 앞에 쉼이 놓이면

---

3) 이기갑(1995:270)에서 담화표지 '이제'의 효과를 1. 선행 발화의 매듭 지음, 2. 선행 발화와 후행 발화의 의미적 연결, 3. 후행 발화에 초점 맞추기로 제안한 바 있다.

4) 선행 정보를 '붙든다'고 함은 선행 정보의 발화에 이어 후행 정보를 계속 발화할 것임을 의미한다. 이것은 이정민 외(1991)에서 담화표지 '요'의 기능을 디딤말(hedge)로 논의한 것과 유사한 기능이라고 볼 수 있다.

5) 이와 유사한 앞선 논의로는 이기갑(1995:267~268)에서도 되어 있다.

서 '인자'에 강세가 주어지는 것이 일반적이다. 그것은 뒤 풀이말과 더 밀접하게 결속됨으로써 음성적으로도 풀이말과 하나의 덩이를 이루게 된다는 것을 의미한다.

(30) 철수가 하루 종일 놀다가/ 인자 공부한다.(/ : 짧은 쉼 표지)

또는, '이제'가 월 머리에서 시간 부사로 쓰일 경우는 일반적으로 '이제' 앞과 뒤에 쉼이 놓이게 된다. 그것은 '인자'가 그 뒤에 이어지는 전체 마디와 결속 관계를 가지기 때문이다.

(31) 자, /이제/우리가 이렇게 있을 때가 아니다.

이러한 현상은 결속성이 높은 정보일수록 음성적으로나 형태적으로 가깝게 실현된다는 '도상성 가설(iconicity hypothesis)'의 측면에서도 설명이 가능하다. 또 담화표지 '인자'가 선행 발화와 음성적으로 결속된다는 사실은 문법 형태소(조사)나 어미 그리고 접사가 선행 정보에 결속되어 나타나는 것과 같이 어휘 의미보다는 문법화된 의존 형태소(independent morpheme)로 기능함을 의미한다. 그런데 이 담화표지 '인자'는 다른 문법적인 형태소와는 달리 체언이나 용언 또는 조사 등에도 나타날 수 있어 그 결합 환경의 폭이 매우 넓은 특성을 가지고 있기 때문에 독특한 언어 범주를 규정할 필요가 있다고 본다. 앞으로 담화표지 '인자'가 어떻게 변이할 것인지는 알 수 없지만 분명한 것은 이것이 문법화 또는 첨사(添辭)화의 과정을 거칠 것이라는 것이다.

따라서 담화표지로서 '인자'는 선행 발화와 하나의 덩이를 이룸으로써 결국 말할이는 선행 발화를 붙들고(지속) 있는 기능을 한다.

3.2. 바뀜

3.2.1. 비어두 · 비어말성(非語頭 · 非語末性)

담화표지 '인자'는 다른 담화표지와는 달리 말 첫머리에는 거의 실현되지 않는다. 이때

말 첫머리는 구정보가 존재되지 않고는 담화표지 '인자'는 실현될 수 없다는 뜻이다. 실제, 언표적으로 표현되지 않더라도 상황에 의해 구정보가 제시된다면 말 첫머리에도 실현될 수 있는 것처럼 보인다. 예컨대, 어떤 모임이 끝나고 자리에서 일어서려고 하는 상황이 있다고 하자. 그 동안 담화를 많이 나누었다가 그 담화가 끝나면서 "자, 이제 일어나세"라고 했다면 선행 정보가 언어적으로 나타나지는 않았다. 그러나 그 때도 '이제'는 이제까지 담화를 이끌었던 상황 정보를 전제했기 때문에 가능하다. 그러나 만약 어떤 사람이 만나자 마자 "이제 밥먹지"라고 했다면 그 표현은 매우 어색하다. 따라서 담화표지 '이제'는 상황 정보이거나 언표적인 정보이거나 전제된 정보가 존재할 때에만 실현 가능하다. 필자가 참고한 자료 가운데 '인자'가 담화 첫머리에 나타난 것은 관찰하지 못했다.

그리고 담화표지 '인자'가 어떤 형태로든지 선행 발화와 긴밀한 관계를 가지면서 선행 발화를 후행 발화로 '바꾸'는 담화 기능을 가지고 있기 때문에 후행 발화가 없이 담화가 끝나는 환경에서는 당연히 실현되기 어렵다.

3.2.2. 서술어 뒤 실현 가능성[38%][6]

서술어는 그것이 하나의 명제 덩이를 의미하기 때문에[7] 서술어 뒤에 담화표지 '인자'의 실현 빈도가 높다는 사실은 담화표지 '인자'가 선행하는 의미 덩이와 다른 새로운 명제적 의미로 전환(바뀜)을 이끄는 담화적 기능을 한다고 볼 수 있다. 다음이 그 보기에 해당된다.

(32) 그래 인제 '죽으면 대수냐?'구 하라는 대루 거기 올라가서 인제 풍덩 빠지닝깨(공주군 의당면 설화 19)

(33) 이 고개를 넘어가서 인자 어떤 고개를 넘어가서---(전북 옥구군 서수면 설화 1)

---

6) 여기에 제시한 비율은 필자가 조사한 담화표지 '인자'의 실현 환경을 나타낸 것이다.

7) 언어에서 풀이말(predicate)이 가지는 의미는 매우 중요하다. 변형 문법적인 측면에서 속구조의 기준은 풀이말에 따라 나누어진다. 풀이말은 하나의 월을 구성하는 최종 단위라고 본다. 뿐만 아니라 인지 언어학적 측면에서는 인간의 인지는 풀이말을 중심으로 그물(net)처럼 엮어져 나간다고 본다. 그래서 이것을 그물이론(net theory)이라고 한다. Meyer(1975)는 한 편의 글을 풀이말(명제) 중심으로 구조화, 계층화하기도 하였다. 인지 심리학에서도 의미의 덩이는 풀이말을 중심으로 짜여진다고 밝히고 있다(Clark&Clark (1977), Lindsay&Norman(1972), Dijk(1977), 임규홍(1987) 등).

(34) 떡 내려 가지고는 내려 가지고 인제 그글 지었는 걸 다 잊어버렸어(양양읍 설화 53)

(35) 그래 그 집애 들어가가꼬 인자 인자 인사로 한깨내--(대평리 이야기 36)

3.2.3. 이음말 결합 가능성[22%]

이음말 뒤에 담화표지 '인자'의 실현 빈도가 높다. 그것은 담화표지 '인자'의 기저 의미가 상황의 '전환'임을 의미하는 것이다. 특히, 담화표지 '인자'가 이음말 가운데서도 상황의 '순행 전환'을 나타내는 '그래', '그래서', '그래가지고'와 같은 이음말 뒤에 많이 나타나는 반면, '대조'를 나타내는 이음말 '그러나', '그렇지만'과 같은 이음말 뒤에서는 거의 나타나지 않는다. 이러한 사실도 담화표지 '인자'가 '대조'의 시간 부사 의미는 사라지고 선행 정보를 '순행으로 전환'하는 기능을 수행하고 있음을 말한다[8]. 다음 보기에 잘 나타나 있다.

(36) 어, 그러니까는 인제 새끼달린---(인천시 설화 17)

(37) 그래서 이제 그 자식을 길르니까----(영종면 설화 44)

(38) 그래갖곤 인자 서로가 다 각각이,인자---(화순읍 설화 30)

(39) 그란깨 인자 네 군대 지내넌대.(대평리 이야기 14)

(40) 그래 가지고 금강산이라는 천하의 명산을 만든다니 한 번 그곳에 가야겠다, 이래서 인제
그 노정에 오르다가---(양양읍 설화 4)

3.2.4. 시간·장소 부사어 뒤 실현 가능성[10%]

담화표지 '인자'는 시간과 장소 부사어 뒤에서 실현될 가능성이 높다.[9] 시간이나 장소

---

8) 이기갑(1995:284)에서도 '이제'가 나타내는 발화의 진행을 연쇄적 진행과 병렬적 진행으로 나누었다. 즉, 담화표지로서의 '인자'는 선행 발화와 순행적 의미를 후행 발화에 이끌게 된다. 이것이 선행 발화와 대조적 의미 관계를 이끄는 시간 부사 '이제'와 다른 점이다.

9) 이기갑(1995)에서 담화표지 '인자'의 실현 분포를 비교적 자세히 파악하였다. 그 결과는 필자의 조사와 크게 다를 바가 없었다. 그 분포는 대략 다음과 같다.
접속문의 선행절(30%) > 문장(16%) > 접속의 대용어(14%) > 시간/공간/나열부사어(12%) > 주어(11%) > 주제어(7%) > 동격어(6%) > 양태/기타부사어(3%) > 목적어(2%)

부사어 뒤에는 항상 사건이나 상태가 존재하게 되는데 시간이나 장소 부사어 뒤에 담화표지 '인자'가 실현되면 자연스럽게 그 시간이나 장소에서 일어날 사건과 상태는 새로운 정보로 등장하게 된다. 그러면서 말할이는 그 공간적 · 시간적 배경(setting) 속에서 일어나는 새로운 사건으로 들을이의 주의를 전환시킨다.

특히, 담화표지 '인자'가 시간 부사어 뒤에 많이 나타나는데 그것은 '인자'의 근원적인 의미인 시간 부사 '이제'가 '시간'의 변화를 가지고 있기 때문이다. 아래 보기들이 여기에 해당된다.

(41) 옛날에 인제 부귀 빈천이라고 안 그러나 (양양읍 설화 52)

(42) 그서 인자 노래를 허고 야단났는디---(옥구군 서수면 설화 1)

(43) 사람이 어느 동내에 사는대, 거개 인자 사람이 사람이 성받이 여러 사는데(대평리 이야기 15)

(44) 날마다 인자 물도 떠날리고 소지도 허고 먹도 갈고 헌단 말여.(군산시 설화 55)

(45) 옛날에 인자 그런 문새꾼은 안 되어도

이와 같이 담화표지 '인자'가 '비어두', '비어말성'의 특성을 가지는 것이나 서술어와 이음말 뒤에 그리고 시간이나 장소 부사어 뒤에 실현 가능성이 높은 것은 모두 '인자'가 상황의 '전환'이라는 담화적 기능에 깊이 연유한 까닭이다.

3.3. 주의 집중

3.3.1. '인자'의 유표성

담화표지 '인자'가 쓰인 담화월에서 선행 의미와 후행 의미에 '주의 집중'되는 것은 '인자'라는 담화표지가 가진 담화의 유표성에 의해 나타난다. 담화표지 '인자'의 담화 유표성은 다음과 같이 나타낼 수 있다.

무표(unmarked): 선행 정보 + 후행 정보

유표(marked): 선행 정보 + 인자 + 후행 정보

선행 정보와 후행 정보 사이에 '인자'라는 담화표지가 실현됨으로써 실현되지 않은 표현보다는 더 유표적이며 따라서 두 정보의 의미 또한 유표적인 특성을 나타낸다. 즉, 선행 정보와 후행 정보 사이의 거리가 떨어짐으로써 들을이에게 두 정보의 의미적 독립성이 더 강하게 드러나면서 들을이에게 주의를 집중하게 하는 효과를 가져온다.10)

다음 (46ㄱ)과 (46ㄴ) 그리고 (47ㄱ)과 (47ㄴ)을 비교해 보자.

(46ㄱ) 날이 인자 궂을라카마 기름 주무이가 누구리하마---(경북 성주군 대가면 설화 7)
(46ㄴ) 날이 ∅ 궂을라카마 기름 주무이가 누구리하마---
(47ㄱ) 날마다 인자 물도 떠날리고 소지도 허고 먹도 갈고 헌단 말여. (군산시 설화 55)
(47ㄴ) 날마다 ∅ 물도 떠날리고 소지도 허고 먹도 갈고 헌단 말여.

위에서 (46ㄱ)은 담화표지 '인자'가 쓰인 것이고, (46ㄴ)은 생략된 것이다. (46ㄱ)은 날이 다음에 '인자'가 들어감으로써 쉼은 '날이 인자' 뒤에 길게 놓이게 되고, 그렇지 않은 (46ㄴ)은 '날이' 뒤에는 쉼이 실현되지 않을 가능성이 높다. (47ㄱ)과 (47ㄴ)도 마찬가지이다. 따라서 말할이가 담화표지 '인자' 뒤에 이어지는 새 정보를 강조하여 그것에 들을이가 주의 집중하도록 하기 위해서는 '인자' 뒤에 정상적인 쉼보다 더 긴 쉼을 놓게 된다.

결국 담화표지 '인자'는 선행 정보를 붙들어 후행 정보로 이어주면서 두 사이를 형태적으로 벌림으로써 후행 정보를 두드러지게 하고 나아가 들을이에게 후행 정보에 대해 주의 집중을 기대하는 담화 기능을 한다.

3.3.2. 주제말 뒤 실현 가능성[20%]

담화표지 '인자'가 주제말 뒤에서 실현될 가능성이 높은 것은 주제말의 특성 가운데 구정

---

17) 언어의 도상성 가설(iconicity hypothesis)과 유관하다.

보와 밀접한 관계가 있기 때문이다. 주제말이 일반적으로 구정보이기 때문에 담화표지 '인자'가 이 구정보 뒤에서 실현됨으로써 들을이가 모르는 신정보에 들을이로 하여금 주의를 집중하게 한다. 특히, 이러한 '인자'는 심층적으로 서로 독립성이 높은[11] 주제말과 설명말 (comment) 사이에서 쉼[12]과 더불어 실현됨으로써 자연스럽게 신정보가 더욱 부각된다.

이러한 점에서 담화표지 '인자'는 구정보 뒤에 실현되는 공통성과 그 뒤에 이어지는 정보가 항상 신정보라는 보편적인 실현 환경을 생각한다면 담화표지 '인자'는 담화에서 주제말 표현을 강조하는 '담화 주제말 표지'라고 할 만하다.

따라서 담화표지 '인자'는 주제말 뒤에서 주제말을 들을이게 선명하게 부각시키면서 주제말과 설명말 사이의 거리를 벌려서 이어질 새로운 정보에 대해 들을이에게 주의를 끌 수 있도록 한다. 다음 보기와 같다.

(48) 옛날 한 가정은[topic] 인저 참----

(49) 그래 어떻게 술 안 먹는 놈을[topic] 인제---

(50) 이제 우리를[topic] 이제 하늘에서---

(51) 그기[topic] 인자 우째서 우리가 그걸 믿고 그라냐 쿠면---(대평리 이야기 14)

(52) 날이[topic] 인자 궂을라카마 기름 주무이가 누구리하마---(경북 성주군 대가면 설화 7)

담화표지 '인자'가 상황 전환 기능[13]을 가진 시간 부사와 기저 의미가 동일하다는 점은 담화표지 '인자'가 이음소 '그래서, 그래가지고, 그런데 등'과 연결어미 '어, 어가지고, 는데[14] 등'과 강한 결속력을 가진다는 사실로 알 수 있다.

---

11) 주제말의 독립성은 일찍이 Chafe(1970) 이후로 많은 논자들이 주장하고 있다.

12) 주제말과 설명말 사이에 쉼이 놓인다는 주장은 이정민(1973:94), 채완(1976:98), 최규수(1990:98), 임규홍(1993:16) 등이 있다. 따라서 주제말 뒤에 실현되는 담화표지 '인자'는 주제말과 설명말을 더 유표적으로 가르는 기능을 담당하기도 한다. 그래서 주제말 뒤에 이어지는 새 정보인 설명말이 강조되면서 강한 초점이 놓이게 된다.

13) 영어의 담화표지 'now'가 '화제 전환 표지'의 기능을 한다고 한 것(송병학, 1985:63 참조 Svarvik, 1979: 179)과 이것의 어휘적 의미와 동일한 우리말의 '인자'가 '화제 전환'의 기능이 있는 것과는 어떤 유사성이 있는 것같이 보인다. 그리고 송병학(1985:63)은 'now'가 그 전환점을 기준해서, 더 새로운 장면으로 전개하는 것이 분명하다(Quirk. el, 1972:10.24)고 한 것도 본고에서 논의하고 있는 우리말 담화표지 '인자'의 기능과 비슷하다.

따라서 담화표지 '인자'는 그 어휘적 기저 의미인 시간 부사의 '전환'이라는 의미에 의해 발화자는 발화 진행을 다른 상황으로 '바꾸고' 들을이에게 '주의 집중'을 기대하는 담화 기능을 한다.

3.4. 시간 벌기

담화표지 '인자'는 선행 발화를 붙들고 다른 후행 정보로 전환시켜주는 기능을 하면서도 '인자'가 가지는 담화의 유표성에 의해 말할이가 뒷 정보에 대한 회상(recall)시간을 확보하는 기능도 하게 된다. 다시 말하면, 앞에서 본 것처럼 담화표지 '인자'가 선행 발화의 내용에 대해 담화를 계속 진행시킨다는 말할이의 의사 표시와 함께 선행한 구정보에 대한 신정보를 회상할 시간을 가지게 된다는 것이다. 이것은 담화표지 '인자'가 구정보인 주제말 뒤에 실현 가능성이 높다는 사실과 밀접한 관계가 있다.

이와 같이 구정보인 주제말에 대한 신정보를 회상하는 담화 책략(discourse strategy)은 매우 다양하다. 말할이는 주로 '긴쉼'이나 또는 시간 벌기 비어휘적 담화표지라고 할 수 있는 '애, 에, 음, 이, 그, 저' 등과 같은 담화표지를 이용하게 된다. 그리고 그 실현 양상도 매우 다양해서 단순히 긴쉼으로 회상 공백(gap)을 매우는 경우도 있고, 쉼과 다른 시간벌기 담화표지들이 복합적으로 나타나기도 한다. 예컨대, '애-, 음-', '애-이(그, 저)', '이-그', 이-저' 등과 같이 나타난다.

담화표지 '인자'도 위와 같이 말할이가 신정보를 회상할 시간을 가지기 위한 담화 책략의 하나로 사용된다. 이때도 다른 시간벌기 책략과 마찬가지로 '인자' 뒤에 상당한 쉼이 뒤따르거나 아니면 다른 시간벌기 담화표지 뒤에 '인자'가 덧붙게 되기도 한다. 다음 보기들이 이에 해당된다.

　　(53) 옛날 한 가정은 인저 참----

　　(54) 그기 인자 애- 우째서 우리가 그걸 믿고 그라냐 쿠면---(대평리 이야기 14)

---

14) 김용석(1981:287)에서 '-는데'를 '상황제시어'라고 한 것은 '-는데'와 유사한 '그런데' 뒤에 '인자'가 쉽게 결합하는 것으로 담화표지 '인자'가 '상황(화제)전환'의 기능이 있음을 의미한다.

그리자, 나라에 이제 에---태평성대를 인제 보게 떡 댔단 말이야.(양양군 서면 설화 18)

(55) 소금짐 지구 가지.인제 가구가닝께, 아 인저 그 소금장사 이름이 개구리더래요(충북 용산 면 설화 32)

(56) 옛날에 한 가정은 인저 참, 시어머니, 시아버지하구 메누리하고 이렇게 사는데---(공주 군 유구면 설화 24)

위에서처럼 담화표지 '인자'가 시간 벌기 기능을 동시에 담당할 때는 '인자' 뒤에 실현되는 쉼의 길이는 다른 경우보다 더 긴 것이 특징이다.

제10장

담화표지 '말이야'

1. 들머리

우리말에 '말이야'는 다음과 같은 여러 가지 모습으로 나타난다.

(1) ㄱ. 그것은 철수가 한 <u>말이야</u>.

ㄴ. 그것은 오래 전부터 전해 오던 <u>말이야</u>.

(2) ㄱ. 네가 그것을 했단 <u>말이야</u>?

ㄴ. 그것을 (다른 사람이 아니라)철수가 했단 <u>말이야</u>.

(3) ㄱ. 그것 <u>말이야</u>. 철수가 했어.

ㄴ. 갑자기 사람 그림자가 나타났어. 그런데 <u>말이야</u> 그 그림자에 <u>말이야</u> 머리가 없는 것 있지.

그런데 위 (1)~(3)에 실현된 '말이야'는 각각 어떻게 다른가?

(1)의 '말이야'는 '말(言)'에 이른바 서술격 조사 '이다'가 결합된 전형적인 표현이다. 그러나 (2), (3)의 '말이야'는 (1)과는 다른 의미적 · 담화적 기능을 하는 것으로 보인다. 따라서 본고에서 (1)과 (2), (3)의 의미적 차이를 알아보고 그 기능적인 면에서는 (2)와 (3)을 중심으로 논의하고자 한다. 즉, (2), (3)의 '말이야'는 담화 상황 이 아니면 결코 실현될 수 없는 말이기 때문에 담화 층위에서 그 실현 특성과 담화적 기능을 알아보기로 한다. (1)의 '말이야'는

어휘적 의미를 그 대로 가지고 있으며, (2)의 '말이야'는 어휘적 의미가 상당히 약화되면서 담화표지의 기능으로 넘어가고 있다. (3)의 '말이야'는 담화표지의 기능을 한다고 보아야 한다.

이 '말이야'는 지역적 특성을 가지고 다양한 형태로 나타나기도 하면서, 개인적으로 그 실현 빈도도 다소 다르게 나타난다. 제주도에서는 '말이여'로, 전라도와 경기도(인천)에서는 '말여' 또는 '말이여', 충청도에서는 '말이여' 등으로 실현된다. 그리고 높임 형태소에 의한 '말이야'의 꼴바꿈(활용)은 주로 '말이야', '말야', '말이죠', '말입니다', '말입니다요', '말입니더', '말이에요', '말씀이죠' 등으로 실현된다. 본고에 서는 기본적 형태를 '말이야'로 잡았다.

담화표지 '말이야'에 대한 앞선 연구는 대략 다음과 같다.

신지연(1988)은 '말이야'를 형식 간투사로 보면서 '-이다' 평서형 어미의 다양한 상대높임법 체계를 그대로 보여주면서 널리 쓰이고 있다고 하였다. 이정민·박성현(1991)에서 '말이야'도 디딤말(hedge) '요'의 기능과 일치한다고 하면서 공손의 뜻을 가진 '말씀이에요'로도 실현되는데, 그것은 '말이야'가 좀 더 긴 강한 디딤말이므로 거기서 디딤말 기능을 얻고 높임 표시에서 공손의 태도가 확인된다고 하였다. 안주호(1992)는 '말이야'를 '시발표자'의 하나로 보았다. 이혜영(1994)은 '말이야'를 전제가 부족한 상황에서 '글쎄'로 새로운 화제를 열고 말하는데 있어서의 적당한 간격을 확보하여 상대방의 주의를 환기시키는 기능을 한다고 하였다. 노대규(1989)는 '말이야'를 말할이가 어떤 특정한 의미를 첨가시키지 않으면서, 들을이에 대한 어떤 태도를 드러내는 비격식적 단어인 덧말인 부가어(expletives)라고 하였다. 그리고 우리말 큰사전(1985)에는 이를 단순히 '뜻이 없는 군말'이라고 하였다.

그런데 '말이야'가 앞선 연구들처럼 단순히 '디딤말'의 기능이나 주의를 환기시키는 기능만 가지고 있다거나 단순히 '덧말'의 하나로 보는 것은 '말이야'에 대한 본질을 지나치게 피상적으로 본 것으로 보인다. 따라서 본고에서는 실제 담화에서 '말이야'의 실현 양상과 담화 차원에서의 의미를 분석하고 다양한 담화적 기능을 밝히는 데 목적이 있다.

2. '말이야'의 의미

2.1. 명제적 의미의 '말이야'

다음 문장에 쓰인 '말이야'의 특징을 알아보자.

> (1) ㄱ. 그것은 철수가 한 <u>말이야</u>.
>
>   ㄴ. 그것은 오래 전부터 전해 오던 <u>말이야</u>.

(1)의 '말이야'는 상위절의 명제 서술어로서 온전히 '말(言)+이다'의 어휘적 의미를 가지고 있다. 따라서 (1)의 '말이야'는 다음과 같은 명제 서술어로서의 통사적 특징인 쪼갠월(cleft sentence), 부정변형, 생략 불가능 등의 현상을 나타낸다.

첫째, 이 (1)의 '말이야'는 상위 명제 서술어의 기능을 하기 때문에 쪼갠월이 가능하다.[1]

> (1') ㄱ. 그것을 말한 사람은 철수이다.
>
>   ㄴ. 오래 전부터 전해 오던 말은 그것이다.

둘째, 그리고 (1)의 '말이야'는 다음과 같이 부정 형태가 가능하다.

> (1") ㄱ. 그것은 철수가 한 말이 아니야(말이 아닌가?, 말이 아니구나!)
>
>   ㄴ. 그것은 오래 전부터 전해오던 말이야(말이 아닌가?, 말이 아니구나!)

이처럼 상위 서술어를 부정할 수 있다는 것은 그것이 명제 서술어임을 말해 준다.

---

1) 어떤 월 성분이 쪼갠월(분열문)의 초점 자리에 올 수 있다는 것은 통사적으로 그 월 성분은 부속 성분이 아니라 주요성분일 가능성이 높다. 의미적으로도 확정적이고 독립적일 가능성이 높다. 국어 분열문의 초점 가능성에 대한 연구는 임규홍(1988) 참고 쪼갠월의 가능성으로 성분의 통사적 특징을 논의한 것으로 김영희(1988) 참고

셋째, (1)의 '말이야'는 생략할 수 없다.

(1''') ㄱ. *그것은 철수가 한 ∅

ㄴ. *그것은 오래 전부터 전해 오던∅

넷째, (1)의 '말이야'는 다른 단언 서술어[2]와 대치가 가능하다.

(1'''') ㄱ. 그것은 철수가 한 이야기(주장)이다.

ㄴ. 그것은 오래 전부터 전해 오던 이야기(주장, 소문)이다.

다섯째, 완형 보문을 이끄는 명제적 의미로서 '말이야'는 보문소 '-다는'이 자연스럽고 '-단'은 어색하다.[3]

(1''''') ㄱ. 그것은 철수가 잘못했다는(?단) 말이야.

ㄴ. 그것은 오래 전부터 전해 오던 말이야.

위 (1'''''ㄴ)은 완형 보문이 아니라 이른바 불구 보문일 경우이다. 불구 보문을 이끄는 '말이야'는 반드시 명제적 의미로 쓰인다.

2.2. 담화적 의미의 '말이야'

들머리에 제시한 (2)의 '말이야'는 (1)과는 다르게 쓰였다.

---

[2] 단언 서술어의 문법적 특징에 대한 논의는 김영희(1988) 참고.
[3] 완형 보문과 불구 보문에 대한 논의는 남기심(1973) 참고
완형보문은 보문이 종결형 어미로서 완전한 문장의 형태로 끝난 경우를 말하고 불구보문은 보문이 종결형 어미로 이루어진 것이 아닌 보문을 말한다. 아래 1)은 완형 보문이고, 2)는 불구보문이다. 예컨대,
1) 철수가 결혼했다는 것은 거짓이다.
2) 철수가 결혼한 사실은 널리 알려져 있다.
'말(言)'은 완형보문만 취하는 보문명사로 보았다.

(2) ㄱ. 네가 그것을 했단 <u>말이야</u>?

　　ㄴ. 그것을 (다른 사람이 아니라)철수가 했단 <u>말이야</u>.

(2)의 '말이야'는 (1)과는 다르게 '말(言)+이다'의 명제적 의미보다 말할이의 태도를 표현하는 양상적 의미를 가지고 있다.4)

먼저, (2)의 '말이야'의 문맥적 의미를 보면 쉽게 알 수 있다.

(2) ㄱ. 네가 그것을 했단(다) 말이냐?

　　ㄴ. 그것은 (다른 사람이 아니라)철수가 했다(단) 말이야.

(2)의 ㄱ, ㄴ의 '말이냐'와 '말이야'는 상대(네)가 '그것을 했다'고 직접 말을 한 경우가 아니다. 즉, (2ㄱ)의 '말이냐'는 '그것을 했다고 네가 말을 했어?'나 '어떤 사람이 한 말이 네가 그것을 했다는 것이냐?'와 같이 '말'이 실제 '말(言)'이나 동사 '말하다(話)'의 어휘적 의미를 나타내는 것이 아니다.

뿐만 아니라, (2)의 '말이야'가 '말(言)+이다'의 어휘적 의미를 가지고 있지 않다는 것은 다음 몇 가지 통사적 특징으로 검증이 된다.

첫째, (2)의 '말이야'는 쪼갠월이 불가능하다.

(2') ㄱ. *네가 말한 것이 그것이냐

　　　*그것을 말한 것이 너인가?

　　ㄴ. *그것을 말한 것이 (다른 사람이 아니라)철수가 한 것이다.

　　　*철수가 한 것을 말한 것은 그것이다.

둘째, (2)의 '말이야'는 부정이 불가능하다.

---

4) Fillmore(1968:5)는 최초 기저 규칙을 '문장 → 양상+명제'라고 하면서 'S → M+P'로 도식화했다. 그리고 그는 양상 구성 요소로는 '부정(negation), 시제(tense), 법(mood), 상(spect) 등을 포함하고 있다. 황병순(1987)은 국어의 문장을 '명제+양상'으로 보고 이른바 조동사(보조동사)를 본동사와 합쳐 복합동사라고 하면서 보조동사는 양상적 의미을 나타낸다고 하였다.

(2") ㄱ. *네가 그것을 했단 말이 아니냐?

ㄴ. *그것은 (다른 사람이 아니라)철수가 했단(다) 말이 아니야.

이처럼 '말이야'의 부정 변형이 불가능하다는 것은 '말이야'가 '말+이다'의 어휘적 의미를 나타내지 않음을 단적으로 말해 준다. 만약, (2")처럼 '말이야'의 부정이 가능하려면 '말이 아니야'에 대한 주어가 있어야 하는데 (2")는 그렇지 못하다.

셋째, (2)의 '말이야'는 양상적 의미 내지 월에서 부가적 기능을 하기 때문에 생략하더라도 문장의 명제적 의미에는 영향이 없다.

(2''') ㄱ. 네가 그것을 했다고(어)?

ㄴ. 그것은 (다른 사람이 아니라) 철수가 했다∅.

넷째, (2)의 '말이야'는 양상적 의미를 나타내기 때문에 다른 유사한 명제 서술어(단언 서술어)와 대치할 수 없다.

(2'''') ㄱ. *네가 그것을 했단(다) 주장이냐 (이야기이냐)?

ㄴ. *그것은 (다른 사람이 아니라) 철수가 했다(단) 주장이야 (이야기이야).

그러나 (2)의 '말이야'가 꼴바꿈(활용)이 어느 정도 가능하다는 것은 이것이 단순히 담화표지의 기능만 하는 것이 아니라 상위 서술어로서의 명제적 의미도 어느 정도 가지고 있음을 의미한다. 이것이 완전한 담화표지의 기능을 하는 (3)의 경우는 꼴바꿈을 할 수 없다.

(2) 네가 그것을 했단 말이냐? (말이지, 말이야, 말이구나!, *말이자, *말이라)

다섯째, 담화적 의미로서의 '말이야'는 완형 보문을 이끌 경우 보문소를 '-는'은 취할 수 없다. 그리고 담화적 '말이야'는 불구 보문을 이끌 수 없다.

(2'''''') ㄱ. 네가 그것을 했단(*다는) 말이냐?

ㄴ. 그것은 (다른 사람이 아니라)철수가 했다(*다는) 말이야.

ㄱ'. 네가 그것을 했단(*한, *했던, *할) 말이냐?

ㄴ'. 그것은 (다른 사람이 아니라)철수가 했다(*한, *했던, *할) 말이야.

따라서 (2)의 '말이야'는 선행 정보에 대한 강조, 놀람, 의외 등 말할이의 심리적 태도를 나타내는 양상 서술어로서의 기능을 한다. 이것은 '말이야'가 어휘적(명제적) 의미 기능에서 담화적 의미 기능으로 전이 과정에 있음을 보여주는 것이다.

다음 (3)의 '말이야'는 (2)의 '말이야'와 담화적 측면에서 상당한 공통적 특성을 가지고 있으나 몇 가지 점에서 다른 현상을 보이는데, (3)의 '말이야'가 (2)의 '말이야'보다 더 담화 표지의 특성을 나타낸다.

(3)의 '말이야'가 (2)의 그것과 몇 가지 다른 점을 알아보자.

먼저, (2)의 '말이야'가 서술어의 기능을 가지고 있는데 반해 (3)의 '말이야'는 서술어의 기능을 가지고 있지 않다. 그것은 다음처럼 활용을 할 수 없으며 형태적으로 고정되어 있다.

(3') ㄱ. 그것 말이야(*말인가?, *말이구나), 철수가 했어.

ㄴ. 갑자기 사람 그림자가 나타났어. 그런데 말이야(*말인가?, *말이구나,) 그 그림자에 말이야 머리가 없는 것 있지.

즉, 원래의 어원적 형태가 '말+이다'의 서술어 형태를 가지고 있음에도 불구하고 서술어의 기능을 하지 않으면서 형태가 고정되어 있다는 것은 그것이 담화표지로서 화석화된 것이라고 할 수 있다.

그리고 (3)의 '말이야'는 (2)의 '말이야'보다 생략이 훨씬 자연스럽다.

(3'') ㄱ. 그것 ∅, 철수가 했어.

ㄴ. 갑자기 사람 그림자가 나타났어. 그런데 ∅, 그 그림자에 ∅ 머리가 없는 것 있지.

어떤 성분의 생략이 문장의 명제적 의미에 영향을 주지 않는 것은 말할이의 양상적 태도나 순수한 담화적 기능을 가지고 있음을 의미한다.

마지막으로 담화 기능으로서 '말이야'는 선행 어휘나 문장에 결속성이 강하기 때문에 그 사이에 쉼(pause)이 실현될 가능성이 매우 낮다.[5] 그것은 담화표지로서 '말이야'가 의미적으로 자립성이 낮기 때문이다. 그리고 '말이야' 뒤에 쉼이 실현되는 특성이 있다. 이것은 본동사와 보조 동사의 결속성 현상과 유사하다.

따라서 (1)의 '말이야'는 어휘적 의미를 그대로 간직하고 있는 반면에, (2)와 (3)은 어휘적 의미는 점차 사라지면서 관용적으로 담화표지의 기능을 하고 있음을 알 수 있다. 그 변이 과정은 '어휘적 의미--준담화적 의미[6] → 담화적 의미'로, 즉 (1)→(2)→(3)으로 이루어졌음을 파악할 수 있다. 이러한 현상은 다른 담화표지나 담화성 어휘의 변이 양상과 유사성을 보인다.[7]

그러나 담화에서 실현되는 담화표지는 그 어형이 가지고 있는 어원적인 의미가 심층에는 어떤 형태로든지 내재되어 있다[8]는 것이 담화 연구의 기본 입장이다.

3. 서법과 실현 양상

그리고 서법에 따라 '말이야'의 실현 모습이 다르다. 그 실현 가능성은 다음 (21)과 같이 평서형 뒤가 가장 높고 그 다음 명령형, 청유형, 의문형 그리고 감탄형 순서로 실현 가능성을 보인다. 그러나 감탄형 뒤에는 '말이야'가 나타나지 않는다.

  (4) ㄱ. 네가 그것을 했다(단) 말이야(말인가?, 말이구나!)

---

5) 국어 쉼에 대한 담화적 특성은 임규홍(1997) 참고
6) 준담화적 의미(semi-discourse meaning) 용어에 대해서는 더 논의되어야 하겠지만 본고에서는 우선 원래 어휘적 의미가 상당히 감소되면서 담화적 의미로 전이되어 가는 중간 단계를 의미하고자 한다.
7) 국어 '가지고'가 동사 '가지다'에서 보조동사 '어 가지고'로 이것이 조사 '가지고' 또는 '갖고', '가'로 문법화되는 과정과 '있지, 뭐냐'나 '인자', '정말' 등 국어 담화표지나 담화성 어휘들의 변이 양상과 유사하다. 이러한 논의는 임규홍(1994, 1995, 1996, 1998), 이한규(1996) 참고
8) 임규홍(1994, 1995, 1996, 1998), 이한규(1996), 이기갑(1995) 참고

ㄴ. 내 보고 그 일을 해라(란)　　말이야(말인가?, 말이구나!)

ㄷ. 우리가 그 일을 하자(잔)　　말이야(말인가?, 말이구나!)

ㄹ. 네가 그 짓을 했느냐?　　말이야(*말인가?, *말이구나!)

ㅁ. 날씨가 참 덥구나!　　　　*말이야(*말인가?, *말이구나!)

　평서형의 문장에 '말이야'의 실현 가능성이 높은 것은 평서형이 일반적으로 어떤 사실이나 상태를 단정적이거나 객관적으로 기술하는 경우가 많기 때문에 그러한 사실이나 상태를 확인하고 강조하거나 거기에 대한 놀람의 표현도 쉽게 할 수 있기 때문이다. 그리고 어떤 정보를 상대에게 전달하는 명령형의 문장의 '말이야'는 명령의 정보를 상대에게 다시 확인 강조함으로써 그 명령의 정보를 들을이에게 강화시키는 기능을 할 수 있기 때문에 대체로 자연스럽게 쓰이게 된다. 청유형의 문장도 이와 유사하다. 청유형도 사실은 어떤 행위를 말할이와 들을이가 함께 할 것을 요구하는 것이기 때문에 넓은 의미로 명령(지령적) 기능을 하게 된다. 따라서 '말이야'의 실현 가능성이 높다. 그러나 의문형일 경우는 정보를 확인할 경우만 쓰일 뿐 의문의 사실에 대해 또 다른 의문이나 감탄의 '말이야'는 쓰이기 어렵다. 그리고 감탄형일 경우는 말하는 사람이 어떤 사실이나 현상에 대해 주관적인 감정을 나타내기 때문에 상대에게 정보를 강조해서 전달하거나 자기가 놀란 사실에 대해 다시 놀라는 감탄이나 의문의 형태는 쓰일 수 없기 때문에 '말이야'가 결합되지 않는다.

4. '말이야'의 담화적 기능

　우리말 담화표지 '말이야'는 전국에 걸쳐 매우 광범위하게 실현되는 담화표지의 하나이다. 이 담화표지 '말이야'의 근원적인 어휘 의미는 정확하게 무엇인지 알 수 없다. 다만, '말이야'의 '말'이 원형적으로 '말하다(話)' 또는 '말(言)'의 뜻과 '이다'의 의미를 가지고 있는 것임은 분명하다. 그러나 담화표지나 담화성 어휘들은 본질적으로 그것이 가지고 있는 원래 어휘적 의미가 담화에서 심층적 구실을 한다는 점은 담화표지 논의에서 매우 중요하다. 따라서 이 '말이야'류의 담화표지도 그 어휘적 의미를 바탕으로 그 기능을 분석해야 할 것이다.

담화라는 특수한 상황에서 실현되는 많은 담화성 어휘들은 그 기능에 있어서 매우 다양하고 복잡하다. 어떻게 보면 담화표지의 기능을 일률적으로 밝힌다는 것은 애초부터 무리일지도 모른다. 그러나 담화성 어휘[9]들이 담화상에서 상당한 의미있는 기능을 한다는 점과 실현 양상에서 어느 정도 보편성을 가지고 있다는 점에서 그 기능 또한 보편성을 가지고 있을 것으로 예측된다. 따라서 본고에서 논의되는 담화표지 '말이야'도 실현 양상에서 보편성을 가지며, 의미와 담화적 특성을 가지고 있기 때문에 그것의 담화적 기능도 당연히 가지고 있을 것으로 생각된다. 담화표지로서 '말이야'의 담화적 기능은 다음과 같이 크게 다섯 가지로 '주제말 드러내기와 주의 집중', '선행 정보에 대한 확인 강조', '선행 정보에 대한 놀람, 감탄', '선행 정보에 대한 단순 강조', '시간벌기' 등이 있다.

4.1. '주제말 드러내기'와 '주의 집중'

'말이야'의 심층적 의미는 '-대해 말하면'과 같은 주제적(topical) 의미를 가지고 있다. 그러나 이것이 담화표지로 쓰이면서 그 어휘적 의미는 매우 약화되고 담화표지 기능을 담당하게 된다.

'말이야'의 중요한 담화적 기능은 앞에 실현된 주제말을 드러내어 강조하는 '주제말 드러내기' 기능과, 후행하는 새 정보에는 들을이에게 그것에 주의를 집중하도록 하는 '주의 집중'의 담화 기능을 하는 것으로 보인다. 이것을 다음과 같이 나타낼 수 있다.

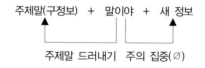

---

9) 담화성 어휘(discoursiality lexical)라는 용어를 제안하고 싶다. 이것은 실제 입말(oral language)에서만 실현될 뿐 글말(written language)에서는 전혀 나타나지 않으면서 어휘를 말한다. 이것은 어휘적 의미를 지니지 않으면서 담화의 책략상 실현되는 순수한 담화표지(discourse marker, interjection)와 어원적으로 원래의 어휘 의미를 어느 정도 가지고 있으면서 담화표지의 기능을 공유하는 준담화적 표지를 포함한 개념이다. 본고에서 말하는 들머리의 (2)와 (3)의 '말이야'가 여기에 해당된다고 볼 수 있다.

앞에 든 '말이야'의 보기를 다시 들어보자.

(5) 임진년 내란 끝에 말이야, 으흠 내란이 임진년 내란이 이제 났는데 이제 4월이 모심을 때라. 모를 심을 때에 하, 인제 말이야 음 임관들한테 주서를 당 하고서----(강원 양양 읍 설화 53)

(6) 그래 인자 진주가 함낵이 데삐리 논깨내 그 청장이라 쿠는 놈이 이 인자 각시가 언충 얼굴이 곱아논깨내 말이제 고마 거 호택을 했뺐다 말이야(경남 진양 대평리 이야기 34)

(7) 그래 '니가 말이지 가연 그 한멩헤한테 가서 이만저만 했냐'쿤깨 '그렇다' 이래(경남 진양 대평리 이야기 5)

(5)에서 주제말 '임진년 내란 끝에'가 담화표지 '말이야'에 의해 강조되고 뒤에 이어지는 새 정보인 '임진년 내란 끝에 일어난 사건'에 대해 주의를 집중시키는 기능을 한다. (6)의 '말이제'도 '각시가 얼굴이 곱다는 사실'을 강조하면서 뒤에 일어난 사건에 대해서 들을이 에게 호기심을 가지게 하고, 따라서 거기에 주의 집중을 요구하게 된다. (7)도 '말이지'에 의해 주제말 '니가'가 강조되고 뒤이어지는 '가연(과연) 그 한멩헤한테 가서 이만저만 했냐' 고 하는 정보에 주의 집중을 요구하게 된다. 이러한 사실은 아래 보기에서 (8)와 (8')를 비교 하면 '말이야'의 기능을 더 쉽게 알 수 있다.

(8) 그런데 철수가 말이야, 이번에 교통사고를 크게 당했단다.
(8') 그런데 철수가 이번에 교통사고를 크게 당했단다.

즉, (8)에서 '말이야'는 주제어 '철수' 뒤에 실현되어 말할이는 자기가 말할 대상이 '다른 사람이 아니라 너도 알고 있는 철수'임을 두드러지게 함으로써 들을이의 관심을 '철수'에 집중시키면서 들을이는 '철수에 대해 중요한 무엇이 일어났구나'하는 호기심을 유발하게 된다. 그러면서 들을이는 뒤에 이어지는 새로운 정보에 집중하게 된다. (8')은 (8)이 가지고 있는 주제어 '철수'에 대한 독특한 부각 효과가 전혀 없다. 더구나 '철수가'가 주제어가 되기 위해서는 '철수가' 뒤에 상당한 '쉼'이 실현되어야만 한다. 그렇지 않고 '철수가' 위에 강세가 놓이면 그것은 주제어가 아니라 초점 정보인 신정보일 가능성도 있게 된다.[10] 따라서 (8')의 문장은 담화상에서 초점 정보가 불분명하면서 중의적인 문장이 될 수 있다. 그러나 (8)의 문장은 그러한 중의성을 담화표지 '말이야'가 해결하고 있다. 이것이 바로 담화에 있어서 담화표지의 중요한 기능인 것이다.

이처럼 '말이야'가 문장 중간에 실현될 때는 그 선행하는 정보를 주제화(topical-ization)시키는 기능을 한다고 볼 수 있다. 그런데 그 주제화를 단순하게 표시하는 것이 아니라 그것이 주제어임을 '부각(salient)'하고 들을이에게 그 주제어에 대해 관심을 유도하는 표현적 기능을 하고 있다. 그리고 주제어 뒤에 이어지는 신정보인 평언(comment)에 대한 강한 주의 집중을 요구하게 된다. '말이야'가 단순히 주제어 '철수'를 강조하는 기능만 가지고 있는 것이 아니라 후행하는 정보에 초점을 강조하는 기능을 한다. 이러한 사실은 다음 (9)의 '말이야'에서도 알 수 있다.

(9) 그런데 말이야, 철수가 이번에 교통사고를 당했단다.
(9') 그런데, 철수가 이번에 교통사고를 당했단다.

(9)는 담화의 전환을 나타내는 '그런데' 뒤에 '말이야'가 결합되어 들을이가 뒤에 이어지는 정보에 대한 호기심을 유발하여 주의를 집중시키고 있다. 이 경우는 선행 정보에 대한 주제어의 부각은 아니고 단지 후행 정보에 대한 주의 집중과 호기심을 유발하고 있다. 그것은 선행어인 '그런데'가 주제어가 될 수 없기 때문이다. 다음 (10)에서 들을이에게 무서운 이야기를 한다거나 호기심을 불러일으키기 위해서 흔히 쓰인 '말이야'이다.

(10) 갑자기 사람 그림자가 나타났어. 그런데 말이야, 그 그림자에 말이야 머리가 없는 것 있지.

---

10) 우리말의 순수한 주제어 표지는 '은/는' 하나뿐이다. '을/를'이나 '이/가'는 통사적 기능만 할 뿐이고 주제어 표지는 아니다. 그것이 주제어처럼 보이는 것은 그것 뒤에 실현되는 '쉼'에 의한 것이다. 따라서 주제어 표지 가운데 비언표적 주제어 표지는 '쉼'이다. '쉼'의 주제어 표지에 대한 논의는 임규홍(1993) 참고

이 경우도 말할이가 뒤에 어떤 무서운 일이거나 보통의 일이 아닌 특이한 어떤 일이 일어
날 것임을 '말이야'에 의해 예고하면서 들을이를 긴장하게 한다. 이럴 경우 '말이야' 뒤에
긴 쉼이 이어지는 것이 보통이다.

'말이야'는 주제말 뒤에 쓰여 주제말을 드러내면서 들을이에게 뒷 정보에 주의를 집중하
게 한다.

4.2. 선행 정보에 대한 '확인' 강조

'말이야'는 선행 정보에 대한 확인 강조의 의미를 가진다.

다음 담화에서 '말이야'가 실현된 경우와 그렇지 않은 경우를 비교해 보자.

> (11) 가. 철수가 그 짓을 했다니 너도 도저히 이해가 가지 않지?
>
> 나. (A) 글쎄.
>
> (B) 글쎄 말이야.
>
> 나'. (A) 그래.
>
> (B) 그래 말이야.

(11가)의 선행 담화에 대한 반응으로 '나'와 '나'' (A)는 '말이야'가 없는 대답말이고, (B)는
대답말에 담화표지 '말이야'가 결합된 경우이다. 그런데 그 기능적인 차이는 (A)의 경우는
그 반응이 매우 유동적으로 해석된다. '가'의 (A)인 '글쎄'[11]는 A의 발화에 대한 소극적인
호응의 태도를 나타내거나 상대말에 대한 호응을 유보하는 망설임을 나타내는 것이라면,
(B)의 경우는 (A)의 경우보다 적극적인 호응 내지는 상대말에 대한 확인의 태도를 나타낸다.
다시 말하면, (B)의 '글쎄'는 '가'의 의미에 대해 긍정적인 호응의 의미로도 이해할 수 있지
마는, 그렇지 않고 선행 발화에 대한 수용의 태도가 불분명하고 확정적이지 못할 경우로도
이해할 수 있다. 즉, '글쎄, 철수가 그 짓을 했을까?, 철수가 안 했을 수도 있다.'라는 선행

---

11) 국어 담화표지어 '글쎄'에 대한 논의는 이혜영(1994) 참고.

발화의 수용을 망설이거나 부정적인 뜻까지 나타낸다. 그러나 (B)의 경우처럼 '글쎄 말이야'와 같이 '말이야'가 결합되면 선행 발화에 대한 그러한 망설임이나 불확실한 수용의 태도는 없어진다. '나''''의 (A)와 (B)도 마찬가지이다. '나''''의 (A) '그래'[12]는 선행 발화에 대한 수용의 뜻으로 이해되는 것이 일반적이다. 그리고 다른 의미로 선행 발화에 대한 '의문'이나 '놀람'의 뜻으로도 해석될 수 있다. 그러나 (B)의 '그래 말이야'는 선행 발화에 대한 '의문'이나 '놀람'의 뜻은 없어지고 단지 선행 발화에 대한 '호응을 강조'하는 의미를 가지게 된다. 이러한 현상으로 보아 담화표지 '말이야'는 말할이가 선행 발화에 대해 확인의 의미를 강조하는 담화 기능을 가지고 있음을 알 수 있다.

다음은 어떤 것을 선택할 때 흔히 사용하는 말이다.

(12) 가: (물건을 가리키면서) 저 위에 저것 좀 봅시다.
　　나: 어느 것 말입니까?
　　가': (물건을 가리키면서) 저것 말입니다.

(12가)는 말할이가 들을이에게 새로운 정보를 전달한다. 들을이인 '나'는 그 정보를 확인하기 위해서 다시 물어 본 것이다. 이때 '말입니다'는 상대의 정보를 '확인'하면서 '강조'하는 담화 기능을 한다. '가'는 자기가 원하는 물건을 가리키면서 들을이에게 또다시 '확인'시켜 주고 있다.[13]

(13) 가: 너 그 때 어디 있었어?
　　나: 저, 그 때 집에 있었는데요.
　　가': 정말 그 때 집에 있었다 말이지.
　　나': 예, 분명히 집에 있었단 말입니다.

---

12) 국어 담화표지어 '그래'에 대한 논의는 신현숙(1991)과 이한규(1996) 참고.
13) 이때도 '말입니다'의 기저 의미는 '어느 것을 말하고 있습니까?'나 '저것에 대해 말하고 있습니다.'라고 볼 수 있으나, 그것이 '말+이다'와 같이 다른 어휘적 의미로 실현되는 것은 담화에서 '말이야'가 동사 '말하다'와는 다른 담화 기능을 가지고 있음을 암시한다.

이 경우도 '말이야'가 선행 구정보에 대한 확인 강조하는 구실을 한다. 어떤 시간에 '나'가 '집에 있었다'는 상대의 말을 되받아 확인한다. 그리고 '나"에도 '나'가 말한 것을 확인 강조하고 있다. 그러한 의미는 '말이야'가 확인 부사 '정말'[14]이나 '분명히'와 그 호응이 매우 자연스러운 것으로도 알 수 있다.

'말이야'는 평서문이나 대답말에 쓰여 선행 정보에 대해 '확인'을 강조한다.

4.3. 선행 정보에 대한 놀람, 감탄을 강조

'말이야'가 의문이나 감탄의 형태로 나타나면서 선행 정보에 대한 '놀람'이나 '의외'를 강조하는 의미 기능을 한다. 이 경우는 말할이가 상대의 말을 받아 그대로 반복하거나 아니면 상대 말에 대한 말할이의 판단으로 상대말에 대해 놀람이나 의외의 감정을 표현한다.

(14) 황소개구리가 뱀을 잡아먹었단 말인가?

(15) 네가 그 사건을 저질렀단 말이구나!

위 (14)는 상대가 말할이에게 '황소개구리가 뱀을 잡아먹었다'는 정보를 어떤 형태로든지 표현했다는 것이 전제된다. 그리고 (15)도 '상대(너)가 어떤 사건을 저질렀다'는 정보를 말할 이가 어떤 형태로든지 알았음을 전제한다.

그리고 위 (14)와 (15)는 선행 정보에 대한 놀람을 강조하고 있다. 그것은 일반적인 의문이나 감탄의 문장인 다음 (14')와 (15')을 비교하면 그 의미가 뚜렷하게 드러난다.

(14') 황소개구리가 뱀을 잡아먹었어?

(15') 네가 그 사건을 저질렀구나!

또 다음 (14")와 (15")의 'ㄱ'과 'ㄴ'처럼 놀람이나 의외의 의미를 가지고 있는 말 마디와

---

14) 국어 부사 '정말, 진짜, 참말'의 담화적 의미와 기능은 임규홍(1998) 참고

호응하는 모습에서도 '말이야'의 의미 기능을 알 수 있다.

(14") ㄱ. 황소개구리가 뱀을 잡아먹었단 말인가? 야, 놀랍구나(대단하구나)

ㄴ. 황소개구리가 뱀을 잡아먹었어? 야, 놀랍구나(대단하구나)

(15") ㄱ. 너가 그 사건을 저질렀단 말이구나! 이거 큰일인데

ㄴ. 너가 그 사건을 저질렀구나! 이거 큰일인데

이 경우는 그 의미 차이가 뚜렷하지는 한다고 하더라도 (14"ㄱ)과 (15"ㄱ)은 상대의 말을 반복하면서 그 정보에 대한 '놀람'이나 '의외'의 뜻이 강하게 드러나지마는 (14"ㄴ)과 (15"ㄴ)은 상대의 말을 되받아 그 정보에 대한 '놀람'이나 '의외'의 뜻이 (14"ㄱ)과 (15"ㄱ)보다 덜 드러나는 것으로 보인다. 이 '말이야'가 앞말을 받아 반복 또는 인용하면서 강조하고 있음은 '말이야'의 의문형인 '말인가?' 대신에 인용표현인 '다고?'와 대치될 수 있다는 것에서 확인이 된다.

(16) ㄱ. 황소개구리가 뱀을 잡아먹었단 말인가? → 황소개구리가 뱀을 잡아 먹었다고? → 황소개구리가 뱀을 잡아 먹었어?

ㄴ. 그 사람이 간첩이었단 말인가? → 그 사람이 간첩이었다고? → 그 사람이 간첩이었어?

그러나 놀람이나 의외의 표현이 아닌 일상적인 의문일 경우는 '말인가?'가 쓰이지 않는다. 위 (16)의 'ㄱ'과 'ㄴ'에서 '말인가?'에서 '-다고' 그리고 '-어?'와 같은 의문형의 의미 차이는 '말인가?'가 다른 일반적인 의문이 아니라 선행 정보에 대한 '놀람'의 의미가 다른 표현보다 훨씬 두드러짐을 알 수 있다.

그리고 모든 감탄문에 '말이구나!'가 쓰일 수 있다는 것은 '말이구나!'가 말할이의 감탄이나 놀람 또는 의외의 사건을 효과적으로 표현하는 전형적 표현임을 의미한다.

(17) ㄱ. 철수가 학생인가?

ㄴ. 철수가 학생이란 말인가?

(18) ㄱ. 철수가 무엇을 하는가?

ㄴ. 철수가 무엇을 한단 말인가?

(17ㄱ)은 일반적인 물음으로 '철수가 학생인지 아닌지'의 여부를 묻는 것이다. 그러나 (17ㄴ)의 경우는 '철수가 학생이다'라는 사실에 대한 놀람을 나타내거나 '철수가 학생 신분의 행동을 하지 않았음'을 암시한다. (18ㄱ)의 경우도 '철수가 어떤 행위를 하는가'를 묻는 말이라면 (18ㄴ)은 말할이는 철수가 아무것도 하지 않거나 할 수 없다고 생각했는데 철수가 무엇을 했다는 것에 대한 놀람의 뜻을 나타내고 있다.

'말이야'는 의문이나 감탄의 꼴로 쓰여 상대의 말을 받아 그 말에 대한 말할이의 '감탄'이나 '놀람' 그리고 '의외'의 뜻을 강조한다.

4.4. 선행 정보에 대한 단순 강조

'말이야'가 평서문의 문장 끝에 실현되어 선행하는 문장 전체를 단순히 강조하는 담화적 기능을 한다. 이때 '말이야'는 4.2와 같이 선행하는 정보를 반복하여 '확인 · 강조'하는 것이 아니고 선행 정보를 단순하게 강조하는 기능이다. 앞에 든 보기를 다시 들어보자.

(19) '그래' 그으년 머 대문간에 거 서 있넌기라. 서가 있인깨. 그래 드가드이 한참 있더이 나오더이 아 '들어오시오'쿤다 말이지. 그래 인자 그마, 그래 인자 들 갔다. 아.들간깨내 어느 방을 하나 치와서 주넌기라. 미검이 마 바아 수두리하이드리 찼넌기라. 주인이 움서논깨 말이지. 배이 무겅서 인자 미검이 찼는기라.(경남 진양 대평리 이야기 11)

(20) 날마닥 인자 물도 떠날리고 소지도 허고 먹도 갈고 헌단 말여.(군산시 설화 55)

(21) 우리 장모님이 뭘 했느냐 허면 그 받침 술장수를 했단 말이야.(배희남 23)

(19)에서 '말이지'는 ((아 '들어오시오'쿤다)S1 말이지)와 같이 실현되어 '말이지'에 선행하는 문장인 '아 '들어오시오'쿤다'가 강조되었다. 담화 전개상 그가 대문간에 서서 주인의 말을 기다리는데 '들어오시오'라고 한 말은 강조될 수밖에 없다. (20)도 선행 정보가 강조되

었다. (21)에서 문장 끝에 실현된 '말이야'는 '우리 장모님이 뭘 했느냐 허면'과 같이 새 정보에 대해 들을이에게 주의를 기울이게 하고 동시에 이어지는 신정보를 강조하였다.

만약, 같은 의미의 담화라도 문장 끝에 '말이야'가 실현되지 않은 다음 문장은 (39')보다 훨씬 강조의 표현 효과가 떨어지는 것을 알 수 있다.

(21') 우리 장모님이 뭘 했느냐 허면 그 받침 술장수를 했어.

(21')의 문장이 그런대로 강조의 의미가 드러난 것은 '우리 장모님이 뭘 했느냐 허면'이란 '물음과 대답'의 강조 문체로 표현되었기 때문이다.

다음 보기에 쓰인 '말이야'들도 모두 선행 정보를 단순히 강조한 것이다.

(22) 젖 주지 말고 그냥 놔 둬. 좀 울게 말이야.

(23) 너 일찍 좀 오지 말이야. 왜 이제 와 응?

(24) 곡식도 죽고 돈도 주고 밥도 주고 아주 잘 줬단 말이야.(우리 옛이야기, 204)

(25) 글쎄 이번에는 지붕으로 오라가네. 지붕을 뚫고 내려가려고 말이야.(우리 옛이야기, 212)

(26) 떡보가 멀리서 중국 사신을 보니까 수염이 허연 영감이더란 말이지.(우리 옛이야기, 220)
그래 배를 타고---

'말이야'는 평서문의 문장 끝에 실현되어 선행하는 문장 전체를 단순히 강조한다.

4.5. 시간 벌기

담화표지 '말이야'는 어휘적 기능보다는 순수한 담화표지로서 단순히 시간 벌기 기능도 하는 것으로 보인다. 다른 담화표지의 기능과 마찬가지로 담화표지가 시간벌기 기능은 상당히 보편적이라고 할 수 있다. 본고의 '말이야'도 순수 담화표지의 기능 속에서 말할이의 장보 회상이라는 부수적인 시간 벌기 기능을 하는 것으로 파악이 된다. 특히 아래 보기처럼 '말이야'의 앞뒤에 '으흠'과 같은 실현된 시간 벌기 담화표지들이 같이 실현되어 있는 것으로 알 수 있다.

(27) 임진년 내란 끝에 말이야, 으흠 내란이 임진년 내란이 이제 났는데 이제 4월이 모심을
   때라. 모를 심을 때에 하, 인제 말이야 음 임관들한테 주서를 당하고서--(강원 양양읍
   설화 53)

이 경우는 강조나 놀람을 표현할 특정 정보가 존재하지 않는 경우가 많다. 이 경우는
다른 담화표지 뒤에 이어서 나는 경우이다. 위 (45)의 경우, 줄친 '말이야'는 선행하는 특정
한 정보가 없다. 위 '말이야'는 담화표지 '하-', '인제' 뒤에 쓰여 뒷 정보가 빨리 생각나지
않아 시간을 벌고 있는 것이다. 이런 경우는 말할이가 말할 내용을 미리 준비하지 않았을
경우나 말할이의 생각이 졸가리지지 못하는 경우에 자주 일어난다.

1. 들머리

오늘날 연령층과 계층을 막론하고 구어에서 눈에 띄게 많이 나타나는 어휘 중 하나가 바로 '사실'이다. 다음 보기에 쓰인 '사실'을 보자.

(1) "경제산업성 가지야마 장관도 논평을 삼가겠다면서도, 사죄한 사실은 없다고 반응했습니다."[1]

(2) "되게 너무 귀여웠어요, 사실 저도 울컥했어요"[2]

(3) 특별히 보면은, 상근자가 많은 경우엔, 그렇죠, 거기. 근데, 어, 그~ 사실은, 그러한 측면에서 보면은, 아 인건비가 아 다른 어디보다도(강의 NGO 경영 전자전사자료, 2003)

위에 보인 '사실'이 (1)은 명사로, (2)는 부사로, (3)은 담화표지로 쓰인 것으로 볼 수 있다. 이처럼 '사실'이란 말은 상황과 문맥에 따라 매우 다양하게 쓰이며 그 빈도 또한 두드러지게 높게 나타난다.[3] 따라서 이 논문은 언중들이 왜 '사실'이란 말을 많이 사용하는지에 대한

---

[1] 「SBS 뉴스」-sbs 중, https://youtu.be/_sCLcS7aQbQ

[2] 「동상이몽2-너는 내운명」-SBS 중, https://youtu.be/lU7XLyB64mM

[3] 21세기 세종계획 구어 전사 말뭉치에서 살펴본 결과, 구어 말뭉치 200개의 파일 중에서 115개의 파일에서 717번 '사실'이 사용되는 것을 확인하였다. 세종계획 구어 말뭉치는 일상 대화, 주제 대화, 전화 대화, 방송, 강의, 토론, 설교, 독백 등 다양한 장르가 포함되어 있다. 이러한 다양한 장르를 담고 있는 말뭉치

의문에서 시작되었다.

담화표지에 대한 연구는 주지하다시피 이미 1980년대에 본격적으로 시작되었으며 90년 대와 2000년대에 들어오면서 담화분석과 더불어 매우 활발하게 이루어져 왔다. 이러한 현 상은 언어 연구의 흐름이 형식문법에서 기능문법과 담화, 화용문법이라는 구어(입말)와 텍스 트 연구로 옮겨가면서 자연스럽게 일어나고 있다. 그 가운데 어휘의 문법화 내지는 담화표 지화라는 범주가 연구의 중심이 되었다고 볼 수 있다. 담화표지에 대한 연구는 담화표지가 담화 상에서 실현되는 필수 불가결한 요소이기 때문에 연구의 의미가 있으며, 또한 담화 상에서 담화의 전략을 위해서 다양한 구실을 하기 때문에 연구의 의미가 있는 것이다.

언어는 생명체와 같아서 쉼 없이 변화를 거듭한다. 우리는 이것을 이른바 언어의 역사성 이라고 한다. 일반적으로 어휘의 변화는 통사적 구조보다 쉽게 변하는 것으로 알려져 있다. 그 가운데 본고에서 주목하고자 하는 '사실'이란 어휘도 마찬가지다. 본고에서 논의하는 '사실'이 현대에 이르러 언중들 사이에 많이 사용되고 있는 것으로 보아 통시적 변화의 하나라고 볼 수 있다. 언중들에 의해 두드러지게 쓰인다는 것은 그 어휘가 담화에서 독특한 기능을 하고 있다는 것을 의미한다. 이 연구에서는 '사실'이 다른 담화표지의 변화와 유사하 게 명사에서 부사로 또 그것이 담화표지로 옮겨가는 현상을 밟고 있는 과정을 살펴보고 담화표지로서 '사실'의 담화 기능을 밝히고자 한다.

담화표지는 대부분 근원적 어휘 의미에서 출발하고 있다. 지금까지 대부분 담화표지 연 구의 흐름을 보면 담화표지는 처음부터 담화표지라고 하는 독립된 형태가 있었던 것이 아니 라 다양한 어휘 범주에서 변형되거나 전이되어 쓰인 담화 형태의 한 범주이다.[4] 즉, 담화표 지 가운데 명사(참, 정말류), 지시대명사나 부사(좀, 아니, 이제, 그냥, 접속부사류 등), 용언(말이야, 뭐냐, 있지 등) 등과 같이 어휘 의미에서 담화 기능으로 전이된 것들이 많다.[5] 여기에서 담화 표지가 담화 형태의 한 범주라는 담화 층위의 개념이라는 점에 주목해야 한다. 이 말은 최근 담화표지와 감탄사라는 문법 범주에 대한 논의가 활발하게 이루어졌는데 사실은 이

200개의 파일 중 절반이 넘는 115개의 파일에서 '사실'의 용례를 확인할 수 있는 것으로 보아 '사실'을 장르를 불문하고 많이 사용하고 있다고 볼 수 있다.
4) 담화표지의 개념에 대한 논의는 많이 이루어졌다. 임규홍(2007) 참조.
5) 담화표지 전반적인 연구 동향은 전영옥(2017)과 임규홍(2019)에 자세하게 제시되어 있다.

두 개념이 동일한 층위에서 논의될 수 없는 범주라는 점을 간과한 것이라는 것이다.[6] 기능 문법이 정착되기 전 구조주의 언어학 측면에서는 지금의 담화표지에 대한 문법 범주를 규정하기가 마땅하지 않았다. 더구나 구조주의 문법에서는 입말 자료에 대한 논의를 배제하였다. 따라서 구조주의 문법에서는 담화표지의 개념이 언급될 수가 없었다. 이런 점에서 이 연구에서는 담화표지 '사실'과 부사로서 '사실'의 문법 범주에 대한 논의를 층위 차원에서 재고하려고 한다.

국어의 '사실'과 유사한 영어로 'actually'가 있다. 영어 'actually'의 담화적 기능에 대한 연구는 최원선(2002), 소지원(2004)이 있다. 최원선(2002)의 연구에서는 'actually'의 담화 기능을 여섯 가지로 나누었다. 그 기능을 선행발화와 후행 발화의 연결, 발화 내용 확장, 발화 내용 수정, 담화 어조 변경, 후행 발화 구성, 발화 내용 강조로 나누었다. 주로 발화 위치에 따른 기능을 분석한 바 있다. 소지원(2004)은 코퍼스를 통해 'actually'의 용법을 살폈다. 주로 실현 위치에 따라 용법을 설명하였으며 선행 발화와 후행 발화의 연결과 대조 및 강조의 기능을 제시하고 있다. 실제 영어의 'actually'와 국어 '사실'과 유사한 점이 매우 많으나 그 기원적인 형태와 변이 양상은 근본적으로 다르다.

많은 연구자들의 선행연구에서 담화표지와 담화분석에 대한 연구는 매우 다양하게 이루어졌으나 유독 이 연구에서 다루고자 하는 '사실'에 대한 연구는 보이지 않았다. 더구나 현대 구어에서 이와 유사한 '정말'이나 '진짜'[7], '참'[8]과 같은 명사의 담화표지화에 대한 연구는 더러 있었으나 실현 빈도가 높은 '사실'에 대한 연구가 없었다는 점에서 이 연구가 나름 의의가 있을 것으로 생각한다.[9]

따라서 본 연구는 국어 담화에서 실현 빈도가 높은 명사 '사실'이 어떻게 변이되면서 담화표지화 되는지 그 변이과정을 분석하고 그를 바탕으로 담화 기능을 분석하고자 한다.

---

6) 감탄사와 담화표지에 대한 변별이나 특성에 대한 연구는 강선희(1994), 황병순(2010), 안주호(2012) 참조
7) 김현지(2015), 임규홍(1998) 참조
8) 강우원(2000), 김영철(2007), 이효경(2014), 구종남(2015) 등의 연구가 있다.
9) '사실'의 각 문법 범주별(명사, 부사, 담화표지) 사용 빈도 등은 앞으로의 과제로 남아 있다.

2. '사실'의 담화표지화 과정

2.1. 명사 '사실'

원래 한자어 '사실'은 명사이다. 사전적 의미[10]는 다음과 같다.

> 실제로 있었던 일이나 현재에 있는 일.
> (4) 사실을 밝히다.
> (5) 사실로 나타나다.
> (6) 그것은 사실이다.

위 보기 (4)~(6)은 다음 (7)과 같이 '사실' 뒤에 격조사와 접미사가 결합될 수 있고, 관형어의 피수식이 가능하기 때문에 명사성(nominalty)이 높다고 할 수 있다.

> (7) ㄱ. 사실을 밝히다(격조사 결합)
> ㄴ. 사실들을 밝히다(접미사 결합)
> ㄷ. 그것은 사실이 아니다.(서술격 조사 '이'와 부정서술어 '아니다'와 결합)
> ㄹ. 숨겨진 사실을 밝히다(관형어 피수식어 가능)

위 보기에서 '사실'이 명사로 쓰인 경우는 명사의 통사적 특성에 따라 (4)~(6)은 (7ㄱ)~(7ㄴ)처럼 명사 뒤에 격조사와 복수접미사 결합이 자연스러우며 (7ㄷ)처럼 서술격 조사 '이'와 부정서술어 '아니다'와 결합이 자연스럽다. (7ㄹ)처럼 선행 관형사의 피수식어로도 가능하다.

실제 담화 텍스트에 나타난 보기를 들어보자.

> (8) "경제산업성 가지야마 장관도 논평을 삼가겠다면서도, 사죄한 사실은 없다고 반응했습니

---

10) 표준국어대사전, 국립국어원(2017).

다."11)

(9) "표절이든 아니든, 사실이 중요한 게 아니야."12)

(10) "황 총장은 조각 조각난 여러 사실들을 억지로 연결시켰다며, 명백한 허위보도라고 반박

했습니다."13)

(11) 문대통령 "백신접종 지연 염려 사실(이) 아냐…내년 2월부터 접종"(2020.12.28.)

위 (8)~(11)에서 보듯이 관형어의 피수식과 주격조사 '이' 결합, 그리고 관형어 '여러', '-이 아니다'의 결합이 자연스럽다. 따라서 이 경우의 '사실'은 [명사성(nominality)]이 높다고 할 수 있다. 부사는 다음 (10)과 같이 명사가 가지고 있는 통사적 특성을 가질 수 없다.

(12) ㄱ. 차가 빨리(*가, *를) 달린다.

ㄴ. ??차가 빨리들 달린다.

ㄷ. 차가 맛있게 (*맛있는) 많이 먹었다.

그러나 다음 (13)과 같이 '사실'이 명사성이 낮은 특성을 가지고 있지만 명사의 문법범주에 넣을 수 있는 것이 있다. 다음 (13)은 사전에서 '사실'을 명사로 규정한 의미이다. 그리고 (13ㄱ)은 그 보기로 든 것이다.

(13) ('사실은' 꼴로 쓰여) 겉으로 드러나지 아니한 일을 솔직하게 말할 때 쓰는 말.

ㄱ. 나는, 사실은, 꼭 자신이 없었으나, 그래도 이 경우에 말하지 아니할 수 없었다.(박태원, 채가)

보기 (13ㄱ)의 '사실'은 (14)처럼 '사실'이 가지고 있는 원형적인 의미인 명사와는 거리가 멀다.

---

11) 「SBS 뉴스」-sbs 중, https://youtu.be/_sCLcS7aQbQ

12) 「강남 스캔들」-sbs Ep.99 중, https://www.youtube.com/watch?v=4rIpi7JQj3Q

13) 「jtbc 뉴스」-jtbc, 2019.11.30. 중, https://www.youtube.com/watch?v=aurwmud74F4

(14) 나는, (*어떤)사실은(*이, *을, *사실들은), 꼭 자신이 없었으나, 그래도 이 경우에 말하지 아니할 수 없었다.

(14)의 '사실'은 앞에서 본 것처럼 명사성의 변별 요소인 격조사와 복수 접미사의 결합이나 관형어의 피수식어가 불가능하다. 이 경우 '사실'은 명사로서의 특성보다는 화자의 발화 양태를 나타내는 부사로서의 특성을 가지고 있다고 볼 수 있다. 따라서 명사 '사실'은 이처럼 통사적 특성을 상실하면서 화자의 발화 태도가 실린 부사적 특성을 공유하는 '사실'로 전이되는 과정에 있는 것도 있다.

다음 보기에 쓰인 '사실'은 형식적으로 보면 명사로 보이나 관용적 표현으로 화석화된 부사 형태로 쓰인 것이다.

(15) ('사실이지' 또는 '사실 말이지' 꼴로 쓰여) 자신의 말이 옳다고 강조할 때 쓰는 말.
ㄱ. 사실이지, 여기 와서 제대로 만족해 있는 자가 어딨느냐?(박영한, 머나먼 쏭바강)
ㄴ. 사실 말이지 영화나 텔레비전도 미처 다 못 보는데 미쳤다고 책을 사겠습니까?(김승옥, 60년대식)

위 보기 (15ㄱ)의 '사실이지'는 문장부사의 형태로 문장 머리에 쓰여 뒤에 나오는 전체 정보에 대해 화자의 주장이 사실이라는 화자의 발화 태도가 나타난 말이다. (15ㄴ)의 '사실 말이지'는 '사실을 말하면'과 같은 의미구조를 가지고 있는 관용어 형태이다. 이때 '말이지(말이야)'는 말이지(말이야) 앞에 나오는 정보를 강조하는 담화표지의 특성을 가지고 있다(임규홍, 1998).

(16) 진중권, 정경심 실형에 "사실이 사실의 지위 찾는 데 1년 걸렸다"(2020.12.24. 동아일보)

이 경우 '사실'은 명사가 가지고 있는 의미인 '진리'나 사전적 의미인 '실제로 있었던 일이나 현재에 있는 일'의 의미로 쓰인 것이다. 실제 있었던 일(사실)을 인정하는 데 1년이 걸렸다는 의미이다. 그리고 '사실'이 명사로 쓰이는 경우는 일반적으로 '사실은(을 말하면)

(NP(S))이다'나 'NP(S)- 사실이다'의 구조가 가능하다.

  (17) 사실은 그 일을 내가 한 것이 아니고 철수가 하였다.

  (18) 그 일을 내가 한 것이 아니고 철수가 한 것이 사실이다.

2.2. 부사 '사실'

 다음은 '사실'이 부사의 형태로 쓰인 사전적인 의미와 보기이다.

  (19) 실지에 있어서.=사실상.

    ㄱ. 말은 안 했지만, 사실 나는 그를 사랑한다.

    ㄴ. 사실 그 사건은 비참한 것이었지만 한편 매우 희극적인 것이기도 했다.(박경리, 토지)

 '사실'이 부사로 쓰였을 때의 특징은 먼저, 다른 부사와 같이 이동이 자유롭다는 것이다. 위 보기에서 '사실'은 아래 (19')와 같이 후행하는 정보를 수식하는 기능을 하면서 이동이 자유로운 정도부사로 볼 수 있다.

  (19') ㄱ. (사실) 말은 안 했지만, (사실) 나는 (사실) 그를 (사실) 사랑한다.

     ㄴ. (사실) 그 사건은 (사실) 비참한 것이었지만 (사실) 한편 매우 (사실) 희극적인 것이기

      도 했다.

 위 (19')에서 보듯이 '사실'이 문장 머리에 실현될 때는 일반적으로 후행 문장 전체의 '참'과 '거짓'에 대한 화자의 발화 태도를 나타낸 문장부사의 성격이 강하다. 반면 '사실'이 문장 속에서 후행하는 성분에 강세가 놓이면 후행 정보를 수식하는 성분부사의 기능을 한다. 다음 (20)과 (21)의 '사실'도 정도부사의 형태로 쓰인 보기이다.

  (20) 그의 말년은 사실 너무도 고독한 생활이었다.(정병욱 외, 한국의 인간상)

(21) 노파는 자기 집의 술 잘 팔아 주는 이 손님이 사실 다시없이 좋았다.(이기영, 신개지)(우리말샘)

위 보기에서 (20) '사실'은 뒤에 나오는 부사 '너무도'를 강조하고 (21)의 '사실'은 부사 '다시없이'를 강조하는 전형적인 부사이다. 그리고 다음 (22)~(24)처럼 '사실' 대신 정도부사 '진짜'나 '정말'로 대체하여도 자연스러운 것으로 보아 부사임을 쉽게 알 수 있다.

(22) 그의 말년은 사실(진짜, 정말) 너무도 고독한 생활이었다.(정병욱 외, 한국의 인간상)
(23) "아이, 일은 이런데 사실(진짜, 정말) 이게 참 기가 막히다." (한국구비문학대계 1집 9책: 181-188)

그런데 이처럼 '사실'이 부사로 쓰이더라도 명사가 가지고 있는 원형적의미인 화자의 발화가 '참'이고 '진심'이라는 양태적인 의미는 유지하고 있다.

(24) "되게 너무 귀여웠어요, 사실 저도 울컥했어요"[14]
(25) "이통(이동통신사) 3사가 여하튼 돈을 더 벌려고 꼼수를 쓰다가, 사실 이 상황이 되었다는 거죠"[15]
(26) "남다정씨가 나를 좋아한다고 했지? 사실은 나도 흔들렸어. 두근거렸고, 설렜어."[16]

위 (24)~(26)의 '사실'도 문장부사로의 기능을 하는 것으로 보인다.
다음으로 부사로서 '사실'은 그 뒤에 격조사의 결합이 불가능하다. (24')나 (26')처럼 격조사나 복수접미사의 결합이 불가능하다. 그러나 부사가 가지고 있는 화자의 양태의 의미는 가지고 있다고 할 수 있다.

---

14) 「동상이몽2-너는 내운명」-SBS 중, https://youtu.be/lU7XLyB64mM
15) 「트러블 메이커」-OGN 2018년 8화 중, https://www.youtube.com/watch?v=0eGePrIpa8M
16) 「총리와 나」-mbc드라마 2014.1.21. Ep.13 중, https://www.youtube.com/watch?v=nipnZEvfl4w

(24') "되게 너무 귀여웠어요, 사실(*이, *들) 저도 울컥했어요.

(26') "남다정씨가 나를 좋아한다고 했지? 사실(*이, *들)은 나도 흔들렸어. 두근거렸고, 설렜어."[17]

그리고 다음 (27)처럼 다른 문장부사에는 보조사 '은/는'이 올 수 없는 제약이 있는데 '사실'은 보조사 '은'이 올 수 있는 특성을 가지고 있다. 이것은 '사실'이 후행 정보와 결속 관계의 제약을 덜 받는 명사성이 강한 부사가 아닌가 한다.

(27) ㄱ. 사실은, 참 우리가 너무 우울하다.

ㄴ. 과연(*은) 그 사람은 성실한 사람이다.

ㄷ. 설마(*는) 그 사람이 그렇게 했을까.

ㄹ. 전혀(*는) 그 사람은 그럴 사람이 아니다.

ㅁ. 정말(*은) 그 사람은 성실한 사람이다.

이러한 특성은 명사성 정도부사 '진짜', '정말', '실제' 뒤에 접미사[18) '-로'의 결합이 가능한 것과 같다.

(28) 우리 모두 진짜(로), 정말(로), 참말(로), 실제(로) 힘들다.

(29) 너도 사실(로) 무척 힘들다는 것도 잘 안다.

부사 '사실'은 다음 (30)과 (31)처럼 접미사 '-상(上)'이 결합되어 '사실상'의 형태로 정도부사 구실을 하기도 한다.[19)

---

17) 「총리와 나」-mbc드라마 2014.1.21. Ep.13 중, https://www.youtube.com/watch?v=nipnZEvfl4w

18) 명사성 부사 뒤에 결합되는 '-로'가 접미사인지, 격조사인지 알 수가 없다. 부사 뒤에 격조사가 결합되지 않는 특성을 보면 부사를 강조하는 접사가 아닌가 생각한다.

19) 한자어 접미사 '-적(的)'으로 이루어진 파생어도 접미사 '-상(上)'과 마찬가지로 주격조사와 목적격 조사의 결합이 불가능하다.

(30) "공정성 논란이 거센 학생부 종합전형의 비교과 영역은 사실상 폐지됩니다."[20]

(31) "말레이시아에 남은 마지막 수마트라 코뿔소가 현재 위독한 상태인데요, 이대로 숨을 거두면 사실상 멸종이라고 합니다."[21]

위 (30)과 (31)에 쓰인 '사실상'은 부사로 뒤에 나오는 용언 '폐지되다'와 '멸종이다'를 수식하고 있다. 이 경우 '사실'은 각각 '폐지되다'와 '멸종이다'라는 정보가 확정적 사실이라기보다는 접미사 '-상(上)'[22]이 가지고 있는 '사실과 다름없다'거나 '그것에 관계되는 입장', '그것에 근거함'과 같은 추상적 의미를 나타내는 부사로 쓰인 것이다.

'사실'에 접미사 '-상'은 명사 뒤에 붙어서 명사를 만드는 것으로 보이나 명사의 통사적 기능을 하지 못한다. 예컨대, '*사실상이', '*사실상을', '*사실상이다'과 같이 격조사의 결합이 불가능한 것으로 보아 명사로 쓰이지 않음을 확인할 수 있다.

그리고 부사 '사실'은 서법의 제약을 받는다. '사실'이 정도부사의 기능을 할 경우는 후행 정보에 결속되지만 문두에서 강조하는 문장부사의 기능을 할 경우는 후행하는 화자의 단정적인 주장이나 사태가 참임을 말하려는 발화 의도가 깔려 있다.

(32) ㄱ. 대한민국은 민주공화국이다는 진짜(정말)이다.

　　　ㄴ. 대한민국은 민주공화국이다는 사실이다.

(33) ㄱ. 사실(진짜, 정말, 참 내가 이렇게 사는 것이 무슨 의미가 있는지 모르겠다.

　　　ㄴ. *사실(진짜, 정말), 대한민국은 민주공화국인가?

　　　ㄷ. *사실(진짜, 정말), 우리 이제 공부하자.

　　　ㄹ. *사실(진짜, 정말), 너 공부해라.

　　　ㅁ. *사실(진짜, 정말), 경치가 너무 좋구나.

---

20) 「뉴스데스크」-mbc 2019.11.28. 중, https://www.youtube.com/watch?v=sTl5jDKS84Y

21) 「sbs 뉴스」-sbs 2019.11.21. 중, https://tv.naver.com/v/11068867

22) 표준국어대사전에는 접미사 '-상'의 의미를 '그것과 관계된 입장' 또는 '그것에 따름'의 뜻을 더하는 접미사라고 하면서 보기로 '관계상, 미관상, 사실상, 외관상, 절차상'을 들고 있다. 고려대한국어대사전에는 '일부 명사 뒤에 붙어, '그것에 근거함' 또는 '그것에 따름'의 뜻을 더하여 명사를 만드는 말이라고 되어 있다.

정도부사 '진짜', '정말'도 위 (32ㄱ)처럼 원래 '사실'과 마찬가지로 상위문장에 대해 화자가 주장하는 명사로 쓰였다. 그런데 위 (33ㄱ)에서 '사실'은 '진짜'와 '정말'과 같이 평서형 서법에서는 모두 가능하다. 그러나 (33ㄴ)~(33ㅁ)처럼 부사 '사실'은 다른 서법과는 결속 관계가 자연스럽지 못함을 알 수 있다. 반면 정도부사인 '진짜'나 '정말'은 서법에 제약을 받지 않는다. 이것은 '사실'이 아직 명사가 가지고 있는 어휘적 의미를 가지고 있기 때문이라고 볼 수 있다. 즉, '사실, S(NP) (이)다'라는 선택제약이 작용하고 있다는 것이다. 따라서 부사 '사실'은 완전히 정도부사로 전이되지 않았음을 의미한다. 그러면 부사 '사실'의 의미는 무엇인가.

부사 '사실' 또한 명사 '사실'이 가지고 있는 '어떤 사태나 행위에 대해 그것이 참이거나 참이라고 화자가 판단한 의미'라고 하는 개념적 의미와 화자의 발화가 '참'임을 강조하려는 화자의 발화 태도를 나타낸다. 명사와 부사로 품사가 통용되는 경우는 명사가 가지고 있는 기저 의미를 부사에서도 유지하면서 화자의 발화 태도나 양태적 의미로 전이되는 것이 일반적이다. 이와 같은 보기로 명사 '정말', '진짜', '참'과 같은 정조 정도부사가 있다.

그리고 '사실'이 부사로 쓰일 때는 대체로 전제된 정보에 대한 '대조'나 '전환'의 의미를 나타낸다.[23] 문장의 내적 구조가 선행 문장과 후행 문장 사이에 'S(VP)으나, -지만, -데 (그러나) 사실은 S(NP)이다'의 꼴을 가지는 것이 일반적이다. 이 경우 '사실'은 다음 (34)에서 보는 바와 같이 선행 정보의 의미에 대해 '대조'와 '전환'의 의미를 강조하는 구실을 한다.

(34) 말은 안 했지만, 사실 나는 그를 사랑한다.
(35) 사실 그 사건은 비참한 것이었지만 한편 매우 희극적인 것이기도 했다.(박경리, 토지)

부사 '사실'이 '대조'와 '전환'의 의미로 쓰일 경우, (34)처럼 행위주가 1인칭일 때는 화자 자신의 행위나 사태에 대한 주관적 생각을 나타낸다. 즉, '사실'은 '나의 솔직한 생각, 나의 마음을 사실대로 드러내면'과 같이 선행 정보에 대한 '전환'이나 '대조'의 발화 태도를 강조하는 함의가 있다. 문장 구조도 선행 정보를 어미 '-지만'으로 이어 '전환'의 의미를 나타내

---

23) 소지현(2004:36)에서 'actually'의 담화 기능을 대조적이고 강조하는 기능을 가지고 있다고 한 점과 유사하다.

고 있다. 그리고 (35)처럼 주어가 2.3인칭일 경우 '사실'은 (35)처럼 객관적 사태나 행위에 대한 화자의 판단을 강조하는 의미를 나타낸다. 이 경우도 선행 정보를 '-지만'이라는 대조 어미로 이어져 있으며 '비참한 것'과 '희극적인 것'의 대조적 의미로 되어있다. 이러한 대조 의미를 부사 '사실'이 강조하고 있다. 그리고 (35)의 '사실'은 기본적으로 '대조'의 의미를 가지고 있으면서 화자의 발언을 '수정하는' 담화 기능을 하고 있다.

따라서 부사 '사실'은 일반 부사가 가지는 후행정보와 결속관계라는 통사적 특성을 가지면서 후행 정보가 참임을 강조하는 정도부사이다. 그리고 문장부사로 선행 정보에 대한 '대조'나 '전환'의 의미를 강조하는 구실을 한다. 다만 부사 '사실'은 다른 정도부사와는 달리 명사적 특성을 가지고 있다는 것을 알 수 있다.

이제 부사 '사실'이 담화표지 '사실'로 전이되는 양상을 살펴보자.

2.3. 담화표지 '사실'

우리말의 담화표지는 부사에서 전이된 경우가 많다. 따라서 담화표지와 부사의 양태적 특성을 변별하기가 쉽지 않다. 실제 담화표지와 부사의 기능이 중복되거나 복합적으로 실현되는 경우가 많은데 그것은 들머리에서도 언급했듯이 담화표지와 부사 및 감탄사를 동일 층위에서 논의하는 것 자체가 문제가 있기 때문이다. 즉, 부사가 통사적 개념이라면 담화표지는 화용적 개념이다. 부사는 문장 속의 특정한 성분이나 문장 전체를 수식하는 구실을 한다. 그러나 담화표지는 수식의 개념보다는 더 넓은 층위에서 발화 전체와 관계를 가지면서 발화자의 발화전략이라는 기능적 개념이다. 감탄사와 담화표지의 논의도 마찬가지이다.[24]

여기서 '사실'을 중심으로 담화표지의 생성이 명사에서 부사로, 다시 담화표지로 변하는 양상을 살펴보는 것은 '사실'이 통사층위의 문법범주가 어떻게 화용층위의 발화체로 변화

---

[24] 마찬가지로 문법 범주 층위가 다른 감탄사와도 혼용되기도 한다. 간혹 담화표지와 감탄사를 같은 층위에 놓고 논의하면서 담화표지와 감탄사를 변별하기도 한다. 그러나 담화표지와 감탄사는 기본적으로 연구 층위가 다르다는 점을 간과한 것이 아닌가 한다. 감탄사도 부사와 마찬가지로 감탄사가 담화표지로 어떻게 기능을 하느냐에 대한 논의는 감탄사의 개념과는 보아야 한다. 더구나 감탄사라는 용어 자체도 통사적 층위보다는 화용적 층위의 개념이기 때문에 더 혼란을 가져 올 수가 있다.

하는지와 그 특성이 어떻게 다른지를 비교하려는 것이다.

우리말 '사실' 또한 많은 다른 담화표지와 마찬가지로 명사로서의 원형적 의미는 유지하면서 화자의 양태적 기능을 하는 부사로 쓰이기도 하고 그것이 또 화자의 발화 태도와 담화 전략적 기능을 하는 담화표지로 층위를 달리하면서 쓰이기도 한다.

'사실'이 담화표지인가 아니면 문장의 성분으로서 결속이나 제약 관계를 가지는 부사인가를 가늠하는 잣대는 '사실'이 발화와 얼마나 독립적으로 쓰느냐를 볼 수밖에 없다. 담화 차원에서 '사실'이 담화표지로서 성격이 강하게 나타날 경우는 부사 '사실'과는 달리 발화 정보에 대한 직접적인 수식은 하지 않는다. 그리고 '사실'이 문장 전체에 대해 수식을 하는 문장부사로서의 기능을 하더라도 '사실'은 선행 정보와 후행 정보 사이에 대조나 전환과 강조라는 의미구조를 가지면서 담화 전략적 기능을 복합적으로 가지기 때문에 담화표지의 개념으로 보고자 한다.

다음 (36)~(38)의 '사실'은 담화표지로 쓰인 것으로 볼 수 있다.

> (36) "사실, 또, 언어 자료 그– 가운데 하나하나가 방언적인 엑센트를 가진 사람이(언어병리학 특강, 전자저사자료, 2003)
>
> (37) "사실(ㄱ), 한국 선수들의 선수 생활이 짧은 것은 사실(ㄴ)이거든요."(2020.12.11. kbs 스포츠 중계)
>
> (38) "나도 참 사실 참 남아로 태어나가주서는, 뭐 과거는 못 볼 망정, 우리 참 친구는 과거를 보러 간다이께네, 서울 구경이나 한 번 하고 오겠읍니다."(한국구비문학대계 7집 10책, 436면)

(36)의 '사실'은 뒤 정보에 결속되어 있지 않을 뿐만 아니라 화자가 말을 망설이거나 시간을 버는 담화표지로 쓰인 것이다. (37ㄱ)의 '사실'은 담화 전체에 대한 단순히 강조하거나 '솔직하게 말해서'와 같은 의미로 청자에게 주의를 끌어들이는 담화표지이며 (37ㄴ)은 명사로 쓰인 '사실'이다. (38) '사실'은 다른 담화표지와 같이 쓰여 강조의 기능을 한다. 앞뒤에 쓰인 '참'도 강조의 정도부사가 아니라 담화표지로 쓰여 '사실'과 같은 구실을 한다.

2.3.1. 담화표지 '사실'의 담화 기능

2.3.1.1. 시간벌기

담화표지 '사실'은 대부분 다른 담화표지와 같이 화자가 발화할 시간을 버는 전략적 기능을 한다. 다음 보기에 쓰인 '사실'은 '시간벌기' 기능을 하는 담화표지이다.

(39) "아이고, 그런 일이 없다고 이 아이가 내 아이라니 그 무슨 말씀을 그런 말씀하느냐?"고 그라거던. "그래 아무데 연분에 약과약과한(이러이러한) 그런 사실이 있어서 그 후에 이 아이가 난 기라고." 이러 쿠니까, 그 뭐 사실 제 뭐뭐, 우짤 수 없거든. 사실이니까. 그래 가지고서,"(한국구비문학대계 8집 3책, 72-76면)

(40) "좌향 그런 것을 봐 가지고 있었는데, 파 내려 가는데 보니 유골이 나왔다 이거야. 그 사실 할아버지, 할머니 묘를 쓸려고 하는데 유골이 나와서 웃을 일이 아니요, 사실 참, 당장 당황하지 뭐, 그러니까 응, 큰아버지가 지시를 하기를,"(한국구비문학대계 2집 3책: 264-268면)

(41) "아, 장호랭이 자네, 내 가네이." 이 소리 하고 고마 도망을 치고 달아나 뿐(버린) 기라. [웃음] 이렇게 그 사실 저 금호에 장호랭이가 아주 말이지 그 인망(人望)이 대단했는데."
(한국구비문학대계 8집 8책, 61면)

위 (39)에서 줄 친 '사실'은 '그 뭐 사실 제 뭐뭐'와 같이 앞에 담화표지 '뭐'와 뒤에도 담화표지 '제 뭐뭐'와 같이 쓰여 화자가 후행 정보를 빨리 회상하지 못해서 시간을 버는 담화전략으로 쓰였다. 담화표지 '사실'이 시간벌기 기능을 하더라도 화자는 자기의 말이 사실임을 은연중에 나타내려고 하는 의도를 가지고 있다. (40)의 '사실'도 뒤에 담화표지 '참'과 같이 써서 강조의 구실을 하고 있으며, (41)의 '사실'도 앞뒤에 담화표지 '그'와 '저'가 쓰여 시간벌기 기능을 하는 다른 담화표지와 함께 쓰였다. 이때 '사실'은 정보 회상의 시간벌기 구실을 하면서 '그 인망이 대단했다'는 정보를 강조하는 복합적인 담화 기능을 한다고 볼 수 있다.

(42) 특별히 보면은, 상근자가 많은 경우엔, 그렇죠, 거기. 근데, 어, 그~ 사실은, 그러한 측면
에서 보면은, 아 인건비가 아 다른 어디보다도(강의 NGO 경영 전자전사자료, 2003)

(43) 이런 생각이 들었는데, 아~ 사실, 인제, 에~에~ 비정부 단체. 근까 엔지오의 경영에
대해서(강의 NGO 경영 전자전사자료, 2003)

(42)의 '사실'은 뒤에 나오는 정보에 대한 직접적인 관계를 가지고 있지 않다. 그렇다고
'사실'이 후행하는 정보를 강조하는 것도 아니다. 따라서 담화표지 '사실'은 후행하는 정보
를 회상하는 화자의 발화전략의 하나로 쓰였다. (43)의 '사실'도 다른 담화표지와 복합적으
로 쓰여 시간벌기 기능이 더 확실하게 나타난 보기이다.

2.3.1.2. 발화 시작하기

담화표지 '사실'은 화자가 담화를 시작하기 위한 시작 표지의 구실과 화자의 발화가 사실
임을 내적으로 표현하는 구실을 한다. 그리고 화자의 발화가 진술하다는 의도를 간접적으로
나타낸다. 따라서 담화표지 '사실'은 화자가 말을 자연스럽게 시작하기 위한 담화 책략과
화자의 담화에 대한 신뢰성을 높이는 복합적 구실을 한다.

(44) "그래 무슨 이바구 하꼬?"

그래 서로가 인자,

"아이, 니부터 이바구해 봐라."

"사실 우리가…"

마 처음에 어사가 일부러 딴 이바구로, 고약한 이바구로 이래 하나 지아가 냈는기라.
내이까네,"(한국구비문학대계 8집 13책, 486면)

(45) "사실 인자 사고 보고를 하로 왔지. 오이(왜) 그 마누라인데 떡 인자 물으이까네,"(한국구
비문학대계 7집 10책: 718-725)

(46) 사실 구치소에 대해 말씀드리자면(2020.12.29. tv조선)

(47) 사실 말이죠, 사실 애~, 사실 있지~

위 (44)의 '사실'은 상대로부터 발언권을 받아 발언을 시작하는 표지로 쓰인 것이다. (45)의 '사실'은 전환의 기능을 가진 담화표지 '인자'와 같이 쓰여 발화의 시작을 나타내었으며, (46)의 '사실'도 사회자로부터 발언권을 받아서 발언을 시작하면서 쓰인 것이다. (47)의 '사실'은 막연하게 발화를 시작하면서 사용하는 담화표지 '사실'이다. 이처럼 담화표지 '사실'은 화자가 화제를 전환하거나 발언권을 유지하기 위한 담화 기능으로 쓰이기도 한다. 이 경우도 화자는 자신의 발화가 사실적인 의미를 가지고 있음을 간접적으로 나타내려는 의도가 깔려 있다고 볼 수 있다.

실제 많은 발화에서 '사실'을 막연하게 해 놓고 그 뒤 후행 발화를 시작하는 경우가 많다. 이것은 담화표지 '사실' 뒤에 이어지는 발화 내용에 크게 제약을 받지 않는다는 것을 의미한다.

2.3.1.3. 주의 집중과 강조

담화표지 '사실'은 어휘적 의미가 가지고 있는 사태나 행위의 사실적 의미를 유지하면서 화자는 상대에게 자신의 발화에 대해 주의를 집중하게 하거나 초점 정보임을 드러내는 기능을 한다.

> (48) "해리야, 사실은... 나 라운딩 중인데 다시 통화하자."[25]
>
> (49) "사실은 말이죠 이게 참. 그 장원 사무총장이, 우리 대학원에 와 가지고, 특강을 했어요"
> (비교문학연구 제29집, 469면)
>
> (50) "불러내가주고 떡국이하고 둘이 만냈거든 인제, 만내가주고, "그래, 이 이기 사실 딴기 아이고, 내가 마음이 왜 이런지 모를따, 그래 너도 살림살이 가 해야 되고 하이, 여어 저 마판에 가믄 말이여, 여 수십 필 있다. 있는데, 어느 말이라도 니 좋은대로 고만 하나 골리라." (한국구비문학대계 7집 11책, 140면)

위 (48)의 '사실'은 라운딩 중에 전화 통화할 수 없는 상황을 상대에게 '솔직히 말해서'와 같은 의미로 '사실'로 표현하면서 정보를 집중하게 한다. 특히 이 경우 '사실' 뒤에 잠시

---

25) 「두 번은 없다」-mbc드라마 17회 2019.11.30. 중, https://tv.naver.com/v/11243102

휴지를 둠으로써 상대에게 주의를 집중기능을 강조한다. (49)도 '사실은 말이죠'라고 하여 '사실' 뒤에 주의 집중 기능을 하는 '말이죠'와 함께 후행하는 정보가 새로운 정보임을 나타내고 있다. (50)의 '사실'은 뒤에 '딴 기 아이고'라는 발화로 청자에게 화자가 발화할 내용을 강조하면서 주의를 집중하게 하는 구실을 한다. 담화표지가 주의 집중의 기능을 할 때는 일반적으로 다른 담화표지와 함께 실현되는 경우가 많다. 다음 발화에서 '사실'의 실현 여부에 따라 의미가 어떻게 다른지 알 수가 있다.

(51) ㄱ. 차들이 많이 미끄러져 있었다. 그런데 사실 나도 자칫 미끄러질 뻔했다.

ㄴ. 차들이 많이 미끄러져 있었다. 그런데 ∅ 나도 자칫 미끄러질 뻔했다.

(52) ㄱ. 사실, 철수 그 녀석, 보시다시피 얼굴만 잘생겼지 뭐 하는기 있나?

ㄴ. ∅ 철수 그 녀석, 보시다시피 얼굴만 잘생겼지 뭐 하는기 있나?

위 (51)은 접속부사 '그런데'로 선행 정보와 전환의 의미를 이끌면서 '사실'을 이어 써서 청자에게 후행 정보에 대해 주의를 집중하게 하면서 한 편으로 화자의 정보를 강조하는 복합적 기능을 한다. '사실'을 생략한 (51ㄴ)과 비교해 보면 쉽게 알 수가 있다. (52ㄱ)의 '사실'은 발화 첫머리에 쓰여 후행하는 정보에 대한 화자의 강조 의도가 드러나면서 주의를 집중하게 한다. '사실'이 쓰이지 않은 (52ㄴ)과 비교해 보면 '사실'이 쓰인 (52ㄱ)이 발화의 정보가 강조된다는 것을 알 수 있다.

2.3.1.4. 수정하기

앞 장에서 부사 '사실'이 선행 발화와 '대조'의 의미를 나타낸다고 한 바 있다. 대조는 일반적으로 선행 발화와 사이에 '그런데', '그러나'와 같은 접속부사와 같이 실현되는 것이 자연스럽다. 그리고 발화에서 대조적 의미는 화자의 선행 발화를 수정하는 담화적 기능을 한다. '대조'가 문맥적 의미구조라고 한다면 '수정'은 담화의 기능적 전략이다. 여기서 부사 '사실'의 '대조'라는 의미기능과 담화표지 '사실'의 '수정'이라는 담화 기능이 층위를 달리할 뿐 공통적 기능을 한다고 볼 수 있다.

(53) "어제 내가 운동할 수 있다고 했는데, 사실은 선약이 있어서 운동할 수 없을 것 같애."

(54) "작년 이맘 때 저는 검찰이 노무현재단의 계좌를 추적했다고 주장을 했습니다. 그러나 사실 그건 저가 잘못 알고 그렇게 말했습니다. 사과 말씀을 드립니다."

위 (53)과 (55)의 '사실'은 후행 정보에 대한 자신의 발화가 속내를 진심으로 드러내면서 선행 발화를 수정하는 발화 기능을 하고 있다. '사실'이 후행하는 일정한 정보와 제약 관계에 있는 것이 아니라 후행하는 전체 발화에 대한 새로운 사실을 발화하면서 수정하는 것이다. (53)의 '사실'은 선행 발화의 전환 어미인 '-데' 뒤에 실현되었고, (55)의 '사실'은 대조의 접속부사 '그러나' 뒤에 쓰였다.

3. '사실'의 문법 범주

언어 연구 분야 가운데 담화를 연구하는 영역이 갈수록 넓혀지고 활발하게 이루어지고 있는 듯하다. 담화 연구에서 항상 문제점으로 제기되는 것이 연구 대상과 자료에 대한 범주의 혼란이다. 연구 범위의 층위가 다른 대상임에도 같은 층위에서 논의하다 보면 개념이 상충하게 되어 체계적인 논의가 어려울 경우가 많다. 문법 연구의 층위는 영역에 따라 다르다. 그리고 영역마다 존재하고 있는 특성을 연구 영역에 적용해야 한다. 본고의 연구 대상인 '사실'의 문법 범주 간의 양상을 보자.

대부분 담화표지는 기원적으로 다양한 문법 범주에서 전이 변화하면서 사용되고 있다. 주로 부사와 지시 대명사, 감탄사, 명사에서 담화표지로 쓰이는 경우가 많다.[26] 본고의 연구 대상인 '사실'도 기원적으로 명사임은 앞에서 논의한 바와 같다.

어떤 성분이 문법 범주가 전이되더라도 기원적으로 가지고 있었던 의미는 잠정적으로 유지한다는 것도 담화표지 연구에서 일반화되어 있다. 다만 기본 의미가 담화에서 화자의 다양한 담화전략으로 쓰이게 된다는 점이 다를 뿐이다. 그런데 담화표지는 화용 담화 층위

---

26) 전영옥(2017) 참고

로 통사나 형태 층위와 다른 점이 있다는 것에 주목해야 한다. 구어는 실제 현장성에서 일어나는 발화이기 때문에 다양한 언어적 요소가 적용된다. 어휘의 의미에 관여되면 의미론 영역이며, 문법적 범주인 품사와 관련된 영역은 형태론과 통사론적 영역이고, 발화 상에서 일어나는 다양한 반언어적 요소는 음운론적 영역이다. 따라서 화용 담화 차원의 논의는 이러한 다양한 언어 범주의 요소들이 모두 관계되며 상호 작용한다고 할 수 있다.

본고의 연구 대상인 '사실'은 근원적으로 명사임은 쉽게 알 수 있다. 이 명사가 형태를 같이 하면서 부사라는 문법 범주를 달리하면서 실현된다. 그리고 부사로서의 '사실'은 화자 의 양태와 관련이 되어 있기 때문에 발화 상에서 매우 유동적이면서 이동이 자유로운 특성 을 가지고 있다. 따라서 부사가 가지고 있는 '사실'의 기능이 화자의 발화전략이나 담화 기능으로 쓰일 때는 담화표지라는 높은 담화 층위의 범주로도 쓰이게 된다고 볼 수 있다. 이처럼 부사와 담화표지가 공유하는 부분이 많기 때문에 그 변별이 뚜렷하지 않다는 점이 향후 부사와 담화표지의 연구에 문제로 남는다. 부사와 담화표지가 공유하는 특성은 발화에 서 임의적이면서 화자의 발화 태도나 양태를 나타내는 기능을 한다는 점이다. 부사가 일정 한 성분이나 문장 전체와 의미적 제약이나 수식 관계를 가지는 경우는 쉽게 변별이 될 수 있으나 문장부사와 같이 문장 전체와 관련이 있는 경우는 담화표지와 변별이 쉽지 않다. 이러한 점에서 본고의 '사실' 또한 명사로서의 '사실'과 부사 특히 성분부사로서의 '사실'은 변별이 명확하나 정도부사의 경우는 담화표지와 그 변별이 쉽지 않다.

담화표지로서의 '사실'은 부사의 '강조'나 '정도'의 의미에 화자의 '시간벌기'나 '주의집 중', '발화시작하기' 기능을 공유하는 것으로 볼 수 있다.[27]

다음 [표 1]은 담화표지 '사실'과 명사, 부사의 문법 범주와 층위에 대한 요약이다.

층위	담화론			담화표지
	형태론	명사	부사	
기능				시간벌기, 주의집중, 발화시작, 수정하기

---

27) 최원선(2002)에서도 영어의 'actually'의 기능이 독립적으로 실현되는 것이 아니라 복합적 기능을 한다고 하였다.

의미	[사실]	[사실], [정도], [강조], [대조]	[참], [신뢰성], [사실], [강조], [대조]
형태	사실	사실(은), 사실상	사실, 사실+담화표지
음운			강세, 쉼

[표 1] '사실'의 문법 범주

4. 마무리

언어는 끝임 없이 변화를 거듭한다. 일반적으로 문법의 변화보다 의미나 형태의 변화가 더 민감한 것으로 알려져 있다. 어휘 가운데 생성과 의미 변화가 가장 큰 문법 범주는 부사다. 부사는 화자의 심리적 상태를 표현하면서 임의적으로 실현 환경 또한 다른 범주에 비해 자유로운 편이기 때문이다.[28] 우리말에는 형태는 동일하지만 다양한 문법 범주로 실현되는 이른바 품사 통용 특징을 보이는 어휘들이 많다. 본고는 현대 국어 담화에서 그 실현 빈도가 현저하게 높은 '사실'이라는 어휘에 대해 살펴보았다. 선행 연구에서 국어 부사와 담화표지에 대한 연구는 많았지만 실제 담화에서 실현 빈도가 매우 높은 '사실'에 대한 연구는 거의 발견하지 못했다. 통시적으로 아마 현대에 들어오면서 그 쓰임이 많아진 것이 아닌가 추측한다. 그것은 사회의 변화에 따라 화자가 자신의 발화에 대한 신뢰성을 높이려고 하거나 화자의 발화가 사실임을 강조하는 담화전략에서 그 원인을 찾을 수 있을 것 같다. 따라서 앞으로 이에 대한 통시적 연구도 필요할 것으로 보인다.

본 연구에서 국어 정도부사 '진짜', '정말', '참'과 같이 명사에서 부사로 다시 담화표지의 기능으로 쓰이는 현상이 '사실'에도 나타남을 보았다. 명사가 가지고 있는 '사실', '진리', '참'의 의미가 부사로 전이되면서 강조와 정도를 강조하는 성분부사와 문장부사로 쓰이는 현상을 살펴보았고 이러한 부사의 의미가 담화 층위에서 '시간벌기'나 '주의집중', '발화시

---

28) Quirk et al(1985:478)은 부사류가 가지고 있는 특징으로 다음과 같이 제시하고 있다.
  (1) 의미 역할의 범위가 넓다.
  (2) 동일절에서 여러 번 실현될 수 있다.
  (3) 실현 형태가 다양하다.
  (4) 실현 위치가 다양하다.
  (5) 문법적 기능이 다양하다.
  (6) 정보 처리 및 맥락 관련상 유연하다.

작하기', '수정하기', '강조'의 담화표지로 쓰이고 있음을 알아보았다. 이에 대한 요약은 [표 1]을 참고하기 바란다. '사실'이 부사와 담화표지로서의 쓰임을 명확하게 변별하기가 쉽지 않은 점도 있었다. 모든 담화표지 연구가 가지고 있는 한계일 수도 있다. 이것은 연구 대상의 층위 문제임을 지적하였다. 그리고 담화라는 연구 대상 자체가 원래 화자의 심리와 발화 기능과 관련되어 있기 때문에 매우 유동적이고 임의적이다. 따라서 문법 범주 상의 변별이 쉽지 않다.

이 연구에서 활용한 자료는 대부분 실제 발화이며 특히 한국구비문학대계의 구술 설화 자료를 활용하여 입말 자료의 특성을 최대한 활용하였다. 그리고 말뭉치를 통해 '사실'의 쓰임 빈도에 대해 거시적으로 살펴보았다. 추후 더 미시적인 연구가 있어야 할 것으로 본다. 이는 차후 연구과제로 남겨 둠을 밝힌다.

제4부

담화교육

제1장

교육과정의 담화 용어

국어 교육이 체계적인 학교 교육의 틀 속에서 이루어진 것은 광복이후이다. 그 이후 교육과정은 일곱 번이나 바뀌었고 그에 따라 교과서도 따라 바뀌어 왔다. 초기 국어과 교육과정인 3차와 4차 교육과정[1]이 쇼쉬르(Saussure)와 블룸필드(Bloomfield)의 구조주의 언어관과 미국을 중심으로 한 경험주의와 행동주의 철학을 근간으로 이루어졌던 것이 이후로 조금씩 변해오면서 70년대에 들어서는 인지 심리학의 연구 결과가 국어 교육에 반영되기 시작했다. 언어의 학습이 인간이 가지고 있는 공통된 인지틀을 중심으로 이루어진다는 것과 기억과 회상의 인지과정, 그리고 언어 인식의 인지 과정을 중심으로 한 인지심리학적 이론이 일반 모국어교육과 외국어 교육 이론에 도입되었던 것이다. 그리고 언어학의 흐름이 의사소통적 관점으로 바뀌면서 담화이론과 화용론 그리고 텍스트 문법이 중요시되었으며, 이러한 의사소통론의 다양한 이론은 5차 교육과정부터 점진적으로 반영되기 시작하다가 6차 교육과정에 들어서면서 언어 사용영역과 언어 영역에 체계적으로 반영되었으며, 7차 교육과정에서는 이러한 담화·화용론과 텍스트언어학상의 이론적 용어가 본격적으로 수용·반영되기 시작했다. 이러한 일연의 언어학 이론이 교육과정에 수용·반영되면서 여러 가지 문제가 도출되었는데 그 가운데 하나가 담화·화용론과 텍스트 언어학의 용어와 그 개념 규정에 관한 것이다. 담화·화용론과 텍스트 언어학 용어가 아직 연구자에 따라 매우 다양하게 사용하고 있는 상황에서 이것을 국어 교육에 그대로 수용·반영하기 위해서는 매우 신중하

---

[1] 본고에서 교육과정이라고 함은 국어과 교육과정을 두고 말한다.

지 않으면 안 된다. 특히, 교육과정과 거기에 따른 교과서는 아직까지는 규범적 성격과 보편성을 가지고 있는 것이 현실이라면 교육과정과 교과서에 수용·도입되는 학문적 이론 또한 규범성과 보편성을 가지고 있기 때문에 이에 대한 많은 논의가 필요할 것이다. 본고에서는 이러한 의미에서 제7차 교육과정에 쓰인 담화·화용론 내지 텍스트 언어학 이론을 바탕에 둔 용어들이 어떻게 반영되고 있으며 그 개념상 문제가 무엇인지를 분석하고 그 대안을 모색하고자 한다.

1. 텍스트와 담화와 이야기

국어과 교육과정에 '텍스트'와 '담화' 또는 '이야기'의 개념이 등장한 것은 6차 교육과정부터이다. 특히, '이야기'의 용어는 6차 교육과정에서 문장 이상의 단위를 지칭하는 개념으로 제시되었으며, '텍스트'와 '담화'는 7차 교육과정에 나타난 용어이다. 그런데 문제는 7차 교육과정과 교과서에 쓰인 '텍스트'나 '담화' 그리고 '이야기'에 대한 용어의 개념 규정이 정리되지 못하고 혼란스럽다는 것이다.

텍스트에 대한 개념[2]은 1970년대부터 논의되기 시작하였으며, 담화의 개념은 언어에 대한 관심이 자연언어인 담화에 주목하면서 시작된 1990년대에 본격적으로 논의되기 시작하였다. 이 텍스트나 담화의 개념은 연구자에 따라 매우 다르게 정의하고 있기 때문에 일률적으로 개념을 규정하기가 매우 어렵다. 원래 텍스트는 문학연구자들이 연구 대상을 말하던 것이 언어학자에 의해 그 영역이 넓어지게 되었다.

독일을 중심으로 한 기호학자들과 텍스트 문법학자들은 텍스트의 범위를 담화의 개념을 포함한 매우 넓은 개념으로 보고 있다. 그리고 미국을 중심으로 한 담화 분석 연구자들은 텍스트라는 개념보다는 담화라는 개념을 주로 사용하고 있다.[3]

먼저 텍스트의 개념에 대한 연구자들의 정의를 보자. 텍스트의 개념을 정리하기 위해서 우선 기존의 논의를 몇 가지로 크게 나누어 볼 필요가 있다. 우선, 텍스트의 개념을 넓은

---

2) 텍스트의 개념에 대한 논의는 이석규 외(2001) 참고
3) 텍스트(text)는 라틴어 동사 'textere(짜다)'에서 파생되었으며 '직물/조직'을 뜻한다.

의미에서 규정한 것과 좁은 의미에서 규정한 것으로 나눌 수 있다.

넓은 의미에서 텍스트의 개념은 의사소통의 단위체로 언어와 비언어적 표상을 모두 포함하는 것으로 보는 것이다. 이것은 기호를 포함한 모든 의사소통의 방법을 텍스트로 보는 기호학적 관점에 가까운 것이다. 고영근(1999)은 '텍스트는 일단 사람이 어떤 의도를 가지고 산출하는 언어적 표현이라고 규정할 수 있다. 음성 형태로 나타나는 발화와 문자로 적혀진 문학 작품들을 우선적으로 텍스트로 볼 수 있겠다. 이 밖에도 넓은 의미에서 음성, 음향, 문자, 그림, 사진 등이 어우러져 조화를 이루는 다중 매체도 텍스트로 간주할 수 있다.'고 함으로써 좁은 의미에서는 언어적 표현이라고 보고, 넓은 의미에서는 모든 의사소통의 매체를 포함하는 것으로 보고 있다.

스미트(1973)의 '텍스트는 의사소통 유형의 실현체다'라고 한 것이나, 파터(1994)의 '화용론적으로 텍스트를 규정하는 데 있어서 텍스트 한계 설정의 문제와 관련지어서 텍스트에는 언어적인 것만 포함되는가?'라는 물음을 던지면서 그는 '통사적이거나 의미론적인 연구 방향을 취할 때는 그림이나 사진을 구성효소로 갖는 구성물을 텍스트로 보지 않는 반면 화용론적 연구 방향을 가질 때는 텍스트의 비언어적 구성 요소를 포함해야 한다.'고 보았다.

반면에 텍스트의 개념을 좁은 의미에서 본 것은 텍스트를 언어학적 단위(unit)의 하나로 본 것이다. 특히, 텍스트는 문장 이상의 언어 단위로 조직적으로 표현된 것을 두고 말한다.[4]

이 언어학적 관점도 이전의 문장의 단위를 넘어선 언어 범주를 텍스트라고 하는 한층 더 좁은 의미로 보는 것과 담화·화용론적 관점에서 문장 이상의 언어 단위에 개념의 기준을 두는 것이 아니고 언어로 표현된 모든 것을 텍스트로 보는 다소 넓은 개념으로 보기도 한다.

하르웨(1968)가 말한 '텍스트는 끊임없는 대명사적 연쇄체로 구성된 언어적 단위들의 통합체다.'라고 한 것이나, 브링크(1973)가 말한 '텍스트는 주제 지향적이고 인식 가능한 통보적 기능을 충족시키는 통보 행위 놀이이며 어떤 통보 행위의 발화된 언어적 구성 성분 총체'라고 한 것도 이러한 관점이다.

이외 드레슬러(1973)에서는 '텍스트는 송신자와 수신자의 의도에 따라 언어적으로 완결된

---

4) 고영근(1992)의 텍스트에 대한 초기 개념은 '텍스트는 하나의 통일적인 의미를 중심으로 논리적, 통사적, 의미 기능적 수단에 기대어 엉기는 문장 위의 단위이다.'라고 보았다.

언어 단위이다'라고 한 것이나, 할리데이와 핫산(1976)이 말한 '텍스트는 사용 중인 언어 단위이다.'라고 한 것도 텍스트의 개념을 언어 단위와 같이 좁은 개념으로 본 관점이다.[5)

그리고 텍스트와 관련하여 '담화'라는 용어를 사용하기도 한다. 이 담화를 구조적인 관점에서 문장보다 큰 단위로 인식한 것으로 박영순(1998), 크로레이(1995)가 있다. 기능적인 관점으로 쉬프린(1994)에서는 담화를 '언어 사용(language use)'과 '발화(utterances)'의 개념으로 정의하고 있다. 또한 이용주(1993)에서는 '담화는 발신자가 언어 기호인 어휘소를 선택 통합하여 자신의 심리 내용을 표현하는 행위'라고 하여 '언어 행위'로 보았다.[6)

그 외 많은 연구자들은 담화를 텍스트와 관련을 지어 논의하고 있다. 텍스트와 담화를 비교한 논의를 보자.

먼저 텍스트와 담화를 구분하지 않는 주장이 있는데 이러한 주장은 주로 독일의 텍스트 언어학의 입장이다. 이들은 실제 수행된 음성 언어나 문자 언어를 하나의 텍스트로 설정하고 텍스트와 담화를 같은 개념으로 보고 있다. 해리스(1964)는 텍스트와 담화라는 용어를 구별 없이 사용했다. 그는 언어가 자립적인 낱말이나 문장으로 실현되는 것이 아닌 연결된 담화로 실현된다고 보았으며, 노석기(1990)에서도 담화(입말로서 월 이상의 단위)와 텍스트(글말로서의 단위)의 구분을 지양하고 '부려쓰인 월'이라는 개념으로 보았다. 또한 정희자(1998)는 넓은 의미에서 담화와 텍스트는 '실제 상황에서 사용되는 문장들의 연쇄체'의 개념으로 동일하게 보고 있다.

이와는 달리 텍스트와 담화의 개념을 분리하는 주장도 있다. 비타콜로나(1988)에서는 '두 용어는 이론과 방법이 다른 데서 연유하는 것이지만 둘을 대립적으로 파악하는 사람들은 텍스트가 추상적인 구성이고 담화는 구체적이고 관찰적인 자료로 본다'고 하였다. 고영근(1990)에서도 담화를 관찰적인 층위의 단위로 보고 텍스트를 추상적인 층위의 단위로 보아 전자가 후자에 종속되는 개념으로 파악하고 있으며, 텍스트를 우리말로 '이야기'로 보았다.

---

5) 이외 텍스트 개념에 대해서는 딤터(Dimter, 1981)는 '하나의 텍스트는 통사적, 의미적, 화용론적으로 연결되고 완결된 언어 기호의 연속체다'라고 하였으며, 에엘리히(Ehlich, 1983, 1984)는 '시간과 공간의 측면에서 대면적 의사소통이 지니 한계를 극복하기 위한 언어적 구조물'이라고 하였다, 원진숙(1995)에서는 '텍스트란 입말이든 글말이든 관계없이 텍스트 생산자가 소기의 의사소통적 목적을 달성하기 위하여 생산해 내는 문장 이상의 언어 단위'라고 하였다. (이석규 외(2001)에서 재인용)

6) 전영옥(1999:1)에서 재인용.

정희자(1998)는 담화와 텍스트는 좁은 의미에서 구별이 된다고 하여, 담화는 언어 수행(parole, performance), 음성 언어(verbal competence), 기술(description)에 초점을 두었고 텍스트는 언어 능력(langue, competence), 문자언어(written language), 규범화(prescription)에 초점을 두었다.

보그란데(1997)에서는 담화와 텍스트를 구분지을 때, 텍스트는 이론 지향적인 형식적인 실체(theory-driven formal entity)인 반면 담화는 자료 지향적인 기능적 실체(data-driven functional entity), 즉 경험적 의사소통적 사건으로 보았으며, 미카엘 스터브즈(송영주, 1993) 첫째로, 문자 언어에 의한 텍스트 대 음성언어에 의한 담화와 같은 구별이 있다. 환언하면, 담화는 상호 작용적 담화를, 텍스트는 소리를 내서 말하거나 그렇지 않든 간에 비상호적 독백을 말한다. 두 번째 구별은 담화는 어느 정도 길이가 있고, 텍스트는 대단히 짧을 수도 있다는 것이다. '출구', '금연'도 텍스트가 될 수 있다.

반다이크(1977)처럼 텍스트를 담화 속에서 구체화되는 추상적 이론의 구조물로 봄으로써 텍스트를 담화의 하위 영역으로 보는 견해도 있다.

지금까지 논의에서 대체로 텍스트와 담화의 개념은 연구자에 따라 매우 다를 수 있으며 이들의 논의는 다음과 같이 나타낼 수 있다.

1. 텍스트>담화

2. 텍스트<=>담화

3. 텍스트=담화

4. 텍스트<담화

그리고 담화와 함께 혼용되고 있는 '이야기'라는 용어도 있다. 이 '이야기'라는 용어는 교육과정에는 6차 교육과정부터 나오지만 교과서에는 5차 교육과정의 문법 교과서에 벌써 쓰이고 있었다. 이 '이야기'라는 용어는 담화이론(화용론·텍스트문법)의 discourse를 우리말로 바꾼 것인데 그 적절성은 이들 용어들이 쓰인 교육과정을 살펴본 뒤에 논의할 것이다.

'텍스트'와 '담화'와 '이야기'의 용어에 대한 6차와 7차 교육과정 및 교과서의 사용 실례를 보면 다음과 같다.

[국어 생활]

내용

③ 국어와 매체 환경

① 현대인의 언어생활에 영향을 끼치는 여러 가지 매체의 작용을 이해한다.

② 지식 정보 사회에서 멀티미디어를 이용한 의사소통의 특성을 이해한다.

③ 여러 가지 매체 속에 나타나는 다양한 텍스트[7]를 이해하고 감상한다.

④ 대중 매체로 표현된 국어사용 현상을 비판적으로 평가한다.

⑤ 여러 가지 매체를 이용하여 효과적인 국어 생활을 한다.

[문학]

문학 교수·학습 방법

자. 학습자의 심리적, 문화적 요구에 부합되는 관련 텍스트를 효과적으로 활용하여 문학 활동의 폭을 넓히고 이해의 심도를 깊게 하도록 지도한다.[8]

		6차 교육과정	7차 교육과정
교육과정	국어	**언어 영역** 2. 국어의 이해 　1) 음운의 체계와 변동 　2) 단어의 형성과 유형 　3) 문장의 구성 요소와 기능 　4) 단어의 의미 　5) 문장과 **이야기** -언어- (6) 문법 요소들의 기능을 알고, 의미가 바르게 전달되도록 **이야기**를 생성한다.	**국어지식** **국어의 이해와 탐구** 음운-낱말-어휘-문장-의미-**담화** **10학년** **국어지식** 5) 장면에 따른 표현 방식을 안다. 【기본】 **담화**에서 장면에 따라 원근, 높임 관계, 심리적 태도들의 표현이 달라진 부분을 찾는다. 【심화】 **담화**에 따라 원근, 높임 관계, 심리적 태도 등의 표현과 이해가 어떻게 달라지는지 구체적인 예를

---

7) 본고에 나오는 교육과정의 보기에 진한 표시는 필자가 한 것임.

8) 6차 교육과정 문학 교과의 '방법'자 항에 '학생들의 심리적, 환경적 요구에 부합되는 문학 관련 **텍스트**들을 효과적으로 도입하여 문학 작품 이해 및 감상의 폭을 넓히도록 한다.'라고 되어 있다. 7차 교육과정의 내용과 거의 비슷하다.

			말한다.
	문법	마) 문장과 **이야기** ① 발화 행위로서의 언어 현상들에 대하여 이해한다. ② **이야기**의 표현 및 이해에 작용하는 요소들에 대하여 이해한다. ③ **이야기**의 구조를 이해한다.	(바) 문장과 **담화** ① 발화 행위로서의 언어 현상을 이해한다. ② **담화**의 표현 및 이해에 작용하는 요소를 이해한다. ③ **담화**의 구조를 이해한다.

교과서	국어	중학교 3-3
		'이야기' 단원
		(1) **이야기**의 구성과 발화의 기능
			고등학교(상)
			3. (1) 봄본
			  (2) 봉산탈춤
			-단원 마무리-
			장면에 따른 표현 방식
			  (1) **담화**의 장면
			  (2) **담화**의 장면에 따른 표현 방식

	문법	1. **이야기**의 구성과 기능
		  (1) **이야기**와 장면
		  (2) **이야기**의 구조
		  (3) 발화의 기능
		
		2. 장면에 따른 표현과 이해
		  (1) 장면에 따른 표현
		  (2) 장면에 따른 이해
			1. **이야기**의 개념
			  (1) 발화와 이야기
			  (2) 발화의 기능
			2. **이야기**의 요소
			  (1) **이야기**의 구성 요서
			  (2) 지시표현
			  (3) 높임표현
			  (4) 심리적 태도
			  (5) 생략표현
			3. **이야기**의 짜임
			  (1) **이야기**의 구조
			  (2) **이야기**의 내용 구조
			  (3) **이야기**의 형식 구조

　그러면 이러한 용어에 대해서 6차 교육과정의 문법 교과서와 7차 교육과정의 국어 및 문법 교과서 그리고 교과서 해설서에 어떻게 개념 규정을 하고 있는지 보자.

　다음은 6차 교육과정에 의한 문법 교과서 해설서에 제시한 '이야기'와 '담화' 그리고 '텍스트'에 대한 개념 규정이다.[9]

　'이야기'라는 용어는 문장 단위를 넘어서서, 그것이 모여 이루어지는 모든 '실제 사용된 언어 형식'을 지칭하는 넓은 뜻으로 사용한다. 이러한 관점에서 이야기를 구성하는 단위라

---

9) 이은희(2000:61) 참고

는 뜻으로 '발화'라는 용어를 사용한다. 따라서 '발화'는 '문장'과 일치하는 경우가 많다. 이야기에 관련된 용어로는 텍스트, 담화 등이 사용되고 있으나, 그 구별도 그리 뚜렷한 것은 아니다. '이야기'라는 용어를 사용할 때 설화, 옛날이야기, 전설 등을 가리키는 '이야기'와 혼동하지 않도록 한다.

담화는 일정한 목적을 달성하기 위하여 사용된 구어적 언어 형식을 가리키는 용어로 사용된다. 따라서 각각의 담화는 하나의 독특하고 고요한 기능을 지닌다.

텍스트(text)는 이야기가 문자 언어로 쓰여진 경우를 말한다.

위 6차 교육과정에서 설명한 '이야기'와 '담화' 그리고 '텍스트'의 개념은 매우 불분명하다. '이야기'가 단순히 문장 단위를 넘어선 실제 사용된 언어 형식이라는 것은 입말과 글말을 모두 싸잡는 정의이다. 그렇다면 '담화'는 구어적 특성을 가지고 있으며, '텍스트'는 문어적인 특성을 가지고 있는 것으로 보았기 때문에 '담화'와 '텍스트'는 '이야기'의 하위 영역에 해당된다고 할 수 있다.

그리고 또 '이야기'의 단위를 통사론의 '문장'과 대응하는 '발화'라고 하였는데, 이것 또한 문제가 된다. 실제 '발화(utterance)'는 원래 '말을 입으로 소리낸 행위'를 말하는 것으로 화행(speech act)의 개념과 동일하게 상용하기도 한다. 그리고 담화분석에서는 발화를 대화가 이어지는 연속체의 단위로 이해하기도 한다. 즉, 발화행위와 발화단위라는 용어에서 발화행위는 말하는 행위의 하나로 이해하고, 발화단위는 담화이론에서 담화 단위의 하나로 인식한 것이다. 따라서 교육과정에서 발화라는 개념은 발화행위보다는 담화이론에서 말하는 대화 연속체를 구성하는 한 단위로 볼 수 있는데, 그것은 하나의 문장이나 그 이상으로 나타나기도 하고 낱말로 나타나기도 하고 비언표적 형태로 나타나기도 한다. 따라서 발화를 단순하게 문장에 상대되는 언어 단위나 범주의 하나로 볼 수 없다는 것이다. 7차 교육과정의 교육 내용에서 '발화'라는 용어는 다음과 같이 8학년 국어지식에 나온다.

8학년 [국어지식]

(6) 발화의 기능을 안다

[기본] 발화를 함으로써 할 수 있는 일을 알아본다.

[심화] 발화가 발화의 기능과 어떤 관계에 있는지 설명한다.

그런데 우선 문제는 8학년인 중학교 2학년 교과서 특히 국어지식을 담고 있는 '생활국어'에서는 위의 '발화'에 대한 내용이 전혀 제시되지 않았다는 것이다. 더구나 위 (6)의 내용으로 '발화'의 개념을 명확하게 알 수도 없을 뿐만 아니라, 그것을 국어 교육에 담기가 매우 어려운 것이다. 그리고 '발화와 발화의 기능과의 관계를 설명'하는 것은 교육 내용이 분명하지 못하다. 이것은 결국 '발화'는 '담화' 학습과 연계시켜 학습하지 않으면 이해하기 어려운 내용이고 특히 담화를 구성하는 단위로서의 발화는 입말의 특성과 밀접한 관계가 있기 때문에 입말의 특성과 더불어 이해하지 않으면 안 된다. 그럼에도 불구하고 교육과정에서는 8학년과 9학년의 국어지식 영역에는 담화와 관련된 내용은 전혀 제시되지 않았다.

'담화'의 개념을 7차 교육과정에서는 6차 교육과정의 내용과 다르게 다음과 같이 설명하고 있다. 담화는 문장 이상의 언어 단위를 일컫는다. 텍스트와 동일한 개념으로 보기도 하고 다른 개념으로 보기도 한다. 다른 개념으로 보는 사람들은, 담화는 주로 음성 언어와 관련지으면서 연설이나 대화 형식으로 된 집합체를 일컫고, 텍스트는 주로 문자 언어와 관련지으면서 문학 작품이나 논설문 등을 일컫는다. 교육과정에서는 담화를 주로 음성 언어(구어담화)와 문자 언어(문어담화)를 포함하는 개념으로 사용하기고 있다(중학교 국어 교육과정 해설(11), 2002:151).

6차 교육과정에서 담화를 텍스트의 하위 영역으로 본 것이 7차 교육과정에서는 담화를 음성언어와 문자언어를 싸안은 넓은 의미로 쓰고 있다. 그러나 7차 교육과정 국어 생활과 문학영역에서 나오는 '텍스트'라는 용어는 텍스트와 담화를 다른 개념으로 보고 있다. 따라서 담화에서의 문자언어(문어담화)와 텍스트는 어떻게 다른지 쉽게 구분할 수가 없다. 그리고 7차 교육과정에서 '텍스트'라는 용어는 '국어생활'과 '문학' 영역에서만 나오는데 '국어생활'에 쓰인 '텍스트'는 문자화된 다양한 의사소통 자료를 의미하는 것이고, 문학의 경우는 '작품'을 의미하는 것으로 보인다. 그렇다면 위 교육과정 해설의 텍스트 개념은 국어 생활에 쓰인 텍스트 개념과는 다르게 쓰였다고 볼 수 있다. 더구나 다음은 7차 교육과정 따른 문법 교과서에서 교육과정에 제시한 '담화'라는 용어를 사용하지 않고 이전의 용어인 '이야기'를 사용하면서 그 까닭을 교사용 지침서에서 다음과 같이 설명하고 있다.

[주의] 7차 교육과정의 '문법'에서는 종래의 '이야기'를 담화로 바꾸어 설명하고 있다. 그러

나 이미 학교에서 6차의 '이야기'의 개념과 용어가 일반화되어 있어 본 교과서에서는 '담화'와 같은 개념으로 '이야기'를 그대로 쓰기로 하였다.(문법 교사용 지침서, 2002, 263면)

그러나 실제 학교에서 6차 교육과정의 '이야기' 개념이 일반화되어 있다는 것도 확인하기 어려우며 더구나 학계에서는 '이야기' 용어를 거의 수용하지 않고 있다는 점에서 '이야기'의 용어는 재고되어야 한다. 그리고 우리말 '이야기'는 매우 광범위한 의미를 가지고 있는 말이다. 예컨대, '그게 무슨 이야기이고, 너 이야기 한 자리 해 바라. 우리 이야기 좀 하자. 이야기를 이야기하는 이야기' 등과 같이 사용된다. 즉, 우리말의 '이야기'는 일반적으로 서사적인 줄거리가 있는 모든 것(설화, 옛날이야기, 일상의 사건)과 단순히 '말'을 나타내는 경우가 있다. '그게 무슨 이야기인가'라고 할 때는 이야기가 '말'로 대치할 수 있으며 더 구체적으로는 '의미'를 나타낸다. 그리고 '너 이야기 하나 해라'라고 할 때 '이야기'는 줄거리가 있는 서사를 의미한다. '너 더 이상 이야기하지 마라'라고 할 때는 이야기가 '말하기'를 의미하기도 한다.

또한 담화분석에서 중요한 연구 대상의 하나인 '서사적' 특성을 가지고 있는 서사(narratives)도 '이야기'라고 하고 문학에서 줄거리(story)가 있는 작품도 '이야기'라고 하며 국어 지식에서 입말의 성격을 가진 내용(discourse)도 '이야기'라 함으로써 용어상 혼란을 가져 올 우려가 있다. 더구나 7차 교육과정과 국어 교과서에서는 이전의 '이야기'라는 용어를 쓰지 않고 '담화'라는 용어를 사용하고 있다.[10]

그리고 더 중요한 문제는 교육과정과 국어 교과서에서 '담화'라는 용어를 수용하면서도 같은 국정 교과서인 '문법'에서 다른 용어를 사용한다는 것은 이해할 수 없다. 교육과정의 내용과 교과서의 내용이 반드시 일치해야 된다는 것은 아니지만 현재의 문법은 이른바 4차

---

10) 사실 '담화'라는 용어도 일본식 한자어로 그리 적절하다고는 할 수 없지만 현실적으로 학문적 측면에서 '이야기'보다는 '담화'가 더 일반적이라고 할 수 있다. 김지홍(2002)에서는 discourse에 해당되는 담화의 한자어를 일반적으로 알려진 談話보다 譚話을 써야한다고 하였다. 담(譚)은 말씀 언(言: 이는 건(立丨)과 구(口)의 합성이며, 주희의 주석에서는 '혼잣말'로 풀이함)과 클 담(覃)으로 된 형성자이다. 담(覃)은 다시 짤 함(鹹)의 줄인 내용과 도타울 후(厚)로 이루어진 글자로서, 크다(長) 또는 늘이다(延)는 뜻을 갖고 있다. 즉, 담(譚)은 늘여 놓은 전체 이야기를 가리키는 것이다. 그렇지만, 담(談)은 평범한 일상생활의 잡담(平淡之語)으로서, 서로 마주 하여 부담 없이 주고받는 얘기(對談)를 가리킨다고 하였다. 그러나 본고에서의 담화는 혼자 말하기와 주고받기 말하기를 모두 포함하는 개념으로 보고 있다.

교육과정을 시작으로 1982년 학교문법통일안을 마련하여 문법 교과서를 편찬함으로써 교육과정과 교과서가 통일된 문법 내용으로 이루어졌던 것이다. 현재도 이러한 통일 학교문법의 정신이 살아있다면 적어도 용어에 있어서도 교육과정과 교과서이 통일이 되어야 하는 것은 당연하다.

따라서 일단 학계에서 거의 일반화되고 있는 '담화'라는 용어를 그대로 받아들이고 '이야기'는 문학의 '갈래'로 보는 것이 더 타당하다. '담화'라는 용어 대신 적절한 우리말 용어를 만드는 것도 계속 고려해야 할 것이다.

그리고 '담화'와 '텍스트'의 개념 규정은 개별 연구자들에 따라 매우 다르기 때문에 교육과정이나 교과서에 사용할 때는 나름대로 개념 규정을 명확하게 할 필요가 있다.[11] 국어교육에서 '담화'와 '텍스트'의 개념은 다음과 같이 제안하고자 한다. 즉, '담화'는 입말의 특성을 기본 잣대로 하고 그것이 음성의 형태와 채록 또는 전사된 것을 싸안은 개념으로 보며, '텍스트'는 교육 자료(data)나 연구 대상의 성격을 기본 잣대로 하고 모든 문학 작품을 포함하며 비문학도 다양한 의사소통 기호까지 포함하는 넓은 개념으로 보자는 것이다. 만약, 입말이 채록되거나 전사된 경우 그 자료의 특성은 담화적 특성을 가지고 있기 때문에 담화 자료 또는 담화 텍스트라고 할 수 있다.[12] 따라서 '담화'와 '텍스트'는 그 범주와 특성에서 근본적으로 다르게 보고자 한다. '담화'는 자료의 표현 특성에 따른 개념이며, '텍스트'는 연구나 학습 자료 자체를 의미한다고 볼 수 있다. 예컨대, 토론을 연구하거나 학습한다면 토론의 특성은 담화이며 그것을 전사하여 연구의 자료나 학습의 자료로 쓰일 때는 하나의 텍스트가 된다는 것이다. 따라서 담화 텍스트, 소설 텍스트, 문학 텍스트라는 용어가 가능하다.

이렇게 보면 7차 교육과정에 제시된 '음운-낱말-어휘-문장-의미-담화'의 계열은 담화가 단순히 문장 이상의 언어 단위(unit)의 하나로 보는 것이 아님을 의미한다. 그리고 텍스트

---

11) 이은희(2000:63)에서는 이러한 문제를 해결하기 위해서 담화나 텍스트라는 용어 중 하나를 선택해서 구어와 문어에 함께 사용하는 방식을 취할 것을 제안하였다. 이 주장은 결국 담화와 텍스트를 동일한 개념으로 보자는 것인데, 담화라는 개념은 입말(oral language)의 특성을 완전히 배제하고는 수용할 수 없는 용어이기 때문에 기존의 텍스트 개념과 동일하게 이해한다는 것은 매우 어려울 것 같다. 그리고 언어 현상을 구체적으로 범주화하는 것이 국어 연구나 국어 교육에 도움이 될 것이기 때문에 이 둘의 개념은 필요하다고 본다.
12) 전병선(1995)에서 텍스트를 북한에서는 '본문'이라고 하고 텍스트 언어학을 '본문 언어학'이라 한다고 한 것과 유사한 개념이다.

의 개념을 위와 같이 정리하면 교육과정의 '문학' 영역에 제시된 '텍스트'의 용어도 가능하게 된다.

'국어 생활'에 제시된 '여러 가지 매체 속에 나타나는 다양한 텍스트를 이해하고 감상한다.'라고 한 것은 다양한 '종류의 언어 자료' 정도로 이해할 수가 있다. 그리고 문학 영역에 제시된 '학습자의 심리적, 문화적 요구에 부합되는 관련 텍스트를 효과적으로 활용하여 문학 활동의 폭을 넓히고 이해의 심도를 깊게 하도록 지도한다.'라고 한 것은 '문학 작품 자료'를 나타내는 개념 정도로 이해할 수가 있다.

담화이론에서 연구의 대상이 되는 교실담화, 병원담화, 법원담화, 구매담화 등이 가능하지만 교실텍스트, 병원텍스트, 법원텍스트, 구매텍스트 라고 말하지는 않는다. 그러나 교실담화텍스트라는 말은 가능하다. 즉, 그것은 교실담화를 채록한 자료라는 의미이다.

결국, 담화나 텍스트의 용어는 연구자의 관심 영역과 연구자의 연구관에 따라 매우 다를 수 있다는 것이다. 따라서 교육과정이나 교과서에서도 이 두 개념을 사용하기 위해서는 나름대로 개념 규정이 선행되어야 할 것이다.

2. 비언어적 표현과 반언어적 표현

2.1. '비언어적 표현'과 '반언어적 표현'

7차 교육과정에서 처음 쓰인 용어 가운데 하나가 '비언어적 표현'과 '반언어적 표현'이다. 이 '비언어'와 '반언어'의 개념은 담화이론과 기호학적인 용어의 하나이다. 이 내용은 이전 교육과정에서도 제시되었지만 체계적인 용어의 등장은 이번 7차 교육과정이 처음이다. 이 용어는 국어 교육에서 의사소통의 중요한 부분인 담화이론과 화용론 영역이 강조되면서 체계적으로 제시되었다고 볼 수 있다. 그러면 이 '비언어'와 '반언어'라는 개념이 교육과정에 어떤 모습으로 제시되었으며, 그 용어가 가지고 있는 문제를 짚어보기로 하자. 우선 교육과정에 '비언어'와 '반언어'의 용어가 쓰인 내용을 보면 다음과 같다.

4학년 [듣기]

(5) 상대의 표정, 몸짓, 어조가 적절한지 판단하며 듣는다.

[기본] 역할 놀이나 연극에서 표정, 몸짓, 어조가 말하는 내용과 어울리는지 판단한다.

[심화] 연설하는 장면을 보고, 연사의 표정, 몸짓, 어조가 내용과 잘 어울리는지 판단한다.

9학년 [말하기]

(4) 상황에 따라 반언어적 표현과 비언어적 표현을 조절하여 말한다.

【기본】

○ 반언어적 표현의 기능과 효과를 알아보고 상황에 따라 반언어적 표현을 조절하여 말한다.

○ 비언어적 표현의 기능과 효과를 알아보고, 상황에 따라 비언어적 표현을 조절하며 말한다.

【심화】

○ 반언어적 표현이 효과가 없거나 효과를 감소시키는 경우를 알아보고, 그 원인과 해결 방안을 토의한다.

○ 비언어적 표현이 효과가 없거나 효과를 감소시키는 경우를 알아보고, 그 원인과 해결 방안을 토의한다.

10학년 [듣기]

(1) 반언어적 표현과 비언어적 표현이 듣기에서 중요한 역할을 함을 안다.

【기본】

○ 듣기에서 반언어적 표현이 중요한 역할을 하는 예를 찾는다.

○ 듣기에서 비언어적 표현이 중요한 역할을 하는 예를 찾는다.

【심화】

○ 반언어적 표현의 종류와 기능을 알아본다.

○ 비언어적 표현의 종류와 기능을 알아본다.

10학년 [말하기]

(1) 반언어적 표현과 비언어적 표현이 말하기에서 중요한 역할을 함을 안다.

【기본】

○ 언어적 표현과 반언어적 표현 및 비언어적 표현이 어긋나서 오해가 일어난 예를 찾는다.

【심화】

○ 공식적인 말하기와 일상적인 말하기를 비교하고, 공식적인 말하기에서 주로 사용되는 반언어적 표현과 비언어적 표현을 알아본다.

○ 말하기에서 일반적으로 사용되는 반언어적 표현과 비언어적 표현이 종류와 기능을 알아본다.

4학년 '듣기'에서 '비언어'와 '반언어'라는 용어는 직접적으로 않으면서도 그러한 교육내용은 제시되었다. 즉, '어조'는 이른바 반언어적 내용이고, 표정과 몸짓은 '비언어적' 내용이다. 이 같은 내용이 9학년 말하기와 듣기에서부터는 '비언어'와 '반언어'라는 용어로 제시되고 있다. 동일한 교육내용이 저학년의 교육내용과 고학년의 표현 방법이 다르다.

언어를 어떻게 정의하며 그 하위분류를 어떻게 해야 하는가는 오랜 숙제로 남아 있다. 인간이 태어나면서 우는 울음이나 언어 습득 과정에 나타나는 옹알이와 몸짓을 언어라고 해야하는가 아니면 언어라고 할 수 없는가. 이러한 문제에 대해 아직 명쾌한 답은 얻지 못하고 있다. 언어에 대한 정의도 마찬가지이다.

인간의 언어는 크게 소리 언어와 몸짓 언어[13]로 나눌 수 있다. 소리 언어는 분절음(segmental phoneme)으로 나타나는 언표적 언어와 비(초)분절음(superasegmental phoneme)으로 나타나는 비언표적 언어로 나눌 수 있다. 음운론적 개념으로 보면 자음과 모음 그리고 얹힘음운으로 나누고, 형태소 개념으로 보면 분절 형태소(segmental morphemes)와 얹힘 형태소(superasegmental morphemes)로 나눌 수 있다.[14] 이것은 이른바 비분절음도 하나의 온전한 음운과

---

13) 몸짓언어를 동작언어라고도 할 수 있다. 몸짓의 개념을 몸에서 일어나는 모든 움직임(짓)으로 그 범주를 넓혀 이른 말이다. 암스트롱 외(Amstrong,1995)는 몸짓을 기호언어(sign language)라고 하면서 구두언어(spoken language)와 구별하여 나누고 있다(김영순 외, 2001:17-20). 또한 시각언어(기호언어)와 청각언어(음성언어)로 나누는 사람도 있다(크리마와 벨루지(Klima&Bellugi, 1979)). 볼린저(Bolinger, 1968:13-15)는 몸짓언어를 본능적인 것과 기호적인 것, 그리고 주변적인 것으로 나누고 있다.

형태소로 보아야 함을 의미한다. 어떤 언어에서든지 비언표적 언어인 없힘 형태소도 의미를 변별하는 명백한 형태소로서 온전한 구실을 한다는 것은 주지의 사실이다. 따라서 이를 '반언어적(semi-verbal language)'이거나 '준언어'라고 하는 표현은 문제가 있다. 그리고 더구나 비언표적 언어를 비언어적 의사소통에 포함시키면서 강세, 어조, 억양 등을 준언어라 하고 몸짓이나 얼굴 표정들을 비언어적 행동으로 묶어서 메타메시지(meta-message)라고 한 것(임창덕 외, 2000:9)은 비언표적 언어의 언어적 기능을 간과한 것으로 볼 수 있다.

7차 교육과정에서 몸짓언어를 비언어적 표현이라고 하였는데, 이 비언어적 표현이라는 용어는 그 개념이 복잡할 뿐만 아니라 의미상 혼란을 가져온다. 음성적인 언어만을 언어적이라고 하는 것은 언어를 의사소통의 측면을 강조하는 텍스트언어학 또는 담화·화용론의 측면에서 '언어'의 뜻넓이를 의사소통의 수단이라고 매우 넓게 잡고 있는 주장과는 다르게 반대로 그 뜻넓이를 지나치게 좁게 본 것이라 하겠다.[15] 더구나 수화도 훌륭한 언어의 하나로 간주한다고 하면 더욱 그렇다. 그리고 교육과정 해설서(1999:153)에서 '비언어적(nonverbal language) 표현은 얼굴 표정(찡그림)이나 몸동작, 손동작, 눈 맞춤, 의상 등과 같이 직접적으로는 언어와 관련된 것은 아니지만, 이런 것을 통해 어떤 의미를 나타내는 것을 말한다. 한편, 반언어적(semiverbal language) 표현은 어조, 음색, 고저, 장단, 강약 등을 달리함으로써 전달하고자 하는 의미를 좀 더 분명하게 나타내는 것을 말한다.'라고 하여 '비언어'를 'nonverbal language'이라 하고 '반언어'를 'semi-verbal language'이라는 개념으로 분명하게 사용하고 있다. 그런데 중요한 것은 이들 모두 'verbal'이라는 '음성'의 개념을 바탕에 깔고 있는 갈래라는 것이다. 따라서 지금까지 우리 학계에서는 verbal을 language와 같은 개념으로 보면서 모두 '언어'라는 용어를 사용하고 있는 것은 verbal이라는 개념을 잘못 사용하고 있는 것으로 보인다.[16] language는 음성언어와 문자언어와 몸짓언어를 포함하는 일반 언어의 개념으로 '언어'라고 할 수 있으며, 이와 상대되는 개념은 non-language이다. 이것을 '비언어'라

---

14) '없힘'의 용어는 박창해(1990)에서 따옴.

15) 라이온스(Lyons, 1977)는 What is Language?라는 주제의 강연에서 '언어는 음성적 질료뿐만 아니라 시각적 몸짓으로도 만들어질 수 있다'고 하였다(암스트롱 외(Amstrong, 1995; 김영순, 2001:94)).

16) '비언어적 수단'이라는 용어를 좀 더 자세히 관찰하면 '비언어적'이라는 표현이 애매하다는 것을 알 수 있다. 음의 강약, 리듬, 말의 속도 등과 같은 요인들도 비언어적이라고 한다. 그러므로 '비언어적'이라는 성격은 언어사용과 전혀 관련이 없는 것은 아니다.(김영순·임지룡, 2002:6)라고 하여 '비언어적'이라는 용어에 대한 문제를 제기한 바 있다.

해야 한다. 최근 동작학(kinesics)이나 기호학(semiotics)의 발달로 몸짓언어(동작언어)에 대한 관심이 높아지면서 서구 언어 연구에서 대부분 '몸짓언어'를 'non-verbal'이라는 용어를 사용함으로써 '몸짓언어'를 언어의 범주에 포함시키고 있음을 의미한다. 따라서 차라리 'non-verbal language'을 '비언어'라는 용어보다는 '비음성언어'라고 하는 것이 원래의 의미에 가까운 정확한 용어라고 하겠다. 더구나 반언어(半言語)는 언어와 상대적인 개념인 반언어(反言語)로 인식되기 쉽기 때문에 비언어(非言語)의 개념과 혼란을 가져오기도 한다. 그리고 언어를 언어와 반언어로 나누는 것 자체가 비합리적이다.

'반언어'와 '비언어'라는 용어를 '고등학교 교과서 국어(상)(2002:100, 142)'에서는 교육과정의 용어와는 다르게 '언어외적 표현'과 '언어에 수반되는 표현'이라고 하면서 다음과 같이 설명하고 있다.

2.2. '언어 외적 표현'과 '언어에 부수되는 표현'

(1) 언어 외적 표현

직접적으로 언어와 관련된 것은 아니지만 얼굴 표정, 몸동작, 눈맞춤, 옷차림 등을 통해 의미를 나타내는 것

(2) 언어에 부수되는 표현

어조, 음색, 속도, 고저, 장단, 강약 등을 통해 전달하고자 하는 의미를 좀 더 분명하게 나타내는 것

우선, 교육과정의 용어와 교과서의 용어가 다르다는 것도 문제이다. 교육과정의 용어나 내용이 교과서에 반드시 그대로 반영되어야 한다는 것은 아니지만, 적어도 교육과정에 제시되는 용어와 교과서의 용어는 세심한 검토를 거친 후 보편성과 규범성을 가지고 있는 것이어야 한다. 교육과정과 교과서 집필자마다 용어가 각기 다르다면 교수-학습 과정에서는 많은 혼란을 가져오게 될 것이다. 더구나 위에 보인 교과서에서 사용한 용어의 개념도 매우 불분명하다는 것이 더 큰 문제이다.

'언어외적 표현'은 교육과정의 '비언어적 표현'을 의미하고 있는데, 이 용어 또한 적절한

것이라고 할 수 없다. 일반적으로 언어 외적(extra-language)라는 개념은 일반적으로 언어 외 모든 표현 방법을 포괄하는 의미로 사용한다. 즉, 여러 가지 신호나 깃발, 표지 등을 의미하기 때문에 그 뜻넓이가 지나치게 넓어 의미가 불분명하다. 그리고 '언어에 부수되는 표현'은 교육과정의 '반언어적 표현'을 의미하는데, 이 또한 불분명한 용어라고 할 수 있다. '언어에 부수되는 표현'은 정확하게 말하면 '언어에 딸린 표현'으로 해석할 수 있다. 그렇다면 '언어 외적 표현'이라고 한 '표정'이나 '몸동작' 등도 '언어에 부수되는 표현'이라고 할 수 있기 때문에 개념상 혼란을 가져오게 된다.

따라서 오늘날 기호학이나 화용론이 등장하면서 구조주의 언어학의 기호화된 언어의 범주에서 벗어나 의미 전달, 의사소통 차원에서 동원되는 다양한 형태의 표현 방법을 싸잡아 언어의 범주에 포함시키고 있는 언어학계의 흐름과 이 흐름이 국어교육의 장에 수용·반영되는 현실을 고려한다면 이제는 기존의 언어 범주와 개념의 틀에서 벗어나 언어의 개념을 더 넓게 잡아야 한다.

따라서 우리는 언어를 다음과 같이 범주화할 수 있다.

3. 통일성과 응집성과 일관성

담화이론 또는 텍스트 언어학의 중요한 개념 가운데 하나인 '통일성', '응집성', '일관성'이 국어과 교육과정에 처음 도입된 것이 바로 7차 교육과정이다.[18] 먼저, 텍스트 언어학에

---

17) 이는 신체언어(장한업, 1999; 이석주, 2000; 임지룡·김영순, 2000; 추계자, 2000)나 몸짓말(정정덕, 2000)이라 한 것과 같은 생각이다.

18) 5차 교육과정에서 <쓰기> 영역 5) '대상, 목적, 상황에 맞게 내용을 선정하고, 일관성 있고 통일성 있는 글을 쓴다'라고 되어 있다. 6차 교육과정 <쓰기> (6)에서 '내용 조직의 일반 원리에 따라 일관성 있고 통일성 있게 글 전체의 내용을 조직한다.'로 되어 있다. 여기서 '통일성(unity)'은 고등학교 국어과 교

서 사용하고 있는 '통일성'과 '응집성'에 대한 기존의 이론적 개념을 살펴보기로 하자.

교육과정에 쓰인 통일성(coherence)과 응집성(cohesion)의 개념은 텍스트 언어학의 기본적 개념이다.[19] 초기에는 이 둘을 명확한 개념 없이 응집성이란 용어를 사용하기(할리데이와 하산, 1976)도 했지만[20] 이후 본격적인 담화론과 텍스트 문법 연구가 이루어지면서 이 둘을 명확하게 구분하면서 중요한 개념으로 인식하고 있다.

보그란데와 드레슬러(1981)는 응집성(cohesion)을 텍스트를 표현하는 데 필요한 구성 요소로 보면서 텍스트 표층의 구성 요소들, 즉 우리가 보고 듣는 실제 낱말들이 그 연쇄 속에서 서로 연관되는 방식에 관여하는 것으로 보았다.[21] 따라서 표층 구성소들은 문법 형식과 규칙에 따라 서로 의존하므로 응집성은 문법적 의존관계(grammatical dependencies)를 바탕으로 한다고 하였으며, 통일성(coherence)은 텍스트 세계의 구성 성분들, 즉 표층 텍스트의 기저에 깔려 있는 각 개념과 그들 관계의 구성체가 서로 수용가능하고 적합해지는 방식에 관여한다고 하였다. 그리고 그는 표층체의 연결성인 응집성과 내용의 연결성인 통일성의 구분은 반드시 필요함을 강조하였다.[22] 이와 비슷하게 브라운과 율(1983)은 응집성을 언어적으로 실현된 통사적 관계로 보고, 통일성을 언어적으로 반드시 실현될 필요가 없는 의미적 관계로 구별해서 보고 있다.

국어과 교육과정 해설서(2001:156)에서는 통일성(coherence)을 텍스트에 포함되어 있는 내용들 간의 '의미적인' 연결 관계를 말한다. 보통 응집성을 가능하게 하는 장치를 통해서 의미적인 관계가 형성된다. 예를 들어 '나는 넘어졌다. 그러므로 다쳤다'에서 '그러므로'라는 응집 장치를 통해 두 문장은 '의미적으로' 원인과 결과의 관계를 가지게 된다. 이 경우에,

---

육과정 해설(1989, 161)에 따르면 coherence와 cohesion을 통칭하여 나타낸 것이라고 하였다. 이것은 6차 교육과정까지는 coherence와 cohesion 개념을 국어교육에 도입하지 않았음을 의미한다.

19) 이 두 용어는 동사 cohere를 동일 어원으로 하고 있으며 이것은 라틴어 co-(함께)와 haerere(붙다)에서 나온 것이다.

20) 응집성(cohesion)의 개념은 사실 할리데이와 핫산(1977) 이후 일반화되었다고 볼 수 있다.

21) 보그란데와 드레슬러(1981)는 텍스트성의 일곱 가지 기준으로, 결속성(coherence), 결속구조(cohesion), 의도성(intentionality), 용인성(acceptability), 정보성(informativity), 상황성(situationality), 상호텍스트성(intertextuality)으로 나누었다.

22) 보그란데와 드레슬러(1981)의 번역서 김태옥·이현욱(1995)에서는 '통일성'을 '결속성'이라고 하였고 '응집성'은 '결속구조'라고 하였다. 서혁(1991)은 coherence를 응집성, cohesion을 결합성이란 용어를 사용하고 있다. 김지홍(2002)은 coherence를 의미연결, cohesion을 통사결속이라고 하였다. 이 두 개념에 대해서는 보그란데와 드레슬러(1981)에 자세히 논의되어 있다.

이 텍스트는 통일성을 갖추고 있다고 말할 수 있다. 그리고 응집성(cohesion)은 텍스트에 포함되어 있는 요소들 간의 표면적인 연결 관계를 일컫는다. 예를 들어, '나는 넘어졌다. 그러므로 다쳤다'라는 문장이 있을 때, '그러므로'라는 응집을 가능하게 하는 장치(기제)를 통해 두 문장을 '표면적으로' 원인과 결과라는 관계를 가지게 된다.[23]

따라서 통일성(coherence)은 문장과 문장, 단락과 단락의 의미 관계가 어떻게 짜여져 있는가에 초점을 둔 개념이다. 즉, 선행문이나 단락과 후행문이나 단락이 원인과 결과 관계, 주지와 예시 관계, 기승전결의 관계, 분류와 분석, 대조와 비교, 공간과 시간 관계 등의 의미 관계를 말하고, 응집성(cohesion)은 이들 문장과 문장, 단락과 단락의 통일성을 가져오게 하는 통사·어휘적 연결 장치를 말한다. 여기에는 접속사, 대명사, 생략, 반복, 어휘적 첨가 등의 다양한 표현 형태가 있다. 이러한 표현 형태를 응집장치(cohesive devices)라 한다. 즉, 의사소통에서 의미의 연결과 그 의미를 연결해주는 표현 방법이 의사소통에서 매우 중요한 두 가지 기제라는 것이다.

그렇다면 교육과정에 나타난 이 통일성과 응집성 그리고 일관성의 개념이 어떻게 실현되었는지 보기로 하자. 이러한 용어와 그 용어와 관련된 교육 내용을 보면 다음과 같다.

2학년 [말하기]

(3) 대화의 흐름에서 벗어나지 않게 말한다.

3학년 [듣기]

(3) 내용의 연결 관계를 파악하며 듣는다.

【기본】 문장과 문장 사이의 연결 관계에 유의하며 듣고, 내용의 흐름을 파악한다.

【심화】 순서가 뒤바뀐 이야기를 듣고, 내용의 연결 순서를 바로잡는다.

3학년 [읽기]

(4) 내용의 연결 관계를 파악하며 글을 읽는다

---

23) 교육과정 해설서에는 '일관성'에 대한 설명은 아예 없다.

【기본】 문장과 문장, 문단과 문단을 이어주는 말을 확인하며 읽는다.

【심화】 내용의 순서가 뒤바뀐 글을 읽고 순서를 바로 잡는다.

4학년 [쓰기]

(5) 문단을 짜임새 있게 쓴다.

【기본】 중심 문장과 뒷받침 문장을 갖추어 문단을 짜임새 있게 쓴다.

【심화】 주어진 중심 문장을 이용하여 문장을 짜임새 있게 쓴다.

6학년 [국어지식]

(4) 문장과 문장 사이의 연결 관계를 안다.

7학년 [듣기]

(4) 내용의 통일성을 평가하며 듣는다

【기본】 토의나 토론을 듣고, 참여자들의 말이 주제에서 벗어나지 않았는지 평가한다.

【심화】 내용의 통일성을 판단하는 기준을 안다.

7학년 [말하기]

(3) 내용을 통일성 있게 조직하여 말한다.

【기본】 효과적인 내용 전개 순서를 생각하여 메모하고, 메모한 것을 바탕으로 내용을 통일성 있게 조직하여 말한다.

【심화】 자신이 말한 내용을 녹음하거나 녹화하여 주제에 벗어난 내용이 있는지 검토한다.

7학년 [읽기]

(4) 내용의 통일성을 평가하며 글을 읽는다.

【기본】 읽은 글의 개요를 만들고, 주제에서 벗어난 내용이 있는지 평가한다.

【심화】 글의 통일성을 판단하는 기준을 알아본다.

7학년 [쓰기]

(3) 내용을 통일성 있게 조직하여 글을 쓴다.

【기본】 주제를 정하고 주제에서 벗어나는 내용이 없도록 개요를 짜서 글을 쓴다.

【심화】 통일성을 고려하여 일부분만 주어진 글을 완성한다.

8학년 [듣기]

(4) 들은 내용의 응집성을 판단한다.

【기본】 들은 말의 중심 내용과 뒷받침 내용 간의 관계가 긴밀한지 토의한다.

들은 말의 중심 내용과 뒷받침 내용 간의 관계가 잘 드러나게 표지를 적절히 사용했는지 토의한다.

【심화】 들은 내용의 응집성을 판단하기 위한 기준에는 어떤 것이 있는지 알아본다.

8학년 [말하기]

(3) 응집성 있게 내용을 조직하여 말한다.

【기본】 문장과 문장이 긴밀하게 연결되도록 여러 가지 표지를 사용한다.

【심화】 말의 응집성을 높이는 방법에는 어떤 것이 있는지 안다.

8학년 [읽기]

(5) 읽은 글의 일관성을 평가한다.

【기본】 읽은 글의 중심 내용과 뒷받침 내용 간의 관계가 긴밀한지 토의한다.

【심화】 읽은 글의 내용의 일관성을 평가하기 위한 기준에는 어떤 것들이 있는지 알아본다.

8학년 [쓰기]

(3) 일관성 있게 내용을 조직하여 글을 쓴다.

【기본】 문장과 문장이 긴밀하게 연결되도록 여러 가지 표지를 사용하여 글을 쓴다.

【심화】 글의 일관성을 높여주는 여러 가지 방법을 알아본다.

위의 내용은 7차 교육과정에 나타난 문장이나 문맥의 '연결'에 관한 내용이다. 그리고 그 내용은 학년별로 '대화의 흐름 → 연결관계 → 짜임새 → 통일성, 응집성 일관성'이라는 용어로 제시되고 있다. 2학년 '말하기'에서는 '대화의 흐름'이라고 하였으며, 3학년 '듣기', '읽기'와 6학년 '국어지식'에는 '연결관계'라는 용어를 썼고, 4학년 '쓰기'에는 '짜임새'라는 용어를 사용했다. 그리고 7학년의 '듣기', '말하기', '읽기', '쓰기'에는 '통일성'이라는 용어를 쓰고, 8학년의 '듣기', '말하기'에는 '응집성'을, 그리고 같은 학년 '읽기', '쓰기'에는 '일관성'이라는 용어를 사용하고 있다.

2학년 '말하기'에서 사용한 '대화의 흐름'이란 말은 의미적 측면에서 보면 대화 주제에서 벗어나지 않게 말하는 것이며, 태도적 측면에서 보면 상대의 말에 함부로 끼어들거나 진행에 방해가 되는 행동을 하지 않도록 하는 것으로 볼 수 있다. 저학년에서는 의미, 형태, 태도의 통합적 지도가 필요하다고 본 것이다. 그런데 '연결관계'란 말은 3학년 '듣기'와 '읽기' 그리고 6학년 '국어지식'에 나오고 있다. 3학년 '듣기'와 '읽기'의 연결관계는 '내용의 연결관계'라고 명시되어 있기 때문에 통사·어휘적 연결관계가 아니고 의미적 연결관계임이 분명하다. 그러면서 '읽기'의 [기본]에 '문장과 문장, 문단과 문단을 이어주는 말을 확인하며 읽는다.'라고 한 것은 상급학년의 '응집성'의 내용으로 볼 수 있으며 [심화]에서 '내용의 순서가 뒤바뀐 글을 읽고 순서를 바로 잡는다.'라고 한 것은 상급학년의 '통일성'의 내용으로 볼 수 있다. 그러나 6학년의 '국어지식'에 쓰인 '연결관계'는 영역을 고려하면 통사·어휘적 연결관계로 보인다. 그렇다면 '연결관계'란 말은 의미적 연결 관계와 통사·어휘적 연결 관계로 구체화하면 뒤에 나오는 '통일성'이나 '응집성'의 개념으로 대용할 수도 있는 용어이다.

그리고 4학년 '쓰기'에는 이와 유사한 개념의 '짜임새'라는 용어가 나오는데 이때 '짜임새'는 일반적으로 '의미의 짜임새'로 보인다. 즉, 글 전체의 의미가 주제에 벗어나지 않고 앞뒤의 의미 연결이 잘 짜여진 것을 '짜임새가 있다'라고 말을 한다. 그렇다면 이 '짜임새'의 개념도 뒤에 나오는 '통일성'의 개념과 같다고 볼 수 있다.

7학년의 '듣기', '말하기', '읽기', '쓰기'에 나오는 '통일성'과 8학년의 '듣기', '말하기' 나오는 '응집성'은 앞에서 논의된 '통일성'과 '응집성'의 개념으로 설명하는 것은 충분히 이해할 수 있다. 그러나 8학년의 '읽기', '쓰기'에 나오는 '일관성'의 개념이 분명하지 못하다는 것이 문제다. '일관성24)'이란 일반적으로 '말하는 사람(글 쓰는 사람)의 주제가 담화의 흐름에서 벗어나지 않으며 주장과 논증이 적절한 것'을 두고 말한다. 그렇다면 7학년의 '듣기', '말하기', '읽기', '쓰기'에서는 '통일성'을 '주제에 벗어나지 않는 것'이라고 한 것과 다를 바가 없다. 따라서 이 '일관성'은 '글의 짜임새'나 '의미의 연결' 그리고 '통일성'과 같은 개념으로 볼 수 있기 때문에 따로 설정할 필요가 없다.

더구나 다음과 같이 교육과정의 내용에서 '응집성'의 [기본]학습 내용과 일관성의 [기본] 학습 내용이 동일함을 보여주고 있다.

8학년 [듣기]

(4) 들은 내용의 응집성을 판단한다

【기본】 들은 말의 중심 내용과 뒷받침 내용 간의 관계가 긴밀한지 토의한다.

8학년 [읽기]

(5) 읽은 글의 일관성을 평가한다.

【기본】 읽은 글의 중심 내용과 뒷받침 내용 간의 관계가 긴밀한지 토의한다.

'들은 말의 중심 내용'이 '주장'이라면 '뒷받침 내용'은 그 주장에 대한 '근거(예증, 논거)'에 해당된다. 그런데 교육과정에서는 연역적 논증의 적절성을 '응집성'과 '일관성'의 개념으로 동일하게 보고 있다는 것이다. 즉, 동일한 개념을 입말은 '응집성'의 개념으로, 글말은 '일관성'의 개념으로 나타내고 있을 뿐이다. 따라서 교육과정에서 '통일성'과 '응집성', '일관성'의 개념은 서로 명확하게 구별되지 않고 사용되었음을 알 수 있다.

더구나, 논증이나 생각의 '일관성'은 '읽기'나 '쓰기'에만 있는 것이 아니라 '말하기'와 '듣기'에서도 학습되어야 한다는 점을 고려하면 '말하기'에서도 '일관성' 있게 말을 하거나, '듣기'에서도 상대의 말이 주장과 논증에 있어서 '일관성'이 있는지를 아는 학습을 해야 하기 때문에 이른바 '일관성'의 학습은 '읽기'나 '쓰기'와 마찬가지로 '말하기'와 '듣기'에서

---

24) '일관성'의 사전적 의미는 '처음부터 끝까지 변함없는 성질'(우리말 큰 사전, 1995:3386)이라고 되어 있다.

도 이루어져야 한다. 따라서 교육과정에 '일관성'의 개념을 '읽기'나 '쓰기'에만 제시한 것도 또한 문제가 된다.

지금까지 논의에서 우리의 대안은 결국, 교육과정의 '통일성-응집성-일관성'의 개념은 저학년의 '흐름'이나 '연결관계'나 '짜임새'와 통일된 용어로 표현할 수 있다는 것이다.

'응집성'의 개념을 '앞뒤 의미관계를 적절하게 표현하는 방법'으로 본다면, 교육과정에서는 이 '응집성'의 학습 내용을 '문장이나 단락의 의미를 긴밀하고 적절하게 이어주는 다양한 방법을 학습한다'라고 하면 굳이 '응집성'의 용어에 매이지 않고도 동일한 내용을 제시할 수 있을 것이다. 실제 [기본]학습에 그와 같은 내용이 제시되고 있다.

그리고 '통일성'의 개념은 '일관성'의 개념을 같이 싸안아서 '짜임새'나 '의미 연결'의 개념으로 규정하면 된다. 의미의 효과적이고 논리적인 연결은 문장이나 단락에 모두 해당되는 것으로 그 글 덩이의 차이에 따라 다를 뿐 비슷한 개념이다. 문장의 앞뒤 의미 연결이 하나의 작은 뜻덩이가 되고 그것이 모여 단락이라는 더 큰 뜻 덩이를 이루며 단락의 앞뒤 의미 연결이 논리적이고 효과적이며 자연스러울 때 그것이 한 편의 글 전체(주제)의 통합되어 일관성을 가지게 된다. 따라서 의미의 '통일성'과 '일관성'은 비슷한 개념이기 때문에 따로 설정할 필요가 없다.

제2장

담화문법 교육

국어 교육에서 '문법' 또는 '문법 교육'의 자리는 어떻게 매겨져야 하며, 근대식 교육이 이루어지기 시작한 광복 이후 우리 국어 교육에서 '문법 교육'은 과연 어떻게 이루어져 왔는가? 이러한 물음에 대한 논의는 이미 여러 곳에서 이루어진 것으로 알고 있다.[1] 더구나 최근에는 지금까지 어떤 이름으로든 국어 교육에서 중요하게 다루어져 왔던 문법 관련 영역이 언어 사용 영역의 하위 영역으로 보려는 움직임까지 일어나고 있다. 따라서 지금은 지난 어느 때보다 학교 문법의 위기를 맞고 있다고 하겠다. 이러한 발상은 다민족 국가의 의사소통을 위한 미국식 기능중심의 언어 교육관에서 시작되었다는 것은 이제 누구나 다 아는 사실이 되었다.[2] 따라서 현재 우리 국어 교육에서 지금 시급하게 해결해야 할 문제가 바로 국어 교육에서 '문법'이나 이와 유사한 교육 내용인 '언어 영역'이나 '국어지식 영역'의 자리가 어디에 어떻게 매겨져야 할 것인가 하는 것이다. 그러나 본 연구는 이러한 문법 교육의 거시적 측면을 미루어 두고 미시적인 부분인 이른바 '담화 문법'이 문법 교육에서 어떻게 이루어져야 할 것인가에 대해 논의하고자 한다. 먼저 문법과 담화문법의 위상을 점검하고 담화문법을 어휘문법과 문장문법의 동일한 계층의 범주로 설정한다. 이를 바탕으로 담화문법을 문법교육의 하위범주에 설정할 것을 제안하고 그 다음 담화문법 교육의 의미와 교육 내용 및 교육 방법을 제시한다.

---

1) 이에 대한 전반적인 논의는 문법교육 제1호에서 다루고 있다.
2) 교수요목 국민학교 교수 방침에 "국어와 국문의 짜여짐과 그 특징을 알게 항 바른 곳을 찾게 하며…" 부터 시작된 것이다.

1. 문법과 담화문법

문법(grammar)의 개념은 전통적으로 크게 네 가지 의미로 쓰인다. 하나는 가장 넓은 의미의 문법으로 언어학이나 국어학의 하위 영역을 총망라한 의미로 쓰이는 경우가 있고, 다음으로 음운론, 형태론, 통사론, 의미론, 화용론과 같이 일반 언어학을 제외한 뜻넓이로 쓰이는 경우가 있다. 그리고 세 번째 뜻넓이로 의미론을 제외한 음운론, 형태론, 통사론만을 의미하는 경우가 있다. 이 경우는 언어를 객관적인 현상으로 분석하여 규칙화할 수 있는 대상만을 문법으로 본 것이다. 특히 이것은 구조주의 언어관에서 본 것이라고 할 수 있다. 문법의 가장 좁은 의미는 통사론만을 나타낸 경우이다. 통사론은 문장을 언어 연구의 한 단위로 그 속에 내재된 규칙을 밝혀내는 문법을 말한다. 이것은 주로 형식문법의 연구 대상이다. 일반적으로 학교문법에서 교과목으로서의 문법의 뜻넓이는 첫 번째로 가장 넓은 의미로 쓰인 것을 두고 이른다. 이것은 이전의 문법 교과서 내용도 마찬가지지만 7차 교육과정의 고등학교 '문법'의 문법은 '언어학이나 국어학의 하위 영역을 총망라하는 것으로 되어 있는 (임지룡 외, 2005:20) 것으로도 알 수 있다. 그러나 7차 교육과정의 국어과 교과 속에서 '문법'의 개념은 아래 표에서와 같이 교과목으로서의 문법 범주와는 또 다르게 쓰이기도 한다.

국어의 본질	*국어의 이해와 탐구	*국어에 대한 태도
- 언어의 특성	- 음운	- 동기
- 국어의 특질	- 낱말	- 흥미
- 국어의 변천	- 어휘	- 습관
	- 문장	- 가치
	- 의미	
	- 담화	
* 규범과 적용		
- 표준어와 표준 발음	- 맞춤법	- 문법

[표 1]

위 [표 1]에서 넓은 의미에서 국어과 내용 영역 중 규범과 적용의 내용으로 문법을 제시하였다. 이 경우의 '문법'은 일반적으로 말하는 교과목으로서 문법의 뜻넓이도 아니고 통사론으로서 문법도 아니다. 여에서 제시된 문법은 규범문법으로서 문장문법, 즉 언어 사용 측면에서 본 올바른 문장 사용법이다. 따라서 '문법'의 뜻넓이는 연구자의 관점과 편의에 따라 매우 복잡하게 사용된다는 사실을 알 수 있다.

일반적으로 우리는 문법의 범주를 다음과 같이 나눌 수도 있다.

(1) 목적에 따라

　학교(교육)문법-이론문법

(2) 이론에 따라

　구조문법　　변형문법　　기능문법　　인지문법　　격문법　　핵문법--

(3) 대상에 따라

　음운문법　　어휘문법　　문장문법　　담화문법　　텍스트문법--

담화문법의 설정 가능성은 위 (3)에서 문법 연구의 단위로 '담화'[3]를 문법의 한 단위로 본 것이다. 음운 속에 내재된 규칙을 음운 규칙이라 하고 이를 포함해서 다양한 음운 현상을 독립적인 영역으로 보면 '음운문법'이라 할 수 있고, 어휘도 마찬가지로 어휘를 구성하는 내재규칙과 이외 어휘에 관련된 다양한 양상을 포함해서 '어휘문법'이라 할 만하다. 그리고 일반적으로 좁은 의미의 문법인 통사론으로서 문법은 문장을 하나의 언어 단위로 보고 그 속에 존재하는 규칙을 다루는 영역을 문장문법이라 할 만하다.[4] 그런데 여기서 말하는 문장문법이라고 하는 것은 좁은 의미의 문법인 문장 속에 존재하는 규칙뿐만 아니라 문장의 종류나 문장 의미, 문법 성분들의 형태와 기능 등을 포함한 넓이를 문장문법이라 할 수 있다. 이러한 차원에서 담화문법(discourse grammar)도 담화를 언어의 한 단위로 보고 그 속에 존재하는 규칙과 담화의 기능, 담화 구조, 담화표지 등을 아우르는 넓은 뜻넓이로 사용한 것이다.[5] 문장의 단위에서 설명할 수 없으나 장면이나 맥락 속에서만 설명할 수 있는 언어

---

3) 텍스트와 '담화'라는 용어에 대한 논의는 매우 복잡하고 연구자들에 따라 매우 다양하게 사용하고 있다. 이에 대한 논의는 임규홍(2002), 임지룡 외(2005), 고영근(1990), 보그란데(1997), 미카엘 스터브즈(송영주, 1993) 참조

4) '문장문법'의 용어는 '한국어 문장문법'(황병순, 2005)에서 사용된 적이 있다.

5) 담화문법은 담화론을 논의하는 연구에서 간혹 쓰이고 있다. 아직 일반화된 용어는 아니지만 이와 유사한

현상, 언어 규칙을 담화문법으로 보고자 한다. 위 [표 1]에서 보는 바와 같이 '음운-낱말-어휘-문장-의미-담화'의 '담화'는 문장 단위를 넘어선 언어의 한 단위와 영역으로 본 것임을 알 수 있다.

담화문법이 하나의 문법(좁은 의미의 문법)으로 가능한 것은 담화 분석을 포함하여 담화를 연구하는 모든 연구자들이 한결같이 담화의 해석과 구조에도 매우 유의미한 통일된 규칙이 내재되어 있다고 보는 것에서도 담화문법의 설정 가능성은 충분하다. 쿡(1989)은 '어떤 낱말이 다른 낱말에 뒤따라 이어질 수 있는지를 제한하는 문장 안에서의 규칙들이 있는 것과 만찬가지로 단어 속에서 어느 문장이 다른 문장을 뒤따라 이어질 수 있는지를 제한하는 규칙이 있을 가능성이 있다'고 한 것이나 스터브즈(1983)가 '담화를 하나의 조직체'라고 한 것도 마찬가지이다.

더구나 담화의 다양한 종류(discourse genre)에도 나름대로 담화규칙이 내재되어 있음은 여러 연구에서 밝혀지고 있다.

예컨대, 싱클레르와 쿨타드(1975)에서 제시한 선생과 학생의 수업 중에 주고받는 간단한 발화 교환 구조 규칙인 선생 주도형(teacher-elicit)의 [IRF], 선생지시형(teacher-direct)의[IR(F)], 선생알림형(teacher-inform)의 [I(R)](I: 개시발화, R: 응답, F: 피드백)와 같은 것도 담화문법의 하나이다. 이외 병원담화, 법원담화, 계약담화 등과 같은 담화장르6)에서 내재되어 있는 담화규칙 또한 담화문법의 영역이다.

K.K Reardon(1987)에서 대화의 구조를 Frentz(1976)가 말한 다섯 가지 구조를 다음과 같이

개념으로 Celce-Murcia&Olshtain(2000)에서는 Discourse-based Grammar와 Sentence-based Grammar로 사용되고 있다. 특히 담화와 영문법교육에 대한 논의는 김두식(2003) 참조 이근우(1991)의 '영어 담화문법'이란 저서도 나온 적이 있다. 담화인지언어학회는 '담화 문법, 텍스트 문법, 인지 문법, 기능 문법, 화용론에서 대상으로 삼는 언어 현상을 연구하여 학술회의를 개최하고 학회지를 발간하고 있다.'라고 하여 담화문법을 설정하고 있다.

6) 특히, 담화의 틀(frame)은 담화 상황과도 매우 밀접한 관계를 가지는데 말하는 사람과 듣는 사람의 관계(relationship)에 의해서 담화 틀이 형식화될 수 있다. 담화자가 교사와 학생의 관계를 가지면서 상황이 교실이라고 하면 교실 담화(Weigand, 1989; Stubbs and Delamont, 1976; 박용익, 1994; 김상희, 2000)가 되며, 그 관계가 의사와 환자의 관계라면 병원 담화(Coulthard and Ashby, 1975)가 되고, 그 관계가 판사와 피고의 관계라면 법정 담화(Harris, 1980)가 된다. 그리고 그 상황이 정치적 목적으로 야당과 여당이 토론을 한다면 그것은 정치토론 담화(Holly/Kühn/Püchel, 1986; 박용익, 1997; 강태완 외, 2001)가 되고, 구매자와 판매자의 관계일 경우는 매매 담화(Franke, 1985)가 되는 등 다양한 담화 유형이 있을 수 있다. 이에 대한 박용익(1998) 참조

소개하고 있다.

1. 시작 국면: 인사를 주고받는 국면
2. 규칙 협상 국면: 상호 작용의 국면이나 그것을 위해 필요로 되는 시간의 양에 대해 협상하
   는 시기
3. 규칙 확정: 상호 작용 유형과 거기에 할애될 시간의 양에 대해 합의하는 국면.
4. 전략 전개 국면: 대화의 주제를 이야기하는 동안의 시기
5. 종결 국면: 헤어지는 인사말을 하거나 화제를 바꾸는 국면.

다음 [표 2]와 같이 쿡(1989)이 문장 언어학 자료와 담화 분석 자료를 비교한 것을 보면
담화문법의 특징을 쉽게 이해할 수 있을 것이다.7)

문장 언어학 자료	담화 분석 자료
고립된 문장들	통일된 것으로 느껴지는 언어 확장 연결체들
문법적으로 적격함	의미를 얻어내기
맥락이 없음	맥락 속에 있음
일부러 꾸며지거나 이상화됨	관찰됨

[표 2]

따라서 문법과 담화문법의 자리는 다음과 같이 정리된다.

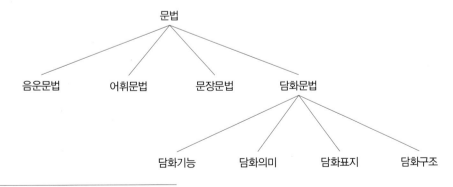

---

7) 가이 쿡(1989, *Discourse*, 김지홍 뒤침, 2003:27) 참조

2. 담화문법 교육의 의의

담화문법 교육은 학교문법 가운데 담화를 대상으로 한 문법을 교육함을 의미한다. 학교문법에서 문법은 '우리말에 관한 언어학적 지식 체계 전반을 가리키는 개념'으로 본다면 담화문법교육은 문법교육이라는 상위 범주 아래 담화를 대상으로 하는 문법 교육이라는 말이다. 실제 담화를 문법의 하위 범주에 놓지 않고 담화지도나 담화교육이라고 하면 말하기 교육의 하위범주에 속하는 것이 된다. 다른 범주도 마찬가지로 문법을 상위 범주에 전제하지 않고 그냥 어휘지도나 문장지도라고 하면 의사소통 즉 말하기나 쓰기의 하위 영역으로 인식을 하게 된다. 어휘지도라고 하면 어휘의 의미를 중심으로 어휘력 신장이나 어휘의 다양한 의미관계를 학습하는 일이 될 것이고, 문장지도라고 하고 하면 글쓰기에서 문장쓰기 지도로 생각하기 쉽다. 따라서 어휘문법지도라고 하면 어휘를 하나의 단위로 어휘 형성원리나 규칙과 변이, 의미를 지도하는 것으로, 문장문법지도라 하면 문장을 하나의 단위로 그 속에서 일어나는 성분들의 규칙이나 문법소들의 기능과 의미 등 문법의 범주 속에서 지도하는 것을 말한다.

그러면 담화문법 교육이 왜 중요한지를 살펴보자.

(1) 담화문법교육은 언어의 본질적 형태인 입말을 그 대상으로 한다.[8]

담화문법의 단위가 입말을 전제로 한 담화라는 것이다. 언어의 본질적 실체가 정제된 글말이 아니라 실제 발화되는 입말이라는 것이다. 말의 오묘한 신비를 담고 있는 것은 상황에 따라 발화되는 입말에 있다. 의도적으로 정제되거나 머릿속의 가능한 말보다 실제 부려진 살아있는 입말이 삶의 본 모습을 깊게 반영하고 있다.[9]

상황을 배제한 문장 단위의 문법적 논의는 문장 발화의 의미를 올바로 규명할 수 없다. 언어의 모든 표현은 말하는 사람과 대상이 있게 마련이다. 혼자 말하는 것일지라도 그것은 말하는 사람과 듣는 사람이 동일할 뿐 말할이와 들을이 사이에 복잡하게 얽혀있는 관계에

---

8) 여기서 담화는 일반적으로 입말을 중심으로 실현되는 텍스트를 말한다.

9) 입말(oral language)의 중요성은 일찍이 소쉬르(1972)도 화언(parole)의 중요성을 강조하고 있다(최승언, 1990:30). 구술문화와 문자문화의 특성에 대한 논의는 월터 J. 옹(1982) 참조.

의해 발화되지만 그 속에도 일정한 내재된 규칙을 존재하며, 발화와 발화가 얽혀져 확장되어가더라도 그 속에도 역시 일정한 내재된 규칙이 있다. 따라서 살아있는 담화에 대한 규칙을 학습하는 담화문법 교육은 문법 교육의 마지막 도달해야 하는 높은 차원의 문법교육인 것이다.

(2) 담화문법교육은 개별 언어의 특성을 잘 알게 한다.

담화문법교육이 중요한 두 번째 까닭은 담화는 각 개별언어의 특징을 잘 반영하기 때문이다. 담화는 상황이나 문맥 속에서 상호작용으로 실현되는 발화이기 때문에 문장 차원의 통사적 규칙보다 다양하게 실현된다. 정제된 형식 언어가 아니라 유동성이 높고 담화 상황이나 문맥에 의존하여 실현되는 담화는 개별성이 높다. 형식문법에서 비문법적인 발화도 담화 상황이나 문맥 속에서는 가능하게 되는데 그 가능성은 개별언어에 따라 매우 다양하게 나타난다.

예컨대, 담화 상에서 실현되는 우리말의 높임이나 서법, 생략현상, 이동, 담화표지들은 다른 언어에서는 찾기 어려운 개별성을 가지고 있다.

(3) 담화문법교육은 개별언어의 문화를 잘 알게 한다.

담화는 발화상황이나 문맥에서 실현되는 언어이다. 그런데 그 다양한 발화 상황은 곧 그 나라의 문화를 담고 있다. 따라서 담화는 그 속에 자연스럽게 그 언어의 문화가 녹아 있다. 오랜 세월 동안 한 겨레가 사용해 온 속담과 민담들 속에는 그 겨레의 문화가 담겨 있는데 이러한 속담이나 설화(전설, 신화, 민담)들은 담화의 양식으로 실현된다. 따라서 담화문법을 통해서 겨레의 생각 틀(스키마)을 알 수 있게 된다. 그리고 담화 특성 가운데 하나인 간접화법은 겨레 고유한 정서를 가지고 있는 비유와 은유로 표현된다. 따라서 담화문법교육을 통해 겨레의 고유한 정서와 문화를 알게 된다. 담화가 민족지학적 특성을 가지고 있다는 것과 같다.

(4) 담화문법교육은 의사소통에 직접 도움을 줄 수 있다.

담화에서 다루는 발화는 실제 생활 장면 속에서 실현되는 말이기 때문에 실생활과 밀접한 관계가 있다. 그리고 담화는 언어 수행을 대상으로 하는 '사용'의 문제와 관련되어 있다. 따라서 담화문법을 학습함으로써 실제 의사소통에 도움을 주게 된다. 외국어 학습에서도 담화문법은 실제 생활을 배경으로 실현되는 담화를 학습하게 함으로써 매우 효과적으로 학습할 수가 있다.

　(5) 담화문법교육은 탐구 학습에 효과적이다.

　담화문법교육은 그 대상이 실제 생활에서 사용되는 발화이기 때문에 상황이나 문맥에 의해 학생 스스로 탐구하여 담화규칙을 쉽게 도출해 낼 수 있다. 그리고 학습 자료도 다양한 장면이나 문맥을 인위적으로 만들어 제시하는 것이 아니라 실제 사용되는 자료를 제시하기 때문에 자료도 매우 다양할 수가 있다.

3. 담화문법교육의 모습

　국어 교육에서 '문법'이란 말이 처음 보이는 것은 1896년 소학교 교칙대강에 '--普通의 言語와 日常須知의 文字 文句 文法의 讀方과 意義룰 知케ᄒ고--'에서 찾을 수 있다. 여기서 문법은 좁은 의미에서 문장의 법칙으로 볼 수 있다. 일제 강점기 시대는 고등보통학교 규칙에 '國語ᄂ ----會話, 書取, 作文, 文法을 受홈이 可홈'이라고 하여 교과목으로서 문법의 이름이 등장하나 이때 국어는 일본어를 의미할 뿐만 아니라 일제 강점기의 식민지 지배 아래에서 사용한 용어이기에 우리 국어 교육의 역사로 잡을 수 없다.[10] 교수 요목 시대에는 중학교 교수요목에 문법이란 교과 내용이 등장하면서 '소리, 글자, 어법, 표기, 등---'을 가르치도록 하였다. 1, 2차 교육과정에서는 문법이란 독자적 교과목이나 교육 내용을 설정되지 않고 국어교과 속에서 학습되었다. 3차 교육과정에서는 문법 내용은 '말하기', '읽기', '쓰기' 속에 녹아져 있었다. 4차 교육과정에서는 국어 II에, 5차 교육과정은 선택 교과목으로 독립되었다. 6차 교육과정 국어 교과에 '언어 영역'이 문법관련 내용이며, 과정별 선택이나

---

10) 문법교육과정의 흐름은 허재영(2004) 참조

필수과목인 '문법'교과가 국어의 언어 영역 내용을 심화한 것으로 내용이나 짜임은 거의 비슷하다. 7차 교육과정에서는 문법 영역이 국어교과에서 '국어지식'이란 이름으로 제시되었다. 국어 지식 영역의 교과 내용에 국어의 본질, 국어의 이해와 탐구 국어에 대한 태도로 나누고 국어의 규범과 적용이란 이름으로 표준어와 표준 발음, 맞춤법, 문법으로 나누었다. 그리고 문법 교과는 심화 교과로 완전하게 선택 교과로 밀려났다. 이때 '문법'은 언어 사용에서 규범문법으로서 문장의 규범을 말한다.

언어학의 흐름이 학문중심의 교육에서 의사소통적 관점으로 바뀌면서 담화이론과 화용론 그리고 텍스트 문법이 중요시되었다. 이러한 의사소통론의 다양한 이론은 5차 교육과정부터 점진적으로 교육과정에 반영되기 시작하다가 6차 교육과정에 들어서면서 언어 사용영역과 언어 영역에 체계적으로 반영되었다. 그리고 7차 교육과정에서는 이러한 담화·화용론과 텍스트언어학상의 이론적 용어가 본격적으로 수용·반영되기 시작했다.

6, 7차 교육과정과 교과서에 나타난 담화 관련 내용을 보면 다음과 같다.

		6차 교육과정	7차 교육과정

교육과정	국어	**언어 영역**
		2. 국어의 이해
		  1) 음운의 체계와 변동
		  2) 단어의 형성과 유형
		  3) 문장의 구성 요소와 기능
		  4) 단어의 의미
		  5) 문장과 **이야기**
		
		-언어-
		(6) 문법 요소들의 기능을 알고, 의미가 바르게 전달되도록 **이야기**를 생성한다.
			국어지식
			국어의 이해와 탐구
			음운-낱말-어휘-문장-의미-**담화**
			
			10학년
			국어지식
			5) 장면에 따른 표현 방식을 안다.
			【기본】 **담화**에서 장면에 따라 원근, 높임 관계, 심리적 태도들의 표현이 달라진 부분을 찾는다.
			【심화】 **담화**에 따라 원근, 높임 관계, 심리적 태도 등의 표현과 이해가 어떻게 달라지는지 구체적인 예를 말한다.

	문법	마) 문장과 **이야기**
		  ① 발화 행위로서의 언어 현상들에 대하여 이해한다.
		  ② **이야기**의 표현 및 이해에
			(바) 문장과 **담화**
			  ① 발화 행위로서의 언어 현상을 이해한다.
			  ② **담화**의 표현 및 이해에 작용하는

		작용하는 요소들에 대하여 이해한다. ③ **이야기**의 구조를 이해한다.	요소를 이해한다. ③ **담화**의 구조를 이해한다.
	국어	중학교 3-3 '이야기' 단원 (1) **이야기**의 구성과 발화의 기능	고등학교(상) 3. (1) 봄본 　(2) 봉산탈춤 -단원 마무리- 장면에 따른 표현 방식 　(1) **담화**의 장면 　(2) **담화**의 장면에 따른 표현 방식
교과서	문법	1. **이야기**의 구성과 기능 　(1) **이야기**와 장면 　(2) **이야기**의 구조 　(3) 발화의 기능 2. 장면에 따른 표현과 이해 　(1) 장면에 따른 표현 　(2) 장면에 따른 이해	1. **이야기**의 개념 　(1) 발화와 이야기 　(2) 발화의 기능 2. **이야기**의 요소 　(1) **이야기**의 구성 요서 　(2) 지시표현 　(3) 높임표현 　(4) 심리적 태도 　(5) 생략표현 3. **이야기**의 짜임 　(1) **이야기**의 구조 　(2) **이야기**의 내용 구조 　(3) **이야기**의 형식 구조

[표 3]

위 [표 3]에서 보는 바와 같이 6차 교육과정에서 '이야기'는 지금의 '담화'에 해당되는 것인데, 그 언어 항목에서 다음과 같이 제시하고 있다.[11]

---

11) 다음은 6차 교육과정에 의한 문법 교과서 해설서에 제시한 '이야기'와 '담화' 그리고 '텍스트'에 대한 개념 규정이다. '이야기'라는 용어는 문장 단위를 넘어서서, 그것이 모여 이루어지는 모든 '실제 사용된 언어 형식'을 지칭하는 넓은 뜻으로 사용한다. 이러한 관점에서 이야기를 구성하는 단위라는 뜻으로 '발화'라는 용어를 사용한다. 따라서 '발화'는 '문장'과 일치하는 경우가 많다. 이야기에 관련된 용어로는 텍스트, 담화 등이 사용되고 있으나, 그 구별도 그리 뚜렷한 것은 아니다. '이야기'라는 용어를 사용할 때 설화, 옛날이야기, 전설 등을 가리키는 '이야기'와 혼동하지 않도록 한다. 담화는 일정한 목적을 달성하기 위하여 사용된 구어적 언어 형식을 가리키는 용어로 사용된다. 따라서 각각의 담화는 하나의 독특하고 고유한 기능을 지닌다. 텍스트(text)는 이야기가 문자 언어로 쓰여진 경우를 말한다. '담화'의 개념을 7차 교육과정에서는 6차 교육과정의 내용과 다르게 다음과 같이 설명하고 있다. 담화는 문장 이상의 언어 단위를 일컫는다. 텍스트와 동일한 개념으로 보기도 하고 다른 개념으로 보기도 한다. 다른 개념으로 보는 사람들은, 담화는 주로 음성 언어와 관련지으면서 연설이나 대화 형식으로 된 집합체를 일컫고, 텍스트는 주로 문자 언어와 관련지으면서 문학 작품이나 논설문 등을 일컫는다. 교육과정에서

6) 문법 요소들의 기능을 알고, 의미가 바르게 전달되도록 이야기를 생성한다.

이는 '이야기' 내용을 '바르게 전달'하는 도구적 성격으로 규정함으로써 의사소통의 한 방법임을 의미한 것이다.

그리고 위 [표 3]에서 7차 교육과정의 담화는 '국어지식'으로 보면서도 실제 내용은 '장면에 따른 표현 방식을 안다'고 함으로써 '표현(말하기)'의 영역으로 다루었고, 그 내용도 '원근, 높임관계, 심리적 태도'라는 매우 한정되어 있음을 알 수 있다.

교과서의 담화 내용은, 6차 교육과정에서는 중학교에서 지식의 영역으로, 7차 교육과정에서는 고등학교(상)에 소설 작품으로 학습하도록 되어 있다. 국어지식의 영역인 담화의 내용을 문학 텍스트인 고전소설 속에서 학습하게 함으로써 담화문법을 문법의 영역으로 보지 않고 있었다. 그리고 6차 교육과정의 문법 교과서에 제시한 담화 내용은 매우 엉성하고 빈약하다. 문법 교과서의 측면에서 보면 7차 교육과정 문법 교과서가 6차 교육과정 문법 교과서보다 훨씬 구체적이고 체계적이라 할 수 있다. 그러나 문제는 우선, 교육과정의 용어와 교과서의 용어가 일치하지 않는다는 점이다. 교육과정에서는 '담화'로 되어 있으나 교과서에서는 '이야기'로 되어 있다는 것이다.

[주의] 7차 교육과정의 '문법'에서는 종래의 '이야기'를 담화로 바꾸어 설명하고 있다. 그러나 이미 학교에서 6차의 '이야기'의 개념과 용어가 일반화되어 있어 본 교과서에서는 '담화'와 같은 개념으로 '이야기'를 그대로 쓰기로 하였다.(문법 교사용 지침서, 2002, 263면)

그리고 체제면에서 [표 3]에서 보는 바와 같이 '이야기의 요소'-하위 항목인 '이야기의 구성 요소'가 불분명하며, 이야기의 요소로 제시한 '지시, 높임, 심리적 태도, 생략 표현'이 담화문법 교육의 내용으로 다소 부족하다. 그리고 이야기의 '짜임'과 하위 항목인 '구조'라는 용어가 일관성이 없는 것도 지적될 문제이다.

'문법' 교육과정은 6차와 7차 교육과정이 '이야기'가 '담화'로 바뀐 것 이외 다른 점은 없다.

는 담화를 주로 음성 언어(구어담화)와 문자 언어(문어담화)를 포함하는 개념으로 사용하기고 있다.(중학교 국어 교육과정 해설(11), 2002, 151면)

4. 담화문법 교육 내용

담화문법 교육의 내용은 담화가 상호작용성에 의해 실현된 것이기에 말할이와 들을이 사이에 나타나는 모든 발화 대상과 그 속에 나타나는 담화표지 그리고 담화 문법 요소, 발화와 발화 사이에 일어나는 정보 작용들을 포함한다.

현행 문법 교과서에서 제시하고 있는 이른바 담화에 해당되는 이야기의 교육 내용은 위 [표 3]에서 제시한 것처럼 다음과 같다.

1. 이야기의 개념
   (1) 발화와 이야기
   (2) 발화의 기능
2. 이야기의 요소
   (1) 이야기의 구성 요소
   (2) 지시표현
   (3) 높임표현
   (4) 심리적 태도
   (5) 생략표현
3. 이야기의 짜임
   (1) 이야기의 구조
   (2) 이야기의 내용 구조
   (3) 이야기의 형식 구조

위 내용은 크게 이야기의 개념과 요소, 짜임으로 되어 있어 전반적으로 기본적인 내용은 제시되어 있다. 그러나 상위 개념과 하위 내용의 관계가 불분명하다. 2절의 내용인 이야기 의 요소 내용은 실제 요소라고 할 수 없다. 3절의 '이야기 짜임'도 우선 '짜임'과 '구조'의 용어 차이도 불분명하고 담화의 참가자에 따른 구조의 논의도 없다. 실제 담화의 자료도 빈약하다. 담화를 문법적인 범주에서 본격적으로 교육하기 위해서는 더 구체적이고 다양한 자료를 제시해야 할 것이다.

본 연구에서 제시한 담화문법 교육 내용은 아직 구안 단계에 있기 때문에 앞으로 더 많은 논의가 있어야 할 것으로 생각한다.

(1) 담화 뜻넓이	담화특성	
	발화	
	문장과 발화	
	장면과 문맥	
(2) 담화 구성	화자와 청자	
	매체	
(3) 담화 갈래	상황에 따른 담화	교실담화, 병원담화, 법원담화, 상담담화, 판매담화
	말할이에 따른 담화	대인담화, 비대인담화
	목적에 따른 담화	대화담화, 토론담화, 토의담화, 연설담화
(4) 담화 기능	발화기능	의미연결
		통사연결
	문맥기능	의미연결
		통사연결
(5) 담화 짜임	대화짜임	
	문맥짜임	
(6) 담화 요소	대인담화요소	높임, 서법, 심리적 태도, 간접화법, 인사말
	문맥담화요소	반복, 생략, 대용, 지시, 접속, 담화표지

[표 4] 담화문법교육 내용(안)

5. 담화문법 교육 방법

모국어 교육에서 담화문법교육은 다른 문법교육과 마찬가지로 담화지식을 일방적으로 주입하는 교육이 이루어져서는 안 된다. 문법 교육 방법은 일찍이 다양한 자료를 통해 문법적 지식 내지는 국어지식을 도출하도록 교육과정에 명시해 왔다.

국어지식 지도에서는 지식에 대한 설명보다 탐구 학습을 통하여 지식을 생성해 내는 경험을 강조하되, 학습한 내용이 창조적 국어 생활에 활용될 수 있도록 한다(국어과교육과정해설,

교육부, 2002, 77면).

이처럼 탐구 학습을 통해 국어지식이나 언어영역 또는 문법을 학습하도록 하는 지도 방법은 우리 교육과정이 정립된 1차 교육과정부터 제시하였다. 그러나 교과서와 실제 학습 현장에서는 한 번도 이러한 탐구 학습에 의한 귀납적인 방법으로 이루어진 바는 없는 것으로 보인다.

국어 교육에서 언어와 국어에 관한 지식을 왜 학습해야 하는지에 대한 학습 목표와 내용이 부족했던 것이다. 결국은 잘못된 문법 교육관과 문법교육 방법 때문에 오늘날 문법 교육 무용론까지 나오게 된 것이다.

담화문법 교육 방법도 문법 교육의 지도방법과 마찬가지로 철저하게 모국어의 다양한 담화 자료를 통해 담화문법을 도출할 수 있도록 해야 한다.

담화문법 교육에는 담화 장면을 제시하고 그 속에서 담화규칙과 기능과 의미를 도출해내는 '장면제시형'이 있고 문맥을 제시하고 문맥의 짜임이나 이음의 규칙 기능을 도출해 내는 '문맥제시형'이 있다.

[장면제시형]

장면제시형은 특정한 공간과 시간에 말할이와 들을이가 담화에 참여하면서 이루어지는 담화문법 학습이다. 제시되는 담화자료는 원칙적으로 실제 발화된 자료이어야 한다.

[보기 1]

(1) 학습목표: 성조에 따라 의미가 어떻게 달라지는가를 안다.

(2) 자료:

> 철수: 영회가 결혼했어
> (1) 만수: 그래↑
> 철수: 너 몰랐니?
>
> 철수: 영회가 결혼했어
> (2) 만수: 그래↓→
> 철수: 너 알고 있었니?

(3) 학습활동: 위 담화를 통해 (1)과 (2)의 성조와 의미가 어떻게 다른지 말해보자.

(4) 담화와 성조 말할이의 성조에 따라 말할이가 정보를 어떻게 이해하는지를 알 수 있다. 응답의 말끝 성조가 높게 끝이 나면 놀람으로 신정보, 성조가 보통이나 낮게 끝이 나면 정보 수용이나 못마땅으로 구정보로 받아들임을 나타낸다.

[보기 2]

(1) 학습목표: 지시어 '이, 그, 저'가 상황에 따라 어떻게 다르게 쓰이는지 알아본다.

(2) 자료:

> 신발 가게에 신발을 사러 온 손님과 주인의 대화
>
> 손님: (손가락으로 진열된 신발을 가리키면서) **저** 신발 한번 봅시다
> 주인: (신발을 꺼내면서) **이거** 말입니꺼
> 손님: 예
> 손님: **그거**, 몇 미리입니꺼.
> 주인: **이거** 이백 오십 미립니다.
> 손님: (가까이 있는 신발을 가리키면서) **이거** 한번 봅시다.

(3) 학습활동: 위 담화에 쓰인 지시어 '이, 그, 저'의 쓰임이 어떻게 다른지 알아 말해봅시다.

(4) 보충: 지시 대상과 손님과 주인의 위치를 잘 생각하면서 말해봅시다.

(5) 지시어의 의미:

[문맥제시형]

문맥제시형은 혼자말하기나 문장을 넘어선 단락이나 여러 문단이 모여 이루어진 한 편의 글을 제시하고 그 담화의 짜임이나 짜임의 기능을 학습하는 것이다.

[보기]

학습목표: 설화 담화의 짜임과 그 기능을 안다.

설화 자료

> 설화 채록 자료-----

학습활동: 위 설화를 잘 읽고 이야기의 시작부분과 끝부분의 짜임과 그 기능을 알아보자.

설화담화 짜임: 설화 담화의 '시작하기' 양상과 그 기능은 다음과 같이 정리된다.

(1) 담화표지-시간벌기

(2) 시작 표현 말하기-주의 집중

(3) 질문하기-호기심 유발

(4) 정보 얻음 말하기-객관성 유지

그리고 설화 담화의 '끝맺기' 양상과 그 기능은 다음과 같다.

(1) 선행 정보 지시하기-선행 이야기 묶음

(2) 정보 얻음 표현하기-담화 내용의 객관화

(3) 논평하기-담화 주체자 기능

(4) 말끝냄 표현하기-담화 상황에서 벗어남

6. 정리

　지금까지 우리 문법 교육이 교사가 학생에게 문법 지식을 일방적으로 주입시켜 왔다는 것은 누구나 아는 사실이다. 일찍이 교육과정에서는 다양한 언어 자료를 통해 스스로 국어의 규칙을 도출하도록 되어 있지만 실제는 교과서나 학습 현장에서는 그렇게 되지 않았다. 더구나 지금까지 언어의 가장 본질이라고 할 수 있는 입말에 대해서는 거의 관심을 두지 않았다.

　그러나 70년대에 들어 언어학계에서 입말을 근간으로 하는 화용론과 담화이론이 중요한 화두로 부각되면서 국어 교육에서도 화용과 담화이론이 도입되었다. 본 연구는 문법 교육에서 담화영역에 대한 교육의 중요성과 이에 대한 학습 방안을 제시하였다. 담화를 하나의 문법 단위로 보고 이를 담화문법이라 제안하였고 이 담화영역에 내재되어 있는 다양한 규칙과 양상을 학습하도록 하였다. 이미 국어 문법 교육에서는 일부 도입되어 담화 또는 이야기라는 이름으로 학습되고 있지만 담화의 중요성에 비해 매우 단편적으로 도입되고 있다. 따라서 앞으로 문법교육에서 이 담화문법 교육에 대해 더 많은 연구와 관심을 가져야 할 것으로 생각한다.

제3장

담화문법지도 방법

    우리나라 학교교육은 광복 이후 여덟 번 이상의 교육과정이 개편되면서 지속적으로 변모되어 왔다. 그 가운데 문법이라는 교과는 1차에서 5차 교육과정에서는 말하기, 듣기, 읽기, 쓰기의 언어 사용 영역과 문학과 문법이 녹아 '국어' 독본이 되고, 심화 교과로 국어Ⅱ 속에 '문법'과 '문학', '작문'이 나뉘어 필수 교과로 교육되어 왔다. 그러나 제 6차 교육과정부터 문법은 심화 교과인 '작문, 화법, 독서, 문법'이 독립되면서 선택으로 바뀌었다. 제7차와 7차 개정교과를 거치면서 2009년 개정교육과정에서는 보통교과와 전문교과로 나누고 문법은 보통교과 속에 기초교과영역의 국어교과군에 속해 있다. 이전의 '문법'과 '독서'까지 통합하여 새로운 교과목인 '독서와 문법Ⅰ · Ⅱ'로 두 개의 교과로 나누었고 2012년부터 적용하도록 하였다. 문법이 필수 교과에서 선택교과로 변화하고 다시 독서와 통합하는 과정을 밟는 우여곡절을 겪고 있다.[1] 2009년 개정교육과정에서 통합교과를 만들어 교과목을 줄이면서 아무런 의미도 없이 형식적으로 두 교과를 결합시켜 놓고 있다.

    본 연구는 6차 교육과정부터 국어과 교육 내용에 들어오게 된 담화(이야기)문법의 교육에 대해 탐구적 학습 방법을 모색하고자 하는 데 목적이 있다. 담화가 문법 영역에 들어오게 된 것은 옳고 의미 있는 것이나 이에 대한 지도 방법에 대한 고민이 부족한 실정이었다. 즉, 담화라고 하는 본질적인 특성에 기인하지 않고 단지 문장보다 더 큰 언어 단위로만 인식하여 발화 단위 내에서 일어나는 화용적 부분 정도에만 학습 내용이 한정된 것으로

---

1) 임규홍(2007) 참고

보인다. 담화 전체에 대한 의식과 담화 현상의 다양한 측면에 대한 학습자의 탐구적 활동이 부족한 것으로 보인다. 결론적으로 담화문법 교육은 탐구 학습으로 이루어져야 함을 보이고 자 한다.

따라서 이제는 담화가 문법의 영역으로 인식하는 데는 합의되었다고 본다면 이에 대한 학습 방법이 다양하게 연구되어야 할 것으로 생각한다. 이 연구는 이러한 문제에 대한 고민을 풀어 놓은 것이다. 본 논의가 학교 현실과 다소 떨어진 감을 가질 수 있으나 우리의 교육이 지향해야 할 방향을 제시하는 것만으로도 의미가 있다고 생각한다.

1. 담화의 교육과정 탐색

담화가 국어교육에 들어오게 된 것은 70년대 기능문법, 화용론과 담화와 텍스트에 대한 학문적 이론이 정립되면서부터인 6차 교육과정이다.[2] 그 이전까지는 문법단위가 문장 층위까지 한정되어 있었던 데 비해 6차 교육과정부터 문장 단위를 넘어선 담화단위가 문법 영역에 들어오게 된 셈이다. 담화가 문법의 장에 들어오게 된 것은 언어를 보는 시각을 문장차원에서 더 넓게 보기 시작했다는 것이다. 지금은 이처럼 담화와 글이라는 문장을 넘어선 언어단위가 문법 영역에 자리 잡게 된 것에는 크게 이견이 없는 것으로 보인다. 그러나 아직도 담화와 담화문법에 대한 개념 정리가 아직 남아 있는 것으로 보인다. 용어에 대한 혼란은 6차 교육과정에 들어서면서부터 매우 심각했던 것이 사실이다. 디스코스(discourse)와 텍스트(text)에 대한 범주를 어떻게 잡을 것인가가 문제였다.[3] 처음에는 이야기와 텍스트라고 했다가 담화라고 했다가 이제는 담화와 글이라는 개념을 사용하고 있다. 담화교육과

---

2) 김지홍(2010:157)에서는 '영국에서는 모국어 교육을 한마디로 '담화교육'이라고 규정짓는다고 하였다. 1970년대에 이미 영국에서 참된 실생활 자료를 이용해야 한다고 지적되었다.'고 함으로써 담화교육의 중요성을 강조하고 있다.

3) 담화와 텍스트에 대한 개념은 대체로 다음과 같이 네 가지로 정리할 수 있다.
   1. 텍스트 > 담화: 독일 텍스트언어학자, 기호학 연구자, 고영근(1999)
   2. 텍스트 <=> 담화[1]: 비타콜로나(1988), 고영근(1990), 정희자(1998), 보그란데(1997), 스터브즈(송영주, 1993), 쉬프린(1994)
   3. 텍스트 = 담화: 해리스(1964), 정희자(1998), 노석기(1990)
   4. 텍스트 < 담화: 반다이크(1977), 원진숙(1995)

담화문법교육은 담화와 담화문법에 대한 개념 정리가 선행되어야 한다.

현재 7차 개정국어교육과정에서 담화의 개념은 입말 자료로서의 담화와 국어의 언어 단위로서의 담화로 혼용되고 있다. 국어과의 말하기, 듣기에서는 '담화의 수준과 범위'라고 하면서 입말의 자료로서의 담화를 의미하고 있으며, 문법 교과에서 '국어사용의 실제 - 음운 - 단어 - 문장 - 담화 / 글'에서 쓰인 담화는 국어 언어 단위 또는 문법영역으로서 담화의 개념이 쓰이고 있다. 그리고 문법 교과와 국어과 문법 영역에서는 '언어자료의 수준과 범위'라고 하여 '언어자료'라는 개념으로 쓰인다. 이처럼 담화의 개념이 국어과 말하기, 듣기에서 쓰이는 것과 문법 교과와 문법 영역에서 언어 단위로서의 담화라는 개념을 다르게 사용하고 있음을 알 수 있다. 이것은 문법에서 언어단위로서의 담화와 혼란을 없애기 위해서 문법에서는 언어자료라 하고 이에 다양한 매체언어를 포함시켜 사용했을지도 모른다. 그러나 동일한 용어가 여러 가지 범주로 쓰이고 있기 때문에 여러 가지 혼란을 가져오고 있다. 더구나 다음과 같이 문장 이상의 단위에서 '담화/글'로 제시했으나 현 교육과정의 교수학습자료에는 '학년별 '담화(또는 글, 언어 자료, 작품)의 수준과 범위'라는 범주를 제시하고 있다. 여기에서 '담화(또는 글, 언어자료, 작품)'의 개념은 무엇을 의미하는지 불분명하다. 담화(discourse)라고 표현한 것은 글, 언어자료, 작품이 담화 속에 포함되는지 아니면 각각의 개념이 계열적 관계를 가지고 있는지 알 수가 없다. 이때 담화의 개념은 무엇을 의미하는지 분명하지 않다.

7차 교육과정에서는 다음과 같이 담화를 음성언어와 문자언어를 포함하는 개념으로 사용되기도 하였다.

> 담화는 문장 이상의 언어 단위를 일컫는다. 텍스트와 동일한 개념으로 보기도 하고 다른 개념으로 보기도 한다. 다른 개념으로 보는 사람들은, 담화는 주로 음성 언어와 관련지으면서 연설이나 대화 형식으로 된 집합체를 일컫고, 텍스트는 주로 문자 언어와 관련지으면서 문학 작품이나 논설문 등을 일컫는다. 교육과정에서는 담화를 주로 음성 언어(구어담화)와 문자 언어(문어담화)를 포함하는 개념으로 사용하기고 있다.(7차 중학교 국어 교육과정 해설(11), 2002, 151면)

국어교과에서 담화교육이라고 하는 '말하기 듣기 교육', 문법 교과에서 담화 그리고 화법

교과로서 담화의 개념적 혼란이 있다는 것이다.

7차 개정교육과정 -문법-

┌─────────────── 〈언어 자료의 수준과 범위〉 ───────────────┐

- 반언어적 표현이 효과적으로 사용된 언어 자료
- 사전적 의미와 문맥적 의미의 확인이 필요한 언어 자료
- 여러 가지 시간 표현이 들어 있는 언어 자료
- 의사소통 상황의 구성 요소를 고려한 여러 가지 언어 자료

7차 교육과정 -국어지식-

국어의 본질	* 국어의 이해와 탐구	* 국어에 대한 태도
- 언어의 특성	- 음운	- 동기
- 국어의 특질	- 낱말	- 흥미
- 국어의 변천	- 어휘	- 습관
	- 문장	- 가치
	- 의미	
	- 담화	
*규범과 적용		
- 표준어와 표준 발음 - 맞춤법 **문법**		

7차 개정교육과정 -국어과-문법

국어 사용의 실제 - 음운 - 단어 - 문장 - 담화/글	
지 식 　　　　　○ 언어의 본질 　　　　　○ 국어의 특질 　　　　　○ 국어의 역사 　　　　　○ 국어의 규범	탐 구 　　　　　○ 관찰과 분석 　　　　　○ 설명과 일반화 　　　　　○ 판단과 적용
맥 락 　　　　　○ 국어 의식 　　　　　○ 국어 생활 문화	

위에 보인 국어과 교육과정에서 '문법'의 체제를 보면 담화의 개념과 더불어 문법 교과 교육과정의 체계가 매우 이해하기 어렵게 되어 있음을 알 수 있다.

'국어사용의 실제'와 '지식'과 '탐구'와 '맥락'의 관련성을 알기 어렵게 되어 있다. 이것은 문법 단위 즉 '–음운 –단어 –문장 –담화/글'가 '국어사용의 실제'를 통해 학습한다는 의미로 해석하는 것인지, 아니면 이것을 문법 교육과정의 체제상 가장 상위 범주에 두고 문법이 국어사용의 실제에 직접 활용하도록 하는 것인지. 아니면 문법 교육에서 활용할 자료가 실제 국어사용의 자료이어야 한다는 의미인지 알기 어렵다. 그리고 그 아래 하위 범주인 지식과 탐구가 대등적으로 나뉘어 있는 것도 혼란을 가져오고 있다. 탐구는 지식을 알아가는 과정이고 방법이다. 지식을 탐구 활동을 통해서 도출해 내는 구조라면 이처럼 대등적으로 배열한 것은 잘못된 배열이라고 생각한다. 그리고 그 아래 맥락이 점선으로 되어 있는데 맥락의 의미도 분명하지 않다. 맥락은 일반적으로 입말담화의 상황과 대립되는 글말텍스트의 전후 정보를 말하는데 상황은 어디가고 맥락만 있으며, 더구나 이 경우 맥락이라는 개념과 국어의식 국어 생활 문화와 어떻게 관련되어 제시된 것인지 알 수가 없다.

다음은 교육과정의 문법 내용이다.

2007년 개정교육과정 문법

국어와 앎	○ 언어의 본질 ○ 국어의 구조
국어와 삶	○ 국어와 규범 ○ 국어와 생활
국어와 얼	○ 국어의 변천 ○ 국어의 미래

2009년 개정교육과정 문법

독서와 문법 I

국어와 앎
○ 언어의 본질 ○ 국어의 구조

```
┌─────────────────────────────────┐
│            국어와 삶              │
│        ○ 일상 언어               │
│        ○ 매체 언어               │
│        ○ 사회 언어               │
│        ○ 학술 언어               │
└─────────────────────────────────┘
```

독서와 문법 II

```
┌─────────────────────────────────┐
│            국어와 규범            │
│        ○ 정확한 발음             │
│        ○ 올바른 단어 사용         │
│        ○ 정확한 문장 표현         │
│        ○ 효과적인 담화 구성        │
├─────────────────────────────────┤
│            국어와 얼             │
│        ○ 국어의 변천             │
│        ○ 국어의 미래             │
└─────────────────────────────────┘
```

위에 보인 2002년 개정교육과정과 2009년 개정교육과정의 내용을 비교해 보면, 이 두 교육과정이 매우 다르게 되어 있음을 알 수 있다. 국어교육의 언어 영역을 앎과 삶과 얼이라는 참신한 고유어 삼분 체계로 잘 나타내었는데 규범이 삶에서 벗어나게 되어 있고 삶에 제시된 언어의 종류도 계열적으로 올바르게 제시된 것이라 할 수 없다. 일상 언어와 매체언어, 사회언어와 학술 언어는 개념 규정에서 범주의 혼란을 가져오고 있다. 여기에 국어와 규범에서 제안된 하위 내용이 지나치게 한정적이다. 담화의 측면에서만 보면 '효과적인 담화구성'이라고 함은 일반적으로 글말에서 글의 결속성(cohesion)과 응집성(coherence) 정도의 개념으로 이해가 된다. 이 경우가 '효과적'이라는 한정어는 담화의 규범적인 내용이라고 할 수가 없다.

2. 담화문법교육과 탐구학습

2.1. 교육과정에 제시된 담화문법교육 방법

담화문법교육이 문법교육의 하위 범주라고 한다면 문법교육이 우리 교육과정에서는 어떻게 학습하도록 제시하고 있었는지 알아볼 필요가 있다. 이른바 1차 교육과정이라고 하는 1955.8.1. 문교부령 제46호 제정 공포된 고등학교 교육과정에서는 '고전의 학습내용에서 '방언, 속담, 민요, 민담, 전설 등을 채집(採集)하여 연구하게 한다.'으로 되어 있다.

그리고 '국어문제'에서 'ㄹ. 어원을 조사한다.' 'ㅁ. 사투리, 유행어, 새말 등에 대하여 연구한다.'로 되어 있다. 여기에서 주목해야 할 것은 이미 50년대에 학습이 학생들에게 직접 자료를 채록하게 하고 스스로 연구하게 한다고 함으로써 탐구적 활동과 자기 주도적 학습 활동을 이때부터 제시하고 있었다는 것이다.

4차 교육과정(1981)에서 주목해야 할 것은 지도 및 평가상의 유의점에서 '다) 언어의 지도는 되도록 학생들의 언어생활과 관련지어 이루어지도록 한다.'라고 하여 언어 학습의 자료는 학생들의 수준에 맞고 실제 언어생활에서 학습활동이 이루어지도록 하였다.

5차 교육과정(1988)에서도 탐구활동이라는 직접적인 용어를 사용하지는 않았지만 '(7) 언어 영역의 지도에서는 언어 및 국어에 대한 올바른 이해에 중점을 두되, 지식 자체의 전수보다는 구체적인 국어 자료로부터 지식을 도출해 내는 지식의 생산과정에 중점을 둔다.라고 함으로써 국어 자료로부터 지식을 도출해 내는 즉, 탐구활동을 통해 지식을 도출하도록 하고 있다. '탐구'라는 개념을 직접 사용한 것은 6차 교육과정인데, 6차 교육과정(1992)에서는 '(4) 언어 영역은 구체적이 언어 자료로부터 언어 지식을 도출하는 탐구과정 중심으로 학습 내용을 구성한다.'라고 하여 탐구과정 중심의 교육을 직접 언급하고 있다. '문법'의 지도방법에서도 '문법은 단순한 지식 전달 및 주입이 아니라 원리나 법칙을 발견해 내는 탐구 과정을 중시하되, 언어 현상에 관한 흥미와 관심이 증진되도록 지도한다.'라고 하였다.

7차 교육과정도 6차 교육과정과 비슷하게 '문법' 학습은 언어 현상의 규칙을 찾아내는 탐구 활동을 강조하고, 학습한 지식을 국어사용 실제에 적용하는 활동을 중심으로 이루어져야 함을 명시하였다. 즉, 문법에 대한 학습은 교사 위주의 일방적인 전달이 아니라 학습자가 주체적으로 언어 현상을 탐구하는 과정에서 규칙을 발견하게 하고, 이렇게 습득한 지식을 국어사용 과정에서 활용하는 활동을 강조하였다. 이는 단편적인 지식 전달 위주의 문법 학습을 개선하려는 의도이다(2007년 개정 중학교 교육과정 해설(2)).

뿐만 아니라 2009년 개정교육과정에서도 다음과 같이 '탐구'라는 개념을 '독서와 문법'에서 핵심적인 활동으로 제시하고 있다.

> (다) 실제 언어 자료나 국어 현상을 대상으로 원리나 규칙, 예외 현상을 종합적으로 탐구하여, 이를 생활에 적용, 실천하도록 계획한다.
>
> (라) 다양한 매체 자료에 나타난 매체 언어 현상을 학습자 스스로 탐구할 수 있도록 계획한다.

그러나 우리 교육이 해방이후 현대식 교육이 이루어지면서 여덟 번이나 개정된 교육과정이나 교과서의 개편을 하면서 그 문제의 중심에는 언제나 교사 중심의 교육에서 학습자 중심의 교육으로, 지식 중심의 교육에서 탐구 중심의 학습활동을 강조해 오고 있다. 그러나 지금까지도 교육과정과 교과서 그리고 교육현장은 제각기 따로 놀고 있다는 것은 누구도 부인할 수가 없다.

2.2. 담화문법 교육의 탐구학습 필요성

문법 교육이 탐구 중심으로 자료를 통해 그 규칙을 귀납적으로 도출해야 한다는 것도 교육과정이 개편되면서 단골로 등장해 왔다는 것도 부인할 수 없다.

탐구학습(learning by inquiry, inquiry study)의 일반적인 개념은 교육학 이론에서 일찍이 논의된 것으로 여러 가지 용어로 쓰여 오고 있다.[4] 탐구(探究)란 찾아서 연구한다는 것인데 찾고 연구하는 주체는 바로 학생이다. 따라서 학습의 주체는 학생이기 때문에 우리는 오래 전부터 학생중심의 학습, 문제해결식 학습, 열린 학습,[5] 귀납적인 학습, 수요자 중심 등으로

---

4) 1950년대 미국에서 시작된 과학과 사학의 탐구 개념은 그 동안 교육학에 활용하면서 매우 활발하게 활용되고 있다. 굿맨(K.S Goodman)은 탐구를 "어떤 의문에 대한 해답을 구하는 학습자를 위하여 실험이나 그 외의 가능한 어떤 자료들을 가지고 의문의 해결을 휘한 열쇠가 될 만한 것을 찾아내기 위한 학습으로서의 접근 방법"이라고 하였다(김광해, 1992 참고).

불러 온 것도 이 탐구활동과 유사한 개념들이다.[6] 특히 7차 교육과정에서 화두처럼 나타난 것이 '자기주도적 학습(Self-Directed Learning)'도 마찬가지이다. '자기주도적 학습'의 '자기'는 곧 학습 주체의 학생이고 학생이 학습을 주도하고 스스로 이끌어가는 학습이라고 할 때 이것이 탐구학습의 전형적인 방법이라고 할 수 있다. 모국어 언어 학습을 탐구활동으로 이루어져야 함은 일찍부터 주장해 왔다.

그 가운데 다음 Gettegno(1963)의 언어교육 원리에 주목할 필요가 있다.[7]

(가) 배움이 가르침보다 선행되어야 한다. 교사의 임무는 지식 전달에 있지 아니하고 학생 스스로 공부할 수 있도록 도와주는 것이다.

(나) 사람에게 교육할 수 있는 것은 지식이 아니고 '깨침(awareness)'이다. 이것은 사람이 잃었던 자신을 되찾고 자기 교육을 가능하게 하는 기본이다. 사람은 궁극적으로 혼자 남게 되는 존재이며 따라서 자신의 교육도 자기 깨침(self-awareness)에서 시작된다.

(다) 자아의 해방은 자신의 적극적인 노력으로 이루어지며, 자기 안에 내재해 있는 힘을 스스로 인정하고 개발함으로써 더욱 큰 의미를 가진다.

(라) 사람은 누구나 배울 수 있는 체계를 가지며, 내면의 기준을 형성하는 일이 곧 교육의 과정이 된다. 이것은 자아를 해방시키고 배움을 가르침보다 우위에 놓았을 때 학생 자신의 것으로 형성될 수 있다.

(마) 말의 습득은 기억에 의해서라기보다는 지각, 행동, 느낌 및 사고 등에 의해서 이루어진다.

(바) 교사는 가능한 한 말을 하지 않음으로써 학생 안에 잠재해 있는 모든 내면의 자원(inner resource)을 총 동원하여 새 언어를 배울 수 있는 기회와 책임과 자유를 부여해야 한다.

---

5) '열린교육'의 다섯 가지 최소 조건
  (1) 개별화: 학습 내용, 방법, 속도 평가의 개별화
  (2) 자율화: 교사와 학생에게 선택의 여지 부여, 자기 주도적 학습
  (3) 자기주도적 학습: 학생의 능동적인 참여와 수업 운영에 있어서의 교사의 안내자로서의 역할
  (4) 다양화: 학습 내용, 학습 방법, 학습 자료, 교실 환경, 평가방법, 특별활동의 다양화
  (5) 융통성: 교육 과정 구성, 수업 운영, 공간 구성 등에 있어서의 융통성
6) 이들의 개념은 구조적 측면 즉, 사고하는 방법과 교수법이라는 차이를 가지고 있을 수 있지만 큰 흐름은 학생 중심이 학습 활동이라는 측면에서 유사한 개념이다(김광해, 1997:110 참조).
7) 김영숙(1977:1-3)가 주장한 언어교육에서 '깨침(awareness)'에 대한 생각은 우리에게 많은 것을 생각하게 할 것이다.

위 (가)와 (나)의 내용이 특히 시사하는 점이 많은데, '학생 스스로 학습한다'는 점과 '지식보다 스스로 깨침'에 언어교육의 주안점이 있어야 한다는 것은 우리 언어 교육의 문제를 일찍부터 뒤돌아보게 하는 대목이다. 이것 또한 언어교육 이론자들이 동의하고 있는 탐구학습의 내용과 유사하다.

김광해(1997:106-108)은 언어지식의 탐구 학습의 의의를 다음 세 가지로 제시하고 있다. 첫째, 언어 현상은 다른 자연과학 등가 마찬가지로 흥미로운 탐구 대상의 하나가 된다. 둘째, 언어, 국어의 이해 부분에 탐구 방법이 잘 적용된다. 셋째, 언어 현상에 대한 탐구 가정은 우리말의 문법 현상에 대해 몸소 관심을 가져보는 기회가 될 수 있다.[8] 손영애(1987:38)는 일상의 언어생활에서 구체적인 사례를 접하고 여러 가지 사례에서 일반적 규칙을 찾아내고 이를 또다시 언어생활에 적용하는 단계를 거쳐 학습되어야 한다고 외국 언어 학습을 통해 밝히고 있다.

언어 교육이나 문법 학습을 탐구활동 중심으로 이루어져야 한다는 주장은 거의 보편화되었다고 해도 과언이 아니다. 그 까닭은 첫째, 언어 특히 모국어는 선천적이고 내재적인 언어 능력으로 자연스럽게 된다는 언어 습득의 보편적 주장을 수용한다면, 모국어 화자는 자신의 언어에 대해 스스로 분석하고 스스로 원리와 규칙을 찾아낼 수 있는 능력을 가지고 있기 때문이다. 즉, 모국어 화자는 자신의 언어에 대해 그것이 비문인지 중의적인지 수용성이 낮은 것인지 등의 언어 현상을 직관(intuition)으로 알 수 있다면 그러한 현상이 왜 일어나는지를 언어분석과 규칙을 통해서 확인할 수 있는 능력을 모국어 화자는 가지고 있다는 것이다. 이것은 모국화자 즉, 학습자 자신이 알고 있지만 그것이 어떤 것인지 설명할 수 없는 언어지식을 교사의 도움으로 스스로 찾아내고 밖으로 내어주게 하고 그것을 설명할 수 있도록 도와준다는 의미이다.

둘째, 모국어의 모습은 학습자가 그것을 외워서 알게 되는 것이 아니라 학습자가 스스로 깨치고 발견함으로써 국어의식을 드높일 수 있다는 점이다. 학습자에게 다양한 자료를 통해 원리나 규칙을 발견하게 함으로써 말이 가진 신비를 깨치고 모국어에 대한 깊은 사랑을 가질 수 있도록 한다.

---

8) 김광해(1997:113-114)에서 탐구학습의 필요성에 대해 두 가지로 논의하고 있다. 하나는 지식 자체가 가지고 있는 성격이고 하나는 탐구 경험을 통해서 학습자의 지식을 더 강력하게 내면화될 수 있다는 것이다.

셋째, 언어 자료를 탐구학습을 통해 언어의 신비로움(특징, 구조, 규칙, 원리)을 스스로 터득하고 깨치게 함으로써 학습자의 창의력과 상상력, 탐구력이라는 사고계발에 도움을 줄 수 있다는 것이다. 모국어 언어 자료는 모국어 화자가 알고 있고 스스로 부려 쓸 수 있는 자료이기 때문에 학습 자료의 다양한 활용도 측면에서 매우 용이하고 매우 효율적이라는 것이다.

특히, 담화문법은 상황과 문맥 의존성이 높기 때문에 매우 다양한 형태로 실현되고 그 구조나 원리도 매우 다양하게 나타나게 된다. 기존의 담화 문법 연구자에 의해 밝혀진 이론이라고 하더라도 연구자에 따라 매우 다르게 설명될 수 있다. 이처럼 복잡하고 다양하게 실현되는 담화자료를 초 중등 학습자의 순수한 눈으로 볼 때는 기존의 설명과는 다른 새로운 모습을 발견할 수 있게 된다. 탐구활동을 통해 담화를 학습하게 함으로써 학습자의 창의력과 상상력을 드높일 수 있는 부가적인 학습 효과를 얻을 수 있다.

넷째, 탐구학습을 통해 모국어를 학습함으로써 모국어 언어를 통해 살아가는 세상을 바라보는 삶의 눈을 드넓게 할 수 있다. 인간의 삶은 언어 특히 담화를 통해 이루어지기 때문에 담화 학습은 인간의 삶의 모습을 직접적으로 깨치고 이해할 수가 있다.

담화의 탐구학습이 가진 이러한 필요성에도 불구하고 실제 학습현장에서 적용하고 학습이 이루어지기 어려운 것은 여러 가지 까닭이 있다.[9] 학습시간과 개념이해, 평가, 자료 확보 등의 문제가 있으나 이러한 문제는 담화학습의 본질을 버리고 학습과 평가의 편의성만 추구하고 있다고 하겠다. 학습자 중심의 탐구활동을 지향하고 실천하지 않으면 지금까지 우리 교육의 고질적 병폐로 여겨오던 지식과 교사 중심의 교육에서 벗어날 수가 없다.

해방이후 교육 과정과 교육 현실이 다르게 고착화되었다는 것이다.

---

9) 공윤정(2006:48)은 탐구학습의 단점으로 '탐구학습 지도를 하는 데 시간이 많이 소요된다. 단순한 개념을 많이 전달하는 데는 비효율적이다. 교사에게 학습 자료 준비, 학습 지도, 평가 등에 많은 부담을 준다. 타당도와 신뢰도가 높은 탐구 능력 평가 방법의 개발이 어렵다.

3. 탐구학습을 통한 담화문법지도 방법

3.1. 담화문법지도 원리

올바른 담화문법지도를 위해 챙겨야 할 전반적인 얼개를 보면 다음과 같다. 세련되고 치밀하지 않지만 전반적으로 살펴보아야 할 내용이다.

1. 담화문법 지도는 인간의 담화가 매우 다양함을 깨닫게 한다.
2. 담화문법 지도는 담화자료를 채집-채록-전사하는 활동 자체를 중요하게 생각한다.
3. 담화문법 지도는 일상의 삶과 밀접한 관계가 있음을 이해시킨다.
4. 담화문법 지도는 철저하게 탐구학습을 하도록 한다.
5. 담화문법 지도는 모든 담화에 구조와 원리와 규칙이 있음을 주지시킨다.
6. 담화문법 지도는 규범적인 학습법보다는 발견적 학습법을 중요하게 생각하게 한다.
7. 담화문법 지도는 학습자의 사고력을 계발할 수 있게 한다.
8. 담화문법 지도는 담화의 틀과 사고의 틀이 긴밀하게 관련이 있음을 알게 한다.
9. 담화문법 지도는 문법지식보다 문법의식을 드높이도록 해야 한다.
10. 담화문법 지도는 흥미와 재미를 가지도록 한다.

3.2. 담화문법지도 자료

담화문법지도에서 자료는 문법의 어떤 영역보다 중요하다. 문장의 단위는 개별적인 내재된 언어능력에 의해 생성할 수 있기 때문이다. 그러나 담화는 상황과 맥락이 배제된 자료는 불가능하기 때문에 자료가 임의적으로 화자 혼자 생성하기 어렵다. 그리고 담화 자료는 상황에 따라 매우 다양하고 미묘하게 나타나기 때문에 더욱 담화자료가 중요하다. 그리고 담화자료는 상황을 전제한 살아있는 실제 발화이어야 한다. 따라서 담화문법지도에서 담화자료의 중요성을 인식하고 다음과 같이 담화자료의 특성을 제시한다.

1. 실제 언어생활의 자료

담화문법 교육 자료는 학습자가 실제 언어현장에서 사용하는 언어자료일수록 학습 효과를 높일 수 있다. 그것은 학습 자료가 그들이 실제 사용하는 언어자료로서 그 의미나 사용 상황을 누구보다 잘 알고 이해하기 때문에 담화분석활동을 효과적으로 할 수 있다. 그리고 학습자의 자신들의 언어이기 때문에 담화문법 학습을 통한 실제 언어생활에 쉽게 적용할 수 있는 이점이 있다. 7차 개정교육과정에서도 다음과 같이 자료에 대한 언급이 있다.

> (다) 단편적인 단어나 문장보다는 실제 국어 생활 속의 담화를 통하여 지도한다. 이 경우에 학습자들이 쉽게 접근할 수 있는 전자 우편, 휴대 전화, 광고의 표현 등도 유용한 자료로 활용할 수 있다.
>
> (마) 매체 언어, 학술 담화 등에 나타나는 다양한 국어 표현도 적극적으로 다루도록 한다.

2. 담화는 학습자에게 흥미로운 자료

담화문법 교육에 활용할 자료는 학습자에게 흥미로운 자료일수록 좋다. 학습자에게 흥미로운 자료일수록 동기유발에 효과적이고 학습에 흥미를 가지고 접근할 수 있기 때문이다. 학습자에게 흥미로운 자료는 그들이 언어 현장에서 활용하고 있는 자료이며, 학습자들이 평소 관심을 많이 가지고 있는 분야의 자료이다. 예컨대, 그들이 사용하고 있는 통신언어나 유머나 개그 언어 자료들도 담화문법교육 언어 자료로 활용할 수 있다.[10]

3. 다양한 내용 담화 자료

담화문법교육의 자료들은 담화가 다양한 것만큼 그 자료도 다양한 자료일수록 좋다. 입말 자료도 다양하지만 글말 자료도 매우 다양하다. 우리가 사용하고 있는 모든 담화 자료들이 담화문법교육의 자료로 활용할 수가 있다. 다양한 담화자료를 활용함으로써 우리가 사용하고 있는 담화가 인간의 삶에 깊게 관련되어 있으며 우리 삶을 형성해 나가는 모든 부면에는 그만큼 다양한 담화가 존재하고 있음을 인식시킬 수 있다. 그리고 담화문법 교육이 얼마

---

10) 교사는 학생의 배움에 불을 질러서 애살을 북돋우고 호기심을 불러일으키고 물음을 일깨우는 일에 전문가로서 기술을 발휘해야 한다(김수업, 2006:359).

나 중요하고 필요한 것인가를 알게 한다.

4. 다양한 표현 방법의 담화 자료(입말과 글말 통신언어(매체언어))

담화자료는 입말과 글말, 통신언어 그리고 입말과 글말과 통신언어의 특성을 공유하는 다양한 형태들이 있을 수 있다. 현 교육과정에서도 담화 학습 자료를 입말과 글말, 매체언어를 들고 있다. 그러나 이들의 언어 자료들이 가지고 있는 특성을 공유하거나 다양하게 섞여 쓰이는 자료들도 있다. 따라서 담화자료들도 다양한 형태들을 제시하고 그것이 표현수단에 따른 자료의 다양성을 이해시키는 데 매우 유용하게 활용할 수가 있다. 쿡(1989)은 다음과 같은 다양한 담화에 대해 그 담화적 인식 정도를 학습하도록 하고 있다.

8) ▷ 과제 30

상호 교환 담화 및 비 상호 교환 담화의 연속 변이 상에서 여러분은 다음 내용들을 어디에다 놓으시겠습니까?

① 텔레비전 뉴스 방송

② 교회 예배

③ 지능 있는 생명체에 대한 탐색에서 외계 우주로 쏘아 보내어진 메시지(전달 내용)

④ 편지

⑤ 법정에서의 증언

⑥ 텔레비전 생방송에서 시청자와의 전화 통화(TV phone-in)

⑦ 연극 햄릿

⑧ 국가수반의 취임 연설

⑨ 여러분 이웃과의 잡담

⑩ 강의

그 연속 변이 상에서 이 사례들을 위치시키는 데에 어떤 문제점들이 제기됩니까? 여러분 자신의 몇 가지 사례들을 더 추가하십시오[11]

5. 학습자의 수준에 맞는 담화 자료

담화문법교육의 자료는 학습자의 수준에 맞는 것이어야 한다. 담화자료가 지나치게 어렵다거나 쉬운 것은 좋은 자료라고 할 수 없다. 학습 효과를 높이기 위해서는 학습자의 어휘나 상황, 문장 구조의 수준이 적절하여야 한다.

6. 학습자 스스로 채집할 수 있는 자료

담화문법교육의 학습 자료는 학습자가 직접 채집하고 채록 전사할 수 있는 것이면 좋다. 담화교육에서 학습자가 다양한 담화자료를 직접 채록하는 활동과 그것을 전사하는 활동 그 자체가 매우 중요한 학습활동의 하나이다. 지금까지 우리는 이러한 학습활동에 무관심하고 그 중요성을 간과해 왔다. 학습자가 담화자료를 직접 채록 전사하는 활동을 하게 함으로써 학습자는 다양한 언어의 모습을 직접 관찰할 수 있게 하고 그 언어를 사용하는 삶 과 언어의 관계를 확인할 수 있게 할 수 있다.

7. 동일한 종류의 많은 담화자료

학습자가 담화 종류에 따른 특성을 탐구하기 위해서는 동일한 종류의 담화자료를 적절한 양을 활용하여야 담화의 특성을 더 정확하게 탐구할 수가 있다. 한 종류의 담화 자료를 통해 그 담화 자료의 특성을 탐구할 수도 있지만(질적 탐구) 그것보다 동일한 종류의 담화 자료를 많이 활용함으로써 담화의 보편적인 특성을 밝혀낼 수가 있다(양적 탐구).

3.3. 담화문법지도 방법 구조

언어 학습 또는 담화문법지도를 탐구활동을 통해 이루어지도록 해야 하는 것은 이미 앞에서 언급되었다. 그렇다면 담화문법을 어떻게 지도해야 하는가.[12]

---

11) 쿡(Cook)(1989) 참조.
12) 임규홍(2007) 담화문법 교육에는 담화 장면을 제시하고 그 속에서 담화규칙과 기능과 의미를 도출해내는 '장면제시형'이 있고 문맥을 제시하고 문맥의 짜임이나 이음의 규칙 기능을 도출해 내는 '문맥제시형'이 있다.

탐구활동이 철저하게 학습자 중심으로 그들 스스로 학습할 수 있도록 이끌고 담화자료를 통해 학습자 스스로 원리와 규칙과 특성들을 도출할 수 있도록 해야 한다. 여기서 학습자의 직접적인 활동이 가장 중요하다.

김광해(1997:119-122)에서 탐구학습의 단계를 다음 다섯 단계로 제시하고 있다.

① 문제의 정의-문제, 의문 사항의 인식, 문제에 의미부여, 문제의 처리 방법 모색
② 가설 설정-유용한 자료 조사, 추리, 관계 파악, 가설세우기
③ 가설의 검증-증거 수집, 증거정리, 증거분석
④ 결론도출-증거와 가설 사이의 관계검토, 결론 추출
⑤ 결론의 적용 및 일반화-새로운 자료에 결론 적용, 결과의 일반화 시도

7차 개정교육과정의 문법 지도 절차에서도 문법의 탐구활동 절차를 다음과 같이 제시하고 있다.

(6) '문법' 지도의 경우, 학습자가 다음과 같은 절차로 탐구 학습을 수행하여 문법 규칙이나 원리를 찾아낼 수 있게 지도한다.
  (가) 주어진 자료에 대한 논제를 이해하고 문제를 제기한다.
  (나) 해당 논제에 대하여 가설을 설정한다.
  (다) 가설을 검증하기 위해서 적절한 국어 자료를 수집한다.
  (라) 자료를 이용하여 합리적 과정에 따라 규칙이나 원리를 도출한다.
  (마) 도출된 규칙이나 원리의 적절성을 확인하거나 반례를 든다.

담화문법교육에서 문법지도의 원리를 제시한 김광해(1997)나 7차 교육과정(2007)가 거의 유사하다. 그런데 탐구 학습을 수행하기 위한 학습 절차라고 할 수 있는데 담화문법 지도의 경우는 이 절차에서 적용하기에는 몇 가지 문제가 있다. 전체적으로 보면 탐구 학습을 위해서 매우 유용하게 적용할 수 있으나 실제 문법 교육에서는 '가설'을 설정하고 세우는 과정이 적절하지 않다는 것이다. 가설이라 함은 추상적인 가설일 수밖에 없는데 담화문법의 경우

담화에는 나름대로 담화표현과 구조를 가지고 있을 것이라는 것, 예컨대, 설득담화라면 상대를 설득할 수 있는 어떤 전략이나 표현이 있을 것이라는 가설의 수준일 수밖에 없다. 따라서 담화교육에서는 거꾸로 어떠한 가설도 설정하지 않고 담화자료에 순수하게 접근하여 담화자료의 특성을 찾아보게 하는 활동이 담화 자료의 특성을 창의적으로 탐구할 수 있게 하는 것이라 생각한다. 그리고 담화문법교육의 궁극적 교육 목표는 담화의 문법을 깨닫게 하고 이해하게 하는 것이지만 담화는 다른 문법 영역과는 달리 인간의 삶과 깊게 메여있기 때문에 담화 지식보다는 학습자가 담화문법을 탐구해 가는 그 과정 학습과 탐구 학습이 더욱 중요한 의미를 가지고 있다. 필자가 보는 담화문법지도의 절차는 전체적으로 보면 김광해(1997)이나 교육과정의 절차와 크게 다름이 없다.

담화문법의 탐구학습 절차를 다음과 같이 개략적으로 나타낼 수 있다.

도입	학습목표	
	동기유발	
		수업활동계획 짜기
		모둠 만들기
학습활동	자료 채집	과제
		자료수집
		채록
		전사
	모둠 내 토론	
		토론
		모둠 내 토론 내용 정리하기
	모둠 간 토론	
		토론
		모둠 간 토론 내용 정리하기
	교사-학생 협동 학습	담화 구조 원리/규칙 정리하기-일반화
정리	교사	
평가		

(1) 학습 목표 제시하기

담화문법교육은 담화가 매우 유동적이면서 추상적일 가능성이 높기 때문에 학습 목표가 분명하게 제시되어야 한다. 학습 목표가 분명해야 학습의 효과도 분명하게 드러난다. 학습 목표는 학습 계획에 따라 본시에 학습할 수 있는 내용을 구체적으로 제시해야 한다.

(2) 모둠 만들기

담화문법지도는 모둠을 활용하는 것이 효과적이다. 담화문법교육은 담화자료를 채록하고 전사하며 그것을 통해 담화 특성을 밝히는 일련의 공동 작업 활동의 하나이다. 모둠활동을 하는 것은 학습자 개인의 생각이 타당성과 일반성을 가질 수 있는지 서로 협의하고 조정하는 과정을 거칠 수 있기 때문이다. 교육과정에서는 소집단 협동학습이라고 하면서 다음과 같이 학습 방법을 제시하고 있다.

소집단 협동 학습은 학생 3~5명을 하나의 조로 편성하고, 학생들이 서로 협력하는 가운데 독서와 문법을 교수·학습하는 방법이다. 소집단 협동 학습에서는 독서와 문법 교수·학습의 목표 및 내용을 고려하여 전문가 집단 모형 등 다양한 협동 학습 모형을 적용할 수 있다. 일반적으로 학습 결과에 대한 동료 비평 활동, 내용 구성이나 표현 방식을 협동적으로 진행하는 협동 활동, 독서와 문법의 과정에서 겪는 어려움을 대화를 통해서 해결을 시도하는 협의 활동 등이 활용된다(2009년 개정교육과정 해설).

그리고 김수업(2006:361)에서도 '정신의 깊은 속까지 움직여야 하는 심리의 세계이면서 또한 사람들 사이의 복잡한 부딪힘까지 싸잡아야 하는 사회의 세계이기도 한 말을 교육하는 배달말 가르치기는 학생이 배움을 앞세워 스스로 움직이는 모둠학습이 아니면 이루고자 하는 바를 제대로 이룰 수 없는 교과이다.'라고 하였다.

모둠의 범위는 담화자료에 따라 다소 다르지만 대개 일반적으로 3-5명이 적절하다. 모둠 활동을 이끌어 갈 사람을 모둠 내에서 자기들 스스로 선정하고 모둠 책임자가 모둠 내 생각을 통합하여 발표하게 한다.

(3) 담화자료 채록하기

지금까지 우리 국어 교육은 교육 자료를 학습자가 스스로 찾아내는 활동을 하지 않았다. 교과서에 제시된 교육 내용, 텍스트를 중심으로 학습을 할 뿐 교과서 밖에서 학습 자료를 학습자가 찾고 정리하고 해석하고 감상하는 활동은 거의 하지 않았던 것이다. 담화문법

교육에서 담화자료를 학습자가 직접 채록하거나 동영상을 찍고 그 자료를 글말로 전사하게 함으로써 학습자가 학습활동에 주체적으로, 주도적으로 참여하게 할 수가 있다. 이른바 주도적 학습활동을 하는 데 매우 효과적인 방법이다. 그리고 학습자가 학습 자료를 모둠활동을 통해 직접 채집하게 하여 모둠 협동 활동을 할 수 있다. 담화자료는 학습자가 실생활에서 찾을 수 있는 자료에서부터 학습자가 계획하여 적극적으로 찾을 수도 있다. 학습자가 쉽게 채집할 수 있는 자료는 학습자들 자기들의 담화들이다. 그들의 일상 담화를 녹화 채록하거나 교실담화를 녹음 채록할 수도 있다. 또는 방송매체를 통한 담화자료들도 녹음하여 채록할 수도 있다. 학습자가 의도적으로 기획해서 담화자료를 찾을 경우도 있다. 그 가운데 담화 특성을 잘 알 수 있는 특정 담화를 통해 담화문법학습을 할 수도 있다(전화하기, 통신언어, 드라마, 설득하는 담화, 토론하는 담화, 연설하는 담화 등등). 담화자료를 찾고 녹음하고 채록하고 전사하는 그 자체가 중요한 활동의 하나이다.

* 설화담화채록하기
* 친구이야기채록하기
* 재미있는 이야기와 재미없는 이야기채록하기
* 재미있는 여러 가지 방송 개그 채록하기
* 전화하는 것 채록하기
* 토론하기채록하기
* 목사, 신부, 스님의 설법을 채록하기
* 홈쇼핑채록하기
* 선생님 수업채록하기
* 대통력연설해록하기

(4) 담화자료 글말로 전사하기

담화문법 교육에서 학습 자료를 학습자가 직접 채집하고 채록하는 그 자체만으로도 매우 의미가 있는 학습활동이지만 그러한 담화학습자료를 실제 글말화하는 활동 또한 매우 의미 있는 활동이다. 담화의 특징을 학습자가 직접 전사활동을 하게 함으로써 학습자가 자연스럽게 스스로 깨닫고 이해하고 알게 할 수가 있다. 담화를 글말로 전사할 때 일어나는 여러 가지 문제를 직접 확인할 수 있다. 음성표현을 소리 나는 대로 적을 것인가, 아니면 어휘에서부터 생략과 반복 담화표지 그리고 반언어적 표현에 이르기까지 매우 복잡한 입말의 특성을 학습자가 스스로 채득하고 이해하고 깨닫게 할 수가 있다. 모둠활동을 통해 담화를 글말로 전사함으로써 모둠원끼리 활발한 탐구활동을 할 수 있는 매우 효과적인 학습활동이다. 모둠원들이 상호 협동을 통해 전사 결과를 협의 도출하는 협동 활동을 하도록 한다.

담화자료를 전사하는 작업도 모둠 내 활동과 모둠 간 활동을 통해 학습할 수가 있다. 그리고 마지막으로 교사와 같이 전사한 자료를 최종 정리해 낼 수가 있다.

(5) 담화자료 분석하기

담화문법교육의 핵심이 담화자료를 통해 담화특성을 탐구해내는 것이다. 탐구활동을 통해 학습자 스스로 채집-채록-전사한 자료를 모둠을 통해 분석하고 특징을 도출해 내는 활동을 한다.

학습자는 담화의 특성을 학습하지 않은 상태에서 순수하게 자료를 통해 도출해 내도록 한다. 모둠 내 활동과 모둠 간 활동을 할 수 있다. 모둠 내 활동을 통해 1차적으로 도출된 특징을 가지고 모둠 간 2차 활동을 통해 더 객관화되고 일반화된 특성을 도출해 내도록 한다.

담화자료의 분석 내용은 담화 내 다양한 언어 표현방법을 찾아내고 담화의 구조를 분석하게 한다.

담화표현특성은 성조를 포함해서 생략과 반복과 첨가, 어휘, 담화표지 등 모든 특성을 자유롭게 창의적으로 모두 찾아내도록 한다. 그리고 담화의 구조적 특성도 마찬가지이다. 학습자가 담화의 구조가 어떻게 되어 있는지 묶음별로 순서별로 어떻게 짜여 있는지 자유롭게 찾아내도록 한다.

(6) 담화특성 정리·일반화하기

학습자가 모둠별로 담화자료를 채집-채록-전사하여-전사한 내용으로 모둠 내 토론과 모둠간 토론을 통해서 담화의 특성을 일반화하는 활동을 해야 한다. 아무리 담화가 유동적이고 느슨한 짜임이라고 하더라도 학습자가 도출한 담화특성을 학습 목적과 연계하여 정리하지 않으면 학습의 효과가 떨어지게 된다. 탐구 학습의 마무리 단계가 바로 일반화 과정인데 이때는 학습자들이 모둠 간의 토론 결과를 가지고 교사와 함께 학습을 해야 한다. 교사는 담화문법학습 내용과 선행 지식을 바탕으로 학습자의 학습 결과를 정리해 주어야 할 것이다. 학습자가 기존의 담화지식과 다르게 독창적으로 탐구되었을 때는 그 자체가 매우 중요한 발견적 학습이고 창의적 학습으로 평가해야 한다. 그러한 새로운 담화 원리나 규칙의 발견이 동일한 다른 담화에도 적용될 수 있는지 확인하는 보충 학습을 할 수 있다.

탐구 학습에서 모둠 내 또는 모둠 간 활동은 교육과정에 제시한 '학생 상호 간 학습'이고 정리·일반화 활동은 교육과정의 '교사와 학생 상호 간 탐구 활동'이며, 담화문법 학습의 마무리 부분에 해당된다.13)

(7) 평가하기

탐구학습의 평가는 탐구활동 자체를 평가해야 한다. 탐구학습을 통해 도출한 지식에 대한 평가는 부가적 평가에 그쳐야 한다. 모둠에서 담화자료를 채집-채록-전사 활동 전체가 평가의 대상이 되고 모둠 간 활동을 통해 모둠 평가가 이루어져야 한다. 탐구활동으로서 담화문법지도의 평가는 이른바 수행평가(performance assessment)를 통해서 이루어져야 한다. 담화자료의 채집에서부터 모둠 토론과 일반화하는 과정 전체가 평가의 대상이 되며 과정을 평가하는 과정중심의 평가가 되어야 한다.

① 담화주제를 어떻게 잡았으며,

② 담화를 어떻게 전사를 했으며,

③ 담화를 글말로 어떻게 옮겼으며,

④ 담화와 글말의 분석을 통해 어떤 다양한 특징을 발견하였으며,

⑤ 담화의 구조와 표현 특성에 대한 분석에 대한 엄밀성이나 객관성, 정확성 등을 평가할 수 있다.

---

13) 7차 교육과정 ㈎ 학생 상호 간, 교사-학생 상호 간의 활발한 교실 탐구 활동을 통하여 국어 자료를 분석하고 종합하여, 국어 자료의 적절성을 진단하고 설명할 수 있는 능력을 기를 수 있도록 지도한다.

지금까지 우리 교육의 평가는 과정 평가가 아니고 결과 평가가 중심이 되어 왔다. 이것은 활동 중심의 평가가 아니라 지식 중심의 평가가 이루어져 왔던 것이다. 그렇기 때문에 우리 교육은 탐구의 과정과 창의성, 독창성, 분석력 등을 평가할 수 없는 문제를 가지고 있다. 스스로 문제를 제기하고 해결하는 자기주도적학습의 평가가 온전히 이루어질 수가 없었다. 지금도 구호만 자기주도적 학습을 외치고 있을 뿐 이와 관련된 평가가 거의 이루어지지 않기 때문에 학교 현장에서는 여전히 지식 중심의 암기식 교육이 이루어지게 되는 것이다. 학교 현장에서는 평가의 편의성과 객관성에 발목이 잡혀 학습자의 잠재력이나 사고력 등 복합적인 교육 활동을 평가하지 못하는 문제를 안고 있다. 우리 교육이 지금보다 한 단계 올라서기 위해서는 반드시 과정중심과 학습활동 전체를 평가할 수 있는 제도적 장치가 마련되어야 할 것이다.

[담화문법 탐구학습 예]

(1) 담화종류알기 탐구활동

담화종류 알기	화자	청자	목적	시간	장소

(2) 담화채록·전사하기 탐구활동

모둠이름	
날짜·시간	
장소	
화자	
담화종류	
전사하기	

글말바꾸기	
평가하기	

(3) 담화와 글말 인식 탐구활동

전형적인 담화자료	전형적인 글말자료
친구 사이의 대화	학문적 내용을 해설한 책

전형적인 입말과 전형적인 글말의 말본새[14)]

		전형적인 입말[친구사이의 대화]	전형적인 글말[학문 내용을 해설한 책]
말/글			
시공간과 참가자 역할			
높임			
어휘	방언		
	은어		
	판단어		
	한자어 등		
문장	문장 길이		
	물음, 청유		
	미완성문		
	성분생략		
	종결어미		
지시어			
반복	자기반복		
	상대반복		
삽입	'있지', '응'		
	감정어		

---

14) 이상태(2010:240) 참조

(4) 이야기비교 탐구활동

글말자료	학생담화	녹음하기	전사하기	비교하기	특징
글말이야기	학생1 담화				
	학생2 담화				
	학생3 담화				
	학생n 담화				

(5) (설화)담화 분석 탐구활동

녹음하기	
전사하기	그라고 나서 여덟 살인가 묵어서, 그래, 그 근처에 이웃 동네에 혼인을 잔치를 하는데, 대사(大事)를 치거든. 그래 가만 집에서 보이, 저 동구(洞口) 밖에 저어게(저기) 오는데, 그래 이런 고랭이(시내가) 있는데, 그래 이 낡을 가 그래, 다리로 놔 났어. 놔 놓은 거게 건디(건너) 오기 전에, 고짜서 그 쯤에서 가매가 쉬는 기라. 쉬는 여가(틈)에 이 눔 여이(여우)란 놈이, [조사자: 뭣이요?] 여시. [조사자: 아! 네.] 여시란 놈이 신랑의 혼을 고마 강변서 빼 가 덮어 씌고, 신랑몸댕이로 끄어다가, 참 그렇다 카이, 저 눔이 조화를 부릴라 카이, 신랑을 끄고 가던동 안고 가던동 모르거덩. 그래 갖다가 그마 그 다리 밑에 갖다가 여(넣어) 놓고, 지는(저는) 가매에 들어 앉어가 인자 장개로 온다. 장개로 와 가지고 인자 행례꺼정(行禮까지) 하고 이래 했는데. 하는데, 그래 그 아바시 그 친구의 예혼(禮婚)을 치니 놀러 갔거덩. 그만 놀러 가는데, 가니, 그래, 이 강감찬 선생이 따라갈라 칸다. 따라갈라 카이, 아들이, 자기 아들이라도 얼굴이 참, 뭐, 아주 박색이요, 뭐 넘(남) 뵈기 아주 괴상하다 말이여. 이래 놓이, "몬 온다." 데리 안 가고, 데리고 안 가고, "못 온다. 니(네) 오지 마라." 그래 인자 기어코 후차 뿌고(쫓아 버리고) 아바시는 가고 그래 가고 난 뒤에, 그래 그 이틀날은 놀러 가는 체하고, 그래 인자 강감찬 선생이 떡 갔다. 가 가지고, 가이, 보이께네, 인자 그 날 첫날 밤 잤거덩. 자고, 이래 놓으이, 그 집안 처객(妻客)들이 모이 가지고 장난한다고 이전에는 야단이거덩. 장난을 하고 하는데. 그래 강 감찬 선생이, 그 장난하는 거 아이들 조런 거 귀경하기가 예사 아인가베? 장난을 귀경하는 체하고 가이께, 가여(가서) 보이 저 신랑놈이 강감찬 선생 가기 전에는 아주 기수(기색)이 좋고, 이거 뭐, 아주 명랑하던 기, 고마 이 선생이 떡 가이, 들여다 보이, 저 눔이 대번에(곧) 뭐 수가(기가) 탁 죽어 뿌는 기라. 기가 없다 말이라. 그래 선생이 와 놓이 기가 탁 죽어. 그래 탁.

	그래, 그 우야는고(어찌하는가) 하이, 그래 주인한테 가는 기라. 그래, "아무 어른, 사위는 잘 봤습니더. 잘 봤지마는, 에, 그, 내 내 시키는 대로 할란기요?" "그래, 우얄라 카노? 그래 마 뭐꼬?" "그래, 내 저 신랑을 함(한 번) 보믄 싶은데 어떤교?" "하! 신랑 니 가 봐라." 이래 됐다 말이라. 그래 떡 갔어. 가 가지고 그래 인자 가라 카이 가거덩. 가 가지고 그래 신랑을 보고, "신랑, 니 여(여기) 좀 나앉거라. 보자, 그래 니(너) 본 철융(얼굴) 못 쓸까?" 대번 그 신랑을 보고, '이눔 니 철융 못 쓸까?' 이래 인자 뭐 다른 사람은 보이 사람인 줄 알지. 짐승이 변동해 가 오는 줄은 모른다 말이여. 그래 '네 이눔, 니 본 철융 좀 못 쓸까?' 이 카이, 제 놈이 [큰 소리로] 다시 고만 두 말 못 하고 고마 앞으로 탁 수그러지는 기라. "네 이눔, 본 철융이 싫더냐?" 고만 마당에 나가디 히딱히딱 구불디마 허연 백야시가 크다는 기…. 그래 떡 나오는 거를 보고, 그래 뵈이(보여) 가지고 그래 저 눔은 고함 한 두어 번 지리인께네, 뭐 지절로 그 마당에 마 거꾸러져 죽어 뿌더란다. 그래 그 여시는 죽어 뿌고. 그래 얼른 하인들 시켜 가, "얼른 저 다리 밑에 저 가라. 저 가믄 지금 신랑이 거 있으이, 참 신랑이 있으이, 참 신랑의 혼령으로 지금 이 빼 가지고, 지금 이눔이 이랬는데, 혼령을 내 가 요(여기) 빼 났으이, 신랑만 가(가져) 오믄, 지 혼령 지 그대로 있으이, 그래 신랑 데리고 오너라." 그래 신랑을 델고 오이, 요 뭐 저 집에, 방에, 방에서, 본 사람이라. 그 때 있을 적에는 나있거덩. 그 집에 오니까 마 본 사람인 기라, 인자 지 혼령을 거 본이 줬다 말이라. 그래 가 그래 하고 나서는, 그래 뭐 우야는고 하이, "그래 신인(新婦)을 내가 이 카는 거는 미안하지마는, 그래 저 신인을 여 마루 끝에 세우라고 그러는데, 속 내복옷은 참 활짝 다 벗어 뿌고, 아랫 두리는 매이(맨) 처매만 입고, 그래 저 와 청 끝에 내다 서라." 이기라, 앞마당에서. 그래 그 강감찬 선생이 눈을 뚝 부르쓰고(부릅뜨고) 한참 보이, 아래로 하문(下門)을 피 뭉티기가 티나와 가,무깝대기라. 사람, 뭐 혼을 빼 뺏거덩. 빼 뿌 놓이 나무깝데기가 돼 가 나오고 나이, 그래 그제서야 다 나오고 나서는, "그래 들어가라. 인제는 괜찮다." 그래 이 여이캉(여우와) 작관(性交)이 돼 가지고, 그 동안에 뭣이 그 안에 생깄다 말이라. 하루 밤 시간에. 그래, 그래 해 가, 그렇고 사람을 살렀어. 살리고, 그래 그 강감찬 선생이 이제 안행(案行)이가 돼 가 그 때 선생(先生) 발천(發闡) 됐다 말이다. [조사자: 뭣이 돼 가지고요?] 이, 그래 안행이가 돼 가지고 선생 발천이 됐어. 그래 감찬 선생, 선생 카고 그래 정승꺼정 하고, 그 했다고 하제
글말 바꾸기	

담화 특징 알기	
평가하기	

4. 정리

국어교육이 체계적 교육과정으로 시작한 1955년 이후 지금까지 우리 문법교육은 필수교과에서 선택교과로 다시 독서교과와 통합되어 통합교과로 되면서 선택교과로 그 위상이 낮아져 왔다. 그리고 교육과정에서는 줄곧 자료를 통한 탐구활동을 제시하면서도 실제 교육 현장과 교과서에서는 한 번도 교육과정대로 실시한 적이 없었다. 교사 중심으로 어려운 문법지식을 암기하고 주입시켜 왔던 것이 사실이다.

이제 우리 교육 전체가 혁신적으로 변하지 않으면 안 되는 시점에 이르렀다. 학습과 평가의 편의성을 볼모로 본질을 내버려 두고 형식에 매달릴 수는 없다. 학생주도적학습법을 화두처럼 강조하고 있는 현재에도 실제 학생주도적 학습과 탐구학습이 얼마나 이루어지고 있는지 반성해 보아야 할 것이다.

문법 학습은 일찍이 우리 교육과정에서 제시되어 있을 뿐만 아니라 교육 이론적으로도 이론의 여지가 없는 탐구학습을 하도록 하고 있다. 본 연구는 문법 교육 가운데 담화문법을 탐구 학습으로 학습할 수 있는 방안을 모색하는 데 목적이 있었다. 먼저, 담화가 교육과정에서는 매우 혼란된 개념으로 쓰이고 있음을 알아보았다. 담화자료를 채집-채록-전사하는 활동 과정을 강조하였고, 전사한 자료를 학습자 스스로 분석하는 활동을 하도록 하였다. 그러한 활동은 모둠 활동을 통해 이루어지도록 하였다. 평가도 과정중심으로 활동 과정을 평가하는 수행평가를 하도록 하였다.

담화문법 교육이 탐구활동으로 이루어져야 하는 타당함을 제시했다. 그 다음 담화문법을 탐구학습을 통해 학습하는 방안을 다소 거칠게나마 제시하였다. 다소 현실과 동떨어질 수 있는 방안일 수도 있다. 그러나 언젠가 우리는 이런 방향으로 나아가야 할 것이다.

제4장

발표 교육

학교 학습의 하나로 이루어지는 '말하기'는 일상적인 '대화'와 구분되어야 한다. 교과 내용으로써 '말하기'는 특정한 주제를 중심으로 여러 명의 청자를 대상으로 이루어지게 되며 체계적이고 계획적으로 이루어지는 언어활동이다. 이에 반해서 일상적인 '대화'는 '담화'(discourse)라고도 할 수 있는데 이것은 말할이와 들을이가 말을 서로 주고받기(turn-taking)의 형식을 취하는 것이 일반적이다. 따라서 교과 내용으로서 '말하기'는 일상적인 담화 차원의 말하기가 아니라 계획적이고 체계적인 교육의 한 부면으로서 말하기를 말한다. 이처럼 언어 교육 차원에서 '말하기'를 논의하기 위해서는 말하는 장소와 말할 대상 즉, 주제 그리고 들을이의 대상 등이 고려되어야 한다. 또한 '말하기'지도의 영역으로서 교사의 지도와 평가 그리고 방법이 뒤따르지 않을 수 없다. 언어 교육으로서 말하기는 다시 크게 많은 학생 앞에 나가서 말하는 '발표형식 말하기'와 교사의 물음에 학생의 자리에서 간단하게 발표하는 '대답형식 말하기'로 나눌 수 있다. 이 둘은 엄격히 보면 상당히 다른 점을 발견할 수 있는데 주로 그 특징은 다음과 같다.

    (가) 발표식 말하기

       ① 긴 내용을 발표할 경우

       ② 말하기 시간이 따로 주어진 경우

       ③ 들을이 대상이 학생이 중심일 경우

       ④ 발표 태도와 성량 등 발표에 관한 전반적인 부분을 평가할 경우

(나) 대답식 말하기

　① 짧은 내용을 발표할 경우

　② 말하기 시간이 따로 주어지지 않은 경우

　③ 교사의 물음에 대답하는 경우

　④ 들을 대상이 학생보다 교사일 경우

1. 발표 불안 학생 현상

발표하기를 꺼리는 학생은 일반적으로 예상하는 것보다 훨씬 많다는 것을 알아야 한다. 교사의 물음에 대한 답을 학생이 알고는 있지만 대답할 자신이 없어 넘어가거나 올바로 대답을 못하는 경우, 그리고 교사에게 물어 보아야 할 내용을 그냥 지나쳐 버리는 경우가 현실적으로 매우 많다는 것이다. 학교에서 일어나는 학습의 모형이 학생과 교사의 끊임없는 대화에 의해 발전된다. 따라서 교사는 학생에게 문제를 던져 주어야 하고 학생은 거기에 대답해야 하며, 또 학생은 교사에게 끊임없이 묻고 교사는 학생의 문제에 대해 대답해주는 '질문-대답'의 구조가 학습의 장에서 이루어져야 한다. 이와 같은 '질문-대답'의 구조가 원만하게 이루어지기 위해서는 학생의 발표력이 신장되지 않으면 안 된다. 교사가 질문한 내용을 학생이 아무리 잘 알고 있다고 하더라도 학생이 대답하지 않거나 학생이 모르는 학습 내용을 교사에게 질문하지 않고 그냥 지나친다면 올바른 학습은 이루어질 수가 없다. 이러한 차원에서 학습과정에서 학생이 원만하게 질문하고 대답할 수 있는 힘을 길러 주는 것이 무엇보다도 중요한 것이다. 그런데 지금까지 말하기 교육에서 우리가 주목해왔던 것은 학생이 어떠한 내용을 발표하고 어떤 태도로 발표하는가 하는 것이었다. 그러나 그러한 발표 내용의 문제는 먼저 학생이 자신있게 발표할 수 있는 능력을 전제한 것이라고 볼 수 있다. 학생이 아무리 훌륭한 내용을 가지고 있다고 하더라도 다른 학생 앞에서 발표할 수 있는 능력이 없다면 그것은 올바른 발표라고 할 수 없다. 따라서 학습 과정의 하나로 이루어지는 '말하기'에서 선행되어야 할 것은 학생이 스스로 질문하고 대답할 수 있는 능력을 키워주는 것이라고 하겠다.

필자의 간단한 조사(1979년 8월 25일, 진주경사대 부속 중2학년 57명)를 보면 다음과 같다.

질문1: 나는 수업 시간에 발표를 잘한다고 생각한다.

    A: 그렇다 ·························· 7명(43%)

    B: 보통이다 ·························· 10명(18%)

    C: 그렇지 않다 ·························· 40명(70%)

질문2: 나는 선생님의 질문에 대한 답을 알고 있으나 그냥 지나치는 경우가 있다.

    A: 그렇다 ·························· 34명(60%)

    B: 가끔 그렇다 ·························· 13명(23%)

    C: 그렇지 않다 ·························· 10명(17%)

질문3: 나는 수업시간에 모르는 것이 있으면 선생님에게 질문을

    A: 곧바로 한다 ·························· 5명(8%)

    B: 가끔한다 ·························· 9명(17%)

    C: 하지 않는다 ·························· 45명(76%)

질문4: 학생이 발표하기를 꺼리는 이유가 무엇이라고 생각하는가?

    A: 틀릴까 두려워서 ·························· 22명(39%)

    B: 그저 자신이 없어서 ·························· 29명(51%)

    C: 그 외 ·························· 6명(10%)

질문5: 학생은 일주일 동안 전체 학습시간에서 발표를 몇 번 한다고 생각하는가?

    A: 한 번도 안함 ·························· 23명(40%)

    B: 1--3번 ·························· 24명(42%)

    C: 4--5번 ·························· 7명(12%)

    D: 6이상 ·························· 3명(5%)

질문6: 학생이 발표할 때가 되면 어떠해지는가?

    A: 약간 떨리는 정도다 ·························· 7명(12%)

    B: 가슴이 두근거리고 떨리는 정도다 ·························· 18명(32%)

    C: 가슴이 두근거리고 낯이 붉어지면서 자신이 없어진다 ········· 27명(47%)

D: 도저히 발표할 수 없을 정도로 흥분된다 ····························· 5명(9%)

우리는 위의 간단한 조사에서 몇 가지 사실을 발견할 수 있는데 그 가운데 하나가 실제 수업에서 학생들의 발표 기회가 매우 적다는 것이다. 위 질문 5에서 일주일 동안 모든 과목에서 발표를 한 번도 하지 않는다는 학생이 40%정도를 차지하고 세 번까지가 82%라고 하는 것은 발표의 기회가 몇 몇 학생에게 편중되거나 아니면 발표의 기회가 전반적으로 주어지지 않는다는 것이다. 그리고 학생 스스로 발표의 기회를 포기하는 경우도 많다. 학생들이 발표를 꺼리는 중요한 요인 가운데 하나가 심리적인 요인이라는 사실이다. 따라서 학생이 발표를 온전하게 할 수 있는 가장 기본적인 전제가 바로 이러한 심리적인 장애를 제거해주는 일이다. 아무리 학생이 훌륭한 내용을 가지고 있다고 하더라도 학생 스스로 발표할 수 있는 자신감이 없을 경우는 결코 발표(표현)할 수 없게 된다.

2. 발표 불안의 요인

2.1. 내적 요인

2.1.1. 고착

학생이 성장하면서 말하기로 인한 어떤 외부적인 충격을 받은 경우 그 심리적인 충격이 무의식에 내재되어 있어 성장 후에도 학생의 발표를 가로막는 장애 요소로 작용한다는 것이다. 프로이드는 이것을 '고착(fixation)'[1]이라고 하면서 이것을 어떤 의식이 성장하면서 새로운 환경에 적응하지 못하고 지난날의 의식에 얽매여 있는 상태라고 말한다. 이러한 현상은 어릴 때 끝이 뾰쪽한 송곳에 충격을 받은 경우 상장 후에도 송곳과 같은 날카로운 물건을 보았을 때 두려움을 갖는 심리적인 현상과 같은 것이다. 이러한 현상은 말더듬이 현상에도

---

1) Hall.C. S.(1954), *(A)primer of freudian psychology*[황문수(1999), 『프로이드심리학입문』, 범우사].

나타나는데 어린이가 심한 좌절이나 생생한 벌(罰) 때문에 기억되는 단어에 의해 그와 유관한 단어를 더듬는 현상이다.

내가 처음 말을 더듬었던 때 또는 적어도 내가 그것을 알아차렸던 맨 처음을 기억한다. 나는 2학년 3째줄 마지막 좌석이었다. 선생임은 나에게 여러 가지 간단한 곱셈 문제를 물었고 나는 말을 더듬거렸다. 그녀는 당황하게 되었고, 그녀가 "좋아, 바보야 2×2는 얼마지?" 그리고 내가 "4(four)"라고 말하지 못하면 보다 간단한 질문을 몇 개 더하였다. 나는 그 숫자를 두려워하게 되었으며, 그 후부터 f가 있는 단어는 모두 두려워하게 되었다.

학생들의 발표 장애의 중요한 심리적 이러한 심리적 고착 상태를 제거하는 방안이 제시되어야 한다.

2.2.2. 지나친 타자화

한 개인 속에는 자기 자신을 중심으로 하여 자기의 생각과 행동을 지배하는 자아(주체적 자아)와 자기 자신보다 다른 사람이나 외부의 사물이나 사건을 중심으로 생각하고 행동하게 하는 자아(객관적 자아)가 있다. 학생이 발표를 꺼리는 것은 학생이 가지고 있는 이 두 자아 가운데 외부를 중심으로 사고하고 행동하는 자아가 자기를 중심으로 행동하는 자아를 억압하기 때문이다. 그래서 자기는 다른 사람과 비교하여 열등감(inferity complex)을 갖게 되고 자신을 부정하는 '자기부정(self negation)'이라는 심리적 현상이 일어나게 되어 발표 자신감이 상실한다는 것이다. 이러한 현상은 인간 행동 발달의 하나인 자기중심적(ego-centric)인 사고에서 타자 중심의 사고와 행동으로 변이되는 과정에서 지나치게 타자 중심의 사고의 결과라고 할 수 있다.

이러한 심리적인 현상은 선천적인 원인과 후천적인 원인이 있겠으나 이 둘 다 심리적 근원은 동일한 것으로 파악된다.[2] 이 경우 내가 이렇게 발표를 하면 선생님과 학생들은

---

2) John, B Carroll(1973), 조명환 뒤침, 『언어와 사고』, 익문사, 109면.

어떻게 생각할까? 만약 내가 잘못 발표를 하면 친구가 나를 비웃지나 않을까? 혹은 선생님이 나를 바보라고 비웃지나 않을까? 하는 생각에 발표를 못하게 된다. 이것은 지나치게 들을이 중심으로 생각했기 때문에 들을이의 생각을 자기 입장으로 지나치게 확대 해석한 결과이다.

2.2. 외적 요인(전영우, 1968)[3]

   ① 발표할 준비가 충분하지 못했을 때
   ② 발표 중에 실수와 결함이 갑자기 나타났을 때
   ③ 듣는이의 태도와 반응이 갑자기 변했을 때
   ④ 발표하는 장소와 듣는 이의 수나 수준이 갑자기 바뀌어 졌을 때
   ⑤ 교사의 태도에 의해 말할이가 불안한 감정을 가질 때

3. 지도 방법

3.1. 불안심리 제거

교사는 발표하기를 꺼리는 학생에게 이미 존재해 있는 불안한 감정을 없애기 위해서는 그 불안한 감정에 대항할 안정된 반작용의 힘(reciprocal inhabition)을 제공하는 것이다. 이 학생 발표의 불안 제거는 학생이 주위의 어떠한 심리적인 장애나 환경적인 장애를 극복할 수 있는 능력이나 환경을 만들어 주는 것이다. 교사는 학생이 발표를 꺼려할 경우 왜 그러한 현상이 나타나는가 하는 근본적인 원인을 면밀히 파악할 필요가 있다. 그리고 난 다음 교사는 그 원인을 적절히 제거해주어야 한다. 따라서 학생의 발표 불안이라는 심리적 요인을 제거하는 일은 거의 전적으로 교사에 의해 달려 있다.

학생이 가지고 있는 발표에 대한 불안은 한 번에 없앨 수는 없다. 체계적인 학습이 계속

---

3) 전영우, 『화법의 원리』, 교육출판사, 1968, 63면.

반복될 때 가능한 것이다. 학생의 발표에 대한 불안 심리를 없애기 위해서는 단계적인 학습이 필요하다. 학생이 느끼는 불안의 정도가 낮은 발표 환경과 발표 내용에서 점진적으로 불안의 정도가 높다고 생각하는 발표 환경과 발표 내용으로 바꾸어 가야 한다.

이를 위해 교사의 지도는 크게 발표 이전의 지도와 발표 후 지도로 나눌 수 있다.

1) 발표 전 지도

① 학생이 가능한 편안한 분위기에서 발표할 수 있도록 최대한 노력을 한다.

이를 위해 교사는 항상 학생에게 부드러운 태도를 취하며 학생의 발표 내용에 대한 경직된 평가의 분위기를 만들지 않도록 한다.

② 한 가지 답을 요구하는 발표거리는 가능한 주지 않도록 한다.

이렇게 함으로써 학생에게는 창조력, 추리력, 비판력 등과 같은 다양한 사고력을 길러줄 수 있게 되며 암기식 학습 방법에서 벗어날 수 있게 된다. 그리고 폭넓게 대답할 수 있는 주제를 제공함으로써 교사는 학생에게 다양한 측면에서 발표 지도를 할 수 있다.

③ 가능한 학생의 이름을 불러 발표하게 한다.

교사가 학생의 이름을 불러 발표시키는 것과 학생의 번호를 불러 발표시키는 것과는 다른 효과를 가져 온다. 교사가 발표 학생의 이름을 불렀을 때 그 학생은 교사의 관심 속에 있음을 알게 되면서 심리적으로 상당히 위안을 갖게 되고 전체적인 분위기에서 긴장감을 가져 올 수게 된다.

④ 학생의 지적 수준에 맞는 발표 주제를 제시해야 한다.

발표는 말할이가 가지고 있는 정보를 들을이에게 표현하는 표현활동의 하나다. 따라서 말할이가 저장하고 있는 정보량과 정보의 질에 따라 발표 내용의 정도가 결정된다. 발표 활동이 원만하게 이루어지기 위해 가장 선행되어야 할 것이 발표 주제 설정이다. 발표자에 맞지 않는 주제를 제시했다면 그 발표 활동은 시작부터 불가능하다. 예컨대, 초등학교 학생에게 자본주의의 장단점을 말하라고는 할 수 없다. 따라서 발표가 성공적으로 이루어지기 위해서는 교사는 항상 학생의 수준에 맞는 발표 주제를 제시하도록 노력해야 하며 또한 그러한 주제 발굴에 노력을 해야 할 것이다.

⑤ 교사는 학생에 골고루 발표의 기회를 제공해야 한다.

말하기와 듣기가 부진한 학생의 원인을 조사나 보고4)에 의하면 도시 학생의 6%, 읍소재 학생의 60%,농어촌학생의 40%가 '급장이나 공부를 잘하는 학생에게만 발표의 기회를 주고 공부를 못하기 때문에 발표의 기회를 주지 않아서'라고 하였다.

학생에게 발표의 기회가 편중되면 학생들 사이에 위화감을 조성할 뿐만 아니라 발표 기회를 빚지 못한 학생은 교사가 자기에게 신념을 갖지 못하고 있다 생각하기 때문에 심리적으로 위축하게 된다. 즉, 열등의식을 가지게 되기 때문에 원만한 발표를 할 수 없는 요인이 된다.

가장 이상적인 발표 학습은 발표를 꺼리거나 발표를 잘 못하는 학생 중심으로 꾸준히 발표를 집중 지도해야 한다. 그러나 현실적으로 수업의 진행상 몇 몇 학생에게 편중되기 쉬운데 가급적 골고루 발표기회를 제공하도록 해야 한다. 발표를 꺼리고 못하는 학생 중심으로 발표를 했을 경우 그들에게 용기를 가지게 될 뿐만 아니라 그 교육적 효과가 가시적으로 나타나는 결과를 가져오게 된다. 다시 말하면 발표하기는 학생의 기회 정도에 따라 그 능력의 변화가 크게 달라진다는 것이다.

⑥ 교사는 학생에게 발표를 강요하지 않도록 해야 하며 스스로 발표할 수 있는 분위기를 마련하도록 해야 한다.

교사가 학생에게 발표를 강요하거나 윽박지를 경우 그 학생은 발표도 하기 전에 미리 겁에 질리거나 심한 강박 관념으로 발표하기를 포기하거나 정상적인 발표를 할 수 없게 된다.

실제 학습 현장에서는 강요하지 않으면 대부분의 학생이 결코 발표하려고 하지 않기 때문에 평가를 함으로써 발표 동기를 부여하는 것도 필요하다.

⑦ 교사는 발표의 종류에 따라 학생에게 대답할 시간을 적절히 조절해야 한다.

교사가 학생에게 주제를 제시하고 질문을 하고 난 뒤 학생에게 발표를 준비할 시간을 얼마나 주어야 할지가 문제가 된다.

학생에게 주어질 발표 준비 시간은 발표의 형태에 따라 달라진다. 일반적으로 교사가 미리 과제를 내어 주고 그 과제를 발표할 경우는 특별히 따로 시간을 줄 필요가 없다. 그리

---

4) 최강렬, "국민학교에 있어서 말하기·듣기 부진 실태에 관한 연구", 경남교육연구, 1971, 113면.

고 교사가 지도한 학습내용을 확인할 경우 깊은 생각을 필요로 하지 않는 단답식 정보일 경우도 특별한 시간을 제공할 필요가 없을 것으로 보인다.

그런데 교사의 질문이나 주제가 많은 사고를 필요로 하는 논리적 문제나 관계성을 따지는 문제 또는 추론이나 예측과 같은 사고력을 필요로 하는 문제일 경우는 반드시 충분한 시간을 학생에게 주어야 한다. 우리의 실제 학습의 모습은 대부분 교사가 질문을 하고 곧바로 대답을 하지 않은 경우 교사는 학생에게 윽박지르고 화를 내는 경우가 많다. 특히 교사가 학생에게 질문을 주고 학생이 대답할 시간을 얼마나 주는가 하는 것은 실제 학습을 담당한 교사는 잘 알고 있다. 교사는 어떤 질문에 대한 해답을 알고 있기 때문에 학생의 머뭇거림은 이해할 수 없을지 모른다. 그러나 교사는 항상 학생의 입장에서 질문하고 대답할 여유를 충분히 제시해야 한다. 학생은 교사의 질문에 대해 많은 고민을 하고 혹시 학생이 발표할 답이 교사의 것과 틀리지나 않을까 하는 두려움과 같은 많은 심리적 갈등 속에서 발표를 한다는 것을 교사는 알아야 한다. 우리가 놀라지 않을 수 없는 것은 대체로 교사가 학생에게 질문을 하고 답을 기다리는 시간은 10초를 넘지 않는다는 사실이다. 짧게는 2-3초 안에 학생의 답변을 기대하기도 한다. 10초 아니 2-3초 안에 학생이 무엇을 생각할 수 있을까? 지금까지 우리의 '질문-대답(Q-A type)' 형태는 '문즉답(問卽答)', 즉 퀴즈식 물음과 답변이다. 그래서 학생은 많은 정보를 백과사전식으로 입력시켰다가 교사의 질문이라는 자극에 의해 거의 자동적으로 출력하는 기계식 정보 입력과 출력의 형태로 되어 있다. 그래서 자연적으로 학생들이 대답하는 내용은 독창적이거나 주관적인 생각일 수가 없다. 나아가 학생은 깊은 생각을 하지 않으려고 하고 빨리 답을 제시하지 못했을 때는 무능한 것으로 판단하게 된다. 교사는 학생에게 적절한 회상 시간과 사고 시간을 주지 않고는 결코 올바른 답변이나 발표를 기대할 수 없다는 것을 알아야 한다. 그런데 학생에게 주어지는 발표 준비 시간도 주제나 교사의 질문의 난이도나 내용에 따라 정도에 따라 달라지기 때문에 교사가 적절하게 조절할 수 있어야 한다. 특히, 즉시 대답을 필요로 하는 단답식 정보가 아니고 주관적으로 생각할 질문이나, 문학 작품을 감상하고 느낌을 말하거나, 관계성(추론, 논리성, 예측, 가정 등)에 관한 내용을 발표할 경우는 다른 경우보다 더 충분한 시간을 학생에게 주어야 한다. 간혹, 교사는 많은 시간을 학생에게 주었다고 생각하지마는 실제 학생에게는 그 시간이 부족하다고 생각할 경우가 대분이다. 따라서 교사는 가능한 학생에게 발표 준비할 시간을 많이 주는 것이 좋다.

⑧ 학생이 가지고 있는 발표에 대한 불안은 한 번에 없앨 수는 없다. 체계적인 학습이 계속 반복될 때 가능한 것이다. 학생의 발표에 대한 불안 심리를 없애기 위해서는 단계적인 학습이 필요하다. 학생이 느끼는 불안의 정도가 낮은 발표 환경과 발표 내용에서 점진적으로 불안의 정도가 높다고 생각하는 발표 환경과 발표 내용으로 바꾸어 가야 한다.

따라서 교사는 학생 개개인의 발표 불안 정도를 개략적으로 알고 있는 것이 좋다. 그래서 교사는 학생에 따라 그 정도가 다를 수 있다. 어떤 학생에게는 가장 초보적인 발표 활동인 책을 읽게 한다거나 자기가 해온 과제를 읽게 하는 것이다. 그 다음 단계로 줄거리가 있는 글을 읽고 그 내용을 그대로 말하게 하는 단계가 있을 것이다. 발표를 잘하는 학생에게는 글감을 통해 자기의 생각을 말하게 하거나 비교하게 하는 등 높은 사고력을 필요로 하는 발표를 하게 한다. 학생 앞에 서기만 해도 떨려 발표를 못하는 발표 불안이 심한 학생에게는 여러 학생 앞에 자주 서게 하는 것도 발표력을 기를 수 있는 방법 가운데 하나가 될 수 있다.

불안의 정도를 표로 작성한 것을 불안계층표(anxiety hierarchy)라고 하는데 다음은 김남성(1976)[5]의 불안계층표(SUD=Subjective Unit of Dicturbance)이다.

항목	SUD
① 친한 친구와 이야기 할 때	10
② 전화를 받을 때	20
③ 품명을 말하고 물건을 살 때	30
④ 식당에서 메뉴를 주문할 때	40
⑤ 자기소개를 할 때	50
⑥ 손위 사람과 대화를 할 때	60
⑦ 역의 창구에서 차표를 살 때	70
⑧ 수업 중 짧은 대답을 지명 받았을 때	80
⑨ 전화를 걸 때	90
⑩ 집회나 토론회에서 자기 의견을 주장할 때	100

---

5) 김남성, 『行動療法』, 培英社, 1976, 124-131면.

이 불안계층표는 말더듬이나 발표력이 부족한 학생에게 사용할 수 있겠는데 그 방법으로 먼저 대상 학생은 마음의 상태를 완전히 이완(弛緩)한 후 불안 계층표의 SUD가 가장 낮은 항목에서 점차 SUD가 높은 항목의 장면을 상상시키고 그것을 반복하는 동안 각 항의 SUD가 0에 이르게 된다. 이것을 탈감(脫感, desensitization)이라고 한다.

2) 발표 후 지도

학생의 발표를 '이치적(二値的)' 평가보다는 '다치적(多値的)' 평가를 해야 한다.

학생이 힘들어 발표를 하고 난 후 교사의 평가가 있게 되는데 학생의 발표에 대한 자신감은 교사의 평가 형태나 태도에 따라 매우 크게 좌우된다. 학생 발표에 대한 교사의 평가가 학생의 심리적인 영향이 매우 크다는 것이다. 지금까지 우리의 발표는 앞에서도 언급이 되었지만 단답식 물음과 단답식 대답으로 이루어지기 때문에 물음이나 주제에 대한 답 또한 한정되어 있을 수밖에 없고 그 답이 '맞음'과 '틀림'이라는 이치적(二値的) 평가가 이루어질 수밖에 없었다.

물음에 대한 대답이 이치적이면 그 사고 또한 이치적 사고로 이행된다. 이치적 사고는 세계를 두 개의 대립하는 세력으로 구분하는 이 경향은 즉 '肯定'과 '否定', '善'과 '惡',그리고 어떤 중립적 입장을 무시하거나 부정하는 것을 사고를 말한다. '이치적 사고'는 주로 정치적 목적으로 정적에 대한 공격용으로 사용되었거나 종교의 선교를 위한 완고한 종교관의 에 의해 주로 유목적적인 사고 형태이다. 다음 예를 보자.[6]

(1) 독일의 전국민은 국가사회당이다. 당원 아닌 소수는 정신병자이거나 환자이다.(1938년 4월 4일 오스트리아 크라켄홀트에서의 아돌프 히틀러의 연설, 뉴욕 타임 1938년 4월 5일 호 인용)

(2) '해일 히틀러'의 인사를 하지 않는 자 혹은 때에 따라 싫어하면서 하는 자는 그가 총통의 반대자이거나 열렬한 반역자인 것을 표시하고 있다.(색스니의 노동전선의 수령들, 1937년 12월 5일)

---

6) Hayakawa. S. I(1958), 김준영(1977), 『意味論』, 민중서관.

그래서 이치적 사고는 투쟁을 불러일으킬 뿐이며 세계를 정확하게 평가하는 능력을 날카롭게 감소시킨다(하야가와)고 하였다. 이치적 사고는 세계를 보는 눈을 편협되게 할 뿐이며 판단의 시각이 좁아지게 된다.

학생 발표에 대한 교사의 이치적 평가는 학생에게 이치적 사고로 길들이게 한다. 그러나 학생의 발표에 대한 다치적 평가는 학생으로 하여금 다치적 사고로 길들이게 한다. 다치적 사고는 우리가 흔히 일상적으로 말하는 '선'과 '악'대신 '대단히 나쁘다', '나쁘다', '나쁘지; 않다', '공평하다', '좋다', '대단히 좋다'와 같이 사물을 두 개의 가치 이상으로 보는 능력을 말한다.

따라서 학생 발표의 평가가 다치적으로 함으로써 학생의 발표를 다양한 측면에서 평가할 수 있고 뿐만 아니라 학생의 장·단점을 두루 평가할 수 있다.

하야가와(Hayakawa)는 회화에서 제일 이익을 얻는 최상의 방법은 다치적 사고의 체계적인 적용을 행하는 것이라고 하였다. 학생이 발표를 잘 할 수 있도록 용기를 주고 힘을 북돋워 주면서 평가하는 방법은 학생의 발표를 정도에 의해 평가하는 것이다.

1) 그렇게 볼 수도 있지만 다른 쪽으로도 생각해 보자.

2) 참 좋은 생각이다.

3) 이런 점은 잘 생각했지만 이런 점은 다시 생각해 보자.

4) …한 생각은 참 좋은 생각인데 선생님이 물은 내용은 …이다. 다시 생각해 보자.

5) 그렇게 생각할 수도 있지만 다른 학생은 어떻게 생각하는지 들어 보고 다시 발표해 보자.

6) 학생의 생각은 선생님도 못한 매우 독창적인 생각이다.

7) 학생의 대답은 선생님이 생각하는 답에 매우 접근했어. …부분을 다시 생각해보자.

    광복 이후 여섯 차례 바뀐 국어과 교육과정 가운데 한결 같이 중요한 내용으로 생각해온 것이 말하기, 듣기, 읽기, 쓰기의 언어 사용 영역이다. 그런데 이제까지 언어 사용 영역이 실제 교육현장에서 과연 얼마나 실현되어 왔던가하는 것에는 국어교육을 담당해왔던 교수자 뿐만 아니라 피교육자였던 학생들마저도 지극히 부정적이라는 데는 이견이 있을 수 없다. 특히, 이 네 영역 가운데 읽기 영역에 우리 국어교육이 지루하게 매달려왔던 것도 누구나 아는 사실이다. 한때 대학논술고사가 생기면서 쓰기(작문) 영역교육이 제자리를 찾는가 싶더니 그것도 어찌된 일인지 슬그머니 사라져 버렸다.[1] 다행히 6차 교육과정에 의해 개편된 교과서에서는 이 언어 사용영역의 교육내용이 이전의 어떤 교과서에서보다도 획기적으로 반영되었다. 그러나 이렇게 개편된 교육내용도 교육의 제도적 장치의 미비로 실제 교육현장에서는 효과적으로 실현되지 못하고 있는 실정이다. 이와 같이 근 반세기 동안 계획과 실제가 끝없이 헛도는 절름발이 교육을 해오면서 실제 중요한 수많은 교육요소를 놓쳐왔는데 그 가운데 하나가 본고에서 논의하고자 하는 '듣기'영역이다.[2] 이 '듣기'교육은 교육현장에서 뿐만 아니라 교육 연구가들에게까지 무관심 속에 있어 왔다. 따라서 듣기 교육의 선행 연구도 거의 찾아보기 힘들 정도다.

---

[1] 대학논술고사는 1986년부터 1987년까지 2년간 시행되다가 평가의 객관성을 유지하기 어렵다고 하는 이유 때문에 사라졌다.

[2] 듣기 교육이 다른 언어사용영역보다 소홀히 되어 왔다는 것은 정책 당국자(교육과정 해설서(1989:145))도 인정을 하고 있다.

그런데 란키(1926)은 인간은 눈뜬 시간의 70% 이상을 의사소통으로 보내는데 그 가운데서 학생들의 하루 동안 언어생활에서 말하기 30%, 듣기 45%, 읽기 16%, 쓰기 9% 정도로 시간을 보낸다고 보고하고 있으며, 휠트도 학생들이 학교의 하루 시간 중에 57.5%를 듣는 시간에 보내고 있다는 보고를[3] 함으로써 우리는 이 '듣기'가 인간의 의사소통에서 얼마나 중요한 것인가를 알 수 있다. 특히 이 '듣기'는 음성언어의 이해 활동이라는 측면에서 소리가 가지고 있는 특수성을 생각할 때 '듣기'야말로 체계적이고 의도적인 교육이 필요한 영역임은 쉽게 알 수 있다. 따라서 본고에서 애써 얻고자하는 바가 이제까지 철저할 만큼 관심밖에 있어 왔던 '듣기' 영역 교육이 다른 어떤 영역보다도 중요하고 시급함을 일깨우는데 있다.

이 글에서는 먼저 국어 교육 차원에서 '듣기'의 뜻넓이를 이해하고 다음 인지 심리학의 이론을 근간 '듣기'의 특성을 살펴본다. 그리고 이를 바탕으로 '듣기'교육의 의의와 그 내용 및 지도 방법을 제시하고자 한다.

1. 듣기의 뜻넓이

국어교육에서 듣기의 뜻넓이는 일반적인 듣기의 뜻넓이와는 다르게 뜻매김 되어야 한다. 왜냐하면 듣기가 교육의 한 대상이기 때문에 그 교육을 효과적, 계획적으로 실시하기 위해서는 전문적이고 세부적인 뜻넓이가 필요하기 때문이다.

우선, 아무리 '들리'는 정보가 있다고 하더라도 들을이가 그 청각 정보를 '들으려'고 하지 않으면 그것은 의미 있는 정보로서의 가치는 상실하게 된다. 따라서 '들린다'는 것이 수동적 청각 활동이라면 '듣는' 것은 능동적이며 의도적 청각활동인 것이다. 그런데 청각 활동의 선행성으로 본다면 '듣는' 행위는 '들리는' 것을 전제로 해야 하기 때문에 '들린다'는 것은 '듣는' 활동보다 앞서게 된다. 예컨대, "어떤 소리가 들리는데 무슨 소리인지 잘 들어봐"라

---

3) 미국 일반시민의 평상시활동에서 듣기가 차지하는 시간이나(Nicholas와 Stevens) 직장인의 직장에서의 언어활동에서 차지하는 듣기시간(Randall와 Regis O.Commer)은 거의 45% 내외를 차지하고 있다는 연구가 있음. 듣기의 중요성은 김경현(1980), 김영순(1989) 참고

고 했을 때 '어떤 소리가 들린다.'는 것은 들을이가 듣기 싫어도 청각감각에 입력되는 지극히 생리적인 현상이고 수동적인 태도인 반면에 '(들리는 그 소리가) 무슨 소리인지 잘 들어라'는 것은 들리는 그 청각정보가 어떤 종류, 의미를 가진 것인지를 인지 활동을 통해 판별해내는 들을이의 의식적 활동이고 능동적인 태도인 것이다. 그리고 "너 내 말 잘 알아듣겠니?"라고 했을 때의 '듣다'는 '이해하다'의 의미로 쓰인 것이다. 따라서 '듣기' 활동은 들을이가 청각정보를 의도적이고 능동적인 사고 활동으로 수용하는 의사소통의 하나임을 알 수 있다.[4)]

또 다른 쪽에서 '듣기'의 뜻넓이를 정리해 보자.

듣기를 1단계 듣기(소리듣기: hearing)와 2단계 듣기(뜻듣기: listening) 그리고 3단계 듣기(판단듣기: listening conprehension)로 나눌 수 있다.[5)]

1단계 듣기는 청각기관에 수용되는 자연계의 모든 소리를 듣는 단계인데 이 단계는 소리의 종류나 소리의 특징을 듣는 감각적 차원의 듣기단계이다. 듣기 교육에서 이 '1단계 듣기'는 음성언어인 입말(oral language)의 음성적인 특징 즉, 발음의 정확성이나 강세, 속도 등에 해당된다. 예컨대,

1) 무슨 소리가 이렇게 시끄럽게 들릴까.

2) 그 소리 참 맑게 들린다.

3) 그 사람 말소리는 크고 분명하다.

---

4) 정보의 이해가 능동적인 인지 과정임을 Lindsay&Norman(1972), 이상태(1979, 1978)에서 밝히고 있다.

5) Taylor(1973)는 일찍이 hearing, listening, auding의 세 단계로 나눈 바 있다. 그리고 김영순(1989:15)은 말소리듣기, 말뜻듣기, 반응하기로 나누고 있다. 또한, H.G.Winddowson(1978:58-61)은 hearing과 listening을 saying과 speaking, talking을 비교해서 다음과 같이 나타내고 있다.

	productive		receptive	
visual	talking			
aural	saying		listening	use
aural	speaking		hearing	usage

'판단듣기'의 용어가 앞의 '소리듣기'나 '뜻듣기'와 일관성이 없는 것 같이 생각되나 우선 잠정적이고 쓰고 더 좋은 용어를 기다림.

와 같은 단계를 '1단계 듣기'라 한다.

2단계 듣기는 들을이가 어떤 청각정보를 '주의해서 듣는 것(attentive hearing)'을 말한다. 그리고 이 2단계 듣기는 1단계 듣기를 통해 수용된 수많은 청각정보 가운데 어떤 한 대상을 선택하여 그 정보의 뜻을 있는 그대로 수용하는 단계이다.

예컨대, 주위에 시끄러운 차소리, 노래 소리, 친구의 잡담 등이 들려오는 상황에서 누가 들을이 자신에 대한 이야기를 하고 있을 때 들을이는 자신에 관한 말소리에 집중한다(listening To). 그런데 들을이는 자기의 감정이나 주관적인 판단을 개입하기 전에 있는 그대로 정보를 많이 정확하게 들으려고 할 때 이를 '2단계 듣기'라고 할 수 있다. 그리고 이 단계는 들을이가 어떤 청각정보를 단순히 '듣고, 무슨 내용인지 알았다'고 하는 수준의 단계인 것이다. 따라서 이 '2단계 듣기'는 들을이가 어떤 정보를 선택하고 수용하는 능동적이고 의도적인 사고활동이 요구되는 '속듣기'의 시작인 것이다.

마지막으로 '3단계 듣기'는 '2단계 듣기'를 통해 선택 수용된 청각정보로 들을이가 이미 저장해 놓은 정보들로 비판하고, 서로 비교하고, 새로운 정보를 추론하는 종합적인 정신활동을 말한다. 다시 말하면, 이 '3단계 듣기'는 '2단계 듣기'를 통해 입력된 객관적 정보를 들을이가 '판단하여 자신의 것(subjectivization)'으로 만드는 단계인 것이다. 따라서 '3단계 듣기'를 '판단듣기'라고 할 수 있다. 만약 듣기가 이 '3단계 듣기'로 올라서지 못하면 들을이는 '2단계듣기'를 통해 선택된 정보를 아무런 변형을 가하지 않고 마치 컴퓨터에 정보 하나를 입력시키는 것과 같다. 그리고 '3단계 듣기'는 들을이가 가지고 있는 사고의 틀6) 이나 정보의 양과 질에 따라 다르게 이루어진다.

따라서 다음과 같은 물음에 해당하는 듣기가 3단계 듣기인 것이다.

1) 그사람 말이 이치에 맞던가.　　　　　　(논리성)

2) 그 사람 생각을 듣고 너 생각은 어떠한가.　(비교)

3) 그 사람이 왜 그런 말을 했을까.　　　　　(추론)

4) 그 사람 말을 듣고 너가 깨친 것이 무엇인가.　(새로운 앎)

---

6) 사고의 틀을 인지심리학에서는 스키마(schema)라고 하며 인지심리학자들은 이 스키마의 모습을 밝히는 일이 그들의 중요한 연구 대상이 되고 있다. 스키마에 대한 해설은 노명완(1988) 참고

그런데 앞에서 나눈 세 단계의 듣기에서 1단계를 '겉듣기'라고 한다면 2, 3단계 듣기를 '속듣기'라고 할 수 있다. 그리고 듣기는 1단계 듣기의 감각단계(auditory)에서 3단계 듣기인 '앎(awareness)의 단계'로 나아가게 된다.

마지막으로, 국어 교육과정에서 듣기의 뜻넓이는 어떻게 제시하고 있는가. 교육과정에는 언어사용영역을 다음과 같이 나타내고 있다.

	음성	문자
표현	말하기	쓰기
이해	듣기	읽기

[표 1]

위 [표 1]에 나타난 듣기는 음성언어를 통해 말할이의 정보를 이해하는 활동을 말하고 있다. 여기서 '이해'(conprehension)는 표현 속에 나타난 사상, 의도, 느낌 등 정신적 내용을 알아듣고 자기가 이미 가지고 있는 지식, 인지체계(prior knowledge, schema)의 바탕위에 새로운 지식과 인지체계를 세우는 능동적인 작업(이상태, 1978:156)이라고 할 때 교육과정의 이해로서 듣기는 결국 3단계 듣기를 의미한다고 하겠다.

이상에서 논의한 듣기의 뜻넓이를 정리하면 다음 [표 2]와 같다.

앎단계 (awareness)	3단계 듣기(판단듣기) (listening conprehension)	속듣기	능동적 · 의도적 · 인지적
	2단계 듣기(뜻듣기) (listening)		
감각단계 (auditory)	1단계 듣기(소리듣기) (hearing)	겉듣기(들리기)	수동적 · 본능적 · 감각적

[표 2] 듣기 뜻넓이

2. 듣기의 특성

2.1. 듣기 인지적 과정

듣기과정을 살펴보는 것은 듣기 교육의 원리를 보다 정확하게 제시할 수 있는 바탕을 마련하기 위해서이다.

듣기의 과정은 크게 '겉듣기'와 '속듣기'로 나눌 수 있는데, '겉듣기'는 청각정보가 정보처리 뇌세포에 도달하기까지를 말하며 '속듣기'는 청각정보가 감각정보저장(SIS)과 단기기억(SIM), 장기기억(LTM)에서의 정보처리기능을 말한다.[7]

우선, '겉듣기' 모습을 보면 청각정보는 고막을 진동시키고 이 진동은 염분으로 차인 달팽이 모양의 긴 관인 달팽이관(cochlea)으로 옮겨지게 된다. 이 달팽이관은 세 개의 막으로 되어 있는데 그 막을 기저막이라 한다. 이것은 청각정보 신호의 주파수가 기저막에 있는 약 25,000개의 모세포에 가해지면 그 압력, 긴장으로 세포에 연결된 신경섬유에 신경활동을 일으키고 그 섬유의 전기적 흥분으로 청각신호를 청각신경에 전달하게 된다. 그런데 청각신경 세포에는 주파수의 증감을 담당하는 세포인 주파수 일소검색기(frequency sweep detectors)가 있다. 이 주파수 일소검색기는 들을이가 들으려고 하는 정보의 주파수만 선택하고 다른 주파수는 제거한다는 이론이다. 그런데 들을이가 선택하여 듣고자 하는 청각정보의 주파수가 주위의 다른 소리의 주파수보다 작을 때는 그 청각정보는 결코 들을 수 없는 정보가 된다. 일반적으로 피아노의 가장 낮은 음의 주파수는 27.5Hz이고 청각한계 주파수는 16,000~20,000Hz이다. 그리고 인간이 들을 수 있는 음의 강도는 0~200dB이다. 따라서 들을이가 어떤 청각정보를 정상적으로 듣기 위한 가장 본질적인 조건이 먼저, 청각정보를 일차적으로 수용하는 감각기관인 겉귀와 속귀가 정상적인 상태이어야 하고 그 다음 청각정보의 음의 크기(sound intensity)와 주파수(frequency)가 들을 수 있는 소리이어야 한다.

---

7) 정보 이해과정을 정확하게 밝힌다는 것은 거의 불가능할지 모르지만 많은 인지 심리학자나 신경 전문학자들에 의해서 정보 이해과정의 타당한 가설들을 제제시하고 있다. 본고에서도 가설적이기는 하지만 거의 일반적인 기억 과정을 수용하고 있다. 본고는 주로 Lindsay(1972)의 개설적이론을 바탕으로 하고 있다.

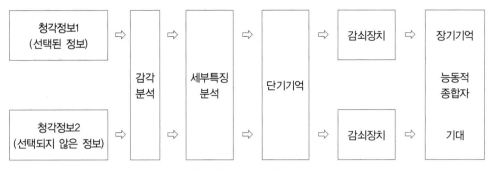

청각정보1 (선택된 정보)	⇨	감각 분석	⇨	세부특징 분석	⇨	단기기억	⇨	감쇠장치	⇨	장기기억 능동적 종합자
청각정보2 (선택되지 않은 정보)	⇨		⇨		⇨		⇨	감쇠장치	⇨	기대

[표 3] 듣기의 인지 과정

일단 '겉듣기'가 이루어지고 나면 다음으로 '속듣기'가 일어나는데, 이 '속듣기'는 들을이의 감각기관에 입력된 수많은 정보 가운데 어떤 것을 선택하고 그 선택된 정보에 대한 이차적인 사고 활동까지를 말한다. 린드세이(1972)는 '속듣기' 과정을 앞 [표 3]과 같이 나타내고 있다.

앞 그림은 청각정보가 장기기억 입력되는 모습을 간단히 내보인 것이다. 먼저 창각기관은 쉴 새 없이 청각정보를 수용하고 그 청각정보의 음성적인 세부특징을 분석한다. 이렇게 통과된 청각정보들은 일단 단기기억장치에 입력되고 이 단기기억장치에서는 장기기억장치에 내장된 능동적 종합자(active synthesizer)에 의해 감쇠장치(attenuator)를 작동하게 되는데 이 감쇠장치는 단기기억에 입력된 청각정보를 장기기억장치에 입력시킬 정보를 선택하게 되고 선택된 정보는 장기기억장치에서 오랫동안 기억하거나 정보를 비교, 처리 판단하고 출력(표현)의 준비도 하게 된다. 한편 단기기억장치에서 선택되지 않은 정보는 감쇠장치에서 정보가 감쇠당하여 그 정보의 대부분이 망각되든지 아니면 일부가 통과되어 능동적처리자(active processor)에 의해 새로운 주의의 대상이 되기도 한다.

들을이는 자기가 들은 언어정보를 어떠한 모습으로 이해할까. 지금까지 인지심리학자들이 밝힌 인간정보처리의 큰 흐름은 인간의 사고틀(schema)에 의해 정보를 표현하고 또한 그 틀에 의해 외적 정보를 처리한다는 것이다. 따라서 그들의 중심된 연구는 자연적으로 인간이 지니고 있는 '사고틀'의 모습을 밝히는 것이 된다. 그리고 그 연구 대상은 어떠한 모습으로든지 인간의 인지틀이 밖으로 표현된 입력정보에 대한 회상문(recall protocol)이 된다. 이 말은 프레드릭슨(1975)이 '글의 구조는 그 글을 만들어 낸 필자의 지식구조의 반영'이라고 한 것과 같은 뜻이다. 따라서 듣기를 통해 입력된 언어정보도 들을이의 인지틀에 의해 각기 달라지게 된다. 그런데 모든 인간이 공통적으로 가지고 있는 언어정보처리의 사고틀은 표현된 모든 언어 정보를 있는 그대로 기억, 이해하지 않는다는 것이다. 즉, 인간은 표현된 언어정보에 첨가, 삭제, 대치, 변형 그리고 재구조화의 가정을 통해서 언어정보를 기억, 이해, 회상한다는 것이다.[8] 또 인간은 표현된 글을 읽거나 남의 말을 들을 때 그 내용을 명제(proposition)의 형태로 기억하고 이해한다는 이론은 거의 보편화되었다. 특히 일상적인 담화는 발음이 분명하지 못하거나 담화상황에 의해 많은 옛 정보들이 생략된 형태로 표현된다. 그러나 들을이는 이들 담화내용을 무리 없이 이해하게 되는데 그것은 들을이가 담화 내용을 명제의 형태로 이해하기 때문에 가능하게 된다.

　다음 장에서 듣기를 읽기와 비교하면서 그 특징을 간단히 제시한다.

2.2. 듣기와 읽기

　우리는 듣기원리를 이해하기 위해 앞에서 청각정보의 처리과정이 가진 특징을 이해했다. 여기서는 듣기의 특징을 읽기와 비교하면서 알아보기로 한다.[9] 우선 단기기억 단계까지 청각정보의 특징은 음성 그자체가 순간성을 가지고 있기 때문에 청각정보가 장기기억장치(2차기억)에 입력되는 것도 순간적 특성을 가지고 있다. 이것은 읽기가 단기기억에서 장기기억으로 이동하는 순간 그 정보를 시연(rehearsal)할 수 있는 실제적인 문자가 있다는 것과 다르다. 따라서 청각정보의 수용인 듣기는 시각정보의 수용인 읽기보다 정확하지 않은 정보가 많기 때문에 들을이는 그가 의도하는 정보를 선택하기 위해서 무관 정보를 차단하는 주의가 읽기보다 더 필요할지도 모른다. 그래서 일찍이 소쉬르(1972)도 대부분의 사람에게는 시각적 인상이 청각적 인상보다 더 명료하고 지속적이라고 주장하기도 했다. 그러나 많은 인지심리학자들은 정보 기억에 있어 듣기와 읽기가 어떠한 차이를 보이는 지에 대한 해답은 명쾌하게 밝히지 못한 실정이다. 같은 정보를 읽은 후와 들은 후 회상시험한 결과, 회상의 정도가 명확한 차이를 나타낸다는 주장(그린, 1981; 힐야드와 올슨, 1982 등)이 있으며 그 가운데 힐야드

---

8) 노명완(1988:177)에서 언어정보의 이해과정에 대한 여러 학자들의 이론을 소개하고 있음.
9) 듣기와 읽기에 대한 자세한 차이는 Thomas G.Sticht(1985) 참고.

와 올슨(1978), 뮈셀러(1985) 등은 읽기가 듣기보다 더 정확한 자유회상을 하고, 특히 어려운 텍스트일수록 읽기가 유리한 것으로 보고하고 있다. 그러나 읽기보다 듣기가 잘 회상된다는 보고도 있다(사노미야(1982, 1984), 손다이크(1976)). 그런데 사노미야나 손다이크의 실험은 피험자와 텍스트에 문제가 있었던 것으로 드러났다. 반면에 릭케이트와 스트로너 등의 네 사람이 연구한 보고(1987)에는 피험자의 주된 대화 경험에 따라 듣기와 읽기의 정보기억에 차이가 나는 것으로 보고하고 있다. 즉, 듣기를 주로하는 사람은 듣기를 통한 정보의 기억이 용이하고, 읽기를 주로 한 사람은 읽기를 통한 정보의 기억이 용이하다는 것이다. 따라서 입말(oral)과 글말(written)의 회상에 과정통제(processing control) 차이나 텍스트의 구조적인 요인에 결코 영향을 주지 못한다고 하였다.[10]

우리는 위에 보인 몇 선행연구의 결과들에서 얻을 수 있는 것은 정보의 기억에서 듣기가 읽기보다 간섭(interference) 요인이 더 많을 수 있다는 것이다. 따라서 듣기가 읽기보다 결코 쉬운 것이 아님을 알 수 있고 더구나 듣기도 교육(대화의 주된 경험을 가지게 함)을 통해 듣기의 능력을 향상시킬 수 있다는 것을 알 수 있다.

그리고 언어정보의 이해과정은 듣기와 읽기와 어떻게 다른가는 밝혀지지 않았지만 청각정보의 이해도 시각정보와 마찬가지로 명제(proposition) 형태로 이루어지는 것은 크게 다를 바가 없을 것이다. 그러나 담화의 경험으로 볼 때 듣기 활동은 지극히 상황의존적인 특성을 가지고 있다. 말할이의 담화정보가 말본에 벗어난 불완전한 경우라도 우리는 거의 무리 없이 그 정보를 이해할 수 있는데 그 벗어난 담화말본과 발음은 청각정보가 주어진 상황정보와 소리가 커지고 있는 세기(stress)나 높낮이(intonation)에 의해 기워지게 된다. 이처럼 올바른 듣기는 듣기 활동을 결정하는 중요한 요인인 말할이의 심리적인 상황과 환경적인 상황, 그리고 청각정보의 특징을 잘 이해해야 할 것이다. 다음은 노명완 외(1994)의 듣기 행위와 읽기 행위의 차이에 대한 개략적인 내용이다.

---

10) Gert Rickheit&Hans Stroher 등(1987) 참고.

차 원	듣기(친구와의 대화)	읽기(그림없는 동화책 읽기)
1. 媒體	구두언어	문자언어
2. 相互 作用	상호 작용 있음(청자는 화자가 될 수 있음)	상호 작용 없음(독자는 청자가 될 수 없음)
3. 對象의 分明性	화자와 청자가 분명함. 그러므로 대화의 언어는 특정인과 특정인과특정인 사이의 언어임	필자와 독자는 분명하지 않음. 그러므로 필자는 불특정인을 대상으로 글을 쓰고, 독자는 알지 못하는 사람의 글을 읽음
4. 空間 共有性	화자와 청자가 같은 공간을 점유	화자와 독자의 공간이 다름
5. 時間 共有性	화자와 청자가 같은 시간에 만남	필자와 독자의 언어 행위(스기와 읽기)시간이 다름
6. 指示 對象의 具體性	지시 대상이 구체적. 가시적임.	지시 대상을 볼 수 없음
7. 言語 使用者 區分	누가 말하고 누가 듣는지 명확히 구분 가능	글을 읽으면서 누가 무엇을 하는지 구분하기 어려움

[표 4] 듣기와 읽기의 특성

이상에서 우리는 듣기 활동이 가지는 특징을 읽기와 비교하면서 개략적으로 살펴보았다. 이것을 바탕으로 다음 장에서 듣기 교육의 필요성을 알아보기로 하겠다.

3. 듣기 교육의 의의

이제까지 우리 국어교육에서 듣기 교육이 무시되어 온 가장 중한 까닭은 듣기가 우리의 언어생활에서 얼마나 중요한 것인가를 인식하지 못했기 때문이다. 따라서 이장에서는 듣기 교육이 국어교육에서 얼마나 중요한 것이며 왜 꼭 필요한가를 살펴보겠다.

첫째, 듣기 활동은 인간이 경험하는 의사소통 수단 가운데 가장 일찍 경험하며 또한 가장 많은 시간에 걸쳐 경험하는 의사소통 수단이다.

인간이 태어나면서 가장 먼저 정보를 수용하는 것은 듣기에 의해서인데 이 듣기는 문자를 통해 수용되는 읽기보다는 적어도 5, 6년 사이에 먼저 일어난다. 특히 중요한 것은 음성정보만 수용하는 생후 이 5, 6년 사이의 인간의 기본적인 인지발달이 거의 이루어진다는 것이다. 피아제(1963)는 인지 발달을 크게 네 단계로 나누면서 음성언어생활 단계인 7세(전조작적사고기)까지 감각적인 인지단계를 넘어서 사고력의 폭과 속도가 빠른 속도로 증가된다고 한다. 결국 인간 사고의 틀은 청각정보인 듣기에 의해 이루어진다고 할 만큼 듣기가 중요한 의미를 가진다.

그리고 듣기는 인간의 의사소통 수단 가운데 어떤 다른 기능보다 많은 시간을 차지하고 있다. 대부분의 연구자들은 일반적인 사람이 하루 동안에 듣기를 통해 보내는 시간은 전체 의사소통 시간의 약 45%이상이라고 보고하고 있다. 특히, 우리 교육의 대부분은 강의에 의해서 이루어지고 있기 때문에 자연적으로 학생들은 듣기에 의해서 정보를 수용할 수밖에 없다. 따라서 듣기 활동이 인간의 삶에 지극히 중요하다는 사실은 쉽게 알 수 있다.

둘째, 듣기능력은 듣기 교육에 의해서 향상시킬 수 있다.

이와 같이 의사소통에서 가장 중요한 듣기는 인간이 성장하면서 자연스럽게 이루어지는 것일까. 우리는 일상생활에서 일장적인 담화는 거의 본능적이고 자동적으로 수용되는 것처럼 생각할 수 있는데 그것은 담화 내용이 들을이가 순간적으로 이해할 수 있는 내용이고 그 길이가 대부분 짧아서 쉽게 전체를 기억할 수 있기 때문이지 결코 수동적, 본능적이고 정보의 수용이 이루어지는 것은 아니다. 더구나, 정보의 내용이 함축적이고 전문적이거나 정보 내용의 양이 많을 때는 의도적이고 계획적인 듣기 교육이 아니고서 결코 올바른 정보 수용이 이루어질 수 없다. 이러한 측면에서 브라운은 비판적으로 듣는다는 것이 비판적으로 읽는 것보다 어렵기 때문에 듣기 교육이 필요함을 주장했다. 그리고 듣기 교육의 필요성을 실험적으로 연구한 트리베트(1969)의 연구에서 초등학교 학생의 77.5%가 일련의 듣기 교육을 마친 후 듣기기술이 개선되었다는 보고가 있는가 하면 담화 경험에 의해 듣기가 향상될 수 있다는 릭케이트와 스트로너 외(1987)보고도 듣기 교육의 실효성을 뒷받침하고 있다. 특히, 어떤 청각정보의 차원 높은 이해 과정(비판, 요약, 추리 등)을 위해서는 들을이의 복잡하고 사고활동이 전제되어야 한다는 사실은 앞장에서 이미 살핀 바 있다. 따라서 우리는 수많은 청각정보를 정확하고 효과적으로 수용하기 위해서 듣기 교육은 반드시 필요하고 또 강조하여야 한다.

셋째, 듣기 교육은 다른 언어사용기능을 발달시키는데 바탕이 된다.

스티츠와 제임스(1985)는 입말의 기술(말하기와 듣기)은 글말(읽기) 학습의 바탕이 되고 입말의 향상은 항상 읽기 향상으로 전이된다고 주장했다. 그리고 심영택(1989)은 듣기능력과 학업성취도의 관계를 조사했는데 이 두 관계가 깊은 관계가 있다고 보도했다. 또한, 려증동(1986:223)에서도 듣기를 잘못하는 사람(듣기환자)은 글 읽기에도 뜻잡기를 잘못한다 함으로써 듣기와 읽기가 밀접한 관계에 있음을 주장하고 있다. 굳이 이러한 검증이 아니더라도 듣기가 인간이 가장 먼저, 가장 많이 경험하는 정보수용 수단이기 때문에 말하기, 읽기, 쓰기를 지배하는 사고의 틀은 결정적으로 이 듣기에 의해 좌우 될 수밖에 없다는 것은 쉽게 이해가 된다.

넷째, 듣기 교육은 학습자의 사회적 관계를 원활하게 한다.

듣기 활동이 이루어지기 위해서는 반드시 말할이와 들을이가 전제되어야 한다. 그리고 이 말할이와 들을이 사이는 항상 어떠한 형태로든 사회적인 관계로 얽혀져 있기 마련이다. 따라서 듣기 활동은 말할이와 들을이 사이에 얽혀 있는 사회적 관계를 원활하게 맺어주는 끈의 기능을 한다. 예컨대, 말할이의 정보를 들을이가 설령 알고 있는 것이라고 하더라도 듣는 사람은 말할이와의 사회적인 관계의 의해서 듣기를 계속해야 하거나 듣기태도를 바르게 해야 하는 경우라든가, 또는 사람들이 만나고 헤어질 때 주고받는 인사 말고 같은 사귐담화(phatic communion)[11]를 올바로 들어야 하는 것은 새로운 정보를 얻으려고 하는 듣기가 아니라 인간의 사회적 관계를 올바르게 하기 위한 듣기인 것이다. 이와 같은 의미에서 려증동(1985:2230)에서는 남의 말을 듣지도 않고 그 말을 잘라 버리고 자기말을 꺼집어 내는 사람을 '듣기환자'라 하고 이 듣기환자는 자기만이 달리는 삶이 되어서 매우 위태롭기 때문에 이 듣기환자를 치료하는 연구가 빨리 나오기를 기다린다고 함으로써 듣기 교육의 필요성을 올바른 삶의 차원에서 깨우치고 있다.

결국, 김수업(1985:135)에서 공자가 나이 육십 세가 지나야 남의 말을 순수하게 들을 수

---

11) 언어의 사회적인 상호작용으로서 기능에 대한 논의는 Hudson(1980) 참고 언어 기능의 하나인 사귐담화(phatic communion)는 Malinowski(1923)에서 나온 것인데 이는 Leech(1975:62)에서 사회집단 내부에서 응집력(cohesion)을 유지시켜 주는 기능으로 뜻매김하고 있다.

있도록 귀가 순하게<耳順>되었다는 공자의 고백으로 듣기는 지극히 높은 정신적 수련을 필요로 하는 것이며 나아가 사람을 완전에로 나아가게 하는데 가장 긴요한 일이라고 한 말로 듣기 교육의 중요성을 마무리 할 수 있다.

4. 듣기 교육의 실태

이제까지 우리는 국어교육에서 듣기 교육의 어떤 다른 영역의 교육보다 중요하다는 사실을 알았다. 그러면 이렇게 중요한 듣기 교육이 우리 교육현장에서 과연 어떻게 실현되어 왔는지 살펴보자.

교육의 실태를 파악하는 방법에는 여러 가지가 있을 수 있지마는 우선 교과교육의 방향과 내용을 제시한 교육과정과 그 교육과정을 현장에서 실현하도록 만든 교과서를 분석하는 일이 무엇보다도 기본이 될 것이다.

우리의 교육과정은 초등학교와 중학교(6년제)는 미군정기에 제정한 교수요목(1946)에서부터 5차 교육과정까지 일곱 차례 바뀌었고 고등학교는 1차 교육과정(1955)까지 여섯 차례 바뀌어 왔다. 그런데 교수요목의 초등학교 국어 교수사항의 내용에는 읽기, 말하기, 듣기, 짓기, 쓰기로 되어 있는데 중학교과정에는 읽기, 말하기, 짓기, 쓰기, 문법, 국문학사 등으로 듣기는 아예 빠져 버리고 말하기도 실제 시간은 배정하지 않았으며 더욱이 이 말하기와 듣기 영역은 우리 국어교육의 관심 밖으로 밀려나기 시작했다고 하겠다.

그 뒤 듣기 교육 영역은 1차 교육과정(1955)부터 6차 교육과정(1992)에 이르기까지 시기별, 학교별로 약간의 차이는 있지만 거의 한결같은 내용으로 계속 제시되어 왔다.[12]

본고에서는 초등학교는 '말하기, 듣기'라는 교재로 듣기 교육이 그런대로 실시되고 있다고 판단하였고 중학교의 듣기영역은 이미 김영순(1989)에서 제시되었기 때문에 고등학교를 중심으로 듣기영역을 분석하기로 한다.

---

12) 교육과정에 나타난 말하기, 듣기 내용의 사적 고찰은 윤희원(1988:17-19)에 간략하게 소개하고 있다.

<교과목표>

(2) 말의 내용을 바르게 이해하고, 그 내용이 정확하고 효과적으로 표현되었는지 판단하게
된다.

<내용>

1) 의사소통 행위로서 듣기의 특성을 이해한다.

2) 주제를 파악하고 화제의 주요 내용을 간추리며 듣는다.

3) 화제의 내용이 효과적으로 선정 조직되었는지 판단하며 듣는다.

4) 말하는 이의 의도나 목적을 파악하며 듣는다.

5) 사실과 의견, 구체적인 예와 일반적인 명제를 구분하며 듣는다.

6) 의견, 주장, 느낌의 이유나 근거가 타당한지 판단하며 듣는다.

7) 최선의 결론에 이르도록 여러 삶의 의견을 종합하며 듣는다.

<지도상의 유의점>

2) '듣기' 지도에서는 듣기 활동의 능동적인 참여 듣는 내용의 이해, 기억, 종합, 요약 그리고
비판적인 듣기 기능 신장 등이 고루 지도되어야 한다.

<평가상의 유의점>

듣기 평가에서는 들은 내용의 전반적인 이해, 중요 사항의 기억, 비판적 측면을 평가하되
특히 내용의 이해와 비판적 평가에 중점을 둔다.

그러면 위의 교육과정 내용이 교과서에서 얼마나 반영되었는지 고등학교 국어 교과서
상, 하에 나타난 말하기, 듣기 영역을 분석해 보자.

고등학교 교육과정에서 듣기영역도 초등학교나 중학교의 교육과정과 마찬가지로 명백하
게 하나의 독립된 영역으로 분리되어 있음에도 불구하고 교과서에는 초등학교에서부터 고
등학교에 이르기까지 모두 말하기와 같은 단원으로 짜여져 있다는 것이 우선 문제가 된다.
왜냐하면 말하기와 듣기는 음성언어의 표현과 이해라는 의사소통의 차원이 분명하게 다른

영역이고 말하기는 말하기대로 듣기는 듣기대로 독자적인 교육이론과 교육내용 그리고 교육방법이 있고, 또 그 나름대로 중요성을 지니고 있기 때문이다. 이것은 문자언어의 표현인 짓기와 그 이해인 읽기가 같은 단원에서 다루어지지 않는 것과 같다고 할 수 있다. 이러한 문제는 지나친다고 하더라도 위 교과서 분석을 통해서 우리 고등학교 국어교육에서 듣기 교육은 거의 실현되고 있지 않다는 사실을 알 수 있다. 설령 몇몇 단원에서 언급은 하고 있지만 교육과정의 내용은 거의 찾아볼 수 없는 지극히 형식적이고 파상적인 것으로 되어 있다. 더구나 듣기영역이 교육현장에서 평가되지 않은 현실에서 듣기 교육이 이루어지기를 기대한다는 것은 거의 불가능하다. 그리고 듣기 교육에 배당된 기준 시간을 보면 중학교는 전체 136시간 가운데 말하기와 듣기가 20여 시간이고 또 거기에 듣기는 3시간만 주어져 있다. 또한 고등학교는 국어(상, 하)의 총 164시간 가운데 말하기, 듣기를 합해서 불과 26시간 으로 다른 영역에 비해 가장 적은 시간을 배당하고 있다. 이와 같은 듣기 교육의 문제는 중학교 듣기 교육을 분석한 김영순(1989)에서도 같이 지적되었다. 그런데 초등학교는 독립된 교과서인 '말하기, 듣기'로 1학년 2학기부터 듣기 교육을 실시하고 있다. 그러나 거기에도 몇 가지 문제를 지적할 수 있는데 우선 듣기를 말하기와 같은 자료로 같은 단원에 제시함으로써 듣기 교육과 말하기교육이 지닌 특징적 교육을 하기 어렵게 되어 있고 또 다른 문제는 듣기 교육의 자료가 반드시 선생님의 이야기나 학생들의 발표에 한정되어 있어 자료가 다양하지 않은 것 같았다. 마지막으로 초등학교에서도 중·고등학교와 마찬가지로 듣기보다 말하기에 훨씬 많은 내용과 시간을 보내고 있다는 것이다(임규홍, 1991).

5. 듣기 교육 방안

이제 실제 듣기 교육의 실제 방안을 알아보자.

우리는 이제까지 국어 교육에서 '듣기'는 있었지만 '듣기 교육'은 없었다고 해도 지나친 말은 아니다. 듣기 교육은 단순히 듣는 활동이 아니라 듣기를 향상시키기 위해 교육목표가 설정되고 그 목표에 이르기 위한 교육내용과 평가가 마련되어야 하는 의도적이고 계획적인 활동인 것이다.

본고에서는 듣기 교육의 방안을 듣기 활동의 과정과 특징을 바탕으로 세 단계로 나누어 제시하고자 한다.

우선 듣기 교육의 단계적인 방안을 제시하기 전에 듣기 활동 전반에 걸쳐 적용이 되어야 하는 듣기 교육의 일반적인 원리 몇 가지를 제한하고자 한다.

5.1. 지도바탕

1. 듣기 교육은 교육자료인 청각정보의 상태와 교육현장 상황이 들을이에게 적절해야 한다.

듣기는 표현된 말소리의 상태와 듣기가 이루어지는 상황의 조건에 따라 크게 좌우 된다. 예컨대, 말하는 사람의 말이 지나치게 작거나 또는 지나치게 클 경우, 아니면 말의 발음이 부정확하여 의미를 분별할 수 없을 경우는 그것은 청각 정보로서의 가치가 없다. 그리고 들을이가 청각 기능에 이상이 있을 때는 들을이는 청각정보를 원만하게 수용할 수 없어 올바른 듣기가 이루어질 수 없다는 뜻이다. 왜냐하면 듣기 교육의 자료인 청각정보는 그것이 표현되자 곧 없어지는 순간성이라는 특성과 다른 청각정보에 의해 쉽게 간섭을 받게 되는 정보의 불안정성이라고 하는 두 특징을 가지고 있기 때문이다.

2. 듣기 교육은 주의력(attention)[13] 교육이 선행되어야 한다.

인간이 청각정보나 시각정보를 기억장치에 입력하기 위해서는 무엇보다도 중요한 것이 주의력 집중이다. 외부로부터 입력되는 수많은 시각정보나 청각정보를 장기기억장치에 입력, 처리하기 위해서는 정보 수용자의 능동적 정보 처리자가 의도한 정보만을 선택하고 그 외의 무관정보는 단기기억 과정의 감쇠장치(attentuator)(트레이스만, 1969)에 의해서 걸러(filter)지게 된다(브로드벤드, 1958; 린드세이, 1972). 따라서 외부로부터 입력된 청각정보가운데 들을이가 선택한 정보를 가능한 정확하고 수많이 수용하기 위해서는 주의력으로 무관정보를 철저하게 차단해야 한다는 이론이다.

---

13) 주의(attention)에 대한 해설은 Arthur.Winfield와 Dennis L.Byrnes(1981) 참고(이관용 · 김기중 · 박태진, 『인간 기억의 심리학』, 법문사).

이 '주의'는 인지 심리학자들에 있어서 중요한 관심의 대상이 되어 오고 있는데 일반적으로 주의 네이서(1967)의 '초점적 주의(focal attention)'를 두고 말하는데 그것은 위그필드와 바이르네(1981)의 '선택적 주의(selective attention)'에 해당된다.

이 '선택적 주의'에 대한 일반적인 보기로 우리는 종종 운전하면서 라디오를 듣거나, 또는 다른 사람과 이야기를 하거나 아니면 주위의 경치를 보기도 한다. 특히 넓고 길이 바른 고속도로에서 운전하는 운전자는 큰 긴장 없이 운전을 하게 된다. 그러나 운전자 앞에 고장 난 차가 있다든가 예기치 않은 일이 발생했을 때는 운전자는 운전하는 것 이외 모든 대화나 듣기 그리고 보는 정보 소통은 완전하게 단절되고 선택된 정보에만 주의가 집중된다. 그리고 또 다른 보편적인 예로 칵테일파티에서 사람들은 보다 중요하고 재미있는 대화에 온갖 주의를 집중하기 위해 들을이는 그들의 대화를 쉽게 중단하거나 다른 대화는 단절하는 경우를 들 수 있다. 이와 같이 정보수용자(청각정보, 시각정보)가 어떤 정보를 수용하기 위해 의도적으로 주의를 집중하는 것을 '선택적 주의'라고 한다. 특히 듣기 활동에서 주의력은 읽기활동보다 더 요구된다. 그것은 들을이가 듣는 소리는 표현되자마자 그 실체가 사라지고 따라서 정보를 재인(recognition)할 수 없기 때문이고 또 듣기 활동은 들을이의 의지와 무관하게 수많은 청각정보가 단기기억장치까지 수용이 됨으로써 선택정보는 선택되지 않은 정보에 의해 간섭 받게 될 가능성이 그만큼 크기 때문이다. 따라서 어떠한 경우라도 주의집중이 없이는 결코 듣기가 이루어질 수 없다는 것을 생각할 때 듣기 교육에서 주의력을 길러주는 일이 얼마나 중요한 일인가를 알 수 있다. 그리고 이 주의력(집중력)은 연령에 따라 다르고 사람에 따라 각기 다르다. 특히 듣기 교육에서 이 주의력을 강조하는 것은 듣기 교육에 의해서 이 주의력이 길러질 수 있기 때문이다.

3. 듣기 교육은 말하기, 읽기, 짓기활동과 같이 이루어져야 한다.

들을이가 받아들이는 청각정보는 말할이의 말일 수도 있고 쓰여진 글을 읽어 주는 것(읽기)일 수도 있다. 그리고 들을이가 듣고 처리한 정보를 글로 표현하게(짓기) 하고 또 발표하게(말하기) 하는 활동이 한 마당에서 이루어져야 한다. 그러나 듣기 교육에서 교육의 초점은 듣기에 있다고 다른 활동은 듣기 교육을 동원된 수단이라는 것을 놓치지 말아야 할 것이다.

따라서 듣기 교육 활동을 다음 [표 6]과 같이 나타낼 수 있다.

| 말하기 | ⇨ | | ⇨ | 읽기 |
| 말하기 | ⇨ | 듣기 | ⇨ | 쓰기 |

[표 6] 듣기와 언어사용영역 관계

4. 듣기 교육은 소리듣기, 뜻듣기, 판단듣기 영역을 중심으로 단계별로 이루어져야 한다. 그러나 마지막 이르는 곳은 판단듣기 단계이어야 한다. 인간이 듣기 활동을 하는 궁극적인 목표가 표현된 청각정보를 온전하게 수용함으로써 '자기의 앎'으로 만드는 것이라고 한다면 소리듣기나 뜻듣기는 판단듣기의 한 과정에 불과하다. 또한 거꾸로 소리듣기나 뜻듣기나 올바르게 이루어지지 않으면 결코 바른 판단듣기를 할 수 없기 때문에 소리듣기나 뜻듣기 단계의 교육이 판단듣기에 선행되어야 하는 것은 당연하다. 특히 소리듣기나 뜻듣기가 듣기의 뜻넓이로 나뉘어지고 또 그 단계별로 교육내용이나 방법이 있기 때문에 단계별로 교육할 수가 있다. 그런데 각 영역은 모든 학급에서 단계별 반복순환적 위계형태(repeated cyclic hierarchy)[14]로 지도되어야 한다는 것이 중요하다.

5.2. 영역별 지도내용

우리는 앞에서 듣기영역을 듣기 활동의 과정을 중심으로 소리듣기, 뜻듣기, 판단듣기로 나눈 바 있다. 듣기 교육에서 다루어 할 각 영역별 내용을 정리해 본다.

1) 소리듣기 지도내용
  가) 다양한 소리들을 듣고 그 간운데 특정한 소리를 구별해 낸다.
  나) 다양한 소리들을 듣고 그 소리들의 특징을 알게 한다.
  다) 말소리를 듣고 발음의 정확성을 안다.
  라) 말소리를 듣고 그 말소리의 특징을 안다(크기, 표준말의 정도, 어조 군소리, 쉼의 모습 등).

---

14) 노명완(1988:50) 참고.

2) 뜻듣기 지도내용

　가) 들은 내용을 기억한다.

　나) 들은 내용을 요약한다.

　다) 들은 내용을 주제를 안다.

　라) 들은 내용을 핵심어를 안다.

　마) 들은 내용을 사실과 의견을 구분한다.

　바) 여러 사람의 말을 비교한다.

3) 판단듣기 지도내용

　가) 말하는 이의 의도, 목적을 판단한다.

　나) 들은 내용이 인과관계에 타당한지 안다.

　다) 들은 내용으로 새로운 사실을 추리한다.

　라) 들은 내용이 논리적인지를 판단한다.

　마) 들은 내용에 사용한 예가 적절한 것인지를 판단한다.

　바) 여러 사람과 말을 서로 비교하고 더 나은 것을 판단해 낸다.

　사) 들은 내용과 자기의 생각을 비교하여 새 정보를 안다.

　아) 말하는 내용이 상황에 적절한 것인지를 판단한다.

4) 듣기태도 지도내용

　가) 바른 자세, 자연스러운 인상으로 듣는다.

　나) 끝까지 말을 듣는다.

　다) 상대의 말 하나 하나가 가치롭다고 생각하면서 듣는다.

5.3. 지도 실제

　듣기 교육이 실질적으로 이루어지기 위해서는 이 듣기 교육이 체계적이고 집중적으로 계획되고 실시되어야 한다. 현재 초등학교 과정에서는 듣기 교육을 '말하기, 듣기'라는 독립된 교재를 통하여 애써 가르치려는 노력이 엿보이는 것은 그런대로 다행스럽다. 그러나 그 교재가 말하기와 듣기가 같은 단원으로 짜여져 있어서 말하기와 듣기의 영역별 특징을 집중적이고 체계적으로 지도하기에는 많은 어려움이 있을 것으로 생각된다. 다시 말하면, 듣기가 일반적으로 말하기와 동시에 일어나는 언어활동이라고 해서 듣기 교육이 반드시 말하기교육과 동시에 실시되어야 한다는 것은 아니다. 말하기는 듣기 교육을 위한 하나의 수단이고 거꾸로 듣기는 말하기 교육을 위한 하나의 수단에 불과하다. 따라서 각 영역의 교육에서는 그 교육의 목표를 위해서 나아가야 한다는 것이다.

듣기 지도의 실제를 다음과 같이 세 단계로 제시할 수 있다.

1단계지도: 저학년	2단계지도: 중학년	3단계지도: 고학년
소리듣기 〉 뜻듣기 〉 판단듣기	뜻듣기 〉 판단듣기 〉 소리듣기	판단듣기 〉 뜻듣기 〉 소리듣기

그런데 이 단계는 반복 순환위계의 원리에 의해서 위에 제시한 듣기 지도의 영역별 지도 내용을 학교급에 따라 구분한 것이다. 1단계는 소리듣기를 중심으로 하고 그 다음으로 뜻듣기와 판단듣기의 순서로 지도내용이 제시되어야 한다. 그리고 제2단계는 뜻듣기가 중심이 되고 판단듣기, 소리듣기, 순으로 지도내용이 제시되며, 제3단계는 판단듣기가 중심이 되고 뜻듣기, 소리듣기 순으로 지도내용이 짜여져야 한다. 그런데 각 단계별 내용 수준은 3단계로 갈수록 복잡하고 어려운 자료들로 되어야 한다. 이를 다음과 같이 나타낼 수 있다.

(1) 1단계 듣기 지도(소리듣기 중심단계)

1) 소리듣기

  방법1. 학생들이 밖에서 들은 모든 소리를 발표하게 한다.

  방법2. 교향악에서 악기의 소리를 구별하게 한다.

  방법3. 여러 동물들의 소리를 같이 듣게 하고 어떤 동물들이 있는지 알아보게 한다.

  방법4. 기차소리, 말굽소리, 바람소리, 비행기소리, 등의 자연에서 들을 수 있는 다양한 소리들을 같이 들려주고 어떤 것이 있는지 알아본다.

  방법5. 말듣고 따라 적게 한다.(낱말 —— 마디 —— 월)

  방법6. 여러 친구들의 말을 듣고 목소리의 특징, 소리의 크기 발음의 특징을 마 하게 한다.

  방법7. 여러 사람들이 함께 말하는 장소(연회석, 주차장, 차 안 등)에서 녹음한 말을 정확하게 듣게 한다.

2) 뜻듣기

　방법1. 앞사람의 말을 그대로 다음 사람에게 이어주게 한다.

　방법2. 짧고 재미있는 이야기를 듣고(전화내용) 다른 사람에게 다시 이야기하게 하거나
　　　　적어보게 한다.

　방법3. 간단하게 묘사한 글(동시)을 듣고 그림을 그리게 한다.

　방법4. 간단한 이야기를 듣고 내용과 같은 그림에 연결하게 한다.

3) 판단듣기

　방법1. 인과관계가 있는 간단한 월을 듣고 인과관계가 타당한지 알아 본다.

　방법2. 남의 말을 듣고 자기 생각과 비교하게 한다.

　방법3. 말하는 의도, 목적을 판단하게 한다.

(2) 2단계 듣기 지도(뜻듣기 중심단계)

1) 소리듣기

　방법1. 여러 소리를 듣고 특징을 알게 한다.

　방법2. 여러 말소리를 듣고 정확한 발음, 표준말, 목소리의 특징 등을 자세하게 알게 한다.

　방법3. 월 수준의 말을 듣고 월 그대로 적게 한다.

2) 뜻듣기

　방법1. 이야기를 듣고 내용을 요약하게 한다.

　방법2. 친구집의 위치를 듣고 약도를 그려 보게 한다.

　방법3. 무질서하게 섞어 놓은 간단한 전기를 듣고 바르게 다시 정리하게 한다.

　방법4. 이야기를 듣고 그대로 다른 사람에게 전하게 한다.

　방법5. 묘사한 내용의 말을 듣고(동시, 시) 그림을 그리게 한다.

　방법6. 제시문을 읽어 주고 내용을 묻는 문제에 답하게 한다.

　방법7. 들은 내용에서 사실과 의견을 구분하게 한다.

　방법8. 내용과 관계없는 예를 든 말을 듣게 하고 그것을 찾아내게 한다.

3) 판단듣기

　　방법1. 말하는 이의 의도, 목적을 판단하게 한다.

　　방법2. 인과 관계가 타당하지 않은 말을 듣게 하고 그 이유를 알게 한다.

　　방법3. 같은 주제로 말한 두 사람의 말을 듣게 하고 그 차이를 비교하게 한다.

　　방법4. 주장이나 의견을 듣고 그 이유나 근거가 타당한지 알게 한다.

(3) 3단계 듣기 지도(판단듣기중심단계)

1) 소리듣기

　　방법1. 들은 말의 발음이 잘못된 부분을 바로 고쳐 보게 한다.

　　방법2. 여러 사람의 말을 듣고 말소리의 특징을 알아보게 한다.

2) 뜻듣기

　　방법1. 논리적으로 순서를 바꾼 단락을 듣게 하고 바르게 한다.

　　방법2. 논리스런 말을 듣고 그 내용을 요약하고 핵심어를 찾게 한다.

　　방법3. 긴 이야기를 듣고 다른 사람에게 다시 이야기 하게 한다.

　　방법4. 의견과 사실을 구분하면서 듣게 한다.

　　방법5. 앞, 뒤의 논리가 맞지 않은 말을 듣게 하고 그것을 찾아내게 한다.

3) 판단듣기

　　방법1. 긴 이야기를 듣고 말하는 이의 목적과 의도를 알게 한다.

　　방법2. 말을 듣고 논리에 타당한가 따져 본다.

　　방법3. 논리스런 말(자료에 제공하는 제시문)을 듣고 표현되지 않은 정보를 추론하게 한다.

　　방법4. 서론, 본론 부분을 듣고 결론을 유도하게 한다.(거꾸로 할 수도 있음)

　　방법5. 주장이나 의견을 듣고 근거나 이유가 타당한지를 알게 한다.

　　방법6. 이야기를 듣고 주인공의 성격을 알게 한다.

　　방법7. 인과관계가 잘못된 말을 듣고 서로 비교하여 본다.

　　방법8. 같은 주제로 토론하는 것을 듣고 서로 비교하여 본다.

　　　　　그 다음 자기의 생각을 말하게 한다.

(4) 듣기태도지도

듣기태도는 모든 단계에서 동일하게 지도 되어야 한다. 그 내용은 앞의 듣기 태도 지도의 내용에 제시되어 있다.15)

듣기 지도의 자료: 교사, 학생의 말하기, 녹음기, VTR, 제시자료 읽기 등 청각정보의 모든 것이 될 수 있고 시각정보와 동시에 제시될 수 있다.

5.4. 평가

실질적인 평가 없이는 어떠한 교육도 그 성과를 얻기가 어렵다. 이제까지 이 듣기 교육의 평가는 거의 실현되지 않았다고 해도 지나친 말이 아니다. 그 첫째 이유는 듣기 교육이 아예 체계적, 실질적으로 실현되지 않았기 때문이고 또 다른 이유는 듣기 활동 자체가 객관적이고 효과적으로 평가하기에 많은 어려운 특징을 가지고 있기 때문에 아예 듣기평가에 대한 시도를 포기한 것이 아닌가 한다.16) 그러나 본고에서 지금까지 개략적으로 제시해 온 듣기 교육의 내용과 방안을 생각한다면 듣기 교육의 평가도 충분히 객관적이고 효율적으로 실시될 수 있다고 확신한다.

우선, 듣기 교육에서 가장 중요하다고 생각되는 것은 듣기 교육이 체계적으로 실시되어야 한다는 것이다. 어떤 교육이든지 체계적인 교육내용과 교육목표가 정해져야 그 평가도

---

15) Nichols(1952:105)에 제시한 듣기의 10가지 나쁜 태도를 간추려 본다.
　1) 자신에게 어떤 가치를 주는 지 분석하기 전에 주제를 비난하는 것.
　2) 메시지에 주의 집중을 하지 않고 전달방법을 비난하는 것.
　3) 결론부터 먼저 준비하는 태도
　4) 사실만을 위하여 듣는 것.
　5) 말의 속도보다 생각의 속도가 빠른 것.
　6) 주의산만을 참거나 만드는 것.
　7) 말하는 이에게 관심을 위장하는 것.
　8) 개인적인 선입관이나 뿌리깊은 신념으로 듣는 것.
　9) 어려운 설명적인 자료 때문에 듣기를 포기하는 것.
　10) 교육적인 상황 속에서 무조건 노트를 만들려고 하는 것.
16) 듣기평가가 다른 어떤 영역보다 어렵다고 하는 것은 국어과 각 영역의 지도 방법 및 평가방법에서 어려움을 겪고 있다고 반응한 교사의 비율을 조사한 노명완(1986)을 보면 말하기, 듣기가 57.0% 독해가 13.1%, 문법 9.2%, 작문 22.4%, 문학지식 18.6%, 문학감상 37.6%로 나타난 것을 보더라도 듣기평가가 얼마나 어려운가를 알 수 있다.

자연스럽게 그 교육내용과 교육목표에 따라 이루어지게 된다.

그리고 듣기평가에서 또 하나 중요한 것은 듣기평가는 들은 결과를 드러낼 수 있는 방법은 당연히 말하기와 짓기에 의존할 수밖에 없다. 그렇다고 하더라도 듣기 교육의 평가는 들을이가 청각정보를 어떻게 듣고 어떻게 문제를 해결했는가에 평가의 초점을 두어야지 들은 내용을 어떻게 표현했는가 하는 표현의 평가와 혼돈해서는 안 된다는 것이다. 예컨대, 어떤 학생은 복잡한 정보를 듣고 그 내용을 말하는이의 의도를 정확하게 파악하고 잘못된 점을 정확하게 알아냈는데도 불구하고 그 표현이 매우 서툴 경우가 있을 수 있다. 이때 표현능력의 평가는 좋지 않을 지라도 듣기능력은 좋게 평가되어야 한다는 것이다.

또한, 듣기평가는 듣기 지도의 세 단계를 기준으로 실시하는 것이 지도 내용과 일치되어 보다 효율적이고 합리적이다. 더불어 단계별로 평가의 비중이 달라지게 되어 1단계듣기에서는 소리듣기중심으로 평가 되어야 하고, 2, 3단계에서는 각각 뜻듣기, 판단듣기 중심으로 평가되어 점수 비율도 그에 따라 달라지게 될 것이다.

마지막으로 듣기평가는 평가 문제지에 의해서 충분히 객관적으로 실시될 수 있다. 예문의 형태만 청각정보로 제시하여 듣게 하고 문제지에 청각정보에 관한 다양한 물음을 물을 수 있다. 고등학교 수준의 예를 들면,

<듣기평가>

1) 다음 연설을 잘 듣고 논리적으로 잘못된 부분을 찾아 쓰라.

2) 다음 내용을 잘 듣고 그 내용을 200자 안밖으로 적으라

3) 다음 두 사람의 대담을 잘 듣고 서로 비교하고 자기의 생각을 쓰라.

4) 다음 이야기를 잘 듣고 물음에 답하라.(내용의 기억, 감상, 추리 등)

5) 다음은 선거연설의 하나다. 잘 듣고 사투리, 발음이 잘못된 것, 말법이 잘못된 것을 적으라.

6) 다음 토론을 잘 듣고 서로 비교하고 합당한 결론을 적어 보자.

등과 같은 종류로 될 수 있는데 이와 다른 더욱 다양하고 알찬 내용의 문제를 만들 수 있을 것이다. 이러한 평가문제를 만들 때 가장 중요한 것은 물음을 미리 제시해야 한다는 것이다. 길고 복잡한 청각정보는 읽기처럼 재인할 수 없기 때문에 한 번에 여러 가지 문제를 해결할

수 없다. 특히, 판단듣기와 같이 많은 사고를 필요로 하는 경우는 더욱 그렇다.

그리고 듣기의 기능을 종합적으로 평가하기 위해서 평가기준표도 만들 수 있을 것이다.17)
그런데 듣기 평가는 말하기 평가와 구별 되어야 하기 때문에 진정한 듣기 평가만 객관적으
로 실시되기 위해서는 다양한 질문지에 답하게 하거나 글로 표현하게 하는 방법도 말하기
이상으로 훌륭한 방법이 될 수 있다. 따라서 듣기 평가표도 단순히 말하기로 이루어진 평가
표가 아니어야 한다.

---

17) 듣기평가표는 김영순(1989:56-58)과 강성도(1988:34)에서 제시된 바가 있다. 그런데 강성도는 '말하기,
   듣기 평가표'를 같이 제시함으로써 말하기와 듣기의 평가가 분명하지 못하다. 특히 평가가 객관적으로
   이루어지기 어렵게 되어 있다.

제5부

성과 담화

1. 들머리

인간이 언어에 관심을 가지면서 가장 먼저 화두에 올려놓곤 하는 것이 인간의 언어와 동물의 언어(의사소통방법)가 과연 어떤 차이가 있을까? 하는 것이다. 그리고 언어는 인간만이 가질 수 있는 것인가? 아니면 동물도 인간의 언어를 습득할 수 있을까? 하는 언어에 대한 기본적인 궁금증을 가지게 된다. 그런데 지금까지 수많은 학자들에 의해 알려진 바로는 언어는 오직 인간만이 가질 수 있다고 결론짓고 있다. 그렇다면 이제 우리의 관심은 인간만이 가지고 있다고 하는 이 언어가 인간의 두 성(gender)인 남성과 여성 사이에 어떤 차이가 있을까? 하는 것에 모인다. 그리고 만약 차이가 있다면 어떤 차이가 있으며, 왜 그런 차이가 생겨나게 되었을까?하는 관심이다.

이 글에서는 한국어에 나타난 여성의 언어의 특징에 초점을 두고 논의하고자 한다. 여성 언어를 이야기하려면 자연히 그 상대되는 남성언어와 비교하지 않을 수 없다. 따라서 남성 관련 언어와 여성 관련 언어를 비교하면서 글을 전개하고자 한다. 여기서 '여성 언어'라고 하는 뜻넓이가 애매한 점이 있다. 하나는 여성이 '하는 말', 즉 여성 담화의 특성을 말할 수도 있고, 다른 하나는 '여성과 관련된 말'을 의미할 수도 있다. 이 글에서는 이 두 뜻넓이 를 싸안은 것으로 본다.

성에 따른 언어 연구의 역사는 하스(1944)가 연구한 이래로 서양에서는 매우 활발하게 이루어졌다. 특히, 남녀 언어의 차이에 대한 연구는 주로 여성주의(feminism)에 대한 관심을 가지면서 주목을 받게 되었다. 인간의 언어가 일반적으로 남성 중심으로 이루어졌음을 밝히 면서 남성 중심의 사회를 비판하고 여성의 권익이나 여성 차별적인 문화를 개선하려는 사회언어학적인 측면에서 논의가 이루어졌다. 그러나 성에 따른 언어 연구가 단순히 이러한 여성주의 측면에서 연구한 것보다 남성과 여성의 인지적 본질이나 특징을 언어를 통해서 밝혀내려는 데도 큰 의의가 있다고 볼 수 있다. 우리나라에서도 여성어에 대한 연구는 1960년대부터 이루어졌다.[1] 그 이후 여러 연구자들에 의해 연구되었지만 서양의 연구 결과와 크게 다른 점은 발견하기 어렵고 우리 문화와 관련지어 논의된 것은 의미가 있다고 보인다. 특히, 일찍이 숙명여대 아세아 여성문제 연구소에서 집중 연구한 것들이 눈에 뜨인다.[2] 이 글은 우리말 속에서 여성어에 대한 새로운 특징을 발견하고 실험한 것이라기보다 기존의 논의를 중심으로 정리·소개하는 형식으로 전개하려고 한다.

이 글의 순서는 여성의 말소리 특성, 여성과 표준어 선호도, 여성 지칭어, 여성이 많이 사용하는 어휘와 문장, 담화상에서 나타나는 여성언어의 특성 그리고 여성 말에 대한 우리 사회의 전통적인 규범을 알아보는 순서로 되어 있다.

2. 말소리

남성과 여성의 말에 음성적 차이가 있을까? 우선 소리결에서부터 남성과 여성이 서로 다를 것이라는 것은 누구나 쉽게 알 수 있다. 성대 구조가 남성과 여성이 서로 다르다. 남성은 후두가 여성보다 크기 때문에 소리가 굵고 낮게 나온다. 남성의 평균 음역은 120Hz, 여성은 225Hz, 아동은 265Hz라고 한다. 수치가 낮을수록 저음이고 높을수록 고음이다. 여성의 성향이 가볍고 약하게 보이는 것도 목소리가 가늘고 약하고 고음이라는 점에서도 관련이 있어 보인다. 일반적으로 남자도 목소리가 굵은 사람인가, 가늘고 맑은 사람인가에 따라 성격이나 대인관계의 적극성이 다르게 나타난다. 목소리가 크면서 굵고 저음인 사람은 적극적이면서 외향적인 경우가 많고, 반대로 목소리가 작으면서 가늘고 고음인 사람은 대체로 소극적이고 내성적인 사람이 많다. 이것은 결국 여성의 목소리도 작고 가늘며 고음이기 때문에 여성이 내성적이며 수동적이고 덜 활동적이라고 생각하게 된다. 그리고 말의 속도에

---

1) 유창돈(1966)에서 '여성어'란 용어로 본격 연구된 것으로 보인다.
2) 우리나라 여성어 연구사와 여성어의 특징에 대한 개괄적인 논의는 민현식(1995)에서 참고할 수 있음.

서는 여성의 말이 남성의 말보다 대체로 빠르다. 말이 빠르다는 것은 언어의 유창성과도 관련이 있다. 그리고 음운적으로 재미있는 것은 동시베리아의 추크치(chukchi)어에서는 남자가 [ʧ], [r]을 내는 곳에 여자는 [ʃ]로 발음한다고 한다.3) 남성과 여성의 음운적인 차이는 성에 따라 발성의 차이보다 여성이 남성보다 표준 발음을 선호한다는 것 이외 특별한 음운론적 차이는 발견하기 어렵다.

성조는 남성과 여성이 어떻게 다를까?

여성의 평서법 종결 억양을 상승조로 사용한다는 것이 일반적인 주장이다. 이 점은 우리 말이나 영어와 비슷한 점이다. 레이코프(1975:17)는 이처럼 평서법에 상승조 억양이 나타나는 것은 여성의 단정적 확신을 드러내지 않으려는 조심성 때문이라고 하면서 이러한 현상은 여성으로 하여금 단호한 결정을 내릴 줄 모르며 자신감도 없는 존재로 비치게 된다고 하였다. 에델스키(1979)는 상승어조를 여성적인 것으로 지각하는데 이러한 상승어조를 통해 여성은 남자보다 더 유순하고 더 포근하며 덜 공격적임을 나타낸다고 하였다.

국어에서도 여성의 평서법 억양은 남성과 뚜렷한 차이를 보여 상승 억양을 보인다고 하였다. 문장이 종결되지 않은 접속 어미에서도 상승 억양이 나타난다고 한다.

민현식(1995:37)에서 여성의 상승 억양의 보기를 다음과 같이 들었다.

> (1) 추석 차례상에는↗ 과일이 필요하잖아요↗ 사과도 필요하구↗ 배도 필요하구↗ 또 밤도
> 준비해야죠↗.

위 (1)과 같은 성조는 주로 서울을 중심으로 한 경기방언에서 사용된다. 그러나 이러한 발화가 경상 방언이나 다른 지방 방언에서도 같이 나타나는가 하는 것이 문제이다. 경상 방언을 사용하는 여성의 발화에서는 서울이나 경기방언에서처럼 그렇게 상승조가 뚜렷하지는 않다. 상승조보다는 평조에 가깝게 나타난다. 그래서 경상 방언이 서울 방언보다 무뚝뚝하고 덜 여성적인 것처럼 들리게 된다.

그리고 김선희(2001:31)도 아래 (2)와 같이 여성 발화가 상승조로 나타난다고 하였다.

---

3) 민현식(1995:37) 참조

    (2) (남자직원) 어서오십시오(↓). 고맙습니다.(↓)

        (여자직원) 어서오십시오(↑). 고맙습니다.(↑)

    (2)에서 남자직원의 말은 하강조로 정중함을 나타내고, 여성직원의 말은 상승조로 예의바름, 공손함을 나타낸다[4]고 하였다. 그런데 경상 방언에서는 (2)의 여성 직원도 상승조보다는 평조(→)에 가깝게 실현된다.

3. 표준어 선호도

    여자가 남자보다 더 표준 발음과 표준어를 사용하려고 한다. 표준 발음을 내려고 한다는 것은 자신의 방언에 대한 선호도가 낮다는 말과 같다. 여성과 남성이 어느 쪽이 언어에 대해 보수적인가 개방적인가 하는 문제는 아직 명확하게 밝혀지지 않고 있다. 이것은 방언학에서 피조사자를 남성으로 할 것인가 여성으로 할 것인가와 관련된 문제이다. 방언 조사에서 피조사자 선택은 조사 방언 구역의 방언을 가능한 온전히 보존하고 있는 대상이어야 하기 때문이다. 이러한 문제는 사회 환경에 따라 다를 수 있다. 여성의 사회 진출이 어렵고 사회적 활동 가능성이나 사회적 지위가 낮아 가정 중심의 사회였던 19세기 초 유럽에서는 여성은 활동 중심이 고향이고, 가족 중심의 생활과 대화를 하여 이방인과 대화할 기회가 적고, 지방말이 뒤섞이는 군대에 가지 않았으므로 방언에서 보수적일 것이라고 하였다. 반면, 남성은 자기 일에 전념하여 대화자가 적으나 여성은 가사 중심이라도 이웃과 함께 남자보다 더 말을 많이 하며 사회적 지위가 불안정한 여성이(가령 농촌이나 하층 여성) 사회적 신분 상승 욕구로 언어 변화에 민감하여 더 나은 상류층 언어를 모방하는 경향이 크므로 더 개방적이라고 보는 주장도 있다. 그러나 대체로 후대로 올수록 여성의 표준어 지향성 및 개방성은 방언학자들에 의해 묵시적으로 동의 받은 것으로 볼 수 있다.[5]

    또 여성의 표준어 선호는 외국의 연구에서는 어려서부터 나타나는 것으로 보고되어 있다.

---

4) 김선희(2001:31) 참조
5) Coates(1993:45-57) 참조

피처(1964)는 뉴잉글랜드 근교 지역의 남녀 24명을 3-6세, 7-10세로 똑같이 나누어 ing 발음의 표준음 [ŋ]과 방언음 [in]을 조사했는데 소녀들이 표준형을 더 썼다고 한다. 그 밖의 연구들도 여아는 표준음을 사용하려 하고, 남아는 비표준음을 그대로 사용하려는 경향이 있다고 보고하고 있으며, 여아가 비표준형을 쓰더라도 성장해 가면서 표준음 쪽으로 변화해 나간다고 하여 대체로 16세경에는 성인의 언어 유형에 접근, 순응한다고 한다.6)

스폴스키(1998)는 동등한 교육의 기회가 주어졌을 경우에는 여성들이 남성들보다 언어의 표준성에 더 민감하게 반응하는 성향이 있는 것 같다고 하였다. 남성은 지신들만의 매우 확고한 관계망을 가지고 그들 가까이 있는 사람끼리 일도 함께 하고 휴식도 함께 하면서 시간을 보내지마는 여성들은 남성들보다 훨씬 느슨한 관계망을 가지고 그들의 공동체 외부의 사람들과도 잘 어울리면서 그들의 언어도 훨씬 넓은 공동체에서 나오는 규범의 영향을 받고 있었다고 한다.

이정민(1981)은 방언을 쓰는 우리나라 남녀 화자들이 자기 방언에 대한 호감의 정도를 조사한 적이 있다. 그에 따르면 모든 지역 방언 여성 화자는 남성 화자에 비해 압도적으로 자기 방언을 좋지 않게 보는 것으로 드러나 여성의 표준어 선호 경향을 언어심리적으로 입증해 주고 있다. 민현식(1995)에서도 초중고 대학생 일반인 등 5개 집단 남녀 각 150명을 통해 표준어 사용 능력을 측정한 결과 여성이 높은 점수를 받았다고 한다. 이러한 결과가 남성과 여성의 표준어 선호의 결과인지 언어 능력의 차이에서 오는 결과인지 알 수는 없지만 표준어에 대한 관심과 능력은 남성보다 여성이 높다는 것은 부인할 수 없다.

그러면 왜 여성이 남성보다 더 표준어를 사용하려고 할까? 여기에는 여러 가지 학설이 있지만 재미있는 이론으로 여성이 내재적으로 항상 신분 상승에 대한 욕구를 가지고 있는데, 이도 이러한 결과의 하나라고 주장한다. 즉, 여성에게 자녀 양육상 표준어를 더 배워야 할 책임감이 있고, 여성이 전통적으로 불안정한 지위에 있었기에 언어 교양으로 신분을 더 높게 보이고자 했기 때문이라고 보았다. 즉, 남자는 '무엇을 하느냐(what they do)'에 따라 사회적 지위가 결정되지만 여성은 '어떻게 보이느냐(how they appear)'에 따라 사회적 지위가 결정되므로 언어적으로 잘 보이려는 욕구 때문이라는 것이다.7) 다른 이론들도 대체로 이러

---

6) 여성의 표준어 선호에 대한 자세한 내용은 민현식(1995:39-40) 참조. Coates(1993:149-152) 참조.
7) Trudgill(1983:167-168) 참조.

한 근본적인 여성의 내재된 욕구와 관련되어 있다.[8]

일반적으로 경상 방언을 사용하던 사람이 서울에 가서 살 때 남성보다 여성이 훨씬 빠르게 서울말 어투를 배운다는 것은 쉽게 확인할 수 있다. 여성이 남성보다 서울말에 쉽게 동화되는 것은 의도적이든 자연적이든 여성은 방언에 대한 거부감을 남성보다 더 크게 느끼고 있기 때문이며, 또 경상 방언이 서울말보다 덜 교양적이라고 생각하고 있기 때문에 쉽게 서울말에 동화됨으로써 자신이 더 교양적으로 보이기 위한 것도 중요한 이유가 될 것이다. 이정민(1981)에서 경상 방언에 대해 '믿음직하다'라고 생각한 사람은 남자 70%, 여자 52%, '씩씩하다'라고 생각한 사람은 남자 75%, 여자 29%, '무뚝뚝하다'라고 생각한 사람은 남자 70%, 여자 81%, '듣기 좋다'라고 생각한 사람은 남자 60%, 여자 19%로 나타났다. 우리는 여기서 자신의 방언에 대해 남성은 대체로 호감을 가지고 있으나 여성은 매우 부정적인 것으로 받아들이고 있음을 알 수 있다. 경상 방언을 사용한 여성들이 자신의 방언인 경상 방언이 '듣기 좋다'고 한 사람은 19%밖에 되지 않았고, 전라 방언이 자신의 방언인 여성은 29%만 전라 방언이 '듣기 좋다'고 하였다. 충청 방언도 마찬가지로 여성의 70%가 자신의 방언인 충청 방언이 '촌스럽다'고 했다. 이와 같은 결과는 여성들이 남성들보다 서울말 또는 표준말을 훨씬 더 선호하고 있다는 것을 단적으로 말해준다. 여성보다 남성이 상대적으로 자신의 방언에 대해 보수적인 것은 방언을 통한 지역적 연고가 남성의 사회적 진출이나 지위 상승을 위해 어느 정도 도움이 된다고 생각했기 때문일 수도 있고, 더 중요한 까닭은 남성은 고향이나 가문과 같은 자신의 뿌리에 대해 여성보다 훨씬 보수성이 강하기 때문이라고 생각한다. 그리고 남성은 자신의 방언을 그대로 유지하는 것이 자신의 정체성을 유지한다고 생각하기 때문일 것이다. 결국, 여성은 남성보다 언어 환경에 쉽게 적응함으로써 남성보다 표준어 사용을 선호하며 또 실제 더 많이 사용하고 있다. 여성은 말을 통해 끝임 없이 남에게 더 교양적이고 더 착한 사람으로 보이려고 한다. 1964년 오드리 헵번이 열연한 '마이 페어 레디(My Fair Lady)'라는 영화에서도 빈촌 하류계급인 꽃 파는 소녀 엘자가 표준말을 통해 상류계급으로 신분 상승한 모습을 잘 보여주고 있다.

---

8) 여성의 표준어 선호는 격식체의 경우에서만 나타난다는 '격식어법 영향 이론', 표준어를 사용함으로써 더 나은 지위를 얻고자 하는 '보상 이론', 표준어를 사용함으로써 권위를 획득하려는 '권위이론', 사회 구성원과의 친밀 관계망에 의해 설명하는 '사회망 이론' 등이 있다(민현식, 1995:42-43 참조)

4. 지칭어

언어는 말하는 사람의 의식이 담겨져 있다. 그리고 언어 속에 사회와 문화가 담겨있다. 따라서 언어를 보면 말하는 사람의 생각을 알 수 있고, 말을 통해 그 사회와 문화의 모습을 알 수 있다.

인류 역사를 통해서 보면 모계 중심의 시대나 민족이 있었긴 하지만 서양이나 동양이나 지금까지 대체로 남성 중심의 사회와 문화를 형성해 온 것이 사실이다. 그러한 증거는 대부분 성과 관련된 언어는 남성을 중심으로 여성 언어가 파생되었다는 데 있다. 일반적으로 두루 들고 있는 예로 영어 man은 남자이외 인간의 의미를 가지고 있으나 여자를 나타내는 woman은 그러한 뜻이 없다는 것이다. woman의 말도 남자의 뜻인 man에 wo-가 붙어서 이루어진 말이다. 그 외 mankind-인류, chairman-과장, 의장, freshman-일 학년생과 같은 말들도 남성의 man이 여성의 의미를 안고 있다. 그리고 여성은 Miss(미혼)와 Mrs(기혼)를 구별하여 쓰지만 남자는 그러한 구별을 하지 않고 Mr만 쓴다. 문장에서 지칭어도 다음 (3)의 문장과 같이 he는 남녀를 나타내지만 she는 불가능하다.

(3) Every student must bring his(*her) own lunch

불어에서 (4)와 같이 혼성은 남성으로 나타낸다.

(4) nos petits amis(우리 꼬마 친구들)-혼성 또는 남성[9]

서양에서 오른쪽은 선과 남성으로, 왼쪽은 악과 여성으로 비유하고 있다는 것[10]도 남성 중심의 사회 모습을 보여주는 것이라 하겠다.

이러한 보기로는 레이코프(1975:53-56)에서 소개한 다음 (5)가 주목된다.[11]

---

9) 김진우(2003:320-321) 참조
10) Cooper&Ross(1975:88) 참조
11) 민현식(1995:7) 참조

(5) <긍정 가치어>   <부정가치어>

    master(大家)   mistress(첩, 情婦)

    He is a professional.(전문가다)   She is a professional.(창녀다)

    He is in business.(사업가다)   She is in business.(창녀다)

    dog(수캐)   bitch(암캐. 음란한 여자라는 뜻도 생김)

    fox(여우)   vixen(암여우. 심술궂은 여자의 뜻도 있음)

    batchelor(미혼남)   spinster(미혼녀. 경멸투로 신경질적 여자)

    governor(힘센통치자)   governess(아동 돌보는 가난한 여자)

위에서 보듯이 여성에 대한 말들은 성적 관련어들이 많고 비하적 가치를 가지는 것이 많다. 그래서 여권운동가들은 woman에 성적 의미, 비하의미가 있어 lady를 쓰기도 하며, Miss, Mrs의 구분 대신 Ms.를 쓴다든가, '인간'을 의미하는 man을 humanbeing으로 한다든가, chairman, spokesman과 같은 '-man'형 어휘를 chairperson, spokesperson처럼 '-person'으로 바꾸어 쓴다든가 하는 식의 노력을 하고 있다.[12]

우리말에 나타난 남성 중심의 어휘들은 주로 남녀와 관련된 어휘의 어순에서 나타난다. 어순에서 앞에 오는 말은 뒤에 오는 말보다 우선적이다. 말하는 사람 자신과 관계가 깊을수록 말 만들기에서 앞에 놓는다는 '나 먼저 원리(me-first principal)'에 의한 것이다. 우리나라에서 보면 '한미/*미한, 한일/*일한'과 같이 우리나라를 먼저 적게 되고 '미일/*일미'와 같이 관계에 따라 앞뒤가 달라진다. 그리고 '나남/*남나, 자타/*타자, 안팎/*밖안, 남북/북남, 연고전/고연전'과 같이 말하는 사람과 가까운 쪽을 먼저 놓는다.

이러한 맥락에서 남성과 여성이 나란히 쓰이는 합성어에서 남성이 먼저 온다는 것은 언어의 조어적 측면에서 본다면 남성 중심의 사회임을 반영하는 것이다.

(6) 어버이/부모/장인장모/남진겨집/갑남을녀/선남선녀/견우직녀/부부/부처/신랑신부/신사숙

---

12) 이러한 남성형만 존재하는 어휘의 개선 사례는 많다. fireman > fire-fighter. policeman > police officer. mailman > letter carrier. maid > houseworker, housekeeper, household helper 등이 그러하다. 성서의 Father 도 Almighty, Creator, Deity, Eternal, Eternal One, Supreme Being, Spirit 등 수십 가지로 바꾸려고 한다.

녀 소년소녀/형제자매/자녀

그런데 여성을 의미하는 말이 먼저 올 때도 있지만 이때는 다음 (7)과 같이 낮춤말이나 속어 또는 동물의 성을 구별할 때 주로 쓰인다.

(7) 연놈/가시버시(부부의 낮춤말로 일반적으로 행실이 나쁜 부부)/계집사네/비복/암수/자웅

또, 다음과 같이 성에 쓰이는 비어나 저속어들이 남성보다 여성을 지칭하는 말이 많다는 것도 여성에 대한 차별적 인식이나 사회를 반영하는 것으로 볼 수 있다.

(8) 갈보, 걸레, 메주, 암캐, 절구통, 화냥년

bunny, dish, chick, bitch, piece of ass, broad, pussycat, slut, tramp[13]

우리가 잘 알고 있는 '유관순 열사'도 언제부터인지 '유관순 누나'라고 교과서나 노래에 실려오고 있다. 유관순 '언니'라 하지 않고 유관순 '누나'라고 한 것도 남성 중심의 호칭을 사용하고 있는 것만으로도 우리 사회가 남성 중심의 사회임을 알 수 있다.

직업을 나타내는 말에 성을 표시하는 경우가 많다. 직업이나 단체에 성을 표시하지 않은 것은 그것이 중립적이고 원형이라는 의미를 가진다. 그리고 그러한 말은 주로 남성을 의미하는 것으로 인식되어 왔다. 반대로 직업인이나 단체가 여성일 경우는 여성의 성 표지를 적어 표현하는 경우가 있다.

여기에서 유표성(markedness)의 개념을 이해할 필요가 있다. 어휘 성분에서 형태상으로 복잡한 것과 그렇지 않은 것의 대립을 이루고 있으며 단순한 쪽을 무표항(unmarked term)이라 하고 복잡한 쪽은 유표항(marked term)이라 한다. 그런데 무표항이 낱말의 원형이며 중화 또는 중립적이다. 유표항은 무표항보다 의미 성분이 많으며 무표항에서 파생되어 이루어진 말이다. 그리고 무표항은 중화의미로 낱말 갈래의 기준이 되나 유표항은 그러지 못하다. 이렇게

---

13) 김진우(2003:322) 참조

볼 때 남성을 나타내는 man은 무표항이며, 거기에서 파생된 여성의 woman은 유표항이다.[14] 다음과 같이 여성을 나타내는 표지를 적은 것은 유표항이고, 성 표지가 없는 것은 남성을 나타내는 것으로 무표항이라고 할 수 있다.

(9) 여경(여자경찰관)/*남경, 여기자/*남기자, 여교수/*남교수, 여교장/*남교장, 여교사/*남교사, 여사무원/*남사무원, 여비서/*남비서, 여주인/*남주인, 여의사/*남의사, 여군/*남군, 여류문인/*남류문인, 여류작가/*남류작가, 여류화가/*남류화가, 여사장/*남사장, 여걸/*남걸, 여왕벌/*남왕벌, 여인네/*남인네, 여주인/*남주인, 여장부/*남장부, --여자중(고,대)학교/*--남자중(고,대)학교, 여신/*남신

이것도 남자 중심의 사회를 반영하는 언어 표현이라고 볼 수 있다. 여성이 유표적인 직업이나 집단들은 원래 남성 중심으로 형성된 것으로 보고 있다. 그러던 것이 점차 여성이 그 직업이나 사회에 진출하면서 여성임을 명시하게 된 것이다. 이 말은 일찍부터 사회 활동 구조가 남성 중심으로 이루어졌음을 의미한다. 더 깊은 논의는 '여+어근'으로 이루어진 말들은 어원적으로 '어근'의 의미적 특성을 구명해야 정확한 해명이 이루어질 수 있다. 그리고 문맥상 여성과 남성이 구별되어야 할 경우는 남성과 여성을 명확하게 표현할 수밖에 없다. 예컨대, 성별을 비교해서 통계 조사할 경우가 그렇다. 선생 ○○명, 여선생 ○○명이라고 할 수 없고, 남선생 ○○명, 여선생 ○○명으로 명시해야 한다. 그런데 위에 보인 여성 유표적 어휘들은 사전에 표제어로 등재된 것임을 고려해야 한다.[15] 앞으로 이러한 남성 중심의 어휘들도 점점 중립적인 어휘로 바뀌어 갈 것으로 보인다.

다음 (10)도 여성 차별적인 사회에서 나온 말이다.

(10) 여권신장/*남권신장, 여성운동/*남성운동, 여성해방운동/*남성해방운동

---

14) 무표항과 유표항의 보기는, 자라다/모자라다, 기자/여기자, 소/송아지와 같이 형태적인 유표성이 있고, 길다/짧다와 같이 의미상 유표성이 있다(임지룡, 1992:67-68).
15) 남성형 어휘와 여성형 어휘에 대한 논의는 구현정(1995:99-135) 참조

어떤 사회이든지 '여권(익)'과 '남권(익)'이 엄연히 존재함에도 '남권'은 쓰이지 않고 '여권'만 쓰였다는 것은 이제까지 남성 중심의 사회에서 여성이 남성에 의해 차별적인 대우를 받았다는 것을 언어로 나타난 것이 아닌가 한다. 여성주의를 의미하는 페미니즘(feminism)이란 말은 있어도 남성주의를 의미하는 미니즘(minism)이나 메니즘(menism)이란 말은 없다.

5. 낱말

여성이 남성보다 부사와 감탄사를 많이 사용한다는 것은 널리 알려져 있다. 서양어를 연구한 레이코프(1975:53-56)에서도 '여성 특유의 감탄사, 부사, 형용사를 잘 쓴다(oh dear, oh fudge, charming, lovely, so, so much 등)'고 하였다. 민현식(1995:49)에서는 여성이 남성보다 자주 사용하는 부사와 감탄사를 다음과 같이 정리하였다.

(11) 부사

좀, 아마, 너무너무, 정말, 사실, 굉장히, 아주, 무지무지, 막, 참…

(12) 감탄사 또는 감탄성 독립어

놀람: 난 몰라, 나 어떻게, 이를 어째, 저를 어째, 어째, 어쩜, 어쩌면, 애는, 어머머, 어머, 엄마, 에그, 에그머니, 애개개, 망측해라, 세상에, 웬일이니

애매어: 글쎄, 몰라, 몰라몰라

감탄: 아유, 아이, 아이 참, 어머머, 어머나

질투: 피, 흥, 남이야 흥

호칭어: 이것아, 애(←야)

부정: 아니야, 싫어얘

반어: 미워, 깍쟁이

맞장구: 맞아, 있잖아, 누가 아니래

군말: 뭐, 음

분노, 욕설: 계집애, 못된 것, 별꼴이야(←제기랄), 속상해, 이것아, 못살아

감탄사나 부사의 사용은 방송 대화라든가 일상 남녀의 대화를 분석해도 거의 예외 없이 여성에게서 빈도가 높게 나타났다. MBC 남녀 사회자의 도입부 대화(제10회 분)에서도 부사는 여성이 남성보다 3.5배 더 많이 쓴 것으로 나타났다.[16]

    (13) 남: 9(뭐5, 좀 2, 참1, 막1)

          여: 33(사실5, 좀5, 뭐 5, 정말4, 너무4, 아주 2, 아유2, 왜2, 다정히1, 꽤1, 몽땅1, 덜1)

여성이 남성보다 부사와 감탄사 사용이 많다는 것은 여성이 남성보다 상태나 감정에 대한 묘사가 더 섬세하고 감정적이라는 것이다. 부사 가운데도 정도부사가 현저하게 많이 나타나는데 그것도 '너무너무, 무지무지, 아주, 엄청, 정말'과 같은 극성 정도부사가 많이 나타난다. 이러한 현상은 감정 감탄사가 여성 언어에 많이 나타나는 것과 같은 현상으로 볼 수 있다. 이것도 정도부사와 마찬가지로 여성이 자신의 주관적 감정 표현을 남성보다 더 많이 하기 때문이다. 이것을 두고 민현식(1995:49)에서는 '여성의 감성적 표현은 여성의 감성적 심성이 어휘로 표출된 것으로 감성적 효과는 높이지만 논리적 대화에서는 과장이나 감성적 느낌을 주어 바람직하지 않은 면도 있다'고 지적하였다

그리고 여성은 남성보다 일반적으로 금기어(taboo)는 많이 쓰나 욕설(swearing)은 적게 쓰고, 남성은 여성보다 속어를 더 잘 만들고 욕설을 더 많이 한다고 하였다.[17] 이러한 보기는 우리말에서도 쉽게 찾을 수 있다. 예컨대,

    (14) (부인이 남편에게) 애한테 그것을 사준다고요? 미쳤어요?

          (엄마가 애들에게) 너 왜 말 안 듣니? 아이구, 저 웬수!

          (부인이 남편에게) 당신 또 술 먹으면 어떻게 해요? 지금 지 정신이요?

와 같은 말에서 '미쳤어요?', '웬수', '지 정신이요?'와 같은 극한적인 일종의 금기어를 사용함으로써 자신의 주장을 강조하고 있다.

---

16) 민현식(1995:49) 참조

17) Coates(1993:20-23, 126-128) 참조

여성이 남성보다 욕설이나 비속을 덜 쓰는 것은 전통적으로 여성은 남성보다 다소곳해야 하고 교양이 있어야 하며, 행동이나 말에 조심성이 있어야 하는 것을 '여성스러움'으로 생각하고 있기 때문이다. 또한 사회에서는 그러한 여성스러움을 여성으로부터 요구하고 있기 때문이다. 상대적으로 남성은 여성보다 행동 양식이 더 외향적이며 과격하고 적극적이라는 인식을 가지고 있다. 그래서 말도 과격하면서 욕설이나 속어를 쓰는 것을 때로는 '남성다움'으로 생각하고 있다.

20대 남녀의 고유어와 한자어 외래어 혼종어의 사용을 비교한 장영희(2000)도 흥미롭다. 고유어는 남자가 약 50%, 여성이 약 55%, 한자어는 남성이 약 31%, 여성이 약 29%, 외래어는 남성이 약 4%, 여성이 약 3%, 혼종어는 남성이 약 15%, 여성이 약 12%로 나타났다. 결론적으로 남성이 여성보다 외래어나 한자어를 많이 사용하는 것으로 나타났고 반대, 고유어는 여성이 남성보다 더 많이 사용하는 것으로 나타났다. 이것으로 남성이 여성보다 개념적이고 추상적인 언어를 많이 사용하고 있다고 보았다. 그리고 이를 보면 낱말 선택에서 남성이 여성보다 더 보수적이며 권위적이라 할 수 있다.

6. 문장

여성은 남성보다 단순 의문문이나 부가 의문문을 많이 사용하는 것으로 알려져 있다.[18]

우리말 부가의문문은 주로 '그렇죠(글체)?', '안 그래요?', '아니가(아이가)?', '-잖아요?', '있지?', '맞죠(맞제)?', '아니에요?'와 같은 것들이 있는데, 여성이 이러한 말을 남성보다 더 많이 쓴다는 것이다.[19]

코트(1993:122)도 여성이 남성보다 판정의문(yes-no question) 및 부가의문을 모두 3배(87:29)나 더 쓴다고 한다. 그리고 12.5시간의 부부 쌍의 대화 녹음 중에 의문문이 370개인데, 그 가운데 여성이 263개를 쓰고 남성이 107개를 써서 여성의 의문문 사용이 남성의 2.5배였다고 한다.[20] 강정희(1986:341)에서 '-는/-ㄴ 거 있지(죠)'의 발화 양식을 조사한 것에 의하면, '자주

---

18) Lakoff(1975:53-56) 참조.
19) 임규홍(1999)에서는 이것을 '덧물음월'이라 하고 이에 대해 담화론적으로 논의하고 있다.

쓴다'가 남성 18명 : 여성 49명, '가끔 쓴다'가 남성 62명 : 여성 154명, '전혀 쓰지 않는다'가 남성 127명 : 여성 32명으로 나타났다. 이러한 조사결과를 보아도 부가의문문 형태가 여성적 표현임에 분명하다.

우리 국어에서도 여성이 남성보다 이러한 부가 의문문을 많이 사용하는 것으로 조사되었다. 민현식(1995)에서 방송 남녀 사회자의 대화(MBC 라디오 아침 9시 10분 '여성시대', 김승현과 손숙 공동 진행. 95.9.18-12.20)를 조사한 결과도 여성이 남성보다 의문문을 2배 더 사용함을 보여 준다. 다음은 1회분(95.9.18)의 각 내용 중 도입부터 5분간의 대화를 녹취, 분석한 의문문의 수이다.

(15)

횟수	1	2	3	4	5	6	7	8	9	10	계
남	4	7	13	3	5	9	2	10	5	9	67
여	10	17	14	11	11	20	9	16	10	18	136

그러면 왜 이처럼 여성이 남성보다 의문문을 많이 사용할까?

단순 의문문이든지 부가 의문문이든지 의문문은 자신의 정보를 상대에게 전달하는 것이 아니고 상대에게 정보를 얻으려고 하거나 자신의 정보에 대한 정확성을 상대로부터 확인받기를 바라는 마음에서 발화하는 것이다. 여성들이 많이 쓰는 단순 의문문도 실제 정보를 알기 위한 순수한 의문문보다는 말할이 사이의 친교적(phatic) 담화 책략을 위한 발화가 많다. 즉, 의문문을 사용한 말하기는 단정적인 말하기가 아니라 자신의 말을 간접적이고 우회적으로 정보를 전달하는 방법이다. 이를 오스틴은 언표 내적 발화력(illocautionary force)이라고 했는데, 예컨대, 더운 방에서 상대에게 문을 열어줄 것을 요구하는 말을 '문 열어'라고 할 수도 있고, '문 열어주겠니?', '지금 더운데 넌 덥지 않니?'와 같이 표현할 수도 있다. '문 열어'라고 한 것은 직설적으로 상대에게 행위를 요구하는 것으로 완곡한 표현이 아니다. 그러나 그 외 의문문 형태로 상대의 행위를 요구함으로써 간접적이면서 훨씬 완곡해진다. 여성은

---

20) 민현식(1995:44)에서 재인용.

이처럼 상대에게 단언적이고 직접적인 표현보다 간접적이고 완곡한 표현을 함으로써 상대에게 더 유연하게 보이려고 하며, 상대 입장에서 자신을 상대에게 동화하는 것처럼 보이게 하여 자신의 요구를 관철할 수 있다고 본다. 그리고 여성은 상대에게 강하고 직설적으로 표현하는 것은 여성스럽지 않다는 관념이 깊이 자리잡고 있다. 따라서 의문형 어미도 '-나'나 '-어'보다 덜 권위적인 '-니'형을 많이 쓴다.

민현식(1995:39)도 여성이 남성보다 의문문을 많이 사용하는 것은 의문문이 청자의 응답문을 요구하는 발화 행위이므로 의문문을 많이 사용함으로써 상대방을 대화에 계속 끌어들여서 대화 친화를 위해 반응을 유도할 수 있다고 보기 때문이라고 하였다. 또한 의문문은 대화 행위에서 질문을 유도하는 힘을 지니기에 대화의 진행에 유리하다. 결국 여성의 대화는 대화 지속 목적의 질문이 많은데, 이는 결국 여성이 상대적으로 남성보다 대화 주도에 늘 열세에 있음을 반영하며 그것을 만회하고자 여성이 질문 방식을 대화 책략상 도입하는 것이다. 요컨대 남성은 사태의 서술 표현을 단언적 표현인 평서법으로 하는 편이지만 여성은 단언하지 못하고 동의 확인적인 의문법으로 하는 것으로 볼 수 있다.

레이코프(1975:53~56)는 여성이 남성보다 의문문을 많이 사용하는 것을 상대방의 동의를 구하는 예절 화법으로서 청자 의존적인 불확실한 어법의 결과이며 남성 중심의 여성 억압 사회에서 여성의 책임을 피하고 생존하는 방어적 결과라고 했다. 즉, 예절 바르기 위해서는 강한 단언을 하지 말아야 하며, 그 결과 여성은 신념이 부족한 인간으로 비치는 악순환을 초래하게 되었다고 하였다.

7. 문체

여성은 남성보다 어절 끝에 담화표지 '-요(예)'를 많이 쓰는 경향이 있다.[21] 종결형 어미 해요체의 '-요'는 고영근(1974:83)에서도 어린이나 여성층 어법이라고 하면서 신소설의 대화에서도 하녀나 여성들이 많이 썼다고 하였다. 담화에서 쓰이는 '-요'는 그 쓰임이 두 가지가

---

21) 민현식(1995:39) 참조.

있는데, 하나는 높임 종결 어미로 쓴 '해요체'의 '-요'이고, 다른 하나는 담화표지의 하나로 쓰이는 '-요'이다. 종결형 어미 '해요체'로서 '-요'는 여성들이 많이 사용하는 '같아요, 더라구요, 있잖아요'와 같은 의문형과 짐작말과 같은 표현에서 같이 나타나는 현상이다. 특히, 여성에게 많이 나타나는 '-요'는 높임 종결어미로서 '해요체'의 '-요'보다 담화 가운데 어절과 어절 사이에 쓰이는 '-요'와 종결어미 뒤에 '-요'나 경상 서부 방언형 '-예'와 같은 것들이다. 이런 '-요'체는 [+친밀감]이라는 공통된 특성을 가지고 있다.[22] [+친밀감]의 자질을 가지고 있는 '-요/예/유'가 여성에게 많이 쓰이는 것은 여성의 담화적 특성이 상대와 엄격한 상하관계에 의해서 이루어지기보다는 친소관계에서 친교적 기능에 더 관심을 가지기 때문이다. 이것은 여성과 남성이 모르는 사람을 처음 만났을 때 여성이 남성보다 훨씬 빨리 가까워지고 말도 쉽게 반말로 돌아가는 것만 보아도 대화에서 여성이 남성보다 친밀감을 더 가진다고 볼 수 있다.[23] 따라서 여성은 격식체보다는 비격식체이고 [+친밀감]을 더 높이는 '-요'체를 더 선호하는 것으로 보인다. 특히, 다음 (16)과 같이 경상서부 방언에서 여성의 담화에 많이 보이는 종결형어미 뒤에 쓰이는 '예'가 특징적이다.

(16) 어제 갔다예.
    내가 좋나예?
    엄청 멋있다예!

경상 방언의 여성 담화에서는 어절 가운데에도 '-요' 대신 '-예'를 많이 사용한다.

(17) 진주가예 그런 면에서 보면예 전국에서 가장 살기 좋은 도시라예.

이 같은 표현은 충청방언이 '-유'와 비슷하다고 하겠다. 그러나 경상방언의 '-예'는 여성 담화에서 뚜렷하게 나타나는 점이 다르다고 하겠다. 이것은 두루 낮춤의 높임말로 끝을 맺고 난 뒤 그 뒤에 높임의 의미를 가진 '-예'를 덧붙여 상대와 매우 가까운 것처럼 다가가

---

22) 문병우(2002:118-119) 참조
23) 왕문용(2000:99)에서도 비슷한 주장을 하고 있다.

는 표현이다.

8. 감탄 표현

여성들은 다음 (18)과 같이 남성들의 표현에서는 잘 나타나지 않는 평서형 감탄법을 자주 사용한다.[24)]

> (18) 너, 참 좋겠다!(예)
>
> 너, 너무너무 예뻐졌다!(예)
>
> 너 참 못됐다!(예)
>
> 경치가 너무 아름답다!(예)

그리고 이와 같은 평서형 감탄법 뒤에 자연스럽게 이어 나타나는 것이 '예'와 같은 담화 표지이다. 이때 '예'는 높임의 의미보다 상대를 친밀하게 부르는 부름말에 더 가깝다. 그래서 때로는 '예'와 같이 '야'도 쓰인다. '너, 참 좋겠다!야/예. 너, 너무너무 예뻐졌다!야/예. 너 참 못됐다!야/예'. 이러한 표현은 남성에게는 거의 나타나지 않는 여성적 표현이라고 하겠다. (18) 뒤에 붙는 '-예'는 상대가 대등하거나 아래의 높임 관계에 있을 때 나타난다. 따라서 이 표현은 높임의 의미를 가지는 (16)이나 (17)의 '-예'와는 다르다. 여성은 남성보다 감탄 표현을 다양하게 사용하게 되고 평서문도 감탄의 어조가 들어가면 그것은 자연스럽게 감탄문의 기능을 하게 된다. 이처럼 상대의 존비와 관계없이 평서형 종결어미 '-다'로써 감탄 표현을 사용하는 것은 이전에 상대를 만나서 잘 아는 것처럼 상대에게 지나치게 친밀감을 표현함으로써 자신의 욕구나 요청을 충족시키려는 담화 전략의 하나로 볼 수 있다. 이것은 여성 특유의 문체라고 할 수 있다.

---

24) 김선희(1991:123) 참조

9. 전통적인 규범

속담은 한 겨레가 오랜 세월을 살아오면서 자신들의 삶과 문화를 담아 놓은 그릇이다. 그리고 속담은 하루아침에 형성된 것이 아니고 오랜 세월 동안 입말로 전해 오면서 이루어진 관용적 표현이다.[25] 우리 속담에 녹아 있는 여성의 말하기에 대한 내용을 보자.

우선 여성의 '말 많음'을 경계한 내용으로 다음과 같은 것이 있다.[26]

> (23) 여자 셋이 모이면 접시가 깨진다.
> 여편네 셋이면 접시 구멍 뚫는다.
> 여자가 말이 많으면 과부가 된다.
> 여자 열이 모이면 쇠도 녹인다.

여기서 여성이 '셋'이나 함은 단순히 적은 수의 여성임을 의미하고 '접시가 깨진다'거나 '접시 구멍을 뚫는다'고 한 것은 그만큼 '요란하다'거나 '무엇이 되는 일이 없다'는 의미를 담고 있다. '여자가 말이 많으면 과부가 된다'는 것은 말로서 화를 가져오기 쉽다는 의미이다. 그리고 '여자가 열이 모이면 쇠도 녹인다'고 한 것은 '말로 못하는 것이 없을 정도로 말을 많이 한다'는 뜻이다. 한자 '姦'자도 계집 '女'자가 셋으로 된 글자로 '간음', '간사함', '거짓'의 의미로 해석된다. 이것도 남성 중심 사회를 기반으로 형성된 글이라고 볼 수 있다.

그리고 다음은 여성의 말이 신중하지 못하여 다른 사람에게 잘 전함을 경계한 속담이다.

> (24) 입 싼 건 여자

다음은 집안에서 남성 중심의 가부장제에서 여성의 위치를 반영하는 속담이다.

---

25) 속담과 문화, 그리고 여성의 말에 대한 속담은 황병순(2002:105-106) 참조.

26) 성경에서도 여성의 침묵을 요구한 내용이 있다. "모든 성도의 교회에서 함과 같이 여자는 교회에서 잠잠하라 저희의 말하는 것을 허락함이 없나니 율법에 이른 것 같이 오직 복종할 것이요 만일 무엇을 배우려거든 집에서 자기 남편에게 물을지니 여자가 교회에서 말하는 것은 부끄러운 것이라"(고린도 전서 14:34, 35)

(25) 암탉이 울면 집안이 망한다.

　　　여자가 간섭하면 집안이 망한다.

　집안에서 여성의 발언권이나 주장을 금기시하는 내용이다. 여성은 남성의 주장이나 남성의 의사 결정에 순종적으로 따라야 한다는 것이다.

　다음 (26)도 (25)와 비슷하게 남성 중심의 사회에서 형성된 속담이다.

(26) 여자 목소리가 억세면 팔자가 세다.

　　　여자가 소리 질러서 그 소리가 지붕에 올라가면 집안 망한다.

　　　여자 말소리가 크면 남자가 질린다.

　　　여자 목소리가 담 밖을 넘어가면 재수 없다.

　　　여자 목소리가 담을 넘어가면 집이 망한다.

　여기서 '목소리'는 음성적인 측면도 있지만 발언권이나 의사 결정권 또는 주장의 정도로 해석할 수 있다. 여성의 목소리가 작아야 한다는 것은 여성의 목소리 자체의 음성적인 면뿐만 아니라 가정에서 여성의 발언권이나 주장을 강하게 내지 말라는 의미로도 해석된다. '목소리가 억세거나 크다'는 것은 여성이 출가한 집안에서 남성(남편)의 의사에 순종적이지 않고 큰 목소리로 싸움하여 화합하지 않으면 여성 자신의 불행은 물론 집안 전체의 불행을 가져온다고 하는 경계이다. 한 쪽으로 보면 여성이 집안에서 차지하는 의미, 집안의 화평과 행복이 여성에게 달려있을 만큼 중요함을 의미하기도 한다. 그러나 한 쪽으로 보면 집안에서 여성은 언제나 순종해야 하며 남성(가부장)의 결정에 수동적으로 따라야 함을 의미하기도 한다. 뒤쪽으로 보면 위 속담은 전형적인 남성 중심의 사회, 가부장적 사회를 반영하는 것이라고 비판받을 수 있다.

　그 가운데 다음과 같이 여성의 말에 대한 중간적인 입장을 가지고 있는 속담도 있다.

(27) 여자의 말은 들어도 패가하고 안 들어도 망신한다.

이 말은 여성의 말을 일방적으로 무시하라는 것이 아니다. 여성의 말이라도 신중하게 취사 선택하라는 속담이다.

다음은 유교 전통 사회에서 여성의 말하기에 대한 경계나 규범에 대한 것이다.[27]

조선시대 여성의 언행을 언급한 내훈(內訓)의 언행장(言行章)에서 여성의 말조심하기를 다음과 같이 말하고 있다.

> (28) <이씨여계>에 말하길 현명한 여인들은 입을 조심하며, 부끄러운 일이나 비방 따위를 불러들이지 않을까 두려워하는 것이다. 그러므로 윗사람 앞에 있거나 조용한 곳에 혼자 있을 때에도 역겨운 말이나 아첨하는 말은 절대로 하지 말고, 심사숙고하지 않은 말을 입밖에 내지 말며, 장난삼아 말을 해서도 안 된다. (◐李氏女戒에 曰하되 --賢女가 謹口는 恐招恥謗이니 或在尊前커나 或居閑處에 未嘗觸應答之語하며 發詔諛之言하며 不出無穢之詞하며 不爲調戱之事하며---內訓)

우리의 유교 전통 사회에서는 여성은 끊임없이 '賢婦', '賢妻'와 '賢女'가 되기를 바랐다. 여기서 '현(賢)'은 '어짐'과 '현명함'의 의미를 가지고 있지만 일반적으로 '어짐(德行)'을 의미한다고 볼 수 있다. 위에서 보는 것처럼 우리 전통 유교 사회에서 여성에게 요구하고 있는 말하기 경계는 평범한 사람들이 감히 실천하기 어려울 정도로 매우 엄격하였다.

<소학>에서도 남성과 여성의 말하기에 대해서 다음과 같이 말하고 있다.

> (29) 남자는 안에서 하는 일을 말하지 않고, 여자는 밖에서 하는 일을 말하지 않는다.(◐明倫
> 66 : 男不言內하고 女不言外하며----)

이것은 남성과 여성이 해야 될 말의 내용에 대한 것이다. 남성과 여성의 생활 영역을 서로 인정하면서 서로 생활에 간섭을 하지 말라는 내용이다. 어떻게 보면 상당히 민주적인 말하기인 것처럼 보인다. 그러나 현대의 사회에서 보면 부부(남성과 여성)는 가사도 같이 해야

---

27) 전통적인 말하기에 대한 전반적인 소개는 임규홍(1999) 참조 특히 여성의 전통적인 말하기에 대한 규범은 이을환(1980, 1986, 1988) 참조

하며 가정 밖의 직장이나 사회의 일도 서로 의논하고 서로 도와 가는 대등한 관계에 있다고 생각한다면 위 (29)는 봉건적 언어관이라고 할 수도 있다.

그리고 같은 <소학>에서 '여자 어린이의 말하기'의 말하기에 대해서도 다음과 같이 가르치고 있다.

> (30) 여자 십 세이면 함부로 나다니지 않게 하며 보모가 유순한 말씨와 태도 그리고 남의
> 말을 잘 듣고 순종하는 일을 가르친다.(◑立教2 : 女子十年이어든 不出하며 姆教婉婉聽從
> 하며---)

(30)도 유순한 말씨와 태도를 여성스러움으로 가르치고 남의 말을 잘 듣는 듣기 태도와 순종하는 일을 가르치도록 하였다. 여자에게는 어릴 때부터 잘 순종하는 것이 여성의 아름다움이라고 가르치고 있다. 그리고 '아이 가진 여자'에게도 말하기 가르침이 있다.

> (31) 태임은 문왕의 어머니이다.---문왕을 임신하여서는 ---귀로 음란한 소리를 듣지 않았
> 고, 입에서는 오만한 말을 하지 않았다.(◑稽古1 : 太任은 文王之母시니----及其娠文王
> ---耳不聽淫聲하시며 口不出傲言이러시니)

위 (31)는 오늘날 태교의 하나로 아이 가진 여자의 언행을 경계한 가르침이다. 음란한 소리를 듣지 않고 오만한 말을 하지 않는다는 것은 아이 가진 여자의 생각됨이 곧고 발라야 함을 의미한 것이다. 이러한 가르침은 여성에 대한 차별적 규범이라고 말하기 어렵다.

다음은 <여교>에서 여자가 가져야 할 네 가지 덕(婦德, 婦言, 婦容, 婦功) 가운데 말과 관계되는 <부언>의 내용이다.

> (32) 말을 가려서 하고 악한 말은 절대로 하지 않으며 시간을 두고 여유 있게 말함으로써
> 남이 싫어하지 않게 하면 이것이 곧 부언이니라. (◑女教에 云 女有四行하니 一日 婦德이
> 요 二日 婦言이요 三日婦容이요 四日婦功이니라. 擇辭而說하여 不道惡語하며 時然後에
> 言하여 不厭於人이 是謂婦言이니라.)

(32)의 '부언'은 결혼한 부인의 말이다. 부인은 말을 함부로 하지 않으며 자신보다 상대 입장에서 마음 상하지 않게 말하도록 한 것이다.

마지막으로 오랫동안 전통 교육의 교본으로 삼았던 <명심보감>에서도 다음 (33)처럼 부인의 말에 대한 가르침이 있다.

> (33) 태공이 말하길 부인의 예절은 말소리가 반드시 가늘어야 하느니라.(◑太公이 日 婦人之 言은 言必細니라)

이처럼 부인의 말소리가 가늘어야 한다는 부인은 큰 소리로 말하지 말라는 뜻과 순종하라는 뜻으로 새길 수 있다.

우리는 위에서 우리의 전통적인 유교관에서 본 여성의 말하기에 대한 몇 가지 규범을 보았다. 어떤 부분에서는 가부장제의 남성 중심의 언어관에 의한 가르침이라고 할 수 있는 것도 있다. 그러나 그러한 규범들이 전체적으로 여성에 대한 차별적인 규범이나 제약으로 보기는 어려울 것 같다. 실제, 전통적 유교관에서 본 말하기에 대한 규범은 여성보다도 남성(군자)에게 훨씬 더 엄격히 요구하고 있다. 전통적 유교교육의 핵심 경전이라고 할 수 있는 <논어>에는 '말하기'에 대한 규범이나 가르침이 45회나 나오고 있다. 전통적으로 '말하기'가 우리 인간에게 그만큼 중요하다는 것을 간접적으로 가르치고 있다.

10. 여성과 남성의 담화

10.1. 단정적 표현

여성은 남성보다 덜 단정적으로 표현한다. 이것은 앞에서 말한 것처럼 여성들이 남성들보다 의문문을 많이 사용하는 것과 같은 현상이다. 의문문이 단정적인 표현이 아니고 완곡어법의 하나이며 간접 표현의 하나인 것처럼 다음 (19)처럼 짐작말을 사용함으로써 그러한 표현 효과를 기대한다.

(19) ---거 같애(같아요)

   ----더라구요

   ----처럼 보인다

   ----라 카더라

'--거 같애(같아요)'는 자신의 표현이 정확한 것인지 아닌지를 단정적으로 표현하지 않고 단지 추측이나 미루어 짐작하는 표현을 함으로써 상대에게 정보 수용에서 부담을 주지 않으려고 한다. 레이코프(1975:53-56)도 '여성은 I think, I wonder처럼 불확실한 애매 어법, 자신 없는 어법을 쓰는데, 이것이 여성 언어 예절의 미덕이 되었고 여성은 자기 방어를 위해 이런 어법을 쓴다'고 하였다.

'--더라고요'라는 표현도 자신의 정보가 예전에 직접 자신이 체험한 것임을 강조함으로써 자신의 정보에 대한 신뢰성을 높이려고 한다. '--라 카더라'라는 표현은 인용 표현인데 자신의 정보가 남으로부터 인용함으로써 그 정보에 대해 신뢰성을 높이면서 자신에게 주어질 정보에 대한 책임을 덜게 하는 효과를 가지게 된다. 그 가운데 특이한 것은 남성은 간접 인용을, 여성은 직접 인용을 많이 사용하는 것으로 관찰되었다. 그래서 여성은 다른 사람이 말한 것을 목소리까지 그대로 내면서 직접적으로 인용하려는 경우가 많다.

10.2. 유창성

일반적으로 우리는 여성이 남성보다 말을 잘하는 것으로 믿고 있다. 부부가 말싸움을 하면 남편은 아내의 말에 이겨내기 어렵다. 그래서 남성은 힘으로 이기려고 한다. 말을 배우는 능력이나 말의 논리성, 유창성 등 거의 모든 면에서 여성이 남성보다 나은 것으로 말하고 있다. 필자의 경험으로 학교 교육에서 발표를 하는 것도 남학생보다 여학생이 더 잘하는 것 같았다. 만약, 여성이 말을 잘 못하는 것처럼 보일 때는 말하기에서 여성이 소극적이거나 사회적 인식에 의해 일부러 말을 적게 하기 때문이다. 따라서 여성이 남성보다 말을 잘 못하는 것이 아니라 일부러 안 하는 것이다. 여성이 남성보다 말을 잘 한다는 것은 여러 연구에서도 밝혀지고 있다.

미국의 시사주간지 유에스 뉴스 앤드 월드 리포트는 2001년 7월 30일자에 '남자는 열등한 성인가(Are boys the weaker sex?)'라는 제목의 기사를 게재했다. 여기서 소개한 미국 펜실베이니아대 뇌 연구소의 연구 결과는 왜 여성의 언어 능력이 남성보다 앞서는가를 설명해준다. 여기서 소개한 미국 펜실베이니아대 뇌 연구소에 따르면 여성의 뇌는 남성의 뇌보다 평균적으로 11% 작다. 그러나 지능지수(IQ)에는 남녀 간 차이가 없다. 뇌의 크기가 작은데 어떻게 남자와 같은 지능을 유지할 수 있을까. 연구원들은 여성의 뇌가 더욱 정교하게 발달돼 있다는 데서 그 해답을 찾았다. 남자의 뇌는 여자보다 크지만 정보를 처리하는 회백질은 여자의 것이 오히려 크다는 것이다. 또 좌뇌와 우뇌를 연결해 커뮤니케이션을 돕는 신경다발도 여성의 것이 훨씬 두껍다고 한다. 남자 뇌의 신경다발이 숲 속에 난 좁은 오솔길이라면 여성의 그것은 2차로에 비교할 수 있다는 것이 연구소의 설명이다. 이 때문에 여자아이가 말을 더 빨리 배우고 표현력도 남자보다 앞선다는 것이다.[28]

그리고 자기공명장치를 활용하여 남성과 여성이 말을 할 때 일어나는 뇌의 활동을 연구한 결과에서 말을 할 때 남성은 주로 좌뇌 중심으로 뇌의 활동이 이루어지나 여성은 좌뇌와 우뇌에서 다양하게 반응한다는 것으로도 알 수 있다. 뇌의 무게가 남성이 여성보다 8%가 무겁고 발달부위도 다르다고 한다. 남성은 주로 폭력성과 관련된 부위가 활발하여 쉽게 화를 낸다고 하고 여성은 공간지각력이 낮고 감성 조절활동이 남성의 8배에 이른다. 듣기, 말하기, 기억하기 등을 주관하는 측두엽 부위의 신경세포의 숫자도 여성이 남성보다 10%정도 많다[29]는 것은 결국 언어 능력을 지배하는 뇌의 발달이 여성이 남성보다 앞선다는 것이다. 따라서 언어의 유창성에서 여성이 남성보다 앞선다고 볼 수 있다. 언어 습득의 속도를 보아서도 알 수 있다. 여자가 남자보다 언어습득이 빠르다는 것은 일반적으로 널리 알려져 있다. 그래서 여성의 취학 연령을 남성보다 3년 정도 앞당기자는 사람도 있다면 지나친 말일까. 결론적으로 여성이 남성보다 언어 능력이 발달되어 있다는 가설은 충분히 설득력을 가지고 있다.

---

28) 2002년 11월 14일자 동아일보
29) 2003년 3월 23일자 동아일보

10.3. 담화 빈도

동양이나 서양이나 여성의 말많음에 대한 경계는 마찬가지이다. 우리 속담에 '여자 셋이 모이면 접시가 깨진다. 계집의 입막기는 냇물 막기보다 어렵다. 여자가 말이 많으면 장맛이 쓰다. 암탉이 울면 집안이 망한다'와 같은 것이 있으며, 영국 속담에도 'Many women, many words. Many geese, many turds. Silence is the best ornament of a woman.'고 같은 것이 있고, 프랑스 속담에는 'Où femme y a, silence n'y a.'이 있다.[30] 과연 여성이 남성보다 말을 많이 할까? 그러나 여자가 남자보다 말이 많다는 연구결과는 아직 없다. 거꾸로 이성간에는 남성보다 여성의 대화 양이 적게 나타나는 것이 거의 일반적이다. 외국의 한 연구에서는 세 개의 그림을 남녀에게 주고 묘사시켜 보았더니 남자는 평균 13분간, 여성은 3.17분간 이야기해서 남성이 여성보다 이야기한 시간이 4배나 되었다고 하면서 남성의 대화가 공격적 주도형이기 때문에 여자보다 말이 많다고 하였다.[31]

그러나 동성간에서 일정한 시간에 대화의 양을 측정한다면 적어도 대화의 양은 남자보다 여자가 많을 개연성이 충분하다. 동성간의 대화에서는 여성과 여성 사이에 대화의 주도권을 서로 자기가 잡기 위해 한 사람이 계속 이야기하는 경우가 많다. 그리고 말의 속도나 주제의 다양성도 여성이 많을 것으로 생각한다. 여성 대화의 주제는 주로 가족관계를 중심으로 한 가정사들이어서 대화 주제가 작고 다양하기 때문에 대화가 계속 이어지는 경우가 많다. 반면, 남성은 대화 주제가 정치나 경제, 직장과 같은 외부적이어서 여성보다 다양하지 못하기 때문에 대화가 끊어지는 경우가 많다. 이러한 것은 이원표(2001:315)에서도 여자 진행자와 남자 진행자가 초대 손님에게는 보내는 청자반응신호는 273:156으로 남자가 훨씬 많았으나 상대방 진행자에게 청자반응신호를 보낸 경우는 각각 32:36으로 여자가 많이 나타났다고 하였다. 이것은 대화의 두 진행자 사이에서는 여자 진행자가 남자 진행자보다 말이 많다는 것을 알 수 있고 초대 손님의 대화에 끼어들기는 남성 진행자가 여성 진행자보다 더 많다는 것을 알 수 있다. 그리고 일반 대화에서 여성이 남성보다 말이 많은 것으로 보이는 것은 여성의 동성간 말하기에서 말하는 사람이 동시에 말을 하는 경우가 남성보다 많다. 그래서

---

30) 민현식(1995:45) 참조.
31) Coates(1993:33-36, 115-116) 참조.

여성끼리 말을 할 경우는 남성보다 말이 많은 것으로 보인다. 필자의 경험으로 전화 말하기에서도 여성은 남성보다 오랜 시간 동안 말하는 것으로 보이며, 또한 학교 수업시간에 발표의 횟수나 1회 발표 시 발표 시간 등도 여학생이 더 오래 하며 더 자주 하는 것 같았다. 결론적으로 여성이 남성보다 말을 잘하고 더 많이 하는 것인지는 정확하게 판단하기 어렵다. 다만, 남성의 권위적인 입장에서 여성이 남성과 거의 비슷하게 말을 하더라도 여성이 말을 많이 하는 것처럼 보일지는 모른다. 스폴스키(1998)에서도 여러 정황에서 남성이 여성보다 말을 많이 한다는 연구 결과가 나왔어도 여성이 남성보다 말을 많이 한다는 통념은 변하지 않고 있다고 하였다.

남성의 말없음에 대한 우스갯소리로 경상 지방 남편이 퇴근해서 돌아와 하는 말이 '아는(아이는) 밥 문나(먹었니) 자자'와 같은 말을 한다고 한다. 가정에서 여성은 말을 많이 해 주기를 바라고 남성은 말을 안 하려고 한다. 일반적으로 여성은 섬세하고 내성적이라서 남편이 밖에서 일어난 어떤 일들에 대해 궁금하게 생각하고 그것을 자세히 알려고 한다. 그러나 남성은 밖에 일어난 일을 여성(부인)에게 말을 한다는 것은 자신의 생활에 대한 간섭이나 영역 침범이라고 생각하여 가능한 말을 하지 않으려고 한다.

말수의 정도는 상황에 따라서 매우 다르게 나타날 것으로 보인다. 그 대상이 이성간이냐 동성간이냐, 상하관계이냐 동급관계이냐, 소원한 관계이냐 친한 관계이냐, 격식적인 자리이냐, 비격식적인 자리이냐 등과 같이 말하는 사람과 상황에 따라 말의 정도가 달라지게 될 것이다.

그리고 전통적으로 남성은 말이 없음을 미덕이라 여겼다. <논어>에서는 말을 삼가기를 끝임 없이 가르치고 있다. 그래서 <논어>에서 '말을 삼가라'는 가르침은 모두 다섯 군데 나온다. 세 군데는 '삼갈 愼'으로 표현했고 한 군데는 '말 참을 訒'이고 다른 한 군데는 '말 삼갈 謹'이 쓰였다. 그래서 옛말에 군자의 말은 적으나 신실하고 소인의 말은 많으나 신실하지 못하다(君子之言은 寡而實하고 小人之言은 多而虛니라)고 하여 남성에게는 말을 적게 하고 삼가기를 가르쳐 왔던 것이다.

아직 가정이기는 하지만 정리하면 격식적인 자리에서 이성간에는 남성이 여성보다 말을 많이 하고 동성간에는 여성이 남성보다 말을 많이 하는 것으로 보인다. 반대로 비격식적인 자리 자리에서는 이성간, 동성간 모두 여성이 남성보다 말을 많이 하는 것으로 보인다. 이것도 상황에 따라 매우 유동적이라는 점은 전제되어야 한다.

10.4. 끼어들기

대화에서 말을 이어가기는 방법에는 크게 세 가지가 있다. 하나는 상대의 말이 끝나기 전에 덧이어 말을 잇는 동시발화(overlapping)이고, 다른 하나는 남의 말을 가로채는 말끼어들기(interruption)이다.[32] 그리고 마지막으로 정상적인 말 주고받기(turn-taking)가 있다.

그런데, 이성간 대화에서 남성이 여성보다 끼어들기를 더 많이 한다는 것은 여러 연구에서 밝혀졌다. 지머만과 웨스트(1975)는 31개의 대화를 동성끼리, 이성끼리 등의 경우에 따라 분석했는데 다음과 같은 결과를 보인다.[33]

(20) [20쌍의 동성간 동시발화 현상] (Zimmerman&West1975:115)

	제1화자	제2화자	총계
동시발화	12	10	22
끼어들기	3	4	7

여기서는 동성간에 동시발화가 많음을 알 수 있다. 이처럼 동성간에 동시 발화가 많다는 것은 서로 발언권을 가지려고 하기 때문이다. 그러나 다음 (21)처럼 이성간에는 동시발화가 현저히 떨어지고 끼어들기가 많은 것을 알 수 있다.

(21) [11쌍의 이성간 동시발화 현상]

	남성 화자	여성 화자	총계
동시발화	9	0	9
끼어들기	46	2	48

---

32) 담화에서 끼어들기의 유형에 대한 연구는 임규홍(2001) 참조.
33) West&Zimmerman(1975:115,116, 1977). 민현식(1995)에서 재인용.

(21)에서 보는 것처럼 모든 동시발화나 말 끼어들기는 남성에 의해 이루어졌다. 동성간에는 말 끼어들기가 적어 7회:20쌍=0.35:1인데 반해 이성간에는 48회:11쌍=4.36:1의 비율이나 된다. 특히 그 중에 여성과 말할 때 남성의 말 끼어들기가 압도적으로 많은데, 이 같은 현상은 대화의 주도권 다툼에는 남성이 여성보다 훨씬 적극적임을 보여준다. 여성은 남성과 말할 때 남성의 말이 끝나기도 전에 동시발화하지 않으며 남성의 말이 끝나기를 기다린다. 그러나 남성은 그런 참을성이 적다. 이성간 대화에서 여성은 남성의 말 끼어들기 때문에 종종 침묵에 빠지게 된다. 이는 동성간 대화에서 여성의 침묵 시간은 평균 1.35초인데 이성간 대화에서 여성의 침묵 시간은 3.21초이었다[34]고 하는 결과만 보더라도 쉽게 알 수 있다.

여성은 남의 말을 빼앗고 끼어들면서도 앞에 말한 사람의 말에 동의하거나 공감하는 긍적적인 입장에서 주로 끼어들지만 남성은 앞에 말한 사람의 말에 대해 반박하거나 부정하면서 끼어들기를 하는 경향을 보인다.[35] 즉, 남성은 권위나 우월감을 나타내기 위해서 말을 하고, 여성은 상대를 편안하게 하고 연대하는 쪽으로 말을 이끌어간다고 할 수 있다.[36] 대화 진행에서 보면 여성이 순행적이라면 남성은 역행적이라는 것이다.

일반적으로 비격식적(사적)인 대화에서는 상대의 말에 맞장구치기(동조하기, 손뼉을 치는 행위 등)를 여성이 남성보다 더 많이 하기 때문에 여성이 끼어들기를 잘하는 것처럼 보이지만 맞장구치기는 부정적 끼어들기라고 하기 어렵다. 따라서 그러한 끼어들기는 대화의 순행적 진행을 위해 좋은 것이다. 공식적이고 격식적인 자리에서는 발언권 확보와 권위적인 측면에서 남성이 여성보다 끼어들기를 잘하는 것으로 보인다. 이성이 서로 비슷한 연령과 친밀한 사이에서는 여성이 남성보다 끼어들기와 말을 더 많이 하는 것처럼 보인다.

이성간 대화에서 여성들은 남성이 말을 하지 않아서 불만이고, 남성은 여성들이 자기들만 말하고 남성들에게 말할 기회를 주지 않아서 불만이다.[37] 이 끼어들기도 담화 상황에 따라 다르게 나타난다고 보아야 한다.

---

34) Coates(1993:110, 111), 민현식(1995:53-54) 참조.
35) 김순자(2000:61-92) 참조.
36) Nida, Eugene A.(1996), 송태효(2002) 참조.
37) 왕문용(2000:110-111) 참조.

10.5. 칭찬

여성은 남성보다 칭찬(compliment)을 많이 한다고 한다. 가령, 홀머스(1988)는 뉴질랜드에서 484개의 칭찬이 교환된 말뭉치를 분석한 결과 여성 사이의 칭찬은 51%(248개)이고, 남성 사이의 칭찬은 9%(44개)로 나타났다. 같은 성에서 여성이 남성보다 상대에게 훨씬 더 칭찬을 많이 하는 것으로 드러났다. 그러나 남성이 여성에게 칭찬한 것은 23.1%였고, 여성이 남성에게 칭찬한 것은 16.5%로 나타났다.[38] 남성이 여성에게 호감을 받으려고 하는 것이 여성이 남성에게 호감을 받으려는 욕구보다 높다고 할 수 있다. 이것은 단지 표면적으로 드러난 것으로 보아 남성이 여성보다 표현에서 적극적이라고 해석할 수도 있다.

우리나라에서도 이와 유사한 연구가 있다. 이형민(2003)은 남녀 대학생의 칭찬에 대한 조사 연구를 한 바 있다. 그 결과를 보면, 칭찬 수행 상황에서 전체적으로 남성은 156회(42.3%), 여성은 213회(57.7%)로 여성이 더 많이 나타났고, 주제 칭찬으로 특히 눈에 띄는 차이는 의상에 관한 칭찬은 여성은 30.7%, 남성은 19.3%로 나타났으며, 외모에 대한 칭찬은 남성이 29.3%, 여성은 38.0%로 여성이 훨씬 많았다. 이것은 여성이 남성보다 외모에 더 관심을 가지고 있음을 단적으로 나타내며 칭찬말도 그렇게 나타나고 있다. 반대로 소유에 대한 칭찬은 남성이 10.0%, 여성은 8.0%로 남성이 많다. 소유욕이 여성보다 남성이 많기 때문이라고 볼 수 있다. 칭찬할 때 사용하는 말은 '예쁘다'가 남성은 17.3%, 여성은 49.2%로 미모에 대한 관심과 칭찬이 여성에게 가장 많이 나타난다. 반대로 '멋있다'라고 하는 칭찬은 남성이 10.0%, 여성은 4.7%로 남성이 많이 나타났다. '멋있다'는 남성에 대한 칭찬말이고 '예쁘다'는 여성의 칭찬말이라고 할 수 있다. 이것은 여성미는 '예쁘다'로 대표할 수 있고 남성미는 '멋있다'로 대표할 수 있다는 말이다. 그리고 '굉장하다'라는 칭찬은 여성이 11.3%, 남성이 1.3%로 나타나서 여성이 남성보다 많이 나타났다. 칭찬의 수단으로는 성별 크게 차이가 나는 것은 글로 써서 칭찬하는 것으로 남성이 4.0%라면 여성은 10.0%로 크게 차이가 난다. 여성은 칭찬을 간접적으로 하는 경향이 많다고 볼 수 있다. 그런데 흥미로운 것은 남성과 여성의 이성간의 첫 만남에서 나타난 대화의 모습을 연구한 김순자(2001:155)에

---

38) Coates(1993:128) 참조

서는 호감유인 전략을 사용하면서 칭찬하기는 남성이 28(39%)이며, 여성이 3(4%)로 나타났다. 이것은 첫 만남이라는 특수한 환경과 여성이라는 성적 특성 때문이라고 볼 수 있다. 첫 만남에서 상대에게 호감을 유인하기에는 아무래도 남성이 여성보다 적극적이기 때문에 이러한 결과가 나온 것으로 보인다.

10.6. 손짓

인간이 말을 할 때는 세 가지 요소가 필요하다. 하나는 말이 가지는 그 자체의 의미 즉, 언표적 표현(verbal, locautional force)이라고 할 수 있다. 다른 하나는 말을 할 때 나타나는 소리의 차이이다. 소리의 높낮이나 세기 올림과 내림 등에 따라 의미가 달라지는 경우가 있다. 이것을 반언어적 표현(semi-verbal)이라고 한다. 마지막으로는 인상이나 손짓 등을 포함하는 몸짓인데, 이것을 비언어적 표현(non-verbal)이라고 한다.

그런데 말을 할 때 사용하는 몸짓은 남성과 여성이 차이가 있을까? 이에 대한 구체적인 연구는 아직 발견하지 못했다. 다만, 임규홍(2003)에서 중고등학생들이 혼자 말을 할 때 사용하는 몸짓을 연구한 적이 있는데 거기에서 남학생과 여학생의 손짓 사용 비율을 보면, 여학생이 남학생보다 더 손짓을 많이 사용하는 것으로 나타났다.[39]

(22)

성별 \ 내용	손짓 사용 비율(%) (손짓사용시간/전체발표시간×100)
남	21.44
여	22.63
전체	22.04
호응도 높은 학생	32.01

여성이 남성보다 말을 할 때 손짓을 많이 하는 것은 표현의 효과 측면에서 설득력이 있는

---

39) 전국 중·고등학교 이야기대회(2000년 10월 20일, 경상대학교 국어교육과와 전국국어교사모임 주관)에 참여한 남학생 21명, 여학생 31명의 이야기를 녹화 전사하여 분석하였음.

결과이다. 앞에서 언급한 것처럼 부사나 감탄사를 여성이 남성보다 많이 사용한다는 것과 같은 맥락이다. 부사는 어떤 대상에 대한 정도나 묘사를 구체적으로 나타내는 구실을 하고, 감탄사는 자신의 감정을 밖으로 표현하는 것이다. 따라서 이 두 말들에는 손짓을 자연스럽게 따라 사용함으로써 그 내용을 강조할 수가 있다. 그리고 위 결과에서 말을 더 잘하는 사람일수록 상대에게 호응도가 높은 사람일수록 손짓을 더 많이 하는 것으로 나타났다. 말을 잘하기 위해서는 적절한 손짓이 필요하다는 말이다. 여성이 남성보다 말을 잘 한다는 것은 이처럼 손짓을 적절히 사용함으로써 표현의 효과를 더 높이는 것과 관련이 있어 보인다. 일상적인 대화에서 여성과 남성의 대화를 자세히 관찰해보면 여성이 남성보다 손짓이나 다른 몸짓을 더 많이 사용하는 것을 쉽게 발견할 수 있을 것이다.

참고문헌

강등학 외(2000), 『한국 구비문학의 이해』, 월인.

강명윤(1992), 『한국어 통사론의 제문제』, 한신문화사.

강범모(1999), 『한국어의 텍스트 장르와 언어 특성』, 고려대학교 출판부.

강범모(2003), 『언어, 컴퓨터, 코퍼스 언어학』, 고려대학교 출판부.

강선희(1994), "감탄사와 담화표지의 관련성", 『우리말글연구』 1, 우리말글학회.

강성도(1988), "중학교 말하기, 듣기 지도 연구", 전북대학교 석사학위논문.

강소영(2004), "남녀 대학생의 거절 전략에 관한 조사 연구", 『텍스트언어학』 17, 한국텍스트언어학회.

강소영(2005), "구어 담화에서의 '그래 가지고'의 의미", 『한국어 의미학』 16, 한국어의미학회,

강소영(2009), "담화표지 '그러니까'의 사용에 내재한 화자의 담화전략 연구", 『語文研究』 60, 어문연구학회.

강소영(2014), "복합형 담화표지의 의미기능 연구—아 근데, 아니 근데를 중심으로", 『한국어 의미학』 44, 한국어의미학회.

강소영(2014), "화제 첫머리에 분포하는 담화표지의 실제", 『어문연구』 79, 어문연구학회.

강우원(2000), "담화표지 '참'과 어찌말 '참'의 비교 연구", 『언어과학』 7(1), 한국언어과학회.

강우원(2000), "긍정 대답말의 화용적 특성 비교 연구", 『우리말연구』 10, 우리말연구학회.

강우원(2002), "담화표지 '아'와 '어'의 특성 비교 연구", 『우리말연구』 12, 우리말학회.

강우원(2004), "경남 방언에 나타난 문화적 특성 연구", 『우리말연구』 14, 우리말학회.

강우원(2013), "경남 방언의 대화 시작말 '머꼬'에 대한 연구", 『우리말연구』 33, 우리말학회.

강정훈(2002), "한국어의 정도부사 연구: 비격식적 입말의 정도부사를 중심으로", 연세대학교 석사학위논문.

강정희(1987), "여성어의 한 유형에 관한 조사 연구 '-는/ㄴ거 있지(죠)'를 중심으로", 『국어학신연구』 1, 탑출판사.

강정희(1988), 『제주 방언 연구』, 한남대학교 출판부.

강정희(2004), "제주 방언의 인식 양태 표현", 한국방언학회 창립 기념 학술대회 발표 요약문, 한국방언학회.

강정희(2005), 『제주방언 형태 변화 연구』, 역락.

강태완 · 김태용 · 이상철 · 허경호(2001), 『토론의 방법』, 커뮤니케이션북스

강헌규(1968), "음성 상징과 sense 및 meaning의 분화에 의한 어휘 확장연구", 『국어교육』 14, 한국어교육학회.

강희숙(2006), "소설 『태백산맥』의 화용론—담화표지 '와, 웨, 잉'을 중심으로", 『한국언어문학』 57, 한국언어문학회.

강희숙(2011), "전남방언 담화표지 고찰—종결 담화표지를 중심으로", 『언어사실과 관점』 27, 연세대학교 언어정보연구원.

경남문화연구소(1993), 『경남문화연구』 15, 경상대학교 경남문화연구소

고영근(1970), "현대국어의 준자립형식에 대한 연구", 『어학연구』 6, 서울대학교 언어교육원.

고영근(1974), "현대국어 종결 어미에 관한 구조적 연구", 『어학연구』 10(1), 서울대학교 언어교육원.

고영근(1992), "텍스트의 경계를 어떻게 세울 것인가", 『언어학과 인지』, 한국문화사.

고영근(1995), 『단어 · 문장 · 텍스트』, 한국문화사.

고영근(1999), 『텍스트이론』, 도서출판 아르케.

공영일(1981), "대명사와 문장의 인지", 『언어와 언어학』 7, 한국외국어대학교 언어연구소.

공윤정(2006), "고등학교 문법 교과서의 '탐구'활동 개선 방안", 이화여자대학교 교육대학원 석사논문.

곽동훈(1985), "전통 가락을 따른 우리시 가락 읽기 연구", 『모국어 교육』 3, 모국어학회.

곽충구(1997), "중부 방언의 특징과 그 성격", 『한국어문』 4, 한국정신문화연구원.

구연미(1994), "임의성분의 유형과 일치현상", 『한글』 223, 한글학회.

구종남(1992), "국어 부가의문문의 융합 구조에 대하여", 『어학』 19, 전북대학교 어학연구소.

구종남(1992), "국어부정문 연구", 전북대학교 대학원 박사학위논문.

구종남(1997), "간투사 '아니'의 의미 기능", 『한국언어문학』 39, 한국언어문학회.

구종남(1998), "화용표지 '좀'에 대하여", 『한국언어문학』 41, 한국언어문학회.

구종남(1999), "담화표지 '어디'에 대하여", 『언어학』 7(3), 대한언어학회.

구종남(2000), "담화표지 '뭐'의 문법화와 담화 기능", 『국어문학』 35, 국어문학회.

구종남(2005), "담화표지 '다'에 대하여", 『한국언어문학』 67, 한국언어문학회.

구종남(2015ㄱ), "참의 감탄사와 담화표지 의미 기능", 『한민족어문학』 69, 한민족어문학회.

구종남(2015ㄴ), 『국어의 담화표지』, 경진출판.

구지민(2005), "학문 목적 한국어를 위한 강의 담화표지 학습 연구", 『한국어교육』 16(1), 국제한국어교육학회.

구현정(1995), "남성형-여성형 어휘의 형태와 의미 연구", 『국어학』 25, 국어학회.

구현정(1999), "대화의 원리에서 본 유머 담화", 『전국학술대회자료집』, 한말연구학회.

구현정(1999), 『대화의 기법』, 한국문화사.

구현정(2002), "조건 담화의 순서 교대 양상", 『언어과학연구』 21, 언어과학회.

구현정(2002), "말실수의 유형 연구: 대중매체 텍스트를 중심으로", 『사회언어학』 10(2), 한국사회언어학회.

구현정(2005), "말뭉치 바탕 구어 연구", 『언어과학연구』 32, 언어과학회.

구현정(2008), "아니, 안 하는 게 아니잖아: 부정 표현의 문법화", 『담화와 인지』 15(3), 담화인지언어학회.

구현정(2011), "구어와 담화: 연구와 활용", 『우리말연구』 28, 우리말학회.

구현정(2018), "한국어 담화표지 연구의 동향과 전망", 『한국어 연구의 새로운 흐름』, 박이정.

권순희 외(2011), "TV홈쇼핑 화장품 판매에 나타난 쇼호스트의 구매설득 말하기 방식", 『한국어문학』 6, 세계어문학회.

권유경(1998), "고등학교 여학생의 듣기 실태 연구", 경상대학교 교육대학원 석사학위논문.

권재일(1985), 『국어의복합문 구성연구』, 집문당.

권재일(1992), 『한국어통사론』, 민음사.

권재일(1996), "경북 방언의 인용 구문 연구", 『인문논총』 36, 서울대학교 인문과학연구소.

권재일(1998), "문법변화와 문법화", 『방언학과 국어학』, 태학사.

권종분(1998), "외국어 습득에 있어서 신체 언어 능력의 중요성 및 문화와 제스처의 관계", 『외국어교육연구』 1, 서울대학교 외국어교육연구회.

김경석(1996), "요청, 거부, 사과, 발화 행위의 전략", 『사회언어학』 4(2), 한국사회언어학회.

김경훈(1990), "정도부사의 의미론적 연구", 『서울산업대논문집』 31.

김계곤(1987), 『한글맞춤법풀이』, 과학사.

김광해(1984), "{-의}의 意味", 『문법연구』 5, 문법연구회.

김광해(1997), 『국어지식교육론』, 서울대학교 출판부.

김광해(2000), "우리나라 판결문의 텍스트성에 대한 연구", 『텍스트언어학』 8, 한국텍스트언어학회.

김광해(2001), 『한국어 사전』, 시사에듀케이션.

김광해·김대신(1997), "대학에서의 강의 담화에 대한 조사", 『국어교육』 95, 한국국어교육연구회.

김광희(2004), "담화표지 '인자'의 정보 유도와 응집성 실현", 『한국어의미학』 15, 한국어의미학회.

김교제(1911), 『목단화』.

김귀화(2014), "담화표지 '좀'의 담화전략에 관한 연구", 『중국조선어문』 195, 길림성민족사무위원회.

김규선(1990), "새 교과 편재에 따른 말하기, 듣기 학습지도의 효율화 방안", 『국어교육논지』 16, 대구교육대학 국어교육연구회.

김규철(2005), 『단어형성과 도상성에 대한 연구』, 박이정.

김금하(2000), "담화표지 그러- 형의 담화기능: 옷로비 청문회 전사자료를 중심으로", 고려대학교 석사학위논문.

김남성(1976), 『行動療法』, 培英社.

김남택(1995), "국어 정도부사+α구문의 통사 의미론적 연구", 경북대학교 박사학위논문.

김동석(1983), "화제의 기능과 통어 현상", 경북대학교 박사학위논문.

김두식(1982), "부가 의문문의 분석", 『논문집』 21, 경상대학교.

김두식(1986), "확인문으로서의 영어분열문의 분석", 『언어와 언어학』 12, 안국외국어대학교 언어연구소

김두식(1990), "영어 통사 현상의 기능적 요인에 대하여", 『언어논총』 8, 계명대학교.

김두식(2003), "변형규칙과 영문법 교육에의 적용(1)", 한국생성문법학회 가을 학술대회.

김명희(2005), "국어 의문사의 담화표지화", 『담화와 인지』 12(2), 담화·인지언어학회.

김명희(2006), "국어 의문사 '무슨'의 담화표지 기능", 『담화와 인지』 13(2), 담화·인지언어학회.

김명희·이다미(2003), "아동담화에서의 문중 -요의 양상과 기능", 『텍스트 언어학』 14, 한국텍스트언어학회.

김문웅(1980), "불완전 명사의 어미", 『국어교육론지』 7, 대구교육대학교.

김미령(2002), "대응발화 설정", 『우리말연구』 12, 우리말연구학회.

김미령(2006), 『의사소통 속의 대응 발화』, 세종출판사.

김미선(2012), "'그런데'의 담화 기능 연구", 『인문과학연구』 34, 강원대학교 인문과학연구소

김미숙(1997), "대화구조로 본 '아니'의 기능", 『담화와 인지』 4(2), 담화·인지언어학회.

김미진(2018), "제주도 방언의 담화표지에 대한 사회언어학적 연구", 『방언학』 27, 한국방언학회.

김민국(2011), "'말이다' 구성의 문법화와 화용화", 『국어학』 62, 국어학회.

김민수(1970), "國語의 格에 대하여", 『국어국문학』 49-50, 국어국문학회.

김민수(1997), 『우리말 어원 사전』, 태학사.

김보영(2014), "구어 말뭉치와 한국어 교재에서의 담화표지 '좀'의 기능 비교 연구", 『언어사실과 관점』 34, 연세대학교 언어정보연구원.

김봉모(1983), "국어 매김말 연구", 부산대학교 박사학위논문.

김상준(2002), "남북한 방송보도의 비언어 커뮤니케이션에 관한 비교 연구", 『화법연구』 4, 한국화법학회.

김상훈(2013), "한국어 담화표지 연구: (아무튼/어쨌든/하여튼)을 중심으로", 상명대학교 석사학위논문.

김상희(2000), "국어화법과 대화분석-한국어 교실의 의사소통의 양상", 『화법연구』 2, 한국화법학회.

김선영(2016), "구어 담화에서 나타나는 '무슨(museun)'의 담화표지 기능", 『언어와 문화』 12(3), 한국언어문화교육학회.

김선정·김신희(2013), "여성 결혼이민자의 구어에 나타난 담화표지 사용 양상 연구", 『언어과학연구』 64,

언어과학회.

김선희(1995), "담화표지의 의미 연구", 『논문집—목원대학교』 27, 목원대학교.

김선희(2001), 『우리 사회 속의 우리말』, 한국문화사.

김성옥(2010), "발표 담화표지 학습이 학문적 구두 발표 능력에 미치는 영향", 이화여자대학교 석사학위논문.

김성훈(1994), "텍스터에서의 생략현상에 대한 연구", 『텍스트 언어학』 I, 서광학술자료사.

김세중(1992), "신문 광고와 외래어", 『새국어생활』 2(2), 국립국어원.

김수빈(2005), "담화표지 '저기(요)', '아니 근데', '그래'에 대한 연구", 강원대학교 석사학위논문.

김수업 외(1993, 1994), "진양군 대평면의 구비문학 · 설화 채록", 경남문화연구소

김수업(1973), "우리 시가의 전통적 운율", 『청계 김사엽 박사 송수기념논총』.

김수업(1978), 『배달문학의 길잡이』, 금화.

김수업(1990), 『국어교육의 원리』, 청하.

김수업(1992), 『배달 문학의 갈래와 흐름』, 현암사.

김수업(2006), 『배달말 가르치기, 나라말』, 나라말.

김순자(1999), "대화의 맞장구 수행 형식과 기능", 『텍스트 언어학』 6, 한국텍스트언어학회.

김순자(2000), "말차례 뺏기에 나타난 남녀 화자의 특징", 『화법연구』 2, 한국화법학회.

김순자(2001), "이성간의 첫 만남 대화 분석", 『텍스트언어학』 11, 한국텍스트언어학회.

김순자(2000), "국어화법과 대화분석—말차례 뺏기에 나타난 남녀 화자의 특징", 『화법연구』 2, 한국화법학회.

김순자 · 이필영(2014), "담화표지의 습득과 발달", 『국어교육』 188, 한국어교육학회.

김승동(1994), "현대국어 부정문의 의미 해석와 관한 연구—'안', '–지 않–' 부정문을 중심으로", 동국대학교 교육대학원 석사학위논문.

김승렬(1969), "아동어의 음운체계의 발달", 『한국국어교육연구소 논문집』 2, 한국국어교육연구소

김에스더(2008), "한국어 학습자를 위한 담화표지 연구: 뭐, 왜, 어디를 중심으로", 경희대학교 석사학위논문.

김영란(2000), "'왜'의 화용기능", 『한국어의미학』 6, 한국어의미학회.

김영순(1989) "중학교 국어교육의 듣기지도 효율화 방안 연구", 고려대학교 석사학위논문.

김영순(1999), "언어 기호로서의 인간 동작", 『언어과학연구』 16, 언어과학회.

김영순(2000), "한국인 손동작의 의미와 화용", 『한국어 의미학』 6, 한국어의미학회.

김영순(2003), "손짓 언어의 기호화용론", 『언어과학연구』 24, 언어과학회.

김영순 · 임지룡(2002), "몸짓 의사소통적 한국어 교수법 모형", 『이중언어학』 20, 이중언어학회.

김영임(1998), 『스피치 커뮤니케이션』, 나남.

김영진(2014), "한국어 담화표지 그래의 관용표현 기능 연구", 상명대학교 석사학위논문.

김영철(2004), "우리말 담화표지의 기능 고찰—'거시기'를 대상으로", 『한국언어문학』 52, 한국언어문학회.

김영철(2005), "우리말 담화표지 '아' 고찰", 『국어문학』 40, 국어문학회.

김영철(2006), "국어 담화표지 '어'의 고찰", 『국어문학』 41, 국어문학회.

김영철(2007), "우리말 담화표지 '참' 고찰", 『국어문학』 43, 국어문학회.

김영철(2008), "우리말 담화표지 '자' 고찰", 『국어문학』 4, 국어문학회.

김영철(2010), "우리말 담화표지 '막' 고찰", 『국어문학』 48, 국어문학회.

김영철(2015), "우리말 담화표지 '인자' 고찰", 『국어문학』 58, 국어문학회.

김영태(1998), 『경남 방언과 지명 연구』, 경남대학교 출판부.

김영태(1990), 『창원지역어의 부사연구』, 『어문논집』 4, 1-30, 경남대학교 국어교육과.

김영희 외(1987), 『국어학 서설』, 정음사.

김영희(1974), "처소격 조사 '에서'의 생성적 분석", 『연세어문학』 5, 연세대학교 국어국문학과.

김영희(1978), "겹주어론", 『한글』 162, 한글학회.

김영희(1979), "한국어 제시어의 문법", 『주시경 학보』 4, 탑출판사.

김영희(1985), "셈숱말로서의 정도부사", 『한글』 190, 한글학회.

김영희(1988), 『한국어 통사론 모색』, 탑출판사.

김영희(1994), "부정 진술 의문문에서의 되풀이 현상", 『부산 한글』 13, 한글학회 부산지회.

김영희(1995), "화용표지 '말이다'의 통사론적 고찰", 『한국학논집』 22, 계명대학교 한국학연구소.

김영희(2005), "수사 의문문에서의 되풀이 현상", 『어문학』 87, 한국어문학회.

김완진(1970), "文接續의 '와'와 句接續의 '와'", 『語學研究』 6(2), 서울대학교 언어교육원.

김용도(2001), 『텍스트언어학 문헌목록 연구』, 세종출판사.

김용석(1981), "연결어미 '-는데'에 대하여", 『배달말』 6, 배달말학회.

김용석(1983), "한국어 보조동사 연구", 『배달말』 8, 배달말학회.

김용수(1993), 『겨레말 갈래 큰 사전』, 서울대학교 출판부.

김웅배(1991), 『전라 남도 방언 연구』, 학고방.

김위향(2004), "홈쇼핑 대화의 진행구조에 따른 설득 전략", 한양대학교 교육대학원 석사학위논문.

김유정(1933), 『총각과 맹꽁이』.

김은정(1998), "담화표지 '그래, 글쎄, 아니'의 기능", 부산대학교 석사학위논문.

김은주(2002), "TV홈쇼핑 쇼핑호스트의 방송언어 핵심역량 분석", 고려대학교 대학원 석사학위논문.

김인경·허경호(2005), "웰빙 광고 담화에 나타난 설득적 특성", 『스피치와 커뮤니케이션』 4, 한국스피치커뮤니케이션학회.

김일웅(1982), "우리말 대용어 연구", 부산대학교 박사학위논문.

김일웅(1984) "대명사의 생략현상", 『언어연구』 7, 부산대학교 어학연구소.

김일웅(1986), "생략의 유형", 『國語學新研究』 1. 若泉 金敏洙敎授華甲記念, 탑출판사.

김일웅(1989), "담화의 짜임과 그 전개", 『부산대 인문논총』 34, 부산대학교.

김일웅(1990), "담화의 짜임과 시제의 해석", 『언어연구』 12, 부산대어학연구소.

김정대(1983), "{요}청자존대법에 대하여", 『가라문화』 2, 경남대학교.

김정대(1990), "아, 게, 지, 고가 명사구 보문소인 몇 가지 증거", 『주시경학보』 5, 탑출판사.

김정대(1998), "경남 방언의 성격", 『방언학과 국어학』, 태학사.

김정대(2006), "개별방언의 자료 정리와 경어법 연구", 『방언학』 4, 한국방언학회.

김정대(2009), "방언의 수집과 전사에 대하여", 『배달말』 45, 배달말학회.

김정선(1999), "상거래 대화에서의 공손 전략", 『텍스트언어학』 7, 텍스트언어학회.

김정선(1997), "텔레비전 광고 텍스트의 구조와 대화", 『한국언어문화』 15, 한국언어문화학회.

김정호(1962), "생략(省略)에 대하여", 『한글』 130, 한글학회.

김종록(1992), "국어 접속문 구성에서의 주어 및 주제어 특성(1)", 『文學과 言語』 13, 한국어문학회.

김종택(1968), "상징어에 관한 일 고찰", 『대구교대논문집』 3, 대구교육대학교.

김종택(1982), 『국어 화용론』, 형설출판사.

김종택·임지룡(1998), 『화법 이론과 실제』, 정림사.

김주미(2004), "담화표지 '있잖아'에 대하여", 『한말연구』 14, 한말연구학회.

김지홍(1991), "동사구 보문화에서 공범주로 실현되는 동지표 논항에 대하여", 『석정이승욱선생회갑기념논총』, 원일사.

김지홍(1992), "국어부사형어미 구문과 논항구조에 대한 연구", 서강대학교 박사학위논문.

김지홍(2010), 『언어의 심층과 언어교육』, 경진.

김진수(1985), "시간부사 '벌써', '이미'와 '아직'의 상과 통사제약", 『한글』 189, 한글학회.

김진우(1985), 『언어 그 이론과 응용』, 탑출판사.

김진우(1994), 『언어와 의사소통』, 한신문화사.

김진우(2004), 『언어』, 탑출판사.

김차균(1970), "경남방언의 성조 연구", 『한글』 139, 한글학회.

김차균(2002), 『국어 방언 성조론』, 역락.

김충회(1990), "충청북도의 언어지리학", 단국대학교 박사학위논문.

김창섭(1981), "현대국어의 복합 동사 연구", 『국어연구』 47, 국어연구학회.

김태곤 외(1995), 『한국구비문학개론』, 민속원.

김태엽(1979), "국어 독립어의 문법성", 『언어학』 18, 한국언어학회.

김태엽(1985), "의문법 어미 {-ㄴ교}의 형성", 『백민 전재호 박사 화갑기념 국어학론총』, 형설.

김태엽(1990), "의존명사 {것}의 문법화와 문법변화", 『대구어문론총』 8, 우리말글학회.

김태엽(1998), "경상 방언의 시제형태", 『방언과 국어학』, 태학사.

김태엽(2000), "국어 담화표지의 유형과 담화표지되기", 『우리말글』 19, 우리말글학회.

김태엽(2000), "국어 종결어미의 문법화 양상", 『어문연구』 33, 어문연구학회.

김태엽(2000), "담화표지되기와 문법화", 『우리말글』 26, 우리말글학회.

김태엽(2003), "국어부름말의 문법", 『우리말글』 29, 우리말글학회.

김태인(2015), "서남방언 담화표지 '이' 고찰", 『방언학』 21, 한국방언학회.

김태자(1997), "담화분석에 의한 해학의 의미해석", 『한글』 238, 한글학회.

김하수(1989), "언어 행위와 듣는이의 신화에 관한 화용론적 분석 시도-담화 속에서 '네'", 『외국어로서의 한국어교육』 14, 연세대학교 언어연구교육원.

김한샘(2002), "현대 국어 사용 빈도 조사", 국립국어원.

김해연(1999), "한국어 대화상에서의 화자와 청자에 대한지칭 표현", 『담화와 인지』 6(1), 담화인지언어학회.

김해연(2004), "사회언어학에서의 담화연구", 『사회언어학』 12(2), 한국사회언어학회.

김향화(2001), "한국어 담화표지의 기능", 『한국학논집』 28, 계명대학교 한국학연구소

김향화(2005), "담화표지 《말이다》에 대한 고찰", 『중국조선어문』 136, 길림성민족사무위원회.

김현주(1997), "'일상 경험담'과 '민담'의 구술성 연구", 『구비문학연구』 4, 한국구비문학연구.

김현지(2015), "한국어 구어에서 '정말?', '진짜?'의 담화 기능 연구", 『언어와 언어학』 66, 한국외국어대학교 언어연구소

김형규(1974), 『한국 방언 연구』, 서울대학교 출판부.

김형주(1961), "남해도 방언 연구", 『문창어문논집』 3, 문창어문학회.

김형규(1977), 『국어학개론』, 일조각.

김형민(2003), "한국대학생의 칭찬 화행 수행 및 응대 상황에 대한 연구", 『한국어의미학』 12, 한국어의미학회.

김형정(2002), "한국어 입말 담화의 결속성 연구", 『텍스트언어학』 13, 한국텍스트언어학회.

김혜숙(1991), 『현대 국어의 사회언어학적 연구』, 태학사.

김혜숙(1995), "현대 국어 생활에 나타난 높낮이 말씨 선택의 변화 양상", 『사회언어학』 3(1), 한국사회언어학회.

김혜숙(2006), "총장 연설 화법의 텍스트담화적 전략", 『사회언어학』 14(2), 한국사회언어학회.

김홍자(2003), "말 중단시키기(Unterbrechung)의 담화기능과 성", 『언어과학연구』 26, 언어과학회.

김홍자(2003), "웃음불변화사와 텍스트성", 『언어과학연구』 25, 언어과학회.

김홍자(2004), "여성화자의 수용적 대화태도—불변화사, 정체성과 관련하여", 『언어과학연구』 29, 언어과학회.

김홍자(2005), "의사의 대화행위가 환자치료에 미치는 영향—우울증 환자를 중심으로", 『언어과학연구』 35, 언어과학회.

김효진(2004), "TV홈쇼핑 전문 진행자의 언어 사용 양상 연구", 『국어교과교육연구』 7, 국어교과교육학회.

김희숙(1997), "좀의 화용적 기능", 『인문과학논집』 17, 청주대학교 인문과학연구소.

나은미(2001), "광고 담론의 이데올로기 표현 방식", 『화법연구』 3, 화법연구.

나찬연(1996), "같은꼴 되풀이표현에 대하여", 『우리말연구』 6, 우리말학회.

나찬연(1999), "낱말 되풀이 표현의 설정", 『화법연구』 1, 한국화법학회.

남경완(2002), "유머텍스트의 내적 구조와 추론 양상", 『텍스트언어학』 13, 한국텍스트언어학회.

남기심(1978), "'-아서'의 화용론", 『말』 3, 연세대학교 한국어학당.

남기심·고영근(1986), 『표준국어문법론』, 탑출판사.

남길임(2006), "말뭉치 기반 국어 분열문 연구", 『형태론』 8(2), 형태론.

남길임·차지연(2010), "담화표지 '뭐'의 사용패턴과 기능", 『한글』 288, 한글학회.

노대규(1989), "국어의 구어와 문어의 특성", 『매지논총』 6, 연세대학교 매지학술연구소

노대규(1996), 『한국어의 입말과 글말』, 국학자료원.

노대규(1997), 『한국어의 감탄문』, 국학자료원.

노명완(1986), "제5차 초, 중학교 국어과 교육과정 개정시안 연구개발", 한국교육개발원.

노석기(1987), "담화의 엮음 관계연구", 『부산외국어대학교 논문집』 5, 부산외국어대학교

노석기(1990), "우리말 담화의 결속 관계 연구", 『한글』 208, 한글학회.

노은희(1994), "담화에서의 생략에 대한 비판적 고찰", 『先淸語文』 22, 서울대학교 국어교육과.

노은희(1997), "대화에서 반복 표현의 성립 조건과 유형", 『국어교육연구』 4, 서울대학교 국어교육연구소.

노은희(2002), "청자 맞장구 유형과 기능 연구", 『화법연구』 4, 한국화법학회.

노은희(2006), "일상 대화에 나타난 발화의 '예고 표현'에 관한 연구", 『한국텍스트언어학』 20, 텍스트언어학회.

노은희(2012), "본격적인 화제 전환을 위한 담화표지 연구—'다름 아니라', '그건 그렇고'를 중심으로", 『화법연구』 2, 한국화법학회.

노형남(2004), "기회주의적인 호텔 종사자의 플래쉬몹 같은 고객의 화법 분석", 『화법연구』 7, 한국화법학회.

도수희(1977), "충남 방언의 모음변화에 대하여", 『이숭녕 선생 고희 기념 논문집』, 한글학회.

문순덕(1999), "제주 방언의 부정 표현 연구", 제주대학교 박사학위논문.

려증동(1985), 『한국어문교육』, 형설출판사.

류동석(1990), "助詞 省略", 『國語研究 어디까지 왔나』, 서울大學校 大學院 國語研究會.

리련희(2016), "'좀'의 기능에 관한 고찰", 『중국조선어문』 202, 길림성민족사무위원회.

리상벽(1964), 『화술통론』, 조선 문학 예술 총동맹 출판사.

리상벽(1975), 『조선말화술』, 사회과학 출판사.

마르띤 프로스트(1981), "조사 생략문제에 관하여", 『한글』 171, 한글학회.

모홍월(2016), "중국인 학습자를 위한 한국어 담화표지 교육 방안 연구: 담화표지 '그러게'를 중심으로", 부산대학교 석사학위논문.

문병우(2002), 『한국어 화용표지 연구』, 국학자료원.

문순덕·김원보(2012), "제주방언 담화표지 '계메' 연구", 『언어학연구』 17(1), 한국언어연구학회.

민현식(1991), "부사 분류론", 석정 이승욱 선생 회갑기념 논총.

민현식(1995), "국어의 여성어 연구", 『아세아여성연구』 34, 숙명여자대학교 아세아 여성 문제 연구소

민현식(1996), "국어의 성별어 연구사", 『사회언어학』 4(2), 한국사회언어학회.

민현식(1997), "국어 남녀 언어 특성", 『사회언어학』 5(2), 한국사회언어학회.

박갑수(1992), "방송 광고에 나타난 언어의 문제", 『새국어생활』 2(2), 국립국어원.

박경래(1998), 『중부 방언』, 태학사.

박근영(2000), "'거시기'의 문법화," 『한국어 의미학』 7, 한국어의미학회.

박근영(2006), "'이', '그', '저(뎌)'의 의미 기능 변화", 『언어와 문화』 2(1), 한국언어문화교육학회.

박근우(1985), "담화의 정보구조", 새결 박태결선생회갑기념논총.

박덕유(1995), "담화분석의 전개와 방향", 『인하대 국어교육연구』 7, 인하대학교 국어교육연구소.

박미영(1985), "시행과 문장의 관계를 통해 본 시조의 형식", 한국정신문화원 석사학위논문.

박병수(1974), "Tag Questions재고: Discourse Analysis의 한 시도", 『영어영문학』 51, 52 합병호, 영어영문학회.

박석준(2006), "한국어 구어 말뭉치의 형태 주석 방법과 몇 가지 문제에 대하여", 『언어와 문화』 2(3), 한국언어문화교육학회.

박석준(2007), "담화표지화의 정도성에 대한 한 논의: '뭐, 어디, 왜'를 대상으로", 『한말연구』 21, 한말연구학회.

박석준·남길임·서상규(2003), "대학생 구어 텍스트에서의 조사. 어미", 『텍스트언어학』 15, 한국텍스트언어학회.

박성종(1998), "강원도 방언의 성격과 특징", 『방언학과 국어학』, 태학사.

박순함(1967), A transformational Analysis of Negation in Korean, 백합출판사.

박승윤(1986), "담화의 기능상으로 본 국어의 주제", 『언어』 11(1), 한국언어학회.

박승윤(1990), 『機能文法論』, 한신문화사.

박영순(1985), 『韓國語 統辭論』, 집문당.

박영순(1998), 『한국어 문법 교육론』, 박이정.

박영준(1991), "국어 명령문 연구", 고려대학교 박사학위논문.

박용수(1993), 『겨레말 갈래 큰 사전』, 서울대학교 출판부.

박용익(1997), "텔레비전 정치 토론회의 대화 분석", 텍스트언어학 4, 한국텍스트언어학회.

박용익(1998), 『대화분석론』, 한국문화사.

박용익(1999), "드라마 분석을 위한 언어학적 대화분석의 응용 가능성", 『텍스트언어학』 7, 한국텍스트언어학회.

박용익(2000), "신문 텍스트의 대화성과 행위 유형", 『텍스트언어학』 8, 한국텍스트언어학회.

박용익(2004), "위기에서 정치인들은 어떻게 행동하는가?—2004 총선시민연대의 낙선대상자 명단발 표와 관련 정치인들의 반응에 관한 대화분석적 연구", 『텍스트언어학』 16, 한국텍스트언어학회.

박용익(2004), "의사소통능력 개발을 위한 대화분석 연구의 활용과 그것의 언어학적 의미", 『텍스트언어학』 17, 한국 텍스트언어학회.

박용한(2002), "TV 생방송 토론 대화에서의 대화 전략 연구―대화 구조 지배 전략을 중심으로", 『사회언어학』 10(1), 한국사회언어학회.

박용후(1988), 『제주 방언 연구』, 과학사.

박은하(2007), "텔레비전 광고에 나타난 성별차이어의 인식 조사", 『사회언어학』 15(2), 사회언어학회.

박종갑(1982), "의창지역어의 수사의문문에 대한 연구", 영남대학교 석사학위논문.

박종갑(1987), "국어 의문문의 의미 기능 연구", 영남대학교 박사학위논문.

박종갑(1991), "한국어 부가 의문문의 언어학적 의의", 『들메 서재극 박사 환갑 기념 논문집』, 계명대학교 출판부.

박종갑(2001), "국어부정문의 중의성에 대하여(1)", 『한민족어문학』 38, 한민족어문학회.

박종성(1995), "구비설화텍스트의 언어학적 분석", 『구비문학연구』 2, 구비문학회.

박지윤(2011), "경북방언 '인자'의 담화표지 실현 양상―중부방언 '인제'와의 비교를 중심으로", 『화법연구』 18, 한국화법학회.

박창해(1990), 『한국어 구조론 연구』, 탑출판사.

박형우((2003), "부정문의 유형 분류", 『청람어문교육』 26, 청람어문교육연구회.

박혜선(2011), "담화표지어 '좀' 사용 연구: 중국인 한국어 학습자를 대상으로", 『응용언어학』 27(1), 한국응용언어학회.

박혜선(2012), "담화표지어 '그냥'에 대하여", 『언어학』 20(1), 대한언어학회.

배주채(1998), 『서남 방언』, 태학사.

백문석(1998), 우리말의 뿌리를 찾아서, 삼광출판사.

백승국(2006), "광고콘텐츠의 스토리텔링 전략―국순당 광고의 기호학적 분석", 『텍스트언어학』 20, 한국텍스트언어학회.

범금희(2002), "{어가지고}와 관련된 문법화 현상에 대하여", 『배달말』 30, 배달말학회.

범금희(2006), "대구 토박이말의 {어 가지고} 어형별 관련 양상", 『한민족어문학』 30-49, 한민족어문학회.

범금희(2009), "한국어 연결어미류의 실현양상에 대한 텍스트 분석적 연구", 영남대학교 박사학위논문.

변선영(2003), "이야기 쓰기에 나타난 건청아동과 청각장애 아동의 결속표지 비교", 단국대학교 석사학위논문.

서경희 · 김규현(1995), "'겠' 구문의 대화 분석", 『사회어어학회』 3(1), 한국사회언어학회.

서덕현(1999), "스포츠중계의 언어 사용 양상", 『화법 연구』 1, 한국화법학회.

서민정(1996), "대답말의 특징과 분류", 『국어국문학』 33, 부산대학교 국어국문학과.

서상규(1984), "국어부정문의 의미 해석 원리", 『말』 9, 연세대학교 한국어학당

서상규(2005), "부사와 관형사", 『새국어생활』 15(1), 국립국어연구원.

서상규 · 구현정(2002), 『한국어 구어 연구(1)』, 한국문화사.

서승아 · 김혜숙(2008), "구어(口語) 담화표지(談話標識)의 환담적(歡談的) 기능(機能) 연구(研究)―무릎 팍 도사의 담화표지 오를 중심으로", 『새국어교육』 80, 한국국어교육학회.

서원섭(1977), "평시조의 형식연구", 『語文學』 36, 한국어문학회.

서정범(1969), "여성에 관한 명칭고", 『아세아여성연구』 8, 숙명여자대학교 아세아 여성 문제 연구소.

서정수(1975), "국어 부사류어의 구문론적 연구", 『현대국어문법 연구논문선』 4집, 계명대학교 출판부.

서정수(1978), "국어의 보조동사", 『언어』 3(2), 한국언어학회.

서정수(1982), "연결어미 '-고'와 '-어서'", 『언어와 언어학』 8, 한국외국어대학교 언어연구소.

서정수(1991), "동사 "되-"에 관하여", 『東方學志』 71-72, 연세대학교 국학연구원.

서태룡(1988), 『國語活用語尾의 形態와 意味』, 탑출판사.

서태룡(1993), "국어 어미의 음소와 의미", 『진단학보』 76, 진단학회.

서혁(1991), "단락·문장의 중요도 파악과 단락의 주제문 작성 능력이 요약에 미치는 효과—설명문을 중심으로", 서울대학교 박사학위논문.

성광수(1971), "부정변형에 대하여", 『국어국문학』 52, 국어국문학회.

성광수(1978), 『國語助詞에 대한 研究』, 형설출판사.

성광수(1980), "국어 부가의문문에 대하여", 『한글』 168, 한글학회.

성광수·김영순(1999), "다중문화 교육을 위한 동작 분석 연구", 『이중언어학』 16, 이중언어학연구.

성기철(1972), "어미 '고'와 '어'의 비교 연구", 『국어 교육』 18-20, 한국어교육학회.

성낙수(1992), 『제주도 방언의 통사론적 연구』, 계명문화사.

소지원(2004), "Actually의 담화표지어 용법", 동국대학교 교육대학원 석사학위논문.

손남익(1989), "국어 부사연구", 고려대학교 석사학위논문.

손세모돌(1988), "'좀'의 상황적 의미", 『한국학논집』 13, 한양대학교 한국학 연구소

손영애(1987), 『국어과 교육 과정』, 교육개발.

손은남·박선희(2012), "치매의 유형 및 중증도에 따른 결속표지 특성", 『재활복지』 16(2), 한국장애인재활협회.

송경숙(1996), "논쟁에서의 남성과 여성의 차이", 『사회언어학회』 4(2), 한국사회언어학회.

송경숙(1998), "제15대 대통령후보 초청 TV 합동토론회 분석", 『사회언어학』 6(1), 한국사회언어학회.

송경숙(2000), "TV 생방송 토론의 사회언어학적 분석", 『사회언어학』 8(1), 한국사회언어학회.

송경숙(2002), "전자담화에서의 전제 분석", 『텍스트언어학』 12, 한국텍스트언어학회.

송경숙(2003), 『담화분석』, 한국문화사.

송경숙(2004), "컴퓨터-매개-담화에서의 대화체 구성", 『텍스트언어학』 17, 한국텍스트언어학회.

송병학(1985), "Discourse Particles, Well, Now, Anyway 의미 연구", 『언어』 6, 충남대학교 어학연구소

송병학(1987), "관심획득표지(attention-getter)의 의미기능", 『언어』 8, 충남대학교 어학연구소

송병학(1994), "담화불변화사 아니", 『우리말 연구의 샘터』, 연산도수희선생 화갑기념논총 간행위원회.

송복승(2001), "복합동사 '기다'의 형성과 논항구조의 변화", 『배달말』 28, 배달말학회.

송석중(1973), A Note on Negation in Korean, Linguistics 76.

송석중(1977), "{부정의 양상}의 부정적 양상", 『국어학』 5, 국어학회.

송석중(1981), "한국말의 부정의 범위", 『한글』 173, 한글학회.

송인성(2013), "담화표지 '뭐'의 기능과 운율적 특성", 『한국어학』 58, 한국어학회.

송인성(2014), "'막'의 운율적 특성과 담화적 기능", 『한국어학』 65, 한국어학회.

송인성(2015), "국어 담화표지의 기능과 운율", 고려대학교 박사학위논문.

송인성·신지영(2014), "담화표지 좀의 기능과 형태·운율적 특성의 실현 양상", 『한국어학』 62, 한국어학회.

송한선(1985), "비언어적 행위에 있어서 문화 패턴 비교", 한국외대학교 석사학위논문.

신기상(1980), "동부경남방언의 존재법에 대하여", 『국어국문학』 82, 국어국문학회.

신아영(2011), "감탄사를 활용한 한국어 말하기 전략 교육 연구: '네', '그래', '아니'류의 담화 기능을 중심으로", 세종대학교 석사학위논문.

신우봉(2015), "濟州方言談話標識'계메'의 韻律的 特性과 談話的 機能의 相關關係", 『어문연구』 43(4), 한국어

　　문교육연구회.

신지연(1988), "국어 간투사의 위상연구", 『국어연구』 83, 국어연구회.

신지연(1989), "국어 간투사의 화용론적 특성", 『주시경학보』 3, 탑출판사.

신지연(1993), "구어에서의 지시어의 용법에 대하여", 『어학연구』 29(3), 서울대학교 어학연구소.

신지연(1999), "구어 텍스트 형성에 대한 연구", 『텍스트언어학』 7, 한국텍스트언어학회.

신지연(2001), "감탄사의 의미 구조", 『한국어 의미학』 8, 한국어의미학회.

신지연(2002), "국어 구어의 부사 연구", 『인문과학』 11, 목원대학교 인문과학연구소

신지연(2002), "정도부사의 범주화 기준에 대하여", 『語文學』 78, 韓國語文學會.

신현숙(1982), "목적격 표지/-를/의 의미 연구", 『언어』 7(1), 한국언어학회.

신현숙(1989), "담화대용표지의 의미 연구", 『국어학』 19, 국어학회.

신현숙(1990), "담화대용 표지 '그래'의 의미 연구", 『인지과학』 2(1), 한국인지과학회.

심란희(2011), "의사소통 중심의 한국어교육을 위한 담화표지 '그냥'의 기능 연구", 연세대학교 석사학위논문.

심영택(1989), '듣기능력 향상을 위한 실험연구', 서울대학교 석사학위논문.

심영택(2004), "설득의 원리와 전략 및 설득 논법에 관한 연구", 『화법연구』 7, 한국화법학회.

심재은(1996), "고등학교 불어교육에 있어서 신체 언어교육의 필요성과 그 방안", 서울대학교 석사학위논문.

안윤미(2012), "담화표지 '그러게'에 대한 연구", 『한국어학』 56, 한국어학회.

안의정(1998), "한국어 입말뭉치 전사 방법 연구", 연세대학교 박사학위논문.

안정근(1993), "환자의 언어가 의사의 진단에 미치는 영향", 『사회언어학』 1, 한국사회언어학회.

안정근(1997), "시장에서 행해지는 가격흥정의 담화분석", 『사회언어학』 5(2), 한국사회언어학회.

안정아(2008), "담화표지 '막'의 의미와 기능", 『한국어학』 40, 한국어학회.

안정아(2015), "부사 기원 담화표지의 담화 기능 비교 연구―그냥, 막, 좀을 중심으로", 『언어와 정보 사회』 26, 서강대학교 언어정보연구소

안주호(1992), "한국어 담화표지 분석", 『외국어로서의 한국어 교육』 17(1), 연세대학교 한국어학당.

안주호(2001), "한국어의 문법화와 역문법화 현상", 『담화와 인지』 8(2), 담화인지언어학회.

안주호(2003), "한국어 구어에서 정도부사" 『언어과학연구』 24, 언어과학회.

안주호(2009), "축약형 담화표지 '좀/막'에 대한 연구", 『한국사전학』 14, 한국사전학회.

안주호(2010), "축약형 담화표지 '좀'에 대한 연구", 『國際言語文學』 226, 國際言語文學會.

안주호(2012), "감탄사 유래 담화표지의 의미기능 연구", 『언어과학연구』 61, 언어과학회.

안주호(2014), "응답표지 기능의 '됐어'류에 대한 연구", 『한국어 의미학』 46, 한국어의미학회.

양동휘(1976), Korean Negation Revisited, 『언어』 1(1), 한국언어학회.

양동휘(1979), Zero Anaphoria in Korea, 『언어』 4(2), 한국언어학회.

양동휘(1980), "기능적 대용화론", 『한글』 170, 한글학회.

양동휘(1981), "무형 대용화론 서설", 『언어』 6(2), 한국언어학회.

양명희(1995), "텍스트에서의 '그러하다'의 쓰임", 『텍스트언어학』 3, 한국텍스트언어학회.

양명희(2006), "텔레비전 뉴스 기사의 특징과 텍스트성―메인뉴스를 대상으로", 『텍스트언어학』 20, 한국텍스트언어학회.

양수진(2000), "이야기 결속표지 발달: 4세, 6세, 8세 및 성인을 대상으로", 이화여자대학교 석사학위논문.

엄정호(1987), "장형 부정문에 나타나는 '-지'에 대하여", 『국어학』 16, 국어학회.

오범석(2000), "고등학생의 말하기 모습과 말하기 교육", 경상대학교 석사학위논문.

오선화(2008), "함경도 방언의 담화표지 '웅'과 '야'의 고찰", 『방언학』 8, 한국방언학회.

오승신(1997), "담화상에서의 간투사의 기능", 『외국어로서의 한국어교육』 22(1), 연세대학교 한국어학당.

오승신(1998), "국어 간투사 연구", 이화여자대학교 박사학위논문.

오양·전영근(2015), "담화표지 '좀'의 한어대응표현 고찰", 『중국조선어문』 200, 길림성민족사무위원회.

오종갑(1998), "'ㅔ', 'ㅐ'와 관련된 영남방언의 특성과 그 전개", 『방언학과 국어학』, 태학사.

오준규(1971), "On the negative of Korean", 『어학연구』 7(2), 순천대학교 어학연구소

왕문용(2000), 『여자의 말 남자의 말 그리고 의사소통』, 강원대학교 출판부.

왕위(2017), "'어가지고'담화표지의 상황별 의미를 바탕으로 한 교육 방안", 세종대학교 석사학위논문.

왕한석(2005), "한국의 아기말", 『사회언어학』 1(1), 한국사회언어학회.

우미혜(2013), "중국인 한국어 학습자를 위한 담화표지 연구: '글쎄', '그러게', '그러니까'를 중심으로", 연세대학교 석사학위논문.

원진숙(1995), 『논술교육론』, 박이정.

유나(2016), "중국인 학습자를 대상으로 하는 한국어 구어 담화표지 '말이다'의 교육연구", 『학습자중심교과교육연구』 16(9), 학습자중심교과교육학회.

유동엽(1997), "대화 참여자의 대화전략에 관한 연구: 상호작용을 위한 대화를 중심으로", 서울대학교 석사학위논문.

유동엽(2004), "텔레비전 논쟁의 대화 분석—'대통령과 평검사의 대화'를 대상으로", 『텍스트언어학』 16, 한국텍스트언어학회.

유동준(1983), "국어부정문의 화용론", 『연세어문학』 14-15, 연세대학교 국어국문학과.

유란희(2006), "TV홈쇼핑 쇼호스트 방송언어분석—화장품과 가전제품 사례를 중심으로", 연세대학교 언론홍보대학원 석사학위논문.

유목상(1970), "접속어에 대한 고찰", 『研究論文』 4, 現代國語文法.

유창돈(1966), "여성어의 역사적 고찰", 『아세아 여성연구』 5, 숙명여자대학교 아세아 여성 문제 연구소

윤삼랑(1983), "의사소통수단으로서의 비언어적 행동 고찰", 『영어교육』 25, 한국영어교육학회.

윤석민(1994), "'-요'의 담화 기능", 『텍스트언어학』 2, 한국텍스트언어학회.

윤석민(1999), "설화 텍스트의 대화 분석", 『텍스트언어학』 6, 한국텍스트언어학회.

윤재연(2009), "패러디 광고의 텍스터성 연구—텔레비전광고를 중심으로", 『겨레어문학』 42, 겨레어문학회.

윤창숙·김태호(2015), "한국어능력시험 듣기 텍스트에 나타나는 담화표지어 분석 연구", 『언어과학연구』 75, 언어과학회.

윤희원(1988), "말하기와 듣기 교육", 『국어생활』 12, 국립국어연구원.

윤희원(1999), 『좋은 화법과 화법 지도』, 교육과학사.

이경우(1983), "부정소 '아니'와 '못'의 의미", 『국어교육』 44, 한국국어교육연구회.

이관규(2001), "학교 문법 교육에 있어서 탐구학습의 효율성과 한계점에 대한 실증적 연구", 『국어교육』 106, 한국국어교육연구회.

이금빈(2006), "TV 홈쇼핑 쇼호스트의 역할 및 발전 방향에 대한 연구—집단 인터뷰를 중심으로", 중앙대학교 신문방송대학원 석사학위논문.

이기갑(1986), 『전라남도의 언어지리』, 탑출판사.

이기갑(1994), "그러하-의 지시와 대용, 그리고 그 역사", 『언어』 19(2), 한국언어학회.

이기갑(1995), "한국어 담화표지 '이제'", 『담화와 인지』 1, 담화인지언어학회.

이기갑(1996), "한국어 첨가 구문의 담화론적 해석", 『국어학』 27, 국어학회.

이기갑(2003), 『국어 방언 문법』, 태학사.

이기갑(2007), "구술발화와 담화분석", 『방언학』 5, 한국방언학회.

이기갑(2007가), "'그저'의 담화 기능―고려말과 강원도 양양지역어에서", 『담화와 인지』 14(3), 담화인지언어학회.

이기갑(2008), "국어방언 연구의 새로운 길, 구술발화", 『어문논총』 49, 한국문학언어학회.

이기갑(2009), "동남방언의 담화표지 '고마'", 『우리말연구』 25, 우리말연구회.

이기갑(2010), "담화표지 '그냥', '그저', '그만'의 방언 분화", 『방언학』 11, 한국방언학회.

이기갑(2011), "담화표지의 방언분화", 『경북대지역어연구회 공동 학술발표회 발표자료』, 한국문화언어학회.

이기갑(2013), "제주방언의 담화표지 '근'과 '에'", 『방언학』 17, 한국방언학.

이기갑(2003), "지역 문화와 방언", 『새국어생활』 13(4), 국립국어연구원.

이기동(1976), "조동사의 의미분석", 『문법연구』 3, 문법연구회.

이기용(1979), "두 가지 부정문의 동의성 여부에 대하여I" 『국어학』 8,국어학회.

이능우(1971), "한국 여성어 연구", 『아세아여성연구』 10, 숙명여자대학교 아세아 여성 문제 연구소

이도영(1999), "유머 텍스트의 웃음 유발 장치", 『텍스트언어학』 7, 한국텍스트언어학회.

이동혁(2017), "담화표지 '있잖아'의 기능에 대하여", 『인문사회과학연구』 18(1), 부경대학교 인문사회과학연구소

이두원(2001), "TV홈쇼핑 채널의 구매설득에 대한 수사학적 분석연구", 『광고연구』 47, 한국방송광고공사.

이두현(1994), "대화 분석의 방법에 관한 연구", 한국외국어대학교 박사학위논문.

이맹성(1985), "디스코스 분석에 관한 연구: 연관성에 관한 고찰을 중심으로", 『사대논총』 31, 서울대학교.

이병혁(1993), 『한국사회와 언어사회학』, 나남.

이봉선(1998), "국어 담화표지 '거시기'의 의미분석", 『현대문법연구』 13(1), 현대문법학회.

이상규(1980), "'-을/-를'의 範疇와 機能", 『Culture and Convergence』 1, 한국문화융합학회.

이상규(2000), "경북 방언 사전", 태학사.

이상복(1976), "{-요}에 대한 연구", 『연세어문학』 78, 연세대학교.

이상복(1977), "한국어 부사류에 대하여", 『연세 어문학』 9-10, 연세대학교

이상분(1982), "부정문의 화용론족 전제", 부산대학교 석사학위논문.

이상태(1978), 『국어교육의 기본개념』, 한신문화사.

이상태(1979), "읽기의 과정과 그 검증", 『배달말』 4. 배달말학회.

이상태(1982), "주제밭 접근 가능성 계층", 『긍포 조규설 화갑논문집』.

이상태(1983), "입말에 대하여", 『모국어 교육』 1, 모국어교육학회.

이상태(1993), 『국어 교육의 길잡이』, 한신문화사.

이상태(1995), 『국어 이음월의 통사·의미론적 연구』, 형설출판사.

이상태(2010), 『국어교육 설계』, 박이정.

이석규 외(2001), 『텍스트 언어학의 이론과 실제』, 박이정.

이석규(1987), "현대국어 정도어찌씨의 연구", 건국대학교 박사학위논문.

이석규·김선희(1992), "남성어·여성어에 관한 연구", 『어문학연구』 2, 목원대학교 어문학연구소

이석주(2000), "신체언어와 의사전달", 『국어교육』 101, 한국국어교육연구회.

이선묵(1994), "일간신문과 대중신문의 표제어에 나타난 생략현상", 『텍스트언어학』, 한국텍스트언어학회.

이선미(2010), "말레이시아인 한국어 고급 학습자의 토론 담화 양상 연구: 토론 담화표지를 중심으로", 『담화와 인지』 17(1), 담화인지언어학회.

이성만(2004), "텍스트언어학의 개념과 대상", 『언어과학연구』 29, 언어과학회.

이성만(2005), "대화분석을 바탕으로 하는 의료 커뮤니케이션의 학제적 공동연구 프로그램", 『텍스트언어학』 19, 한국텍스트언어학회.

이성만(2005), "사과행위(Entschuldigungen)의 예에서 본 공손성의 제 양상: 대화커뮤니케이션에서 사과배치의 양상을 중심으로", 『텍스트언어학』 18, 한국텍스트언어학회.

이성만(2006), "「날씨예보」의 텍스트유형학적 연구", 『텍스트언어학』 20, 한국텍스트언어학회.

이성하(1998), 『문법화의 이해』, 한국문화사.

이소영(2004), "소통적 맥락에서 고찰한 발화효과행위 연구", 『텍스트언어학』 17, 한국텍스트언어학회.

이승녕(1978), "국어 음성 상징론에 대하여", 『언어』 3(1), 한국언어학회.

이승욱(2001), "문법화의 단계와 형태소 형성", 『국어학』 37, 국어학회.

이옥련·민현식(1996), 『무슨 말을 어떻게 할 것인가』, 숙명여자대학교 출판부.

이원봉(1976), "소리읽기 지도에 있어서의 쉼에 대하여", 『배달말가르침』 1.

이원표(1992), "시간부사 '이제'의 담화 기능", 『인문과학』 68, 연세대학교 인문과학연구소

이원표(1993), "의지감탄사 예, 글쎄, 아니의 담화 분석", 『인문과학』 69, 연세대학교 인문학연구원.

이원표(1994), "상호교류의 문법화로: 수사적 표현 '왜냐면-' 구문의 경우를 중심으로", 『사회언어학』 2, 한국사회언어학회.

이원표(1998), "한보청문회에서의 질문 분석: 제도상황과 화자의 태도표현", 『사회언어학』 6(1), 한국사회언어학회.

이원표(1999), "토크 쇼에서 말 끼어들기: 담화 기능과 사회적 요인", 『담화와 인지』 6(2), 담화·인지 언어학회.

이원표(1999), "인용조사 '-고'의 담화 분석: 간접인용의 주관화와 문법화를 중심으로", 『사회언어학』 7(1), 한국사회언어학회.

이원표(2001), 『담화분석』, 한국문화사.

이원표(1992), "시간부사 '이제'의 담화 기능", 『인문과학』 68, 연세대학교 인문과학연구소

이유미(2003), "부부 의사소통의 특징", 『화법연구』 6, 한국화법연구학회.

이유미(2004), "의사소통 구조의 화용적 연구", 『한국어 의미학』 15, 한국어의미학회.

이은희(1995), "대용표현의 텍스트적 기능에 관한 연구", 『국어교육학연구』 5, 국어교육학회.

이은희(2000), 『텍스트 언어학과 국어교육』, 서울대학교 출판부.

이은희(2015), "한국어 교육에서의 담화표지에 대한 접근의 현황과 방향성", 『한중인문학연구』 46, 한중인문학회.

이을환(1980), "內訓의 言語의 法道 연구(의미론적 평가를 겸하여)", 『아세아여성연구』 19, 숙명여자대학교 아세아 여성 문제 연구소

이을환(1986), "士小節'에 나타난 여성 언어 법도의 연구", 『아세아여성연구』 25, 숙명여자대학교 아세아 여성 문제 연구소

이을환(1988), "女四書의 언어규범 연구", 『아세아여성연구』 27, 숙명여자대학교 아세아 여성 문제 연구소

이익섭(1994), 『사회언어학』, 민음사.

이익섭(2002), 『국어학 개설』, 학연사.

이인경(2003), "TV광고의 텍스트 언어학적 분석", 『텍스트언어학』 15, 텍스트언어학회.

이인섭(1986), "한국 아동의 언어발달 연구", 고려대학교 박사학위논문.

이임라(2011), "담화표지 '이제'의 운율적 특징과 화용적 기능", 부경대학교 석사학위논문.

이재록(2003), "설득적 광고에 대한 소비자의 정보처리", 『청대학술논문집』 1, 청주대학교 학술연구소

이재원(2003), "유머 텍스트와 대화 함축", 『텍스트언어학』 15, 한국텍스트언어학회.

이정민(1981), "한국어 표준어 및 방언들 사이의 상호 접촉과 태도", 『한글』 173, 174, 한글학회.

이정민 · 박성현(1991), "'-요'쓰임의 구조와 기능: 문중 '-요'의 큰 성분 가르기 및 디딤말 기능을 중심으로", 『언어』 16(2), 언어학회.

이정민 · 강현화(2009), "학문 목적 한국어(KAP) 학습자를 위한 보고서 담화표지 교육연구—작품 분석 비평하기 과제를 중심으로", 『외국어로서의 한국어교육』 34, 연세대학교 언어교육원 한국어학당.

이정민 · 박성현(1991), "-요 쓰임의 구조와 기능", 『언어』 16(2), 한국언어학회.

이정애(1999), "국어 화용표지의 연구", 전북대학교 박사학위논문.

이정애(200), "구술텍스터 형성에 있어서의 화자 태도", 『한국언어문학』 43, 한국언어문학회.

이정애(2003), "경험담의 구연적 특성과 화법 교육적 의의", 『화법연구』 5, 한국화법학회.

이정원(2016ㄱ), "정상 노년층의 쓰기와 말하기 간의 결속표지 사용 비교", 연세대학교 석사학위논문.

이정원(2016ㄴ), "청소년기 결속표지 발달과 사용 특성", 한림대학교 석사학위논문.

이정현(2001) "TV홈쇼핑 쇼호스트의 구매설득커뮤니케이션 전략", 『한국콘텐츠학회논문지』 11(8), 한국콘텐츠학회.

이정현(2010), "케이블 TV홈쇼핑 여행상품 판매 쇼호스트의 구매설득 메시지에 나타난 소구전략 유형에 관한 연구—언어수사적 내용분석을 바탕으로", 『관광연구논총』 22(2), 한양대학교 관광연구소

이정훈(2006), "구어 말뭉치에 나타난 '그리고'에 대한 고찰", 『우리말글』 36, 우리말글학회.

이종철(2003), "TV드라마 대본의 관용 표현의 응결성과 응집성", 『텍스트언어학』 15, 한국텍스트언어학회.

이종철(2004), 『국어표현의 화용론적 연구』, 역락.

이주화(2014), "한국어 담화표지 '그런데'의 중국어 대응 양상: 화제 전개 기능을 중심으로", 『외국학연구』 30, 외국학연구소

이지원(2018), "담화표지로 사용되는 '我想'의 운율적 특징", 『담화와 인지』 25(3), 담화인지언어학회.

이진화(1998), 고등학교 불어 교과서에 나타난 비언어적 표현, 한국외대학교 석사학위논문.

이찬규(2004), "발화의미 분석의 시스템적 접근", 『한국어의미학』 15, 한국어의미학회.

이창덕(1994) "국어 발화의 담화상 기능과 간접 인용문", 『텍스트언어학』 1, 한국텍스트언어학회.

이창덕 · 임칠성 외(2000), 『삶과 화법』, 박이정.

이창봉(2017), "담화표지의 맥락 분석적 연구: 담화표지 '요'의 분석을 바탕으로", 연세대학교 석사학위논문.

이철우(2012), "텔레비전 매체에서의 자동차 광고 언어에 나타난 표현 전략", 『우리말연구』 30, 우리말학회.

이철우(2013), "텔레비전 광고 언어의 문체에 대한 화용론적 해석", 『한민족어문학제』 64, 한민족어문학회.

이춘근(1999), "담화엮음표지 '그리고'에 대하여", 『어문학교육』 21, 한국어문화교육학회.

이필영(1999), "국어의 응답 표현에 대한 연구", 『텍스트언어학』 6, 한국텍스트언어학회.

이한규(1992), The Pragmatics of the Pragmatic Morpheme Com 'a Little' in Korean, Studies in the Linguistic Sciences 12(2), University of Illinois, Urbana-Champaign.

이한규(1996), "한국어 담화표지어 '그래'의 의미 연구", 『담화와 인지』 3, 담화인지언어학회.

이한규(1997), "한국어 담화표지어 '왜'", 『담화와 인지』 4, 담화인지언어학회.

이한규(1999), "한국어 담화표지어 '뭐'의 의미", 『담화와 인지』 6(1), 담화인지언어학회.

이한규(2008), "한국어 담화표지어 '어디'의 화용분석", 『우리말글』 44, 우리말글학회.

이한규(2011), "한국어 담화표지어 '예'의 의미", 『현대문법연구』 65, 현대문법학회.

이한규(2012), "한국어 담화표지어 '아니'의 의미", 『현대문법연구』 67, 현대문법학회.

이해영(1994ㄱ), "담화표지 '글쎄'의 담화기능과 사용의미", 『이화어문논집』 13, 이화어문학회.

이해영(1994ㄴ), "'네, 아니(오)'의 의미와 기능", 『주시경학보』 14, 보고사.

이현호(1998), 우리말 방송 대화의 담화·화용론적 특성에 관한 연구, 『담화와 인지』 5(2), 담화인지언어학회.

이혜영(1994), "담화표지 '글쎄'의 담화 기능과 사용 의미", 『이화어문론집』 13, 이화어문학회.

이홍배(1970), On negation in Korean, 『어학연구』 6(2), 서울대학교 언어교육원.

이홍식(2005), "텔레비전 방송 보도문의 언어 표현—기자 리포트를 중심으로", 『텍스트언어학』 19, 한국텍스트언어학회.

이효경(2014), "외국인 한국어 학습자를 위한 담화표지 연구: '자', '참', '있잖아'를 중심으로", 한국외국어대학교 석사학위논문.

이효인(2005), "텍스트구조 표지를 이용한 한국어 교육 연구", 전남대학교 박사학위논문.

이효진(2005), "'뭐'의 담화상 의미기능 연구", 『語文論叢』 16, 전남대학교 한국어문학연구소.

이휘자(1996), "담화에 나타난 구어적 특성에 관한 연구", 『인문논총』 7, 아주대학교 인문과학연구소.

이희정(2003), "한국어의 [그러-]형 담화표지 기능 연구: 일상대화 분석을 바탕으로", 연세대학교 석사학위논문.

임규홍 외(2003), '한국어와 여성언어', 젠더를 말한다, 박이정.

임규홍(1985), "짓기지도 방법에 대하여—기억원리를 바탕으로", 『모국어 교육』 3, 모국어 교육학회.

임규홍(1986), "국어분열문에 관한 연구", 『어문학』 48, 한국어문학회.

임규홍(1987), "국어 교육을 위한 '글덩이 의식'에 대하여", 『모국어 교육』 5, 모국어 교육학회.

임규홍(1991), "개정교과서 고등학교 국어(상) 분석 연구", 『모국어교육』 9, 모국어 교육학회.

임규홍(1993), "국어 주제말 연구", 경상대학교 박사학위논문

임규홍(1994), "'-어가지고'에 대하여", 『배달말』 19, 배달말학회.

임규홍(1995), "국어 담화표지 "뭐냐'와 '있지'에 대하여", 『어문학』 56, 한국 어문학회.

임규홍(1995), "효과적인 말하기 지도를 위한 국어 담화 특성 연구", 『경상어문학』 1, 경상어문학회.

임규홍(1996), "국어 담화표지 '인자'에 대한 연구", 『담화와 인지』 2, 담화·인지언어학회.

임규홍(1996), 『국어교육의 이론과 실제』, 한신문화사.

임규홍(1997), "국어 '쉼'의 언어 기능에 대한 연구", 『한글』 235, 한글학회.

임규홍(1998), "국어 '말이야'의 의미와 담화적 기능", 『담화와 인지』 5(2), 담화인지언어학회.

임규홍(1998), "부사 '정말'류의 담화적 의미", 『한국어 의미학』 2, 한국어 의미학회.

임규홍(1998), 『어떻게 말하고 들을 것인가』, 박이정.

임규홍(1999), "국어 덧물음월의 담화론적 연구", 『배달말』 25, 배달말학회.

임규홍(1999), 초등학교 말하기 교육의 바람직한 연구, 『새국어교육』 54, 한국국어교육학회.

임규홍(2000), 『우리말 올바로 공부하기』, 한국문화사.

임규홍(2000), "국어 대화의 '시작하기'와 '끝내기'에 대한 연구", 『경상어문』 5-6, 경상어문학회.

임규홍(2001), "TV 토론에서 '발언권 주고 빼앗기'의 담화 분석", 『담화와 인지』 8(1), 담화인지언어학회.

임규홍(2001), "담화에서 '끼어들기' 유형에 대한 연구", 『언어과학연구』 20, 언어과학회.

임규홍(2001), "설화담화의 '시작하기'와 끝맺기'에 대한 담화 분석", 『화법 연구』 3, 한국화법학회.

임규홍(2001), "국어지식 교육에 대한 몇 가지 문제", 『새국어교육』 62, 한국국어교육학회.

임규홍(2001), "담화에서 '끼어들기' 유형에 대한 연구", 『언어과학연구』, 언어과학회.

임규홍(2002), "7차 교육과정에 쓰인 몇 가지 용어에 대하여", 『어문학』 77, 한국어문학회.

임규홍(2002), "국어 정도부사 '너무'의 화용론적 의미", 『배달말』 30, 배달말학회.

임규홍(2003), "성별에 따른 국어 담화표지 사용 모습", 『어문학』 83, 한국어문학회.

임규홍(2003), "국어 정도부사의 화용화", 『언어과학연구』 24, 언어과학회.

임규홍(2003), 한국어 혼자 말하기에서 '손짓언어' 사용의 분석 연구, 『담화와 인지』 10(1), 담화인지언어학회.

임규홍(2003), "국어 정도부사의 화용화", 『언어과학연구』 24, 언어과학회.

임규홍(2004), "성별에 따른 국어 담화표지 사용 모습", 『어문학』 83, 한국어문학회.

임규홍(2004), "정도부사 '너무'의 어형성과 공기 특성", 『우리말글』 32, 우리말글학회.

임규홍(2005), "국어 담화표지 '자'에 대한 연구", 『우리말글』 34, 우리말글학회

임규홍(2006), "담화문법교육에 대하여", 『문법교육』 4, 한국문법교육학회.

임규홍(2006), "한국어 첫소리 [ㅁ]과 [ㅂ] 낱말의 의미 특성", 『우리말글』 37, 우리말글학회.

임규홍(2007), "국어 담화분석 연구의 현황과 전망", 『우리말연구』 20, 우리말학회.

임규홍(2007), 담화문법 교육에 대하여, 『문법교육』 2, 한국문법교육학회.

임규홍(2008), "경상방언 종결형 어미 '-ㄴ기라에 대한 연구", 『배달말』 42, 배달말학회.

임규홍(2009), "경상방언 담화표지 '아이가'에 대한 연구", 『語文學』 104, 한국어문학회.

임규홍(2011), "경상방언 담화표지 '마'에 대한 연구", 『배달말』 48, 배달말학회.

임규홍(1995), "국어 담화표지 '뭐냐'와 '있지'에 대하여", 『어문학』 56, 한국어문학회.

임지룡 외(2005), 『학교문법과 문법교육』, 박이정.

임지룡(1983), "의미 중복에 대하여", 『배달말』 8, 배달말학회.

임지룡(1992), 『국어 의미론』, 탑출판사.

임지룡(1993), "원형이론과 의미의 범주화", 『國語學』 23, 국어학회.

임지룡(1995), "유상성의 인지적 의미 분석", 『문학과 언어』 16, 문학과 언어연구회.

임지룡(2004), "국어에 내재한 도상성의 양상과 의미 특성", 『한글』 266, 한글학회.

임지룡(2005), "감정의 색채 반응 양상", 『담화와 인지』 12(3), 담화인지언어학회.

임지룡·김영순(2000), "신체언어와 일상언어 표현의 의사소통적 상관성", 『언어과학연구』 17, 언어과학회.

임지룡·김영순·김연화(2002), "교사 손동작의 의사소통적 가치", 『중등교육연구』 49, 중등교육연구소

임칠성(2000), "컴퓨터 공개 대화방 대화의 매체 언어적 성격과 대화 양식 고찰", 『텍스트언어학』 9, 한국텍스트언어학회.

임칠성(2004), "담화의 관계 층위 연구", 『한국어 의미학』 15, 한국어의미학회.

임홍빈(1973), "부정의 양상", 『서울대학교 교양과정부 논문집』 5, 서울대학교

임홍빈(1975), "부정법 '-어'와 상태진술 '고'", 『국민대학교 논문집』 8(1), 국민대학교

임홍빈(1978), "부정법 논의와 국어의 현실", 『국어학』 6, 국어학회.

임홍빈(1987), "국어 부정문의 통사와 의미", 『국어생활』 10, 국어연구소

임홍빈(1987), 『國語의 再歸詞硏究』, 신구문화사.

장경기(1985), "국어에도 부가의문문이 있는가?", 『영어영문학』 3, 현대영미어문학회.

장경현(2016), "'좀'의 의미와 담화 기능", 『국어문학』 61, 국어문학회.

장경희(1980), "指示語 이, 그, 저의 意味分析", 『어학연구』, 서울대학교 언어교육원.

장경희(1997), "대화텍스트의 결속구조", 『한양어문』 15, 한양어문학회.

장경희(1998), "국어의 대화 구조", 『한양어문』 16, 한양어문학회.

장경희(1999) "대화의 접속과 내포", 『텍스트언어학』 7, 한국텍스트언어학회.

장경희(1999), "국어 수용형 대화와 거부형 대화", 『텍스트언어학』 6, 한국텍스트언어학회.

장경희(2000), "청유화행에 대한 수락과 거절", 『텍스트언어학』 9, 텍스트언어학회.

장경희(2005), "국어 지시 화행의 유형과 방법 및 지시 강도", 『텍스트언어학』 19, 텍스트언어학회.

장경희·이삼형·김정선(2003), "유아의 질문 화행 습득 과정", 『텍스트언어학』 15, 한국텍스트언어학회.

장덕순 외(1971), 『구비문학개설』, 일조각.

장동현(1998), "고등학교 남학생의 일상대화 실태 연구", 경상대학교 교육대학원 석사학위논문.

장석진 편저(1987), 『오스틴 '화행론'』, 서울대학교 인문과학연구소

장석진(1969), "현대 여성어 연구", 『아세아여성연구』 8, 숙명여자대학교 아세아 여성 문제 연구소

장석진(1975), "問答의 話用相", 『어학연구』 11(2), 서울대학교 어학연구소

장석진(1976), "대화의 분석: 정보와 조응", 『응용언어학』 8(2), 서울대학교 어학연구소

장석진(1984), "국어의 부가의문—형식과 기능", 『언어』 9(2), 한국언어학회.

장석진(1989), 『話用論 研究』, 탑출판부.

장소원(2003), "TV뉴스 보도문의 텍스트 언어학적 분석", 『텍스트언어학』 15, 한국텍스트언어학회

장소원·양정호(2004), "보도자료 텍스트의 특성 연구", 『텍스트언어학』 17, 한국텍스트언어학회.

장영희(1994), "現代 國語 話式 副詞의 意味 研究", 숙명여자대학교학교 박사학위논문.

장영희(1997), "話式부사의 의미 유형에 관한 고찰", 『한국어 의미학』 1, 한국어 의미학회.

장영희(2000), "국어화법과 대화 분석: 20대 남녀 사용 어휘의 대비적 고찰", 『화법연구』 2, 국어화법학회.

장한업(1999), "신체언어와 외국어", 『불어불문학연구』 39, 불어불문학회.

전광현(1973), "방언의 어휘론적 연구", 『한국언어문학』 10, 한국언어문학회.

전병선(1997), 『본문언어학』, 한국문화사.

전병쾌(1984), 『한국어 부정 구조의 분석』, 한신문화사.

전성호(2007), "Levinon의 GCI 이론을 통한 거시기의 화용론적 분석", 『한국어 의미학』 23, 한국어의미학회.

전영옥(1994), "대화의 상황과 구조 분석", 『상명논집창간호』, 상명대학교 대학원

전영옥(1998), "한국어 담화에 나타난 반복 표현 연구", 상명대학교 대학원 박사학위논문.

전영옥(1999), "한국어 담화에 나타난 반복 표현의 기능", 『한국어 의미학』 4, 한국어의미학회.

전영옥(2002), "한국어 담화표지의 특징 연구", 『화법연구』 4, 한국화법학회.

전영옥(2005), "발표담화와 발표요지 비교 연구", 『텍스트언어학』 19, 한국 텍스트언어학회

전영옥(2006), "구어 어휘의 사전 기술 방법: 담화표지를 중심으로", 『한국사전학』 8, 한국사전학회.

전영옥(2007), "구어와 문어에 나타난 '그리고' 연구", 『담화와 인지』 14(2), 담화·인지언어학회.

전영옥(2009), "구어와 담화 연구", 『한국어학』 45, 한국어학회.

전영옥(2015), "'어'와 '응'의 담화 기능 연구", 『언어와 언어학』 69, 한국외국어대학교 언어연구소

전영옥(2016ㄱ), "담화에 나타난 '그래서' 연구", 『한말연구』 40, 한말연구학회.

전영옥(2016ㄴ), "대화에 나타난 '그래서/그러니까'의 실현 양상 연구", 『어문론총』 70, 한국문학언어학회.

전영옥(2017), "한국어 담화표지 연구의 현황과 과제", 『한말연구』 45, 한말연구학회.

전영옥(2002), 『한국어 담화표지의 특징 연구』, 역락.

전영우(1968), 『화법의 원리』, 교육출판사.

전영우·박태상(1985), 『국어화법』, 방송통신대학교 출판부.

전정미(2005), "설득 화법의 원리와 방법", 『화법 연구』 8, 한국화법학회.

전정미(2007), "광고 텍스트에 나타난 설득 화행의 표현 양상 연구", 『겨레어문학』 38, 겨레어문학회.

전정미(2011), "대화의 회고적 기능에서 살펴본 응답어 '네' 연구", 『우리말글』 52, 우리말글학회.

전정미·구현정(2003), "한국어 대화의 회고적 기능 연구", 『텍스트언어학』 15, 한국 텍스트언어학회.

전혜영(1996), "'다고'반복 질문의 화용적 기능", 『언어』 21(3), 언어학회.

전혜영(2005), "구어 담화에 나타나는 '-ㄴ 것이'의 화용 의미", 『국어학』 46, 국어학회.

정다운(2016), "외국인 대학원생을 위한 한국어 학위논문 서론 담화표지 교육 연구", 『語文論集』 68, 중앙어문학회.

정동빈(1987), 『언어습득연구』, 한신문화사.

정병욱(1954), "고시가운율론서설", 최현배선생화갑기념논문집.

정선혜(2006), "한국어 학습자를 위한 한국어 담화표지 연구: (글쎄), (뭐), (좀)을 중심으로", 상명대학교 석사학위논문.

정성호(1985), "비언어적 의사소통에 관한 연구", 부산대학교 석사학위논문.

정승철(1998), 『제주 방언』, 태학사.

정윤희(2001), "'왜'의 함축 의미 연구", 동의대학교 석사학위논문.

정은진(2009), "과제기반형태집중 활동을 통한 담화표지 교육 효과 연구—주장하는글을 중심으로", 경희대학교 석사학위논문.

정인승(1938), "모음 상대법칙과 자음 가세법칙", 『한글』 6(9), 한글학회.

정재도(2005), "웃음시늉말", 『한글 새소식』 389, 한글학회.

정정덕(1986), "국어접속어미의 의미통사론적 연구", 한양대학교 박사학위논문.

정정덕(2000), "한국과 러시아의 몸짓말 차이", 『사림어문연구』 13, 사림어문학회.

정혜경(1999), 『언어행동과 비언어행동』, 박이정.

정호완(1983), "불완전 명사 '것'에 대한 고찰", 『대구어문론총』 1, 우리말글학회.

정호완(1991), 『우리말의 상상력』, 정신세계사.

정희자(1998), 『담화와 문법』, 부산외국어대학 출판부.

조경순(2016), "한국어 화용론의 전개와 방향", 『한국어 의미학』 54, 한국어의미학회.

조국현(2003), "토론 유형 및 구조에 대한 행위론적 고찰", 『텍스트언어학』 14, 한국텍스트언어학회.

조국현(2004), "대화의 텍스트성, 텍스트의 대화성: 대화와 텍스트의 경계", 『텍스트언어학』 16, 한국텍스트언어학회.

조국현(2004), "의사소통 위험", 『텍스트언어학』 17, 한국텍스트언어학회.

조동일(1981), "한국시가의 전통과 율격", 『한길 아카데미』 4, 한길사.

조명한(1984), 『한국아동의 언어 획득 연구』, 서울대학교 출판부.

조명한(1985), 『심리언어학』, 民音社.

조민정(2015ㄱ), "'좀'의 의미와 기능 변화 양상 연구", 『한국어 의미학』 49, 한국어의미학회.

조민정(2015ㄴ), "문법화에 따른 '막'의 기능 및 의미 변화 연구", 『한국사전학』 26, 한국사전학회.

조민정(2015ㄷ), "접속사의 담화표지적 쓰임에 대한 고찰: '그러' 계열의 단어를 중심으로", 『문법교육』 25, 한국문법교육학회.

조민정(2016), "부사의 비대칭적 사용 양상 연구: 구어에 쓰인 막, 좀/이렇게, 그를 중심으로", 『한국어 의미학』 52, 한국어의미학회.

조민하(2015), "구어 종결어미 '-잖아'의 화용적 특성과 억양의 기능", 『화법연구』 28, 한국화법학회.

조석종(1980), "Sound Symbolism", 『언어연구』 10, 한국영어영문학회 부산지회.

조선희(1982), "散文資料의 內容構造와 要約文의 提示方略", 경북대학 대학원 교육학과 석사학위논문.

조익선(1987), "국어 정도부사의 고찰", 동국대학교 석사학위논문.

조일옥(2013), "중국어권 한국어 학습자의 화제전환 담화표지 사용 양상 연구", 이화여자대학교 교육대학원 석사학위논문.

주 요(2011), "한국어 담화표지에 관한 중국어 대응 표현 연구", 한양대학교 석사학위논문.

주경희(1996), "담화에서의 조어 기능과 의미구현 양상", 『국어교육』 91, 한국어교육학회.

주경희(2000), '좀'과 '조금', 『국어학』 36, 국어학회.

주경희(2000), "대화에서의 '좀'의 기능", 『국어국문학』 126, 국어국문학회.

주경희(2000ㄴ), "'좀'과 '조금'", 『國語學』 36, 국어학회.

주상대(1996), "의존 명사 '것'의 음운 현상", 『한국어학』 3, 한국어학회.

중망월전(1895), 필사된 것으로 정신문화연구원에 보관 중인 것을 마이크로 필름을 복사 입력한 것임.

中韓辭典(1989), 高麗大民族文化研究所.

차윤정(2000), "이음말의 담화표지 기능", 『우리말 연구』 10, 우리말글학회.

차지현(2010), "운율과 담화 기능의 상호 작용—문장 뒤에서 나타나는 한국어 담화표지 뭐를 중심으로", 『언어사실과 관점』 25, 연세대학교 언어정보연구원.

차현실(1986), "양상부사의 통사적 특성에 다른 의미 분석: '아마', '글세', '혹시'를 중심으로", 『외국어로서의 한국어교육』 11, 연세대학교 한국어학당.

채 완(1965), "우리말 상징어론", 『한양 4월호』

채 완(1976), "조사 '는' 의미", 『국어학』 4, 국어학회.

채 완(2003), 『한국어의 의성어와 의태어』, 서울대출판부.

채영희(1998), "담화에 쓰이는 '-거든'의 화용적 기능", 『한국어의미학』 3, 한국어의미학회.

채영희(2000), "조건월의 화용적 특성", 『우리말연구』 10, 우리말연구학회.

천병희 역(1976), 『아리스토텔레스 '시학'』, 문예출판사.

최강렬(1971), "국민학교에 있어서 말하기·듣기 부진 실태에 관한 연구", 경남교육연구.

최규수(1990), "우리말 주제어 연구", 부산대학교 박사학위논문.

최규일(1985), "현대국어 '것'의 연구", 『국어교육』 51-52, 한국국어교육학회.

최명식(1985), 『조선말 입말체 문장 연구』, 한국문화사.

최명옥(1976), "현대 국어 의문법 연구", 『학술원 논문집』 15, 인문사회과학원.

최명옥(1980), 『경북 동해안 방언 연구』, 영남대학교 출판부.

최명옥(1982), 『월성지역어 음운론』, 영남대출판부.

최명옥(1996), 『한국어 방언 연구의 실제』, 태학사.

최명옥(1998), "경남 지역어와 김해 지역어의 대조 연구", 『방언학과 국어학』, 태학사.

최명옥(1998), 『한국어 방언 연구의 실제』, 태학사.

최명옥 외(1990), 『국어연구 어디까지 왔나』, 동아출판사.

최소현(2015), 담화 맥락에 따른 '-어 가지고'의 의미와 의사소통 기능연구, 연세대학교 석사학위논문.

834

최웅환(1996), "서술어의 분할과 되풀이현상에 대해서", 『국어교육연구』 28, 국어교육학회.

최웅환(2003), "현대국어 'ㅇ-이'형 부사화의 문법적 특성", 『언어과학』 27, 언어과학회.

최원선(2002), "Actually의 담화표지 기능", 경희대학교 석사학위논문.

최재희(1985), "-고 접속문의 양상", 『국어국문학』 94, 국어국문학회.

최지현(2005), "담화표지 '막'의 기능 연구", 목포대학교 석사학위논문.

최창렬(1986), 『우리말 어원연구』, 일지사.

최학근(1966), "경상남도 방언에 사용되는 종결어미", 『한글』 137, 한글학회.

최학근(1978), 『한국 방언 사전』, 현문사.

최현배(1959), 『우리말본』, 정음사.

최호철(1984), "현대 국어 상징어에 대한 연구", 고려대학교 석사학위논문.

최홍렬(1996), "정도부사 유의어의 통사 의미론적 연구", 중앙대학교 박사논문.

추계자(1998), "비언어적 요소인 한·독 신체 언어 기호의 비교 분석", 『독일어문학』 7, 독일어문학회.

추계자(2000), "화용론적 관점에서 본 독일어 신체 언어 기호", 『독일어문학』 11, 독일어문학회.

하은혜(2009), "화용표지 '말이다'의 품사론", 안동대학교 석사학위논문.

하지완·심현섭(2008), "유창성장애 집단과 정상 집단의 간투사 비교연구", 『Communication Sciences and Disorders』 13(3), 한국언어청각임상학회.

하지혜(2010), "일본인 학습자의 담화표지 '네'의 기능별 사용 양상 연구", 이화여자대학교 석사학위논문.

한 길(1983), "정도어찌씨에 관한 의미론적 연구", 『새국어교육』 37, 38, 한국국어교육연구회.

한국회(2013), "담화표지 독립용법의 한국어교육적 의미—물론이다와 당연하다를 중심으로", 『한성어문학』 32, 한성대학교 한성어문학회.

한 길(1993) "월조각의 되풀이법 연구", 『한글』 221, 한글학회.

한성일(2001), "유머텍스트의 구조와 원리", 『화법연구』 3, 한국화법학회.

한성일(2002), "유머 텍스트의 사회 언어학적 연구", 『사회언어학』 10(1), 한국사회언어학회.

한성일(2004), "유머 텍스트의 상호텍스트성", 『텍스트언어학』 17, 한국텍스트언어학회.

한영목(1999), 『충남 방언의 연구와 자료』, 이회문화사.

한재현(1981), "생략과 대용 현상", 전북대학교 박사논문.

한정일(1987), "부정문의 화용론", 연세대학교 대학원 석사학위논문.

허 웅(1954), "경상도 방언의 성조", 『최현배선생 회갑기념논문집』.

허 웅(1977), 『언어학개론』, 정음사.

허 웅(1981), 『언어학』, 샘문화사.

허상희(2004), "'됐어'의 화용적 기능", 『우리말연구』 15, 우리말연구학회.

허재영(2001), "감탄사 발달사", 『한국어 의미학』 9, 한국어 의미학회

허재영(2004), "문법교육과정의 변천", 『문법교육』 1, 한국문법교육학회.

현평효(1985), "제주도 방언 연구", 이우출판사.

현평효(1986), "제주도 방언의 연구와 특징", 『새국어생활』, 국립국어원.

홍사만(2002), "국어 정도부사의 피한정어 연구", 『어문학』 76, 한국어문학회.

홍사만(1983), 『국어특수조사론』, 학문사.

홍세일(1990), "영어 담화사의 기능과 의미에 관한 연구", 계명대학교 박사학위논문.

홍순성(1987), "국어 대명사의 조응 현상에 대한 연구", 계명대학교 박사학위논문.

홍연숙(1995), "입말투에 기초한 서울말과 평양말의 사회언어학적 비교연구", 『사회언어학』 3(2), 한국사회언어학회.

홍윤표(1984), "現代國語의 後置詞{가지고}", 『東洋學』 14, 건국대학교.

홍윤표(2002), "'낭떠러지'와 '벼랑'", 『새국어소식』 45, 국립국어연구원.

홍재성(1989), "한국어 자동사/타동사 구문의 구별과 사전", 『東方學志』 63, 연세대학교 국학연구원.

홍정하(2011), "담화표지 '-는'/'-가'와 화자 시점: 코퍼스 언어학적 접근", 『한국어 의미학』 34, 한국어의미학회.

홍종림(1993), 『제주 방언의 양태와 상』, 한신문화사.

홍종선(1980), "국어 부정법의 변천 연구", 고려대학교 석사학위논문.

황미영(2003), "쇼핑호스트의 스피치에 대한 연구", 홍익대학교 관고홍보대학원 석사학위논문.

황병순 외(2001), 『경남방언 연구』, 경상대학교 경남문화연구소, 한국문화사.

황병순(1980), "의문문의 특수성에 대하여—경상도 지역어를 통하여", 『한민족어문학』 7, 한민족어문학회.

황병순(1980), "국어 부정법의 통시적 고찰", 『어문학』 40, 한국어문학회.

황병순(1984), "국어 부사에 대하여", 『배달말』 9, 배달말학회.

황병순(1986), "'-어'와 '-고'의 기능에 대하여", 『국어학 신연구』, 탑출판사.

황병순(2001), 『경남방언 연구』, 한국문화사.

황병순(2002), 『말로 본 우리 문화론』, 도서출판 한빛.

황병순(2004), 『한국어 문장문법』, 한국문화사.

황병순(2010), "담화표지 연구에 드러난 몇 가지 의문" 『배달말』 47, 배달말학회.

황병순(2012), "담화표지의 접속어미화에 대한 연구", 『국어학』 65, 국어학회.

황적륜(1985), "담화 분석과 영어교육", 『사대 논총』 31, 서울대학교

Aitchison, J(1987), *Words in the Mind: An Introduction to the Mental Lexicon*, WILEY-BLACKWELL.

Akamajian Adrian(1970), "On Deriving lefter Sentences from Pasudo-Clefts, Sentence", *Linguistic Inquiry*.1.

Martha W. Alibali, Sotaro Kita &Amanda J. Young(2000), Gesture and the process of speech production, We think, therefore we gesture, *Language and Cognitive Processes* 15(6).

Allerton, D.J(1975), Deletion and proform reduction, *Journal of Linguistics* 11(2), Cambridge University Press.

Ameka. F.(1992), Interjections: The universal yet neglected part of speech, *Journal of Pragmatics* 18.

Anderson, J.F., and Julie Gardner Withrow.(1981), The Impact of Lecturer Nonverbal Expressiveness on Improving Mediated Instruction, *Communication Education* 30(4).

Argyle.(1975), *Social interaction*, London: Methuen.

Armstrong, D. F et.al(1995), *Gesture and the Nature of Language*, Cambridge University Press[김영순 · 백혜정 · 이준석(2001), 『몸짓과 언어 본성』, 한국문화사].

Axtell Roger. E.(1991), *Gestures: the do's and taboos of body language around the world*, Wecksler-Incomco Agency[김세중(2002), 『제스처』, 직녀성].

Barbara Walters(1972), *Write better, speak better*[임규홍 · 나익주(2000), 『당신도 말을 잘 할 수 있다』, 박이정].

Baek Eung Jin.(1987), The Pause in Middle Korean, *HARVARD STUDIES IN KOREAN LINGUISTICS* II, Hanshin Publishing Company.

Beaugrande, R.A&Dressler W(1981), *Introduction to Text Linguistics*[김태옥 · 이현호(1991), 『텍스트 언어학 입문』, 한신문화사].

Bennet,Adrian.(1981), Interruptions and the interpretation of conversation. *Discourse Processes* 4.

Bilmes, Jack.(1997), Being interrupted. *Language in Society* 26, Cambridge University Press.

Birdwhistell, R.L.(1970), *Kinesics and context*, University of Pennsylvania Press.

Bolinger, D.(1979), Pronouns in Discourse, *Discourse and Syntax*, Harvard University.

Bolinger, D.(1968), *Aspects of Language, NY Harcourt*, Brace&World, Inc.

Bolinger. Dwight.(1977), *Meaning and Form*, London: Longman.

Bolinger. Dwight.(1975), *Aspects of Language*, New York: Harcourt Brace Jovanovich, Inc.

Kayser, Wolfgang.(1984), *Sprachliche Kunstwerk*, Bern München Francke[김윤섭(1999), 『언어예술작품론』, 예림기획].

Boomer, D.S(1965), Hesitation and grammatical encoding. *Language and Speech* 8.

Borkin(1984), *Problems in Form and Function New Jersey*, Ablex Publishing Corporation

Brinker, K.(1985), Linguistische Textanalyse, Berlin:Erich Schmidt[이성만(1994), 『텍스트 언어학의 이해』, 한국문화사].

Brown G.Yule G.(1983), *Discourse Analysis*, Cambridge University Press.

Brown, P&Levinson(1978), *Politeness: Some universals in language usage*, New York/London: Cambridge University Press.

Buck, R.(1976), A Test of Nonverbal Receiving Ability: Preliminary Studies, *Human Communication Research* 2(2).

Burgoon, J. K.(1985), Nonverbal signal, M.L.Knapp&G.R.Miller(eds), *Handbook of interpersonal communication*, Beverly Hills: Sage.

Burton, D.(1980), *Dialouge and Discourse*, London: Routledge&Kegan Paul.

Bygate, Martin(1987), *Speaking*, Oxford University Press.

Calbris, G.&Montredon, J.(1986), *Des gestes et des mots pour le dire*, Paris, Cle international.

Carpenter.P, Marcel Adam(1977), Reading Comprehension as Eyes See It, *Cognitive Processes in Comprehension*, Marcel A. Just, Patricia A. Carpenter.

Carter, A.L.(1974), The Development of communication in the sensorimotor period, University of California PhD.

Cattell, Ray(1973), Negative Transportation and Tag Question, *Language* 49.

Celce-Murcia, Marianne&Elite Olshtain(2000), *Discourse and Context in Language Teaching*, Cambridge university press.

Cermak, L.S(1975), *Improvimg Your Memory*, New York, McFraw Hill[김영채(1983), 『기억의 이론과 적용』, 양영각].

Charles J.Fillmore(1968), *The case fore case*, Universal in Linguistic Theory.

Chomsky, N(1965), *Aspects of the Theory of Syntax*, Cambridge, Mass.

Clark H.H&Clark.E.V.(1977), *Psychology and Language*, Harcourt Brace Jovanovich INC.

Coates, Jenniffer.(1986; 2nd. 1993), *Women, Men and Language*, London, Longman.

Cohen. G.(1983), The Pschology of Cognition. Academic Press New York[이관용(1984), 『認知心理學』, 法文社]

Cook. Guy(1989), *Discourse*, Oxford University Press[김지홍(2003), 『담화』, 범우사].

Cooper, W&Ross, J.R.(1975), *World order*, CLS Functionalism, 63-11.1

Coulthard, M. and Ashby, M.C.(1975), Talking with the doctor. Journal of Communication, 25, 240-7.

Declerck, R.(1984), The Pragmatic of It-Clefts and WH-Clefts, *lingua* 64.

Dijk.T.A van(1977), Semantc Macro-structures and Knowledge Frames in Discourse, *Cognitive Processes in Comprehension*, Marcel A. Just, Patricia A. Carpenter.

Dijk.T.A van.(1985), *Handbook of Discoursr Analysis* 1-4, Academic press.

Dijk.V. Teun.(1977), Semantic Macro-Structure in Just etal eds.

Douglas, B.H(1987), Principle of Language Learning and Teaching.

Edelsky(1979), Question intonation and sex, *Language in Society* 8.

Edmonson, W.(1981), *Spoken discourse: a model for analysis*, NewYork: Longman.

Efron, David.(1972), Gesture, race and culture. The Hague, Mouton.

Ekmann,P&Friesen,W.V.(1972), Hand movements, *Journal of communication* 22.

Fillmer, H.T etal.(1974), *Patterns of Language*, American Book Company.

Foley&Van Valin(1984), *Functional Syntax and Universal Grammar*, Cambridge University.

Fraser, B(1990), Perspectives on Politeness, *Journal of Pragmatics* 14.

Gail E.M&T.M.,Michele.(1985), *The Dynamics of Human communcation*, A Laboratory Approach McGraw-Hill,Inc.[임
칠성(1998), 『대인관계와 의사소통』, 집문당].

Garcia, E.C.(1979), Discoyrse without Syntax, *Discourse and syntax*. Academic Press.Inc.

Gelb, I.J(1993), A Study of Writing, The University of Chicago Press.

Givon, Talmy(1979), On understanding Grammar, New York, Academic Press.

Givon, T(1983), Topic continuity in Discourse John Benjamin Pub. Company.

Givon, Talmy.(1979), On Understanding Grammar, Academic press[이기동(1981), 『문법이해론』, 범한서적].

Goldman-Eisler,F.(1958), "Speech Analysis and Mental Processes", Language and Speech 1.

Goodwin, C.(1980), Restart, Pause and the achievement of a state of mutual gaze at turn beginning, Socialogcal
Inquiry 50.

Greatbatch, David(1988), A turn-taking system for Britsh new interviews, Language in Society 17.

Greenfield, P.M.&J.H.Smith(1976), The structure of communication in early language development. NewYork,
Academic Press.

Gruber, J.S(1969), "Topicalization in child language", Morden studies in English, Prentice-hall.

Gulich.E and U.M. Quasthoff(1985), "Narrative Analysis" Handbook of Discourse Analysis. 2 Academic Press
London.

Gundel J.K(1977), "Where Do Cleft Sentence Come From?" Language 53.3.

Hall.C.S.(1954), *(A)primer of freudian psychology*[황문수(1999), 『프로이드심리학입문』, 범우사].

Halliday M.A.K&Augus McIntosh&Peter Strevens, The Linguistic Sciences and Language Teaching, Longman.

Halliday, M.A.K and Hasan, R(1976), Cohesion in English. London.Longman[이충우·주경희(1966), 『언어과학과
언어교수』, 국학자료원].

Halliday, M.A.K(1974), "The place of "functional sentence perspective".

Harris, S.(1980), Language Interaction in Magistrates'Courts. University of Nottingham.

Harris, Z.(1964), Discourse Analysis,Language 28.

Harweg, R(1964), Pronomina in die Textlingustik, Fink.

Hass, Mary.(1944), Men's and women's speech in Koasati, Language. 20.

Hayakawa. S. I(1958), Language in Thought and Action, Harcourt Brabe and world Inc[김준영(1977), 『意味論』,
민중서관].

Heine, Claudi&Hunnemeyer(1991), Grammaticalization, Chicago University Press.

Heritage, John&Andrew, Roth.(1995), Grammar and institution: Question and qustioning in the broadcast news interview: Research on Language and Social Interation 24.

Hinds,J.(1979), Organizational Patterns in Discourse, Syntax and Semantics 12.

Hintzman. D.(1980), *The psychology of learning and memory*[이훈구(1984), 『學習心理學』, 탐구당].

Hodson, R. A.(1980), *Socialinguistics*, Cambridge University Press.

Werner Holly, Peter Kühn and Ulrich Püschel(1986), *Politische Fernsehdiskussionen*, Zur Medienspezifischen Inszenierung von Propaganda als Diskussion. Tübingen.

Holmes, Janet(1992), *An Introduction to Sociolinguistics*, London: Longman.

Hoper, P.(1991), *On some principles of grammaticalization*, In E.Traugott&B.Heine eds, Approaches to Grammaticalization 1.

Hopper, Paul J&Traugott, Elizabeth(1933), *Grammaticalization*, Cambridge Univ.Press[김은일 외(1999), 『문법화』, 한신문화사].

Horn L.R(1981), Exhaustiveness and Sentence of Clefts, NELS 11.

Houtkoop, Hanneke and Harrie Mazeland.(1985), Turns and discourse units in everyday conversation, *Journal of Pragmatics* 9.

Hudson, R. A.(1980), *Socialinguistics*, Cambridge University Press.

Jachegloff E.A&H. Sacks(1968), Sequencing in Conversational Openings, *American Anthropologist* LXX:6.

Jackendoff. R.(1993), *Patterns in the Mind-Language and Nature*, Harvester Wheatsheaf(NY)

Janney, R.W.(1999), Word as gestures, *Journal of Pragmatics* 31.

John,B Carroll(1973), *Language and Thought*[조명환(1978), 『言語와 思考』, 익문사].

Jucker(1993), Discourse Maker 'well': a relevance-theoretical account, *Journal of pragmatics* 19.

Keiser, G.J., and Irwin Altman,.(1976), Relationship of Nonverbal Behavior to the Social Penetration Process, *Human Communication Research* 2(2).

Kendon, A.(1995), Gestures as Illocutionary and discourse structure markers in Southern Italian conversation, *Journal of Pragmatics* 23.

Kintch, Walter(1977), On Comprehending Stories, in Just dt al.eds.

Knapp, M.L.(1978), Nonverbal communication in human interaction, NewYork: holt.

Koivumaki, J.H.(1976), Body Language Taught Here, *Journal of communication* 25(1).

Kuno, S.(1987), *Functional Syntax*, Chicago University Press.

Kuno. S.(1975), Condition For Verb Phrase Deletion, *Foundations of Language* 13.

L.C.N(1976) ed, *Subject and Topic*, Academic Press.

Lakoff, Robin T.(1969), A SyntaticArgumentfor Negtive Transportation, Papers Fromthe Fifth Regional Meeting, *Chicago Linguistic Society* 5.

Lakoff, R.(1975), *Language and woman's Place*, New York, Harper&Row[강주헌(1991), 『여자는 왜 여자답게 말해야 하는가』, 고려원].

Lakoff, R.(1973), The logic of politeness or minding you p's and q', *Chicago Linguistic Society* 9.

Leathers, D.G.(1976), *Nonverbal Communication System*, Allyn and Bacon, Boston.

Leech.G(1974), *Semantics*, Penguin, Books.

Levinsion, S.C(1983), *Pragmatics*. Cambridge University Press[이익환 · 권경원(1992), 『화용론』, 한신문화사].

Lewis P.V. and Zollie Page.(1974), Educational Implications of Nonverbal Communication, *General Semantics* 31.

Liddell, S.K &Melanie Metzger.(1998), Gesture in sign language discourse, *Journal of Pragmatics* 30.

Linday, L. G&D.A.Norman(1972), *Human Information Processing*. Academic press[이관용 · 이태형 · 정복선(1974), 『심리학 개론』, 범문사].

Lindsay.P. H&D.A.Norman(1972), *Human Information*, Processing N.Y.Academic Press.

Lindsy&Norman(1972), *Human Information Processing*[이관용 외(1979), 『心理學槪論』, 法文社].

Luria, A. R&F.Ia.Yudovich(1959), *Speec and the Development of Mental Processes in the Child*. Penguin Books.

Makri-Tsilipakou, Marianthi(1994), Interruption revisited: Affiliative vs. disaffiliative intervention, *Journal of Pragmatics* 21.

Martin, S. E.(1962), Phonetic Symbolism in Korean, American Studies in Altaic Linguistics 13.

Meyer. B(1975), The Organization of Prose and its Effects on Memory, *North-Holland studier in theoretical Poetics*.

Morford, J. P.(1996), Insights to Language from The study of Gesture, *Language&Communication* 16(2).

Murata, Kumiko.(1994), Intrusive or co-operative? A cross-cultural study of interruption, *Journal of Pragmatics* 21.

Nichols, R. G(1952), Listening Instruction in the Secondary School, bulletin of the National Association of Secondary School Principals.

Nida, Eugene A.(1996), *The Socialinguistics of Interlingual Communication*, Editions du Hazard[송태효(2002), 『언어간 의사소통의 사회언어학』, 박이정].

Ochs.E.(1979), Planned and Unplanned discourse. Syntax and Semantics, 12: Discourse and syntax. Academic Press. Inc.

Ogden C.K&Richards, I.A(1923), The meaning of Meaning, London: Routledge&Kegan Paul[김봉주(1986), 『의미의 의미』, 한신문화사].

Oger&Stefanink(1967), La communication, c'est comme le chinois. cela s'apprend. Paris, Rivages/Les Echos.

Ong.Walter J(1982), Orality and Literacy: The Technologizing of the Word, London and New York: Methun.

Pacout, N.(1991), La langage des gestes, Alleur, Marabout.

Patrik Hartwell&Robert H.Bentley(1982), *Open to Language*[이을환 외(1985), 『글을 어떻게 쓸 것인가』, 경문사].

Piaget,J(1955), *The language and Thought of the Child*, Merdian[송명자 · 이형순(1985), 『兒童의 言語와 思考』, 중앙적성출판사].

Pierce, Charles Sandras.(1995), Logic as semiotic: The theory of sign. *Photographic Theory: An Historical Anthology*.

Pinkam J. and J. Hankamer(1975), Deep and Shallow Clefts, *Chicago Linguistic Society* 11.

Porcher&Calbris.(1989), *Geste et communication*, Paris, Hatier-Credif.

Quirk et al(1985), *A comprehensive Grammar of the English Language*, London: Longman.

Reardon, K. K((1987), *International Communication-Wher Minds*, Wadworth Publishing Company[임칠성(1997), 『대인의사소통』, 한국문화사].

Renkema, J.(1993), *Discourse Studies*, John Benjamin Publishing Company[이원표(1997), 『담화 연구의 기초』, 한국문화사].

Rhodes, Richard.(1994), Aural images, *Sound Symbolism*, ed. by Leanne Hinton, Johanna Nichols, and John J. Ohala.

Rhodes, R.A and J.M.Lawler(1981), Athematic metaphors, *Chicago Linguistics Society* 17.

Rickheit, G.& Hans Strohner(1987), Recalling Oral and Written Discoruse, *Journal of Educational Psychology* 79(4).

Riper.C.V(1938), Speech Correction[이규식 · 권도하(1993), 『言語治療學』, 학문사].

Rosenthal, R.&et.al.(1974), Body Tall and Tone of Voice, The Language without Words, Psychology Today,

September.

Ross,J(1970), *Gapping and the Order of Constituents*, M.Bierwisch&K.Heidolph(eds)

Roth,W.M.2000.From gesture to scientific language, *Journal of Pragmatics 32*.

Sack,H., Schegloff, E.A.and Jefferson, G.(1974), A simplest systemics for the organization of turn-taking for conversation, *Language* 50.

Saussure,F.de.(1916), *Cours de Linguistique Générale*, Paris, payyot[최승언(1990), 『일반언어학 강의』, 민음사].

Scheflen, A. E.(1972), *Body Language and Social Order: Communication as Behavioral Control*, Pretice-Hall, Inc Englewood Cliffs, N.J.

Schegloff E.A&H. Sacks(1968), Sequencing in Conversational Openings, *American Anthropologist LXX:6*.

Schegloff E.A&H. Sacks(1973), Opening up Closings, Semiotica, *Journal of the International Association for Semiotic Studies*, Mouton&Co.N.V., Publishers, The Hague.

Schegloff E.A&H. Sacks.(1973), Opening up Closings, Semiotica, *Journal of the International Association for Semiotic Studies*, Mouton&Co.N.V., Publishers, The Hague.

Schiffrin, D.(1987), *Discourse Markers*, Cambridge University Press.

Slobin. D.(1978), *Psycholinguistics, second Edition*[박경자 역(1985), 심리언어학, 한신문화사].

Spolsky, Bernard(1998), Sociolinguistics. Oxford: Oxford University Press[김재원 · 이재근 · 김성찬(2001), 『사회언어학』, 박이정].

Sticht,T.G and J.H. James(1985), Listening and Reading, *Hand Book of Reading Research*, Editor.P.David Pearson Long Man, New York.

Stubbs, M and Delamont,S eds.(1976), *Explorations in Classroom*, London, Wiley.

Stubbs, M(1983), *Discourse Analysis*, Brasil Blackwell. Oxford[송영주(1993), 『담화 분석』. 한국문화사].

Swales, J(1990), *English in Academic and Reasearch Setting: Gere Analysis and Its Applications*, Cambridge.Cambridge University Press.

Tannen, D.(1984), *Coherence in Spoken and Written Discourse*, Norwood, New Jersey: Ablex Publishing Co.

Tannen, D.(1990), Discourse analysis: The excitement of diversity, *Text-Interdisciplinary Journal for the Study of Discourse* 10.

Tannen, D.(1984), Coherence in Spoken and Written Discourse, Norwood, New Jersey: Ablex Publishing Co.

Tannen, D.(1984), Gender Differences in Topical Coherence: Creating Involvement in Best Friends Talk, *Discourse Process* 13.

Thomas,A.L(1979), Ellipsis: The interplay of sentence structure and context, *Lingua* 47.

Todorov T(ed)(1965), *Tneosie de la Literature*, Seuil, Paris[김치수(1991), 『러시아 형식주의』, 이대출판부].

Trudgill, Peter(1983), *On Dialect*. New York: New York Univ. Press.

Ullmann,S.(1962), Semantics: An Introduction to the Science of Meaning, *American Anthropologist 65*, Oxford Basil Blackwell.

Van Dijk Teun(1977), Semantic Macro-Structure-in Just etal. eds.

Van Dijk, T.A&W.Kintsch(1983), *Strategies of Discourse comprehension*, N.Y.: Academic Press.

Van Dijk, T.A(1976), Macro-structures, knowledge frames, and discourse comprehension, In M.AJust and P. Capenter (Eds), Cognitive processes in comprehension. Hillsdale, J: Erlbaum.

Vater,H.(1992), *Einfubrung in die Textlinguistik*[이성만(1995), 『텍스트 언어학 입문』, 한국문화사].

Vigotsky(1984), *Thought and language*, The M.I.T Press[신현정(1985), 『思考와 言語』, 성원사].

Vitacolona, L.(1988), Text/discourse Definition, *Text and Discourse Constitution*, De Gruyter.

Wadsworth, B. J(1972), *Piaget's Theory of Cognitive Development*, David Mckay Company, INC[정태휘(1981), 『피아제의 인지발달론』, 배영사].

Wierzbicka.A.(1992), The pragmatics of interjection. *Journal of Pragmatics* 18. North-Holland.

Wingfield, A.L.Byrnes(1981), *The Psychology of Human Memory*, Academic Press.

Zimmerman D.H.&C.West(1975), *Sex Roles, interruptions and Silences in Conversation*, Thorne and Henely (eds).

Quirk et al(1985), *A Comprehensive Grammar of the English Language*, London: Longman.

[자료]

경남문화(경상대학교 경남문화연구소)

경북방언사전(이상규, 2000, 태학사)

구비문학대계 2-6(1986, 한국정신문화원)

구비문학대계 3-4(1986, 한국정신문화원)

구비문학대계 4-4(1986, 한국정신문화원)

구비문학대계 6-4(1986, 한국정신문화원)

구비문학대계 6-6(1986, 한국정신문화원)

구비문학대계 6-8(1986, 한국정신문화원)

구비문학대계 8-13(1986, 한국정신문화원)

구비문학대계 8-14(1986, 한국정신문화원)

구비문학대계 8-4(1986, 한국정신문화원)

구비문학대계 8-6(1986, 한국정신문화원)

구비문학대계 8-7(1986, 한국정신문화원)

구비문학대계 8-9(1986, 한국정신문화원)

구비문학대계 9-3(1986, 한국정신문화원)

동아 새국어사전(2004), 제5판』, 두산동아

동아 새국어사전(1999), 두산동아

동아일보(2002년 11월 14일 자, 2003년 3월 23일 자)

뿌리깊은나무 민중자서전 10(1990-1991, 뿌리깊은나무)

뿌리깊은나무 민중자서전 14(1990-1991, 뿌리깊은나무)

뿌리깊은나무 민중자서전 16(1990-1991, 뿌리깊은나무)

뿌리깊은나무 민중자서전 5(1990-1991, 뿌리깊은나무)

뿌리깊은나무 민중자서전 8(1990-1991, 뿌리깊은나무)

뿌리깊은나무 민중자서전 19(1990-1991, 뿌리깊은나무)

새 우리말큰사전(1988), 신기철, 신용철, 삼성출판사

이야기대회자료(2000, 2001, 경상대학교 국어교육과) 학습용 입말 자료(산청중학교)

우리말 큰사전(1995), 한글학회, 어문각

우리말샘 https://opendict.korean.go.kr/main

우리말큰사전(1992), 한글학회

이야기대회자료(2000, 2001, 경상대학교 국어교육과)

이야기대회자료(2001), 제2회 전국중·고 이야기대회

전남방언사전(이기갑 외, 1998, 태학사)

조선말 대사전(1992), 과학원출판사

표준국어대사전 https://stdict.korean.go.kr/main/main.do

표준국어대사전(1999), 국립국어연구원. 두산동아

한국방언사전(최학근, 1978, 현문사)

한국방언사전(최학근, 1978, 현문사) 국어표준대사전(국립국어연구원) http://www.chejuguide.com/dialect.html

漢語常用詞用法詞典(1997), 北京大出版社

찾아보기

임규홍

울산 울주에서 태어나 경상국립대학교에서 학사, 석사, 박사 학위를 받고 현재 경상국립대학교 국어국문학과 교수로 있다.

배달말학회 회장, 한국어문학회 부회장, 담화인지언어학회 부회장 및 윤리위원장, 언어과학회 편집위원장을 맡았으며 한국사회언어학회, 한국어의미학회, 한국문법교육학회, 한국국어교육학회, 우리말글학회 등 여러 학회 이사를 맡았거나 현재 맡고 있다. 언어과학회에서 주는 봉운학술상을 받았으며 지금까지 국어 입말(담화와 화용, 의미)에 대해 공부해 왔다.

저서로『틀리기 쉬운 우리말 바로쓰기』(1993),『국어교육의 이론과 실제』(1996),『어떻게 말하고 들을 것인가』(1998), 『우리말 올바로 공부하기』(2000),『행복한 삶을 위한 대화』(2015),『틀리기 쉬운 국어문법 언어규범 공공언어 강의』 (2017) 외 여러 권이 있다. 번역서로『사고과정으로서 글쓰기』(1994),『당신도 말을 잘할 수 있다』(2000)가 있으며 그 외 입말 관련 논문 70여 편이 있다.

한국어 화용과 담화

초판 1쇄 인쇄 2021년 12월 20일
초판 1쇄 발행 2021년 12월 30일

지은이 임규홍
펴낸이 이대현
책임편집 강윤경 | **편집** 이태곤 권분옥 문선희 임애정
디자인 안혜진 최선주 이경진 | **마케팅** 박태훈 안현진
펴낸곳 도서출판 역락 | **등록** 1999년 4월 19일 제303-2002-000014호
주소 서울시 서초구 동광로46길 6-6 문창빌딩 2층(우06589)
전화 02-3409-2060(편집부), 2058(영업부) | **팩스** 02-3409-2059
전자우편 youkrack@hanmail.net | **홈페이지** www.youkrackbooks.com

ISBN 979-11-6742-226-2 93710